建築物環境衛生管理技術者

ビル管理士試験 模範解答集

2024年版

ビル管理士試験突破研究会 著

[本書の正誤に関するお問い合せ方法は，最終ページをご覧ください]

はしがき

建築物環境衛生管理技術者の試験は例年10月の最初の日曜日に行われています．

この本を手に取った方は，今年初めて受験をしようと考えている人，再挑戦の人，今年はともかく近いうちに受けようと思っている人，様々だと思います．学習法もまた，様々だと思いますが，本書は

- **ビル管の試験はどんなものか感触を得たいと思っている方**
- **今年再挑戦で，新たな気持ちで仕切り直して学習を始めようとする方**
- **ほぼ一通りの学習を終え，力試し，実力判定をしたい方**
- **最新の試験傾向を確認しておきたい方**

などを対象に，手頃な大きさ，手頃な価格の模範解答集を提供することを目的に編まれたものです．ビル管試験の問題は昭和54年度（第9回）以来公開され，令和5年度（第53回）を含めれば約8,800問余りの既往問題を手に入れることができますが，問題を分析すると多くの問題が繰り返し出題されています．その中で空調の理論や建築の構造などに関する設問は科目の性格から，ほぼ一貫して内容に目立った変化はありませんが，法令に係る問題や地球環境に係る出題傾向は，現実のビル・建築物を取り巻く環境の変化を反映して意外と速い速度で変遷してきています．したがってこれからビル管試験を受験しようとする場合，あまり古い問題にかかわる学習法は記憶の無駄，知識の混乱を招き学習が停滞することに注意する必要があります．

その他，解説に当たっては次の点に配慮しました．

1. **学習がスムースにいくよう，解答の根拠を明確に示すよう心がけました．また，記憶の助けになるように豊富な図表を掲載しました．**
2. **従来から，この試験は試験実施機関である公益財団法人日本建築衛生管理教育センターが行う厚生労働大臣登録講習のテキストからの出題がかなりの比重を占めています．本書の内容はこの登録講習テキストにてチェックしてありますので**

安心してご利用下さい（このはしがき末尾に登録講習テキストの入手先・問い合わせ先を掲載してあります）.

3．解答解説には，各問に頻出度を印しました．Aの数が多いほど頻出度が高いことを示しております．頻出度AAA は毎年～2年ごとに，頻出度AA は3～4年ごとに，また 頻出度A はまれに出題されることを示します．学習の参考にして下さい．

4．解答解説の 2020-1 等の表示は，2020年の問題1を表しています．関連知識，類題探索に活用して下さい．

※解答解説中の「-」の付いた，-(1)～-(5)は，問題の選択肢文(1)～(5)を指しています．

最後に学習方法の参考に一言述べます．「最も不適当なものを選べ」，「誤っているものはどれか」といった出題形式が8割を占めます．これは問題を作り易いからですが，この出題形式の問題は，解答以外の選択肢は正しいことになりますので，解答だけで問題を通り過ぎずに，他の選択肢も，次の問題に移る前にもう一度読み直して，知識を豊かにすること，整理することに役立てて下さい．次のときにその選択肢が解答となるかもしれません．出題者の立場で考えると大いにありうることです．

本書によって，皆さんがよいスタートを切って，あるいはラストスパートに成功して，建築物環境衛生管理技術者試験に見事勝利を収めるよう祈念して止みません．

2024年1月　著者

※　登録講習テキスト「新 建築物の環境衛生管理（3巻揃）」
公益財団法人　日本建築衛生管理教育センター刊
<問い合わせ先>
公益財団法人　日本建築衛生管理教育センター調査研究部編集広報室
〒108-0073 東京都港区三田1-4-28　三田国際ビル1階120区
電話03（5765）0597　ファクス03（5765）7041
https://www.jahmec.or.jp/shoseki/hanbai/

※　読者の皆様にできるだけ早くお届けするために，2022～2018年の解説は昨年版をそのまま掲載しております．ご了承ください．

ビル管理士試験模範解答集

2024年版

目　次

建築物環境衛生管理技術者試験
受験案内抜粋（2023年度の例）

1　第53回（2023年度）試験フロー図

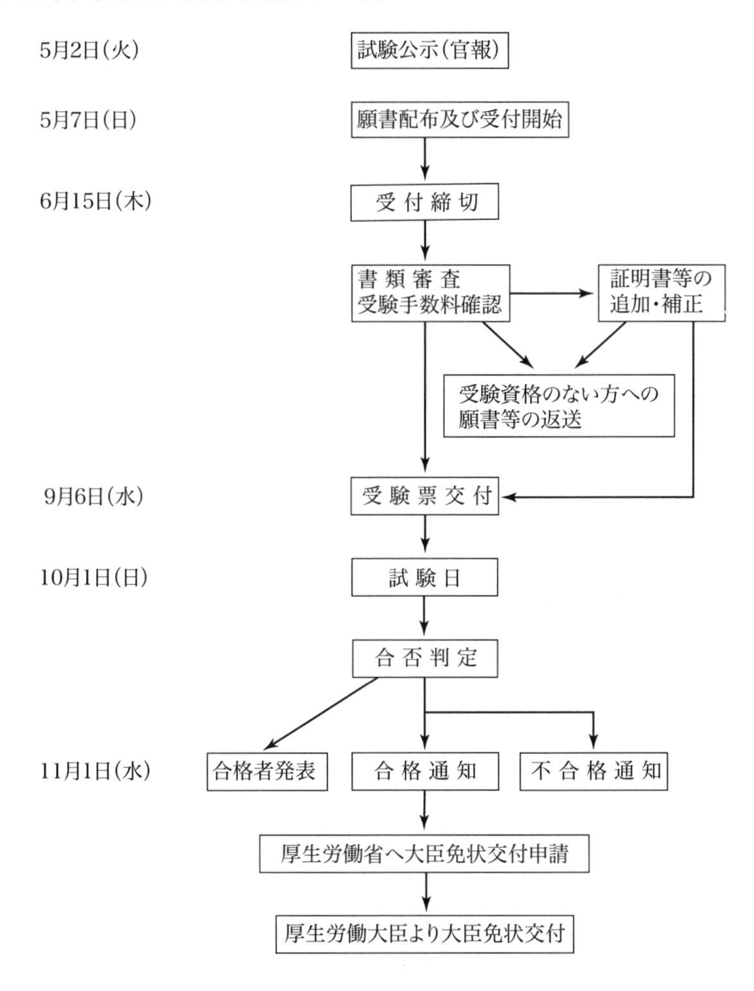

2　試験期日

2023年10月1日（日曜日）

3　試験地

札幌市，仙台市，東京都，名古屋市，大阪市及び福岡市

4 試験科目及び時間割

午前	9時00分～9時30分	受験上の注意
	9時30分～12時30分（3時間）	試験（下記3科目） 建築物衛生行政概論 建築物の環境衛生 空気環境の調整
休憩	12時30分～1時15分（45分）（昼食）	
午後	1時15分～1時30分	受験上の注意
	1時30分～4時30分（3時間）	試験（下記4科目） 建築物の構造概論 給水及び排水の管理 清掃 ねずみ，昆虫等の防除

5 受験資格

次の用途に供されている建築物の当該用途部分において環境衛生上の維持管理に関する**実務**[注1]に**業**[注2]として**2年以上**[注3]従事された方

建築物の用途

ア 興行場（映画館，劇場等），百貨店，集会場（公民館，結婚式場，市民ホール等），図書館，博物館，美術館，遊技場（ボーリング場等）

イ 店舗，事務所

ウ 学校（研修所を含む）

エ 旅館，ホテル

オ その他アからエまでの用途に類する用途

多数の者の使用，利用に供される用途であって，かつ，衛生的環境もアからエまでの用途におけるそれと類似しているとみられるものをいいます．

㈷・受験資格に該当する用途………共同住宅，保養所，寄宿舎，保育所，老人ホーム，病院等
・受験資格に該当しない用途……もっぱら倉庫，駐車場，工場（浄水場，下水処理場，清掃工場，製造工場等）等の用途に供されるもの．その他特殊な環境（通信設備，発電所等）にあるもの．

※上記以外の用途については，公益財団法人日本建築衛生管理教育センター業務部国家試験課にお問い合わせください．

注1 建築物における環境衛生上の維持管理に関する実務とは，次に記載されている業務をいいます．

1 空気調和設備管理
2 給水，給湯設備管理（貯水槽の維持管理を含む．浄水場の維持管理業務を除く．）
3 排水設備管理（浄化槽の維持管理を含む．下水処理場の維持管理業務を除く．）
4 ボイラ設備管理

5　電気設備管理（電気事業の変電，配電等のみの業務を除く.）
6　清掃及び廃棄物処理
7　ねずみ，昆虫等の防除
※1　1～5の「設備管理」とは，設備についての運転，保守，環境測定及び評価等を行う業務をいいます.
※2　修理専業，アフターサービスとしての巡回サービスなどは，「建築物における環境衛生上の維持管理に関する実務」には該当しません.
※3　建築物における衛生的環境の確保に関する法律施行規則第21条第2項に規定する環境衛生監視員として勤務した経験は，受験資格に該当する実務に含みます.

注2　業としてとは，受験者本人が建築物の環境衛生上の維持管理に関する業種の会社又はそれらの業務の担当部署等に勤務し，本来職務として又は主要職務として，上記の実務を直接，反復継続して行うことをいいます.

注3　実務期間は，申込みの時点において2年以上であることが必要です.（申込みの時点以降の期間を含めることはできません.）

6　受験に関する書類の提出期間及び提出場所

受験に関する書類は，2023年5月7日（日）から6月15日（木）までの間に次の(1)～(4)の事項に留意のうえ，〒150-8681 東京都渋谷郵便局留公益財団法人日本建築衛生管理教育センター建築物環境衛生管理技術者試験願書受付係宛に郵送又は，センターホームページの受験申請画面より手続きを完了してください.（東京都千代田区大手町の教育センター本部では，郵送，窓口持ち込みのいずれも受験申請は受け付けていません.）

(1)　受験に関する書類の郵送方法は，紛失等の事故を防止するため，受験の手引に添付されている所定の封筒を使用し，必ず，簡易書留郵便により提出してください. なお，受験願書等をダウンロードし，印刷したものを使用する場合は，その中の「封筒貼付用紙」に差出人欄を記入のうえ，角形2号封筒の表面にはがれないように貼り付けて願書提出用封筒を作成してください.

2023年6月15日（木）までの消印のあるものに限り受け付けます.

6月15日以降に郵送された場合は，受付されません. また，提出期間内であっても提出書類に不足・不備がある場合は，受付されませんので，提出が締切り間際にならないよう早めに行ってください.

(2)　受験に関する書類は，受付後は返却されません.

(3)　受験に関する書類の受付後は，受験地の変更はできません.

(4)　身体に障がいがあり，受験に際し，特に何らかの措置を希望される方は，書類提出時にその内容を記載した書面を同封してください.

なお，障がいの状況，試験場の都合等により，希望される措置が困難な場合がありますので，申込みの前に同センター国家試験課にお問い合わせください.

7　合格基準点及び科目の範囲

合格基準及び科目の範囲は，合格発表時に公表されます．2023 年度は，総合点で 117 問（65%）以上かつ各科目 40%以上が合格と発表されました．

科目の範囲			
建築物衛生行政概論	問 1 ～ 20	建築物の構造概論	問 91 ～ 105
建築物の環境衛生	問 21 ～ 45	給水及び排水の管理	問 106 ～ 140
空気環境の調整	問 46 ～ 90	清掃	問 141 ～ 165
		ねずみ，昆虫等の防除	問 166 ～ 180

受験者数・合格者数の推移

年度	受験者数	合格者数	合格率［%］
1998 年度	7,053	995	14.1
1999 年度	7,623	1,674	22.0
2000 年度	7,559	1,680	22.0
2001 年度	8,365	1,744	21.0
2002 年度	9,031	1,445	16.0
2003 年度	9,709	1,895	19.5
2004 年度	9,625	947	9.8
2005 年度	9,959	3,512	35.3
2006 年度	8,632	811	9.4
2007 年度	9,489	1,746	18.4
2008 年度	9,312	1,666	17.9
2009 年度	9,918	1,827	18.4
2010 年度	10,194	1,700	16.7
2011 年度	10,241	1,367	13.3
2012 年度	10,599	3,467	32.7
2013 年度	9,441	1,000	10.6
2014 年度	10,095	2,335	23.1
2015 年度	9,827	1,861	18.9
2016 年度	10,394	2,956	28.4
2017 年度	10,209	1,387	13.6
2018 年度	11,069	2,339	21.1
2019 年度	10,146	1,245	12.3
2020 年度	9,924	1,933	19.5
2021 年度	9,651	1,707	17.7
2022 年度	9,413	1,681	17.9
2023 年度	8,232	1,819	22.1

共通資料

共通資料は，学習の最初に一度目を通しておくことをお勧めします．そのあとの学習が効率よく行えます．学習中は，折りを見て辞書的にお使い下さい．

資料１　水質基準に関する省令から

1．水質基準に関する省令

平成 15 年厚生労働省令第 101 号

施行日：令和２年４月１日

水質基準に関する省令

水道法（昭和 32 年法律第 177 号）第４条第２項の規定に基づき，水質基準に関する省令を次のように定める．

水道により供給される水は，次の表の上欄に掲げる事項につき厚生労働大臣が定める方法によって行う検査において，同表の下欄に掲げる基準に適合するものでなければならない．

1	○	一般細菌	1 mL の検水で形成される集落数が 100 以下であること．
2	○	大腸菌	検出されないこと．
3		カドミウム及びその化合物	カドミウムの量に関して，0.003 mg/L 以下であること．
4		水銀及びその化合物	水銀の量に関して，0.000 5 mg/L 以下であること．
5		セレン及びその化合物	セレンの量に関して，0.01 mg/L 以下であること．
6	○	鉛及びその化合物※	鉛の量に関して，0.01 mg/L 以下であること．
7		ヒ素及びその化合物	ヒ素の量に関して，0.01 mg/L 以下であること．
8		六価クロム化合物	6 価クロムの量に関して，0.02 mg/L 以下であること．
9	○	亜硝酸態窒素	0.04 mg/L 以下であること．
10	◎	シアン化物イオン及び塩化シアン	シアンの量に関して，0.01 mg/L 以下であること．
11	○	硝酸態窒素及び亜硝酸態窒素	10 mg/L 以下であること．
12		フッ素及びその化合物	フッ素の量に関して，0.8 mg/L 以下であること．
13		ホウ素及びその化合物	ホウ素の量に関して，1.0 mg/L 以下であること．
14		四塩化炭素	0.002 mg/L 以下であること．
15		1.4- ジオキサン	0.05 mg/L 以下であること．
16		シス -1.2- ジクロロエチレン及びトランス -1.2- ジクロロエチレン	0.04 mg/L 以下であること．
17		ジクロロメタン	0.02 mg/L 以下であること．

資料1　水質基準に関する省令から

18		テトラクロロエチレン	0.01 mg/L 以下であること.
19		トリクロロエチレン	0.01 mg/L 以下であること.
20		ベンゼン	0.01 mg/L 以下であること.
21	◎	塩素酸	0.6 mg/L 以下であること.
22	◎	クロロ酢酸	0.02 mg/L 以下であること.
23	◎	クロロホルム	0.06 mg/L 以下であること.
24	◎	ジクロロ酢酸	0.03 mg/L 以下であること.
25	◎	ジブロモクロロメタン	0.1 mg/L 以下であること.
26	◎	臭素酸	0.01 mg/L 以下であること.
27	◎	総トリハロメタン（クロロホルム, ジブロモクロロメタン, ブロモジクロロメタン及びブロモホルムのそれぞれの濃度の総和）	0.1 mg/L 以下であること.
28	◎	トリクロロ酢酸	0.03 mg/L 以下であること.
29	◎	ブロモジクロロメタン	0.03 mg/L 以下であること.
30	◎	ブロモホルム	0.09 mg/L 以下であること.
31	◎	ホルムアルデヒド	0.08 mg/L 以下であること.
32	○	亜鉛及びその化合物※	亜鉛の量に関して, 1.0 mg/L 以下であること.
33		アルミニウム及びその化合物	アルミニウムの量に関して, 0.2 mg/L 以下であること.
34	○	鉄及びその化合物※	鉄の量に関して, 0.3 mg/L 以下であること.
35	○	銅及びその化合物※	銅の量に関して, 1.0 mg/L 以下であること.
36		ナトリウム及びその化合物	ナトリウムの量に関して, 200 mg/L 以下であること.
37		マンガン及びその化合物	マンガンの量に関して, 0.05 mg/L 以下であること.
38	○	塩化物イオン	200 mg/L 以下であること.
39		カルシウム, マグネシウム等（硬度）	300 mg/L 以下であること.
40	○	蒸発残留物※	500 mg/L 以下であること.
41		陰イオン界面活性剤	0.2 mg/L 以下であること.
42		(4S.4aS.8aR) - オクタヒドロ -4.8a- ジメチルナフタレン -4a（2H）- オール（別名ジェオスミン）	0.000 01 mg/L 以下であること.
43		1.2.7.7- テトラメチルビシクロ［2.2.1］ヘプタン -2- オール（別名 2- メチルイソボルネオール）	0.000 01 mg/L 以下であること.
44		非イオン界面活性剤	0.02 mg/L 以下であること.
45		フェノール類	フェノールの量に換算して, 0.005 mg/L 以下であること.
46	○	有機物（全有機炭素（TOC）の量）	3 mg/L 以下であること.
47	○	pH 値	5.8 以上 8.6 以下であること.
48	○	味	異常でないこと.
49	○	臭気	異常でないこと.
50	○	色度	5 度以下であること.
51	○	濁度	2 度以下であること.

○, ◎はビル管理法の規定による測定項目

○：水源が水道事業の用に供する水道等の場合, 6 月以内に 1 回, 定期に測定する項目
　※の項目は, 水質検査の結果, 水質基準に適合していた場合は, その次の回の水質検査時に省略可能.

◎：水源が水道事業の用に供する水道等の場合, 毎年測定期間（6/1 ～ 9/30）中に 1 回測定する項目
　水源が地下水などの場合は, 検査項目・検査期間が異なる（厳しくなる）.

2. 水質基準出題ベストテン（ここ 15 年）

No.	項目	基準	出題回数
2	大腸菌	検出されないこと.	6
1	一般細菌	1 mL の検水で形成される集落数が 100 以下であること.	5
34	鉄及びその化合物	0.3 mg/L 以下であること.	4
38	塩化物イオン	200 mg/L 以下であること.	4
49	臭気	異常でないこと.	4
6	鉛及びその化合物	0.01 mg/L 以下であること.	4
47	pH 値	5.8 以上 8.6 以下であること.	4
51	濁度	2 度以下であること.	4
4	水銀及びその化合物	0.000 5 mg/L 以下であること.	3
10	シアン化物イオン及び塩化シアン	0.01 mg/L 以下であること.	3
27	総トリハロメタン	0.1 mg/L 以下であること.	3
41	陰イオン界面活性剤	0.2 mg/L 以下であること.	3
50	色度	5 度以下であること.	3
8	六価クロム化合物	0.02 mg/L 以下であること.	2
35	銅及びその化合物	1.0 mg/L 以下であること.	2
40	蒸発残留物	500 mg/L 以下であること.	2
46	有機物（全有機炭素（TOC）の量）	3 mg/L 以下であること.	2
11	硝酸態窒素及び亜硝酸態窒素	10 mg/L 以下であること.	1
12	フッ素及びその化合物	0.8 mg/L 以下であること.	1
14	四塩化炭素	0.002 mg/L 以下であること.	1
39	カルシウム, マグネシウム等（硬度）	300 mg/L 以下であること.	1
48	味	異常でないこと.	1

資料２　ビル管理法・登録業の要件

業種	物的基準		人的基準	
	機械器具	設備	監督者等	従事者
建築物清掃業	(1)真空掃除機 (2)床みがき機	—	〈清掃作業監督者〉 ●職業能力開発促進法に基づく技能検定であってビルクリーニング職種（等級の区分が１級又は単一等級のものに限る.）に係るものに合格した者又は建築物環境衛生管理技術者免状の交付を受けている者であって，厚生労働大臣の登録を受けた者が行う講習※1を修了した者	●従事者は，研修を修了したものであること※4
建築物空気環境測定業	(1)浮遊粉じん測定器 (2)一酸化炭素検定器 (3)炭酸ガス検定器 (4)温度計 (5)湿度計 (6)風速計 (7)空気環境の測定に必要な器具	—	〈空気環境測定実施者〉 ●厚生労働大臣の登録を受けた者が行う講習※1を修了した者 ●建築物環境衛生管理技術者免状の交付を受けている者(再講習は必要)	—
建築物空気調和用ダクト清掃業	(1)電気ドリル及びシャー又はニブラ (2)内視鏡（写真を撮影することができるものに限る.） (3)電子天びん又は化学天びん (4)コンプレッサー (5)集じん機 (6)真空掃除機	—	〈空気調和用ダクト清掃作業監督者〉 ●厚生労働大臣の登録を受けた者が行う講習※1を修了した者 ●建築物環境衛生管理技術者免状の交付を受けている者(再講習は必要)	●従事者は，研修を修了したものであること※4
建築物飲料水水質検査業	(1)高圧蒸気滅菌器及び恒温器 (2)フレームレス—原子吸光光度計，誘導結合プラズマ発光分光分析装置又は誘導結合プラズマ—質量分析装置 (3)イオンクロマトグラフ (4)乾燥器 (5)全有機炭素定量装置 (6) pH 計 (7)分光光度計又は光電光度計 (8)ガスクロマトグラフ—質量分析計 (9)電子天びん又は化学天びん	水質検査を適確に行うことのできる検査室	〈水質検査実施者〉 ●大学又は旧専門学校において，理科系の課程を修めて卒業した後，１年以上の実務経験※2を有する者 ●衛生検査技師又は臨床検査技師であって，１年以上の実務経験※2を有する者 ●短期大学又は高等専門学校において，生物又は工業化学の課程を修めて卒業した後，２年以上の実務経験※2を有する者 ●上記と同等以上の知識及び技能，技能を有すると認められる者※3	—

建築物飲料水貯水槽清掃業	⑴揚水ポンプ ⑵高圧洗浄機 ⑶残水処理機 ⑷換気ファン ⑸防水型照明器具 ⑹色度計，濁度計及び残留塩素測定器	機械器具を適切に保管することができる専用の保管庫	〈貯水槽清掃作業監督者〉 ●厚生労働大臣の登録を受けた者が行う講習※1を修了した者 ●建築物環境衛生管理技術者免状の交付を受けている者（再講習は必要）	●従事者は，研修を修了したものであること※4
建築物排水管清掃業	⑴内視鏡（写真を撮影することができるものに限る.） ⑵高圧洗浄機，高圧ホース及び洗浄ノズル ⑶ワイヤ式管清掃機 ⑷空圧式管清掃機 ⑸排水ポンプ	機械器具を適切に保管することができる専用の保管庫	〈排水管清掃作業監督者〉 ●厚生労働大臣の登録を受けた者が行う講習※1を修了した者 ●建築物環境衛生管理技術者免状の交付を受けている者（再講習は必要）	●従事者は，研修を修了したものであること※4
建築物ねずみ昆虫等防除業	⑴照明器具，調査用トラップ及び実体顕微鏡 ⑵毒じ皿，毒じ箱及び捕そ器 ⑶噴霧機及び散粉機 ⑷真空掃除機 ⑸防毒マスク及び消火器	機械器具を適切に保管することができる専用の保管庫	〈防除作業監督者〉 ●厚生労働大臣の登録を受けた者が行う講習※1を修了した者	●従事者は，研修を修了したものであること※4
建築物環境衛生総合管理業	⑴真空掃除機 ⑵床みがき機 ⑶空気環境測定業の機械器具 ⑷残留塩素測定器	—	〈統括管理者〉 ●建築物環境衛生管理技術者免状の交付を受けている者であって，厚生労働大臣の登録を受けた者が行う講習※1を修了した者 〈清掃作業監督者〉 ●建築物清掃業と同じ 〈空調給排水管理監督者〉 ●職業能力開発促進法に基づくビル設備管理職種に係るものに技能検定合格者又は建築物環境衛生管理技術者免状の交付を受けている者であって，厚生労働大臣の登録を受けた者が行う講習※1を修了した者 〈空気環境測定実施者〉 ●建築物空気環境測定業と同じ	●清掃作業従事者及び空調給排水管理従事者は，研修を修了したものであること※4

※1：６年ごとに再講習を受けなければならない.
※2：水質検査又はその他の理化学的もしくは細菌学的検査の実務に従事した経験に限る.
※3：大学もしくは短期大学と同程度とされる学校で所要の課程を修めて卒業した後，所要の実務経験を有する者又は技術士（水道部門もしくは衛生工学部門に限る.）
※4：登録事業に従事する者として，パート，アルバイト等であっても従事者研修の対象となる．又，従事者研修は，作業に従事する者全員が１年に１回以上研修を受ける体制を事業者がとっていることが必要．ただし，従事者全員を１度に研修することが事実上困難を伴う場合には，何回かに分けて行うことも可能．従事者研修のカリキュラム例が厚生労働省から通知されている.

その他の基準

作業の方法及び作業を行うための機械器具その他の設備の維持管理の方法が「清掃作業及び清掃用機械器具の維持管理の方法等に係る基準」（平成 14 年厚生労働省告示第 117 号）に適合していることが必要.
（以上，労働厚生省のサイト：建築物衛生のページ：建築物における衛生的環境の確保に関する事業の登録についてより）

資料３　感染症の予防及び感染症の患者に対する医療に関する法律(感染症法)

1. 感染症類型

一類感染症	法第６条第２項	1　エボラ出血熱　2　クリミア・コンゴ出血熱　3　痘そう　4　南米出血熱 5　ペスト　6　マールブルグ病　7　ラッサ熱
二類感染症	法第６条第３項	1　急性灰白髄炎　2　結核　3　ジフテリア　4　重症急性呼吸器症候群（病原体がコロナウイルス属SARSコロナウイルスであるものに限る.） 5　鳥インフルエンザ（病原体がインフルエンザウイルスA属インフルエンザAウイルスであってその血清亜型がH5N1であるものに限る.
三類感染症	法第６条第４項	(全て消化器感染症) 1　コレラ　2　細菌性赤痢　3　腸管出血性大腸菌感染症　4　腸チフス　5　パラチフス
四類感染症(主なもの)	法第６条第５項ならびに施行令	E型肝炎，A型肝炎，黄熱，Q熱，狂犬病，炭疽 鳥インフルエンザ（鳥インフルエンザ（H5N1）を除く.） ボツリヌス症，マラリア，野兎病，ウエストナイル熱，オウム病，つつが虫病，デング熱，日本脳炎，発疹チフス，ライム病，レジオネラ症，レプトスピラ症
五類感染症(主なもの)	法第６条第６項ならびに施行規則	インフルエンザ（鳥インフルエンザ及び新型インフルエンザ等感染症を除く.），クリプトスポリジウム症，後天性免疫不全症候群，梅毒，麻しん，破傷風，アメーバ赤痢，手足口病，百日咳，風しん，クロイツフェルト・ヤコブ病，ヘルパンギーナ，ペニシリン耐性肺炎球菌感染症，マイコプラズマ肺炎，薬剤耐性緑膿菌感染症，流行性角結膜炎，ジアルジア症
新型インフルエンザ等感染症	法第６条第７項	新型インフルエンザ（新たに人から人に伝染する能力を有することとなったウイルスを病原体とするインフルエンザであって，一般に国民が当該感染症に対する免疫を獲得していないことから，当該感染症の全国的かつ急速なまん延により国民の生命及び健康に重大な影響を与えるおそれがあると認められるものをいう.
指定感染症	法第６条第８項	既に知られている感染性の疾病（一類感染症，二類感染症，三類感染症及び新型インフルエンザ等感染症を除く.）であって，第三章から第七章までの規定の全部又は一部を準用しなければ，当該疾病のまん延により国民の生命及び健康に重大な影響を与えるおそれがあるものとして政令で定めるものをいう.
新感染症	法第６条第９項	人から人に伝染すると認められる疾病であって，既に知られている感染性の疾病とその病状又は治療の結果が明らかに異なるもので，当該疾病にかかった場合の病状の程度が重篤であり，かつ，当該疾病のまん延により国民の生命及び健康に重大な影響を与えるおそれがあると認められるものをいう.

2. 感染症法に基づく措置

措置 / 感染症	一類	二類	三類	四類	五類	新型インフルエンザ等感染症
疾病名の規定	法律	法律	法律	政令	省令	法律
無症状病原体保有者への適用	○	×	×	×	×	○
疑似症患者への適用	○	○※	×	×	×	○
入院の勧告・措置，移送	○	○	×	×	×	○
就業制限	○	○	○	×	×	○
健康診断受診の勧告・実施	○	○	○	×	×	○
死体の移動制限	○	○	○	×	×	○
生活用水の使用制限	○	○	○	×	×	△
ねずみ・昆虫等の駆除	○	○	○	○	×	△
汚染された物件の廃棄等	○	○	○	○	×	○
汚染された場所の消毒	○	○	○	○	×	○

獣医師の届出	○	○	○	○	×	○
医師の届出	全数直ちに	全数直ちに	全数直ちに	全数直ちに	（下記）※	直ちに
積極的疫学調査の実施	○	○	○	○	○	○
建築物の立入制限・封鎖	○	×	×	×	×	△
交通の制限	○	×	×	×	×	△
健康状態の報告要請	×	×	×	×	×	○
外出の自粛の要請	×	×	×	×	×	○

※　疑似症患者への適用　二類感染症は政令の定めるもの
※　五類感染症の医師の届出は，7 日以内に全数届出（風しん，麻しん，侵襲性髄膜炎菌感染症は直ちに届け出）と定点医療機関の週単位の届出に分かれる．
※　新型インフルエンザ等感染症　△印は 2 年以内の政令で定める期間に限り適用

資料 4　単位

例えば，「長さ」は量の名称で，その計量単位はメートル，メートルの単位記号は [m]（計量単位の頭文字）である．単位というと単位記号を指すことが多い．

大文字，もしくは太文字で始まる単位記号は，科学者の名前に由来する（リットルの単位記号は本来 l だが，数字の 1 と紛らわしいので大文字の L も許容されている（JIS Z8000-1））．

1．単位問題・出題回数ベスト 8（2004 年～ 2023 年）

順位	量	単位（読み方）	単位記号
1 位	音の強さ	ワット毎平方メートル	W/m^2
2 位	輝度	カンデラ毎平方メートル	cd/m^2
3 位タイ	色温度	ケルビン	K
	光度	カンデラ	cd
5 位タイ	音圧	パスカル	Pa
	光束	ルーメン	lm
	照度	ルクス	lx
7 位タイ	熱伝導率	ワット毎メートル・ケルビン	W/(m･K)
	比熱	キロジュール毎キログラム・ケルビン	kJ/(kg･K)
8 位タイ	熱伝導抵抗	平方メートル・ケルビン毎ワット	m^2･K/W
	熱伝達抵抗		
	貫流熱流量	ワット毎平方メートル	W/m^2
	熱貫流率	ワット毎平方メートル・ケルビン	W/(m^2･K)
	熱貫流抵抗	平方メートル・ケルビン毎ワット	m^2・K/W
	比容積	立方メートル毎キログラム	m^3/kg
	絶対湿度	キログラム毎キログラム・デーエイ	kg/kg(DA)
	比エンタルピー	キロジュール毎キログラム	kJ/kg
	日射量	ワット毎平方メートル	W/m^2
	水蒸気分圧	パスカル	Pa
	吸音力	平方メートル	m^2
	透過損失	デシベル	dB
	立体角	ステラジアン	sr
	振動加速度	メートル毎平方秒	m/s^2

表中 K（ケルビン）は℃（摂氏度）でもよい．

2. SI 単位（国際単位系）

わが国の計量法は 1992 年に改正され，1999 年，法定単位は従来の重量単位系から SI 単位系に移行した．同法により非法定単位を取引または証明に用いることが禁止されている．

1)　七つの SI 基本単位（SI：Système International d'unité（フランス語））

量	単位	単位記号	量	単位	単位記号
長さ	メートル	m	熱力学温度	ケルビン	K
質量	キログラム	kg	物質量	モル	mol
時間	秒	s	光度	カンデラ	cd
電流	アンペア	A			

カロリー (cal) は非 SI 単位だが食品，飼料，代謝関係に限って使用が認められる．
mmHg は血圧に関して使用してもよい．

2)　組立単位

他の単位は基本単位から組み立てられる．一部の組立単位は固有の名称が与えられている．

組立単位の例

量	単位	単位記号	基本単位による組立
力	ニュートン	N	$m \cdot kg \cdot s^{-2}$
圧力・応力	パスカル	Pa	$N/m^2 = m^{-1} \cdot kg \cdot s^{-2}$
エネルギー 仕事量 熱量	ジュール	J	$N \cdot m = m^2 \cdot kg \cdot s^{-2}$
仕事率 工率 放射束	ワット	W	$J/s = m^2 \cdot kg \cdot s^{-3}$
照度	ルクス	lx	$lm/m^2 = m^{-2} \cdot cd \cdot sr$

3)　k（キロ）や m（ミリ）などの 10 の整数乗を表す SI 接頭語

テラ	T	10^{12}	ピコ	p	10^{-12}
ギガ	G	10^9	ナノ	n	10^{-9}
メガ	M	10^6	マイクロ	μ	10^{-6}
キロ	k	10^3	ミリ	m	10^{-3}
ヘクト	h	10^2	センチ	c	10^{-2}
デカ	da	10^1	デシ	d	10^{-1}

例　$1\ kg = 10^3\ g$，$1\ nm = 10^{-9} m$

3. 分率（比率）（慣用的に濃度を表すのに用いられている．SI 単位ではない．濃度の SI 単位は mol/m^3，kg/m^3，mg/m^3 など）

分率	記号	意味
百分率	%	1 % = 1/100
百万分率	ppm	$1\ ppm = 1/10^6$
十億分率	ppb	$1\ ppb = 1/10^9$

1 % = 10 000 ppm，$1\ ppb = 1/10^3$ ppm である．

資料５　廃棄物の分類（廃棄物の処理及び清掃に関する法律施行令）

<table>
<tr><th colspan="2">分類</th><th>種類</th><th>内容</th></tr>
<tr><td colspan="2">一般廃棄物</td><td>1　ごみ
2　粗大ごみ
3　し尿およびし尿浄化槽に係る汚泥
4　その他</td><td>産業廃棄物以外の廃棄物</td></tr>
<tr><td rowspan="5"></td><td rowspan="5">特別管理一般廃棄物</td><td>1　PCB を使用した部品</td><td>一般廃棄物である廃エアコン・テレビ・電子レンジから取り出された PCB 使用部品</td></tr>
<tr><td>2　ばいじん</td><td>一般廃棄物処理施設において生じ，集じん施設において集められたばいじん</td></tr>
<tr><td>3　ばいじん・燃え殻</td><td>一定の施設で生じたダイオキシン類を含むばいじんまたは燃え殻</td></tr>
<tr><td>4　汚泥</td><td>一定の工場で生じたダイオキシン類を含む汚泥</td></tr>
<tr><td>5　感染性一般廃棄物</td><td>病院等で生じた感染性病原体が含まれ，若しくは付着している廃棄物等</td></tr>
<tr><td colspan="2" rowspan="16">産業廃棄物</td><td>1　燃え殻</td><td>石炭殻，焼却炉の残灰，炉清掃排出物，その他の焼却残渣</td></tr>
<tr><td>2　汚泥</td><td>活性汚泥法による余剰汚泥，パルプ廃液汚泥，動植物性原料使用工業の排水処理汚泥，ビルピット汚泥，カーバイトかす，赤泥，炭酸カルシウムかすなど工場排水などの処理後に残る泥状のものおよび各種製造業の製造工程でできる泥状のもの</td></tr>
<tr><td>3　廃油</td><td>潤滑油系，絶縁油系，洗浄油系および切削油系の廃油類，廃溶剤類およびタールピッチ類など，鉱物性油および動植物性油脂に係るすべての廃油</td></tr>
<tr><td>4　廃酸</td><td>廃硫酸，廃塩酸，各種の有機廃酸類等，すべての酸性廃液</td></tr>
<tr><td>5　廃アルカリ</td><td>廃ソーダ液，金属せっけん液等，すべてのアルカリ性廃液</td></tr>
<tr><td>6　廃プラスチック類</td><td>合成樹脂くず，合成繊維くず，合成ゴムくずなど，合成高分系化合物に係る固形状液状のすべての廃プラスチック類</td></tr>
<tr><td>7　紙くず</td><td>建設業に係るもの（工作物の新築，改築または除去に伴って生じたものに限る.），パルプ製造業，紙製造業，紙加工品製造業，新聞業，出版業，製本業，印刷物加工業から生ずる紙くずおよび PCB が塗布され，または染み込んだ紙くず</td></tr>
<tr><td>8　木くず</td><td>建設業に係るもの（工作物の新築，改築または除去に伴って生じたものに限る.），木材または木材木製品製造業（家具製造業を含む.），パルプ製造業，輸入木材卸売業から生ずる木材片，おがくず，パーク類等ならびに PCB が染み込んだもの</td></tr>
<tr><td>9　繊維くず</td><td>建設業に係るもの（工作物の新築，改築または除去に伴って生じたものに限る.），衣服その他の繊維製品製造業以外の繊維工業から生ずる木綿くず，羊毛くず等の天然繊維くずおよび PCB が染み込んだ繊維くず</td></tr>
<tr><td>10　動植物性残渣</td><td>食料品製造業，医薬品製造業，香料製造業から生ずる，あめかす，のりかす，醸造かす，発酵かす，魚および獣のあら等</td></tr>
<tr><td>11　動物系固形不要物</td><td>と畜場，食鳥処理場における家畜の解体等に伴って生ずる不要物</td></tr>
<tr><td>12　ゴムくず</td><td>天然ゴムくず</td></tr>
<tr><td>13　金属くず</td><td>鉄鋼，非鉄金属の研磨くず，切削くず等</td></tr>
<tr><td>14　ガラスくず，コンクリートくずおよび陶磁器くず</td><td>ガラスくず，耐火レンガくず，陶磁器くず等</td></tr>
<tr><td>15　鉱さい</td><td>高炉・平炉・電気炉などの残さい，キューポラのノロ，ボタ，不良鉱石，不良石炭，粉炭かす等</td></tr>
<tr><td>16　がれき類</td><td>工作物の新築，改築または除去に伴って生じるコンクリートの破片，レンガの破片，その他これに類する不要物</td></tr>
</table>

資料５　廃棄物の分類（廃棄物の処理及び清掃に関する法律施行令）

区分	区分	種類	内容
		17　動物のふん尿	畜産農場から排出される牛・馬・豚・めん羊・山羊・にわとり等のふん尿
		18　動物の死体	畜産農場から排出される牛・馬・豚・めん羊・山羊・にわとり等の死体
		19　ばいじん	大気汚染防止法に定めるばい煙発生施設または汚泥，廃油，廃酸，廃アルカリ，廃プラスチック類，上記１に掲げるものでPCBが塗布され，または染み込んだ紙くず． 上記８および９に掲げるものでPCBが染み込んだ木くずおよび繊維くず，もしくは上記６に掲げるものでPCBが付着しまたは封入された金属くずの焼却施設において発生するばいじんであって，集じん施設によって集められたもの
		20　その他	燃え殻，汚泥，廃油，廃酸，廃アルカリ，廃プラスチック類または上記１～19に掲げる産業廃棄物を処分するために処理したものであって，これらの産業廃棄物に該当しないもの
		21　輸入された廃棄物	１～20の廃棄物，航行廃棄物，携帯廃棄物を除く輸入された廃棄物
特別管理産業廃棄物		廃油	産業廃棄物である揮発油類，灯油類，軽油類
		廃酸	水素イオン濃度指数（pH）が2.0以下の廃酸
		廃アルカリ	水素イオン濃度指数（pH）が12.5以上の廃アルカリ
		感染性産業廃棄物	医療機関等から排出される，血液の付着した注射針などの，感染性病原体を含むまたはその恐れのある産業廃棄物
	特定有害産業廃棄物	廃PCB等 PCB汚染物 PCB処理物	廃PCBおよびPCBを含む廃油，PCBが塗布されもしくは染み込んだ紙くず，PCBが染み込んだ木くずもしくは繊維くず，PCBが付着しもしくは封入された廃プラスチック類もしくは金属くず，PCBが付着した陶磁器くず，これらを処分するために処理したものであって環境省令で定める基準に適合しないもの
		廃石綿等	建築物から除去した，飛散性の吹き付け石綿・石綿含有保温材およびその除去工事から排出されるプラスチックシートなど大気汚染防止法の特定ばいじん発生施設を有する事業場の集じん装置で集められた飛散性の石綿等輸入された廃石綿等
		その他の有害産業廃棄物等	燃え殻，汚泥，廃油，廃酸，廃アルカリ，鉱さい，ばいじんまたは上記20に掲げる産業廃棄物のうち，一定のものであって，有害物質(注)について，厚生労働省令で定める基準に適合しないもの (注)　アルキル水銀化合物，水銀またはその化合物，カドミウムまたはその化合物，鉛またはその化合物，有機りん化合物，六価クロム化合物，砒素またはその化合物，シアン化合物，PCB，トリクロロエチレン，テトラクロロエチレン，ジクロロメタン，四塩化炭素，1,2-ジクロロエタン，1,1-ジクロロエチレン，シス-1,2-ジクロロエチレン，1,1,1-トリクロロエタン，1,1,2-トリクロロエタン，1,3-ジクロロプロペン，チウラム，シマジン，チオベンカルブ，ベンゼン，セレンまたはその化合物
		ばいじん	輸入された廃棄物にかかわる一定のものおよび輸入廃棄物であるもの

資料６　給排水の用語と単位

1．用語解説

Bq（ベクレル）　放射能の SI 単位表示．1 秒間に原子核が崩壊する数を表す．放射性排水の放射性物質の濃度を表す単位は Bq/cm^3 など．

BOD（生物化学的酸素要求量） 単位 [mg/L]　水中の有機物が生物化学的に酸化されるのに必要な酸素量のことで，生物化学的酸素要求量ともいう．生物化学的酸化とは，水中の好気性微生物が有機物を栄養源とし，水中の酸素を消費してエネルギー化，生命維持・増殖するとき，有機物が生物学的に酸化分解されることをいい，有機物が多いほど消費される酸素量が多くなる．したがって，BOD が高いことはその水中に有機物が多いことを示し，化学的酸素要求量（COD）とともに水質汚濁を示す重要な指標で，BOD の値が大きいと腐敗性が強くなる．

BOD は試料を 20 ℃，5 日間静置し，静置前と後の溶存酸素量をウィンクラー法（滴定法の一種）で測定し，その間に消費された溶存酸素量 mg/L で表す．

BOD 負荷量　1 日当たり，1 人当たりの排出 BOD 量 [g/(人・日)]．浄化槽の処理対象人員の算定に用いる．

BOD 容積負荷　ばっ気槽の単位容量当たり 1 日に流入する排水の BOD 量 $[kg/(m^3・日)]$．

COD（化学的酸素要求量） [mg/L]　水中の被酸化性物質（有機物）を酸化剤で化学的に酸化したときに消費される酸化剤の量を酸素に換算したもの．COD が高いことはその水中に有機物が多いことを示し，生物化学的酸素要求量（BOD）とともに水質汚濁を示す重要な指標．酸化剤としては過マンガン酸カリウム，重クロム酸カリウムなどがある．

COD は BOD に比べて短時間に測定できることや，塩分，植物プランクトンの光合成などによる影響を受けないなどの利点から，環境基準では海域および湖沼の汚濁指標として採用されている．

COD と BOD の間には一定の関係がある場合が多く，一般に（BOD/COD）比が高い場合は，汚水処理法として生物処理法，この値が低い場合は物理化学処理法が採用される．

DO（溶存酸素） [mg/L]　水中に溶けている分子状の酸素のことをいい，溶存酸素は水の自浄作用や水中の生物にとって必要不可欠のものである．溶解量を左右するのは水温，圧力，塩分などで，清澄な水の飽和溶存酸素の濃度は 20 ℃，1 気圧で 8.84 mg/L である．汚染度の高い水中では消費される酸素の量が多いので溶存する酸素量は少なくなるので，生物処理工程の管理や放流水の評価の際，重要な指標となる．

河川等の水質が有機物で汚濁されると，この有機物を分解するため水中の微生物が溶存酸素を消費し，その結果，溶存酸素が不足して魚介類の生存が脅かされる．さらに，この有機物の分解が早く進行すると，酸素の欠乏とともに嫌気性の分解が起こり，硫化水素，メタン等の有毒ガスを発生して水質は著しく悪化する．

BOD の除去率が 70 ％以上および放流水の BOD が 60 mg/L 以下である性能を有する合併浄化槽の接触ばっ気槽では溶存酸素を 1 mg/1 L 以上に保持し，かつ，空気量を容易に調整することができる構造とすること，とされている（し尿浄化槽の構造基準）．

MLSS（Mixed Liquor Suspended Solids）：活性汚泥浮遊物質 [mg/L]　ばっ気槽混合液の SS 量を表す．活性汚泥中の微生物量の指標の一つとして用いられる．標準活性汚泥法で，1 000 ～ 2 000 mg/L．

MLVSS（Mixed Liquor Volatile Suspended Solids）：活性汚泥有機性浮遊物質［mg/L］　MLSSを600 ℃で燃焼させると揮発成分（volatile）だけが減量する．これを強熱減量といい，活性汚泥中の有機物量を表し，微生物量を知る試料として重要である．MLSSに対するMLVSSの割合は，分流式下水道で80～85 %である．

SS（浮遊物質 Suspended Solid）［mg/L］　水中に浮遊または懸濁している直径2 mm以下の粒子状物質のこと．粘土鉱物による微粒子，動植物プランクトンやその死骸，下水，工場排水などに由来する有機物や金属の沈殿物が含まれる．一定量の水をろ紙でこし，乾燥してその重量を測る．数値［mg/L］が大きいほど水質汚濁の著しいことを示す．浮遊物質が多いと透明度などの外観が悪くなるほか，魚類のえらが詰まって死んだり，光の透過が妨げられて水中の植物の光合成に影響することがある．有機性浮遊物質の場合は河床に堆積して腐敗するため，底質を悪化させる．環境基準では河川・湖沼の汚濁指標として採用されている．

SS負荷　沈殿池や汚泥濃縮槽の単位面積当たりに，単位時間に負荷される浮遊物質量［kg/(m^2・日)］または［kg/(m^2・時)］．

SV（Sludge Volume）：活性汚泥沈殿率［%］　ばっ気槽混合液を1 Lのメスシリンダーに取り静置し，30分後の沈殿汚泥量をサンプル全体に対する百分率で表したもの．

SVI（Sludge Volume Index）：汚泥容量指標　SV測定時，1 gのMLSSが占める容積をmL数で表したもの．SVI = SV × 10 000/MLSS．活性汚泥の沈降性，圧密性を表し，通常は100前後が望ましい．

T－N（全窒素）［mg/L］　窒素化合物全体のことで，無機態窒素と有機態窒素に分けられる．さらに無機態窒素はアンモニウム態窒素(NH_4–N)，亜硝酸態窒素(NO_2–N)，硝酸態窒素（NO_3–N）に分類される．

有機体窒素はタンパク質に起因するものと，非タンパク性のものとがある．窒素は，動植物の増殖に欠かせない元素で，富栄養化の目安になる．窒素化合物は，閉鎖性水域に放流される際の水質項目として用いられている．

赤水　配管などに使用されている鉄が酸化して生じる赤さびに起因する赤褐色の水をいう．

あふれ縁　衛生器具またはその他の水使用機器の場合はその上縁において，水槽類の場合はオーバフロー口において，水があふれ出る部分の最下端をいう．

一過式配管　水や湯が通り過ぎるだけで循環しない配管方式や，そのような配管の部分をいう．

異臭味　藻類や放線菌の産生物質によるカビ臭や塩素消毒による塩素臭などを指す．

衛生器具　水を供給するために，液体もしくは洗浄されるべき汚物を受け入れるために，またはそれを排出するために設けられた給水器具，水受け容器，排水器具および付属品をいう．

エコマテリアル　製造時・建設時・使用時・廃棄時に環境負荷が少なく，耐久性・リサイクル性が高い，いわゆる環境にやさしい機器・材料．

越流負荷　堰（せき）の単位長さ当たりの越流する水量を表す．越流負荷［m^3/(m・日)］＝ 流出水量［m^3/日］/ 堰の総延長［m］．最終沈殿槽では，150 m^3/(m・日)程度が標準である．

塩化物イオン［mg/L］　塩化物から遊離したCl^-イオンのこと．し尿中には約1 %の塩化物が含まれているが，塩化物イオン濃度としては通常5 000～6 000 mg/Lである．

オフセット　配管経路を平行移行する目的で，エルボまたはベンド継手で構成されている移行部分をいう．

活性汚泥　汚水中に漂う好気性の微生物の集合体で汚水中の有機物を分解する能力（活性）をもった汚泥のこと．

活性汚泥法　活性汚泥中の微生物が汚水中に含まれる有機物を無機化またはガス化することを利用しており，生物膜法と並んで，浄化槽，下水処理場等で一般的に用いられている汚水処理の方法である．標準活性汚泥法方式，長時間ばっ気方式，オキシデーションディッチ法など各種の処理方法が開発されている．

過マンガン酸カリウム消費量[mg/L]　水中の被酸化性物質によって消費される過マンガン酸カリウム（$KMnO_4$）の量で，主として有機物の存在量を知ることを目的としている．し尿，下水，工場排水等による汚濁の指標．過去には水道法の水質基準の項目であった（平成15年にTOC（全有機炭素量）に代替された）．

間接排水　機器・装置の排水を排水口空間を設けるか，または排水口開放をして，一般の排水系統へ直結している水受け容器または排水器具の中へ排水することをいう．

逆圧　正常な流れや圧力伝搬の状態とは逆の方向に作用する圧力をいう．逆流の原因となり給水管の汚染の原因となる．

逆サイホン作用　水受け容器中に吐き出された水，使用された水，またはその他の液体が給水管内に生じた負圧による吸引作用のため，給水管内に逆流することをいう．吐水口空間の確保またはバキュームブレーカを設置することで防ぐ．

逆洗　接触ばっ気法の接触ばっ気槽で，ろ材へ過剰に付着した生物膜をはく離する操作を逆洗という．槽内の透視度，溶存酸素濃度，生物膜の色，臭気等と，前回逆洗からの経過日数を考慮して逆洗の時期を決めるが，現在では定期に自動逆洗する装置を組み込むことが多い．

給水器具　衛生器具のうち特に水および湯を供給するために設けられる給水栓・洗浄弁・ボールタップ等の器具をいう．

給水装置　需要者に水を供給するために水道事業者の施設した配水管から分岐して設けられた給水管およびこれに直結する給水用具．

クリープ劣化　合成樹脂に応力（熱応力）が長時間継続してかかる場合，材料変形が時間とともに進んでいく状態．

クロスコネクション　上水の給水・給湯系統とその他の系統が，配管・装置により直接接続されることをいう．

クロスコネクションの例：給水系統と屋内消火栓の系統を逆止弁を介して接続等．

ゲージ圧力　圧力計（ゲージ）で測った圧力．大気圧が圧力0の基準となる．絶対圧力＝ゲージ圧力＋大気圧となる．

嫌気性菌　酸素を好まない細菌で，水中の有機物に働いてメタンガス，炭酸ガス等の無機物にする．この菌には2種類あり，空気を絶対に嫌う偏性嫌気性菌と空気の有無にかかわらず生存する通性嫌気性菌がある．

好気性菌　好気性菌は酸素を好む細菌で酸素と協力し，汚濁物質を酸化分解する．亜硝酸菌はその例で，水中のアンモニアなどの窒素有機物を酸化分解し，亜硝酸にする．

嫌気性処理と好気性処理　汚水の生物的処理には，有機物を嫌気性菌に分解させる嫌気性処理と好気性菌による好気性処理とがある．嫌気性菌は，空気および水中に溶存している酸素を利用することなく有機物を分解する．嫌気性処理では，空気の接触を必要としないため，小面積の閉鎖槽内で立体的処理が可能であるが，分解の際，メタン（CH_4），硫化水素（H_2S），アンモニア（NH_3），水素（H_2）のような有毒ガス，可燃性ガス，悪臭を発生するほか，分解が不完全に終わるので処理後のBOD値はかなり高い．このため活性汚泥処理で生じた余剰汚泥の処理等ごく限られたところでしか行われていない．これに対し，好気性処理では，十分な酸素の供給が必要なため，広い面積とばっ気などの措置が必要となるが，有機物を炭酸ガス，水など安定な無機化合物に完全分解するため，一般的な汚水処理方法として広く用いられている．

合併処理浄化槽　し尿と生活雑排水を併せて処理する浄化槽のこと．し尿関係だけを処理する単独処理浄化槽が生活雑排水による河川・海域の汚染をもたらしたため，現在では合併処理浄化槽しか新設が認められない．浄化槽法では合併処理浄化槽を単に浄化槽，既設の単独処理浄化槽をみなし浄化槽と規定している．

合流式　下水道は下水の排除方式によって，汚水と雨水を別々の管渠（きょ）系統で排除する分流式と，汚水と雨水を同一の管渠系統で排除する合流式とに大別される．

差込ろう接合　継手の受口に管を差し込んで，その部分を加熱し，受口と管の隙間にろう材を流し込んで接合する，銅管で一般的な接合方法である．

酸化保護被膜　酸化によってできる金属表面の薄い被膜のことで，この被膜によって耐食性が保持される．不動態被膜ともいう．

三次処理（高度処理）　汚水の処理として，沈殿などの一次処理，活性汚泥法などの生物化学的処理による二次処理に対してさらに清澄な水を求めて高度な処理を行うことを三次処理（高度処理）という．活性炭などによるろ過，薬品による沈澱などを行う．

散水負荷　散水ろ床の一定面積にどの程度の水量が散水されるかを表す．単位は［m^3/m^2・日］．

残留塩素 [mg/L]　塩素添加量，接触時間，pH，残存有機物質の量，亜硝酸窒素のような還元性物質の量等に影響され，消毒効果の指標となる．

自己サイホン作用　自己の器具排水によるサイホン作用により，残留するトラップ封水が正常の封水深より少なくなる現象をいう．

色度　色度とは，水中に含まれる溶解性物質およびコロイド性物質が呈する類黄色～黄褐色の程度をいう．色度１度とは，精製水１Ｌに塩化白金酸カリウム中の白金(Pt) 1 mg および塩化コバルト中のコバルト(Co) 0.5 mg を含むときの呈色に相当するものである．

死水（しにみず）　水槽，配管内などに長期間移動することなく停滞する水をいう．

硝化　アンモニア性窒素（NH_4^+）が酸化され亜硝酸，硝酸へ変化すること．浄化槽における脱窒の過程では好気性菌である，硝酸菌，亜硝酸菌の働きによる．硝化が進むと pH は小さくなる（酸性になる）．

蒸発残留物・強熱残留物・強熱減量 [mg/L]　蒸発残留物は，流入下水，処理水または汚泥を 105 ～ 110 ℃で蒸発乾固した時の残留物であり，試料中の浮遊物質と溶解性物質の和，または強熱残留物と強熱減量の和を表している．下水性状や固形物濃度の指標の一つとして用いられる．「強熱減量」とは，この「蒸発残留物」を約 600 ℃で灰化（強熱・燃焼）したときに揮散する物質のことをいい，残った物質を「強熱残留物」という．「強熱減量」の大部分は有機物であり，「強熱残留物」の大部分は不揮発性の無機物となる．

水槽照度率　水槽の内外の照度の比．FRP 製の水槽では日光が外板を透過して内部まで入り込む．水槽内に藻類が繁殖する原因となるため，「FRP 製水槽藻類発生増殖防止の為の製品基準」では水槽照度率を 0.1 %以下にするように定めている．

スカム　排水槽や浄化槽で，槽の水面等に浮上した固形物や油脂等が集まり層をなしたものをいう．排水ポンプの運転や排水の流れを阻害する．

スケール　水中の硬度成分やケイ酸等が温度等の変化で濃縮，析出されると結晶化して配管面に沈澱付着したもの．腐食，閉塞の原因となり，熱交管器では伝熱障害の原因となる．

スライム（微生物膜）　配管内部表面等で水中に溶解している栄養塩類や有機物を餌に多種多様の浮遊細菌等が繁殖し，その代謝産物である多糖類で覆われたゼラチン状の薄膜をいう．スライム障害を引き起こす．別名バイオフィルム．

生物膜法　活性汚泥法に並ぶ汚水処理法．回転板接触法，接触ばっ気法，散水ろ床法等がある．いずれも汚水中の汚濁物質が，ろ材，回転板などの固形物の表面に生成した生物膜との接触によって分解除去される一方，生物膜中の微生物はそれを栄養源として増殖する．

総アルカリ度 [mg/L]　水中に含まれる炭酸塩，重炭酸塩または水酸化物等のアルカリ成分すべてを，これに対応する炭酸カルシウム（$CaCO_3$）量で表したもので，汚水処理の分野では，硝化・脱窒反応や凝集反応において重要な指標として用いられている．

阻集器　排水管を閉塞したり，排水施設に損害を与える有害･危険な物質を阻集，分離･収集することを目的に設置する器具．

大腸菌　グラム陰性，無芽胞の短かん菌で，好気性あるいは通性嫌気性菌の総称．乳糖を分解してガスと酸を生じる．大腸菌群試験で，人畜の糞便による汚染の有無およびその程度を知り，衛生の危機管理を行う．大腸菌は，消化器系の病原菌（赤痢，腸チフス菌ほか）の存在を予見するが，大腸菌群全てが有害ではない．人間の腸内に住んでいる大腸菌や土壌中にいる細菌も含まれる．大腸菌は，一般的に非病原性で，し尿中には 1 mL 当たり 100 万個以上が存在し，汚水処理の進行に伴いその数は減少することから，各処理工程の機能評価および処理水の衛生的な安全性を確保するための指標とされている．浄化槽の処理水の排出基準は，建築基準法によって大腸菌群数が 1 mL 当たり 3 000 個以下と定められている．

濁度　水の濁りの度合いを表す単位である．1 L の水に白陶土粒子 1 mg を含ませたときの濁度を 1 度とする．純粋な水に濁りはなく，粘土のような水に溶けない細かい物質があると濁りを生じる．濁度を測定するには，各濁度の標準液をつくり，測定しようとする水と比較する方法（比濁法）および光学的な方法とがある．

多元給水　上水，上質水，雑用水等に対応して給水すること．

脱窒　下水中の硝酸，亜硝酸が嫌気性の脱窒菌等の作用により還元され，窒素ガスとなって大気中に放出されること．脱窒反応には水素供与体として有機炭素原が必要である．また，比較的高い MLSS 濃度と水温と低い DO を保つことが必要になり，空気供給装置の運転管理を十分に行うことが必要である．窒素の除去の最終プロセスである．

着色障害　主に給水配管の材料の腐食による生成物が水に溶解するために起こる現象．

通気　排水系統において排水を円滑にし，かつ排水によって生ずる気圧変動からトラップ封水を保護する目的で空気を流通させること，または，水槽類において水位変化によって生ずる気圧変動を調整する目的で空気を流通させること．

通気管の許容圧力差　排水系統に支障を起こさない限度内で，通気の起点と終点との間に許容される圧力差をいう．

透視度　水の濁りや着色の程度を示すもので，透視度計の上部から透視し，底部に置いた標識板の二重十字が初めて明らかに識別できるときの水面から底部までの高さを，cm で表したものが透視度である．数値が小さいほど，水が濁っていることを示す．透視度は，BOD と相関を示すことが多く，汚水処理の進行状況を推定する指標として用いられる．

特殊排水　一般の排水系統または下水道へ直接放流できない有害・有毒・危険その他望ましくない性質を有する排水をいう（化学系排水・ランドリー排水・放射性排水・感染症棟排水等）．

吐水口空間　給水栓または給水管の吐水口端とあふれ縁との垂直距離をいう．

トラップ　衛生器具または排水系統中の装置としてその内部に封水部を有し，排水の流れに支障を与えることなく，排水管中の空気が排水口から室内に侵入してくるのを阻止することのできるものをいう．

トリハロメタン　水道水に含まれる植物由来の難分解性の有機物であるフミン質が消毒用塩素と反応して生成される消毒副生成物物質．発がん性が疑われている．

トリハロメタンは，メタンの水素原子Hの三つがハロゲン元素（塩素「Cl」，臭素「Br」，フッ素「F」，ヨウ素「I」）で置換された形をしている（次図参照）．

トリハロメタンの例

```
     H              Cl
     |              |
 H － C － H    Cl－ C － H
     |              |
     H              Cl
```

メタン CH_4　　クロロホルム $CHCl_3$

逃し通気管　排水通気両系統間の空気の流通を円滑にするために設ける通気管をいう．

ノルマルヘキサン抽出物質 [mg/L]　ノルマルヘキサン（単にヘキサンともいう，溶剤）により抽出される物質をいう．主として水分に含まれる比較的揮発しにくい炭化水素，炭化水素誘導体，グリース油状物質等があり，通常油脂類といわれている．下水道法で，動物油および鉱物油とに分けて排水基準が定められている．ノルマルヘキサン抽出物質の値が高いと，管渠，排水処理装置に障害を与え，悪臭の原因となることがある．

背圧　ポンプの吸込み側にかかる圧力．

排水器具　水受け容器の排水口と排水管とを接続する排水金具類・トラップ・床排水口などをいう．

排水口空間　排水系統に直結している器具もしくは水受け容器のあふれ縁，または排水を受ける床面と間接排水管の管端との間の垂直距離をいう．

バキュームブレーカ　水使用機器において，吐水した水または使用した水が逆サイホン作用により上水給水系統へ逆流するのを防止するため，給水管内に負圧が生じたとき自動的に空気を吸引するような構造をもつ器具をいう．

ばっ気　ブロアで空気を吹き込むこと．活性汚泥あるいは生物膜等を構成する浄化微生物に必要な酸素を供給するとともに汚水と微生物が十分に接触するための攪拌（かくはん）の効果を有する．

破封（はふう）　トラップの封水が減少し，空気が流通し得るようになる状態をいう．

バルキング（Bulking：膨化）　活性汚泥の単位重量当たりの体積が増加して，沈降しにくくなる現象．著しくなると沈殿槽において固液分離が困難となり，上澄水が得られず処理水質が悪化する．汚泥容量指標（SVI）が，沈降性が良好な活性汚泥では50～150，バルキング状態では200以上になる．

封水強度　排水管内に正圧または負圧が生じた時のトラップの封水保持能力をいう．

封水深　トラップのディップとウェアとの間の垂直距離をいう．

富栄養化　富栄養化とは栄養塩類（化合物）が増えることである．生物が生活を営むために必要な塩類，すなわち珪素，リン，窒素等の塩類，アンモニウム塩，Co，Zn，Cu，Mn，Fe等の微量元素を含む塩を栄養塩類という．窒素，リン，珪酸を特に栄養塩類という場合もある．生活廃水等の流入により富栄養化した海域では異常発生したプランクトンによって海水が赤っぽく見える「赤潮」と呼ばれる現象を引き起こすが，死んだ後は海底に沈み，分解される時に大量の酸素が消費される．こうして発生した酸素濃度の低い海水が海面に上昇した時，青白く見えることから「青潮」と呼ばれる．

湖や池で，ある種のプランクトンが異常に増えて水面の色を変えてしまう現象を「水の華」と呼ぶ．「水の華」現象のなかでも，特に水の色が赤みを帯びて見える場合，海で起こる「赤潮」とよく似ていることから「淡水赤潮」と呼ぶこともある．また，藍（らん）藻と呼ばれるプランクトンのなかには，大量に浮いてきて水面を緑色に変えてしまうものがある．この場合，緑色の粉を散らしたようにも見えることから「アオコ」と呼ぶ．

不動態化　金属表面に腐食作用に抵抗する酸化被膜が生じた状態のこと．

ブランチ間隔　排水立て管に接続している各階の排水横枝管または排水横主管の間の垂直距離2.5 mを超える排水立て管の区間をいう．

ボールタップ　水槽などの水位変化に伴って上下する浮き玉により開閉する給水器具．

膜分離装置　不純物のろ過に用いる膜には，精密ろ過膜（MF膜），限外ろ過膜（UF膜），逆浸透膜（RO膜）がある．精密ろ過膜の孔径は0.025～10 μmで，除去対象は濁質，菌類である．

限外ろ過膜の孔径はより小さく，コロイド，タンパク質などの高分子の除去に用いる．

水以外のイオンや塩類を除去する逆浸透膜の孔はさらに小さく，水の分子レベル（nm，ナノメートル）で，海水淡水化などに用いられる．

摩擦損失圧力　配管内に水や湯が流れるときに，管の内面との摩擦によって減少した圧力のことをいう．

水受け容器　使用する水もしくは使用した水を一時貯留し，またはこれらを排水系統に導くために用いられる器具および容器をいう．

水面積負荷　[m^3/(m^2・日)]　沈殿槽の単位水面積当たりに処理する下水量をいう．

メカニカル型接合　配管の接合方法のうち，ねじ込み，溶接，ろう接合などによらない機械的な接合方法．フランジ接合がその例．

メッシュ　防虫網など網の目の細かさを表す呼称で，25.4 mm（1インチ）の長さの間に含まれる網の目の数で表し，この値が大きいほど網の目の開きは小さい．

有機汚濁物質　全ての物質は，有機物質または無機物質に分類される．有機物質とは炭素化合物（一酸化炭素CO，二酸化炭素CO_2など単純な化合物を除く）の総称であり，有機物質以外の物質を無機物質（水銀，カドミウム等）と総称する．工場排水や生活排水に含まれている汚濁物質はその多くが有機汚濁物質である．

誘導サイホン作用　排水管内の空気圧力変動によってトラップ排水が応答して変動し，封水が損失する現象をいう．

溶解性物質　試料をガラス繊維ろ紙（孔径1 μm）でろ過し，ろ液を蒸発乾固した時の残留物の重量で表す．

余剰汚泥　下水中の汚れを微生物が分解するとともに，微生物自らも増殖する．ばっ気槽のMLSS濃度を一定に保つように運転する時に引き抜く汚泥量が余剰汚泥の量と一致する．可溶性BODを1とすると，およそ2/3が余剰汚泥となる（1/3が減量され，炭酸ガスや窒素ガスに変換される）．

ろ過速度　ろ過機の単位ろ層面積当たり1時間または1日に水が通過する速度をいい，[m/時]または[m/日]で表す．

2. よく出題される給排水の単位

用語	意味	単位記号
ポンプの揚程	ポンプが単位時間に流体に与えるエネルギーを水頭で表したもの．	m
加熱能力 熱損失	給湯設備の加熱能力など 給湯配管からの熱損失など	W，kW
ゲージ圧	ある地点の圧力を大気圧との差で表したものを大気基準圧またはゲージ圧という．	Pa
水槽照度率	水槽内照度 / 水槽外照度× 100	%
線膨張係数	長さ（L）の棒の温度上昇（Δt）に伴う伸び（ΔL）が生じた時の次の関係式の係数（α）をいう． $\alpha=1/L \cdot \Delta L/\Delta t$（$\Delta L=\alpha \cdot L \cdot \Delta t$）	1/℃
吐水口空間	給水栓または給水管の吐水口端とあふれ縁との垂直距離	mm，cm
排水口空間	排水系統に直結している器具もしくは水受容器のあふれ縁，または排水を受ける床面と間接排水管の管端との間の垂直距離をいう．	
比重	ある物質（水の場合が多い）の質量と，それと同体積の基準となる物質の質量との比	単位なし． 水を 1.0 とする．
比体積	ある物質の単位質量当たりの体積．密度の逆数．水の比体積は約 4 ℃で最も小さく，おおよそ 1.0 $m^3/10^3$ kg.	$m^3/10^3$ kg, L/kg
比熱	単位質量の物質の温度を単位温度を上げるのに必要な熱量	J/(kg・℃)
腐食速度	腐食を受ける金属の表面から垂直方向の腐食の速度	mm/y（年）
密度	ある物質の単位体積当たりの質量	kg/L，kg/m^3
BOD	生物化学的酸素要求量	mg/L
COD	化学的酸素要求量	
DO	溶存酸素	
SS	水中浮遊物質	
MLSS	活性汚泥浮遊物質	
残留塩素	遊離残留塩素，結合残留塩素	
総アルカリ度	試薬の名前から M アルカリ度ともいう．水中のアルカリ成分を炭酸カルシウムに換算した量	
リン含有量	排水に含まれるリンの含有量	
水質基準	現在 51 項目中 44 項目（共通資料 1 参照）	
BOD 負荷量	1 日当たり，1 人当たりの排出 BOD 量．浄化槽の処理対象人員の算定に用いる．	g/(人・日)
BOD 容積負荷	ばっ気槽の単位容量当たり 1 日に流入する排水の BOD 量	kg/(m^3・日)

資料 7　参考 URL

1. 法律の条文確認　国の法令検索サイト（e-Gov 法令検索）
   https://elaws.e-gov.go.jp/
   検索ワード「法令」
2. 厚労省の「建築物衛生のページ」
   https://www.mhlw.go.jp/stf/seisakunitsuite/bunya/0000132645.html
   検索ワード「建築物衛生」
   内容
   ビル管理法，同施行令，同施行規則
   告示 117 号清掃作業及び清掃用機械器具の維持管理の方法等に係る基準
   告示 119 号空気調和設備等の維持管理及び清掃等に係る技術上の基準
   維持管理要領（通知）建築物環境衛生維持管理要領
   建築物における維持管理マニュアル
   特定建築物の定義に関する Q&A
   建築物における衛生的環境の確保に関する事業の登録について，etc.

ギリシャ文字一覧

大文字	小文字	読み方	大文字	小文字	読み方	大文字	小文字	読み方
A	α	アルファ	I	ι	イオタ	P	ρ	ロー
B	β	ベータ	K	κ	カッパ	Σ	σ	シグマ
Γ	γ	ガンマ	Λ	λ	ラムダ	T	τ	タウ
Δ	δ	デルタ	M	μ	ミュー	Υ	υ	ユプシロン
E	ϵ，ε	イプシロン	N	ν	ニュー	Φ	φ，ϕ	ファイ
Z	ζ	ゼータ	Ξ	ξ	クシー	X	χ	カイ
H	η	イータ	O	o	オミクロン	Ψ	ψ	プサイ
Θ	θ	シータ	Π	π	パイ	Ω	ω	オメガ

●解答用紙（コピーしてご利用ください）

令和（　　）年　第（　　）回目　　解答日　令和（　　）年（　　）月（　　）日

1	① ② ③ ④ ⑤	46	① ② ③ ④ ⑤	91	① ② ③ ④ ⑤	136	① ② ③ ④ ⑤
2	① ② ③ ④ ⑤	47	① ② ③ ④ ⑤	92	① ② ③ ④ ⑤	137	① ② ③ ④ ⑤
3	① ② ③ ④ ⑤	48	① ② ③ ④ ⑤	93	① ② ③ ④ ⑤	138	① ② ③ ④ ⑤
4	① ② ③ ④ ⑤	49	① ② ③ ④ ⑤	94	① ② ③ ④ ⑤	139	① ② ③ ④ ⑤
5	① ② ③ ④ ⑤	50	① ② ③ ④ ⑤	95	① ② ③ ④ ⑤	140	① ② ③ ④ ⑤
6	① ② ③ ④ ⑤	51	① ② ③ ④ ⑤	96	① ② ③ ④ ⑤	141	① ② ③ ④ ⑤
7	① ② ③ ④ ⑤	52	① ② ③ ④ ⑤	97	① ② ③ ④ ⑤	142	① ② ③ ④ ⑤
8	① ② ③ ④ ⑤	53	① ② ③ ④ ⑤	98	① ② ③ ④ ⑤	143	① ② ③ ④ ⑤
9	① ② ③ ④ ⑤	54	① ② ③ ④ ⑤	99	① ② ③ ④ ⑤	144	① ② ③ ④ ⑤
10	① ② ③ ④ ⑤	55	① ② ③ ④ ⑤	100	① ② ③ ④ ⑤	145	① ② ③ ④ ⑤
11	① ② ③ ④ ⑤	56	① ② ③ ④ ⑤	101	① ② ③ ④ ⑤	146	① ② ③ ④ ⑤
12	① ② ③ ④ ⑤	57	① ② ③ ④ ⑤	102	① ② ③ ④ ⑤	147	① ② ③ ④ ⑤
13	① ② ③ ④ ⑤	58	① ② ③ ④ ⑤	103	① ② ③ ④ ⑤	148	① ② ③ ④ ⑤
14	① ② ③ ④ ⑤	59	① ② ③ ④ ⑤	104	① ② ③ ④ ⑤	149	① ② ③ ④ ⑤
15	① ② ③ ④ ⑤	60	① ② ③ ④ ⑤	105	① ② ③ ④ ⑤	150	① ② ③ ④ ⑤
16	① ② ③ ④ ⑤	61	① ② ③ ④ ⑤	106	① ② ③ ④ ⑤	151	① ② ③ ④ ⑤
17	① ② ③ ④ ⑤	62	① ② ③ ④ ⑤	107	① ② ③ ④ ⑤	152	① ② ③ ④ ⑤
18	① ② ③ ④ ⑤	63	① ② ③ ④ ⑤	108	① ② ③ ④ ⑤	153	① ② ③ ④ ⑤
19	① ② ③ ④ ⑤	64	① ② ③ ④ ⑤	109	① ② ③ ④ ⑤	154	① ② ③ ④ ⑤
20	① ② ③ ④ ⑤	65	① ② ③ ④ ⑤	110	① ② ③ ④ ⑤	155	① ② ③ ④ ⑤
21	① ② ③ ④ ⑤	66	① ② ③ ④ ⑤	111	① ② ③ ④ ⑤	156	① ② ③ ④ ⑤
22	① ② ③ ④ ⑤	67	① ② ③ ④ ⑤	112	① ② ③ ④ ⑤	157	① ② ③ ④ ⑤
23	① ② ③ ④ ⑤	68	① ② ③ ④ ⑤	113	① ② ③ ④ ⑤	158	① ② ③ ④ ⑤
24	① ② ③ ④ ⑤	69	① ② ③ ④ ⑤	114	① ② ③ ④ ⑤	159	① ② ③ ④ ⑤
25	① ② ③ ④ ⑤	70	① ② ③ ④ ⑤	115	① ② ③ ④ ⑤	160	① ② ③ ④ ⑤
26	① ② ③ ④ ⑤	71	① ② ③ ④ ⑤	116	① ② ③ ④ ⑤	161	① ② ③ ④ ⑤
27	① ② ③ ④ ⑤	72	① ② ③ ④ ⑤	117	① ② ③ ④ ⑤	162	① ② ③ ④ ⑤
28	① ② ③ ④ ⑤	73	① ② ③ ④ ⑤	118	① ② ③ ④ ⑤	163	① ② ③ ④ ⑤
29	① ② ③ ④ ⑤	74	① ② ③ ④ ⑤	119	① ② ③ ④ ⑤	164	① ② ③ ④ ⑤
30	① ② ③ ④ ⑤	75	① ② ③ ④ ⑤	120	① ② ③ ④ ⑤	165	① ② ③ ④ ⑤
31	① ② ③ ④ ⑤	76	① ② ③ ④ ⑤	121	① ② ③ ④ ⑤	166	① ② ③ ④ ⑤
32	① ② ③ ④ ⑤	77	① ② ③ ④ ⑤	122	① ② ③ ④ ⑤	167	① ② ③ ④ ⑤
33	① ② ③ ④ ⑤	78	① ② ③ ④ ⑤	123	① ② ③ ④ ⑤	168	① ② ③ ④ ⑤
34	① ② ③ ④ ⑤	79	① ② ③ ④ ⑤	124	① ② ③ ④ ⑤	169	① ② ③ ④ ⑤
35	① ② ③ ④ ⑤	80	① ② ③ ④ ⑤	125	① ② ③ ④ ⑤	170	① ② ③ ④ ⑤
36	① ② ③ ④ ⑤	81	① ② ③ ④ ⑤	126	① ② ③ ④ ⑤	171	① ② ③ ④ ⑤
37	① ② ③ ④ ⑤	82	① ② ③ ④ ⑤	127	① ② ③ ④ ⑤	172	① ② ③ ④ ⑤
38	① ② ③ ④ ⑤	83	① ② ③ ④ ⑤	128	① ② ③ ④ ⑤	173	① ② ③ ④ ⑤
39	① ② ③ ④ ⑤	84	① ② ③ ④ ⑤	129	① ② ③ ④ ⑤	174	① ② ③ ④ ⑤
40	① ② ③ ④ ⑤	85	① ② ③ ④ ⑤	130	① ② ③ ④ ⑤	175	① ② ③ ④ ⑤
41	① ② ③ ④ ⑤	86	① ② ③ ④ ⑤	131	① ② ③ ④ ⑤	176	① ② ③ ④ ⑤
42	① ② ③ ④ ⑤	87	① ② ③ ④ ⑤	132	① ② ③ ④ ⑤	177	① ② ③ ④ ⑤
43	① ② ③ ④ ⑤	88	① ② ③ ④ ⑤	133	① ② ③ ④ ⑤	178	① ② ③ ④ ⑤
44	① ② ③ ④ ⑤	89	① ② ③ ④ ⑤	134	① ② ③ ④ ⑤	179	① ② ③ ④ ⑤
45	① ② ③ ④ ⑤	90	① ② ③ ④ ⑤	135	① ② ③ ④ ⑤	180	① ② ③ ④ ⑤

得点			
	建築物衛生行政概論（　/20）	建築物の環境衛生（　/25）	空気環境の調整（　/45）
	建築物の構造概論（　/15）	給水及び排水の管理（　/35）	清　掃（　/25）
	ねずみ，昆虫の防除（　/15）		総　合（　/180）

2023年度（令和5年度）午前の問題

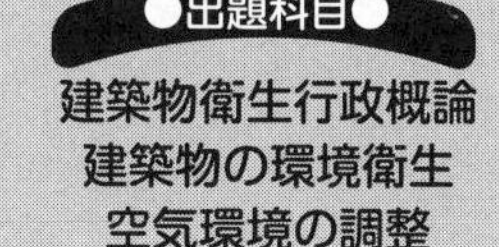

問題 1　日本国憲法第25条に規定されている次の条文の［　　］内に入る語句の組合せとして，**正しい**ものはどれか．

第25条　すべて国民は，健康で［ア］な最低限度の生活を営む権利を有する．

②　国は，すべての［イ］について，［ウ］，社会保障及び［エ］の向上及び増進に努めなければならない．

	ア	イ	ウ	エ
(1)	文化的	生活部面	社会福祉	公衆衛生
(2)	社会的	国民	環境衛生	生活環境
(3)	文化的	国民	環境衛生	生活環境
(4)	社会的	国民	社会福祉	公衆衛生
(5)	文化的	生活部面	環境衛生	公衆衛生

問題 2　次に掲げる法律と，法律を所管する行政組織との組合せとして，**誤っている**ものはどれか．

(1)　地域保健法 ――― 厚生労働省
(2)　廃棄物の処理及び清掃に関する法律 ――― 環境省
(3)　学校保健安全法 ――― 文部科学省
(4)　土壌汚染対策法 ――― 国土交通省
(5)　健康増進法 ――― 厚生労働省

問題 3　建築物における衛生的環境の確保に関する法律（以下「建築物衛生法」という．）に基づく特定建築物の用途に関する次の記述のうち，**最も不適当な**ものはどれか．

(1)　興行場は，興行場法に基づく興行場をいう．
(2)　旅館は，旅館業法により許可を受けた施設に限られる．
(3)　学校は，学校教育法に基づく学校に限られる．
(4)　博物館は，博物館法に基づく博物館に限らない．
(5)　図書館は，図書館法に基づく図書館に限らない．

問題 4　建築物衛生法に基づく特定建築物の用途として，**最も不適当な**ものは次のうちどれか．

(1)　結婚式場

(2)　理容所

(3)　認可保育園

(4)　公民館

(5)　社交ダンスホール

問題 5　建築物衛生法に基づく特定建築物の届出等に関する次の記述のうち，**最も不適当な**ものはどれか．

(1)　特定建築物が使用されるに至ったときは，その日から1か月以内に届け出る．

(2)　届出事項は，建築物衛生法施行規則に定められている．

(3)　届出を行う者は，特定建築物の所有者等である．

(4)　届出事項に変更が生じる場合は，1か月前までに届け出る．

(5)　届出をせず，又は虚偽の届出をした場合には，30万円以下の罰金の適用がある．

問題 6　建築物衛生法に基づき備え付けておかなければならない帳簿書類とその保存等に関する次の記述のうち，**最も不適当な**ものはどれか．

(1)　特定建築物の所有者等は，環境衛生上必要な事項を記載した帳簿書類を備えておかなければならない．

(2)　平面図や断面図は，当該建物が解体されるまでの期間保存しなければならない．

(3)　実施した空気環境の測定結果は，5年間保存しなければならない．

(4)　実施した遊離残留塩素の検査記録は，5年間保存しなければならない．

(5)　受水槽を更新した際の給水の系統図は，5年間保存しなければならない．

問題 7　建築物環境衛生管理基準に基づく空気環境の測定に関する次の記述のうち，**誤っている**ものはどれか．

(1)　ホルムアルデヒド以外の測定は，2か月以内ごとに1回，定期に実施する．

(2)　ホルムアルデヒドの測定結果が基準値を超えた場合は，空調・換気設備を調整するなど低減措置を実施後，速やかに測定を行う．

(3)　浮遊粉じんの量，一酸化炭素の含有率及び二酸化炭素の含有率は，1日の使用時間中の平均値とする．

(4)　通常の使用時間中に，各階ごとに，居室の中央部で実施する．

(5)　特定建築物において大規模修繕を行った場合は，完了後，その使用を開始した日以降最初に到来する6月1日から9月30日までの期間中に1回，ホルムアルデヒドの測定を行う．

問題 8　建築物環境衛生管理基準に基づく飲料水に関する衛生上必要な措置等における次の記述のうち，**誤っている**ものはどれか．

(1)　飲料水として供給する水については，飲用目的だけでなくこれに類するものとして，炊事用，手洗い用その他，人の生活の用に水を供給する場合も含めることとされている．

(2)　水道事業者が供給する水（水道水）以外の地下水等を原水とする場合にも，水道水と同様の水質を確保し，塩素消毒等を行うことが必要である．

(3)　貯湯槽の清掃は，1年以内ごとに1回，定期に行う．

(4)　使用開始後の飲料水の水質検査は，原水が水道水の場合と地下水の場合，項目と頻度は同じである．

(5)　遊離残留塩素の検査を7日以内ごとに1回，定期に行う．

問題 9　建築物環境衛生管理基準に基づく雑用水に関する衛生上必要な措置等における次の記述のうち，**誤っている**ものはどれか．

(1)　雑用水槽の清掃は，雑用水槽の容量及び材質並びに雑用水の水源の種別等に応じ，適切な方法により，定期に行う．

(2)　給水栓における水に含まれる遊離残留塩素の含有率を，100万分の0.1以上に保持する．

(3)　遊離残留塩素の検査を7日以内ごとに1回，定期に行う．

(4)　pH値，臭気，外観の検査を7日以内ごとに1回，定期に行う．

(5)　一般細菌の検査を2か月以内ごとに1回，定期に行う．

問題 10　建築物環境衛生管理技術者免状に関する次の記述のうち，**誤っている**ものはどれか．

(1)　免状の交付を受けている者は，免状の再交付を受けた後，失った免状を発見したときは，5日以内に，これを厚生労働大臣に返還する．

(2)　免状を受けている者が死亡した場合は，戸籍法に規定する届出義務者は，1か月以内に，厚生労働大臣に免状を返還する．

(3)　免状の交付を受けている者は，免状を破り，よごし，又は失ったときは，厚生労働大臣に免状の再交付を申請することができる．

(4)　厚生労働大臣は，免状の返納を命ぜられ，その日から起算して2年を経過しない者には，免状の交付を行わないことができる．

(5)　免状の交付を受けている者は，免状の記載事項に変更が生じたときは，厚生労働大臣に免状の書換え交付を申請することができる．

問題 11　建築物環境衛生管理技術者の免状を交付されている者であっても，建築物衛生法に基づく事業の登録における人的基準の要件として，**認められない**ものは次のうちどれか．

(1)　建築物環境衛生総合管理業の空気環境測定実施者

(2)　建築物排水管清掃業の排水管清掃作業監督者

(3)　建築物飲料水貯水槽清掃業の貯水槽清掃作業監督者

(4)　建築物空気調和用ダクト清掃業のダクト清掃作業監督者

(5)　建築物飲料水水質検査業の水質検査実施者

問題 12　建築物衛生法に基づく事業の登録に関する次の記述のうち，**最も不適当な**ものはどれか．

(1)　建築物の環境衛生上の維持管理業務を行うためには，登録を受けることが必要である．

(2)　登録を受けるには，物的要件，人的要件，その他の要件が一定の基準を満たしていなければならない．

(3)　登録の有効期間は 6 年であり，6 年を超えて登録業者である旨の表示をしようとする場合は，新たに登録を受けなければならない．

(4)　登録を受けていない者が，登録業者もしくはこれに類似する表示をすることは禁止されている．

(5)　建築物の衛生管理業務を営む者の資質の向上を図ることを目的として，建築物衛生法施行後に導入された制度である．

問題 13　建築物衛生法に基づく特定建築物等の立入検査等に関する次の記述のうち，**最も不適当な**ものはどれか．

(1)　都道府県知事等の立入検査を拒否した者は，30 万円以下の罰金に処せられる．

(2)　都道府県知事等の報告の求めに応じなかった者は，30 万円以下の罰金に処せられる．

(3)　都道府県知事等は，必要に応じて犯罪捜査のために立入検査を実施できる．

(4)　保健所は，特定建築物に該当していない建築物であっても，多数の者が使用し，又は利用する場合は，環境衛生上必要な指導を実施できる．

(5)　都道府県知事等は，維持管理が建築物環境衛生管理基準に従って行われておらず，かつ，環境衛生上著しく不適当な事態が存すると認めるときは，改善命令や使用停止命令等の処分を行うことができる．

問題 14　建築物衛生法に基づく国又は地方公共団体の用に供する特定建築物に関する次の記述のうち，**誤っている**ものはどれか．

(1)　特定建築物の届出を行わなければならない．

(2)　環境衛生管理基準を遵守しなければならない．

(3)　建築物環境衛生管理技術者を選任しなければならない．

(4)　都道府県知事等は，立入検査を行うことができる．

(5)　都道府県知事等は，改善命令等に代えて，勧告を行うことができる．

問題 15　感染症の予防及び感染症の患者に対する医療に関する法律（以下「感染症法」という．）に関する次の記述のうち，**誤っている**ものはどれか．

(1)　感染症の発生を予防し，及びそのまん延の防止を図り，もって公衆衛生の向上及び増進を図ることを目的としている．

(2)　国及び地方公共団体は，感染症の患者等の人権を尊重しなければならない．

(3)　厚生労働大臣は，基本指針に即して，予防計画を定めなければならない．

(4)　国民は，感染症に関する正しい知識を持ち，その予防に必要な注意を払うよう努めなければならない．

(5)　感染症とは，一類感染症，二類感染症，三類感染症，四類感染症，五類感染症，新型インフルエンザ等感染症，指定感染症及び新感染症をいう．

問題 16　平成 30 年 12 月の水道法改正に関する次の記述のうち，**最も不適当な**ものはどれか．

(1)　人口減少に伴う水の需要の減少，水道施設の老朽化，深刻化する人材不足等の直面する課題に対応し，水道の基盤強化を図るために改正された．

(2)　水道事業者間の広域的な連携や統合の推進等により，上水道事業者数の具体的な削減目標を設定した．

(3)　国は広域連携の推進を含む水道の基盤を強化するための基本方針を定めることとした．

(4)　地方公共団体が厚生労働大臣の許可を受けて，水道施設に関する公共施設等の運営権を民間事業者に設定できる仕組みを導入した．

(5)　指定給水装置工事事業者の指定に更新制を導入した．

問題 17 公衆浴場法に関する次の記述のうち，**最も不適当な**ものはどれか．

(1) 公衆浴場とは，温湯，潮湯又は温泉その他を使用して，公衆を入浴させる施設をいう．

(2) 浴場業とは，都道府県知事等の許可を受け，業として公衆浴場を経営することをいう．

(3) 営業者は，浴槽内を著しく不潔にする行為をする入浴者に対して，その行為を制止しなければならない．

(4) 公衆浴場の営業許可は，厚生労働大臣が規則で定める構造設備基準・適正配置基準に従っていなければならない．

(5) 公衆浴場の運営は，都道府県等の条例で定める換気，採光，照明，保温，清潔等の衛生・風紀基準に従っていなければならない．

問題 18 環境省が公表している令和元年度以降の大気汚染の常時監視結果において，大気環境基準の達成率が**最も低い**ものは次のうちどれか．

(1) 光化学オキシダント

(2) 浮遊粒子状物質

(3) 一酸化炭素

(4) 二酸化窒素

(5) 微小粒子状物質

問題 19 次の法令とその規制対象との組合せとして，**誤っている**ものはどれか．

(1) 下水道法 ―――― 一定規模以上の飲食店に設置される厨(ちゅう)房施設の排水中のノルマルヘキサン抽出物質含有量

(2) 水質汚濁防止法 ―― 一定規模以上の合併処理浄化槽の排水中の生物化学的酸素要求量

(3) 大気汚染防止法 ―― 一定規模以上のボイラの排ガス中のいおう酸化物

(4) 温泉法 ――――― 一定規模以上の温泉施設の排水中の水素イオン濃度

(5) ダイオキシン類対策特別措置法 ―― 一定規模以上の廃棄物焼却炉の排ガス中のダイオキシン類の量

問題20 労働安全衛生法に規定されている次の記述のうち，**最も不適当な**ものはどれか．

(1) 厚生労働大臣は，労働災害防止計画を策定し，これを公表する．

(2) 一定の事業場には，統括安全衛生管理者，安全管理者，衛生管理者，産業医，作業主任者を選任しなければならない．

(3) 一定の事業場には，労働災害防止について労働者側の意見を反映させるため，安全委員会，衛生委員会又は安全衛生委員会を置かなくてはならない．

(4) ボイラその他の特に危険な作業を必要とする機械等を製造しようとする者は，労働基準監督署長の許可を受けなければならない．

(5) 事業者は，作業環境を快適な状態に維持管理するよう努めなければならず，作業環境の測定や，医師による健康診断の実施が義務付けられている．

問題21 環境基準と閾値(いき)に関する次の記述のうち，**最も不適当な**ものはどれか．

(1) 環境基準には，人の健康を保護する上で維持されることが望ましい基準と生活環境を保全する上で維持されることが望ましい基準がある．

(2) 閾値とは最小の刺激量として定義され，医学的な有害性の判断の根拠となる量である．

(3) 環境基準については，常に適切な科学的判断が加えられ，必要な改定がなされなければならない．

(4) 閾値の概念を示すHatchの図において，縦軸は化学的因子の量である．

(5) 環境基準は，動物実験や疫学調査等から得られる有害濃度を基礎とし，安全度を考慮して決定されている．

問題22 環境衛生に関する次の記述のうち，**最も不適当な**ものはどれか．

(1) 許容濃度は一般環境の基準として用いてはならない．

(2) （公社）日本産業衛生学会は，労働者の有害物質による健康障害を予防するために許容濃度を公表している．

(3) 許容濃度以下であれば，ほとんど全ての労働者に健康上の悪い影響が見られないと判断される．

(4) 有害物の曝(ばく)露量と集団の反応率との関係を，量−影響関係という．

(5) 学校における環境衛生の基準は，学校保健安全法で定められている．

問題 23　人体の臓器系とその障害・疾病との組合せとして，**最も不適当な**ものは次のうちどれか．

(1)　造血器系 ―――――――― 再生不良性貧血
(2)　消化器系 ―――――――― 肝硬変
(3)　呼吸器系 ―――――――― 肺気腫
(4)　神経系 ――――――――― 甲状腺機能低下症
(5)　循環器系 ―――――――― 動脈硬化症

問題 24　体温の調節における熱産生と熱放散に関する次の記述のうち，**最も不適当な**ものはどれか．

(1)　基礎代謝とは，睡眠時のエネルギー代謝のことをいう．
(2)　高温環境では発汗や血流量が増加し，代謝量は上昇する．
(3)　熱産生量は人体の活動状況によって異なり，作業量が増せば増加する．
(4)　日本人の基礎代謝は夏の方が冬よりも低い．
(5)　低温の環境では震えによって熱産生量が増加する．

問題 25　高齢者における温度環境に関する次の記述のうち，**最も不適当な**ものはどれか．

(1)　一般に若年者に比べて暖かい温度を好むとされている．
(2)　寒さに対する感受性は若年者に比べて高い傾向にある．
(3)　冬季における深部体温は，若年者に比べて低い傾向にある．
(4)　放射熱がない場合，高齢者の8割を満足させる気温の範囲は青年に比べて狭い範囲となる．
(5)　寒冷環境に曝(ばく)露された際の血圧の変動が，若年者に比べて顕著である．

問題 26　ヒトの温熱的快適性に影響する因子として，**最も不適当な**ものは次のうちどれか．

(1)　室内の気流
(2)　室内の相対湿度
(3)　室内の二酸化炭素濃度
(4)　着衣量
(5)　季節

問題 27　ヒトのがんに関する次の記述のうち，**最も不適当な**ものはどれか．

(1)　ヒトのがんの3分の2以上は，食事や喫煙等の生活習慣が原因とされる．
(2)　がんは我が国の死因のトップであり，高齢化に伴い死亡者数が増え続けている．
(3)　プロモータはDNAに最初に傷を付け，変異を起こさせる物質である．
(4)　ウイルスが発がんの原因となることがある．
(5)　ホルムアルデヒドには発がん性が認められる．

問題 28 アレルギーに関する次の記述のうち，**最も不適当な**ものはどれか.

(1) アレルギーは，ヒトに有害な免疫反応である.

(2) アレルギー反応の発現には，体内の肥満細胞の働きが関係するものがある.

(3) 低湿度は，気管支喘(ぜん)息の増悪因子である.

(4) 予防には，ダニや真菌が増殖しないよう，換気や清掃が重要である.

(5) 建築物衛生法において，ダニ又はダニアレルゲンに関する基準が定められている.

問題 29 建築物における室内空気とその環境に関する次の記述のうち，**最も不適当な**ものはどれか.

(1) 一般の室内環境下では，窒素の人体への健康影響はない.

(2) 一般的な室内空気中の酸素濃度は，約21%である.

(3) 良好な室内空気環境を維持するためには，1人当たり10 m^3/h以上の換気量が必要である.

(4) 建築物衛生法では，粒径（相対沈降径）がおおむね10 μm以下の粉じんを測定対象としている.

(5) 花粉は，エアロゾル粒子として室内に存在し得る.

問題 30 建築物衛生法におけるホルムアルデヒド量の基準値として，**正しい**ものは次のうちどれか.

(1) 0.08 mg/m^3 以下

(2) 0.1 mg/m^3 以下

(3) 0.15 mg/m^3 以下

(4) 0.5 mg/m^3 以下

(5) 1 mg/m^3 以下

問題 31 オゾンに関する次の記述のうち，**最も不適当な**ものはどれか.

(1) 水に溶けにくい.

(2) 紫外線による光化学反応で生成される.

(3) (公社)日本産業衛生学会は，作業環境におけるオゾンの許容濃度を示している.

(4) 吸入すると肺の奥まで達し，肺気腫を起こすことがある.

(5) 無臭である.

問題 32　健康増進法に関する次の記述のうち，**最も不適当な**ものはどれか．

⑴　特定施設の管理権原者は，法で定められた禁煙エリアに喫煙専用器具及び設備（灰皿等）を利用可能な状態で設置してはならない．

⑵　特定施設の管理権原者は，法で定められた禁煙エリアで喫煙している者に対し，喫煙の中止又は禁煙エリアからの退出を求めるよう努めなければならない．

⑶　病院や学校は，たばこの煙の流出を防止するための技術的基準を満たしていたとしても，屋内に喫煙場所を設けることはできない．

⑷　受動喫煙防止を目的として罰則規定が設けられている．

⑸　加熱式たばこについては，規制対象とならない．

問題 33　音に関する次の記述のうち，**最も不適当な**ものはどれか．

⑴　音は最終的に聴神経を経て大脳に伝わり音として認識される．

⑵　同じ音でも，聞く人によって，快適な音になったり，騒音になったりする．

⑶　ヒトが聞き取ることができる音の周波数帯は，およそ 20 Hz ～ 20 kHz 程度と言われている．

⑷　音の伝達において気導とは，空気の振動による音が鼓膜を通じて伝達されることである．

⑸　騒音職場などの定期健康診断における聴力検査では，スクリーニングとして 500 Hz と 2,000 Hz の聴力レベルが測定される．

問題 34　騒音とその影響に関する次の記述のうち，**最も不適当な**ものはどれか．

⑴　騒音性難聴と加齢性難聴は医学的に異なる．

⑵　慢性の騒音曝露（ばく）により，徐々に会話音域の聴力低下が進行する．

⑶　騒音性難聴は，中耳の伝播（ぱ）が障害されることによって起こる．

⑷　環境騒音に関する基準は，住民の心理的影響や聴取妨害，睡眠妨害等を参考に決められる．

⑸　会話の音声レベルから騒音のレベルを引いた値が 20 dB 以上あれば，十分な了解度が得られる．

問題 35　振動に関する次の記述のうち，**最も適当な**ものはどれか．

⑴　振動レベルの単位は Hz で示される．

⑵　振動は全身に分布する交感神経末端の受容器により知覚される．

⑶　全身振動は，水平振動のみで評価される．

⑷　長距離バスやフォークリフトの運転などにより，局所振動障害が起こる．

⑸　振動を原因とする白ろう病では，指に境界鮮明な蒼（そう）白化状態が発生する．

問題 36 眼の構造と光の知覚・明るさに関する次の記述のうち，**最も不適当な**ものはどれか．

(1) 眼の網膜にある視細胞が光を感知する．
(2) 網膜は眼の前面，水晶体の前方に位置する．
(3) 黒色の円環の切れ目を見ることで視力を測る方法がある．
(4) 室内における適正な照明の量は，使用用途によって異なる．
(5) 物体の色は，光が物体に入射し，反射した光の分光分布により見られる．

問題 37 情報機器作業に関する次の記述のうち，**最も不適当な**ものはどれか．

(1) 一連続作業時間は 90 分を超えないようにする．
(2) グレア防止用の照明器具を用いる．
(3) 最も多い自覚症状は，眼の調節機能の低下や疲労，痛み，充血等である．
(4) 高齢者は眼の調節力の低下があるため，作業に必要な照度に関して配慮が必要である．
(5) ディスプレイを用いる場合の書類及びキーボード上における照度は 300 lx 以上とする．

問題 38 電場・磁場・電磁波に関する次の記述のうち，**最も不適当な**ものはどれか．

(1) 電磁波は真空中も空気中も光速で伝わる．
(2) 高エネルギーである X 線，γ 線は電離作用をもつ．
(3) 電場と磁場の振動が伝播(ぱ)する波動の総称を電磁波という．
(4) 光を波長の長さ順に並べると，紫外線が一番長く，その次が可視光線で，赤外線が一番短い．
(5) 静電場は，電撃や皮膚がチリチリする不快感をもたらすことがある．

問題 39 紫外線に関する次の記述のうち，**最も不適当な**ものはどれか．

(1) 紫外線には殺菌作用がある．
(2) 紫外線は皮膚表層で吸収される．
(3) 紫外線のリスクとして悪性黒色腫の発生がある．
(4) 紫外線の曝露(ばく)が起こる作業の一つにアーク溶接がある．
(5) 紫外線の曝露による白内障は，ガラス工白内障として古くから知られている．

問題 40 電離放射線に関する次の記述のうち，**最も不適当な**ものはどれか．

(1) 感受性が最も高い細胞は，消化管の上皮細胞である．
(2) アルファ線は紙一枚で遮断できる．
(3) 人体に与える影響の単位はシーベルト（Sv）である．
(4) 放射線による悪性腫瘍の発生は，確率的影響に分類される．
(5) 妊娠可能な婦人の骨盤照射は，月経開始後 10 日以内に行う．

問題 41 ヒトと水に関する次の記述のうち，**最も不適当な**ものはどれか．

(1) 一般成人における体内水分量は，体重の約 60 %である．

(2) 水分・体液のうち，細胞内液は約 2/3 である．

(3) 成人の場合，不可避尿として 1 日最低 1 L 以上の尿排泄(せつ)が必要である．

(4) 一般に，体重当たりの体内水分量は女性より男性の方が多い．

(5) 水分の欠乏率が体重の約 2 %になると，強い渇きを感じる．

問題 42 水系感染症の特徴に関する次の記述のうち，**最も不適当な**ものはどれか．

(1) 梅雨から夏に集中する．

(2) 初発患者の発生から数日で爆発的に増加する．

(3) 職業と関連する場合は少ない．

(4) 給水範囲に一致して発生し，その境界線が明確である．

(5) 一般に潜伏期間が長い．

問題 43 次の感染症のうち，ウイルスによって**引き起こされる**ものはどれか．

(1) 発しんチフス

(2) カンジダ症

(3) マラリア

(4) 日本脳炎

(5) レプトスピラ症

問題 44 感染症法により，**全数把握が必要とされる**感染症は次のうちどれか．

(1) ヘルパンギーナ

(2) A 型肝炎

(3) 季節性インフルエンザ

(4) 手足口病

(5) マイコプラズマ肺炎

問題 45 5 %溶液の次亜塩素酸ナトリウムを水で希釈して 200 mg/L の濃度の溶液を 10 L 作る場合，必要となる 5 %溶液の量として，**最も近い**ものは次のうちどれか．

(1) 0.4 mL

(2) 2 mL

(3) 4 mL

(4) 20 mL

(5) 40 mL

問題 46　次の用語とその単位との組合せとして，**誤っている**ものはどれか．

(1)　絶対湿度 ―――― kg/kg(DA)

(2)　熱貫流抵抗 ――― $m^2 \cdot K/W$

(3)　輝度 ―――――― cd/m^2

(4)　音響透過損失 ―― dB

(5)　比熱 ―――――― kJ/kg(DA)

問題 47　下の図のようなＡ部材とＢ部材からなる外壁がある．いま，Ａ部材とＢ部材の厚みと熱伝導率がそれぞれ 14 cm と 1.4 W/(m·K)，5 cm と 0.2 W/(m·K) であり，室内側熱伝達率と屋外側熱伝達率がそれぞれ 10 $W/(m^2 \cdot K)$，20 $W/(m^2 \cdot K)$ であるとする．室内と屋外の温度差が 20 ℃であるとき，この外壁の単位面積当たりの熱流量として，**正しい**ものは次のうちどれか．

(1)　0.7 W/m^2

(2)　1.4 W/m^2

(3)　10 W/m^2

(4)　40 W/m^2

(5)　56 W/m^2

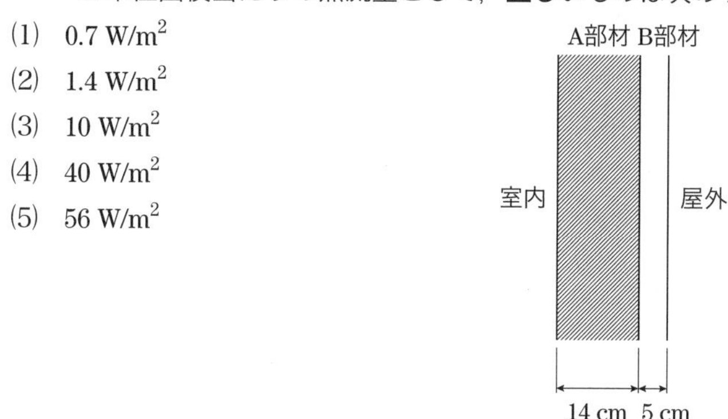

問題 48　湿り空気に関する次の記述のうち，**最も不適当な**ものはどれか．

(1)　絶対湿度が一定の状態で，温度が上昇すると相対湿度は低下する．

(2)　相対湿度が同じ湿り空気では，温度が高い方が比エンタルピーは高い．

(3)　乾球温度が同じ湿り空気では，絶対湿度が高い方が水蒸気圧は高い．

(4)　露点温度における湿り空気では，乾球温度と湿球温度は等しい．

(5)　比エンタルピーが同じ湿り空気では，温度が高い方が絶対湿度は高い．

問題 49　熱移動に関する次の記述のうち，**最も不適当な**ものはどれか．

(1)　一般に，同一材料でも内部に水分を多く含むほど，熱伝導率は大きくなる．

(2)　固体内を流れる熱流は，局所的な温度勾配に熱伝導抵抗を乗じて求められる．

(3)　一般に，密度が大きい材料ほど，熱伝導率は大きくなる．

(4)　中空層の熱抵抗は，一定の厚さ（2 ～ 5 cm）までは厚さが増すにつれて増大するが，それ以上ではほぼ一定となる．

(5)　ガラス繊維などの断熱材の熱伝導率が小さいのは，繊維材によって内部の空気の流動が阻害されるためである．

問題 50　熱放射に関する次の記述のうち，**最も不適当な**ものはどれか．

(1)　同一温度の物体間での放射に関し，物体の放射率と吸収率は等しい．

(2)　物体表面の太陽放射の吸収率（日射吸収率）は，必ずしも放射率と等しくならない．

(3)　簡略化した放射熱伝達式では，放射熱伝達率が用いられる．

(4)　常温物体から射出される電磁波は，波長が 10 μm 付近の赤外線が主体である．

(5)　温度が 0 ℃の固体表面は，放射率に関わらず熱放射していない．

問題 51　流体力学に関する次の記述のうち，**最も不適当な**ものはどれか．

(1)　連続の式（質量保存の法則）は，ダクト中の流体の温度，断面積，流速の積が一定となることを意味する．

(2)　無秩序な乱れによる流体塊の混合を伴う流れを乱流という．

(3)　ベルヌーイの定理は，流れの力学的エネルギーの保存の仮定から導かれる．

(4)　レイノルズ数が小さい流れでは，粘性が強い流れとなる．

(5)　ダクトの形状変化に伴う圧力損失は，形状抵抗係数と風速の 2 乗に比例する．

問題 52　下の図のように，風上側と風下側にそれぞれ一つの開口部を有する建築物における外部の自然風のみによる自然換気に関する次の記述のうち，**最も不適当な**ものはどれか．

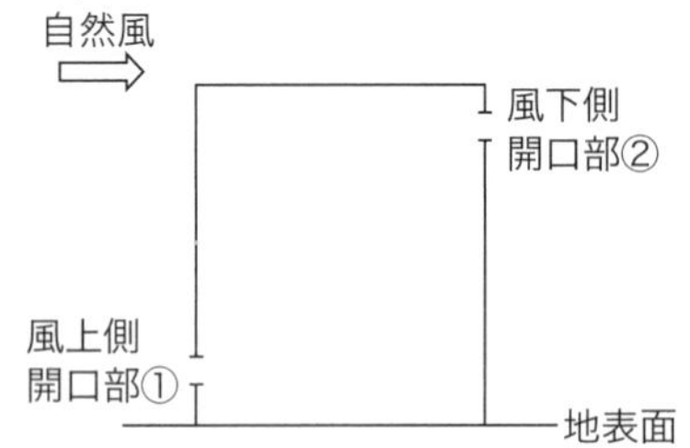

(1)　外部の自然風の風速が 2 倍になると，換気量は 2 倍になる．

(2)　換気量は，開口部①と②の風圧係数の差の平方根に比例する．

(3)　開口部①と②の両方の開口面積を 2 倍にすると，換気量は 4 倍になる．

(4)　風下側に位置する開口部②の風圧係数は，一般的に負の値となる．

(5)　各開口の流量係数は，開口部の形状に関係する．

問題 53 室内気流に関する次の記述のうち，**最も不適当な**ものはどれか．

(1) 混合換気（混合方式の換気）は，室温よりやや低温の空調空気を床面付近に低速で供給し，天井面付近で排気する換気方式である．

(2) コールドドラフトは，冷たい壁付近などでの自然対流による下降流が原因で生じることがある．

(3) 壁面上部からの水平吹出しの空気調和方式では，暖房時に居住域に停滞域が生じて上下温度差が大きくなりやすい．

(4) 天井中央付近から下向き吹出しの空気調和方式では，冷房時に冷気が床面付近に拡散し，室上部に停滞域が生じやすい．

(5) ドラフトとは不快な局部気流のことであり，風速，気流変動の大きさ，空気温度の影響を受ける．

問題 54 通風を行う開口部の通過風量に関する次の式のア～ウに入る用語の組合せとして，**正しい**ものはどれか．

建物の窓などの開口部で通風が行われる場合，通過風量 Q は下記のような式に表すことができる．

$$Q = \text{ア}\sqrt{\frac{2}{\text{イ}}\text{ウ}}$$

	ア	イ	ウ
(1)	相当開口面積	空気の密度	開口部前後の圧力差
(2)	開口部前後の圧力差	相当開口面積	空気の密度
(3)	相当開口面積	開口部前後の圧力差	空気の密度
(4)	開口部前後の圧力差	空気の密度	相当開口面積
(5)	空気の密度	相当開口面積	開口部前後の圧力差

問題 55 喫煙室において，1 時間当たり 15 本のたばこが喫煙されているとき，喫煙室内の一酸化炭素濃度を建築物環境衛生管理基準値の 6 ppm 以下に維持するために最低限必要な換気量として，**最も近い**ものは次のうちどれか．

ただし，室内は定常状態・完全混合（瞬時一様拡散）とし，外気一酸化炭素濃度は 0 ppm，たばこ 1 本当たりの一酸化炭素発生量は 0.000 4 m^3/h とする．

(1) 40 m^3/h

(2) 66 m^3/h

(3) 600 m^3/h

(4) 1,000 m^3/h

(5) 4,000 m^3/h

問題 56　換気と必要換気量に関する次の記述のうち，**最も不適当な**ものはどれか．

(1)　必要換気量は，人体への影響，燃焼器具の影響，熱・水蒸気発生の影響等から決定される．

(2)　必要換気量は，人体から発生する二酸化炭素を基準として求めることが多い．

(3)　理論廃ガス量とは，燃料が不完全燃焼した場合の廃ガス量のことである．

(4)　機械換気は，送風機や排風機等の機械力を利用して室内の空気の入れ換えを行う．

(5)　ハイブリッド換気は，自然換気の省エネルギー性と機械換気の安定性の両者の長所をいかした換気の方法である．

問題 57　空気清浄化と換気に関する次の記述のうち，**最も不適当な**ものはどれか．

(1)　単位時間当たりに室内に取り入れる外気量を室容積で除したものを空気交換効率という．

(2)　換気の目的の一つに，室内空気と新鮮空気の入れ換えがある．

(3)　単位時間当たりに室内に取り入れる外気量を（外気による）換気量という．

(4)　室内における粉じんの除去は，空調機に設置されているエアフィルタにより行うことができる．

(5)　室内におけるガス状汚染物質の除去は，ケミカルエアフィルタにより行うことができるが，基本的には換気が重要である．

問題 58　浮遊粒子の動力学的性質に関する次の記述のうち，**最も不適当な**ものはどれか．

(1)　抵抗係数は，ストークス域ではレイノルズ数に反比例する．

(2)　電荷をもつ粒子の電気移動度は，粒子の移動速度と電界強度の積である．

(3)　球形粒子の拡散係数は，粒径に反比例する．

(4)　沈着速度は，単位時間当たりの沈着量を気中濃度で除した値である．

(5)　球形粒子の重力による終末沈降速度は，粒径の二乗に比例する．

問題 59　個別方式の空気調和設備に関する次の記述のうち，**最も不適当な**ものはどれか．

(1)　ビル用マルチパッケージには，同一室外機系統でも室内機ごとに冷暖房が選択できる冷暖房同時型というタイプがある．

(2)　圧縮機の駆動力は，電力を用いるものとガスエンジンによるものがある．

(3)　特殊なものを除き，通常は外気処理機能をもたない．

(4)　分散設置空気熱源ヒートポンプ方式では，圧縮機のON-OFF制御が主流である．

(5)　分散設置水熱源ヒートポンプ方式は，冷房と暖房が混在する場合には熱回収運転が可能である．

問題 60　定風量単一ダクト方式を図－Aに，冷房最大負荷時の状態変化を図－Bに示す．図－Aの各点に対する図－Bの状態点との組合せとして，**最も適当な**ものは次のうちどれか．

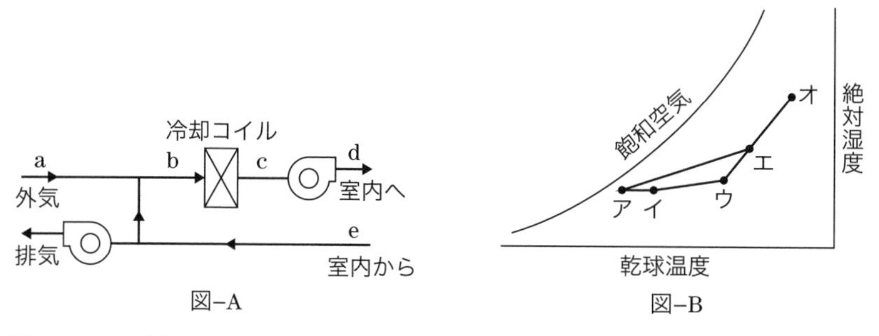

図–A　　図–B

図－A	図－B
(1) a	ア
(2) b	ウ
(3) c	エ
(4) d	イ
(5) e	オ

問題 61　空気調和方式と設備の構成との組合せとして，**最も不適当な**ものは次のうちどれか．

(1)　定風量単一ダクト方式 ―― 混合ユニット
(2)　変風量単一ダクト方式 ―― VAV ユニット
(3)　ダクト併用ファンコイルユニット方式 ―― 還気ダクト
(4)　分散設置空気熱源ヒートポンプ方式 ―― 室外機
(5)　外調機併用ターミナルエアハンドリングユニット方式 ―― VAV ユニット

問題 62　湿り空気に関する次の記述のうち，**最も不適当な**ものはどれか．

(1)　顕熱比とは，顕熱の変化量の，全熱の変化量に対する比である．
(2)　露点温度とは，湿り空気を冷却したとき飽和状態になる温度のことである．
(3)　絶対湿度とは，湿り空気中の水蒸気量の，湿り空気の全質量に対する比である．
(4)　相対湿度とは，ある湿り空気の水蒸気分圧の，その湿り空気と同一温度の飽和水蒸気分圧に対する比を，百分率で表したものである．
(5)　熱水分比とは，比エンタルピーの変化量の，絶対湿度の変化量に対する比である．

問題 63　空気調和における湿り空気線図上での操作に関する次の記述のうち，**最も不適当な**ものはどれか．

(1)　温水コイル通過後の空気は単純加熱となり，通過前後で絶対湿度は変化しない．

(2)　冷房時の室内熱負荷における顕熱比（SHF）が 0.8 の場合，空調機からの吹出し空気の絶対湿度は室内空気より低くなる．

(3)　暖房時に水噴霧加湿を用いる場合，給気温度は加湿前の温水コイルの出口温度と等しくなる．

(4)　還気と外気の混合状態は，湿り空気線図上において還気と外気の状態点を結んだ直線上に求められる．

(5)　冷水コイルによる冷却除湿では，バイパス空気によりコイル出口における空気の相対湿度は 100 % とならない．

問題 64　同出力の蒸気圧縮冷凍機と比較した場合の吸収式冷凍機の特徴に関する次の記述のうち，**最も不適当な**ものはどれか．

(1)　冷凍機内は真空であり，圧力による破裂のおそれがない．

(2)　回転部分が少なく，騒音・振動が小さい．

(3)　特別な運転資格を必要としない．

(4)　消費電力量が少ない．

(5)　排熱回収に適さない．

問題 65　ボイラに関する次の記述のうち，**最も不適当な**ものはどれか．

(1)　鋳鉄製ボイラは，高温・高圧の蒸気の発生に適している．

(2)　炉筒煙管ボイラは，直径の大きな横型ドラムを本体とし，燃焼室，煙管群で構成される．

(3)　貫流ボイラは，水管壁に囲まれた燃焼室及び水管群からなる対流伝熱面で構成される．

(4)　真空式温水発生器は，容量によらずボイラに関する取扱い資格は不要である．

(5)　真空式温水発生器は，缶体内を真空に保持して水を沸騰させ，熱交換器に伝熱する．

問題 66　冷凍機に用いられる冷媒とオゾン破壊係数（ODP）との組合せとして，**最も不適当な**ものは次のうちどれか.

〔冷媒〕　　　　　〔オゾン破壊係数〕

(1)　R11(CFC) ―――――――― 1

(2)　R32(HFC) ―――――――― 0.055

(3)　R123(HCFC) ――――――― 0.02

(4)　R717(NH_3) ――――――― 0

(5)　R744(CO_2) ――――――― 0

問題 67　熱源方式に関する次の記述のうち，**最も不適当な**ものはどれか.

(1)　地域冷暖房システムは，地域内の建築物や施設（需要家）同士が相互に熱を融通し，効率的に熱需要に対応する方式である.

(2)　ヒートポンプ方式は，1台の機器で冷水又は温水，あるいは必要に応じて冷水と温水を同時に製造するものがある.

(3)　吸収冷凍機＋蒸気ボイラ方式は，空調以外の給湯・洗浄・消毒等の用途に高圧蒸気を必要とする病院，ホテル，工場等での採用例が多い.

(4)　コージェネレーション方式は，エンジンなどを駆動して発電するとともに，排熱を回収して利用する方式である.

(5)　蓄熱システムは，熱源設備により製造された冷熱・温熱を計画的に効率よく蓄熱し，必要な時に必要な量だけ取り出して利用するシステムである.

問題 68　全熱交換器に関する次の記述のうち，**最も不適当な**ものはどれか.

(1)　外気負荷の軽減を目的として，空気中の顕熱・潜熱を同時に熱交換する装置である.

(2)　回転型は，ロータの回転に伴って排気の一部が給気側に移行することがある.

(3)　静止型は，回転型よりも目詰まりを起こしにくい.

(4)　静止型の給排気を隔てる仕切り板は，伝熱性と透湿性をもつ材料で構成されている.

(5)　冬期・夏期のいずれも省エネルギー効果が期待できるが，中間期の運転には注意が必要である.

問題 69　冷却塔に関する次の記述のうち，**最も不適当な**ものはどれか．

(1)　開放型冷却塔は通風抵抗が大きいため，密閉型冷却塔よりも大きな送風機動力が必要である．

(2)　密閉型冷却塔は，電算室やクリーンルーム系統用に採用されることが多い．

(3)　開放型冷却塔では冷却水の水質管理，密閉型冷却塔では散布水の水質管理が重要である．

(4)　冷却能力が同等の場合，密閉型冷却塔は，開放型冷却塔よりも一般に大型である．

(5)　空調用途における冷却塔は，主として冷凍機の凝縮熱を大気に放出するためにある．

問題 70　空気調和機に関する次の記述のうち，**最も不適当な**ものはどれか．

(1)　エアハンドリングユニットは，熱源設備から供給される冷水・温水・蒸気等を用いて空調空気を作り，各ゾーン・各室にダクトにより送風する．

(2)　ターミナルエアハンドリングユニットは，全熱交換器，制御機器，還気送風機等の必要機器が一体化された空調機である．

(3)　ファンコイルユニットは，送風機，熱交換器，エアフィルタ及びケーシングによって構成される室内設置用の小型空調機である．

(4)　パッケージ型空調機は，圧縮機，膨張弁，蒸発器，凝縮器等によって構成される．

(5)　パッケージ型空調機のうちヒートポンプ型は，採熱源によって水熱源と空気熱源に分類される．

問題 71　空気調和設備に用いられる加湿装置と除湿装置に関する次の記述のうち，**最も不適当な**ものはどれか．

(1)　冷却除湿機は，空気を冷却して露点温度以下にし，水蒸気を凝縮分離する方式である．

(2)　吸収式除湿機は，塩化リチウムなどの吸収剤を利用した湿式の除湿装置である．

(3)　蒸気式加湿器では，水中に含まれる微生物の放出により空気質が悪化することがある．

(4)　吸着式除湿機は，シリカゲルなどの固体吸着剤に水蒸気を吸着させて除湿する装置である．

(5)　気化式加湿器では，温度降下が生じる．

問題 72　送風機に関する次の記述のうち，**最も不適当な**ものはどれか．

⑴　送風機は，吐出圧力の大きさに応じてファンとブロワに分類され，空気調和用の送風機はファンに属する．

⑵　遠心式送風機では，空気が軸方向から入り，軸に対して傾斜して通り抜ける．

⑶　送風系の抵抗曲線は，ダクトの形状やダンパの開度が変わると変化する．

⑷　軸流式送風機は，空気が羽根車の中を軸方向から入り，軸方向に通り抜ける．

⑸　横流式送風機は，空気が羽根車の外周の一部から入り，反対側の外周の一部へ通り抜ける．

問題 73　ダクトとその付属品に関する次の記述のうち，**最も不適当な**ものはどれか．

⑴　低圧ダクトの流速範囲は，15 m/s 以下である．

⑵　フレキシブル継手は，ダクトと吹出口や消音ボックス等を接続する際に，位置調整のために設けられる．

⑶　可変風量ユニットの動作形式には，絞り式とバイパス式がある．

⑷　風量調整ダンパは，モータダンパの場合も，ダンパそのものの構造は手動ダンパと同等である．

⑸　丸ダクトは，スパイラルダクトに比べて，はぜにより高い強度が得られる．

問題 74　吹出口に関する次の記述のうち，**最も不適当な**ものはどれか．

⑴　アネモスタット型吹出口は，誘引効果が高く均一度の高い温度分布が得られる．

⑵　ノズル型吹出口は，拡散角度が大きく到達距離が短い．

⑶　ライン型吹出口は，ペリメータ負荷処理用として窓際に設置されることが多い．

⑷　天井パネル型吹出口は，面状吹出口に分類される．

⑸　グリル型吹出口は，軸流吹出口に分類される．

問題 75　空気調和設備のポンプ，配管及びその付属品に関する次の記述のうち，**最も不適当な**ものはどれか．

⑴　バタフライ弁は，軸の回転によって弁体が開閉する構造である．

⑵　軸流ポンプは遠心ポンプと比較して，全揚程は小さいが吐出し量が多いという特徴をもつ．

⑶　伸縮継手は，温度変化による配管軸方向の変位を吸収するためのものである．

⑷　玉形弁は，流体の流量調整用として用いられる．

⑸　蒸気トラップは，機器や配管内で発生した高い蒸気圧力を速やかに外部に排出するための安全装置である．

問題 76　パッケージ型空調機方式で使用する外気処理ユニットに関する次の記述のうち，**最も不適当な**ものはどれか．

(1)　ビル用マルチパッケージと同一の冷媒ラインに接続可能である．

(2)　導入した外気に加熱・冷却を行うことが可能である．

(3)　導入した外気は加湿された後に直膨コイルを通過する．

(4)　全熱交換器を組み込んだユニットである．

(5)　給排気の風量バランスについて注意が必要である．

問題 77　浮遊粉じんの測定法と測定器に関する次の記述のうち，**最も不適当な**ものはどれか．

(1)　浮遊粉じんの浮遊測定法には，吸光光度法がある．

(2)　浮遊粉じんの捕集測定法には，フィルタ振動法がある．

(3)　デジタル粉じん計は，粉じんによる散乱光の波長により相対濃度を測定する．

(4)　建築物環境衛生管理基準に基づき，ローボリウムエアサンプラ法を用いる場合は，分粒装置を装着する必要がある．

(5)　デジタル粉じん計は，経年による劣化などが生じることから定期的に較正を行う必要がある．

問題 78　環境要素の測定に関する次の記述のうち，**最も不適当な**ものはどれか．

(1)　グローブ温度は，室内気流速度が小さくなるに伴い，平均放射温度に近づく傾向にある．

(2)　超音波風速計は，超音波の強度と気流との関係を利用している．

(3)　電気抵抗式湿度計は，感湿部の電気抵抗が吸湿や脱湿により変化することを利用している．

(4)　バイメタル式温度計は，2 種類の金属の膨張率の差を利用している．

(5)　アスマン通風乾湿計の乾球温度は，一般に湿球温度より高い値を示す．

問題 79　次の汚染物質とその濃度又は強さを表す単位の組合せとして，**最も不適当な**ものはどれか．

(1)　アセトアルデヒド ――― $\mu g/m^3$

(2)　オゾン ――――――― cfu/m^3

(3)　粉じん ――――――― mg/m^3

(4)　硫黄酸化物 ――――― ppm

(5)　アスベスト ――――― 本 /L

問題 80　室内空気環境の測定に関する次の記述のうち，**最も不適当な**ものはどれか．

(1)　一酸化炭素の測定には，定電位電解法がある．

(2)　二酸化炭素の測定には，非分散型紫外線吸収法がある．

(3)　窒素酸化物の測定には，吸光光度法がある．

(4)　イオウ酸化物の測定には，紫外線蛍光法がある．

(5)　オゾンの測定には，紫外線吸収法がある．

問題 81　ホルムアルデヒドの簡易測定法として，**最も不適当な**ものはどれか．

(1)　検知管法

(2)　光電光度法

(3)　燃料電池法

(4)　化学発光法

(5)　β線吸収法

問題 82　空気調和設備の維持管理に関する次の記述のうち，**最も不適当な**ものはどれか．

(1)　冷却水系のレジオネラ属菌の増殖を抑制するには，化学的洗浄と殺菌剤添加を併用するのが望ましい．

(2)　空気調和設備の空気搬送系では，使用年数の経過につれダクト内部の清掃を考慮する必要がある．

(3)　建築物環境衛生管理基準に基づき，冷却塔の清掃は，1年以内ごとに1回，定期に行うこと．

(4)　建築物環境衛生管理基準に基づき，加湿装置は，使用開始時及び使用期間中の1か月以内ごとに1回，定期に汚れの状況を点検し，必要に応じ，清掃等を行うこと．

(5)　建築物環境衛生管理基準に基づき，空気調和設備内に設けられた排水受けは，6か月以内ごとに1回，定期にその汚れ及び閉塞の状況を点検し，必要に応じ，清掃等を行うこと．

問題 83　音に関する次の記述のうち，**最も不適当な**ものはどれか．

⑴　音圧レベルは，人間の最小可聴値の音圧を基準として定義された尺度である．

⑵　騒音レベルとは，人間の聴覚の周波数特性を考慮した騒音の大きさを表す尺度である．

⑶　時間によって変動する騒音は，等価騒音レベルによって評価される．

⑷　空気調和機から発生した音が隔壁の隙間などを透過してくる音は，固体伝搬音である．

⑸　遮音とは，壁などで音を遮断して，透過する音のエネルギーを小さくすることである．

問題 84　騒音と振動に関する次の記述のうち，**最も不適当な**ものはどれか．

⑴　不規則かつ大幅に変動する振動の表示方法として，時間率レベルが示されている．

⑵　回折減衰効果を利用した振動対策として防振溝がある．

⑶　道路交通振動に対する振動規制は，昼間より夜間の方が厳しい．

⑷　低周波数域の騒音に対する人の感度は低い．

⑸　低周波数の全身振動よりも高周波数の全身振動の方が感じやすい．

問題 85　騒音レベル 80 dB と 86 dB の騒音を合成した場合の騒音レベルとして，**最も近い**ものは次のうちどれか．

ただし，$\log_{10}2 = 0.301\,0$，$\log_{10}3 = 0.477\,1$，$\log_{10}5 = 0.699\,0$ とする．

⑴　83 dB

⑵　86 dB

⑶　87 dB

⑷　89 dB

⑸　166 dB

問題 86　騒音・振動問題の対策に関する次の記述のうち，**最も不適当な**ものはどれか．

⑴　新築の建物の使用開始直後において，騒音・振動について設計目標値を満たしているにもかかわらず発生するクレームは，保守管理責任の範疇（ちゅう）ではない．

⑵　外部騒音が同じ場合，コンサートホール・オペラハウスの方が録音スタジオよりも高い遮音性能が求められる．

⑶　空気伝搬音を低減するためには，窓・壁・床等を遮音する必要がある．

⑷　経年による送風機の音・振動の発生状況に問題がないか確認するため，ベルトの緩み具合などを定期的に検査する．

⑸　寝室における騒音は，骨伝導で感知される固体伝搬音も評価する必要がある．

問題 87　光と照明に関する次の記述のうち，**最も不適当な**ものはどれか．

(1)　照明器具の不快グレアの程度を表すUGRは，値が大きいほどまぶしさの程度が大きいことを意味する．

(2)　設計用全天空照度は，快晴よりも薄曇りの方が高い．

(3)　色温度が高くなると，光色は青→白→黄→赤と変わる．

(4)　演色評価数が100に近い光源ほど，基準光で照らした場合の色に近い色を再現できる．

(5)　事務所における製図作業においては，文書作成作業よりも高い維持照度が求められる．

問題 88　ある部屋の作業面の必要照度が750 lxであった．ランプ1本当たりの光束が3,000 lmのランプの必要灯数として，**最も近い**ものは次のうちどれか．

ただし，その部屋の床面積は100 m^2，照明率を0.6，保守率を0.75とする．

(1)　15灯

(2)　25灯

(3)　34灯

(4)　42灯

(5)　56灯

問題 89　照明に関する次の用語のうち，建築化照明に**分類されない**ものはどれか．

(1)　システム天井照明

(2)　コードペンダント

(3)　ルーバー照明

(4)　コーニス照明

(5)　コーブ照明

問題 90　空気調和設備におけるコミッショニングに関連する用語として，**該当しない**ものは次のうちどれか．

(1)　BEMS

(2)　性能検証

(3)　BCP

(4)　運用最適化

(5)　FPT

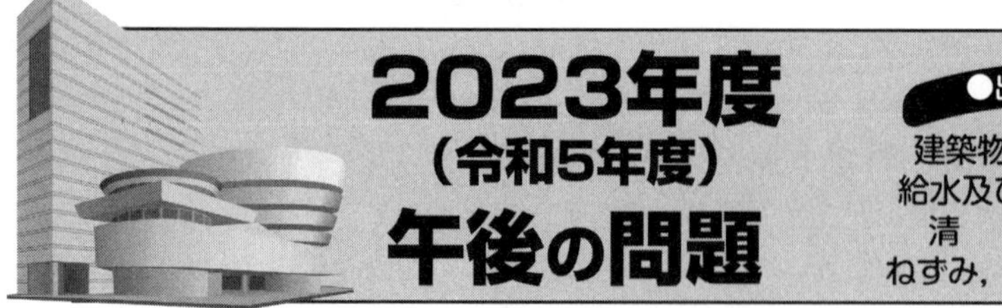

問題 91　CASBEE（建築環境総合性能評価システム）の評価対象の分野に，**含まれていない**ものは次のうちどれか．

(1)　エネルギー消費
(2)　火災安全
(3)　資源循環
(4)　地域環境
(5)　室内環境

問題 92　建築物と都市環境に関する次の記述のうち，**最も不適当な**ものはどれか．

(1)　半密閉の空間のようになる，両側を高い建築物で連続的に囲まれた道路空間は，ストリートキャニオンと呼ばれる．
(2)　熱容量が大きい材料は，日射熱を蓄熱しやすい．
(3)　内水氾濫による都市型洪水は，環境基本法で定義される公害の一つである．
(4)　都市化により，都市の中心部の気温が郊外と比較して高くなる現象をヒートアイランド現象という．
(5)　乱開発などによって市街地が広がることをスプロール現象という．

問題 93　鉄筋コンクリート構造とその材料に関する次の記述のうち，**最も不適当な**ものはどれか．

(1)　セメントペーストは，砂，セメント，水を練り混ぜたものである．
(2)　梁（はり）に設けられた設備配管のための開孔部の径は，一般に梁せいの 1/3 以下とする．
(3)　コンクリートと鉄筋の線膨張係数は，ほぼ等しい．
(4)　柱の帯筋比は，0.2 % 以上とする．
(5)　中性化している部分のコンクリート表面からの距離を中性化深さという．

問題 94　鉄骨構造とその材料に関する次の記述のうち，**最も不適当な**ものはどれか．

(1)　梁(はり)部材には，形鋼や鋼板の組立て材などが用いられる．

(2)　鋼材の強度は温度上昇とともに低下し，1,000 ℃でほとんど零となる．

(3)　鉄骨構造は耐食性に乏しいため，防錆(せい)処理が必要である．

(4)　骨組の耐火被覆の厚さは，耐火時間に応じて設定する．

(5)　鋼材の炭素量が増すと，一般に溶接性が向上する．

問題 95　建築物の荷重と構造力学に関する次の記述のうち，**最も不適当な**ものはどれか．

(1)　教室の床の構造計算をする場合の積載荷重は，一般に事務室より大きく設定されている．

(2)　地震力は，地震により建築物が振動することで生じる慣性力である．

(3)　片持ち梁(はり)に分布荷重が作用する場合，その先端にはせん断力は生じない．

(4)　支点には，固定端，回転端（ピン），移動端（ローラ）の 3 種類がある．

(5)　風圧力は，時間とともに変化する動的な荷重である．

問題 96　建築材料と部材の性質に関する次の記述のうち，**最も不適当な**ものはどれか．

(1)　コンクリートの混和材には，フライアッシュ，高炉スラグ，シリカヒューム等がある．

(2)　単板積層材（LVL）は，主に柱や梁(はり)に用いられる．

(3)　一般に，コンクリートのひび割れ幅が 0.1 ～ 0.2 mm 以上になると鉄筋の腐食が著しくなる．

(4)　鋼材は等方性材料である．

(5)　木材の含水率は，水分を含んでいる木材の質量の，絶乾質量に対する割合をいう．

問題 97　建築物の電気設備に関する次の記述のうち，**最も不適当な**ものはどれか．

(1)　実効値 100 V の交流電圧は，ピーク時の電圧が約 140 V である．

(2)　受変電設備の変圧器容量は，建築物内部の電気設備の負荷の合計値以上とするのが一般的である．

(3)　電線の配電距離が長くなると，電圧の低下を招く．

(4)　磁束密度は，電流の強さとコイルの巻き数との積に比例する．

(5)　建築物の設備機械の動力は，三相誘導電動機を多く利用している．

問題 98 建築設備に関する次の記述のうち，**最も不適当な**ものはどれか．

(1) LP ガス容器は一般的に鋼板製のものが多く，高圧ガス保安法に基づく検査合格刻印がされたもの等でなければ使用できない．

(2) エスカレーターの公称輸送能力は，定格速度と踏段幅により決定される．

(3) 受変電設備とは，電力会社から送電された高圧電力を受電し，所定の電圧に下げて建物内で安全に利用できるようにする設備である．

(4) 非常用エレベーターを複数設置する場合は，まとまった位置に設けるのがよい．

(5) エレベーターの安全装置は，建築基準法により定められている．

問題 99 建築設備に関する次の記述のうち，**最も不適当な**ものはどれか．

(1) 自動火災報知設備は，主に感知器，受信機，非常ベルなどで構成される．

(2) 避雷設備は，高さ 18 m を超える建築物に設置が義務付けられている．

(3) 建築基準法により，高さ 31 m を超える建築物(政令で定めるものを除く．)には，非常用の昇降機を設けなければならない．

(4) 勾配が 30 度を超え 35 度以下のエスカレーターの定格速度は，30 m/min 以下とされている．

(5) 非常用照明装置は，停電を伴った災害発生時に居住者や利用者を安全に避難させるための設備である．

問題 100 火災性状に関する次の記述のうち，**最も不適当な**ものはどれか．

(1) フラッシュオーバーは，着火源から部屋全体に急速に燃焼拡大する現象である．

(2) 火災時に階段等の竪(たて)穴区画に煙が入った場合，煙突効果によって上階へ急速な煙の伝播(ぱ)を招くおそれがある．

(3) 減光係数は，煙の有毒性の定量的評価に用いられる指標である．

(4) 火災時に室内の上部に形成される高温度の煙層は，火勢の拡大を促進させる要因の一つである．

(5) プルームは，火源の上方に形成される燃焼反応を伴わない熱気流のことである．

問題 101 地震とその防災対策に関する次の記述のうち，**最も不適当な**ものはどれか．

(1) 耐震診断は，建築物の耐震改修の促進に関する法律に定められている．

(2) J アラートは，緊急の気象関係情報，有事関係情報を国から住民等に伝達するシステムである．

(3) マグニチュードの値が 1 大きくなると，エネルギーは約 30 倍大きくなる．

(4) 気象庁震度階級は，地震の揺れの強さを示す指標であり 7 階級に分類される．

(5) 耐震診断が義務付けられている「要安全確認計画記載建築物」には，都道府県又は市町村が指定する緊急輸送道路等の避難路沿道建築物が含まれる．

問題 102　消火設備に関する次の記述のうち，**最も適当な**ものはどれか．

(1)　地球環境の問題から，現在はトリフルオロメタン（HFC-23）などがハロン代替薬剤として用いられている．

(2)　連結散水設備は，一般の人が操作しやすい消火設備である．

(3)　連結送水管設備では，高置水槽が置かれる場合，建築物の高さが 70 m を超える場合においてもブースターポンプは不要である．

(4)　屋内消火栓設備には 1 号消火栓と 2 号消火栓があり，工場・倉庫では 2 号消火栓が設置される．

(5)　各種消火器の消火能力を表す能力単位は，家庭用消火器の消火能力を「1」とした相対値で算定される．

問題 103　法令で定められている建物の防火防災に関わる管理体制に関する次の記述のうち，**最も不適当な**ものはどれか．

(1)　複数の管理権原者からなる防火対象物においては，共同防火管理体制を構築する必要がある．

(2)　一定の規模の建築物では，事業所単位や建築物単位で有資格の防火管理者を選任し，消防計画を作成する必要がある．

(3)　指定数量以上の危険物がある防火対象物では，防火管理者として危険物取扱者を選任する必要がある．

(4)　建築基準法令で定める特定建築物は，建築物調査・防火設備検査・建築設備検査の定期報告対象となる．

(5)　大規模事業所においては，従来の防火管理者，自衛消防組織に加えて，大地震などに備えた防災管理者を置くことが必要である．

問題 104　建築基準法の用語に関する次の記述のうち，**最も不適当な**ものはどれか．

(1)　床面積とは，建築物の各階又はその一部で，壁その他区画の屋外側（外壁）境界線で囲まれた部分の水平投影面積のことである．

(2)　容積率（延べ面積 / 敷地面積）の制限に関して，一定割合の自動車車庫，駐車場等の面積は，延べ面積から差し引くことができる．

(3)　居室とは，人がある程度長い時間使用し続ける室空間で，階段，廊下，洗面所等，一時的な使用に供するものは含まれない．

(4)　主要構造部には，建物の基礎及び土台は含まれない．

(5)　耐火性能とは，通常の火災が終了するまでの間，当該火災による建築物の倒壊及び延焼を防止するために当該建築物の部分に必要とされる性能をいう．

問題 105 建築物の維持管理に関する略語とその内容との組合せとして，**最も不適当な**ものは次のうちどれか．

(1) PFI ——— 民間主導の公共サービス事業
(2) BIM ——— ビルエネルギー管理システム
(3) POE ——— 建築物使用者の観点による性能評価システム
(4) LCCM ——— 建物の生涯にわたって必要なすべての費用の管理
(5) ESCO ——— 省エネルギー診断からシステム設計，効果の検証まで提供するエネルギー総合サービス事業

問題 106 給水及び排水の管理に関する用語とその説明との組合せとして，**最も不適当な**ものは次のうちどれか．

(1) バルキング ——— 排水槽の底部に沈殿した固形物や油脂等が集まったもの
(2) 自己サイホン作用 ——— 排水が器具排水管内を満流で流れるときに，サイホンの原理によってトラップ内の封水が引かれ，残留封水が少なくなる現象
(3) クロスコネクション ——— 上水（飲料水）系統と他の配管系統を配管や装置により直接接続すること
(4) オフセット ——— 排水立て管の配管経路を平行移動するために，エルボ又はベンド継手で構成されている移行部分のこと
(5) ポンプのインバータ制御 ——— 周波数を変えることでモータの回転数を変化させる，送水量の制御方法

問題 107 給水及び排水の管理に関する用語の組合せとして，**最も不適当な**ものは次のうちどれか．

(1) トリハロメタン ——— 有機物質と消毒用塩素が反応して生成される物質
(2) バイオフィルム ——— 微生物により形成された粘液性物質
(3) 白濁水 ——— 銅イオンの浸出
(4) 水質汚濁 ——— 富栄養化
(5) スケール ——— 炭酸カルシウム，炭酸マグネシウム等の析出物

問題 108　水道施設に関する次の記述のうち，**最も不適当な**ものはどれか．

(1)　取水施設を設ける場所の選定に当たっては，水量及び水質に対する配慮が必要である．

(2)　浄水処理は，一般に沈殿，ろ過，消毒の 3 段階からなる．

(3)　緩速ろ過法は，沈殿池で水中の土砂などを沈殿させた後に，緩速ろ過池で 4 ～ 5 m/日の速度でろ過する方法である．

(4)　送水施設は，浄水施設から配水施設まで浄水を送るための施設である．

(5)　配水池の必要容量は，計画 1 日最大給水量の 8 時間分を標準とする．

問題 109　給水設備に関する次の記述のうち，**最も不適当な**ものはどれか．

(1)　配水管から給水管に分岐する箇所での配水管の最小動水圧は，150 kPa 以上を確保する．

(2)　水道法に基づく水質基準における一般細菌の基準値は，1 mL の検水で形成される集落数が 100 以下である．

(3)　水道法に基づく水質基準における総トリハロメタンの基準値は，0.1 mg/L 以下である．

(4)　水道法に基づく水質基準における鉛及びその化合物の基準値は，0.05 mg/L 以下である．

(5)　一般水栓における必要水圧は，30 kPa である．

問題 110　給水設備で使用される貯水槽に関する次の記述のうち，**最も不適当な**ものはどれか．

(1)　鋼板製貯水槽は，防錆（せい）処理被膜の劣化状況の定期的な点検が必要である．

(2)　FRP 製貯水槽は，耐食性に優れている．

(3)　FRP 製貯水槽は，耐震などの機械的強度が高い．

(4)　ステンレス鋼板製貯水槽は，表面がきれいで汚れも付きにくい．

(5)　木製貯水槽は，断熱性に優れている．

問題 111　給水設備に関する次の記述のうち，**最も不適当な**ものはどれか．

(1)　飲料用の貯水槽の上部には，原則として飲料水の配管以外の機器・配管を設けてはならない．

(2)　ウォータハンマ防止器は，防止器の破壊を避けるため急閉止弁などから十分離れた箇所に設ける．

(3)　貯水槽の流入管は，ボールタップや電極棒の液面制御に支障がないように，波立ち防止策を講じる．

(4)　厨（ちゅう）房の給水配管では，防水層の貫通を避ける．

(5)　水の使用量が極端に減少する期間がある建築物の貯水槽では，少量貯水用の水位制御電極を併設し，使用水量の状態に合わせて水位設定を切り替えて使用する．

問題 112　給水設備に関する次の記述のうち，**最も不適当な**ものはどれか．

(1)　高層ホテルのゾーニングにおける給水の上限水圧は，0.3 MPa である．

(2)　小便器洗浄弁の必要水圧は，70 kPa である．

(3)　事務所における 1 日当たりの設計給水量は，節水器具を使用する場合 70 ～ 100 L/人である．

(4)　給水配管の管径 は，管内の流速が 2.0 m/s 以下となるように選定する．

(5)　高置水槽の有効容量は，一般に 1 日最大使用水量の 1/10 である．

問題 113　給水設備に用いられる配管とその接合方法との組合せとして，**最も不適当な**ものは次のうちどれか．

(1)　合成樹脂ライニング鋼管 ―― ねじ接合（管端防食継手の場合）

(2)　銅管 ―――――――――― 差込みろう接合

(3)　ステンレス鋼管 ―――――― メカニカル形接合

(4)　硬質ポリ塩化ビニル管 ――― 融着接合

(5)　架橋ポリエチレン管 ―――― メカニカル形接合

問題 114　飲料用貯水槽の清掃に関する次の記述のうち，**最も不適当な**ものはどれか．

(1)　清掃時は，必要に応じてガード付き作業灯を取り付け，作業時の貯水槽内の安全な照明を確保する．

(2)　高置水槽と受水槽の清掃は，原則として同じ日に行い，受水槽の清掃を行った後に高置水槽の清掃を行う．

(3)　清掃終了後は，2 回以上貯水槽内の消毒を行う．

(4)　消毒後の水洗い及び水張りは，消毒終了後少なくとも 30 分以上経過してから行う．

(5)　消掃終了後の水質検査における濁度の基準値は，5 度以下である．

問題 115　給水設備の保守管理に関する次の記述のうち，**最も不適当な**ものはどれか．

(1)　貯水槽における定水位弁・電極棒等の付属装置の動作不良により，断水・溢(いっ)水事故を起こすことがある．

(2)　給水ポンプの軸受部がグランドパッキンの場合は，水滴が滴下していないことを確認する．

(3)　管更生工法の一つに合成樹脂ライニングによる工法がある．

(4)　給水ポンプの電流値が変動している場合は，異物のかみ込みなどの可能性がある．

(5)　受水槽の水位制御の作動点検は，槽内のボールタップを手動で操作して行う．

問題 116　給湯設備に使用される配管に関する次の記述のうち，**最も不適当な**ものはどれか．

(1)　循環式給湯設備の下向き配管方式における給湯横主管は，下り勾配とする．

(2)　耐熱性硬質ポリ塩化ビニル管の線膨張係数は，ポリブテン管の線膨張係数より大きい．

(3)　自然循環方式は，配管形状が複雑な中央式給湯設備には適さない．

(4)　返湯管の管径は，給湯循環ポンプの循環量から決定するが，一般には給湯管の管径の半分程度である．

(5)　局所給湯方式において，加熱装置から給湯箇所までの距離が短い場合は，単管式で配管する．

問題 117　給湯設備の省エネルギーに関する次の記述のうち，**最も不適当な**ものはどれか．

(1)　部分負荷を考慮し，エネルギー利用効率の高い熱源機器を採用する．

(2)　エネルギーと水の節約を図るため，湯と水を別々の水栓から出さずに混合水栓を使用する．

(3)　配管経路を短縮する．

(4)　中央式給湯方式の循環ポンプは，連続運転とせず，給湯管（往き管）の温度が低下した場合に作動させる．

(5)　排水からの熱回収をする場合，熱交換器の腐食などによる湯の汚染を防止するために間接熱交換方式とする．

問題 118　給湯設備に関する次の記述のうち，**最も不適当な**ものはどれか．

(1)　スリーブ形伸縮管継手は，伸縮の吸収量が最大 200 mm 程度である．

(2)　中央式給湯設備の末端給湯温度は，ピーク使用時においても 55 ℃以上とする．

(3)　事務所用途の建築物における 1 日当たりの設計給湯量は，30 L/人程度である．

(4)　耐熱性硬質塩化ビニルライニング鋼管の使用温度は，85 ℃以下とする．

(5)　ガス瞬間湯沸器の能力表示で 1 号とは，流量 1 L/min の水の温度を 25 ℃上昇させる能力である．

問題 119　給湯設備に関する次の記述のうち，**最も不適当な**ものはどれか．

(1)　密閉式膨張水槽を設ける場合には，逃し弁も設ける．

(2)　加熱装置から逃し管を立ち上げる場合は，水を供給する高置水槽の水面よりも高く立ち上げる．

(3)　給湯量を均等に循環させるため，返湯管に定流量弁を設ける．

(4)　SUS444 製の貯湯槽は，腐食を防止するために電気防食を施す．

(5)　配管内の空気や水が容易に抜けるように，凹凸配管とはしない．

問題 120　給湯設備の循環ポンプに関する次の記述のうち，**最も不適当な**ものはどれか．

(1)　ポンプは，背圧に耐えるものを選定する．

(2)　ポンプの循環流量は，加熱装置における給湯温度と返湯温度との温度差に比例する．

(3)　ポンプの揚程は，循環管路系で最も大きくなる管路における摩擦抵抗・局部抵抗による圧力損失から決定する．

(4)　ポンプには，接液部をステンレス鋼製としたものが多く使用されている．

(5)　ポンプで脈動による騒音・振動が発生した場合の対応として，ポンプの吐出し側にサイレンサなどを設置する．

問題 121　給湯設備の保守管理内容とその実施頻度との組合せとして，**最も不適当な**ものは次のうちどれか．

(1)　第一種圧力容器の定期自主検査 ――― 6か月以内ごとに1回

(2)　第二種圧力容器の定期自主検査 ――― 1年以内ごとに1回

(3)　小型圧力容器の定期自主検査 ――― 1年以内ごとに1回

(4)　シャワーヘッドの定期点検 ――― 6か月に1回以上

(5)　給湯配管類の管洗浄 ――― 1年に1回以上

問題 122　給湯設備の保守管理に関する次の記述のうち，**最も不適当な**ものはどれか．

(1)　中央式給湯方式においては，加熱により残留塩素が消滅する場合があるため，その水質には留意する．

(2)　開放式の貯湯槽においては，外部からの汚染の経路となりやすいマンホールの気密性，オーバフロー管の防虫網の完全性等を点検する．

(3)　給湯水の流量を調節するためには，仕切弁を使用する．

(4)　使用頻度の少ない給湯栓は，定期的に滞留水の排出を行い，給湯温度の測定を行う．

(5)　給湯循環ポンプは，作動確認を兼ねて定期的に分解・清掃を実施する．

問題 123　雑用水設備に関する次の記述のうち，**最も不適当な**ものはどれか．

(1)　雑用水とは，人の飲用，その他それに準じる用途以外の用途に供される水の総称である．

(2)　散水，修景又は清掃の用に供する雑用水は，し尿を含む水を原水として用いない．

(3)　広域循環方式は，個別循環方式に比べて下水道への排水量が減少する．

(4)　雑用水受水槽に上水を補給する場合は，吐水口空間を設けて給水する．

(5)　雑用水は，災害時における非常用水の原水として利用することができる．

問題 124　排水再利用設備の維持管理に関する次の記述のうち，**最も不適当な**ものはどれか．

(1)　スクリーンにおいては，汚物が堆積しないように適時除去する．

(2)　流量調整槽においては，ポンプが正常に作動し，所定流量を保つよう調整する．

(3)　活性炭処理装置においては，通水速度を適正に保持する．

(4)　ろ過装置においては，ろ材の洗浄が適切に行われていることを点検する．

(5)　消毒槽においては，フロック形成状態が最良であることを確認する．

問題 125　建築物衛生法施行規則に規定されている雑用水の水質基準項目と基準のうち，**誤っている**ものはどれか．

〔水質基準項目〕　　〔基準〕

(1)　臭気 ―――― 異常でないこと．

(2)　pH 値 ―――― 5.8 以上 8.6 以下であること．

(3)　大腸菌 ―――― 検出されないこと．

(4)　塩化物イオン ―― 200 mg/L 以下であること．

(5)　濁度 ―――― 2 度以下であること．

問題 126　排水の水質に関する次の記述のうち，**最も不適当な**ものはどれか．

(1)　全窒素は，アンモニア性窒素，亜硝酸性窒素及び硝酸性窒素の総和である．

(2)　浮遊物質（SS）は，試料を孔径 1 μm のガラスファイバろ紙でろ過し，蒸発乾固したろ紙上の残留物の重量で表す．

(3)　溶存酸素（DO）は，水中に溶解している分子状の酸素である．

(4)　生物化学的酸素要求量（BOD）は，主として水中の有機物質が好気性微生物によって分解される際に消費される酸素量を表す．

(5)　流入するリン化合物は，生活排水，畜産排水，工場排水等に由来する．

問題 127　排水トラップと阻集器に関する語句の組合せとして，**最も不適当な**ものは次のうちどれか．

(1)　ドラムトラップ ―― 非サイホントラップに分類

(2)　雨水トラップ ―― ルーフドレンからの悪臭の防止

(3)　オイル阻集器 ―― ガソリン及び油類の流出阻止，分離，収集

(4)　わんトラップ ―― サイホントラップに分類

(5)　砂阻集器 ―― 土砂・石紛・セメント等の流出阻止，分離，収集

問題 128　排水通気設備に関する次の記述のうち，**最も不適当な**ものはどれか．

(1)　排水管への掃除口の設置間隔は，管径 100 mm 以下の場合は，15 m 以内とする．

(2)　排水トラップの脚断面積比（流出脚断面積 / 流入脚断面積）が大きくなると，封水強度は大きくなる．

(3)　飲料用水槽において，管径 75 mm の間接排水管に設ける排水口空間は，最小 150 mm とする．

(4)　ドーム状のルーフドレンのストレーナ部分の開口面積は，それに接続する排水管の管断面積の 2 倍程度が必要である．

(5)　管径 125 mm の排水横管の最小勾配は，1/200 である．

問題 129　排水通気配管に関する次の記述のうち，**最も不適当な**ものはどれか．

(1)　排水横管から通気管を取り出す場合，通気管は排水管断面の垂直中心線上部から 45°以内の角度で取り出す．

(2)　ループ通気管は，最上流の器具排水管が排水横枝管に接続される位置のすぐ下流側から立ち上げて，通気立て管に接続する．

(3)　結合通気管は，通気立て管と排水横枝管の間に設ける通気管で，排水立て管内の圧力を緩和する．

(4)　通気立て管の下部は，排水立て管に接続されている最低位の排水横枝管より低い位置で，排水立て管から取り出す．

(5)　排水立て管と排水横主管の接続部には，大曲がりベンドなどを用いる．

問題 130　排水管に設置する掃除口と排水ますに関する次の記述のうち，**最も不適当な**ものはどれか．

(1)　雨水ますの底部には 150 mm 程度の泥だめを設け，土砂などが下水道へ流出することを防止する．

(2)　掃除口の口径は，排水管の管径が 125 mm の場合は 75 mm とする．

(3)　雨水ますの流出管は，流入管よりも管底を 20 mm 程度下げて設置する．

(4)　敷地排水管の直管が長い場合，排水ますは管内径の 120 倍を超えない範囲に設置する．

(5)　排水管が 45°を超える角度で方向を変える箇所には，掃除口を設置する．

問題 131　排水槽と排水ポンプに関する次の記述のうち，**最も不適当な**ものはどれか．

(1)　排水水中ポンプは，吸込みピットの壁面から 200 mm 以上離して設置する．

(2)　排水槽のマンホールは，排水水中ポンプ又はフート弁の直上に設置する．

(3)　即時排水型ビルピット設備は，排水槽の悪臭防止に有効である．

(4)　排水槽の底の勾配は，吸込みピットに向かって 1/15 以上 1/10 以下とする．

(5)　汚物ポンプの最小口径は，40 mm とする．

問題 132 排水通気設備に関する次の記述のうち，**最も不適当な**ものはどれか．

(1) 自然流下式の排水横管の勾配は，管内流速が0.6～1.5 m/sになるように設ける．

(2) 排水立て管のオフセット部の上下600 mm以内には，排水横枝管を設けてはならない．

(3) 排水槽のマンホールの大きさは，直径が60 cm以上の円が内接することができるものとする．

(4) トラップが組み込まれていない阻集器には，その入口側にトラップを設ける．

(5) 伸頂通気方式の排水横主管の水平曲がりは，排水立て管の底部より3 m以内に設けてはならない．

問題 133 排水設備の清掃と診断に関する次の記述のうち，**最も不適当な**ものはどれか．

(1) スネークワイヤ法は，排水管内のグリースなどの固い付着物の除去に使用する方法である．

(2) 酸性洗浄剤は，小便器配管の尿石の除去に使用する．

(3) ウォータラム法は，洗浄ノズルから高圧の水を噴射し，噴射力を利用して排水管内を洗浄する方法である．

(4) ロッド法は，1～1.8 mのロッドをつなぎ合わせ，手動で排水管内に挿入し清掃する方法である．

(5) 排水管内部の腐食状況の診断には，内視鏡以外に超音波厚さ計などが用いられる．

問題 134 排水設備の保守管理に関する次の記述のうち，**最も不適当な**ものはどれか．

(1) 排水水中ポンプのメカニカルシールの交換は，1～2年に1回程度行う．

(2) グリース阻集器では，2か月に1回程度，槽内の底部，壁面等に付着したグリースや沈殿物を除去する．

(3) 排水槽の清掃は，6か月以内ごとに1回行う．

(4) 高圧洗浄による排水管の清掃では，5～30 MPaの圧力の水を噴射させて洗浄する．

(5) 排水ポンプは，1か月に1回絶縁抵抗の測定を行い，1 MΩ以上であることを確認する．

問題 135 衛生器具設備に関する次の記述のうち，**最も不適当な**ものはどれか．

(1) 大便器洗浄弁の必要水圧は，50 kPaである．

(2) 温水洗浄式便座への給水は，上水を用いる．

(3) 衛生器具は，給水器具，水受け容器，排水器具及び付属品の四つに分類される．

(4) 洗面器の取り付け状態は，2か月に1回，定期に点検する．

(5) 大便器の洗浄水量は，JIS A 5207において，I形は8.5 L以下と区分されている．

問題 136 小便器に関する次の記述のうち，**最も不適当な**ものはどれか．

(1) 壁掛型は，駅やホテルの共用部などにおいて床清掃のしやすさから選定されている．

(2) 床置型は，洗浄面が広いため，その洗浄に注意しないと臭気が発散する．

(3) 小便器のリップの高さとは，床面からあふれ縁までの垂直距離をいう．

(4) 自動感知洗浄弁には，便器分離型と便器一体型がある．

(5) 使用頻度の高い公衆便所用小便器の排水トラップは，小便器一体のものが適している．

問題 137 環境省関係浄化槽法施行規則第 1 条の 2（放流水の水質の技術上の基準）に規定されている BOD の値として，**正しい**ものは次のうちどれか．

(1) 20 mg/L 以下

(2) 30 mg/L 以下

(3) 60 mg/L 以下

(4) 90 mg/L 以下

(5) 120 mg/L 以下

問題 138 浄化槽の単位装置として採用されている接触ばっ気槽の点検項目として，**最も不適当な**ものは次のうちどれか．

(1) 水温

(2) pH

(3) ばっ気部分の発泡状況

(4) MLSS 濃度

(5) 生物膜の付着状況

問題 139 特殊設備に関する次の記述のうち，**最も不適当な**ものはどれか．

(1) 入浴設備の打たせ湯には，循環している浴槽水を用いる．

(2) HACCP 方式は，食品製造に関して原材料の受入れから最終製品の出荷までの各段階におけるリスク分析に基づき，重要管理点を定めて連続的に監視する安全性確保のための衛生管理手法である．

(3) プール水の消毒設備には，塩素剤に加えてオゾン消毒や紫外線消毒を併用する例がある．

(4) 文部科学省は学校給食施設に対し，厨房（ちゅう）の床面にドライシステム（ドライフロア）を導入するよう求めている．

(5) 水景設備は，水のもつ親水機能や環境調整機能によって空間を演出するものである．

問題 140　消火設備に関する次の記述のうち，**最も不適当な**ものはどれか．

(1)　消火器は，火災の初期発見段階での消火を目的としたものである．

(2)　泡消火設備は，消火薬剤による負触媒作用を主とした消火方法である．

(3)　不活性ガス消火設備は，不活性ガスの放出による酸素濃度の低下を主とした消火方法である．

(4)　閉鎖型スプリンクラ設備は，火災が発生した際に，スプリンクラヘッドが熱感知し，散水して初期消火するものである．

(5)　屋外消火栓には，消火栓弁，ホース，ノズルを内蔵した屋外消火栓箱型と，地下ピット格納型，地上スタンド型がある．

問題 141　建築物における衛生的環境の維持管理について（平成 20 年 1 月 25 日健発第 0125001 号）に示された，建築物環境衛生維持管理要領に関する次の記述のうち，**最も不適当な**ものはどれか．

(1)　建築物の当該清掃において，建築物の用途，使用状況並びに劣化状況，建築資材等を考慮した年間作業計画及び作業手順書を作成し，それに基づき実施すること．

(2)　清掃に用いる洗剤や床維持剤は，利用者や清掃従事者等の健康及び環境に配慮したもの，並びに建築資材に適合したものを用い，使用及び管理を適切に行うこと．

(3)　建築物内で発生する廃棄物の分別，収集，運搬及び貯留については，安全で衛生的かつ効率的な方法により，速やかに処理すること．

(4)　清掃用資機材の保管庫内は，整頓され，清潔で，ねずみ・昆虫等が生息あるいは出入りしていないこと．

(5)　建築物衛生法施行規則第 20 条の帳薄書類には，清掃，点検及び整備の予定表，作業内容，実施者の名簿等を記載すること．

問題 142　建築物衛生法施行規則に定められた建築物清掃業の登録基準の内容として，**最も不適当な**ものは次のうちどれか．

(1)　清掃用機械器具として，真空掃除機，噴霧器を有すること．

(2)　清掃作業に従事するすべての者が，規則に規定する研修を修了したものであること．

(3)　清掃作業に従事する者の研修内容は，清掃用機械器具，資材の使用方法，清掃作業の安全・衛生に関するものであること．

(4)　清掃作業の監督を行う者は，厚生労働大臣の登録を受けた者が行う清掃作業監督者講習又は再講習の課程を修了して 6 年を経過していないこと．

(5)　清掃作業及び清掃用機械器具等の維持管理の方法が，厚生労働大臣が別に定める基準に適合していること．

問題 143　建築物清掃の作業計画に関する次の記述のうち，**最も不適当な**ものはどれか．

⑴　廊下壁面のスポット洗浄は，一般に定期清掃で実施する．

⑵　廊下壁面のスイッチ回りの洗剤拭きは，一般に定期清掃として実施する．

⑶　ELV カゴ内部の除じんは，一般に定期清掃として実施する．

⑷　階段の手すり拭きは，一般に日常清掃として実施する．

⑸　トイレ・洗面所の換気口の除じんは，一般に定期清掃で実施する．

問題 144　建築物清掃の作業計画を作成することによる利点に関する次の記述のうち，**最も不適当な**ものはどれか．

⑴　日常清掃で除去する汚れと，定期的に除去する汚れを区別して計画することにより，作業効率と作業成果の向上が得られる．

⑵　清掃現場の状況に応じて作業者が計画を変更して作業を実施することで，限られた時間に一定の成果を得られる．

⑶　作業内容が明確化されているため，統一的な指導ができる．

⑷　作業者及び作業内容の計画的な管理と記録の保存により，責任所在が明確になる．

⑸　実施内容をデータとして蓄積して作業を改善することで，効率化のための作業改善が得られる．

問題 145　建築物清掃の資機材保管庫に関する次の記述のうち，**最も不適当な**ものはどれか．

⑴　照明設備，空気調和設備等を設けるとともに，衛生面にも配慮して手洗場などを設ける．

⑵　清掃作業を効率的に進めるには，建築物の規模に見合った専用の資機材保管庫が必要である．

⑶　設置位置は，エレベーターなどに近く，資機材の移動が容易に行える場所とする．

⑷　資機材の保管のしやすさを考慮し，建築物の規模・形態に関わらず，資機材保管庫は1箇所に集約する．

⑸　床や壁面を不浸透性材料にする．

問題 146　建築物清掃の品質評価に関する次の記述のうち，**最も不適当な**ものはどれか．

⑴　品質評価は，利用者の立場に立って実施する．

⑵　建築物清掃の実施結果を点検し，建築物利用者の要求品質と実際の品質とのギャップを修正する．

⑶　仕様書に基づき，適正な作業計画に従って業務が適切に遂行されているか点検する．

⑷　清掃の品質は，組織品質と作業品質から構成される．

⑸　品質評価項目のうち資機材管理は，組織品質の事業所管理品質に含まれる．

問題 147　ほこりや汚れの除去に関する次の記述のうち，**最も不適当な**ものはどれか．

(1)　綿布やモップに含ませる水分は，ほこりに対する付着を高める程度で十分で，過剰の水分はむしろ弊害を与える．

(2)　おがくずを用いる方法は，ほこりを付着させる効果が大きい．

(3)　ダストコントロール法は，粘度の低い，乾性の鉱油などを布に含ませ，ほこりを除去する方法である．

(4)　ダストクロス法は，油分による床面への弊害が少ない．

(5)　バキュームクリーニングは，カーペットの織り目に入り込んだほこり・土砂等の除去に用いられる．

問題 148　カーペット清掃用機械に関する次の記述のうち，**最も不適当な**ものはどれか．

(1)　カーペットスイーパは，パイル表面の粗ごみを除去するのに適している．

(2)　洗剤供給式床磨き機は，ウィルトンカーペットの洗浄に適している．

(3)　スチーム洗浄機は，カーペットのしみ取りにも使われる．

(4)　アップライト型真空掃除機は，床を回転ブラシで掃きながら，ごみやほこりを掃除機内に吸い込む構造を有する．

(5)　エクストラクタは，ノズルから洗浄液を噴射して，直ちに吸引する構造になっている．

問題 149　ビルクリーニング用機械・器具に関する次の記述のうち，**最も適当な**ものはどれか．

(1)　超高速バフ機の回転数は，毎分 150 ～ 300 回転である．

(2)　自動床洗浄機は，洗剤供給式床磨き機と吸水式真空掃除機とを結合した構造を有する．

(3)　三つ手ちり取りは，移動する際にごみがこぼれない構造となっている．

(4)　凹凸のある床面は，研磨粒子が付着したパッドを床磨き機に装着して洗浄する．

(5)　床磨き機に用いるブラシは，直径 60 cm 以上のものが多く使われる．

問題 150　清掃作業に使用する洗剤に関する次の記述のうち，**最も不適当な**ものはどれか．

(1)　助剤（ビルダ）の働きとして，界面活性剤の表面張力を高め，洗浄力を向上させることが挙げられる．

(2)　水道水で希釈して使用する洗剤には，水中のカルシウムやマグネシウムを封鎖する作用をもつ助剤が含まれる．

(3)　洗剤を水道水で希釈する場合には，最適な希釈濃度がある．

(4)　界面活性剤には，汚れを対象物から離脱させる働きがある．

(5)　洗剤には酸性やアルカリ性があり，水素イオン濃度指数で確認することができる．

問題 151　洗剤と床維持剤に関する語句の組合せとして，**最も不適当な**ものは次のうちどれか．

(1)　フロアシーラ ――――――― 物理的・化学的方法により，容易に除去できない
(2)　フロアポリッシュ ――― ろう状物質
(3)　酸性洗剤 ―――――――― 油汚れ
(4)　表面洗剤 ―――――――― 中性又はアルカリ性
(5)　アルカリ性の剥離剤 ―― アミン

問題 152　弾性床材の特徴と維持管理に関する次の記述のうち，**最も不適当な**ものはどれか．

(1)　ゴム系床材は，剥離剤によって変色やひび割れ等を生じることがある．
(2)　床維持剤の塗布によって，汚れが付きにくく，除去しやすくなる．
(3)　塩化ビニル系床材は，タイルもシートも可塑剤を含む．
(4)　リノリウム床材のフロアポリッシュは，アルカリ性の剥離剤で除去する．
(5)　日常清掃で，ダストモップを用いて土砂やほこりを除去する．

問題 153　繊維床材の特徴と維持管理に関する次の記述のうち，**最も不適当な**ものはどれか．

(1)　ポリプロピレン素材は，復元力に乏しい．
(2)　ウール素材に付着した汚れはしみになりやすいので，できるだけ早めに対応する．
(3)　カーペットのほつれは，施工初期にカットすればよい．
(4)　建築物内で使用されているカーペット全体の調和を保つため，どの場所も真空掃除機により同じ頻度で作業を行う．
(5)　パイル奥の汚れを除去するために，シャンプークリーニングを行う．

問題 154　木質床材の特徴と維持管理に関する次の記述のうち，**最も不適当な**ものはどれか．

(1)　木質床材は，無垢(むく)の単層フローリングと，合板を台板とした複合フローリングに分けられる．
(2)　体育館の床板の剥離による負傷事故防止として，日常清掃の水拭きの禁止が文部科学省から通知された．
(3)　体育館のシール加工には，ポリウレタン樹脂が多く使われている．
(4)　シールされていない杉材は，多孔質の特徴を有することから，油性の保護剤でシールする．
(5)　一般的に針葉樹の床材は，広葉樹の床材に比べ，木質が硬い．

問題 155　硬性床材の特徴に関する次の記述のうち，**最も適当な**ものはどれか．

(1)　大理石は，耐アルカリ性に優れる．

(2)　テラゾは，耐酸性に優れる．

(3)　セラミックタイルは，低吸水性に優れる．

(4)　花崗(こう)岩は，耐熱性に優れる．

(5)　コンクリートは，耐酸性に優れる．

問題 156　外装の清掃に関する次の記述のうち，**最も不適当な**ものはどれか．

(1)　自動窓拭き機は，人が作業するのに比べ天候状況に左右されにくく計画的に作業を実施しやすい．

(2)　石材や陶磁器タイルの壁面は，数年に1回の頻度で洗浄を行う．

(3)　ロープ高所作業を行う場合，ライフラインの設置が努力義務となっている．

(4)　金属材の洗浄は，汚れが比較的軽微で固着が進まないうちに，中性洗剤や専用洗剤を用いてスポンジ又はウエスで拭き取る．

(5)　窓ガラスの洗浄は，水やガラス専用洗剤を用いて洗い，スクイジーでかき取る．

問題 157　平成27年度の廃棄物の排出及び処理状況等に関する次の記述のうち，**最も不適当な**ものはどれか．

(1)　ごみの中間処理量は約4,000万トンで，そのうち，約85 %が直接焼却処理されている．

(2)　ごみの総排出量は約4,400万トンで，そのうち，70 %が事業系ごみ，30 %が家庭系ごみである．

(3)　ごみの総資源化量は約900万トンであり，この中には住民団体による集団回収量が含まれている．

(4)　産業廃棄物の排出量を業種別に見ると，電気・ガス・熱供給・水道業からの排出量が最も多い．

(5)　産業廃棄物の総排出量は約4億トンで，その約53 %が再生利用されている．

問題 158　ごみの処理に関する次の記述のうち，**最も不適当な**ものはどれか．

(1)　一般廃棄物の埋立処分は，安定型最終処分場で行われる．

(2)　焼却処理では，容積は5～10 %に減容化される．

(3)　ごみ燃料化施設は，選別・乾燥技術を用いている．

(4)　粗大ごみ処理施設は，破砕・選別技術を用いている．

(5)　中間処理の目的として，無害化，資源化，減量化，減容化，安定化が挙げられる．

問題 159　循環型社会形成推進基本法に関する次の文章の［　　　］内に入る語句の組合せとして，**正しい**ものはどれか．

循環型社会形成推進基本法の第2条で「循環型社会」とは，製品等が廃棄物等となることが抑制され，並びに製品等が循環資源となった場合においてはこれについて適正に循環的な利用が行われることが促進され，及び循環的な利用が行われない循環資源については適正な処分が確保され，もって［　ア　］の消費を抑制し，［　イ　］ができる限り低減される社会をいうとされている．

　　ア　　　　　　イ

(1)　循環資源 ──── 経済への負担

(2)　環境資源 ──── 健康への被害

(3)　循環資源 ──── 環境への負荷

(4)　天然資源 ──── 健康への被害

(5)　天然資源 ──── 環境への負荷

問題 160　廃棄物の処理及び清掃に関する法律（以下「廃棄物処理法」という．）第1条の目的に規定されている項目として，**該当しない**ものは次のうちどれか．

(1)　生活環境の保全

(2)　廃棄物の排出抑制

(3)　廃棄物の適正処理

(4)　公衆衛生の向上

(5)　地球環境の保全

問題 161　廃棄物処理法における産業廃棄物に関する次の記述のうち，**最も不適当な**ものはどれか．

(1)　建築物内の医療機関から感染のおそれのある産業廃棄物が排出される場合は，当該建築物の所有者が，特別管理産業廃棄物管理責任者を設置しなければならない．

(2)　爆発性，毒性，感染性その他の人の健康又は生活環境に被害を生ずるおそれのある性状を有するものとして政令で定める産業廃棄物を，特別管理産業廃棄物としている．

(3)　産業廃棄物の処理は，排出事業者が，その責任において，自ら又は許可業者への委託により行う．

(4)　産業廃棄物の輸出には環境大臣の確認が必要である．

(5)　事業活動に伴って生じた廃棄物のうち，燃えがら，汚泥，廃油等，20種類が産業廃棄物として定められている．

問題 162　廃棄物処理法に基づく廃棄物の定義に関する次の記述のうち，**最も不適当な**ものはどれか．

(1)　事務所建築物から廃棄されたスチール机は，産業廃棄物である．

(2)　スーパーマーケットから排出された紙くずは，一般廃棄物である．

(3)　事務所建築物から廃棄された木製の机は，一般廃棄物である．

(4)　店舗から廃棄された発泡スチロールは，一般廃棄物である．

(5)　レストランから排出された廃天ぷら油は，産業廃棄物である．

問題 163　産業廃棄物管理票制度（マニフェスト制度）に関する次の記述のうち，**最も不適当な**ものはどれか．

(1)　紙マニフェストの場合，運搬作業が終了すると中間処理業者よりマニフェストB2 票が排出事業者に返却される．

(2)　紙マニフェストの場合，排出事業者はマニフェスト A 票を控えとして保存する．

(3)　収集運搬業者の選定に当たっては，排出場所と運搬先の両方の自治体の許可を取得していることを確認する．

(4)　返却されたマニフェストの伝票を 5 年間保存する．

(5)　電子マニフェストは，A 票，B2 票，D 票，E 票の保存が不要である．

問題 164　建築物内の清掃作業等に必要な人員算定として，**正しい**ものは次のうちどれか．

作業場所は，専用区域の「役員室及び会議室」と「事務室」であり，1 日の作業回数は 1 回として必要作業人員を求める．

作業面積を標準作業量で除した値が 1 時間当たりの必要作業人員であり，1 回の作業時間は 2.5 時間である．

標準作業量には，準備，移動，清掃・ごみ収集，後始末の作業が含まれる．

清掃作業等の概要

	作業面積 m^2	標準作業量 m^2/(人・h)	1 日の作業回数
役員室及び会議室（タイルカーペット）	380	95	1 回
事務室（タイルカーペット）	5 200	200	1 回

(1)　5 人

(2)　8 人

(3)　10 人

(4)　12 人

(5)　15 人

問題 165　循環型社会づくりを目指した個別リサイクル法とその対象物との組合せとして，**最も不適当な**ものは次のうちどれか．

(1)　容器包装リサイクル法 ―――――――――――――――――――― 空き缶
(容器包装に係る分別収集及び再商品化の促進等に関する法律)

(2)　食品リサイクル法 ――――――――――――――――――――――― 食品残渣(さ)
(食品循環資源の再生利用等の促進に関する法律)

(3)　家電リサイクル法 ――――――――――――――――――――――― 電子レンジ
(特定家庭用機器再商品化法)

(4)　小型家電リサイクル法 ―――――――――――――――――――― デジタルカメラ
(使用済小型電子機器等の再資源化の促進に関する法律)

(5)　建設リサイクル法 ――――――――――――――――――――――― 木材
(建設工事に係る資材の再資源化等に関する法律)

問題 166　蚊の生態に関する次の記述のうち，**最も適当な**ものはどれか．

(1)　日本のヒトスジシマカは，冬季は成虫のステージで越冬する．

(2)　アカイエカは，主に建築物内の浄化槽，汚水槽，湧水槽等で発生する．

(3)　ヒトスジシマカは，ヒト以外にも多種多様な動物を吸血源としている．

(4)　コガタアカイエカの発生源は小さな水域であり，空き缶や古タイヤ等によく発生する．

(5)　同一期間におけるアカイエカとヒトスジシマカの移動距離は，ほぼ同程度である．

問題 167　ゴキブリに関する次の記述のうち，**最も適当な**ものはどれか．

(1)　ゴキブリは，集団よりも単独で生活するほうが発育は早い．

(2)　8か所に5日間設置した粘着トラップに捕獲されたゴキブリの総数が200匹であった場合のゴキブリ指数は，25である．

(3)　ゴキブリは食べ物に対する好みがあり，特定のものだけを喫食する．

(4)　ゴキブリは，危険が迫ると警戒フェロモンを分泌する．

(5)　屋内に生息するゴキブリでも，東北地方や関東地方の屋外で越冬できる種類が知られている．

問題 168　チャバネゴキブリに関する次の記述のうち，**最も不適当な**ものはどれか．

(1)　雌成虫は，卵鞘(しょう)を孵(ふ)化直前まで尾端に付着させている．

(2)　雌成虫の産卵回数は，一生の間に約5回である．

(3)　他の屋内生息性のゴキブリ類と比較して，野外生活性が強い．

(4)　幼虫，成虫とも，同じ場所で活動する．

(5)　幼虫から成虫となり，蛹(さなぎ)の時期がない．

問題 169　ダニに関する下記の文章に該当する種類として，**最も適当な**ものは次のうちどれか．

梅雨時などの高温・多湿時に，畳や保存食品から大発生する場合がある．ヒトを刺したり吸血することはなく，アレルゲンとしての重要性も比較的低いが，大量発生により不快感や恐怖感を与えることがある．

(1)　フトツメダニ
(2)　カベアナタカラダニ
(3)　ワクモ
(4)　ケナガコナダニ
(5)　コナヒョウヒダニ

問題 170　ハエ類に関する次の記述のうち，**最も不適当な**ものはどれか．

(1)　ヒメイエバエは，主に鶏舎での発生が問題となる．
(2)　ニクバエ類は，卵ではなく幼虫を生む卵胎生のハエである．
(3)　イエバエは，各地でピレスロイド剤に対する抵抗性を獲得している．
(4)　ノミバエ類などのコバエでは，走光性を示す種類が多い．
(5)　建築物内で発生するチョウバエ類は，ヒトから吸血することがある．

問題 171　害虫やその防除に関する次の記述のうち，**最も不適当な**ものはどれか．

(1)　イエヒメアリの防除には，食毒剤が有効である．
(2)　トコジラミは，ピレスロイド剤に対する抵抗性を示す集団が報告されている．
(3)　ツマアカスズメバチは，特定外来生物に指定されている．
(4)　ユスリカ類の建築物への侵入を抑制するために，電撃殺虫機を窓や出入口の近くに設置する．
(5)　ヤケヒョウヒダニは，自由生活性のダニである．

問題 172　殺虫剤に関する次の記述のうち，**最も不適当な**ものはどれか．

(1)　ブロフラニリドは，既存の各種薬剤に抵抗性を示すゴキブリ集団に対しても有効性を示す．
(2)　プロペタンホスには，マイクロカプセル剤がある．
(3)　ピレスロイド剤は，有機リン剤に比べて魚毒性が高い薬剤が多い．
(4)　昆虫成長制御剤（IGR）の 50 ％羽化阻害濃度は，IC_{50} 値で示される．
(5)　有機リン剤の薬量や濃度の増加に伴う致死率の上昇は，ピレスロイド剤に比べてなだらかである．

問題 173　薬剤とその薬剤を有効成分とする製剤との組合せとして，**最も不適当な**ものは次のうちどれか．

〔薬剤名〕――――――――〔製剤の種類〕

(1)　イミプロトリン ――――― ゴキブリ用食毒剤
(2)　イカリジン ――――――― 吸血害虫用忌避剤
(3)　フェノトリン ―――――― 炭酸ガス製剤
(4)　ジクロルボス ―――――― 樹脂蒸散剤
(5)　トランスフルトリン ――― 常温揮散製剤

問題 174　ネズミの生態や防除に関する次の記述のうち，**最も適当な**ものはどれか．

(1)　建築物内の IPM によるネズミ防除は，餌を断つこと，殺鼠（そ）剤を適切に使用すること，通路を遮断すること，の 3 点を基本として進める．
(2)　建築物における維持管理マニュアルでは，生きているネズミが確認されないことをもって「許容水準に該当する」としている．
(3)　ネズミが活動した際に残す証跡のうち，糞（ふん），尿，毛，足跡，かじり跡をラブサインと呼ぶ．
(4)　家住性ネズミの警戒心は，クマネズミが最も強く，次いでドブネズミで，ハツカネズミは最も弱い．
(5)　生け捕りかごなどのトラップを用いたドブネズミの駆除を行う場合，「鳥獣の保護及び管理並びに狩猟の適正化に関する法律」の規制を受ける．

問題 175　殺鼠（そ）剤とそれに関連する事項との組合せとして，**最も不適当な**ものは次のうちどれか．

〔薬剤名〕　　　　　　　　〔関連事項〕

(1)　ブロマジオロン ――――― 建築物衛生法に基づく特定建築物内では使用不可
(2)　シリロシド ――――――― 第 2 世代の抗凝血性殺鼠剤
(3)　リン化亜鉛 ――――――― 1 回の経口摂取で致死
(4)　クマテトラリル ――――― 第 1 世代の抗凝血性殺鼠剤
(5)　ジフェチアロール ―――― 建築物衛生法に基づく特定建築物内で使用可能

問題 176　殺鼠剤に関連する次の記述のうち，**最も不適当な**ものはどれか．

⑴　粉剤の鼠穴内部への散粉処理は，殺鼠剤を経皮的に取り込ませることを狙った処理法である．

⑵　第1世代の抗凝血性殺鼠剤は，少量ずつ連日摂取させるように配置する．

⑶　クマネズミは，ドブネズミに比べて抗凝血性殺鼠剤に対する感受性が低い．

⑷　ネズミの殺鼠剤抵抗性は，昆虫の殺虫剤に対する抵抗性と同様の原理により発達する．

⑸　有効成分と餌をパラフィンに混ぜて固め，水に濡れるような場所でも使用できる製剤がある．

問題 177　媒介動物と感染症に関する次の記述のうち，**最も不適当な**ものはどれか．

⑴　国内では，アカイエカやヒトスジシマカを含む複数の種類がウエストナイルウイルスを媒介する可能性がある．

⑵　重症熱性血小板減少症候群（SFTS）の原因となるウイルスが媒介されるのは，主として建築物内である．

⑶　マダニ類は，リケッチアやウイルスを媒介する．

⑷　イエバエは，腸管出血性大腸菌感染症の伝播に関与している．

⑸　動物由来感染症の対策を進める上では，ペットに対する外部寄生虫などへの対応も重要となる．

問題 178　ねずみ・昆虫等の防除における安全管理に関する次の記述のうち，**最も適当な**ものはどれか．

⑴　N95マスクは，薬剤を空間散布する場合や狭い場所で，気化したガスの吸引防止のために着用する．

⑵　薬剤散布時には，どのような薬剤を使用しているかが分かるように，薬剤は人目に触れる場所に置いておく必要がある．

⑶　2 m以上の高所作業では，墜落防止用器具等の装着は必要ないが，必ず補助者を付けなければならない．

⑷　殺虫剤散布の3日前までにその内容を通知し，当該区域の入口に散布3日前後の間，掲示する．

⑸　建築物衛生法に基づく特定建築物内における，ねずみ・昆虫等の防除では，医薬部外品として承認されている薬剤は使用できない．

問題 179　建築物とねずみ・害虫に関する次の記述のうち，**最も不適当な**ものはどれか．

⑴　防虫・防鼠(そ)構造については，建築物の新築時の構造設計段階で取り入れておく必要がある．

⑵　通常，20 メッシュより細かい網目であれば，多くの昆虫の侵入を防止できる．

⑶　環境的対策は，特定建築物維持管理権原者のもとで，当該区域の管理者が日常的に行う必要がある．

⑷　建築物衛生法に基づく特定建築物では，生息密度がいずれの維持管理水準値に該当していても，1 年以内に 1 回の防除作業を実施することになっている．

⑸　室内で換気扇を使用した場合，窓や扉の隙間からの害虫の侵入が増加する．

問題 180　害虫や薬剤に関する次の記述のうち，**最も不適当な**ものはどれか．

⑴　喫食抵抗性は，毒餌の基剤に対する喫食忌避によって発達する．

⑵　ペストコントロールのペストとは，ネズミや害虫等の有害な生物を指す．

⑶　定期的で頻繁な薬剤処理は，チャバネゴキブリやチカイエカ等の薬剤抵抗性の急激な発達要因となる．

⑷　選択毒性とは，単位体重当たりで比較したとき，ある化合物の毒性が生物種によって異なることをいう．

⑸　人獣共通感染症とは，ヒトから動物ではなく，動物からヒトに病原体が伝播(ぱ)される感染症を指す．

2023年度（令和5年度）午前の解答・解説

※ 解説中の「-」付きの -(1)～-(5) は，問題の選択肢文(1)～(5)を示しています．
※ 解説中の 2022-5 などの表示は関連問題 2022 年問題 5 を示しています．

建築物衛生行政概論
問題 1～問題 20

問題 1　正解　(1)・・・・・・・・・頻出度 AAA

日本国憲法第 25 条は次のとおり．

第 25 条　すべて国民は，健康で文化的な最低限度の生活を営む権利を有する．

2　国は，すべての生活部面について，社会福祉，社会保障及び公衆衛生の向上及び増進に努めなければならない．

問題 2　正解　(4)・・・・・・・・・頻出度 AAA

土壌汚染対策法を所管するのは環境省である（**2-1 表**参照）．

法律を所管する省庁の確認には，インターネットの「e-Gov 法令検索」で，○○法施行規則（省令）を見るのが確実で早い．

2-1 表　主な所管法令

厚生労働省	建築物における衛生的環境の確保に関する法律（以下「ビル管理法」と略す．） 地域保健法　健康増進法 興行場法　旅館業法　公衆浴場法　食品衛生法 理容師法　クリーニング業法 水道法 労働基準法　労働安全衛生法 感染症の予防及び感染症の患者に対する医療に関する法律（以下「感染症法」と略す．）
環境省	環境基本法 大気汚染防止法　水質汚濁防止法　悪臭防止法　騒音規制法 土壌汚染対策法 廃棄物の処理及び清掃に関する法律 下水道法（終末処理場の維持管理に限る）　浄化槽法
国土交通省	建築基準法　建築士法　都市計画法 下水道法　浄化槽法
総務省	消防法
文部科学省	学校教育法　学校保健安全法

問題 3　正解　(3)・・・・・・・・・頻出度 AAA

ビル管理法の特定建築物の用途（特定用途）の「学校」には，学校教育法に基づく学校以外の，「各種学校類似の教育を行うもの，国，地方自治体，企業の研修所も含まれる」（**3-1 表**参照）．

ビル管理法は特定建築物を対象とする法律である．

特定建築物はその用途と特定用途の延べ面積で決められている．

3-1 表最後の「学校教育法第 1 条に規定する学校等」だけが，特定用途の面積 8 000 m² 以上で該当し，他は全て特定用途の面積 3 000 m² 以上で該当する．

特定用途とは，「多数の者が使用し，又は利用し，かつ，その維持管理について環境衛生上特に配慮が必要なものとし

3-1 表　特定用途一覧

興行場	興行場法第1条第1項に規定する興行場をいう．すなわち，映画，演劇，音楽，スポーツ，演芸または観せ物を公衆に見せ，または聞かせる施設のことである．
百貨店	大規模小売店舗立地法第2条第2項に規定する大規模小売店舗をいう．
旅館	旅館業法第2条第1項に規定する旅館業（ホテル，旅館等）を営むための施設をいう．
図書館	図書，記録その他必要な資料を収集し整理し，保存して，公衆の利用に供することを目的とする施設をいい，図書館法の適用を受けるものに限らない．
博物館，美術館，水族館	歴史，芸術，民俗，産業，自然科学等に関する資料を収集，保管，展示して，公衆の観覧，利用に供することを目的とする施設をいい，博物館法の適用を受けるものに限らない．
集会場	会議，社交等の目的で公衆の集会する施設をいい，公民館，市民ホール，各種会館，結婚式場等．
遊技場	マージャン，パチンコ，卓球，ボーリング，ダンスその他の遊技をさせる施設．
店舗	一般卸売店，小売店のほか，飲食店，喫茶店，バー，理容所，美容所その他サービス業に係る店舗を広く含む．
事務所	事務をとることを目的とする施設をいう．なお，人文科学系の研究所等，そこにおいて行われる行為が事実上事務と同視される施設については，名称のいかんを問わず，事務所に該当する． 銀行は事務所＋店舗として特定用途となる．
学校教育法第1条に規定する学校等以外の学校	専修学校，各種学校，各種学校類似の教育を行うもの，国，地方自治体，企業の研修所も含まれる．
学校教育法第1条に規定する学校等 特定用途の面積 8 000 m^2 以上	幼稚園，小学校，中学校，高等学校，中等教育学校（いわゆる中高一貫校），特別支援学校，大学，高等専門学校，幼保連携型認定こども園

て政令で定めるものをいう．」（ビル管理法第2条第1項）であるが，世の中には，判断に迷う用途もある．

出題された，特定用途でないものを**3-2 表**に挙げる．特殊な環境と判断されるものは大体除かれている．

特定建築物の面積の要件詳細は 2022-5．

問題4　正解　(3)・・・・・・・・・頻出度 A A A

認可保育園など保育施設は，過去問（2022-5，2020-4 など）から特定用途とされていないことが分かる．

他の，-(1)，-(2)，-(4)，-(5)は明らかに特定用途である（前問解説参照）．

問題5　正解　(4)・・・・・・・・・頻出度 A A A

届出時期は，使用開始から，変更があったときから，該当しなくなったときから，いずれも1か月以内である．

特定建築物の届出については**5-1 表**，**5-2 表**のとおり．

5-2 表の6，7は，同一人・法人の場合もあるが，両方届け出る必要がある．

特定建築物の届出をせず，または虚偽の届出をした場合には，30 万円以下の

3-2 表　出題された「特定用途でないもの」

工場，作業場，倉庫，病院・診療所，寄宿舎，駅舎，寺院・教会・神社，自然科学系の研究所，保育施設	
建築基準法の定める「建築物」でないもの	鉄道および軌道の線路敷地内の運転保安に関する施設ならびに跨線橋，プラットホームの上家，貯蔵槽その他，これらに類する施設
	地下街の地下道，広場（地下街の店舗，事務所等は建築物）
共同住宅を含む住居あるいは住居部分	住居あるいは特定建築物内の住居部分は特定用途とならない.
	共同住宅は，ビル管理法第2条に例示されているが，特定建築物ではない．これは，例えば衛生管理基準の検査一つとっても，費用負担の問題やプライバシーの問題から実施は困難なため，行政上共同住宅は特定用途から外されている.
公共駐車場	公共駐車場はいついかなる場合も特定建築物の用途とはならない.
独立棟の駐車場	同じ建物内の店舗や事務所付属の駐車場は特定用途に付属する部分として特定用途の面積に合算しなければならないが，駐車場が独立棟の場合は除かれる.
電力会社の地下式変電所	事務所ビルに設置された電力会社の地下式変電所（借室電気室）
フィットネスクラブ スポーツジム	フィットネスクラブ，スポーツジムは，一般に娯楽性が極めて強く遊技場と同視できるような場合を除き，特定建築物に該当しない.
保育施設	保育施設は特定用途にならない.

5-1 表　特定建築物の届出義務者，届出先，届出時期

届出義務者	1. 所有者または建物全部の管理について権原を有する者（丸借り人，事務管理者，破産管財人） 2. 地方公共団体では固有財産法，地方自治法に規定する者 3. 区分所有，共有の建物にあっては区分所有者，共有者の連名で届け出ることが望ましい.
届出先	特定建築物の所在場所を管轄する都道府県知事（保健所を設置する市または特別区にあっては市長または区長）に提出して行う.
届出時期	使用開始から，変更があったときから，該当しなくなったときから，いずれも1か月以内に届け出る.

罰金の適用がある.

「届出の様式がビル管理法で定められている」と出題されることがあるが，誤りである．届出の様式は，監督権限を持つ，また届出先である地方自治体の様式による.

問題 6　正解　(5)・・・・・・・・・**頻出度** AAA

図面は，改修後の図面を含め永久保存（保存期限の定めがない）である.

帳簿書類の保管について **6-1 表**にまとめた.

環境衛生上必要な帳簿書類でないものとして，消防設備，エレベータ設備の点検記録等がよく出題される.

問題 7　正解　(2)・・・・・・・・・**頻出度** AAA

-(2)のような規定はない（基準違反を放置することは許されないが).

空気環境の測定について下記にまとめた.

1. 測定項目と基準値（**7-1 表**）
2. 測定方法（**7-2 表**）

1)　通常の使用時間中に，各階ごとに，

5-2 表　特定建築物の届出事項

1	特定建築物の名称
2	特定建築物の所在場所
3	特定建築物の用途
4	特定建築物の延べ面積
5	特定建築物の構造設備の概要
6	特定建築物の所有者，占有者その他の者で当該特定建築物の維持管理について権原を有する者（以下「特定建築物維持管理権原者」という）の氏名および住所（法人にあってはその名称，主たる事務所の所在地および代表者の氏名）
7	特定建築物の所有者（所有者以外に当該特定建築物の全部の管理について権原を有する者があるときは，当該権原を有する者）（以下「特定建築物所有者等」という）の氏名および住所（法人にあってはその名称，主たる事務所の所在地および代表者の氏名）
8	建築物環境衛生管理技術者の氏名，住所および免状番号ならびにその者が他の特定建築物の建築物環境衛生管理技術者である場合にあっては当該特定建築物の名称および所在場所
9	特定建築物が使用されるに至った年月日

6-1 表　備え付けておくべき環境衛生上必要な帳簿書類

	帳簿の種類	保存期間
1	空気環境の調整，給水および排水の管理，清掃ならびにねずみ等の防除の状況（これらの措置に関する測定または検査の結果ならびに当該措置に関する設備の点検および整備の状況を含む.）を記載した帳簿書類	5 年間
2	その他当該特定建築物の維持管理に関し環境衛生上必要な事項を記載した帳簿書類	
3	管理技術者兼任に関する確認書面ならびに意見の聴取を行った場合の内容を記載した書面※	期限の定めなし＝永久
4	当該特定建築物の平面図および断面図ならびに当該特定建築物の維持管理に関する設備の配置および系統を明らかにした図面（改修後の図面を含む）	

※　2022 年 4 月のビル管理法改正により追加された書面.

7-1 表　空気環境の管理基準（測定項目と基準値）

1	浮遊粉じんの量	空気 1 m^3 につき 0.15 mg 以下	平均値が基準を満たすこと
2	一酸化炭素の含有率	100 万分の 6 以下	
3	二酸化炭素の含有率	100 万分の 1 000 以下	
4	温度	18 ℃ 以上 28 ℃ 以下 居室における温度を外気の温度より低くする場合は，その差を著しくしないこと.	全ての測定値が基準を満たすこと
5	相対湿度	40 % 以上 70 % 以下	
6	気流	0.5 m/s 以下	
7	ホルムアルデヒドの量	空気 1 m^3 につき 0.1 mg 以下	

居室の中央部の床上 75 cm 以上 150 cm 以下の位置において **7-2 表**の測定器もしくはそれと同等以上の測定器を用いて実施する.

7-2 表　空気環境の測定方法

1	浮遊粉じんの量	グラスファイバろ紙（0.3 μm のステアリン酸粒子を 99.9 % 以上捕集する性能を有するものに限る.）を装着して相対沈降径がおおむね 10 μm 以下の浮遊粉じんを重量法により測定する機器または厚生労働大臣の登録を受けた者により当該機器を標準として較正された機器
2	一酸化炭素の含有率	検知管方式による一酸化炭素検定器
3	二酸化炭素の含有率	検知管方式による二酸化炭素検定器
4	温度	0.5 ℃ 目盛の温度計
5	相対湿度	0.5 ℃ 目盛の乾湿球湿度計
6	気流	0.2 m/s 以上の気流を測定することができる風速計
7	ホルムアルデヒドの量	2･4 －ジニトロフェニルヒドラジン捕集－高速液体クロマトグラフ法により測定する機器等により測定する機器または厚生労働大臣が別に指定する測定器

2)　ホルムアルデヒドの量を除く項目について 2 か月以内ごとに 1 回, 定期に, 測定しなければならない.

3)　ホルムアルデヒドは，建築基準法第 2 条にいう建築（新築，増築，改築，移転），大規模の修繕または大規模の模様替えを行ったとき，その使用を開始した日以後最初に到来する 6 月 1 日から 9 月 30 日までの期間（測定期間という）中に測定する.

4)　測定は 1 日に 2 回以上行う.

5)　測定機器については，定期的に点検整備し，浮遊粉じん量の測定に使用される較正機器にあっては 1 年以内ごとに 1 回，ビル管理法施行規則第 3 条の三第 1 項の規定に基づく厚生労働大臣の登録を受けた者の較正を受けること.

問題 8　正解　(4)・・・・・・・・・**頻出度** A A A

水源が井戸水などの場合の水質検査は，水源が水道水の場合より厳しくなる（ビル管理法施行規則第 4 条）.

飲料水に対する管理基準を下記にまとめた.

1. 飲料水には，人の飲用，炊事用，浴用その他人の生活の用に供する湯も含まれる.

2. 水道法第 4 条の規定による水質基準に適合する水を供給すること（**共通資料 1** 参照）.

ビル管理法では，貯水槽を設けず，水道水を直結給水する場合を除き,「水質基準」の定期検査を義務付けている.

検査項目は，水源の種類によって異なる（水源が井戸水などの場合の水質検査は, 水源が水道水の場合より厳しくなる.

また，給水栓における水の色濁り，臭い，味などに異常を認めたときは，水質基準の必要な項目について臨時の検査を行うことも定めている.

3. 残留塩素の基準（**8-1 表**参照）

ビル管理法の特定建築物では，水源のいかんにかかわらず残留塩素の測定が必須である.

4. 貯水槽・貯湯槽の清掃

1)　貯水槽・貯湯槽の清掃を 1 年以内ごとに 1 回，定期に行うこと.

2)　貯水槽清掃後の水張り終了後，給水

8-1 表　残留塩素管理基準値

状況／項目	遊離残留塩素の含有率	結合残留塩素の場合の含有率	検査
平常時	100 万分の 0.1	100 万分の 0.4	7 日以内ごとに 1 回
供給する水が病原生物に著しく汚染されるおそれがある場合	100 万分の 0.2	100 万分の 1.5	(必要に応じて)

栓および貯水槽内における残留塩素の含有率が，遊離残留塩素の場合は 100 万分の 0.2 以上，結合残留塩素の場合は 100 万分の 1.5 以上を保持していることを確認する（供給する水が病原生物に著しく汚染されるおそれがある場合と同じ基準値）.

5. 供給する水が人の健康を害するおそれがあることを知ったときは，直ちに給水を停止し，かつ，その水を使用することが危険である旨を関係者に周知させること .

問題 9　正解　(5) ・・・・・・・・・・ **頻出度** A A A

雑用水の管理基準の項目に一般細菌はない．大腸菌の検査を 2 か月以内ごとに 1 回，定期に行う.

雑用水の衛生上の措置について下記にまとめた.

1. 残留塩素を 7 日以内に 1 回，定期に検査し，定められた基準値以上に保持する.

残留塩素の検査は，測定回数，数値とも飲料水と同一の基準である（前問 **8-1 表**参照）.

2. 残留塩素を除く水質基準は，その用途によって異なる.

1) 散水，修景（人工の噴水，池，せせらぎ，滝等）または清掃の用に供する水は，次に掲げるところにより維持管理を行う.

(1) し尿を含む水を原水として用いないこと.

(2) 次の表（**9-1 表**）に適合するように管理する.

9-1 表　雑用水の水質基準

	項目	基準	検査
1	pH 値	5.8 以上 8.6 以下であること.	7 日以内ごとに 1 回
2	臭気	異常でないこと.	
3	外観	ほとんど無色透明であること.	
4	大腸菌	検出されないこと.	2 か月以内ごとに 1 回
5	濁度	2 度以下であること.	

2) 水洗便所の用に供する水（便器洗浄水）にあっては，原水はし尿を含んでもよい．また上表の濁度の項目が適用されない.

3. 供給する水が人の健康を害するおそれがあることを知ったときは，直ちに供給を停止し，かつ，その水を使用することが危険である旨を使用者または利用者に周知すること.

問題 10　正解　(4) ・・・・・・・ **頻出度** A A A

「返納」の場合は 1 年である（2 年は，ビル管理法に関して「罰金刑」を受けた場合）.

問題 11　正解　(5) ・・・・・・・ **頻出度** A A A

登録業の水質検査実施者になるには，「大学又は旧専門学校において，理科系の課程を修めて卒業した後，1 年以上の実務経験を有する者」など，より専門的な資格が必要である（**共通資料2**参照）．

問題12　正解　(1)・・・・・・・**頻出度**AAA

ビル管理法上は建築物の環境衛生上の維持管理業務を行うために登録を受ける必要はない．ただ，-(4)にあるとおり，登録を受けていない者が，登録業者もしくはこれに類似する表示をすることが禁止されているだけである（破ると10万円以下の過料に処せられる）．

事業の登録についてよく出題される事項は下記のとおり．

1. 登録制度は，建築物の環境衛生に係わる事業者の資質向上を図るために設けられた．
2. 次の各号（**12-1表**）に掲げる事業を営んでいる者は，当該各号に掲げる事業の区分に従い，その営業所ごとに，その所在地を管轄する都道府県知事の登録を受けることができる．
3. 登録は営業所ごとに受け，登録の表示は登録を受けた営業所に限られる（ビル管理法第12条の三）．
4. 登録の有効期間は6年．
5. 何人も，登録を受けないで，当該事業に係る表示またはこれに類似する表示をしてはならない（表示ができないだけであって，登録しなくともこれらの事業を行うことは，ビル管理法上は全く構わない）．
6. 単なる清掃員控え室などを営業所として登録することはできない．
7. 登録の要件として，物的基準，人的基準，作業の方法が定められている（**共通資料2**参照）．
8. 特定建築物に選任された建築物環境衛生管理技術者は，登録営業所の監督者を兼務することはできない．
9. 監督者等は，複数の営業所の監督者等を兼務することはできない．
10. 登録業の監督権限は都道府県知事に

12-1表　ビル管理法の定める登録業

	表示できる事業の名	事業の内容
1	登録建築物清掃業	建築物における清掃を行う事業
2	登録建築物空気環境測定業	建築物における空気環境の測定を行う事業
3	登録建築物空気調和用ダクト清掃業	建築物の空気調和用ダクトの清掃を行う事業
4	登録建築物飲料水水質検査業	建築物における飲料水の水質検査を行う事業
5	登録建築物飲料水貯水槽清掃業	建築物の飲料水の貯水槽の清掃を行う事業
6	登録建築物排水管清掃業	建築物の排水管の清掃を行う事業
7	登録建築物ねずみ昆虫等防除業	建築物におけるねずみその他の人の健康を損なう事態を生じさせるおそれのある動物として厚生労働省令で定める動物の防除を行う事業
8	登録建築物環境衛生総合管理業	建築物における清掃，空気調和設備および機械換気設備の運転，日常的な点検および補修（運転等）ならびに空気環境の測定，給水および排水に関する設備の運転等ならびに給水栓における水に含まれる遊離残留塩素の検査ならびに給水栓における水の色，濁り，臭いおよび味の検査であって，特定建築物の衛生的環境の維持管理に必要な程度の事業

限られる(保健所を設置する市の市長,特別区の区長でも権限はない).

問題 13　正解　(3) ・・・・・・・頻出度AAA

ビル管理法第11条に基づいて,都道府県知事(保健所を設置する市,特別区にあっては市長,区長)は,特定建築物の立入検査をすることができるが,住居に立ち入る場合は,その居住者の承諾を得なければならない.また,この権限は,犯罪捜査のために認められたものと解してはならない.

-(4)　地域保健法第6条に基づいて保健所は,環境の衛生に関する事項について,(多数の者が使用し,または利用する場合だけに限らず)企画,調整,指導およびこれらに必要な事業を行うことができる.

一方,ビル管理法の立ち入り検査などの都道府県知事の権限はあくまでも特定建築物が対象である(ただし次のような条文があることに注意).

「特定建築物以外の建築物で多数の者が使用し,又は利用するものの所有者,占有者その他の者で当該建築物の維持管理について権原を有するものは,建築物環境衛生管理基準に従つて当該建築物の維持管理をするように努めなければならない」(ビル管理法第4条3項).

-(5)　ビル管理法第12条に基づいて,都道府県知事等は,厚生労働省令で定める場合において,当該特定建築物の管理権原者に,維持管理方法の改善命令や当該特定建築物の使用停止等の処分ができる.

問題 14　正解　(4) ・・・・・・・頻出度AAA

立入検査ができない代わりに必要な説明,または資料の提出を求める.

特定建築物が公用・公共建築物の場合の特例は**14-1 表**参照.

14-1 表　公用・公共建築物の特例

一般の特定建築物	公共建築物
特定建築物の届出	必要(一般の特定建築物と同じ)
建築物環境衛生管理基準の遵守	
帳簿書類の備付け	
管理技術者の選任	
報告,検査	必要な説明,または資料の提出
改善命令	勧告

問題 15　正解　(3) ・・・・・・・頻出度AA

厚生労働大臣が基本方針を定め,それに基づいて予防計画を立てるのは都道府県(感染症法第10条).

-(5)　感染症の分類は**共通資料3**参照.

問題 16　正解　(2) ・・・・・・・頻出度A

平成30年12月の水道法改正に,「上水道事業者数の具体的な削減目標の設定」といった内容はない.

-(2)以外は平成30年12月の改正内容に含まれている.

問題 17　正解　(4) ・・・・・・・頻出度AAA

構造設備基準・適正配置基準は,「厚生労働大臣が規則で定める」→「都道府県の条例で定める」が正しい(公衆浴場法第2条第3項,第3条).

興行場法,旅館業法にもよく似た規定が存在する(**17-1 表**参照).

旅館業法を基準に考えると,興行場は暗幕で覆うぐらいなので,採光は要らない.公衆浴場で防湿はナンセンスだが保温が必要.旅館は宿泊者,興行場は入場者,浴場は入浴者,などと覚える.

これらの法律は生活衛生関係営業法令といわれ,営業に許可の要るものと事前

17-1 表　興行場法，旅館業法，公衆浴場法の規定

興行場法	営業者は，興行場について，換気，照明，防湿及び清潔その他入場者の衛生に必要な措置を講じなければならない．
旅館業法	営業者は，旅館業の施設について，換気，採光，照明，防湿及び清潔その他宿泊者の衛生に必要な措置を講じなければならない．
公衆浴場法	営業者は，公衆浴場について，換気，採光，照明，保温及び清潔その他入浴者の衛生及び風紀に必要な措置を講じなければならない．
前項の措置の基準については，都道府県※が条例で，これを定める．	

※ 保健所を設置する市または特別区にあっては，市または特別区

に届け出なければならないものに大別される．興行場法，旅館業法，公衆浴場法は許可制である．届出制の法律は，理容師法，美容師法，クリーニング業法．

問題 18　正解　(1) ・・・・・・・ 頻出度 A

他の項目はほとんど達成率 100 % なのに対し，光化学オキシダントは 0.2 % である．ちなみに光化学オキシダントの環境基準は「1 時間値が 0.06 ppm 以下であること」． 2022-18

問題 19　正解　(4) ・・・・・・・ 頻出度 A A

温泉法は，温泉施設からの排水の水質には触れていない．他の施設・建築物からの排水と同じく公共下水道に排水する場合は下水道法，河川などに排水する場合は水質汚濁防止法によって規制されている．

-(1)（東京都の例）平均排水量 50 m^3/ 日以上の場合，鉱油類含有量 5 mg/L・動植物油脂類含有量 30 mg/L 以下．

-(2)　処理対象人員が 501 人以上のし尿処理施設は「特定施設」となって，生物化学的酸素要求量の許容限度は 160 mg/L である．

-(3)　燃料の燃焼能力が重油換算 1 時間当たり 50 L 以上のボイラは「ばい煙発生施設」となって，いおう酸化物の排出基準が適用される．

-(5)　火床面積が 0.5 m^2 以上または焼却能力が 1 時間当たり 50 kg 以上の廃棄物焼却炉は，「特定施設」となって，排ガス中のダイオキシン類の量の許容限度が 5 ナノグラム /m^3 となる（焼却能力が 1 時間当たり 2 000 kg/h 未満の場合）．

問題 20　正解　(2)，(4)※ ・・ 頻出度 A A A

※ 試験実施者により，正答一覧発表 5 日後に正答一覧が修正され，(2)が追加された．

-(2)　統括安全衛生管理者→総括安全衛生管理者が正しい．

-(4)　ボイラなどその使用・操作に危険を伴う特定機械の製造許可は都道府県労働局長による．

労働衛生行政は中央・地方を通じて一元的に国の機関が直接行政を行っている．従って，この都道府県労働局長や労働基準監督署長は国家公務員であり，都道府県労働局，労働基準監督署は国の機関である．

-(2)，-(3)，-(5)などの，「事業者の責務」は下記のとおり（よく出題される）．

1. 総括安全衛生管理者，安全管理者，衛生管理者，安全衛生推進者等，産業医等，作業主任者等の選任
2. 安全委員会，衛生委員会もしくは安全衛生委員会の設置
3. 事業者は，有害な業務を行う屋内作

業場で，作業環境測定を行い，その結果を記録しておかなければならない．

4. 事業者は，労働者の健康に配慮して，労働者の従事する作業を適切に管理するように努めなければならない．

5. 事業者は，常時使用する労働者に対し，医師による健康診断を行わなければならない．

常時50人以上の労働者を使用する事業者は，定期健康診断を行ったときは，定期健康診断結果報告書を労働基準監督署長に提出しなければならない（労働安全衛生規則第52条）．

6. 一定規模の事業場においては，常時使用する労働者に対し，医師，保健師等による心理的な負担の程度を把握するための検査（ストレスチェック）を行わなければならない．

7. 事業者は，伝染性の疾病その他の疾病で，厚生労働省令で定めるものにかかった労働者については，厚生労働省令で定めるところにより，その就業を禁止しなければならない．

建築物の環境衛生
問題21～問題45

問題21　正解　(4)・・・・・・・頻出度AA

閾（いき）値の概念を示すHatchの図において，縦軸は医学的症状を表す（**21-1図**参照）．

Hatchの図は，閾値をどこに置くかが，医学的な判断や診断技術の向上によって変わりうることを示す．

問題22　正解　(4)・・・・・・・頻出度AAA

有害物の量と集団の反応率の関係は，量－反応関係という（**22-1表**参照）．

-(1)，-(3)の，「許容濃度」は，「最大

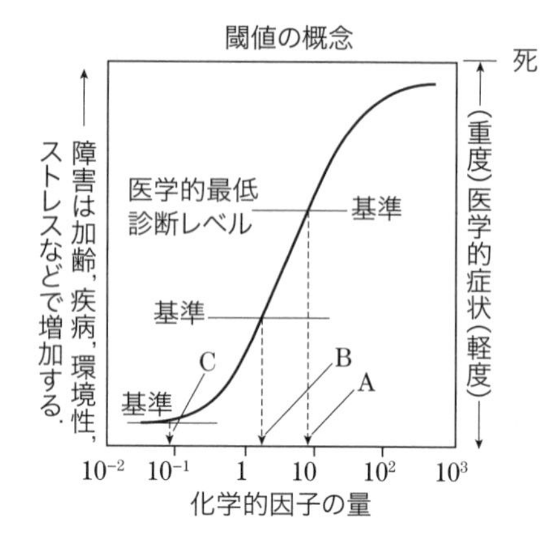

21-1図　Hatchの図[1]

22-1表　量－反応関係と量－影響関係

量－反応関係	集団レベル	環境条件が厳しくなると，集団の中では，影響を受ける人の割合が増えてくる．
量－影響関係	個体レベル	個体に対する有害物の影響は，その有害物の量（負荷量）が増えるにつれて個体内部での恒常性が保たれなくなり，最終的には死に至る．

許容濃度」と合わせて日本産業衛生学会の「許容濃度等の勧告」での定義である．

勧告された許容濃度等の例：ホルムアルデヒド許容濃度0.1 ppm，最大許容濃度0.2 ppm，等．

最大許容濃度は，健康への影響が大きく，短時間で影響が起こる化学物質などに対して用いられる．

問題23　正解　(4)・・・・・・・頻出度AAA

甲状腺は内分泌系にある．内分泌系はホルモンを分泌し，成長，発達，代謝等の活性をコントロールしている（**23-1表**参照）．

問題24　正解　(1)・・・・・・・頻出度AAA

睡眠時代謝量は基礎代謝の95％程度とされる．

23-1表　ヒトの臓器系

<table>
<tr><th>系の名称</th><th colspan="2">構成臓器</th><th>機能</th></tr>
<tr><td>循環器系</td><td colspan="2">心臓，動脈系，静脈系，毛細管系（血液循環系とリンパ管系）</td><td>身体全体への酸素と栄養の供給
身体全体からの二酸化炭素の回収</td></tr>
<tr><td>呼吸器系</td><td colspan="2">気道，肺</td><td>体内への酸素の摂取
体外への二酸化炭素の排出</td></tr>
<tr><td>消化器系</td><td colspan="2">口腔，食道，胃，十二指腸，小腸，大腸，直腸を経て肛門（消化管系）ならびに肝臓，膵臓等</td><td>栄養や水を摂取して，体内で再合成と排泄を行う．</td></tr>
<tr><td rowspan="4">神経系</td><td>中枢神経系</td><td>脳，脊髄</td><td>脳は，精神機能，運動機能，視覚，聴覚，言語等の機能を有する．</td></tr>
<tr><td rowspan="3">末梢神経系</td><td>知覚神経</td><td>感覚器の信号を中枢に伝える．</td></tr>
<tr><td>運動神経</td><td>中枢からの命令を運動器官に伝える．</td></tr>
<tr><td>自律神経</td><td>内臓や内分泌の自動制御</td></tr>
<tr><td>腎臓・泌尿器系</td><td colspan="2">腎臓，尿管，膀胱，尿道</td><td>血液の中から老廃物・有害物質・分解物質を尿として排泄</td></tr>
<tr><td>感覚器系</td><td colspan="2">聴覚，視覚，味覚，嗅覚等の感覚の受容をつかさどる臓器</td><td>外部からの刺激（音，光，味，臭い）を受けて神経系に伝える．</td></tr>
<tr><td>内分泌系</td><td colspan="2">脳のうち視床下部と下垂体，副腎，甲状腺，性腺（卵巣・精巣）等</td><td>ホルモンの分泌により，生体機能の恒常性を維持すると共に，成長，発達，代謝等の活性をコントロール</td></tr>
<tr><td>免疫系</td><td colspan="2">脾臓，胸腺，骨髄，リンパ節等</td><td>生存に有害な病原性微生物が侵入した場合に，選択的に排除</td></tr>
<tr><td>造血器系</td><td colspan="2">骨髄，脾臓等からなる．</td><td>赤血球・白血球・血小板の生産
　赤血球 → 酸素・二酸化炭素の運搬
　白血球 → 細菌等に対する防御
　血小板 → 止血の働き</td></tr>
<tr><td>筋骨格系</td><td colspan="2">骨と筋肉からなる．</td><td>身体の構成と運動をつかさどる．
呼吸等の生命維持にも大きく関与</td></tr>
<tr><td>その他</td><td colspan="3">子孫形成と種の保存をつかさどる生殖器系，発汗を担う皮膚系等</td></tr>
</table>

基礎代謝量とは，目覚めている状態で生命を維持する（心臓，呼吸，腎臓の働き，体温や筋緊張の維持など）ために必要な最小限のエネルギー消費量のことをいう．30歳男子の日本人で，1 450 kcal/日，女子で1 167 kcal/日程度である．

基礎代謝は早朝覚醒後の空腹時で仰臥位（あお向けの姿勢）におけるエネルギー代謝量に等しい．

日本人の基礎代謝は冬の方が体温維持のため高く，夏は低い．変動幅は10％程度である．2022-25

-(2)　低温の環境では，人体からの熱放散量が増加するので体熱平衡を維持するために熱産生量も増加するが，高温の環境でも，汗の分泌増加や血流量の増加で代謝量はわずかに上昇する．

-(5)　震えによる熱産生量の増加は自律性体温調節反応である．2021-24

問題 25　正解　(2) ・・・・・・・ **頻出度** A A A

冬期の集宅内の温度を測定した調査によると，高齢者の居住する部屋の室温は若年者と比較して低い場合が多い．高齢者は身体活動が少なく，また代謝量も少ないため，若年者より暖かい室温を好むとされているのにもかかわらず居住する室温が低い原因は，皮膚の冷点，痛点が減少しているために寒さを感じにくくなっていることが一因であると考えられる．このため，低体温症（深部体温 35 ℃未満）になりやすく，呼吸器系の疾患を罹(り)患しやすい．

高齢者は放射熱暖房器具を好む傾向があり，外部環境への適応力が低下した高齢者の満足する気温の範囲は，特に放射熱暖房がない場合に青年に比べ狭い範囲となる．

高齢者では，寒冷環境に曝露された際の血圧の変動が若年者に比べ顕著で，居間などと風呂場などの温度差は脳卒中などを引き起こす原因となる．

問題 26　正解　(3) ・・・・・・・ **頻出度** A A A

二酸化炭素濃度は，暑い寒いには直接関係ない．

エネルギー代謝量，着衣量，空気温度，放射温度，気流，湿度の六つを人体の温熱的快適性に影響する主要な温熱環境要素（温熱因子）という．それ以外にも，時代，季節，性などが温熱的快適性に影響する．2022-24

問題 27　正解　(3) ・・・・・・・ **頻出度** A A A

最初に遺伝子 DNA に傷をつけて変異を起こさせる物質はイニシエータ（initiator：創始者，発起人，起爆剤などの意）という．

プロモータ（promoter：興行主，促進者）は細胞の増殖を促進したり，活性酸素を増大させてがん化を促進する物質など．

-(1)　ヒトの発がん要因（**27-1 図**）．

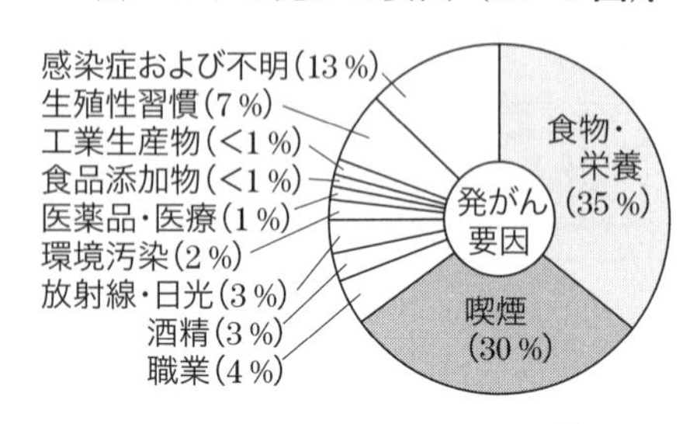

27-1 図　ヒトの発がん要因[2]

-(4)　ウイルスが発がんの原因の例：B 型や C 型の肝炎ウイルスによる肝がん，ヒトパピローマウイルス（HPV）による子宮頸がんなど多数．

問題 28　正解　(5) ・・・・・・・ **頻出度** A A A

ご存知のように，室内汚染物質についてビル管理法に定められている項目は，一酸化炭素，二酸化炭素，浮遊粉じんとホルムアルデヒドだけである．

学校環境衛生基準には，ダニまたはダニアレルゲンの基準が定められている（100 匹 /m^2 以下またはこれと同等のアレルゲン量以下であること）．

-(2)　アレルギー発症のメカニズムは，2021-29 参照．

問題 29　正解　(3) ・・・・・・・ **頻出度** A A A

1 人当たり 10 m^3/h では換気不足である．

ビル管理法の管理基準値の二酸化炭素濃度 1 000 ppm を C，人からの二酸化炭素発生量 M を 0.020 m^3/（人·h）（事務作業），外気の二酸化炭素濃度 C_o を 350 ppm として，換気量 Q [m^3/人·h] を求める公式に当てはめると，

$$Q = \frac{M}{C - C_o} \times 10^6 = \frac{0.020}{1\,000 - 350} \times 10^6$$

$$= 30.77\ \mathrm{m^3/(人 \cdot h)}$$

すなわち，およそ 30 m³/(人·h) の新鮮外気が確保されていれば，ビル管理法の管理基準値を満たしていると見なすことができる．

-(2) 清浄空気の組成（容積比 [%]）**29-1 表**参照．

29-1 表　清浄空気の組成（容積比 [%]）

窒素	78.1
酸素	20.93
アルゴン	0.93
二酸化炭素	0.04

-(5) エアロゾル粒子は，2022-59 参照．

問題 30　正解　(2) ・・・・・・・ **頻出度** A A A

「0.1 mg/m³ 以下」，が正しい．

この値を ppm に換算すると，

$$C_{\mathrm{ppm}} = C\ \mathrm{mg/m^3} \times \frac{22.41}{M} \times \frac{273 + t}{273}$$

$$= 0.1 \times \frac{22.41}{30} \times \frac{273 + 20}{273}$$

$$= 0.080\,2\ \mathrm{ppm}$$

M：ホルムアルデヒドの分子量（30 g/mol），気温 t を 20 °C とした．

ホルムアルデヒドの許容値，指針値を 0.08 ppm としている文書・文献も多く見られる．

問題 31　正解　(5) ・・・・・・・ **頻出度** A A A

オゾンは独特な刺激臭をもつ．

オゾン（O_3）は大気中の酸素分子（O_2）から，太陽光などに含まれる紫外線の高エネルギーによる光化学反応によって生じる（可視光や赤外線の低レベルのエネルギーでは発生しない）．

落雷の放電に伴う紫外線でもオゾンは発生するが，人間の環境に影響する大部分のオゾンは下式のとおり自動車やその他の燃焼過程の排気ガス中に含まれている炭化水素と窒素酸化物の光化学反応の結果として生成される．

$$NO_2 + h\nu\ (紫外線) \rightarrow O + NO$$

$$O + O_2 \rightarrow O_3$$

この後，オゾンは最初の反応で発生した一酸化窒素と反応して二酸化窒素と酸素分子に戻るが，

$$O_3 + NO \rightarrow NO_2 + O_2$$

周囲に炭化水素が存在すると，一酸化窒素はそちらに奪われてしまうため，オゾンが蓄積し高濃度となる．

オゾンはフッ素の次に酸化力の強い物質で，オゾン濃度が 0.3 〜 0.5 ppm 程度になると肺や気道粘膜を刺激しはじめる．

オゾンは光化学オキシダント※の主成分であり，独特な刺激臭をもった青い色を呈する気体で水に溶けにくく肺の奥まで侵入し呼吸器に影響をおよぼす．

※ 光化学オキシダント大気汚染に係る環境基準：1 時間値が 0.06 ppm 以下であること．

室内のオゾン量に重要な影響を与えそうな発生源は，コロナ放電による紫外線を伴うコピー機，レーザプリンタ，静電式空気清浄機である．

-(3) 日本産業衛生学会の，作業環境におけるオゾンの許容濃度は 0.1 ppm 以下．

問題 32　正解　(5) ・・・・・・・ **頻出度** A A □

加熱式たばこも規制対象である．

健康増進法は，受動喫煙防止のために喫煙場所等を規制している．健康増進法の定める喫煙とは次のとおり．「喫煙　人が吸入するため，たばこを燃焼させ，

又は加熱することにより煙(蒸気を含む．次号及び次節において同じ．）を発生させることをいう」(健康増進法第28条第二号)．

-(3) 第一種特定施設である病院や学校では，屋内に喫煙場所を設けることはできない（**32-1 表**参照)．

32-1 表 健康増進法 受動喫煙防止（特定施設)

第一種特定施設	学校，病院，児童福祉施設 国および地方公共団体の行政機関の事務処理のための庁舎	特定屋外喫煙場所以外の敷地内禁煙
第二種特定施設	第一種以外の施設	喫煙専用室以外の屋内禁煙（住居，旅館の客室を除く）

受動喫煙防止の規定を破った喫煙者，放置した施設管理権原者には罰則が科せられる．2021-31

問題 33 正解 (5)・・・・・・・頻出度 A A A

スクリーニングは1 000 Hzと4 000 Hzのレベルが測定される．

騒音作業に常時従事する労働者の健康診断では，オージオメータによる1 000 Hzおよび4 000 Hzにおける選別聴力検査（1 000 Hzについては30 dB，4 000 Hzについては25 dB，30 dBの音圧の純音が聞こえるかどうかの検査)を実施し，30 dBの音圧での検査で異常がみられた者その他医師が必要と認める者について，追加の検査を実施する．2022-34，2021-32．

-(4) 気導が，音が外耳と中耳を通して内耳へ伝えられることをいうのに対して，骨導は，音が頭蓋(がい)骨と軟部組織の機械振動を通して内耳へ伝えられることをいう（録音された自分の声を聴くと違和感を感じるのは，録音されているのは気導だけによる音声なのに対し，普段われわれは自分の声を，気導と骨導のミックスで聞いているからである)．

問題 34 正解 (3)・・・・・・・頻出度 A A A

騒音性難聴は内耳にある，音由来の振動を受け取る蝸(か)牛の有毛細胞が損傷することによる（**34-1 図**参照)．

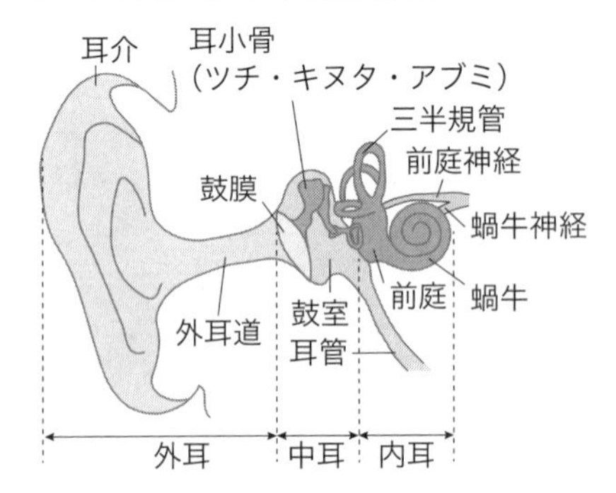

34-1 図 耳の構造(3)

内耳の蝸牛は長さ3 cmほどの管が2回転半している．内部は前庭階，蝸牛管，鼓室階の3層に分かれ，いずれもリンパ液で満たされている．耳小骨から伝わった気導音波振動もしくは骨導音波振動はリンパ液を揺らし，その揺れが，蝸牛管の下壁のコルチ器の有毛細胞を揺らして興奮させ，リンパ液の振動が電気信号に変換される．電気信号は蝸牛神経を経て脳の聴覚野に届き，音として認識される．

-(1) 騒音性難聴は4 000 Hz付近の周波数から始まるのに対し，加齢による聴力の低下は，8 000 Hz付近の，高い周波数の音から始まる．老人性難聴は，内耳の細胞，神経の全体的な劣化により進行するものと思われる．

-(2) 普通の会話の音声周波数はおお

よそ 100 ～ 4 000 Hz である．

4 000 Hz 付近の周波数から始まる初期の騒音性難聴の特徴を c^5 ディップの発生という．初期の騒音性難聴では，オージオグラム上の 5 番目の c の音（4 186 Hz，日本式の音名でいうと五点ハの音）付近の聴力が低下し，グラフにくぼみ（dip，ディップ）ができる（**34-2 図**参照）ことからこう呼ばれている．

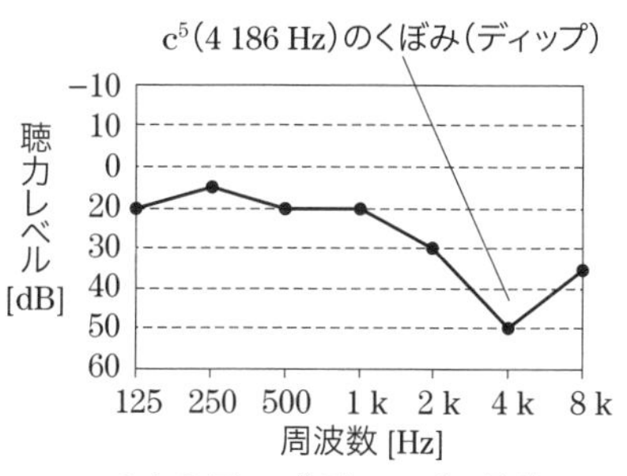

34-2 図　c^5 ディップの発生

-⑸　騒音による聴取妨害に関して，S/N 比が 10 ～ 20 dB あれば十分な文書了解度が得られる．普通の会話の音声レベルは距離 1 m で約 55 ～ 60 dB（A）程度であるから，騒音のレベルは 40 ～ 50 dB（A）程度に抑える必要がある． 2022-34

問題 35　正解　⑸ ・・・・・・・ **頻出度** A A A

シベリアなどの寒冷地でチェーンソーを扱う労働者にみられるレイノー現象（白ろう病）は，寒冷と振動による末梢（まっしょう）血行障害である．指に境界鮮明な蒼（そう）白化状態が発生する場合がある（**35-1 図**参照）．

人間の受ける振動は，全身振動と局所振動に分けられる．環境要因として問題になる振動（環境振動）は，全身振動で 1 ～ 90 Hz，局所振動で 8 ～ 1 000 Hz である．

全身振動の知覚は主に内耳の前庭器官と三半規管が加速度の変位を感知することによる．

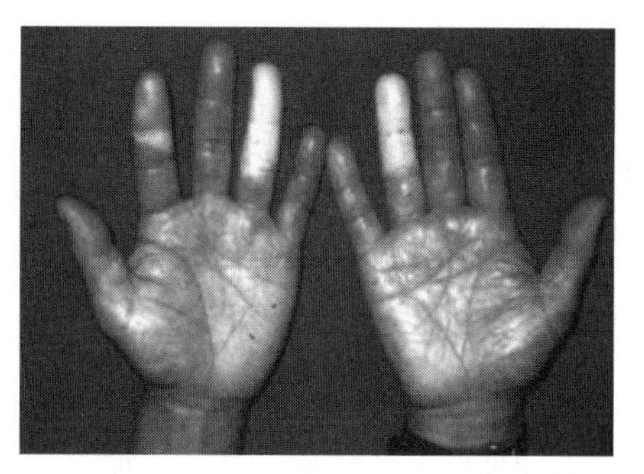

35-1 図　白ろう病による指の蒼白化(4)

全身振動は，鉛直振動と水平振動に分けて測定・評価され，人は鉛直振動の方を水平振動より敏感に感じる．

全身振動で受ける感覚は，周波数によっても異なり，身体の姿勢，振動継続時間によっても異なる．全身振動では低周波数域に対して人の感覚は鋭く，周波数の増加とともに感覚が鈍くなってくる．鉛直振動では 4 ～ 8 Hz の振動を最も感じやすい．水平振動では 1 ～ 2 Hz である．

周波数 1 Hz 以下の乗り物などの揺れに対しては，一般に，鉛直方向よりも水平方向の方が敏感である．乗り物酔い（動揺病）は，周波数が 1 Hz 未満で振幅が大きい場合に起こる．

全身振動の評価量は振動加速度レベルで表される．

$$振動加速度レベル = 10 \log_{10} \frac{a^2}{{a_0}^2} \ [\mathrm{dB}]$$

ただし，a（測定値）[m/s²]，a_0（基準加速度）$= 10^{-5}$ m/s²

人間の，周波数による振動感覚の違いを補正して計測した振動加速度レベルを，周波数補正加速度レベルまたは単に振動レベルという．振動レベル 55 dB は地震の震度段階0（無感）に相当し，振動感覚閾値という（地震の震度は，計測された振動加速度から計算される）．

戸外の振動測定は一般的に地上面で行われ，X，Y，Z軸3方向について行われる．

地面の振動は建物によって一般的に増幅される．建築物・地面の共振周波数は3～6 Hz付近にあり，屋外地上面より建築物内床面の振動レベルの方が高くなることがある．立位および座位の鉛直振動による人体胸腹部の共振周波数（4～8 Hz）もこれに重なるので，建築物による振動の増幅を考慮する必要がある．

バスやトラックなどの交通車両，トラクタ，フォークリフトなどの作業車両の運転者は，比較的強い垂直振動により胃下垂などの内臓下垂や腰痛など骨・関節の障害を生じやすい．

局所振動の知覚は，皮膚，内臓，関節等，人の全身に散らばる知覚神経末端受容器（パッチニ小体等）によりなされる．

寒冷下では，皮層の血流は体温維持のためにもともと減少し，酸素や栄養素の供給が滞っている．そこに局所振動が加わって，毛細血管や末梢神経が傷むことがレイノー現象や感覚運動神経障害などの健康障害を引き起こし，長期間振動作業による末梢神経障害が進行すると，手指の伸展に支障がみられることがある．

問題36　正解　(2)・・・・・・・**頻出度**AAA

網膜は外部の事象が像を結ぶ眼の最奥部に位置する（**36-1図**参照）．

網膜の中心窩を中心として600万個の錐体細胞が分布し，その他の周辺部を1億2 500万個の杆体細胞が占めている（**36-1表**参照）．

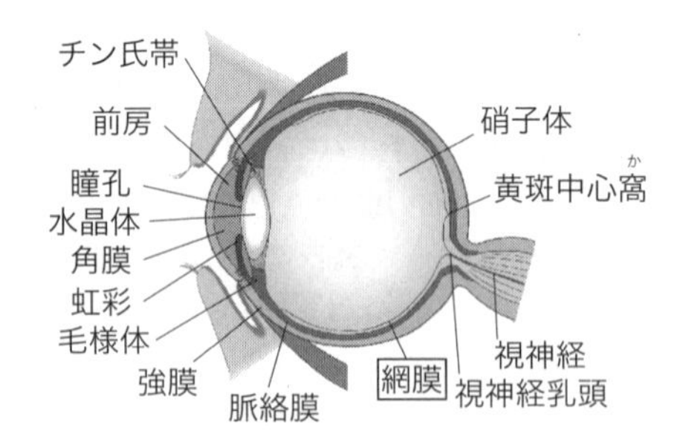

36-1図　目の構造(5)

36-1表　視細胞

杆体細胞	杆体は光に敏感な色素ロドプシンを含み，感光度が非常に高く，錐体の約500倍の感度をもつ．色を識別することはできない．
錐体細胞	感光度はそれほどでもないが解像力に優れ，色覚（色を感じる能力）に必要な化学物質をもち，色を感じることができる．錐体は赤，青，緑の光にそれぞれ反応する3種があり，これらの反応の組み合わせによって色を感じている．

-(3)　目が視対象物の細部を見分ける能力を視力という．視力は黒色の円環（ランドルト環，**36-2図**）の切れ目を見ることで測る．外径7.5 mm，幅と切れ目が1.5 mmの円環を5 m離れた点から見て，切れ目が見分けられる場合を視力1.0としている．

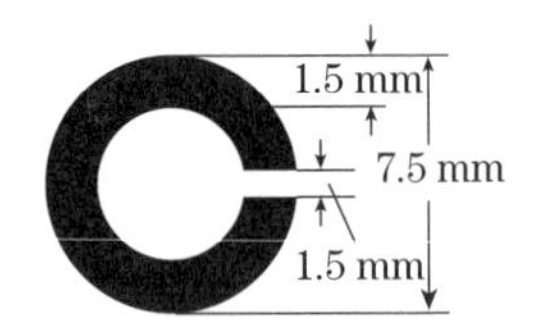

36-2図　ランドルト環（視力1.0用）

人間の視力は大きく照度に依存し，約0.001 lxから徐々に視力が現れ，0.1 lx（輝度で0.01 cd/m^2）付近で大きく変化し，約10 000 lxまで直線的に向上する（照度が高いほど細かい物を識別しやすく，またはっきり見える）．これは人間の目が杆体細胞と錐体細胞を使い分けている証拠である．新聞の字が読めるのは 1 lx 以上，色の識別には 3 lx 以上が必要である（満月の照度は約 0.2 lx なので月光だけでは新聞は到底読めない）．

明るいところから暗いところへの順応を暗順応といい，完全に順応するには 40 分以上かかる．暗いところから明るいところへの順応は明順応といい，2 分程度で順応する．暗順応して杆体が働いて物を見る作業を暗所視，明順応して錐体が働いているときを明所視といい，その中間の状態を薄明視という．

-⑸　色の見え方には，光源色，表面色（反射色），透過色の三つがあり，自ら光を出す物の色は光源色という．表面色（反射色）は物が反射して見える色をいい，透過色はセロファンなどを通して見える色をいう．

物体の色は入射した光線のうち，反射した光の分光分布によって決まる．物体の色を，特に色彩と呼ぶ．

問題 37　正解　⑴・・・・・・・**頻出度** A A A

厚生労働省「情報機器作業における労働衛生管理のためのガイドライン」によれば，「一連続作業時間が 1 時間を超えないようにし，次の連続作業までの間に 10 分～15 分の作業休止時間を設け，かつ，一連続作業時間内において 1 回～2 回程度の小休止を設けるよう指導すること」．

-⑸　以前は，「書類及びキーボード上における照度は 300 lx 以上，ディスプレイ画面上の照度 500 lx 以下」とされていたが，最新のガイドラインでは「ディスプレイ画面上の照度 500 lx 以下」の記述が削除された．

問題 38　正解　⑷・・・・・・・**頻出度** A A A

波長は赤外線が一番長く，可視光，紫外線の順である（**38-1 表**参照）．

電磁波の周波数×波長 ＝ 光速となって一定なので，周波数が高くなると波長は短くなる．

電磁波は波長の長短（周波数の高低）によってその性質が著しく変化するので，その利用の仕方も異なってくる．

-⑴　光速は，空気中の方がほんのわずかに遅い（水中ではかなり遅くなる）．

-⑵　電離作用とは，エネルギーの大きい電磁波（電磁波のもつエネルギーは周波数に比例する）が，原子から電子を弾き飛ばしてイオン化する作用である．

-⑶　時間的に変動のない電場，磁場（それぞれ静電場，静磁場という）はお互いに独立して存在する一方，時間的に変動する磁場は電場を生み，時間的に変動する電場は磁場を生む．この時間的な電磁場の変化（振動）が空間を伝搬する現象を電磁波と呼ぶ．交流 50 Hz の商用電源・電線からは 50 Hz の電磁波が生じている．

-⑸　火花放電の起きる電圧は間隔 1 mm あたり約 3 kV で，冬場，人体に発生する静電気の電圧は 3 kV ～ 4 kV 程度である．

問題 39　正解　⑸・・・・・・・**頻出度** A A A

ガラス工白内障は溶解したガラスから発する赤外線による眼の障害である．

赤外線の慢性曝露（ばくろ）により潜伏期間 10 ～ 15 年で発症する．

-⑴～-⑷　赤外線と比べて波長の短い紫外線の人体への直接的な影響は皮膚表層にとどまるが，エネルギーが大き

2023 年解答・午前

38-1 表　電磁波一覧

電磁波	電磁波の種類・名称			周波数	波長	用途・発生源
	電離放射線		ガンマ（γ）線	3 000 万 THz ～	0.000 1 nm ～	科学観測機器
			エックス（X）線	30 000 ～ 3 000 万 THz	0.001 ～ 10 nm	医療機器（X 線，CT スキャナ）
	非電離放射線	光	紫外線	789 ～ 30 000 THz	10 nm ～ 0.38 μm	レーザ
			可視光線	384 ～ 789 THz	0.38 ～ 0.78 μm	光学機器
			赤外線	3 000 GHz ～ 384 THz	0.78 μm ～ 0.1 mm	工業用（加熱・乾燥）
		電波	サブミリ波	300 ～ 3 000 GHz	0.1 ～ 1 mm	光通信システム
			ミリ波（EHF）	30 ～ 300 GHz	1 mm ～ 1 cm	レーダ
			センチ波（SHF）	3 ～ 30 GHz	1 ～ 10 cm	衛星放送，マイクロウェーブ
			極超短波（UHF）	300 ～ 3 000 MHz	10 cm ～ 1 m	テレビ，電子レンジ（2 450 MHz），携帯電話
			超短波（VHF）	30 ～ 300 MHz	1 ～ 10 m	テレビ，FM 放送，業務無線
			短波（HF）	3 ～ 30 MHz	10 ～ 100 m	短波放送，国際放送，アマチュア無線
			中波（MF）	300 ～ 3 000 kHz	100 ～ 1 000 m	ラジオ放送
			長波（LF）	30 ～ 300 kHz	1 ～ 10 km	日本標準時送信
			超長波（VLF）	3 ～ 30 kHz	10 ～ 100 km	電磁調理器
			（VF）	300 ～ 3 000 Hz	100 ～ 10^3 km	－
			極超長波（ELF）	3 ～ 300 Hz	10^3 ～ 10^5 km	家電製品，高圧送電線

※ ミリ波～極超短波を通称マイクロ波，ミリ波～超長波をラジオ周波という．

39-1 表　紫外線（UV-A，UV-B，UV-C）

UV-A 315 ～ 400 nm	UV-A はメラニンを黒化させ皮膚の色を黒くする日焼け（サンタン）を起こす（皮膚へのメラニンの沈着ともいう）． 白色人種に多い皮膚のがん，悪性黒色腫の原因の一つとされる．
UV-B 280 ～ 320 nm	1）皮膚に強い紅斑や水泡を作る日焼け（サンバーン）の原因となる．紅斑を作る紫外線の最小量を最小紅斑量（MED）という．真夏の海岸で 20 分の直射日光に相当する．健康のためには毎日 1/7 MED 程度の紫外線を浴びる必要がある． 2）UV-B は眼の表層に吸収されて角膜炎の原因となる（雪眼，アーク溶接の電気性眼炎）．遅発性の症状として，白内障を生じる． 3）280 ～ 320 nm の紫外線を健康線（ドルノ線）といい，皮膚でビタミン D を生成したり（不足すると，くる病の原因），鉱物質の代謝を促進する．
UV-C 200 ～ 280 nm	地表約 10 km 上空のオゾン層に吸収されて地上には到達しない．紫外線の殺菌作用は 200 ～ 320 nm の波長で，特に 260 nm は最強波長である．これは核酸の吸光ピークに一致するため，細胞内の DNA が障害されると考えられる．紫外線殺菌灯は 253.7 nm を用いている．

いため早期に発生し深刻な場合も多い(**39-1 表**参照).

問題 40　正解　(1) ・・・・・・・ 頻出度 A A A

人体細胞で電離放射線に最も感受性が高い（影響を受けやすい）のはリンパ球※で，最も低いのは神経細胞である．

※ リンパ球は，免疫を担当する白血球の一種．

人が，ある閾値を超えた量の放射線を被曝すると特定の影響が出現する．この閾値がある放射線影響のことを確定的影響という．

確率的影響では，閾値がなく，どんなに少ない線量でも影響が発生する確率が存在し，被曝線量に比例して障害の発生率は高くなる（**40-1 表**参照）．

電離放射線とは，その強いエネルギーで，照射された物質原子から電子を弾き飛ばしてイオン化する作用をもった放射線で，**40-2 表**のようなものがある．

電離放射線の強さ，量等を表す単位は**40-3 表**参照．

問題 41　正解　(3) ・・・・・・・ 頻出度 A A A

不可避尿は，0.4 ～ 0.5 L/ 日である．

-(1)　体内の水分量の内訳は **41-1 表**のとおり．

幼若であるほど体内の水分の割合は高い．加齢とともに，体内の水分量は少なくなる．

一般に女性の方が体重当たりの水分量

40-1 表　放射線による障害[6]

<table>
<tr><td rowspan="4">放射線の影響</td><td rowspan="3">身体的影響</td><td>早期影響</td><td>皮膚紅斑，皮膚潰瘍，白血球減少，脱毛，不妊等</td><td rowspan="2">確定的影響</td></tr>
<tr><td rowspan="2">晩発影響</td><td>白内障，胎児の障害</td></tr>
<tr><td>悪性腫瘍（白血病，悪性リンパ腫，皮膚がん，甲状腺がん等），寿命短縮</td><td rowspan="2">確率的影響</td></tr>
<tr><td colspan="2">遺伝的影響</td><td>遺伝子・染色体異常，胎児奇形（小頭症等）</td></tr>
</table>

40-2 表　電離放射線

種類	実体	防御
α（アルファ）線	ヘリウム原子核の流れ	紙で遮へい可能
β（ベータ）線	電子の流れ	アルミニウムなどの薄い金属板で遮へい可能
γ（ガンマ）線，X 線	高エネルギーの電磁波	鉛，厚い鉄板が必要
中性子線	中性子の流れ	水槽や厚いコンクリート壁が必要

40-3 表　放射線の単位

単位	単位記号	意味
ベクレル	Bq	放射能の強さ（原子核の崩壊数秒） 放射性物質の濃度：Bq/kg，Bq/m^3，Bq/m^2 など
シーベルト	Sv	放射線の人体に与える影響の単位．吸収線量に人体の臓器ごとの放射線荷重係数を掛け合わせて求める．等価線量といわれる． 集団検診の胸部 X 線は 1 回当たり 0.05 mSv，自然放射線（世界平均）は 2.4 mSv/ 年･人である．

41-1 表　体内の水分量の内訳

<table>
<tr><td colspan="4">体重に占める割合</td></tr>
<tr><td colspan="4">60 %</td></tr>
<tr><td rowspan="3">内訳</td><td colspan="3">細胞内液 40 %</td></tr>
<tr><td rowspan="2">細胞外液 20 %</td><td>組織間液</td><td>15 %</td></tr>
<tr><td>血漿</td><td>5 %</td></tr>
</table>

は少ないとされる.

(5)　水分欠乏率と脱水症状は，**41-2 表**参照.

41-2 表　水分欠乏率と脱水症状（水分欠乏率は対体重概略値）[7]

欠乏率	脱水症状
1 %	のどの渇き
2 %	強い渇き，ぼんやりする，重苦しい，食欲減退，血液濃縮
4 %	動きのにぶり，皮膚の紅潮化，いらいらする，疲労および嗜眠，感情鈍麻，吐気，感情の不安定
6 %	手・足のふるえ，熱性抑うつ症，昏迷，頭痛，熱性こんぱい，体温上昇，脈拍・呼吸数の増加
8 %	呼吸困難，めまい，チアノーゼ，言語不明瞭，疲労増加，精神錯乱
10 ～ 12 %	筋けいれん，平衡機能失調，失神，舌の腫脹，譫妄および興奮状態，循環不全，血液濃縮および血液の減少，腎機能不全
15 ～ 17 %	皮膚がしなびてくる，飲込み困難，目の前が暗くなる，目がくぼむ，排尿痛，聴力損失，皮膚の感覚鈍化，舌がしびれる，眼瞼硬直
18 %	皮膚のひび割れ，尿生成の停止
20 % 以上	死亡

あわせて，1 日当たりの人体の水の収支を **41-3 表**に示す.

41-3 表　1 日当たりの人体の水の収支[8]

損失 [mL]		摂取 [mL]	
呼吸器	400	食物	1 200
皮膚	600	飲料水	1 000
ふん便	100	代謝水	300
尿	1 400	—	—
（合計）	2 500	（合計）	2 500

人が必要とする水分の量は普通 1 日約 1.5 L である．体重当たりに換算すると小児は成人の 3 ～ 4 倍の水分を必要とする.

通常の食事および水分摂取の状態で成人が 1 日に排泄する尿の量は 1 ～ 2 L であるが，老廃物の排泄のためには 1 日に最低 0.4 ～ 0.5 L の尿が必要で，これは不可避尿と呼ばれる.

代謝水とは，体内における食物の代謝過程で生成される水で，通常成人で 1 日に 0.3 L である.

問題 42　正解　(1) ・・・・・・・ **頻出度** A A A

水系感染症では，発生時期が季節等に左右されることは少ない.

水系感染症の特徴は次のとおり.

1. 患者の発生が給水範囲と重なる.
2. 発生時期が季節等に左右されることは少なく，初発患者の発生から数日で爆発的に患者が増える.
3. 一般に，水で薄められるため潜伏期間が長く，致死率は低く，軽症例が多い.
4. 水の汚染が証明または確定されることが多い.
5. 患者の性別，職業，年齢等に無関係に発症する.

問題 43　正解　(4) ・・・・・・・ **頻出度** A A A

日本脳炎の病原体は日本脳炎ウイルスである．コガタアカイエカが媒介する（**43-1 表**参照）.

43-1 表　病原体

分類	大きさ，形態	感染症の例
ウイルス	10 ～ 400 nm の球状の小体 ウイルスは他の生物の細胞内でしか増殖できない.	痘瘡（とうそう），麻しん（はしか），風しん，A 型肝炎，B 型肝炎，C 型肝炎，E 型肝炎，インフルエンザ，日本脳炎，急性灰白髄炎（ポリオ，小児まひ），ノロウイルス感染症
リケッチア	300 ～ 500 nm 球形ないしは桿（かん）形の小体	発疹チフス，つつが虫病
細菌	1 µm 前後の球形ないしは桿形の単細胞生物 細胞核をもたない原核生物	コレラ，赤痢，腸チフス，パラチフス，ペスト，結核，レジオネラ症，カンピロバクター・ジェジュニ，レプトスピラ症
スピロヘータ	6 ～ 15 µm らせん形の細長い細菌の一種	梅毒，ワイル病
真菌類	1 ～ 10 µm 程度　細胞核をもつ真核生物．キノコ，カビ，酵母（単細胞生物）など	カンジダ症，白癬（はくせん）症
原虫	20 ～ 500 µm 以上の単細胞生物	マラリア，クリプトスポリジウム症

問題 44　正解　(2) ・・・・・・・ **頻出度** A A

A 型肝炎は四類感染症なので，全数把握（診断した医師は直ちに届け出る）の対象である．

-(1), -(3)～-(5)は全て五類感染症である．

一類～四類感染症は，全数を直ちに届出．五類感染症は全数届出と定点医療機関の届出に分かれる（**共通資料 3** 参照）．

2022-43

問題 45　正解　(5) ・・・・・・・ **頻出度** A A A

200 mg/L の濃度の溶液 10 L 中の，正味の次亜塩素酸ナトリウムは，200 mg/L × 10 L = 2 000 mg．これは 2 mL と見なしてよい．この 2 mL が全体の 5 % に相当するので，全体は，2 mL ×（100 %/5 %）= 40 mL となる．

濃度，希釈の計算問題は，2021-44，2019-45，2018-45 参照．

空気環境の調整
問題 46～問題 90

問題 46　正解　(5) ・・・・・・・ **頻出度** A A A

比熱とは，単位質量の温度を 1 K（1 °C）上げるために必要な熱量なので，kJ/(kg·K) である（**共通資料 4** 参照）．

-(1)　kg/kg(DA) は，より専門的には「重量絶対湿度」の単位．1 kg の質量の乾き空気（DA：Dry Air）と共存する湿り空気中の水分の量．主に空調分野（湿り空気線図）で用いられる．

問題 47　正解　(4) ・・・・・・・ **頻出度** A A A

壁を貫流する熱量 Q [W] を求める式は次のとおり．

$$Q = \frac{1}{R}(\theta_i - \theta_o) \times S \quad \cdots\cdots\cdots\cdots\cdots (1)$$

ただし，R：熱貫流抵抗 [m²·K/W]，θ_i：室温 [°C]，θ_o：外気温 [°C]，S：壁面

積 [m²].

熱貫流抵抗 R は次式で求めることができる.

$$R = \frac{1}{\alpha_i} + \frac{\delta_A}{\lambda_A} + r_B + \frac{\delta_C}{\lambda_C} + \frac{1}{\alpha_o} \quad \cdots (2)$$

ただし, α_i：室内側熱伝達率, δ_A：壁材料Aの厚さ, λ_A：壁材料Aの熱伝導率, r_B：中空層の熱抵抗, δ_C：壁材料Cの厚さ, λ_C：壁材料Cの熱伝導率, α_o：屋外側熱伝達率（**47-1 図**参照).

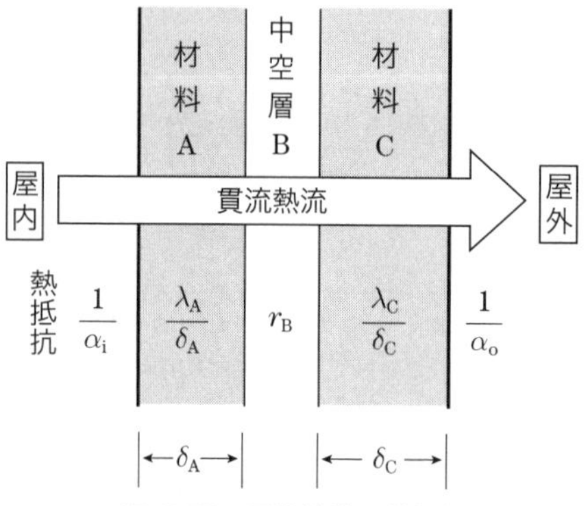

47-1 図　貫流熱流と熱抵抗

(2)式に与えられた数値を代入して R を求める(中空層は今回ないので $r_B = 0$).

$$R = \frac{1}{\alpha_i} + \frac{\delta_A}{\lambda_A} + r_B + \frac{\delta_C}{\lambda_C} + \frac{1}{\alpha_o}$$

$$= \frac{1}{10} + \frac{0.14}{1.4} + 0 + \frac{0.05}{0.2} + \frac{1}{20}$$

$$= 0.1 + 0.1 + 0.25 + 0.05 = 0.5$$

求める単位当たりの貫流熱量 Q [W/m²] は, (1)式より, 面積 $S = 1\,\mathrm{m}^2$ として,

$$Q = \frac{1}{R}(\theta_i - \theta_o) \times S$$

$$= \frac{1}{0.5} \times 20 \times 1 = 2 \times 20 = 40$$

式中の R の逆数 $K = 1/R$ [W/(m²·K)] を熱貫流率という. 2020-48

問題 48　正解　(5) ・・・・・・・ **頻出度** A A A

比エンタルピーが同じ状態点1と状態点2の湿り空気では, 温度が高い状態点2の方が絶対湿度は低くなることが **48-1 図**の湿り空気線図から分かる.

絶対湿度などの, 湿り空気の性質を表す状態量を **48-1 表**に示す.

これらの状態量のうち, 露点温度, 絶対湿度, 水蒸気分圧は, 湿り空気の状態量としては同じこと（水分の絶対量）を

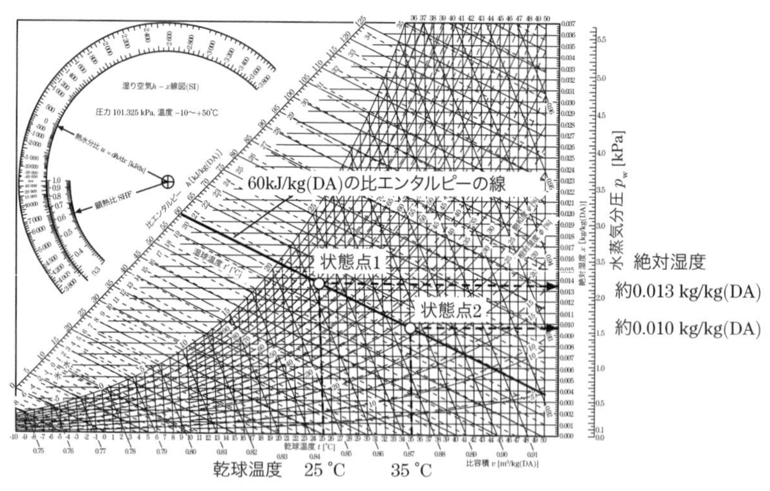

48-1 図　−(5)を示す湿り空気線図

48-1 表　湿り空気の性質を表す状態量

状態量の名称	単位	定義
乾球温度	℃	乾球温度計の示す温度
湿球温度	℃	5 m/s 程度の気流の当たっている湿球温度計の示す温度．飽和湿り空気では乾球温度と湿球温度は等しくなる．そうでない場合は常に湿球温度は乾球温度より低い値を示す．
露点温度	℃	湿り空気を冷却していったとき結露を始める温度（水蒸気の絶対量を示す）．ある空気に対して，同じ水蒸気分圧をもつ飽和空気の温度ともいえる．
絶対湿度	kg/kg(DA)	湿り空気中の乾燥空気 1 kg 当たりの水蒸気量を示す．これは，専門的には，重量絶対湿度という．絶対湿度には，湿り空気 1 m^3 中の水蒸気の質量を表す容積絶対湿度 [kg/m^3] もあるが，空調工学分野では，温度によって変化しない重量絶対湿度の方が取り扱いやすい．
水蒸気分圧	Pa	湿り空気を理想気体（完全気体ともいう）と見なせば，その圧力は水蒸気だけがあったときの圧力と乾燥空気だけがあったときの圧力の和である．ダルトンの分圧の法則という．そのときの水蒸気の圧力を水蒸気分圧という（水蒸気の絶対量を示す）．
相対湿度	%	ある湿り空気の水蒸気分圧と，同じ温度の飽和湿り空気の水蒸気分圧（飽和水蒸気圧という）の比．飽和湿り空気の相対湿度は 100 % となる．
比エンタルピー	kJ/kg(DA)	湿り空気のもっている熱量（顕熱＋潜熱）．0 ℃ の乾燥空気の比エンタルピーを 0 とする．
比容積	m^3/kg(DA)	乾き空気 1 kg 当たりの湿り空気が占める容積
飽和度	%	ある湿り空気の絶対湿度と同じ温度の飽和湿り空気の絶対湿度の比を飽和度という．

表しているのに過ぎないので，いずれかを測定すれば他の二つも測定したことになる．

いかなる状態の湿り空気でも，湿り空気線図上の一つの点として表現される．この点を状態点という．状態点は湿り空気の状態を表す二つの量が決まれば求めることができるので，他の状態量は湿り空気線図から求めることができる．しかし，上述のとおり，露点温度，絶対湿度，水蒸気分圧のうちの二つを与えられても，状態点は決定できない（**48-2 図**で 1 本の横線が決まるだけである）．この三つのうち一つが上昇すれば，他の二つも上昇することは分かる．

この手の問題に確実にかつ迅速に正解するには，湿り空気線図に何が描かれているかを理解し，頭に思い浮かべることができるようになっておくことが必須である．この問題であれば，右下がりの比エンタルピー線を右側に移動（乾球温度が上がる）すれば絶対湿度は低くなることがイメージできれば良い．さて，-(1)～-(4)はどのように思い浮かべることができるだろうか．

問題 49　正解　(2) ・・・・・・・ **頻出度** A A A

「熱伝導抵抗」→「熱伝導率」が正しい．

固体内は伝導によって熱が伝わる．固体内を流れる熱流 q_t [W/m^2] は，次式のとおり局所的な温度勾配に熱伝導率を乗

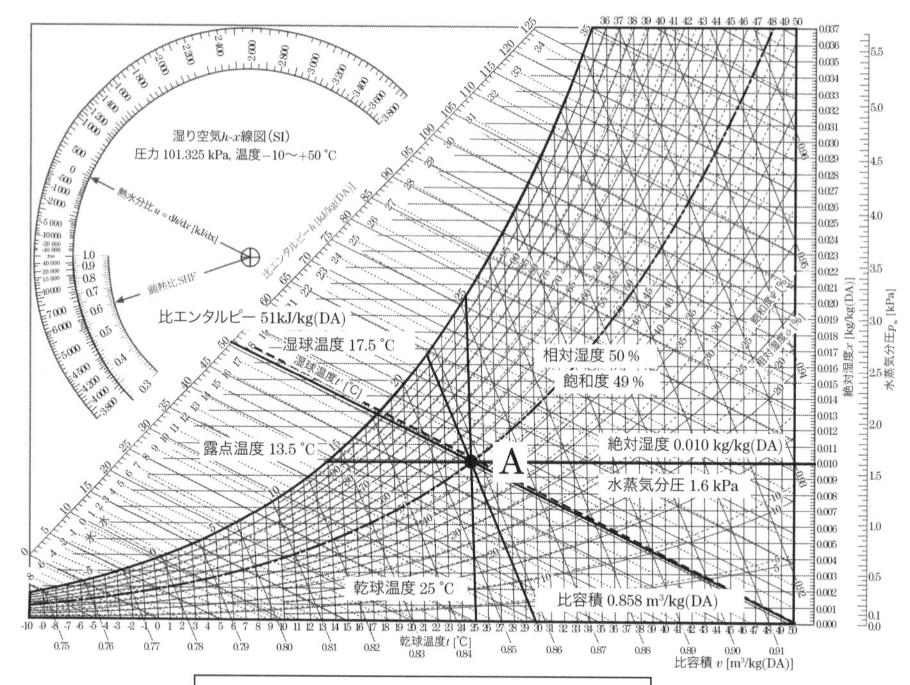

状態点A	
乾球温度	25 °C
相対湿度	50 %
絶対湿度	0.010 kg/kg(DA)
露点温度	13.5 °C
水蒸気分圧	1.6 kPa
比エンタルピー	51 kJ/kg(DA)
湿球温度	17.5 °C
比容積	0.858 m³/kg(DA)
飽和度	49 %

48-2 図　湿り空気線図には何が描かれているのか

じて求められる．

$$q_t = \lambda \times \Delta t$$

ただし，Δt：局所的な温度勾配，λ：熱伝導率 [W/(m·K)]．

熱伝導抵抗 [m²·K/W] は，熱の伝わりにくさを示す物性値で，物体の厚さを熱伝導率で除した値である．なお，熱伝導率の逆数は，熱抵抗率 [m·K/W] という．

固体（厚さ δ [m]）が均質で定常状態のとき，固体内部の温度勾配は直線となり，その場合の熱流 q は次式で表される．

$$q = \lambda \frac{\theta_1 - \theta_2}{\delta}$$

熱伝導率が小さい，断熱材のような固体では温度勾配が大きくなる（**49-1 図**参照）．

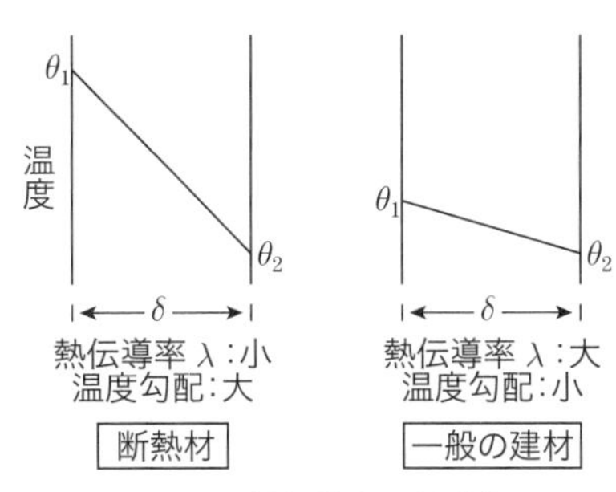

49-1 図　熱伝導率と温度勾配

-(1)，-(3)　熱とはつまるところ，物質を構成する原子・分子さらには電子の振動に還元されるので，それらが多い．別の言葉で言えば原子・分子間の距離が近い，すなわち密度の高い物質ほど熱を伝えやすく，同じ理由で水分を多く含むほど熱伝導率は大きくなる．

金属にあっては，密度よりも金属内を自由に動き回る電子（自由電子）の数が熱伝導率に大きく寄与するので，電気伝導率の大きい（＝電気抵抗の小さい）金属は熱伝導率も大きい．

物質の温度が高くなると原子・分子・電子の振動の振幅が大きくなる．一般の物質では熱伝導率は大きくなるが，金属では原子核の振動が自由電子の動きを邪魔するようになって熱伝導率，電気伝導率とも小さくなる．

-(4)　二重ガラスや壁内の空気層などの中空層の熱貫流抵抗 R [m^2·K/W] は，熱の伝導・放射・対流が絡んで，中空層の厚さ，密閉度，熱流の方向の影響を受ける．一定の厚さまで熱抵抗は増加するがそれ以上ではほぼ一定となる．住宅建築の業界団体では，空気層の熱流方向の厚さ d が 1 cm 未満の場合は $R = 0.09 \times d$，d が 1 cm 以上の場合は一定値 $R = 0.09$ を用いて計算するとしている．

-(5)　気体，液体の流体中は，熱は主に対流で伝わる．断熱材などの内部では流体の動きが阻害され対流が起きにくい．ちなみに静止した空気そのものの熱伝導率は 0.022 W/m·K と非常に小さい（**49-1 表**参照）．

49-1 表　建材などの熱伝導率と密度

材料	熱伝導率 [W/(m·K)]	密度 [kg/m^3]
鋼材	45	7 860
アルミニウム	210	2 700
板ガラス	0.78	2 540
タイル	1.3	2 400
コンクリート	1.3	2 400
石こう板	0.14	710 〜 1 110
パーティクルボード	0.15	400 〜 700
木材	0.15	550
硬質ウレタンフォーム	0.027	25 〜 50
ガラス繊維	0.04 〜 0.05	20 〜 50
空気	0.022	1.3
水	0.6	1

問題 50　正解　(5) ・・・・・・・ **頻出度** A A A

固体表面からの熱放射は，固体表面の絶対湿度の 4 乗に比例する．

全ての物体はその表面温度と表面特性に応じた大きさと波長の電磁波を射出すると同時に他の物体からの電磁波を吸収している．物体の表面間を電磁波によって伝わる熱の移動を放射という．

絶対温度 T [K] の物体表面から射出される単位面積当たりの放射熱流 q [W/m^2] は次式のとおり T の 4 乗に比例する（シュテファン・ボルツマンの法則）．σ はシュテファン・ボルツマン定数である．

$$q = \varepsilon\sigma T^4$$

ε は放射率と呼ばれ物体表面の特性値

であり，完全黒体という理想的な仮想物体で1.0，通常の物体では0.1～0.9の値をとる．

常温物体からの放射は波長が10 μm付近の赤外線が主体であり，長波長放射と呼ばれる．長波長放射では，放射エネルギーに関するキルヒホッフの法則により，同一温度の物体間では放射率と吸収率は等しくなるが，可視光の占める割合が多い太陽放射の吸収率は，吸収する物体表面の色が関係してくる．白っぽい物体は日射を反射してしまうからである（**50-1 表**参照）．

50-1 表　長波長放射率と日射吸収率

建材の例	放射率	日射吸収率
白色プラスター	0.9	0.1
白色ペイント	0.9	0.2
アスファルト	0.9	0.9
黒色ペイント	0.9	0.9
光ったアルミ箔	0.1	0.1
新しい亜鉛鉄板	0.2	0.7
酸化した亜鉛鉄板	0.3	0.8
松板	0.6	0.9

-(3)　放射熱伝達式は次式のとおり．

$$q_r = \alpha_r(\theta_s - \theta_a)$$

ただし，q_r：放射熱流 [W/m^2]，α_r：放射熱伝達率 [W/(m^2·K)]，θ_s，θ_a：固体表面温度，気温 [°C]．

この式の放射熱伝達率 α_r は，シュテファン・ボルツマンの法則による計算結果を近似・簡略化して得る．室内の放射率が0.9程度で，常温とすれば α_r = 4.5程度となる．

問題 51　正解　(1) ・・・・・・・**頻出度** A A A

「温度」→「密度」が正しい．

摩擦のないダクト中の流れを考える（**51-1 図**）．

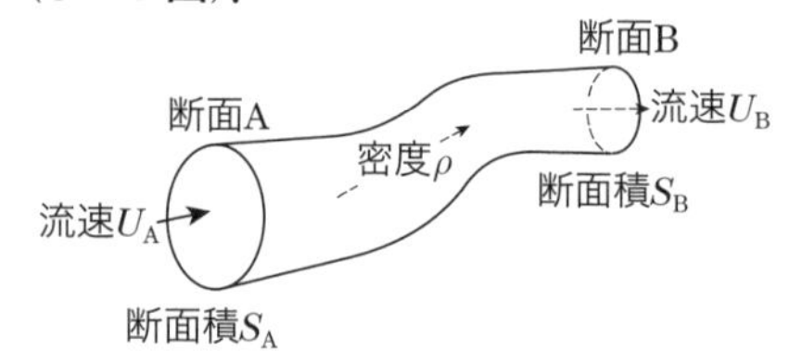

51-1 図　連続の式・摩擦のないダクト中の流れ

流れの上流側にA断面，下流側にB断面を取ると，AB断面間に，単位時間に流入する流れと流出する流れの質量は等しい．この関係を示す次式を連続の式という．

$$S_A \times U_A \times \rho = S_B \times U_B \times \rho$$

連続の式は，ダクトのどこを取っても単位時間に流れる質量は一定であることを示している．この式に力学的エネルギー保存の法則を適応するとベルヌーイの定理を導くことができる．

-(3)　ベルヌーイの定理によれば，摩擦のない理想的な流体では，単位時間にある断面を通過する流体のもつ力学的エネルギーは，運動エネルギー，圧力のエネルギー，外力によるエネルギー（位置エネルギー）の合計となり，ダクトのどの断面を取ってもその値は一定となる．すなわち，

$$\frac{1}{2}mU^2 + PV + mgh = 一定$$

ただし，m：質量 [kg]，U：流速 [m/s]，P：圧力 [Pa]，V：体積 [m^3]，h：高さ [m]，g：重力加速度（9.8 m/s^2）．

流体の密度を ρ [kg/m^3] とすれば，$m = V \times \rho$ であるから，この式を V で除した，

$$\frac{1}{2}\rho U^2 + P + \rho gh = H\ (一定)$$

も成り立つ．この式の各項は圧力 [Pa] の次元をもち，第 1 項を動圧，第 2 項を静圧，第 3 項を位置圧，H を全圧と呼ぶ．

気体では位置圧は無視してよいほど小さいので，

$$\frac{1}{2}\rho U^2 + P = H \text{（一定）}$$

すなわち，動圧＋静圧＝全圧としてよい．この式は，流体の速度が小さくなれば静圧が大きくなり，速度が速くなれば静圧が小さくなる，すなわち動圧と静圧は交互に変換することを示している．

なお，ここでいう圧力とは絶対圧力である（圧力計（ゲージ）で測った圧力をゲージ圧といい，絶対圧力 = ゲージ圧 + 大気圧である）．

-(5)　実際の流れでは，摩擦や流れの渦運動によって生じる損失等により，全圧は流れの下流方向に単調に低下する．この全圧低下を圧力損失と呼ぶ．

直線の丸ダクトなどに生じる圧力損失 Δp [Pa] は，流体の速度を v [m/s]，ダクトの有効径を D [m]，長さを L [m]，流体の密度を ρ [kg/m^3] とすると，次式で表される．

$$\Delta p = \lambda \frac{L}{D} \cdot \frac{1}{2}\rho v^2$$

λ（ラムダ）は摩擦抵抗係数と呼ばれ，ダクト表面の粗度のほか，ダクト内流体のレイノルズ数（Re 数）によって変化する．

ちなみにダクトの形状変化に伴う圧力損失は次式で表される．ξ（クサイ）は形状抵抗係数と呼ばれ，さまざまな形状変化に対する経験値が知られている．

$$\Delta p = \xi \frac{1}{2}\rho v^2$$

いずれの圧力損失も流速の 2 乗に比例する（動圧 $\frac{1}{2}\rho v^2$ に比例といっても良い）．

-(2)，-(4)　レイノルズ数（Re 数）

流体の摩擦も渦運動も流体のもつ粘性がその原因である．流体の速度が十分遅い場合，流れは整然とした層流となるが，流速が一定以上になると，流れは乱流となる．細く絞った蛇口からの水流は澄んだ透明な層流であり，蛇口を大きく開けると周囲の空気まで巻き込んで水流は白っぽく濁った乱流となる．

流れが層流となるか，無秩序な流体塊の混合を伴う乱流となるかは流れのレイノルズ数（Re 数）によることが知られている．

Re 数は，流体に働く慣性力と粘性力の比（慣性力 / 粘性力）を示す無次元数で，これが小さい流れでは乱流の原因となる慣性力を粘性力が上回っていて，乱れは減衰してしまう．Re 数が大きい流れは，乱れを継続させる力である慣性力が減衰させる粘性力に勝るので，乱れが持続する．

粘性による摩擦と乱流のどちらがより圧力損失に寄与するかは簡単には求められないので，一概に Re 数の大小で圧力損失の大小を判断することはできない．風洞に模型などを用いて実験的に調べる必要がある．その際，模型と実機の Re 数が等しければ，粘性力の働き方が相似になることが知られている（レイノルズの相似則）．流れの Re 数は次式で与えられる．

$$Re = \frac{vD}{\nu}$$

ただし，v：流速 [m/s]，D：流れの代表長さ（ダクトや配管の径など）[m], ν:（ニュー）：流体の動粘性係数（粘性係数を密度で割った値）.

Re 数が 2 000 程度以下では層流, 4 000 程度以上では乱流となる.

問題 52　正解　(3) ･･･････ **頻出度** A A A

両方の開口面積を 2 倍にすると，換気量も 2 倍になる（片方の開口面積を 2 倍にしただけではほとんど変化しない）.

外部風による換気力 P_w [Pa]（開口部前後の圧力差）は，次式によって与えられる.

$$P_w = \rho/2 \cdot V^2(C_1 - C_2)$$

ただし V：風速 [m/s]，C_1，C_2：建物の風上，風下の風圧係数.

風圧係数は実験的に求めるが，**52-1 図**のとおり風の向きで正負の値をとる.

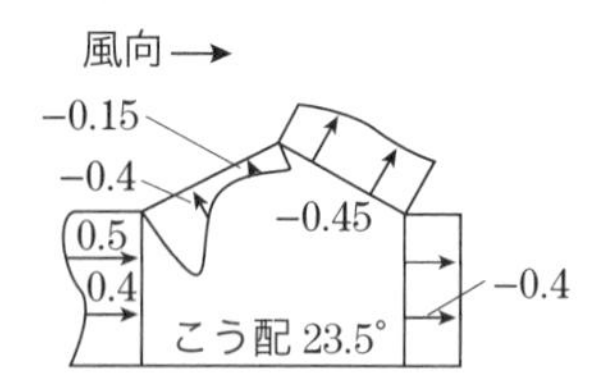

52-1 図　風圧係数(9)

換気量 Q [m^3/s] はこれらの換気力を次式に代入して求めることができる.

$$Q = \alpha A \sqrt{\frac{2}{\rho} P}$$

式中の α は流量係数. 流量係数は，オリフィスや弁などの実流量 / 理論流量の比のことで，流入口から流出口までの全ての抵抗を考慮した係数である. 開口部の形状に影響され，通常の窓で 0.6 ～ 0.7 程度となる（理想的なベルマウス（**52-2 図**）などの場合に≒ 1 で，1 を超えることはない）.

外部風に対する窓などの場合は，開口面積 A [m^2] に対して，αA を有効開口面積ということもできる.

52-2 図　ベルマウス(10)

風力による換気量なら,

$$Q = \alpha A \sqrt{2/\rho \cdot P_w}$$
$$= \alpha A \sqrt{2/\rho \cdot \rho/2 \cdot V^2 (C_1 - C_2)}$$
$$= \alpha A \sqrt{(C_1 - C_2)} V$$

この式から, 風力による換気量は, 風速, 開口面積に比例し，風圧係数の差の平方根に比例することが分かる. 2022-50

問題 53　正解　(1) ･･･････ **頻出度** A A A

室温よりやや低温の空調空気を床面付近に低速で供給し，天井面付近で排気する換気方式は,「置換換気方式」といわれる.

一般の事務室や会議室の換気方式は混合方式（清浄空気＋室内汚染空気）である. それに対して半導体のクリーンルーム等で採用される一方向方式とは，清浄空気をピストンのように一方向の流れとなるように室内に供給し，室内汚染物質を拡散させることなく，そのまま排気口へ押し出す方式で，その一つである置換換気方式は，低温空気が室の底部に滞留する傾向を利用した換気方式で，室温よりやや低温の新鮮空気を床面下部より低速で供給し，室上部から排出する.

-(2)～-(5)　室内気流分布の状態を決める主要な要因は，吹出し空気の温度，吹出し方向，速度，吹出し口の位置・形状である.

不快な局部気流のことをドラフト(draft)といい，冷たい壁付近などで，自然対流によって生じる下降流や隙間風が原因のドラフトのことをコールドドラフトという．コールドドラフトや空気の停滞域が生じないように調整する(**53-1 表**参照)．

問題 54　正解　(1)・・・・・・・**頻出度** A A A

ア相当開口面積，イ空気の密度，ウ開口部前後の圧力差である．すなわち，

$$Q = \alpha A \sqrt{\frac{2}{\rho} P}$$

となる．本年度-52 参照．

問題 55　正解　(4)・・・・・・・**頻出度** A A A

濃度が ppm で与えられたときの必要換気量 Q を求める公式

$$Q = \frac{M}{C - C_o} \times 10^6$$

に与えられた数値を代入して，

$$Q = \frac{15 \times 0.000\,4}{6 - 0} \times 10^6 = \frac{0.006}{6} \times 10^6$$

$$= 0.001 \times 1\,000\,000 = 1\,000\ \mathrm{m^3/h}$$

公式を導いておこう．

換気量 Q [m³/h]，汚染物質の発生量 M [mg/h]，室内濃度 C [mg/m³]，外気濃度 C_o [mg/m³] には，汚染物質の部屋への収支（**55-1 図**）から次式が成り立つ．

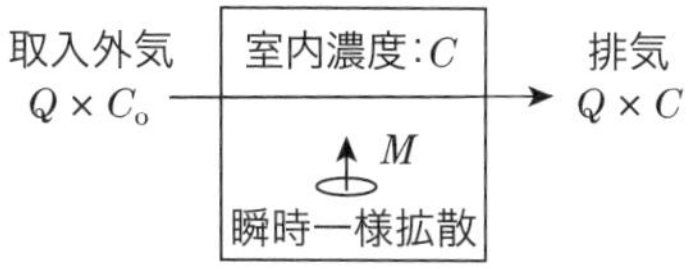

55-1 図　汚染物質収支

$$Q \times C = Q \times C_o + M$$

式を変形して，

$$Q \times C - Q \times C_o = M$$

$$Q(C - C_o) = M$$

Q について解いて公式が得られる．

$$Q = \frac{M}{C - C_o}$$

53-1 表　室内気流分布（停滞域，ドラフト）

吹出口の位置，吹出し方向	冷房時	暖房時
側壁上部からの水平吹出し	冷房時に吹出し速度を適切に選べば，噴流が対向壁まで到達し良好な温度分布が形成される． 速度が大きすぎるとドラフト，弱すぎると天井面の途中で冷気が剥離して降下しドラフトとなる場合がある．	居住域に滞留域が生じて上下温度差が大きくなり，壁からのコールドドラフトを生じやすい．
側壁下部からの水平吹出し	冷房時には床面に沿って噴流が拡がり，上部に滞留域が発生する．	吹出し速度が十分大きいと，噴流の方向に沿ってドラフトが生じる場合があるが，上下温度差は小さくなる．
天井中央付近からの水平吹出し	冷房時は一様な温度分布が形成され，特にアネモ型吹出し口では，拡散性が強いのでドラフトの問題は生じにくい．	暖房に用いると，室中央部に滞留域が生じ上下温度差が大きくなりがちである．
天井中央付近からの下向き吹出し	冷房時は冷気が床面付近に拡散し，上部に滞留域が生じる．	居住域部分に一部速度の速い領域が生じるが，温度分布は一様となりやすい． 吹出し速度が小さく，噴流が床面に到達しない場合は，噴流下部が停滞し大きな上下温度差が形成される．

濃度がppm（10^{-6}）で与えられた場合は,

$$Q=\frac{M}{C\times10^{-6}-C_o\times10^{-6}}$$

$$=\frac{M}{C-C_o}\times10^6$$

濃度が％（10^{-2}）で与えられた場合は,

$$Q=\frac{M}{C\times10^{-2}-C_o\times10^{-2}}$$

$$=\frac{M}{C-C_o}\times10^2$$

となる. 本年度-29 参照.

問題56　正解　(3) ・・・・・・・ **頻出度** A A A

理論廃ガス量とは，燃料が理論空気量（燃料を完全に燃焼させるために必要な最低の空気量）で完全燃焼したと仮定したときの燃焼排ガス量である．理論排ガス量は理論空気量の約1.1倍となる.

都市ガス（13 A），LPガス（プロパン）の理論空気量はともに，発熱量1 MJ当たり0.24 m^3，理論排ガス量は0.26 m^3である.

開放型燃焼器具を換気の悪い部屋で使用すると酸素濃度が次第に低下し，これが18%以下になると急激に一酸化炭素発生量が増加して人体に危険な状態となる．建築基準法では，開放型燃焼器具では，燃焼消費量に対する理論廃ガス量の40倍以上を有効換気量と定めている．また，密閉型燃焼器具（煙突付き）に対しては理論廃ガス量の2倍以上としている（建設省告示第1826号：換気設備の構造方法を定める件）.

問題57　正解　(1) ・・・・・・・ **頻出度** A A A

単位時間当たりに室内に取り入れる外気量を室容積で除したものは「換気回数」である.

空気交換効率ε_aは次式のとおり.

$$\varepsilon_a=\frac{\tau_n}{\tau_r}$$

ただし，τ_n：換気回数1回分の給気に要する時間（室容積÷換気量），τ_r：室内の空気が全て外気に置き換えられるのに要する時間.

空気交換効率は実際の空気交換時間と理論上の最小空気交換時間との比であり，換気の質を表すための換気効率を示す指標の一つである.

問題58　正解　(2) ・・・・・・・ **頻出度** A A A

電気移動度は，粒子の移動速度を電界強度で除したもので，電界中の粒子の移動しやすさを表す.

-(1)　粒子が気体から受ける流体抵抗力F_r [N]は次式で表される.

$$F_r=\frac{1}{2}C_DA\rho_fV_r^2$$

ただし，C_D：抵抗係数，A：粒子の投影面積 [m^2]，ρ_f：流体密度 [kg/m^3]，V_r：粒子の流体に対する相対速度 [m/s].

抵抗係数C_Dは，レイノルズ数R_eによって**58-1表**のような値を取る.

-(2)～-(5)　浮遊粒子は，さまざまな力が作用して，空気中を運動する．浮遊粒子の運動と粒径の関係を**58-2表**にまとめた.

58-1表　抵抗係数C_DとR_e数

R_e数の大きさ	抵抗係数C_Dの値
R_e数＜2（ストークス域という）	R_e数に反比例
2＜R_e数＜500（アレン域，遷移域ともいう）	R_e数の平方根に反比例
R_e数＞500（ニュートン域，乱流域ともいう）	C_D＝0.44（固定数値でよい）

58-2 表　浮遊粒子の運動と粒径の関係

粒子が気体から受ける流体抵抗力	流体抵抗力はレイノルズ数（R_e 数）※によっても異なる．	粒子の投影面積，流体密度に比例，相対速度の2乗に比例
重力による終末沈降速度	球形粒子に流体抵抗力と重力が作用する場合，定常状態では，最終的に一定速度で沈降するようになる．この速度を終末沈降速度という．	粒径の2乗に比例
静電界中の移動速度，電気移動度	水平方向に電界がかけられた空間で，球形粒子が電荷をもっていると，水平方向にクーロン力が働き移動する．定常状態ではクーロン力と流体抵抗とが釣り合い，一定の移動速度となる．移動速度を電界強度で除したものを電気移動度といい，電界中の粒子の移動しやすさを表す．	粒径に反比例
拡散係数	空気分子のブラウン運動により，粒子は拡散に関するフィックの法則に従い流体中に拡散していく．フィックの法則に用いられる粒子の拡散係数は粒径に反比例し，結果として，拡散の速度は粒径に反比例する．すなわち，小さな粒子はブラウン運動による移動量が大きい．	粒径に反比例
ブラウン運動による移動量		粒径が小さいほど大きくなる．
流れに平行な平面への沈着速度	浮遊粒子の単位時間当たりの沈着量を気中濃度で除した値を沈着速度という．拡散により小粒径の粒子の沈着速度が大きい．	粒径が小さいほど沈着速度は大きくなる．
流れに垂直な平面への沈着速度	流れに垂直な面は，重力と慣性力により大粒径の粒子，拡散により小粒径の粒子の沈着速度が大きい．	どちらともいえない．

※レイノルズ数（Re 数）：本年度-51 参照．

問題 59　正解　(4) ･･･････ **頻出度** A A A

「ON-OFF 制御」→「インバータによる回転数制御」が正しい．

インバータによる回転数制御が主流となり，ON-OFF 制御よりも部分負荷効率が改善された．

-(1)　室外機・室内機の冷媒配管を，分流コントローラでつなぎ，要求に応じて室内機ごとに液冷媒もしくはガス冷媒を送る．

-(2)　圧縮機を電力で駆動するものを EHP，ガスエンジン駆動のものを GHP などと呼ぶ．GHP では，ガスエンジンの排気熱を有効利用できるので寒冷地の暖房に向く．

-(3)　別途全熱交換器，外気処理ユニット等を用いて換気を確保する．

-(5)　分散設置水熱源ヒートポンプ PAC 方式は，冷房運転モードの室内機が循環水へ捨てる熱を暖房運転モードの室内機が吸い上げるので，冷暖房同時運転時に熱回収できることが大きな利点であるが，室内機内の圧縮機の騒音と，天井内に張り巡らされた冷温水管からの水漏れが問題となることがある（**59-1 図**参照）．

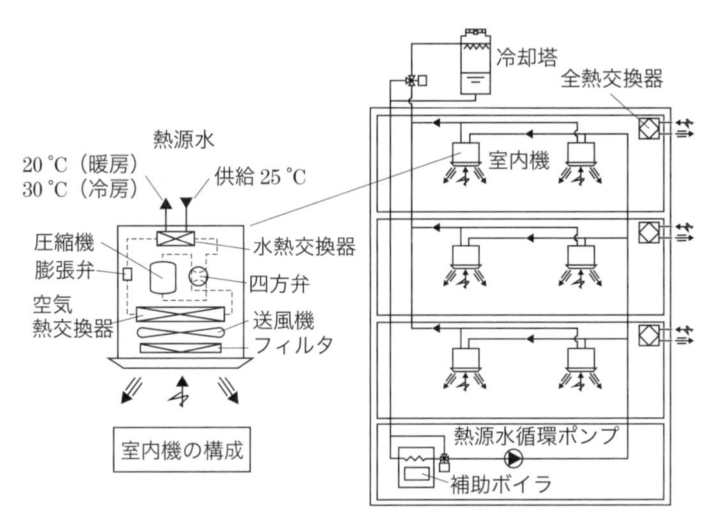

59-1 図　分散設置水熱源ヒートポンプ PAC 方式

問題 60　正解　(4) ・・・・・・・ 頻出度 A A A

図-A では，外気 a と室内からの還気 e が混合されて b となっている．図-B の湿り空気線図で，「混合」の特徴的な描写はオとウが混合されてエとなっているところだけである．冷房なので，オは外気すなわち a である．従って，e はウ，b はエとなる．b (エ)は冷却コイルで冷やされて c (ア)となり，送風機でかき混ぜられ少し熱損失があって，d (イ)となる．従って正しいのは -(4)であることが分かる．

暖房の出題では，「加湿」に目を付けると迅速に正解に行き着くことが多い．出題される加湿はほぼ蒸気加湿で，その場合状態点は加湿器前後でほぼ垂直に上に移動し，そのあと室に吹き出すことになる（**60-1 図**，**60-2 図**参照）．

問題 61　正解　(1) ・・・・・・・ 頻出度 A A A

混合ユニットは二重ダクト方式の構成設備である（**61-2 表**参照）．

多種多様な空調方式のうち **61-1 表**は現在の代表的な方式である．

それぞれ方式の特徴は **61-2 表**のとおり．

分散設置空気熱源ヒートポンプ PAC 方式（**61-8 図**）は，冷暖房兼用の冷媒

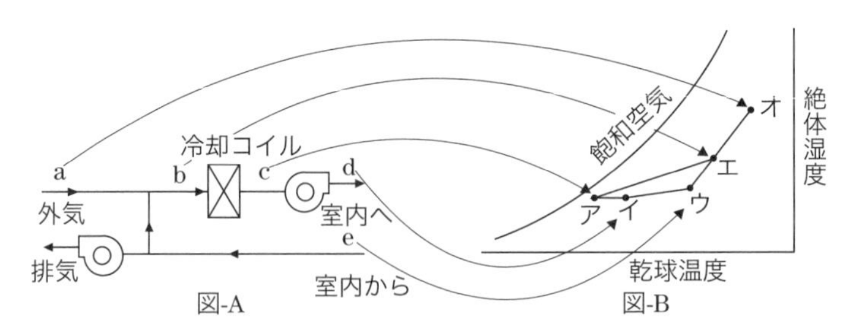

60-1 図　冷房の場合（本問）

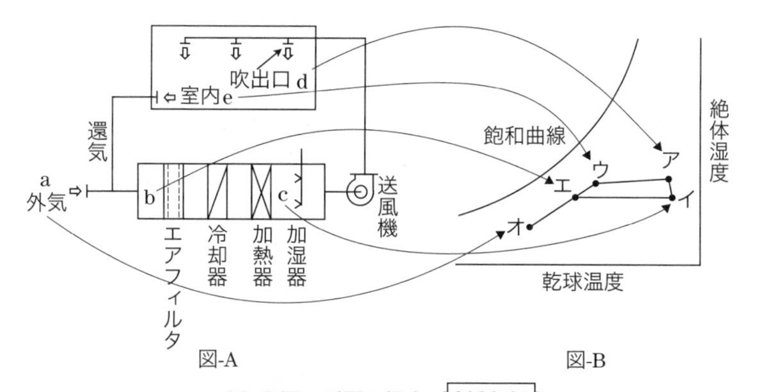

60-2 図　暖房の場合（2020-61）

61-1 表　代表的な空調方式[11]

方式	熱媒体による分類	方式名称
中央方式（熱源分離方式）	全空気方式	定風量単一ダクト方式
		変風量単一ダクト方式
		二重ダクト方式，マルチゾーン空調方式
	空気－水方式	ダクト併用ファンコイルユニット方式
		ターミナルエアーハンドリングユニット方式
	その他	放射冷暖房方式＋中央式外調機方式
		分散設置ヒートポンプ＋中央式外調機方式
個別方式（熱源一体方式）	冷媒方式	分散設置空気熱源ヒートポンプ PAC 方式
	水熱源方式	分散設置水熱源ヒートポンプ PAC 方式

61-2 表　空調方式の特徴（個別方式は別記）[11]

定風量単一ダクト方式
（61-1 図）

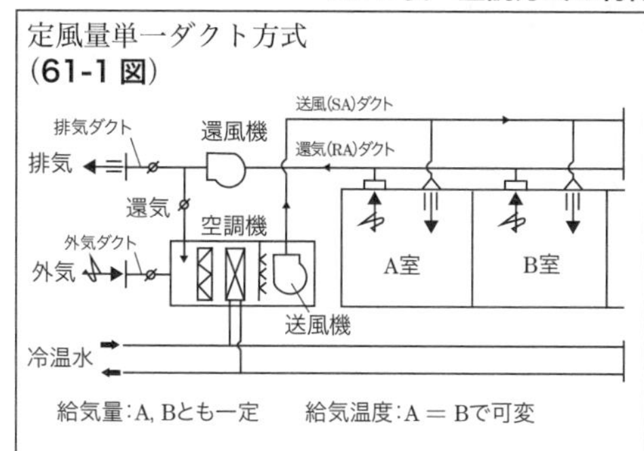

還気ファンを採用することにより，外気を系統の送風量まで取り入れるシステムとすることができるので，室内空気の清浄度維持には有利であり，中間期等に外気冷房することも可能である．他の方法に比べて湿度制御もしやすい．
この方式では，ゾーニングされた各単位ごとに空調機を設置して空調された空気を 1 本のダクトで供給し，風量は一定で，熱負荷の変化に対応して，給気温度を変化させる．
代表点または還気の温湿度で制御するので単独の大空間に適した方式である．複数室で個々の温湿度制御はできない．
ペリメータ部にファンコイル等の補助空調がないと夏期に東西南面の日射負荷により温度制御が困難になる場合があり，冬季インテリア部の小室は吹出し温度に近い温度になる．

<table>
<tr>
<td>変風量単一ダクト方式
(61-2 図)
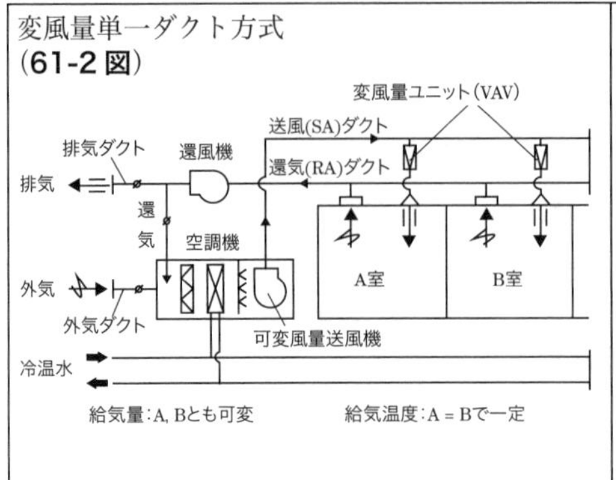
</td>
<td>空調機からは一定の温度で送風され，客室の負荷量に応じて送風量を変化させて個別制御を行う．風量制御に VAV（Variable Air Volume：変風量）ユニットを用いる．絞り式の VAV を用いた場合は搬送動力を節約できる．全開型 VAV ユニットを使用することによって，不使用室に対する空調を停止できる．さらに，全ての部屋・ゾーンの熱負荷のピークは同時には発生しないため，単一ダクト定風量方式の場合と異なり風量は吹出し口個々の吹出し風量を合計した総量より小さく設計できる．また，間仕切り変更や多少の熱負荷の増減に対応しやすい．軽負荷時に小風量になって，換気量や外気量の不足が生じ，室内の空気清浄度が低下し，空気の攪拌（かくはん）も不足する．</td>
</tr>
<tr>
<td>二重ダクト方式
(61-3 図)
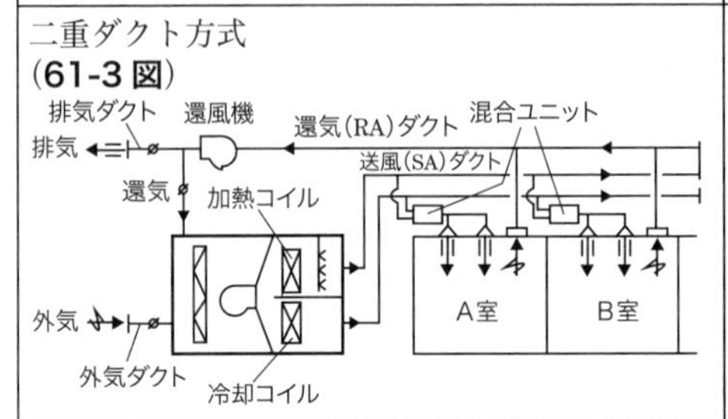
</td>
<td>中央の空調機で冷風と温風を作り，それぞれを 2 本のダクトで各ゾーンまで送風し，各室に吹き出す前に混合ユニットで負荷に応じた温度に混合して吹き出す．同一空調系統内のゾーニング，個別制御，年間冷房にも対応可能な高品位なシステムであるが，ダクトスペースが大きくなり，冷暖の混合によるエネルギーロスは避けられない．</td>
</tr>
<tr>
<td>マルチゾーン空調方式
(61-4 図)
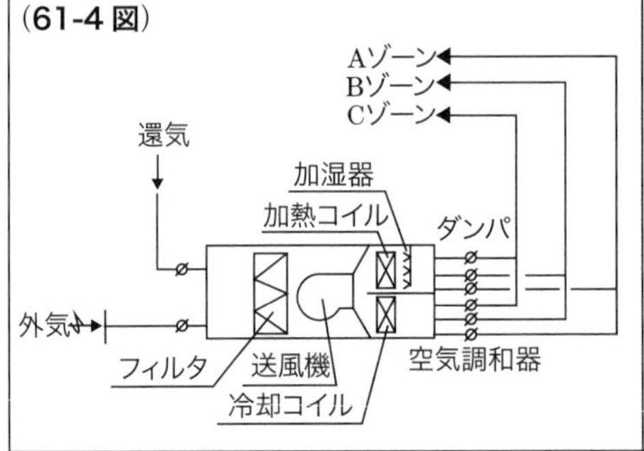
</td>
<td>マルチゾーン空調方式は二重ダクト方式と同じように中央の空調機で冷風と温風を作るが，熱負荷の似かよった室をゾーンとしてまとめ，一つのゾーンには，冷風，温風を混合して，1 本のダクトで送風する方式．冷暖の混合によるエネルギーロスは避けられない．</td>
</tr>
</table>

ダクト併用ファンコイルユニット方式 **(61-5 図)** 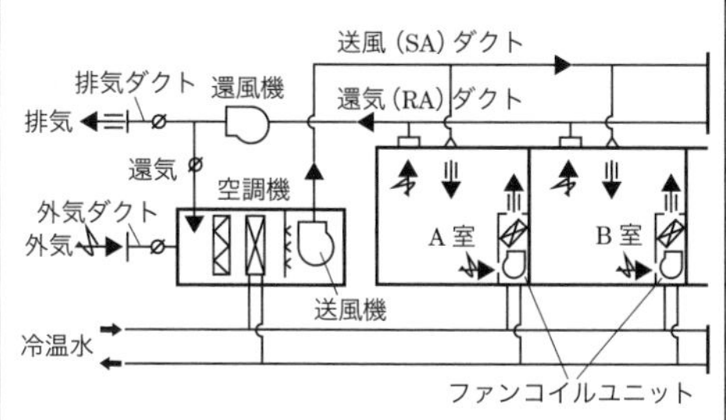 	ダクト併用ファンコイルユニット方式は，インテリア部分を定風量単一ダクト方式，熱負荷の多い各室ペリメータ部分にファンコイルユニットを配置する組み合わせ方式．この方式は，熱負荷が多く変動も大きい外周部を効率の良い水（ファンコイル）で処理するため，負荷変動の少ない内部負荷相当の空調機，ダクトでよく，省スペース性に優れるため採用例が多い．ホテル・病院に多用されている． ファンコイルは利用者が吹出し温度や風量を調節可能で，個別制御性を高めている．四管式ファンコイルユニット方式では，各ユニットごとに冷水，温水を選択して冷暖房を行うことが可能でさらに個別制御性に優れる． ペリメータゾーンとインテリアゾーンの間で混合損失が発生し，対策が必要となるケースもある．
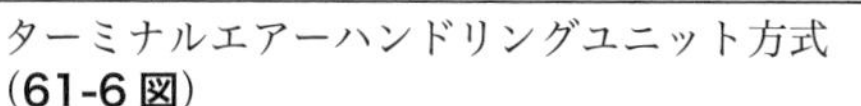 ターミナルエアーハンドリングユニット方式 **(61-6 図)** 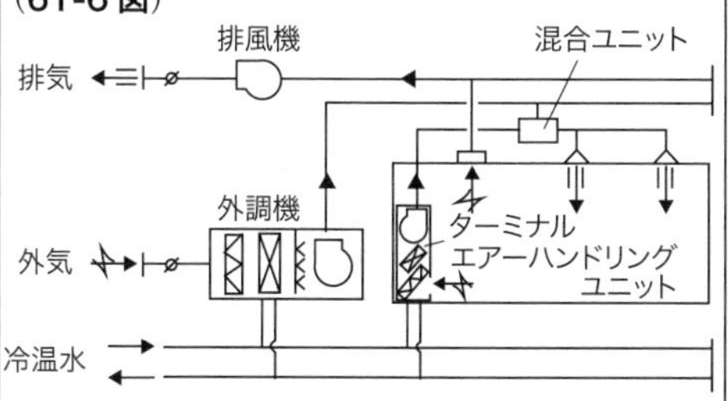 	外気負荷と室内負荷を分離して処理する．共通の外気処理用空気調和機で外気負荷を処理して各室に供給し，各室もしくは細分化された各ゾーンの熱負荷は，ファンコイルユニットを大型・高機能化し，各室の壁面や天井内に設置されたターミナルエアーハンドリングユニット（小風量の空気調和機）にて処理するので個別制御性に優れる． ファンコイルのファンは静圧が小さく抵抗の大きいフィルタを使用できないが，ターミナルエアーハンドリングユニットは静圧の高いファンを用いることができるため性能の良いフィルタを用いることが可能である． コイルの列数も負荷に応じて選定ができるため，ダクト併用ファンコイルユニット方式よりも品質の良い空気調和が実現可能である．
放射冷暖房方式＋中央式外調機方式 **(61-7 図)** 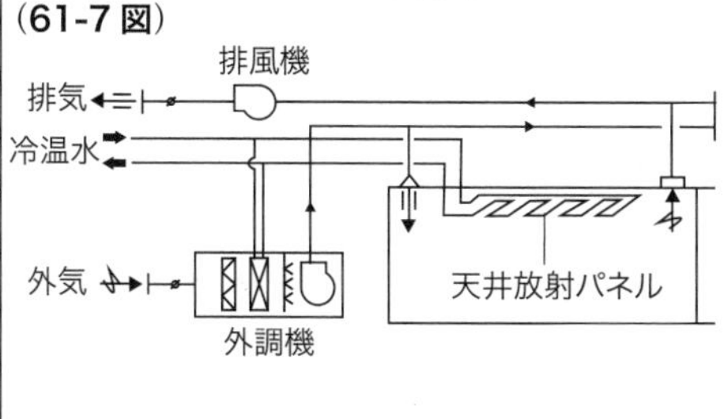 	放射冷暖房方式は，冬期の床暖房として従来から利用されてきた方式である．近年放射面積を大規模にして，冷暖房を行う方式に発展してきた． 配管を床・壁・天井に埋設し，冷温水を通す方式が一般的である．これによって床・壁・天井の表面を冷却・加熱して，人体との間で，熱放射により直接冷暖房を行う． 放射空調は，温度むらによる不快感が起こりにくい． この方式では室内空気の換気は行えないので，必然的に他の空調方式との併用となる．

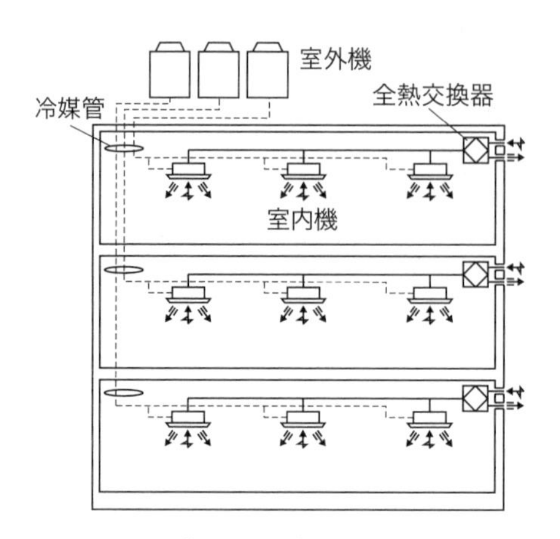

61-8図　分散設置空気熱源ヒートポンプPAC方式

直膨型空気調和機と熱源である空気熱源ヒートポンプが一体となった空気熱源ヒートポンプ方式で，現在ではこの方式が個別方式空調設備の大部分を占める．この方式は冷却塔をもたず，冷房時は室外機（室外ユニット）のコイルの冷媒から直接外気に放熱，暖房時には外気から直接集熱する．一つのヒートポンプに複数の直膨型空気調和機が組み合わさったものであり，個別空調の利便性からかなりの規模の建築物にも採用され普及が進んでいる．

圧縮機を電力で駆動するものをEHP，ガスエンジン駆動のものをGHPなどと呼ぶ．

GHPでは，エンジンの排熱を有効利用できるので寒冷地の暖房に向く．

個別空調方式では次のようなメリットがある．

1. 運転時間の制約がない．
2. 温度の設定が個別にできる．
3. 運転費の分担が明確である．
4. 熱源が複数台に分割されており，機器の故障の波及する範囲が小さい．
5. ダクトが室内外にわたる中央式空調方式に比べこの方式では換気用のダクトだけでよいため設置スペースが小さく施工も比較的容易である．
6. 別途全熱交換器，外気処理ユニット等を用いて換気を確保する．

本年度-76

7. 別途透湿膜式の加湿器を組み込むことで，冬期の湿度調節も可能である．
8. 圧縮機はインバータによる回転制御が主流となり，部分負荷効率が改善された．

分散設置水熱源ヒートポンプPAC方式（本年度**59-1図**参照）は，天井面等に多数設置された小型の水熱源ヒートポンプ・パッケージ型空調機を水配管で接続し，屋上に冷却塔を設置すると共に，補助温熱源（通常は，小型温水ボイラ）を組み込む．冷房時には水熱源ヒートポンプ・パッケージ型空調機から循環水へ放熱を行い，冷却塔で放熱し循環水を冷却する．

暖房時には水熱源ヒートポンプ・パッケージ型空調機は循環水から採熱を行い，補助温熱源で循環水を加熱する．

このシステムは，冷房運転モードのパッケージ型空調機が循環水へ捨てる熱を暖房運転モードの空調機が循環水から吸い上げるので，冷暖房同時運転時に熱回収できることが大きな利点である．

デメリットとして，室内機の圧縮機の運転騒音，室内天井に張り巡らされた水配管からの漏水事故の可能性などが挙げられる．

問題62　正解　(3)・・・・・・・頻出度 A A A

絶対湿度とは，湿り空気中の乾燥空気

1 kg 当たりの水蒸気量を示す．

湿り空気中の水蒸気量の湿り空気の全質量に対する比は「比湿 [kg/kg]」という．

本年度-48 の解説参照．

問題 63　正解　(3) ・・・・・・・頻出度 A A A

加湿時の状態点の移動を **63-1 図**に表した．

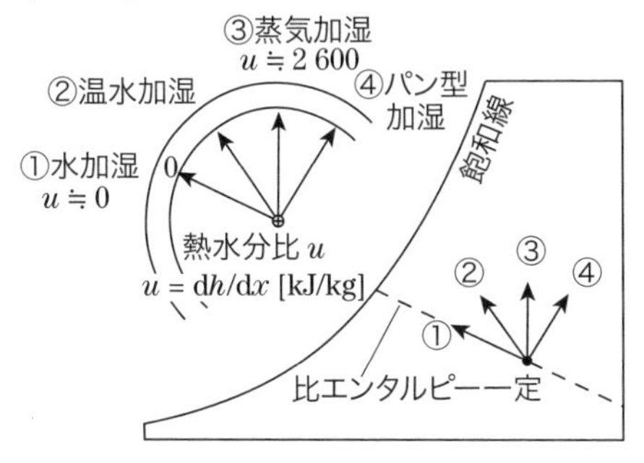

63-1 図　加湿時の状態点の動き

加湿をしたときの状態点の移動方向（勾配）は熱水分比 u [kJ/kg] で決まる（湿り空気線図の左上の半円形の熱水分比スケールで勾配を求めることができる）．

$$u=\frac{\Delta h}{\Delta x}=\frac{i_{\mathrm{w}}\Delta x}{\Delta x}=i_{\mathrm{w}}$$

ただし，Δh：熱量の変化 [kJ]，Δx：絶対湿度量の変化 [kg]，i_{w}：加湿に用いた水，水蒸気の比エンタルピー [kJ/kg(DA)]．

水加湿の場合は，常温の水の比エンタルピー約 42 kJ/kg は $u=0$ と見なしてよいので，ほぼ比エンタルピー一定の線に沿って状態点は移動する（①，温度は低下することが分かる）．蒸気加湿の場合は，100 °C の蒸気の比エンタルピーは約 2 600 kJ/kg なので，状態点はほぼ垂直（わずかに右傾斜）に上に移動する（③，温度はわずかに上昇する）．②は温水加湿．パン型加湿器のように電熱器を空調機内にもつ加湿器では空気温度はさらに上昇する（④，垂直より右に傾く）．

水噴霧加湿（水加湿）では，上記のように乾球温度は水の蒸発潜熱によって降下するので，空気線図を使って温水コイル出口の温度を上げて，必要な吹出し温度が得られるように調整する．2022-62

-(1)　顕熱の移動しか起こらない温水コイルでは，潜熱の変化を伴わない単純加熱となる．すなわち顕熱比＝1で状態点は水平に左に移動する．そのとき横切っていく相対湿度線はどんどん小さい値になっていく（**63-2 図**参照）．すなわち単純加熱では相対湿度は低下することが分かる．

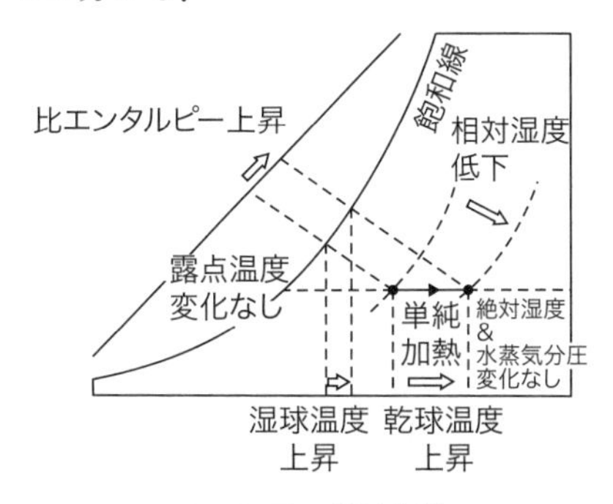

63-2 図　単純加熱

-(2)　吹出し口から吹き出された空調空気の状態点は，その室の顕熱比の勾配に沿って移動する（**63-3 図**参照）．顕熱比は，定義（顕熱比＝顕熱 /（顕熱＋潜熱））から最大 1.0 で水平（＝絶対湿度一定）であり，それ未満では，右肩上がりである．従って吹出し空気の状態点が右に向かって移動する冷房時には，吹出し空気の絶対湿度≦室内空気の絶対湿度となる（吹出し空気の状態点は左に向かって移動する暖房時は，吹出し空気の絶対湿度≧室内空気の絶対湿度となる）．

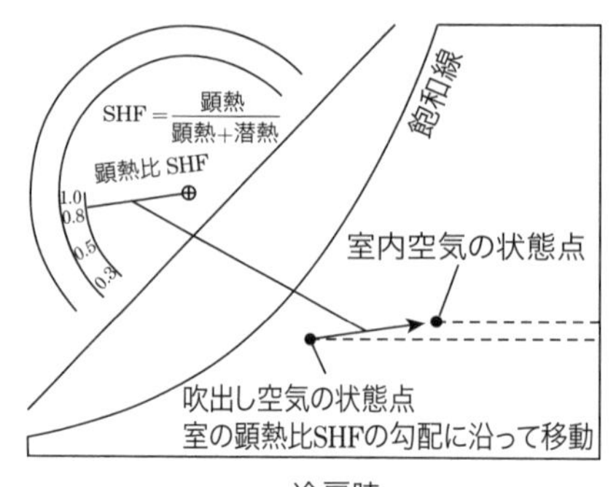

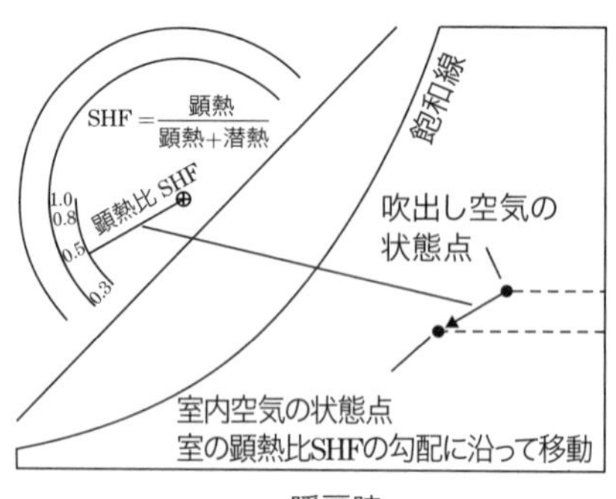

63-3 図　吹出し空気の状態点は顕熱比 SHF の勾配に沿って移動する

-(4)　A，B 二つの状態点の空気（今回は還気と外気）の混合では，混合の結果の状態点 C は AB を結んだ線分を A，B の空気の量の逆比に内分する（**63-4 図**参照）．

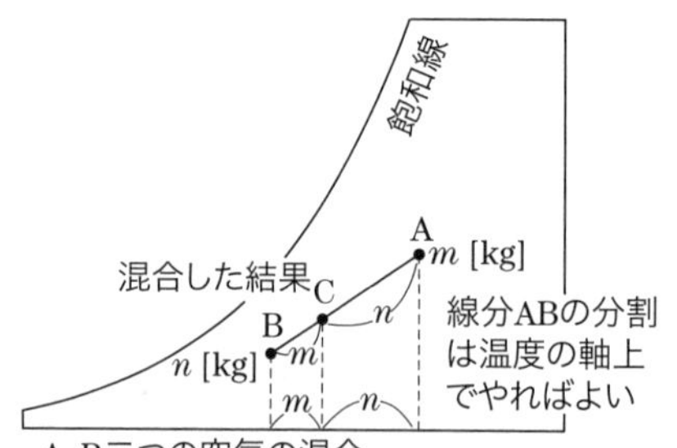

63-4 図　二つの空気の混合

-(5)　空気の一部は冷水コイルに触れることなく通り過ぎる（バイパスファクタという）ために，コイルを通過する全空気が，相対湿度が 100 % となる装置露点温度まで冷却されることはない（**63-5 図**参照）．

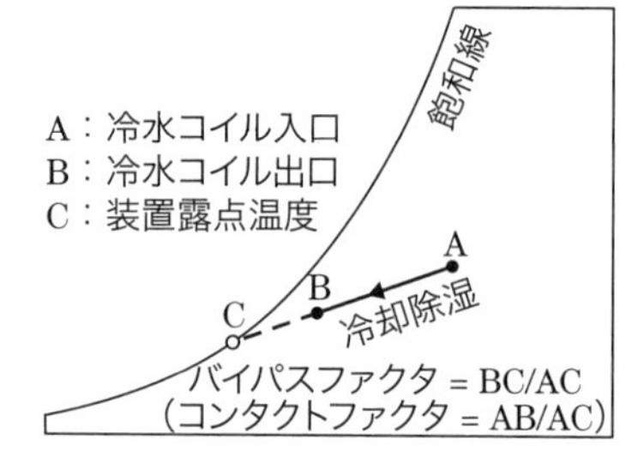

63-5 図　バイパスファクタ

問題 64　正解　(5) ・・・・・・・ **頻出度** A A A

吸収冷凍機は，吸収液の再生に使う熱源の適用範囲が広く，排熱回収に適する．

吸収式の冷凍サイクルでは，下図のように冷媒と吸収液がほぼ真空状態の密閉容器内を循環している（**64-1 図**，**64-2 図**，**64-1 表**参照）．

主流の二重効用吸収冷凍機では高温，

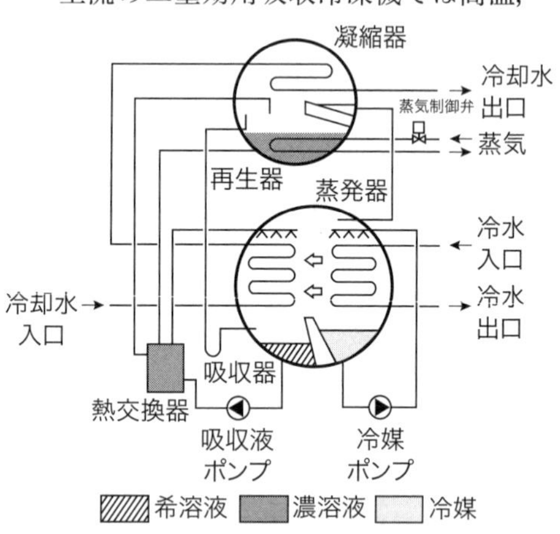

64-1 図　蒸気熱源吸収冷凍サイクル[12]

64-2 図　吸収冷凍機の外観[13]

64-1 表　吸収冷凍サイクルの構成機器

冷媒	水
吸収液	臭化リチウム（リチウムブロマイド）溶液．臭化リチウムは塩化ナトリウムと似た性質をもち，水をよく吸収する．
蒸発器	冷媒である水を冷水チューブにスプレーし，水の蒸発熱で冷水を冷やす． 水が 5 °C 程度で盛んに蒸発するように蒸発器の内部は高真空に保たれている．
吸収器	吸収液を散布し蒸発した水冷媒を吸収する．発生する吸収熱を外部冷却水で除去．
再生器	冷媒（水）蒸気を吸って薄くなった吸収液を外部の熱によって加熱し，冷媒を蒸発させ吸収液を再生する．外部の熱はボイラ蒸気や各種の排熱が利用できる．
凝縮器	再生器からの冷媒蒸気を外部冷却水で凝縮させ水冷媒に戻す．

低温の再生器と熱交換器をもち，外部から取り入れた蒸気のエネルギーを二段階で利用して熱効率を上げている．

吸収冷凍機は，蒸気圧縮型冷凍機と比べ，以下のような特徴がある．

1. 使用する電力量が少ない．
2. 真空で運転され，高圧ガス保安法の適用を受けない（運転に特別な資格不要）．
3. 吸収冷凍機の熱源は都市ガスに限らない．LP ガス，石油，各種排ガスや高温水，低温水も熱源になるため，排熱回収に適する．
4. 負荷変動に対し，容量制御性は良いが，起動のたびに停止時薄められた吸収液から冷媒（水）を作るためのウォームアップ時間を要するので，ON-OFF 運転制御は省エネとならない．可能であれば台数分割し軽負荷時には一部の冷凍機を停止する．
5. 振動や騒音が少ない．
6. 蒸発圧縮冷凍機と比べ成績係数が低く，同じ冷凍能力なら排熱量が多くなって，冷却塔が大型となる（成績係数＝出力 / 入力なので，成績係数が小さいということは，出力が同じなら入力が大きいことを示す．従って排熱量＝出力＋入力なので排熱量が大きくなる）．

問題 65　正解　(1) ・・・・・・・ 頻出度 A A A

鋳鉄製ボイラは，鋳鉄という材料の制約上，高温・高圧・大容量のものは製作できない．

鋳鉄製ボイラは，鋳鉄製のセクションを何台か組み合わせ，外部からボルトで締め付けた構造で，セクショナルボイラとも呼ばれる．分割搬入が可能で長寿命であるが，鋳鉄という材料の制約上，高温・高圧・大容量のものは製作できない．

また，構造上セクションの内部清掃が難しい．セクション内部へのスケール付着防止のため復水・還水を利用し，給水を不要とした閉回路として設計・使用する（**65-1 図**参照）．

-(2)　炉筒煙管ボイラ：**65-2 図**．

-(3)　貫流ボイラは大容量と小容量で構造が大きく異なる．**65-3 図**に空調で

65-1 図　鋳鉄製ボイラのセクション[14]

よく用いられる小容量の単管式と多管式の貫流ボイラの概念図を示す．

大きなドラムをもたず，管で構成されているため耐圧性に優れ，保有水量も少ない（潜在的危険性が小さい）ので，他の構造のボイラに比べ法的な取扱い資格などが緩和されている．

-⑷，-⑸　真空式温水発生器は，減圧蒸気室で蒸気の潜熱を熱交換に利用している（**65-4 図**参照）．

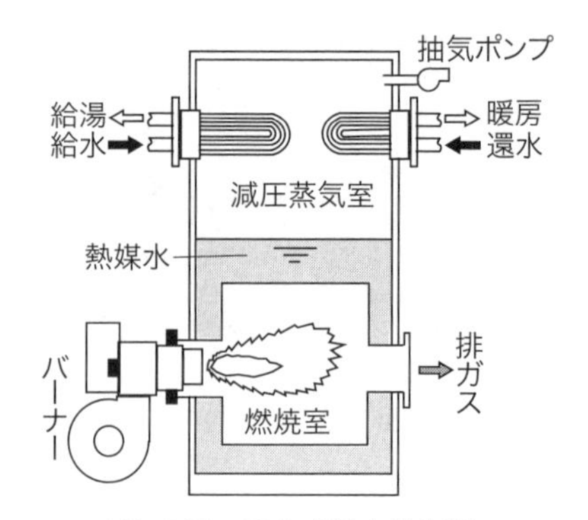

65-4 図　真空式温水発生器

問題 66　正解　⑵・・・・・・・頻出度AAA

HFC（ハイドロフルオロカーボン）のオゾン破壊係数（ODP）は 0 である（**66-1 表**参照）．

フロンを表す HCFC などの H は水素，最初の C は塩素，F はフッ素，最後の C

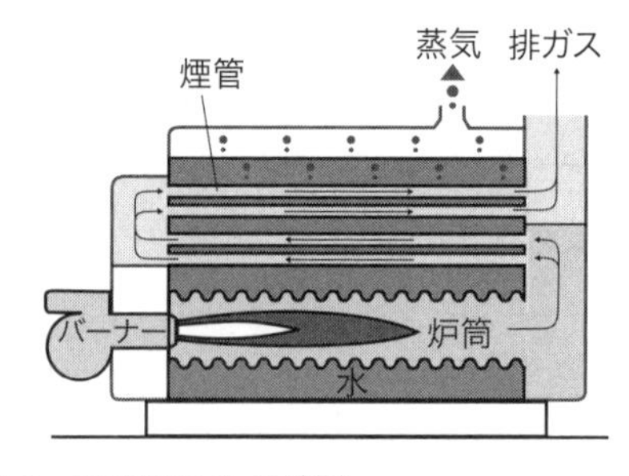

65-2 図　炉筒煙管ボイラ[15][16]

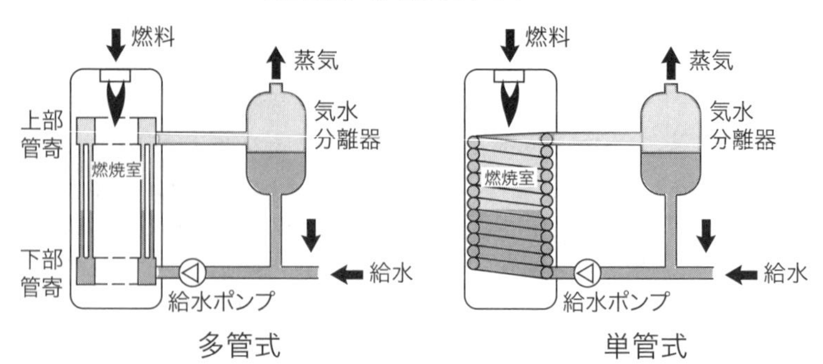

65-3 図　貫流ボイラ[17]

66-1 表　各種冷媒の特徴と環境規制

種別	CFC 系 特定フロン	HCFC 系 指定フロン		HFC 系 代替フロン	自然冷媒	
代表冷媒	R11	R123	R22	R32	NH_3 (R717)	CO_2 (R744)
ODP※	1	0.02	0.055	0	0	0
GWP※	4 000	93	1 700	675	<1	1
使用圧力	低圧	低圧	高圧	高圧	高圧	高圧
使用期限	1995 末	2020（2030）	2020（2030）	規制なし※	規制なし	規制なし
適用冷凍機	ターボ	R11 の代替	往復動 スクリュー	R22 の代替	往復動 スクリュー	ロータリ

※ ODP：オゾン破壊係数（CFC = 1.0），GWP：地球温暖化係数（二酸化炭素 = 1.0）
使用期限の（　）内は既存製品

は炭素である．オゾン層の破壊に関わるのはフロン中の塩素である．

通常，容積型圧縮機には高圧冷媒が，遠心型圧縮機には低圧冷媒が用いられる．

R32 に代表される代替フロンは，オゾン破壊係数は 0 だが，地球温暖化への影響が大きいので 1997 年の京都議定書で温室効果 3 ガスの一つとして削減対象とされた．

問題 67　正解　(1) ・・・・・・・ **頻出度** A A A

地域冷暖房とは，熱源プラントにて集中的に製造した熱媒を，一定地域内の多数の建築物や施設に供給し，冷暖房するシステムをいう．その特徴は次のとおり．

1. 熱源プラントから熱媒体を需要家に供給するための地域配管が必要となり，そのためのスペースとコストがかかる．
2. 大気汚染防止等の公害防止対策が徹底され，個別熱源に比べ，熱源を集中することから高効率の大型機器の使用が可能となり，環境負荷の低減となる．
3. ゴミ焼却廃熱や未利用エネルギーの活用がしやすく省エネルギーが図れる．
4. 需要家各建物の最大負荷は同時刻に発生することはないので，熱源プラントの設備容量は，各建物の最大負荷の合計より小さくすることが可能である．
5. 需要家の建築物では機械室スペースを大幅に削減可能で，有効用途面積が拡大し，運転資格者を含めた熱源の管理要員の削減が可能となり収益性が増大する．
6. 熱源の集中は防災管理が行き届き都市の防災上好ましい．
7. 冷却塔や煙突が散在することが減り，都市の美観の向上に寄与する．
8. 設備の能力が 21 GJ/h 以上で不特定多数の需要家に熱供給する能力を持つ施設は，熱供給事業法の適用を受ける熱供給事業として経済産業大臣の登録を受けなければならない．

代表的な熱源方式を **67-1 表**にまとめた．

問題 68　正解　(3) ・・・・・・・ **頻出度** A A A

一般的に静止型の方が，接続するファンの静圧が小さく，フィルタが粗じん用にとどまるため本体の目詰まりがしやす

67-1 表　熱源方式

熱源方式	特徴・備考
電動冷凍機＋ボイラ方式	年間を通して電力消費量の変化が大きくなる（電力消費が夏期大きく，冬期小さい）．
電動機駆動ヒートポンプ方式	夏期と冬期における電力使用量の変化が小さい． 採熱源として空気熱源と水熱源（河川，地下水等）があるが，立地など制約の少ない空気熱源が主流である． 必要に応じて冷水と温水と同時に製造するものがある．
ガスエンジンヒートポンプ方式	エンジンの排熱を回収して有効利用することができるので寒冷地の暖房熱源に適している．
吸収冷凍機＋蒸気ボイラ方式	空調以外の給湯・洗浄・消毒等の用途に高圧蒸気を必要とする病院，ホテル，工場等での採用例が多い．
直焚き（じかだ）吸収冷温水器	1台の機器で冷水または温水，あるいはこれらを同時に製造することができる．
コージェネレーション方式	エンジンなどを駆動して発電すると共に，排熱を回収して利用する． 電力需要を主として運転するコージェネレーション方式では，空気調和その他の熱需要に追従できない場合がある．
蓄熱システム	熱源設備により製造された冷熱・温熱を計画的に効率良く蓄熱し，必要なときに必要な量だけ取り出して利用する． 熱源装置容量の削減や冷暖房最盛器期における電力負荷平準化に寄与する．2021-68，2020-66
地域冷暖房方式（DHC）	個別熱源システムに比べて，一般に環境負荷は低減できる． 設備の能力が21 GJ/h以上で不特定多数の需要家に熱供給する能力をもつ施設は，熱供給事業法の適用を受け，熱供給事業として経済産業大臣の登録を受けなければならない．2021-66

いと考えられる．

静止型全熱交換器と回転型全熱交換器を**68-1 図**に示す．

静止型全熱交換器は仕切り板によって熱交換する．回転型全熱交換器はロータのエレメントにより熱交換する．

全熱交換器の全熱とは顕熱＋潜熱を意味する．室内からの排気と導入外気との間で熱交換し，排気の顕熱，潜熱の回収を図る，空気対空気の熱交換器で省エネ機器である．エネルギー回収率は60 %程度のものが多く，これだけでは不十分なため，二次空調機に接続して使用する．

室内汚染物質が取り入れた外気側に漏えいしない構造，保守管理が必要とされる．

排気の顕熱，潜熱を一時的に蓄える素材は難燃紙にシリカゲルを含浸させたものや浸透性をもった加工紙などが使われているが，いずれにしても表面が油膜に覆われてはその機能を失ってしまうので，厨（ちゅう）房の排気などを通すのは不適当である．

寒冷地方における空調用換気からの排熱回収や，排気中に水分やミスト・ダストを多く含む工場排気，水分の回収を必要としない厨房や温水プールにおける熱回収には顕熱交換器が使用される．

顕熱交換器は全熱交換器と異なり，潜熱（湿分）の移行は伴わないため両流体

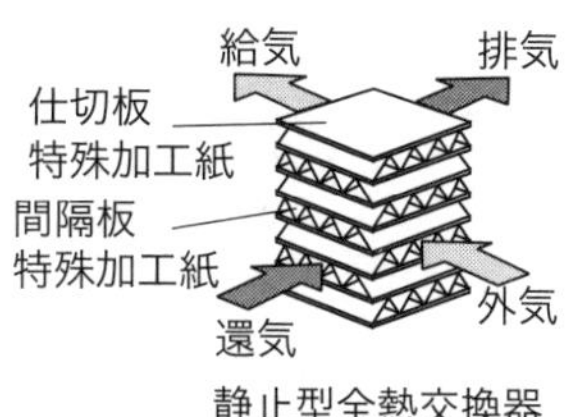

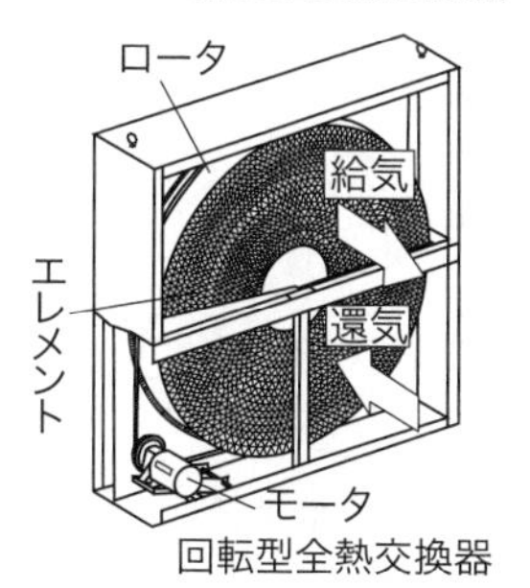

68-1 図　静止型全熱交換器と回転型全熱交換器[18]

の隔壁に透湿性材料，または金属エレメントへの吸湿材などのコーティングは必要としないが，顕熱交換器では冬場に排気が，夏場に取り入れ外気が低温多湿となって内部に結露しやすくなる（全熱交換器では湿気も移動するので，湿度が高く温度が低い空気は発生しにくい）．

問題 69　正解　(1) ・・・・・・・**頻出度** A A A

大きな送風機動力が必要なのは，密閉型冷却塔である．

密閉型冷却塔は，間接熱交換のための熱交換器を有し，そのため開放型冷却塔と比較して通風抵抗が増し，送風機の動力が大きくなる（**69-1 図**参照）．

冷却塔は建物の屋上などに設置され，冷却水を介して冷凍機の凝縮熱を大気に放出する設備である．

開放型冷却塔では，冷却水自らが蒸発して冷却されるのに対し，密閉型冷却塔は，開放型冷却塔の充填材の部分に多管式・フィン付き管式またはプレート式など

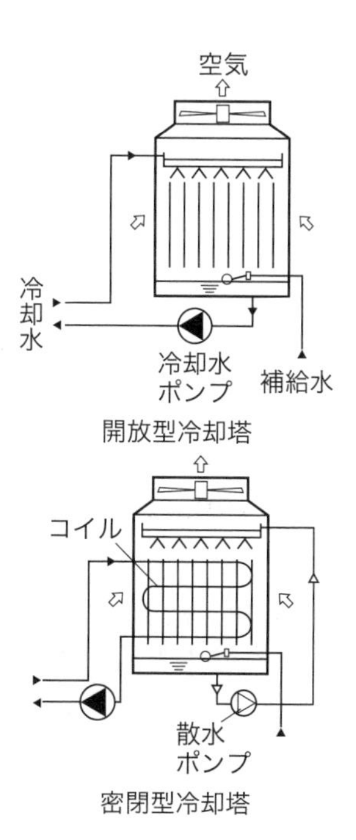

69-1 図　開放型冷却塔と密閉型冷却塔

の熱交換器（コイル）をもち，熱交換器の外面に散布した水の蒸発潜熱を利用して管内の冷却水を冷却する．大気による冷却水の汚染がないため，冷凍機の信頼性への要求が高い電算室やクリーンルーム系統の冷却塔としての採用例が多い．

密閉型冷却塔は同じ冷却能力を得るのに開放型より大型となる．熱交換器による通風抵抗の増加に伴い送風機動力も増加するうえ，冷却水ポンプとは別に散布水ポンプが必要で高コストとなる．

密閉型冷却塔の散布水系統は大気に開放されているので，大気中の汚染物質によって汚染され，さらに保有水量が少ないので不純物の濃縮が激しい．従って水質管理は厳密に行う必要がある．また，レジオネラ属菌の繁殖の危険は開放型と同じである．

問題 70　正解　(2)・・・・・・・頻出度 A A A

ターミナルエアハンドリングユニットは全熱交換器や還気送風機はもたない．各室や細分されたゾーンの空調に特化した小風量タイプの空調機で，-(3)のファンコイルユニットを高機能・高性能化した空調機とみることもできる．壁面設置型や天井隠蔽型など，特別に空調機械室を必要としないものが多く，センサ・制御盤を内蔵し個別制御性を高めている．ファンコイルよりも高性能なフィルタを使用することができる（**70-1 図**参照）．

70-1 図　隠ぺい型ターミナルエアハンドリングユニットの例(19)

-(1)　エアハンドリングユニットは独自の熱源装置はもたず，外部から冷温水や蒸気を取り入れて熱源とし，ダクトに接続して用いられる空気調和機である（2021-71 参照）．

-(3)　ファンコイルユニット(FCU)は，その名のとおり，ファンとコイル(とフィルタ）で構成されたシンプルな空調機である．2022-70

-(4)　冷暖房兼用のヒートポンプ型パッケージ型空調機の構成図を **70-2 図**に示す．

ヒートポンプ型では，冷媒の流れを四方弁で切替え，室外機，室内機の熱交換器（冷媒コイル）が役割をチェンジする．

-(5)　ヒートポンプ型空調機は，冷媒の蒸発温度の高い水熱源の方が COP は良いが，普及しているのは立地の制約の

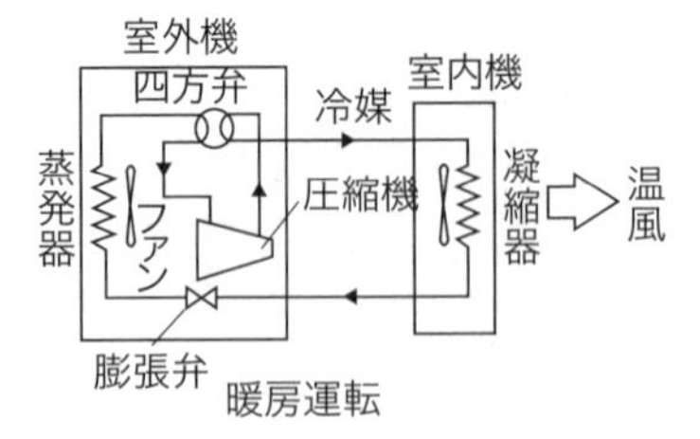

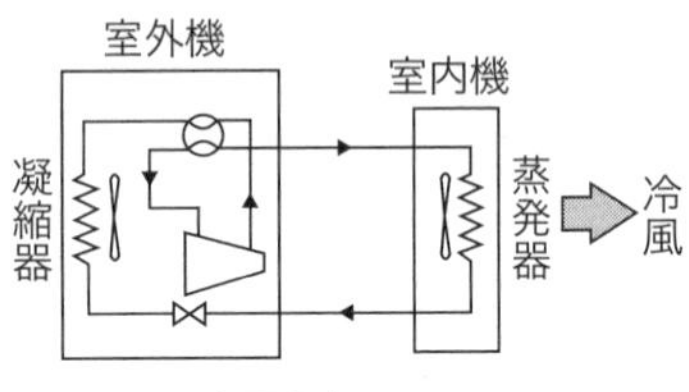

70-2 図　ヒートポンプ型パッケージ型空調機構成図

少ない空冷式である．

問題 71　正解　(3)・・・・・・・頻出度 A A A

蒸気式加湿器の加湿蒸気は高温のため無菌である（**71-1 表**参照）．

水噴霧方式は加湿吸収距離が大きいため加湿効率は一般的に低い（蒸気吹出方式，気化方式の加湿効率はほぼ 100%）．

近年の東京都などの調査によれば，通風気化方式の加湿器の採用が 90% を超えている．

どれがどの方式に分類されるか，どれが温度降下するか，どれが不純物を放出するか，無菌なのはどれか，が出題される．

除湿，加湿を湿り空気線図に表すと **71-1 図**のようになる．

加湿をしたときの状態点の移動方向（勾配）は熱水分比 u [kJ/kg] で決まる（湿り空気線図の左上の半円形の熱水分比スケールで勾配を求めることができる）．

$$u=\frac{\Delta h}{\Delta x}=\frac{i_{\mathrm{w}}\Delta x}{\Delta x}=i_{\mathrm{w}}$$

ただし，Δh：熱量の変化 [kJ]，Δx：絶対湿度量の変化 [kg]，i_{w}：加湿に

71-1 表　加湿装置一覧[20]

方式	特徴	加湿装置の種類と原理		課題
気化方式	1)　温度降下する 2)　給水中の不鈍物を放出しない 3)　飽和湿度以下で放出する 4)　低温高湿になるほど加湿量が少なくなる	滴下式	上部より滴下給水し加湿材を湿らして通風気化させる	加湿エレメントの寿命 5,000 ～ 10,000 h
		透湿模式	透湿膜内に水を充填させ膜の外側で通風・気化させる	透湿膜の寿命 3,000 ～ 7,000 h
		エアワッシャ式	多量の水を循環し空気と接触して気化させる	多量の水と循環ポンプが必要
蒸気方式	1)　無菌 2)　給水中の不純物を放出しない 3)　温度降下しない	電熱式	シーズヒータにより水を加熱蒸発させる	シーズヒータの寿命 10,000 ～ 20,000 h
		電極式	電極間の水をジュール熱で加熱蒸発させる	純水では運転できない 電極の寿命 2,000 ～ 5,000 h
		パン型	シーズヒータにより水を加熱蒸発させる	水槽内の頻繁なスケール除去作業が必要
		一次蒸気スプレー式	ボイラからの蒸気を直接放出する	蒸気配管・ドレン配管必要 ボイラ清缶剤の使用に注意
		二次蒸気スプレー式	ボイラ蒸気を熱源として間接的に水を加熱蒸発させる	蒸気配管・ドレン配管必要
水噴霧方式	1)　温度降下する 2)　給水中の不純物を放出する	遠心式	遠心力により水を霧化する	軸受の寿命 2,000 ～ 30,000 h
		超音波式	超音波振動子により水を霧化する	振動子の寿命 5,000 ～ 10,000 h
		二流体スプレー式	高速空気流により水を霧化する	圧縮機が必要
		高圧水スプレー	高圧水をノズルで霧化する	加圧ポンプが必要

用いた水，水蒸気の比エンタルピー [kJ/kg(DA)].

水加湿の場合は，常温の水の比エンタルピー約 42 kJ/kg は $u = 0$ と見なしてよいので，ほぼ比エンタルピー一定の線に沿って状態点は移動する（①，温度は低下することが分かる）．蒸気加湿の場合は，100 °C の蒸気の比エンタルピーは約 2 600 kJ/kg なので，状態点はほぼ垂直(わずかに右傾斜)に上に移動する(③，温度はわずかに上昇する)．②は温水加湿．パン型加湿器のように電熱器を空調機内にもつ加湿器では空気温度はさらに上昇する（④，垂直より右に傾く）.

除湿の方は，Ⓐは一般的な空調機内での冷却除湿を表している．Ⓑ，Ⓒはデシカント（乾燥剤）による除湿で，同じ除湿量なら，シリカゲル，活性炭などの個

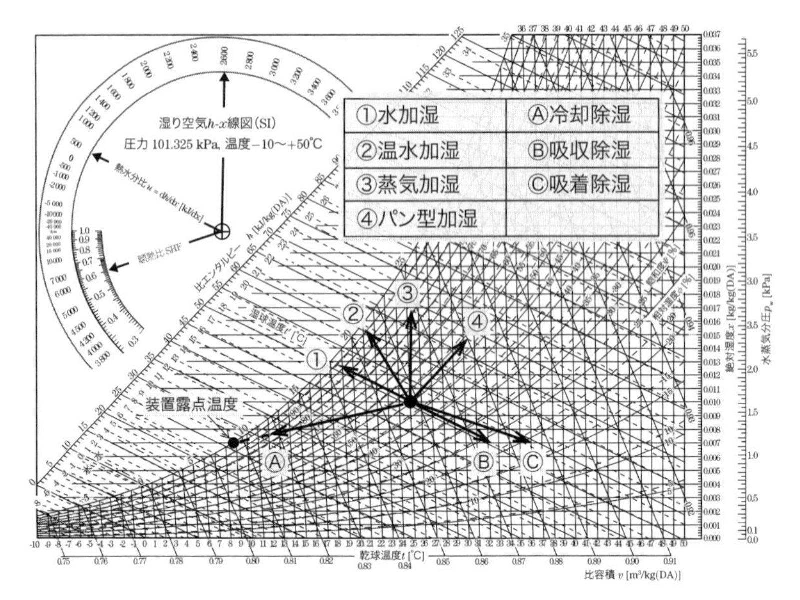

71-1 図　湿り空気線図上の加湿・除湿

体吸着剤の吸着熱の方が塩化リチウム，塩化カルシウム溶液などの液体吸収剤の吸収熱より大きい．これは，液体吸収剤での発熱は水の凝縮熱なので，水加湿の逆の過程で，湿球温度は一定となるが，個体吸着剤では，固体表面と水蒸気分子間の相互作用によって分子間力が開放されて発生する熱が加わるため，その分温度上昇が大きくなる．

問題 72　正解　(2) ・・・・・・・頻出度 A A A

遠心送風機では，空気が軸方向から入り，軸に対して直角に通り抜ける軸に対して傾斜して通り抜けるのは斜流送風機である（**72-1 図**参照）．

一般的に遠心送風機は高い圧力が得られ，軸流送風機は大風量に適している．斜流送風機はその中間の性質を持つ，

-(1)　送風機は，圧力 9.8 kPa 以上のものをブロワ，それより低いものをファンと呼び，空気調和用の送風機はほとんどが 1.5 kPa 以下のファンである．

送風機の種類を大別すると遠心送風機，軸流送風機，斜流送風機，横流送風機に分けることができる（**72-2 図**参照）

-(3)　送風機の運転について，横軸に風量をとり，縦軸に静圧，軸動力，効率，

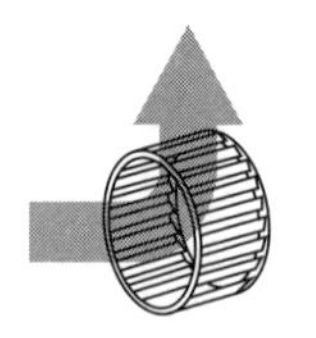
遠心送風機

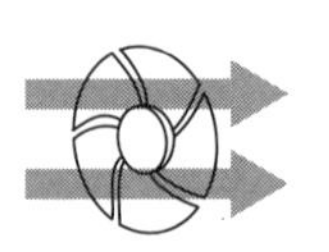
軸流送風機

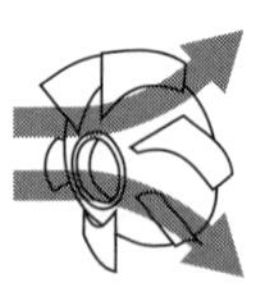
斜流送風機

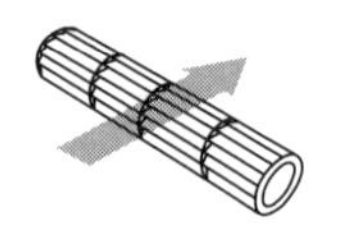
横流送風機

72-1 図　羽根車と気流の様子(21)

遠心送風機
(シロッコファンの例)

軸流送風機

斜流送風機

横流送風機

72-2 図　送風機[22]〜[25]

騒音をとったものを特性曲線図または性能曲線図という.

特性曲線図はメーカーのカタログなどで手に入るので，送風機が設置されるダクト系の抵抗曲線(風量−圧力損失曲線)を書き入れると，送風機の運転点が分かるので送風機の選定に利用する（**72-3 図**参照).

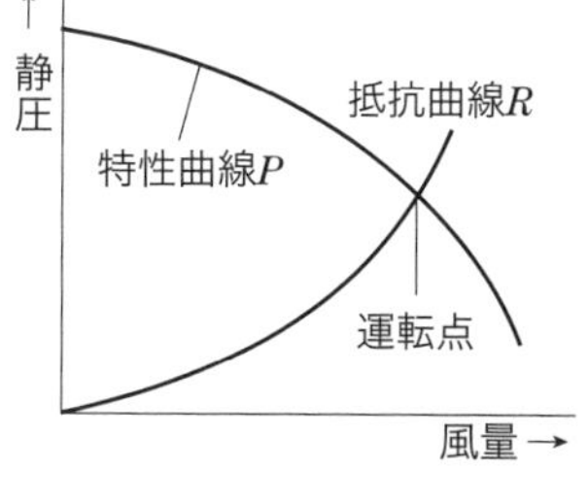
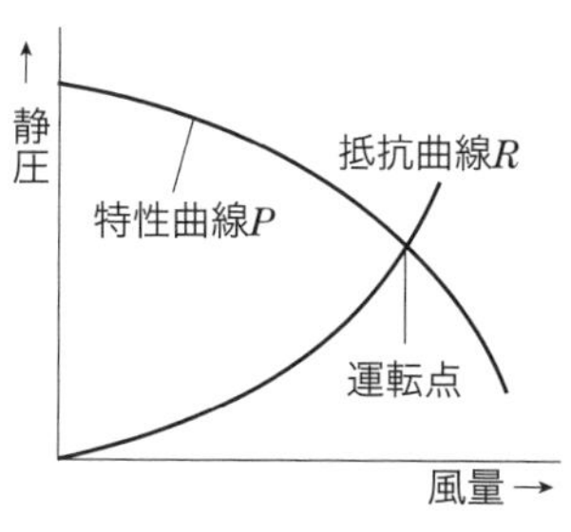

72-3 図　特性曲線と抵抗曲線

ダクトの抵抗による圧力損失は風速（風量）の 2 乗に比例するので，抵抗曲線は，原点を通る二次曲線となる.

その送風量が設計風量よりも大きいことが判明した場合には，送風系のダンパを操作して $R \rightarrow R'$ とすることで，簡便に設計風量と同一となるように調整することができる（**72-4 図**参照).

インバータで回転数を下げて風量調整した場合の特性曲線は **72-5 図**のようになる. インバータもしくはプーリーの径を変えて回転数を変えた方が，軸動力は回転数の 3 乗に比例するので省エネになる.

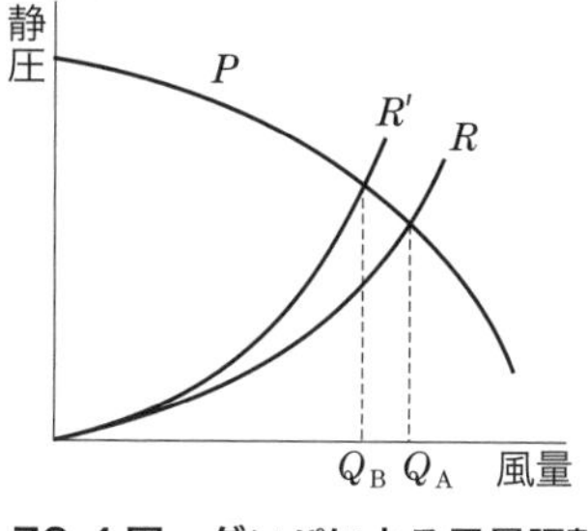

72-4 図　ダンパによる風量調整

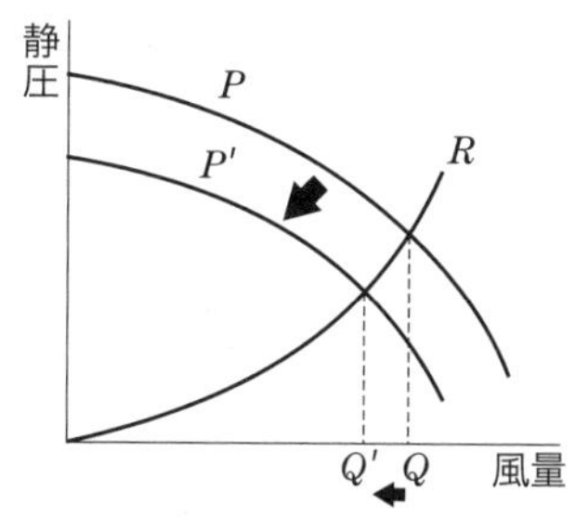

72-5 図　インバータ（回転数制御）による風量調整

問題 73　正解　(5)・・・・・・・頻出度 A A A

はぜをもつのはスパイラルダクトで，鉄板を丸めて製作される丸ダクトに比べて，はぜにより高い強度が得られる (**73-1 図**).

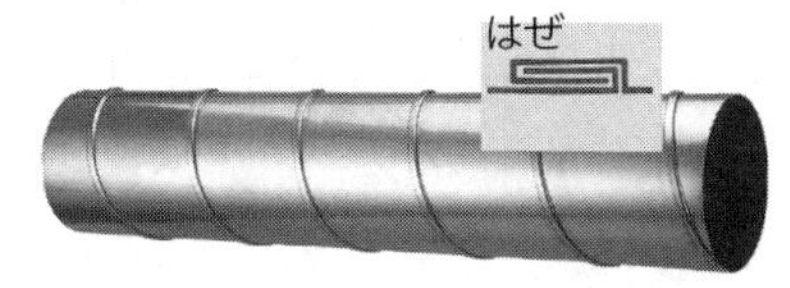

73-1 図　スパイラルダクト[26]

-(1)　ダクトは，使用圧力，制限圧力,流速範囲で，低圧ダクト，高圧1ダクト，高圧2ダクトと分類されている（**73-1表**参照）．

主に空調用で用いられる低圧ダクトで使用される亜鉛鉄板の板厚は，制作されるダクトの長さにより0.5 mm ～ 1.2

73-1表　ダクトの呼称と圧力範囲[27]

圧力分類によるダクト呼称	圧力範囲		流速範囲 [m/s]
	常用圧力 [Pa]	制限圧力 [Pa]	
低圧ダクト	+490以下 −490以内	+980以下 −735以内	15以下
高圧1ダクト	+490を超え +980以下 −490を超え −980以内	+1,470以下 −1,470以内	20以下
高圧2ダクト	+980を超え +2,450以下 −980を超え −1,960以内	+2,940以下 −2,450以内	20以下

注1）常用圧力：通常運転の最大のダクト内の静圧をいう．
注2）制限圧力：ダクト内のダンパの急閉などにより，一時的に圧力が上昇する場合の制限圧力をいう．制限圧力内ならばダクトの安全強度や空気漏れ量などは保持されているものとする．
注3）高圧1ダクト・高圧2ダクトを排煙用ダクトに用いる場合の流速上限は，25 m/s程度とする．

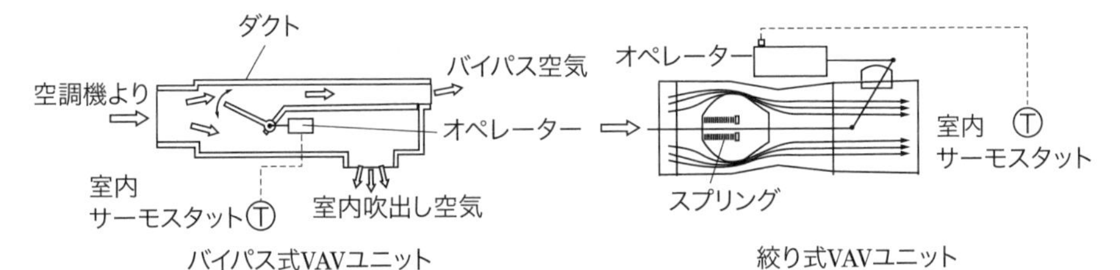

73-3図　バイパス式と絞り式VAV[29]

74-1表　吹出し口一覧

分類	特徴	型名称
ふく流吹出し口	全周に放射状に吹き出す．ふく流のふくは「輻」の字を用い，車輪のスポークの意である． 誘引比が大きく，撹拌性に優れ，均一な温度分布を得やすいが，温度差や風量が大きくても居住域にコールドドラスト（下降冷気）が生じにくいが到達距離が短いので数多く取り付ける必要がある．	アネモ型（**74-1図**参照） パン型
軸流吹出し口	一定の軸に沿って吹き出す．誘引比，拡散角度が小さいが到達距離が長い．体育館など大空間の空調に適する．	グリル型（**74-2図**） ノズル型（**74-3図**）
線状吹出し口	誘引比が大きく，良好な温度分布が得やすい． ペリメータ負荷処理用として，窓近傍の天井に設置されることが多い．風向固定型と可動ベーン型がある．	ライン型（**74-4図**） スロット型 ブリーズライン
面状吹出し口	天井板に有孔天井を用い，天井全面から微風速で吹き出す．天井板の放射冷暖房効果も得られる．	天井パネル型 多孔パネル型

mm である．

-(2)　フレキシブルダクト：**73-2 図**．

73-2 図　フレキシブルダクト[28]

-(3)　バイパス式と絞り式可変風量ユニット（VAV）：**73-3 図**．

問題 74　正解　(2) ・・・・・・・頻出度 A A A

軸流吹出し口であるノズル型吹出し口は，拡散角度が小さく到達距離が長い（**74-1 表参照**）．

74-1 図　アネモ型吹出し口[30]

74-2 図　グリル型吹出し口[31]

74-3 図　ノズル型吹出し口[32]

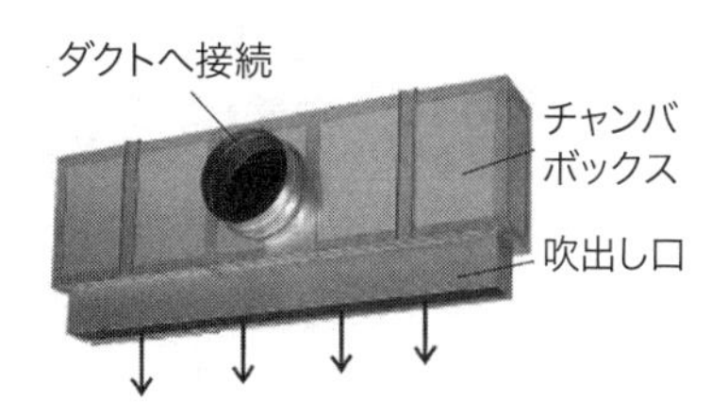

74-4 図　ライン型吹出し口[33]

問題 75　正解　(5) ・・・・・・・頻出度 A A A

蒸気トラップは，配管内の凝縮水を分離排水する装置である（**75-1 図**）．配管内の凝縮水をそのままにするとスチームハンマの原因となる．

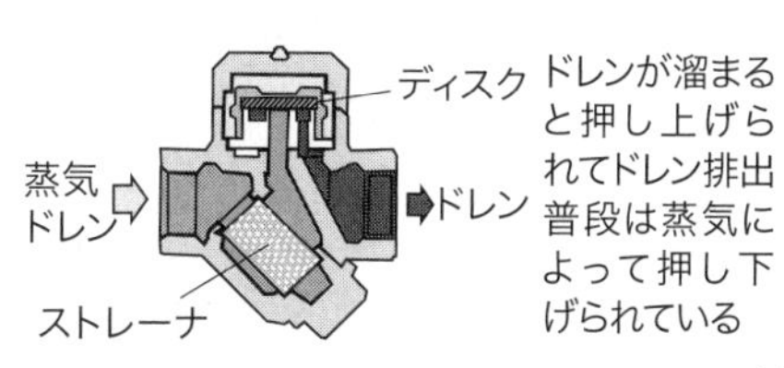

75-1 図　蒸気トラップ（ディスク型）の例[34]

機器や配管内で発生した高い蒸気圧力を速やかに外部に排出するための安全装置は安全弁である（**75-2 図**参照）．

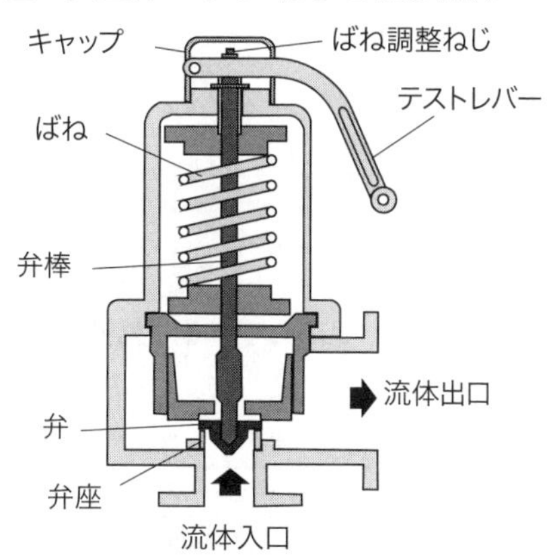

75-2 図　安全弁の例[35]

-(1)　バタフライ弁は，円筒型の弁本体内部で円板状の弁体を流れ方向に 90°回転させて管路の開閉を行う．流量調整機能があり，仕切弁，玉形弁に比べ設置スペースが少なくて済むので大口径の配管に適用される（**75-3 図**）.

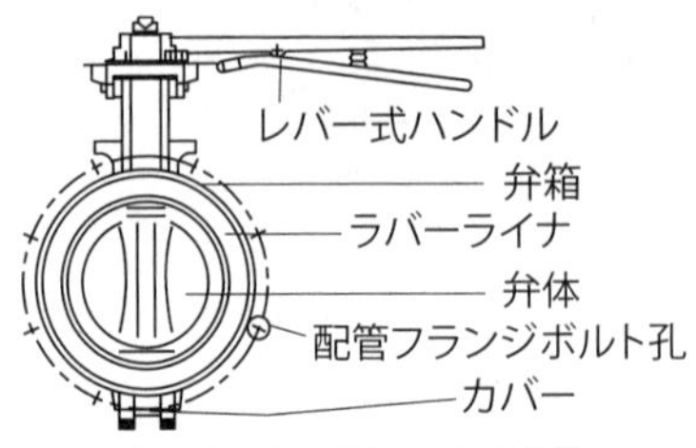

75-3 図　バタフライ弁[36]

2022-115

-(2)　軸流ポンプはターボ型※ポンプの一種で，低揚程（圧力），大水量の用途，農業のかんがい用水，河川の排水などに用いられる（**75-1 表**参照）.

-(3)　伸縮継手にはスリーブ型とベローズ型がある（**75-4 図，75-5 図**参照）. 伸縮吸収量はスリーブ型の方が大きい.

-(4)　玉形弁は，弁本体が球形状で，流れが直角に方向転換する部分に弁体がある．流量調整用に適する．一般の水栓もこの玉形弁に属する（**75-6 図**参照）.

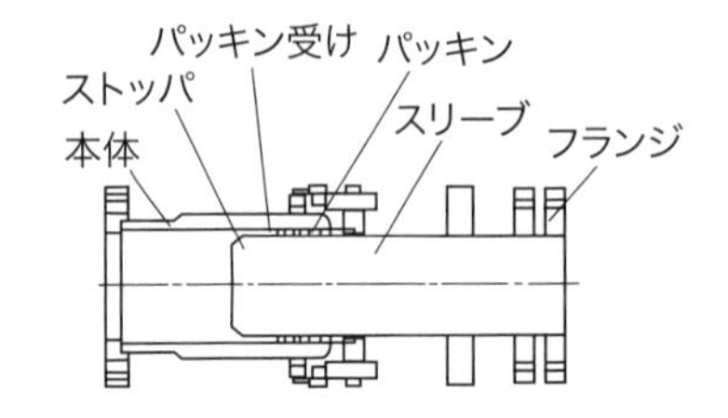

75-4 図　スリーブ型伸縮管継手[37]

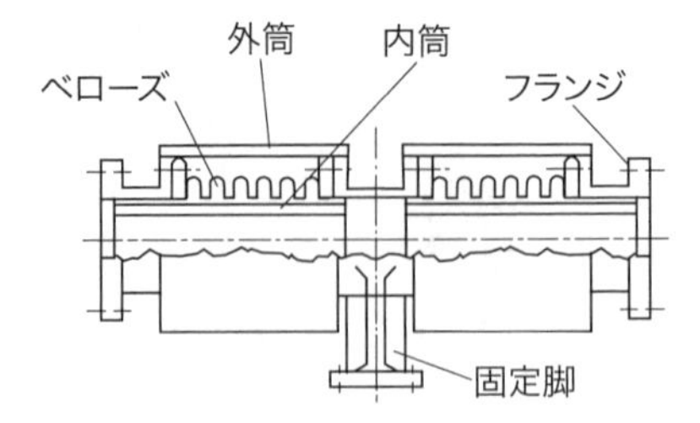

75-5 図　ベローズ型伸縮管継手[38]

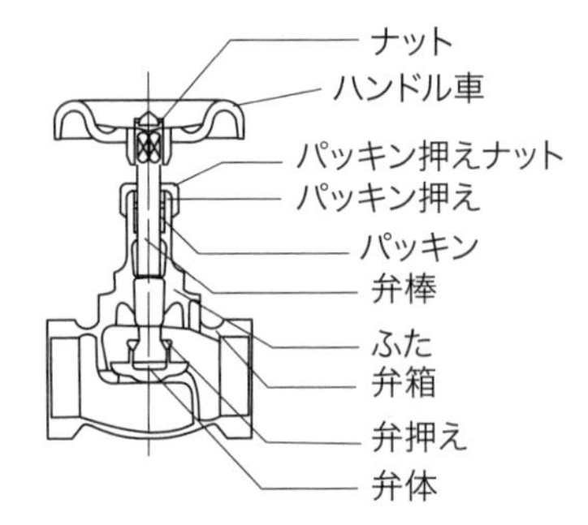

75-6 図　玉形弁[39]

問題 76　正解　(3) ・・・・・・・ **頻出度** A A A

加湿は直膨コイルの後である（**76-1 図**参照）.

加湿には蒸発熱の供給が必要なので加熱コイルの後が適切である.

パッケージ型空調機自体は換気・加湿の能力をもたないので，別途換気設備を設ける必要があり，次のような方式がある（**76-1 表**参照）.

75-1 表　ターボ型ポンプの分類

種類	遠心ポンプ	斜流ポンプ	軸流ポンプ
吐出し量	0.05 ～ 200 m²/min	3 ～ 500 m²/min	10 ～ 1 000 m²/min
全揚程	5 ～ 1 000 m	2 ～ 30 m	1 ～ 5 m
用途	給水・揚水用 冷却水・冷温水・給湯用 消火・排水・農業かんがい用水など全般	火力発電所冷却水 農業かんがい用水下水排水など，中水量・中揚程の用途	河川排水 農業かんがい用水など，大水量・低揚程の用途

※ ターボ型ポンプ：ケーシング内で回転する羽根車により流体に運動エネルギーを与え，圧力を高めるタイプのポンプ．空調用には遠心ポンプが多用されている．

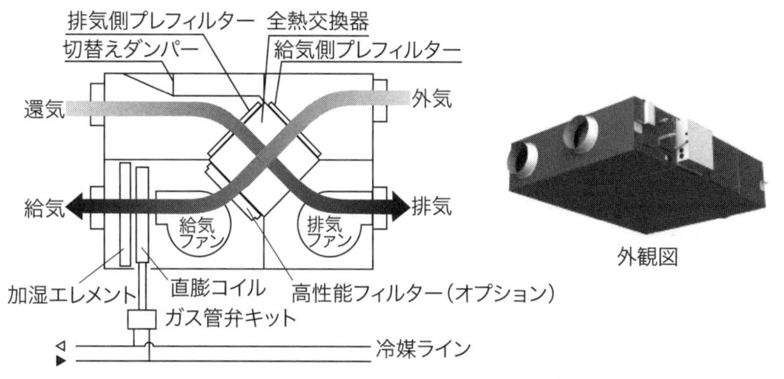

76-1 図　外気処理ユニットの構成例[40]

76-1 表　個別方式空気調和設備の換気設備

	方式	長所	欠点
1	中央方式の外調機	十分な換気，加湿が可能	ダクト設備など高価
2	室，ゾーン単位の全熱交換器による換気＋室内機に加湿器	低コスト	換気，加湿とも不十分になるケースが見られる
3	室，ゾーン単位の外気処理ユニット(全熱交換器＋直膨コイル加湿器)	十分な加湿が可能	給排気がアンバランスとなる
4	室，ゾーン単位の外気処理専用パッケージ型空調機（直膨コイル加湿器）	十分な換気，加湿が可能	設備コスト，運転コストともに比較的高め
5	ヒートポンプデシカント調湿型外気処理装置※	熱交換器に吸着剤を塗布し，加湿のための水配管が不要	冬期の加湿不足を解消できるかは検証が必要

※ ヒートポンプデシカント調湿型外気処理装置：2021-77 解説参照.

76-1 表 2 や 3 では，室，ゾーンからの排気を全熱交換器とトイレなどの排気ファンが奪い合うかたちとなって給排気のバランスがくずれ，全熱交換器の効率が著しく低下し，その結果として冷暖房の不足も招くケースが見られる.

76-1 表 4 の外気処理専用パッケージは大容量の加湿器，十分な能力の冷媒直膨コイルの組み込みが可能で，**76-1 表** 3. の外気処理ユニットより高性能である．また熱交換のための排気が不要なため，給排気のバランスについての問題が発生しにくい.

問題 77　正解　(3)・・・・・・・頻出度 A A A

デジタル粉じん計は，粉じんによる散乱光の強さにより相対濃度を測定する．

浮遊粉じんの測定法は大別すると捕集測定法（空気中を浮遊している粉じんを捕集してその濃度を測定）と，浮遊測定法（粉じんを浮遊状態のままで測定）がある.

ビル管理法の測定対象となる浮遊粉じん濃度は，粉じんの化学的組成を考慮することなく，相対沈降径が 10 μm 以下の粒子（セパレータ，分粒器などにより測定前に 10 μm を超える粒子を取り除く）を対象として質量濃度で規定されている.

1. 捕集測定法（**77-1 表**）

捕集測定法では粉じんの形状は測定結果に影響を与えないが，空気の吸引量を知る必要がある.

77-1 表　浮遊粉じんの捕集測定法

捕集方法	濃度測定法
ろ過法	ローボリウムエアサンプラ法，吸光光度法，β線吸収法，フィルタ振動法，計数法
衝突法	秤量法，圧電天秤法，計数法
静電法	圧電天秤法，計数法

1)　ローボリウムエアサンプラ法（LV法）

ビル管理法の標準測定法である．グラスファイバ（ガラス繊維）ろ紙を使用して，毎分 20 ～ 30 L の空気を吸引ろ過してその重量増加から質量濃度を算出する.

$$質量濃度 = \frac{ろ紙の重量増加}{吸引空気量}$$

ろ紙自体の質量を考えると，天秤で精度良く計量するには，1 mg 以上の粒子を捕集する必要があり，一般的には 4 ～ 8 時間の採じん時間を必要とする（**77-1 図**参照）.

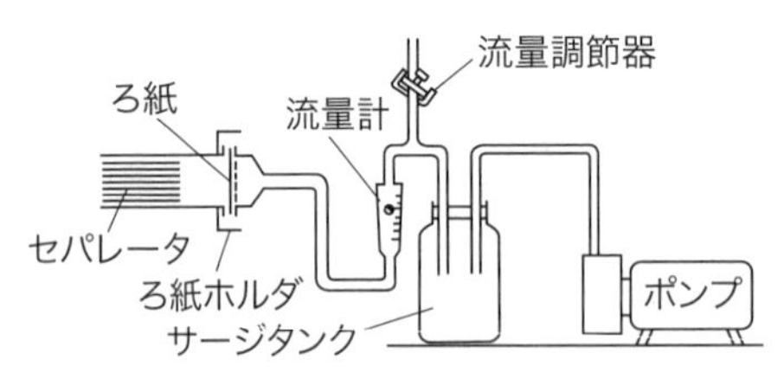

77-1 図　ローボリウムエアサンプラ法(LV 法)

LV 法は直接質量濃度が得られるが，取り扱いが面倒なので，同法によって較正された各種の相対濃度粉じん計が開発されている.

相対濃度測定法の粉じん計による測定値を質量濃度に補正するにはあらかじめ定められた較正係数 K を乗じる.

以下は全て相対濃度測定法である.

2)　吸光光度法

ろ紙上に捕集された粉じんの，捕集前と捕集後の光の透過率の変化量から粉じん濃度を求める．吸光光度計を用いて OD 値（光学密度）を求め，較正係数を乗じて質量濃度を求める.

3)　圧電天秤法（ピエゾバランス粉じん計）

圧電素子（ピエゾ素子，水晶はその一つ）は電圧をかけると，固有の周波数で振動する．圧電素子上に静電沈着させた浮遊粉じんの質量により固有周波数が減少することを測定原理とする．粉じんが堆積して振動数の減少が 2 000 Hz を超えると誤差が大きくなるので捕集面の洗浄が必要となる.

4)　β（ベータ）線吸収法

β線を物質に照射した場合，その物質の質量に比例してβ線の吸収量が増加する原理を利用する測定方法．大気汚染常時監視の自動測定器に用いられている.

2.　浮遊測定法（**77-2 表**）

浮遊測定法では，空気の吸引量を知る必要がない.

77-2 表　浮遊測定法

散乱光法	デジタル粉じん計，粒子計数法
吸光度法	透過光量を吸光光度計で測定
その他	凝縮核計法

1)　デジタル粉じん計

浮遊粉じんが光を散乱する強さは，粒径，形状，屈折，比重などがほぼ一定ならば，その質量濃度に比例する．吸引される試料空気が散乱光測定域を通る際に光を照射し，その中に含まれる粉じんから発した散乱光の強さを光電変化素子で電気信号に変換し，その積算値をデジタル式に表示することにより，相対濃度（cpm：count per minute，1分当たりのカウント数）として計測する．相当質量濃度は次の式から求める．

$$C = K \times 0.001 \times (R - D)$$

ただし，C：相当質量濃度 [mg/m^3]，K：較正係数（= 1.3），0.001：1 cpm 当たり 0.3 mm のステアリン酸粒子（標準粒子）の質量濃度 [mg/m^3]，R：1分間の相対濃度計測値 [cpm]，D：ダークカウント※ [cpm].

※ ダークカウント：光散乱式の粉じん計では，受光部の光電子倍増管などの性質から，無粉じんの空気であっても一定のカウントをする．これをダークカウントまたはバックグラウンドという．

2)　吸光度法

透過光量を吸光光度計で測定する．

得られたOD値に較正係数を乗じて質量濃度を求める．

3．較正係数（K）

相対濃度測定法の測定値を質量濃度に補正するにはあらかじめ定められた較正係数Kを乗じる．ピエゾバランス粉じん計の較正係数は1.0（すなわち測定値が質量濃度に近い）．デジタル粉じん計他多くの粉じん計は1.3である．

4．粉じん計の較正

粉じん計はそれぞれのメーカーにおいて，一定の感度に設定されている．しかし，時間の経過と共に粉じん計の指示に誤差を生じてくる．一般にこの誤差を是正し，本来もつべき感度に戻す操作を較正という．ビル管理法では粉じん計の較正を1年以内に1回，厚生労働大臣の登録を受けた者の較正を受けることと定めている（建築物環境衛生維持管理要領）．

問題 78　正解　(2) ・・・・・・・ **頻出度** A A A

超音波風速計は，**78-1 図**の様な形状のセンサを用い，超音波の到着時間の差を用いて流速を演算する．

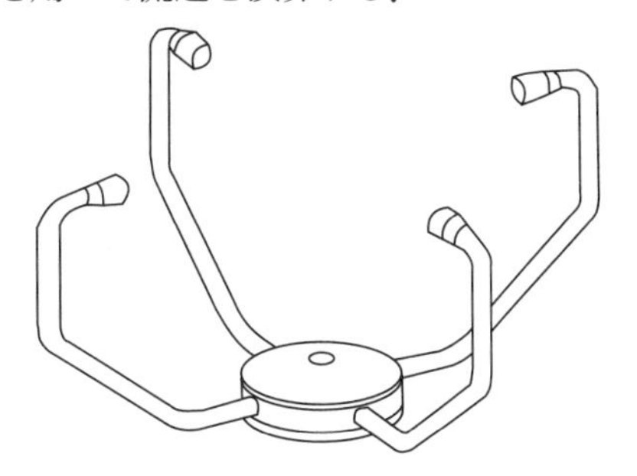

78-1 図　超音波風速計のセンサ部分[41]

-(1)　グローブ温度（黒球温度ともいう）はグローブ温度計で測った温度である．2022-80

平均放射温度MRT [°C] は黒球温度から次式で求めることができる．

$$MRT = T_g + 2.37\sqrt{v}\,(T_g - T_a)$$

ただし，T_g：グローブ温度 [°C]，v：風速 [m/s]，T_a：気温 [°C].

この式から，風速が小さくなると平均放射温度とグローブ温度は接近することが分かる．

-(3)　電気湿度計は，塩化リチウム等の吸湿性塩の電気抵抗変化を利用したもの，薄膜ポリマーフィルムの誘電体の誘電率が相対湿度で変化することを利用したもの等がある．遠隔測定，連続測定に適するが，センサ部の経年変化があるのでアスマン計などによる定期的な較正を必要とする．

-(4)　バイメタル式温度計は，膨張率の異なる2種類の金属（鉄・ニッケル合金とさらにマンガン，クロム，銅を添加した合金など）を貼り合わせ，温度による湾曲度の変化量から温度を求める．

-(5)　アスマン通風乾湿計（**78-2 図**）は，湿球における水の蒸発量は気流によって異なるので，一定速度で回転するゼンマイ駆動またはモータ駆動の風車機構を内蔵する．湿球への通風速度は 3 m/s 以上必要である．

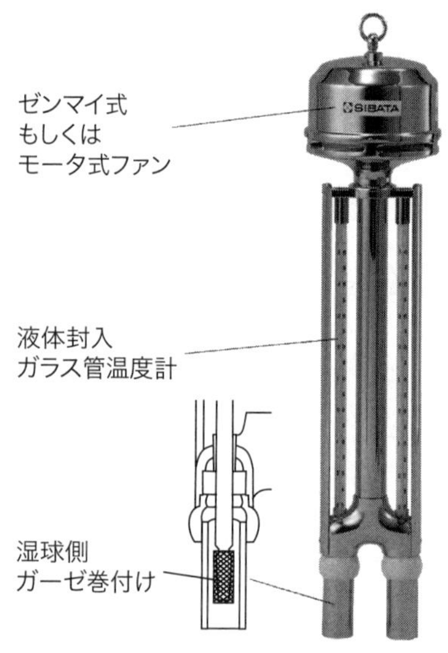

78-2 図　アスマン通風乾湿計[42]

放射熱の影響を防ぐため温度計を挿入した金属管はクロームメッキを施されている．

測定点に設置し，通風開始後 3 分と 4 分の値を読み取り，変化がなければ測定値とする．

相対湿度 100 % でない限り，湿球温度は常に乾球温度よりも低い値を示す．

問題 79　正解　(2)・・・・・・・**頻出度** A A A

オゾンの濃度の単位は，ppm，mg/L など．cfu/m^3 は真菌や細菌など，培地で培養可能な浮遊バクテリアの濃度の単位である．

オゾンが主成分である光化学オキシダントの環境基準は，「1 時間値が 0.06 ppm 以下であること」である．

cfu は，培地法の集落形成単位，colony forming uni の略である．培地法は，衝突法，フィルタ法などの捕集方法で，シャーレの培地上に採集した菌を培養，可視化して，その集落数を単位体積の空気中の菌数とする測定方法である．

近年開発の進んだ培地を用いない迅速法は直接測定法と間接測定法に分けられる．間接測定法には ATP 法, PCR 法（核酸増幅法）がある．濃度は [個 /mL] で得られる．

-(5)　浮遊アスベスト濃度の単位は他に，本 /cm^3，繊維 /mL，f/cm^3 など．

アスベスト測定法は，空中のアスベストは繊維状粉じんの一種であるから，測定方法は基本的には一般粉じんと変わらない．ポンプで被験空気の粉じんをフィルタ上に捕集し，顕微鏡で計数する検鏡法と，被験空気に光を当てて散乱光を測る方法の二つがある．ろ紙はグラスファイバではなくセルロースエステルの白色メンブレンフィルタを使用．

最も一般的な検鏡法は，フィルタに試料を捕集した後，消光液でフィルタを透明化し，位相差顕微鏡により繊維の長さが 5 μm 以上，かつ長さと幅の比が 3：1 以上の繊維状の物質を計数する．光学顕微鏡では他に干渉位相差顕微鏡，電子顕微鏡では走査型，透過型が用いられる．

問題 80　正解　(2)・・・・・・・**頻出度** A A A

二酸化炭素の測定には，非分散型赤外線吸収法がある（**80-1 表**参照）．

問題 81　正解　(5)・・・・・・・**頻出度** A A A

β（ベータ）線吸収法は浮遊粉じん測

80-1 表　汚染物質等測定法

浮遊粉じん	ローボリウムエアサンプラ，デジタル光散乱型粉じん計，圧電天秤法（ピビエゾバランス粉じん計），β線吸収法
一酸化炭素測定法	検知管法，定電位電解法，気体容量法，ホプカライト法，比濁法，ガスクロマトグラフ法
二酸化炭素測定法	検知管法，ガス干渉計法，非分散赤外線吸収法，気体容量法，凝縮気化法，ガスクロマトグラフ法
ホルムアルデヒド	精密測定法（アクティブ法,パッシブ法),簡易測定法（アクティブ法,パッシブ法）
揮発性有機化合物(VOC_s)	固相捕集・加熱脱着 -GC/MS 法，固相捕集・溶媒抽出 -GC/MS 法，容器採取 -GC/MS 法
酸素	ガルバニ電池方式，ポーラログラフ方式
窒素酸化物	ザルツマン法，化学発光法，フィルタバッジ法，吸光光度法
いおう酸化物	溶液導電率法，紫外線蛍光法
オゾン	紫外線吸収法，半導体法，吸光光度法，化学発光法，検知管法，CT 法
ラドン	パッシブ法，アクティブ法
放射線	（個人被曝線量）フィルムバッジ，ガラス線量計 （表面汚染）ガイガー・ミュラー計数管 （空間線量）シンチレーション検出器，半導体検出器
アスベスト	（計数法・浮遊）ローボリウムエアサンプラ～位相差顕微鏡，走査型電子顕微鏡，透過型電子顕微鏡法 （質量法・建材中）X 線回折分析法，赤外線吸収スペクトル法
花粉アレルゲン	アレルゲン・イムノブロット法 表面プラズモン共鳴法
ダニアレルゲン	酵素免疫測定法（ELISA 法)．得られる濃度は，[μg/g]，[ng/m^3] など
浮遊微生物	培地法：衝突法，フィルタ法．濃度は [CFU/m^3] 迅速法（培地を用いない）ATP 法など．濃度は [個 /mL]
臭気	原因物質濃度測定：ガスクロマトグラフ法，においセンサ法，検知管法 官能試験法（ヒトの嗅覚を使用した方法)：ASTM 臭気測定法，3 点比較臭袋法，オルファクトメータ法，入室式無臭室法 いずれも無臭と感じられる希釈倍率から臭気強度を判定する．

定法である．β線を物質に照射した場合，その物質の質量に比例してβ線の吸収量が増加する原理を利用する測定方法．大気汚染常時監視の自動測定器に用いられている．

ホルムアルデヒドの測定法は**81-1 表**のとおり．

1. サンプリングの方法には精密測定法，現場で用いる簡易測定法に，それぞれ吸引ポンプを使うアクティブ法と分子の拡散原理によるパッシブ法がある．
2. DNPH カートリッジ捕集・溶媒描出 –高速液体クロマトグラフ（HPLC）法ではオゾンによって負の妨害を受けるので，オゾンの存在が予想される場合は，オゾン除去管（粒状よう化カリウム充填管）を用いる．

検知管法では，ホルムアルデヒドと共存するアセトアルデヒドおよび酸性物質は正の影響，アルカリ性物質は負の影響

81-1 表　ホルムアルデヒド測定法

種別		測定法名称
精密測定法	アクティブ法	DNPH カートリッジ捕集－HPLC※1 法 ほう酸溶液捕集－AHMT 吸光光度法 TFBA カートリッジ捕集－GC/MS※2 法 CNET カートリッジ捕集 HPLC 法
	パッシブ法	DNPH 含浸チューブ－HPLC 法 TEA 含浸チューブ－吸光光度法
簡易測定法	アクティブ法	検知管法（電動ポンプ式） 定電位電解法（DNPH 干渉フィルタ法） 光電光度法（試験紙） 電気化学的燃料電池法 光電光度法（AHMT 試験紙） 化学発光法 吸光光度法（拡散スクラバー法）
	パッシブ法	検知紙法（バイオセンサ法）

※1　HPLC：高速液体クロマトグラフ
※2　GC/MS：ガスクロマトグラフィー質量分析
　DNPH，AHMT，TFBA などは試薬の名称である

を与える．

　ほう酸溶液捕集－AHMT 吸光光度法（AHMT 法），光電光度法は妨害ガスの影響をほとんど受けない．

3．試薬の DNPH カートリッジは冷蔵保存する必要があるが，TFBA カートリッジはその必要がない．

4．ガスクロマトグラフィー質量分析計（GC/MS）は，ガスクロマトグラフィーと質量分析計（マススペクトロメータ）を接続させた装置である（**81-1 図**）．

　ガスクロマトグラフィーは気体（ガス）状の物質を分離・精製する装置で，物質によって単離される時間が異なる．単離された物質を質量分析計でイオン化し，

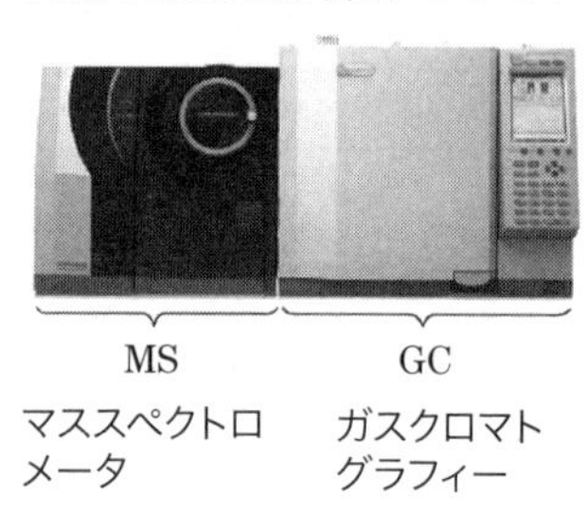

81-1 図　ガスクロマトグラフィー質量分析計(43)

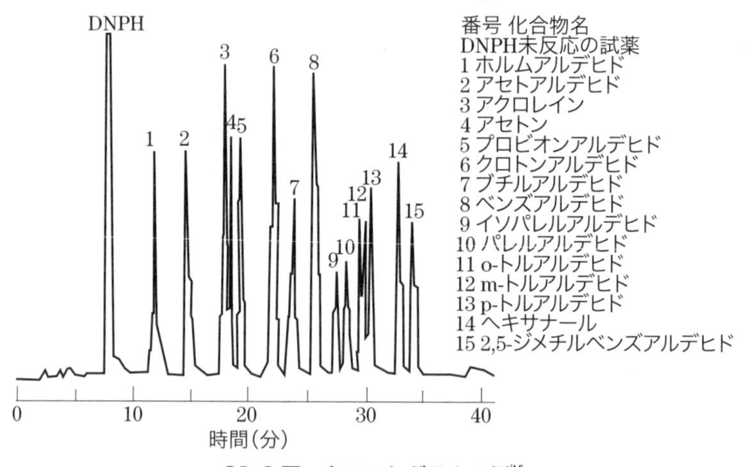

81-2 図　クロマトグラムの例(44)

磁場中に飛ばして軌道の違いからその質量を質量スペクトルとして得る．その結果を示したグラフをクロマトグラムという（**81-2 図**）．

問題 82　正解　(5) ・・・・・・・**頻出度** A A A

排水受け（ドレンパン）の点検は，「6 か月以内」→「1 か月以内」，が正しい（**82-1 表**参照）．

問題 83　正解　(4) ・・・・・・・**頻出度** A A A

空気調和機から発生した音が隔壁の隙間などを透過してくる音は，空気伝搬音である．

騒音はエネルギーの伝わり方から見た場合，設備機器等から発生した音や交通騒音が空気中を伝搬してくる空気伝搬音と，設備機器等の振動が建物躯体内を伝搬して居室の内装材から放射される固体伝搬音に分けられる（**83-1 表**参照）．

83-1 表　空気伝搬音と固体伝搬音

空気伝搬音	・空調機から発生した音が隔壁・隙間等を透過してくる音 ・ダクト内を伝搬して給排気口から放射する音 ・ダクト内を伝搬してダクト壁から透過する音 ・窓から入る道路交通騒音，鉄道軌道騒音
固体伝搬音	・空調機自体の振動に起因して発生する音 ・ダクト・管路系の振動に起因する音 ・ポンプに接続された管路系で発生する音 ・給排水騒音，電気室騒音，エレベータ走行音，地下鉄騒音等

-(1)，-(2)　音圧レベル，騒音レベル

音の物理的な強さは音の伝わる方向に対して垂直な単位面積を単位時間に通過する音のエネルギーであり，単位は W（ワット）/m^2 である．人間の耳の可聴範囲はエネルギー的には約 10^{-12} W/m^2 から最大 10^2 W/m^2 であって，その範囲は 14 桁に及ぶ．

ある基準値との比の対数をとって量を表示することをレベル表示（デシベル尺度）という．

考察の対象とする量が数十桁にわたり，そのままでは扱いにくい場合にレベル表示が用いられる．これを音に用いて，音響工学では音のパワーレベルを次のように定義している．

$$L_{\mathrm{i}} = 10\log_{10}\frac{I}{I_0}$$

ただし，L_{i}:音の強さのレベル [dB]，I:音の強さ [W/m^2]，I_0：基準の音の強さ（10^{-12} W/m^2）．

上記の可聴範囲（10^{-12} W/m^2 ～最大 10^2 W/m^2）をレベル表示すると，

$$L_{\mathrm{i}}\,(\text{最小}) = 10\log_{10}\frac{I}{I_0} = 10\log_{10}\frac{10^{-12}}{10^{-12}} = 10\log_{10}1 = 0\ [\mathrm{dB}]$$

82-1 表　空気調和設備に関する衛生上必要な措置（ビル管理法施行規則第 3 条の十八）

1	冷却塔および加湿装置に供給する水を水道法第 4 条に規定する水質基準に適合させる．	
2	冷却塔・冷却水の汚れの状況，必要に応じ清掃	使用期間中，1 か月以内ごとに 1 回定期に実施
3	加湿装置の汚れの状況，必要に応じ清掃	
4	空調機のドレンパンの汚れの状況，必要に応じ清掃	
5	冷却塔，冷却水の水管および加湿装置の清掃	1 年以内ごとに 1 回定期に実施

※ ドレンパンについては 1 年以内ごとの定期的清掃の規定がないことに注意

$$L_i\ (最大) = 10\log_{10}\frac{I}{I_0}$$

$$= 10\log_{10}\frac{10^2}{10^{-12}}$$

$$= 10\log_{10}10^{14} = 140\ [\mathrm{dB}]$$

レベル表示により，最小と最大値で $10^{-12} \sim 10^2$ と 14 桁もの開きがあったものが 0 ～ 140 dB と 3 桁で表現できることになる．

実際に音の強さを測定する場合は，エネルギーを直接測定することが難しいので，音圧 p [Pa] を測定する．音の強さは次式のとおり，

$$I = \frac{p^2}{\rho c}\quad (\rho：空気の密度，c：音速)$$

音圧の 2 乗に比例することが分かっているので，次のように音圧レベルを定義すると，同じ音に対して強さのレベルと音圧レベルが一致することになる．

$$L_p = 10\log_{10}\left(\frac{p}{p_0}\right)^2$$

$$= 2\times 10\log_{10}\frac{p}{p_0} = 20\log_{10}\frac{p}{p_0}$$

ただし，L_p：音圧レベル [dB]，p：音圧 [Pa]，p_0：基準の音圧（2×10^{-5} Pa = 基準の音の強さ 10^{-12} W/m^2 に相当）．

例えば 2 Pa の音圧レベルは，

$$20\log_{10}\frac{2}{2\times 10^{-5}} = 20 \times \log_{10}10^5$$

$$= 20 \times 5 = 100\ \mathrm{dB}$$

さらに，この音圧レベルを，人の聴覚の周波数特性を表した等ラウドネス曲線（**83-1 図**）によって補正した音圧レベルを A 特性音圧レベルといい，単なる音圧レベルと区別するために，単位に [dB(A)] を用いる．騒音計の A 特性音圧レンジで計測した騒音レベル [dB(A)] は騒音の評価の基本となる．

-(3)　等価騒音レベル（LAeq）

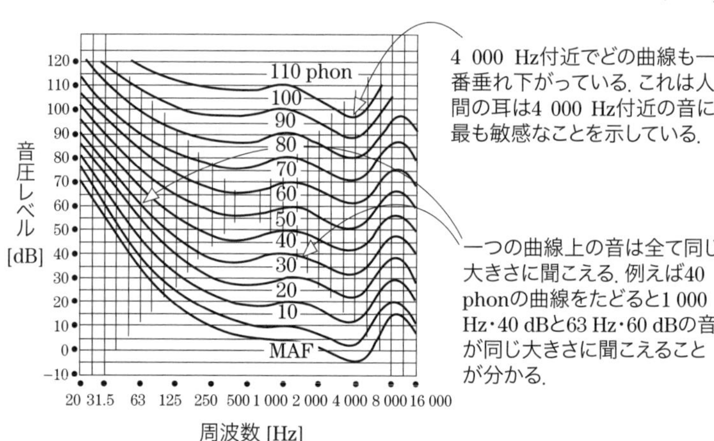

83-1 図　等ラウドネス曲線

自動車騒音など時間的に変動する騒音をエネルギー的に等価な定常騒音で表した量．環境基本法の騒音に関する環境基準にも用いられている．

-(5) 「遮音」とは，壁などで音を遮断して，透過する音のエネルギーを小さくすることである．壁の遮音性能は透過損失値 TL [dB] で表される（**83-2 図**参照）．

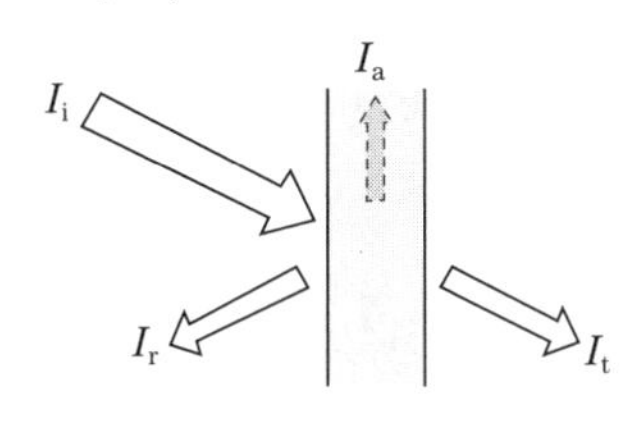

$I_i = I_r + I_a + I_t$

I_i：入射音の強さ [W/m^2]

I_r：反射音の強さ [W/m^2]

I_a：吸収の強さ [W/m^2]

I_t：透過音の強さ [W/m^2]

83-2 図　音の反射，吸収，透過

$$TL = 10\log\frac{I_i}{I_t}\ [\mathrm{dB}]$$

問題 84　正解　(5) ・・・・・・・頻出度 A A A

全身振動では低周波数域に対して人の感覚は鋭く，周波数の増加とともに感覚が鈍くなってくる．鉛直振動では 4 ～ 8 Hz の振動に最も感じやすい．水平振動では 1 ～ 2 Hz である（本年度 - 35 解説参照）．

-(1)，-(3)　時間率レベルは，不規則かつ大幅に変動する振動の場合の表示方法で，振動規制法では，振動レベル計で，VL（振動レベル）を 5 秒間隔で 100 回程度測定し，全ての測定値を大きさの順に並べ替えて大きい方から 10 % 目の数値である 80 % レンジ上端値 L_{10} を用いる．100 回のうち 10 回分が 75 dB 以上であれば，[L_{10}] は 75 dB となる．

工場や道路交通振動の規制基準は昼夜で異なり，夜間が 5 dB 厳しくなっている． 2018-84

-(2)　建築物外から伝搬・侵入する道路交通振動や列車振動等に対する対策方法は，建築物または敷地境界に「防振溝」を設ける方法等が有効な対策法として挙げられる．回折減衰効果による防振溝は，溝が深いほど，また振動源に近いほど効果が大きくなる．

-(4)　振動と違って，騒音に対しては低周波数域で人の聴覚の感度は低い．前問の等ラウドネス曲線を見るとそのことがよく分かる．

問題 85　正解　(3) ・・・・・・・頻出度 A A A

合成した騒音レベルは，86 dB より大きいが，86 dB の騒音源が二つある場合の 89 dB よりは小さい．従って，87 dB の -(3)が正解と推定できる．

計算して確かめよう．

dB の加算には次の公式があるが，

$$L = 10\log(10^{0.1L1} + 10^{0.1L2})$$
$$= 10\log(10^{0.1\times80} + 10^{0.1\times86})$$
$$= 10\log(10^{8} + 10^{8.6})$$

真数の，かっこ内の指数の足し算が，関数電卓でもないと手に負えないので，次のように考える．

同じ dB の騒音が二つある場合は＋3 dB になることが既知として，86 dB は 83 dB が二つ，83 dB は 80 dB が二つ，従って，86 dB は 80 dB が四つあることと同じである．もともとあった 80 dB と合わせて，この問題の状況は 80 dB の騒音源が五つあることと同じである．これを騒音レベルの定義式に入れて，

$$L = 10\log\frac{I\times5}{I_0} = 10\log\frac{I}{I_0} + 10\log5$$

$= 80 + 10 \times 0.6990 = 86.990$ [dB]

（上の公式で，関数電卓を使って計算した結果は，$L = 86.9732 \cdots$ となる）．

dB の計算を以下にまとめた．

1. 騒音源の個数が増えた場合の dB 計算

同じ騒音レベルの機械を x 台同時に運転すると，音の強さ I [W/m²] が 6 倍になる．1 台のときの騒音レベル（音の強さのレベル）を L_1 [dB] とすると，x 台同時に運転したときの騒音レベル L_2 は，音の強さのレベルの定義から，

$$L_2 = 10 \log_{10} \frac{I \times x}{I_0}$$

$$= 10 \log_{10} \frac{I}{I_0} + 10 \log_{10} x$$

$$= L_1 + 10 \log_{10} x$$

すなわち，$+10 \log_{10} x$ になる．

2 台なら，

$+10 \log_{10} 2 = 3$

$(\because \ \log_{10} 2 \cong 0.3)$

+3 dB になる．

例：1 台で 80 dB なら，2 台で 83 dB になる．

4 台なら，

$$+10 \log_{10} 4 = +10 \log_{10} 2^2$$
$$= +2 \times 10 \log_2 2$$
$$= +20 \times 0.3 = +6$$

+6 dB になる．

6 台なら，

$$+10 \log_{10} 6 = +10 \log_{10}(2 \times 3)$$
$$= +10 \log_{10} 2 + 10 \log_{10} 3$$
$$= +3 + 5 (\because \log_{10} 3 \cong 0.5)$$
$$= +8$$

+8 dB になる．

8 台なら，

$$+10 \log^{10} 8 = +10 \log_{10} 2^3$$
$$= +3 \times 10 \log_2 2$$
$$= +30 \times 0.3 = +9$$

+9 dB になる．

10 台なら，

$+10 \log_{10} 10 = +10$

$(\because \log 10_{10} = 1)$

+10 dB になる．

2. 騒音源からの距離による減衰の計算

点音源の場合，音源からの距離が 2 倍になると音の強さは $(1/2)^2$ になる．これを音の強さのレベルの定義式に入れて，

$$10 \log_{10} \left(\frac{I \times \left(\frac{1}{2}\right)^2}{I_0} \right)$$

$$= 10 \log_{10} \left(\frac{I}{I_0}\right) + 10 \log_{10} \left(\frac{1}{2}\right)^2$$

$$= 10 \log_{10} \left(\frac{I}{I_0}\right) + 2 \times 10 \log_{10} \frac{1}{2}$$

$$= 10 \log_{10} \left(\frac{I}{I_0}\right) + 20 \log_{10} 2^{-1}$$

$$= 10 \log_{10} \left(\frac{I}{I_0}\right) - 20 \log_{10} 2$$

$$= 10 \log_{10} \left(\frac{I}{I_0}\right) - 20 \log_{10} 2$$

$$= 10 \log_{10} \left(\frac{I}{I_0}\right) - 20 \times 0.3$$

$$= 10 \log_{10} \left(\frac{I}{I_0}\right) - 6$$

…6 dB 減衰する．

距離が 10 倍になると，

$$10 \log_{10} \left(\frac{I \times \left(\frac{1}{10}\right)^2}{I_0} \right)$$

$$= 10 \log_{10} \left(\frac{I}{I_0}\right) + 10 \log_{10} \left(\frac{1}{10}\right)^2$$

$$= 10 \log_{10} \left(\frac{I}{I_0}\right) + 20 \log_{10} 10^{-1}$$

$$= 10 \log_{10} \left(\frac{I}{I_0}\right) - 20 \log_{10} 10$$

$$= 10\log_{10}\left(\frac{I}{I_0}\right) - 20\times1$$

$$= 10\log_{10}\left(\frac{I}{I_0}\right) - 20$$

…20 dB 減衰する．

線音源の場合，音源からの距離が 2 倍になると音の強さは 1/2 になる．

$$10\log_{10}\left(\frac{I\times\frac{1}{2}}{I_0}\right)$$

$$= 10\log_{10}\left(\frac{I}{I_0}\right) + 10\log_{10}\frac{1}{2}$$

$$= 10\log_{10}\left(\frac{I}{I_0}\right) + 10\log_{10}2^{-1}$$

$$= 10\log_{10}\left(\frac{I}{I_0}\right) - 10\log_{10}2$$

$$= 10\log_{10}\left(\frac{I}{I_0}\right) - 10\times0.3$$

$$= 10\log_{10}\left(\frac{I}{I_0}\right) - 3$$

…3 dB 減衰する．

線音源で距離が 10 になると，

$$10\log_{10}\left(\frac{I\times\frac{1}{10}}{I_0}\right)$$

$$= 10\log_{10}\left(\frac{I}{I_0}\right) + 10\log_{10}\frac{1}{10}$$

$$= 10\log_{10}\left(\frac{I}{I_0}\right) + 10\log_{10}10^{-1}$$

$$= 10\log_{10}\left(\frac{I}{I_0}\right) - 10\log_{10}10$$

$$= 10\log_{10}\left(\frac{I}{I_0}\right) - 10\times1$$

$$= 10\log_{10}\left(\frac{I}{I_0}\right) - 10$$

…10 dB 減衰する．

上記の計算では次の対数法則を適宜利用した．

$X = a^p$ のとき，$p = \log_a X$ を a を底とする X の対数という．a は自明の場合は省略することが多い．

指数法則，$a^M \times a^N = a^{M+N}$ などから，

法則 1　$\log MN = \log M + \log N$

法則 2　$\log\left(\frac{M}{N}\right) = \log M - \log N$

法則 3　$\log M^q = q \times \log M$

法則 4　$\log 1 = 0$

真数 M，N が掛け算のときはそれぞれの対数の足し算，割り算のときはそれぞれの対数の引き算に分解できる．

3. dB の計算問題は，受験対策的には **85-1 表**を覚えてしまうのが良い．

85-1 表　覚えよう dB の計算（太字が頻出）

点状の騒音源から 2 倍の距離	**−6 dB**
点状の騒音源から 10 倍の距離	−20 dB
線状の騒音源から 2 倍の距離	**−3 dB**
線状の騒音源から 10 倍の距離	−10 dB
同じ騒音レベルの機械を 2 台	**＋ 3 dB**
同じ騒音レベルの機械を 4 台	＋ 6 dB
同じ騒音レベルの機械を 8 台	＋ 9 dB
同じ騒音レベルの機械を 10 台	＋ 10 dB

4. ここのところよく出題される面状の音源（**85-1 図**）からの距離による減衰．

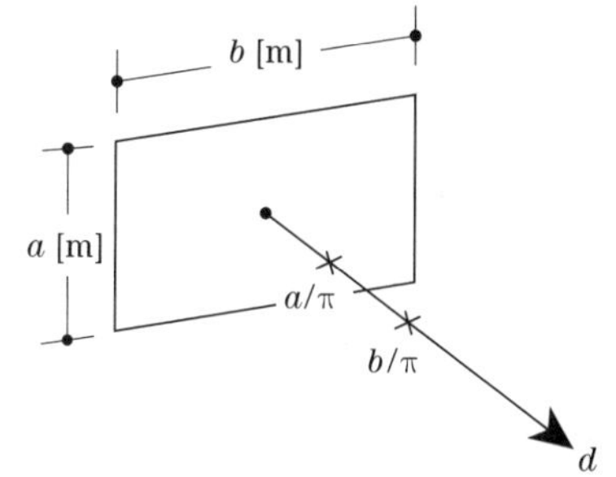

85-1 図　面音源からの距離による減衰

有限の面積の面音源では，音源からの距離 d によって，下記のように面音源～線音源～点音源の減衰特性を示す．

①　$d < a/\pi$…面音源の特性

2023 年解答・午前

（ほとんど減衰しない）

② $a/\pi < d < b/\pi$…線音源の特性（−3 dB/d.d.※）

③ $b/\pi < d$…点音源の特性（−6 dB/d.d.）

※ d.d.：ダブル・ディスタンス＝距離が倍になるごとに.

この減衰特性をグラフにすると**85-2図**のようになる.

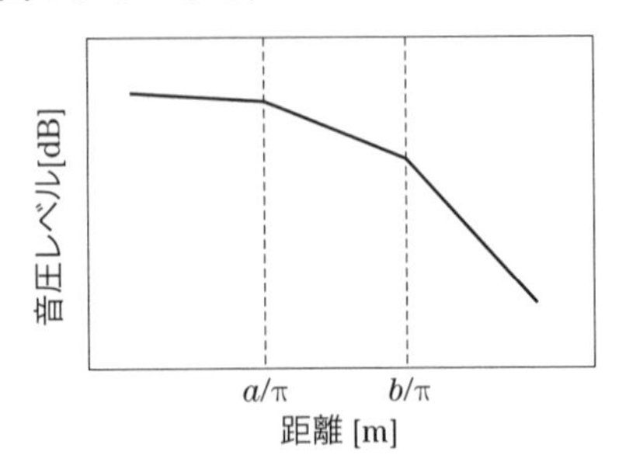

85-2図 面音源からの距離による減衰特性

問題 86 正解 (2) ・・・・・・ 頻出度 A A

日本建築学会の遮音性能基準によれば，最も高い遮音性能を求められるのは録音スタジオで，好ましい遮音性能（1級）で騒音レベル 20 dB（A）（騒音等級 N-20），などとなっている（コンサートホール・オペラハウスでそれぞれ 25 dB(A)（N-25））.

問題 87 正解 (3) ・・・・・・・ 頻出度 A A A

色温度が高くなると，光色は赤→黄→白→青と変わる.

光にも色があり，光の色は，380～780 nm の可視域のうち，どの波長域に分布しているか（分光分布）によって決まる.

ランプなどの光源の光色は「相関色温度」によって数値的に示される．相関色温度は仮想的な黒体（完全放射体）を熱したときの温度と放射する比色の関係を基準とし，単位は絶対温度 K（ケルビン）である.

黒体の分光分布は温度により変化し 2 000 K 程度では波長の長い域（赤い光）が多く，色温度が高くなるに連れて波長の短い域（青い光）が増加し 10 000 K では青っぽい白色の光となる（**87-1 表，87-1 図**参照）.

-(1) UGR（Unified Glare Rating：屋

87-1 表 身近な光の相関色温度 [K]

光源	相関色温度 [K]
ろうそく（パラフィン）の炎	1 900
高圧ナトリウムランプ	2 100
蛍光ランプ（電球色）	2 800
白熱電球（100 W）	2 850
地上から見た満月	4 125
蛍光ランプ（白色）	4 200
メタルハライドランプ高演色型	4 300
蛍光ランプ（昼白色）	5 000
地上から見た天頂の太陽	5 250
日中の北窓光	6 500
蛍光ランプ（昼光色）	6 500
曇天の空	7 000
青天の青空	12 000

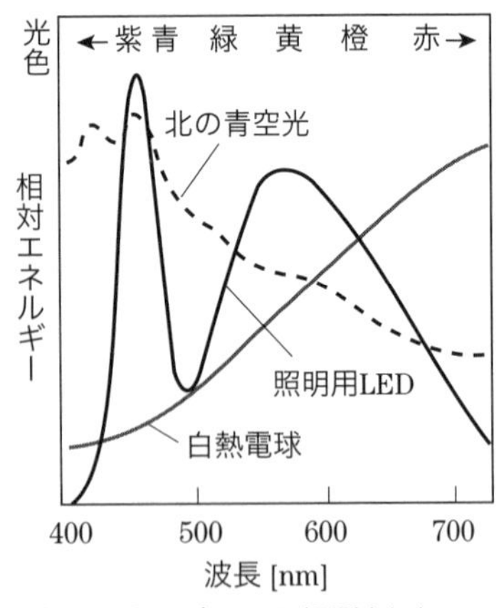

相対エネルギーとは，観測された最も大きいエネルギーを100とする.

87-1 図 光源の分光分布

内統一グレア評価値)

グレアとはまぶしさのことである．JIS Z 9125 屋内照明基準によると UGR13 でまぶしさを感じ始め，19 で気になる，25 で不快，28 だとひどすぎると感じるとしている．事務所の執務室では 19，製図室では 16 を超えないようにする．

-(2) 昼光利用の照明設計用の全天空照度が簡易的に曇天晴と晴天時に分けて示されている．設計用全天空照度は，快晴（10 000 lx）よりも散乱光の多い薄曇りの方が大きい（50 000 lx）． 2021-88

-(4) 演色性とは，ランプなどがある物体を照らしたときに，その物体の色の見え方に及ぼす光源の性質のことである．平均演色評価数（Ra）とは，測定対象の光源が演色評価用の色票（R1 ～ R8）を照明し，完全放射体の光などの基準光によるものとの色ずれ R1 ～ R8 について平均したもので，0 ～ 100 の指数として表したものである（100 が最良＝色ずれなし）．JIS Z 9125 屋内照明基準では，事務所照明の Ra 推奨最小値を 80 としている．

-(5) JIS Z 9110 照明基準総則，JIS Z 9125 屋内照明基準などによれば，文書作成作業時の推奨維持照度は 500 lx，製図の場合は 750 lx としている．

問題 88　正解　(5)・・・・・・・**頻出度** A A A

照明の設計において，人工照明による作業面照度平均値 E は以下の光束法で計算される．

$$E=\frac{N\cdot F\cdot U\cdot M}{A}$$

ただし，E：作業面照度 [lx]，N：ランプの数，F：ランプ 1 灯当たりの光束 [lm]，U：照明率，M：保守率，A：床面積 [m^2]．

光束法の式を変形して，与えられた数値を代入すれば，

$$N=\frac{N\cdot A}{F\cdot U\cdot M}=\frac{750\times100}{3\ 000\times0.6\times0.75}$$

$$=\frac{75\ 000}{1\ 350}=55.555..$$

…答　56 本

式中の照明率 U とは，光源（ランプ）から出る光束に対する作業面に入射する有効な光束の比率のことで，照明器具の配光，室内表面の反射率，室の大きさ・形状などによって決定される．

保守率 M は，照度を一定期間維持するための係数で，照明施設をある期間使用した後の作業面上の平均照度と初期平均照度との比で表され，光源の設計光束維持率（M_{L}）と照明器具の設計光束維持率（M_{d}）から求められる．

光源の設計光束維持率 M_{L} は，点灯時間の経過に伴う，光源自体の光束減退・球切れ等による照度低下を補償するための係数であり，使用する光源の初期光束（100 時間値）と，光源を交換する直前の光束との比で表される．これらの値は光源の種類によって異なる．

照明器具の設計光束維持率 M_{d} は，照明設備を使用し始めてからの経過時間に伴う照明器具の汚れ等による光束低下を補償するための係数である．

光源・照明器具の経年的な汚れの程度は，照明器具の構造とその取り付け状態，光源の種類，照明器具の周囲環境等によって異なる．

同じ環境の場合，下面開放型より完全密閉型の照明器具の方が設計光束維持率は高い．このほか室内各面の汚れ，退色

等による室内面の反射率低下も影響するが，これらによる照度低下の割合は光源および照明器具に起因する照度低下の割合に比べて極めて小さいので，保守率 M は，

$$M \cong M_L \times M_d$$

として良い．

保守率 M を左右する要因を再度まとめると次のとおり．

光源の種類，照明器具の周囲環境条件（温湿度，粉じんの発生量等），照明器具の構造（露出形，下面開放形，簡易密閉形，完全密閉形等），取り付け状態，照明設備の保守管理状況（清掃間隔等）．

問題 89　正解　(2)・・・・・・・頻出度 A A A

コードペンダントは簡単に取り外せて移動できるので独立型照明器具である（**89-1 図**参照）．

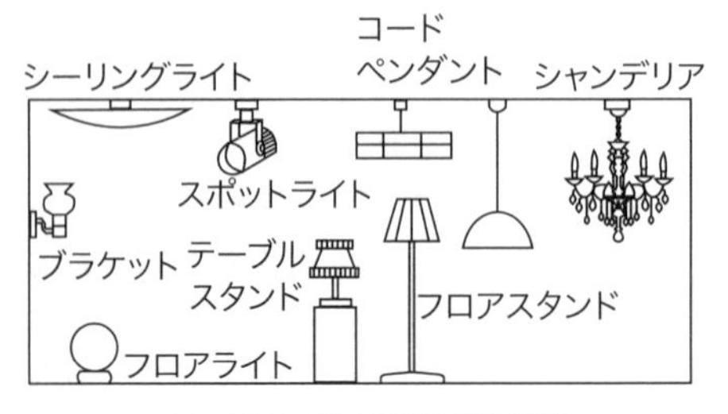

89-1 図　独立型照明器具[45]

建築化照明は，照明器具を建築物の一部として天井，壁等に組み込んだ照明方式である．建築化照明には，ダウンライト，システム天井，光天井，ルーバー照明，コーニス照明，コーブ照明等がある．

後の二つは間接照明である（**89-2 図**参照）．

固定してあっても，比較的簡単に取り外しができるシーリングライトや壁柱に取り付けるブラケットは独立型照明器具に分類される．

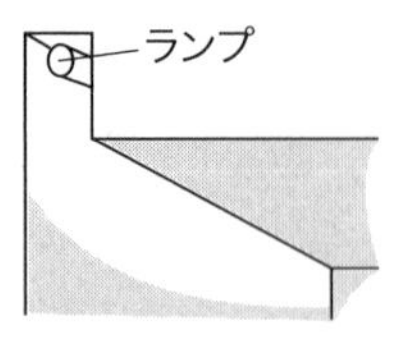

コーニス照明

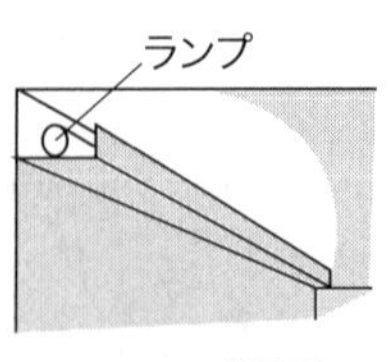

コーブ照明

89-2 図　建築化照明

問題 90　正解　(3)・・・・・・・頻出度 A A

BCP（Business Continuity Plan：事業継続計画）は，「企業が自然災害，大火災，テロ攻撃などの緊急事態に遭遇した場合において，事業資産の損害を最小限にとどめつつ，中核となる事業の継続あるいは早期復旧を可能とするために，平常時に行うべき活動や緊急時における事業継続のための方法，手段などを取り決めておく計画のことです．」（中小企業庁「中小企業 BCP 策定運用指針」ホームページより）．コミッショニングは，テロや自然災害による緊急事態を想定した概念ではない．

建築設備コミッショニング協会（BSCA）による「コミッショニング」の建設業界向け定義は次のとおり．

「新築建物のコミッショニングとは，ビルのオーナーやユーザーが求める建築設備への要求性能を文書としてまとめ，その要求通りに企画・設計され，建設され，運用されていることを検証する過程（プロセス）です．既設建物のコミッショニングとは，現状の運用性能を分析し，より適切な運転にするために必要な調整や改修，ならびに運転の最適化を提案し，性能検証して実現するプロセスです」．

(1)　BEMS（Building and Energy Management System）は，IT を利用して業務用ビルの照明や空調などを制御

し，最適なエネルギー管理を行うもので，コミッショニングのツールとして利用することができる．

-(4) のFPT（Functional Performance Test：機能性能試験）は，コミッショニングにおける重要な作業の一つであり，発注者要件書（OPR：Owner's Project Requirement，オーナー（発注者）の建築企画趣旨を文書化したもの）に記された機能や性能が，実際のシステムにおいて適切に発揮できているかを試験し，必要に応じてシステムを調整して適正化を図る業務である．

2023年度(令和5年度)午後の解答・解説

※ 解説中の「-」付きの -(1) ～ -(5) は，問題の選択肢文(1)～(5)を示しています．
※ 解説中の 2022-93 などの表示は関連問題 2022 年問題 93 を示しています．

建築物の構造概論
問題 91～問題 105

問題 91　正解　(2) ・・・・・・・頻出度 A A

CASBEE の評価対象は，エネルギー消費，資源循環，地域環境，室内環境の 4 分野である．

CASBEE は Comprehensive Assessment System for Built Environmental Efficiency「建築環境総合性能評価システム」の略字．国土交通省の主導で開発された建築物の環境性能評価システム．地球環境・周辺環境にいかに配慮しているか，ランニングコストに無駄がないか，利用者にとって快適か等の性能を客観的に評価する．現在 800 件あまりの CASBEE 建築評価認証を取得した建築物が公表されている．

問題 92　正解　(3) ・・・・・・・頻出度 A A A

内水氾濫とは大量の雨水が排水できず洪水になることである（対して，外水氾濫とは，大量の雨による河川の氾濫や堤防の決壊で，市街地に水が流れ込む現象）．ゲリラ豪雨による洪水などは公害の要素を含んでいるようにも見えるが環境基本法の典型公害には今のところ含まれていない．

環境基本法第 2 条第 3 項で定義される公害（典型 7 公害と呼ばれる）は，次のとおり．

「この法律において「公害」とは，環境の保全上の支障のうち，事業活動その他の人の活動に伴って生ずる相当範囲にわたる大気の汚染，水質の汚濁（水質以外の水の状態又は水底の底質が悪化することを含む．第 21 条第 1 項第一号において同じ．），土壌の汚染，騒音，振動，地盤の沈下（鉱物の掘採のための土地の掘削によるものを除く．以下同じ．）及び悪臭によって，人の健康又は生活環境（人の生活に密接な関係のある財産並びに人の生活に密接な関係のある動植物及びその生育環境を含む．以下同じ．）に係る被害が生ずることをいう．」

-(1)　両側を高い建築物で連続的に囲まれた道路空間は，半密閉の空間のようになるため，ストリートキャニオン（キャニオン：渓谷）と呼ばれる．通風による放熱を妨げ，ヒートアイランド現象の原因となる．また，汚染物質も滞りやすい．

-(4)　ヒートアイランド現象：等温線分布で，都心部の気温が郊外と比較して高く，島のように見えることからこの名がついた．都市ではエネルギー使用密度が高い上，コンクリートやアスファルトなど熱容量の大きい物質で地表が覆われ日射熱が蓄熱されやすいのが主な原因の一つである．

-⑸　土地価格の高騰などにより敷地が細分化し，乱開発などによって市街地が無秩序に広がることをスプロール（Sprawl：虫食い）現象という．インフラの立ち遅れや崖崩れなどの危険を伴うことが多い．

問題 93　正解　⑴・・・・・・・**頻出度**A A A

砂，セメント，水を練り混ぜたものは「モルタル」である（**93-1 表**参照）．

-⑵　梁（はり）に開ける設備用の貫通孔（**93-1 図**）は，柱に近い部分を避け中央部に設けて，貫通孔と貫通孔の中心間隔は孔の直径の3倍以上とする．

貫通孔の直径は主筋を避けて，梁せい（梁の高さ）の1/3以下とし，開孔部には十分な開孔補強筋を配置する．

建築後，梁に貫通孔を開けることは構造耐力上好ましくない．

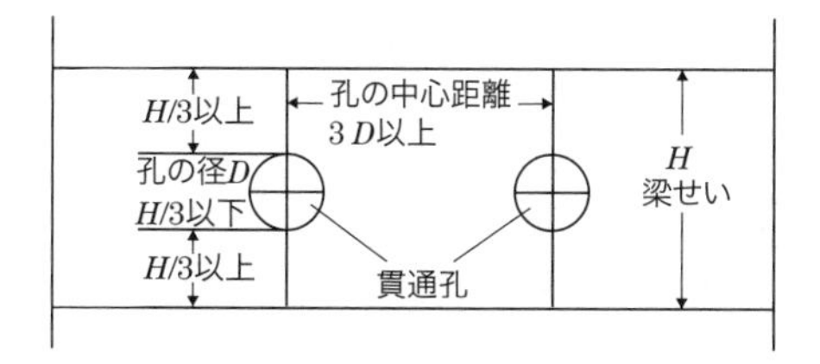

93-1 図　梁に開ける貫通孔

-⑶　鉄筋とコンクリートの線膨張係数はほぼ等しく（およそ 10^{-5}/°C），相互の付着性能も良いことが，鉄筋コンクリート造を可能にしている．

-⑷　帯筋比とは，柱の軸断面の，帯筋の断面積の，コンクリートの断面積に対する比である．建築基準法施行令で0.2％以上と定められている．鉄筋コンクリート造の配筋については，**93-2 図**，**93-2 表**参照．

93-2 表　配筋の名称と負担する応力

配筋の名称	負担する応力	備考
柱の主筋	曲げモーメント，軸方向力	—
柱の帯筋	せん断力	フープともいう．
梁の主筋	曲げモーメント	—
梁の曲げ筋	せん断力	梁の反曲点付近に入れる．
梁のあばら筋	せん断力	スターラップともいう．

-⑸　アルカリ性のコンクリートは空気中の炭酸ガスの影響で次第に表面から中性化していき，内部の鉄筋への防錆（せい）効果を失っていく．中性化の深さは期間の平方根に比例するといわれる．中性化の程度はフェノールフタレイン pH 指示薬で調べることができる．

問題 94　正解　⑸・・・・・・・**頻出度**A A A

鋼は炭素の含有量が増加すると引張強度は高くなる（0.85％で最大）が伸びや靭性（じんせい），溶接性が低下，降伏比（＝降伏強さ/引張強さ）※が大きくなる傾向を示し，硬くなるがもろくなる．構造用鋼材に用

93-1 表　コンクリート，モルタル，セメントペースト

名称	構成材料	主用途	備考
コンクリート	セメント，砂，骨材（砂利），水	構造物	—
モルタル	セメント，砂，水	接合材，仕上げ	別名「とろ」
セメントペースト	セメント，水	下地，目地	「のろ」

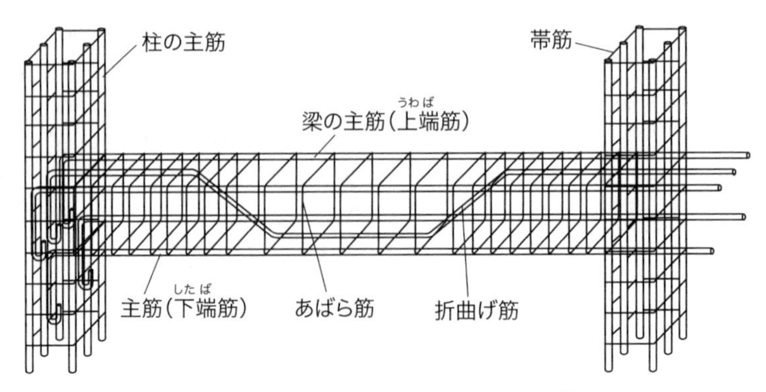

93-2 図　鉄筋コンクリート造の配筋(1)

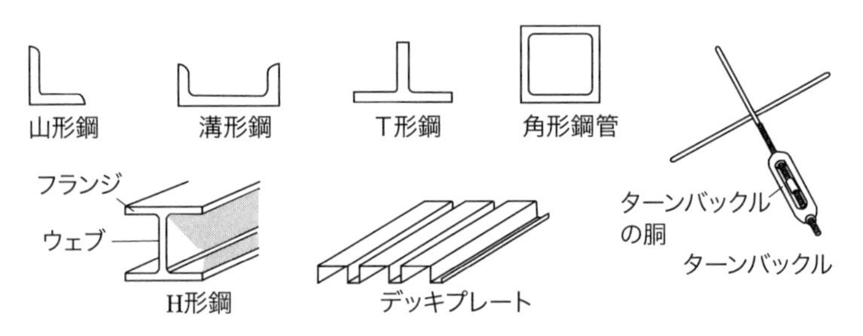

94-1 図　形鋼の種類（名称）

94-1 表　建築部位と使用鋼材

建築部位	形鋼
母屋	山形鋼
鋼柱	角形鋼管
梁，小梁	H 形鋼
スラブ床の下地	デッキプレート（面が波型の幅広の帯鋼）
筋交い	溝形鋼，ターンバックル

いられる軟鋼の炭素含有量は，0.2 ～ 0.3 % である．さらに炭素の少ない極軟鋼は針金，釘などに用いられる．

※ 降伏比 2022-96 参照．

-(1)　形鋼の種類，建築部位と使用鋼材は **94-1 図**，**94-1 表**参照．

-(2)～-(4)　鉄骨造は比強度が大きく，靭性に富み耐震的にも有利なので，大スパン構造，超高層ビルに用いられるが，欠点として，耐火耐食性に劣り，耐火被覆，防錆処理を要する．鋼材は 500 °C で強度が 1/2，1 000 °C で 0 となり，1 400 ～ 1 500 °C で溶解する．不燃材料ではあるが耐火材料ではない．耐火被覆はコンクリート，モルタル，プラスタ，ロックウール吹付け，ALC 板などによる方法がある．耐火被覆は，耐火時間に応じて被覆厚さを変える．

問題 95　正解　(1) ・・・・・・・ **頻出度** A A A

床の構造計算をする場合の取りうる積載荷重値は，事務室 > 教室である（**95-1 表**参照）．

-(2)，-(5)　荷重について **95-2 表**，**95-3 表**にまとめた．

-(3)　分布荷重の場合に限らず，梁の先端にはせん断力は発生しない．

95-1 表　積載荷重で取りうる値（建築基準法施行令第 85 条より）

室の種類		構造計算の対象	(い) 床の構造計算をする場合 N/m^2	(ろ) 大ばり，柱又は基礎の構造計算をする場合 N/m^2	(は) 地震力を計算する場合 N/m^2
(一)	住宅の居室，住宅以外の建築物における寝室又は病室		1,800	1,300	600
(二)	事務室		2,900	1,800	800
(三)	教室		2,300	2,100	1,100
(四)	百貨店又は店舗の売場		2,900	2,400	1,300
(五)	劇場，映画館，演芸場，観覧場，公会堂，集会場その他これらに類する用途に供する建築物の客席又は集会室	固定席の場合	2,900	2,600	1,600
		その他の場合	3,500	3,200	2,100
(六)	自動車車庫及び自動車通路		5,400	3,900	2,000

95-2 表　建築基準法の定める荷重（建築基準法施行令第 83 条～第 88 条）

分類・名称		要因等	備考
垂直荷重	固定荷重	固定荷重とは建物の自重のことであり，建築基準法により建物の部位により単位荷重が定められている.	（例）瓦ぶきの屋根 640 N/m^2 など.
	積載荷重	積載荷重には家具，物品の重量ならびに利用する人間の重量が含まれる．固定荷重と同じように建物の部位等により計算用の単位荷重が定められている.	単位荷重の数値は，床の構造計算用 > 大ばり，柱，基礎の構造計算用 > 地震力の計算用，の順に定められている．また，地震力を計算する場合の積載荷重は，教室 > 事務室.
	積雪荷重	積雪荷重は，右欄のとおり地域によって，また屋根の勾配によって影響を受ける（60 度を超える場合は 0）.	原則として積雪量 1 cm ごとに 20 N/m^2 × 屋根の水平投影面積×その地方における垂直積雪量で計算する.
水平荷重	風圧力	風圧力は時間とともに変化する動的な荷重であるが，構造計算では特殊な場合を除き，静的荷重として扱い，次式により計算する. 風圧力 = 速度圧 × 風力係数	風圧力は低層より高層の方が大きい. 風力係数は建物の形状によって異なる.
	地震力	地震力は建築物の地上部分の場合，各部分の支えている質量に作用する地震力として次式で計算する. 地震力 = {固定荷重＋積載荷重（＋積雪荷重)} × その部分の地震層せん断力係数	地震力は地震により建築物が振動することで生じる慣性力である．荷重としては水平方向の振動を対象とする. 地震力は地盤の種類によって異なる.

応力（軸方向力，せん断力，曲げモーメント）が発生するには，二つの外力（普通は荷重と反力）が必要で，せん断力と曲げモーメントでは，その外力は作用線

95-3 表　荷重の分類

作用方向による分類	原因による分類	作用時間による分類
鉛直荷重 （重量による力）	固定荷重	常時荷重（長期）
	積載荷重	
	積雪荷重	非常時荷重（短期）
水平荷重 （風・地震等の作用による力）	風圧力	
	地震力	
	土圧・水圧	常時荷重
その他	地下外壁，盛土，切土による斜面を支える擁壁，水槽の壁，床等にかかる水圧や土圧，エレベータ等搬送設備の荷重，動力装置等の振動・衝撃による荷重，大きな温度変化による温度荷重等がある． 作用時間による分類（常時，非常時）は状況による．	

のずれた偶力が必要である．梁の先端には偶力が発生しようがないので，せん断力は生じない．

ビル管理士試験合格に必要な構造力学の基礎的な内容を以下にまとめた．

建築物やその部材には自重や風圧力，地震力などの荷重が働き，それらを支える支持力（反力）があって建築物は移動したり回転せずに安定して存在することができる．この荷重と反力を合わせて外力というのに対して，部材の内部にはこれらの外力，反力によってストレス（応力）が発生している．部材はこれらの応力に打ち克つだけの強さを必要とする．部材が応力に負けると，つぶれる，引きちぎれる，あるいは折れることによって建築物は崩壊してしまう．

建築物の部材が応力に対して必要とされる強さ（許容応力度）を求めることが構造力学の目的である．

1．応力

応力には軸方向力，せん断力，曲げモーメントの三つがある（**95-4 表**）．

応力の分析には部材に仮想的な面を考えてそこに働く応力を検討する．

95-4 表　三つの応力

軸方向力 仮想切断面 （図は引張力）	構造力学では細長い部材を「はり」というが，はりの軸方向（長手方向）に働く力のことである． 張応力と圧縮力がある．
せん断力	軸方向と直角方向からの力のかけ方を「せん断」と呼び，その時に部材内部に発生する力を「せん断力」という．はりの面に沿って滑りを生じさせようとする応力である．
曲げモーメント 圧縮側 引張側	はりを折り曲げ(湾曲させせ)ようとするモーメント（力×距離）のことである．

2．支点・節点，梁の支持形式

1)　支点

荷重に対して，建築物に働く支える力を反力と呼び，反力が生じる点を支点と呼んでいる．

支点には，固定端，回転端（ピン），移動端（ローラ）の 3 種類がある（**95-5 表**）．

95-5表　支点

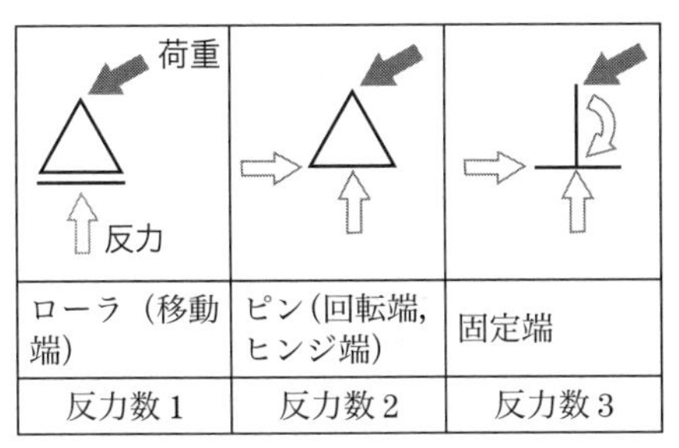

ローラ（移動端）	ピン（回転端，ヒンジ端）	固定端
反力数 1	反力数 2	反力数 3

固定端は移動も回転もしない．反力として垂直，水平，曲げモーメントが生じる．

回転端には垂直，水平反力が生じる（回転してしまうため曲げモーメントは生じない）．

移動端には垂直反力のみ生じる．（横に移動してしまうので水平反力は生じない．また，回転してしまうため曲げモーメントは生じない）．

2)　節点（接点）

部材同士の接合点を節点といい，節点を剛接合した構造をラーメン構造，ピン接合した構造をトラスという（**95-6表**）．

95-6表　節点

剛接合	ピン接合
軸方向力，曲げモーメント，せん断力，全ての応力を伝える．	軸方向力，せん断力は伝えるが曲げモーメントは伝えない（回転してしまうから）．

3)　支点によるはりの支持形式には次のような基本形式がある（**95-7表**）．

4)　応力図

三つの応力のかかり具合を表した図を軸方向力図（N図），せん断力図（Q図），曲げモーメント図（M図）といい，部材内部でどこに最大の応力が発生しているのかを知るのに用いられる．出題の多い片持ちはり（片持ち支持はり），単純はりのQ図，M図を以下に示す（**95-8表**）．

95-7表　はりの支持形式

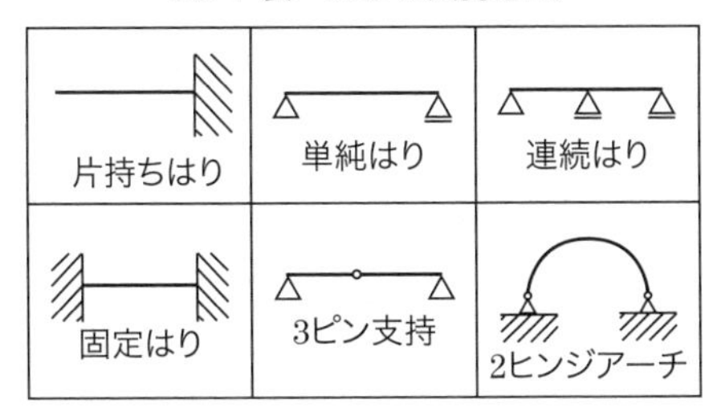

せん断力の場合は，その断面の左側の外力（荷重・反力）の合計がせん断力となり，その合計が上向きならはりの上側に，下向きなら下側に描く．

曲げモーメントの場合は，はり全長にわたって荷重と断面の距離を掛け合わせたモーメントの合計を，引張力が働く側に描く．

片持ちはりでは，集中荷重のとき，せん断力が一様になるが，他は，せん断力，曲げモーメントともにはりの根元で最大になる．

単純はりでは，せん断力は，はりの中央で0になり，曲げモーメントは最大になる．

等分布荷重では，片持ちはり，単純はりともに，曲げモーメントは二次曲線になる．

受験対策的には，**95-8表**をこのまま覚えてしまうのが良い．

問題96　正解　(5)・・・・・・・頻出度A A

木材の含水率＝水分の質量/(木材の質量－水分の質量)である．分母の（木材

95-8 表　集中荷重，等分布荷重の応力図

	片持ち（支持）はり		単純はり	
	集中荷重	等分布荷重	集中荷重	等分布荷重
荷重図	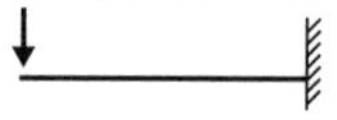	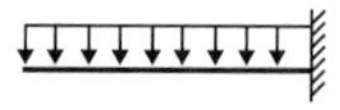	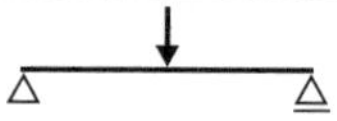	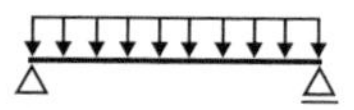
せん断力図（Q図）	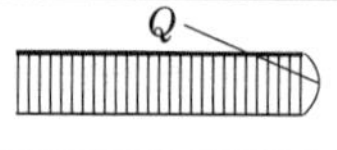 Q	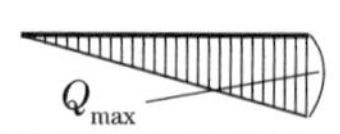 Q_{max}	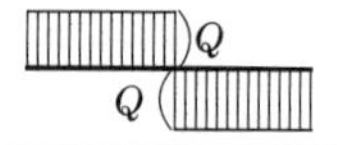 Q Q	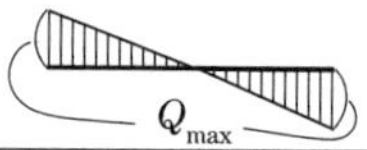 Q_{max}
曲げモーメント図（M図）	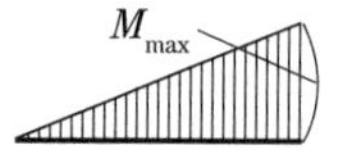 M_{max}	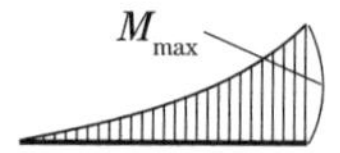 M_{max}	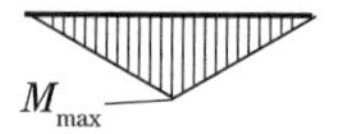 M_{max}	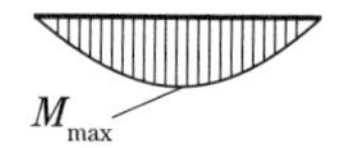 M_{max}

の質量－水分の質量）を絶乾質量という．

木は，建築材料として利用するにはよく乾燥させる必要がある．切り出したばかりの木の含水率は 40 ～ 100 % であるが，大気中に放置して含水状態が平衡に達した状態を気乾状態といい，そのときの含水率は 12 ～ 15 % である．

-⑴　混和材料とは，コンクリートに特別の性質を与えるために，セメント，水，砂，砂利以外に加える材料のことで，混和剤と混和材に分類される（**96-1 表**）．

-⑵　LVL など集成材，合板の種類は **96-2 表**参照．

LVL は柱や梁の軸材，CLT は板材として用いられることが多い．

-⑶　コンクリートの経年に伴う劣化要因には，中性化，凍害，塩害，アルカリ骨材反応，ひび割れなどがある．

ひび割れに対しては，鉄筋の適切な配置や施工の管理で，ひび割れが集中しないようにすることが対策となる．

-⑷　自然素材の木材の力学的強度は，繊維方向 > 半径方向 > 接線方向であるが，工業製品である鋼材は荷重の方向で力学特性が変わらない等方性材料である．

96-1 表　混和材料

混和剤	使用量が少なく薬品的な扱いをされるもの	AE 剤，減水剤，AE 減水剤
混和材	使用量が比較的多く骨材的な扱いをされるもの	フライアッシュ，シリカヒューム，高炉スラグ

96-2 表　集成材，合板などの種類

原料＼繊維配向	平行 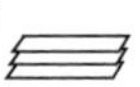	直交 
挽板（ひき） 	集成材	CLT※
単板 	LVL※	合板

※ CLT：Cross Laminated Timber
LVL：Laminated Veneer Lumber

問題 97　正解　⑵・・・・・・・**頻出度** A A A

-⑵　受変電設備の変圧器容量＝建築物内部の電気設備の負荷の合計値（全負荷容量）とすると，過剰設備になってしまう可能性が高い．実際に同時発生する負荷容量と全負荷容量の比率を需要率という．受変電設備の変圧器容量＝全負荷容量 × 需要率で検討する．需要率は施設の用途によってかなり異なる（40 % ～ 80 % 程度）．

-⑴　正弦波交流電圧のピーク電圧は

実効値の$\sqrt{2}$（≒1.41）倍になる．

-(3)　配電距離が長くなると導線の電気抵抗が増え電圧の低下を招く．「内線規程※」に，電圧降下の許容値が，電線のこう長が60 m超～120 m以下なら5 %以下などと定められているので，電線の太さを変えて抵抗値を調整する．

※ 内線規程：電力会社が需要設備の審査・検査に用いる民間規定．法律に準ずるものとして扱われている．

-(4)　円形コイル（電磁石）に電流I [A]を流したときのコイルの中心の磁束密度B [T（テスラ）] は，$B = \mu NI/2r$と表される（μ：透磁率（定数），N：コイルの巻き数，r：コイルの半径）．コイルが理想的なソレノイドの場合は，ソレノイドの内部の磁束密度は，$B = \mu nI$（このnはソレノイドの長さ1 m当たりの巻き数）（**97-1図**参照）．

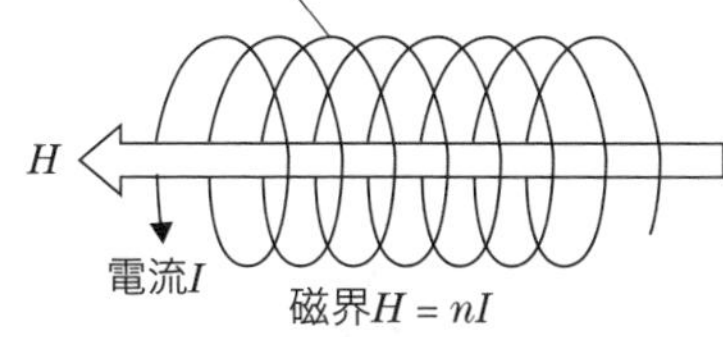

97-1図　ソレノイドの内部磁束

-(5)　三相誘導電動機は丈夫で扱いやすいので，空調，給排水，エレベータ等の動力として建築物に広く導入されている．

問題98　正解　(4) ・・・・・・・**頻出度** A A A

「二以上の非常用エレベーターを設置する場合には，避難上及び消火上有効な間隔を保つて配置しなければならない」（建築基準法施行令第129条の十三の3第2項）．

この「避難上及び消火上有効な間隔」については，直通階段の場合の歩行距離による規定のようなものはないが，2台並べるなど，一度に2台とも煙や火炎で使用が難しくなるような計画は建築確認でおそらく認められない．

-(1)　わが国ではLPガス容器は一般的に鋼板製のものが多いが，現在ではFRP（繊維強化プラスチック）製のプロパンガスボンベも存在する（ヨーロッパなどではこちらが主流）．いずれにしても容器は高圧ガス保安法に基づく検査合格刻印（または標章の掲示）がされたもの等でなければ使用できず，ボンベは常時40 ℃以下を保てる場所に設置しなければならない（一般高圧ガス保安規則）．また，消費先にバルク貯槽を設置し，タンクローリ等により直接LPガスを充填する方法も用いられている．

-(2)　エスカレータの公称輸送能力は，**98-1表**参照．

-(3)　わが国では，電力事業者は**98-2表**のような契約区分で電力を供給している．

98-1表　エスカレータの公称輸送能力

型式	踏段幅	公称輸送能力（定格速度20 m/分）
S600型	およそ600 mm	3 000人/h
S1000型	およそ1 000 mm	6 000人/h

98-2表　電力供給の契約区分

契約区分	供給電圧	契約電力
低圧契約	100 V，200 V	50 kW未満
高圧契約	6 000 V	50 kW以上 2 000 kW未満
特別高圧契約	20 000 V以上	2 000 kW以上

低圧契約を除く施設では，自前の受変

電設備を設けて，適切な電圧に降圧して使用する．

-(5)　エレベータの安全装置には次のようなものが備えられている．

1. 制動装置
2. 扉開走行保護装置
3. 地震時等管制運転装置（地震時，最寄階に着床，扉開）
4. 荷重超過警報装置
5. 非常照明（以上が今のところ法定（建築基準法施行令第 129 条の十））
6. 火災時管制運転装置（火災時，避難階に直行，扉開）
7. 停電時自動着床装置（停電時，最寄階に着床，扉開）

問題 99　正解　(2)・・・・・・・・**頻出度**A A A

建築基準法　第 33 条　高さ二十メートルをこえる建築物には，有効に避雷設備を設けなければならない．ただし，周囲の状況によつて安全上支障がない場合においては，この限りでない．

-(4)　エスカレータの定格速度は**99-1 表**参照．

-(5)　倉庫などを除くほとんどの建築物に，非常用の照明設備の設置が建築基準法で規定されている．

ただし，次の各号のいずれかに該当する建築物または建築物の部分については，この限りでない．

建築基準法施行令第 126 条の四

一　一戸建の住宅又は長屋若しくは共同住宅の住戸

二　病院の病室，下宿の宿泊室又は寄宿舎の寝室その他これらに類する居室

三　学校等

四　避難階又は避難階の直上階若しくは直下階の居室で避難上支障がないものその他これらに類するものとして国土交通大臣が定めるもの

問題 100　正解　(3)・・・・・・**頻出度**A A

減光係数は，煙の濃度による光の減衰率の指標で，減衰係数 0.1 m^{-1} で見通し距離は 20 ～ 30 m，1.0 m^{-1} で 1 ～ 2 m となり，ほとんど前方は見えなくなる．避難に必要な見通し距離は，利用者がその建物を熟知しているか否かで異なる．

-(1)　火災は出火，初期火災，フラッシュオーバ，火盛り期と成長する．またフラッシュオーバ前後で，燃焼が急激に拡大する時期のことを「火災成長期」と呼ぶ．

防火計画はこれらの時系列に応じた対策としなければならない．火災はフラッシュオーバに至る前に消し止めることが重要である．また，内装材料の不燃化はフラッシュオーバを抑制し，その現象までの時間を延ばすことができる．フラッシュオーバまでの時間は長い方が，避難上有利である．

-(5)　火源の上方に形成される強い上昇気流を，プルーム（plume，もともと

99-1 表　エスカレータ，動く歩道の定格速度(2)

<table>
<tr><th colspan="2">勾配</th><th>定格速度</th><th>揚程（階高）</th><th>適用</th></tr>
<tr><td colspan="2">8 度以下</td><td>50 m/min 以下</td><td>－</td><td rowspan="2">動く歩道</td></tr>
<tr><td rowspan="2">8 度を超え 30 度以下</td><td>15 度以下で踏段が水平でないもの</td><td rowspan="2">45 m/min 以下</td><td>－</td></tr>
<tr><td>踏段が水平なもの</td><td>－</td><td rowspan="2">エスカレータ</td></tr>
<tr><td colspan="2">30 度を超え 35 度以下</td><td>30 m/min 以下</td><td>6 m 以下</td></tr>
</table>

の意味は羽毛）と呼ぶ．プルームが天井に達すると流れは方向を変え，天井下を放射状に流れる天井流が形成され，天井流の先端が壁に到達した後は，部屋の上部に煙を含む高温の煙層が形成される．

問題 101　正解　(4)・・・・・・頻出度 A A A

気象庁震度階級は，1996 年の震度計による観測への完全移行と同時に，それまでの 8 階級から 10 階級となった（震度 0, 1, 2, 3, 4, 5 弱, 5 強, 6 弱, 6 強, 7）．

-(2)　J アラート（全国瞬時警報システム）は，総務省消防庁が整備を進める，緊急の気象関係情報，有事関係情報を国から住民等に伝達するシステムである．「武力攻撃事態等における国民の保護のための措置に関する法律（国民保護法）」に基づき「全国瞬時警報システム業務規程」により運用されている．

-(3)　地震のエネルギーを E [J]，マグニチュードを M とすると，

$$\log_{10} E = 4.8 + 1.5\,\mathrm{M}$$

すなわち，

$$E = 10^{4.8 + 1.5M}$$

M が 1 大きくなると，

$$10^{4.8 + 1.5(M + 1)} = 10^{4.8 + 1.5M} \times 10^{1.5} = E \times 31.6$$

-(5)　地方自治体が公表している要安全確認計画記載建築物（特定緊急輸送道路沿道建築物）の耐震診断結果の中には，震度 6 強から 7 に達する程度の大規模の地震で，倒壊または崩壊する危険性が高い建物が結構たくさん含まれているが，耐震改修は今のところ努力義務にとどまる（建築物の耐震改修の促進に関する法律第 11 条）．

問題 102　正解　(1)・・・・・・頻出度 A A A

ハロゲン化物消火設備のハロゲン化物はオゾン層破壊防止のため平成 6（1994）年以降生産中止となり，ハロンの代替物として，HFC-23, HFC-227ea, FK-5-1-12 が使用されている（ハロンとはハロゲン化炭化水素のうち臭素 Br を含むものの総称）．

-(2)　連結散水設備は，スプリンクラに似た設備であるが，ポンプ車をつなぎ外部から送水する．地階で，床面積が 700 m^2 以上の場合に設ける（地上階には関係ない設備）．

-(3)　建築物の高さが 70 m を超える場合は，連結送水管設備は湿式とし加圧送水装置を設ける（高置水槽の有無は関係ない）（消防法施行規則第 31 条）．

-(4)　2 号消火栓は，老人ホームや病院など就寝施設向けで，一人操作が可能だが消火能力が小さいため工場や倉庫には設置できない．1 号消火栓は全ての防火対象物に設置できる．

-(5)　消火器の能力単位は，判定に用いられた消火模型による．例えば普通火災の A-1 模型は杉材 90 本で作られており，2 分で消火できれば A-1 と単位が与えられる．単位が 1 に満たないと消火器として認められない（家庭用消火器を除く）．

問題 103　正解　(3)・・・・・・頻出度 A A

消防法ならびに火災予防条例で防火管理者を選任しなければならない防火対象物が定められているが，「危険物取扱者を防火管理者に選任しなければならない防火対象物」などという規定はない．

-(1)　共同防火管理体制が必要とされるのは，管理権原の分かれている防火対象物で以下のもの．

1. 高さ 31 m を超える高層建築物

2. 特定防火対象物（地上３階以上，かつ，収容人員が30人以上のもの．ただし，社会福祉施設などの用途を含む場合，収容人員が10人以上のもの．）
3. 地下街（消防長または消防署長が指定），準地下街
4. 非特定防火対象物（複合用途）（事務所，共同住宅などが混在する複合用途防火対象物で地上５階以上，かつ，収容人員が50人以上のもの．）

-(4) 建築物・建築設備の定期報告制度

「特定建築物※等の所有者または管理者は定期に，建築物の敷地，構造および建築設備等の状況を法の定める資格者に調査・検査させて，その結果を特定行政庁に報告しなければならない」（建築基準法第12条）．

※ ビル管理法の「特定建築物」ではない（法律は「特定」，「特殊」が大好きで，その具体的に意味するところはその法律による．e-Gov法令検索で，「特定建築物」と検索すると43件の法令がヒットする）．

1) 調査・検査の種類と報告対象建築物（国等が所有または管理する建築物を除く）は，**103-1表**を参照．

103-1表 調査・検査の種類と報告対象建築物

調査・検査名	報告対象建築物
特定建築物定期調査	・特殊建築物 ・階数５以上かつ延べ面積 1 000 m^2 超の事務所等 ・特定行政庁が指定する建築物
防火設備定期検査	
建築設備定期検査	
昇降機等定期検査	全ての建築物

2) 検査対象事項・設備，頻度，検査資格者は，**103-2表**を参照．

-(5) 防災管理者は，防火管理者とは別に，地震対策とテロ対策を行うために平成20年の消防法施行令の改正で導入された 2022-102 ．

問題104 正解 (1)・・・・・・頻出度AAA

「床面積 建築物の各階又はその一部で壁その他の区画の中心線で囲まれた部分の水平投影面積による」（建築基準法施行令第２条第１項第三号）．

-(2) 例えば自動車車庫等の場合は，その階の延べ床面積の５分の１を限度として差し引くことができる（建築基準法施行令第２条第１項第四号，第３項）．

-(4) 主要構造部とは，「壁，柱，床，はり，屋根又は階段をいい，建築物の構造上重要でない間仕切壁，間柱，付け柱，

103-2表 検査対象事項・設備，頻度，検査資格者

調査・検査名	検査対象事項・設備	頻度	検査資格者
特定建築物定期調査	建築物・敷地	１〜３年	一・二級建築士 特定建築物調査員
防火設備定期検査	防火設備（防火扉，防火シャッタ，耐火クロススクリーン，ドレンチャ）※	６か月〜１年	一・二級建築士 防火設備検査員
建築設備定期検査	建築設備（機械換気設備，排煙設備，非常用の照明装置および給排水設備）	１年	一・二級建築士 建築設備検査員
昇降機等定期検査	エレベータ，エスカレータ	１年	一・二級建築士 昇降機検査員

※ 常時閉鎖式の防火設備，防火ダンパを除く（これらは建築設備定期検査の対象）．

揚げ床，最下階の床，回り舞台の床，小ばり，ひさし，局部的な小階段，屋外階段その他これらに類する建築物の部分を除くものとする」（建築基準法第2条第五号）．

-(5) ちなみに「防火性能」とは，「建築物の周囲において発生する通常の火災による延焼を抑制するために当該外壁又は軒裏に必要とされる性能をいう」（建築基準法第2条第八号）．

問題105 正解 (2)・・・・・・**頻出度**A|A|

ビルエネルギー管理システムはBEMS（Building and Energy Management System）である．

BIM（Building Information Modeling）は，一般的にはCAD等で作成した3次元デジタルモデルに意匠・構造・設備設計のさまざまなデータとともに，コストや資材管理工程管理，設備配置と施工，運用，維持管理まで建物全体の管理情報データを付加したトータルデータベースで，建築の意匠構造設備設計から施工管理，建物設備運用改修解体まで建物のライフサイクル全体を管理する情報ソリューションである．効率化やコスト管理はもちろん各種シミュレーションまで統合的に行うことができる．欧米で普及している（日本ではこれから）．

-(1) PFI（Private Finance Initiative：プライベート・ファイナンス・イニシアティブ）」：公共施設等の建設，維持管理，運営等を民間の資金，経営能力および技術的能力を活用して行う手法．

-(3) POE：Post Occupancy Evaluation．別名「施設利用者満足度評価」．

-(4) LCCM：Life Cycle Cost Management．今はLCCMで検索すると，ライフ・サイクル・カーボン・マイナス住宅がたくさん出てくるが．

-(5) ESCO（Energy Service Company）事業には，ギャランティード・セービング方式とシェアード・セービング方式の二つがある．

ギャランティード・セービング方式は，顧客が自己投資によりESCO事業者が提案した設備機器を導入し，ESCO事業者が削減効果を保証する方式のことである．

シェアード・セービング方式は，ESCO事業者が資金を調達して設備機器を導入し，省エネルギーによるランニングコスト低減分の中から，設備費・工事費・検証費などを支払っていく方式のことである．

給水及び排水の管理
問題106～問題140

問題106 正解 (1)・・・・・・**頻出度**A|A|A

バルキング（Bulking：膨化）：活性汚泥の単位重量当たりの体積が増加して，沈降しにくくなる現象．著しくなると沈殿槽において固液分離が困難となり，上澄水が得られず処理水質が悪化する．汚泥容量指標（SVI）が，沈降性が良好な活性汚泥では50～150，バルキング状態では200以上になる（**共通資料6**参照）．

問題107 正解 (3)・・・・・・**頻出度**A|A|A

白濁の原因は，亜鉛の溶出，空気の気泡，地下水中のカルシウム等（**107-1表**参照）．

他は**共通資料6**参照．

問題108 正解 (5)・・・・・・**頻出度**A|A|A

配水池の必要容量は，計画1日最大給水量の12時間分を標準とする．

配水池など水道施設（**108-1図**）の

107-1 表　給水の着色障害

着色	原因物質
黒い水	マンガン
青い水	銅イオンとせっけんの脂肪酸の化合物による.
赤い水	亜鉛めっき鋼管が用いられている給水配管系で，亜鉛層の防食効果が失われ，素地の鉄が腐食し錆を伴って赤味を帯びるようになったものである．朝一番の水や，事務所ビルでは休日の翌朝に発生することが多い.
白濁	亜鉛の溶出，空気の気泡，地下水中のカルシウム
ガラス容器の光る浮遊物	水中のマグネシウムとケイ酸の反応（フレークス現象）

施設基準が水道法第５条ならびに水道施設設計指針に規定されている.

問題 109　正解　(4)・・・・・・頻出度 A A A

毒物である鉛とその化合物の水質基準はもっと厳しくて，0.01 mg/L 以下である（**共通資料 1** 参照).

-(1)　目標とする配水管の最小動水圧および最大静水圧ならびに給水方式は，おのおのの水道施設の整備状況，都市化の進行状況，局所的地形条件等に応じて各水道事業等が独自に定め，最小動水圧は 150 kPa 以上，最大静水圧は 740 kPa 以下を基本としなければならない（水道施設設計指針).

-(5)　給水器具の必要水圧は **109-1 表**.

問題 110　正解　(3)・・・・・・頻出度 A A A

FRP 製貯水槽は，耐震などの機械的強度が低い（**110-1 表**参照).

問題 111　正解　(2)・・・・・・頻出度 A A A

ウォータハンマ防止器（ショックアブソーバ, **111-1 図**）は内部の気体によってウォータハンマの圧力上昇を吸収する．設置する場合はできるだけ発生箇所の近くに設け，エアチャンバ内の空気を補給できるように考慮する.

問題 112　正解　(3)・・・・・・頻出度 A A A

事務所の設計給水量は，節水器具使用の場合は 40 ～ 60 L/(人・日) とする

109-1 表　給水器具の必要水圧

器具		kPa
一般水栓		30
大便器洗浄弁		70
小便器洗浄弁		70
シャワー		70
ガス瞬間湯沸器	4 ～ 5 号	40
	7 ～ 16 号	50
	22 ～ 30 号	80

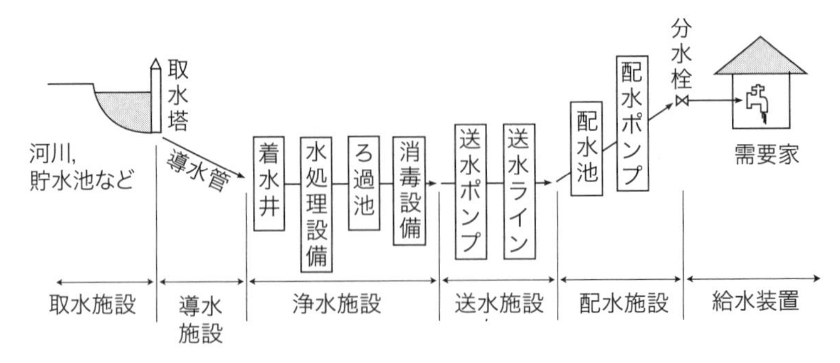

108-1 図　水源から蛇口まで

110-1 表　貯水槽の種類

鋼板製貯水槽	鋼板の一体成形構造に防錆材（エポキシ樹脂）を焼き付けコーティングしたもの，鋼板製パネルにナイロンコーティングしたものをボルトで組み立てるパネル型等がある．	1)　加工性に優れ，価格も比較的安価である． 2)　機械的強度が強く，耐震補強をする必要がない． 3)　防錆理被膜を毎年点検する必要がある．防錆理被膜が破壊されると，本体の鉄の腐食が進行する．
FRP 製貯水槽 ※ FRP：繊維強化プラスチック	FRP 製貯水槽は軽量で施工性に富み，耐食性があり衛生的であるため，貯水槽の主流となっている．	1)　水槽内照度が 100 lx を超すと，藻類が繁殖しやすい．照度率を 0.1 % 以下にする． 2)　機械的強度は低い． 3)　経年変化による強度劣化があり，また紫外線に弱い． 4)　複合板構造の FRP 製貯水槽では結露による問題はほとんど起こらない．
ステンレス鋼板製貯水槽	強度があり，普通鋼板に比べて板厚を薄くでき，重量も軽く外観もきれい．	耐食性に優れているが，塩素により気相部（水槽の水位面より上部の空気が存在する部分）に腐食が発生することがある． 気相部に耐食塗装を施したり，塩素に強いステンレス鋼板を用いるなどの対策を施す．
木製貯水槽	大型貯水槽には木製のものもある．	1)　木製貯水槽は堅ろうで狭い場所での搬入・現場組立が容易である． 2)　断熱性が良く，結露の心配がない． 3)　形状が円形または楕円形に限定される． 4)　喫水部に腐朽のおそれがある．

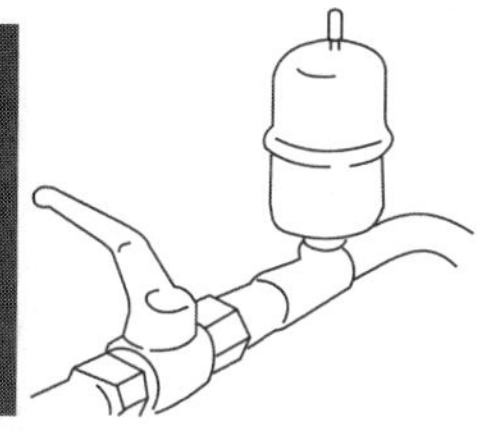

111-1 図　ショックアブソーバ(3)

（**112-1 表**参照）．

-(1)　高層建築物では，給水を 1 系統で供給すると，下層階において給水圧力が過大になり，器具類の機能障害や，ウォータハンマ等の原因となる．このため，圧力を抑えるために上下の系統分け（ゾーニング）を行い（**112-1 図**），ホテル・住宅では 0.3 MPa，事務所・工場では 0.5 MPa を上限水圧とする．

-(2)　給水器具の必要水圧

本年度 -109 解説参照．

112-1 表　1 日当たり建物用途別設計給水量

事務所，官公庁 節水器具使用の場合	60 ～ 100 L / 人 40 ～ 60 L / 人
社員食堂	25 ～ 50 L / 食 80 ～ 140 L / 食堂 m^2
戸建て住宅	300 ～ 400 L / 人
共同住宅	200 ～ 350 L / 人
総合病院	1 500 ～ 3 500 L / 床 30 ～ 60 L /m^2
ホテル客室部	350 ～ 450 L / 床
飲食店	55 ～ 130 L / 客
デパート スーパーマーケット	15 ～ 30 L /m^2
小中高校	70 ～ 100 L / 人

-(4)　給水配管は，凹凸配管を避け，上向き配管方式の場合は先上がり配管，下向き配管方式の場合は先下がり配管とする（**112-2 図**参照）．上向き配管，下向き配管とも横引き管には 1/300 程度の

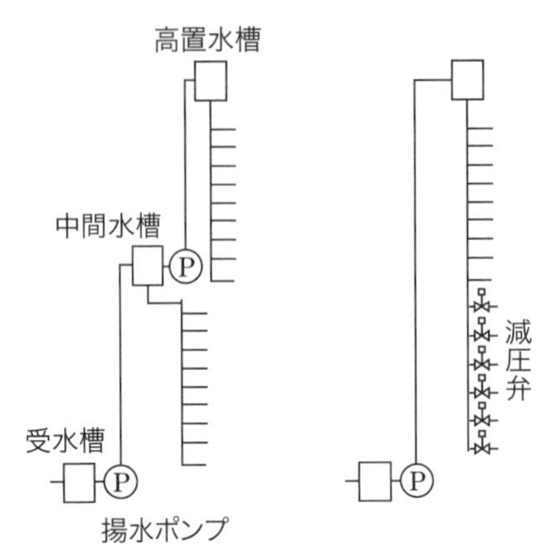

112-1 図　給水系統のゾーニングの例

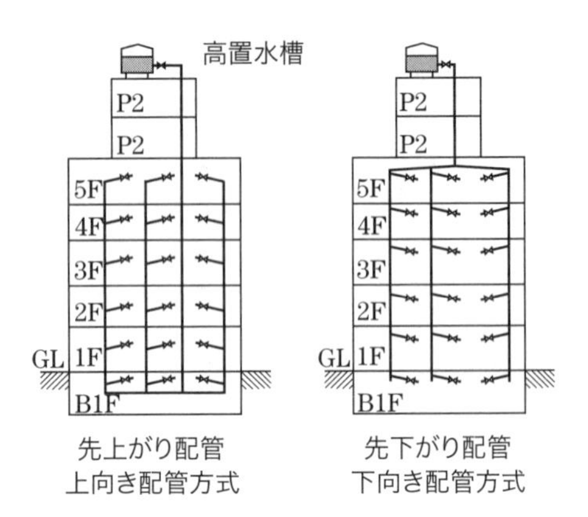

112-2 図　上向き配管方式，下向き配管方式

勾配をつけ，給水管内の流速は 0.9 ～ 1.2 m/s（設計上の最高流速 2.0 m/s）となるよう管径を選択する．

-⑸　貯水槽は，水の使用量に対してあまり大きすぎると水が滞留して死水が発生し，衛生的に好ましくない．小さすぎると，断水のリスクが高まり，揚水ポンプ等が頻繁に発停して省エネ的でなくなる．受水槽は 1 日使用量の 1/2，高置水槽は 1/10 の容量とする．

問題 113　正解　⑷・・・・・・**頻出度** A A A

硬質ポリ塩化ビニル管は接着剤で接合する（**113-1 表**参照）．

亜鉛めっき鋼管（以前の水道用亜鉛めっき鋼管）は，赤水の原因となるので，現在では給水管には用いられない．

問題 114　正解　⑸・・・・・・**頻出度** A A A

ダクニシキゴ（濁度 2 度以下，色度 5

113-1 表　主な給水配管材

配管種類		接合方法	腐食
合成樹脂ライニング鋼管	水道用硬質塩化ビニルライニング鋼管	自動切り上げ装置付きねじ切り機でねじを切り，管端防食継手で接合する． 大口径はフランジ接合となる．	継手部の切断金属面が水に接触すると腐食を起こす．
	水道用ポリエチレン粉体ライニング鋼管		
銅管		差込みろう接合	給水で腐食の例は少ない
ステンレス鋼管		・メカニカル接合 テフロン製ガスケットを使用． ・TIG 溶接接合※	孔食，すきま腐食，残留応力腐食，もらい錆による腐食
合成樹脂管	硬質ポリ塩化ビニル管	接着剤で接合	耐食性があり，軽量で施工性が良いが，衝撃に弱い．使用温度が高くなると許容使用圧力が低下する．
	ポリエチレン二層管 架橋ポリエチレン管 ポリブデン管	・メカニカル接合 ・電気融着継手	

※ TIG 溶接とは，タングステンイナートガス溶接のことで，アルゴン等の不活性ガス（イナートガス）の雰囲気中でタングステン電極と溶接母材の間にアークを発生させて溶接する．精密な加工が可能である．

度以下）である．

貯水槽の清掃については次のとおり．

1. 貯水槽の清掃は1年以内ごとに1回，定期に行う．
2. 貯水槽清掃の作業者は常に健康状態に留意するとともに，おおむね6か月ごとに，病原体がし尿に排せつされる感染症の罹患の有無（または病原体の保有の有無）に関して，健康診断を受けること．また，健康状態の不良なものは作業に従事しないこと．
3. 作業衣および使用器具は，貯水槽の清掃専用のものとすること．また，作業に当たっては，作業衣および使用器具の消毒を行い，作業が衛生的に行われるようにすること．
4. 高置水槽または圧力水槽の清掃は原則として受水槽の清掃と同じ日に行い，受水槽の清掃を行った後，高置水槽，圧力水槽等の清掃を行うこと（逆にすると，清掃した高置水槽を清掃していない受水槽の水で洗うことになりかねない）．
5. 貯水槽内の沈殿物質および浮遊物質ならびに壁面等に付着した物質を洗浄等により除去し，洗浄を行った場合は，用いた水を完全に排除するとともに，貯水槽周辺の清掃を行うこと．
6. 貯水槽の清掃終了後，塩素剤を用いて2回以上貯水槽内の消毒を行い，消毒終了後は，消毒に用いた塩素剤を完全に排除すると共に，貯水槽内に立ち入らないこと．

   消毒薬は有効塩素50～100 mg/Lの濃度の次亜塩素酸ナトリウム溶液またはこれと同等以上の消毒能力を有する塩素剤を用いること．

   消毒は2回以上行い，消毒後は30分以上時間をおくこと．
7. 貯水槽の水張り終了後，給水栓および貯水槽内における水について，**114-1表**の基準を満たしていることを確認すること．基準を満たしていない場合は，その原因を調査し，必要な措置を講ずること．
8. 清掃によって生じた汚泥等の廃棄物は，廃棄物の処理及び清掃に関する法律（以下「廃棄物処理法」），下水道法等の規定に基づき，適切に処理する．

-(1)　ガード付き作業灯**114-1図**参照．

114-1表　貯水槽清掃後の水質検査

1	残留塩素の含有率	遊離残留塩素の場合は100万分の0.2以上． 結合残留塩素の場合は100万分の1.5以上．
2	色度	5度以下であること．
3	濁度	2度以下であること．
4	臭気	異常でないこと．
5	味	異常でないこと．

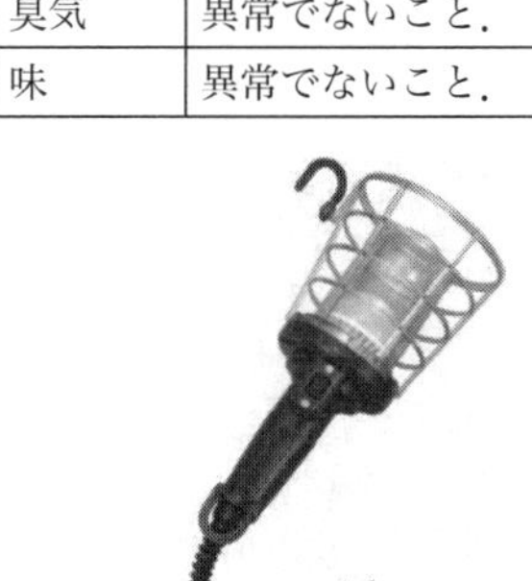

114-1図　ガード付き作業灯[4]

問題115　正解　(2)・・・・・・頻出度AAA

軸受部は，潤滑と冷却のため，グランドパッキンから0.5 cm^3/s程度の水滴が連続的に滴下しているのが良い．

主な給水ポンプの点検項目と頻度は，**115-1表**と下記参照．

1. 吸込側の圧力計が振れている場合は

115-1 表　給水ポンプの点検

毎日行うもの	吸込み圧力，吐出し圧力，軸受温度，軸受部の漏水量，電流値と電圧，騒音・振動
毎月	電動機の絶縁抵抗，各部の温度測定
6か月に1回	電動機とポンプの芯の狂い，基礎の点検，清掃
3～5年に1回	分解点検

空気を吸い込んでいるか，吸込配管の詰まりが考えられる.

2. 吐出し側の圧力計が振れている場合はポンプ内か吐出配管の詰まりが考えられる.
3. 電流値が定格値より大きい場合やメータの針が振れるのはポンプ内の片当たり，異物の噛み込みがある.
4. 軸受部はグランドパッキンから 0.5 cm^3/s 程度の水滴が連続的に滴下しているのが良い.
5. 絶縁抵抗が 1 MΩ に満たない場合は早期の絶縁劣化が考えられるので，そのまま使用してはならない.
6. 軸受温度は周囲温度 +40 °C 以下，軸受部は 60 °C 以下，電動機は周囲温度 +50 °C 以下であれば良い.

-(3)　管更生工法で管内に合成樹脂ライニングを施す場合には，技術評価・審査証明を受けた工法を採用するのが良い.

問題 116　正解　(2)……頻出度 A A A

線膨張係数はポリブテン管の方が大きい（**116-1 表**参照).

金属管と樹脂管の線膨張係数を比べると，樹脂管の方が金属管より数倍から十数倍大きい.

問題 117　正解　(4)……頻出度 A A A

給湯循環ポンプは，省エネルギーのために連続運転とせず，返湯管に水用サーモスタットを設け，返湯の温度が低下したら運転するようにする．往き管の温度では，使用場所によって冷めた水が出る可能性がある.

-(2)　湯と水を別の水栓にすると，適温適量を得るのに時間がかかりエネルギーを浪費する．混合水栓が省エネである.

116-1 表　配管材料の線膨張係数

管種	線膨張係数 [1/°C]
銅管	1.77×10^{-5}
ステンレス鋼管（SUS304）	1.73×10^{-5}
鋼管	1.10×10^{-5}
耐熱性硬質ポリ塩化ビニル管	$6 \times 10^{-5} \sim 8 \times 10^{-5}$
架橋ポリエチレン管	$14 \times 10^{-5} \sim 23 \times 10^{-5}$
ポリブテン管	$12 \times 10^{-5} \sim 15 \times 10^{-5}$

問題 118　正解　(3)……頻出度 A A A

事務所の設計用給湯量は，手洗いと湯呑の洗浄ぐらいなので，もっと少なくて，7～10 L/（人・日）程度である（**118-1 表**参照).

-(1)　伸縮管継手は給湯配管の熱伸縮を吸収するもので，スリーブ型とベロー

118-1 表　建物用途別設計湯量

建物用途	設計値（いずれも年平均1日当たり）
事務所	7～10 L/人
ホテル（客室）	150～250 L/人
総合病院	2～4 L/m^2
	100～200 L/床
レストラン	40～80 L/m^2
軽食店（そば，喫茶，軽食）	20～30 L/m^2
集合住宅	150～300 L/戸
大浴場洗い場	50 L/人

ズ型がある．伸縮吸収量はスリーブ型の方が大きい．2022-123

-(2)　中央式給湯設備における給湯温度は，湯の乱費，レジオネラ症の発生を防ぐために 60 °C で給湯し，ピーク使用時でも 55 °C 以下にならないようにする．

維持管理が適切に行われており，かつ，末端の給水栓における当該水の水温が 55 °C 度以上に保持されている場合は，水質検査のうち，遊離残留塩素の含有率についての検査を省略しても良い．

-(4)　樹脂ライニング管，樹脂管の使用温度 **118-2 表**．

樹脂管は使用温度が高くなると許容使用圧力は低くなる．

118-2 表　樹脂ライニング管，樹脂管の使用温度

管種	使用温度
耐熱性硬質塩化ビニルライニング鋼管	85 °C 以下
耐熱性硬質ポリ塩化ビニル管 ポリブテン管	90 °C 以下
架橋ポリエチレン管	95 °C 以下

-(5)　ガス給湯器のような給湯器の加熱能力は号数で表され，1 分間に何リットルの水の温度を 25 °C 上昇させられるかによる（16 L なら 16 号）．

$$1\ 号 = 4.182\ \mathrm{kJ/kg} \times 25\ ^\circ\mathrm{C} \div 60\ 秒 = 1.743\,2\ \mathrm{kJ/}秒\ (1.743\,2\ \mathrm{kW}).$$

問題 119　正解　(4)・・・・・・**頻出度** A A A

-(4)　SUS444 は，電気防食によって発生する水素による水素脆(ぜい)性割れを生じることがあるので，電気防食を施してはならない．

電気防食には，流電陽極式電気防食と外部電源式電気防食がある．

流電陽極式電気防食では，配管に，配管の鋼よりも化学的に卑な（イオン化傾向が大きい＝腐食しやすい）金属，マグネシウムやアルミニウムを犠牲陽極として接続しておくと鋼の代わりに腐食され，鋼は防食される．

貯湯槽などに流電陽極式電気防食が施されている場合には，性能検査の際に犠牲陽極の状態などを調査し，必要に応じて補修，交換する．

外部電源式電気防食は，不溶性電極（白金めっきを施したチタン線や炭素電極等）を陽極とし，外部電源（低圧直流電源）を用いて防食対象を保護する方法．電極の取り替えが不要（長寿命）であるが，電流密度の調整や定期的な保守が必要となる．

-(1)　密閉式膨張水槽は労働安全衛生法に基づく安全装置に該当しないので，密閉式膨張水槽を設ける場合には，逃し弁も設けなければならない．2022-120

-(2)　比重の違う逃し管の湯と補給水管の水を重量的にバランスさせ，逃し管から湯が流れ出ないようにするために，逃し管は補給水槽の水面より高く立ち上げる（**119-1 図**参照）．

立上げの高さは次式によって求めることができる．

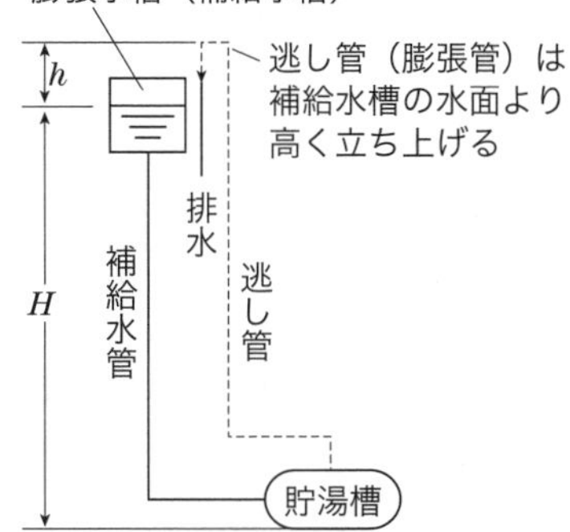

119-1 図　逃し管の立上げの高さ

$$h > \frac{\rho_c}{\rho_h} \times H$$

ただし，h：逃し管の補給水槽の水面から立上げ高さ [m]，ρ_c：水の密度 [kg/m^3]，ρ_h：湯の密度 [kg/m^3]，H：補給水槽水面から加熱装置の最低部までの高さ [m].

-(3)　給湯量を均等に循環させるのは，給湯管全体の湯の温度を保つためである．定流量弁を給湯管に取り付けたりすると，ピーク時に給湯量が間に合わない系統が出てくる危険がある．定流量弁や流量調整の弁は返湯管に設ける．

-(5)　凹部には泥だまりができて衛生上の問題になる．凸部には空気だまりができて円滑な給湯を妨げたり，放流の際に水が抜けなくなる．

問題 120　正解　(2)……頻出度 A A A

ポンプの循環流量は下式のとおり，給湯温度と返湯温度との温度差に反比例する．

給湯循環ポンプの循環水量は，下式で求めることができる．

$$Q = 0.0143 \times \frac{H_L}{\Delta t}$$

ただし，Q：循環流量 [L/min]，H_L：循環配管からの熱損失 [W]，Δt：給湯温度と返湯温度の差（普通 5 °C 程度）．係数の 0.0143 は 60 秒 /4 186 J/(kg·K).

-(1)　背圧：ポンプの吸込み側にかかる圧力．ポンプの背圧はマイナスの圧力の場合もあるが，給湯循環ポンプは設備の一番底部に設置されるので最初から水頭圧のプラスの圧力がかかっている．

-(5)　サイレンサ（**120-1 図**）はポンプの吐出し側に設ける．サイレンサは不動態膜を保護し腐食防止対策にもなる．

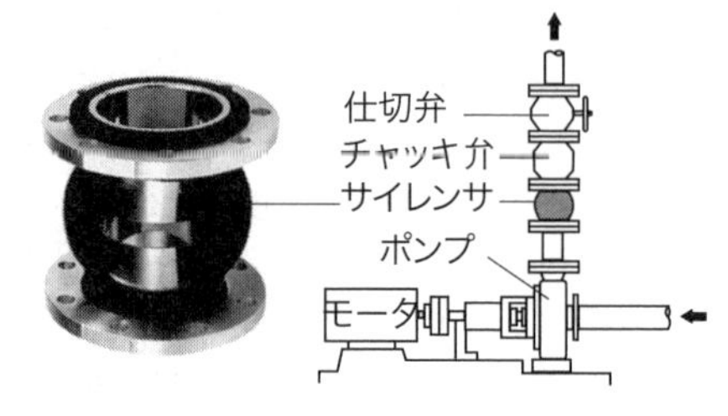

120-1 図　サイレンサ[5][6]

問題 121　正解　(1)……頻出度 A A A

第一種圧力容器の定期自主検査は1か月以内ごとに1回と定められている（**121-1 表**参照）

121-1 表　ボイラ，圧力容器の労働安全衛生法の規定に基づく検査

ボイラ，圧力容器の種別	性能検査	自主検査
第一種圧力容器ボイラ（小型ボイラを除く）	1年以内ごとに1回，労働基準監督署の性能検査	1か月以内ごとに1回，定期自主検査
小型圧力容器，第二種圧力容器，小型ボイラ	（なし）	1年以内ごとに1回，定期自主検査

-(4)，-(5)　給湯設備の点検は次のとおり．

1. 中央式給湯方式の循環ポンプは，1年に1回以上，分解清掃を行う．
2. 各種弁などについては，1年に1回以上分解掃除を行う．シャワーヘッドや水栓のこま部は，1年に2回以上定期的に点検し，1年に1回以上は分解掃除を行う．
3. 給湯配管は，1年に1回以上，厚生労働省告示に基づく給水系統配管の管洗浄に準じて管洗浄を行うことが望ましい．
4. 逃し弁は1か月に1回，レバーハンドルを操作させて作動を確認する．

問題 122　正解　(3)……頻出度 A A A

給湯水の流量を調節するためには，玉

型弁など流量調節機能のある弁を用いる．仕切弁は全開か全閉で使用する．

2022-115

問題 123　正解　(3)・・・・・・**頻出度** A A A

下水道の終末処理場の処理水を雑用水とする広域循環方式では下水道への排水量が減ることはない．

雑用水のシステムには，個別循環方式，地区循環方式，広域循環方式がある（**123-1 表**，**123-1 図**～**123-3 図**参照）．

123-1 表　雑用水システム

個別循環方式	個別建物内で循環する．
地区循環方式	比較的まとまった地区の複数の建築物において，処理水を雑用水に利用する．
広域循環方式	公共下水道等からの下水の処理水を広い地域の建築物に供給し，水洗便所の用に利用する．

いずれも，多元給水の要求に答えようとするもので，上水道の負荷の軽減を主目的とする．

個別循環方式，地区循環方式では下水道の負荷軽減も伴うが，下水道の終末処理場の処理水を雑用水とする広域循環方式では下水道負荷の軽減にはつながらない．

-(1)　雑用水とは人の飲用その他それに準じる用途（調理，洗面，手洗い，浴用，洗濯等生活の用に供するもの）以外の用途に供される水の総称であり，建築

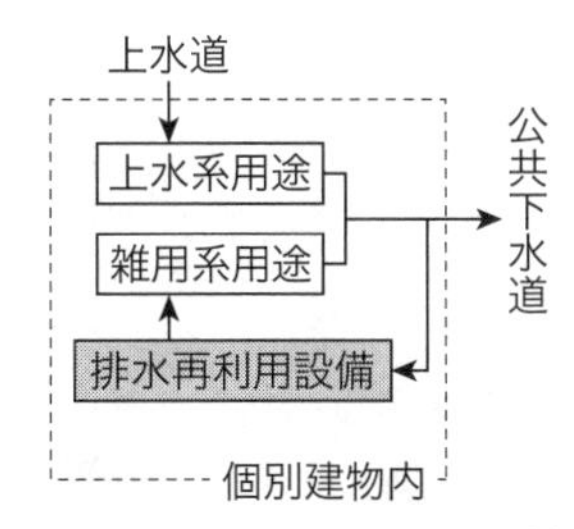

123-1 図　個別循環方式[7]

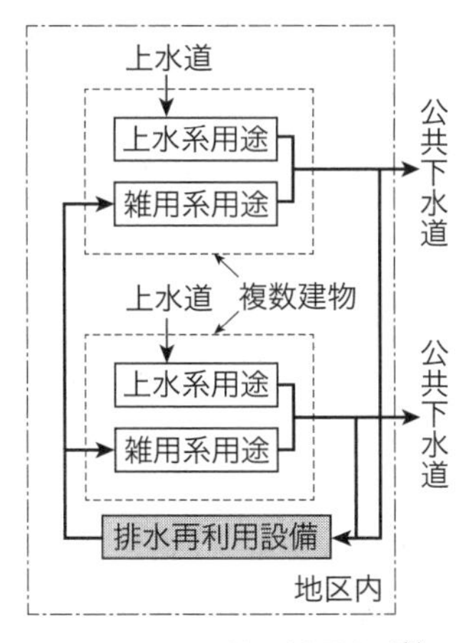

123-2 図　地区循環方式[8]

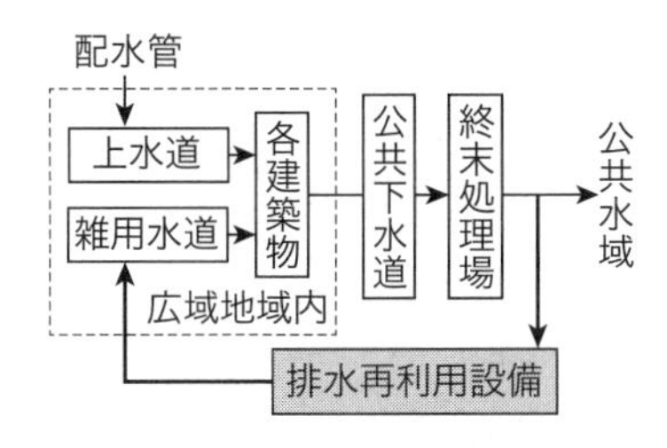

123-3 図　広域循環方式[9]

物内で発生した排水の再生水，雨水，下水道事業者の供給する再生水，工業用水等をいう．

-(2)　雑用水の水質基準は，その用途によって異なる（本年度-125解説参照）．

問題 124　正解　(5)・・・・・・**頻出度** A A A

フロック形成状態を確認するのは，凝集処理装置である（**124-1 表**参照）．

汚水や処理水中の径 10 μm 以上の粒子は，沈降分離することが可能である．それ以下の 0.001 ～ 1 μm の大きさの粒子は，コロイド粒子と呼ばれ，粒子表面が負に帯電しているため，相互に反発して水中に分散している．

凝集処理とは，凝集剤（硫酸バンド＝硫酸アルミニウム等）を投入して水中に

124-1 表　排水再利用設備の単位装置の維持管理

単位装置		点検・保守内容
スクリーン		汚物，堆積物の除去
流量調整槽		ポンプ等の正常動作，設定水位・所定流量の確認 槽の堆積物，計量槽の越流せきに付着した異物の除去
生物処理槽	活性汚泥法	空気量，MLSS 濃度，汚泥沈殿率
	生物膜法	生物膜の堆積状態，適切な剥離・除去
膜処理装置		透過水量の点検，膜の洗浄，膜モジュールの交換
凝集処理装置		凝集槽におけるフロック形成状態の最良化
ろ過槽		ろ材の洗浄，損失水頭の算出，ろ過速度の適正化
活性炭処理装置		通水速度の適正化，除去対象の漏出の有無，活性炭の交換
オゾン処理装置		処理水の色度の測定，オゾン注入量の適正化
消毒槽		処理水中の残留塩素の確認と塩素注入量の調整

分散している粒子を集合させ，大きな粒子に変えることにより沈降分離しやすくする処理方法である．凝集処理は，pH，攪拌(かくはん)条件，水温，共存塩類等に大きく影響される．凝集処理は，浮遊物質，残存有機物質，色度等を砂ろ過と組み合わせて除去する．リンの除去にも有効である．

2022-125

問題 125　正解　(4)・・・・・・頻出度 A A A

雑用水の水質基準に塩化物イオン濃度の項目はない．

ビル管理法が定める雑用水の水質とその検査は下記のとおり．

1. 残留塩素を 7 日以内に 1 回，定期に検査し，定められた基準値以上に保持する（**125-1 表**参照）．

測定回数，数値とも飲料水と同一の基準である．

2. 散水，修景または清掃の用に供する雑用水の水質

1) し尿を含む水を原水としないこと．

2) 水質基準値と測定回数を **125-2 表**に示す．

3. 水洗便所の用に供する雑用水の水質

125-1 表　残留塩素管理基準値

状況 / 項目	遊離残留塩素の含有率	結合残留塩素の場合の含有率	検査
平常時	100 万分の 0.1	100 万分の 0.4	7 日以内ごとに 1 回
供給する水が病原生物に著しく汚染されるおそれがある場合	100 万分の 0.2	100 万分の 1.5	(必要に応じて)

125-2 表　雑用水の水質基準

	項目	基準	検査
1	pH 値	5.8 以上 8.6 以下であること．	7 日以内ごとに 1 回
2	臭気	異常でないこと．	
3	外観	ほとんど無色透明であること．	
4	大腸菌	検出されないこと．	2 か月以内ごとに 1 回
5	濁度	2 度以下であること．	

1) し尿を含む水を原水としても良い．

2) **125-2 表**の濁度の基準が適用されない．

問題 126　正解　(1)・・・・・・頻出度 A A A

全窒素は，無機性窒素と有機性窒素の

総和である（**126-1 図**参照）.

- 全窒素
  - 有機性窒素（アミノ酸やタンパク質等有機性化合物中に含まれている窒素）
  - 無機性窒素
    - アンモニア性窒素
    - 亜硝酸性窒素
    - 硝酸性窒素

126-1 図　全窒素[10]

窒素は，動植物の増殖に欠かせない元素で，富栄養化の目安になる．窒素化合物は，閉鎖性水域に放流される際の水質項目として用いられている．

排水の水質に関する用語は**共通資料 6** 参照．

問題 127　正解　(4)・・・・・・**頻出度** A A A

わんトラップは非サイホントラップである．

トラップが破封すると排水管下流の下水ガスが室内に充満してとても居住できなくなる．また，衛生害虫も容易に侵入するようになる．

トラップの破封防止が通気設備の重大な使命である．

トラップはサイホントラップと非サイホントラップに分類される（**127-1 図，127-2 図**参照）．

Pトラップ，Sトラップ，Uトラップ等の管トラップはサイホントラップといわれ，水が流れるとき，管の中が満水となるので自己サイホン作用により封水損失を起こしやすいが，小形で自掃作を有する．

ドラムトラップ，わんトラップ，ボトルトラップ等は非サイホントラップといわれ，サイホン現象が起きにくく，封水強度が大きい．

-(2)　雨水排水管を合流式の敷地排水管に接続する場合は，トラップます（雨水用トラップ）を設け，ベランダなどのルーフドレンからの悪臭を防止する（**127-3 図，127-4 図**参照）．

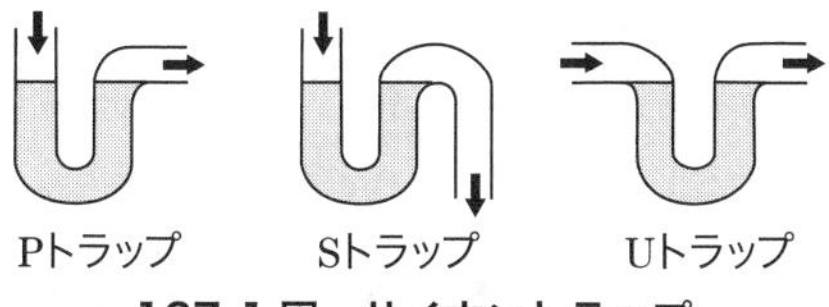

127-1 図　サイホントラップ

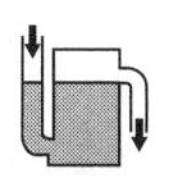

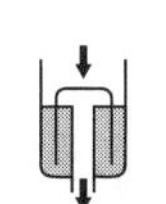

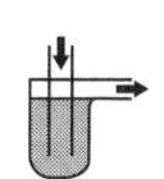

127-2 図　非サイホントラップ

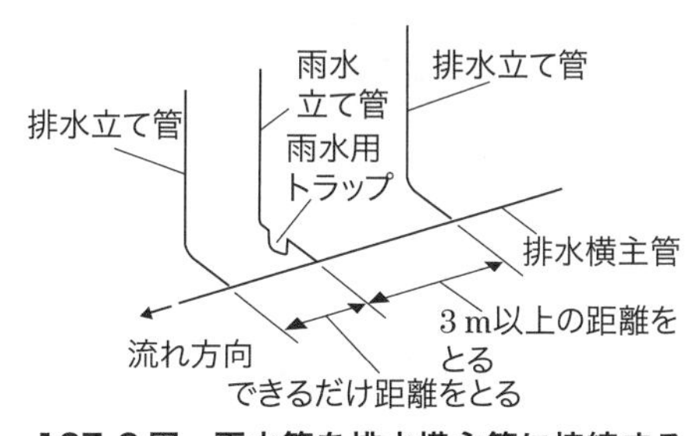

127-3 図　雨水管を排水横主管に接続する方法

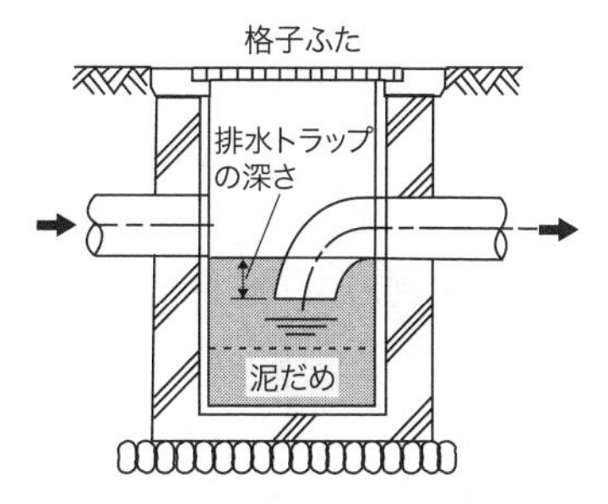

127-4 図　トラップます[11]

-(3)，-(5)　阻集器については **127-1 表，127-5 図**参照．

問題 128　正解　(5)・・・・・・**頻出度** A A A

管径 125 mm の排水管の最小勾配は，1/150 である（**128-1 表**参照）．

自然流下式の排水横引き管の勾配は，流速が最小 0.6 ～最大 1.5 m/s となるように設ける．

127-1 表　阻集器一覧

種類	流出阻止・分離・収集の対象	設置場所	備考
グリース阻集器	油脂分	厨（ちゅう）房・調理場	別名グリーストラップ トラップのない阻集器は出口側にトラップを設ける
オイル阻集器	可燃性のガソリン・油類 土砂	ガソリンスタンド，洗車場，車修理工場	別名ガソリントラップ 通気管は単独で外気に開放（開放式の場合は換気の確保）
砂阻集器	土砂，石粉，セメント	工場，土木建築現場	泥だめの深さ，排水トラップの深さ 150 mm 以上
毛髪阻集器	毛髪	理髪店・美容室，浴場，プール	別名ヘアートラップ
プラスタ阻集器	プラスタ（石こう），貴金属	歯科技工室，外科ギプス室	別名プラスタトラップ
繊維くず阻集器	ボタン，糸くず，ぼろ布	営業用洗濯施設	ストレーナの金網は 13 メッシュ程度とする

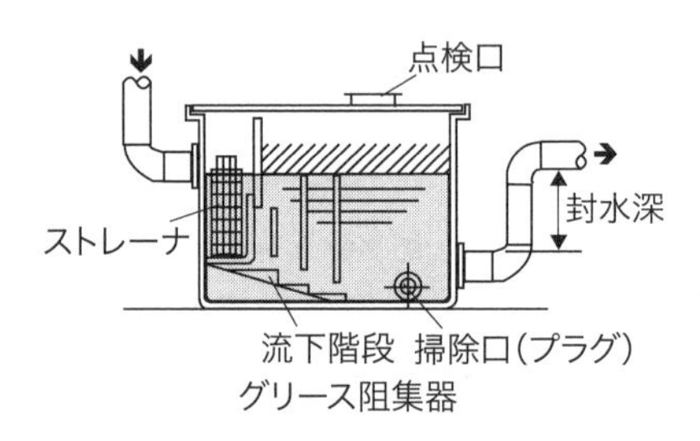

グリース阻集器

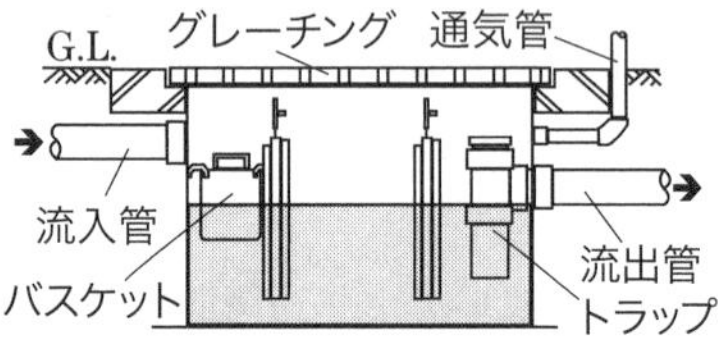

オイル阻集器

127-5 図　阻集器の例[12]

勾配が緩いと流速が遅くなり，洗浄力が弱くなって固形物等が付着しやすくなる．逆に勾配をきつくし過ぎると，流速が速くなって流水深が浅くなり，固形物に対する搬送能力が弱まる．

-(1)　排水管の掃除口については，本 本年度-130 解説参照．

-(2)　脚断面積比（流出脚断面積 / 流入脚断面積）の大きいトラップは，満管になりにくく流速も遅くなるので，サイホン現象が起きにくく破封しにくい（封水強度が大きい）．

-(3)　水受け容器等の用途によって，排水の逆流による汚染を防止するために，その排水は排水口空間を取って間接排水とする（**128-1 図**, **128-2 表**参照）．

128-1 表　排水横管の最小勾配

管径 [mm]	最小勾配
65 以下	1/50
75, 100	1/100
125	1/150
150, 200, 250, 300	1/200

-(4)　ドーム状のルーフドレンは，**128-2 図**参照．

問題 129　正解　(3)・・・・・・**頻出度** A A A

結合通気管は，排水立て管内の圧力変動を緩和するため，排水立て管から分岐

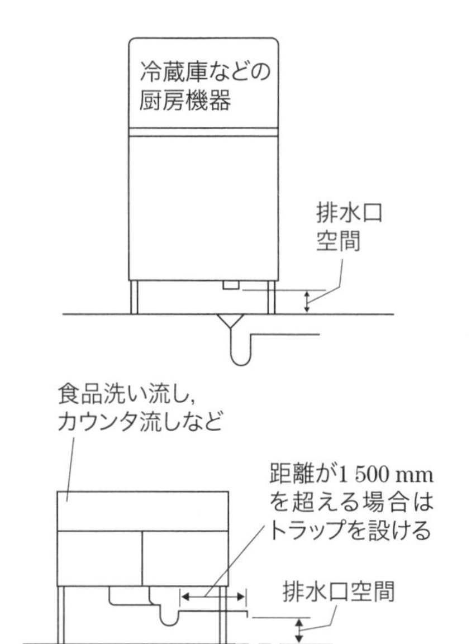

128-1 図　排水口空間の例

128-2 表　排水口空間

間接排水管の管径 [mm]	排水口空間 [mm]
25 以下	最小 50
30 ～ 50	最小 100
65 以上	最小 150
各種飲料水用の給水タンク等	最小 150

128-2 図　ドーム状のルーフドレン[13]

して立ち上げ，通気立て管に接続する逃し通気管※をいう（**129-1 図**参照）.

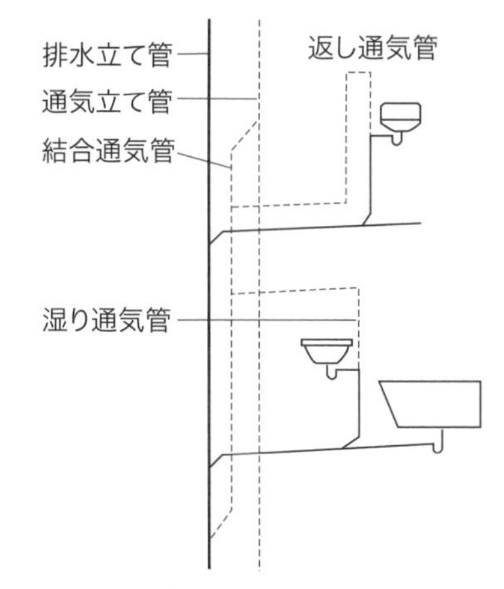

129-1 図　結合通気管・返し通気管・湿り通気管

※ 逃し通気管：排水通気両系統間の空気の流通を円滑にするために設ける通気管をいう.

高層建築物では，ブランチ間隔 10 以上の排水立て管において，最上階から数えてブランチ間隔 10 以内ごとに結合通気管を設ける.

通気設備は，普段目にすることは少ないが，建物からの円滑な排水のためには必要不可欠な設備である.

通気設備の目的は，

1. 通気することによって排水の流下による排水管内の圧力変動を緩和し排水の流れを円滑にする.
2. 圧力変動，サイホン作用からトラップの封水を保護する.
3. 排水管内の換気

建物全体にわたる通気方式には各個通気方式，ループ通気方式，伸頂通気方式，特殊継手排水システムがある（**129-2 図**）.

ブランチ間隔※が 3 以上の排水立て管でループ通気方式または各個通気方式を設ける場合は，通気立て管を設け 2 管式

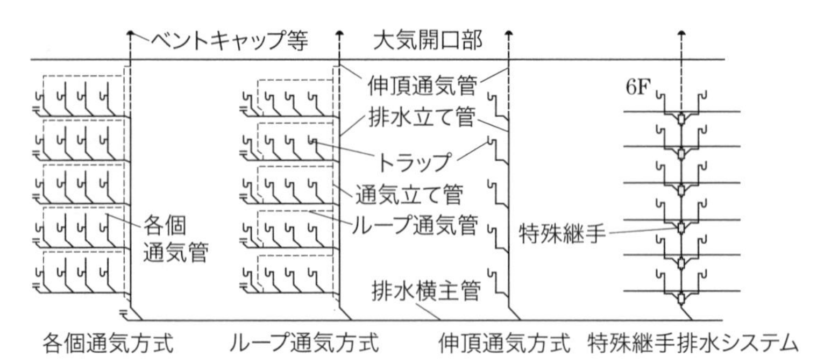

129-2 図　通気方式

とする.

※ ブランチ間隔は，**129-3 図**参照.

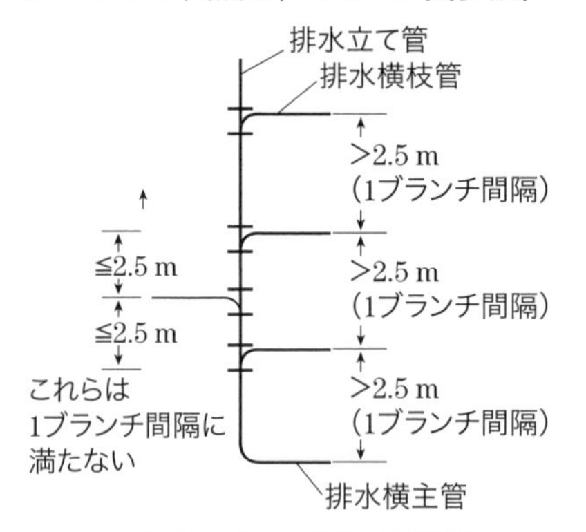

129-3 図　ブランチ間隔

-(1)　通気管を取り出す角度は，**129-4 図**参照.

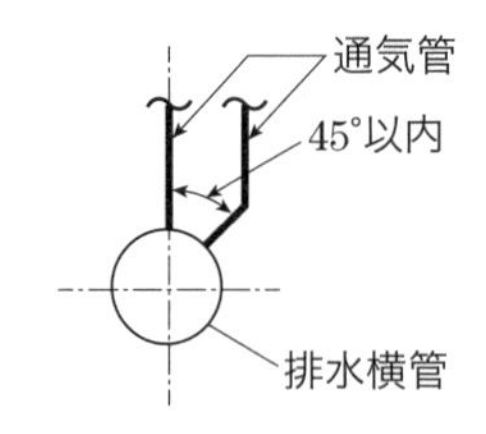

129-4 図　通気管を取り出す角度

-(2)　ループ通気管は，最上流の器具排水管を排水横枝管に接続した位置のすぐ下流からとする（**129-5 図**参照）.

上流部分はいったん汚物が入ると，普段水が流れないので洗浄されず詰まる危

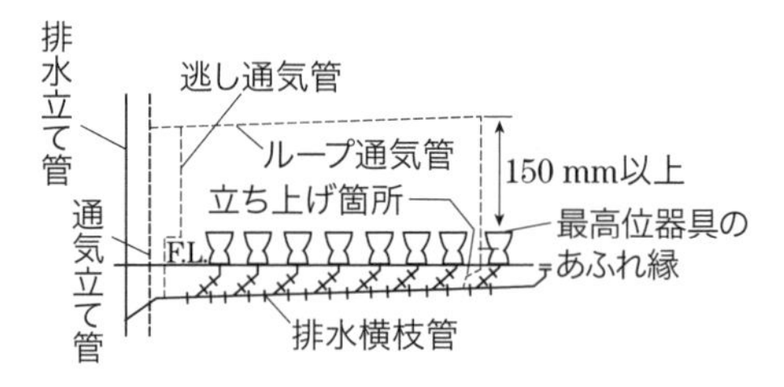

129-5 図　ループ通気方式

険が大きい.

-(4)　通気立て管の下部，-(5)　排水立て管と排水横主管の接続部 **129-6 図**参照.

問題 130　正解　(2)・・・・・・**頻出度** A A A

掃除口の口径は，管径が 100 mm 以下の場合は配管と同一径，100 mm を超える場合は 100 mm より小さくしてはならない.

掃除口について

1. 掃除口を設ける箇所

1)　排水横主管および排水横枝管の起点

2)　延長が長い排水横管の途中

3)　排水管が 45° を超える角度で方向を変える箇所

4)　排水立て管の最下部またはその付近

5)　排水横主管と敷地排水管の接続箇所またはその付近

2. 掃除口には床上掃除口と床下掃除口があるが，床上掃除口を原則とする

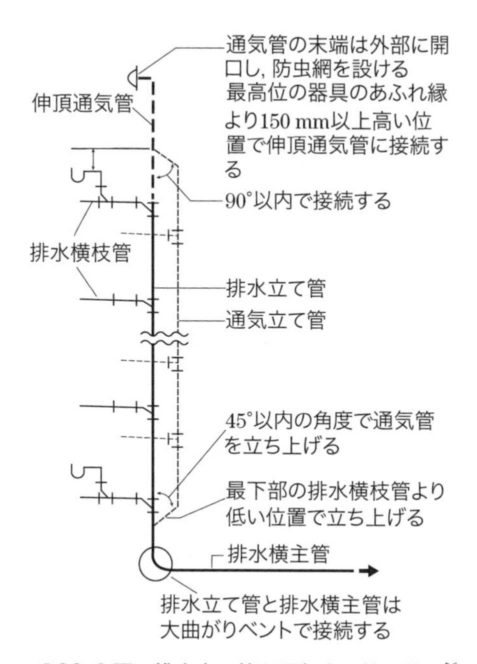

129-6 図　排水立て管と通気立て管の施工(14)

(**130-1 図**参照).

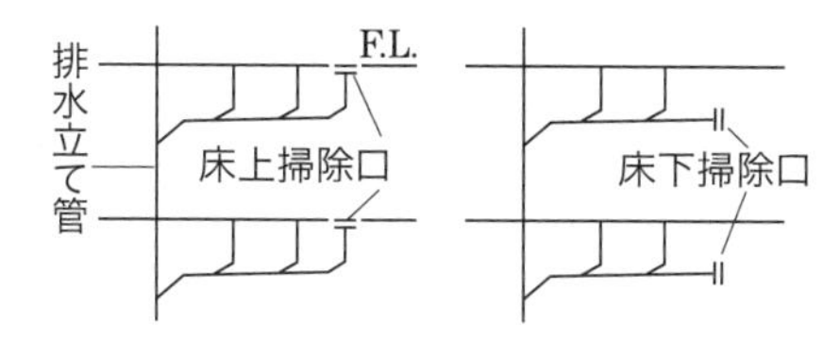

130-1 図　床上掃除口と床下掃除口

常時排水にさらされる床下式の掃除口は砲金製が良く，鋼製のプラグがしてある場合は砲金※製に取り替える.

※ 砲金は銅と錫の合金.

3. 掃除口の大きさ（口径），取付間隔，保守空間

1) 掃除口の大きさは，管径が 100 mm 以下の場合は配管と同一径，100 mm を超える場合は 100 mm より小さくしてはならない.

ただし，厨房排水用の排水管に設置する掃除口の口径は，排水管径と同径とする.

2) 排水配管の直線部に設置する掃除口の取り付け間隔は，排水管の管径が 100 mm 以下の場合は 15 m 以内，管径が 100 mm を超える場合は 30 m 以内とする.

3) 掃除口の周囲には，排水管の管径が 65 mm 以下の場合は 300 mm 以上，管径が 75 mm 以上の場合は 450 mm 以上の保守用空間を確保する.

-(1)，-(3)，-(4)　敷地排水管に設ける排水ますについて

敷地排水管に設ける点検清掃用の排水ますの大きさは，配管の埋設深度，接続する配管の大きさと本数，および点検等を考慮して決定する.

汚水用敷地排水管にはインバートますを，雨水用敷地排水管には泥だめ付きますを設ける(**130-2 図, 130-3 図**参照).

排水ますの設置箇所は次のとおり.

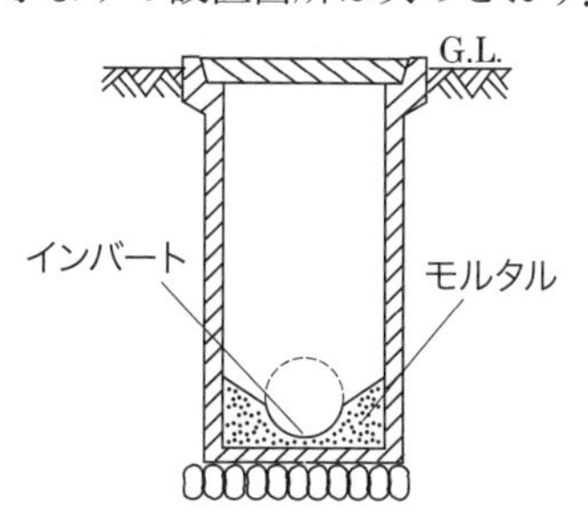

130-2 図　インバートます

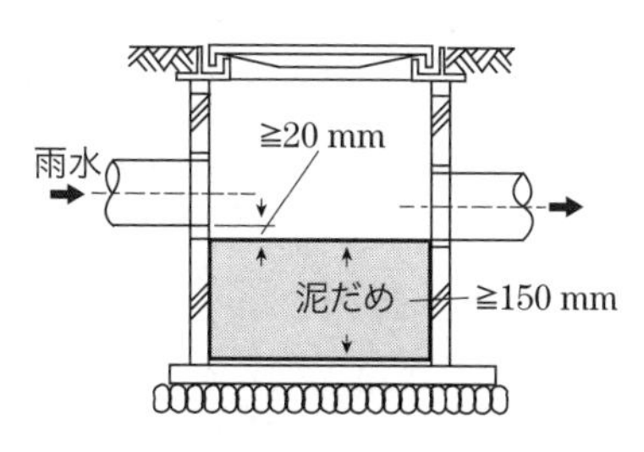

130-3 図　雨水ます（泥だめ付きます(15)**）**

1. 敷地排水管の直管が長い場合は管内径の 120 倍を超えない範囲に 1 か所
2. 敷地排水管の起点
3. 排水管の合流箇所および方向変換箇所
4. 勾配が著しく変化する箇所
5. その他点検清掃等に必要な場所

問題 131　正解　(5)・・・・・・**頻出度** A A A

汚物ポンプの最小口径は，80 mm である．

排水ポンプの種類は **131-1 表**参照．

排水槽の名称とポンプの名称が異なることに注意．

-(1)，-(2)，-(4)　排水を建物から重力式で排除できない場合は，最下層に排水槽を設け，排水ポンプで排出する．

排水槽は，貯留する排水の種類によって汚水槽，雑排水槽，湧水槽，雨水槽などがある．

排水槽の構造については **131-1 図**ならびに下記参照．

131-1 表　排水ポンプ(16)

名称・種別		対象排水	最小口径	通過異物の大きさ	備考
汚水ポンプ		浄化槽排水，湧水，雨水	40 mm	口径 10 % 以下	原則として固形物を含まない排水とする．
雑排水ポンプ		厨房以外の雑排水，雨水	50 mm	口径の 30 ～ 40 % 以下	口径 50 mm で 20 mm の球形異物が通過すること．
汚物ポンプ	ノンクロッグ型	汚水，厨房排水，産業排水	80 mm	口径の 50 ～ 60 % 以下	口径 80 mm で 53 mm の木球が通過すること．
	ボルテックス型			口径の 100 %	

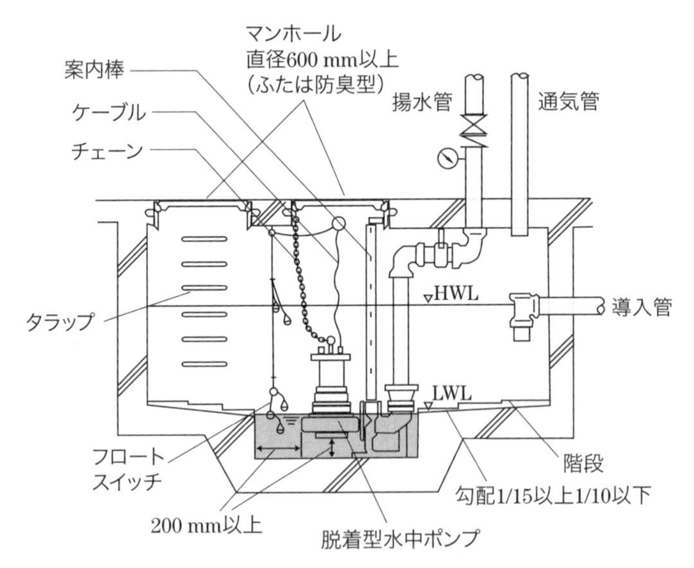

131-1 図　排水槽の構造(17)

1. マンホール

内部の保守点検が容易な位置（排水ポンプもしくはフート弁の真上）に有効内径600 mm（直径が60 cm以上の円が内接することができるもの）以上のマンホールを設ける．排水槽のマンホールふたはパッキン付き密閉型にする．

マンホールは2個以上設けることが望ましい．

2. 排水槽の底部には吸込みピットを設け，ピットに向けて1/15以上，1/10以下の勾配を設ける．

清掃作業時の安全を図るため底部の一部を階段にする．

3. 吸込みピットは水中ポンプの周囲に保守のためのスペースならびにエアの吸込み防止のため200 mm以上の空間を設けられる大きさとする．

4. 通気管は単独に大気中に開口する．

5. 排水槽は，通気管以外の部分から臭気が漏れない構造とする．

6. ブロワによってばっ気する場合は，槽内が正圧になるので排気を行う．

7. 排水ポンプについて

1) 排水ポンプは原則として2台設置し，常時は交互運転する．

2) 排水ポンプは汚水の流入部から離して設置する(汚水とともにエアを吸う)．

3) 排水ポンプには，水中ポンプ，立て型ポンプ，横型ポンプ等があるが，設置スペースが要らず，据付の容易な水中ポンプが多く使用されている．

4) 排水槽の水位・ポンプの運転の制御にはフロートスイッチ（**131-2図**）が適している（電極棒は汚物が絡まり導通して誤動作する）．

-(3) 即時排水型ビルピット設備は，排水槽の悪臭防止に有効である(**131-3図**)．

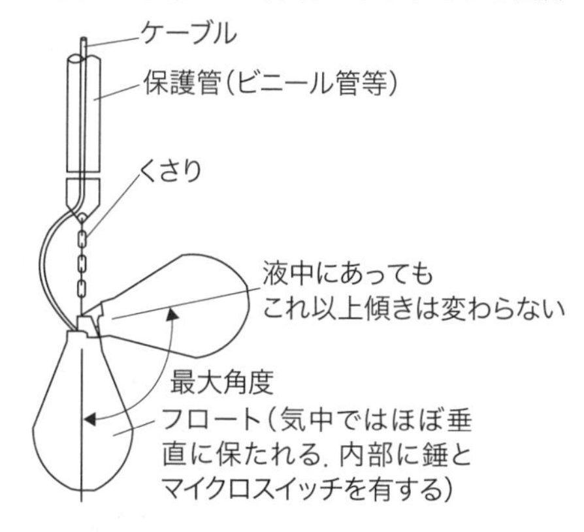

131-2図　フロートスイッチ

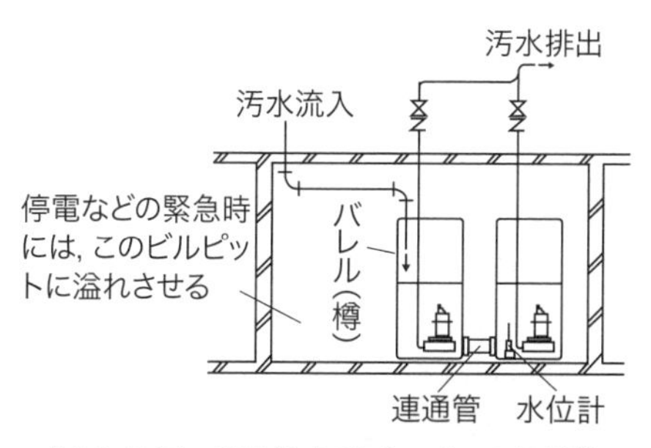

131-3図　即時排水型ビルピット設備[18]

問題132　正解　(4)・・・・・・**頻出度**AAA

トラップが組み込まれていない阻集器には，その出口側にトラップを設ける．入口側に設けたら直ぐ詰まる．

-(2) オフセット部分では排水の流れが乱れがちとなり，横枝管からの排水の流入を妨げるおそれがあるので，上下600 mm以内に横枝管を接続しないようにするとともに，**132-1図**のように通気を取る．

-(5) 伸頂通気方式は，通気立て管を設けず，伸頂通気管のみによる通気方式である．

伸頂通気管とは最上部の排水横管が排水立て管に接続した点よりもさらに上方

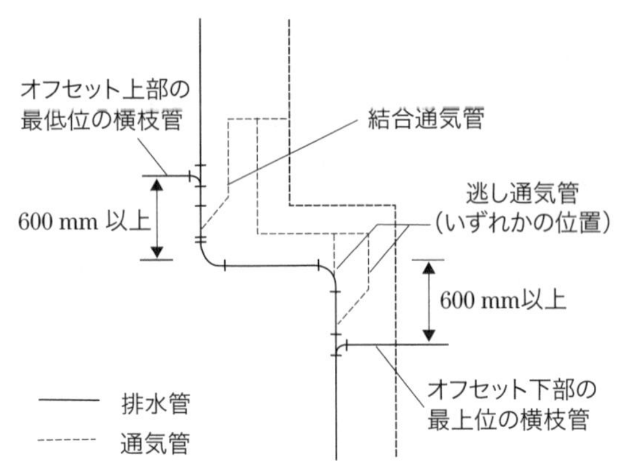

132-1 図　オフセット部の配管[19]

へ，その排水立て管を，管径を縮小せずに立ち上げ，これを通気管に使用する部分をいう．

通気量の限られる伸頂通気方式では次のような制約がある．

1. 排水横主管以降が満流となる場合は，通気量の限られる伸頂通気方式としてはならない．
2. 伸頂通気方式の排水立て管には，通気を妨げるのでオフセットを設けてはならない．
3. 排水立て管と排水横主管の接続は，円滑な排水のために大曲がりベンド等で接続する．
4. 伸頂通気方式の排水横主管の水平曲がりは，排水立て管の底部より3 m以内には設けてはならない（**132-2 図**）．

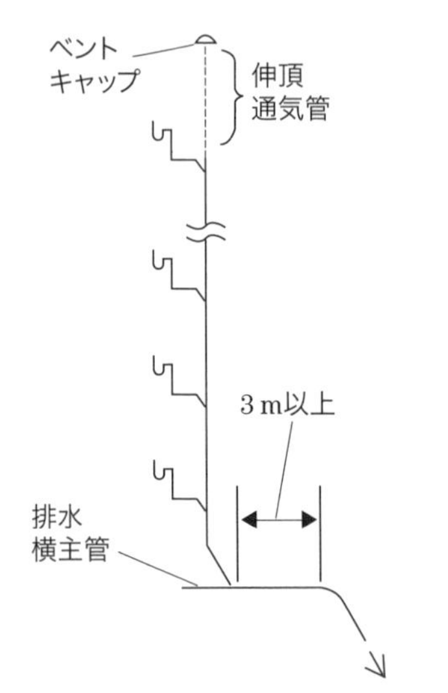

132-2 図　伸頂通気方式の排水横主管の水平曲がり

問題 133　正解　(3)・・・・・・**頻出度** A A A

洗浄ノズルから高圧の水を噴射して清掃するのは，高圧水法（高圧洗浄法）である（**133-1 表**参照）．ウォーターラム法は，**133-1 図**参照．

133-1 図　ウォーターラム法による作業の様子[20]

133-1 表　排水管の洗浄法一覧

洗浄方法		対象排水管	対象現象	備考
機械式洗浄法	高圧水法（高圧洗浄法）	器具排水管 排水横枝管 排水立て管 排水横主管 敷地排水管	油脂類等の付着汚雑物・異物の停滞，詰まり	高圧ポンプを装備した高圧洗浄車，ホース，ノズル等を用いて 5 ～ 30 MPa の高圧の水を噴射して排水管内の砂や汚物等を除去する．厨房の固いグリースの除去には，スネークワイヤを併用する．
	フレキシブルワイヤ（ワイヤ式管清掃機）法	器具排水管 排水横枝管 排水横主管 敷地排水管	グリースなどの固い付着物の除去汚雑物・異物の停滞，詰まり	スネークワイヤ法ともいう．ワイヤの長さは 25 m 以下なので，排水横管では 25 m まで，排水立て管ではワイヤの重量から 20 m 程度が限界．
	ロッド法	敷地排水管	汚雑物・異物の停滞，詰まり	1 ～ 1.8 m の鉄製の棒（ロッド）をつなぎ合わせ，排水管内を清掃する．最大 30 m まで．運搬が容易．
	ウォーターラム法	器具排水管 排水横枝管	詰まり汚雑物・異物の停滞	閉塞した管内に水を送り，圧縮空気を一気に放出してその衝撃で閉塞物を除去する．単純な停滞・詰まりに有効．グリースなどの固い付着物の除去は難しい．
化学的洗浄法	アルカリ性洗浄剤	器具排水管 排水横枝管	有機物・油脂類の付着詰まり	アルカリ性洗浄剤（苛性ソーダ等）は温水を加えると発熱して活性化し，排水管の有機性付着物を溶解する．
	酸性洗浄剤	器具排水管	尿石等尿固形物の付着，詰まり	酸性洗浄剤（硫酸・塩酸等）で，小便器配管の尿石等を除去する．

-(5)　排水管の劣化状態を調べる非破壊検査方法として，腐食程度の確認には，超音波厚さ計，X 線，過流探傷装置等，管内部の詰まり具合の確認は写真を撮影することができる内視鏡が用いられる．

問題 134　正解　(2)……**頻出度** A A A

阻集器のグリースや沈殿物の除去は 1 か月に 1 回行う（**134-1 表**参照）．

掃除後は内部の仕切板などを正しく装着し，機能の維持を図る．

バキュームによって引き出されたグリースや蓄積物は産業廃棄物となる．

-(1)，-(5)　排水ポンプのメンテナンスは，**134-2 表**を参照．

-(3)　ビル管理法施行規則第 4 条の三（排水に関する設備の掃除等）

特定建築物維持管理権原者は，排水に関する設備の掃除を，6 月以内ごとに 1

134-1 表　グリース阻集器の清掃

ストレーナのちゅう芥	毎日除去
グリース	7 ～ 10 日に 1 度除去・清掃
槽内の底，壁面，トラップ等に付着したグリースや蓄積物	1 か月に 1 回程度高圧洗浄器にて洗浄・バキュームによる引き出し
トラップの清掃	2 か月に 1 回

134-2 表　排水ポンプの定期点検

日常点検	吐出し圧力，揚水量，電流値，騒音，振動等の異常の有無を確認する．
1 か月に 1 回	絶縁抵抗の測定を行い，1 MΩ 以上あるか確認する．
6 か月～ 1 年に 1 回	水中ポンプのメカニカルシール部のオイル交換
1 ～ 2 年に 1 回	メカニカルシールの交換
3 ～ 5 年に 1 回	オーバホール

回，定期に，行わなければならない．

問題135　正解　(1)・・・・・・頻出度AAA

大便器洗浄弁の必要水圧は，70 kPaである（**135-1 表**参照）．

135-1 表　給水器具の必要水圧

器具		kPa
一般水栓		30
大便器洗浄弁		70
小便器洗浄弁		70
シャワー		70
ガス瞬間湯沸器	4～5号	40
	7～16号	50
	22～30号	80

-(2)　温水洗浄式便座への給水は，人の飲用，炊事用，浴用その他，人の生活の用に供する水と考えられるので，上水（飲料水）を用いる．雑用水などを給水してはならない．

-(3)　衛生器具の分類は，2022-135解説を参照．

-(4)　衛生器具の定期点検は，**135-2 表**を参照．

洗面器の取り付け状態だけが2か月に1回で，他は6か月に1回である．

-(5)　JISの定める大便器の洗浄水量を，小便器と合わせて**135-3 表**に示す．

135-3 表　洗浄水量区分（JIS A 5207）

種類	区分	洗浄水量 [L]
大便器	I形	8.5 以下
	節水II形	6.5 以下
小便器	節水I形	4.0 以下
	節水II形	2.0 以下

大便器の節水型洗浄弁をノンホールド型という（ハンドルを押し続けている間水が流れるタイプはホールド型という）．

135-2 表　衛生器具の定期点検

区分	項目	回数	作業内容
大便器 小便器	取り付け状態	6か月に1回	便器のフランジ，取り付けボルトの緩み，損傷の有無を点検．
	排水状態	6か月に1回	・便器と床・壁との接合部の良否を点検． ・排水の引き具合，詰まりの有無を点検． ・トラップの封水，詰まり，付着物の有無を点検し，封水が破れている場合は，原因を調べる．
洗面器	取り付け状態	2か月に1回	陶器，排水口金物，排水管およびトラップ等の接合部の緩みの有無を点検し，緩みがある場合は，締め増しする．
	排水状態	6か月に1回	・排水の引き具合および詰まりの有無を点検し，異常がある場合は，付着物，異物を除去する． ・トラップの封水の有無を点検し，封水が破れている場合は，原因を確かめる．
洗浄タンク 洗浄弁	詰まり，汚れ	6か月に1回	・タンク内の汚れ，ボールタップのストレーナ，ピストン部の詰まりの有無を点検． ・洗浄管内の詰まりの有無を点検．
	水量調節等	6か月に1回	・洗浄弁を操作して排水状態を点検． ・洗浄弁のピストンおよびハンドルノブの作動の良否を点検． ・バキュームブレーカの空気取入口の詰まりの有無を点検し，詰まりがある場合は除去． ・水圧，吐水時間の適否を点検して水量調整する． ・ボールタップの作動状態を点検する．

問題 136　正解　(5)・・・・・・頻出度 AAA

使用頻度の高い公衆便所用小便器の排水トラップは，取り外して清掃できる，目皿がわんトラップとなった脱着式のものが適している（**136-1 図**）．

-(1)，-(2)，-(3)　**136-2 図**参照

-(4)　自動感知洗浄弁 **136-3 図**．

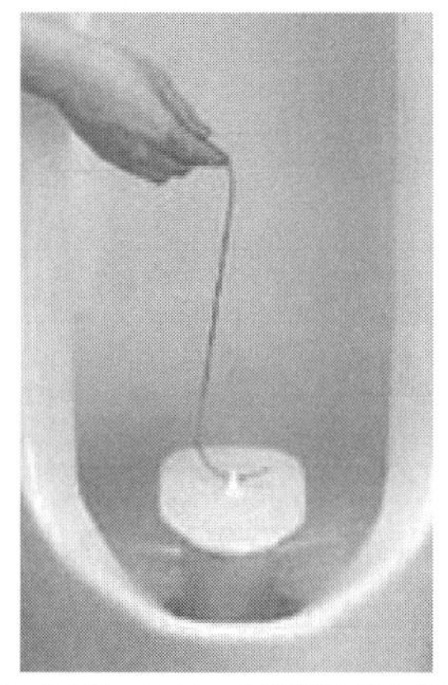

136-1 図　トラップ脱着式小便器[21]

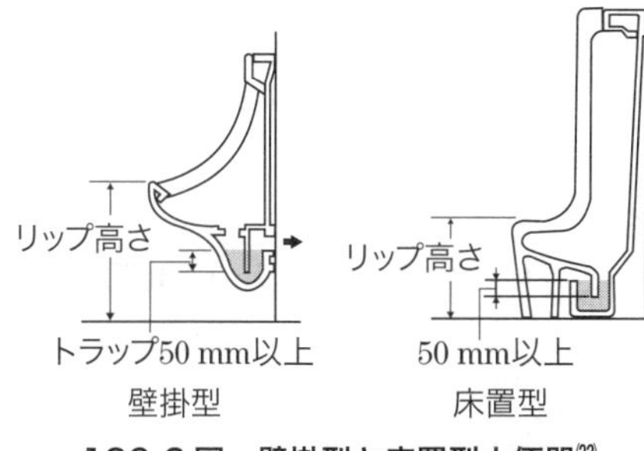

136-2 図　壁掛型と床置型小便器[22]

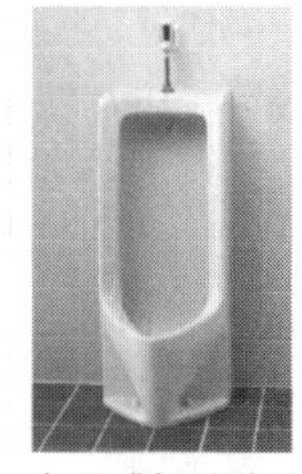

自動感知洗浄弁
分離型

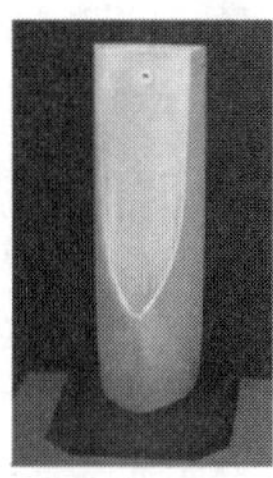

一体型小便器

136-3 図　自動感知洗浄弁[23]

問題 137　正解　(1)・・・・・・頻出度 AAA

環境省関係浄化槽法施行規則　第1条の二（放流水の水質の技術上の基準）

法第4条第1項の規定による浄化槽からの放流水の水質の技術上の基準は，浄化槽からの放流水の生物化学的酸素要求量が1リットルにつき20ミリグラム以下であること及び浄化槽への流入水の生物化学的酸素要求量の数値から浄化槽からの放流水の生物化学的酸素要求量の数値を減じた数値を浄化槽への流入水の生物化学的酸素要求量の数値で除して得た割合が90パーセント以上であることとする．ただし，みなし浄化槽※については，この限りでない．

※ みなし浄化槽 現在設置が認められている合併処理浄化槽に対して，台所排水などの垂れ流しの原因となって全国の河川の汚濁の深刻化をもたらしたため，2000年に新設が禁止されたが，それまでに設置され，現在も使用されているし尿単独処理浄化槽のこと．

問題 138　正解　(4)・・・・・・頻出度 AAA

生物膜法の接触ばっ気槽でMLSS（活性汚泥浮遊物質）濃度の点検は意味がない．MLSS濃度は，活性汚泥法のばっ気槽で点検する（**138-1 表**参照）．

浄化槽は，生物処理の方法によって生物膜法と活性汚泥法がある（**138-2 表**参照）．

浄化槽は，簡単にいえば，種々の機能をもった水槽をつなげたもの，といえる．それらの水槽を単位装置と呼ぶ．汚水はそれらの水槽を通過するうちに浄化された上澄み水と汚泥に分離される．上澄み水は消毒後河川等に放流され，汚泥はバ

138-1 表　浄化槽単位装置の点検

単位装置名			点検内容
流入管渠，インバートます，移流管（口），越流せき，散気装置，機械攪拌装置，流出口，放流管渠			異物等の付着状況
スクリーン			目詰まり，閉塞の状況
流量調整槽			スカム・堆積汚泥の生成状況，ポンプ作動水位，分水計量装置の作動状況
沈殿分離槽			スカム・堆積汚泥の生成状況
生物反応槽	生物膜法	嫌気ろ床槽，脱窒ろ床槽	スカム・堆積汚泥の生成状況，異物等の付着状況，目詰まりの状況
		接触ばっ気槽	生物膜，剥離汚泥・堆積汚泥の生成状況
		回転板接触槽	生物膜，剥離汚泥・堆積汚泥の生成状況
	活性汚泥法	ばっ気槽	水温，MLSS 濃度，空気供給量，溶存酸素濃度，SV_{30}
沈殿槽			pH，浮上物の有無，スカム・堆積汚泥の生成状況，越流せきの水平，透視度，返送汚泥量（活性汚泥法），移送汚泥量
汚泥濃縮槽，汚泥貯留槽，汚泥濃縮貯留槽			スカム・汚泥の貯留状況
消毒槽			沈殿物の生成状況，消毒の状況

138-2 表　主な生物膜法と活性汚泥法

生物膜法	汚水中の汚濁有機物質が，ろ材，回転板などの固形物の表面に生成した生物膜との接触によって分解除去される．	担体流動法
		回転板接触法
		散水ろ床法
		接触ばっ気法
活性汚泥法	槽内に浮遊する活性汚泥中の微生物が有機物を分解除去する．	標準活性汚泥法
		長時間ばっ気法

キュームカー等によって引き抜かれ汚水処理施設に運搬されて次の処理が行われる．

浄化槽は，国土交通大臣の定めた構造（例示仕様）に適合するものと，それ以外のものがあるが，いずれも国土交通大臣の型式認定を受けたものでなければ，建築確認を受けることができない．例示仕様の浄化槽のフローシートの例を**138-3 表**にあげる．

問題 139　正解　(1)・・・・・・**頻出度** A A A

「打たせ湯及びシャワーには，循環している浴槽水を用いないこと．」（厚生労働省「レジオネラ症を予防するために必要な措置に関する技術上の指針」）．

-(2)　HACCP（Hazard Analysis and Critical Control Point：危害要因分析重要管理点）とは，食品製造に関して原材料の受入れから最終製品の出荷までの各段階におけるリスク分析に基づき，重点管理点を定めて連続的に監視する安全性確保のための衛生管理手法である．

従来の完成品検査に頼った手法に代わ

138-3 表　浄化槽のフローシート

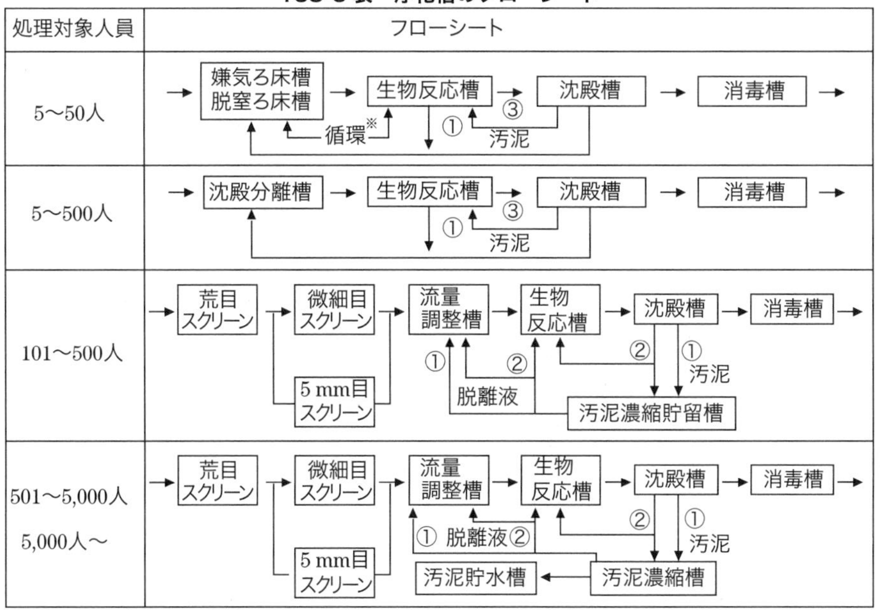

凡例　①生物膜法　②活性汚泥法　③5～30人　※脱窒ろ床接触ばっ気方式

るものとして，アメリカ NASA が宇宙食製造の際に開発した．

-(4)　学校給食施設では，ドライシステムを導入するよう努めること．また，ドライシステムを導入していない調理場においてもドライ運用を図ること（学校給食法に基づく学校給食衛生管理基準）．

問題 140　正解　(2)・・・・・・**頻出度** A A A

泡消火設備は，消火薬剤による窒息・冷却作用を主とした消火方法である．

泡消火設備など放水以外による消火設備を **140-1 表**にまとめた．

-(4)　スプリンクラは大別して閉鎖型と劇場の舞台部に設ける開放型に分かれる（**140-2 表**，**140-1 図**参照）．

140-1 表　各種消火設備の消火原理（放水によるものを除く）

名称	消火対象	消火剤	消火原理
泡消火設備	油火災 (駐車場，飛行機格納庫，特殊可燃物，準危険物の貯蔵所・取扱所)	水＋泡消火薬	窒息作用 冷却作用
不活性ガス消火設備	電気室 通信機器室 ボイラ室	二酸化炭素，窒素，アルゴンなどの混合物	希釈作用
ハロゲン化物消火設備		ハロゲン化物※(ハロン 1301 等)	負触媒作用
粉末消火設備		重炭酸ナトリウム等の粉末	負触媒作用

※ハロゲン化物消火設備のハロゲン化物はオゾン層破壊防止のため平成 6（1994）年以降生産中止となった．

140-2 表　スプリンクラ消火設備一覧

閉鎖型	湿式	スプリンクラヘッドまで配管内に水が加圧され満たされている.	一般型
	乾式	流水検知装置（アラーム弁）以降に圧縮空気が満たされている（凍結防止）.	寒冷地工場向け
	予作動式	ヘッドと火災感知器の両方が作動しない限り放水しない.	病院，共同住宅，重要文化財，電算室など
開放型	アラーム弁二次側配管に一斉開放弁を設置して，その先は開放型スプリンクラヘッドまでが空配管となっており，一斉開放弁を手動起動弁等で開放させてスプリンクラヘッドから散水する.		劇場の舞台部

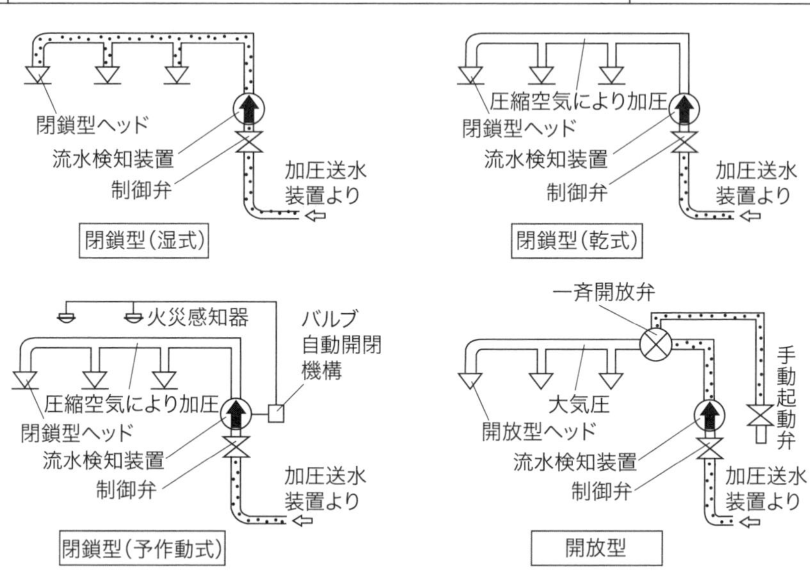

140-1 図　スプリンクラ消火設備

閉鎖型は火災時にスプリンクラヘッドの感熱部が分解することにより自動的に散水する.

従来のスプリンクラでは消火効率が悪いアトリウムなどの大空間部に，特殊な放水型ヘッドを設ける例が多くなってきている．この放水型スプリンクラ設備には固定式と可動式があり，可動式は放水銃（**140-2 図**）と呼ばれている.

スプリンクラヘッドの未警戒部分には補助散水栓で代替できる．補助散水栓の規格は2号屋内消火栓と同一である.

140-2 図　放水銃[24]

スプリンクラ設備には非常電源を付置する.

-(5)　屋外消火栓は，**140-3 図**参照.

地上式，地下式の屋外消火栓には，歩行距離5 m以内にホースとノズルを格納した「ホース格納箱」を設置する.

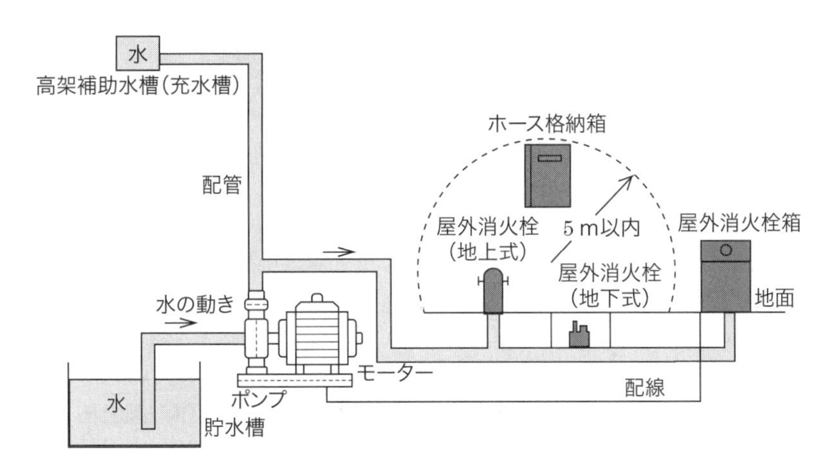

140-3 図　屋外消火栓（地上式，地下式，屋外消火栓箱）

清　掃
問題 141〜問題 165

問題 141　正解　(5)・・・・・・**頻出度** A A A

-(5)は，正しくは「施行規則第 20 条の帳簿書類には，清掃，点検及び整備を実施した年月日，作業内容，実施者名等を記載すること．」

厚生労働省のサイト「建築物衛生のページ」で「建築物における衛生的環境の維持管理について」(以下「建築物環境衛生維持管理要領」)，「空気調和設備等の維持管理及び清掃等に係る技術上の基準（平成 15 年 3 月 25 日厚生労働省告示 119 号)」，「清掃作業及び清掃用機械器具の維持管理の方法等に係る基準（平成 15 年 3 月 25 日厚生労働省告示 117 号)」，「建築物における維持管理マニュアルについて（平成 20 年 1 月 25 日健衛発第0125 001 号)」などの全文を閲覧できる．

問題 142　正解　(1)・・・・・・**頻出度** A A A

-(1)は，正しくは「清掃用機械器具として，真空掃除機，床磨き機を有すること」．

噴霧器は「建築物ねずみ昆虫等防除業」の登録要件に含まれる(**共通資料 2** 参照)．

問題 143　正解　(3)・・・・・・**頻出度** A A A

除じんと付けば日常清掃，洗浄と付けば定期清掃であるが，もちろん例外もある．

問題 144　正解　(2)・・・・・・**頻出度** A A A

-(2)は正しくは，「限られた時間に一定の成果を得るためには，計画的に作業を実施する必要がある」．

（公益財団法人日本建築衛生管理教育センター「新建築物の環境衛生管理」H31.3.31 第 1 版第 1 刷下 22）

問題 145　正解　(4)・・・・・・**頻出度** A A A

資機材倉庫は，1 か所に集約した方が効率的な場合もあるが，建築物の規模・形態等により，規模が大きく移動に時間を要する場合や業務用エレベータが設置されていない場合等，エリアごとに資機材倉庫を設けた方が便利な場合は，複数箇所設けること．

（公益財団法人日本建築衛生管理教育センター「新建築物の環境衛生管理」H31.3.31 第 1 版第 1 刷下 27）

道具や資材が遠いと，どうしても作業を敬遠しがちになる．

問題 146　正解　(5)・・・・・・頻出度 A A A

資機材管理は，組織品質の現場管理品質に含まれる（**146-1 図**参照）．

問題 147　正解　(3)・・・・・・頻出度 A A A

「乾性」→「不乾性」の鉱油が正しい．

「ダストコントロール法」とは，綿布やモップにほこりが付着する力を高めるため，粘度の低い不乾性の鉱油等を，布の重量に対して 20 % 前後の少量を含ませ拭き取る方法である．この方法は 1945 年頃アメリカのベル電話会社が開発したものといわれている．簡便であるが，ほこり以外のものは除去できない，微量ながら油が床等に付着するなどの欠点もある．現在では，化学繊維を不織布として織り，静電気を利用してほこりを付着させたり，繊維の隙間を利用して土砂等を回収するダストクロス法が一般的である．

問題 148　正解　(2)・・・・・・頻出度 A A A

洗剤供給式床磨き機は，化学繊維のタフテッドカーペット等の洗浄に適している．

カーペット（繊維）床の清掃維持管理については下記のとおり．

1. パイル表面の粗ごみは，カーペットスイーパで除去する．
2. 繊維床に付着した土砂やほこりは時間の経過とともにパイルの中に沈み込むので，吸引力の強いアップライト型真空掃除機（**148-1 図**参照）などで吸引除去する．

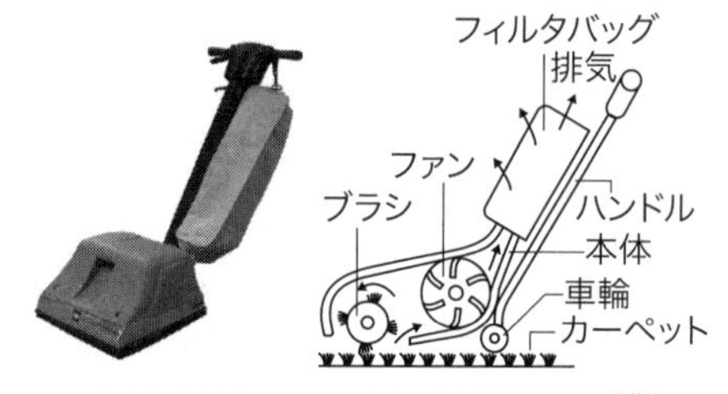

148-1 図　アップライト型掃除機[26][27]

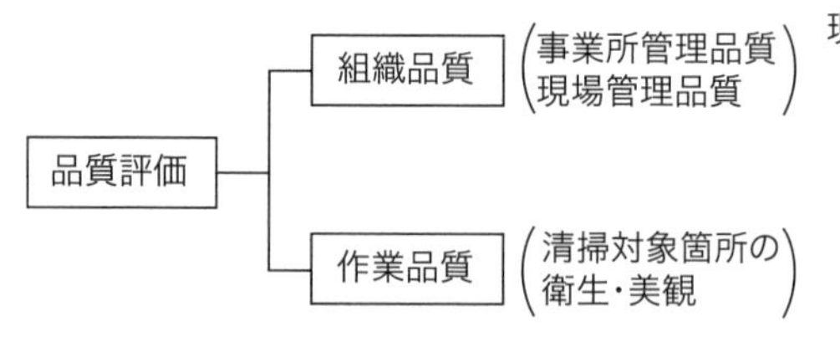

事業所管理品質（一部）
①教育訓練
②品質評価の実施
③現場指導
④顧客対応
⑤委託管理マニュアル

現場管理品質
①作業計画
②作業実施
③資機材管理
④資機材保管庫
⑤契約書・業務仕様書
⑥自主点検
⑦組織管理体制
⑧緊急対応体制
⑨苦情処理体制
⑩安全衛生
⑪従事者研修
⑫接客対応
⑬従事者控室
⑭廃棄物処理
⑮館内規則・貸与品等

146-1 図　清掃の品質評価の構成[25]

3. 汚れが目立つ場所ではスポットクリーニングを行う．

スポットクリーニングは，除じんで除去できない汚れがパイルの上部にあるうちに行う洗浄である．洗剤を含んだ粉末を使ったパウダー方式，拭取り方式，エクストラクション方式などがある．

4. 染みは，液体の異物が時間の経過により染着したものであるから，日常清掃で，染着する前にできるだけ速やかに拭取ることが望ましい．事務所建築物の繊維床材では，60％以上が親水性の染みである．

5. 全面クリーニングはパイル奥の汚れ除去と，全体の調和を保つために行う．

シャンプー後にすすぎ洗いをする方法が，汚れと残留洗剤の除去に最も適している．用いる機材は，洗剤供給式床磨き機，ローラブラシ方式機械，噴射吸引式機械，エクストラクタ，スチーム洗浄機がある．

1) 洗剤供給式の床磨き機は，一般のタンク式スクラバーマシンに比べ，カーペットの繊維による抵抗が増すため，カーペット専用のもの（低速回転）を使用する．この機械は，カーペットを敷いたままでシャンプークリーニングする方法として古くから開発され，普及している．ブラシが回転することによって，洗剤がカーペットのパイルにこすりつけられて発泡し，その泡によってクリーニングが行われる．洗浄効果は大きいが，パイルを損傷するおそれがあるので，ウールのウィルトンカーペット※よりは，化学繊維のタフテッドカーペット※等の洗浄に適している（**148-2 図**参照）．泡は別の真空掃除機によって吸引除去する．

※ カーペットの種類（**148-1 表**参照）．

2) ローラブラシ方式機械は，1)の方式を改良したもので，洗剤が機械内部で乾燥した泡となって供給され（この意味からドライフォーム方式とも呼ばれる），ローラ型の縦回転ブラシがパイル

148-1 表　カーペットの種類

ウィルトンカーペット	18世紀中，イギリスウィルトン地方で始まったカーペット．パイル密が細かくパイルの抜けがなく耐久性がある． 機械織りでパイル糸は純毛，厚手でしっかりしたカーペットだが，水分に弱く収縮を起こす．天然素材なのでメンテナンスは難しい．
タフテッドカーペット	基布に刺繍（ししゅう）のようにミシン針でパイルを刺し込んでいき，パイルの抜けを防ぐため，裏面に合成ゴムラテックスを塗り，塩ビなどの化粧裏地を貼り付ける．アメリカで開発され，従来のカーペットの30倍の生産速度を誇る．アクリルやナイロンなどをパイル糸に使用したものが多く，オフィスなどのカーペットタイルに広く使われている．強度や磨耗性が高いが，静電気を帯びやすく，多量の水に対しては収縮を起こす．
ニードルパンチカーペット	ポリプロピレンなどを圧着した表面がフラットな不織カーペット．ウェブという短繊維を薄く広く伸ばしたものを重ね合わせ，多数のニードル（針）で突き刺してフェルト状にする．裏面は，ラテックスコーティングされ，カットが自由，価格も安価．丈夫であるが弾力性やデザイン性には劣る．しみは落ちにくい．

148-2 図　洗剤供給式の床磨き機によるタイルカーペットの洗浄[28]

148-3 図　ローラブラシ方式（ドライフォーム方式）機械による絨毯（じゅうたん）の洗浄[29]

148-4 図　噴射吸引式機械（エクストラクタ）によるカーペットの洗浄[30]

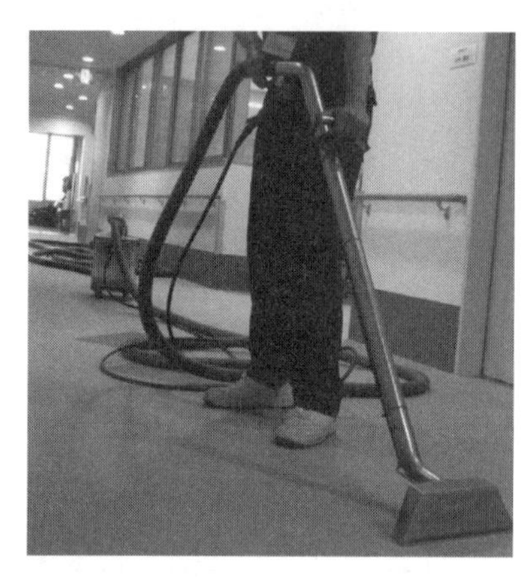

148-5 図　カーペットのスチーム洗浄作業[31]

を洗浄する．カーペットの基布を濡らして収縮を起こすおそれが少なく，パイルに対するあたりも柔らかで，パイルを傷めることが少ないが，洗浄力はスクラバ方式の機械よりも劣る．ウィルトンカーペット等のウールカーペットに適した機械である（**148-3 図**参照）．

3)　噴射吸引式機械（エクストラクタ **148-4 図**）は，操作杖（ウォンド）の先端にあるノズルから洗剤液を噴射して，直ちに吸引口（スリット）から吸引する構造になっており，これをカーペット上で操作することによって洗浄が行われる．シャンプークリーニングが洗剤の泡で洗浄するのに対して，この機械は洗剤液そのものでパイルを洗浄する．多量の液を噴射するので水分に耐えるカーペットに適する機械である．この機械は，シャンプークリーニング後のパイルに残留した洗剤分を，清水または温水ですすぎ洗いをする場合に使用されることも多い．

4)　スチームによるカーペットの洗浄は，海外では以前より行われていたがわが国では近年普及してきた．スチームでは，高温の水蒸気で汚れを分解するため，エクストラクタより残留水分が少ない．カーペットのしみ取りにも利用される．

6. 冬季の低湿度による静電気の帯電防止に，帯電防止剤を散布すると一定の効果がある．
7. パイルのほつれ等はすぐに補修する．施工初期でのジョイント部の毛羽立ちはカットする．

問題 149　正解　(2)・・・・・・頻出度 AAA

-(2)が正しい．自動床洗浄機は，洗剤供給式床磨き機と吸水式真空掃除機の機能をあわせもち，ビニルタイル床や石床の洗浄に用いられる（**149-1 図**参照）．

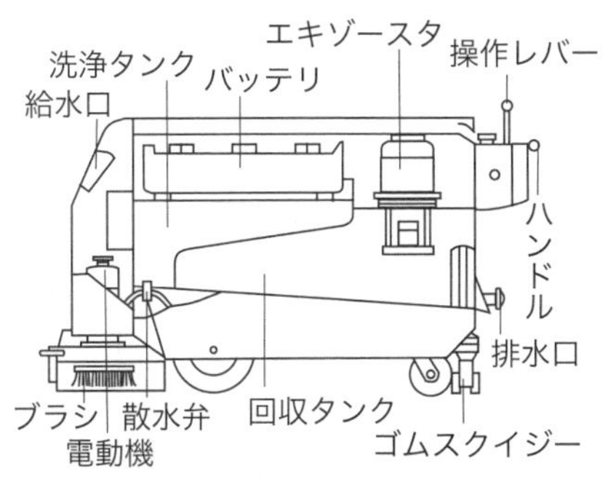

149-1 図　自動床洗浄機[32]

カーペット床専用の機械もある．

-(1)　主に塩ビシートなどの弾性床のドライメンテナンスに用いられる超高速バフ機の回転数は，毎分 1 000 ～ 3 000 回転である．

-(3)　移動する際にごみがこぼれない構造となっているのは，改良ちり取りである．三つ手ちり取りは金属製で堅牢．多量のごみを扱うのに適する（**149-2 図**参照）．

-(4)　凹凸のある床面では，ブラシを

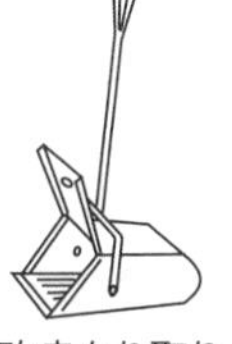

149-2 図　三つ手ちり取り，改良ちり取り[33]

用いる．平らなパッドでは清掃が斑（まだら）になってしまう．

-(5)　床磨き機のサイズは，凸凹のある床面で使用するブラシまたは平らな床面で使用するパッドの直径で区別している．使用するブラシは直径 20 ～ 50 cm で，シダの茎またはナイロン繊維を植え付けたものが普通であるが，ワイヤブラシを用いる場合もある．一般に使用されているものは，**149-3 図**のような 1 ブラシ式であるが，2 ブラシまたは 3 ブラシのものもある．

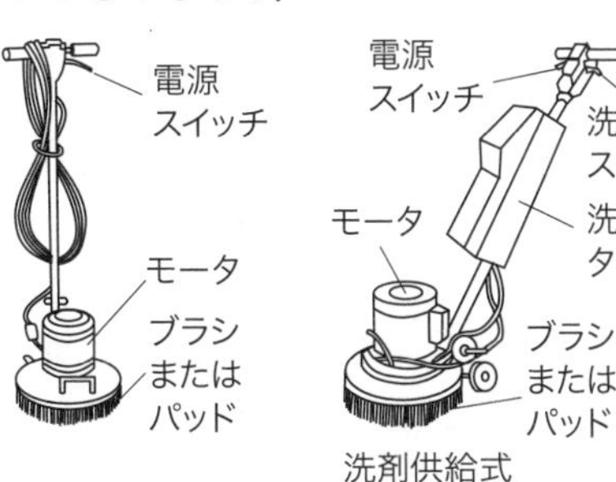

149-3 図　床磨き機[34]

問題 150　正解　(1)・・・・・・頻出度 AAA

助剤（ビルダ）は界面活性剤の表面張力を弱める．

助剤は洗剤の効果を高め，その作業を補うものである．界面活性剤の表面帳力を弱めて汚れに浸透しやすくする，pH を調整する，洗浄力を阻害するカルシウム，マグネシウムを封鎖する，汚れの再付着の防止等の作用をもつ．

助剤として用いられたリン酸塩が湖沼の富栄養化をもたらしたため現在は使われていない（現在はケイ酸塩が用いられている）．

-(5)　水素イオン濃度指数（pH値）は次式にほぼ等しい．[H⁺] は水素イオンのモル濃度 [mol/L]．

$$pH \fallingdotseq -\log_{10}[H^+]$$

洗剤の分類では，pH 3 未満のものを「酸性」，pH が 3 ～ 6 のものを「弱酸性」，pH が 6 ～ 8 のものを「中性」，pH が 8 ～ 11 のものを「弱アルカリ性」，pH が 11 以上のものを「アルカリ性」などとしている．

問題 151　正解　(3)・・・・・・頻出度 A A A

酸性洗剤は，尿石（主にカルシウム分）や赤錆（鉄分）の除去に用いる．

清掃に用いる洗剤についての出題項目は次のとおり．

1．界面活性剤

清掃に使用される洗剤の主剤は，石油を主な原料とする化学合成された界面活性剤である．

1)　界面活性剤は少量で水の界面における挙動を著しく変化させ，その表面張力を弱める．それによって対象物を濡らす，浸透する，汚れを離脱させ水中に溶け込ませる，汚れの再付着を防止するなどの作用がある．

2)　合成洗剤は界面活性剤の種類によって陰イオン系活性剤，陽イオン系活性剤，両性系活性剤，非イオン系活性剤などに分けられる．

3)　合成洗剤は冷水や硬水にも良く溶け硬水中でも洗浄力を失わない．

2．万能洗剤（一般用洗剤）

床，家具その他各種の洗浄作業に用いられる．陰イオン系・非イオン系の界面活性剤を併用．pH 9 ～ 11 の弱アルカリ性で，作業性をよくするため泡立ちを抑えてある．ケイ酸塩等の助剤を含む．助剤の添加を控えて有機溶剤や酵素を添加したものもある．

3．カーペット用洗剤

高級アルコール系の極めて発泡性の高い界面活性剤で，繊維を傷めないように中性となっている．残った洗剤分の粉末化や速乾性等の特徴がある．

4．表面洗剤（床維持剤用表面洗剤）

床面に塗布した樹脂床維持剤の皮膜の手入れ用として作られたもので，成分的には一般洗剤とそれほど変わらないが，皮膜に影響を与えずに表面の汚れだけを除去するために，弱アルカリ性で，使用後の拭き取りなどの処理が楽になるように泡立ちが少ない．有機溶剤を配合してあるものが多い．

5．酸性洗剤

便器等の洗浄に用いる．無機酸が配合してあるので尿石（主にカルシウム分），赤錆（鉄分）の除去に有効である．酸に弱い大理石，テラゾーなどの建材には使用できない．塩素系の薬剤と混ぜると塩素ガスを発生して危険である．

6．強アルカリ性洗剤

油脂分を含む頑固な汚れに使用する．厨房やガレージの床用．ゴム系のタイルには使用できない．

7．研磨剤入り洗剤

粉状研磨剤と界面活性剤を混合したもので，真ちゅう金物磨き作業に使用される．他の金属・陶器類に使用すると表面を損傷し，美観を損なうおそれがあるので乱用してはならない．

-(1), -(2)　床維持剤（フロアフィニッシュ）2022-149 参照.

-(5)　剥離剤は，床面に塗布した床維持剤の皮膜除去に用いる．低級アミン（アンモニア NH_3 の水素原子を炭化水素基または芳香族原子団で置換した化合物で，1 分子中の炭素原子が 5 個以下のもの．2 - アミノエタノール C_2H_7NO などがある）やアンモニアを主剤としたものに界面活性剤が添加され，強アルカリ性．ゴム系，リノリウム系，木質の床には変色ひび割れを起こすため使用できない．また，使用者の皮膚をいためるので注意を要する．ただし，塩化ビニル系床材は剥離剤への耐性があり，変色などの影響がほとんどない．

問題 152　正解　(4)・・・・・・頻出度 A A A

リノリウムはアルカリに弱いので剥離剤は使用できない（**152-1 表**参照）.

問題 153　正解　(4)・・・・・・頻出度 A A A

カーペット全体の調和を保つためには，シャンプークリーニングを行う必要がある（本年度 -148 解説参照）.

-(1), -(2)　繊維床の素材については **153-1 表**参照.

-(5)　カーペットのパイルとはカー

152-1 表　弾性床材

種類	組成	特徴
リノリウム リノタイル	材料は天然素材である．麻布・紙（基材），コルク木粉，炭酸カルシウム，亜麻仁油，顔料	抗菌性がある．多孔質，アルカリ性洗剤・水に弱い． 剥離剤により簡単に色抜け，変色，風合いの低下が起きる．
アスファルトタイル	アスファルト，炭酸カルシウム，クマロン樹脂，顔料	耐水性あり．耐溶剤性に乏しい．
ゴムタイル ゴムシート	天然ゴム，合成ゴム，炭酸カルシウム，陶土，加硫剤，顔料，酸化防止剤	耐摩耗性に優れる． 溶剤・強アルカリ性洗剤に影響される． 剥離剤により黄変．
塩化ビニルタイル 塩化ビニルシート	塩化ビニル＝酢酸ビニル共重合樹脂，可塑剤，炭酸カルシウム，安定剤，顔料	剥離剤・洗剤に対して耐性が大きく，耐水性にも富む． 可塑剤によって床維持剤の密着不良が起きやすい． 床維持剤塗布の要らない製品が開発されている．

153-1 表　カーペットパイルの素材(35)

種類		染色性	耐久性	汚れ除去性	含水率	色素の沈着
天然繊維	ウール	最上	大	親水性の汚れは取りにくい	15 %	大
合成繊維	ナイロン	中	大	中間的な性質を示す	5 %	中
	アクリル	上	小	親水性の汚れは取れやすい	0 %	無（構造上）
	ポリエステル	上	中	親水性の汚れは比較的取れやすい	0.5 %	無（構造上）
	ポリプロピレン	下	復元力が乏しい	親水性の汚れは取れやすい	0 %	無（成分上）

ペットの表面にある毛足のこと．パイルには大きく分けて，ループパイル（毛先が輪になっている）とカットパイル（毛先が切りそろえてある）がある（**153-1図**参照）．

153-1図　ループパイルとカットパイル

問題154　正解　(5)・・・・・・**頻出度**AAA

木質が硬いのは広葉樹の床材である（**154-1表**参照）．

154-1表　建材に使用される代表的な樹木[36]

	樹種	特徴・用途
針葉樹	杉,松,ひのき,もみ，つが	概して木質が軟らかい フローリングボード 縁甲板（えんこう）※，建具，造作
広葉樹	なら,けやき,くり，ぶな,かえで,かし,ラワン	木質が硬い フローリングブロック※ モザイクパーケット※

※ 縁甲板：和風廊下などに用いられる長尺の床板材．

※ フローリングブロック，モザイクパーケット：いずれも広葉樹木片を組み合わせた寄木細工風の床材（50 cm × 50 cm程度の正方形のものが多い）．後者が高級品．**154-1図**参照．

154-1図　フローリングブロックの例[37]

-(1)　複合フローリングは，基材となる集成材や合板の上に薄くスライスした天然木（単板）や化粧シートなどを張り合わせて作られた床材．

-(2)　平成29年，体育館の床から剥離した床板が腹部に突き刺さり重傷を負うなどの事故の報告があったため，文部科学省が，水拭きおよびワックス掛けの禁止を通知している．

-(3)　美観と適切な滑りを確保するため，体育館のフローリング床はポリウレタン樹脂塗料で塗装（シール）されていることが多い．

-(4)　シールされていない木製床材の表面保護には油性ワックス，フロアオイルを用いる．

問題155　正解　(3)・・・・・・**頻出度**AAA

セラミックタイルには，磁器，炻器（せっき），陶器製とあるが，床材に用いられるのは磁器タイルである．磁器タイルの吸水性はほとんど0である．

硬性床材については**155-1表**参照．

問題156　正解　(3)・・・・・・**頻出度**AAA

労働安全衛生規則でライフラインの設置が義務付けられており，違反すると労働安全衛生法により罰せられるおそれがある．

ライフラインは，**156-1図**参照．

-(1)　自動窓拭き機は，天候に左右されず作業ができる,従事者に危険がない,作業能率が良いなどの利点があるが，クリーニングの仕上がりは，今のところ人の作業に比べて十分でない．

-(2)　外装清掃の頻度は，**156-1表**参照．

155-1 表　硬性床材一覧

種類	組成	特徴
大理石	変成岩の一種，結晶性石灰岩（主として方解石）が主成分	層状．石質は密．吸水率は低く，耐酸性，耐アルカリ性に乏しい．
花崗岩	火成岩の一種．石英，長石，雲母等の結晶の結合体	塊状．非常に固く密である．アルカリ，酸，油には耐性があるが耐熱性に乏しい．
テラゾー※	大理石片．ポルトランドセメント	多孔質．組成上大理石と似ている．耐酸性に乏しい．
セラミックタイル	粘土にロウ石，陶石，長石，石英等を粉砕して加えたもの	耐酸性，耐アルカリ性があり，耐摩耗性も大である．
モルタル，コンクリート	砂利，砂，ポルトランドセメント	多孔性．耐酸性に乏しく表面の凹凸が激しい．

※　テラゾー：人造石の一種．主に大理石などの砕石粒（種石という）とセメントを練り混ぜたものを塗り付け，硬化後に表面を研磨・つや出しして仕上げたもの．磨耗に強く，耐久性などに優れており，床・壁などに用いられる（**155-1 図**）．

155-1 図　テラゾー(38)

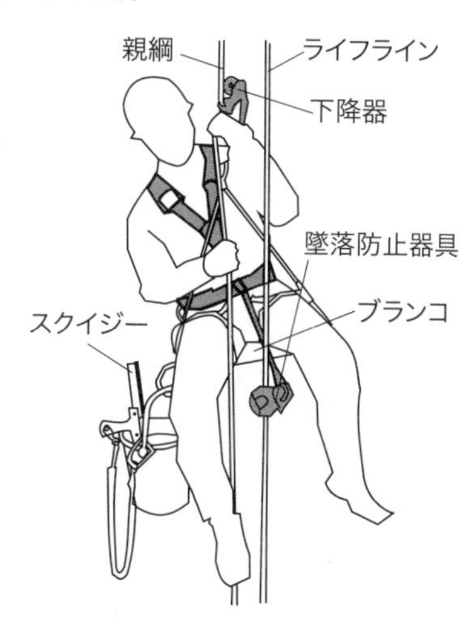

156-1 図　ブランコ作業のライフライン(39)

問題 157　正解　(2)・・・・・・頻出度 A A A

70 % が家庭系ごみ，30 % が事業系ごみである（**157-1 表**参照）．

156-1 表　外装清掃の頻度(40)

建築物立地条件 / 外装の素材		ガラス	金属材（アルミニウム ステンレス）	コンクリート 石 タイル
臨海工業地帯		1/ 月	4 ～ 6/ 年	1/3 年
海岸地帯，工業地帯		1/ 月	3 ～ 4/ 年	1/3 年
商業地帯	都心等汚れが多いところ	1/ 月	2 ～ 3/ 年	1/3 年
	地方都市の汚れが少ないところ	1/2 月	2/ 年	1/5 年
田園地帯		1/2 月	1/ 年	1/5 年

157-1 表　ごみの処理の概要（平成 30 年度）

総排出量	4 272 万 t	微減傾向が続いている.
国民 1 人当たりのごみの排出量	約 918 g/（日・人）	〃
生活系ごみ	2 967 万 t	総排出量の約 70 %
事業系ごみ	1 307 万 t	総排出量の約 30 %
中間処理量	3 841 万 t	うち焼却量 3 262 万 t（85 %）
減量化量	3 042 万 t	総排出量の約 75 %
直接最終処分量	44 万 t	総排出量の 1.1 %
最終処分量	384 万 t	総排出量の 9.4 %
ごみの総資源化量	853 万 t	リサイクル率 19.9 %
ごみ焼却施設数	1 082 か所	うち余熱利用 748（発電 379）
最終処分場施設数	1 639 か所	微減傾向
最終処分場残余容量	10 134 万 m^3	微減傾向
最終処分場残余年数	21.6 年	微増傾向
収集手数料有料化市町村率	生活系ごみで約 80 %（粗大ごみ含む）	
ごみ処理事業経費（全国）	2.09 兆円	国民 1 人当たり約 16 400 円

157-2 表　し尿・浄化槽汚泥処理の概要（平成 30 年度）

水洗化率（人口比）	95.2 %（公共下水道 75.6 %, 浄化槽 19.6 %）
くみ取りし尿, 浄化槽汚泥（年間処理計画量のうち）	し尿処理施設 93 %, 下水道投入 6 %
し尿処理事業費（全国）	2 179 億円（国民 1 人当たり 7 000 円）

157-3 表　わが国の産業廃棄物の処理の概要（平成 30 年度）

総排出量		3.8 億 t	→（安定）
業種別	電気・ガス・熱供給・水道業	26.90 %	→
	建設業	21.20 %	→
	農業・林業	20.80 %	→
種類別	汚泥	44.40 %	→
	動物のふん尿	20.70 %	→
	がれき類	16.10 %	→
処理状況	再生利用率	52 %	→
	減量化率	45 %	→
	最終処分率	2 %	微減傾向

-(1), -(2), -(3)　わが国の一般廃棄物（ごみ，し尿・浄化槽汚泥）の処理について **157-1 表**，**157-2 表**参照.

-(4), -(5)　産業廃棄物の処理については，**157-3 表**参照.

問題 158　正解　(1)……頻出度 A A A

一般廃棄物の埋立処分場は，管理型最終処分場と同じ規格である.

最終処分とは，埋立処分場に埋め立てることである.

「一般廃棄物の最終処分場及び産業廃棄物の最終処分場に係る技術上の基準を定める省令」により，産業廃棄物の最終処分場（埋立て処分場）には，安定型，管理型，遮断型処分場がある（**158-1 表**参照）. なお，一般廃棄物の埋立処分場は，管理型最終処分場と同じ規格である.

-(2)　ごみの減量処理では焼却処理が大きな比重を占める（中間処理量の 85

158-1 表　産業廃棄物の最終処分場

安定型最終処分場	埋立てにより汚水等を発生しない廃プラスチック類やがれき類等安定型産業廃棄物※を埋立てする処分場.
管理型最終処分場	埋立物から発生する汚水等が地下水や公共水域の汚染を生じない対策が講じられている.
遮断型最終処分場	有害物質が基準を超えて含まれる燃えがら，ばいじん等有害な産業廃棄物を埋立てする最終処分場.

※ 安定型品目の産業廃棄物：廃プラスチック類，ゴムくず，金属くず，ガラスくず・コンクリートくず・陶磁器くず，がれき類(廃棄物処理法施行令第 6 条)

% 程度).

通常，ごみは 800 ℃ 以上の高温で焼却され，悪臭物質は熱分解される．焼却の結果，重量は 15 % に減量され，容積は，5 ～ 10 % まで減容される.

全国の焼却施設の約 70 % で種々の余熱利用が行われており，30 % で発電が行われている.

焼却で発生した残渣の大部分は最終処分場に埋め立てられている.

-(3), -(4), -(5)　廃棄物中間処理の施設・技術等は，**158-2 表**参照.

問題 159　正解　(5)・・・・・・頻出度 A A A

循環型社会形成推進基本法　第 2 条（定義）　この法律において「循環型社会」とは，製品等が廃棄物等となることが抑制され，並びに製品等が循環資源となった場合においてはこれについて適正に循環的な利用が行われることが促進され，及び循環的な利用が行われない循環資源については適正な処分（廃棄物（ごみ，粗大ごみ，燃え殻，汚泥，ふん尿，廃油，廃酸，廃アルカリ，動物の死体その他の汚物又は不要物であって，固形状又は液状のものをいう．以下同じ.）としての処分をいう．以下同じ.）が確保され，もって天然資源の消費を抑制し，環境への負荷ができる限り低減される社会をいう.

158-2 表　廃棄物中間処理施設・技術等[41]

要素技術	施設・技術	効果		
		主目的	目的	副次効果
焼却	焼却施設	減量化　減容化	安定化	
	焼却施設（温水利用等）	減量化　減容化	安定化	資源化
	焼却施設（発電等）	資源化　減量化　減容化	安定化	
溶融	ごみ溶融施設	減量化	安定化	資源化
	焼却残渣溶融施設	減容化　安定化	−	資源化
選別（破砕）	リサイクルプラザセンター	資源化　減量化	−	減容化
破砕・選別	粗大ごみ処理施設	減容化	資源化	減量化
堆肥化（選別）	高速堆肥化施設	資源化	減量化 減容化 安定化	−
選別・乾燥	ごみ燃料化施設（RDF）	資源化　減量化　減容化	−	−
熱分解	熱分解ガス化・油化施設	資源化　安定化	減容化	減量化
溶融・固化	廃プラスチック減容施設	減容化	−	−

問題 160　正解　(5)・・・・・・**頻出度** A A A

廃棄物処理法　第 1 条（目的）　この法律は，廃棄物の排出を抑制し，及び廃棄物の適正な分別，保管，収集，運搬，再生，処分等の処理をし，並びに生活環境を清潔にすることにより，生活環境の保全及び公衆衛生の向上を図ることを目的とする．

e-Gov 法令検索で「地球環境の保全」を全文検索すると，いくつかの法律が出てくるが，環境基本法も循環型社会形成推進基本法も出てこない．廃棄物処理法と並んで，この二つの法律も「地球環境の保全」を法の目的に含んでいない．

問題 161　正解　(1)・・・・・・**頻出度** A A A

特別管理産業廃棄物管理責任者を置かなければならないのは，下記のとおり診療所の事業者（経営者）である．

廃棄物処理法　第 12 条の二第 8 項　その事業活動に伴い特別管理産業廃棄物を生ずる事業場を設置している事業者は，当該事業場ごとに，当該事業場に係る当該特別管理産業廃棄物の処理に関する業務を適切に行わせるため，特別管理産業廃棄物管理責任者を置かなければならない．ただし，自ら特別管理産業廃棄物管理責任者となる事業場については，この限りでない．

問題 162　正解　(4)・・・・・・**頻出度** A A A

店舗から廃棄された発泡スチロールは，事業系廃棄物の廃プラスチックとして，産業廃棄物である（**162-1 図**ならびに**共通資料 5** 参照）．

問題 163　正解　(1)・・・・・・**頻出度** A A A

B2 票は運搬業者→排出事業者，中間処理業者からは，D 票→排出事業者，である．

紙マニフェスト各票の流れ，役割，送付期限（過ぎたら処分状況を確認）・保

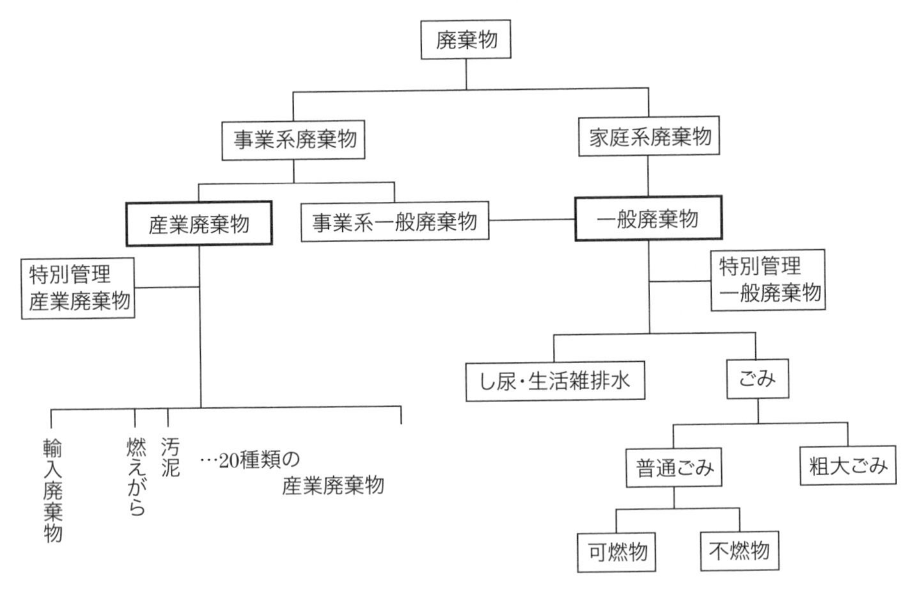

162-1 図　わが国の廃棄物の分類

163-1 表　産業廃棄物管理票（紙マニフェスト）の流れと各票の役割

票名	流れ	役割	返却送付期限	
			産業廃棄物	特別管理産業廃棄物
A	排出事業者の控え	排出事業者の廃棄物引渡し確認用	−	−
B1	排出事業者→運搬受託者→処分受託者→運搬受託者	運搬受託者の運搬終了確認用	−	−
B2	排出事業者→運搬受託者→処分受託者→運搬受託者→排出事業者	排出事業者の運搬終了確認用	90 日	60 日
C1	排出事業者→運搬受託者→処分受託者	処分受託者の処分終了確認用	−	−
C2	排出事業者→運搬受託者→処分受託者→運搬受託者	運搬受託者の処分終了確認用	−	−
D	排出事業者→運搬受託者→処分受託者→排出事業者	排出事業者の処分終了確認用	90 日	60 日
E	(最終処分受託者からの二次マニフェストのE票を受けて，排出事業者→運搬受託者→処分受託者→排出事業者	排出事業者の最終処分終了確認用	180 日	
各票保存期間			5 年	

管期限は **163-1 表，163-1 図**参照.

産業廃棄物の排出事業者が，その処理を委託した産業廃棄物の移動および処理の状況を自ら把握するために産業廃棄物管理票制度（マニフェスト制度）が設けられている．マニフェストとは本来積荷目録のことである．このマニフェストの伝達によって，不法投棄の防止，有害廃棄物の適正処理を担保しようとする移動管理のシステムである．

マニフェスト制度には電子マニフェストと紙マニフェストが規定されている．電子マニフェストは，通信ネットワークを使用して，排出事業者がその処理を委託した廃棄物の流れを管理する仕組みである．現在一部の廃棄物について電子マニフェストが義務化されようとしている．

電子マニフェスト制度では，データは行政，排出事業者，処理業者と共有され，マニフェスト票の保管の必要がない．

標準の紙マニフェストは 7 枚綴りの複写伝票で，排出事業者が交付する一次マニフェスト，中間処理業者が発行する二次マニフェストがある．

問題 164　正解　(4)……**頻出度** A

延べ作業時間 [人·h] を計算する．

役員室および会議室　$380\ m^2 \div 95\ m^2/(人\cdot h) \times 1$ 回 $= 4$ [人·h]

事務室　$5\,200\ m^2 \div 200\ m^2/(人\cdot h) \times 1$ 回 $= 26$ [人·h]

合計 30 [人·h]

これを 2.5 時間で終わらせるには，$30 \div 2.5 = 12$ 人必要．

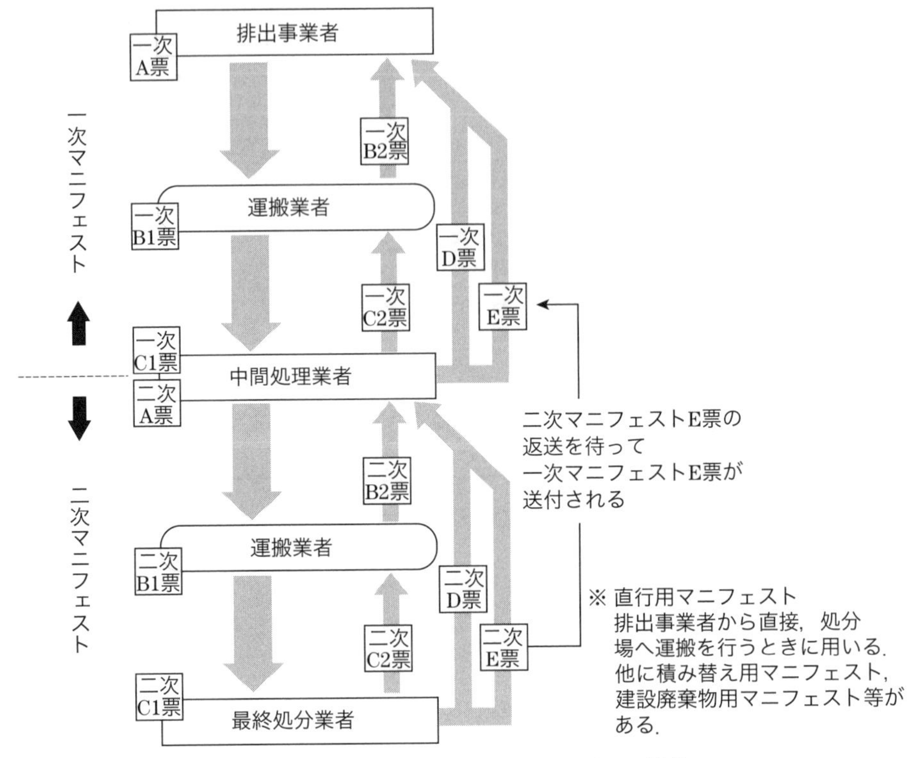

163-1 図　紙マニフェストの流れ（直行用※）(42)

問題 165　正解　(3)……頻出度 AAA

電子レンジは家電リサイクル法の対象となる特定家庭用機器に含まれていない．小型家電リサイクル法の対象ではある．

一般法である循環型社会形成推進基本法とそれに基づく特別法（個別法）の一覧を **165-1 表**にあげる．

ねずみ，昆虫等の防除
問題 166～問題 180

問題 166　正解　(3)……頻出度 AAA

ヒトスジシマカの吸血源は哺乳動物，鳥類，爬虫類，両生類と多様である．

蚊の種類，生態は次のとおり．

1．蚊の種類（**166-1 表**参照）

国内では 100 種以上の蚊の生息が記録されているが，屋内で発生するのはチカイエカ 1 種である．屋外で発生して屋内に侵入する種についても防除対策が必要である．

チカイエカ，アカイエカ，沖縄のネッタイシマカの外部形態での区別は困難である．

2．蚊の習性・生態

1)　蚊は吸血によって病原体を取り込むと，それらが増殖・発育して感染蚊となり，多くの感染症の媒介者となる．

2)　蚊は卵→幼生（ボウフラ）→蛹（さなぎ）→成虫と完全変態して成長する昆虫である．幼生は 4 回脱皮して蛹となる．

165-1 表　循環型社会形成推進基本法と各種リサイクル法

法令名	法令通称	内容
循環型社会形成推進基本法 平成 12 年（2000 年）	－	循環型社会の構築に関する基本的な枠組みを規定．3R（リデュース，リユース，リサイクル）の推進．
容器包装に係る分別収集及び再商品化の促進等に関する法律 平成 7 年（1995 年）	容器包装リサイクル法	ごみ容積の約 60 % を占める「容器」や「包装」を再商品化できるよう，消費者には「分別排出」，市町村には「分別収集・選別保管」，事業者には「再商品化」することを義務付けた．
特定家庭用機器再商品化法 平成 10 年（1998 年）	家電リサイクル法	特定家庭用機器（家庭用エアコン，テレビ，電気冷蔵庫・冷凍庫，電気洗濯機・衣類乾燥機）の，小売業者による引き取り，製造業者等による再商品化，消費者による廃棄収集運搬料金とリサイクル料金の負担を規定．
資源の有効な利用の促進に関する法律 平成 12 年（2000 年）	パソコンリサイクル法	メーカーに回収・リサイクルが義務付けられている．
食品循環資源の再生利用等の促進に関する法律 平成 12 年（2000 年）	食品リサイクル法	事業者，消費者は食品廃棄物等の発生抑制等に努める．食品関連事業者は再生利用等の基準に従い再生利用等に取り組む．
建設工事に係る資材の再資源化等に関する法律 平成 12 年（2000 年）	建設リサイクル法	特定建設資材（コンクリート，アスファルト，木材等）を用いた一定規模以上の建設工事について，その受注者等に対し，分別解体，再資源化等を行うことを義務付け．
国等による環境物品等の調達の推進等に関する法律 平成 12 年（2000 年）	グリーン購入法	国等の機関にグリーン購入を義務付けるとともに，地方公共団体や事業者・国民にグリーン購入に努めることを求めている．
使用済自動車の再資源化等に関する法律 平成 14 年（2002 年）	自動車リサイクル法	所有者のリサイクル料金の負担と関連業者の役割を規定（製造事業者によるシュレッダーダスト等の再資源化）．
使用済小型電子機器等の再資源化の促進に関する法律 平成 24 年（2012 年）	小型家電リサイクル法	消費者および事業者の責務として，使用済小型電子機器（携帯電話，デジタルカメラ，電子レンジ，ゲーム機など）の分別排出，利用されている金属等の回収・リサイクルについて規定．

3)　蚊が吸血する目的は，雌が卵を産むためである．雄は吸血しない．

3．チカイエカ

1)　チカイエカの幼虫の発生源は，主に地下の浄化槽，汚水槽，湧水槽などである．

2)　チカイエカの卵は卵塊として水面に産み落とされ，1 卵塊の卵数は 50 ～ 80 個．

3)　チカイエカは外見的にはアカイエカ，ネッタイイエカに極めて似ており，外見上の区別は困難であるが次のよう

166-1表　人から吸血する主な蚊

蚊の種類	生息分布	発生源（幼虫発育環境）	吸血源・吸血時間帯	感染症の媒介	備考
チカイエカ	北海道から九州	主に地下水域 浄化槽，汚水槽，湧水槽等	鳥類，哺乳類 ・日没後	（今のところ知られていない）	無吸血産卵 冬季も休眠しない 狭所交尾性
アカイエカ	北海道から九州	有機物の多い水域 下水溝，雨水ます，消火水槽	鳥類，哺乳類 ・日没後	ウエストナイル熱	成虫は少なくとも 1.2 km ほど移動する
ネッタイイエカ	沖縄，奄美大島，屋久島	有機物の多い水域 下水溝	鳥類，哺乳類 ・日没後	ウエストナイル熱 フィラリア	季節性の休眠なし
コガタアカイエカ	北海道と青森を除く全ての地域	水田，湿地	鳥類，牛，豚など大型哺乳類 ・日没後	日本脳炎	数 km から数十 km の移動
ヒトスジシマカ	青森県から南西諸島	空き缶，雨水ます，古タイヤなど小さい水域	哺乳動物 鳥類 爬虫類，両生類 ・日中	デング熱 チクングニア熱 ジカウイルス感染症	冬季は卵のステージで越冬する 成虫は 100 m ～ 150 m 移動
ネッタイシマカ	種子島以南に定着する可能性がある	空き缶，雨水ます，古タイヤなど小さい水域	哺乳動物（主にヒト） ・日中	デング熱，黄熱，ジカウイルス感染症	空港周辺で発見されることが多い

な生態的違いがある．

(1)　蚊の雌が吸血するのは産卵のためであるが，チカイエカに限って羽化後初めての産卵は吸血しなくとも行える．その後は激しく吸血する．

(2)　チカイエカは冬期でも休眠せず，暖房された室内では盛んに吸血することから冬の蚊といわれる．

(3)　多くの蚊は交尾に広い空間を必要とするが，チカイエカは試験管のような狭い場所でも自由に交尾する(狭所交尾性)．また，浄化槽内のような暗黒の条件下でも休眠せず交尾活動を行い産卵する．

4)　チカイエカが媒介する感染症は今のところ知られていない．

蚊の防除については，2022-166．

問題 167　正解　(5)・・・・・・頻出度 A A A

屋内に生息するゴキブリで，東北地方や関東地方の屋外で越冬できる種類としてヤマトゴキブリがあげられる．

日本に生息する60種あまりのゴキブリの多くは，屋外で生活している．屋内に定着しているゴキブリの種類（**167-1表**），生態は下記のとおり．

1．ゴキブリの発育過程

1)　ゴキブリは卵→幼生（若虫）→成虫と経過し，蛹の時期がない不完全変態である．

卵は卵鞘（らんしょう）の形で生み出される．

167-1 表　わが国で屋内に定着するゴキブリ

種類	生態
チャバネゴキブリ	全世界に広く分布する都市環境の代表的屋内害虫．飲食店，病院等に多く，日本では北海道から沖縄まで，都市を中心に広く分布している．小型で成虫の体長 1.5 cm．全体は黄褐色で前胸背板に明瞭な 2 本の細長い黒斑がある．チャバネゴキブリは日本の冬季では暖房なしでは越冬できないが暖房設備のあるビルでは通年生息する．1 年に 2 ～ 3 回世代交代を繰り返している．
クロゴキブリ	成虫の体長は 3 ～ 4 cm．やや褐色がかった艶のある黒色で斑紋はない．本州（関東以西），四国，九州に多く，一般住宅の優占種．ビルでは厨房，湯沸場，建築物周辺や下水道，側溝等でも見られる．気温の高い夏期に雌雄が一対で飛行行動し分布を拡大する．
ワモンゴキブリ	成虫の体長は 3 ～ 4.5 cm で大型種．熱帯性で九州以南に多かったが最近では暖房の完備したビルで各地に定着している．やや赤みを帯びた黄褐色で前胸背板に黄白色の輪紋（りんもん）がある．
トビイロゴキブリ	ワモンゴキブリに似た大型種．前胸背板にはいかり状の黄斑紋がある．日本における分布は，局地的である．
ヤマトゴキブリ	屋外でも暮らす半野生種で農村地区や郊外の木造住宅で多いが，都心の下水溝や飲食店で生息が確認されている．クロゴキブリに形態は似ているが，艶が少なくやや小型で平たい感じを受ける．
キョウトゴキブリ	クロゴキブリに似ているが大きさはチャバネゴキブリに近い．

2)　チャバネゴキブリの例

(1)　卵鞘中には 30 ～ 40 個の卵が入っている．

(2)　雌は孵（ふ）化直前まで尾端に卵鞘を保持している．

(3)　21 ～ 28 日で孵化．6 齢を経て成虫になる．成虫になるまでの期間は温度によって異なり，25 °C で約 60 日，27 °C で 45 日，20 °C では 220 日と著しく長くなり，それ以下の温度では生息が困難になる．

クロゴキブリやワモンゴキブリのような大形種では，1 卵鞘中の卵の数が 15 ～ 25 個と少ない．卵鞘は，数日で産み落とされ，成虫の唾液等でくぼみや隙間等に固定される．卵から成虫までに 1 年またはそれ以上を要する．

(4)　チャバネゴキブリ 1 匹の雌は一生の間に平均 5 回産卵する．

(5)　チャバネゴキブリは，休眠性をもたず，日本の冬季では暖房なしでは越冬できないが，暖房設備のあるビルでは通年生息する．1 年に 2 ～ 3 回世代交代を繰り返している．

2.　ゴキブリの習性

1)　夜間活動性

夜間特定の時間帯に潜伏場所から出現し，摂食，摂水行動を起こす．体内に組み込まれた体内時計により，約 24 時間を周期とする行動が見られる．

昼間は一定条件（暖かい，暗い，狭い，餌や水に近い）の潜み場所に潜んでいる．

2)　集合フェロモンをふん中に分泌し，

これによって群れる．単独よりも集団で生活する方が発育は早い．

3) 雑食性で，食品類，汚物などさまざまなものを餌とする．

ゴキブリ類は，幼虫と成虫の活動場所は同じで，その食性も発育段階によって変化しない．

4) 物の縁や隅を通る傾向があり，壁から5 cm程度の隅に活動が集中する．

5) 潜伏場所の近辺にはローチスポット（ゴキブリの排せつ物による汚れ）が多く見られる．

-(2) 1トラップ当たり・1日当たりの捕獲数であるゴキブリ指数は，200匹÷8か所÷5日間＝5匹/(か所・日)である．

-(4) 危険を知らせる警戒フェロモンは園芸の害虫の方のアブラムシが分泌する．ゴキブリのフェロモンというと集合フェロモンと分散フェロモン（生息密度が上がり過ぎるのを防ぐ）が知られている．

ゴキブリの防除については2022-169．

問題168　正解　(3)・・・・・・頻出度AAA

チャバネゴキブリは，休眠性をもたず，日本の冬季では暖房なしでは越冬できないが，暖房設備のあるビルでは通年生息する（本年度-167解説参照）．

問題169　正解　(4)・・・・・・頻出度AAA

ケナガコナダニは屋内塵（じんせい）性のダニで新しい畳によく発生する．

ダニの種類については**169-1表**参照．

ダニの形態・生態については次のとおり．

ダニの体は，口器がある顎（がく）体部と，頭，胸，腹が融合した胴体部の二つに分かれていて，はっきりした頭部はなく，触覚も持たない．

ダニは分類学的にはクモに近く昆虫ではない．卵→幼虫→若虫→成虫と成長する．幼生では脚は3対，若生，成虫で4対である．

ダニの防除については次のとおり．

1. 吸血性ダニ類の殺虫剤感受性は高く，一般に使用されている有機リン剤やピレスロイド剤のほとんどは有効であり，残留処理や，室内全体で被害が発生している場合は，煙霧，ULV，燻煙剤等でも対応できる．

2. 動物寄生性のダニ

1) イエダニ

ネズミの巣の除去を行う．屋内にあってはゴキブリに準じた煙霧処理を行う．

2) 鳥に寄生するダニ

巣の除去を行うが，鳥の卵ごと除去する場合には，市町村長または都道府県知事の許可が必要となる．

3) ペットの犬にマダニ類が発見された場合には，獣医師に動物体表のマダニ類を駆虫してもらう．

3. 屋内塵性のダニ

屋内塵性のダニの薬剤感受性は一般的に低く，十分な効果が期待できる殺虫剤は少ない．

これらのダニの発生は多分に温湿度依存的で，25 °C以上，60 %以上の湿度でよく発生する．長期間の乾燥には耐えられないので，室内を通風・除湿によって乾燥し高室温を避ける．

ヒョウヒダニなどは人の垢（あか）やフケが餌になっているので室内の除塵（じょじん）・清掃を頻繁に行う．

ツメダニ類は殺虫剤に対する感受性が極めて低く，薬剤による対策はあまり期待できない．他のダニやチャタテムシ等の小昆虫を捕食して繁殖するので，餌となるダニ，小昆虫が増殖しないように除

169-1 表　主なダニの種類

種類	名称	被害	備考
動物寄生性のダニ	イエダニ	吸血	ネズミに寄生する．
	スズメサシダニ トリサシダニ ワクモ	吸血	スズメなどの野鳥やニワトリに寄生する．軒下などに営巣した野鳥の巣から室内に入りこむ．トリサシダニやスズメサシダニの被害は，野鳥の巣立ちの時期に集中する．
	マダニ	吸血	マダニ類は飼い犬が宿主になって庭先で発生することがある．マダニ類は雌雄とも，幼虫，若虫，成虫の全ての発育段階で吸血する．マダニは，第1脚の先端部分に温度や炭酸ガスを感知する器官をもち，吸血源動物が近づいてくるのを，植物の葉の先端部で待ち構えている．
	シラミダニ	刺咬	シラミダニはカイコに寄生する．偶発的に人を刺すが吸血はしない．
肉食性のダニ	ツメダニ	刺咬	ツメダニは他のダニやチャタテムシを捕食するが，動物吸血性ではない．まれに人を刺す．
屋内塵性のダニ	ヒョウヒダニ類 コナダニ類 ホコリダニ類	アレルゲン	ヒョウヒダニ類が優占種である．ケナガコナダニは新しい畳によく発生する．保存食品からも発生する．
植物由来のダニ	ハダニ類	不快感	ヒメハダニなどが鉢植の花などと共に建築物内に持ち込まれ，屋内でも発見される．ハダニ類は赤，黄系の派手な色の種類が多く，不快感を起こすが人を刺すことはない．
	カベアナタカラダニ	不快感	春季にビルの外壁面を赤くするほど集団発生することがある．室内に侵入することもあるが，人への直接的な被害は及ぼさない．
人寄生性のダニ	ヒゼンダニ	疥癬症	人の皮膚に内部寄生し，疥癬症を起こす．その寄生数が爆発的に増加すると，「角化型疥癬」と呼ばれ，人から人への感染力も増し，高齢者施設や病院での集団発生が問題となる．

塵を徹底し，高温・多湿を避けることが効果的である．

4. ダニに属するツツガムシやマダニには忌避剤が効果的である．
5. 植物由来のダニには，園芸用の殺ダニ剤を用いる．衛生用の薬剤は植物を枯らすことがある．

問題 170　正解　(5)・・・・・・頻出度 A A A

チョウバエ類は吸血性の昆虫ではない．

出題されたいろいろな害虫は，**170-1 表**参照．

問題 171　正解　(4)・・・・・・頻出度 A A A

電撃式殺虫機は，屋内に害虫を呼び込まないように窓際や出入口から離して設置する．

電撃式殺虫機は，走光性（光に向かう性質をもつ）の飛翔昆虫の防除に使用する．3 700 オングストローム（10^{-10} m）の短波長誘虫灯に引寄せられた昆虫は 22 000 V の高圧電流に触れて感電死する．

170-1 表　出題されたいろいろな害虫

分類	種類	被害，発生源等	出題された防除法等
ハエ類	イエバエ	現在のイエバエの主要な発生源は豚舎，鶏舎，牛舎等とごみ処理場である．腸管出血性大腸菌 O157 の媒介が疑われる．	—
	クロバエ類	大型のハエで，気温の低い時期に発生する．発生源は腐敗した動物質．	—
	キンバエ類	食物等に産卵して，消化器ハエ症の原因になる．腫瘍(しゅよう)部や外傷部に産卵することもある．	—
	ニクバエ類	ニクバエ類は，卵ではなく幼虫を産む卵胎生のハエである．	—
コバエ類	ノミバエ類	脚はよく発達し，素早く歩行する． 発生源は腐敗した動物質で浄化槽の表面に浮いているスカムから発生する．	—
	ショウジョウバエ類	キイロショウジョウバエが代表種． 発生源は，主に腐敗した植物質や果物（生ごみ）．	光に集まる走光性を示す．
チョウバエ類	ホシチョウバエ	蚊の仲間（カ亜目）に属する． 幼虫は汚れた川，下水溝，下水処理場の散水ろ床等で発生する．	幼虫はし尿浄化槽のろ床やスカム中に発生し，水中深くに潜ることはない．水面近くに重点的に殺虫剤を散布．
	オオチョウバエ	幼虫の発生源は，下水溝，建築物の浄化槽等で，浮遊しているスカムや壁面に多数の幼虫が見られる．	光に集まる走光性を示す．
ニセケバエ類	ナガサキニセケバエ	幼虫の発生源は動物ふんや腐敗植物質等で，建築物内では，植木鉢等の肥料に用いられる油粕(かす)等から発生する．	—
ユスリカ類	セスジユスリカ	不快害虫．プールから発生する種類もある．	網戸，電撃式殺虫器
チャタテムシ類	コナチャタテ類	畳の床藁(わら)，干物，乾麺等の乾燥食品やこれらに発生するカビが餌．ドライフラワーや乾燥植物からも発生．	温度 25 ℃以上，湿度 80 %以上の環境を継続させないようにする．餌のカビの発生を抑える．

<table>
<tr><td rowspan="2">トコジラミ類</td><td>トコジラミ</td><td>カメムシの近縁種.
夜間吸血性で，昼間は壁，柱等の隙間やベット裏等に潜んでいる.
幼虫，成虫，雄，雌ともに吸血する.</td><td rowspan="2">トコジラミはピレスロイド剤への抵抗性が報告されている</td></tr>
<tr><td>ネッタイトコジラミ</td><td>ネッタイトコジラミは近年東京都内の宿泊施設でも散見されている.</td></tr>
<tr><td>シラミ類</td><td>コロモジラミ
アタマジラミ
ケジラミ</td><td>それぞれ，下着，頭（毛髪），陰毛に寄生して吸血する．吸血後の掻痒(そうよう)感が強い.
コロモジラミは発疹チフスを媒介する.</td><td>—</td></tr>
<tr><td>シバンムシ類</td><td>タバコシバンムシ
ジンサンシバンムシ</td><td>加害するのは幼虫で，麺類，菓子類等の他，動物の剥製(はくせい)，畳等が加害される.</td><td>性フェロモン等の誘引剤を用いたトラップが市販.</td></tr>
<tr><td rowspan="2">ハチ類</td><td>シバンムシアリガタバチ</td><td>タバコシバンムシやジンサンシバンムシの老齢幼虫に，シバンムシアリガタバチの幼虫が体表に外部寄生し，夏期にこのハチが羽化して，室内で刺されることがある.</td><td>—</td></tr>
<tr><td>スズメバチ類</td><td>ハチ毒には，痛みをもたらすアミン類の他に，アレルギーを起こす酵素類が含まれている．ハチ刺症では，時として生命にかかわる重篤なアレルギー症状（アナフィラキシーショック）を起こす.
ツマアカスズメバチは特定外来生物に指定されている（2015年）.</td><td>—</td></tr>
<tr><td>カツオブシムシ類</td><td>ヒメマルカツオブシムシ
ヒメカツオブシムシ</td><td>幼虫は，主に羊毛製品，絨毯(じゅうたん)，絹織物，動物の剥製，乾燥食品などを食害する.</td><td>繊維製品は，加熱乾燥やドライクリーニング.
フェロモン等の誘引剤を用いたトラップが市販.</td></tr>
<tr><td colspan="2">ヒラタキクイムシ類</td><td>木材中に産卵し，孵(かえ)った幼虫がナラ材などの広葉樹を食害する．穀物も加害することが多い.</td><td>針葉樹材，広葉樹材の心材は食害しない．産卵防止には塗装，殺虫剤の残留処理を行う.</td></tr>
<tr><td>ノミ類</td><td>ネコノミ</td><td>ほとんどの被害がネコノミによる．吸血するのは成虫のみ．ノミはシラミと異なり，飢餓に耐えることができる.
ノミの幼虫は宿主のねぐらのダンボールやぼろ布，周辺の砂地でごみの中などに含まれている有機物を食べて成長する.</td><td>ネコノミの発生源対策は，宿主のねぐらや常在場所に対して行うと効果的である.</td></tr>
</table>

アリ類	イエヒメアリ	建築物内等に生息している代表種．カーペットの下，壁の割れ目などに巣を作る．	ヒドラメチルノンやホウ酸，フィプロニルなどを有効成分とした食毒剤が有効．
	アルゼンチンアリ	砂糖，花の蜜，果物等を好む．外来種で特定外来生物である．	
	ヒアリ	特定外来生物に指定されている．各地の港湾地区で発見されており，刺咬による皮膚炎，アレルギー障害の被害が懸念される．	—
カメムシ類	クサギカメムシ	越冬のために屋内に侵入する． 臭腺から臭いを出すので不快昆虫として嫌われている．	侵入場所となる窓枠などにシフェノトリンを処理する．
イガ類		イガはチョウ目に属する小型の蛾で，幼虫が羊毛製品，動物の剥製，動物性乾燥食品等を食害する．	繊維製品には，加熱乾燥やドライクリーニングが有効．
メイガ類	ノシメマダラメイガ	メイガ類はチョウ目に属する小型の蛾で，幼虫が貯穀・菓子類を食害する．	性フェロモンを用いた誘引トラップが市販．
クモ類	セアカゴケグモ	刺咬により激しい痛みと神経系の障害を起こす．	—

誘虫灯の周りに粘着シートがセットされた粘着式殺虫機（**171-1図**）は，害虫の死骸が周囲に落ちることがないので，店舗内で使うことができる．

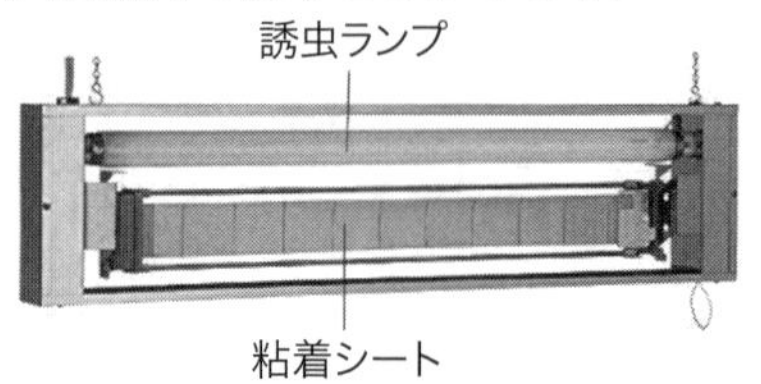

171-1図　粘着式殺虫機[43]

-(5)　ダニの生息する場所は多岐にわたるが，主にダニの食性で決まり，寄生生活性と自由生活性の二つに分けられる．自由生活をする種の多くは捕食性で，昆虫などの小動物を捕食するが，ヤケヒョウヒダニは，室内じん中の，人のフケなど皮膚からの脱落物，カビの胞子などを餌とする自由生活性のダニである．死骸の粉じんやふんがアレルゲンとなる．

問題 172　正解　(5)・・・・・・**頻出度** A A A

薬量や濃度の増加に伴う致死率の上昇は有機リン剤の方が急激で，ピレスロイド剤の方がなだらかである．このため，有機リン剤では，一度ノックダウンされた虫は蘇生することなくそのまま死亡する傾向が強く，ピレスロイド剤ではいったんノックダウンされた害虫が蘇生することがある．

屋内衛生害虫用の殺虫剤には，有機リン剤，ピレスロイド剤，昆生成長制御剤，その他の種類がある．

1. 有機リン剤

1)　作用機構は，神経の刺激伝達物質であるアセチルコリンを分解する酵素のコリンエステラーゼの作用を阻害し，アセチルコリンが過剰状態になって異常が起こる．

2)　特徴

(1)　比較的速効性で残効性もあり多く

の害虫に有効.

(2) 一度ノックダウンした虫は蘇生することなくそのまま死亡する傾向が強い.

(3) 急性毒性が比較的高く，蓄積性，慢性毒性は高くない.

(4) 近年，イエバエをはじめとして多くの害虫に高い抵抗性の発達が見られる.

(5) 有機リン剤には化学構造的に対称型と非対称型が存在する.

主な有機リン剤を**172-1表**に示す.

2. ピレスロイド剤

1) 作用機構は，接触毒として虫体に侵入し神経のナトリウムチャンネルへの特異的な作用によるものと考えられている.

2) 特徴

(1) 除虫菊の有効成分ピレトリンに似た合成物質.

(2) 速効性が高く，ノックダウン効果に優れている.

(3) いったんノックダウンされた害虫が蘇生することがある.

(4) 人畜毒性は低いが，魚類には毒性が高く，水域では使用できない.

(5) ピレスロイド剤は一般に昆虫に対する忌避性が認められるので，蚊などの飛翔昆虫や吸血昆虫に対する実用性が高いが，毒餌に混入しないように注意が必要である.

(6) ゴキブリなどがピレスロイドに触れて潜み場所から飛び出てくることを，フラッシング効果（追出し効果）と呼ぶ.

主なピレスロイド剤を**172-2表**に示す.

3. 昆虫成長制御剤（IGR）

昆虫および多くの節足動物の変態などに生理的な変化に影響を与える.

昆虫成長制御剤の幼生に対しての効果は最終的に死に至らせるが速効的ではない．また，成虫に対しては致死的効力をもたない.

IGRに抵抗性をもつ害虫が報告されている.

172-1表　主な有機リン剤

ダイアジノン	致死効力，速効性，残効性のバランスが良い．ハエに効力が高い．ダイアジノンのマイクロカプセル剤（MC剤）は日本で最初に開発された.
ジクロルボス	蒸気圧が高く常温揮散性が大きい．速効性が極めて高いが残効性には欠ける．樹脂蒸散剤として利用される.
フェンチオン	多くの害虫に有効であるが特に蚊に効力が高い．水中に処理したときの残効性が高い.
フェニトロチオン	日本で開発された対称型有機リン剤で，広範な害虫に有効で最も汎用されているが，ゴキブリに対する残留処理で特に有効．商品名スミチオン．MC剤もある.
テメホス	毒性が極めて低いが蚊幼虫に特異的に有効．他の害虫には効果は低い.
クロルピリホスメチル	安全性が高く広範な害虫に有効でバランスが良い．特に蚊に有効．建築基準法で建材に含まれてはならないとされたシロアリ駆除に用いられるクロルピリホスとは別物.
プロペタンホス	PCO※に汎用される非対称型有機リン剤．対称型有機リン剤に抵抗性を獲得した害虫が交差抵抗性を示す度合いが低く有効性が高いと考えられている．抵抗性のハエに有効．MC剤がある.

※PCO（ペストコントロールオペレータ）とは，害虫駆除業者を指す.

172-2 表　主なピレスロイド剤

ピレトリン	天然の除虫菊の殺虫成分．極めて速効性が高いがノックダウンした害虫が蘇生する．
アレスリン	速効性が高く，多くの薬剤に混合して用いられる．
フタルスリン	ノックダウン効果が高く電気蚊取りに多用される．
レスメトリン	致死効力が比較的高い．
ペルメトリン	致死力，残効性が高くゴキブリ防除用に PCO によって汎用される．
フェノトリン	ペルメトリンに類似する．シラミ用として人体に直接使用できる製剤（シャンプー，ローション）がある． 水性乳剤が ULV 専用剤として承認されている．
エンペントリン	衣類の防虫剤として紙に含浸させた製剤がある．
エトフェンプロックス	厳密にはピレスロイドではないが作用は類似している．
イミプロトリン	超速効性を示す．
シフルトリン	致死活性が極めて優れている．
トランスフルトリン メトフルトリン	常温で気化して効力を発揮する．

1)　羽化阻害剤

幼若ホルモン様化合物で昆虫の羽化妨害し，成虫を出現させない．メトプレン，ピリプロキシフェン（商品名:スミラブ）がある．

2)　キチン合成（脱皮）阻害剤（表皮形成阻害剤）は，脱皮時の新しい表皮の形成を妨げる．ジブルベンズロンがある．

4．その他の薬剤

1)　カーバメート剤

有機リン剤と同様の作用をもつ．プロポクスルのみが製剤として認可されている．

2)　メトキサジアゾン

ピレスロイド抵抗性チャバネゴキブリに有効．加熱蒸散剤の有効成分に利用されている．

3) ヒドラメチルノン

効果の発現が遅く，食毒効果が高いのでゴキブリやアリの駆除用食毒剤として利用されている．

4)　ホウ酸

古くからゴキブリの食毒剤として利用されている．

5)　オルトジクロロベンゼン

ハエの幼生（うじ）殺し．殺菌作用を持つので浄化槽などへの使用は避けなければならない．

6)　忌避剤

忌避剤は一般に殺虫力は示さないが，蚊，ブユ（ブヨ）などからの吸血を避けるために皮膚や衣服に処理する．ディート（deet：ジエチルトルアミド），イカリジンなどがある．

7)　アミドフルメトは屋内じん性ダニに有効な成分である．

8)　ブロフラニリド（テネベナール）は新しく開発された殺虫剤で，既存の各種薬剤に抵抗性を示すゴキブリ集団に対しても有効性を示す．

-(4)　薬剤の有効性を表す指標は，昆虫成長制御剤の IC_{50} の他にも **172-3 表**のようなものがある．

問題 173　正解　(1)・・・・・・**頻出度** A A A

イミプロトリンは超速効性を示すピレスロイド剤で，食毒ではない（本年度 -172

172-3 表　薬剤の有効性を表す指標

殺虫力	LD_{50}	(Lethal Dose 50) 50 % 致死薬量 (中央致死薬量) の略．ある昆虫の集団のうち 50 % を殺すのに必要な 1 匹当たりの必要薬量．単位は μg/ 匹など．薬機法※に基づく安全性に関わる急性毒性の動物投与試験にもこの値が用いられる．
	LC_{50}	(Lethal Concentration 50) 50 % 致死濃度 (中央致死濃度) の略．ある昆虫の集団のうち 50 % を殺すのに必要な濃度．単位は ppm．
速効性	KT_{50}	(50 % Knock Down Time) 害虫が薬剤に触れてからノックダウンするまでの時間．単位は分．ある昆虫の集団のうち 50 % をノックダウンするのに必要な時間．一般には速効性が高いほど (値が小さいほど) 有効性が高いといえるが，食毒剤ではこの値がマイナスに働く場合もある．一度ノックダウンした虫が蘇生することがある．即効性は必ずしも致死効果と一致しない．速効性が優れた殺虫剤は残効性に欠け，残効性が優れた殺虫剤は速効性に欠ける傾向がある．
昆虫成長制御剤	IC_{50}	(Inhibitory Concentration 50) 50 % 羽化阻害濃度の略．昆虫成長制御剤などの評価に用いられる．
残効性	—	薬剤が分解して効能を失うまでの時間をいう．2 か月以上効力が優れた残効性ありと判定される． ゴキブリのような習性をもつ害虫にとっては，残効性が短い薬剤では十分な効果が上げにくい．駆除効率の面から見れば残効性は長い方が良いが，環境への影響からは必ずしも好ましい特徴とはいえない．揮散性 (蒸気圧) の低い成分は，一般に残効性が優れている．

※ 医薬品，医療機器等の品質，有効性及び安全性の確保等に関する法律

解説参照)．

製剤 (剤型) については，**173-1 表**参照．

問題 174　正解　(4)・・・・・・頻出度 A A A

クマネズミはドブネズミと比べて，警戒心が強く，毒餌をなかなか食べず，防除が困難である．ドブネズミは，獰猛(どうもう)であるが警戒心が弱いため，防除は比較的やりやすい．ハツカネズミは，好奇心が旺盛でトラップにはかかりやすいが，殺鼠(そ)剤にはもともと強い．

建築物内に定着するネズミは，クマネズミ，ドブネズミ，ハツカネズミの 3 種である (**174-1 図**参照)．

北海道，東北，四国を除いてクマネズミが優占しており，特に都心の大型の建築物では，ほぼクマネズミとなっている．

ハツカネズミは農村や港湾地域に分布しており，建築物では少ない．

174-1 図　左からクマネズミ，ドブネズミ，ハツカネズミ(44)

ネズミのふんからは，食中毒の原因となる病原体が検出されることがあり，ネズミはペストやサルモネラ症等の病原体を媒介する他，電気設備に触れて起きる停電事故や，ケーブルをかじってコンピュータの誤作動や火災の原因になる等，さまざまな被害を引き起こす．

1. クマネズミ

1) 都心の大型ビルではクマネズミが優占種である．

2) 運動能力に優れパイプ，電線を伝っ

173-1 表　殺虫剤の剤型

油剤	油剤は有効成分を灯油（ケロシン）に溶かしたものが多い．有効成分は1％程度のものが多い．そのまま使用できる便利さがある．直接散布する空間処理，残留処理以外に煙霧などに用いる．引火性があるので火気に注意する必要がある． ※ 消防法危険物第4類第2石油類として指定数量1 000 L（非水溶性），2 000 L（水溶性）以上は法の規制を受ける．
乳剤	有効成分がケロシン，キシレンなどの溶剤に溶かされ，さらに乳化剤を加えてあり，使用時水で希釈して使用する．希釈すると白濁※する．希釈後は1回1回使い切るようにする（希釈後は長期間の保管は好ましくない）． 残留噴霧処理に使用する． 空間処理のULV処理用のピレスロイド専用乳剤がある．
懸濁剤	基本的には乳剤と同じ製剤であるが，有効製剤を特殊な物質で被覆したり，炭末のような物質に吸着させてある製剤で，フロアブル剤ともいう．有効成分をポリアミンなどの物質で被膜した製剤はマイクロカプセル化剤（MC剤）という．他の乳剤と同じように使用時水で希釈して使用する．
粉剤	タルクのような鉱物性の粉末を増量剤とし有効成分を混ぜてあり，そのまま使用できる．処理場所を選ばないと周辺に粉末が散るおそれがある（厨房などでの使用は好ましくない）．粉末が昆虫の体表を傷つけ効果を発揮したり，付着した粉を昆虫がなめて食毒効果をもつこともある．ボウフラなどに使用する粉剤では水面に薬剤が浮遊する浮遊性粉剤もある． ※ タルク滑石．マグネシウムのケイ酸塩を主成分とし，最も軟らかい鉱物の一つ．
粒剤	蚊幼虫等，水中に生息する害虫を対象にした径2～5 mmの粒状の製剤．崩壊性と非崩壊性の製剤がある．前者は有効成分を比較的短い日時で放出するが，後者は多孔質の粒子から徐放的に放出されるので，残効性が期待できる．
水和剤	粉剤に乳化剤を加え，水で希釈して懸濁させて使用する製剤．有効成分の表面残留性が高いので残留噴霧処理に向くが，わが国では散布面を汚すという理由で室内ではあまり利用されない．配電盤などにも不適．
燻煙剤	ジクロスボスやピレスロイドなど，速効性と致死効力が高い薬剤を助燃剤によって燃焼させ，煙として屋内に飛散させ，飛翔性昆虫を殺虫する．蚊取り線香もこの範疇に入る．
蒸散剤	蒸散性の高い有効成分を，水や空気によって起こした反応熱や電気で熱して気化させ空中に飛散させて使用する．電気蚊取り，液体蚊取りもこの種類である．自然蒸散性の高いジクロスボスでは，合成樹脂に含浸させ，自然状態で気化させて使用する樹脂蒸散剤がある．使用する場所のある程度の気密性が必要である．
食毒剤	有効成分を餌材に混合して，食毒（ベイト）として使用する．ゴキブリ用の製品が多数ある．ヒドラメチルノンが代表的．
その他	ピレスロイドを噴射剤（LPG：液化プロパンガス）とともに300 cc程度のボンベに封入したエアゾール剤は，ハエ，蚊には空間噴霧，ゴキブリには直撃用，残留塗布用として用いられる． フェノトリンなどのピレスロイド剤を液化炭酸ガスとともにボンベに封入した炭酸ガス製剤は，専用の噴射装置を必要とするが，粒子径が細かく，ULV的な処理が行える．

※ 水性乳剤と称する，水を加えても白濁しない薬剤が存在する．

たり垂直行動が得意で，至るところから侵入する．天井，梁など建物の比較的高層部分まで生息する．

3) クマネズミは動物性の餌も食べるが植食性が強い．

4) 大きさは，頭胴長（頭から尾の付け根までの長さ）が，成獣で15～23 cm，体重は，およそ100～200 gである．形態的な特徴は，耳が大きく，折り返すと目を覆うほどで，尾長は体長よりも長く，頭胴長の約1.1倍程である．

背面が黒褐色で，腹面はやや黄褐色のものが多い．

5) クマネズミはドブネズミと比べて警戒心が強く，毒餌をなかなか食べず，粘着トラップにもかからず，防除が困難である．

2. ドブネズミ

1) ドブネズミは比較的平面的な活動をするので，地下や厨房，低層階に多い．ビルの周囲の植栽の土壌などに穴を掘って巣としている．

2) ドブネズミは泳ぐことが得意で排水溝が最も重要な侵入場所である．水洗便所から侵入することもある．

3) ドブネズミの食性は雑食性であるが，動物蛋（たん）白を好む．

4) ドブネズミの大きさは，頭胴長が成獣で22～26 cm，尾長は体長よりもやや短い（体長の0.7～0.9倍）．体重は，成獣で200～500 g程度，最大のもので500 gを超す．耳は小さく肉厚で，倒しても目まで届かない．毛色は，基本的に背面が褐色，腹面が白色であるが，全身黒色等に変化したものも多い．

5) 性格は獰猛であるが警戒心が弱いため，防除は比較的行いやすい．

3. ハツカネズミ

1) 農村で優占種であるハツカネズミの生息地は畑地とその周辺地域や港湾地域であるが，秋から冬にかけてビル内にも侵入する．ビルでは局所的な分布で，生息数はドブネズミやクマネズミより少ない．行動範囲も小さい．

2) 種子食性である．

3) これら家住性ネズミ3種の中では最も小形で，頭胴長が，成獣で6～9 cm，尾長は体長よりやや短い程度（体長の0.9～1.0倍），体重は成獣で約10～20 gである．

耳が大きくハツカネズミ特有の臭いを有する．

4) ハツカネズミはドブネズミと違って，水気のない環境下でも長期間生存できる．

5) 好奇心が旺盛でトラップにはかかりやすいが，殺鼠剤には強い．

-(1) IPM※によるネズミ防除の基本は，①餌を断つこと，②通路を遮断すること，③巣を作らせないこと，である．

※ IPM（Integrated Pest Management：総合的有害生物管理）

ビル管理法の特定建築物では，「建築物環境衛生維持管理要領」に沿ったIPMに基づくネズミ，昆虫等の防除が求められる．要点は次のとおり．

1. 生息調査について

的確に発生の実態を把握するため，適切な生息密度調査法に基づき生息実態調査を実施すること．

2. 目標設定について

生息調査の結果に基づき，目標水準を設定し，対策の目標とすること．

3. 維持管理水準（建築物における維持管理マニュアルより）は，**174-1 表**参照.

維持管理水準は，該当建物または該当場所ごとに設定することができる（**174-2 表**参照）.

4. 防除法について

1) 人や環境に対する影響を可能な限り少なくするよう配慮すること．特に，薬剤を用いる場合にあっては，薬剤の種類，薬量，処理法，処理区域について十分な検討を行い，日時，作業方法等を建築物の利用者に周知徹底させること.

2) まずは，発生源対策，侵入防止対策等を行うこと．発生源対策のうち，環境整備等については，発生を防止する観点から，建築物維持管理権原者の責任のもとで当該区域の管理者が日常的に実施すること.

3) 有効かつ適切な防除法を組み合わせて実施すること．当該区域の状況に応

174-1 表　維持管理水準

許容水準	環境衛生上，良好な状態をいう．施行規則および告示に基づき，6 か月以内に一度，発生の多い場所では 2 か月以内に一度，定期的な調査を継続する.
警戒水準	放置すると今後，問題になる可能性がある状況をいう. ① 警戒水準値に該当する区域では整理，整頓，清掃など環境整備の状況を見直すことが必要である．また，整備を行うにもかかわらず，毎回，発生する場所では，管理者や利用者の了解を得て，人などへの影響がないことを確認したうえで，掲示をして，毒餌などを中心に薬剤処理を行う. ② 個々の対象では許容水準をクリアしているにもかかわらず，複数の種が発生する場所では，環境が悪化しているおそれがある場所が多いことが考えられるので，清掃等を中心に環境整備状況を見直す.
措置水準	ネズミや害虫の発生や目撃をすることが多く，すぐに防除作業が必要な状況をいう．水準値を超えた区域では，発生源や当該区域に対して環境的対策を実施すると同時に，薬剤や器具を使った防除作業を実施する.

174-2 表　ゴキブリ防除の標準的な維持管理水準

許容水準	以下の全てに該当すること. ① トラップによる捕獲指数が 0.5 未満. ② 1 個のトラップに捕獲される数は 2 匹未満. ③ 生きたゴキブリが目撃されない.
警戒水準	以下の全てに該当すること. ① トラップによる捕獲指数が 0.5 以上 1 未満. ② 1 個のトラップに捕獲される数は 2 匹未満. ③ 生きたゴキブリが時に目撃される. その他，①～③の条件について許容水準および措置水準に該当しない場合は警戒水準とする.
措置水準	以下の状況のいずれか一つ以上に該当すること. ① トラップによる捕獲指数が 1 以上. ② 1 個のトラップに捕獲される数が 2 匹以上. ③ 生きたゴキブリがかなり目撃される.

注：捕獲指数（ゴキブリ指数）は，配置したトラップ 10 個までは上位三つまで（0 を含む場合もある），それ以上配置した場合については，上位 30 % のトラップを用いて，1 トラップに捕獲される数に換算した値で示す.

じて薬剤やトラップの利用，侵入場所の閉鎖などの防虫・防鼠工事を組み合わせて実施すること．「防鼠構造・工事基準案」では，開口部には，網目が1 cm以下の格子や網を設置し，ドアは自動ドアが有効で，扉の周辺のすき間も1 cm以内とするとしている(本年度-179 参照).

4) 食毒剤（毒餌剤）の使用に当たっては，誤食防止を図るとともに，防除作業終了後，直ちに回収すること．

5) 薬剤散布後，一定時間入室を禁じて，換気を行う等利用者の安全を確保すること．

生捕りかご，圧殺式のトラップ，粘着シートなどは，できるだけ数多く設置する．餌をつけたうえで，ネズミが慣れるまで数日間はトラップが作動しないようにするなどの工夫をして，捕獲効果を上げる．

殺鼠剤に抵抗性を獲得したクマネズミの対策には，粘着トラップが多用されている．

トラップで捕えたネズミはできるだけ早く回収しないと死体にハエなどが発生する．

5．評価について

対策の評価を実施すること．評価は有害生物の密度と防除効果等の観点から実施すること．

-(2) 「建築物における維持管理マニュアル」によるネズミ防除の標準的な維持管理水準は，**174-3表**参照．

「建築物環境衛生維持管理要領」，「建築物における維持管理マニュアル」ともに厚生労働省のサイト「建築物衛生のページ」から閲覧できる．

-(3) ネズミが活動した際に残す証跡のうち，ふん，尿，毛，足跡，かじり跡は，ラットサインという．ネズミはいつもほぼ同じ場所を移動するので，身体の脂，汚れが壁面，パイプなどにこすり跡を残す．これをラブ（rub：こする）サインという．これらから種類，行動範囲を判断することができる（証跡調査法）．

-(5) 家住性ネズミ3種類(ドブネズミ，クマネズミ，ハツカネズミ）については，鳥獣の保護及び管理並びに狩猟の適正化に関する法律（鳥獣保護管理法）の適用対象外である（同法施行規則第78条）．

問題 175 正解 (2)・・・・・・**頻出度** AAA

シリロシドは急性殺鼠剤である．

殺鼠剤は全て食毒で，抗凝血性殺鼠剤，

174-3表 ネズミ防除の標準的な維持管理水準

許容水準	以下の全てに該当すること． ① 生きた個体が確認されないこと． ② 配置した無毒餌が喫食されないこと． ③ 天井の出入口に配置した黒紙に足跡やかじり跡が付かないこと．
警戒水準	以下の全てに該当すること． ① 生きた個体が確認されないこと． ② 無毒餌の喫食，配置した黒紙に足跡やかじり跡のどちらか一方が確認される．
措置水準	以下のいずれか一つ以上に該当すること． ① 生きた個体が確認される． ② 食品や家具・什器等に咬害が見られる． ③ 無毒餌の喫食，配置した黒紙に足跡やかじり跡の両方が確認される．

急性毒剤に大別される．

1．抗凝血性殺鼠剤

1）　クマリン系殺鼠剤と総称され，第1世代として，ワルファリン，フマリン，クマテトラリル（エンドロサイド）などがある．

遅効性で，通常連日（3～7日）少量を摂取させ，これによって血液が凝固する時間が次第に延長し，やがて出血死する．

2）　1日おきなど摂取に中断が起きると効果は著しく低くなる．

3）　人畜に対しては，連日誤食される可能性は低いので安全性の面から汎用される．

4）　クマネズミはもともと抗凝血性殺鼠剤に感受性が低い．さらに感受性の落ちたクマネズミでは2週間～1か月も配置するので誤食を防止するため毒餌箱を用いる．

5）　クマネズミおよびドブネズミの一部には，ワルファリンへの薬剤抵抗性を有した個体が存在し，スーパーラットと呼ばれている．ワルファリン抵抗性対策として，第2世代の抗凝血性殺鼠剤が開発され，日本ではジフェチアロールが承認されている．この薬剤は1回の投与で効果が得られる．

2．急性毒剤

1回の摂取でネズミを致死させる．

高密度の生息数を急激に減少させるような目的に向いている．

1）　ノルボルマイドはドブネズミに著効を示す．

2）　シリロシドはハツカネズミに効果が大きいが激しい中毒症状を示す．

3）　リン化亜鉛，硫酸タリウム，黄リン，アンツーなどもこのタイプの殺鼠剤である．

4）　ネズミが慣れて喫食するまで数日間設置する必要がある．

3．忌避剤（咬害防止剤）．

ネズミに対する忌避剤としてはシクロヘキシノミド，カプサイシンがある．かじられては困る電線などに処理するスプレーや，かじられた跡の補修に用いるペースト状の製品がある．

忌避は味覚によるので通路などへの処理は無効であり，ある種の音波やにおいのように，ネズミを追い出す効果は期待できない．

4．殺鼠剤の剤型

固形剤，粉剤，液剤等がある．固形剤はそのまま配置使用する．粉剤は餌材料にまぶしたり，ネズミの鼠穴，通路に散布する方法もあるが安全性に注意しなければならない．

液剤は，ネズミは水を好むので毒水として用いる．

-(1)　ブロマジオロン製剤は，「医薬品，医療機器等の品質，有効性及び安全性の確保等に関する法律」で定められた，動物のために用いる医薬部外品で，監督官庁は農林水産省である．

第二世代の抗凝血性殺鼠剤で，従来のワルファリン抵抗性ネズミにも優れた効果を発揮する．畜舎のねずみの防除などに用いられる．

言うまでもないが，動物用医薬部外品は，特定建築物内で使用することはできない．

問題 176　正解　(1)・・・・・・**頻出度** A A A

粉剤を含めて殺鼠剤は全て食毒である．

-(4)　防除対象の害虫に同じ殺虫剤を長期間使用すると，殺虫効力が低下し，

177-1 表　動物媒介感染症

病原体	疾病等	媒介動物等
細菌	レプトスピラ症(ワイル病)	家ネズミ，野ネズミ
	消化器系感染症，O157	イエバエ
	ペスト	ネズミ，ネズミノミ
	ライム病	マダニ
	サルモネラ症	家ネズミ
ウイルス	日本脳炎	コガタアカイエカ
	ラッサ熱	ネズミ
	ウエストナイル熱	カ類
	デング熱	ネッタイシマカ，ヒトスジシマカ
	チクングニア熱	
	ジカウイルス感染症	
	重症熱性血小板減少症候群(SFTS)	マダニ類
リケッチア	つつが虫病	ツツガムシ(フトゲツツガムシ，タテツツガムシ，アカツツガムシ)
	発疹チフス	コロモジラミ
	日本紅斑熱	マダニ
原虫	マラリア	ハマダラカ(シナハマダラカ，コガタハマダラカ)
線虫	フィラリア症	アカイエカ，ヒトスジシマカ
ヒゼンダニ	疥癬(かいせん)	(ヒトの皮膚に内部寄生)
シラミ	シラミ症	コロモジラミ，アタマジラミ，ケジラミ
アレルゲン	気管支喘息，小児喘息	ヒョウヒダニ類，ユスリカ

防除が困難になる現象が生じる．これは，昆虫集団が世代を越えて殺虫剤に長期間さらされる中で，殺虫剤に強い遺伝形質をもつ集団が生き残り（淘汰(とうた)という），殺虫剤に抵抗性をもった集団が形成されることによる（薬剤抵抗性とは，同一個体がある薬剤に馴れて，徐々に感受性を低下させることではない）．哺乳類のネズミでも節足動物の昆虫でも細菌のようなバクテリアでも，淘汰による薬剤抵抗性発達のメカニズムは同じである．

-(5)　固形剤の一種でブロック剤という．

問題 177　正解　(2)・・・・・・頻出度 A A A

重症熱性血小板減少症候群（SFTS）はマダニに刺されて感染する．マダニは屋外の，草の茂った場所に生息する．

177-1 表に動物媒介感染症の一覧を挙げる．あわせて，刺咬，吸血，不快感をもたらす害虫を**177-2 表**，食害・経済的被害をもたらす害虫を**177-3 表**に示す．

問題 178　正解　(4)・・・・・・頻出度 A A A

ゴキブリ，蚊などを対象に，薬剤を処理する場合は，少なくとも3日前までに使用薬剤名，実施場所，においの程度，化学物質などの利用者への注意などを記載した事前通知書を作成して提示し，少なくとも実施3日後まで当該場所入り口に掲示しておく（建築物における維持管理マニュアル）．

-(1)　N95マスクは気化したガスは通してしまうので，活性炭付きの防毒マスクを使用する．

-(2)　「人目に触れる場所に放置せず，車などに保管」．

-(3)　2 m以上の高所作業では，保護帽＋要求性能墜落制止用器具（労働安全衛生規則）＋移動はしごの利用などの場

177-2 表　吸血，刺咬，不快害虫

吸血（痛み，痒み）	カ，イエダニ，ネコノミ，トコジラミ，アタマジラミ，スズメサシダニ，トリサシダニ，ワクモ，マダニ
刺咬（痛み，痒み）	アシナガバチ，シバンムシアリガタバチ，シラミダニ，ツメダニ，セアカゴケグモ，ハイイロゴケグモ
不快感	ハエ，ゴキブリ，ホシチョウバエ，オオチョウバエ，ユスリカ，カメムシ類

177-3 表　食害，経済的被害をもたらす害虫

木材	ヒラタキクイムシ（ラワン材，ナラ材），シバンムシ，シロアリ
貯蔵食品害虫（菓子，乾物）	カツオブシムシ，タバコシバンムシ，ジンサンシバンムシ，チャタテムシ，コクゾウ，ノシメマダラメイガ，コナダニ，メイガ類
動物性繊維・衣類	ヒメマルカツオブシムシ，イガ
書籍	シバンムシ，シミ，ゴキブリ

合は補助者が必要．

-(5)「ねずみ等の防除のため殺そ剤又は殺虫剤を使用する場合は，医薬品，医療機器等の品質，有効性及び安全性の確保等に関する法律第 14 条又は第 19 条の二の規定による承認を受けた医薬品又は医薬部外品を用いること」（ビル管理法施行規則第 4 条の五）．

問題 179　正解　(4)・・・・・・頻出度 A A A

「建築物における維持管理マニュアル」の維持管理水準には，「1 年以内に 1 回の防除作業を実施する」などという規定はどこにもない（本年度 -174 解説参照）．

-(1)　防鼠構造については **179-1 表**参照．新築・設計段階で取り入れないと困難な基準が多い．

-(2)　メッシュ：網目を表わす単位で，25.4 mm（1 インチ）1 辺間にある目数をいう．昆虫の侵入防止の網戸は 20 メッシュより細かい網目とする．

-(3)　発生源対策のうち，環境整備等については，発生を防止する観点から，建築物維持管理権原者の責任のもとで日常的に実施すること（建築物環境衛生維持管理要領）．PCO 任せでは有効な防除は難しい．

-(5)　換気扇を運転して室内が陰圧になると，建物の隙間からの侵入数が増加すると考えられる．

問題 180　正解　(5)・・・・・・頻出度 A A A

人獣共通感染症の感染の方向は，「ヒト⇔動物」双方向である．WHO（世界保健機関）では，「脊椎動物と人の間で自然に移行するすべての病気又は感染（動物等では病気にならない場合もある）」と定義している．

-(1)「ジェル剤に対する抵抗性は，餌成分に対する喫食性低下（行動的抵抗性）と有効成分に対する抵抗性（生理的抵抗）があるが，現場においては行動的抵抗性の方が先行するようである」との研究報告がある．

-(2)　ネズミ，昆虫の防除業者をペストコントロールオペレータ（PCO）という．

-(4)　ある薬剤の毒性が人または動物に対して小さく，害虫で大きい場合，その薬剤は選択毒性が高いといい，安全も確保しやすい．言い換えれば，LD_{50} 値が，防除対象害虫等に対しては小さく，人・動物に対しては大きいほど，薬剤の安全性は確保しやすい．

179-1表　防鼠構造（「防鼠構造・工事基準案」より[45]）

場所		条件	基準・基準値
土台	基礎	地下に一定の深さで入っていること	60 cm 以上
		外側へのL字型曲がりを付けること	30 cm 以上
床	通風口	金属網・金属格子を付けること	目の間隔は 1 cm 以下
	床下	地表までの間隔があること	60 cm 以上
	床束	ネズミ返しを付けること	張り出しは 20 cm 以上
	厨房	コンクリート張りであること	厚さ 10 cm 以上
側壁	二重壁	できるだけ採用しない．採用の場合は下部に横架材が入っていること	
	床との接点	幅木を入れること	
	パイプとの接点	座金を付けること	
ドア	自動開閉装置を付けること		
	周辺	隙間が小さいこと	1 cm 以内
窓	1階	下端と地表との距離を離すこと	90 cm 以上
		下端の出っ張りを付けること	25 cm 以上
外壁	全面	ツタ等の植物をはわせたり，樹木の枝を接触させないこと	
換気口	自動開閉式羽板を付けること		
	金属網・金属格子を付けること		目の間隔は 1 cm 以下
配管・配線	壁，天井・床等の貫通部分には座金を付けること		
	床から離して立ち上げること		30 cm 以上
下水溝	排水口	金属格子・金属網等のふたを付けること	目の間隔は 1 cm 以下
	溝	網トラップを付けること	目の間隔は 1 cm 以下
		幅を広くすること	20 cm 以上
		勾配をつけること	2 ～ 4/100
郵便受け	発条カバーを付けること		
照明	天井からの間接照明では，天井との間に隙間を作らないこと		
シャッタ	天井内に収納庫を設けること		
	巻き取りチェーンは収納庫の外部とすること		
天井裏	防火区画は基礎構造まで完全に遮へいされ，天井部分に隙間がないこと		
食堂	椅子	作り付けの場合，裏側は床下端まで全面張りとする	

引用文献

午前

⑴ 才木義夫：『地球環境を守るために』神奈川新聞社　p.67　2006
⑵ Doll,R.and Peto,R：The causes of canter：quan-titative estimates of avoidable risks of cancer in the United States today. J.Natl. Cancer Inst.,66：1191-1308,1981（訳：『新建築物の環境衛生管理　中巻』より）
⑶ https://www.ac-illust.com/main/detail.php?id=2218702&word=耳の解剖 &data_type=&from_order_history= を元に加工
⑷ 独立行政法人労働者健康安全機構：「労働疾病等医学研究普及サイト 振動障害にみられるレイノー現象」：https://www.research.johas.go.jp/sindou/03.html に解説追記
⑸ https://www.kango-roo.com/ki/image_1226/ を元に加工
⑹ 岡本悦司他監修:『サブノート保健医療論・公衆衛生学(第32版)』メディックメディア　p.443　2009
⑺ 人間 - 環境系編集委員会編：『人間 - 環境系　下巻』人間と技術社　p.1175　1973
⑻ 吉川春寿他：「体内の水分と水の機能」『空気調和・衛生工学 53⑺』空気調和・衛生工学会　p.9　1979
⑼ 日本建築学会編：『設計計画パンフレット 18　換気設計』彰国社　p.9, 50　1965
⑽ 古河電気工業株式会社：「難燃ベルマウス　NFM」https://www.furukawa.co.jp/eflex/product/eflex/parts/eflex_nfm.html
⑾ 新建築物の環境衛生管理編集委員会編：『新建築物の環境衛生管理　第1版第1刷　中巻』日本建築衛生管理教育センター　p.45, 174, 184 ～ 188 を元に加工　2019
⑿ 新建築物の環境衛生管理編集委員会編：『新建築物の環境衛生管理　第1版第1刷　中巻』日本建築衛生管理教育センター　p.196　2019 を元に加工
⒀ 荏原冷熱システム株式会社：吸収冷凍機「REW 型 二重効用形 」https://www.ers.ebara.com/product/absorption-cl/absorption-cl-rewraw.html
⒁ 株式会社前田鉄工所：「長寿命で，設置後のパワーアップも可能な鋳鉄製ボイラー・ヒーター」https://www.maedatekkou.co.jp/business/air-conditioning に解説追記
⒂ 株式会社ヒラカワ：炉筒煙管ボイラ「MP800 シリーズ」https://www.hirakawag.co.jp/product/80/
⒃ 株式会社 MonotaRO：空調設備の基礎講座「3-8 炉筒煙管ボイラの特徴」（執筆：イラストレーター・ライター 菊地至）https://www.monotaro.com/note/readingseries/kuchosetsubikisokouza/0308/
⒄ 仙台市ガス局：「貫流ボイラー」https://www.gas.city.sendai.jp/biz/boilers/01/index.php を加工
⒅ 日本冷凍空調工業会：「全熱交換器の熱回収の原理」https://www.jraia.or.jp/product/exchanger/theory.html を加工
⒆ 昭和鉄工株式会社：「空気調和機 / エアハンドリングユニット」https://www.showa.co.jp/product/search/index.php/item?cell003=空気調和機 &cell004= エアハンドリングユニット &name= ターミナルエアハン %E3%80%80 天井埋込み形 &id=33&label=1 に解説追記
⒇ 空気調和・衛生工学会編：『第 14 版　空気調和・衛生工学便覧 2 機器・材料編』空気調和・衛生工学会　2010
(21) 三菱電機株式会社：「主な羽根と換気扇・送風機の種類」https://www.mitsubishielectric.co.jp/ldg/ja/air/guide/support/knowledge/detail_03.html を加工
(22) テラル株式会社：シロッコファン「CLF5-RS 型」https://www.teral.net/products/search/type?kishu=25300
(23) ミツヤ送風機株式会社：「軸流ファン　AP 型」https://www.mitsuyaj.co.jp/products/axial_flow.html
(24) テラル株式会社：ラインファン「ALF2/ALF 型」https://www.teral.net/products/search/type?kishu=550630
(25) ローヤル電機株式会社：クロスファン「FG-140 シリーズ」https://www.royal-elec.co.jp/product/415/
(26) 栗本商事株式会社：「スパイラルダクト」https://www.kurimototrading.jp/products/department/post-60.html に解説追記
(27) 空気調和・衛生工学会編：『第 14 版　空気調和・衛生工学便覧 3　空気調和設備編』空気調和・衛生工学会　p.18, 149, 161, 169, 190, 217, 219, 297　2010
(28) フジモリ産業株式会社：鋼板製フレキシブルダクト「フジフレキ 」https://www.fujimori.co.jp/products/building_materials/28 を回転・反転加工
(29) 空気調和・衛生工学会編：「空気調和・衛生工学」第 50 巻第 6 号 1976　p.3, 4 を元に加工
(30) タイロン株式会社：吹出ユニット，アネモユニット「C-2　丸型アネモユニット」https://www.tylon.co.jp/products/unit/anemo/（アクセス）に解説追記
(31) 空調技研工業株式会社：「結露防止吹出口カタログ　ユニバーサルグリル ND-VHS」https://www.kuchogiken.co.jp/pdf/catalog_16109.pdf
(32) 協立エアテック株式会社：「吹出口／吸込口」「ノズル」https://kak-biru.jp/product/index2.html
(33) タイロン株式会社：チャンバボックス　ライン・ディフューザ用チャンバ「ライン・ディフューザ用チャンバ」https://www.tylon.co.jp/products/cbox/line/ に解説追記
(34) 千葉共同印刷株式会社／ CKP 環境事業部：「可動式スチームトラップ　ディスク式」https://kankyo.c-kp.co.jp/service/e-trap/ を元に加工
(35) ZAZA 株式会社：Metoree【2023 年版】安全弁 メーカー 13 社一覧 図 1. 安全弁の原理 https://metoree.com/categories/3226/ に解説追記
(36)～(39) ビルの環境衛生管理編集委員会：『改訂ビルの環境衛生管理　下巻（第 4 刷）』ビル管理教育センター　p.93, 115, 264, 295, 298, 299　2002
新建築物の環境衛生管理編集委員会編：『新建築物の環境衛生管理　第1版第1刷　中巻』日本建築衛生管理教育センター　p.401, 430　2019
(40) パナソニック株式会社：「直膨コイル付外気処理ユニット【X3U】」https://www2.panasonic.biz/jp/air/pac/build/unit_in/in16.html
(41) オセノン：「Ultrasonic Anemometer」http://www.osenon.com/jp/view.asp?/4.html を加工
(42) 柴田科学株式会社：環境測定機器「アスマン通風乾湿計 ゼンマイ式 本体」https://www.sibata.co.jp/item/598/ に解説追記
(43) 株式会社島津製作所：GCMS 分析の基礎「5.1.1. GC-MS/MS 装置（Triple Q type）について」https://www.an.shimadzu.co.jp/gcms/support/faq/fundamentals/gcmsms.htm#5-1-1 に解説追記
(44) JIS A 1962：「室内及び試験チャンバー内空気中のホルムアルデヒド及び他のカルボニル化合物の定量−ポンプサンプリング」日本規格協会　p.19　2015
(45) 新建築物の環境衛生管理編集委員会編『新建築物の環境衛生管理　第1版第1刷　中巻』日本建築衛生管理教育センター　p.321　2019 を元に加工

午後

⑴ 新版ビルの環境衛生管理編集委員会「新版　ビルの環境衛生管理　上巻」ビル管理教育センター　1984
⑵ 国土交通省住宅局建築指導課，日本建築設備・昇降機センター，日本エレベータ協会編：『昇降機技術基準の解説』　2016
⑶ 株式会社エスコ：「EA466B-4A G 1/2"/ 2 L ウォーターハンマーショックアブソーバー」https://www.esco-net.com/wcs/escort/ec/detail?hHinCd=EA466B-4A
⑷ 株式会社ハタヤリミテッド:「防雨型LEDケイ・ハンドランプ【屋外用】」https://www.hataya.jp/products/lighting/post2043/
⑸ 新建築物の環境衛生管理編集委員会編：『新建築物の環境衛生管理　第1版第1刷　中巻』日本建築衛生管理教育センター　p.428　2019
⑹ （左側写真）SANEI 株式会社:シングルワンホール混合栓「品番: K87610JV-S-13」https://www.sanei.ltd/products/k87610jv-s-13/
⑺～⑼ 新建築物の環境衛生管理編集委員会編：『新建築物の環境衛生管理　第1版第1刷　中巻』日本建築衛生管理教育センター　p.402, 438, 550　2019
⑽ 新建築物の環境衛生管理編集委員会編：『新建築物の環境衛生管理　第1版第1刷　中巻』日本建築衛生管理教育センター　p.462　2019
⑾ 新建築物の環境衛生管理編集委員会編：『新建築物の環境衛生

管理　第1版第1刷　中巻』日本建築衛生管理教育センター　p.490　2019
⑿　空気調和・衛生工学会編：『空気調和・衛生工学会規格 SHASE-S206-2009 給排水衛生設備規準・同解説』空気調和・衛生工学会　p.14, 15, 30, 99, 103, 104, 114 ～ 116, 118, 124 ～ 127, 129, 138, 139, 159, 207　2009 を元に加工
⒀　株式会社中部コーポレーション：「ルーフドレン 防水層張掛け幅 50mm　RAP-5S」https://www.chubu-net.co.jp/kenzai/Product/detail/RD001?PHPSESSID=ae340aeaf15c8746b897e0df835cc739 に解説追記
⒁　新建築物の環境衛生管理編集委員会編：『新建築物の環境衛生管理　第1版第1刷　中巻』日本建築衛生管理教育センター　p.474　2019 を元に加工
⒂　空気調和・衛生工学会編：『給排水衛生設備計画・設計の実務の知識（改訂4版）』オーム社　p.28, 40, 52, 75, 85, 120, 129, 132, 139, 141, 162, 176　2017
⒃　空気調和・衛生工学会編：『空気調和・衛生工学会規格 SHASE-S206-2009 給排水衛生設備基準・同解説』空気調和・衛生工学会　2004
⒄～⒅　新建築物の環境衛生管理編集委員会編：『新建築物の環境衛生管理　第1版第1刷　中巻』日本建築衛生管理教育センター　p.484 ～ 485　2019 を元に加工
⒆　空気調和・衛生工学会編：『空気調和・衛生工学会規格 SHASE-S206-2009 給排水衛生設備規準・同解説』空気調和・衛生工学会　p.14, 15, 30, 99, 103, 104, 114 ～ 116, 118, 124 ～ 127, 129, 138, 139, 159, 207　2009 を元に加工
⒇　株式会社カンツール：「キネティック・ウォーターラムＧＫＲ」https://kantool.co.jp/product/ キネティック・ウォーターラムｇｋｒ/ に解説追記
(21)　株式会社 LIXIL：「INAX いいナビ　用語の解説　トラップ着脱式」https://iinavi.inax.lixil.co.jp/u_search/yougo/ に解説追記
(22)　空気調和・衛生工学会編：『空気調和・衛生工学便覧Ⅲ（第11版）』オーム社　1987 を加工
(23)　TOTO 株式会社：「自動洗浄小便器　リモデル前　リモデル後」https://jp.toto.com/products/publictoilet/autowashurinal/
(24)　ホーチキ株式会社：'23-'24 消火設備機器製品カタログ「可動式小型ヘッド大規模放水銃（二筒式）」https://www.hochiki.co.jp/support/business/catalog/shouka/digital/index.html#target/page_no=20
(25)　全国ビルメンテナンス協会「20 年史」全国ビルメンテナンス協会　1986 を元に加工
(26)　（左側写真）蔵王産業株式会社：スーパーパイルブラシ「カーペットパイル起毛・復元・清掃機」https://www.zaohnet.co.jp/products/spb/
(27)　（右側写真）ビルの環境衛生管理編集委員会『改訂ビルの環境衛生管理　下巻（第4刷）』ビル管理教育センター　p.54　2000
(28)　シンテックサービス株式会社：https://www.shintech.biz/construction/766/
(29)　有限会社カーペットクリーン東海：http://www.carpet.co.jp/services-details-02.html
(30)　株式会社セントマルエス：https://duskin-maruesu.com/house/carpet/
(31)　クリーンペア九州株式会社：「フロア清掃事例」https://www.cp-ccs.com/category/result
(32)　ビルの環境衛生管理編集委員会：『改訂ビルの環境衛生管理　下巻』ビル管理教育センター　2002
(33)　ビルの環境衛生管理編集委員会：『改訂ビルの環境衛生管理　下巻（第4刷）』ビル管理教育センター　p.93, 115, 264, 295, 298, 299　2002
(34)　ビルの環境衛生管理編集委員会：『改訂ビルの環境衛生管理　下巻』ビル管理教育センター　p.294, 295　2000
(35)　日本床工事工業株式会社：http://www.nihon-yuka.co.jp/method/yosegi.html
(36)　新建築物の環境衛生管理編集委員会編：『新建築物の環境衛生管理　第1版第1刷　下巻』日本建築衛生管理教育センター　p.68　2019
(37)　日本床工事工業株式会社：http://www.nihon-yuka.co.jp/method/yosegi.html
(38)　株式会社 エービーシー商会：「お役立ち情報　コラム」https://www.abc-t.co.jp/columns/201904terrazzo01.html
(39)　有限会社ミゾー：「下降器　マーク1プラス」https://mizo.co.jp/kakouki/ を元に加工
(40)　全国ビルメンテナンス協会：『ビルクリーニング作業計画実践教室』全国ビルメンテナンス協会　p.16 ～ 23　1986
(41)　全国都市清掃会議，廃棄物研究財団：「ごみ処理施設の計画・設計要領」全国都市清掃会議　p.50　1999
(42)　新建築物の環境衛生管理編集委員会編：『新建築物の環境衛生管理　第1版第1刷　下巻』日本建築衛生管理教育センター　p.125　2019 を元に加工
(43)　朝日産業株式会社：「ムシポン MP-301 シリーズ」https://asahi-sg.co.jp/products/mushipon-mp301/ に解説追記
(44)　名古屋市 HP：ねずみ・害虫について「ネズミ - 家の中でみかけたことはありませんか -」https://www.city.nagoya.jp/kenkofukushi/page/0000011677.html
(45)　田中生男：『建築設備とビルのねずみー防鼠構造の話』理工図書　p.63　1995

引用文献に記載の URL の最終確認日は 2023 年 12 月 15 日です.

参考文献

● 建築物の環境衛生管理編集委員会編『新建築物の環境衛生管理　第1版第1刷　上中下巻』日本建築衛生管理教育センター　2019
● 厚生労働省：「建築物衛生のページ」https://www.mhlw.go.jp/stf/seisakunitsuite/bunya/0000132645.html
● 日本衛生動物学会：「殺虫剤研究班のしおり」https://server51.joeswebhosting.net/~js4308/insecticide/proc/2016_87.pdf

2022年度（令和4年度）午前の問題

●出題科目●
建築物衛生行政概論
建築物の環境衛生
空気環境の調整

問題 1　次に掲げる法律のうち，厚生労働省が**所管していない**ものはどれか．

(1)　生活衛生関係営業の運営の適正化及び振興に関する法律
(2)　労働安全衛生法
(3)　有害物質を含有する家庭用品の規制に関する法律
(4)　廃棄物の処理及び清掃に関する法律
(5)　水道法

問題 2　建築物における衛生的環境の確保に関する法律（以下「建築物衛生法」という．）に基づく特定建築物に関する次の記述のうち，**誤っている**ものはどれか．

(1)　特定建築物の衛生上の維持管理に関する監督官庁は，都道府県知事，保健所を設置する市の市長，特別区の区長である．
(2)　建築物環境衛生管理基準を定め，維持管理権原者にその遵守を義務付けている．
(3)　保健所は，多数の者が使用，利用する建築物について，正しい知識の普及を図るとともに，相談，指導を行う．
(4)　特定建築物の所有者等は，建築物環境衛生管理技術者を選任しなければならない．
(5)　登録業者の業務の改善向上を図ることを目的として，事業ごとに，都道府県を単位とした団体を知事が指定する制度が設けられている．

問題 3　建築物衛生法に基づく特定建築物としての**用途に該当する**ものは，次のうちどれか．

(1)　寺院
(2)　病院
(3)　自然科学系研究所
(4)　水族館
(5)　スポーツジム

問題 4　建築物衛生法令の主な制度改正に関する次の記述のうち，**誤っている**ものはどれか．ただし，記載された年については判断しないものとする．

(1)　昭和 50 年に，特定建築物の適用範囲が拡大され，学校教育法第 1 条に規定する学校を除いて，延べ面積が 3,000 m^2 以上となった．

(2)　昭和 53 年に，維持管理に関する監督官庁が，都道府県知事から保健所を設置する市の市長に拡大された．

(3)　昭和 55 年に，建築物の衛生管理業務を営む者の資質の向上を図るため，一定の人的，物的基準を要件とする事業者の都道府県知事による登録制度が設けられた．

(4)　平成 13 年に，登録事業において既存の 1 業種は業務内容が追加されるとともに名称が変更になり，新たに 2 業種が加わった．

(5)　平成 14 年に，給水及び，排水の管理に係る基準において，雑用水の維持管理基準を追加するなど，建築物環境衛生管理基準の見直しが行われた．

問題 5　建築物衛生法に基づく特定建築物に該当するかどうかの判断に関する次の文章の［　　　］内に入る数値と語句との組合せとして，**正しい**ものはどれか．

ただし，A 社，B 社，C 社，D 社，E 社は相互に関連はない．

A 社銀行の店舗と事務所 1,700 m^2 と銀行の地下駐車場 300 m^2，B 社の学習塾 700 m^2 と付属自習室 100 m^2，C 社の保育施設 600 m^2，D 社の老人デイサービスセンター 500 m^2，E 社の美容室 400 m^2 が全て入っている建築物の特定用途に供される部分の延べ面積は［　ア　］m^2 となるので，この建築物は特定建築物に該当［　イ　］．

	ア		イ
(1)	4,300	―――	する
(2)	3,700	―――	する
(3)	3,200	―――	する
(4)	2,900	―――	しない
(5)	2,500	―――	しない

問題 6　建築物衛生法に基づく特定建築物の届出事項のうち，**最も不適当な**ものは次のうちどれか．

(1)　建築物の全部が使用されるに至った年月日

(2)　特定建築物の用途及び特定用途に供される部分の延べ面積

(3)　建築物環境衛生管理技術者の氏名，住所及び免状番号

(4)　特定建築物の所有者等の氏名及び住所

(5)　特定建築物の構造設備の概要

問題 7 建築物環境衛生管理基準に基づく空気環境の測定に関する次の記述のうち，**誤っている**ものはどれか．

(1) 2か月以内ごとに1回定期に行う測定が，年間を通して基準値以下であれば，冷暖房期とその中間期の年4回の測定に回数を軽減できる．

(2) 温度，相対湿度，気流は，使用時間中，常に基準に適合しているか否かにより判定する．

(3) 浮遊粉じん，一酸化炭素，二酸化炭素は，1日の使用時間中の平均値によって判定するが，実務上は，使用時間中の適切な二時点における測定の平均値によって判定することで差し支えない．

(4) 測定は床上 75 cm 以上 150 cm 以下の位置において実施する．

(5) 各階ごとに1か所以上，居室の中央部で実施する．

問題 8 建築物環境衛生管理基準に定める雑用水の衛生上の措置等に関する次の記述のうち，**正しい**ものはどれか．

(1) 雑用水の給水栓における遊離残留塩素の含有率の規定は，飲料水の給水栓における遊離残留塩素の含有率とは異なる．

(2) 雑用水を水洗便所に使用する場合は，し尿を含む水を原水として使用してはならず，pH 値，臭気，外観，大腸菌について，基準に適合していること．

(3) 雑用水を散水，修景，清掃に使用する場合は，し尿を含む水を原水として使用してはならず，pH 値，臭気，外観，大腸菌，濁度について，基準に適合していること．

(4) 遊離残留塩素，pH 値，臭気，外観については14日以内ごとに1回，大腸菌，濁度については，3か月以内ごとに1回，定期検査を実施すること．

(5) 供給する雑用水が人の健康を害するおそれがあることを知ったときは，直ちにその雑用水を使用することが危険である旨を関係者に周知し，その後，供給を停止すること．

問題 9 建築物環境衛生管理基準に基づく給排水設備の衛生上必要な措置に関する次の記述のうち，**最も不適当な**ものはどれか．

(1) 飲用の循環式給湯設備の貯湯槽の清掃は，1年以内ごとに1回，定期に行う．

(2) グリース阻集器の掃除は，6か月以内ごとに1回，定期に行う．

(3) 雑用水槽の清掃は，雑用水槽の容量及び材質並びに雑用水の水源の種別等に応じ，適切な方法により，定期に行う．

(4) 高置水槽，圧力水槽等の清掃を行った後，受水槽の清掃を行う．

(5) 排水槽の清掃によって生じた汚泥等の廃棄物は，関係法令の規定に基づき，適切に処理する．

問題 10　建築物環境衛生管理技術者に関する次の記述のうち，**最も不適当な**ものはどれか．

(1)　特定建築物所有者等が建築物環境衛生管理技術者を選任しなかった場合は，30 万円以下の罰金に処せられる．

(2)　特定建築物に選任されている建築物環境衛生管理技術者は，業務に支障のない範囲で，建築物衛生法で定める登録事業の監督者等となることができる．

(3)　建築物環境衛生管理技術者の免状の返納を命ぜられ，その日から起算して 1 年を経過しない者には，免状の交付を行わないことがある．

(4)　建築物環境衛生管理技術者の職務は，特定建築物において，環境衛生上の維持管理に関する業務が適正に行われるよう全般的に監督することである．

(5)　建築物環境衛生管理技術者の免状の記載事項に変更が生じたときは，厚生労働大臣に免状の書換え交付を申請することができる．

問題 11　建築物衛生法に基づく建築物環境衛生総合管理業の登録に必要な監督者等に**該当しない**ものは，次のうちどれか．

(1)　統括管理者

(2)　清掃作業監督者

(3)　貯水槽清掃作業監督者

(4)　空調給排水管理監督者

(5)　空気環境測定実施者

問題 12　建築物衛生法に基づく事業登録を受けた登録業者が，次の事項を変更した場合，届出を**必要としない**ものはどれか．

(1)　営業所の名称

(2)　清掃作業監督者

(3)　主要な機械器具その他の設備

(4)　機械器具その他の設備の維持管理の方法

(5)　従事者の研修方法

問題 13　建築物衛生法に基づく都道府県知事による立入検査に関する次の記述のうち，**最も適当な**ものはどれか．

(1)　特定建築物内にある住居に立ち入る場合，その居住者の承諾を得ることなく行うことができる．

(2)　立入検査は，検査日時を事前に通知しなければならない．

(3)　立入検査は，必ず 2 人以上で実施する．

(4)　立入検査を行う職員は，その身分を示す証明書を携帯しなければならない．

(5)　建築物環境衛生管理基準に違反があった場合は，全て直ちに，改善命令等の行政処分が行われる．

問題 14　学校保健安全法に規定する学校薬剤師の職務として，**最も不適当な**ものは次のうちどれか.

⑴　学校安全計画の立案に参与すること.
⑵　学校保健計画の立案に参与すること.
⑶　学校の環境衛生の維持及び改善に関し，必要な指導及び助言を行うこと.
⑷　環境衛生検査に従事すること.
⑸　疾病の予防処置に従事すること.

問題 15　地域保健法に関する次の記述のうち，**誤っている**ものはどれか.

⑴　地域保健法は，保健所法を改正して制定された.
⑵　保健所は，都道府県，地方自治法の指定都市，中核市その他の政令で定める市又は特別区がこれを設置する.
⑶　都道府県知事は，保健所の所管区域を設定するにあたっては，事前に厚生労働大臣の承認を得なければならない.
⑷　厚生労働大臣は，地域保健対策の推進に関する基本的な指針を定めなければならない.
⑸　市町村は，市町村保健センターを設置することができる.

問題 16　下水道法に関する次の記述のうち，**最も不適当な**ものはどれか.

⑴　公共下水道に流入させるための排水設備は，当該公共下水道を管理する者が設置する.
⑵　公共下水道の構造は，政令及び地方公共団体が条例で定める技術上の基準に適合しなければならない.
⑶　公共下水道の設置，改築，修繕，維持その他の管理は，原則として市町村が行う.
⑷　下水とは，生活若しくは事業（耕作の事業を除く.）に起因し，若しくは付随する廃水又は雨水をいう.
⑸　公共下水道管理者は，公共下水道を設置しようとするときは，あらかじめ，政令で定めるところにより，事業計画を定めなければならない.

問題 17　旅館業法第4条に規定されている次の条文の［　　］内に入る語句の組合せとして，**正しい**ものはどれか.

営業者は，旅館業の施設について，［ア］，採光，［イ］，防湿及び清潔その他［ウ］の衛生に必要な措置を講じなければならない.

	ア	イ	ウ
⑴	換気	照明	客室
⑵	換気	照明	宿泊者
⑶	換気	防音	客室
⑷	空気調和	照明	宿泊者
⑸	空気調和	防音	客室

問題 18　環境基本法に基づく大気の汚染に係る環境基準に**定められていない物質**は，次のうちどれか．

(1)　微小粒子状物質

(2)　光化学オキシダント

(3)　二酸化窒素

(4)　ベンゼン

(5)　ホルムアルデヒド

問題 19　事務所衛生基準規則において，労働者を常時就業させる事務室の環境管理に関する次の記述のうち，**最も不適当な**ものはどれか．

(1)　気積は，設備の占める容積及び床面から 4 メートルを超える高さにある空間を除き，労働者 1 人について，10 立方メートル以上としなければならない．

(2)　一酸化炭素及び二酸化炭素の含有率を，それぞれ 100 万分の 50 以下及び 100 万分の 5,000 以下としなければならない．

(3)　冷房する場合は，当該室の気温を外気温より著しく低くしてはならない．

(4)　中央管理方式の空調設備を設けている建築物では，作業環境測定は 2 か月以内ごとに 1 回，定期に行わなければならない．

(5)　事務室の作業環境測定は，作業環境測定士が実施しなければならない．

問題 20　平成 30 年に改正された健康増進法で定める受動喫煙防止規定の対象となる特定施設の区分について，**誤っている**ものは次のうちどれか．

(1)　公立の小学校や中学校は，第一種施設である．

(2)　行政機関がその事務を処理するために使用する庁舎は，第二種施設である．

(3)　旅館業法により許可を受けたホテルや旅館は，第二種施設である．

(4)　一般の事務所は，第二種施設である．

(5)　医療法に規定する病院は，第一種施設である．

問題 21　健康に影響を与える環境要因のうち，化学的要因として**最も不適当な**ものは次のうちどれか．

(1)　酸素

(2)　粉じん

(3)　オゾン

(4)　し尿

(5)　放射線

問題22　細胞・組織・臓器・臓器系とその機能の説明との組合せとして，**最も不適当な**ものは次のうちどれか．

(1)　自律神経 ——— 消化，呼吸，循環等の諸機能を調整する．

(2)　腎臓 ———— 血液の老廃物などをろ過して尿を生成する．

(3)　消化器系 ——— 栄養や水を摂取・吸収して再合成と排泄（せつ）を行う．

(4)　赤血球 ———— 細菌などに対する生体防御作用をもつ．

(5)　内分泌系 ——— 成長，発達，代謝をコントロールする．

問題23　労働衛生に関する次の記述のうち，**最も不適当な**ものはどれか．

(1)　有害物の負荷量と個体レベルにおける障害などの程度の関係を，量–反応関係と呼ぶ．

(2)　最大許容濃度とは，作業中のどの時間をとっても曝（ばく）露濃度がこの数値以下であれば，ほとんど全ての労働者に健康上の悪い影響が見られないと判断される濃度である．

(3)　許容濃度とは，労働者が1日8時間，週40時間程度，肉体的に激しくない労働強度で有害物質に曝露されても，ほとんど全ての労働者に健康上の悪い影響が見られないと判断される濃度である．

(4)　許容限界とは，生物が耐えきれなくなるストレス強度の限界のことである．

(5)　一般の事務所における環境の基準は，労働安全衛生法に基づく事務所衛生基準規則により定められている．

問題24　温熱環境指数に関する次の記述のうち，**最も不適当な**ものはどれか．

(1)　予測平均温冷感申告は，気温，湿度，風速，平均放射温度，エネルギー代謝量，着衣量の6つの温熱環境要素を用いて評価をする．

(2)　不快指数は，気温と湿球温度，又は気温と相対湿度から算出される．

(3)　黒球（グローブ）温度は，銅製の黒球の中心温を測定したものである．

(4)　有効温度は，気温，湿度，風速，熱放射の4要素の影響を含んだ温熱環境の指標である．

(5)　湿球黒球温度(WBGT)は，暑さ指数として熱中症予防のために用いられている．

問題25　エネルギー代謝に関する次の記述のうち，**最も不適当な**ものはどれか．

(1)　基礎代謝とは，早朝覚醒後の空腹時仰臥（が）の姿勢におけるエネルギー代謝のことである．

(2)　睡眠時代謝量は，基礎代謝量より高い．

(3)　安静時代謝量は，基礎代謝量よりおよそ20％高い．

(4)　熱産生は，主に摂取した食物の代謝による化学的エネルギーに由来する．

(5)　体温は，熱産生と熱放散のバランスにより一定に保たれている．

問題 26　寒冷障害（ヒトの低温障害）に関する次の記述のうち，**最も不適当な**ものはどれか．

(1)　5 ℃以下の水に突然つかると，5 ～ 15 分間で生命にかかわる低体温症を生じる．

(2)　気温が 13 ～ 16 ℃程度でも天候によっては低体温症となることがある．

(3)　乳幼児や高齢者は寒さへの適応力が低く，低体温症のリスクが高い．

(4)　低体温症の診断は腋の下の体温を測定することで行う．

(5)　凍傷による障害は，組織の凍結と周辺の血管収縮・血栓による血流阻害により起きる．

問題 27　建築物内の湿度に関する次の記述のうち，**最も不適当な**ものはどれか．

(1)　低湿度ではほこりが飛散しやすくなる．

(2)　低湿度ではインフルエンザウイルスの生存率が高まる．

(3)　加湿器を清潔に保つことは室内環境衛生のために重要である．

(4)　高湿度では体感温度が上昇する．

(5)　高湿度では壁の塗装の剥離が起きやすくなる．

問題 28　空気環境に関する次の記述のうち，**最も不適当な**ものはどれか．

(1)　良好な室内空気環境を維持するためには，一般に 1 人当たり 30 m^3/h 以上の換気量が必要とされている．

(2)　一般の室内環境下では，窒素の人体への健康影響はない．

(3)　空気中の酸素濃度が 16 % 程度になると意識障害やけいれんが生じる．

(4)　二酸化炭素濃度は，室内空気の汚染や換気の総合指標として用いられる．

(5)　窒素は，大気の約 78 % を占める．

問題 29　浮遊粉じんに関する次の文章の［　　］内に入る数値の組合せとして，**最も適当な**ものはどれか．

粒径［　ア　］μm 以下の粉じんは長時間にわたり浮遊し，ヒトの気道内に取り込まれる．特に肺に沈着し，人体に有害な影響を及ぼすのは，通常［　イ　］μm 程度以下の大きさである．

	ア		イ
(1)	50	――	10
(2)	40	――	10
(3)	20	――	5
(4)	10	――	5
(5)	10	――	1

問題 30　アスベストに関する次の記述のうち，**最も不適当な**ものはどれか．

(1)　自然界に存在する繊維状の水和化したケイ酸塩鉱物の総称である．

(2)　健康障害はアスベスト製品製造工場の従業員に限られていない．

(3)　肺がんに対して喫煙との相乗作用が疫学的に示唆されている．

(4)　労働安全衛生法，大気汚染防止法，建築基準法等により法規制が設けられている．

(5)　現在，試験研究を除き使用禁止であり，現存の建築物には残っていない．

問題 31　二酸化炭素に関する次の記述のうち，**最も不適当な**ものはどれか．

(1)　大気中の濃度は，一般に 0.04 ～ 0.05％である．

(2)　学校保健安全法の学校環境衛生基準では，教室の二酸化炭素濃度は 0.5％以下と定められている．

(3)　安静時の人の呼気中には 4％程度含まれている．

(4)　室内の濃度が 3 ～ 4％になると頭痛，めまいや血圧上昇を起こす．

(5)　室内の濃度が 7 ～ 10％になると数分間で意識不明となる．

問題 32　空気汚染とその健康障害との組合せとして，**最も不適当な**ものは次のうちどれか．

(1)　オゾン ―――――― 気道粘膜の刺激

(2)　レジオネラ属菌 ――― 急性肺炎

(3)　真菌 ――――――― アレルギー性疾患

(4)　たばこ煙 ――――― 慢性閉塞性肺疾患（COPD）

(5)　二酸化硫黄 ―――― 過敏性肺炎

問題 33　音に関する次の記述のうち，**最も不適当な**ものはどれか．

(1)　外耳は耳介，外耳道，鼓膜からなる．

(2)　音の伝達には気導と骨導がある．

(3)　サウンドアメニティーとは，快い音環境のことである．

(4)　聴力はオージオメータの基準音圧レベルを基準として測定される．

(5)　蝸牛は内耳に含まれ，蝸牛内部には有毛細胞をもつコルチ器がある．

問題 34　騒音に関する次の記述のうち，**最も不適当な**ものはどれか．

(1)　騒音レベル 85 dB 以上の騒音に長期間曝露されると，聴力に障害が起こる．

(2)　騒音により副腎ホルモンの分泌増加など，内分泌系への影響が起こる．

(3)　文章了解度は，聴取妨害に関する音声の了解の程度を評価する指標である．

(4)　騒音が発生する業務に従事する労働者の 4,000 Hz の聴力レベルが 20 dB であれば，騒音性難聴とされる．

(5)　一般環境騒音に係る環境基準は，地域類型別及び道路に面しない地区と道路に面する地区に区分し決められている．

問題 35　振動に関する次の記述のうち，**最も適当な**ものはどれか．

(1)　地震の震度は，気象庁の職員の体感によって測定される．

(2)　レイノー現象は，温度が高く代謝が上昇する夏季に起こりやすい．

(3)　全身振動により，胃腸の働きの抑制が見られる．

(4)　振動の知覚は，皮膚，内臓，関節等，全身に分布する運動神経末端受容器によりなされる．

(5)　地面の振動が伝わる際，建築物内床面の振動レベルは減衰により屋外地面上より低くなる．

問題 36　眼の構造と光の知覚，光環境に関する次の記述のうち，**最も不適当な**ものはどれか．

(1)　照度が 0.1 lx より下がると，視力は大きく低下する．

(2)　錐(すい)体には赤，青，黄の光にそれぞれ反応する 3 種があり，これらの反応の組合せにより色を感じる．

(3)　視細胞が感知した光の刺激は，視神経を介して脳に伝わり知覚される．

(4)　グレアとは，視野内で過度に輝度が高い点などが見えることによって起きる不快感や見にくさである．

(5)　眼において，水晶体はカメラに例えるとレンズの役割を果たす．

問題 37　情報機器作業に関する次の記述のうち，**最も不適当な**ものはどれか．

(1)　情報機器にはタブレット端末が含まれる．

(2)　照明及び採光は，できるだけ明暗の対照が著しくないようにする．

(3)　ディスプレイに関しては，画面の上端が眼の高さよりやや上になる高さにすることが望ましい．

(4)　情報機器作業とは，パソコンなどの情報機器を使用してデータの入力や文章・画像等の作成を行う作業である．

(5)　情報機器作業者に対する健康診断では，眼の症状，筋骨格系の症状，ストレスに関する症状をチェックする．

問題 38　電場，磁場，電磁波に関する次の記述のうち，**最も不適当な**ものはどれか．

(1)　電磁波には電波，光，X 線，γ 線が含まれる．

(2)　可視光線のみが目で確認できる電磁波である．

(3)　地球磁場のような静磁場の曝(ばく)露による健康影響は知られていない．

(4)　静電気は，放電によりガソリンや有機溶剤に発火や爆発を起こす．

(5)　電磁波の周波数が高くなると波長は長くなる．

問題 39　赤外線及び紫外線の健康影響に関する次の記述のうち，**最も不適当な**ものはどれか．

⑴　赤外線は熱中症の原因となる．

⑵　赤外線はビタミン D の形成を促す．

⑶　紫外線曝(ばく)露により，角膜炎が起こる．

⑷　紫外線のうち，UV-C はオゾン層に吸収される．

⑸　紫外線の UV-B は，エネルギーが強く肌表面の細胞を傷つけたり炎症を起こし，皮膚がんのリスクを上昇させる．

問題 40　健常な体重 75 kg の一般成人の体内水分量として，**最も適当な**ものは次のうちどれか．

⑴　20 kg 未満

⑵　20 kg 以上 30 kg 未満

⑶　30 kg 以上 40 kg 未満

⑷　40 kg 以上 50 kg 未満

⑸　50 kg 以上 60 kg 未満

問題 41　自然界に排出されると，**生物濃縮によりヒトの健康に影響を及ぼす物質**は次のうちどれか．

⑴　四塩化炭素

⑵　シアン化合物

⑶　鉛

⑷　有機水銀

⑸　六価クロム

問題 42　喉の渇きが生じた場合の体内における水分欠乏率として，**最も適当な**ものは次のうちどれか．

⑴　1 % 程度

⑵　4 % 程度

⑶　6 % 程度

⑷　8 % 程度

⑸　10 % 以上

問題 43　感染症の予防及び感染症の患者に対する医療に関する法律に基づく感染症の類型のうち，一類，二類，三類全てに実施される措置として，**最も不適当な**ものは次のうちどれか．

(1)　積極的疫学調査

(2)　死体の移動制限

(3)　無症状病原体保有者への入院勧告

(4)　汚染された場所の消毒

(5)　就業制限

問題 44　主にヒト–ヒト感染によって**感染が拡大する感染症**は次のうちどれか．

(1)　マイコプラズマ肺炎

(2)　デング熱

(3)　発疹チフス

(4)　レプトスピラ症

(5)　ジカウイルス感染症

問題 45　次亜塩素酸ナトリウム消毒に関する次の記述のうち，**最も適当な**ものはどれか．

(1)　一般に手指消毒で最も用いられる．

(2)　通常 5％の濃度で使用する．

(3)　芽胞には効果がない．

(4)　室内では噴霧により使用する．

(5)　有機物が多くても効力は減退しない．

問題 46　熱移動に関する次の記述のうち，**最も不適当な**ものはどれか．

(1)　中空層の熱抵抗は，一定の厚さ（2 ～ 5 cm）までは厚さが増すにつれて増大するが，それ以上ではほぼ一定となる．

(2)　固体内の熱流は，局所的な温度勾配に熱伝導率を乗じて求められる．

(3)　密度が大きい材料ほど，一般に熱伝導率は小さくなる．

(4)　同一材料でも，一般に熱伝導率は温度によって異なる．

(5)　同一材料でも，一般に内部に湿気を多く含むほど熱伝導率は大きくなる．

問題 47　湿り空気と湿度に関する次の記述のうち，**最も不適当な**ものはどれか．

(1)　湿り空気の温度が一定の状態で絶対湿度を増加させると，比エンタルピーは増加する．

(2)　露点温度のときの湿り空気では，乾球温度と湿球温度は等しい．

(3)　湿り空気において，絶対湿度が上昇すると水蒸気分圧は上昇する．

(4)　絶対湿度が上昇すると，露点温度は低下する．

(5)　絶対湿度が一定の状態で温度が低下すると，相対湿度は上昇する．

問題 48 熱放射に関する次の記述のうち，**最も不適当な**ものはどれか．

(1) 白色ペイントは，光ったアルミ箔（はく）よりも長波長放射率が小さい．

(2) 物体表面から放射される単位面積当たりの放射熱流は，絶対温度の 4 乗に比例する．

(3) 同一温度の物体間では，長波長放射に関し，放射率と吸収率は等しい．

(4) 一般的なアスファルトの長波長放射率は，約 0.9 である．

(5) 常温物体から射出される電磁波は，波長が 10 μm 付近の赤外線が主体である．

問題 49 一辺が 3 m の正方形の壁材料を組み合わせて立方体の室を作り，日射が当たらない条件で床面が地表面から浮いた状態で固定した．床と天井を含む壁材料の熱貫流抵抗を 0.4 (m^2・K)/W，隙間換気は無視できるとし，外気温度が 10 ℃の条件下で内部を 1,620 W で加熱した．

十分に時間が経過した後の室内空気温度として，**最も適当な**ものは次のうちどれか．

(1) 12 ℃

(2) 22 ℃

(3) 28 ℃

(4) 32 ℃

(5) 40 ℃

問題 50 自然換気の換気力に関する次の記述のうち，**最も不適当な**ものはどれか．

(1) 温度差による換気力は，開口部の高さの差に比例して増加する．

(2) 温度差による換気力は，室内外空気の密度差に比例して増加する．

(3) 風力による換気力は，外部風速の 2 乗に比例して増加する．

(4) 風力による換気力は，開口部での風圧係数の 2 乗に比例して増加する．

(5) 風力による換気力は，風向きが変わると変化する．

問題 51 空気の流動に関する次の記述のうち，**最も不適当な**ものはどれか．

(1) 円形ダクトの圧力損失は，ダクト直径に反比例する．

(2) ダクトの形状変化に伴う圧力損失は，風速の 2 乗に比例する．

(3) 合流，分岐のないダクト中を流れる気流の速度は，断面積に比例する．

(4) 開口部を通過する風量は，開口部前後の圧力差の平方根に比例する．

(5) レイノルズ数は，慣性力の粘性力に対する比を表す無次元数である．

問題 52　流体の基礎に関する次の文章の［　　　］内に入る語句の組合せとして，**正しい**ものはどれか.

摩擦のないダクト中を進む流れを考え，流れの上流側に A 断面，下流側に B 断面をとる．ダクト内の流管の二つの断面 A，B における流れの力学的エネルギーの保存を仮定すると次のようなベルヌーイの定理を表す式が得られる.

ただし，ρ：密度，a：［　ア　］，b：［　イ　］，g：重力加速度，c：［　ウ　］とする．

$$\frac{1}{2}\rho a^2 + b + \rho gc = 一定$$

	ア		イ		ウ
(1)	速度	――	静圧	――	高さ
(2)	速度	――	動圧	――	高さ
(3)	高さ	――	静圧	――	速度
(4)	静圧	――	高さ	――	速度
(5)	動圧	――	高さ	――	速度

問題 53　建築物環境衛生管理基準及びそれに関連する次の記述のうち，**最も不適当な**ものはどれか.

(1)　建築物衛生法による気流の管理基準値は，0.5 m/s 以下である.

(2)　空気環境管理項目の中で，気流は不適率が高い項目の一つである.

(3)　極端な低気流状態は好ましくなく，ある程度の気流は確保すべきである.

(4)　冷房期における節電対策などで，居室内に扇風機を設置することで，局所的に気流の基準値を超えることがある.

(5)　気流の改善方法に，間仕切りの設置や吹出口風量のバランス調整がある.

問題 54　換気に関する次の記述のうち，**最も不適当な**ものはどれか.

(1)　混合方式は，室内に供給する清浄空気と室内空気を十分に混合・希釈する方式である.

(2)　一方向方式は，清浄空気をピストンのように一方向の流れとなるように室内に供給し，排気口へ押し出す方式である.

(3)　第 2 種換気は，自然給気口と機械排気による換気である.

(4)　局所換気は，汚染物質が発生する場所を局所的に換気する方法である.

(5)　機械換気は，自然換気に比べて適切な換気を計画することが容易である.

問題 55　室内における空気汚染物質に関する次の記述のうち，**最も不適当な**ものはどれか．

(1)　一酸化炭素の建築物内での発生源は，燃焼器具，たばこ等である．

(2)　二酸化炭素の建築物内での発生源は，人の活動（呼吸），燃焼器具等である．

(3)　浮遊粉じんの建築物内での発生源は，人の活動などである．

(4)　ホルムアルデヒドの建築物内での発生源は，これを原料とした接着剤・複合フローリング，合板等である．

(5)　オゾンの建築物内での発生源は，洗剤，クリーナ等である．

問題 56　空気汚染物質の特性を表すア～エの記述のうち，ホルムアルデヒドの特性を表すものの組合せとして，**最も適当な**ものは次のうちどれか．

ア　常温で無色の刺激臭を有する気体である．

イ　ヒトに対して発がん性がある．

ウ　一酸化窒素と結合し，二酸化窒素と酸素を生成する．

エ　非水溶性である．

(1)　アとイ

(2)　アとウ

(3)　アとエ

(4)　イとウ

(5)　イとエ

問題 57　次のエアロゾル粒子の相当径のうち，**幾何相当径に分類される**ものはどれか．

(1)　空気力学径

(2)　ストークス径

(3)　円等価径

(4)　光散乱径

(5)　電気移動度径

問題 58　アレルゲンと微生物に関する次の記述のうち，**最も不適当な**ものはどれか．

(1)　オフィスビル内のアレルゲンの大部分は細菌類である．

(2)　空気調和機内は，微生物の増殖にとって好環境となる．

(3)　アルテルナリアは，一般環境中に生育するカビである．

(4)　ダンプネスは，過度の湿気を原因とするカビ臭さや微生物汚染等の問題が確認できるような状態をいう．

(5)　大部分のダニアレルゲンの粒径は，数 μm 以上である．

問題 59　エアロゾル粒子の一般的な粒径として，**最も小さい**ものは次のうちどれか．

(1)　噴霧液滴
(2)　硫酸ミスト
(3)　セメントダスト
(4)　フライアッシュ
(5)　たばこ煙

問題 60　ダクト併用ファンコイルユニット方式に関する次の記述のうち，**最も不適当な**ものはどれか．

(1)　ファンコイルユニットを単一ダクト方式と併用することで，個別制御性を高めたシステムである．
(2)　ファンコイルユニットは，熱負荷が過大となるペリメータゾーンに配置されることが多い．
(3)　単一ダクト方式に比べ，空調機及び主ダクトの小容量化･小型化が可能である．
(4)　ペリメータゾーンとインテリアゾーンにおける熱負荷特性の差異に対応可能である．
(5)　新鮮外気量の確保は，ファンコイルユニットで対応する．

問題 61　建築物の熱負荷に関する組合せとして，**最も適当な**ものは次のうちどれか．

(1)　壁体からの通過熱負荷 ―――――― 顕熱負荷
(2)　人体による室内発熱負荷 ――――― 顕熱負荷
(3)　ガラス窓からの通過日射熱負荷 ―― 顕熱負荷と潜熱負荷
(4)　外気負荷 ――――――――――― 顕熱負荷
(5)　照明による室内発熱負荷 ――――― 顕熱負荷と潜熱負荷

問題 62　下に示す湿り空気線図上のア～オは，加湿・除湿操作による状態変化を表している．各状態変化と加湿・除湿操作との組合せとして，**最も不適当な**ものは次のうちどれか．

(1)　ア ―― 蒸気加湿
(2)　イ ―― 気化式加湿
(3)　ウ ―― 空気冷却器による冷却除湿
(4)　エ ―― 液体吸収剤による化学的除湿
(5)　オ ―― シリカゲルなどの固体吸着剤による除湿

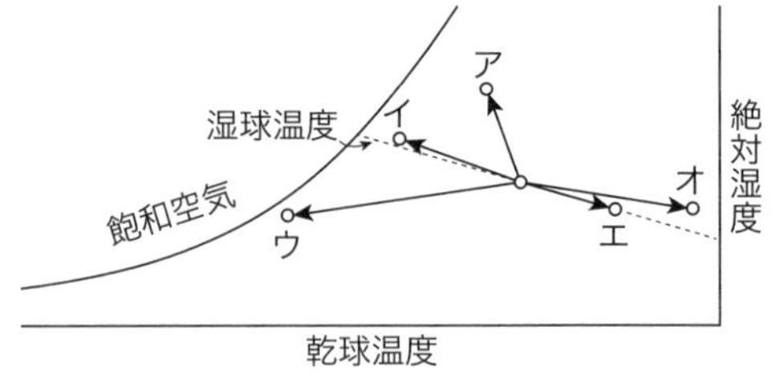

問題 63　個別方式の空気調和設備に関する次の記述のうち，**最も不適当な**ものはどれか．

(1)　水熱源ヒートポンプ方式のパッケージ型空調機は，圧縮機を内蔵するため騒音源として注意が必要である．

(2)　分散設置型空気熱源ヒートポンプ方式には，電動のヒートポンプ（EHP）の他に，ガスエンジン駆動のヒートポンプ（GHP）がある．

(3)　ビル用マルチパッケージとは，1 台の室外機に複数の室内機を接続するタイプである．

(4)　ビル用マルチパッケージには，同一室外機系統でも室内機ごとに冷暖房が選択できる冷暖房同時型というタイプがある．

(5)　空気熱源ヒートポンプは，冷房時にデフロスト運転（除霜運転）による効率低下が発生することがある．

問題 64　乾球温度 0 ℃，比エンタルピー 4 kJ/kg(DA)の外気と，乾球温度 22 ℃，比エンタルピー 39 kJ/kg(DA)の室内空気を 2：3 の割合で混合した後の乾球温度と比エンタルピーの組合せとして，**最も適当な**ものは次のうちどれか．

	乾球温度［℃］	比エンタルピー［kJ/kg(DA)］
(1)	8.8	18
(2)	13.2	25
(3)	8.8	21
(4)	18.3	21
(5)	13.2	18

問題 65　デシカント空調方式に関する次の記述のうち，**最も不適当な**ものはどれか．

(1)　除湿量は，再生空気の相対湿度の影響が大きい．

(2)　放射冷暖房システムの結露対策としても用いられる．

(3)　除湿において，デシカントロータ通過前後で外気の乾球温度は低下する．

(4)　2 ロータ方式において，再生熱交換器は排気側に設置される．

(5)　潜熱と顕熱を分離して制御できる空調システムである．

問題 66　蒸気圧縮冷凍サイクルに関する次の記述のうち，**最も不適当な**ものはどれか．

(1)　凝縮器により冷媒が液化する．

(2)　圧縮機により冷媒の比エンタルピーが増加する．

(3)　膨張弁により冷媒の圧力が低下する．

(4)　蒸発器により冷媒がガス化する．

(5)　冷凍サイクルでは凝縮器，圧縮機，膨張弁，蒸発器の順に冷媒が循環する．

問題 67　冷凍機の冷媒に関する次の記述のうち，**最も不適当な**ものは次のうちどれか．

(1)　CFC（クロロフルオロカーボン）は，オゾン層破壊の問題から全面的に製造禁止とされた．

(2)　HCFC（ハイドロクロロフルオロカーボン）は，オゾン破壊係数（ODP）は小さいが，全廃へ向けて生産量の段階的な削減が行われている．

(3)　HFC（ハイドロフルオロカーボン）は，オゾン破壊係数（ODP）が 1 である．

(4)　HFC（ハイドロフルオロカーボン）は，温室効果ガスの一種に指定され，使用量に対する制限が課せられている．

(5)　自然冷媒のアンモニアは，地球温暖化係数（GWP）が 1 より小さい．

問題 68　空気調和設備の各種熱源方式の特徴に関する次の記述のうち，**最も不適当な**ものはどれか．

(1)　コージェネレーション方式は，電力需要を主として運転することにより最も高いエネルギー利用効率が得られる．

(2)　ガスエンジンヒートポンプ方式は，エンジン排熱を有効利用することができるため，寒冷地における暖房熱源に適している．

(3)　蓄熱システムは，電力負荷平準化や熱源装置容量削減に効果がある．

(4)　水熱源方式のヒートポンプは，地下水や下水熱等の未利用エネルギー利用に適している．

(5)　地域冷暖房システムは，地域での熱源集約化や集中管理化のメリットがある．

問題 69　密閉型冷却塔に関する次の文章の［　　　］内に入る語句の組合せとして，**最も適当な**ものはどれか．

密閉型冷却塔は，水と空気が［　ア　］熱交換となるため，通風抵抗と送風機動力が［　イ　］する．また，冷却水の散布水系統の保有水量は開放型冷却塔と比べて［　ウ　］．

	ア	イ	ウ
(1)	間接 ―――	増加 ―――	多い
(2)	間接 ―――	減少 ―――	少ない
(3)	直接 ―――	減少 ―――	多い
(4)	直接 ―――	増加 ―――	少ない
(5)	間接 ―――	増加 ―――	少ない

問題 70 空気調和機とその構成機器の組合せとして，**最も不適当な**ものは次のうちどれか．

⑴ エアハンドリングユニット ――― 加湿器
⑵ ファンコイルユニット ――――― 凝縮器
⑶ パッケージ型空調機 ―――――― 圧縮機
⑷ エアハンドリングユニット ――― エアフィルタ
⑸ ファンコイルユニット ――――― 熱交換器

問題 71 空気調和設備に用いられる熱交換器に関する次の記述のうち，**最も不適当な**ものはどれか．

⑴ 回転型全熱交換器は，仕切り板の伝熱性と透湿性により給排気間の全熱交換を行う．
⑵ 空気–空気熱交換器は，主に外気負荷の削減に用いられる．
⑶ 代表的な空気冷却用熱交換器としては，プレートフィン型冷却コイルがある．
⑷ ヒートパイプは，構造・原理が単純で，熱輸送能力の高い熱交換器である．
⑸ プレート式水–水熱交換器は，コンパクトで容易に分解洗浄できるという特徴がある．

問題 72 加湿装置に関する次の記述のうち，**最も不適当な**ものはどれか．

⑴ 滴下式は，吹出し空気の温度が低下する．
⑵ 蒸気式は，吹出し空気の温度が低下しない．
⑶ 超音波式は，給水中の不純物が放出される．
⑷ 透湿膜式は，給水中の不純物は放出されない．
⑸ 電極式は，純水で加湿する．

問題 73 吹出口に関する次の記述のうち，**最も適当な**ものはどれか．

⑴ ふく流吹出口は，他の吹出口に比べて誘引効果が高く，温度差や風量が大きくても居住域にコールドドラフトが生じにくい．
⑵ 軸流吹出口の吹出気流は，拡散角度が大きく，到達距離が短いのが特徴である．
⑶ 線状吹出口は，主にインテリアゾーンの熱負荷処理用として設置されることが多い．
⑷ 面状吹出口は，放射冷暖房の効果が期待できない．
⑸ 線状吹出口は，吹出し方向を調整できない．

問題 74 下の図は，送風抵抗と運転点の関係を示している．この図に関連する，次の文章の［　　　］内に入る語句の組合せとして，**最も適当な**ものはどれか．

送風機の特性曲線は，グラフの横軸に［ア］をとり，縦軸に［イ］をとって表すと曲線 P のようになる．一方，送風系の抵抗曲線は，同じグラフ上に，原点を通る二次曲線 R として示される．ここで，2 曲線の交点 A は，運転点を示している．この時，送風系の［ウ］を操作することで，抵抗曲線は R′に変化し，運転点は B となる．

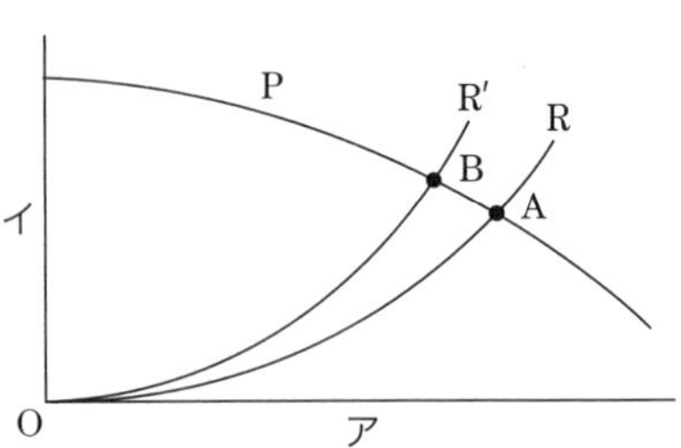

	ア	イ	ウ
(1)	圧力	回転数	インバータ
(2)	風量	圧力	インバータ
(3)	圧力	風量	インバータ
(4)	風量	圧力	ダンパ
(5)	圧力	風量	ダンパ

問題 75 空気浄化装置に関する次の記述のうち，**最も不適当な**ものはどれか．

(1) 自動巻取型エアフィルタは，ろ材の更新が自動的に行えるような構造としたものである．

(2) ULPA フィルタは，定格風量で粒径が 0.3 μm の粒子に対する粒子捕集率で規定されている．

(3) ろ過式フィルタの捕集原理には，遮りによる付着，慣性衝突，拡散による付着がある．

(4) ガス除去用エアフィルタのガス除去容量は，ガス除去率が初期値の 85 % に低下するまでに捕集したガス質量で表される．

(5) パネル型エアフィルタは，外気用又はプレフィルタとして用いられる．

問題 76 空気調和設備に用いられる配管の種類とそれに使用する温度又は圧力との組合せとして，**最も不適当な**ものは次のうちどれか．

(1) 冷却水配管―――20 ～ 40 ℃

(2) 高温水配管―――80 ～ 90 ℃

(3) 冷水配管―――5 ～ 10 ℃

(4) 低圧蒸気配管 ―――0.01 ～ 0.05 MPa

(5) 高圧蒸気配管 ―――0.1 ～ 1 MPa

問題 77 空気調和設備の配管とポンプに関する語句の組合せとして，**最も不適当な**ものは次のうちどれか．

(1) 伸縮継手 ―――――― 温度変化による配管応力の吸収
(2) キャビテーション ―― 吐出量の低下
(3) サージング ――――― 有効吸込みヘッド（NPSH）
(4) 配管系の抵抗曲線 ―― 全揚程
(5) 水撃作用 ―――――― 衝撃音の発生

問題 78 汚染物質とその濃度又は強さを表す単位との組合せとして，**最も不適当な**ものは次のうちどれか．

(1) 二酸化窒素―――――― ppb
(2) ダニアレルゲン ―― ng/m^3
(3) 浮遊真菌 ―――――― CFU/m^3
(4) 臭気 ――――――― cpm
(5) エチルベンゼン ―― $\mu g/m^3$

問題 79 浮遊粉じんの測定に関する次の文章の［　　］内の語句のうち，**最も不適当な**ものはどれか．

建築物衛生法の測定対象となる浮遊粉じん濃度は，粉じんの［ (1) ］を考慮することなく［ (2) ］がおおむね［ (3) ］を対象として，［ (4) ］以下と規定されている．標準となる測定法は［ (5) ］である．

(1) 化学的組成
(2) 幾何相当径
(3) 10 μm 以下の粒子状物質
(4) 0.15 mg/m^3
(5) 重量法（質量濃度測定法）

問題 80 環境要素の測定に関する用語の組合せとして，**最も不適当な**ものは次のうちどれか．

(1) 温度 ―――― 熱電対
(2) 臭気 ―――― オルファクトメータ法
(3) 熱放射 ――― シンチレーションカウンタ
(4) 酸素 ―――― ガルバニ電池
(5) 気流 ―――― サーミスタ

問題 81　空気調和・換気設備の維持管理に関する次の記述のうち，**最も不適当な**ものはどれか．

(1)　異常の兆候は，それ自体を測定することは難しく，振動などのパラメータから推定する．

(2)　予防保全とは，故障発生時に，他の部分への影響を防止するため，当該部分を速やかに修復する方法である．

(3)　熱源設備は重要機器として，点検レベルを高く設定する．

(4)　点検業務は，法定点検業務及び設備機能維持のために行われる任意点検業務に区分される．

(5)　空気調和・換気設備のリニューアルまでの使用期間は，20 ～ 30 年となる場合が多い．

問題 82　空気調和・換気設備に関する維持管理上の問題と考えられる原因との組合せとして，**最も不適当な**ものは次のうちどれか．

(1)　冷却水系統のスケール発生 ―――――― 冷却水の過剰な濃縮

(2)　全熱交換器の効率低下 ――――――― 熱交換エレメントの目詰まり

(3)　冬季暖房時の室内相対湿度の低下 ――― 高い室内温度設定

(4)　夏季冷房時の室内温度の上昇 ――――― 外気量の低下

(5)　室内空気質の低下 ―――――――――― ダクト内部の汚れ

問題 83　音と振動に関する用語とその定義との組合せとして，**最も不適当な**ものは次のうちどれか．

(1)　暗騒音 ―――― ある騒音環境下で，対象とする特定の音以外の音の総称

(2)　吸音 ――――― 壁などで音を遮断して，透過する音のエネルギーを小さくすること

(3)　騒音レベル ―― 人間の聴覚の周波数特性で補正した，騒音の大きさを表す尺度

(4)　音の強さ ――― 音の進行方向に対して，垂直な単位面積を単位時間に通過する音のエネルギー

(5)　時間率レベル ―― あるレベル以上の振動に曝露(ばく)される時間の，観測時間内に占める割合

問題 84　振動と遮音に関する次の記述のうち，**最も不適当な**ものはどれか．

(1)　固体伝搬音問題には振動が関与する．

(2)　対象振動が正弦波の場合，振動加速度の実効値は，加速度の最大振幅の$\frac{1}{\sqrt{2}}$で求められる．

(3)　コインシデンス効果が生じると，壁体の透過損失は減少する．

(4)　建物内で感じる道路交通による振動は，不規則で変動も大きい．

(5)　空気調和設備による振動は，間欠的かつ非周期的に発生する．

問題 85　音圧レベル 80 dB の音源室と面積 10 m^2，音響透過損失 20 dB の隔壁で仕切られた，等価吸音面積（吸音力）が 20 m^2 の受音室の平均音圧レベルとして，**最も近い**ものは次のうちどれか．

なお，音源室と受音室の音圧レベルには以下の関係がある．

$$L_1 - L_2 = TL + 10\log_{10}\frac{A_2}{S_w}$$

ただし，L_1，L_2 は音源室，受音室の平均音圧レベル[dB]，A_2 は受音室の等価吸音面積[m^2]，S_w は音の透過する隔壁の面積[m^2]，TL は隔壁の音響透過損失[dB] を表す．

$\log_{10}2 = 0.301\,0$，$\log_{10}3 = 0.477\,1$ とする．

(1)　50 dB

(2)　54 dB

(3)　57 dB

(4)　60 dB

(5)　63 dB

問題 86　床衝撃音に関する次の文章の［　　］内に入る語句の組合せとして，**最も適当な**ものはどれか．

軽量床衝撃音は，［ア］ときに発生し，［イ］に主な成分を含む．対策としては［ウ］が効果的である．

	ア	イ	ウ
(1)	人が床上で飛び跳ねたりした	高周波数域	柔らかい床仕上げ材
(2)	人が床上で飛び跳ねたりした	低周波数域	柔らかい床仕上げ材
(3)	食器を落とした	高周波数域	床躯(く)体構造の質量増加
(4)	食器を落とした	高周波数域	柔らかい床仕上げ材
(5)	食器を落とした	低周波数域	床躯体構造の質量増加

問題 87　音・振動環境の保守管理に関する次の記述のうち，**最も不適当な**ものはどれか．

(1)　複数の材料を貼り合わせた内装の振動は，部位による振動モードの影響により，測定場所間で異なることがある．

(2)　対象となる騒音・振動を測定するには，暗騒音・暗振動が大きい時間帯に実施することが望ましい．

(3)　経年変化による遮音性能の低下を把握するために，建設時に壁・床・建具等の遮音性能を測定しておくことが望ましい．

(4)　機械室に隣接する居室の床スラブ厚が薄かったため，床振動による固体伝搬音が伝わらないよう，空調機に防振支持を施した．

(5)　高い遮音性能の扉であっても，日常的な開閉により，遮音性能が低下することがある．

問題 88 光と照明に関する用語とその定義との組合せとして，**最も不適当な**ものは次のうちどれか．

(1) 照度 ――――― 単位立体角当たりに入射する光束

(2) 輝度 ――――― 観測方向から見た見かけの面積当たりの光度

(3) 演色性 ――― 基準光で照らした場合の色をどの程度忠実に再現しているかを判定する指標

(4) 保守率 ――― 照明施設をある期間使用した後の作業面上の平均照度と初期平均照度の比

(5) 色温度 ――― 黒体（完全放射体）を熱したときの絶対温度と光色の関係に基づいて数値的に示される光の色

問題 89 光と照明に関する次の記述のうち，**最も不適当な**ものはどれか．

(1) 光が当たった物体の境界面が平滑な場合，光は正反射し，光沢となる．

(2) 建築化照明とは，照明器具を建築物の一部として天井，壁等に組み込んだ照明方式である．

(3) 間接昼光率は，室内反射率の影響を受ける．

(4) 点光源から発する光による照度は，光源からの距離に反比例する．

(5) 観測者から見た照明器具の発光部の立体角が大きいほど，照明器具の不快グレアの程度を表す UGR の値は大きくなる．

問題 90 地表における直射日光による法線面照度が 100,000 lx のとき，直射日光による水平面照度として，**最も近い**ものは次のうちどれか．

ただし，このときの太陽高度は 60 度とする．

(1) 35,000 lx

(2) 43,000 lx

(3) 50,000 lx

(4) 65,000 lx

(5) 87,000 lx

2022年度
（令和4年度）
午後の問題

建築物の構造概論
給水及び排水の管理
清　　　　掃
ねずみ，昆虫等の防除

問題 91　建築物と環境に関する用語の組合せとして，**最も関係が少ない**ものは次のうちどれか．

(1)　フレキシビリティ ―――――――― 間仕切り変更
(2)　サスティナブル・ディベロップメント ―― 持続可能な開発
(3)　屋上緑化 ―――――――――――― 市街地風
(4)　メタン ――――――――――――― 温室効果ガス
(5)　コージェネレーション ―――――― 排熱の有効利用

問題 92　建築物と都市環境に関する次の記述のうち，**最も不適当な**ものはどれか．

(1)　高層建築物の周辺では，局地的に強風が生じることがある．
(2)　一般的なアスファルト舗装面は，土壌面に比べて熱容量が大きく日射熱を蓄熱しやすい．
(3)　地盤沈下は，環境基本法で公害と定義している典型7公害の一つである．
(4)　都市化により，都市の中心部の気温が郊外と比較して高くなる現象をダウンドラフトという．
(5)　乱開発などによって市街地が広がることをスプロール現象という．

問題 93　建築物の設計図書（意匠図面）に関する次の記述のうち，**最も不適当な**ものはどれか．

(1)　配置図は，建築物と敷地の関係を示した図で，外構計画などを併せて示すことがある．
(2)　平面図は，部屋の配置を平面的に示した図で，家具や棚等も記入することがある．
(3)　立面図は，建築物の外観を示すものである．
(4)　展開図は，建物内の雰囲気や空間構成を立体的に示すものである．
(5)　詳細図は，出入口，窓，階段，便所，その他の主要部分の平面，断面等の収まりを示すものである．

問題 94　建築物の荷重又は構造力学に関する次の記述のうち，**最も不適当な**ものはどれか．

(1)　基礎の構造計算をする場合の積載荷重は，床の構造計算をする場合の積載荷重より大きく設定されている．

(2)　家具・物品等の重量は，積載荷重に含まれる．

(3)　片持ち梁（ばり）のスパンの中央に集中荷重が作用する場合，その先端には曲げモーメントは生じない．

(4)　トラス構造の部材に生じる応力は，主に軸方向力である．

(5)　水平荷重には，風圧力，地震力等がある．

問題 95　建築物とその構造に関する次の記述のうち，**最も不適当な**ものはどれか．

(1)　木造住宅の法定耐用年数は，22 年である．

(2)　剛性率は，骨組の立面的なバランスを表す指標である．

(3)　制振構造は，建築物の長寿命化と耐久性の向上に寄与する．

(4)　耐震改修には，地震に対する安全性の向上のための模様替が含まれる．

(5)　層間変形角は，各階の層の高さをその層間変位で除した値である．

問題 96　鉄骨構造とその材料に関する次の記述のうち，**最も不適当な**ものはどれか．

(1)　鋼材の降伏比は，引張強さの降伏強さに対する割合をいう．

(2)　柱脚部と基礎は，支持条件により，ピン，半固定，固定等を選択して設計する．

(3)　スタッドボルトは，鉄骨梁（ばり）とコンクリートスラブを緊結するために使用する．

(4)　鉄骨構造の解体は，一般の鉄筋コンクリート構造より容易である．

(5)　高力ボルトの締付け長さは，接合される鋼板の板厚の総和をいう．

問題 97　仕上げ材料に関する次の記述のうち，**最も不適当な**ものはどれか．

(1)　合成高分子材料は，合成樹脂，合成ゴム，合成繊維に大別される．

(2)　断熱材料として用いるグラスウールは，熱伝導率の高い空気の特性を利用している．

(3)　しっくいは，消石灰にのり，すさ，水を加えて練った左官材料である．

(4)　アスファルトルーフィングは，合成繊維などの原板にアスファルトを含浸，被覆した材料である．

(5)　せっこうボードは，耐火性に優れるが，水分や湿気に弱い．

問題 98　建築生産に関する次の記述のうち，**最も不適当な**ものはどれか.

⑴　プレハブ工法は，工場で製作された部材を現場に搬入して組み立てる工法である.

⑵　建築基準法に基づく設計図書には，設計図，仕様書が含まれる.

⑶　軸組式構法は，木材や鋼材等の軸材で柱，梁等を組み，そこに面材を取り付けたものをいう.

⑷　施工管理は，設計図書のとおり工事が施工されているかを設計者が確認することであり，建築士法に定義されている.

⑸　型枠工事は，躯体工事に含まれる.

問題 99　エレベーター設備に関する次の記述のうち，**最も不適当な**ものはどれか.

⑴　小荷物専用昇降機設備は，荷物運搬専用の小規模リフトの総称である.

⑵　ロープ式エレベーターは汎用性が高く，中高層，超高層建築物に多用されている.

⑶　非常用エレベーターの設置義務は，消防法により定められている.

⑷　新築の建物では，機械室なしエレベーターが普及している.

⑸　エレベーターの安全装置には，制動装置がある.

問題 100　空気調和設備に関する用語とその図示記号との組合せとして，**最も不適当な**ものは次のうちどれか.

⑴　VAV ユニット――――――

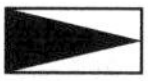

⑵　排気ガラリ――――――

⑶　風量調節ダンパ――――――　VD

⑷　還気ダクト――――――　―― RA ――

⑸　吸込口――――――

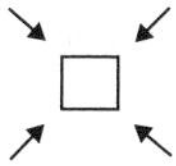

問題 101　消火設備と設置場所との組合せとして，**最も不適当な**ものは次のうちどれか.

⑴　不活性ガス消火設備 ―――――― 事務室

⑵　連結散水設備 ―――――― 地下街

⑶　泡消火設備 ―――――― 地下駐車場

⑷　水道連結型スプリンクラ設備 ―――― 小規模社会福祉施設

⑸　ハロゲン化物消火設備 ―――――― 通信機器室

問題 102　地震対策に関する次の記述のうち，**最も不適当な**ものはどれか．

(1)　ガス用マイコンメータは，地震発生時に自動的にガスを遮断するガスメータである．

(2)　気象庁震度階級は，地震の揺れの強さを示す指標である．

(3)　大規模事業所では，地震被害の軽減のため，防火管理者の選任が義務付けられている．

(4)　感震ブレーカは，地震時に自動的に電気を遮断するブレーカである．

(5)　Jアラートは，緊急の気象関係情報，有事関係情報を国から住民などへ伝達するシステムである．

問題 103　建築基準法において建築物の高さ制限に関する規定として，**定められていない**ものは次のうちどれか．

(1)　道路からの高さ制限

(2)　隣地境界からの高さ制限

(3)　北側からの高さ制限

(4)　日影による中高層建築物の高さ制限

(5)　相対高さ制限

問題 104　建築基準法及びその施行令に関する用語に該当する内容の組合せとして，**正しい**ものは次のうちどれか．

	「建築物」に該当	「特殊建築物」に該当	「構造耐力上主要な部分」に該当
(1)	建築物に付属する門	事務所	柱
(2)	鉄道線路敷地内の跨(こ)線橋	病院	屋根
(3)	屋根のない観覧場	学校	基礎
(4)	駅舎のプラットホーム上家	倉庫	壁
(5)	地下工作物内の施設	共同住宅	床

問題 105　建築物の管理に関する次の記述のうち，**最も不適当な**ものはどれか．

(1)　エネルギー管理において日報・月報などによる使用状態の「見える化」は，PDCAサイクルを実現するために必要な機能である．

(2)　ファシリティマネージメントとは，企業・団体等が組織活動のために施設とその環境を総合的に企画，管理，活用する経営活動のことである．

(3)　設備ライフサイクルとは，JISの生産管理用語によると「設備の製作，運用，保全」と定義されている．

(4)　COP（成績係数）は，入力エネルギーに対して出力された熱量の割合を示し，1を超え得る．

(5)　インターロックとは，誤操作や確認不足により不適正な手順による操作を防止する機能のことである．

問題 106　給水及び排水の管理に関する用語と単位の組合せとして，**最も不適当な**ものは次のうちどれか．

(1)　水の比体積 ―――――― kg/m^3
(2)　給湯器の加熱能力 ――― kW
(3)　BOD 容積負荷 ――――― $kg/(m^3 \cdot 日)$
(4)　腐食速度 ――――――― mm/年
(5)　病院の単位給水量 ――― L/(床・日)

問題 107　給水及び排水の管理に関する用語とその説明との組合せとして，**最も不適当な**ものは次のうちどれか．

(1)　ボールタップ ―――― 受水槽の水位調節
(2)　専用洗浄弁式 ―――― 小便器の給水方式
(3)　酸化保護被膜 ―――― 酸化によってできる金属表面の薄い被膜
(4)　スクリーン ――――― 夾(きょう)雑物の除去
(5)　フロートスイッチ ―― 汚水槽の水位センサ

問題 108　給水及び排水の管理に関する用語とその説明との組合せとして，**最も不適当な**ものは次のうちどれか．

(1)　メカニカル形接合 ―― ねじ込み，溶接，接着等によらない機械的な配管接合方法
(2)　スライム障害 ―――― 貯水槽や配管内で細菌類が繁殖し，バイオフィルムが形成されることによる水質劣化の現象
(3)　逆サイホン作用 ――― 排水管内の正圧により，器具側に封水が吹き出す現象
(4)　ウォータハンマ ――― 弁などを急激に閉止すると著しい圧力上昇が生じ，これが圧力波となって管路内を伝わる現象
(5)　クリープ劣化 ―――― 合成樹脂に応力が長時間継続してかかる場合，材料変形が時間とともに進んでいく状態

問題 109　水道法に基づく水質基準に関する省令に定める基準として，**誤っている**ものは次のうちどれか．

(1)　大腸菌は，検出されないこと．
(2)　銅及びその化合物は，銅の量に関して，1.0 mg/L 以下であること．
(3)　総トリハロメタンは，0.5 mg/L 以下であること．
(4)　ホルムアルデヒドは，0.08 mg/L 以下であること．
(5)　pH 値は，5.8 以上 8.6 以下であること．

問題 110　水道水の塩素消毒に関する次の記述のうち，**最も不適当な**ものはどれか．

(1)　CT 値とは，塩素濃度と接触時間の積である．

(2)　反応速度は，温度が高くなるほど速くなる．

(3)　消毒効果は，懸濁物質の種類，大きさ，濃度，微生物の種類等によって，低下の程度が変わる．

(4)　刺激臭を有するため，異臭味が生じる．

(5)　アルカリ側で消毒効果が高まる．

問題 111　給水設備の汚染に関する次の記述のうち，**最も不適当な**ものはどれか．

(1)　飲料水用貯水槽は，六面点検ができるように設置する．

(2)　貯水槽の水抜き管は，貯水槽の最も低い部分から取り出す．

(3)　給水配管から消火設備配管系統へ給水する場合は，吐水口空間を確保した消火用水槽を設置する．

(4)　大気圧式バキュームブレーカは，常時圧力がかかる配管部分に設置する．

(5)　大容量の貯水槽の場合は，槽内に迂(う)回壁を設置して滞留水の発生を防止する．

問題 112　給水方式に関する次の記述のうち，**最も不適当な**ものはどれか．

(1)　高置水槽方式は，受水槽の水位によって揚水ポンプの起動・停止が行われる．

(2)　直結増圧方式における吸排気弁は，給水管内の空気の排出と給水管内が負圧になった場合の逆流防止のために設置する．

(3)　ポンプ直送方式で採用されるインバータ制御は，周波数を変えることでポンプの回転数を変化させている．

(4)　給水方式は，水道直結方式と受水槽方式に大別される．

(5)　直結直圧方式では，配水管の圧力によって，直接給水各所に給水する．

問題 113　給水設備の貯水槽に関する次の記述のうち，**最も不適当な**ものはどれか．

(1)　FRP 製高置水槽は，槽内照度が 100 lx 以上になると，光合成により藻類が繁殖しやすい．

(2)　木製貯水槽は，断熱性に優れているため結露対策が不要である．

(3)　ステンレス鋼板製貯水槽は，気相部よりも液相部の腐食対策が必要である．

(4)　FRP 製貯水槽は，機械的強度が低いため耐震補強が必要である．

(5)　鋼板製貯水槽には，一体成型構造にエポキシ樹脂を焼き付けコーティングしたものがある．

問題 114　受水槽の構造に関する次の記述のうち，**最も不適当な**ものはどれか．

(1)　流入管は，受水槽内部で水没させず吐水口空間を確保する．

(2)　オーバフロー管に設置する防虫網の有効開口面積は，オーバフロー管の断面積以上とする．

(3)　水抜き管は，オーバフロー管に接続させずに単独の配管とする．

(4)　オーバフロー水を受ける排水管の管径は，オーバフロー管より大きくする．

(5)　水抜き管の管末には，防虫網を設置する．

問題 115　給水設備に用いる弁類の説明として，**最も不適当**なものは次のうちどれか．

(1)　仕切弁 ―――― 弁体が管路を垂直に仕切るように開閉する構造である．

(2)　バタフライ弁 ―― 円板状の弁体を回転させることで管路を開閉する構造である．

(3)　減圧弁 ―――― ダイヤフラムと調節ばねのバランスにより弁体の開度を調整する機構である．

(4)　定水位弁 ――― 副弁の開閉と連動して弁体を開閉させて水槽の水位を保持する機構である．

(5)　玉形弁 ―――― 通路を開けた弁体を回転させて開閉する構造である．

問題 116　給水設備の保守管理に関する次の記述のうち，**最も不適当な**ものはどれか．

(1)　貯水槽の清掃によって生じた汚泥などの廃棄物は，廃棄物の処理及び清掃に関する法律（以下「廃棄物処理法」という．），下水道法等の規定に基づき，適切に処理する．

(2)　防錆（せい）剤の注入及び管理に関する業務は，建築物衛生法に基づく建築物飲料水水質検査業の登録を受けた者が行わなければならない．

(3)　管更生工法で管内に合成樹脂ライニングを施す場合には，技術評価・審査証明を受けた工法を採用するのがよい．

(4)　残留塩素の測定は，一般に DPD を発色試薬とした測定法により行う．

(5)　配管は，管の損傷，錆（さび），腐食及び水漏れの有無を点検して，必要に応じて補修を行う．

問題 117　給水設備の保守管理に関する次の記述のうち，**最も不適当な**ものはどれか．

(1)　飲料用貯水槽の点検は，1 か月に 1 回程度，定期に行う．

(2)　第 2 種圧力容器に該当する圧力水槽は，2 年以内ごとに 1 回，定期自主検査を行う．

(3)　飲料用貯水槽の清掃の作業に従事する者は，おおむね 6 か月ごとに健康診断を受ける必要がある．

(4)　防錆（せい）剤を使用する場合は，定常時においては 2 か月以内ごとに 1 回，防錆剤の濃度の検査を行う．

(5)　給水栓における残留塩素の測定は，7 日以内ごとに 1 回，定期に行う．

問題 118　給湯設備に関する次の記述のうち，**最も不適当な**ものはどれか．

⑴　貯湯槽の容量は，ピーク時の必要容量の 1 ～ 2 時間分を目安とする．

⑵　集合住宅の設計用給湯量は，100L/(戸・日) 程度である．

⑶　壁掛けシャワーの使用温度は，42 ℃程度である．

⑷　中央式給湯設備の給湯栓の給湯温度は，ピーク使用時においても 55 ℃以上とする．

⑸　ステンレス鋼管において単式の伸縮継手を用いる場合，その設置間隔は 20 m 程度である．

問題 119　給湯設備における加熱装置とその説明との組合せとして，**最も不適当な**ものは次のうちどれか．

⑴　ガスマルチ式給湯機 ―― 小型のガス瞬間湯沸器を複数台連結したもので，主に業務用に利用される．

⑵　汽水混合装置 ―――― タンク内に挿入し，蒸気を直接，水に吹き込むことで温水を得るための装置．

⑶　貯蔵式湯沸器 ―――― 貯蔵部が大気に開放されており，本体に取り付けられた給湯栓から飲用に適した高温湯が得られる．

⑷　ヒートポンプ給湯機 ―― 一体型の集熱器と貯湯槽で構成され，その間で水を自然循環させ加温する．

⑸　給湯用貫流ボイラ ――― 温水を取り出す小型ボイラで，水管群により構成され耐圧性に優れている．

問題 120　給湯設備に関する次の記述のうち，**最も不適当な**ものはどれか．

⑴　配管中の湯に含まれている溶存空気を抜くためには，圧力の低いところに自動空気抜き弁を設置する．

⑵　加熱装置に逃し管を設置する場合は，水を供給する高置水槽の水面よりも高く立ち上げる．

⑶　密閉式膨張水槽を設ける場合は，逃し弁の設定圧力を膨張水槽にかかる給水圧力よりも低くする．

⑷　逃し管には，弁を設けてはならない．

⑸　循環ポンプの揚程は，循環回路系で最も長くなる配管系統の摩擦損失から決定する．

問題 121　給湯設備における省エネルギーに関する次の記述のうち，**最も不適当な**ものはどれか．

⑴　中央式給湯設備の循環ポンプは，省エネルギーのため，返湯管の温度が低下した場合に運転する．

⑵　器具ごとに定流量弁を設置する．

⑶　適切な給湯設備の制御方式を採用する．

⑷　混合水栓の使用を避け，湯と水は別々の水栓とする．

⑸　配管経路の短縮，配管の断熱等を行うことで，放熱損失を低減した配管とする．

問題 122　給湯設備に使用される材料に関する次の記述のうち，**最も不適当な**ものはどれか．

⑴　ステンレス鋼管の隙間腐食は，不動態化によるものである．

⑵　金属材料の曲げ加工を行った場合には，応力腐食の原因となる．

⑶　銅管は，管内の流速が速いと潰食が生じる．

⑷　耐熱性硬質ポリ塩化ビニルライニング鋼管には，管端防食継手を使用する．

⑸　樹脂管は，使用温度が高くなると許容使用圧力は低くなる．

問題 123　給湯設備の配管に関する次の記述のうち，**最も不適当な**ものはどれか．

⑴　業務用厨(ちゅう)房など，連続的に湯を使用する給湯枝管には返湯管を設けない．

⑵　ベローズ形伸縮管継手は，スリーブ形伸縮管継手と比較して伸縮吸収量が大きい．

⑶　給湯量を均等に循環させるため，返湯量を調節する必要がある．

⑷　給湯管の管径は，ピーク時の湯の流量に基づき決定する．

⑸　逃し弁には，加熱時に膨張した湯を逃がすための排水管を設ける．

問題 124　雑用水設備に関する次の記述のうち，**最も不適当な**ものはどれか．

⑴　広域循環方式は，公共下水処理場の処理水を排水再利用設備で処理し，一般に，大規模な地区に送水して利用するものである．

⑵　排水再利用水及び雨水等を原水とする雑用水受水槽は，上水の補給装置を設ける．

⑶　竣(しゅん)工時に雑用水を着色して通水試験を行い，上水系の器具に着色水が出ないことを確認する．

⑷　配管にスライムが発生した場合は，雑用水の残留塩素濃度を高めて洗浄する．

⑸　雨水利用設備における雨水利用率とは，使用水量に対する雨水利用量の割合である．

問題 125　排水再利用施設における次のフローシートの［　　　］内に入る単位装置の組合せとして，**最も適当な**ものは次のうちどれか．

集水→［スクリーン］→［ア］→［イ］→［沈殿槽］→［ウ］→［消毒槽］→［排水処理水槽］→配水

	ア	イ	ウ
(1)	沈砂槽	流量調整槽	生物処理槽
(2)	流量調整槽	生物処理槽	ろ過装置
(3)	ろ過装置	生物処理槽	流量調整槽
(4)	流量調整槽	沈砂槽	ろ過装置
(5)	沈砂槽	ろ過装置	生物処理槽

問題 126　排水再利用設備として用いられる膜分離活性汚泥処理装置に関する次の記述のうち，**最も不適当な**ものはどれか．

(1)　分離膜としては，主に精密ろ過膜（MF）が用いられる．
(2)　膜モジュールを生物処理槽内に浸漬した，槽内浸漬型が一般的である．
(3)　膜分離活性汚泥処理装置の後段に沈殿槽を設ける．
(4)　処理水は消毒が必要である．
(5)　透過水量の低下を防止するため，定期的に膜の洗浄を行う．

問題 127　排水通気設備の機器と配管に関する次の記述のうち，**最も不適当な**ものはどれか．

(1)　雑排水ポンプは，厨（ちゅう）房排水以外の雑排水を排除するのに用いる．
(2)　排水用硬質塩化ビニルライニング鋼管は，その接続に可とう継手を用いる．
(3)　防水床用の排水トラップには，水抜き孔が設置されている．
(4)　排水用耐火二層管は，繊維モルタルによる外管と架橋ポリエチレン管による内管の組合せからなる．
(5)　排水トラップが組み込まれていない阻集器には，その出口側に排水トラップを設ける．

問題 128 排水通気配管に関する次の記述のうち，**最も不適当な**ものはどれか．

(1) 排水横枝管から通気管を取り出す場合，通気管を取り出す方向は，排水横枝管の断面の真上方向中心より 45°以内とする．

(2) 器具排水管から各個通気管を取り出す場合，各個通気管は，トラップのウェアから管径の 2 倍以上離れた位置からとする．

(3) 排水横枝管からループ通気管を取り出す場合，ループ通気管は，最下流の器具排水管を排水横枝管に接続した位置のすぐ上流からとする．

(4) 排水立て管から通気立て管を取り出す場合，通気立て管は，排水立て管に接続されている最低位の排水横枝管より低い位置からとする．

(5) 通気管の末端を窓・換気口等の付近で大気に開放する場合，その上端は，窓・換気口の上端から 600 mm 以上立ち上げて開口する．

問題 129 排水通気設備に関する用語とその説明との組合せとして，**最も不適当な**ものは次のうちどれか．

(1) オフセット ——— 排水立て管の配管経路を水平移動するため，エルボ又はベンド継手で構成されている移行部分をいう．

(2) ブランチ間隔 —— 排水立て管に接続している各階の排水横枝管又は排水横主管の間の垂直距離が，2.5 m を超える排水立て管の区間をいう．

(3) 排水口開放 ——— 間接排水管を一般の排水系統へ直結している水受け容器又は排水器具のあふれ縁より低い位置で開放することをいう．

(4) 結合通気管 ——— 排水立て管内の圧力変動を緩和するため，排水立て管から分岐して立ち上げ，通気立て管に接続する逃し通気管をいう．

(5) インバートます — 底部に 150 mm 程度の泥だまりを有し，土砂を堆積させ，下水道へそれが流出するのを防ぐ排水ますをいう．

問題 130 排水通気設備に関する次の記述のうち，**最も不適当な**ものはどれか．

(1) 管径 75 mm の排水横管の最小勾配は，1/100 である．

(2) 排水ポンプは，排水槽の吸込みピットの壁面から 200 mm 以上離して設置する．

(3) 排水槽の底の勾配は，吸込みピットに向かって 1/15 以上 1/10 以下とする．

(4) 排水立て管のオフセット部の上下 600 mm 以内には，排水横枝管を設けてはならない．

(5) 厨(ちゅう)房用の口径 100 mm の排水管に設置する掃除口の口径は，75 mm とする．

問題 131　排水トラップと間接排水に関する次の記述のうち，**最も不適当な**ものはどれか．

(1)　間接排水管の配管長が，1,500 mm を超える場合は，悪臭防止のために機器・装置に近接してトラップを設ける．

(2)　飲料用水槽において，管径 100 mm の間接排水管に設ける排水口空間は，最小 150 mm とする．

(3)　洗濯機の間接排水管の端部は，排水口空間を確保，あるいは排水口開放とする．

(4)　排水トラップの脚断面積比（流出脚断面積 / 流入脚断面積）が小さくなると，封水強度は大きくなる．

(5)　使用頻度の少ない衛生器具に設置するトラップには，封水の蒸発による破封を防ぐため，トラップ補給水装置を設置する．

問題 132　敷地内排水設備に関する次の記述のうち，**最も不適当な**ものはどれか．

(1)　排水の直管が長い場合，排水ますは管内径の 120 倍を超えない範囲内に設置する．

(2)　合流式排水方式は，汚水，雑排水，雨水を同じ系統で排水する．

(3)　雨水ますの流入管と流出管との管底差は，20 mm 程度とする．

(4)　雨水浸透施設は，透水性舗装，浸透ます，浸透地下トレンチ等により構成される．

(5)　排水ますの大きさは，配管の埋設深度，接続する配管の管径及び本数等を考慮して決定する．

問題 133　排水設備の清掃・診断に関する次の記述のうち，**最も不適当な**ものはどれか．

(1)　排水立て管の清掃に用いる高圧洗浄法は，5 ～ 30 MPa の高圧の水を噴射し，排水管内を洗浄する方法である．

(2)　排水管の有機性付着物は，酸性洗浄剤を用いて除去する．

(3)　排水管の内部の腐食状況は，超音波厚さ計やX線を使用した方法等により確認する．

(4)　ウォータラム法は，圧縮空気を一気に放出してその衝撃で閉塞物を除去する方法である．

(5)　ワイヤを通す方法は，一般に長さ 25 m までの排水横管の清掃に使用する．

問題 134　排水設備に関する次の記述のうち，**最も不適当な**ものはどれか．

(1)　汚水槽の清掃は，酸素濃度が 18 % 以上，かつ，硫化水素濃度が 10 ppm 以下であることを確認してから作業を行う．

(2)　逆流防止弁は，排水通気管からの臭気の逆流を防止するために設置する．

(3)　飲食店などのグリース阻集器内で発生する油分の廃棄物は，産業廃棄物として処理する．

(4)　排水槽内で汚物などの腐敗が進行し，悪臭が発生する場合の対策として，排水ポンプのタイマ制御により 1 ～ 2 時間ごとに強制的に排水する．

(5)　排水管に設置する床下式の掃除口の蓋には，砲金製プラグを用いる．

問題 135　衛生器具設備に関する次の記述のうち，**最も不適当な**ものはどれか．

(1)　衛生器具は危険な突起がない形状のものを選定し，利用者に対する安全性を考慮する．

(2)　節水機器を導入する場合，排水管内の汚物などの搬送性能にも配慮する．

(3)　洗面器の取り付け状態は，2か月に1回，定期に点検する．

(4)　水受け容器には，便器・洗面器類，流し類の他にトラップも含まれる．

(5)　小便器の排水状態は，6か月に1回，定期に点検する．

問題 136　大便器回りの故障の現象とその原因との組合せとして，**最も不適当な**ものは次のうちどれか．

(1)　便器と床面の間が濡（ぬ）れる ――― フランジ部シール材の取り付けが不良である．

(2)　洗浄力が弱く，汚物が流れない ――― タンク内の止水位が高くなっている．

(3)　洗浄弁のハンドル部から漏水する ――― ハンドル部パッキン又は押し棒が摩耗してゆるんでいる．

(4)　吐水時間が長い ――― 洗浄弁のピストンバルブのストレーナが詰まりかけている．

(5)　洗出し便器で，封水位が低い ――― 便器に接続される汚水管の勾配の異常により，サイホン現象を起こしている．

問題 137　浄化槽に採用されている処理法のうち，**生物膜法に分類されない**ものは次のうちどれか．

(1)　長時間ばっ気法

(2)　回転板接触法

(3)　接触ばっ気法

(4)　散水ろ床法

(5)　担体流動法

問題 138　水分 98.0 % の汚泥 15.0 m^3 を水分 97.0 % に濃縮した場合，濃縮後の汚泥の容積として，**最も適当な**ものは次のうちどれか．

(1)　3.0 m^3

(2)　5.0 m^3

(3)　7.5 m^3

(4)　10.0 m^3

(5)　12.5 m^3

問題 139 特殊設備に関連する次の記述のうち，**最も不適当な**ものはどれか.

(1) 厨(ちゅう)房機器が具備すべき要件として，食品に接する部分は，衛生的で，容易に洗浄・殺菌ができる構造とする.

(2) 入浴設備の打たせ湯には，循環している浴槽水を用いない.

(3) 水景施設への上水系統からの補給水は，必ず吐水口空間を設けて間接的に給水する.

(4) プールの循環ろ過にオーバフロー方式を採用する場合には，オーバフローに床の洗浄水が入らない構造とする.

(5) 入浴設備で浴槽からの循環水を消毒する場合は，消毒に用いる塩素系薬剤の投入口をろ過器から出た直後に設置する.

問題 140 消防用設備の保守管理に関する次の記述のうち，**最も不適当な**ものはどれか.

(1) 特定防火対象物で一定規模以上のものは，消防設備士又は消防設備点検資格者が点検する.

(2) 一定規模以上の建築物における定期点検の結果は，特定防火対象物で1年に1回，非特定防火対象物で3年に1回報告する.

(3) 消防用設備等に附置される自家発電設備は，1年に1回機器点検を行う.

(4) 外観点検は，損傷の有無等の外観から判断できる事項を，消防用設備等の種類等に応じ，点検基準に従い確認する.

(5) 防火管理者は日常の点検項目として，消防用設備の異常信号などについて確認し，異常が認められたら直ちに修理し，機能回復を図る.

問題 141 建築物における衛生的環境の維持管理について（平成20年1月25日健発第0125001号）に示された，建築物環境衛生維持管理要領に関する次の記述のうち，**最も不適当な**ものはどれか.

(1) 建築物の清掃は当該建築物の用途，使用状況並びに劣化状況，建築資材等を考慮した年間作業計画及び作業手順書を作成し，その計画及び手順書に基づき実施する.

(2) 天井等日常の清掃の及びにくい箇所及び照明器具，給排気口について，6か月以内ごとに1回，定期に汚れの状況を点検し，必要に応じ，除じん，洗浄を行う.

(3) 廃棄物の収集・運搬設備，貯留設備その他の廃棄物処理設備については，1年以内ごとに1回，定期に点検し，必要に応じ，補修，消毒等の措置を講じる.

(4) 清掃用機械等について，6か月以内ごとに1回，定期に点検し，必要に応じ，整備，取替え等を行う.

(5) 帳簿書類には，清掃，点検及び整備を実施した年月日，作業内容，実施者名等を記載する.

問題 142　清掃作業管理における作業実施の流れと現場責任者業務との組合せとして，**最も不適当な**ものは次のうちどれか．

(1)　予定された作業 ―――――――――― 作業予定表の作成
(2)　従事者に対する作業の指示・指導 ―― 管理仕様書の作成
(3)　資機材の準備 ―――――――――――― 作業手順書 / 作業ごとの使用資機材一覧表の作成
(4)　作業の実施 ――――――――――――― 指示・指導
(5)　作業の終了（手直し）――――――― 点検確認（手直し指示・指導）

問題 143　清掃品質の評価に関する次の記述のうち，**最も不適当な**ものはどれか．

(1)　品質評価は，自らがセルフインスペクションを行い，要求品質とのギャップを確認することである．
(2)　組織品質は，事業所管理品質と作業品質によって構成される．
(3)　評価者は，業務に精通していることが望ましい．
(4)　評価方法には，測定機器（光沢度計等）を使用する検査と，目視等による官能検査がある．
(5)　作業の改善点は，仕様書や作業基準表に限定せず，建物全体の衛生性に着目して見出す必要がある．

問題 144　清掃品質の評価者がインスペクションの実施にあたって行う事項に関する次の記述のうち，**最も不適当な**ものはどれか．

(1)　準備において，具体的に評価範囲を決め，インスペクションを行うための実施計画を立案する．
(2)　評価において，品質の良否に限定せず，どの程度の改善が必要であるか分析，判断する．
(3)　改善において，改善内容や具体的な対策を示して，清掃従事者に指示をする．
(4)　再点検において，改善されていない場合は，その理由を明らかにして，事後処理をする．
(5)　再点検の結果をもとに，改善について再評価を実施する．

問題 145　ほこりや汚れの除去に関する次の記述のうち，**最も適当な**ものはどれか．

(1)　水溶性のかさ高固着物であれば，物理的な力を加えなくても水洗いで除去できる．
(2)　アルミニウム建材は，耐アルカリ性に乏しい．
(3)　おがくずに水分を含ませて掃き取る方法では，ほこりを付着させる効果は小さい．
(4)　バキュームクリーニングでは，カーペットの織り目に入り込んだほこりや土砂は除去できない．
(5)　ダストコントロール作業法を用いれば，ほこり以外の汚れも除去できる．

問題 146　清掃対象となる床材に関する次の記述のうち，**最も不適当な**ものはどれか．

(1)　疎水性の床材には，油溶性物質が付着しやすい．

(2)　汚れは平滑緻密な表面には付着しにくく，付着しても除去しやすいが，凹凸が多くて粗い表面には付着しやすく，付着すると除去しにくい．

(3)　汚れが内部にしみ込みやすい吸水性の床材や，汚れの付着によって錆（さび）やカビ等の変質を生じやすいものは後の処理が困難である．

(4)　カーペットに洗剤分を残すことにより，汚れの予防効果が得られる．

(5)　汚れの除去には水を使用することが多いため，水に耐える材質のものは清掃しやすいことが多い．

問題 147　ビルクリーニング用の器具に関する次の記述のうち，**最も不適当な**ものはどれか．

(1)　床磨き機に用いるブラシは，シダの茎，又はナイロン繊維を植えたものが一般的である．

(2)　自在ぼうきは，馬毛などを植えた薄いブラシに長柄を付けた構造である．

(3)　三つ手ちり取りは，本体を下に置けば蓋が開き，移動する際にごみがこぼれない構造である．

(4)　床維持剤塗布用のフラット型モップは，房が短いため，壁面や幅木を汚しにくい．

(5)　床磨き機に用いるブラシは，凹凸のある床面の洗浄に使用する．

問題 148　清掃作業に使用する洗剤に関する次の記述のうち，**最も適当な**ものはどれか．

(1)　樹脂床維持剤の皮膜手入れ用の表面洗剤は，泡立ちやすいように作られている．

(2)　洗剤に使用する界面活性剤は，陰イオン系と陽イオン系に大別される．

(3)　アルカリ性の強い洗剤は，トイレの尿石の除去に有効である．

(4)　アルカリ性の強い洗剤は，清掃作業者の皮膚を侵し危険である．

(5)　アルカリ性の強い洗剤は，リノリウムに付着した油汚れの除去に使用する．

問題 149　洗剤と床維持剤に関する語句の組合せとして，**最も不適当な**ものは次のうちどれか．

(1)　フロアフィニッシュ ―――― 床材の保護

(2)　フロアポリッシュ ――――― 床油

(3)　シール剤 ―――――――― ポリウレタン

(4)　ビルダ ――――――――― 汚れの再付着防止

(5)　リン酸塩 ―――――――― 富栄養化

問題 150 弾性床材の特徴と維持管理に関する次の記述のうち，**最も不適当な**ものはどれか．

(1) 塩化ビニル系床材には，床維持剤の塗布が不要の製品が販売されている．
(2) 塩化ビニル系床材は，耐薬品性や耐水性が高い．
(3) 塩化ビニルシートは，床維持剤が密着しにくいものがある．
(4) ウェットメンテナンス法は，ドライメンテナンス法と比較して，作業の標準化・システム化がしやすい．
(5) ドライバフ法は，床磨き機の回転数が高いほど，光沢度回復が容易になる．

問題 151 繊維床材の特徴と維持管理に関する次の記述のうち，**最も不適当な**ものはどれか．

(1) 事務所建築物の繊維床材のしみは，約 60 % が親水性である．
(2) ウール素材の含水率は約 15 % であるので，洗浄後は乾きにくい．
(3) スチーム洗浄機は，エクストラクタより，洗浄後，カーペットに残留する水分量が多い．
(4) 繊維床材は，パイルに空隙があることから土砂・ほこりが堆積しやすい．
(5) ナイロンに付着した親水性の汚れは，ポリエステルより取りにくい．

問題 152 硬性床材の特徴と維持管理に関する次の記述のうち，**最も不適当な**ものはどれか．

(1) 硬性床材は，一般に多孔質で細かい凹凸があるため，洗浄後の汚水や洗剤分を可能な限り除去する．
(2) テラゾには酸性洗剤を使用しない．
(3) セラミックタイルは，アルカリ性洗剤を使用しない．
(4) 花崗(こう)岩は，アルカリ性洗剤を使用する．
(5) 目地のセメントモルタルは酸性洗剤で傷みやすい．

問題 153 木質系床材の特徴と維持管理に関する次の記述のうち，**最も不適当な**ものはどれか．

(1) 水分により膨潤と収縮を繰り返し，割れや隙間を生じやすい．
(2) アルカリ性洗剤の使用は，床材を変色させやすい．
(3) ならやけやき等の広葉樹は，木質が硬い．
(4) ポリウレタン樹脂でシールされた体育館の床材は，水拭きによる日常清掃により管理する．
(5) シールされていない床材は，油性の保護剤で管理する．

問題 154　外装の清掃に関する次の記述のうち，**最も不適当な**ものはどれか．

(1)　ゴンドラによる清掃作業では，労働安全衛生法の規定に基づき，ゴンドラ安全規則を厳守しなければならない．

(2)　自動窓拭き設備の窓ガラスクリーニングは，人の作業に比べて仕上がりが良い．

(3)　ロープ高所作業では，労働安全衛生規則の定めにより，作業計画の策定などが義務付けられている．

(4)　金属材の清掃は，汚れが軽微で固着が進まないうちに行う．

(5)　石材や磁器タイルの壁面は汚れが目立ちにくいが，数年に1回は洗浄を行う．

問題 155　ごみの処理に関する語句の組合せとして，**最も不適当な**ものは次のうちどれか．

(1)　排出抑制 ―――― 収集袋の有料化

(2)　収集・運搬 ――― 余熱利用

(3)　再生 ――――――― 集団回収

(4)　中間処理 ―――― 破砕・圧縮

(5)　最終処分 ―――― 残余容量

問題 156　平成25年以降の廃棄物の排出傾向に関する次の記述のうち，**最も不適当な**ものはどれか．

(1)　ごみの総排出量のうち，事業系のごみの排出割合は約30％となっている．

(2)　ごみの総資源化（再生）量は，ごみの総排出量の約20％となっている．

(3)　し尿及び浄化槽汚泥の年間処理計画量のうち，約90％が，し尿処理施設で処理されている．

(4)　産業廃棄物の総排出量のうち，種類別では，がれき類が約40％で最も多い．

(5)　産業廃棄物の総排出量のうち，約50％が再生利用されている．

問題 157　「建築物における衛生的環境の維持管理について（平成20年1月25日健発第0125001号）」における建築物環境衛生維持管理要領で示されている次の文章の［　　］内に入る語句として，**正しい**ものはどれか．

建築物内で発生する廃棄物の分別，収集，運搬及び貯留について，安全で衛生的かつ［　ア　］な方法により，速やかに処理すること．［　イ　］は，分別ができるような環境を整備し，［　ウ　］へ分別を促すこと．また，収集・運搬用具は安全で衛生的に管理すること．

	ア	イ	ウ
(1)	効率的 ―――	所有者等 ―――	利用者
(2)	効率的 ―――	占有者等 ―――	事業者
(3)	効率的 ―――	占有者等 ―――	利用者
(4)	計画的 ―――	占有者等 ―――	事業者
(5)	計画的 ―――	所有者等 ―――	利用者

問題 158　廃棄物処理法に関する次の記述のうち，**最も不適当な**ものはどれか．

(1)　事業系一般廃棄物の排出事業者が処理を委託する場合，市町村長の許可を受けた処理業者に委託しなければならない．

(2)　事業系一般廃棄物の排出事業者が，その処理を委託した廃棄物の移動及び処理の状況を自ら把握するため，廃棄物処理法に基づく一般廃棄物管理票制度が設けられている．

(3)　事業系一般廃棄物の排出事業者が，市町村の施設へ自己搬入するなど自ら処理する場合，処理基準に従わなければならない．

(4)　特別管理廃棄物とは，爆発性，毒性，感染性その他の人の健康又は生活環境に係る被害を生ずるおそれがある性状を有する廃棄物である．

(5)　産業廃棄物の処理を業とする者は，専ら再生利用の目的となる産業廃棄物の場合等を除き，都道府県知事の許可を受けなければならない．

問題 159　建築物内廃棄物の発生量に関する次の文章の［　　］内に入る原単位として，**最も不適当な**ものはどれか．

建築物における廃棄物の発生量を把握する際に使用される一般的な原単位は，［ (1) ］が用いられる．

なお，発生量が多い場合は，［ (2) ］又は，重量の代わりに容量で示す［ (3) ］が用いられる．

その他，人の利用者数で廃棄物発生量が左右される図書館は［ (4) ］が使用される．

また，廃棄物の質を表す単位は，「単位容積質量値」であり［ (5) ］が用いられる．

(1)　kg/(m^2・年)

(2)　kg/(m^2・日)

(3)　L/(m^2・日)

(4)　kg/(人・年)

(5)　m^3/kg

問題 160　建築物内廃棄物の各関係者の基本的役割に関する次の記述のうち，**最も不適当な**ものはどれか．

(1)　ビル入居者は，廃棄物処理のルールを徹底させるため責任者を選任する．

(2)　ビル入居者は，廃棄物の減量化・減容化に努める．

(3)　廃棄物処理業者は，分別可能廃棄物を明確化する．

(4)　ビルメンテナンス事業者は，建築物内廃棄物の処理に必要な容器，集積場所，保管場所等を適切に準備する．

(5)　ビルメンテナンス事業者は，必要な場合に建築物内廃棄物の事後分別を行う．

問題 161　ごみ 2 m^3 当たりの質量を 300 kg とするとき，60 L のごみ容器に収容できるごみの量として，**正しい**ものは次のうちどれか．

(1)　6 kg

(2)　9 kg

(3)　12 kg

(4)　18 kg

(5)　36 kg

問題 162　産業廃棄物管理票制度（マニフェスト制度）に関する次の記述のうち，**最も不適当な**ものはどれか．

(1)　電子マニフェストは，紙マニフェストに比べ，A 票，B2 票，D 票，E 票の保存が不要である．

(2)　処理業者の選定には，都道府県などのホームページから選ぶ方法がある．

(3)　排出事業者は，廃棄物が最終処分まで適正に処分されたことを確認する義務がある．

(4)　紙マニフェストの場合，収集運搬業者は，作業が終了すると排出事業者に B2 票を返却する．

(5)　紙マニフェストの場合，最終処分場での処分が完了すると，収集運搬業者に E 票が返却される．

問題 163　建築物内廃棄物の中間処理に関する次の記述のうち，**最も不適当な**ものはどれか．

(1)　厨芥（ちゅうかい）類を処理する生ごみ処理機には，減量を目的とした乾燥機や，リサイクルを目的とした堆肥化装置がある．

(2)　缶類の処理として，自動的にスチール缶とアルミ缶を分けて圧縮し，ブロック状にする方式がある．

(3)　廃棄紙類の処理には，保管スペースを確保するための圧縮・梱（こん）包機が用いられる．

(4)　発泡スチロールの処理として用いられる溶融固化装置は，薬液を加え溶融し固化する方式である．

(5)　段ボールの処理には梱包機が用いられる．

問題 164　建築物内廃棄物の貯留・排出方式に関する次の記述のうち，**最も不適当な**ものはどれか．

(1)　真空収集方式は，容器方式より所要人数が少ない．

(2)　コンパクタ・コンテナ方式は，貯留・排出機方式より作業性が優れている．

(3)　容器方式は，他の方式と比較して設置スペースが少ない点で優れている．

(4)　コンパクタ・コンテナ方式は，他の方式と比較してランニングコストが優れている．

(5)　容器方式は，他の方式と比較して初期コストが優れている．

問題 165 リサイクル推進のための個別物品に応じた法律とその内容との組合せとして，**最も不適当な**ものは次のうちどれか.

(1) 容器包装リサイクル法（容器包装に係る分別収集及び再商品化の促進等に関する法律）――― 市町村による容器包装の分別収集

(2) 家電リサイクル法（特定家庭用機器再商品化法）――― 市町村による消費者からの廃家電の引き取り

(3) 食品リサイクル法（食品循環資源の再生利用等の促進に関する法律）――― 食品の製造・加工・販売業者による食品廃棄物の再生利用

(4) 自動車リサイクル法（使用済自動車の再資源化等に関する法律）――― 製造事業者によるシュレッダーダスト等の再資源化

(5) 建設リサイクル法（建設工事に係る資材の再資源化等に関する法律）――― 工事の受注者による分別解体等の実施

問題 166 蚊の防除に関する次の記述のうち，**最も不適当な**ものはどれか.

(1) ULV 処理は，一般に成虫に対する速効性は低い.

(2) チカイエカ対策として，浄化槽の通気管に防虫網を設置する.

(3) 浄化槽内の防除効果は，柄杓（ひしゃく）によりすくい取られた幼虫数によって判定可能である.

(4) ライトトラップや粘着トラップで捕獲した蚊の数は，維持管理水準を判断するのに有用である.

(5) クレゾールなどを含む殺虫製剤は，浄化槽内の微生物に影響を与える.

問題 167 蚊の生態に関する次の記述のうち，**最も不適当な**ものはどれか.

(1) コガタアカイエカは，水田や湿地等の大きな水域に発生する.

(2) 温帯に分布するヒトスジシマカは，卵のステージで越冬する.

(3) アカイエカは，有機物の多い排水溝や雨水ますに発生する.

(4) チカイエカは，最初の産卵を無吸血で行うことができる.

(5) アカイエカとチカイエカは，雌成虫の外部形態で容易に区別が可能である.

問題 168 ゴキブリの生態に関する次の記述のうち，**最も不適当な**ものはどれか.

(1) ワモンゴキブリは，卵鞘（しょう）を唾液などでくぼみ，隙間等に貼り付ける.

(2) ゴキブリ類は，成虫と幼虫の生息場所が同じである.

(3) 孵（ふ）化したばかりのゴキブリ類の幼虫は，0.5 mm の隙間でも潜ることができる.

(4) チャバネゴキブリは，休眠性をもたない.

(5) ゴキブリ類の集団形成は，気門から分泌される集合フェロモンにより促進される.

問題 169　ゴキブリの防除に関する次の記述のうち，**最も不適当な**ものはどれか．

(1)　空間処理とは，ゴキブリ類の気門から成分を取り込ませ，主に呼吸毒として作用させる処理法である．

(2)　乳剤とマイクロカプセル剤の残効性を同条件で比較すると，乳剤の方が長い．

(3)　チャバネゴキブリでは，殺虫剤抵抗性と喫食抵抗性の両方が報告されている．

(4)　残留処理では，散布面の素材により散布量を調整する必要がある．

(5)　ゴキブリ指数とは，調査期間中における1日1トラップ当たりの捕獲数をいう．

問題 170　ダニに関する次の記述のうち，**最も不適当な**ものはどれか．

(1)　マダニ類は，第1脚の先端部分に温度や炭酸ガスを感知する器官がある．

(2)　マダニ類は，幼虫，若虫，成虫の全ての発育段階で吸血する．

(3)　タカラダニ類は，他のダニやチャタテムシ等を捕食する．

(4)　ヒゼンダニは，ヒトの皮下に内部寄生する．

(5)　イエダニは，家住性のネズミ類に寄生する．

問題 171　害虫に関する次の記述のうち，**最も不適当な**ものはどれか．

(1)　ヒメマルカツオブシムシの成虫は，乾燥食品や羊毛製品等を食害する．

(2)　シバンムシ類の幼虫は，乾燥した麺類や菓子類を加害する．

(3)　ヒラタキクイムシ類の幼虫は，穀物を加害することもある．

(4)　一部のメイガ類は，貯穀害虫である．

(5)　イガは，繊維や衣類の害虫である．

問題 172　害虫に関する次の記述のうち，**最も不適当な**ものはどれか．

(1)　コナチャタテ類の防除では，餌となるカビの発生を抑えることが必要である．

(2)　ヒメマルカツオブシムシは，フェロモンによって誘引される．

(3)　マルカメムシの防除では，食草となるクズなどの除去が有効である．

(4)　チョウバエ類の幼虫に対する殺虫剤の効力は，一般に蚊と比較して高い．

(5)　イエバエは，薬剤抵抗性を獲得している集団が報告されている．

問題 173　次の対象害虫の防除を目的とする殺虫剤のうち，医薬品，医療機器等の品質，有効性及び安全性の確保等に関する法律による**承認を必要とする**ものはどれか．

(1)　アリ類

(2)　シロアリ類

(3)　スズメバチ類

(4)　トコジラミ類

(5)　ドクガ類

問題 174　殺虫剤の効力や剤形（剤型）に関する次の記述のうち，**最も不適当な**ものはどれか．

(1)　殺虫剤の速効性は，KT_{50} 値から判断できる．

(2)　ピレスロイド剤は，ゴキブリなどに対しフラッシング効果を示す．

(3)　フイプロニルは，ゴキブリ用の食毒剤の有効成分である．

(4)　プロペタンホスには，マイクロカプセル（MC）剤がある．

(5)　有機リン剤を有効成分とした，ULV 処理専用の乳剤がある．

問題 175　ネズミに関する次の記述のうち，**最も不適当な**ものはどれか．

(1)　ネズミの糞（ふん）から，食中毒の原因となる病原体が検出されることがある．

(2)　ハツカネズミは，クマネズミと比較してトラップにかかりにくく，殺鼠（そ）剤に弱い．

(3)　クマネズミはドブネズミと比較して，穀類などの植物性の餌を好む傾向が強い．

(4)　クマネズミは，垂直な壁を登ったり，電線を伝わって室内に侵入する．

(5)　ネズミの移動経路は，ほぼ一定しているため，体の汚れが通路となる壁やパイプシャフト周辺に付着する．

問題 176　殺鼠（そ）剤に関する次の記述のうち，**最も適当な**ものはどれか．

(1)　粉剤は，ネズミの嗜（し）好に合わせた毒餌作製に使用することができる．

(2)　殺鼠剤に対するネズミ類の抵抗性発達の原理は，昆虫とは異なる．

(3)　殺鼠剤を食べて死んだネズミから，ハエなどが発生することはない．

(4)　殺鼠剤の有効成分は選択毒性が高く，単位体重当たりのヒトに対する毒性は，ネズミに比べて低い．

(5)　ワルファリンは，1 回の摂取によってネズミを失血死させる．

問題 177　下記の①〜④の記述**全てに当てはまる**殺鼠（そ）剤の有効成分は，次のうちどれか．

①　1 回の摂取でも効果が得られる．
②　第 2 世代の抗凝血性殺鼠剤である．
③　ワルファリンに抵抗性を示すネズミ対策用に開発された．
④　建築物衛生法に基づく特定建築物内での使用が認められている．

(1)　リン化亜鉛

(2)　ブロマジオロン

(3)　クマテトラリル

(4)　ジフェチアロール

(5)　シリロシド

問題 178　防虫・防鼠（そ）構造と防除に用いる機器に関する次の記述のうち，**最も適当な**ものはどれか．

(1)　ライトトラップは，長波長誘引ランプに誘引された昆虫を捕獲する器具である．

(2)　ネズミの侵入防止のため，建物の外壁に樹木の枝が接触することを避ける．

(3)　噴射できる薬剤の粒径は，ミスト機，ULV 機，噴霧器の中で，ULV 機が最も大きい．

(4)　昆虫の室内侵入防止のため設置する網戸は，10 メッシュ程度とする．

(5)　ULV 機は，高濃度の薬剤を多量散布する薬剤散布機である．

問題 179　建築物衛生法に基づく特定建築物内のねずみ・昆虫等の防除に関する次の記述のうち，**最も不適当な**ものはどれか．

(1)　トラップによる生息状況調査により複数の害虫種が捕集された場合，それぞれの種類の生息密度が「許容水準」に該当する場合でも「警戒水準」にあると判断する．

(2)　ねずみ・昆虫等に対する不快感も，健康被害の一つである．

(3)　調査では，発生状況や被害状況に関する聞き取り調査を重点的に実施する．

(4)　防除は，ベクターコントロールとニューサンスコントロールという二つの異なる側面をもつ．

(5)　建築物における維持管理マニュアルの IPM 実施モデルに示す水準値は，現場の使用用途などの状況に応じた個別水準値を設定することも可能である．

問題 180　ねずみ・昆虫等及び鳥類の防除と殺虫剤に関する次の記述のうち，**最も不適当な**ものはどれか．

(1)　蚊の幼虫に対する基礎的な殺虫力は，LD_{50} 値により判断できる．

(2)　カラスの巣を卵ごと撤去する場合には，自治体の長などの許可が必要となる．

(3)　「発生予防対策」は，ねずみ・昆虫等の対策の基本である．

(4)　水性乳剤は，水で希釈した際に白濁（乳濁化）しない．

(5)　IGR は，成虫に対する致死効力がない．

2022年度(令和4年度)午前の解答・解説

※ 解説中の「-」付きの -(1) ～ -(5)は，問題の選択肢文(1)～(5)を示しています.
※ 解説中の 2021-89 などの表示は関連問題 2021 年問題 89 を示しています.

建築物衛生行政概論
問題 1～問題 20

問題 1　正解　(4)・・・・・・・・・**頻出度** A A A

廃棄物の処理及び清掃に関する法律は環境省の所管である（**1-1 表**参照).

1-1 表　主な所管法令

厚生労働省	建築物における衛生的環境の確保に関する法律 地域保健法 興行場法　旅館業法　公衆浴場法　食品衛生法 理容師法　クリーニング業法 水道法 労働基準法　労働安全衛生法 感染症の予防及び感染症の患者に対する医療に関する法律
環境省	環境基本法 大気汚染防止法　水質汚濁防止法　悪臭防止法　騒音規制法 廃棄物の処理及び清掃に関する法律 下水道法（終末処理場の維持管理に限る）　浄化槽法
国土交通省	建築基準法　建築士法　都市計画法 下水道法　浄化槽法
総務省	消防法
文部科学省	学校教育法　学校保健安全法

問題 2　正解　(5)・・・・・・・・・**頻出度** A A A

(5)のような規定はない.

「登録業者等の団体（指定団体)」についての規定は次のとおり（本書では,「建築物における衛生的環境の確保に関する法律」を,「ビル管理法」と略す（公式の略称でもある).

ビル管理法　第 12 条の六　厚生労働大臣は，登録業者の業務の改善向上を図ることを目的とし，かつ，登録業者又は登録業者の団体を社員とする一般社団法人であつて，次項に規定する業務を適正に行うことができると認められるものを，第 12 条の二第 1 項各号に掲げる事業ごとに，その申出により，それぞれ，次項に規定する業務を全国的に行う者として指定することができる.

登録業者等の団体については，その業務について出題されることがある（第 12 条の六第 2 項).

2　前項の指定を受けた法人（以下「指定団体」という.）は，次の各号に掲げる業務を行うものとする.

一　登録業者の業務を適正に行うため必要な技術上の基準の設定

二　登録業者の求めに応じて行う業務の指導

三　登録業者の業務に従事する者に対するその業務に必要な知識及び技能についての研修

四　登録業者の業務に従事する者の福利厚生に関する施設

登録業者への改善命令や，業務の統一価格の制定などが，業務でないものとして出題されたことがある．

問題３　正解　⑷・・・・・・・・・・**頻出度**AAA

水族館は特定建築物の用途(特定用途)に該当する（**3-1 表**参照）．

ビル管理法は特定建築物を対象とする法律である．

特定建築物はその用途と特定用途の延べ面積で決められている．

特定用途とは，「多数の者が使用し，又は利用し，かつ，その維持管理について環境衛生上特に配慮が必要なものとして政令で定めるものをいう．」（ビル管理法第２条）であるが，世の中には，判断に迷う用途もある．

出題された，特定用途でないものを**3-2 表**に挙げる．特殊な環境と判断されるものは大体除かれている．

問題４　正解　⑵・・・・・・・・・・**頻出度**AA

ビル管理法制定時から監督官庁（特定建築物の届出先）は，都道府県知事（保健所を設置する市にあつては，市長）であった．

3-1 表　特定用途一覧

興行場	興行場法第１条第１項に規定する興行場をいう．すなわち，映画，演劇，音楽，スポーツ，演芸または観せ物を公衆に見せ，または聞かせる施設のことである．
百貨店	大規模小売店舗立地法第２条第２項に規定する大規模小売店舗をいう．
旅館	旅館業法第２条第１項に規定する旅館業（ホテル，旅館等）を営むための施設をいう．
図書館	図書，記録その他必要な資料を収集し整理し，保存して，公衆の利用に供することを目的とする施設をいい，図書館法の適用を受けるものに限らない．
博物館，美術館，水族館	歴史，芸術，民俗，産業，自然科学等に関する資料を収集，保管，展示して，公衆の観覧，利用に供することを目的とする施設をいい，博物館法の適用を受けるものに限らない．
集会場	会議，社交等の目的で公衆の集会する施設をいい，公民館，市民ホール，各種会館，結婚式場等．
遊技場	マージャン，パチンコ，卓球，ボーリング，ダンスその他の遊技をさせる施設．
店舗	一般卸売店，小売店のほか，飲食店，喫茶店，バー，理容所，美容所その他サービス業に係る店舗を広く含む．
事務所	事務をとることを目的とする施設をいう．なお，人文科学系の研究所等，そこにおいて行われる行為が事実上事務と同視される施設については，名称のいかんを問わず，事務所に該当する． 銀行は事務所＋店舗として特定用途となる．
学校教育法第１条に規定する学校等以外の学校	専修学校，各種学校，各種学校類似の教育を行うもの，国，地方自治体，企業の研修所も含まれる．
学校教育法第１条に規定する学校等特定用途の面積 8 000 m^2 以上	幼稚園，小学校，中学校，高等学校，中等教育学校（いわゆる中高一貫校），特別支援学校，大学，高等専門学校，幼保連携型認定こども園

3-2 表　出題された「特定用途でないもの」

<table>
<tr><td colspan="2">工場，作業場，倉庫，病院・診療所，寄宿舎，駅舎，寺院・教会・神社，自然科学系の研究所，保育施設</td></tr>
<tr><td rowspan="2">建築基準法の定める「建築物」でないもの</td><td>鉄道および軌道の線路敷地内の運転保安に関する施設ならびに跨線橋，プラットホームの上家，貯蔵槽その他，これらに類する施設</td></tr>
<tr><td>地下街の地下道，広場（地下街の店舗，事務所等は建築物）</td></tr>
<tr><td>共同住宅を含む住居あるいは住居部分</td><td>住居あるいは特定建築物内の住居部分は特定用途とならない．
共同住宅は，ビル管理法2条に例示されているが，特定建築物ではない．これは，例えば衛生管理基準の検査一つとっても，費用負担の問題やプライバシーの問題から実施は困難なため，行政上共同住宅は特定用途から外されている．</td></tr>
<tr><td>公共駐車場</td><td>公共駐車場はいついかなる場合も特定建築物の用途とはならない．</td></tr>
<tr><td>独立棟の駐車場</td><td>同じ建物内の店舗や事務所付属の駐車場は特定用途に付属する部分として特定用途の面積に合算しなければならないが，駐車場が独立棟の場合は除かれる．</td></tr>
<tr><td>電力会社の地下式変電所</td><td>事務所ビルに設置された電力会社の地下式変電所（借室電気室）</td></tr>
<tr><td>フィットネスクラブ
スポーツジム</td><td>フィットネスクラブ，スポーツジムは，一般に娯楽性が極めて強く遊技場と同視できるような場合を除き，特定建築物に該当しない．</td></tr>
<tr><td>保育施設</td><td>保育施設は特定用途にならない．</td></tr>
</table>

昭和45年の法律制定時の本文は次のとおり．

第5条　特定建築物の所有者（所有者以外に当該特定建築物の全部の管理について権原を有する者があるときは，当該権原を有する者）（以下「特定建築物所有者等」という．）は，当該特定建築物が使用されるに至つたときは，その日から1箇月以内に，厚生省令の定めるところにより，当該特定建築物の所在場所，用途，延べ面積及び構造設備の概要，建築物環境衛生管理技術者の氏名その他厚生省令で定める事項を都道府県知事（保健所を設置する市にあっては，市長．以下同じ．）に届け出なければならない．

現行の「保健所を設置する特別区※の区長」については，昭和49年の地方自治法の一部改正によって加えられた．

※　特別区とは東京都の23区を指す．

2018-4

問題5　正解　(3)・・・・・・・・・・**頻出度** A A A

特定用途としては，保育施設，老人デイサービスセンターが除かれると考えられる．それ以外の用途の面積を合計すると，3 200 m^{2}となるので，この建築物は特定用途に該当する．

面積の要件は，

1. 特定用途の合計の延べ面積が3 000 m^{2}以上（だだし，学校教育法第1条に規定する学校等（幼稚園，小学校，中学校，高等学校，中等教育学校（いわゆる中高一貫校），特別支援学校，大学，高等専門学校，幼保連携型認定こども園は8 000 m^{2}以上）．
2. 特定用途に付随する部分の面積（トイレ，廊下，階段，機械室などの共用部），付属する部分の面積（百貨店の倉庫，新聞社の事務所に付属する印刷工場，映画館のロビーなど）は特定用途の面積に合算する．

3. 同一敷地内に数棟の建築物がある場合には合算せず1棟ごとに計算して，1棟ごとに特定建築物かどうか判断する．

問題6　正解　(1)・・・・・・・・・**頻出度**AAA

届出事項は，ビル管理法施行規則第1条に規定されている．正しくは，「特定建築物が使用されるに至った年月日」である．

特定建築物の届出については**6-1表**，**6-2表**のとおり．

6-2表の6，7は，同一人・法人の場合もあるが，両方届け出る必要がある．

特定建築物の届出をせず，または虚偽の届出をした場合には，30万円以下の罰金の適用がある．

問題7　正解　(1)・・・・・・・・・**頻出度**AAA

-(1)のような，軽減の規定はない．

空気環境の測定について下記にまとめた．

1. 測定項目と基準値（**7-1表**）
2. 測定方法（**7-2表**）

1)　通常の使用時間中に，各階ごとに，居室の中央部の床上75 cm以上150 cm以下の位置において上表の測定器

6-1表　特定建築物の届出義務者，届出先，届出時期

届出義務者	1. 所有者または建物全部の管理について権原を有する者（丸借り人，事務管理者，破産管財人） 2. 地方公共団体では固有財産法，地方自治法に規定する者 3. 区分所有，共有の建物にあっては区分所有者，共有者の連名で届け出ることが望ましい．
届出先	特定建築物の所在場所を管轄する都道府県知事（保健所を設置する市または特別区にあっては市長または区長）に提出して行う．
届出時期	使用開始から，変更があったときから，該当しなくなったときから，いずれも1か月以内に届け出る．

6-2表　特定建築物の届出事項

1	特定建築物の名称
2	特定建築物の所在場所
3	特定建築物の用途
4	特定建築物の延べ面積
5	特定建築物の構造設備の概要
6	特定建築物の所有者，占有者その他の者で当該特定建築物の維持管理について権原を有するもの（以下「特定建築物維持管理権原者」という）の氏名および住所（法人にあってはその名称，主たる事務所の所在地および代表者の氏名）
7	特定建築物の所有者（所有者以外に当該特定建築物の全部の管理について権原を有する者があるときは，当該権原を有する者）（以下「特定建築物所有者等」という）の氏名および住所（法人にあってはその名称，主たる事務所の所在地および代表者の氏名）
8	建築物環境衛生管理技術者の氏名，住所および免状番号ならびにその者が他の特定建築物の建築物環境衛生管理技術者である場合にあっては当該特定建築物の名称および所在場所
9	特定建築物が使用されるに至った年月日

7-1 表　空気環境の管理基準（測定項目と基準値）

	項目	基準値	
1	浮遊粉じんの量	空気 1 m^3 につき 0.15 mg 以下	平均値が基準を満たすこと
2	一酸化炭素の含有率	100 万分の 6 以下	
3	二酸化炭素の含有率	100 万分の 1 000 以下	
4	温度	18 °C 以上 28 °C 以下 居室における温度を外気の温度より低くする場合は，その差を著しくしないこと.	全ての測定値が基準を満たすこと
5	相対湿度	40 % 以上 70 % 以下	
6	気流	0.5 m/s 以下	
7	ホルムアルデヒドの量	空気 1 m^3 につき 0.1 mg 以下	

7-2 表　空気環境の測定方法

	項目	測定方法
1	浮遊粉じんの量	グラスファイバーろ紙（0.3 μm のステアリン酸粒子を 99.9 % 以上捕集する性能を有するものに限る.）を装着して相対沈降径がおおむね 10 μm 以下の浮遊粉じんを重量法により測定する機器または厚生労働大臣の登録を受けた者により当該機器を標準として較正された機器
2	一酸化炭素の含有率	検知管方式による一酸化炭素検定器
3	二酸化炭素の含有率	検知管方式による二酸化炭素検定器
4	温度	0.5 °C 目盛の温度計
5	相対湿度	0.5 °C 目盛の乾湿球湿度計
6	気流	0.2 m/s 以上の気流を測定することができる風速計
7	ホルムアルデヒドの量	2･4 －ジニトロフェニルヒドラジン捕集－高速液体クロマトグラフ法により測定する機器等により測定する機器または厚生労働大臣が別に指定する測定器

を用いて実施する（2～6については，同等以上の性能を有するものを含む）.

2)　ホルムアルデヒドの量を除く項目について2か月以内ごとに1回,定期に,測定しなければならない.

3)　ホルムアルデヒドは，建築基準法第2条にいう建築（新築，増築，改築，移転），大規模の修繕または大規模の模様替えを行ったとき，その使用を開始した日以後最初に到来する6月1日から9月30日までの期間（測定期間という）中に測定する.

4)　測定は1日に2回以上行う.

5)　測定機器については，定期的に点検整備し，浮遊粉じん量の測定に使用される較正機器にあっては1年以内ごとに1回，ビル管理法施行規則第3条の2第1項の規定に基づく厚生労働大臣の登録を受けた者の較正を受けること.

問題 8　正解　(3)･･････････**頻出度** A A A

(3)は正しい．雑用水の衛生上の措置について下記にまとめた.

1. 残留塩素を7日以内に1回，定期に検査し，定められた基準値以上に保持する(**8-1 表**参照)．残留塩素の検査は，測定回数，数値とも飲料水と同一の基準である.

8-1 表　残留塩素管理基準値

状況 / 項目	遊離残留塩素の含有率	結合残留塩素の場合の含有率	検査
平常時	100 万分の 0.1	100 万分の 0.4	7 日以内ごとに 1 回
供給する水が病原生物に著しく汚染されるおそれがある場合	100 万分の 0.2	100 万分の 1.5	（必要に応じて）

2. 残留塩素を除く水質基準は，その用途によって異なる．

1) 散水，修景（人工の噴水，池，せせらぎ，滝等）または清掃の用に供する水は，次に掲げるところにより維持管理を行う．

⑴ し尿を含む水を原水として用いないこと．

⑵ 次の表（**8-2 表**）に適合するように管理する．

8-2 表　雑用水の水質基準

	項目	基準	検査
1	pH 値	5.8 以上 8.6 以下であること．	7 日以内ごとに 1 回
2	臭気	異常でないこと．	
3	外観	ほとんど無色透明であること．	
4	大腸菌	検出されないこと．	2 月以内ごとに 1 回
5	濁度	2 度以下であること．	

2) 水洗便所の用に供する水（便器洗浄水）にあっては，原水はし尿を含んでもよい．また上表の濁度の項目が適用されない．

3. 供給する水が人の健康を害するおそれがあることを知ったときは，直ちに供給を停止し，かつ，その水を使用することが危険である旨を使用者または利用者に周知すること．

問題 9　正解　⑷・・・・・・・・・・**頻出度** A A A

「受水槽の清掃を行った後，高置水槽，圧力水槽等の清掃を行うこと．」（厚生労働省告示 119 号　空気調和設備等の維持管理及び清掃等に係る技術上の基準）．

高置水槽，圧力水槽→受水槽と洗浄すると，洗浄していない受水槽の水で，高置水槽,圧力水槽を洗浄することになる．

-⑵　ここは，実際のグリース阻集器のメンテナンスの話ではなくて法律の規定なので，「特定建築物維持管理権原者は，排水に関する設備の掃除を，6 月以内ごとに 1 回，定期に，行わなければならない．（ビル管理法施行規則第 4 条の三）」

問題 10　正解　⑵・・・・・・・**頻出度** A A A

登録業の監督者と建築物環境衛生管理技術者を兼務することはできない．監督する者（管理技術者）と監督されるもの（登録業の監督者）が同一になってしまう恐れがある．

-⑶免状の返納の場合は 1 年だが，この法律に関して罰金の刑を受けた場合は 2 年間免状がもらえない．

問題 11　正解　⑶・・・・・・・**頻出度** A A A

建築物環境衛生総合管理業の登録要件に貯水槽清掃作業監督者は含まれない（**共通資料 2** 参照）．

事業の登録についてよく出題される事項は下記のとおり．

1. 登録制度は，建築物の環境衛生に係わる事業者の資質向上を図るために設けられた．

2. 次の各号（**11-1 表**）に掲げる事業

11-1 表　ビル管理法の定める登録業

	表示できる事業の名	事業の内容
1	登録建築物清掃業	建築物における清掃を行う事業
2	登録建築物空気環境測定業	建築物における空気環境の測定を行う事業
3	登録建築物空気調和用ダクト清掃業	建築物の空気調和用ダクトの清掃を行う事業
4	登録建築物飲料水水質検査業	建築物における飲料水の水質検査を行う事業
5	登録建築物飲料水貯水槽清掃業	建築物の飲料水の貯水槽の清掃を行う事業
6	登録建築物排水管清掃業	建築物の排水管の清掃を行う事業
7	登録建築物ねずみ昆虫等防除業	建築物におけるねずみその他の人の健康を損なう事態を生じさせるおそれのある動物として厚生労働省令で定める動物の防除を行う事業
8	登録建築物環境衛生総合管理業	建築物における清掃，空気調和設備および機械換気設備の運転，日常的な点検および補修（運転等）ならびに空気環境の測定，給水および排水に関する設備の運転等ならびに給水栓における水に含まれる遊離残留塩素の検査ならびに給水栓における水の色，濁り，臭いおよび味の検査であって，特定建築物の衛生的環境の維持管理に必要な程度の事業

を営んでいる者は，当該各号に掲げる事業の区分に従い，その営業所ごとに，その所在地を管轄する都道府県知事の登録を受けることができる．

3. 登録の有効期間は6年．

4. 何人も，登録を受けないで，当該事業に係る表示またはこれに類似する表示をしてはならない．

登録は営業所ごとに受け，登録の表示は登録を受けた営業所に限られる（ビル管理法第12条の三）．

（表示ができないだけであって，登録しなくともこれらの事業を行うことは，ビル管理法上は全く構わない．）

5. 単なる清掃員控え室などを営業所として登録することはできない．

6. 登録の要件　物的基準，人的基準，作業の方法が定められている（**共通資料2**参照）．

7. 特定建築物に選任された建築物環境衛生管理技術者は，登録営業所の監督者を兼務することはできない．

8. 監督者等は，複数の営業所の監督者等を兼務することはできない．

9. 登録業の監督権限は都道府県知事に限られる（保健所を設置する市の市長，特別区の区長でも権限はない）．

問題 12　正解　(5)・・・・・・・**頻出度** A A

従事者の研修方法を変更しても届け出る必要はない．

ビル管理法施行規則第33条　法第12条の二第1項の登録を受けた者（以下「登録業者」という．）は，次に掲げる事項に変更があつたとき又は登録に係る事業を廃止したときは，その日から30日以内に，その旨を都道府県知事に届け出なければならない．

一　氏名又は名称及び住所並びに法人にあつては，その代表者の氏名

二　登録に係る営業所の名称及び所在

地並びに責任者の氏名

三　事業の用に供する主要な機械器具その他の設備

四　第31条第2項第二号若しくは第四号,第三項第二号若しくは…(以下,略．ここは要約すると，機械器具の概要，作業監督者等の氏名等，作業方法と作業に用いる機械器具・設備の維持管理方法を記載した書面).

問題13　正解　(4)・・・・・・・**頻出度**AAA

常識的だが，身分証明書が必要．該当する条文は次のとおり．

ビル管理法第11条　都道府県知事は，厚生労働省令で定める場合において，この法律の施行に関し必要があると認めるときは，特定建築物所有者等に対し,必要な報告をさせ,又はその職員に,特定建築物に立ち入り，その設備，帳簿書類その他の物件若しくはその維持管理の状況を検査させ，若しくは関係者に質問させることができる．ただし，住居に立ち入る場合においては，その居住者の承諾を得なければならない．

2　第7条の十五第2項及び第3項の規定は，前項の規定による立入検査について準用する．

第7条の十五　厚生労働大臣は，この法律の施行に関し必要があると認めるときは，登録講習機関に対し，業務に関して必要な報告をさせ，又はその職員に，登録講習機関の業務を行う場所に立ち入り，帳簿書類その他の物件を検査させ，若しくは関係者に質問させることができる．

2　前項の規定により立入検査を行う職員は,その身分を示す証明書を携帯し,関係者の請求があつたときは，これを提示しなければならない．

3　第1項の規定による権限は，犯罪捜査のために認められたものと解してはならない．

ビル管理法施行規則第21条第2項　法第11条第1項及び（中略）の職権を行う者を環境衛生監視員と称し，法第11条第2項において準用する法第7条の十五第2項及び（中略）法第7条の十五第2項の規定によりその携帯する証明書は，別に定める．

問題14　正解　(5)・・・・・・・**頻出度**AAA

「疾病の予防措置に従事する」のは，学校医の職務である．学校医と学校薬剤師の職務の条文を次に挙げる．

学校保健安全法施行規則第22条　学校医の職務執行の準則は，次の各号に掲げるとおりとする．

一　学校保健計画及び学校安全計画の立案に参与すること．

二　学校の環境衛生の維持及び改善に関し，学校薬剤師と協力して，必要な指導及び助言を行うこと．

三　法第8条の健康相談に従事すること．

四　法第9条の保健指導に従事すること．

五　法第13条の健康診断に従事すること．

六　法第14条の疾病の予防処置に従事すること．

(以下略)

第24条　学校薬剤師の職務執行の準則は，次の各号に掲げるとおりとする．

一　学校保健計画及び学校安全計画の立案に参与すること．

二　第1条の環境衛生検査に従事すること．

三　学校の環境衛生の維持及び改善に

関し，必要な指導及び助言を行うこと．

四　法第8条の健康相談に従事すること．

五　法第9条の保健指導に従事すること．

六　学校において使用する医薬品，毒物，劇物並びに保健管理に必要な用具及び材料の管理に関し必要な指導及び助言を行い，及びこれらのものについて必要に応じ試験，検査又は鑑定を行うこと．

（以下略）

健康診断は，健康診断表の作成も含めて，医業として医師の独占業務である（頻出）．

薬剤師の職務である環境衛生検査には，二酸化炭素の濃度などの空気環境や，プールの水質，騒音，照度，ねずみの生息状況などが含まれる．

問題15　正解　(3)・・・・・・・頻出度AAA

-(3)のような規定はない．

-(2)　都道府県立の保健所が352か所，政令市立93か所，特別区立が23か所である．

-(5)　市町村保健センターは，母子保健をはじめ，成人・老人保健や予防接種などの対人サービスにより，地域の健康づくりの場である．職員は保健師が中心である．それに対して，保健所は保健センターよりも幅広い役割を担い，さらに専門性が高い．保健所長は原則医師とされている．

問題16　正解　(1)・・・・・・・頻出度AAA

公共下水道に流入させる設備の設置者は，建築物の敷地である土地にあっては，当該建築物の所有者，建築物の敷地でない土地にあっては，当該土地の所有者，道路，その他の公共施設（建築物を除く.）の敷地である土地にあっては，当該公共施設を管理すべき者．

下水道（法）についての出題事項をまとめた．

1. 目的

この法律は，流域別下水道整備総合計画の策定に関する事項並びに公共下水道，流域下水道及び都市下水路の設置その他の管理の基準等を定めて，下水道の整備を図り，もって都市の健全な発達及び公衆衛生の向上に寄与しあわせて公共用水域の水質の保全に資することを目的とする．（下線部出題箇所）

2. 用語の定義など

1)　下水

生活もしくは事業（耕作の事業を除く）に起因しもしくは付随する廃水（以下「汚水」という）または雨水をいう（農業廃水・排水は下水ではない）．

2)　下水道

下水を排除するために設けられる排水管，排水渠（きょ）その他の排水施設（かんがい排水施設を除く），これに接続して下水を処理するために設けられる処理施設（し尿浄化槽を除く）またはこれらの施設を補完するために設けられるポンプ施設その他の施設の総体をいう．

3)　公共下水道

主として市街地における下水を排除し，または処理するために地方公共団体が管理する下水道で，終末処理場を有するものまたは流域下水道に接続するものであり，かつ，汚水を排除すべき排水施設の相当部分が暗渠である構造のもの．

4)　都市下水路

主として市街地における雨水を排除するために地方公共団体が管理している下水道（公共下水道および流域下水道を除く）．

5)　終末処理場

下水を最終的に処理して河川その他の公共の水域または海域に放流するために下水道の施設として設けられる処理施設およびこれを補完する施設をいう.

6)　流域下水道

2以上の市町村からの下水を受け処理するための下水道で，終末処理場と幹線管渠からなる．事業主体は原則として都道府県である.

7)　合流式と分流式

合流式下水道：汚水と雨水を同じ水路で集め，まとめて浄化処理して放流する．古い下水道に多い.

分流式下水道：汚水と雨水を別の水路で集め，雨水はそのまま，汚水は浄化処理して放流する．新設される下水道はほとんどこの方式である.

3. 公共下水道の構造は，政令で定める技術上の基準に適合しなければならない.

4. 下水道，排水設備の設置等を行う者等

1)　公共下水道の設置，改築，修繕，維持その他の管理は，市町村が行う.

2)　都市下水路の設置，改築，修繕，維持その他の管理は，市町村が行う.

3)　公共下水道管理者（市町村もしくは都道府県）は，公共下水道を設置しようとするときは，あらかじめ，事業計画を定めなければならない.

4)　排水区域内の下水を公共下水道に流入させるために必要な排水設備を設置するのは，

(1)　建築物の敷地である土地にあっては，当該建築物の所有者

(2)　建築物の敷地でない土地（次号に規定する土地を除く）にあっては，当該土地の所有者

(3)　道路その他の公共施設（建築物を除く）の敷地である土地にあっては，当該公共施設を管理すべき者

(4)　排水設備の改築または修繕は，これを設置すべき者が行うものとし，その清掃その他の維持は，当該土地の占有者が行う.

5)　1日当たり50 m^3以上の下水または政令で定める水質の下水を排除して公共下水道を使用する者は，その使用開始の時期について公共下水道管理者へあらかじめ届け出なければならない.

5. 除害施設の設置等（事業場からの排水の規制）

1)　公共下水道管理者は，政令で定める基準（**16-1表**）に従い，条例で，下水による障害を除去するために必要な施設（以下「除害施設」という）を設け，または必要な措置をしなければならない旨を定めることができる.

16-1表　除害施設を必要とする排水の規制基準値

項目		規制値
温度		45 ℃以上であるもの
水素イオン濃度		水素指数5以下または9以上であるもの
ノルマルヘキサン抽出物質含有量	鉱油類含有量	5 mg/Lを超えるもの
	動植物油脂類含有量	30 mg/Lを超えるもの
沃素消費量		220 mg/L以上であるもの

2)　水質汚濁防止法等で定める特定施設を設置する工場または事業場（「特定事業場」という）から下水を排除して公共下水道を使用する者は，政令で

定める場合を除き，その水質が当該公共下水道への排出口において政令で定める基準に適合しない下水を排除してはならない．

6. 公共下水道から河川その他の公共の水域または海域に放流される水の水質は，政令で定める技術上の基準に適合するものでなければならない．

問題 17　正解　⑵ ･･･････ 頻出度 A A A

⑵　換気−照明−宿泊者が正しい．

興行場法，公衆浴場法にもよく似た規定が存在する（**17-1 表**参照）．

17-1 表　営業に関して都道府県知事の許可が要る生活衛生関係営業法令の規定

興行場法	営業者は，興行場について，換気，照明，防湿及び清潔その他入場者の衛生に必要な措置を講じなければならない．
旅館業法	営業者は，旅館業の施設について，**換気**，採光，**照明**，防湿及び清潔その他**宿泊者**の衛生に必要な措置を講じなければならない．
公衆浴場法	営業者は，公衆浴場について，換気，採光，照明，保温及び清潔その他入浴者の衛生及び風紀に必要な措置を講じなければならない．
前項の措置の基準については，都道府県（保健所を設置する市又は特別区にあっては，市又は特別区）が条例で，これを定める．	

旅館業法を基準に考えると，興行場は暗幕で覆うぐらいなので，採光は要らない．公衆浴場で防湿はナンセンスだが保温が必要，旅館は宿泊者，興行場は入場者，浴場は入浴者，などと覚える．

これらの法律は生活衛生関係営業法令といわれ，営業に許可の要るものと事前に届け出なければならないものに大別される．

届出制の法律：理容師法，美容師法，クリーニング業法

問題 18　正解　⑸ ･･･････ 頻出度 A A A

大気のホルムアルデヒドの環境基準は定められていないというか，ホルムアルデヒドが大気に測定に掛かるほど存在することは考えられない．

現在，環境基準法に基づいて定められている大気の汚染に関わる環境基準は，二酸化硫黄（いおう），一酸化炭素，浮遊粒子状物質，二酸化窒素，光化学オキシダント，ベンゼン，トリクロロエチレン，テトラクロロエチレン，ジクロロメタン，ダイオキシン，微小粒子状物質と光化学オキシダントの生成防止のための大気中炭化水素濃度の指針である．

“環境基準にないもの”として，二酸化炭素，一酸化窒素がよく出題される．大気の二酸化炭素の基準を定めても，いまのところ守る術がない．一酸化窒素は大気中の酸素と結合してすぐに二酸化窒素になってしまうので基準を定めてもナンセンスである．

現在，環境基本法に基づく環境基準は，人の健康を保護する上で維持することが望ましい基準が六つ，生活環境を保全し，人の健康の保護に資する上で維持されることが望ましい基準が四つ，生活環境の保全に関する環境基準が一つ定められている．

大気ではないが，ホルムアルデヒドの濃度基準を定めているのはビル管理法，水質基準に関する省令など．

2021-19

問題 19　正解　⑸ ･･･････ 頻出度 A A A

事務室は「作業環境測定法施行令の指

19-1 表　事務所衛生基準規則・気積・空気環境の基準（2022.11）

項目	空調換気設備なし	機械換気設備を備える場合	空気調和設備を備える場合
気積	床面から 4 m を超える高さにある空間を除き，労働者 1 人について 10 m^3 以上		
浮遊粉じんの量	（規定なし）	0.15 mg/m^3 以下	
一酸化炭素含有率	50 ppm 以下	10 ppm 以下（特例 20 ppm 以下）	
二酸化炭素含有率	5 000 ppm 以下	1 000 ppm 以下	
気温	10 ℃ 以下の場合暖房等		18 ℃ 以上 28 ℃ 以下
相対湿度	（規定なし）		40 % 以上 70 % 以下
気流	（規定なし）	0.5 m/s 以下	
ホルムアルデヒドの量	（規定なし）	0.1 mg/m^3 以下	

定作業場（粉じんが著しく発散する作業場，放射性物質取扱作業室，等）」に該当しないので，作業環境測定士が測定を実施する必要はない．

事務所衛生基準規則からは，-(1)の気積のほか，作業面照度（精密な作業 300 lx 以上，普通の作業 150 lx 以上，粗な作業 70 lx）が頻出．

-(2)　一酸化炭素 100 万分の 50 以下，二酸化炭素 100 万分の 5 000 以下は，何の空調も換気もされていない場合である．空気調和設備または機械換気設備を設けている室については，ビル管理法の空気環境基準と同じ数値基準が規定されているが，現状では一酸化炭素濃度はまだ 100 万分の 10 以下（特例 100 万分の 20 以下）のままである（**19-1 表**参照）．

問題 20　正解　(2)・・・・・・・**頻出度** AAA

行政機関がその事務を処理するために使用する庁舎は，第一種施設である．健康増進法で特定施設の定義は次のとおり（健康増進法第 28 条第 1 項）．

五　第一種施設　多数の者が利用する施設のうち，次に掲げるものをいう．

イ　学校，病院，児童福祉施設その他の受動喫煙により健康を損なうおそれが高い者が主として利用する施設として政令で定めるもの

ロ　国及び地方公共団体の行政機関の庁舎（行政機関がその事務を処理するために使用する施設に限る．）

六　第二種施設　多数の者が利用する施設のうち，第一種施設及び喫煙目的施設以外の施設をいう．

第一種施設では，原則敷地内禁煙で，これを破った喫煙者，放置した施設管理権原者には罰則がある．

建築物の環境衛生
問題 21～問題 45

問題 21　正解　(5)・・・・・・・**頻出度** AAA

放射線は物理的要因に分類される（**21-1 表**参照）．

21-1 表　健康に影響を与える環境要因

物理的要因	気候，温度，湿度，気流，気圧，熱，光，放射線，音，超音波，振動等
化学的要因	空気，酸素，二酸化炭素，窒素，一酸化炭素，オゾン，硫黄酸化物，粉じん，水，し尿，廃棄物等
生物的要因	植物，ウイルス，リケッチア，細菌，寄生虫，昆虫，ネズミ，その他動物等
社会的要因	文化，産業，教育，医療，福祉，行政，経済，交通，情報，宗教等

オゾンが物理的要因としてよく出題される．

問題 22　正解　(4) ・・・・・・・**頻出度** A A A

赤血球は酸素，二酸化炭素の運搬を担う．細菌などに対する生体防御作用をもつのは，白血球である（**22-1 表**参照）．

問題 23　正解　(1) ・・・・・・・**頻出度** A A A

個体レベルの関係は，「量－影響関係」である．「量－反応関係」は集団レベルの関係である．

個体に対する有害物の影響は，その有害物の量（負荷量）が増えるにつれて個体内部での恒常性が保たれなくなり，最終的には死に至る．この負荷量と個体レベルにおける影響の関係を量－影響関係という．

環境条件が厳しくなると，集団の中では，影響を受ける人の割合が増えてくる．これを量－反応関係という．

-(2)，-(3)「最大許容濃度」，「許容濃度」は日本産業衛生学会の「許容濃度等の勧告」での定義である．最大許容濃度

22-1 表　ヒトの臓器系

系の名称	構成臓器		機能
循環器系	心臓，動脈系，静脈系，毛細管系（血液循環系とリンパ管系）		体全体への酸素と栄養の供給 体全体からの二酸化炭素の回収
呼吸器系	気道，肺		体内への酸素の摂取 体外への二酸化炭素の排出
消化器系	口腔，食道，胃，十二指腸，小腸，大腸，直腸を経て肛門（消化管系）ならびに肝臓，膵臓等		栄養や水を摂取して，体内で再合成と排泄を行う．
神経系	中枢神経系	脳，脊髄	脳は，精神機能，運動機能，視覚，聴覚，言語等の機能を有する．
	末梢神経系	知覚神経	感覚器の信号を中枢に伝える．
		運動神経	中枢からの命令を運動器官に伝える．
		自律神経	内臓や内分泌の自動制御
腎臓・泌尿器系	腎臓，尿管，膀胱，尿道		血液の中から老廃物・有害物質・分解物質を尿として排泄
感覚器系	聴覚，視覚，味覚，嗅覚等の感覚の受容をつかさどる臓器		外部からの刺激（音，光，味，臭い）を受けて神経系に伝える．
内分泌系	脳のうち視床下部と下垂体，副腎，甲状腺，性腺（卵巣・精巣）等		ホルモンの分泌により，生体機能の恒常性を維持するとともに，成長，発達，代謝等の活性をコントロール
免疫系	脾（ひ）臓，胸腺，骨髄，リンパ節等		生存に有害な病原性微生物が侵入した場合に，選択的に排除
造血器系	骨髄，脾臓等からなる．		赤血球・白血球・血小板の生産 赤血球 → 酸素・二酸化炭素の運搬 白血球 → 細菌等に対する防御 血小板 → 止血の働き
筋骨格系	骨と筋肉からなる．		身体の構成と運動をつかさどる． 呼吸等の生命維持にも大きく関与
その他	子孫形成と種の保存をつかさどる生殖器系，発汗を担う皮膚系等		

は，健康への影響が大きく，短時間で影響が起きる化学物質などに対して用いられる．

勧告された許容濃度等の例：ホルムアルデヒド：許容濃度 0.1 ppm，最大許容濃度 0.2 ppm，等．

問題 24　正解　(4) ・・・・・・・**頻出度** A A A

有効温度は，気温，湿度，風速から求められる．

温度を熱放射（黒球温度）に代替したのが修正有効温度である．

エネルギー代謝量，着衣量，空気温度，放射温度，気流，湿度の六つを人体の熱的快適感に影響する主要な温熱環境要素（温熱因子）という．

人間はこれらの温熱環境要素を個々に区別して暑い寒いを感じているわけではなく，それらが複合した結果を感じている．これらの温熱環境要素を単一の指標（温熱環境指数）で表現し，体感温度・熱的快適環境を追求する試みが古くから行われてきた（**24-1 表, 24-2 表**参照）．

-(2)の不快指数，-(5)の湿球黒球温度（WBGT）については，求める数式にまで立ち入って出題される（ただし，計算問題は出題されないので数式を暗記する必要はない．T_a 等が何を意味するかは覚えておく）．

不快指数 DI（Discomfort Index）は夏期の蒸し暑さによる不快の程度を評価する指標

$$DI = 0.72(T_a + T_w) + 40.6$$

24-1 表　温熱環境指数は次の三つに大別される

体感温度を示す主な温熱環境指数	1. 測定器を用いて計測した示度を指標とする指数	湿球温度，カタ冷却力，黒球温度
	2. 実験・経験に基づく指数 ※	有効温度，修正有効温度，不快指数，湿球黒球温度（WBGT）
	3. 熱平衡式に基づく指数	作用温度，新有効温度，予測平均温冷感申告（PMV）

※　実験・経験に基づく指数とは，いろいろな温熱環境と，複数の被験者を用意し，被験者に暑さ寒さのアンケートをとる，そんな感じのことである．

24-2 表　これらの温熱環境指数は下表の温熱環境要素（温熱因子）を組み合わせて作られる

温熱環境指数	単位	温熱環境要素（温熱因子）
有効温度※1	℃	乾球温度　湿球温度　気流
修正有効温度	℃	黒球温度　湿球温度　気流
不快指数	単位なし	乾球温度　湿球温度もしくは相対湿度
作用温度	℃	乾球温度　気流 平均ふく射温度（MRT）
WBGT 指数	℃	乾球温度　湿球温度　黒球温度
新有効温度※2 標準新有効温度※3	℃	乾球温度　湿球温度　黒球温度　気流エネルギー代謝量　着衣量
PMV※4	単位なし	

※1　有効温度は，湿度 100 %，無風状態の室温と比較する．
※2　新有効温度は，湿度 50 %，無風状態の室温を基準とする．
※3　標準新有効温度は湿度 50 %，無風，椅子に座った状態，着衣量 0.6 clo に標準化している．
※4　PMV は，+3（暑い）～ 0 ～ −3（寒い）で温冷感を表す．

もしくは，

$$DI = 0.81T_a + 0.01RH(0.99T_a - 14.3) + 46.3$$

ただし，T_a：乾球温度，T_w：湿球温度，R_H：相対湿度．

不快指数には単位はない．

WBGT（湿球黒球温度）は，屋内外での暑熱作業時の暑熱ストレスの評価に用いられ，スポーツ時の熱中症予防への活用も図られている．

屋外で太陽照射がある場合

$$\text{WBGT} = 0.7T_w + 0.2T_g + 0.1T_a\ [^\circ\text{C}]$$

屋内や屋外で太陽照射のない場合

$$\text{WBGT} = 0.7T_w + 0.3T_g\ [^\circ\text{C}]$$

ただし，T_g：黒球温度

WBGTの身体作業強度別の基準値は，作業者の熱への順化度によって異なる．また，着衣の種類によって補正する必要がある．

-(3)　黒球温度を測るグローブ温度計 本年度-80．

問題25　正解　(2)・・・・・・・頻出度AAA

睡眠時代謝量は基礎代謝量の95％程度とされる．

基礎代謝量とは，目覚めている状態で生命を維持する（心臓，呼吸，腎臓の働き，体温や筋緊張の維持など）ために必要な最小限のエネルギー消費量のことをいう．30歳男子の日本人で，1 450 kcal/日，女子で1 167 kcal/日程度である．

基礎代謝は早朝覚醒後の空腹時で仰臥（ぎょうが）位（あお向けの姿勢）におけるエネルギー代謝量に等しい．

日本人の基礎代謝は冬の方が体温維持のため高く，夏は低い．変動幅は10％程度である．

-(4)の代謝（metabolism）とは，生命の維持のために有機体が行う，外界から取り入れた物質を素材として行う一連の合成や化学反応のことであり，新陳代謝の略称である．エネルギー代謝と物質代謝がある．

-(5)　熱産生量が熱放散を上回れば体温は上昇する．

熱産生量（エネルギー代謝量）は人体の活動状態によって異なる．熱産生を伴う活動には，基礎代謝，運動・作業，自律的体温調節機能によるふるえ，筋緊張，食物を摂取したときの食餌性熱産生がある．

熱放散は，対流，放射，伝導，蒸発の物理的過程からなる．

人の皮膚の温度と周囲の空気との温度差によって対流が起きる．人が静止状態にあるときの対流を自然対流，人体が動いたり，風があるときの対流を強制対流と呼ぶ．熱放散量は風速の平方根に比例する．

放射による熱放散は，電磁波としての熱の流れである．人体からの放射による熱放散は人体平均皮膚温と居室の壁，天井，床等の平均温度（平均放射温度）との差によって決定される．風や気流には影響されない．

主に放射に関して，衣服のクロ値（clo）が定められている．クロ値は着衣の保温力（熱抵抗）を示す．裸体時を0 clo（クロ）とする．室温約20 ℃，湿度50％，気流0.1 m/sの室内で安静にしているときに快適に感じる着衣の保温力は約1 cloである．背広上下で約0.8 clo．クロ値は着衣の重量が増えれば大きくなり，薄ければ小さい．快適を保つための着衣のクロ値は室温が高くなれば小さくなる．

伝導による熱放散は，人体と接触する

物質（足裏以外は普通空気）と平均皮膚温との温度差によって熱放散量が決まる．空気，衣服の熱伝導度が小さいため人体からの伝導による熱放散は少ない．

気温が35 ℃以上となると，伝導，対流，放射による熱放散は望めなくなる．有効な熱放散経路は蒸発のみとなる．水分1 gが蒸発すると0.585 kcalの気化熱が蒸発面から奪われる．

人体からの蒸発には不感蒸泄（せつ）（呼吸気道からの蒸発＋発汗以外の皮膚からの蒸発，成人1日で1 000 g）と発汗がある．発汗を行う汗腺にはアポクリン腺とエクリン腺がある．暑熱時の汗はエクリン腺から分泌される．エクリン腺は全身で500万個にも達するが，汗の出る能動汗腺と汗の出せない不能汗腺がある．能動汗腺の数は，暑熱に曝（ばく）露される機会の多い地域の民族の方が，寒冷地に住む民族よりも多い．この現象は適応現象の一つである．

呼吸による熱放散は，呼吸量に比例する．

2021-24，2021-25

問題26　正解　(4) ・・・・・・・ 頻出度AAA

低体温症の診断は直腸温で行う．

低体温症とは，深部体温が35 ℃未満をいう．体温が31 ℃以下になると死亡するリスクが高まり，28 ℃以下では死亡する可能性が極めて高くなる．

人間の重要な臓器のある頭部や体幹の温度は環境条件にかかわらず約37 ℃で一定の狭い範囲に保たれている．このように，外気温が変動しても影響を受けにくい身体内部を核心部といい，その温度を核心温という．体温とは普通この核心温をいう．それに対して外気温の変動によりその温度も影響を受ける部分を外層部といい，その温度を外層温という．

深部体温が一定に保たれるのは，恒常性（ホメオスタシス）の一例であり，恒常性が保たれるのは，健康の前提である．

核心温の指標として，直腸温・食道温・鼓膜温・舌下温・腋（えき）下温等が状況に応じて用いられる．直腸温は外気の影響を受けにくく，最も核心温に近い．

問題27　正解　(5) ・・・・・・・ 頻出度AAA

壁の塗装が剥がれやすくなるのは，一般的に低湿度状態の時と考えられる．

室内環境への湿度の影響は次のとおり．

冬季の低湿度期にはウイルスや細菌が空中を舞いやすくなる上，鼻やのどの粘膜が乾燥し，風邪やそのほかの呼吸器疾患に罹患しやすくなる．アレルギー性疾患の気管支喘（ぜん）息，アトピー性皮膚炎では，低湿度が増悪（ぞうあく）因子となりうる．空気中の発じんが増え，不快なショックを与える静電気が発生しやすくなる．水に混入した真菌が，加湿の過程でエアロゾルとして放出されることがある．

暑熱期には，低湿度は汗の蒸発を促進して体感温度を下げ，爽快感をもたらす．

室内の高湿度状態をダンプネス（Dampness）という．

汗の蒸発を妨げて体感温度を上昇させる（蒸し暑さを感じる）．汗ばみにより衣服等を汚す．建築物に結露が生じ，建材の腐朽，カビやダニが発生する．これによってアレルギー疾患の発症への影響もある．

問題28　正解　(3) ・・・・・・・ 頻出度AAA

酸素欠乏による意識障害やけいれんが起こるのは，酸素濃度10 %以下である（**28-1表**参照）．

人体の臓器で，酸素欠乏に対して最も

28-1 表　酸素濃度の影響[1]

濃度 [%]	症状
17～16	呼吸・脈拍増加，めまい．
15～14	労働困難になる．注意力・判断力の低下．
11～10	呼吸困難となり，眠気を催し，動作が鈍くなる．
10 以下	けいれん，意識障害
7～6	顔色が悪く，口唇は青紫色になり，感覚鈍重となり，知覚を失う．
4 以下	40 秒以内に知覚を失い，卒倒する．

敏感なのは脳である．

-(1)　通常は，人体から発生する二酸化炭素を基準として，必要換気量を求めることが多い．

二酸化炭素の基準値 C を 1 000 ppm，人からの二酸化炭素発生量 M を 0.020 m³/(人･h)（事務作業），外気の二酸化炭素濃度 C_o を 350 ppm として，換気量 Q [m³/(人･h)] を求める公式に当てはめると，

$$Q = \frac{M}{C - C_o} \times 10^6 = \frac{0.020}{1\,000 - 350} \times 10^6$$

$$= 30.77\ \mathrm{m^3/(人 \cdot h)}$$

すなわち，およそ 30 m³/(人･h) の新鮮外気が確保されていれば，二酸化炭素濃度をビル管理法の管理基準値を満たしていると見なすことができる．

-(4)　人間の活動には必ず二酸化炭素の発生がついて回るので，空気汚染の総合指標となる．

-(5)　**28-2 表**参照．

28-2 表　清浄空気の組成（容積比 [%]）

窒素	78.1
酸素	20.93
アルゴン	0.93
二酸化炭素	0.04

問題 29　正解　(5)・・・・・・・頻出度 A A A

10 μm，1 μm が正しい．

空気中の粉じんのうち，相対沈降径※が 10 μm※以上のものは発じんしてもすぐに沈降するので人の呼吸器官に吸込まれることは少ない．したがってビル管理法でも測定対象となるのは粒径がおおむね 10 μm 以下の粉じんである．5 μm 程度の粉じんは気道の粘液と有毛細胞の線毛に補足されて，粘液線毛運動によって排出される．したがって，肺に沈着し，人体に有害な影響を及ぼす粉じんは，通常 1 μm 以下の大きさである．

※　相対沈降径：粉じんの直径を空気中において当該粉じんと等しい沈降速度を示す比重 1 の球の直径で表したもの．

※　10 μm は人の目が見分けられる限界の大きさといわれる．

問題 30　正解　(5)・・・・・・・頻出度 A A A

わが国の過去のアスベストの累積使用量は 1 000 万 t 超に上るが，それが今もどれだけ現存しているかは，建築物に限っても正確には把握されていない．

アスベストは，自然界に存在する水和化（水分子を含む）した繊維状のケイ酸塩鉱物の総称である．繊維状で絹のようにしなやかでありながら耐火性，耐磨耗性，耐薬品性に優れるため，建材，自動車のブレーキ，配管の保温材などわれわれの身の回りの 3 000 種以上の製品に使用されてきたが，じん肺などアスベストによる健康被害が明らかになり，種々の規制を経て，現在では，試験研究を除いて製造，輸入，譲渡，提供，使用が禁止されている（労働安全衛生法第 55 条）．

クリソタイル（温石綿，白石綿），アモサイト（茶石綿），クロシドライト（青

石綿）等の種類がある．

アスベストの室内発生源は主に建材，特に，吹付けアスベスト，冷温水配管，ダクト，ボイラタンクの断熱材からの遊離飛散が問題になる．吹付けアスベストは劣化すると，吹付け面からはく離して飛散しやすくなる．

アスベストによる肺の線維化（じん肺）は，鉱山労働者だけではなく，アスベスト製造労働者にも見られる．

肺がんおよび胸膜や腹膜の悪性中皮腫（胸腔や腹腔の表面を覆う中皮由来と考えられる腫瘍）の発生率の増加が，アスベスト製造工場，造船工場，アスベスト鉱山労働者等で示されており，発症の危険度はアスベストの累積曝露量が多いほど高くなる．悪性中皮腫の発生は，アスベスト使用工場の近隣でも報告されている．

肺がんに対して，アスベスト曝露と喫煙の相乗作用が示唆されている．中皮腫や肺がんの胸膜中皮腫の潜伏期間の多くは，20 ～ 50 年である．

問題 31　正解　(2) ・・・・・・・**頻出度** A A A

学校環境衛生基準の教室の二酸化炭素濃度は，換気の基準として，1 500 ppm（0.15 %）以下であることが望ましいと

31-2 表　二酸化炭素濃度の影響[3]

濃度 [%]	症状
0.55 [5,500 ppm]	6 時間曝露で，症状なし
1 ～ 2	不快感が起こる
3 ～ 4	呼吸中枢が刺激されて呼吸の増加，脈拍・血圧の上昇，頭痛，めまい等の症状が現れる
6	呼吸困難となる
7 ～ 10	数分間で意識不明となり，チアノーゼが起こり死亡する

31-1 表　学校環境衛生基準・教室等の環境・換気および保温等[2]

	検査項目	基準
換気及び保温等	(1)　換気	換気の基準として，二酸化炭素は，1,500 ppm 以下であることが望ましい．
	(2)　温度	18 °C 以上，28 °C 以下であることが望ましい．
	(3)　相対湿度	30 % 以上，80 % 以下であることが望ましい．
	(4)　浮遊粉じん	0.10 mg/m^3 以下であること．
	(5)　気流	0.5 m/ 秒以下であることが望ましい．
	(6)　一酸化炭素	6 ppm 以下であること．
	(7)　二酸化窒素	0.06 ppm 以下であることが望ましい．
	(8)　揮発性有機化合物	（略）
	(9)　ダニ又はダニアレルゲン	100 匹/m^2 以下又はこれと同等のアレルゲン量以下であること．
採光及び照明	(10)　照度	(ア)　教室及びそれに準ずる場所の照度の下限値は，300 lx（ルクス）とする．また，教室及び黒板の照度は，500 lx 以上であることが望ましい．（以下略）
	(11)　まぶしさ	（略）
騒音	(12)　騒音レベル	教室内の等価騒音レベルは，窓を閉じているときは LAeq50 dB（デシベル）以下，窓を開けているときは LAeq55 dB 以下であることが望ましい．

されている（**31-1 表**参照）． 2020-14

-⑴　二酸化炭素の濃度は，産業革命前（1750 年頃）の 278 ppm から 415.7 ppm（2021 年）と 49 % 増加している（2020 年からは 2.5 ppm の増加）．

-⑷，-⑸は **31-2 表**参照．

問題 32　正解　⑸・・・・・・・頻出度 A A A

過敏性肺炎は，有機粉じんの吸入により起こるアレルギー性の疾患である．無機化合物である二酸化硫黄は関係がない．他にも，アスベスト，窒素酸化物，たばこ煙が過敏性肺炎の原因として出題されたが，これらも誤りである．

過敏性肺炎は，肺の間質（肺胞，気管支，毛細血管を取り囲んでつなぐ組織）に病変が起きる間質性疾患である．家庭やオフィスで加湿器や空気調和設備に増殖した好熱性放線菌や真菌その他の粒子が抗原となるので，換気装置性肺炎，加湿器肺とも呼ばれる．急性と慢性があり，特に夏に増殖する，高温高湿で日当たりが悪く，換気状態の悪い家屋で増殖する真菌（トリコスポロン）によって発症するものは夏型過敏性肺炎と呼ばれる．発生時の対策と予防上最も重要なことは，環境からの抗原の除去であり，そのために貯水槽やフィルタの清掃や消毒を頻回に行い，空気調和設備や加湿器が微生物で汚染されるのを防止する．

-⑴　オゾンはフッ素の次に酸化力の強い物質で，オゾン濃度が 0.3 ～ 0.5 ppm 程度になると肺や気道粘膜を刺激し始める．オゾンは光化学オキシダントの主成分であり，独特な刺激臭をもった青い色を呈する気体で水に溶けにくく肺の奥まで侵入し呼吸器に影響を及ぼす．

-⑵　レジオネラ属菌は，自然界の土壌と淡水に生息するグラム陰性の桿菌に分類される細菌で，一般に 20 ～ 50 °C で繁殖し，36 °C 前後で最も繁殖する．河川や土壌中などの自然環境に生息している．普通室内環境には存在しない．

レジオネラ症は間接伝播（空気感染）する感染症で，肺炎型と非肺炎型の二つの病型がある．感染症法で四類感染症に指定されている．

レジオネラ症は，主として冷却塔，循環式浴槽に供した水を介して感染する．感染経路として汚染水のエアロゾルの吸入の他，汚染水の吸引，嚥下・経口感染等が考えられている．

-⑶　アスペルギルス，ペニシリウム，アルテルナリア，フザリウム，クラドスポリウムはいずれも一般環境中にありふれたカビアレルゲンである．

-⑷　慢性閉塞性肺疾患は，肺気腫と慢性気管支炎の 2 疾患を指す．肺気腫は気管支の末端の気腔が破壊され，排気が困難となり肺が過膨張になった状態である．慢性気管支炎は，2 年間以上の間継続して 3 か月以上，毎日痰（たん）を伴う咳が出る場合をいう．

慢性閉塞性肺疾患は別名 COPD（Chronic Obstructive Pulmonary Disease），たばこ病などともいわれ，喫煙は慢性閉塞性肺疾患の主な発生原因であり，原因の 80 ～ 90 % を占める．

問題 33　正解　⑴・・・・・・・頻出度 A A

鼓膜は中耳にある（**33-1 図**参照）．

-⑵　気導が，音が外耳と中耳を通して内耳へ伝えられることをいうのに対して，骨導とは，音が頭蓋骨と軟部組織の機械振動を通して内耳へ伝えられることをいう（録音された自分の声を聴くと違

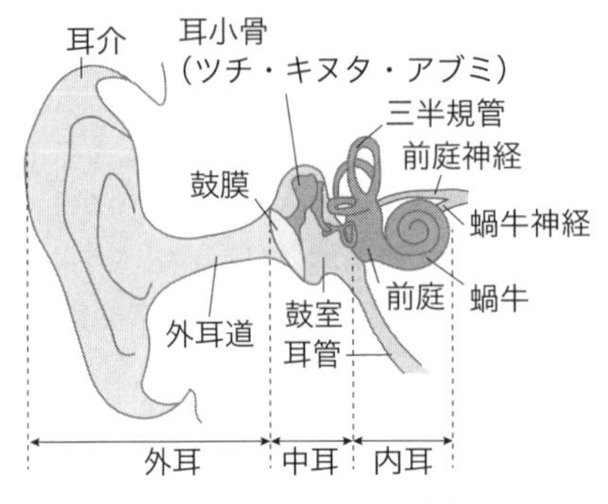

33-1 図　耳の構造(4)

和感を感じるのは，録音されているのは気導だけによる音声なのに対し，普段われわれは自分の声を，気導と骨導のミックスで聞いているからである）．

-(3)　サウンドアメニティは，低い暗騒音に，環境音楽や鳥のさえずり，せせらぎの音などで構成される．

-(4)　オージオメータで測定される聴力レベル [dB] は，数値が小さいほど聴力が良いことを意味し，マイナスであれば標準の聴力（0 dB）を上回っていることになる．2021-32

-(5)　内耳の蝸牛は長さ 3 cm ほどの管が 2 回転半している．内部は前庭階，蝸牛管，鼓室階の 3 層に分かれ，いずれもリンパ液で満たされている．耳小骨から伝わった気導音波振動もしくは骨導音波振動はリンパ液を揺らし，その揺れが，蝸牛管の下壁のコルチ器の有毛細胞を揺らして興奮させ，リンパ液の振動が電気信号に変換される．電気信号は蝸牛神経を経て脳の聴覚野に届き，音として認識される．

問題 34　正解　(4)・・・・・・・頻出度 A A A

聴力レベルが会話音域，高音域ともに 30 dB 未満であれば，正常と判断される（厚労省　騒音障害防止のためのガイドライン見直し方針　2022 年 3 月 22 日）．

騒音作業に常時従事する労働者の健康診断では，オージオメータによる 1 000 Hz および 4 000 Hz における選別聴力検査（1 000 Hz については 30 dB，4 000 Hz については 25 dB，30 dB の音圧の純音が聞こえるかどうかの検査）を実施し 30 dB の音圧での検査で異常がみられた者その他医師が必要と認める者について，追加の検査を実施する．

-(1)　走行中の電車内の騒音が 80 ～ 85 dB である．

-(2)　騒音により自律神経系が刺激され，末梢血管の収縮，血圧の上昇，胃の働きの抑制等が起きる．また，副腎ホルモンの分泌の増加，性ホルモン分泌の変化等が起きる．このため騒音レベルが高くなると，生理的・身体的な影響が出現する．

-(3)　騒音による聴取妨害に関して，S/N 比が 10 ～ 15 dB あれば十分な文書了解度が得られる．普通の会話の音声レベルは距離 1 m で約 55 ～ 60 dB（A）程度であるから，騒音のレベルは 40 ～ 50 dB（A）程度に抑える必要がある．

-(5) 例えば，幹線道路に面していない住宅地域（A 地域）の騒音の環境基準値は昼間 55 dB 以下，夜間 45 dB 以下である．

問題 35　正解　(3)・・・・・・・頻出度 A A A

振動の直接的な生理的影響はおよそ振動レベル 100 dB 以上の強い振動で起こり，呼吸数の増加，血圧の上昇，胃腸の働きの阻害，不安感や疲労感を覚えるなど自律神経系の影響がある．

人間の受ける振動は，全身振動と局所振動に分けられる．環境要因として問題になる振動（環境振動）は，全身振動で1～90 Hz，局所振動で8～1 000 Hzである．

全身振動の知覚は主に内耳の前庭器官と三半規管が加速度の変位を感知することによる．

全身振動は，鉛直振動と水平振動に分けて測定・評価され，人は鉛直振動の方を水平振動より敏感に感じる．

全身振動で受ける感覚は，周波数によっても異なり，身体の姿勢，振動継続時間によっても異なる．全身振動では低周波数域に対してヒトの感覚は鋭く，周波数の増加とともに感覚が鈍くなってくる．鉛直振動では4～8 Hzの振動に最も感じやすい．水平振動では1～2 Hzである．

周波数1 Hz以下の乗り物などの揺れに対しては，一般に，鉛直方向よりも水平方向の方が敏感である．乗り物酔い（動揺病）は，周波数が1 Hz未満で振幅が大きい場合に起こる．

全身振動の評価量は振動加速度レベルで表される．

$$振動加速度レベル = 10 \log_{10} \frac{a^2}{{a_0}^2} \ [\mathrm{dB}]$$

ただし，a（測定値）$[\mathrm{m/s^2}]$，a_0（基準加速度）$= 10^{-5}\ \mathrm{m/s^2}$

人間の，周波数による振動感覚の違いを補正して計測した振動加速度レベルを，周波数補正加速度レベルまたは単に振動レベルという．振動レベル55 dBは地震の震度段階0（無感）に相当し，振動感覚閾（いき）値という（地震の震度は，計測された振動加速度から計算される）．

戸外の振動測定は一般的に地上面で行われ，X, Y, Z 軸3方向について行われる．

地面の振動は建物によって一般的に増幅される．建築物・地面の共振周波数は3～6 Hz付近にあり，屋外地上面より建築物内床面の振動レベルの方が高くなることがある．立位および座位の鉛直振動による人体胸腹部の共振周波数（4～8 Hz）もこれに重なるので，建築物による振動の増幅を考慮する必要がある．

バスやトラックなどの交通車両，トラクタ，フォークリフトなどの作業車両の運転者に，比較的強い垂直振動により胃下垂などの内臓下垂や腰痛など骨・関節の障害を生じやすい．

局所振動の知覚は，皮膚，内臓，関節等，人の全身に散らばる知覚神経末端受容器（パッチニ小体等）によりなされる．

寒冷下では，皮層の血流は体温維持のために元々減少し，酸素や栄養素の供給が滞っている．そこに局所振動が加わって，毛細血管や末梢（しょう）神経が傷むことがレイノー現象や感覚運動神経障害などの健康障害を引き起こし，長期間振動作業による末梢神経障害が進行すると，手指の伸展に支障が見られることがある．

シベリアなどの寒冷地でチェーンソーを扱う労働者に見られるレイノー現象（白ろう病）は，寒冷と振動による末梢血行障害である．

問題36　正解　(2) ・・・・・・・**頻出度** A A A

錐（すい）体は，赤，青，黄ではなくて，赤，青，緑に反応する3種類がある（**36-1表**参照）．

目の奥の網膜の中心窩（か）を中心として600万個の錐体細胞が分布し，その他の周辺部を1億2 500万個の杆（かん）体細胞が占めている．

-(1)　目が視対象物の細部を見分ける能力を視力という．視力は黒色の円環（ラ

36-1 表　視細胞

杆(かん)体細胞	杆体は光に敏感な色素ロドプシンを含み，感光度が非常に高く，錐体の約 500 倍の感度をもつ．色を識別することはできない．
錐体細胞	感光度はそれほどでもないが解像力に優れ，色覚（色を感じる能力）に必要な化学物質をもち，色を感じることができる．錐体は赤，青，緑の光にそれぞれ反応する 3 種があり，これらの反応の組み合わせによって色を感じている．

ンドルト環，**36-1 図**）の切れ目を見ることで測る．外径 7.5 mm，幅と切れ目が 1.5 mm の円環を 5 m 離れた点から見て，切れ目が見分けられる場合を視力 1.0 としている．

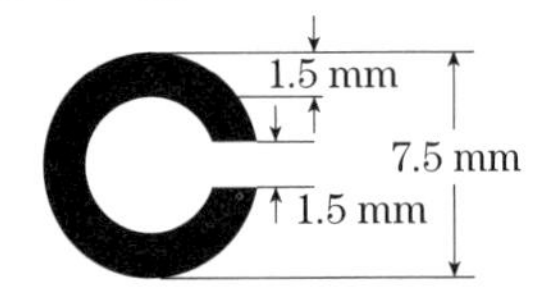

36-1 図　ランドルト環（視力 1.0 用）

人間の視力は大きく照度に依存し，約 0.001 lx から徐々に視力が現れ，0.1 lx（輝度で 0.01 cd/m^2）付近で大きく変化し，約 10 000 lx まで直線的に向上する（照度が高いほど細かい物を識別しやすく，またはっきり見える）．これは人間の目が杆体細胞と錐体細胞を使い分けている証拠である．新聞の字が読めるのは 1 lx 以上，色の識別には 3 lx 以上が必要である（満月の照度は約 0.2 lx なので月光だけでは新聞は到底読めない）．

明るいところから暗いところへの順応を暗順応といい，完全に順応するには 40 分以上かかる．暗いところから明るいところへの順応は明順応といい，2 分程度で順応する．暗順応して杆体が働いて物を見る作業を暗所視，明順応して錐体が働いている時を明所視といい，その中間の状態を薄明視という．

-(3)，-(5)　眼の構造（**36-2 図**）．

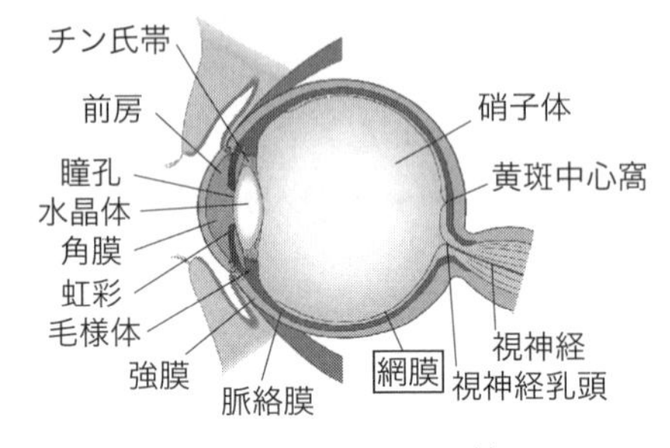

36-2 図　目の構造[5]

-(4)　グレア（glare：眩(げん)輝）とは極端に高輝度の光源の存在により視力が低下したり眼の不快感がもたらされることをいう．視力低下を伴うグレア（夜間の対向車のヘッドランプが例）を減能グレア，その他を不快グレアという．

照明のグレアの評価には利用者の視線に入る器具の輝度を基にした UGR 値が用いられる．観測者から見た各照明器具の発光部の立体角が大きいほど UGR 値は増す．

問題 37　正解　(3) ・・・・・・・ 頻出度 A A

情報機器作業における労働衛生管理のためのガイドライン（厚生労働省 2021 年 12 月 1 日）からの出題である．「ディスプレイは，その画面の上端が眼の高さとほぼ同じか，やや下になる高さにすることが望ましい．」

このガイドラインからは，「ディスプレイ上の照度 500 lx 以下，書類上及びキーボード上における照度 300 lx 以上」が頻出であったが，改訂されたガイドラインでは，「ディスプレイを用いる場合の書類上及びキーボード上における照度は300ルクス以上とし，作業しやすい照度とすること．また，ディスプレイ画面の明るさ，書類及びキーボード面における明るさと周辺の明るさの差はなるべく小さくすること．」と変更され，ディスプレイ上500 lxがなくなった．

問題38　正解　(5) ……… **頻出度** A A A

電磁波の周波数 × 波長 = 光速となって一定なので，周波数が高くなると波長は短くなる．

電磁波は波長の長短（周波数の高低）によってその性質が著しく変化するので，その利用の仕方も異なってくる（**38-1表**参照）

-(4)　火花放電の起きる電圧は間隔1 mm当たり約3 kVで，冬場，人体に発生する静電気の電圧は3 kV～4 kV程度である．

-(3)　東京付近の地球磁場（地磁気）は，46 μT（テスラ：磁束密度の単位．1 T = 10^4 G（ガウス））である．地磁気は，常に一定ではなく，絶え間なく変化している．日本産業衛生学会の最大許容値は頭部・躯幹部で2 T，四肢部で5 T（0～0.25 Hz以下の磁場）とされている．多くの心臓ペースメーカは静磁場の5 mT以下で影響を受け，3 mTを超える場所では金属片が磁石に向かって飛ぶ可能性がある．

38-1表　電磁波一覧

	電磁波の種類・名称			周波数	波長	用途・発生源
電磁波	電離放射線		ガンマ（γ）線	3 000万 THz～	0.0001 nm～	科学観測機器
			エックス（X）線	30 000～3 000万 THz	0.001～10 nm	医療機器（X線，CTスキャナ）
	非電離放射線	光	紫外線	789～30 000 THz	10 nm～0.38 μm	レーザ
			可視光線	384～789 THz	0.38～0.78 μm	光学機器
			赤外線	3 000 GHz～384 THz	0.78 μm～0.1 mm	工業用（加熱・乾燥）
		電波	サブミリ波	300～3 000 GHz	0.1～1 mm	光通信システム
			ミリ波（EHF）	30～300 GHz	1 mm～1 cm	レーダ
			センチ波（SHF）	3～30 GHz	1～10 cm	衛星放送，マイクロウェーブ
			極超短波（UHF）	300～3 000 MHz	10 cm～1 m	テレビ，電子レンジ，携帯電話
			超短波（VHF）	30～300 MHz	1～10 m	テレビ，FM放送，業務無線
			短波（HF）	3～30 MHz	10～100 m	短波放送，国際放送，アマチュア無線
			中波（MF）	300～3 000 kHz	100～1 000 m	ラジオ放送
			長波（LF）	30～300 kHz	1～10 km	日本標準時送信
			超長波（VLF）	3～30 kHz	10～100 km	電磁調理器
			（VF）	300～3 000 Hz	100～10^3 km	–
			極超長波（ELF）	3～300 Hz	10^3～10^5 km	家電製品，高圧送電線

※ミリ波～極超短波を通称マイクロ波，ミリ波～超長波をラジオ周波という．

38-2 表　電磁場の単位

量	量記号	単位記号	読み方
電場	E	V/m	ボルト毎メートル
磁場（の強さ）	H	A/m	アンペア毎メートル
磁束密度	B	Wb/m^2	ウェーバ毎平方メートル
		T	テスラ $1\,T = 1\,Wb/m^2$
		G	ガウス $1\,T = 10^4\,G$

T（テスラ）など，電磁場の量単位は**38-2 表**参照．

磁場（H）は磁束密度（B）を生む原因であって，物理的に実在するのは磁束密度である．磁場と磁束密度の間には，$B = \mu H$ の関係があり，透磁率 μ は磁場の媒質のもつ定数である（真空では $\mu_0 = 1.257 \times 10^{-6}$ H/m）．

時間的に変動のない電場，磁場（それぞれ静電場，静磁場という）はお互いに独立して存在する一方，時間的に変動する磁場は電場を生み，時間的に変動する電場は磁場を生む．この時間的な電磁場の変化（振動）が空間を伝搬する現象を電磁波と呼ぶ．交流 50 Hz の商用電源・電線からは 50 Hz の電磁波が生じている．

問題 39　正解　(2)・・・・・・・**頻出度** A A A

ビタミン D の形成を促すのは波長 280 ～ 320 nm の，健康線（ドルノ線）と呼ばれる紫外線である．

赤外線は波長が可視光線より長く，マイクロ波より短い電磁波で，熱線とも呼ばれる．波長 770 ～ 1 400 nm を近赤外線，1 400 nm 以上を遠赤外線という．

赤外線は紫外線より皮膚透過性が大きく，その影響は身体内部まで及ぶ．皮膚の表皮直下の乳頭層の血管を拡張し血流を盛んにする一方，血液は加温され，全身を温め代謝を高める．波長 1 400 nm 以下は皮膚透過性が最も大きく深部で熱となって体内の代謝を高める．また，頭蓋骨を透過して脳を加温し熱中症（熱射病）の原因になる．

赤外線への曝露が問題となる業務には，炉前作業，硝子加工作業，冶金・鋳物注油作業，赤外線乾燥作業，溶接作業等がある．

39-1 表　紫外線（UV-A，UV-B，UV-C）

UV-A 315 ～ 400 nm	UV-A はメラニンを黒化させ皮膚の色を黒くする日焼け（サンタン）を起こす（皮膚へのメラニンの沈着ともいう）． 白色人種に多い皮膚のがん，悪性黒色腫の原因の一つとされる．
UV-B 280 ～ 320 nm	1)　皮膚に強い紅斑や水泡を作る日焼け（サンバーン）の原因となる．紅斑を作る紫外線の最小量を最小紅斑量（MED）という．真夏の海岸で 20 分の直射日光に相当する．健康のためには毎日 1/7 MED 程度の紫外線を浴びる必要がある． 2)　UV-B は眼の表層に吸収されて角膜炎の原因となる（雪眼，溶接の電気性眼炎）．遅発性の症状として，白内障を生ずる． 3)　280 ～ 320 nm の紫外線を健康線（ドルノ線）といい，皮膚でビタミン D を生成したり（不足するとくる病の原因），鉱物質の代謝を促進する．
UV-C 200 ～ 280 nm	地表約 10 km 上空のオゾン層に吸収されて地上には到達しない．紫外線の殺菌作用は 200 ～ 320 nm の波長で，特に 260 nm は最強波長である．これは核酸の吸光ピークに一致するため，細胞内の DNA が障害されると考えられる．紫外線殺菌灯は 253.7 nm を用いている．

赤外線の慢性曝露による硝子工白内障では潜伏期間 10 ～ 15 年で発症する．

※　白内障　蛋白質の変性によって眼の中の水晶体が濁る病気．

-(3)，-(4)，-(5)　紫外線については **39-1 表**参照．

問題 40　正解　(4)・・・・・・・頻出度 A A A

健常な一般成人における体内の水分量は，体重の 60 % 程度とされるので，水分は 75 kg × 0.6 = 45 kg である．

体内の水分量の内訳は **40-1 表**のとおり．

40-1 表　体内の水分量の内訳

分類	体重に占める割合		
細胞内液	40 %		
細胞外液	20 %	組織間液	15 %
		血漿	5 %

幼若であるほど体内の水分の割合は高い．加齢とともに，体内の水分量は少なくなる．一般に女性の方が体重当たりの水分量は少ないとされる．

問題 41　正解　(4)・・・・・・・頻出度 A A A

生物濃縮によりヒトの健康に影響を及ぼすのは，有機水銀である（**41-1 表**参照，次のページ）．

問題 42　正解　(1)・・・・・・・頻出度 A A A

喉の渇きを生じるのは水分欠乏率 1 % である（**42-1 表**参照）．

あわせて，1 日当たりの人体の水の収支を **42-2 表**に示す．

人が必要とする水分の量は普通 1 日約 1.5 L である．体重当たりに換算すると小児は成人の 3 ～ 4 倍の水分を必要とする．

通常の食事および水分摂取の状態で成人が 1 日に排泄する尿の量は 1 ～ 2 L であるが，老廃物の排泄のためには 1 日に最低 0.4 ～ 0.5 L の尿が必要で，これは不可避尿と呼ばれる．

体内における食物の代謝過程で生成される水（代謝水と呼ばれる）は，通常成人で 1 日に 0.3 L である．

42-1 表　水分欠乏率と脱水症状（水分欠乏率は対体重概略値）[6]

欠乏率 [%]（体重に対する概略値）	脱水症状
1 %	のどの渇き
2 %	強い渇き，ぼんやりする，重苦しい，食欲減退，血液濃縮
4 %	動きのにぶり，皮膚の紅潮化，いらいらする，疲労および嗜眠，感情鈍麻，吐気，感情の不安定
6 %	手・足のふるえ，熱性抑うつ症，昏迷，頭痛，熱性こんぱい，体温上昇，脈拍・呼吸数の増加
8 %	呼吸困難，めまい，チアノーゼ，言語不明瞭，疲労増加，精神錯乱
10 ～ 12 %	筋けいれん，平衡機能失調，失神，舌の腫脹，譫妄および興奮状態，循環不全，血液濃縮および血液の減少，腎機能不全
15 ～ 17 %	皮膚がしなびてくる，飲込み困難，目の前が暗くなる，目がくぼむ，排尿痛，聴力損失，皮膚の感覚鈍化，舌がしびれる，眼瞼硬直
18 %	皮膚のひび割れ，尿生成の停止
20 % 以上	死亡

42-2 表　1 日当たりの人体の水の収支[7]

損失 [mL]		摂取 [mL]	
呼吸器	400	食物	1,200
皮膚	600	飲料水	1,000
ふん便	100	–	–
尿	1,400	代謝水	300
（合計）	2,500	（合計）	2,500

41-1 表　水に含まれる有毒物質

水質基準の物質名	毒性	他の規制
3　カドミウムおよびその化合物	・富山県の神通川流域に発生したイタイイタイ病の原因となった． ・慢性曝露で腎臓の尿細管に障害が起こり，低分子蛋白尿やアミノ酸尿，カルシウムやリンの再吸収障害による骨障害を起こす．	環，水
4　水銀およびその化合物	・メチル水銀に代表される有機水銀（アルキル水銀）は脳に蓄積して，視野狭窄（さく），構音障害，小脳性失調等の多様な中枢神経障害の原因となる． ・水中（海中）で生物濃縮することが知られており，水俣病は魚を通して摂取したメチル水銀の慢性中毒症である．	環，水
6　鉛およびその化合物	神経障害，貧血，頭痛，食欲不振，鉛疝（せん）痛	環，水
7　ヒ素およびその化合物	・3価のヒ素の方が5価のヒ素より毒性が高い※． ・慢性曝露により，皮膚の色素沈着や角化を起こす（ボーエン病）． ・ヒ素とその化合物はヒトに対する発がん性が確認されている．	環，水
8　六価クロム化合物	多量に摂取した場合，嘔吐，下痢，尿毒症を引き起こす．	環，水
10　シアン化物および塩化シアン	強い毒性があり，シアン化カリウム（青酸カリ）の致死量は成人で0.2 g程度である．	環※，水
11　硝酸態窒素および亜硝酸態窒素	メトヘモグロビン血症の原因となる．血液中に酸素運搬のできないメトヘモグロビンが増え，チアノーゼを起こす．乳幼児に多い．	環
12　フッ素およびその化合物	斑（はん）状歯	環，水
14　四塩化炭素	麻酔作用，肝がん	環，水
19　トリクロロエチレン	発がん性	環，水
20　ベンゼン	発がん性，再生不良性貧血	環，水
27　トリハロメタン	麻酔作用，発がん性	−
31　ホルムアルデヒド	発がん性	−

他の規制（凡例）　環：環境基本法・水質汚濁・人の健康の保護に関する環境基準項目
　　　　　　　　　水：水質汚濁防止法の有害物質

※　ヒ素の価数:化合物中の原子の価数とは，他の原子と何個の電子を共有して結合しているか表す．

※　環境基準の項目名は「全シアン」

環境基本法の水質汚濁に係る環境基準（人の健康の保護に関する基準）では，現在27物質について基準値が定められているが，その中で「検出されないこと.」とされているのは，全シアン，アルキル水銀，PCBである．

問題 43　正解　(3) ・・・・・・・ 頻出度 AAA

無症状病原体保有者への入院勧告は一類感染症（と新型インフルエンザ等感染症）だけである（**共通資料 3** 参照）．

問題 44　正解　(1) ・・・・・・・ 頻出度 AAA

マイコプラズマ肺炎は，飛沫感染で感染する．他はいずれも媒介動物感染症である（**44-1 表**参照）．

問題 45　正解　(3) ・・・・・・・ 頻出度 AAA

次亜塩素酸ナトリウムは芽胞には効果がないとされる（**45-1 表**参照）．

芽胞とは一部の細菌が形作る，極めて耐久性の高い細胞構造．生存に不適な環境になると芽胞を作って生き延びる．

44-1 表　感染症の感染経路

伝播	感染経路		主な感染症
直接伝播	直接接触，接触，咬傷		梅毒等の性感染症，疥癬，狂犬病，麻しん，風しん，新型コロナウイルス感染症
	飛沫感染，くしゃみ，咳，つば		インフルエンザ，結核，肺ペスト，ジフテリア，麻しん，風しん，猩紅熱，流行性脳脊髄膜炎，痘瘡，マイコプラズマ肺炎，新型コロナウイルス感染症
	垂直感染（胎盤，産道，母乳）		風しん，B 型肝炎，後天性免疫不全症候群（エイズ）
	血液，輸血		エイズ，B 型肝炎，風しん
間接伝播	媒介物感染	間接接触	衣類，寝具，血液製剤による結核，エイズ
		食物感染	A 型肝炎，ジストマ，腸チフス，パラチフス，細菌性赤痢，アメーバ赤痢，急性灰白髄炎（ポリオ），ノロウイルス感染症
		水系感染	コレラ，腸チフス，パラチフス，赤痢，疫痢，流行性角結膜炎（プールにおける），クリプトスポリジウム症
	媒介動物感染	機械的	ハエ，ゴキブリによる食中毒
		生物学的経路（動物体内で病原体が増殖）	日本脳炎，発疹チフス（シラミによるリケッチアの感染），腺ペスト，マラリア，デング熱，ジカウイルス感染症 レプトスピラ症（レプトスピラに感染したねずみの尿による汚染物への接触，摂取）
	空気感染	飛沫核感染	飛沫が空気中で乾燥して浮遊し起こる．インフルエンザ，肺結核，レジオネラ症，マイコプラズマ肺炎，風しん，麻しん
		飛じん感染	汚染されたほこり，土による感染．レジオネラ症

45-1 表　主な消毒薬の特長[8]

薬品	用途	効果	備考
クレゾール（3％）	ほとんどの物件（飲食物，食器には不適）	芽胞や多くのウイルスには無効	手の消毒には 1 ～ 2％消毒液
次亜塩素酸ナトリウム	井戸，水槽，汚水，し尿，その他廃棄物	細菌やウイルスには有効であるが芽胞には無効	有機物が多いと効力は減退
ホルマリン	衣服，寝具，ガラス器，竹・木・草製品	すべての微生物に有効	皮膚・粘膜を刺激する
逆性せっけん	手指，ガラス器，金属器具	芽胞には無効．真菌や緑膿菌・結核菌や一部ウイルスへの殺菌力は弱い	有機物が多い場合は不適
消毒用エタノール	手指，皮膚，医療機器	芽胞および一部のウイルスには無効	ホルマリンは殺菌力を減少させる． 70％が至適濃度

ノロウイルス感染症による嘔吐物の消毒には次亜塩素酸ナトリウムの使用が推奨されている．

-(1)　次亜塩素酸ナトリウムは，刺激性，腐食性があるので手指の消毒には用いられない．

-(2)　市販の次亜塩素酸ナトリウム溶液の濃度は 5％のものが多いが，消毒時には0.05％程度でよい．

-(4)　WHOが，新型コロナ対策としての次亜塩素酸ナトリウムの空間噴霧は有害なだけで効果がないと声明を出している．

空気環境の調整
問題46～問題90

問題46　正解　(3)・・・・・・・頻出度AAA

密度が大きい材料ほど，一般に熱伝導率は大きくなる．

熱とはつまるところ，物質を構成する原子・分子さらには電子の振動に還元されるので，原子・分子が密だと，別の言葉でいえば原子・分子間の距離が近い，すなわち密度の高い物質ほど熱を伝えやすい．また，水の熱伝導率は結構大きいので，水分を多く含むほど熱伝導率は大きくなる．

金属にあっては，密度よりも金属内を自由に動き回る電子（自由電子）の数が熱伝導に貢献するので，電気伝導率の大きい（＝電気抵抗の小さい）金属は熱伝導率も大きい（**46-1表**参照）．

物質の温度が高くなると原子・分子・電子の振動の振幅が大きくなる．一般の物質では熱伝導率は大きくなるが，金属では原子核の振動が自由電子の動きを邪魔するようになって熱伝導率，電気伝導率とも小さくなる．

-(1)　二重ガラスや壁内の空気層などの中空層の熱貫流抵抗R [m^2・K/W] は，熱の伝導・放射・対流が絡んで，中空層の厚さ，密閉度，熱流の方向の影響を受ける．一定の厚さまで熱抵抗は増加するがそれ以上ではほぼ一定となる．住宅建築の業界団体では，空気層の熱流方向の厚さdが1 cm未満の場合は$R = 0.09 \times d$，dが1 cm以上の場合は一定値$R = 0.09$を用いて計算するとしている．

-(2)　固体内は伝導によって熱は伝わり，固体内を流れる熱流q [W/m^2] は，次式のとおり局所的な温度勾配$\mathrm{d}\theta/\mathrm{d}x$ [°C/m] に熱伝導率λ [W/(m・K)] を乗じて求められる．負号（－）は，温度が低下する向きに熱が流れることを示している．

$$q = -\lambda \frac{\mathrm{d}\theta}{\mathrm{d}x}$$

固体（厚さδ [m]）が均質で定常状態のとき，固体内部の温度勾配は直線となり，その場合の熱流qは次式で表される．

$$q = \lambda \frac{\theta_1 - \theta_2}{\delta}$$

熱伝導率が小さい，断熱材のような固体では温度勾配が大きくなる（**46-1図**参照）．2020-48

46-1表　主な建材などの熱伝導率

材料	熱伝導率 [W/(m・K)]	密度 [kg/m^3]
鋼材	45	7 860
アルミニウム	210	2 700
板ガラス	0.78	2 540
タイル	1.3	2 400
コンクリート	1.3	2 400
石こう板	0.14	710 ～ 1 110
パーティクルボード	0.15	400 ～ 700
木材	0.15	550
硬質ウレタンフォーム	0.027	25 ～ 50
ガラス繊維	0.04 ～ 0.05	20 ～ 50
空気	0.022	1.3
水	0.6	1

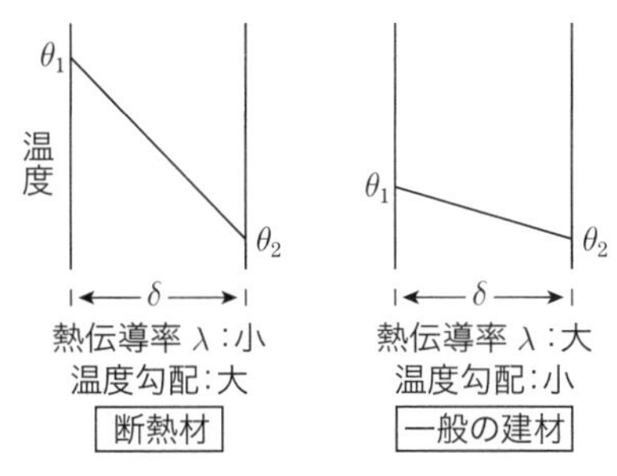

46-1 図　熱伝導率と温度勾配

問題 47　正解　(4) ・・・・・・・ 頻出度 A A A

絶対湿度が上昇するとは，露点温度が上昇することを意味する．

絶対湿度などの，湿り空気の性質を表す状態量を **47-1 表**に示す．

これらの状態量のうち，露点温度，絶対湿度，水蒸気分圧は，湿り空気の状態量としては同じこと（水分の絶対量）を表しているのに過ぎないので，いずれかを測定すれば他の二つも測定したことになる．

いかなる状態の湿り空気でも，湿り空気線図上の一つの点として表現される．この点を状態点という．状態点は湿り空気の状態を表す二つの量が決まれば求めることができるので，他の状態量は湿り空気線図から求めることができる．しかし，上述のとおり，露点温度，絶対湿度，水蒸気分圧のうちの二つを与えられても，状態点は決定できない（**47-1 図**で 1 本の横線が決まるだけである）．こ

47-1 表　湿り空気の性質を表す状態量

状態量の名称	単位	定義
乾球温度	°C	乾球温度計の示す温度
湿球温度	°C	5 m/s 程度の気流の当たっている湿球温度計の示す温度．飽和湿り空気では乾球温度と湿球温度は等しくなる．そうでない場合は常に湿球温度は乾球温度より低い値を示す．
露点温度	°C	湿り空気を冷却していったとき結露を始める温度（水蒸気の絶対量を示す）．ある空気に対して，同じ水蒸気分圧をもつ飽和空気の温度ともいえる．
絶対湿度	kg/kg(DA)	湿り空気中の乾燥空気 1 kg 当たりの水蒸気量を示す．これは，専門的には，重量絶対湿度という．絶対湿度には，湿り空気 1 m^3 中の水蒸気の体積を表す容積絶対湿度もあるが，空調工学分野では，温度によって変化しない重量絶対湿度の方が取り扱いやすい．
水蒸気分圧	Pa	湿り空気を理想気体（完全気体ともいう）と見なせば，その圧力は水蒸気だけがあったときの圧力と乾燥空気だけがあったときの圧力の和である．ダルトンの分圧の法則という．そのときの水蒸気の圧力を水蒸気分圧という（水蒸気の絶対量を示す）．
相対湿度	%	ある湿り空気の水蒸気分圧と，同じ温度の飽和湿り空気の水蒸気分圧（飽和水蒸気圧という）の比．飽和湿り空気の相対湿度は 100 % となる．
比エンタルピー	kJ/kg(DA)	湿り空気のもっている熱量（顕熱 + 潜熱）．0 °C の乾燥空気の比エンタルピーをゼロとする．
比容積	m^3/kg(DA)	乾き空気 1 kg 当たりの湿り空気が占める容積
飽和度	%	ある湿り空気の絶対湿度と同じ温度の飽和湿り空気の絶対湿度の比を飽和度という．

状態点A	
乾球温度	25 ˚C
相対湿度	50 %
絶対湿度	0.010 kg/kg(DA)
露点温度	13.5 ˚C
水蒸気分圧	1.6 kPa
比エンタルピー	51 kJ/kg(DA)
湿球温度	17.5 ˚C
比容積	0.858 m³/kg(DA)
飽和度	49 %

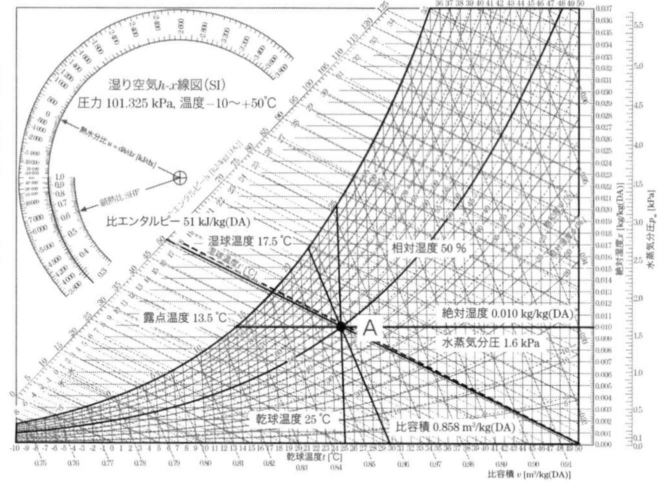

47-1図　湿り空気線図には何が描かれているのか

の三つのうち一つが上昇すれば，他の二つも上昇することは分かる．

この手の問題に確実にかつ迅速に正解するには，湿り空気線図に何が描かれているかを理解し，頭に思い浮かべることができるようになっておくことが必須である．

-(1)「空気の温度が一定の状態で絶対温度を増加させると，比エンタルピーは増加する」を，**47-2図**に表した．

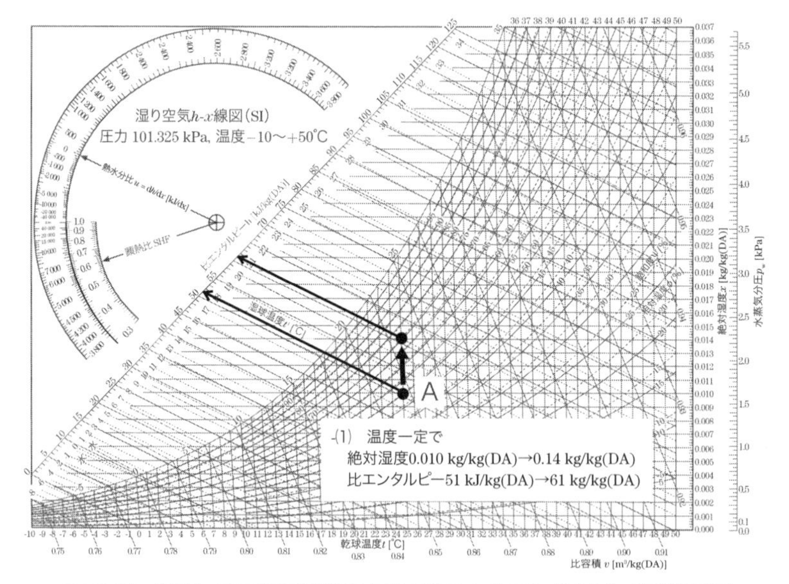

47-2図　温度一定で絶対湿度を上昇させると比エンタルピーは増加する

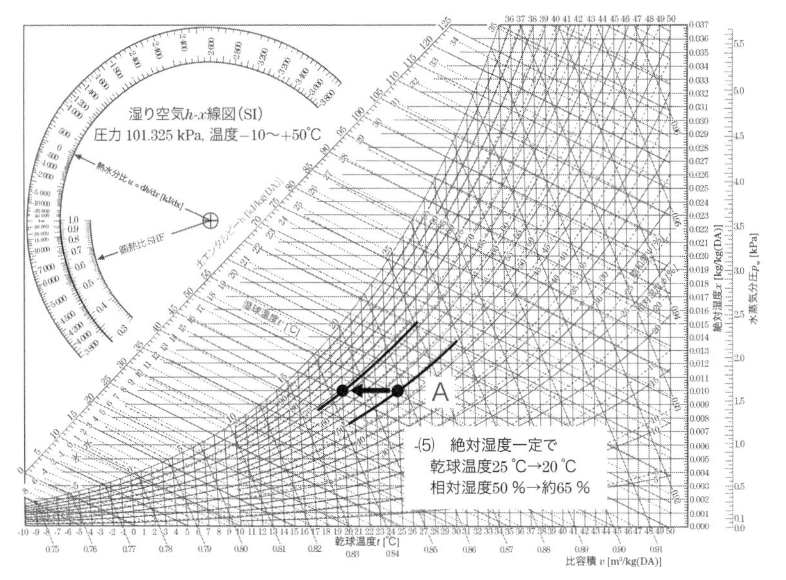

47-3 図　絶対湿度が一定の状態で温度が低下すると，相対湿度は上昇する

これは，比エンタルピー＝顕熱（乾球温度分）＋潜熱（絶対湿度分）なので，絶対湿度が増えれば，比エンタルピーは増加することを表している．

-(2)「露点温度のときの湿り空気では，乾球温度と湿球温度は等しい．」も，飽和線上では乾球温度，湿球温度は等しいことが湿り空気線図でも確かめられるが，47-1 表の湿球温度の定義から正しいのは明らかである（アスマン通風温湿度計でも，乾球，湿球同じ棒状温度計で測っている）．

-(5)「絶対湿度が一定の状態で温度が低下すると，相対湿度は上昇する．」**47-3 図**参照．

問題 48　正解　(1) ・・・・・・・ **頻出度** A A A

白色ペイントの長波長放射率は 0.9，光ったアルミ箔（はく）は 0.2 である．

全ての物体はその表面温度と表面特性に応じた大きさと波長の電磁波を射出すると同時に他の物体からの電磁波を吸収している．物体の表面間を電磁波によって伝わる熱の移動を放射という．

絶対温度 T [K] の物体表面から射出される単位面積当たりの放射熱流 q [W/m²] は次式のとおり T の 4 乗に比例する（シュテファン・ボルツマンの法則）．σ はシュテファン・ボルツマン定数という定数である．

$$q = \varepsilon \sigma T^4$$

ε は放射率と呼ばれ物体表面の特性値であり，完全黒体という理想的な仮想物体で 1.0，通常の物体では 0.1 〜 0.9 の値をとる．

常温物体からの放射は波長が 10 μm 付近の赤外線が主体であり，長波長放射と呼ばれる．長波長放射では，放射エネルギーに関するキルヒホッフの法則により，同一温度の物体間では放射率と吸収率は等しくなるが，可視光の占める割合が多い太陽放射の吸収率は，吸収する物体表面の色が関係してくる．白っぽい物体は日射を反射してしまうからである（**48-1 表**参照）．

48-1 表　長波長放射率と日射吸収率

建材の例	放射率	日射吸収率
白色プラスター	0.9	0.1
白色ペイント	0.9	0.2
アスファルト	0.9	0.9
黒色ペイント	0.9	0.9
光ったアルミ箔	0.1	0.1
新しい亜鉛鉄板	0.2	0.7
酸化した亜鉛鉄板	0.3	0.8
松板	0.6	0.9

問題 49　正解　(2) ・・・・・・・ **頻出度** A A A

壁を流れる熱流 q [W/m²] は次式で求めることができる．

$$q = \frac{1}{R}(\theta_i - \theta_o)S$$

ただし，R：熱貫流抵抗 [m²·K/W]，θ_i：室内温度 [°C]，θ_o：外気温 [°C]，S：熱流の通過する壁の面積 [m²]．

与えられた数値を代入して，

$$q = \frac{1}{0.4}(\theta_i - 10) \times 3^2 \times 6 = 1\,620$$

$$\theta_i = 1\,620 \div 54 \times 0.4 + 10$$
$$= 12 + 10$$
$$= 22\ ^\circ C$$

式中の熱貫流抵抗の逆数 $1/R$ を熱貫流率 K [W/(m²·K)] という．

2020-48

問題 50　正解　(4) ・・・・・・・ **頻出度** A A A

風力による換気力は，風圧係数の差に比例する．

換気力 P とは，開口部前後の空気の圧力差である．この圧力差は，風圧（移動する空気の動圧）だけではなく，温度差（空気の密度の差）によっても，もたらされる．

外部風による換気力 P_w [Pa] は，次式によって与えられる．

$$P_w = \frac{\rho}{2} \cdot V^2 (C_1 - C_2)$$

ただし，V：風速 [m/s]，C_1，C_2：建物の風上，風下の風圧係数．

風圧係数は実験的に求めるが，**50-1 図**のとおり風の向きで正負の値をとる．

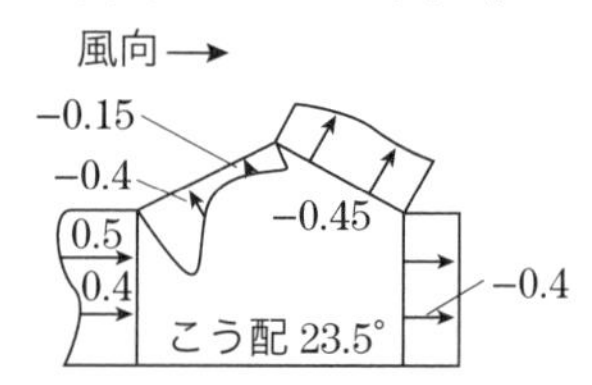

50-1 図　風圧係数[9]

温度差による換気力 P_t は次式で表される．

$$P_t = h(\rho_o - \rho_i)g$$

ただし，h：開口部間の高さの差 [m]，ρ_i，ρ_o：その時の温度・高さによる内外空気の密度 [kg/m³]，g：重力加速度（9.8 m/s²）．

50-1 表　自然換気の換気力と風力

	換気力 P	風量 Q
風力換気	・開口部前後の圧力差に比例 ・風速の 2 乗に比例 ・風上，風下の風圧係数の差に比例	・開口部前後の圧力差の平方根に比例 ・風速に比例 ・風圧係数の差の平方根に比例
温度差換気	・室内外の温度の差に比例 ・給気口と排気口の高さに比例 ・室内外の空気の密度の差に比例	・温度差の平方根に比例 ・高さの差の平方根に比例 ・密度の差の平方根に比例

換気量 Q はこれらの換気力を次式に代入して求めることができる．

$$Q=\alpha A\sqrt{2/\rho\cdot P}$$

風力による換気量なら，

$$Q=\alpha A\sqrt{2/\rho\cdot P_{\mathrm{W}}}$$
$$=\alpha A\sqrt{2/\rho\cdot\rho/2\cdot V^{2}(C_{1}-C_{2})}$$
$$=\alpha A\sqrt{(C_{1}-C_{2})}V$$

この式から，風力による換気量は，風速，開口面積に比例し，風圧係数の差の平方根に比例することが分かる．

50-1 表に自然換気の換気力と風量についてまとめた．

問題 51　正解　(3)・・・・・・・**頻出度** A A A

摩擦のない理想的な流体で考えると，連続の式 2020-49 から，単位時間にダクトを流れる質量は一定で，質量 = ダクト断面積 × 流速 × 流体の密度なので，密度が一定とすれば，流速 ∝ 流量 / 断面積となる．すなわち，流速は断面積に反比例する．

-(1)　円形ダクトの圧力損失，-(2)　形状変化による圧力損失，-(5)　レイノルズ数も 2020-49 参照．

-(4)　開口部を通過する風量，前問解説参照．

問題 52　正解　(1)・・・・・・・**頻出度** A A A

a（ア）は「速度」，b（イ）は「静圧」，c（ウ）は「高さ」である．

前問にもある連続の式 2020-49 は，摩擦のない理想的な流体では，流体のどこをとっても単位時間に流れる質量は一定であることを示している．この式に運動エネルギー保存の法則を適用するとベルヌーイの定理を導くことができる．

ベルヌーイの定理によれば，摩擦のない理想的な流体では，単位時間にある断面を通過する流体のもつエネルギーは，運動エネルギー，圧力のエネルギー，外力によるエネルギー（位置エネルギー）の合計となり，ダクトのどの断面をとってもその値は一定となる．すなわち，

$$\frac{1}{2}mU^{2}+P+\rho gh=\text{一定}$$

ただし，m：質量 [kg]，U：流速 [m/s]，P：圧力 [Pa]，ρ：流体の密度 [kg/m^3]，h：高さ [m]，g：重力加速度（9.8 m/s^2）．

体積を V [m^3] とすれば，$m=V\times\rho$ であるから，この式を V で除した，

$$\frac{1}{2}\rho U^{2}+P+\rho gh=H\ \text{（一定）}$$

も成り立つ．この式の各項は圧力 [Pa] の次元をもち，第 1 項を動圧，第 2 項を静圧，第 3 項を位置圧，H を全圧と呼ぶ．

気体では位置圧は無視してよいほど小さいので，

$$\frac{1}{2}\rho U^{2}+P=H\ \text{（一定）}$$

すなわち，動圧 + 静圧 = 全圧としてよい．この式は，流体の速度が小さくなれば静圧が大きくなり，速度が速くなれば静圧が小さくなる，すなわち動圧と静圧は交互に変換することを示している．

なお，ここでいう圧力とは絶対圧力である．

圧力計（ゲージ）で測った圧力をゲージ圧といい，絶対圧力 = ゲージ圧 + 大気圧である．

問題 53　正解　(2)・・・・・・・**頻出度** A A A

気流の不適率は長年 1 % 前後で，不適率が最も低い項目の一つである（**53-1 図**，**53-1 表**参照）．

-(3)　極端な低気流では，撹拌（かくはん）不足から温度の不均一，汚染物質の滞留の原因

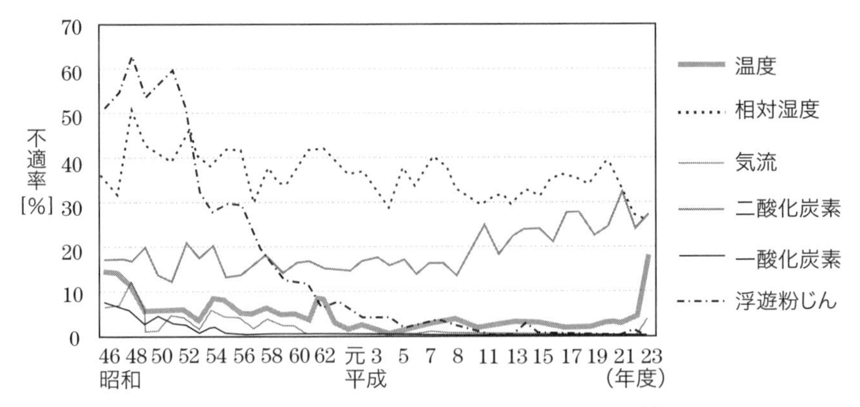

53-1 図　空気環境・管理項目の不適率の推移[1]

53-1 表　空気環境・管理項目の不適率の推移について

温度	ビル管理法施行当初は1％台の不適率であったが，近年は3～4％と低い率で推移していた．平成23年度においては節電の影響もあり20％近い不適があった．
湿度	不適率は年間平均で30％，暖房期（12月～3月）では80％に達し，その原因の大部分は暖房期の低湿度である．
気流	不適率は1％前後で不適率が最も低い項目の一つであるが，平成23年度は節電対策，クールビズで扇風機が使用され，局所気流で4％の不適率となった．
一酸化炭素	不適率は低い（0～1％）．実例では，一酸化炭素の濃度が建物内で一様に高いという例は少なく，特定の時間帯や特定の階，居室で高いという例が多い．これは駐車場や厨房などからの排気の侵入が推測できる．
二酸化炭素	不適率は10～20％で，湿度に次いで不適率の高い項目であり，漸増する傾向にある．
浮遊粉じん	かつては空気環境測定項目で最も不適率の高い項目であったが，昭和50年代半ばから急激に改善され，近年では不適率0～1％である．不適率の改善の原因は事務室内での喫煙の減少，エアフィルタの高性能化，空気清浄機の利用など空調の浄化設計の進歩が考えられる．

となることがある．一方，ビル管理法の管理基準値は0.5 m/sであるが，ドラフト（望まれない局所気流）は，冬期では0.15 m/s以下にすることをASHRAE（米国暖房冷凍空調学会）が推奨している．特に足元の気流はクレームになりやすい．

問題 54　正解　(3)・・・・・・・**頻出度** A A A

第2種換気は，給気ファンと自然排気口による換気である（**54-1 表**参照）．

-(1)，-(2)　一般の事務室や会議室の換気方式は混合方式（清浄空気＋室内汚染空気）である．一方向方式とは，清浄空気をピストンのように一方向の流れとなるように室内に供給し，室内汚染物質を拡散させることなく，そのまま排気口へ押し出す方式で，半導体のクリーンルーム等で採用される．その一つである置換換気方式は，低温空気が室の底部に滞留する傾向を利用した換気方式で，室温よりやや低温の新鮮空気を床面下部より低速で供給し，室上部から排出する．

-(4)　局所排気方式（排気フード）は，室内の汚染発生源が局部的に限定されている場合には，汚染物質の排除がほぼ完

54-1 表　機械換気

名称	給気	排気	室圧	目的・特徴	適用
第1種機械換気	ファン	ファン	正圧または負圧	確実な換気量の確保	大規模換気・空調装置 事務室，ボイラ室 建物内のごみ処理室
第2種機械換気	ファン	排気口	正圧	汚染空気の流入阻止	小規模空調装置 クリーンルーム，手術室
第3種機械換気	給気口	ファン	負圧	汚染空気の流出阻止	汚染室（駐車場,工場・作業場,塗装室,厨房(ちゅう)） 感染症室，トイレ，浴室・シャワールーム， 別棟のごみ処理室

全に行える上，希釈換気より換気量を少なくできるので省エネ的である．ちゅう房排気にはダクトの汚染防止とダクト内火災を防止する観点から調理用グリースフィルタを設置したフードを用いる．

局所排気を用いると，室内圧は大気圧に対し負圧になる．

問題 55　正解　(5)・・・・・・・頻出度 A A A

室内のオゾン量に重要な影響を与えそうな発生源は，コロナ放電による紫外線を伴うコピー機，レーザープリンタ，静電式空気清浄機である．洗剤，クリーナからはVOCsが発生しそうである．

オゾン（O_3）は大気中の酸素分子（O_2）から，太陽光などに含まれる紫外線の高エネルギーによる光化学反応によって生じる（可視光や赤外線の低レベルのエネルギーでは発生しない）．

落雷の放電に伴う紫外線でもオゾンは発生するが，人間の環境に影響する大部分のオゾンは下式のとおり自動車やその他の燃焼過程の排気ガス中に含まれている炭化水素と窒素酸化物の光化学反応の結果として生成される．

$NO_2 + h\nu$（紫外線）$\rightarrow O + NO$

$O + O_2 \rightarrow O_3$

この後，オゾンは最初の反応で発生した一酸化窒素と反応して二酸化窒素と酸素分子に戻るが，

$O_3 + NO \rightarrow NO_2 + O_2$

周囲に炭化水素が存在すると，一酸化窒素はそちらに奪われてしまうため，オゾンが蓄積し高濃度となる．

オゾンはフッ素の次に酸化力の強い物質で，オゾン濃度が0.3～0.5 ppm程度になると肺や気道粘膜を刺激し始める．

オゾンは光化学オキシダント※の主成分であり，独特な刺激臭をもった青い色を呈する気体で水に溶けにくく肺の奥まで侵入し呼吸器に影響を及ぼす．

※　大気汚染に係る環境基準　1時間値が0.06 ppm以下であること．

問題 56　正解　(1)・・・・・・・頻出度 A A A

ホルムアルデヒドは,常温では気体で,刺激臭がある．また，人に対して発がん性が確認されている．

ウ，エはオゾンの特性に該当する．

ホルムアルデヒド（HCHO）は，沸点 −19.3 °Cの有機化合物で,刺激臭を有し,常温では可燃性の無色の気体である．水やアルコール等に溶けやすく，35～38 %水溶液はホルマリンと呼ばれている．

ホルムアルデヒドは，光化学反応によって生成される光化学スモッグの一つ

である．

ホルムアルデヒドは還元性が強く，人の粘膜に対する刺激性が強い．人間にとって毒性が高く，発がん性が確認されている．

※　酸化，還元反応：酸素を与える，または電子を奪う反応を酸化，その逆，酸素を奪う（電子を与える）反応を還元反応という．

合板やフローリング等に使用される尿素系（ユリア樹脂系），メラミン系，フェノール系等の合成樹脂や接着剤，消毒剤，化粧品，洗剤，防腐剤等の原料として広い分野で使用されている．これらの建材等から発生したホルムアルデヒドがシックハウス症候群の原因の一つといわれる．建築基準法によってホルムアルデヒドを含む建材の使用が制限されている．

ホルムアルデヒドはたばこ煙や，燃焼排気中にも含まれる．

ホルムアルデヒドは，ビル管理法の環境衛生管理基準（0.1 mg/m^3 以下），飲料水の水質基準では基準値（0.08 mg/L以下）が定められている（環境基本法の水質汚濁に係る人の健康の保護に関する環境基準，水質汚濁防止法の有害物質には含まれていない）．

問題 57　正解　(3)・・・・・・・**頻出度** A A A

円等価径は，名前からいっても幾何っぽい（**57-1 表**参照）．

液体のエアロゾル粒子は球形をしているが，固体の場合は一般的に複雑な形をしている．

エアロゾルの特性に関する理論を展開する場合は，粒子形状を球形と仮定する場合が多く，その直径を相当径という．相当径には57-1 表のようなものがある．

57-1 表　相当径

幾何相当径	幾何形状から算出	定方向径※，円等価径
物理相当径	同じ測定量を与える	空気力学径，ストークス径※，光散乱径，相対沈降径等，電気移動度径

※　例えば，幾何相当径の定方向径は，一定方向の2平行線で粒子をはさみ，その間隔を粒子径とする．

※　物理相当径のストークス径は，粒子がストークスの法則に従って媒質中を沈降する時，同じ速度を与える同じ密度の球の直径で表す．

問題 58　正解　(1)・・・・・・・**頻出度** A A A

オフィス内のアレルゲンは，室内に存在するハウスダストである．

空気中に浮遊しているハウスダストのうちアレルゲンの主要なものはヒョウヒダニ類のダニアレルゲンである．ダニは，高温多湿になる夏に多いので，アレルゲン量はダニの死骸や糞等が蓄積される秋に最大になると考えられる．

アスペルギルス，ペニシリウム，アルテルナリア，フザリウム，クラドスポリウムはいずれも一般環境中にありふれたカビアレルゲンである．

ダニ，カビ，杉，ブタクサなどの花粉アレルゲンは粒子状物質としてみた場合，その大部分は数 μm 以上の大きいもので，エアフィルタによる除去が有効であると考えられている．

-(2)　空気調和機内の温湿度は微生物の増殖にとって好環境で，特に還気ダクトは室内条件に近く，生存条件に適している上に入口にフィルタがないので，細菌・真菌濃度は給気ダクトの5～10倍多い．

-(4)　室内の高湿度状態をダンプネス（Dampness）という．汗の蒸発を妨げて体感温度を上昇させる（蒸し暑さを感じる）．汗ばみにより衣服等を汚す．建築物に結露が生じ，建材の腐朽，カビやダニが発生する．これによってアレルギー疾患の発症への影響もある．

問題 59　正解　(5) ・・・・・・・頻出度 A A A

この中では，たばこ煙粒子が 0.01 ～ 1 μm で最も小さい（**59-1 表**参照）．

59-1 表　代表的なエアロゾル等の粒径（単位は μm，1 mm = 1 000 μm）

ウイルス	0.003 ～ 0.05	硫酸ミスト	1 ～ 100
たばこ煙	0.01 ～ 1	セメントダスト	3 ～ 100
バクテリア（細菌）	0.3 ～ 30	花粉	10 ～ 100
ダニアレルゲン	1 ～ 15	住宅内堆積じん（机上）	1 ～ 150
噴霧液滴	1 ～ 20	フライアッシュ	1 ～ 200
胞子	10 ～ 40	霧雨	200 ～ 500
		海岸砂	100 ～ 2 000

問題 60　正解　(5) ・・・・・・・頻出度 A A A

ファンコイルは換気（外気取入）の機能をもっていない．

ダクト併用ファンコイルユニット方式は，インテリア部分を定風量単一ダクト方式，熱負荷の多い各室ペリメータ部分にファンコイルユニットを配置する組み合わせ方式（**60-1 図**参照）．

この方式は，熱負荷が多く変動も大きい外周部を効率の良い水(ファンコイル)で処理するため，負荷変動の少ない内部負荷相当の空調機，ダクトでよく，省スペース性に優れるため採用例が多い．ホテル・病院に多用されている．

ファンコイルは利用者が吹出し温度や風量を調節可能で，個別制御性を高めている．四管式ファンコイルユニット方式では，各ユニットごとに冷水，温水を選択して冷暖房を行うことが可能でさらに個別制御性に優れる．

ペリメータゾーンとインテリアゾーンの間で混合損失が発生し，対策が必要となるケースもある．

2021-64

問題 61　正解　(1) ・・・・・・・頻出度 A A A

空気の温度を上げる，または下げるための熱を顕熱というのに対し，水蒸気の除去や加湿に必要な熱を潜熱という．普通，壁体は物質（水蒸気）を通さないと考えて，壁体の通過熱負荷は顕熱負荷である（**61-1 表**参照）．

61-1 表からの出題は多い．出題パターンは，①顕熱・潜熱（本問），②例えば，

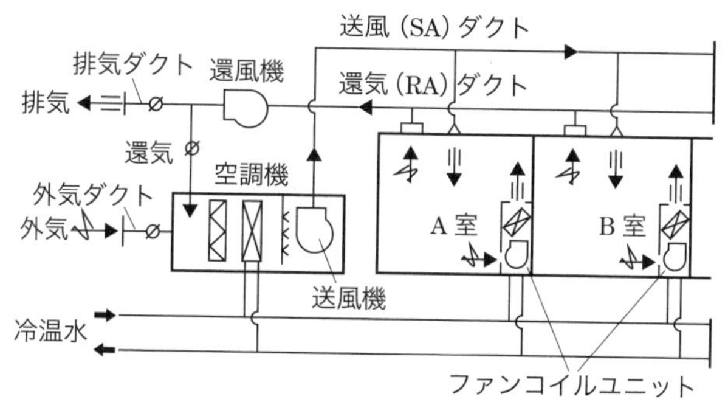

60-1 図　ダクト併用ファンコイルユニット方式

61-1 表　熱負荷の分類

<table>
<tr><th colspan="6">負荷の種類</th><th>冷房</th><th>暖房</th></tr>
<tr><td rowspan="3">構造体通過熱負荷</td><td>外壁・屋根等</td><td>顕熱</td><td rowspan="11">室内負荷</td><td rowspan="15">空調機負荷</td><td rowspan="18">熱源負荷</td><td>○</td><td>○</td></tr>
<tr><td>内壁・床・天井等</td><td>顕熱</td><td>○</td><td>○</td></tr>
<tr><td>接地床・接地壁</td><td>顕熱</td><td>×</td><td>○</td></tr>
<tr><td rowspan="2">ガラス面負荷</td><td>熱通過（貫流熱）</td><td>顕熱</td><td>○</td><td>○</td></tr>
<tr><td>透過日射</td><td>顕熱</td><td>○</td><td>△</td></tr>
<tr><td rowspan="3">室内発生負荷</td><td>照明負荷</td><td>顕熱</td><td>○</td><td>△</td></tr>
<tr><td>人体負荷</td><td>顕熱，潜熱</td><td>○</td><td>△</td></tr>
<tr><td>その他内部発熱負荷</td><td>顕熱，潜熱</td><td>○</td><td>△</td></tr>
<tr><td colspan="2">隙間風負荷</td><td>顕熱，潜熱</td><td>○</td><td>○</td></tr>
<tr><td colspan="2">透湿熱負荷</td><td>潜熱</td><td>△</td><td>△</td></tr>
<tr><td colspan="2">間欠空調による蓄熱負荷</td><td>顕熱</td><td>△</td><td>○</td></tr>
<tr><td colspan="2">外気負荷</td><td colspan="2">顕熱，潜熱</td><td>○</td><td>○</td></tr>
<tr><td colspan="2">再熱負荷</td><td colspan="2">顕熱</td><td>○</td><td>—</td></tr>
<tr><td colspan="2">送風機による負荷</td><td colspan="2">顕熱</td><td>○</td><td>×</td></tr>
<tr><td colspan="2">ダクトによる負荷</td><td colspan="2">顕熱</td><td>○</td><td>○</td></tr>
<tr><td colspan="2">ポンプによる負荷</td><td colspan="3">顕熱</td><td>○</td><td>×</td></tr>
<tr><td colspan="2">配管による負荷</td><td colspan="3">顕熱</td><td>○</td><td>○</td></tr>
<tr><td colspan="2">蓄熱装置負荷</td><td colspan="3">顕熱</td><td>×</td><td>△</td></tr>
</table>

表中の記号 ○：考慮する，△：通常は無視するが影響が大きい場合のみ考慮する，
×：無視する，—：原理的に該当しない，を示す．

外気負荷は室内負荷に含まれるか，③例えば，ダクト負荷は冷房時無視してよいか，④室内負荷と空調機負荷はどちらが大きいか，等．

問題 62　正解　(1) ・・・・・・・ **頻出度** A A A

アは蒸気加湿ではない．蒸気加湿では状態点はほぼ垂直（わずかに右傾斜）に移動する（**62-1 図**参照）．

加湿をしたときの状態点の移動方向（勾配）は熱水分比 u [kJ/kg] で決まる（湿り空気線図の左上の半円形の熱水分比スケールで勾配を求めることができる）．

$$u = \frac{\Delta h}{\Delta x} = \frac{i_{\mathrm{w}}\Delta x}{\Delta x} = i_{\mathrm{w}}$$

ただし，Δh：熱量の変化 [kJ]，Δx：絶対湿度量の変化 [kg]，i_{w}：加湿に用いた水，水蒸気の比エンタルピー [kJ/kg(DA)]．

水加湿の場合は，常温の水の比エンタルピー約 42 kJ/kg は $u = 0$ と見なしてよいので，ほぼ比エンタルピー一定の線に沿って状態点は移動する（①，温度は低下することが分かる）．蒸気加湿の場合は，100 °C の蒸気の比エンタルピーは約 2 600 kJ/kg なので，状態点はほぼ垂直（わずかに右傾斜）に上に移動する（③，温度はわずかに上昇する）．②は温水加湿，パン型加湿器のように電熱器を空調機内にもつ加湿器では空気温度はさらに上昇する（④，垂直より右に傾く）．

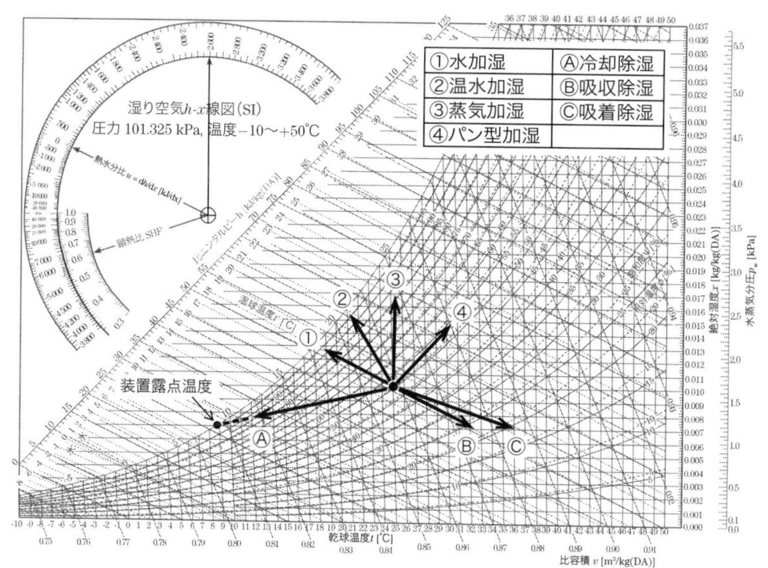

62-1 図　湿り空気線図上の加湿・除湿

除湿の方は，Ⓐは一般的な空調機内での冷却除湿を表している．Ⓑ，Ⓒはデシカント（乾燥剤）による除湿で，同じ除湿量なら，個体吸着剤の吸着熱の方が液体吸収剤の吸収熱より大きい．これは，液体吸収剤での発熱は水の凝縮熱なので，水加湿の逆の過程で，湿球温度は一定となるが，個体吸着剤では，固体表面と水蒸気分子間の相互作用によって分子間力が開放されて発生する熱が加わるため，その分温度上昇が大きくなる．

問題 63　正解　(5)・・・・・・・**頻出度** A A A

デフロスト(除霜)運転は暖房時に行う．

ヒートポンプを暖房運転している場合，室外機の熱交換器コイルは蒸発器となり，周辺空気より低温となることによって，周辺空気から吸熱している．気温が 10 °C を下回ると，蒸発器コイルの温度は氷点下になるためコイル表面に，周辺空気の水蒸気が凝固し，霜がつく状態になる．気象条件によっては室外機全体が氷結してしまい，運転不能となる．こういった事態を避けるために，ヒートポンプ空調機はデフロスト運転の機能をもっている．デフロスト運転では，冷媒回路を切り換えて圧縮機の吐出しガス（ホットガス）を室外機のコイルに流し，加熱して霜を除去する．この間暖房運転は中断することになる（**63-1 図**参照）．

参考までに冷房モードの冷媒回路図も挙げておく（**63-2 図**）．

-(1)（分散型設置）水熱源ヒートポンプ方式は，室内機の騒音と，天井内に張り巡らした冷温水管からの水漏れに悩まされることがある．

-(2) GHP では，ガスエンジンの排気熱を有効利用できるので寒冷地の暖房に向く．

2021-59

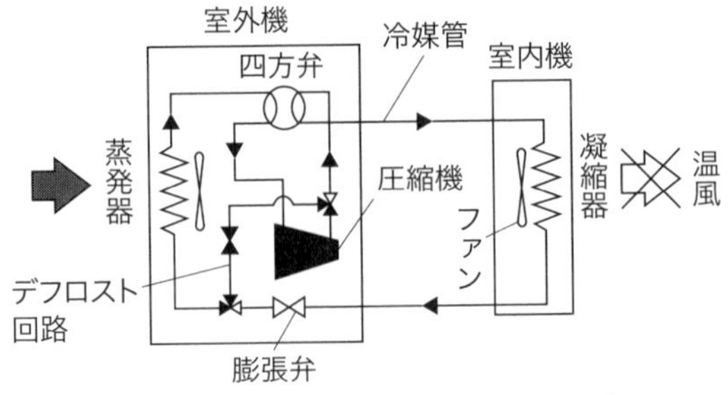

63-1 図　ヒートポンプのデフロスト運転

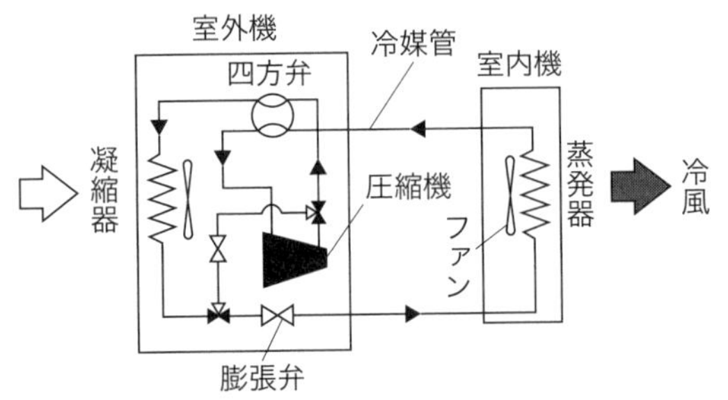

63-2 図　ヒートポンプの冷房運転回路

問題 64　正解　(2) ・・・・・・・ 頻出度 A A A

乾球温度，比エンタルピーそれぞれの加重平均を取ればよい.

・乾球温度

$$\frac{0\times2+22\times3}{2+3}=\frac{66}{5}=13.2\,°\mathrm{C}$$

・比エンタルピー

$$\frac{4\times2+39\times3}{2+3}=\frac{125}{5}=25\,\mathrm{kJ/kg(DA)}$$

問題 65　正解　(3) ・・・・・・・ 頻出度 A A

外気の乾球温度は，デシカントロータを通過する際，吸着除湿の吸着熱によって上昇する.

一般的な 2 ロータ式のデシカント空調システムを **65-1 図**に示す.

従来の空調設備は顕熱，潜熱を一緒くたに処理するシステムで，夏場の外気の高湿度の冷却除湿に大きなエネルギーを

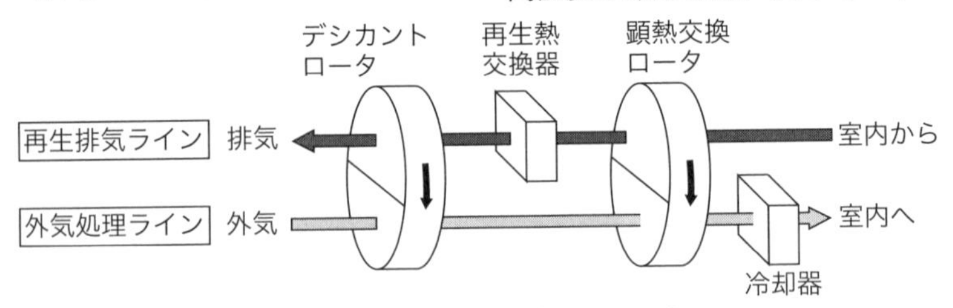

65-1 図　デシカント空調システム

消費してきた．デシカント空調システムでは，除湿剤（シリカゲル，ゼオライト）を含んだデシカントロータで外気から除湿し，その際の吸着熱を顕熱交換ロータで室内還気に乗せ，その熱でデシカントロータを乾燥（再生）し，連続除湿運転を可能としている．処理ラインの冷却器は外気の顕熱のみの除去で足りることになる．すなわち，このシステムは，顕熱と潜熱を分離して処理するシステムである．デシカントロータでの除湿量は，室内からの還気の相対湿度が高いと小さくなるので，再生排気ラインに，再生用の熱不足を補う再生熱交換器を設けている．暖房時は，デシカントロータは運転されない．

問題 66　正解　(5) ・・・・・・・頻出度 A A A

冷凍サイクルは，圧縮機→凝縮器→膨張弁→蒸発器→圧縮機…と冷媒が循環する．2021-67

問題 67　正解　(3) ・・・・・・・頻出度 A A A

HFC（ハイドロフルオロカーボン）のオゾン破壊係数（ODP）は 0 である（**67-1 表**参照）．

フロンを表す HCFC などの H は水素，最初の C は塩素，F はフッ素，最後の C は炭素である．オゾン層の破壊に関わるのはフロン中の塩素である．

通常，容積型圧縮機には高圧冷媒が，遠心型圧縮機には低圧冷媒が用いられる．

R32 に代表される代替フロンは，オゾン破壊係数は 0 だが，地球温暖化への影響が大きいので 1997 年の京都議定書で温室効果 3 ガスの一つとして削減対象とされた．

問題 68　正解　(1) ・・・・・・・頻出度 A A A

コージェネレーション方式は，電力需要を主として運転する場合，排熱をいかに効率良く利用するかにエネルギー利用効率は大きく影響される．

単体の設備であれば，電気エネルギーと熱エネルギーはそれぞれ 40 % 程度のエネルギー効率に留まっているが，発電とともに排熱を利用することで，総合エネルギー効率を 70 ～ 85 % まで向上させることも可能である．

コージェネレーションは，施設の利用目的等から，熱と電気のどちらを主たるエネルギーとして考えるかによって，熱主電従もしくは電主熱従で設計される．

67-1 表　各種冷媒の特徴と環境規制

種別	CFC 系 特定フロン	HCFC 系 指定フロン		HFC 系 代替フロン	自然冷媒	
代表冷媒	R11	R123	R22	R32	NH_3（R717）	CO_2（R744）
ODP ※	1	0.02	0.055	0	0	0
GWP ※	4 000	93	1 700	675	<1	1
使用圧力	低圧	低圧	高圧	高圧	高圧	高圧
使用期限	1995 末	2020 (2030)	2020 (2030)	規制なし ※	規制なし	規制なし
適用冷凍機	ターボ	R11 の代替	往復動 スクリュー	R22 の代替	往復動 スクリュー	ロータリ

※ ODP：オゾン破壊係数（CFC ＝ 1.0）　GWP：地球温暖化係数（二酸化炭素 ＝ 1.0）
※使用期限の（　）内は既存製品

68-1 表　熱源方式

熱源方式	特徴・備考
電動冷凍機＋ボイラ方式	年間を通して電力消費量の変化が大きくなる（電力消費が夏期大きく，冬期小さい）．
電動機駆動ヒートポンプ方式	夏期と冬期における電力使用量の変化が小さい． 採熱源として空気熱源と水熱源（河川，地下水等）があるが，立地など制約の少ない空気熱源が主流である．
ガスエンジンヒートポンプ方式	エンジンの排熱を回収して有効利用することができるので寒冷地の暖房熱源に適している．
吸収冷凍機＋蒸気ボイラ方式	空調以外の給湯・洗浄・消毒等の用途に高圧蒸気を必要とする病院，ホテル，工場等での採用例が多い．
直焚き（じかだ）吸収冷温水器	1台の機器で冷水または温水，あるいはこれらを同時に製造することができる．
コージェネレーション方式	エンジンなどを駆動して発電するとともに，排熱を回収して利用する． 電力需要を主として運転するコージェネレーション方式では，空気調和その他の熱需要に追従できない場合がある．
蓄熱システム	熱源設備により製造された冷熱・温熱を計画的に効率良く蓄熱し，必要な時に必要な量だけ取り出して利用する． 熱源装置容量の削減や冷暖房最盛期における電力負荷平準化に寄与する． 2021-68 ， 2020-66
地域冷暖房方式（DHC）	個別熱源システムに比べて，一般に環境負荷は低減できる． 設備の能力が21 GJ/h以上で不特定多数の需要家に熱供給する能力をもつ施設は，熱供給事業法の適用を受け，熱供給事業として経済産業大臣の登録を受けなければならない． 2021-66

熱主電従の運用方法は，熱の利用を主に考え，発電については制御を行わない方式である．電主熱従の運用方法は，電気の利用を主に考え，熱の制御を行わない方式である．いずれの場合も，副となる電気あるいは排熱をいかにうまく利用するかに全体のエネルギー効率はかかってくる．

代表的な熱源方式を **68-1 表**にまとめた．

問題 69　正解　(5)・・・・・・・頻出度 A A A

密閉型冷却塔は，間接熱交換のための熱交換器を有し，そのため開放型冷却塔と比較して通風抵抗が増し，送風機の動力が大きくなる．散布水系統は冷却塔の中で循環するだけなので保有水量は少ない．（**69-1 図**参照）

開放型冷却塔では，冷却水自らが蒸発して冷却されるのに対し，密閉型冷却塔は，開放型冷却塔の充填材の部分に多管式・フィン付き管式またはプレート式などの熱交換器（コイル）をもち，熱交換器の外面に散布した水の蒸発潜熱を利用して管内の冷却水を冷却する．大気による冷却水の汚染がないため，冷凍機の信頼

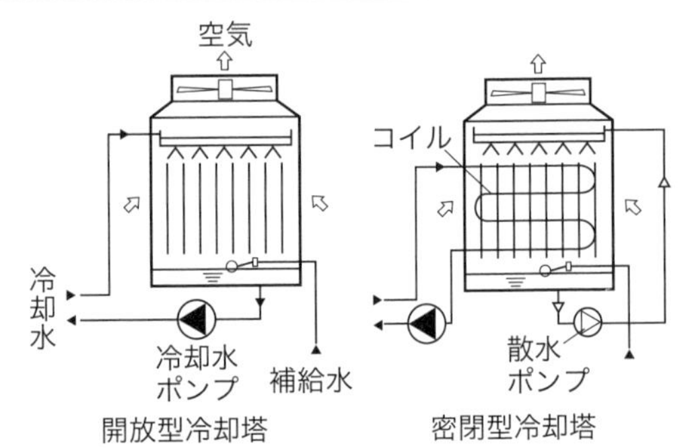

69-1 図　開放型冷却塔と密閉型冷却塔

性への要求が高い電算室やクリーンルーム系統の冷却塔としての採用例が多い．

密閉型冷却塔は同じ冷却能力を得るのに開放型より大型となる．熱交換器による通風抵抗の増加に伴い送風機動力も増加する上，冷却水ポンプとは別に散布水ポンプが必要で高コストとなる．

密閉型冷却塔の散布水系統は大気に開放されているので，大気中の汚染物質によって汚染され，さらに保有水量が少ないので不純物の濃縮が激しい．従って水質管理は厳密に行う必要がある．また，レジオネラ属菌の繁殖の危険は開放型と同じである．

問題 70　正解　(2)・・・・・・・頻出度 A A A

ファンコイルユニット（FCU）は，その名のとおり，ファンとコイル（とフィルタ）で構成されたシンプルな空調機である（**70-1 図**参照）．凝縮器などはもたない．

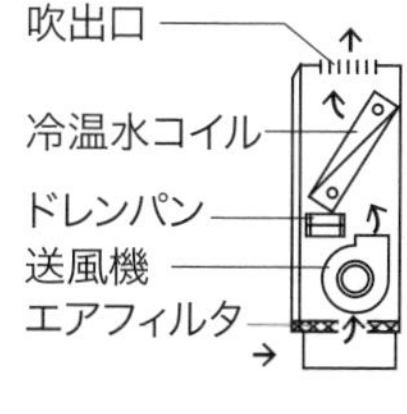

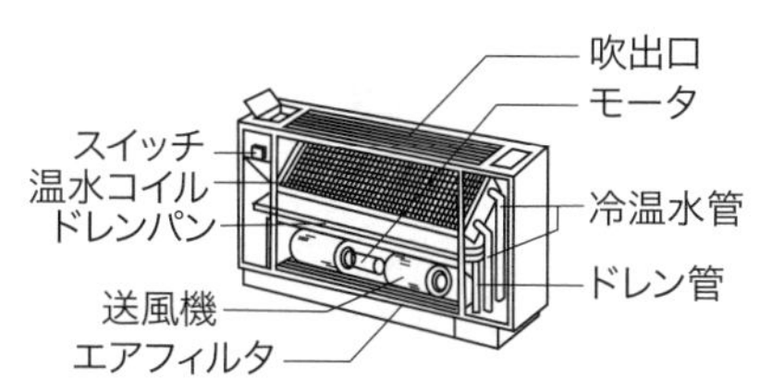

70-1 図　ファンコイルユニット（FCU）の例（床置き型）[10]

FCU は，住宅の冷暖房用やダクト併用ファンコイルユニット方式における端末ユニットとして幅広く用いられる．

エアフィルタ，冷温水コイル（熱交換器），送風機，電動機，ケーシング等で構成された，室内設置型の小型空気調和機で，一般的に加湿器はもたない．また別途換気の設備を必要とする．

熱処理は水方式で効率が良いので，負荷が大きく，また変動も多いペリメータゾーン（窓際外周部）に設置されることが多い．

FCU の種類には，床置き型（露出型・埋込み型），天井型（つり型（露出型）・隠ぺい型・埋込み型）がある．埋込み型には吹出し面と吸込み面が 1 枚のパネルに併設されていて，天井面にそのパネルが露出したカセット型がある．

コイルは冷温水兼用のもの，冷水コイルと温水コイルを別々に組み込んだものがあり，用途に応じて使い分けられている．配管は 2 管式（往き管，還り管），3 管式（冷水往き管，温水往き管，共通還り管），4 管式（冷水往き管，温水往き管，冷水還り管，温水還り管）があり，3 管式，4 管式ファンコイルユニット方式は，各ユニットごとに冷水，温水を選択して冷暖房を行うことが可能である．

容量制御方法には，空気側制御，水側制御，それらを組み合わせた方式がある．ファンの電動機としては単相 100 V が多用され，巻線切換えで回転数を変える．利用者が現場で風量や設定温度を変えられるので個別制御性も高い．

ファンコイルの送風機は静圧が小さいので圧力損失が大きい高性能フィルタは使用できず，抵抗の小さい粗じん用フィルタが用いられる．

床置き型のファインコイルの吹出し風向は冷房時は真上に，暖房時は室内側に向けて吹き出すように調節する．

比較的室数の多い建築物に分散して多数設置されるため，保守点検が繁雑になりやすい．

問題 71　正解　(1)・・・・・・・頻出度 A A A

仕切り板によって熱交換するのは静止型全熱交換器である．回転型全熱交換器はロータのエレメントにより熱交換する（**71-1 図**参照）．

全熱交換器の全熱とは顕熱＋潜熱を意味する．室内からの排気と導入外気との間で熱交換し，排気の顕熱，潜熱の回収を図る，空気対空気の熱交換器で省エネ機器である．エネルギー回収率は 60 % 程度のものが多く，これだけでは不十分なため，二次空調機に接続して使用する．

室内汚染物質が取り入れた外気側に漏えいしない構造，保守管理が必要とされる．

排気の顕熱，潜熱を一時的に蓄える素材は難燃紙にシリカゲルを含浸させたものや浸透性をもった加工紙などが使われているが，いずれにしても表面が油膜に覆われてはその機能を失ってしまうの

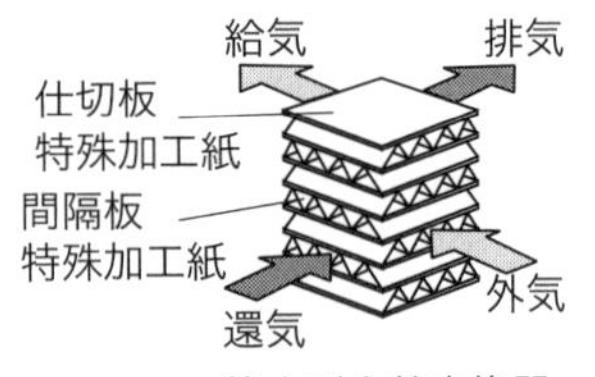

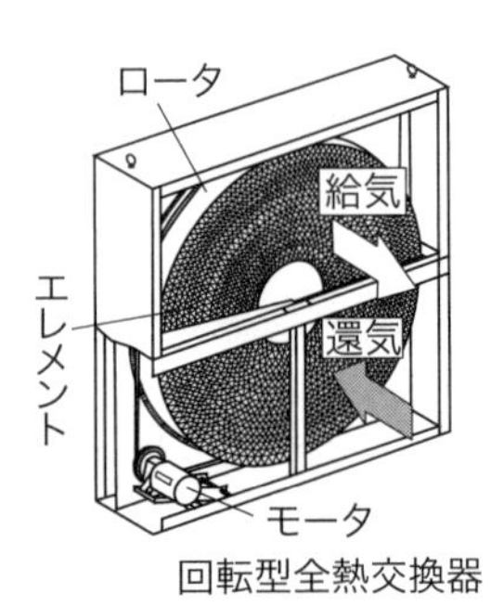

71-1 図　静止型全熱交換器と回転型全熱交換器[11]

71-1 表　空気冷却用熱交換器，冷温水製造用熱交換器

種類	流体		特徴	用途
	管内	管外		
多管式熱交換器 U 字管式 全固定式 遊動頭式等	温水 蒸気	温水	熱膨張に強い構造で 2 流体の温度差が大きくても可（伝熱面積が小さくて済む）． プレート式熱交換器と比べ，設置面積を要し，重い．	温水 給湯
プレート式熱交換器	冷水 温水	冷水 温水	伝熱面積が大きく小温度差可．あまり高圧には向かない．伝熱板の増減により伝熱面積を変更できる．容易に分解洗浄が可能である（一体成型されたブレージング型や溶接でシールされた全溶接型は分解洗浄ができないので汚れやすい流体には向かない）．	空調用 蓄熱槽の冷温水と負荷側の循環回路等
プレートフィン式熱交換器（コイル）	冷水 温水 冷媒 蒸気	空気	コンパクト，経済的	空調用に多用
ヒートパイプ	空気	空気	内部に封入された作動媒体が蒸発と凝縮のサイクルを形成することにより熱輸送する．構造が単純で，熱輸送能力が高い．	空調用 パソコンなどの放熱素子

で，ちゅう房の排気などを通すのは不適当である．

寒冷地方における空調用換気からの排熱回収や，排気中に水分やミスト・ダストを多く含む工場排気，水分の回収を必要としないちゅう房や温水プールにおける熱回収には顕熱交換器が使用される．

顕熱交換器は全熱交換器と異なり，潜熱（湿分）の移行は伴わないため両流体の隔壁に透湿性材料，または金属エレメントへの吸湿材などのコーティングは必要としないが，顕熱交換器では冬場に排気が，夏場に取入れ外気が低温多湿となって内部に結露しやすくなる（全熱交換器では湿気も移動するので，湿度が高く温度が低い空気は発生しにくい）．

-(3)，-(4)，-(5)　空気冷却用熱交換器，冷温水製造用熱交換器については，**71-1 表，71-2 図～71-5 図**参照．

これらの熱交換器は全て顕熱交換器で

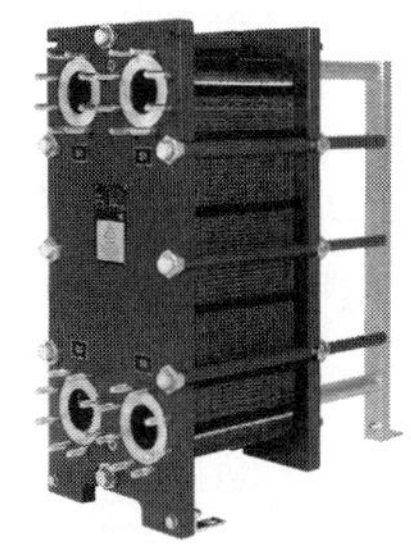

71-3 図　プレート式熱交換器の例[12]

71-4 図　プレートフィン式熱交換器[13]

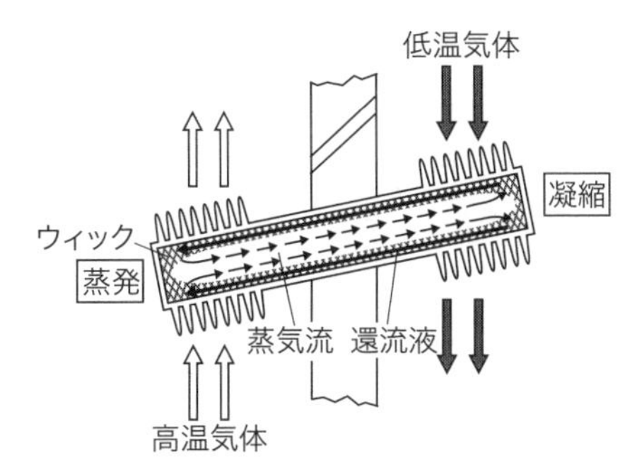

71-5 図　ヒートパイプの原理図

ある．

問題 72　正解　(5)・・・・・・・頻出度 A A A

電極式は，純水では加湿しない（運転できない）．

水道水などは，マグネシウムやカルシウムなどの不純物を含むので電気を通すが，これらの不純物を含まない純水は絶縁体である．

電極式は，電極に交流を通電すると水中のこれらの不純物は振動し，この運動エネルギーが摩擦熱に変換され，水自体

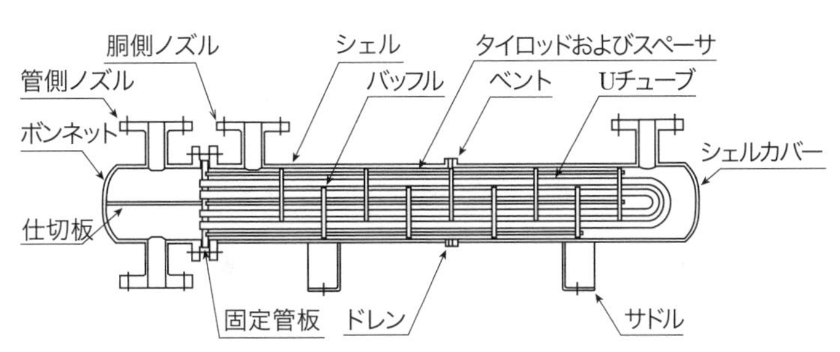

71-2 図　多管式熱交換器（U 字管式熱交換器の例）

が発熱体となり蒸気を発生する．

電極式には普通の水道水が適している．不純物の少ない軟水を使うとフォーミング（泡立ちを）を起こし蒸気シリンダの水位制御が困難になる．

加湿装置について，**72-1 表**にまとめた．

どれがどの方式に分類されるか，どれが温度降下するか，どれが不純物を放出するか，無菌なのはどれか，が出題される．

水噴霧方式は加湿吸収距離が大きいため加湿効率は一般的に低い（蒸気吹出方式，気化方式の加湿効率はほぼ 100 %）．

近年の東京都などの調査によれば，通風気化方式の加湿器の採用が 90 % を超えている．

問題 73　正解　(1)・・・・・・・**頻出度**AAA

ふく流吹出口は，他の吹出口に比べて誘引効果が高く撹拌性がよいので，温度差や風量が大きくても居住域にコールドドラフト（下降冷気）が生じにくい（**73-1 表**参照）．

問題 74　正解　(4)・・・・・・・**頻出度**AAA

送風機の運転について，横軸に風量をとり，縦軸に静圧，軸動力，効率，騒音

72-1 表　加湿装置[14]

方式	特徴	加湿装置の種類と原理		課題
気化方式	1)　温度降下する 2)　給水中の不純物を放出しない 3)　飽和湿度以下で放出する 4)　低温高湿になるほど加湿量が少なくなる	滴下式	上部より滴下給水し加湿材を湿らして通風・気化させる	加湿エレメントの寿命 5,000 ～ 10,000 h
		透湿模式	透湿膜内に水を充填させ膜の外側で通風・気化させる	透湿膜の寿命 3,000 ～ 7,000 h
		エアワッシャ式	多量の水を循環し空気と接触して気化させる	多量の水と循環ポンプが必要
蒸気方式	1)　無菌 2)　給水中の不純物を放出しない 3)　温度降下しない	電熱式	シーズヒータにより水を加熱蒸発させる	シーズヒータの寿命 10,000 ～ 20,000 h
		電極式	電極間の水をジュール熱で加熱蒸発させる	純水では運転できない 電極の寿命 2,000 ～ 5,000 h
		パン型	シーズヒータにより水を加熱蒸発させる	水槽内の頻繁なスケール除去作業が必要
		一次蒸気スプレー式	ボイラからの蒸気を直接放出する	蒸気配管・ドレン配管必要 ボイラ清缶剤の使用に注意
		二次蒸気スプレー式	ボイラ蒸気を熱源として間接的に水を加熱蒸発させる	蒸気配管・ドレン配管必要
水噴霧方式	1)　温度降下する 2)　給水中の不純物を放出する	遠心式	遠心力により水を霧化する	軸受の寿命 2,000 ～ 30,000 h
		超音波式	超音波振動子により水を霧化する	振動子の寿命 5,000 ～ 10,000 h
		二流体スプレー式	高速空気流により水を霧化する	圧縮機が必要
		高圧水スプレー	高圧水をノズルで霧化する	加圧ポンプが必要

73-1 表　吹出し口一覧

分類	特徴	型名称
ふく流吹出し口	全周に放射状に吹き出す．ふく流のふくは「輻」の字を用い，車輪のスポークの意である． 誘引比が大きく，撹拌性に優れ，均一な温度分布を得やすいが，到達距離が短いので数多く取り付ける必要がある．	アネモ型（**73-1 図参照**） パン型
軸流吹出し口	一定の軸に沿って吹き出す．誘引比，拡散角度が小さいが到達距離が長い．体育館など大空間の空調に適する．	グリル型（**73-2 図**） ノズル型（**73-3 図**）
線状吹出し口	誘引比が大きく，良好な温度分布が得やすい． ペリメータ負荷処理用として，窓近傍の天井に設置されることが多い．風向固定型と可動ベーン型がある．	ライン型（**73-4 図**） スロット型 ブリーズライン
面状吹出し口	天井板に有孔天井を用い，天井全面から微風速で吹き出す．天井板の放射冷暖房効果も得られる．	天井パネル型 多孔パネル型

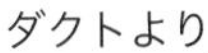

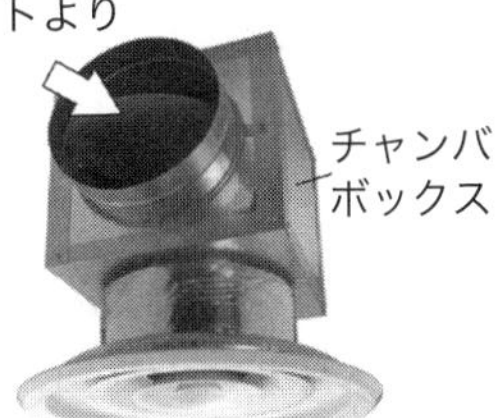

73-1 図　アネモ型吹出し口(15)

73-2 図　グリル型吹出し口(16)

73-3 図　ノズル型吹出し口(17)

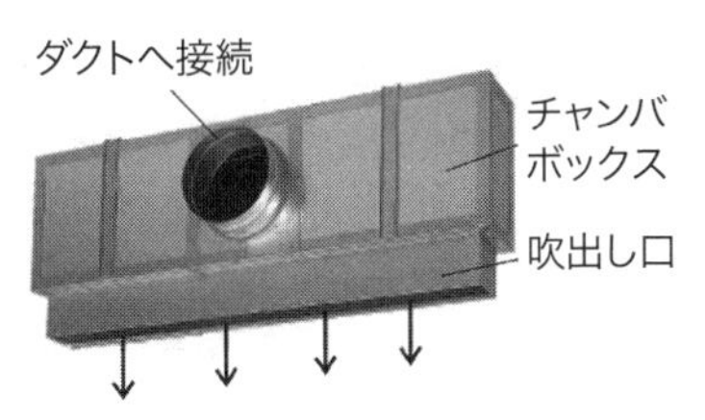

73-4 図　ライン型吹出し口(18)

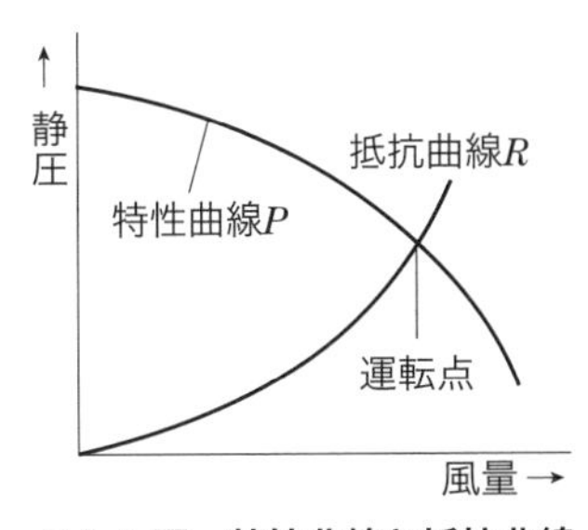

74-1 図　特性曲線と抵抗曲線

をとったものを特性曲線図または性能曲線図という．

特性曲線図はメーカのカタログなどで手に入るので，送風機が設置されるダクト系の抵抗曲線（風量－圧力損失曲線）を書き入れると，送風機の運転点が分かるので送風機の選定に利用する（**74-1 図**参照）．

ダクトの抵抗による圧力損失は風速（風量）の 2 乗に比例するので，抵抗曲線は，原点を通る二次曲線となる．

その送風量が設計風量よりも大きいことが判明した場合には，送風系のダンパを操作して $R \rightarrow R'$ とすることで，簡便に設計風量と同一となるように調整することができる（**74-2 図**参照）．

インバータで回転数を下げて風量調整した場合の特性曲線は **74-3 図**のようになる．インバータもしくはプーリーの径を変えて回転数を変えた方が，軸動力は回転数の 3 乗に比例するので省エネになる．

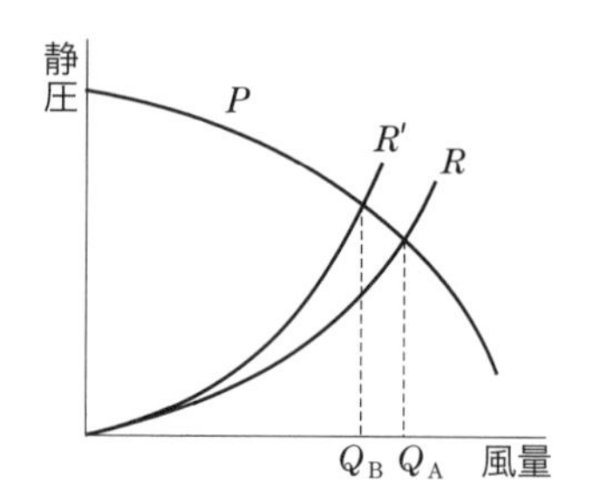

74-2 図　ダンパによる風量調整

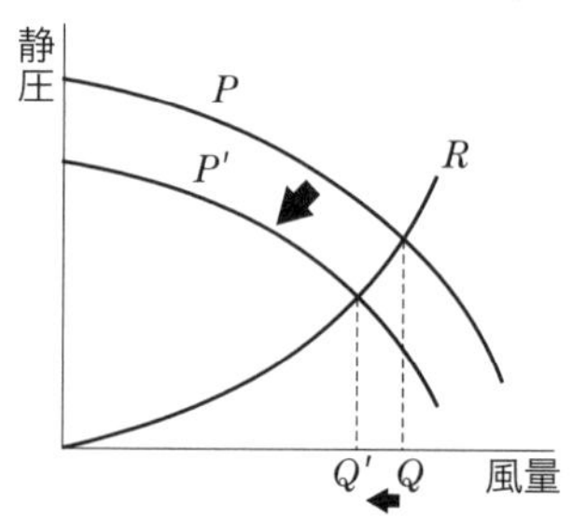

74-3 図　インバータ（回転数制御）による風量調整

問題 75　正解　(2)・・・・・・・頻出度 A A A

JIS Z 8122 で，ULPA フィルタは，「定格流量で粒径が 0.15 μm の粒子に対して 99.9995 % 以上の粒子捕集率をもち，かつ初期圧力損失が 245 Pa 以下の性能をもつエアフィルタ」とされている．0.3 μm は HEPA フィルタである．（**75-1 表**参照）

空気浄化装置は，ろ過式（エアフィルタ，粉じん，有害ガス）と電気集じん器に大別される．

ろ過式の捕集作用はさえぎり，慣性，拡散などの作用による．用途に合わせて幅広い粒子捕集率の製品が開発されている．

自動巻取形エアフィルタのろ材の更新は，タイマによる方法と圧力損失を検知して行う方法の 2 とおりが採用されている．

ガス除去用エアフィルタとしては，吸着剤フィルタ，吸着剤や不織布ろ材に触媒などを添着したもの，イオン交換繊維などが使用される．

吸着剤フィルタは，シリカゲル，アルミナゲル，活性炭などの吸着剤によって有害ガスを吸着除去する．活性炭は，多種多様のガスに対して，物理吸着あるいは化学吸着による幅広い吸着能力をもち，特にガス濃度が非常に低い場合でも有効である．

エアフィルタの性能は，定格風量時に

75-1 表　エアフィルタ

分類	形式	用途	ろ材	捕集性能		圧力損失 [Pa]	
				粒度	捕集率 (%)	初期値	終期値
粗じん用エアフィルタ	パネル型，袋型，折込み形 自動巻取形	外気用プレフィルタ	合成繊維不織布 ガラス繊維	やや粗粒	60 以上	20	200
中性能エアフィルタ	折込み形 袋形	一般空調用，クリーンルーム用中間フィルタ	ガラス繊維 合成繊維ろ紙	やや微細	0.4 μm 30 以上 0.7 μm 50 以上	50	300
HEPA フィルタ	折込み形	工業用・バイオクリーンルーム 原子力・放射性同位元素施設排気浄化装置	ガラス繊維ろ紙	極微細 (0.3 μm)	99.97 以上	100	500
ULPA フィルタ				極微細 (0.15 μm)	99.9995 以上		

おける汚染除去率，圧力損失，汚染除去容量で示される．

汚染除去率は，空気浄化装置の上流側に流入する汚染物質が，空気浄化装置により除去される割合．次式で求められる．粉じん除去の場合は粉じん捕集率，有害ガス除去の場合はガス除去率という．

$$\text{汚染除去率} = \frac{\text{上流側濃度} - \text{下流側濃度}}{\text{上流側濃度}} \times 100\,\%$$

エアフィルタの粉じん捕集率の測定方法には，質量法・比色法・計数法（個数法）があり，除去する粉じんの径と捕集率によって使い分けられる．同じフィルタにこれらの測定方法を適用すると，使用する試験ダストの粒径が異なるため捕集率は異なった数値となる．

質量法は，プレフィルタ等の粗じん用フィルタの性能表示に使用される．

比色法は，中性能フィルタの性能表示に使用される．光散乱積算法は，比色法に相当するものとしてJISで定められ，中程度の濃度・粒径の粒子除去を目的とした中高性能フィルタユニットは，ほとんど全てこの試験方法が適用される．

計数法（個数法）は，高性能フィルタの性能表示に使用される．試験フィルタの上流および下流側の空気を吸引して，光散乱式計数機で粒子の個数を測定する．従って，粉じん捕集効率は個数比で表される．

汚染除去容量は，空気浄化装置が使用限度に至るまでに保持できる汚染物質の量で示される．粉じんの除去の場合は粉じん保持容量，有害ガス除去の場合はガス除去容量という．

粉じん保持容量は，一般に圧力損失が初期値の2倍となるまで，最高圧力損失値になるまで，あるいは粉じん捕集率が規定値の85％に低下するまでに捕集される粉じん量[kg/m^2，またはkg/個]として示される．ガス除去容量は，ガス除去率が規定値の85％に低下するまでに捕集される有害ガスの重量として示される．

静電式（電気集じん器）は，高圧電界によって粉じんに荷電し，静電気力によって吸引吸着する．2段荷電型の例を**75-1図**に示す．

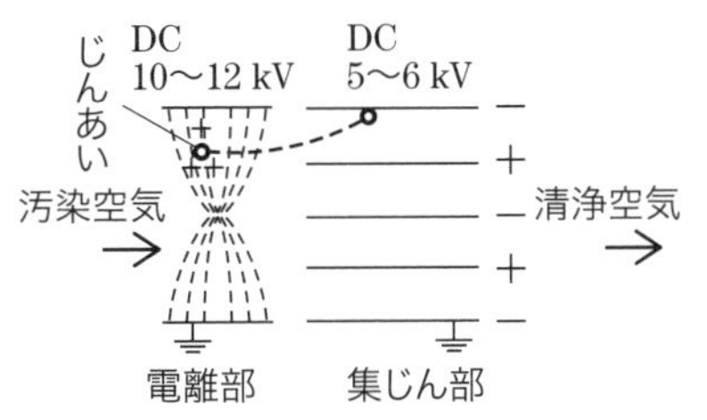

75-1図　2段荷電型電気集じん器[10]

電気集じん器は圧力損失が小さく，たばこ煙などに含まれる微細な粉じんまで効率良く捕集できる．

問題76　正解　(2) ・・・・・・・**頻出度** A A A

高温水配管の使用温度は，100 ℃以上（一般に120 ～ 180 ℃）である（**76-1**

76-1表　配管の用途と使用温度，蒸気圧力

配管の用途	使用温度，圧力
冷水配管	5 ～ 10 ℃
冷温水配管	5 ～ 10 ℃，40 ～ 50 ℃
温水配管	100 ℃未満（一般に40 ～ 80 ℃）
高温水配管	100 ℃以上（一般に120 ～ 180 ℃）
冷却水配管	20 ～ 40 ℃
不凍液配管	－ 10 ～－ 5 ℃（氷蓄熱）
低圧蒸気配管	0.1 MPa未満 （一般に0.01 ～ 0.05 MPa）
高圧蒸気配管	0.1 MPa以上 （一般に0.1 ～ 1 MPa）

表参照).

問題 77　正解　(3)・・・・・・・**頻出度** A A A

有効吸込みヘッド(NPSH:Net Positive Suction Head)は,-(2)にある,キャビテーションに関する用語である.

キャビテーションは液流体に特有の現象で,ベルヌーイの定理により流体の高速流れによってインペラ(羽根車)表面の静圧が低下し,部分的に流体の飽和蒸気圧力以下になることで液中の微少な気泡やごみを核として液が沸騰し,液の蒸気で満たされた気泡が発生する.この気泡が急激に押しつぶされるときに激しい騒音と振動が発生し,吐出量も低下する.繰り返しの衝撃波によってついにはインペラの金属面に損傷が発生する.

水面よりポンプが高い位置にある場合,理論的には水面から約 10 m(= 大気圧)まで吸上げ可能であるが,必要 NPSH や吸込み配管の抵抗等があって実際には 5 〜 6 m までである.水が温水になると,キャビテーションを起こしやすくなるためさらに低くなり,60 ℃を超えると吸上げ不可能となる.

ポンプの吸込み口において液体が有する圧力(大気圧－ポンプ吸込み口と液面の高さの差)から液温に相当する蒸気圧を差し引いた圧力を液柱で表したものが有効 NPSH(有効吸込みヘッド)である.ポンプが内部でキャビテーションを起こさないために必要な圧力の余裕を必要 NPSH という.必要 NPSH はポンプの性能の一つで,この値が小さいほど吸込み能力が高い.キャビテーションを防ぐためには有効 NPSH > 必要 NPSH でなければならない(**77-1 図**参照).

特性曲線図(**77-2 図**)から,キャビテーションはポンプの送水量が大きい範囲で起きやすいことが分かる.吐出しバルブを絞ることによってキャビテーションの発生を防止できることが多い.

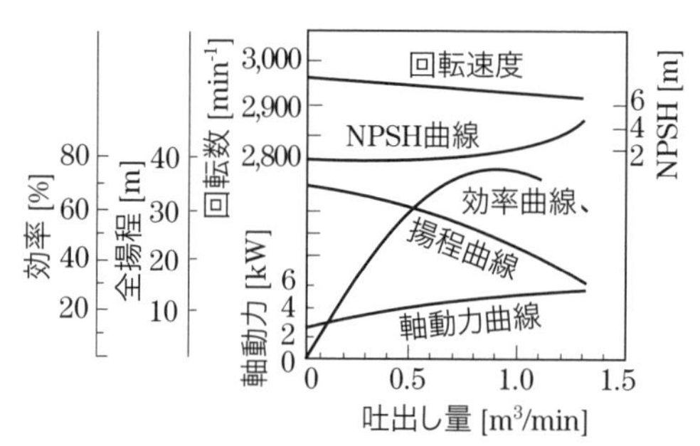

77-2 図　特性曲線図の例[14]

サージング(Surging:脈動)はポン

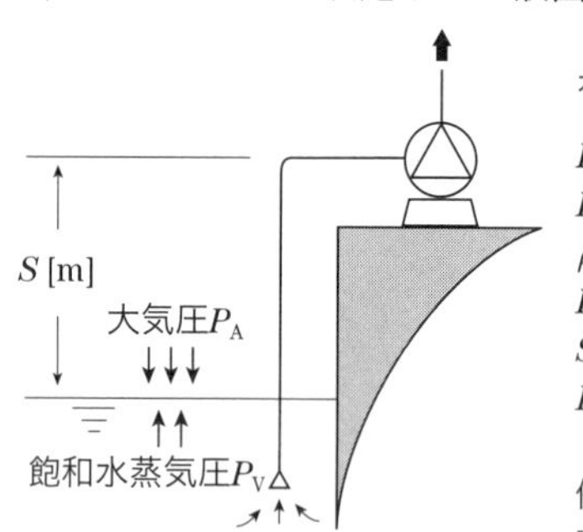

有効NPSH $= \frac{P_A}{\rho g} - \frac{P_V}{\rho g} - S - H_L$ [m]

P_A:大気圧 = 101 300 Pa

P_V:水の飽和水蒸気圧 = 2 400 Pa(20 ℃)

ρ:水の密度, g:重力加速度

$P_A/\rho g - P_V/\rho g$:大気圧の押上圧力 ≒ 10 m

S:水面からポンプ羽根車中心までの高さ [m]

H_L:吸込み配管の損失 [m]

　= 配管の抵抗 + フート弁の抵抗など

例えば, S = 3 m, H_L = 2.3 mの時

有効NPSH = 10 − 3 − 2.3 = 4.7 m

ポンプ必要NPSH < 4.7 mでなければならない.

77-1 図　キャビテーションと有効吸込みヘッド(NPSH)

プや送風機の流体機械などの共通の現象で，特性曲線にサージング領域（右上がり特性域．風量，静圧がともに増加する領域．**77-3 図**参照）をもつ機械は，この領域で運転すると，流体の流量と圧力の周期的な変動が生じ，運転が不安定になり，ダクトや配管に振動・騒音が発生することがある．この現象をサージングと呼ぶ．サージングを避けるためには，ダンパ，バルブを開けて，サージング領域より大流量側の右下がり部分で運転する必要がある．

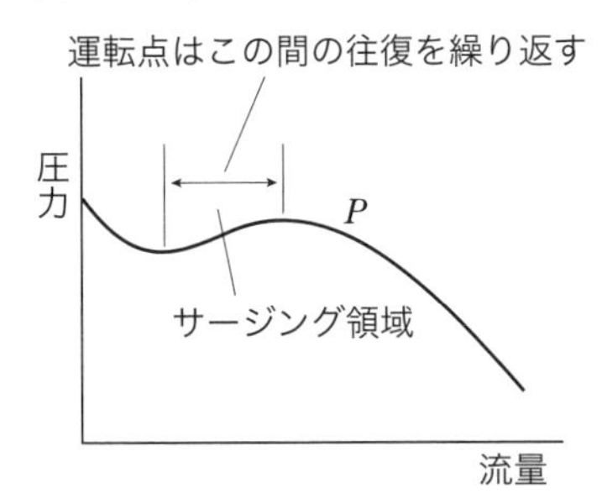

77-3 図　サージング領域

-(1)　伸縮継手 本年度 -123．

-(4)　全揚程と配管系の抵抗曲線の交点がポンプの運転点を示す．

ポンプの損失水頭は流速の 2 乗に比例するのは送風機の圧力損失が風速の 2 乗に比例するのと同じで，ベルヌーイの定理から導くことができる．損失水頭は流速の 2 乗に比例し，流量 Q は流速に比例するので，$H_f = kQ^2$ と書ける（k は流体等によって決まる比例定数）．

実揚程を H_r とすると，全揚程 $H = H_r + H_f = H_r + kQ^2$ である．この二次曲線 $R = kQ^2$ を抵抗曲線といい，揚程曲線と抵抗曲線の交点はポンプの運転点を示す（**77-4 図**参照）．

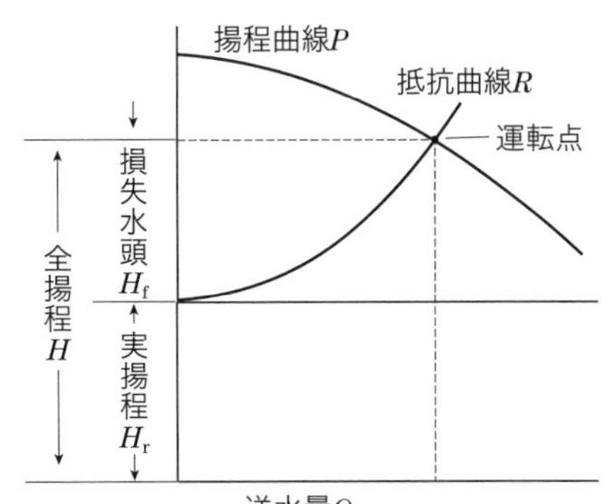

77-4 図　ポンプの特性曲線と抵抗曲線

-(5)　配管内を送水中に，弁が急激に閉じたり，ポンプが急停止した場合の流速の急変化は流体の圧力の変化となって表われ，大きな衝撃音と異常な衝撃圧力を発生することがある．これを水撃現象（ウォータハンマ）と呼び，時には配管系に大きな損害を与えることがある．

ウォータハンマの防止には，その発生原因により次のような対策を取る．

1. エアチャンバ，ショックアブソーバ，その他のウォータハンマ防止器をできるだけ発生箇所の近くに取り付ける．
2. ポンプが急停止しないようにポンプにフライホイールなどを付加して慣性重量を大きくする．
3. ポンプの吐出し側の逆止弁を急閉式や自閉式として逆流を阻止する．
4. 緩閉式逆止弁を用い逆流の圧力変動を緩和する．

問題 78　正解　(4) ・・・・・・・**頻出度** A A A

cpm は，デジタル光散乱型粉じん計で測定した浮遊粉じんの相対濃度の単位である．

浮遊粉じんが光を散乱する強さは，粒径，形状，屈折，比重などがほぼ一定ならば，その質量濃度に比例する．デジタル光散乱型粉じん計は，吸引される試料空気が散乱光測定域を通る際に光を照射し，その中に含まれる粉じんから発した散乱光の強さを光電変化素子で電気信号に変換し，その積算値を相対濃度（cpm：count per minute，1分当たりのカウント数）として表示する．

悪臭防止法の臭気の規制では，人の官能試験に基づく臭気指数とガスクロマトグラフ等で測定した特定悪臭物質の濃度[ppm]が用いられている．

臭気指数は，臭いのついた空気や水を臭いが感じられなくなるまで無臭空気（無臭水）で薄めたときの希釈倍数（臭気濃度）を求め，その常用対数を10倍した数値である．

-(3)　浮遊細菌の濃度[CFU/m^3]のCFUは，培地法の集落形成単位，Colony Forming Uniの略である．培地法は，衝突法，フィルタ法などの捕集方法で，シャーレの培地上に採集した菌を培養，可視化して，その集落数を単位体積の空気中の菌数とする測定方法である．

近年開発の進んだ培地を用いない迅速法は直接測定法と間接測定法に分けられる．間接測定法にはATP法，PCR法（核酸増幅法）がある．濃度は[個/mL]で得られる．

2020-79

問題79　正解　(2)・・・・・・・頻出度AAA

-(2)　は「相対沈降径」が正しい．相対沈降径は，物理相当径の一つで，粉じんの直径を空気中において当該粉じんと等しい沈降速度を示す比重1の球の直径で表したもの．ビル管理法施行規則第3条の二による浮遊粉じんの測定方法は次のとおり．

「グラスファイバーろ紙（0.3 μmのステアリン酸粒子を99.9％以上捕集する性能を有するものに限る.）を装着して相対沈降径がおおむね10 μm以下の浮遊粉じんを重量法により測定する機器又は厚生労働大臣の登録を受けた者により当該機器を標準として較正された機器」

問題80　正解　(3)・・・・・・・頻出度AAA

熱放射の測定にはグローブ温度計（**80-1図**参照）が用いられる．

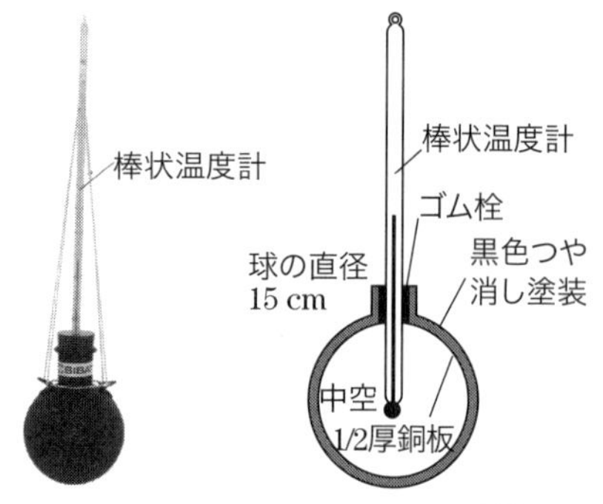

80-1図　グローブ温度計[19][20]

シンチレーションカウンタは，放射線の空間線量の測定器である．

グローブ温度計は薄銅板製の直径15 cmの中空球体の表面を黒色つや消し塗りし，その中心にガラス管温度計の球部が達するように挿入したものである．

グローブ温度計で測定した温度を黒球温度T_g[℃]といい，乾球温度と比べて体感温度により近い．

平均放射温度MRT[℃]は黒球温度から次式で求めることができる．

$$MRT = T_g + 2.37\sqrt{v}(T_g - T_a)$$

ただし，v：風速[m/s]，T_a：気温[℃]

この式から平均放射温度は風速が小さくなると黒球温度に近づくことが分かる．

グローブ温度計はその構造上，示度が

安定するまでには比較的時間を要する（15～20分間）ので，気流変動の大きい所での測定には不適当である．

シンチレーションカウンタは，電離放射線により発光する物質（シンチレータという）の光を増幅して検出する装置である（**80-2図**）．

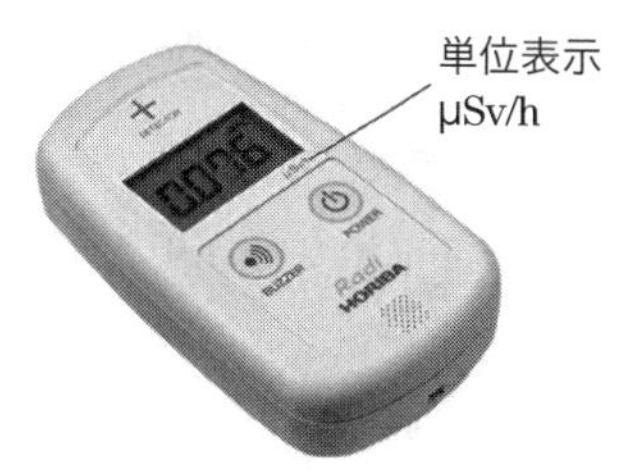

80-2図　シンチレーションカウンタの例(21)

-(1)　熱電対は，種類の異なる2本の金属線，銅とコンスタンタン（銅とニッケルの合金）を接合して閉回路を作り，二つの接合点に温度差を与えると，回路に熱起電力が生じる（ゼーベック効果）．この熱起電力による電圧を測定して温度を求める．精度が高く，遠隔で示度を読み取れる利点をもつ．

-(2)　オルファクトメータ法では，官能試験のための臭気の希釈を自動化された機械で行う．

-(4)　ガルバニ電池式酸素センサでは，陽極と陰極を電解液に浸し，電解液と空気（酸素）の間を酸素透過性の膜で隔離してある．透過酸素濃度に比例して流れる電流を測定して酸素濃度を得る．

-(5)　サーミスタは温度変化により電気抵抗が変化するので温度計として利用される．また，気流により奪われる熱量が風速の関数となることを測定原理として，熱式風速計としても利用される．精度が高く，遠隔で示度を読み取れる利点をもつ．汎用性が高く，空調に限らずあらゆる温度制御に用いられている．

2021-80

問題81　正解　(2)・・・・・・・**頻出度**A A

予防保全は，故障発生前に計画的に修理交換する方法である（**81-1表**参照）．

-(1)　例えば，軸受けの摩耗（異常）は測定できないので，異音，振動，発熱などの兆候パラメータから推測する．

-(3)　保全業務では，有効な保全方法の運用や保全計画の作成などが重要である．建築設備の保全方法は，点検・整備を伴う事前保全がほとんどであるが，対象機器を重要機器に限定したり，建築物の多様化に対応し，設定される保全レベルに応じて保全の内容，例えば点検対象や点検回数を変えることによって幅広いニーズに対応しなければならない．

-(5)　機器の寿命には，物理的劣化に

81-1表　保全活動の目的と保全業務の分類

保全業務の目的		設備の耐久性を保持し，故障を防ぎ，結果的にライフサイクルコスト（LCC）を低減する．
事前保全	予防保全	メーカの基準や過去の経験から，故障発生時期を事前に決め，劣化部品を保全計画に組み入れて，故障発生前に計画的に修理交換する．
	予知保全	日常の点検，整備および運転状態の分析により，故障の兆候が出た段階で保全業務を行う．
事後保全		故障が発生した後に修復する． 部品が寿命を全うするため保全業務としては最も経済的であるが，故障によって発生するリスク対策を十分に検討しておく必要がある．

よるものと，社会的劣化によるものとがある．社会的な要求機能は，時代，世代とともに高度化していくため，機器のもつ機能と社会的な要求機能との乖離が次第に大きくなっていき，寿命と判断される時が来る．これを社会的劣化と呼んでいる．基幹設備は，物理的劣化によって，また末端の設備は，社会的劣化によって寿命と判断されることが多い傾向にある．空気調和・換気設備のリニューアルまでの使用期間20～30年は物理的劣化によるものが大きいと思われる．

問題82　正解　(4) ・・・・・・・ **頻出度** A A

夏季冷房時の室内温度の上昇の原因は，外気に関しては，外気の取入過剰か，外気の温湿度が設計条件を上回っている場合である．

外気量が過剰な場合は，ダンパ等で調整ができるが，外気条件が設計条件を上回っている場合は，室内の二酸化炭素濃度に目をつぶって外気量を絞る以外には，打つ手がない．

-(3)　加湿量を増やさなければ，単純加熱状態なので，湿り空気線図を見ればわかるとおり，相対湿度は低下する．相対湿度不足の手っ取り早くて効果的対策は，設定温度を少し下げることである．

問題83　正解　(2) ・・・・・・・ **頻出度** A A A

壁などで音を遮断して，透過する音のエネルギーを小さくすることは「遮音」である．「吸音」は遮音のメカニズムの一部とみることができる（**83-1図**参照）．

壁の遮音性能は次式の透過損失値 TL [dB] で表される．

$$TL = 10 \log_{10} \frac{I_i}{I_t} \ \text{[dB]}$$

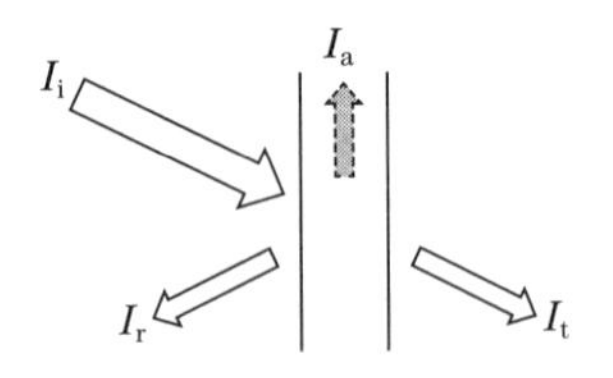

$I_i = I_r + I_a + I_t$
I_i：入射音の強さ [W/m²]
I_r：反射音の強さ [W/m²]
I_a：吸収の強さ [W/m²]
I_t：透過音の強さ [W/m²]

83-1図　音の反射，吸収，透過

-(3)　ある基準値との比の対数をとって量を表示することをレベル表示（デシベル尺度）という．これを音に用いて，音響工学では音のパワーレベルを次のように定義している．

$$L_i = 10 \log_{10} \frac{I}{I_0}$$

ただし，L_i：音のパワーレベル [dB]，I：音の強さ [W/m²]，I_0：基準の音の強さ (10^{-12} W/m²)．

騒音のパワーレベルを人間の聴覚の周波数特性で補正した値を騒音レベルという．

-(4)　音の強さは，この定義から，[W/m²] となる．

-(5)　時間率レベルが，$L_{80} = 60$ dB と書かれていたら，60 dB以上の時間が80 %であることを示す．

2021-32，2021-85

問題84　正解　(5) ・・・・・・・ **頻出度** A A A

空気調和設備による振動は，定常的で変動小とされる（**84-1表**参照）．

-(1)　騒音はエネルギーの伝わり方から見た場合，設備機器等から発生した音や交通騒音が空気中を伝搬してくる空気伝搬音と，設備機器等の振動が建物躯体内を伝搬して居室の内装材から放射される固体伝搬音に分けられる（**84-2表**参照）．

84-1 表　建築物内で感じる各種振動の時間特性

振動の種類	時間特性
道路交通振動	不規則で変動大
鉄道振動	間欠的で非周期
建設振動	間欠的で周期的，不規則で変動大
工場振動	変動振動
風による建物振動	長周期の正弦波
空調設備などの建築設備振動	定常的で変動小
人の歩行による振動	間欠的で非周期的

84-2 表　空気伝搬音と固体伝搬音

空気伝搬音	・空調機から発生した音が隔壁・隙間等を透過してくる音 ・ダクト内を伝搬して給排気口から放射する音 ・ダクト内を伝搬してダクト壁から透過する音 ・窓から入る道路交通騒音，鉄道軌道騒音
固体伝搬音	・空調機自体の振動に起因して発生する音 ・ダクト・管路系の振動に起因する音 ・ポンプに接続された管路系で発生する音 ・給排水騒音，電気室騒音，エレベータ走行音，地下鉄騒音等

-(2)　振幅の最大値を a_0 とすれば，正弦波の瞬時値は $a_0 \sin \omega t$ と表される（ω：角速度 $= 2\pi f = 2\pi/T$，f：周波数，T：周期）．実効値の定義は，瞬時値の2乗を1周期にわたって平均したものの平方根であるから，振幅の実効値 a_{rms} は，

$$a_{\mathrm{rms}} = \sqrt{\frac{{a_0}^2}{T}\int_0^T \sin^2 \omega t \mathrm{d}t}$$

$$= \sqrt{\frac{{a_0}^2}{T}\int_0^T \frac{1-\cos 2\omega t}{2}\mathrm{d}t}$$

$$= \sqrt{\frac{{a_0}^2}{2T}\left[t - \frac{1}{2\omega}\sin 2\omega t\right]_0^T}$$

$$= \sqrt{\frac{{a_0}^2}{2T}\left[T - \frac{1}{2\omega}\sin 2\omega T\right.} {}^{*}$$

$$ {}^{*}\overline{\left. -0 + \frac{1}{2\omega}\sin 2\omega\cdot 0\right]_0^T}$$

$$= \sqrt{\frac{{a_0}^2}{2T}\left(T - \frac{1}{2\omega}\sin 2\cdot\frac{2\pi}{T}\cdot T\right)}$$

$$= \sqrt{\frac{{a_0}^2}{2T}\left(T - \frac{1}{2\omega}\sin 4\pi\right)}$$

$$= \sqrt{\frac{{a_0}^2}{2T}T} = \sqrt{\frac{{a_0}^2}{2}} = \frac{a_0}{\sqrt{2}}$$

-(3)　コインシデンス効果が生じると，壁体の透過損失は著しく減少し，遮音性能が低下する．

ある屈曲振動数をもった壁に，一定の振動数の音波が，一定の角度で壁面に入射すると，音圧の疎密に対応して壁面に屈曲波が生じ，その振動により音を放射し，あたかも音が透過するように見える現象が生じる．この現象はコインシデンス（振動数の一致）効果といわれ，壁面の透過損失を著しく低下させることになる．壁材料の屈曲振動数は一般的に大きいので，コインシデンス効果は高音域で発生する．ちなみに，壁体の固有振動数と騒音の共鳴現象による遮音性能の低下は共鳴透過現象といい，低音域で発生する．

問題 85　正解　(3)・・・・・・・頻出度 A A A

与えられた式に与えられた数値を代入して，

$$80 - L_2 = 20 + 10\log_{10}\frac{20}{10}$$

$$L_2 = 80 - (20 + 10\log_{10}2)$$

$$L_2 = 80 - 23 = 57\ \mathrm{dB}$$

与えられた式が示すように，2室の隔

壁の遮音能力（2室間の音圧レベルの差）は，隔壁の透過損失および面積，受音室の等価吸音面積が関係することとなり，音源室の吸音性や音源の音響出力等は関係しない．また，隔壁が複数の材料や断面仕様の異なる部位で構成される場合は，式中の TL は，各構成部材による部位の平均値を用いるようにする（透過損失の最も大きい構成材の値を用いると，隔壁の遮音性能を過大に見積もることになる）．

問題 86　正解　(4) ・・・・・・・**頻出度** A A A

軽量床衝撃音とは，フローリングの床にスプーンを落とした時のような騒音である．

試験には，どちらかというと「重量床衝撃音」の方が出題されることが多いので，比較した表を挙げる（**86-1 表**）．

床の遮音性能は，重量床衝撃音，軽量床衝撃音とも，Lr 値で評価する．Lr 値は小さい方が遮音性能が高い（壁の遮音性能を示す Dr 値は大きい方が遮音性能が高い）．

2021-87

問題 87　正解　(2) ・・・・・・・**頻出度** A A A

暗騒音※・暗振動によるマスキングを防ぐために，なるべく暗騒音が小さい時期，時間帯に対象騒音・振動を測定することが望ましい．対象騒音・振動が暗騒音・暗振動より 10 dB 以上大きい場合には測定値は対象騒音であると判断できる．10 dB に満たない場合は暗騒音の除去などの対応が必要となる．

※　暗騒音：ある騒音環境下で，対象とする特定の音以外の音を暗騒音という．

-(1)　材料の違いなどによって固有振動周期が異なると，振動モード（振動による変形の形状）が異なるので，測定場所間で振動レベルに 10 dB 程度の差が生じる．したがって，内装の振動は極力多くの点数で測定し，平均化する等の処理が必要となる．

-(4)　振動は，いったん地盤や建築構造体に伝搬すると，二次元または三次元に伝搬するため，対策は広範囲に及ぶと同時に非常に難しくなり，対策効果も十分期待できない．このため，対策は防振支持など振動源に対して行うことが基本である．

-(5)　風・地震等による建築物の層間変位により，壁や床に隙間が生じ，遮音性能が低下することがある．また，扉の

86-1 表　重量床衝撃音と軽量床衝撃音

	発生原因	特徴	対策
重量床衝撃音	人が床上で飛び跳ねたり，重い荷物を移動した場合	衝撃音は，低周波数域に主な成分を含む． 衝撃源が重くて柔らかく，衝撃力が大きいため，カーペットや畳，フローリング等の床仕上げ材は，床衝撃時に圧密されて硬くなってしまう．	対策方法として，コンクリート床スラブの厚さを 20 cm 以上とする，曲げ剛性を高めるためにボイドスラブ（中空スラブ）28 cm 厚以上とする．
軽量床衝撃音	床上にナイフやフォークを落としたり，テーブルを引きずった時	衝撃音は，高周波数域に主な成分を含む． 音源となる物の落下による衝撃力が小さく，衝撃源が硬い．	床仕上げ材の弾性が大きく影響する．

日常的な開閉により，シール材やゴムパッキンが切れたり，ずれたりすることで，遮音性能が低下することがある．

問題88　正解　(1) ・・・・・・・ **頻出度** A A A

照度は照らされる面の単位面積当たりに入射する光束の量である．

光環境の測定において扱う数値の多くは「測光量」と呼ばれ，物理量である放射量を，標準比視感度曲線（人の視覚の周波数特性＝分光感度を表す）で重み付けした心理物理量である．すなわち測光量は，光を明るさの知覚を与えるものと定義し，人間の感度をもとに，光を表すさまざまな量を体系化したものである．照度も光度も，そして光束も測光量である（**88-1 表**参照）．

88-1 表　主な測光量

測光量	単位	意味
光束	lm （ルーメン）	光の放射束を標準比視感度曲線によって波長ごとに重み付けしたもの
光度	cd （カンデラ）	光源の明るさ．ある光源から 1 sr の立体角※に照射される光束が 1 lm の時，その光源の光度は 1 cd である．
輝度	cd/m^2	面積をもった光源の明るさ．光度を観測方向からの見かけの面積で割った値
照度	lx （ルクス）	照らされる面の単位面積当たりに入射する光束の量

※　立体角 [sr（ステラジアン）]

1 sr は，**88-1 図**のように，球上の半径の 2 乗の面積が，球の中心に張る立体角である．

ある光源の光度が 1 cd のとき，光束は全球で 4π lm となる．

面積をもった光源の明るさである「輝

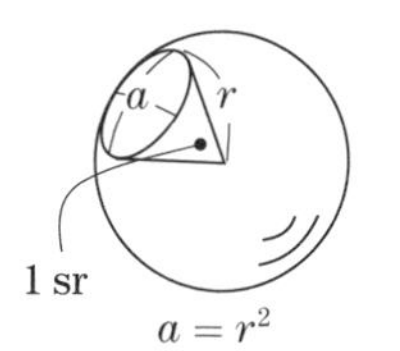

88-1 図　立体角（ステラジアン）

度」は次式で定義され，光度を観測方向からの見かけの面積で割った値である．

$$L = \frac{I}{S \times \cos\theta} [cd/m^2]$$

ただし，L：輝度，I：光度 [cd]，S：発光面，反射面の面積 [m^2]，θ：発光面，反射面への視線の入射角．

人間が感じる明るさはこの輝度と対応している（照度ではない）．

照明設計は「視対象面に入射する光」である照度を用いるが，まぶしさ（グレア）等の視感覚の評価には輝度値を用いる．

光源の明るさを表す光度，輝度ともに，定義から光源の距離には関係がない．

「照度」については次の法則が重要である（出題は専ら距離逆 2 乗の法則の計算問題である）．

1. 点光源による距離逆 2 乗の法則

照度は光源からの距離の 2 乗に反比例する．

すなわち，点光源からの距離が a [m] にある平面の照度が E_1 [lx] のとき，距離が b [m] の平面の照度 E_2 [lx] は，

$$E_2 = \left(\frac{a}{b}\right)^2 \times E_1$$

2. 入射角余弦の法則

光の来る方向に対して法線面（真正面）の照度が最大になり，法線面から θ [°：度] 傾いた面の照度は，法線面の照度 × cos θ となる．（**88-2 図**参照）．

2022 年解答・午前

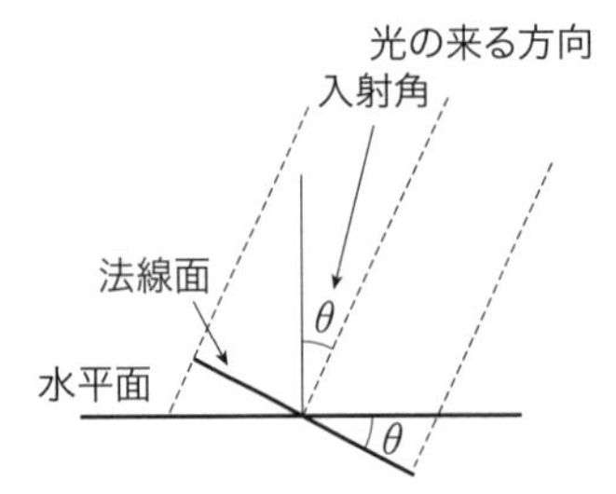

水平面の照度 = 法線面の照度 × cos θ

88-2 図　入射角余弦の法則

-(3)　演色性とは，ランプなどが，ある物体を照らした時に，その物体の色の見え方に及ぼす光源の性質のことである．平均演色評価数（Ra）とは，測定対象の光源が演色評価用の色票（R1 ～ R8）を照明し，完全放射体の光などの基準光によるものとの色ずれ R1 ～ R8 について平均したもので，0 ～ 100 の指数として表したものである（100 が最良 = 色ずれなし）．LED の中には Ra98 の高演色性の製品も開発されている．

-(4)　保守率 2020-88

-(5)　光にも色があり，光の色は，380 ～ 780 nm の可視域のうちどの波長域に分布しているか(分光分布)によって決まる．

ランプなどの光源の光色は「相関色温度」によって数値的に示される．相関色温度は仮想的な黒体（完全放射体）を熱したときの温度と放射する比色の関係を基準とし，単位は絶対温度 K（ケルビン）である．

黒体の分光分布は温度により変化し 2 000 K 程度では波長の長い域（赤い光）が多く，色温度が高くなるに連れて波長の短い域（青い光）が増加し 10 000 K では青っぽい白色の光となる（**88-2 表**参照）．

88-2 表　身近な光の相関色温度 [K]

光源	相関色温度
ろうそく（パラフィン）の炎	1 900
高圧ナトリウムランプ	2 100
蛍光ランプ（電球色）	2 800
白熱電球（100 W）	2 850
地上から見た満月	4 125
蛍光ランプ（白色）	4 200
メタルハライドランプ高演色型	4 300
蛍光ランプ（昼白色）	5 000
地上から見た天頂の太陽	5 250
日中の北窓光	6 500
蛍光ランプ（昼光色）	6 500
曇天の空	7 000
青天の青空	12 000

問題 89　正解　(4) ・・・・・・・**頻出度** A A A

点光源による照度は，点光源からの距離の逆 2 乗に比例する（前問解説参照）．2021-90

-(1)　鏡面のように光の反射の法則に従う反射を正反射あるいは鏡面反射といい，拡散する反射を拡散反射という．金属面では境界面での表皮反射のみが起こるが，非金属面では境界面での表皮反射と内部での層内反射が起こる．金属・非金属とも境界面が平滑であれば正反射して光沢となる．層内反射は拡散反射で，物質特有の色によって反射する波長域，および反射率が異なる．

-(2)　建築化照明 2020-89．

-(3)　昼光率 2021-88

-(5)　UGR（Unified Glare Rating）を求める式（いささか複雑）を見ると，観測者から見た発光部の立体角が大きいと UGR も大きくなる．すなわち，視野の中で光源の占める面積が大きければまぶしさは増す.

問題 90　正解　(5) ・・・・・・・**頻出度** A A A

地上での法線照度を E_n [lx]，太陽高度を H [度]，水平面照度を E_h [lx] とすれば次式が成り立つ（**90-1 図**参照）.

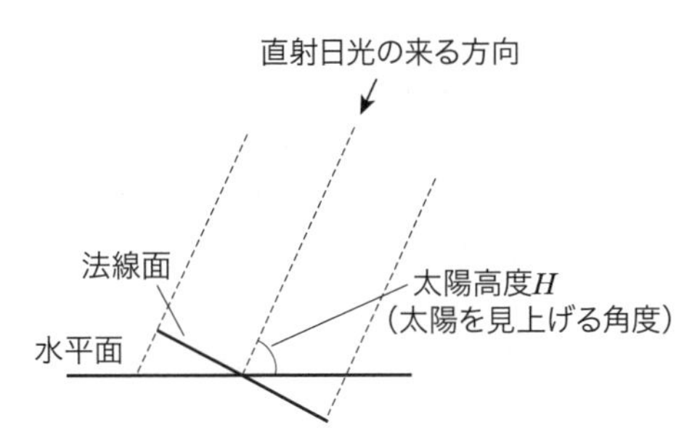

90-1 図　直射日光による水平面照度

$$E_h = E_n \times \sin H \text{ [lx]}$$

$$= 100\,000 \times \sin 60 = 100\,000 \times \frac{\sqrt{3}}{2}$$

$$= 100\,000 \times 0.87 = 87\,000 \text{ lx}$$

覚えておけば役に立つかもしれない三角関数の値

$$\cos 30^\circ = \sin 60^\circ = \frac{\sqrt{3}}{2} = 0.87,$$

$$\cos 45^\circ = \sin 45^\circ = \frac{1}{\sqrt{2}} = 0.71,$$

$$\cos 60^\circ = \sin 30^\circ = \frac{1}{2} = 0.5$$

2022年度（令和4年度）午後の解答・解説

解説中の「-」付きの -⑴～ -⑸は，問題の選択肢文⑴～⑸を示しています．
解説中 2022-93 などの表示は関連問題 2022 年問題 93 を示しています．

建築物の構造概論
問題 91～問題 105

問題 91　正解　⑶・・・・・・・頻出度 A A A

「屋上緑化」とは，「建築物の断熱性や景観の向上などを目的として，屋根や屋上に植物を植え緑化すること」(Wikipedia)．「市街地風」とは，都市部の建築物によって影響を受ける風のことであり，特に高層建築物によって通風が妨げられ，ヒートアイランド現象の一因とされる．屋上緑化が市街地風の原因とか，影響を和らげるとか，そんな直接的な関係はなさそうである．

-⑴　フレキシビリティ（flexibility：柔軟性）建築においては，用途や機能の変化，増築や改修，間取りの変化などに対応可能な建物の性質を意味する．スケルトン・インフィル（SI）建築がその代表．

-⑵　サスティナブル・ディベロップメント（sustainable development）は，「持続可能な開発」の英訳そのものであるが，この頃は，SDGs（エスディジーズ：Sustainable Development Goals）としてよくお目にかかる．

-⑷　メタンの地球温暖化係数（GWP：Global Warming Potential）は，25（CO_2 = 1）であり，その排出量，濃度とも漸増している（温暖化への寄与度はおよそ 23 %）．メタン放出増加の主要因な部門は，化石燃料（生産と消費），農業活動や廃棄物部門である．

-⑸　コジェネレーションの効率は，排熱の有効利用に掛かっている．

本年度 -68

問題 92　正解　⑷・・・・・・・頻出度 A A A

都市化により，都市の中心部の気温が郊外と比較して高くなる現象は「ヒートアイランド」現象である．「ダウンドラフト」とは「煙突から排出される煙の吐出速度が周囲の風速よりも小さく，また，排煙温度が低い場合には，煙はあまり上昇せず，風下にある建造物の後ろで生じる渦に巻き込まれて降下し，滞留を起こすこと」である（EIC ネット環境用語集）．

-⑴　いわゆるビル風であるが，サンクンガーデンはこの対策として設けられる．

-⑵　日射吸収率がおよそ 0.9 のアスファルトは地表のアルベド（反射光 / 入射光の比）を下げ，熱を吸収する．一部の都市では，アスファルトの路面上に熱線（赤外線）を反射する遮熱性塗装を施すことが行われている．

-⑶　典型 7 公害大気の汚染，水質の汚濁，土壌の汚染，騒音，振動，地盤の沈下，悪臭（環境基本法第2条）．

-(5) スプロール現象のスプロール（sprawl）の元々の意味は，「だらしなく寝そべる」．計画性のないまま都市化が無秩序に広がる様子．インフラが未整備のまま環境劣化が進行することが多い．

問題 93　正解 (4) ・・・・・・・ **頻出度** A A A

建物内の雰囲気や空間構成を立体的に示すのは，「透視図」である（**93-1 図**参照）．

意匠図の種類については **93-1 表**参照．

問題 94　正解 (1) ・・・・・・・ **頻出度** A A A

取りうる積載荷重値は，いずれの室でも床の構造計算 > 基礎の構造計算である（**94-1 表**参照）．

93-1 図　透視図の例(1)

荷重について **94-2 表**，**94-3 表**にまとめた．

-(3) 梁（はり）中央に集中荷重の場合に限らず，梁の先端には応力は発生しない．

93-1 表　意匠図

図面名称	内容
建築概要書	建築物の規模，階数，構造，設備の概要．
仕様書	工法や使用材料の種別・等級・方法・メーカ等．
面積表	建築面積，延床面積，建ぺい率，容積率等．
仕上表	外部・内部の表面仕上材や色彩等．
案内図	敷地環境・都市計画関連，方位，地形等．必ず北を上にする．
配置図	敷地内での建物の位置，方位，道路との関係等を示す．庭園樹木等も記入する．
平面図	部屋の配置を平面的に示したもの．家具や棚等も記入することがある．
立面図	建築物の外観，普通は東，西，南，北の4面，隠れた部分は別図で示す．
断面図	建築物の垂直断面で，主要部を2面以上作る．垂直寸法関係を示す．
矩計図	建築物の基礎を含む主要な外壁部分の各部寸法を示した垂直断面詳細．
詳細図	出入口，窓，階段，便所，その他主要部分の平面・断面・展開などの詳細な収まりを示す．
展開図	各室の内部壁面の詳細．各壁面の窓やドア，造作家具，設備機器などを示し，天井の高さや窓の取り付け位置なども併せて示す．
天井伏図	天井面の仕上材，割付，照明の位置等記入．
屋根伏図	屋根面の見おろし図，形状，仕上げ，勾配等を示す．
建具表	建具の詳細，付属金物，数量，仕上げを示す．
原寸図	実物大の各部取り合い，仕上げの詳細を示す．現寸図ともいう．
施工図	工事手順や施工の要点を施工者に分かるように明示した図面．原寸図とともに建築基法のいう設計図書に該当しない現場用図面．
透視図	雰囲気や空間の構成を理解しやすいように絵で表現したもの．
日影図	冬至日の建築物が造る影を時刻ごとに平面図に書き込み図面化したもの．

応力（軸方向力，せん断力，曲げモーメント）が発生するには，二つの外力（普通は荷重と反力）が必要で，せん断力と曲げモーメントでは，その外力は作用線のずれた偶力が必要である．梁の先端には偶力が発生しようがないので，曲げ

94-1 表　積載荷重で取りうる値（建築基準法施行令第 85 条）

室の種類		構造計算の対象	（い） 床の構造計算をする場合 N/m^2	（ろ） 大ばり，柱又は基礎の構造計算をする場合 N/m^2	（は） 地震力を計算する場合 N/m^2
（一）	住宅の居室，住宅以外の建築物における寝室又は病室		1 800	1 300	600
（二）	事務室		2 900	1 800	800
（三）	教室		2 300	2 100	1 100
（四）	百貨店又は店舗の売場		2 900	2 400	1 300
（五）	劇場，映画館，演芸場，観覧場，公会堂，集会場その他これらに類する用途に供する建築物の客席又は集会室	固定席の場合	2 900	2 600	1 600
		その他の場合	3 500	3 200	2 100
（六）	自動車車庫及び自動車通路		5 400	3 900	2 000

94-2 表　建築基準法の定める荷重（建築基準法施行令第 83 条～第 88 条）

分類・名称		要因等	備考
垂直荷重	固定荷重	固定荷重とは建物の自重のことであり，建築基準法により建物の部位により単位荷重が定められている．	（例）瓦ぶきの屋根 640 N/m^2 など．
	積載荷重	積載荷重には家具，物品の重量ならびに利用する人間の重量が含まれる．固定荷重と同じように建物の部位等により計算用の単位荷重が定められている．	単位荷重の数値は，床の構造計算用 > 大ばり，柱，基礎の構造計算用 > 地震力の計算用，の順に定められている．また，地震力を計算する場合の積載荷重は，教室 > 事務室．
	積雪荷重	積雪荷重は，右欄のとおり地域によって，また屋根の勾配によって影響を受ける（60 度を超える場合は 0）．	原則として積雪量 1 cm ごとに 20 N/m^2 × 屋根の水平投影面積 × その地方における垂直積雪量で計算する．
水平荷重	風圧力	風圧力は時間とともに変化する動的な荷重であるが，構造計算では特殊な場合を除き，静的荷重として扱い，次式により計算する． 風圧力＝速度圧 × 風力係数	風圧力は低層より高層の方が大きい． 風力係数は建物の形状によって異なる．
	地震力	地震力は建築物の地上部分の場合，各部分の支えている質量に作用する地震力として次式で計算する． 地震力＝{固定荷重＋積載荷重（＋積雪荷重）} × その部分の地震層せん断力係数	地震力は地盤の種類によって異なる．

94-3 表　荷重の分類

作用方向による分類	原因による分類	作用時間による分類
鉛直荷重 （重量による力）	固定荷重	常時荷重（長期）
	積載荷重	
	積雪荷重	
水平荷重 （風・地震等の作用による力	風圧力	非常時荷重（短期）
	地震力	
	土圧・水圧	常時荷重
その他	地下外壁，盛土，切土による斜面を支える擁壁，水槽の壁，床等にかかる水圧や土圧，エレベータ等搬送設備の荷重，動力装置等の振動・衝撃による荷重，大きな温度変化による温度荷重等がある． 作用時間による分類（常時，非常時）は状況による．	

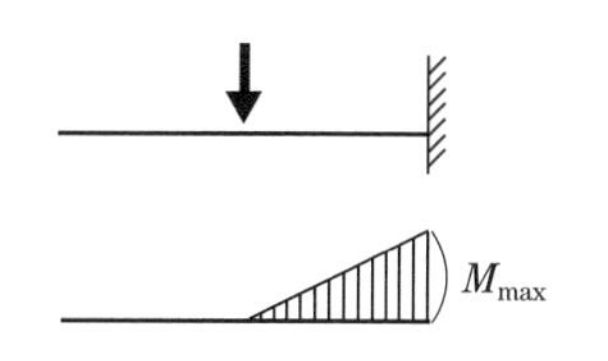

94-1 図　荷重図と曲げモーメント図

モーメントは生じない（**94-1 図**参照）．

2021-95

-(4)　細長い部材（構造力学では“はり”と呼ぶ）は曲げに弱く，折れやすい．トラスでは，部材の接合部を回転自由なピン接点とし，さらに倒れたり，ひしゃげないように部材を三角形に組む．このことによって，トラスでは，力の合成・分解の法則に従って，応力を軸力（軸方向力．圧縮力または引張り力）に変換し，部材に曲げモーメント・せん断力は発生しない．そのためにトラスは細い部材で，軽量で強い構造が可能で，大スパン（柱と柱の間が大きい）構造や高層建築物に適した構造である（梁と柱を剛に接合する，例えば鉄筋コンクリート造のラーメン構造では，曲げモーメントなどに耐えるだけの太い梁や柱を必要とする）（**94-2 図**参照）．

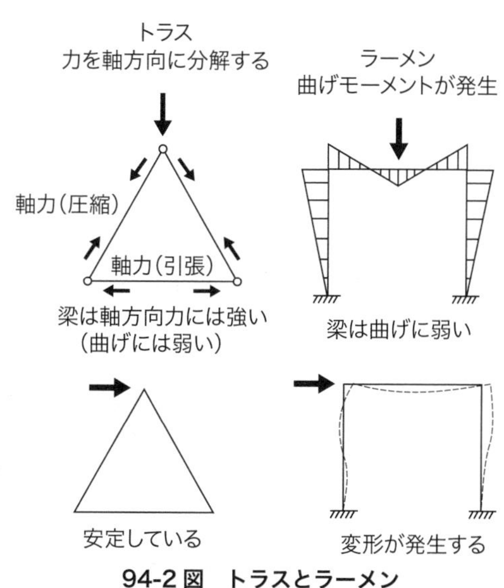

94-2 図　トラスとラーメン

トラスはスカイツリーなどの高層建築物も可能にした建築学上の偉大な発明である．

問題 95　正解　(5) ・・・・・・・ **頻出度** A A A

層間変形角は，各階の層間変位をその層の高さで除した値である（**95-1 図**参照）．

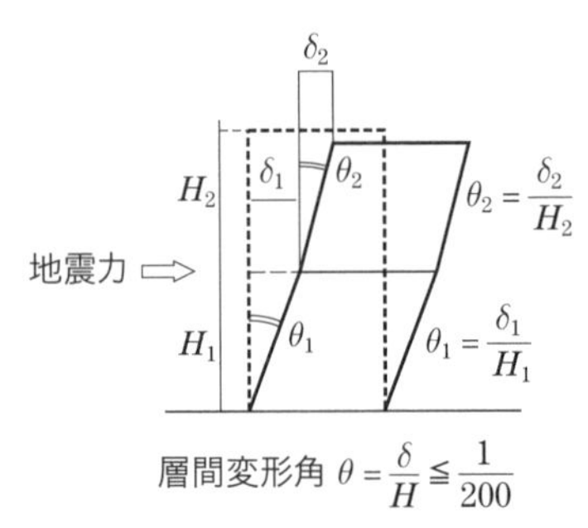

層間変形角 $\theta = \dfrac{\delta}{H} \leqq \dfrac{1}{200}$

（建築基準法施行令第82条の二）

95-1 図　層間変形角

層間変形があまり大きいと，窓・扉等の固着，脱落等が起こり，避難者，通行者に対して非常に危険になる．

建築基準法で定める層間変形角 1/200 以下とは，階高を 3 m とするならば，層間変位 1.5 cm 以下となる．

-(1)　法定耐用年数：建築物等の減価償却資産の取得に要した金額は，取得した時に全額必要経費になるものではなく，その資産の使用可能期間の全期間にわたり分割して必要経費としていくべきもので，この使用可能期間に当たるものとして法定耐用年数が財務省令の別表に定められ，例えば，RC, SRC 構造の場合，法定耐用年数は事務所ビルで 50 年，店舗で 39 年，また，S 造の場合は骨格材の厚みでその法定耐用年数は異なってくる．

-(2)　各階の変形のしにくさが，建物全体のそれと比べてどの程度かを示すのが「剛性率」である．

剛性率は -(1)の層間変形角を用いて，その逆数を，それの全階にわたる平均値で除した値として定義されている．

剛性率の低い階があると地震力による破壊が集中してその階が始めに崩壊し，全壊の引き金になるので，全ての階が一定の強さの範囲に収まることを定めたものである．すなわち，建物の強さの立体的なバランスに関する数値である．建築基準法では各階の剛性率の値が 0.6 以上でなければならないと定めている．

ちなみに，地震などの水平力によるね

95-1 表　耐震構造，免震構造，制振構造

耐震構造	免震構造	制振構造	
		パッシブコントロール	アクティブコントロール
	積層ゴム オイルダンパー	オイルダンパー	制振装置
建物を地震に耐えられるだけ頑丈に作る．	地盤と建物の間に免振装置を挿入し，上階に伝わる振動を小さくする．	建物各階各所にエネルギーを吸収する制振ダンパーを配置し，建物の振動を低減する．	建物の屋上に錘（おもり）（装置）を設置し，錘が建物の振動を低減させる方向に動作し，建物の振動を低減する．
柱や梁を太くし，つなぎ目を頑丈にした構造	各種積層ゴム（アイソレータ）＋オイルダンパー	オイルダンパー	アクティブ制振装置

じれに対して，各階の耐力壁などの配置によって決まる，「偏心率」は平面的なバランス（の悪さ）を表しているということができる．建築基準法では偏心率の値が0.15以下でなければならないと定めている（木造住宅0.3以下）．

-(3) 制振構造（**95-1 表**参照）は，地震に限らず風などによる建物の揺れも緩和するので，骨組み・仕上げ材（コンクリートやシールなど）の劣化（ひびや亀裂）を抑止して，建築物の寿命を延ばす効果があるとされる．

-(4) 「この法律において「耐震改修」とは，地震に対する安全性の向上を目的として，増築，改築，修繕，模様替若しくは一部の除却又は敷地の整備をすることをいう．」（建築物の耐震改修の促進に関する法律第2条第2項）．

問題96 正解 (1)・・・・・・・**頻出度** A A A

降伏比は，降伏強さの引張強さに対する割合，すなわち，

$$降伏比 = \frac{降伏強さ}{引張強さ}$$

である．

鋼材の応力－ひずみ曲線（**96-1 図**）で，弾性変形から塑(そ)性変形への境界となる降伏棚の応力度を降伏強さ（降伏点），塑性変形から破断に至る，応力度が最大になった点を引張強さという．

通常の構造設計では，想定される荷重により部材に作用する応力度が弾性域内（≒降伏強さ）に収まるよう設計する（塑性変形は許されない）が，大地震などにより想定を超える荷重が作用しても，鋼材は，応力度が引張強さに達するまで持ちこたえることができるため，建築物は塑性変形しても，内部の人間が避難できる可能性は高くなる（すなわち，鋼材は塑性変形することによって地震のエネルギーを吸収する）．

降伏比は安全に対する余裕度を示す指標と捉えることができる．降伏比が小さい鋼材を用いた建築物ほど，想定外の荷重が作用しても，完全に破壊するまでの余力がある建築物と見なすことができる．

例えば汎用材としてよく使用される鉄鋼材料SS400の降伏点は245 N/mm^2，引っ張り強さは400 N/mm^{2}である．降伏比は，245/400 = 60 % である（降伏

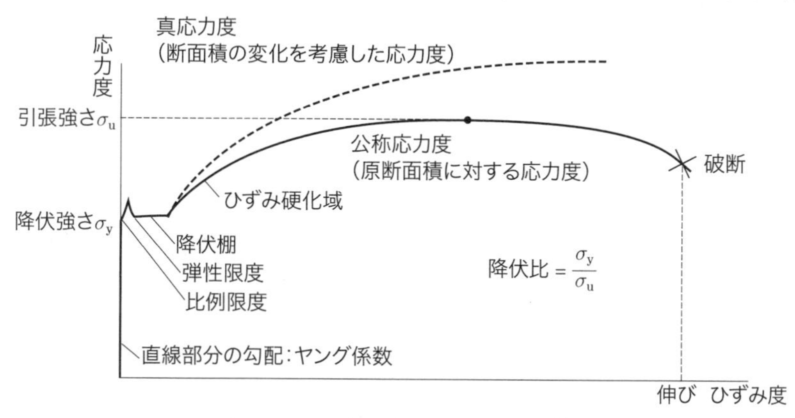

96-1 図 鋼材の応力－ひずみ曲線(2)

比の上限は80％以下と規定されている).

鉄筋コンクリート造は降伏比がほぼ1で，大地震に対してほとんどひずむことなく破壊される(これを脆(ぜい)性破壊という．ガラスが割れるような破壊)．降伏比で余裕のある鉄骨造が地震に対して有利とされる最大の理由である．

-(2) 最も重要な支持条件は，外力に対して建物全体でバランスよく耐えることで，一部の部材に応力が集中しないようにすることである．そのためには外力を逃がすことも場合によっては必要で，ピン支持にすれば理論的には，柱には曲げモーメントが発生しなくなる．ピンか半固定か固定かは，外力の大きさによって相対的に変化するが，鉄骨構造の場合H鋼のウェブだけを接合すればピン，フランジも接合すれば固定，間にプレートを挟むと半固定などとされる．

-(3) スタッドボルトによって緊結されたコンクリートスラブと鉄骨梁を合成梁という（**96-2図**参照).

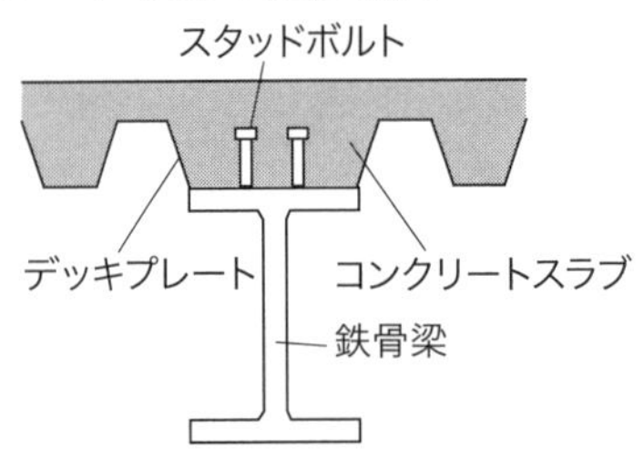

96-2図　合成梁

-(4) RC造と比較した鉄骨構造の特徴は次のとおり．

1) 比強度が大きく大スパン構造や高層建築に用いられる．特に鉄骨によるトラス構造は大スパン構造に適している．
2) じん性に富み，耐震的に有利な構造にしやすい．
3) 施工の工期も短く，解体も容易．
4) （欠点）耐火耐食性に劣り，耐火被覆，防錆処理を要する．

-(5) 高力ボルト接合の締め付け長さ**96-3図**参照．

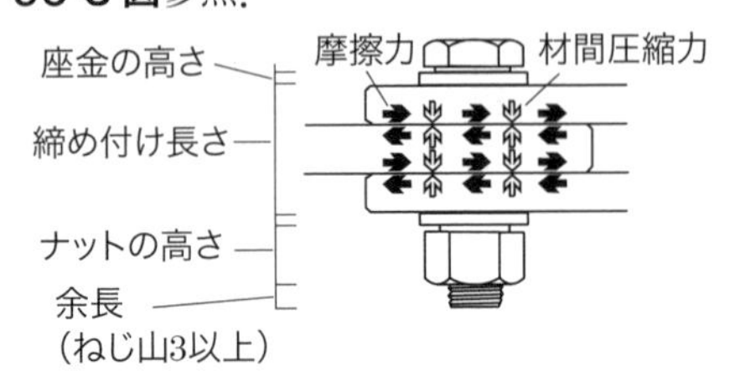

96-3図　高力ボルト接合

問題97　正解　(2) ・・・・・・・ **頻出度** A A

グラスウールは，熱伝導率の低い空気の特性を利用している．

空気の熱伝導率は0.022 W/(m･K)，グラスウール（ガラス繊維）は0.04～0.05 W/(m･K)である．本年度-46

-(1) 合成樹脂の中で最も用いられているのは塩化ビニルである．他にエポキシ樹脂，ウレタン樹脂，アクリル樹脂，ポリカーボネートなどが板材，塗料，接着剤として用いられる．

-(3)の，しっくいの消石灰とは水酸化カルシウム，-(5)のせっこうは硫酸カルシウムを主成分とする．

-(4) アスファルトルーフィングは，溶かしたアスファルトで積層し，メンブレン（膜）防水層として屋根などに用いられる．

問題98　正解　(4) ・・・・・・・ **頻出度** A A A

-(4)の説明は「工事監理」のようであるが，工事監理は設計者がやると規定されているわけではない（建築主の依頼で設計者がやることが多いが)．

建築士法の規定は次のとおり．「この

法律で「工事監理」とは，その者の責任において，工事を設計図書と照合し，それが設計図書のとおりに実施されているかいないかを確認することをいう.」(第2条第8項).

規模，構造，用途で一級建築士～木造建築士が設計・工事監理できる建築物が規定されている(建築士でなくても設計・工事監理できる建築物もある).

-(2) 「設計図書」でないものとして，現場用の現寸図，施工図が頻出.

-(3) 軸組式構法の代表は鉄骨構造.他に一体式構法（鉄筋コンクリート構造),組積式構法（レンガ造）などがある.

-(5) 型枠工事，躯体工事 2021-98

問題 99　正解　(3)・・・・・・・頻出度AAA

非常用エレベータの設置義務を定めているのは，建築基準法である.

「高さ31 mをこえる建築物（政令で定めるものを除く.）には，非常用の昇降機を設けなければならない.」(建築基準法第34条第2項)

-(1) 建築基準法施行令の規定は次のとおり.「物を運搬するための昇降機で，かごの水平投影面積が1 m^2 以下で，かつ，天井の高さが1.2 m以下のもの（以下「小荷物専用昇降機」という.)」(建築基準法施行令第129条の三第1項第三号)

-(2) 一方の油圧エレベータは停止階が3程度までと少ないが，重量物の搬送に適する.

-(4) 機械室なしエレベータはかごの昇降路に巻上機や制御装置を備える.国土交通省告示でその構造が定められている.

-(5) エレベータの安全装置.

2020-100

問題 100　正解　(2)・・・・・・頻出度AAA

排気ガラリは ⊣|→ である. ▨ は消音ボックスである（**100-1図**参照).

問題 101　正解　(1)・・・・・・頻出度AAA

不活性ガス消火設備が事務室に設置されることはない.

不活性ガス消火設備は，ハロゲン化物消火設備，粉末消火設備とともに，主として電気室や通信機器室，ボイラ室，機械駐車場等に設置され,ガス貯蔵ボンベ・選択弁・配管・ガス噴射ヘッド・手動起動装置・警報装置等から構成される.これらの消火設備は安全のため，手動起動装置の扉を開けて警報を発し，無人を確認してから，起動スイッチを押すことによって作動する.

不活性ガス消火設備など放水以外による消火設備を**101-1表**（次のページ）にまとめた.

-(2) 連結散水設備

スプリンクラに似た設備であるが，ポンプ車をつなぎ外部から送水する.地階で，床面積が700 m^2 以上の場合に設け

100-1図　主な空調設備図示記号

101-1 表　各種消火設備の消火原理（放水によるものを除く）

名称	消火対象	消火剤	消火原理
泡消火設備	油火災 （駐車場，飛行機格納庫，特殊可燃物，準危険物の貯蔵所・取扱所）	水＋泡消火薬	窒息作用 冷却作用
不活性ガス消火設備	電気室 通信機器室 ボイラ室	二酸化炭素，窒素，アルゴンなどの混合物	希釈作用
ハロゲン化物消火設備		ハロゲン化物※（ハロン 1301 等）	負触媒作用
粉末消火設備		重炭酸ナトリウム等の粉末	負触媒作用

※　ハロゲン化物消火設備のハロゲン化物はオゾン層破壊防止のため平成 6（1994）年以降生産中止となった．

る（地上階には関係ない設備）．

-⑷　平成 21 年 4 月より 275 m^2 以上 1 000 m^2 未満のグループホーム等の小規模社会福祉施設でのスプリンクラ設置の義務化に伴い，同施設では，消火水槽や専用の送水ポンプを省いた，給水管に連結した特定施設水道連結型スプリンクラ設備の設置が認められた．

問題 102　正解　⑶・・・・・・頻出度 A A A

「防火管理者」→「防災管理者」が正しい．

平成 20 年の消防法施行令の一部改正により，大規模事業所における自衛消防組織の設置及び防災管理者の選任等が定められ，従来の防火管理者と併せ防災管理が新たに義務付けられた．防火管理者が火災に対応するのに対し，防災管理者は火災以外の災害（地震と化学物質・細菌・放射性物質によるテロ）に対応することとされている（施行令第 45 条）．

-⑴　地震発生時（約 250 gal 以上，震度 5 強以上）でガスを遮断する．

-⑵　震度階級は観測点における地震の強さを示す尺度で，人体感覚，構造物の被害，地盤の変形の状態を尺度化したものであり，地表による地面の揺れ方を表すために用いられる．わが国の気象庁震度階級は 0，1，2，3，4，5 弱，5 強，6 弱，6 強，7 の 10 階級である．一方，地震の規模を表すのがマグニチュード（M）で，M の数値が 1 上がると地震のエネルギーは約 30 倍になる．

-⑷　感震ブレーカーは震度 5 強以上の地震を感知，分電盤の主幹ブレーカーを強制遮断して電源をストップする．

大地震時，発生した火災の 60 % 以上が電気に起因するといわれている．

-⑸　J アラート（全国瞬時警報システム）は，総務省消防庁が整備を進める，緊急の気象関係情報，有事関係情報を国から住民等に伝達するシステムである．国民保護法に基づき「全国瞬時警報システム業務規程」により運用されている．

問題 103　正解　⑸・・・・・・頻出度 A A A

「相対高さ制限」はないが，「絶対高さ制限」といわれる次の規定がある．

建築基準法第 55 条　第一種低層住居専用地域，第二種低層住居専用地域又は田園住居地域内においては，建築物の高さは，10 m 又は 12 m のうち当該地域に関する都市計画において定められた建築物の高さの限度を超えてはならない．

-⑴　道路からの高さ制限（**103-1 図**

参照）

境界線より後退しない場合

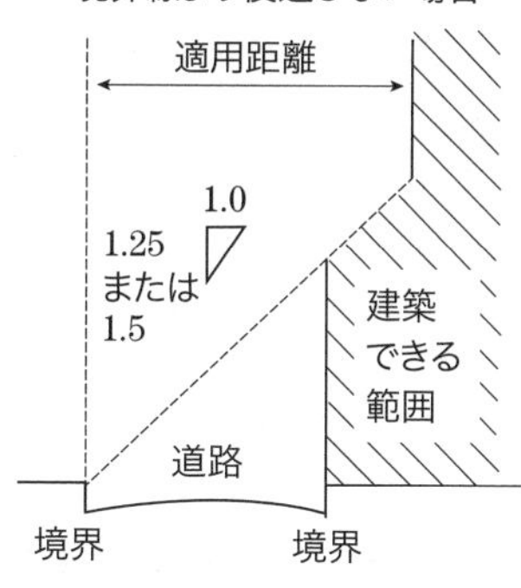

103-1 図　道路からの高さ制限

-⑵　隣地境界からの高さ制限（**103-2 図**参照）

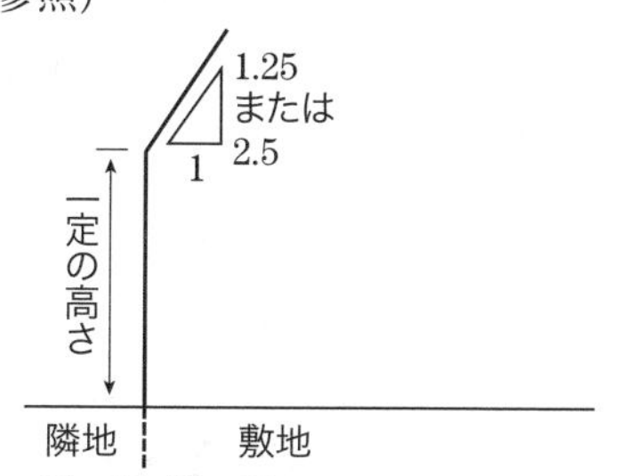

第一種, 第二種
低層住居専用地域を除く

	勾配	一定の高さ
住居系地域	1∶1.25	20 m
商業系・工業系地域	1∶2.5	30 m

103-2 図　隣地境界からの高さ制限

-⑶　北側からの高さ制限（**103-3 図**参照）

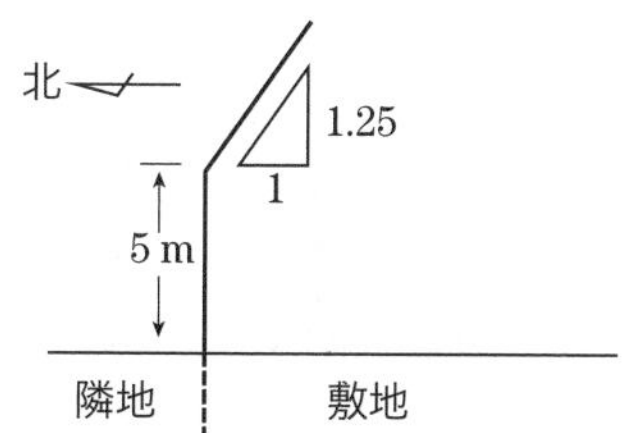

第一種・第二種低層住居専用地域

103-3 図　北側からの高さ制限

-⑷　日影による中高層建築物の高さ制限（**103-4 図**参照）

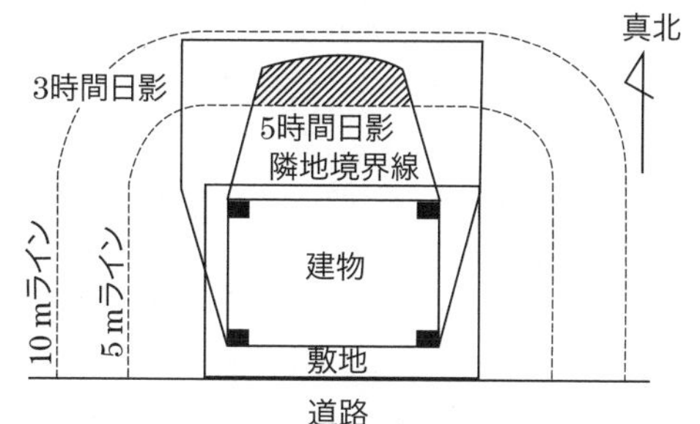

規制時間以上日影を出してはいけない部分

103-4 図　日影による中高層建築物の高さ制限

問題 104　正解　⑶, ⑸※　**頻出度** A A A

※　試験実施者から正答一覧が発表された際に，正解となる選択肢が複数あったと付記された．

-⑶　全て該当する．「観覧場」は屋根のあるなしに関わらず建築物である.「学校」は特殊建築物の定義の最初に例示されている．「基礎」は構造耐力上主要な部分に当たる．下記に条文を挙げる．

「建築物　土地に定着する工作物のうち，屋根及び柱若しくは壁を有するもの（これに類する構造のものを含む.），これに附属する門若しくは塀，観覧のための工作物又は地下若しくは高架の工作物内に設ける事務所，店舗，興行場，倉庫その他これらに類する施設（鉄道及び軌道の線路敷地内の運転保安に関する施設並びに跨(こ)線橋，プラットホームの上家，貯蔵槽その他これらに類する施設を除く.）をいい，建築設備を含むものとする.」（建築基準法第 2 条第 1 項第一号).

「特殊建築物　学校（専修学校及び各種学校を含む．以下同様とする.），体育館，病院，劇場，観覧場，集会場，展示場，百貨店，市場，ダンスホール，遊技場，公衆浴場，旅館，共同住宅，寄宿舎，下宿，工場，倉庫，自動車車庫，危険物の貯蔵場，と畜場，火葬場，汚物処理場その他これらに類する用途に供する建築物をいう．」（建築基準法第2条第1項第二号）．

特殊建築物は，不特定多数の人々が利用する建物で，いったん火災などの災害が起きると大惨事になる危険性が大きい建築物や，環境衛生上，周辺地域に大きな影響を与える建築物である．

特殊建築物に対しては，建築基準法・同施行令のさまざまな技術基準によって，一般の建築物より厳しい規制が課されている．

「構造耐力上主要な部分　基礎，基礎ぐい，壁，柱，小屋組，土台，斜材（筋かい，方づえ，火打材その他これらに類するものをいう．），床版，屋根版又は横架材（はり，けたその他これらに類するものをいう．）で，建築物の自重若しくは積載荷重，積雪荷重，風圧，土圧若しくは水圧又は地震その他の震動若しくは衝撃を支えるものをいう．」（建築基準法施行令第1条第1項第三号）．

-(1)「事務所」は特殊建築物ではない．出題された特殊建築物でないもの：警察署，消防署，事務所，戸建て住宅．

-(2)「鉄道線路敷地内の跨線橋」は建築物に該当しない．

「屋根」≠構造耐力上主要な部分．条文にある屋根版（いた）とは，屋根の荷重を支える部分（野地板や屋根スラブ）．

-(4)「駅舎のプラットホーム上家」は建築物に該当しない．

-(5)厳密には「床」≠「床版（しょうばん）」．床版は床の荷重を支える部分（根太や床スラブ）．

「構造耐力上主要な部分」と建築基準法第2条第1項第五号の「主要構造部」を混同しないこと．「主要構造部」は，主に防火の観点から定められている．

「主要構造部　壁，柱，床，はり，屋根又は階段をいい，建築物の構造上重要でない間仕切壁，間柱，付け柱，揚げ床，最下階の床，回り舞台の床，小ばり，ひさし，局部的な小階段，屋外階段その他これらに類する建築物の部分を除くものとする．」

問題105　正解　(3)……頻出度AAA

JIS Z 8141：2022「生産管理用語」の「設備ライフサイクル」の定義は，「設備の計画，設計，製作，調達・運用，及び保全を経て，廃却又は再利用までを含めた全ての段階及び期間」である．

注釈として「設備のライフサイクルを通じての経済性の管理を行うことをライフサイクル管理という．ライフサイクル全体を通して必要なコストをライフサイクルコストという．」と記されている．

-(1) PDCAサイクルとは，Plan（計画），Do（実行），Check（測定・評価），Action（対策・改善）の仮説・検証型プロセスを循環させ，マネジメント（業務管理）の品質を高めようという概念．1950年代から普及してきた．

-(2)は，日本ファシリティマネジメント協会の「公式ガイド　ファシリティマネジメント」の定義．

-(4)冷凍サイクルでは，COP＝(冷凍効果)/(圧縮機の仕事量）であるが，COPが6を超える冷凍機が開発されている．

-(5)インターロックの例：動作中の機械から一定の範囲内に人間が立ち入ったことをセンサが感知したとき，機械の動作を停止させる仕組み「応用情報技術者試験 2021- 午前問 13」.

給水及び排水の管理
問題 106～問題 140

問題 106　正解　(1)・・・・・・**頻出度**AAA

水の比体積は，[m^3/kg]．水の密度 [kg/m^3] の逆数である．水の比体積は温度約 4 °C で最少となる．

よく出題される給排水関連の単位は**共通資料 6** 参照.

-(5)　[L/(床・日)] の床は病床（ベッド）のことである．病院の設計給水量は 1 500 ～ 3 500 L/(床・日) である.

問題 107　正解なし・・・・・・**頻出度**AA

※　試験実施者から正答一覧が発表された際に，正解となる選択肢がなかったと付記された.

専用洗浄弁式は小便器に限らない（自動洗浄弁内蔵式の小便器を JIS では専用洗浄弁式と呼んでいるが，近年普及してきたタンクレスの大便器を専用洗浄弁式ということがより一般的である.）.

問題 108　正解　(3)・・・・・・**頻出度**AAA

逆サイホン作用とは，水受け容器中に吐き出された水，使用された水，またはその他の液体が給水管内に生じた負圧による吸引作用のため，給水管内に逆流することをいう．吐水口空間の確保またはバキュームブレーカを設置することで防ぐ.

排水管内の正圧により，器具側に封水が吹き出す現象は，トラップの破封の原因の一つで，「はね出し」と呼ばれる.

2020-128

-(1)　メカニカル接合は，フランジ接合が代表的.

問題 109　正解　(3)・・・・・・**頻出度**AAA

総トリハロメタンの水質基準値は，「0.1 mg/L 以下であること」（**共通資料 1** 参照）.

問題 110　正解　(5)・・・・・・**頻出度**AAA

塩素消毒の効果が高いのは，酸性側である.

塩素の消毒効果は溶液の pH（水素イオン指数）の影響を大きく受ける．塩素は水中で次亜塩素酸（HOCl）または次亜塩素酸イオン（OCl^-）として存在する．これらを遊離残留塩素といい，強い殺菌力（酸化力）があり，対象物を酸化し自らは還元される．水の pH 値によりその存在比率は変化し，酸性側では大部分が HOCl であり，アルカリ側では OCl^- となる．HOCl は電気的に中性で病原体の細胞膜を通過できるが，マイナスに荷電した OCl^- は，微生物表面の荷電状態（普通はマイナスに荷電している）の影響を受けて細胞内に侵入できず消毒力は弱い（HOCl の 100 分の 1 程度）．従って塩素の消毒効果は pH 値の低い酸性側で高く，pH 値の高いアルカリ側で急減する（pH5 程度で最も消毒効果が高い（pH7 が中性））.

塩素消毒の特長を **110-1 表**（次のページ）に示す.

-(1)　CT 値は 2020-109 参照.

問題 111　正解(4)・・・・・・・・**頻出度**AAA

常時圧力がかかる配管部分に設置するのは，圧力式バキュームブレーカである．大気圧式バキュームブレーカは最終弁の二次側が大気に開放されている大便器洗浄弁などに用いる.

給水管に生じた負圧によって汚水が逆流する逆サイホン作用を防止するには，

110-1 表　塩素消毒の特徴

長所	短所
・消毒効果が多種類の微生物に対して期待できる． ・多量な水に対する取り扱いと定量注入が容易である． ・消毒効果が残留する． ・塩素剤の残留の確認と濃度の定量が簡単にできる． ・塩素剤の中には取扱いが簡単で緊急時の使用に適しているものがある． ・維持管理が容易で安価である．	・有害な有機塩素化合物が副生成される． ・刺激臭を有し，異臭味が生じる． ・特定の物質と反応して臭気を強める． ・溶液の pH の影響を受け，アルカリ側で消毒効果が急減する． ・窒素化合物と反応すると消毒効果が減少する． ・懸濁物質が存在すると，微生物と塩素の接触が阻害され効果が低下する．

吐水口空間の確保とバキュームブレーカの設置がある．

水受け容器では，逆サイホン作用の防止のために吐水口空間を確保するのが基本であるが，吐水口空間が取り難い場合は，給水管の負圧を防止するためにバキュームブレーカを給水弁等に取り付ける．給水管内が負圧になるとバキュームブレーカから空気が流れ込み負圧を解消する．

二次側が大気に開放された大便器洗浄弁のような場合は，大気圧式でも給気可能で逆流を防止できるが，弁の二次側も圧力がかかっているような配管では，大気圧式では給気できないので，一次側，二次側の圧力差で逆止弁と吸気弁を作動させる圧力式バキュームブレーカを用いる．床埋め込み式の散水栓などに利用する（**111-1 図**，**111-2 図**参照）．

111-1 図　大便器洗浄弁の大気圧式バキュームブレーカ[3]

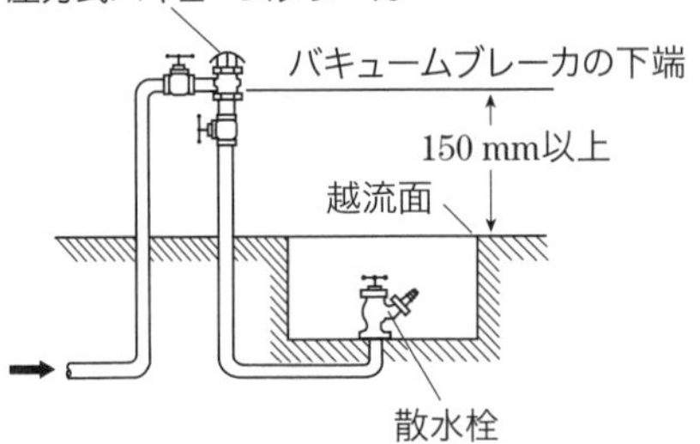

111-2 図　圧力式バキュームブレーカの設置例[4]

大気式，圧力式，いずれの場合も，器具のあふれ縁から 150 mm 以上の高さに取り付ける．

-(5)　貯水槽の迂回壁．　2021-113

問題 112　正解　(1)••••••頻出度 A A A

少し考えれば当たり前だが，揚水ポンプは高置水槽の水位で運転する（**112-1 図**参照）．

受水槽の水位制御には定水位弁が用いられることもある（**112-2 図**）．

-(2)〜-(5)　給水方式については **112-1 表**，**112-3 図**参照．

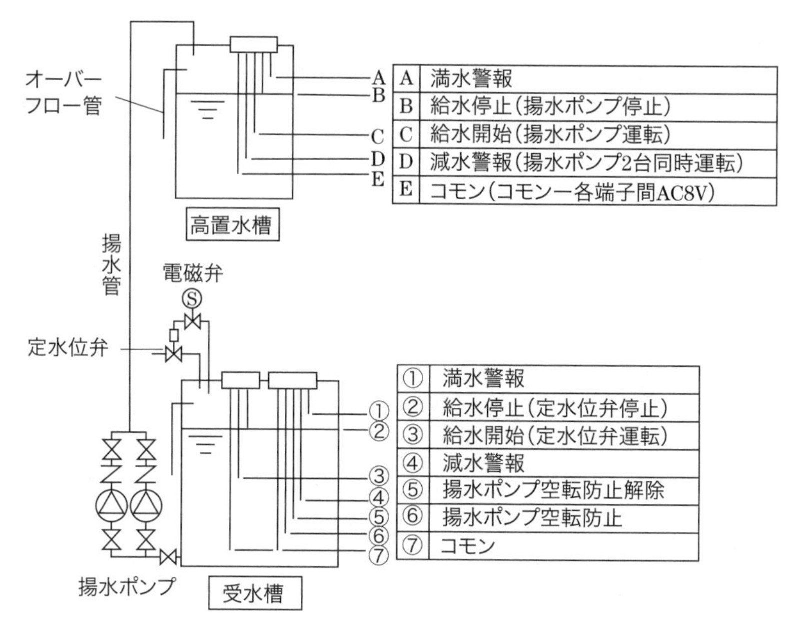

112-1 図　高置水槽方式の水位制御

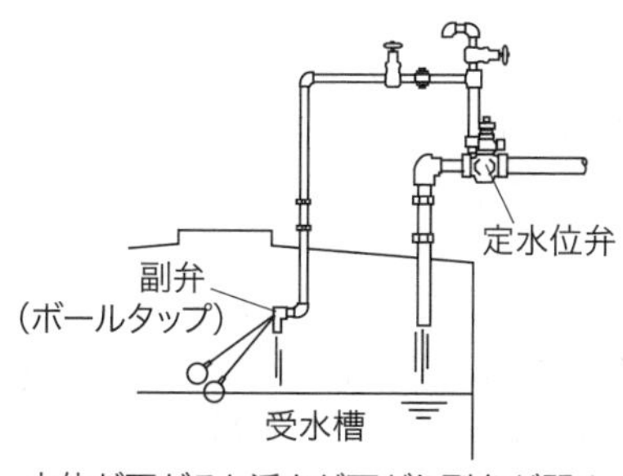

112-2 図　定水位弁

112-1 表　直結方式と貯水槽方式

水道直結方式	直結直圧方式	タンクレス
	直結増圧方式	
受水槽方式	高置水槽方式	受水槽＋高置水槽
	圧力水槽方式	高置水槽なし
	ポンプ直送方式	

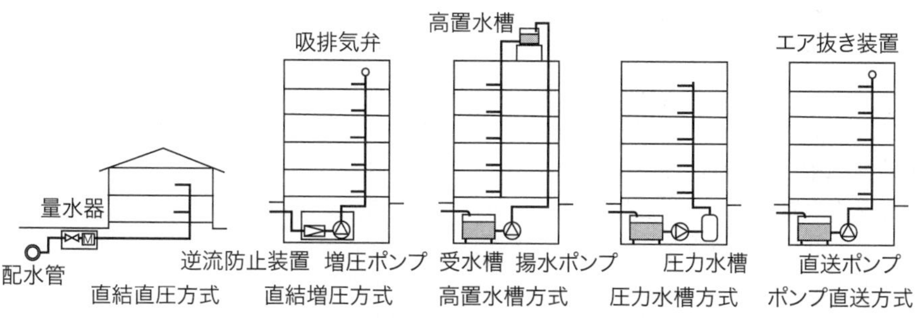

112-3 図　給水方式

「直結直圧方式」は，配水管の圧力によって直接各所に給水する方式．配水管の水圧により揚水できる高さが決まってしまう．水道施設の技術的基準を定める省令では配水管（水道本管）から（需要場所の）給水管に分岐する箇所での配水管の最小動水圧が 150 kPa を下らないこと（ただし，給水に支障がない場合は，この限りでない）と定めている．引込み管径は配水管径による制約があるが，機械室スペース等は不要で，設備費は一番低廉である．給水の汚染の危険性も一番少ない．維持管理は容易であるが，配水管が断水すると即給水不能となる．適用できる建物は小規模で通常 2 階まで，高圧給水で最大 5 階までである．

「直結増圧方式」は，タンクレスなので簡易専用水道に該当しない．従来なら非衛生になりがちな 10 m^3 以下の小規模受水槽の建築物に対する方式として開発された．引込み管に増圧ポンプを設け，配水管の水圧に関係なく中高層（10 階程度まで）の中規模の建築物まで適用できるようにしたもの．引込み管径は受水槽方式より大きくする必要があるが，配水管の給水圧力の低下を防ぐため引込み管径（量水器口径）に制限がある．危険物を扱う工場などは水道事業体によっては認められない場合がある．増圧装置は比較的高価で，水道本管への逆流を防止するための装置が必要である．増圧ポンプは，ポンプ本体，少流量時のポンプ起動回数抑制のための小容量の圧力水槽，制御盤が組み込まれた，設置スペースが小さくて済むユニット型（加圧ポンプユニット）が多用されている．

増圧装置，減圧逆流防止器は定期的な保守が必要である．給水管内の空気の排出と給水管内が負圧になった場合の逆流防止のために最高位に吸排気弁を設置する．

「高置水槽方式」は，受水槽と高置水槽を揚水ポンプでつないだ簡単な機構の方式である．揚水ポンプは，高置水槽の水位の低下により起動するように制御されている．これまで最も普及した方式で，給水箇所では圧力は安定しているが，高層階で圧力が不足し，下層階で圧力が高くなる欠点がある．給水管径は自由に設計できるが，受水槽，高置水槽，ポンプ設置スペースと広いスペースが必要で，高置水槽の設備費が大きい．水槽が複数あるので汚染の危険が一番大きいが，断水時，受水槽，高置水槽の残留水による一時的な給水が可能である．適用できる建物は小規模から大規模まで可能．水槽の貯留水がクッションとなって一時的に過大な水使用に対応できる．この方式に限らず，水の滞留を避けるため，受水槽方式の受水槽の有効容量は，一般に 1 日最大使用水量の 1/2 とする．高置水槽の有効容量は一般に 1 日最大使用水量の 1/10 とする．

「圧力水槽方式」は，受水槽内の水を給水ポンプにより圧力水槽へ送り，圧力水槽内の空気を圧縮・加圧し，その圧力により給水する方式．ポンプは，水の使用により圧力水槽の水圧が低下すると起動し，一定水圧になると停止するように制御されている．給水箇所で圧力の変動があるのが欠点．現在この方法はほとんど採用されなくなった．次のポンプ直送方式が主流となっている．

「ポンプ直送方式」は，受水槽の水を

直送ポンプ（加圧ポンプユニット）で必要箇所に直接給水する．流量制御はポンプの台数制御，インバータの周波数変換による回転数制御，その組合せ方式などがある．少流量時のポンプの起動・停止の頻度を少なくするための小型圧力水槽を設けている例が多い．給水管径は自由に設計可である．受水槽，ポンプ設置スペースが必要．受水槽加算で直結増圧式より設備費は高い．受水槽での汚染の危険がある．ポンプの停止時や，性能低下時に上層階で給水管内が負圧になりやすいので注意を要する．受水槽，ポンプの維持管理，水質管理が必要である．適用できる建物は小規模から大規模まで可能である．一時的に過大な水使用にも対応できる．断水時，受水槽の残留水による給水が可能である．

問題 113　正解　(3)・・・・・・**頻出度** A A A

ステンレス鋼板製貯水槽は，気相部の腐食対策が必要である（**113-1 表**参照）．

問題 114　正解　(5)・・・・・・**頻出度** A A A

水抜き管には，排水時詰まる恐れがあるので，原則として防虫網は設けない．

貯水槽の構造等は **114-1 図**，**114-2 図**参照．

2 m^3 以上の貯水槽にはほこりその他衛生上有害なものが入らない構造の通気のための装置（通気管または通気笠）を設けなければならない．

内部の高さが 1 m を超えるような貯水槽には内部に梯子を設ける．

原則として貯水槽上部に設置できるのは飲料水の配管だけである．また，貯水槽の内部には飲料水の配管以外を貫通させてはならない．

113-1 表　貯水槽の種類

鋼板製貯水槽	鋼板の一体成形構造に防錆材（エポキシ樹脂）を焼き付けコーティングしたもの，鋼板製パネルにナイロンコーティングしたものをボルトで組み立てるパネル型等がある．	1)　加工性に優れ，価格も比較的安価である． 2)　機械的強度が強く，耐震補強をする必要がない． 3)　防錆理被膜を毎年点検する必要がある．防錆理被膜が破壊されると，本体の鉄の腐食が進行する．
FRP 製水槽 ※ FRP：繊維強化プラスチック	FRP 製貯水槽は軽量で施工性に富み，耐食性があり衛生的であるため，貯水槽の主流となっている．	1)　水槽内照度が 100 lx を超すと，藻類が繁殖しやすい．照度率を 0.1 % 以下にする． 2)　機械的強度は低い． 3)　経年変化による強度劣化があり，また紫外線に弱い． 4)　複合板構造の FRP 製貯水槽では結露による問題はほとんど起こらない．
ステンレス鋼板製貯水槽	強度があり，普通鋼板に比べて板厚を薄くでき，重量も軽く外観もきれい．	耐食性に優れているが，塩素により気相部（水槽の水位面より上部の空気が存在する部分）に腐食が発生することがある． 気相部に耐食塗装を施したり，塩素に強いステンレス鋼板を用いるなどの対策を施す．
木製貯水槽	大型貯水槽には木製のものもある．	1)　木製貯水槽は堅ろうで狭い場所での搬入・現場組立が容易である． 2)　断熱性が良く，結露の心配がない． 3)　形状が円形または楕円形に限定される． 4)　喫水部に腐朽の恐れがある．

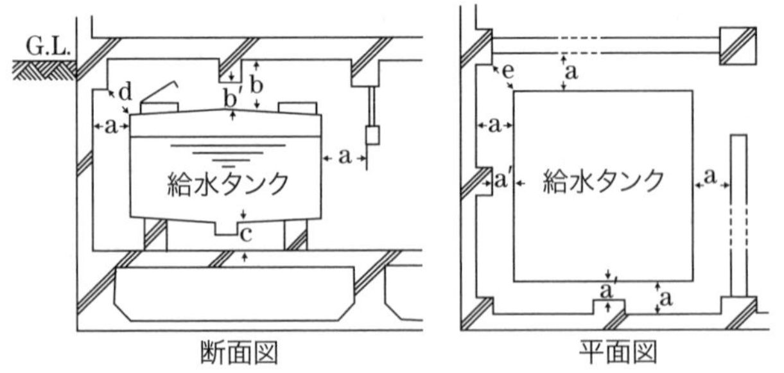

a, b, cのいずれも保守点検を容易に行いうる距離とする.
標準的には, a, c ≧ 60 cm, b ≧ 100 cm
また, 梁・柱等はマンホールの出入りに支障となる位置としてはならず,
a′, b′, d, eは保守点検に支障のない距離とする.

114-1 図　貯水槽　壁・天井からの隔離距離

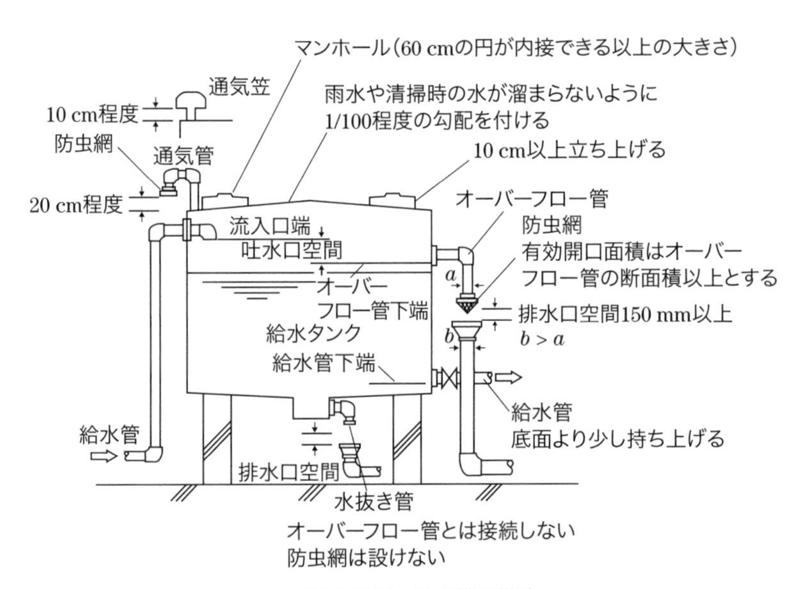

114-2 図　貯水槽の構造

問題 115　正解　(5)・・・・・・**頻出度** A A A

通路を開けた弁体を回転させて開閉するのはボール弁である(**115-1 表**参照).

問題 116　正解　(2)・・・・・・**頻出度** A A A

防錆剤の注入および管理に関する一切の業務は，防錆剤管理責任者が行う.

特定建築物における防錆剤の使用についての規定は次のとおり.

1. 空気調和設備等の維持管理及び清掃等に係る技術上の基準（平成 15 年 3 月 25 日厚労省告示第 119 号）

防錆(せい)剤の使用は，赤水等の対策として飲料水系統配管の布設替え等が行われるまでの応急対策とし，使用する場合は，適切な品質規格及び使用方法等に基づき行うこと.

115-1表　弁[5][6]

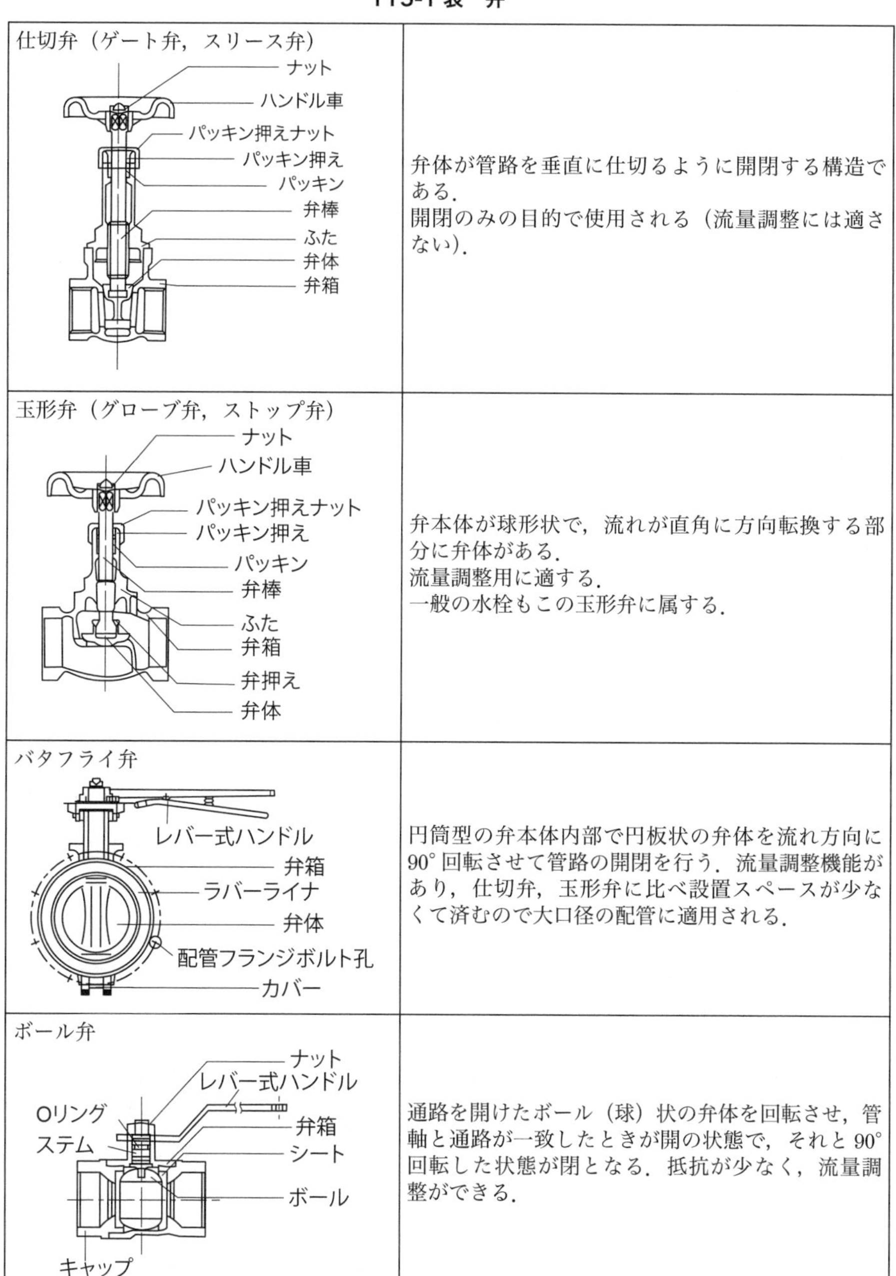

仕切弁（ゲート弁，スリース弁）	弁体が管路を垂直に仕切るように開閉する構造である． 開閉のみの目的で使用される（流量調整には適さない）．
玉形弁（グローブ弁，ストップ弁）	弁本体が球形状で，流れが直角に方向転換する部分に弁体がある． 流量調整用に適する． 一般の水栓もこの玉形弁に属する．
バタフライ弁	円筒型の弁本体内部で円板状の弁体を流れ方向に90°回転させて管路の開閉を行う．流量調整機能があり，仕切弁，玉形弁に比べ設置スペースが少なくて済むので大口径の配管に適用される．
ボール弁	通路を開けたボール（球）状の弁体を回転させ，管軸と通路が一致したときが開の状態で，それと90°回転した状態が閉となる．抵抗が少なく，流量調整ができる．

115-1 表　続き

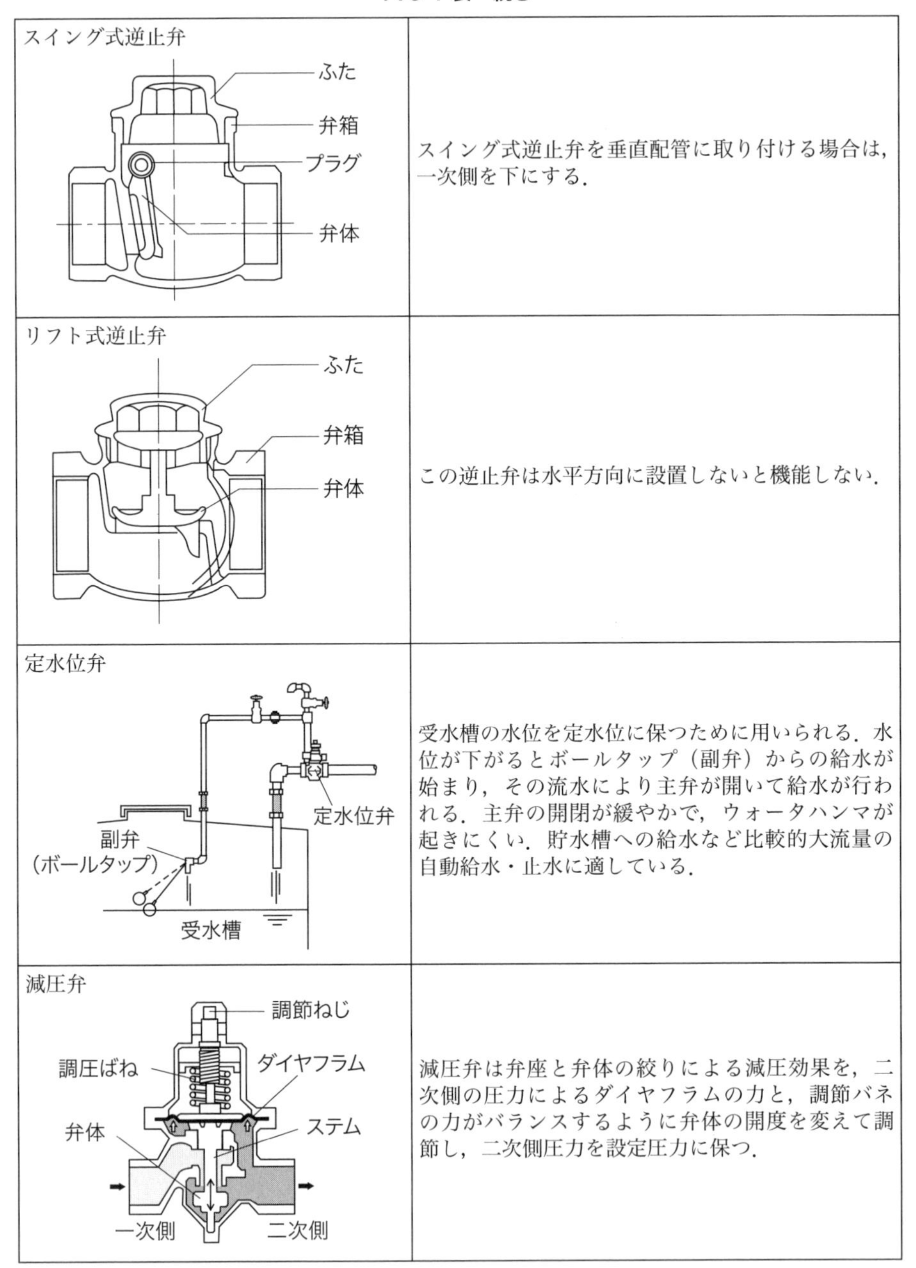

スイング式逆止弁	スイング式逆止弁を垂直配管に取り付ける場合は，一次側を下にする．
リフト式逆止弁	この逆止弁は水平方向に設置しないと機能しない．
定水位弁	受水槽の水位を定水位に保つために用いられる．水位が下がるとボールタップ（副弁）からの給水が始まり，その流水により主弁が開いて給水が行われる．主弁の開閉が緩やかで，ウォータハンマが起きにくい．貯水槽への給水など比較的大流量の自動給水・止水に適している．
減圧弁	減圧弁は弁座と弁体の絞りによる減圧効果を，二次側の圧力によるダイヤフラムの力と，調節バネの力がバランスするように弁体の開度を変えて調節し，二次側圧力を設定圧力に保つ．

※防錆剤協会が定めた給水用防錆剤の適用範囲

① 給水栓から採取した水の色度が5度を超える場合で，その原因が鉄等である場合．

② 給水栓から採取した水の鉄分が0.3 mg/Lを超える場合．

③ 早朝あるいは休日明け等の開栓直後に赤水が認められ，近いうちに赤水が頻繁に出るようになると判断される場合．

2. 建築物環境衛生維持管理要領(同通知)

1) 防錆剤の使用は，赤水等の応急対策とし，平成15年4月15日付健衛発第0415001号厚生労働省健康局生活衛生課長通知で示した品質規格に適合するものを使用すること．給水栓における水に含まれる防錆剤の含有率(以下「防錆剤の濃度」という．)が基準に適合しているかどうか判断するため，定常時においては2月以内ごとに1回防錆剤の濃度を検査すること．また注入初期においては7日以内ごとに1回検査すること．

2) 防錆剤の注入装置は，濃度を安定して維持できる性能を有するもので，かつ，水質の汚染をきたさない材質のものを使用すること．また，運転状況及び性能を定期的に点検し，必要に応じ，整備，補修等を行うこと．

3) 飲料水用の防錆剤の使用について十分な知識及び技能を有する防錆剤管理に係る責任者（以下「防錆剤管理責任者」という．)を選任すること．防錆剤管理責任者は，防錆剤の注入及び管理に関する一切の業務を行うものであること．

4) 防錆剤の使用を開始した日から1月以内に，使用開始年月日，当該特定建築物の名称及び所在場所，使用する防錆剤の種類，防錆剤管理責任者の氏名及び住所を当該特定建築物の所在場所を管轄する保健所長を経由して都道府県知事又は政令市長に届け出ること．また，使用する防錆剤の種類又は防錆剤管理責任者に関する届出事項を変更したときは，その日から1月以内にその旨同様に届け出ること．

問題117　正解 (2)••••••**頻出度**AAA

第2種圧力容器の定期自主検査は，1年以内ごとに行う（ボイラー及び圧力容器安全規則第88条．**117-1表**参照)．

117-1表　ボイラ，圧力容器の性能検査，定期自主検査

ボイラ，圧力容器の種別	性能検査	自主検査
第1種圧力容器ボイラ(小型ボイラを除く)	1年以内ごとに1回，労働基準監督署の性能検査	1か月以内ごとに1回，定期自主検査
小型圧力容器 第2種圧力容器 小型ボイラ	(なし)	1年以内ごとに1回，定期自主検査

問題118　正解 (2)••••••**頻出度**AAA

集合住宅の設計用給湯量はもっと多くて，150～300 L/(戸･日) 程度である(**118-1表**参照)．

-(1) 給湯装置の容量には加熱能力と貯湯容量とがあり，一方を大きくすれば他方を小さくすることができる．貯湯槽の容量が小さいと加熱装置に発停が多くなり，大きいと発停が少なくなる．貯湯槽の容量は通常，ピーク時の必要容量の

118-1 表　建物用途別設計湯量

建物用途	設計値（いずれも年平均1日当たり）
事務所	7 ～ 10 L/ 人
ホテル（客室）	150 ～ 250 L/ 人
総合病院	2 ～ 4 L/m^2
	100 ～ 200 L/ 床
レストラン	40 ～ 80 L/m^2
軽食店（そば，喫茶，軽食）	20 ～ 30 L/m^2
集合住宅	150 ～ 300 L/ 戸
大浴場洗い場	50 L/ 人

1 ～ 2 時間分を目安に，加熱能力とのバランスから決定する．

-(3)　用途別の使用温度は **118-2 表**参照．

118-2 表　給湯・用途別使用温度

使用用途	使用温度 [℃]	備考
飲用	85 ～ 96	実際に飲む温度 50 ～ 55 ℃
入浴	40.1 ～ 40.5	標準 40.5 ℃
手持ちシャワー	40.5 ±1.5	給湯量 8.5±1.5 L/min
壁掛けシャワー	42.0 ±1.5	給湯量 13±1.5 L/min
洗髪	40	給湯量 8.5 L/min
洗顔	37.5	給湯量 8.5 L/min
厨房	45	皿洗い機は 60 ℃，皿洗い機すすぎ 80 ℃
洗濯	39	手洗洗濯
	33 ～ 37	絹および毛織物（機械洗いの場合 38 ～ 49 ℃）
	49 ～ 52	リンネルおよび綿織物（機械洗いの場合 60 ℃）
屋内プール	25 ～ 28	冬期は 30 ℃ 前後（競技に使用する場合 25 ℃ 前後）

なぜか，皿洗い機すすぎ 80 ℃がよく出題される．

-(4)　中央式給湯設備における給湯温度は，レジオネラ症の発生を防ぐために 60 ℃（最低でも 55 ℃）で給湯し，返湯温度も 50 ℃ 以下にならないようにする．維持管理が適切に行われており，かつ，末端の給水栓における当該水の水温が 55 ℃ 以上に保持されている場合は，水質検査のうち，遊離残留塩素の含有率についての検査を省略してもよい．

-(5)　単式の伸縮管継手の設置間隔は，配管がライニング鋼管の場合には 30 m 程度，銅管・ステンレス鋼管の場合には 20 m 程度である．

問題 119　正解　(4)・・・・・・頻出度 A A A

「一体型の集熱器と貯湯槽で構成され，その間で水を自然循環させ加温する．」これは，太陽熱利用温水器の説明である（**119-1 表**参照）．

問題 120　正解　(3)・・・・・・頻出度 A A A

逃し弁の設定圧力を膨張水槽にかかる給水圧力よりも高くする．そうしないと，ポンプが回るたびに水が吹き出す．

加熱による水の膨張量は，密閉式膨張水槽の空気を圧縮して水槽内に吸収される．湯が逃し弁から吹き出すのを避けるために，逃し弁の圧力設定値を膨張水槽にかかる給水圧力よりも高く設定する（ただし，逃し弁の圧力設定値は最高使用圧力の 110 % を超えてはならない）（**120-1 図**参照）．

-(1)　水中の気体の溶解度は，気体の圧力があまり大きくない場合には，その圧力（絶対圧力）に比例する（ヘンリーの法則）．水の圧力が高い場合には溶存空気はなかなか出てこないので，配管中の

119-1表　給湯・加熱装置一覧

	種類	熱源	機能・特徴	備考
直接加熱方式	瞬間湯沸器等の給湯器	ガス 灯油 電気	瞬間式は，水が熱交換器の内部を流れると流水スイッチにより自動的に燃料に点火し，燃焼ガスと熱交換を行って連続的に給湯する．ガス瞬間式のものは，給湯のほかに，風呂用の追い炊き機能を備えたものや，セントラルヒーティング用の回路を内蔵したものがある． 小型の瞬間湯沸器を複数組み合わせて台数運転を行うマルチタイプは給湯量が大きく変動する用途に使用される．	主として住宅用（マルチタイプは業務用）
	貯蔵式湯沸器	ガス 灯油 電気	貯蔵式は，貯蔵部が大気に開放されていて，本体に給湯栓が取り付けられている．90 ℃以上の高温湯が得られ飲用として利用される．貯湯量は，10 ～ 150 L程度．ボールタップにより使用した分だけ水が補給され，設定温度より低下するとサーモスタットの働きにより加熱し設定温度になると停止する．	主として事務所，学校，官庁，飲食店において飲用として利用される．
	電気温水器	電気	電気温水器は，加熱用ヒータ・温度調節装置・密閉式貯湯槽・減圧弁と逃し弁で構成する．貯湯量は，60 ～ 480 L程度．	－
	貯湯式給湯ボイラ	ガス 石油 電気	缶体内部に多量の缶水を保有し，貯湯して給湯する．必要設置面積も比較的少なく，据付けも容易．短時間に多量の給湯ができる．貯湯量に制限があるので，主に，小・中規模の設備に適する．	最近はあまり使用されない．貯湯量が不足する場合には加熱コイルなしの貯湯槽を設ける．
	給湯用貫流ボイラ	ガス 石油	温水を取り出す小型ボイラで，水管群で構成され，耐圧性に優れるが，缶水量が少ない．法規上の区分や取扱い資格は，貯湯式給湯ボイラに比べ大幅に緩和されている．出湯量の変化により出湯温度も変化するので，シャワー設備のある給湯設備，温度条件の厳しい給湯設備には適さない．	給湯負荷流量が一定の場合に使用される．
	真空式温水発生器，無圧式温水発生機＋加熱コイルなし貯湯槽	ガス 石油	真空式温水発生機は，燃焼室，減圧蒸気室，自動抽気装置と熱交換器で構成されている．缶体内を大気圧以下に減圧し，熱媒を蒸発させ内部の熱交換器により蒸気・水の熱交換により湯を供給する．熱交換機の数により，湯だけの1回路，給湯・暖房等の2回路等がある．無圧式温水発生機は，燃焼室，缶体，熱媒ポンプと熱交換器で構成されている．缶体は開放容器構造で，缶体内の圧力が大気圧以上にならないようにしたもの．熱交換器の数により1回路，2回路等がある．	労働安全衛生法の規定によるボイラに該当しない．運転に資格不要．蒸気，地域熱源等のない場合に一般的に使用されている．

119-1表　続き

間接加熱方式	加熱コイル付き貯湯槽	蒸気 温水	貯湯槽に加熱用の熱交換器を組み込んだもので熱交換器に加熱用の蒸気や温水を通すことにより温水を作る．労働安全衛生法の定める第1種圧力容器に該当する．	蒸気等の熱媒が得られる場合に一般的に使用されている．ホテル，病院等に多い．
	熱交換器	蒸気 温水	蒸気や温水を一次側に通し，熱交換により二次側の水を加温する装置で，プレート型，シェルチューブ型がある．熱交換器の材料としては，ステンレスやチタン，銅が使用される．	給湯負荷流量が一定である場合に使用される．
	熱交換器＋加熱コイルなし貯湯槽	蒸気 温水	熱交換により加熱された温水を貯湯槽に貯湯し，給湯する．負荷変動が大きい場合に採用される．	−
太陽熱	太陽熱集熱器＋貯湯槽	太陽熱	一体型の集熱器と貯湯槽で構成され，その間で水を自然循環させ加温する．	バックアップ加熱装置が必要．
未利用熱	未利用熱利用	大気 排熱	ヒートポンプ＋加熱コイルなし貯湯槽 CO_2冷媒のヒートポンプでは，90 ℃で貯湯される．	二酸化炭素冷媒で高いCOP（≒3.0）の製品がある．
直接混合方式	気水混合装置	蒸気	タンク内に，気水混合装置を挿入し，蒸気を直接水に吹き込み加熱する．サイレンサと呼ばれる．	最近の使用例は少ない．

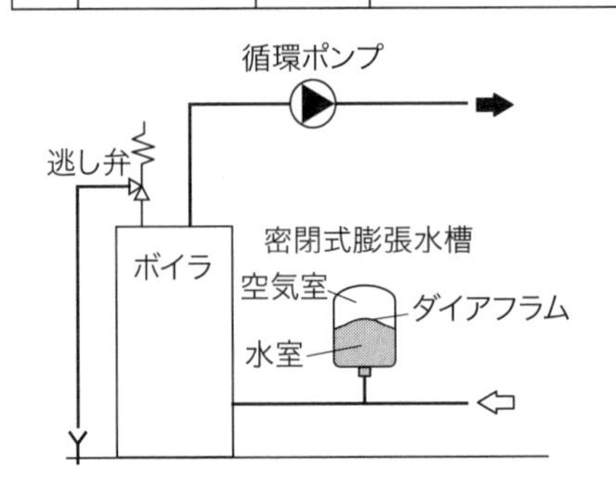

120-1図　密閉式膨張水槽の設置・配管例

湯に含まれている溶存空気を自動空気抜き弁によって抜くためには，圧力の低いところ，すなわち位置的に一番高い場所に自動空気抜き弁を設置する必要がある．

-(2)　比重の違う逃し管の湯と補給水管の水を重量的にバランスさせ，逃し管から湯が流れ出ないようにするために，逃し管は補給水槽の水面より高く立ち上げる（**120-2図**参照）．

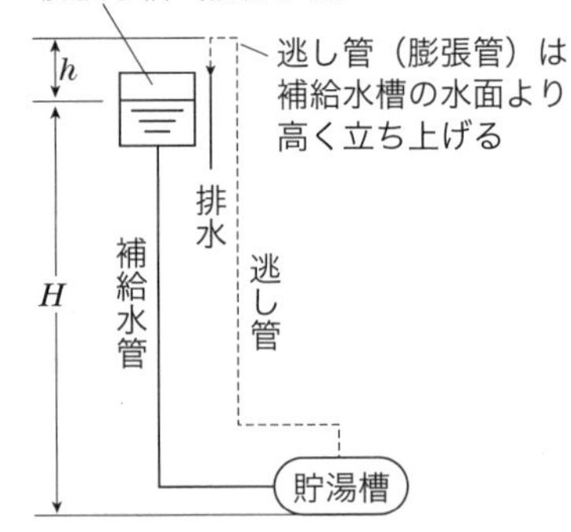

120-2図　逃し管の立上げ高さ

立上げ高さは次式によって求めることができる．

$$h > \left(\frac{\rho_c}{\rho_h}\right) \times H$$

ただし，h：逃し管の補給水槽の水面から立上げ高さ [m]，ρ_c：水の密度 [kg/m³]，ρ_h：湯の密度 [kg/m³]，H：補給水槽水面から加熱装置の最低部までの高さ [m].

問題 121　正解　(4)・・・・・・頻出度 A A A

湯と水を別の水栓にすると，適温適量を得るのに時間が掛かりエネルギーを浪費する．混合水栓が省エネである．

問題 122　正解　(1)・・・・・・頻出度 A A A

ステンレス鋼管は，銅管などと同じように，酸化被膜による母材の不動態化によって耐食性を維持しているが，フランジの接合部などの隙間には普段水・湯が流通せず，酸素の供給が不十分となり，隙間外部との間で酸素濃度に差が生じる．隙間内部の酸素濃度の低い方がアノード，高い方がカソードとなる酸素濃淡電池回路が成立し，塩化物イオンなどが存在すれば，隙間内部の不動態皮膜が破壊され，隙間腐食が進行する（**122-1 図**参照）.

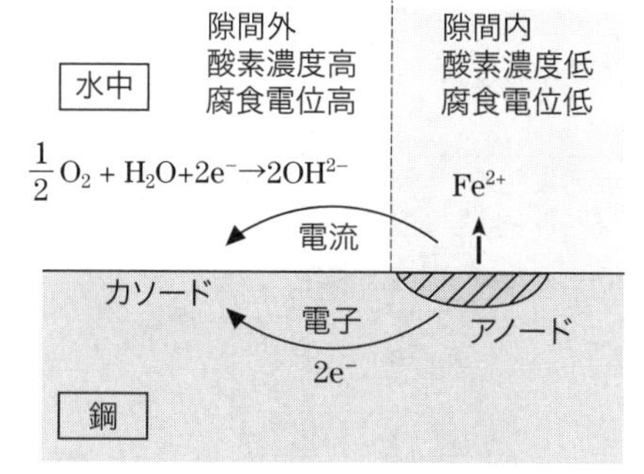

$$Fe + H_2O + \frac{1}{2}O_2 \rightarrow Fe(OH)_2$$

$$2Fe(OH)_2 + \frac{1}{2}O_2 + H_2O \rightarrow 2Fe(OH)_3 \rightarrow Fe_2O_3 + 3H_2O$$

Fe_2O_3　酸化第二鉄（赤さび）

122-1 図　隙間腐食（鋼材の例）

-(2)　金属に引張応力が残存していると，不動態被膜が振動や酸によって破壊され腐食が進行することがある．これを応力腐食あるいは応力腐食割れという．応力が残存しやすい，硬いステンレス鋼に発生する（軟らかい銅は応力が残存しにくいので発生は少ない）.

-(3)　銅管においては，一過式配管や返湯管を設けていない給湯管においては腐食の発生がほとんどないが，常時湯が循環している中央式給湯配管においては腐食が発生する場合がある．

銅管の腐食には潰（かい）食と孔食とがある．管内の水の流速が速いと酸化被膜が形成されず，流れ方向にえぐられたような潰食といわれる腐食が生じる．伸張性に富む＝軟らかい銅は特に要注意で，管内の流速を他の配管材より小さくする．給湯管の流速は一般的に 1.5 m/s 以下とされるが，銅管の返湯管では潰食を考慮して 1.2 m/s 以下とする．

問題 123　正解　(2)・・・・・・頻出度 A A A

伸縮吸収量が大きいのは，スリーブ形伸縮管継手である．

伸縮管継手は給湯配管の熱伸縮を吸収するもので，スリーブ型とベローズ型がある．伸縮吸収量はスリーブ型の方が大きい．

スリーブ型伸縮管継手（**123-1 図**）は，スリーブがパッキン部を滑って管の伸縮量を吸収する形式で，伸縮の吸収量が最大 200 mm 程度と大きい．ただし伸縮吸

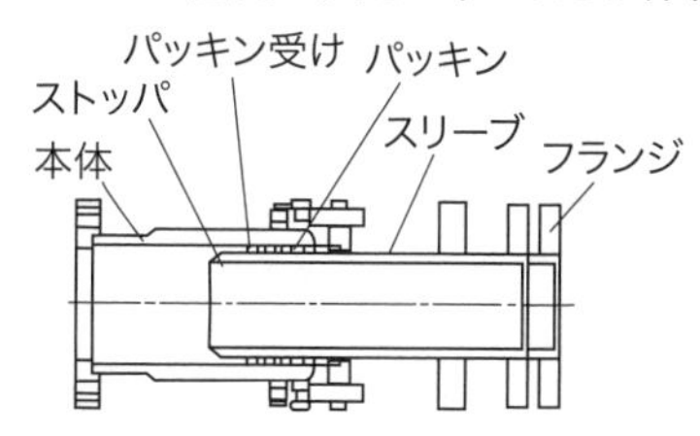

123-1 図　スリーブ型伸縮管継手(5)

収量の大きい場合は，枝管接続部に過大な応力が作用するので注意が必要である．

ベローズ型伸縮管継手（**123-2 図**）は，ベローズで管の伸縮を吸収する形式である．ベローズが一つの単式と二つ組み合わせた複式がある．材質としてはほとんどがステンレス鋼製である．正常な状態では漏水することはないが，ベローズが腐食や疲労破壊して漏水することがある．複式は，両側の伸縮量を吸収する．ベローズ型伸縮管継手の最大伸縮量は，複式で 70 mm 程度，単式で 35 mm 程度である．

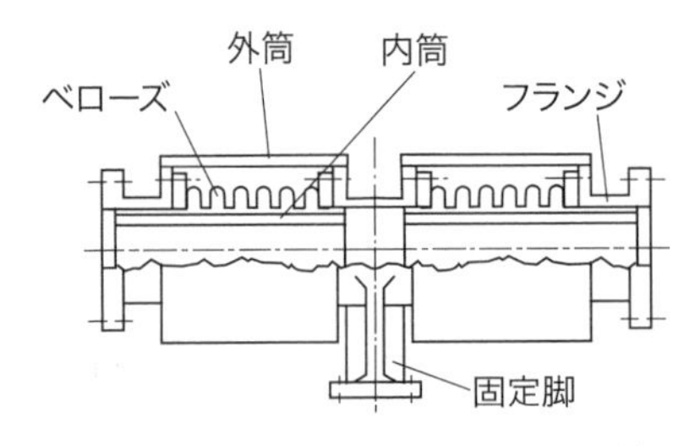

123-2 図　ベローズ型伸縮管継手(5)

-(3)　中央式給湯設備では，蛇口をひねったらすぐにお湯が出てほしい．そのために湯を循環させながら熱を供給し，配管に冷めたところがないようにする．保温のための循環量はわずかでよいので，循環させるための返湯管は給湯管の，普通半分程度の径で施工されている．そのままで湯を循環させると，給湯循環ポンプから一番遠い系統には，配管抵抗でほとんど流れなくなって冷めてしまうので，循環量を各系統均一に流れるように調節しなければならない．弁を設けて循環量を調節すればよいが，給湯管で調節すると，給湯のピーク時に給湯量が不足する系統が発生するので，必ず返湯管に設けた弁で調節する．弁は流量調節機能をもった玉型弁や定流量弁を用いる．

問題 124　正解　(5)・・・・・・**頻出度** A A A

雨水利用率は雨水利用量/雨水集水量である．雨水利用量/使用水量は上水代替率という． 2021-126

-(1)　雑用水とは人の飲用その他それに準じる用途（調理，洗面，手洗い，浴用，洗濯等生活の用に供するもの）以外の用途に供される水の総称であり，建築物内で発生した排水の再生水，雨水，下水道事業者の供給する再生水，工業用水等をいう．雑用水のシステムには，個別循環方式，地区循環方式，広域循環方式がある（**124-1 表**，**124-1 図**，**124-2 図**，**124-3 図**参照）．

124-1 表　雑用水システム

個別循環方式	個別建物内で循環する．
地区循環方式	比較的まとまった地区の複数の建築物において，処理水を雑用水に利用する．
広域循環方式	公共下水道等からの下水の処理水を広い地域の建築物に供給し，水洗便所の用に利用する．

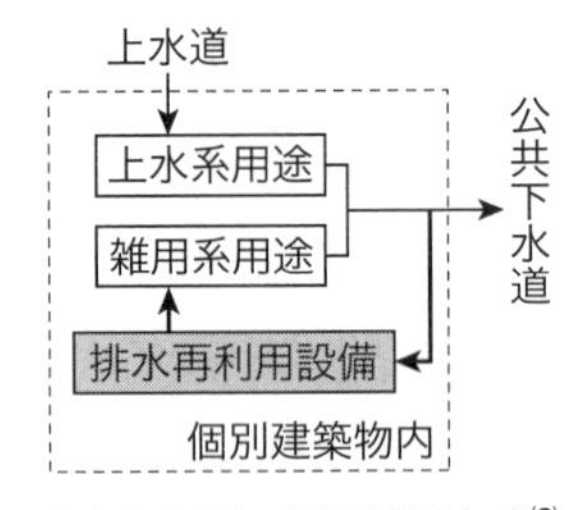

124-1 図　個別循環方式(6)

いずれも，多元給水の要求に答えようとするもので，上水道の負荷の軽減を主目的とする．

個別循環方式，地区循環方式では下水道の負荷軽減もともなうが，下水道の終

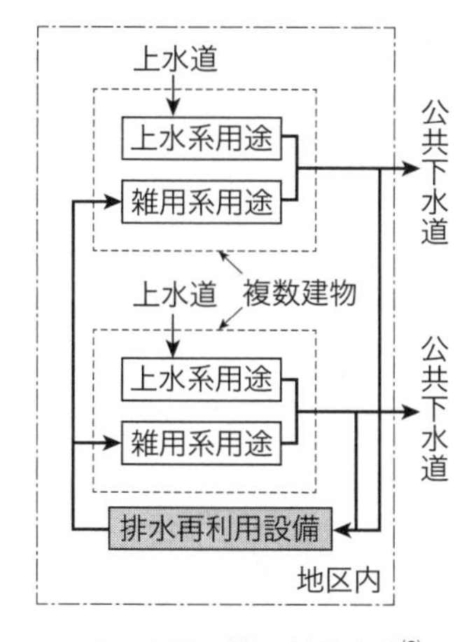

124-2 図　地区循環方式(6)

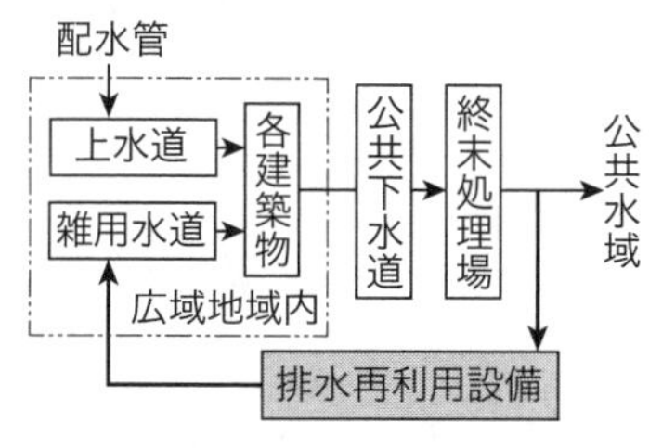

124-3 図　広域循環方式(6)

末処理場の処理水を雑用水とする広域循環方式では下水道負荷の軽減にはつながらない．

-(2)　上水の補給水は，クロスコネクションとならないように，吐水口空間を取って給水する．

-(4)　スライムの付着量は上水系と比較して多い．付着したスライムは残留塩素を多量に消費する．

2021-124

問題 125　正解　(2)・・・・・・**頻出度** AAA

125-1 図の標準的フローシートを見ると，スクリーンの後は共通して「流量調整槽」なので，答えは -(2)か -(4)となるが，-(4)の沈砂槽は見当たらないので，-(2)が正解となる．

排水再利用施設の単位装置について**125-1 表**（次ページ）．

問題 126　正解　(3)・・・・・・**頻出度** AAA

膜分離活性汚泥処理装置は，処理水を直接吸引ろ過するため，汚泥と上澄み水を分離する沈殿槽が不要である（前問の125-1 図参照）．

-(2)　膜分離活性汚泥処理装置・槽内浸漬（しんし）型 **126-1 図**参照．

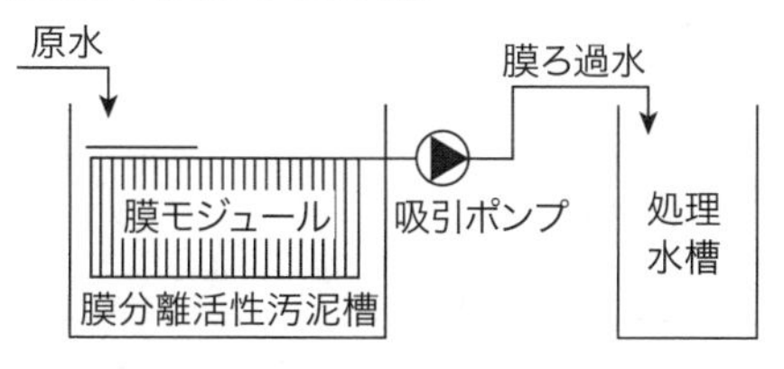

126-1 図　膜分離活性汚泥処理装置・槽内浸漬型

排水再利用施設の膜処理では主に精密ろ過膜（MF 膜），限外ろ過膜（UF 膜）が用いられる．逆浸透膜（RO 膜）はより清澄な水を必要とする，人が触れる親水施設や工業用水を得るのに用いられる．精密ろ過膜の除去対象は，濁質，菌

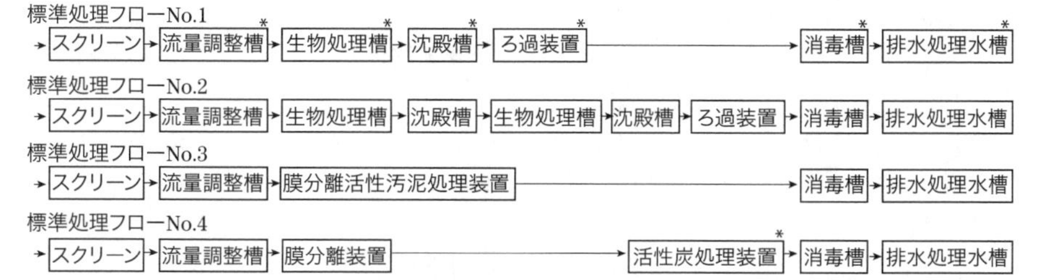

125-1 図　排水再利用施設の標準的フローシート(7)

2022 年解答・午後

125-1 表　排水再利用施設の単位装置

スクリーン	原水中の夾（きょう）雑物を除去するために設置する有効間隔 20 mm 程度の細目スクリーンと有効間隔 0.3 mm ～ 2.5 mm 程度の自動の微細目スクリーンがある．原水中の土砂類を除去する沈砂槽で構成される．
流量調整槽	処理装置に流入する原水の流量や水質の変動を吸収調整し，原水を均等に次の工程に移送し処理の安定化を図るため．容量は，必要再利用水を基準に選定する．
生物処理槽	原水中の有機物等を微生物の働きで分解除去するために設置する．微生物の活動に必要な酸素を十分に供給する構造で，ばっ気槽，接触ばっ気槽，回転板接触槽，生物ろ床槽，超深層ばっ気槽，回分ばっ気槽などの方式がある．
沈殿槽	ばっ気槽等の流出水中から活性汚泥を，接触ばっ気槽，回転板接触槽等の生物膜処理槽の流出水中からは生物膜汚泥を沈殿分離し清澄な上澄水を流出させる．
ろ過装置	沈殿槽で分離できない浮遊物を除去するために設置する．ろ過装置としては圧力式ろ過，繊維ろ過，凝集ろ過，浮上ろ過などがある．
消毒槽	接触塩素消毒装置．
排水処理水槽	排水再利用水を貯留する．
膜分離活性汚泥処理装置	生物処理と SS 分離能力の高い精密ろ過膜（MF 膜）などの分離膜を組み合わせることで，安定して高い BOD 除去効率が得られる．膜ろ過は処理水を減圧して行う．
活性炭処理装置	多数の微細孔が互いに連絡した内部構造をもつ炭素物質で，微細孔は 1 g 当たり 1 000 m^2 程度の面積があり，水中の有機物質，色度，臭気や界面活性剤を吸着・除去する．排水再刊用では，一般的に粒状の活性炭が使用されている．

類，限外ろ過膜はコロイド，たんぱく質，高分子物質である．逆浸透膜は塩類，イオン等の溶解成分を除去対象とする．

槽内浸漬型の膜分離活性汚泥処理装置は，生物処理槽内に浸漬した MF 膜モジュールで固液分離を行う．浮遊物質（SS）を含まない良質な処理水が得られる．槽内へのばっ気は，活性汚泥への酸素供給のほか，MF 膜表面の洗浄も兼ねている．

問題 127　正解　(4)・・・・・・**頻出度** A A A

排水用耐火二層管の内管は，硬質ポリ塩化ビニル管である（**127-1 図**，**127-1 表**参照）．

排水用耐火二層管は，建築基準法令や消防法で規定される防火区画を貫通する配管工法に使用することが認められている（別名トミジ管）．

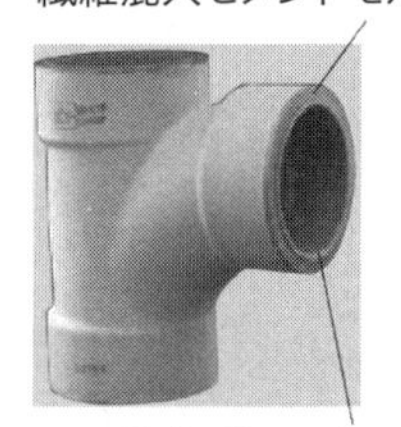

127-1 図　排水用耐火二層管[8]

-(1)　排水用ポンプについては，2021-131 ．

-(3)　防水床用排水トラップの水抜き孔 **127-2 図**参照．

-(5)　阻集器の入口側にトラップを設

127-1表　主な排水用管材

管種・名称	用途	備考
排水用鋳鉄管	汚水，厨房排水用	耐食性は大であるが，重い．メカニカル形と差し込み形がある．
配管用炭素鋼管（水配管用亜鉛メッキ鋼管）	厨房排水を除く雑排水管，通気管	黒管と白管のうち，排水用には白管を用いる．腐食しやすい．
排水用硬質塩化ビニルライニング鋼管	汚水，雑排水用	鋳鉄管に比べ軽く取扱いが容易．ねじ切りはできない．排水鋼管用可とう継手(MD継手）と組み合わせて使用する．
硬質ポリ塩化ビニル管(VP管，VU管）	埋設管に広く使用される．一般にはVPを使用する．	水圧試験圧力VP：2.5 MPa，VU：1.5 MPa．伸縮による疲労割れが起こりやすい．
排水用耐火二層管	排水，通気管用	外管：繊維モルタル管内管：硬質ポリ塩化ビニル管
鉄筋コンクリート管	一般には下水道で使用される．	敷地内では，外圧が大きい場合の埋設管として用いる．

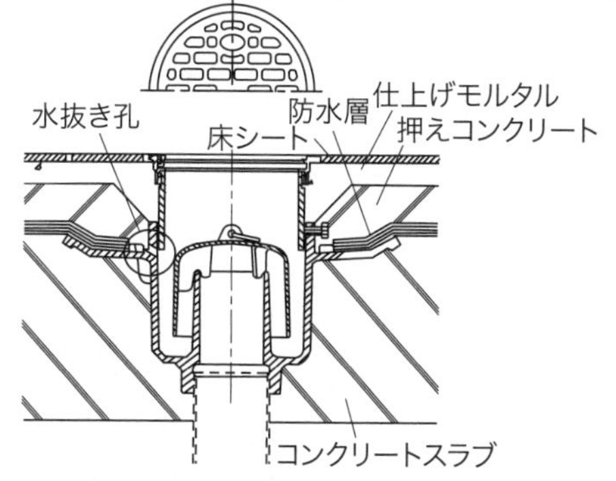

127-2図　防水床用排水トラップの水抜き孔

けたら，すぐ詰まってしまう．

問題128　正解　(3)・・・・・・**頻出度**AAA

ループ通気管は，最上流の器具排水管を排水横枝管に接続した位置のすぐ下流からとする（**128-1図**参照）．

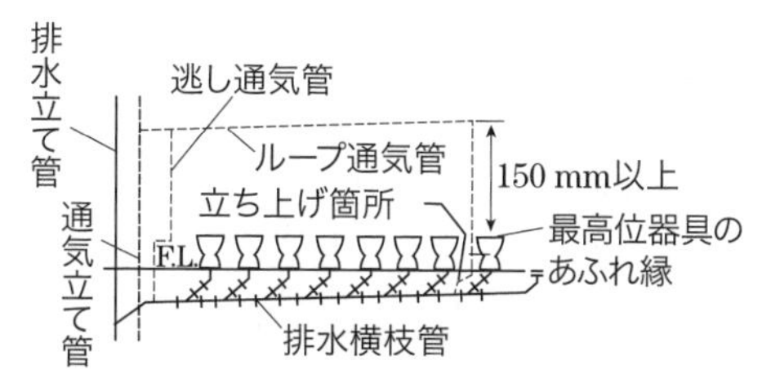

128-1図　ループ通気方式

上流部分はいったん汚物が入ると，普段水が流れないので洗浄されず詰まる危険が大きい．

なお，ループ通気では，多層建物の最上階を除くすべての階の大便器または類似の器具8個以上を受け持つ排水横枝管はループ通気管を設けるほかに，その最下流における器具排水管が接続された直後の排水横枝管の下流側に，逃し通気管を設ける．

通気設備は，普段目にすることは少ないが，建物からの円滑な排水のためには必要不可欠な設備である．

通気設備の目的は，

1. 通気することによって排水の流下による排水管内の圧力変動を緩和し排水の流れを円滑にする．
2. 圧力変動，サイホン作用からトラップの封水を保護する．
3. 排水管内の換気

通気方式には各個通気方式，ループ通気方式，伸頂通気方式，特殊継手排水システムがある（**128-2図**）．

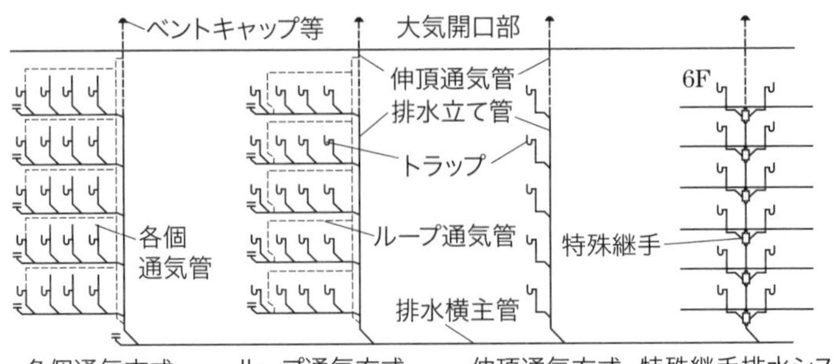

128-2 図 通気方式

ブランチ間隔※が 3 以上の排水立て管でループ通気方式または各個通気方式を設ける場合は，通気立て管を設け 2 管式とする.

※ ブランチ間隔 次問解説参照.

-(1) 排水横枝管から通気管を取り出す角度 **128-3 図**参照.

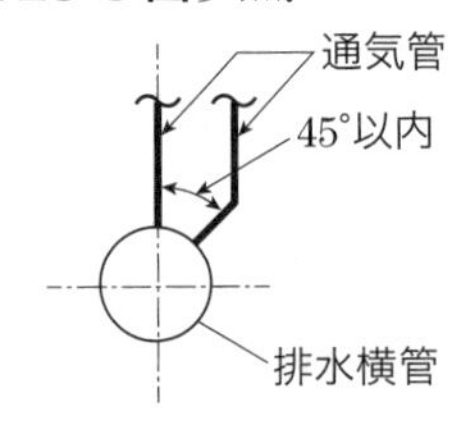

128-3 図 通気管を取り出す角度

-(2) 器具排水管から各個通気管を取り出す方法 **128-4 図**参照.

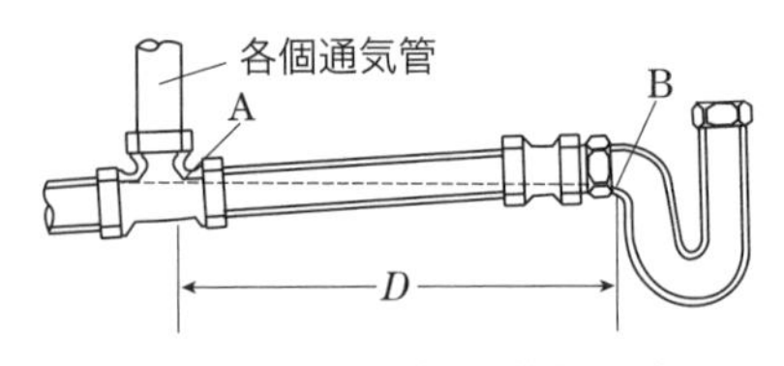

1) 頂部通気の禁止($D \geqq$ 管径 × 2)
2) A点は，トラップウェアB点より引いた水平線より下がってはいけない

128-4 図 器具排水管から各個通気管を取り出す方法

通気管の取り出し箇所がトラップの

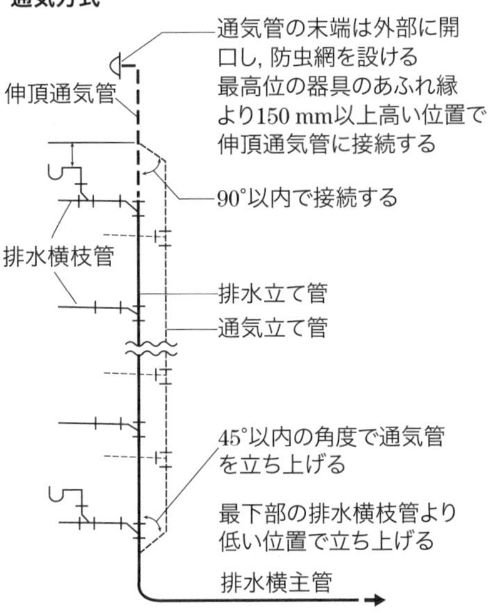

128-5 図 通気立て管の施工

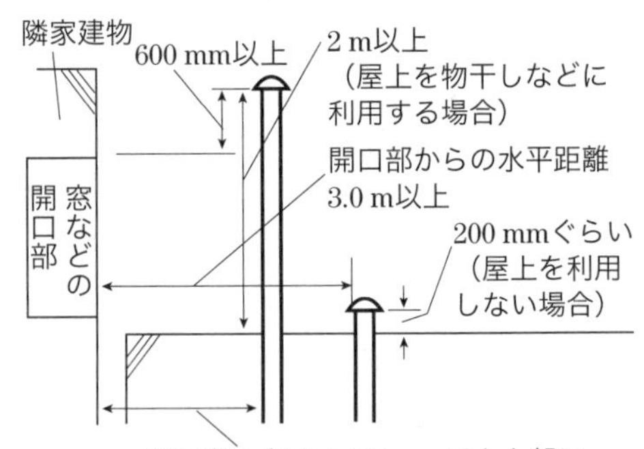

128-6 図 通気管の末端・大気開口部の施工

ウェアに近過ぎると，排水の度に汚水が通気管に侵入して，詰まらせる危険があるので，管径の2倍以上離して通気管を取り出す．これを頂部通気の禁止という．

-(4)　通気立て管の施工**128-5図**参照．

-(5)　通気管の末端・大気開口部の施工**128-6図**参照．

問題129　正解　(5)・・・・・・**頻出度**A|A|A

一底部に150 mm程度の泥だまりを有し，土砂を堆積させ，下水道へそれが流出するのを防ぐ排水ますは，雨水ますである．インバートます(汚水ます)には，汚物が滞留しないようにますの底面に管と同径のインバート（断面が半円形の流路）を付けてある（**129-1図**，**129-2図**参照）．

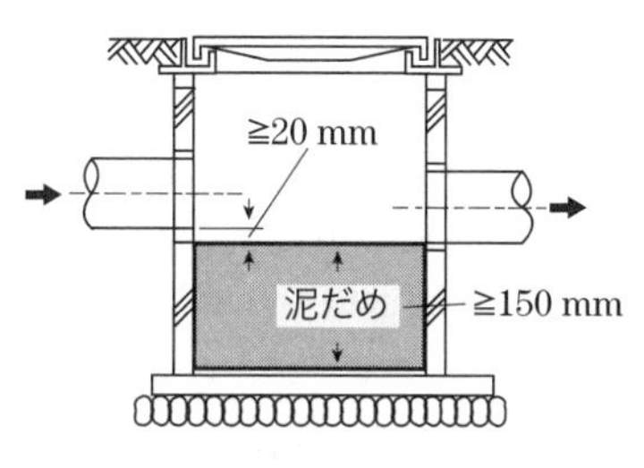

129-1図　雨水ます

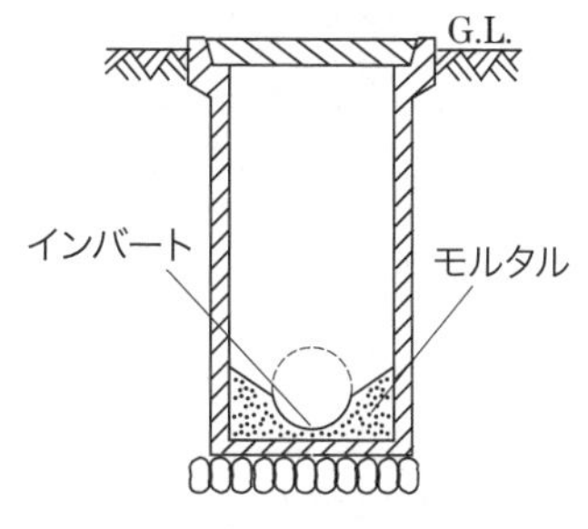

129-2図　インバートます

敷地排水管に設ける排水ますの大きさは，配管の埋設深度，接続する配管の大きさと本数，および点検等を考慮して決定する．

汚水用敷地排水管にはインバートますを，雨水用敷地排水管には泥だめ付きますを設ける．

排水ますの設置箇所は次のとおり．

1. 敷地排水管の直管が長い場合は管内径の120倍を超えない範囲に1か所
2. 敷地排水管の起点
3. 排水管の合流箇所および方向変換箇所
4. 勾配が著しく変化する箇所
5. その他点検清掃等に必要な場所

-(1)　オフセット**129-3図**参照．

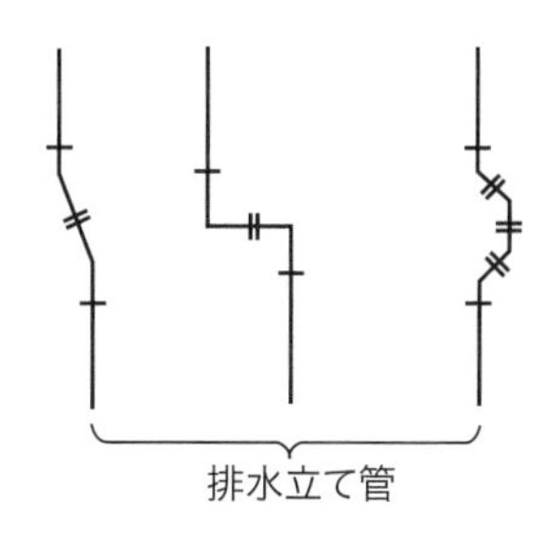

129-3図　オフセット(3)

-(2)　ブランチ間隔**129-4図**参照．

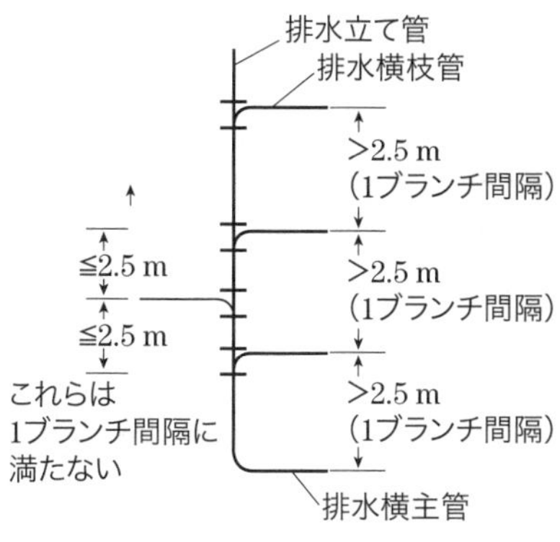

129-4図　ブランチ間隔

-(3)　排水口開放とは，規定の排水口空間を取らない，簡易間接排水方法のことである．飲食関係や人が直接触れる水受け容器の間接排水としては認められて

いない．2021-128

-(4) 結合通気管 **129-5 図**参照．

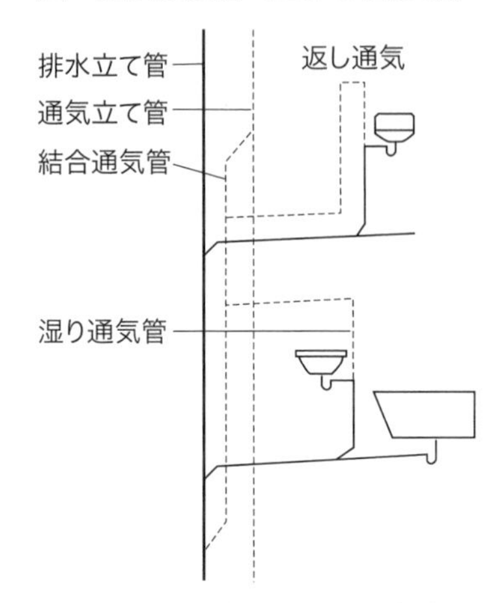

129-5 図　結合通気管・返し通気管・湿り通気管

高層建築物では，ブランチ間隔 10 以上の排水立て管において，最上階から数えてブランチ間隔 10 以内ごとに結合通気管を設ける．

問題 130　正解　(5)・・・・・・**頻出度** A A A

厨房(ちゅう)排水管の掃除口の径は排水管と同径とする．従って 75 mm → 100 mm が正しい．

掃除口の大きさは，管径が 100 mm 以下の場合は配管と同一径，100 mm を超える場合は 100 mm より小さくしてはならない．ただし，厨房排水用の排水管に設置する掃除口の口径は，排水管径と同径とする．2021-132

-(1) 排水横管の最小勾配 **130-1 表**参照．

130-1 表　排水横管の最小勾配

管径 [mm]	最小勾配
65 以下	1/50
75，100	1/100
125	1/150
150，200，250，300	1/200

自然流下式の排水横引き管の勾配は，流速が最小 0.6 ～最大 1.5 m/s となるように設ける．

勾配が緩いと流速が遅くなり，洗浄力が弱くなって固形物等が付着しやすくなる．逆に勾配をきつくし過ぎると，流速が速くなって流水深が浅くなり，固形物に対する搬送能力が弱まる．

-(2)，(3) 排水槽の構造については，2021-131．

-(4) オフセット部分では排水の流れが乱れがちとなり，横枝管からの排水の流入を妨げるおそれがあるので，上下 600 mm 以内に横枝管を接続しないようにするとともに，**130-1 図**のように通

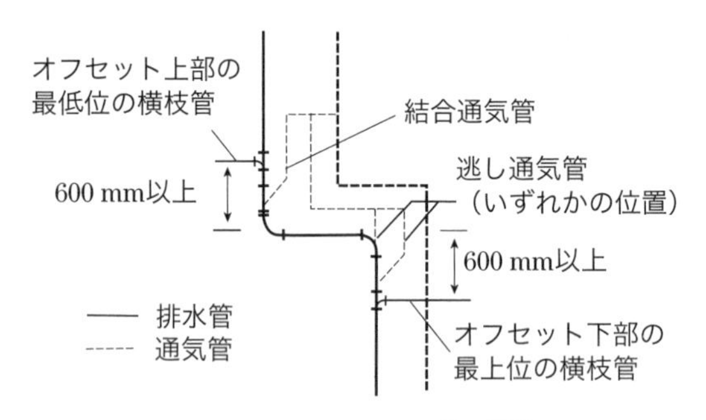

130-1 図　オフセット部の配管

気を取る．

問題 131　正解　(4)・・・・・・**頻出度**AAA

排水トラップの脚断面積比（流出脚断面積/流入脚断面積）が小さくなると，封水強度は小さくなる．

排水管内に正圧または負圧が生じたときの封水保持能力を，トラップの封水強度という．断面積比（流出脚断面積/流入脚断面積）の大きいトラップは，満管になりにくく流速も遅くなるので，サイホン現象が起きにくく破封しにくい（封水強度が大きい）．**131-1 図**参照．

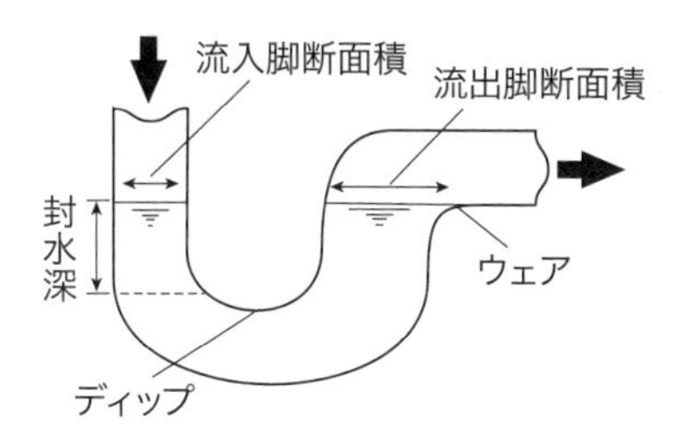

131-1 図　トラップ

各種トラップについては，2021-129

-(1)　間接排水管の配管長が，1 500 mm を超える場合（**131-2 図**参照）．

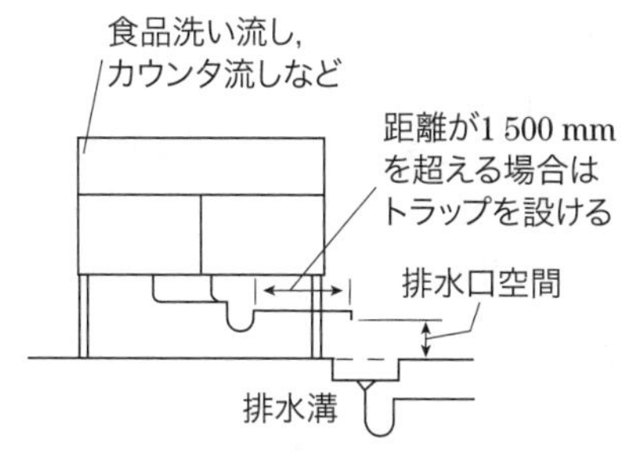

131-2 図　間接排水管が 1 500 mm を超える場合

-(2)　最小排水口空間と -(3)排水口開放でもよい機器は，2021-128 参照．

-(5)　封水の蒸発による破封の対策 2020-128．

問題 132　正解　(2)・・・・・・**頻出度**AAA

敷地排水管の合流排水方式とは，汚水と雑排水を同一排水管で流すことをいう．雨水横主管はこの合流式敷地排水管もしくは敷地雨水排水管に接続する．

敷地排水管と下水道では排水方式の用語に違いが見られるので要注意（**132-1 表**参照）．

-(1)，-(3)，-(5)　敷地排水管の排水ますについては 本年度-129．

-(4)　雨水浸透施設 **132-1 図．**

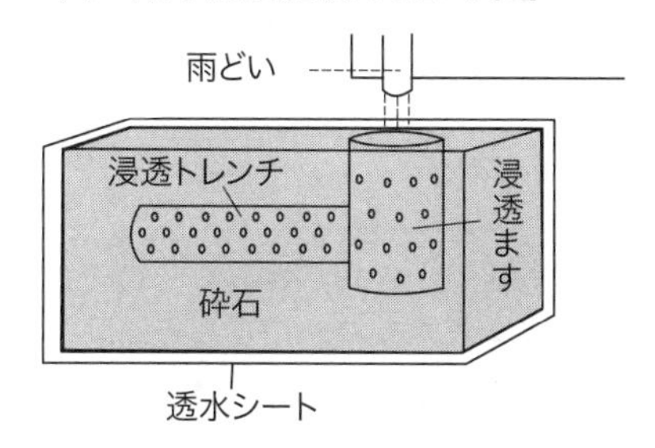

132-1 図　雨水浸透施設

問題 133　正解　(2)・・・・・・**頻出度**AAA

排水管の有機性付着物の除去に用いるのは，苛(か)性ソーダ（水酸化ナトリウム）を有効成分としたアルカリ性洗浄剤である（**133-1 表**参照）．

排水管の劣化状態を調べる非破壊検査方法として，腐食程度の確認には，超音波厚さ計，X 線，過流探傷装置等，管内

132-1 表　合流式と分流式（敷地排水管と下水道）

種別/方式	合流式	分流式	
敷地内排水設備	汚水＋雑排水	汚水	雑排水
下水道	下水（汚水＋雑排水＋雨水）	汚水（汚水＋雑排水）	雨水

133-1 表　排水管の洗浄法一覧

洗浄方法		対象排水管	対象現象	備考
機械式洗浄法	高圧水法（高圧洗浄法）	器具排水管 排水横枝管 排水立て管 排水横主管 敷地排水管	油脂類等の付着汚雑物・異物の停滞，詰まり	高圧ポンプを装備した高圧洗浄車，ホース，ノズル等を用いて 5 〜 30 MPa の高圧の水を噴射して排水管内の砂や汚物等を除去する．ちゅう房の固いグリースの除去には，スネークワイヤを併用する．
	フレキシブルワイヤ（ワイヤ式管清掃機）法	器具排水管 排水横枝管 排水横主管 敷地排水管	グリースなどの固い付着物の除去汚雑物・異物の停滞，詰まり	スネークワイヤ法ともいう．ワイヤの長さは 25 m 以下なので，排水横管では 25 m まで，排水立て管ではワイヤの重量から 20 m 程度が限界．
	ロッド法	敷地排水管	汚雑物・異物の停滞，詰まり	1 〜 1.8 m の鉄製の棒（ロッド）をつなぎ合わせ，排水管内を清掃する．最大 30 m まで．運搬が容易．
	ウォーターラム法	器具排水管 排水横枝管	詰まり汚雑物・異物の停滞	閉塞した管内に水を送り，圧縮空気を一気に放出してその衝撃で閉塞物を除去する．単純な停滞・詰まりに有効．グリースなどの固い付着物の除去は難しい．
化学的洗浄法	アルカリ性洗浄剤	器具排水管 排水横枝管	有機物・油脂類の付着詰まり	アルカリ性洗浄剤（苛性ソーダ等）は温水を加えると発熱して活性化し，排水管の有機性付着物を溶解する．
	酸性洗浄剤	器具排水管	尿石等尿固形物の付着，詰まり	酸性洗浄剤（硫酸・塩酸等）で，小便器配管の尿石等を除去する．

部の詰まり具合の確認は写真を撮影することができる内視鏡が用いられる．

問題 134　正解　(2)・・・・・・頻出度 A A A

逆流防止弁は下水本管からの排水の逆流を阻止する弁である(**134-1 図**)参照．

134-1 図　逆流防止弁[9]

排水ますの流入口（上流側）などに取り付ける．

-(1)　酸素濃度が 18 % 未満，硫化水素濃度が 10 ppm を超える状態は，酸素欠乏症等防止規則の定める「酸素欠乏等」である．汚水槽の清掃が同規則の「第二種酸素欠乏危険作業（酸素欠乏症 + 硫化水素中毒）」に該当する場合は，酸素欠乏危険作業主任者の選任，特別教育，作業環境測定，換気，保護具の使用等の規則が定められている．

作業中も十分な換気，定期的な濃度検査を実施し，空気呼吸器，安全帯等を使用し，非常時の避難用具等も備えておく．

-(5)　掃除口には床上掃除口と床下掃除口があるが，床上掃除口が原則である．

2021-132

問題 135　正解　(4)・・・・・・頻出度 A A A

トラップは排水器具に分類される（**135-1 図**参照）．

-(3), -(5)　衛生器具の定期点検（**135-1 表**）．

洗面器の取り付け状態だけが 2 か月に 1 回で，あとは 6 か月に 1 回である．

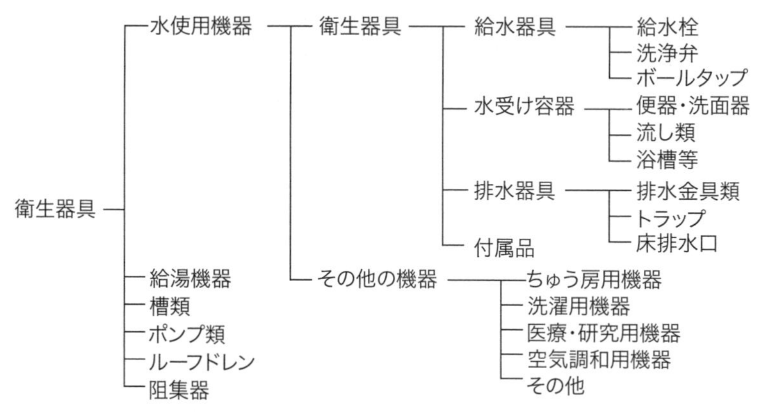

135-1 図　衛生器具の分類（SHASE-S206）[3]

135-1 表　衛生器具の定期点検[10]

区分	項目	回数	作業内容
大便器・小便器	取付け状態	半年に1回	(1) 便器のフランジ，取付けボルトの緩み，損傷の有無を点検する． (2) 便器と床・壁との接合部の良否を点検．
	排水状態	半年に1回	(1) 排水の引き具合，詰まりの有無を点検する． (2) トラップの封水，詰まり，付着物の有無を点検し，封水が破れている場合は，原因を調べる．
洗面器	取付け状態	2か月に1回	陶器，排水口金物，排水管およびトラップ等の接合部の緩みの有無を点検し，緩みがある場合は，増し締めする．
	排水状態	半年に1回	(1) 排水の引き具合，および詰まりの有無を点検する．異常がある場合は，スポイト，針金等で異物を除去するか，トラップを取り外して付着物や異物を除去する． (2) トラップの封水の有無を点検し，封水が破れている場合は，原因を確かめる．
洗浄タンク・洗浄弁	詰まり，汚れ	半年に1回	(1) タンク内の汚れ，ボールタップのストレーナ，ピストン部の詰まりの有無を点検する． (2) 洗浄管内の詰まり（排水状態不良のとき）の有無を点検する．
	水量調節等	半年に1回	(1) 洗浄弁を操作して排水状態を点検． (2) 洗浄弁のピストンおよびハンドルノブの作動の良否を点検する． (3) バキュームブレーカの空気取入口の詰まりの有無を点検し，詰まりがある場合は除去する． (4) 水圧，吐水時間の適否を点検して水量調整する． (5) ボールタップの作動状態を点検する．

問題 136　正解　(2)・・・・・・**頻出度** A A A

洗浄力が弱く汚物が流れないのは，タンク内の止水位が低くなっているために水量が足りないことによる（**136-1 表**参照）．

問題 137　正解　(1)・・・・・・**頻出度** A A A

長時間ばっ気法は，活性汚泥法に分類される．

浄化槽は，生物処理の方法によって生物膜法と活性汚泥法がある（**137-1 表**参照）．

136-1 表　大便器周りの故障

故障内容	原因
便器と床面の間がぬれる	フランジ部シール材の取付け不良
洗浄力が弱く汚物が流れない	トラップ部や排水路における異物の詰まり タンク内の止水位が低くなっている．
少量の水が流れ放し	洗浄弁のシートとシートパッキンの間にごみ
多量の水が流れ放し	ピストンバルブのストレーナまたは小穴が詰まっている．
吐水時間が長い※	開閉ねじの閉め過ぎ，または，ピストンバルブのストレーナまたは小穴が詰まりかかっている．
吐水時間が短い※	開閉ねじの開け過ぎ，または，ピストンバルブUパッキンの損傷・磨耗により，ピストンバルブが早く降下する．
ハンドル部から漏水	ハンドル押し棒部のパッキン磨耗・損傷または，押し棒の磨耗．押し棒部の取付けナットの緩み．
サイホン，サイホンゼット式で，溜水面が正常より小さい	タンク内の補助水管がオーバフロー管内に差し込まれていない(外れている)．
洗出し便器で，封水位が低い	便器に接続される汚水管の勾配の異常や詰まり気味で，サイホン現象を起こしている．

※　吐水時間は大便器洗浄弁のピストンバルブ（問題111-1図参照）の降下スピードで決まる．ピストンバルブに出入りする水の勢いが大きいと吐水時間は短くなる．

137-1 表　主な生物膜法と活性汚泥法

生物膜法	汚水中の汚濁有機物質が，ろ材，回転板などの固形物の表面に生成した生物膜との接触によって分解除去される．	担体流動法
		回転板接触法
		散水ろ床法
		接触ばっ気法
活性汚泥法	槽内に浮遊する活性汚泥中の微生物が有機物を分解除去する．	標準活性汚泥法
		長時間ばっ気法

浄化槽は，簡単にいえば，種々の機能をもった水槽をつなげたもの，といえる．それらの水槽を単位装置と呼ぶ．汚水はそれらの水槽を通過するうちに浄化された上澄み水と汚泥に分離される．上澄み水は消毒後河川等に放流され，汚泥はバキュームカー等によって引き抜かれ汚水処理施設に運搬されて次の処理が行われる．

浄化槽は，国土交通大臣の定めた構造（例示仕様）に適合するものと，それ以外のものがあるが，いずれも国土交通大臣の型式認定を受けたものでなければ，建築確認を受けることができない．例示仕様の浄化槽のフローシートの例を**137-2 表**に挙げる．

問題 138　正解　(4)・・・・・・**頻出度**AAA

水分以外の固形物の量が濃縮前後で変わらないことに注目して解く．

濃縮前の固形物の割合は

$100\,\% - 98.0\,\% = 2\,\% = 0.02$

濃縮後は，

$100\,\% - 97.0\,\% = 3\,\% = 0.03$

濃縮前の固形物の量は，

$15.0\ \mathrm{m}^3 \times 0.02 = 0.3\ \mathrm{m}^3$

濃縮後，これが，全体の3％に当たるから，全体は3％で除して，

$0.3/0.03 = 10.0\ \mathrm{m}^3$

この計算を公式化すると，

濃縮後の汚泥の量

＝濃縮前の汚泥の量

137-2 表　浄化槽のフローシート

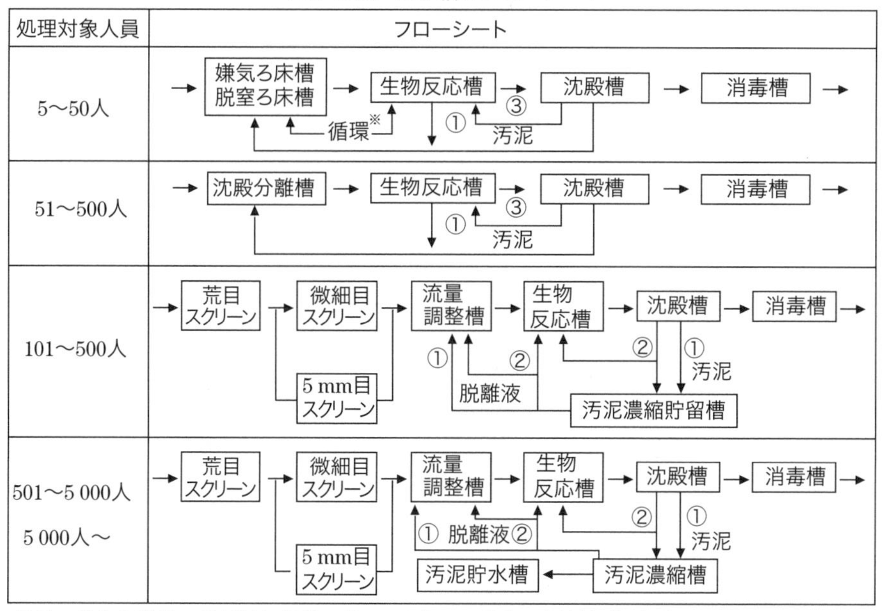

凡例　①生物膜法　②活性汚泥法　③5～30人　※脱窒ろ床接触ばっ気方式

$$\times \frac{100 - \text{濃縮前の含水率}}{100 - \text{濃縮後の含水率}}$$

$$= 15.0 \times \frac{100-98}{100-97} = 15.0 \times \frac{2}{3}$$

$$= 10.0\ \text{m}^3$$

問題 139　正解　(5)・・・・・・**頻出度** A A A

「ろ過器を設置している浴槽では，浴槽水の消毒に用いる塩素系薬剤の注入口又は投入口は，浴槽水がろ過器に入る直前に設置し，ろ過器内の生物膜の生成を抑制すること.」（平成 15 年 7 月 25 日

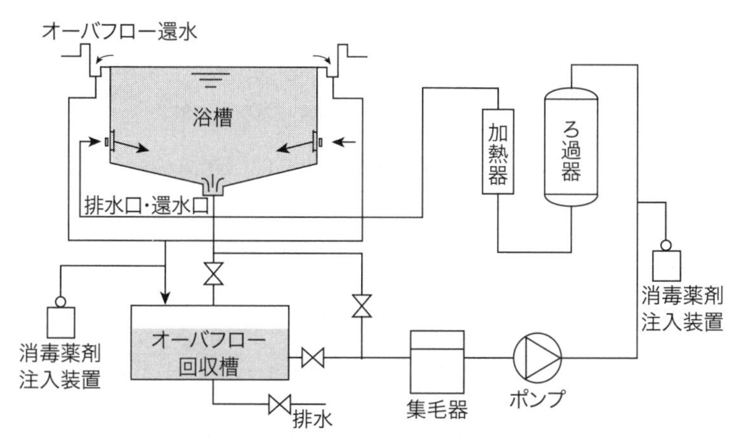

139-1 図　浴槽の循環ろ過（オーバフロー方式）

厚労省告示第264号：レジオネラ症を予防するために必要な措置に関する技術上の指針）．**139-1図**参照．

各種給排水設備のうち，厨房設備，洗濯設備，プール設備，浴場設備，水景設備，ごみ処理設備，真空掃除設備，医療配管などを特殊設備という．

-(4)　プールの循環ろ過オーバフロー方式**139-2図**参照．

2021-140

問題140　正解　(3)……**頻出度**AAA

機器点検の期間は6月に1回行う（**140-1表，140-2表**参照）．

-(1)　点検防火対象物・点検実施者（消防法施行令第36条第2項）

消防設備士または消防設備点検資格者が点検を行わなければならない防火対象物は次のとおり．

1. 延べ面積1 000 m^2以上の特定防火対象物

　デパート，ホテル，病院，飲食店，地下街など

2. 延べ面積1 000 m^2以上の非特定防火対象物で消防長または消防署長が指定したもの

　工場，事務所，倉庫，共同住宅，学校など

3. 屋内階段（避難経路）が一つの特定防火対象物

-(2)　特定防火対象物とは，百貨店，

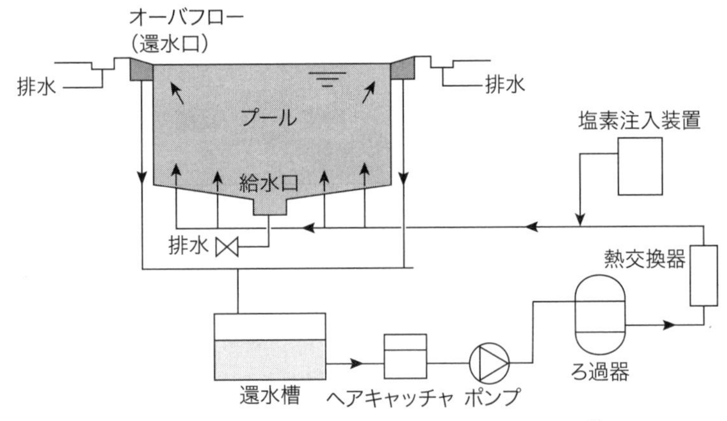

139-2図　プールの循環ろ過オーバフロー方式(6)

140-1表　消防用設備等の法定定期点検

点検種別	実施間隔	点検内容等	
機器点検	6か月ごとに実施	作動点検	消防用設備等に附置される非常電源（自家発電設備に限る．）または動力消防ポンプの正常な作動．
		外観点検	消防用設備等の機器の適正な配置，損傷等の有無その他主として外観から判別できる事項．
		機能点検	消防用設備等の機能について，外観からまたは簡易な操作により判別できる事項．
総合点検	1年ごとに実施	消防用設備等の全部もしくは一部を作動させ，または当該消防用設備等を使用することにより，総合的な機能を確認する．	

140-2 表　消防用設備等法定定期点検の対象設備

消防用設備等の種類等	点検の内容および方法
消火器具，消防機関へ通報する火災報知設備，誘導灯，誘導標識，消防用水，非常コンセント設備，無線通信補助設備および共同住宅用非常コンセント設備	機器点検
屋内消火栓設備，スプリンクラ設備，水噴霧消火設備，泡消火設備，二酸化炭素消火設備，ハロゲン化物消火設備，粉末消火設備，屋外消火栓設備，動力消防ポンプ設備，自動火災報知設備，ガス漏れ火災警報設備，漏電火災警報器，非常警報器具および設備，避難器具，排煙設備，連結水設備，連結送水管，非常電源（配線の部分を除く.），総合操作盤，パッケージ型消火設備，パッケージ型自動消火設備，共同住宅用スプリンクラ設備，共同住宅用自動火災報知設備，住戸用自動火災報知設備ならびに共同住宅用非常警報設備および共同住宅用連結送水管	機器点検 総合点検
配線	総合点検

旅館，病院，地下街，複合用途防火対象物等で不特定多数の者または災害時に援護が必要なものが出入りする施設（消防法施行令別表第一の⑴項～⑷項,⑸項イ,⑹項，⑼項イ，⒃項イ，(16 の 2)項，(16 の 3)項に掲げる防火対象物）.

清　掃
問題 141～問題 165

問題 141　正解　⑶・・・・・・頻出度 A A A

廃棄物の収集・運搬設備，貯留設備その他の廃棄物処理設備の定期点検は 6 か月以内に 1 回実施する.

清掃についての規定・基準はビル管理法,同施行令,同施行規則,告示 119 号※2,

141-1 表　清掃・期間の定めがある項目

項目	期間	法令等
大掃除	6 か月以内	ビル管理法施行規則第 4 条の五
日常的に清掃を行わない箇所の清掃	6 か月以内	告示 117 号※1 告示 119 号※2 維持管理要領※3
作業計画及び作業手順書の内容並びにこれらに基づく清掃作業の実施状況の点検	3 か月以内	告示 117 号※1
清掃用機械及び清掃用器具並びに清掃用資材（洗剤，床維持剤等）の保管庫の点検整備	6 か月以内	維持管理要領※3
収集・運搬設備，貯留設備その他の廃棄物処理設備点検整備	6 か月以内	

※1　告示 117 号　清掃作業及び清掃用機械器具の維持管理の方法等に係る基準（平成 14 年 3 月 26 日厚生労働省告示第 117 号）
※2　告示 119 号　空気調和設備等の維持管理及び清掃等に係る技術上の基準（平成 15 年 3 月 25 日厚生労働省告示第 119 号）
※3　維持管理要領（通知）建築物環境衛生維持管理要領
いずれも労働厚生省のホームページで閲覧できる.

告示117※1，建築物環境衛生維持管理要領に定められている．その中で期間が定められている項目のうち，「作業計画及び作業手順書の内容並びにこれらに基づく清掃作業の実施状況の点検」が3か月で，あとは全て6か月以内ごとに1回，である（**141-1表**参照）．

問題142　正解　(2)……**頻出度**AA

「管理仕様書」→「作業手順書」が正しい．

管理仕様書は，原則として清掃業務の発注者が作成する．

問題143　正解　(2)……**頻出度**AAA

組織品質は「事業所管理品質」と「現場管理品質」の二つによって構成される．

清掃作業の品質評価は，建築物の各場所（トイレや廊下等）の衛生性，保全性，美観性など，作業結果の良否を評価する「作業品質」と，それを実現し支える現場や本社の組織管理体制を評価する，「組織品質」に大別される（**143-1図**参照）．

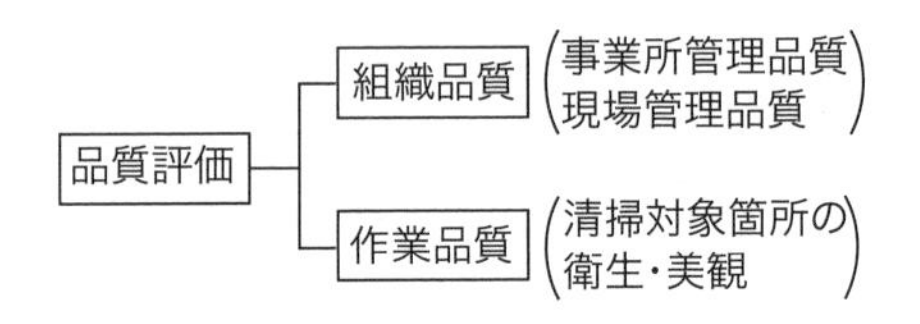

143-1図　清掃作業の品質評価の構成

-(4)　評価方法には，測定機器（光沢度計等）を使用する検査と，目視等による官能検査とがある．清掃作業の点検は，基本的には目視で行う．契約者や建築物利用者も居室の清掃状態を，基本的には目で見て感覚的に何らかの評価をしていることから，判定の基準が建築物利用者との共通の物差しになっていれば，目視点検も十分科学的なものとなり得る．評価に当たっては複数人で点検評価する等，より客観性をもたせる努力をする必要がある．

問題144　正解　(3)……**頻出度**AAA

指示は清掃責任者に出す．責任者の頭越しに作業員に指示を出すのは混乱の元である．

問題145　正解　(2)……**頻出度**AAA

アルミニウムは，酸にもアルカリにも溶ける両性金属である．

アルミの飲料空缶でパイプ洗浄剤（水酸化ナトリウム）を持ち帰ろうとして電車内で破裂事故が起きている．

アルマイト処理（アルミナAl_2O_3皮膜処理）をすると，耐酸，耐アルカリ性が著しく向上するが，強酸，強アルカリには溶解する．

-(4)　カーペットの織り目に入り込んだ，ほこりや土砂は除去のために，バキュームクリーニングを行う．アップライト掃除機がカーペットのバキュームクリーニングには適している．

-(5)　「ダストコントロール作業法」とは，綿布やモップにほこりが付着する力を高めるため，粘度の低い不乾性の鉱油等を，布の重量に対して20％前後の少量を含ませ拭き取る方法である．この方法は1945年頃アメリカのベル電話会社が開発したものといわれている．簡便であるが，ほこり以外のものは除去できない，微量ながら油が床等に付着するなどの欠点もある．現在では，化学繊維を不織布として織り，静電気を利用してほこりを付着させたり，繊維の隙間を利用して土砂等を回収するダストクロス法が一般的である．

問題146　正解　(4)……**頻出度**AAA

洗剤分が残っていると，繊維を傷めた

り，「汚れを呼ぶ」ので，洗剤を使った後は清水でよくすすぐことが大事である．

問題 147　正解　(3)・・・・・・**頻出度** A A A

本体を下に置けば蓋（ふた）が開き，移動する際にごみがこぼれないのは，改良ちり取りである．三つ手ちり取りは，金属製で堅牢．多量のごみを扱うのに適する．

147-1 表，147-1 図参照．

問題 148　正解　(4)・・・・・・**頻出度** A A A

アルカリ性の強い洗剤の成分は水酸化ナトリウム（苛性ソーダ：NaOH）であることが多く，濃度が5％を超えると劇物に該当する．ヒトの皮膚を侵す（ぬるぬるし，その後痛みを生じる）．

-(1)　表面洗剤（床維持剤用表面洗剤）は，成分的には一般洗剤とそれほど変わらないが，皮膜に影響を与えずに表面の汚れだけを除去するために，弱アルカリ性で，使用後の拭き取りなどの処理が楽になるように泡立ちが少ない．有機溶剤を配合してあるものが多い．

-(2)　界面活性剤の種類はもっと多くて，陰イオン系活性剤，陽イオン系活性剤，両性系活性剤，非イオン系活性剤な

147-1 表　出題された清掃用具

場所・用途	清掃用具
ソファの除じん	小ほうき
弾性床の除じん	押しぼうき（フロアブラシ），乾式モップ（ダストモップ），手動スイーパフラット型モップ
カーペット表面の除じん	カーペットスイーパ（手動）
石材床面のこすり洗い	デッキブラシ
玄関ホールの水拭き	T字モップ（脱着式モップ）
床面洗浄の汚水回収	床用スクイジー
階段の除じん	自在ぼうき（ほこりを舞い上げることが少ない）
トイレ	ゴム手プランジャ白パッド（洗面器用）
建物周囲のごみ取り	三つ手ちり取り（金属製で堅牢．多量のごみを扱うのに適する．），改良ちり取り（移動の際にごみがこぼれない）
ガラス（ガラス窓，ガラス扉）	スクイジー
ガレージ，屋外通路	路面スイーパ

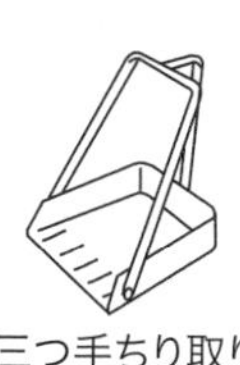
三つ手ちり取り

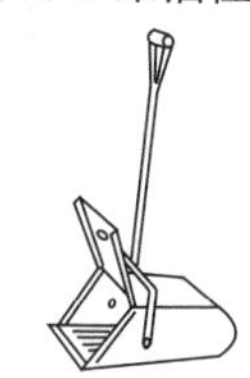
改良ちり取り

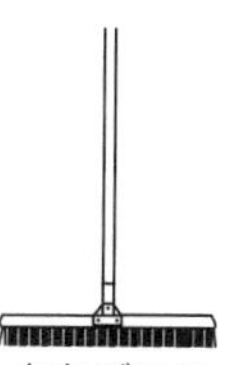
自在ぼうき

押しぼうき

カーペットスイーパ

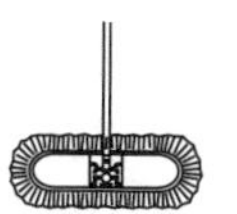
フラット型モップ

ダストモップ

T字モップ

プランジャ
（スポイト，ラバーカップ）

147-1 図　清掃用具(5)

どに分けられる．

界面活性剤は少量で水の界面における挙動を著しく変化させ，その表面張力を弱める．それによって対象物を濡らす，浸透する，汚れを離脱させ水中に溶け込ませる，汚れの再付着を防止するなどの作用がある．

-(3)　尿石（主にカルシウム分）や赤錆（鉄分）の除去には酸性洗剤を用いる．酸に弱い大理石，テラゾーなどの建材には使用できない．塩素系の薬剤と混ぜると塩素ガスを発生して危険である．

-(5)　強アルカリ性洗剤は厨房やガレージの床などの油脂分を含む頑固な汚れに使用する．リノリウムはアルカリ性洗剤に弱いので使用を控える．

問題 149　正解　(2)・・・・・・**頻出度** A A A

フロアポリッシュは物理的化学的に容易に除去できるタイプの床保護剤を指す用語で，床油（フロアオイル）とは異なる（**149-1 表**参照）．

-(3)　いわゆるフローリングの防水，汚れ防止のためのシール材には，ポリウレタン樹脂が多く使われている．

-(4)，-(5)　助剤は，ビルダと呼ばれ洗剤の効果を高め，その作業を補うもの

149-1 表　フロアフィニッシュ一覧[11]

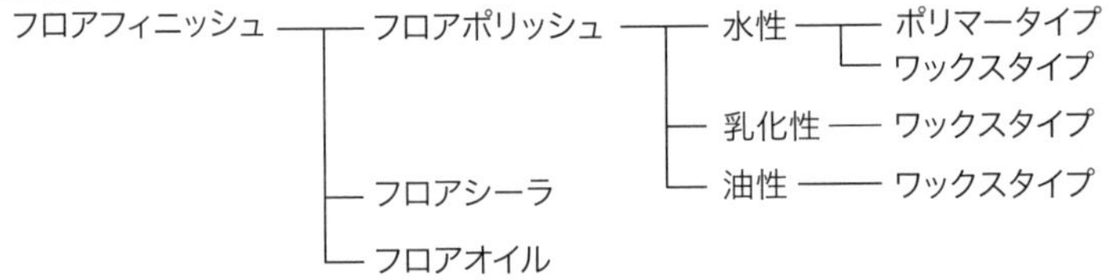

- フロアフィニッシュ
  - フロアポリッシュ
    - 水性
      - ポリマータイプ
      - ワックスタイプ
    - 乳化性 ― ワックスタイプ
    - 油性 ― ワックスタイプ
  - フロアシーラ
  - フロアオイル

フロアフィニッシュ	床仕上げ材（床材）の保護と美観の向上に使用される化学製品の総称．ただし，顔料等の着色剤を含有する床用塗料を除く．
フロアポリッシュ	物理的化学的に容易に除去できるタイプの床保護剤．通常の床用ワックスは，全てこの区分に含まれる．
水性フロアポリッシュ	ろう状物質，天然および合成樹脂等を水に溶解または可溶化，乳化したものをいう．水性ポリマータイプが最も多く使われている．
乳化性フロアポリッシュ	ろう状物質，合成樹脂等の不揮発性成分と揮発性溶剤とを水に乳化させたもので，揮発性溶剤の含有量が不揮発性成分よりも多いものをいう．
油性フロアポリッシュ	ろう状物質，合成樹脂等の不揮発性成分を揮測生溶剤に溶解または分散させたものをいう．ワックスタイプは，シールされていない木質系床材等に使用する．
ポリマータイプ	フロアポリッシュのうち，不揮発性成分が合成樹脂等のポリマーを主原料にして作られたもの．※ポリマー合成樹脂のモノマー（単量体）が重合して鎖状や網状になったもの．
ワックスタイプ	フロアポリッシュのうち，不揮発性成分がろう類，ろう状物質を主原料にして作られたもの．
フロアシーラ	下地剤や目止め剤の分類に入り，木などの表面に塗ると乾燥に被膜を形成し，物理的・化学的方法により，容易に除去できない製品群をいう．
フロアオイル	表面加工のされていない木質系床剤の保護に用いる．常温で液体の鉱油を主体とする．

である．界面活性剤の表面帳力を弱めて汚れに浸透しやすくする，pHを調整する，洗浄力を阻害するカルシウム，マグネシウムを封鎖する，汚れの再付着の防止等の作用をもつ．助剤として用いられたリン酸塩が湖沼の富栄養化をもたらしたため現在は使われていない（現在はケイ酸塩が用いられている）．

問題 150　正解(4)・・・・・・・・**頻出度** A A A

作業の標準化・システム化がしやすいのは，ドライメンテナンスである（**150-1 表**参照）．

ドライメンテナンス作業法は基礎皮膜の形成後の弾性床の主流とされる維持管理方法である．日常清掃ではダストモップなどを用いて，土砂やほこりを除去し，床維持剤の皮膜の汚れの程度と質に応じて，**150-2 表**のスポットクリーニングを繰り返す床管理方法である．洗剤で床洗浄するウェットメンテナンス法に比べて，水の使用量が極めて少なくてよいのが特徴である．

床維持剤の黒ずみが目立つようになったら，再度完全剥離洗浄を行い，始めの基礎皮膜の形成から改めて行う．

-(1)，-(2)，-(3)　塩化ビニル系床材を含む弾性床材 **150-3 表**参照．

問題 151　正解　(3)・・・・・・**頻出度** A A A

高温水蒸気によるスチーム洗浄機は，エクストラクタより洗浄後カーペットに

150-1 表　ドライメンテナンスのメリット，デメリット[12]

項目	メリット	デメリット
作業環境	・日中でも作業可能で，定期作業を日常作業に組み込むことができる．	開店中あるいは就業時間中の作業に対する理解が必要．
安全性	・水・洗剤を使用しないので，作業上の安全性が高い（滑り・転倒等が少ない）． ・汚れた水をまき散らさないので，環境汚染が少ない． ・前方に進む作業が主体となり，安全作業の導入が容易となる．	
建材保全性	・水を使用しないので，建築物本体（コンクリート）や床材への水の浸透による劣化を防ぐ．	床材への熱影響に注意が必要．
仕上がり度	・一定期間を通しての平均的美観度は高い． ・部分補修がしやすい． ・予防清掃である．	
作業難易度	・作業の標準化・システム化がしやすい．	評価基準を定める必要がある．
作業能率	技能の向上により作業効率があがる．	
人員配置	・個別に作業することができる． ・工程数が少ない． ・個人の能力に応じた適正な労働力の配置ができる．	
コスト	・使用する資機材は少ない． ・作業費用は削減可能．	・床磨き機の台数が相当数必要． ・初期費用は高い． ・綿密な作業計画が必要条件となる． ・教育・研修が必要．

150-2表　ドライメンテナンスのスポットクリーニング技法

ドライバフ法（からバフ）	歩行により光沢度の低下した被膜を，研磨剤を含まないフロアーパッド（専用パッド，白パッド）で研磨し，光沢度を回復させる作業である．スプレー液を使用せず，一般の床磨き機，または超高速床磨き機（バフ機．1 000～3 000回転）で磨く．床面の土砂，ほこりを完全に除去してから作業を行うことが大切である．床磨き機の回転数が高いほど，フロアポリッシュの被膜と接地面の温度が高くなり，光沢度回復が簡単にできる．
スプレーバフ法	スプレーバフ作業法は細かい傷と軽度の汚れ（ヒールマーク，靴跡）を除去する作業で，洗浄つや出し作用をもつ液をスプレーしながら，専用パッド（赤パッド）で磨く作業である．
スプレークリーニング法	汚れや傷がワックス内に入り込んでいる場合には，洗浄作用のあるスプレー液をかけながら少し目の荒い緑・青パッドを装着した200回転の床磨き機を用いて，バフィングを行う．これによりワックス層が数層削れるので，その後またフロアポリッシュを1～2層塗布しバフィングにより皮膜の形成を行う．

150-3表　弾性床材

種類	組成	特徴
リノリウムリノタイル	材料は天然素材である．麻布・紙（基材），コルク木粉，炭酸カルシウム，亜麻仁油，顔料	抗菌性がある．多孔質，アルカリ性洗剤・水に弱い． 剥離剤により簡単に色抜け，変色，風合いの低下が起きる．
アスファルトタイル	アスファルト，炭酸カルシウム，クマロン樹脂，顔料	耐水性あり．耐溶剤性に乏しい．
ゴムタイルゴムシート	天然ゴム，合成ゴム，炭酸カルシウム，陶土，加硫剤，顔料，酸化防止剤	耐摩耗性に優れる． 溶剤・強アルカリ性洗剤に影響される．剥離剤により黄変．
塩化ビニルタイル 塩化ビニルシート	塩化ビニル＝酢酸ビニル共重合樹脂，可塑剤，炭酸カルシウム，安定剤，顔料	剥離剤・洗剤に対して耐性が大きく，耐水性にも富む． 可塑剤によって床維持剤の密着不良が起きやすい． 床維持剤塗布の要らない製品が開発されている．

残留する水分量が少ない．

カーペット（繊維）床の清掃維持管理については下記のとおり．

1. パイル表面の粗ごみは，カーペットスイーパで除去する．
2. 繊維床に付着した土砂やほこりは時間の経過とともにパイルの中に沈みこむので，吸引力の強いアップライト型真空掃除機などで吸引除去する．

2021-146

3. 汚れが目立つ場所ではスポットクリーニングを行う．

スポットクリーニングは，除じんで除去できない汚れがパイルの上部にあるうちに行う洗浄である．洗剤を含んだ粉末を使ったパウダー方式，拭取り方式，エクストラクション方式などがある．

4. 染みは，液体の異物が時間の経過に

より染着したものであるから，日常清掃で，染着する前にできるだけ速やかに拭き取ることが望ましい．事務所建築物の繊維床材では，60％以上が親水性の染みである．

5. 全面クリーニングはパイル奥の汚れ除去と，全体の調和を保つために行う．

シャンプー後にすすぎ洗いをする方法が，汚れと残留洗剤の除去に最も適している．用いる機材は，洗剤供給式床磨き機，ローラブラシ方式機械，噴射吸引式機械，エクストラクタ，スチーム洗浄機がある．

1) 洗剤供給式の床磨き機（**151-1図**）は，一般のタンク式スクラバーマシンに比べ，カーペットの繊維による抵抗が増すため，カーペット専用のもの（低速回転）を使用する．この機械は，カーペットを敷いたままでシャンプークリーニングする方法として古くから開発され，普及している．ブラシが回転することによって，洗剤がカーペットのパイルにこすりつけられて発泡し，その泡によってクリーニングが行われる．洗浄効果は大きいが，パイルを損傷する恐れがあるので，ウールのウィルトンカーペット※よりは，化学繊維のタフテッドカーペット※等の洗浄に適している．泡は別の真空掃除機によって吸引除去する．

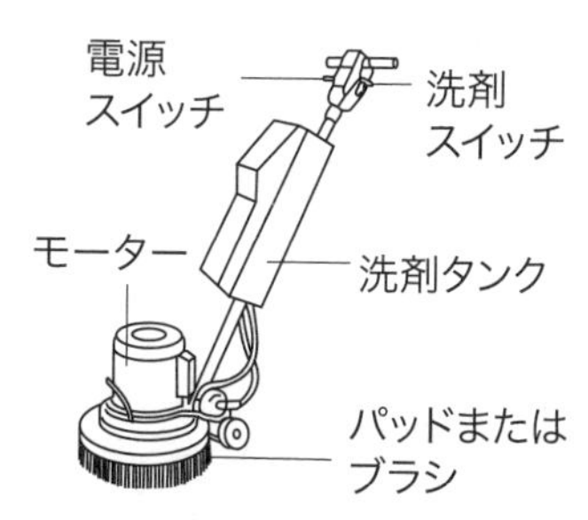

151-1図　洗剤供給式の床磨き機(5)

2) ローラブラシ方式機械（**151-2図**）は，1)の方式を改良したもので，洗剤が機械内部で乾燥した泡となって供給され（この意味からドライフォーム方式とも呼ばれる），ローラ型の縦回転ブラシがパイルを洗浄する．カーペットの基布を濡らして収縮を起こす恐れが少なく，パイルに対するあたりも柔らかで，パイルを傷めることが少ないが，洗浄力はスクラバ方式の機械よりも劣る．ウィルトンカーペット等のウールカーペットに適した機械である．

151-2図　ローラブラシ方式機械の例(13)

3) 噴射吸引式機械（エクストラクタ **151-3図**）は，操作杖（ウォンド）の先端にあるノズルから洗剤液を噴射して，ただちに吸引口（スリット）から吸引する構造になっており，これをカーペット上で操作することによって洗浄が行われる．シャンプークリーニングが洗剤の泡で洗浄するのに対して，この機械は洗剤液そのものでパイルを洗浄する．多量の液を噴射するので水分に耐えるカー

151-3 図 噴射吸引式機械（エクストラクタ）の例[14]

ペットに適する機械である．この機械は，シャンプークリーニング後のパイルに残留した洗剤分を，清水または温水ですすぎ洗いをする場合に使用されることも多い．

4) スチーム洗浄機によるカーペットの洗浄は，海外では以前より使われていたがわが国では近年普及してきた．スチーム洗浄機は，高温の水蒸気で汚れを分解するため，エクストラクタより残留水分が少ない．カーペットのしみ取りにも利用される．

※ カーペットの種類 **151-1 表**参照．

6. 冬季の低湿度による静電気の帯電防止に，帯電防止剤を散布すると一定の効果がある．
7. パイルのほつれ等はすぐに補修する．施工初期でのジョイント部の毛羽立ちはカットする．

-(2), -(5) カーペットパイルの素材

151-1 表 カーペットの種類

ウィルトンカーペット	18 世紀中，イギリスウィルトン地方で始まったカーペット．パイル密が細かくパイルの抜けがなく耐久性がある． 機械織りでパイル糸は純毛，厚手でしっかりしたカーペットだが，水分に弱く収縮を起こす．天然素材なのでメンテナンスは難しい．
タフテッドカーペット	基布に刺繍（しゅう）のようにミシン針でパイルを刺し込んでいき，パイルの抜けを防ぐため，裏面に合成ゴムラテックスを塗り，塩ビなどの化粧裏地を貼り付ける．アメリカで開発され，従来のカーペットの 30 倍の生産速度を誇る．アクリルやナイロンなどをパイル糸に使用したものが多く，オフィスなどのカーペットタイルに広く使われている．強度や磨耗性が高いが，静電気を帯びやすく，多量の水に対しては収縮を起こす．
ニードルパンチカーペット	ポリプロピレンなどを圧着した表面がフラットな不織カーペット．ウェブという短繊維を薄く広く伸ばしたものを重ね合わせ，多数のニードル（針）で突き刺してフェルト状にする．裏面は，ラテックスコーティングされ，カットが自由，価格も安価．丈夫であるが弾力性やデザイン性には劣る．しみは落ちにくい．

151-2 表 カーペットパイルの素材[15]

種類		染色性	耐久性	汚れ除去性	含水率	色素の染着
天然繊維	ウール	最上	大	親水性の汚れは取りにくい	15 %	大
合成繊維	ナイロン	中	大	中間性の性質を示す	5 %	中
	アクリル	上	小	親水性の汚れは取りやすい	0 %	無（構造上）
	ポリエステル	上	中	親水性の汚れは割に取りやすい	0.5 %	無（構造上）
	ポリプロピレン	下	復元力が乏しい	親水性の汚れは取りやすい	0 %	無（成分上）

については，**151-2 表**参照.

-⑷　カーペットのパイルとはカーペットの表面にある毛足のこと．パイルには大きく分けて，ループパイル（毛先が輪になっている）とカットパイル（毛先が切りそろえてある）がある（**151-4 図**参照）.

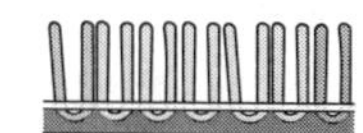

151-4 図　ループパイルとカットパイル

問題 152　正解　⑶・・・・・・頻出度 A A A

セラミックタイルは，耐アルカリ性がある（**152-1 表**参照）.

問題 153　正解　⑷・・・・・・頻出度 A A

平成 29 年，体育館の床から剝離した床板が腹部に突き刺さり重傷を負うなどの事故の報告があったため，文部科学省が，水拭きおよびワックス掛けの禁止を通知している.

諸規格や仕様書により，美観と適切な滑りを確保するため，体育館のフローリング床はポリウレタン樹脂塗料で塗装（シール）されている.

-⑶　ならやけやき，くり，ぶな，かえで，かし，ラワン等の広葉樹は，杉，松，ひのき，もみ，つがなどの針葉樹に比べ木質が硬い．広葉樹，針葉樹ともにフローリング床に用いられる.

-⑸　シールされていない木製床材の表面保護には油性ワックス，フロアオイルを用いる.

問題 154　正解　⑵・・・・・・頻出度 A A A

自動窓拭き設備のクリーニングの仕上がりは，人の作業に比べて十分でない.

自動窓拭き設備の窓拭きユニットの構造は，自動床洗浄機に似ており，洗剤または水をガラス面に噴射してブラシ洗いし，汚水をスクイジー装置でかき集め，真空吸引装置で回収し，ろ過して再利用する．天候に左右されず作業ができる，従事者に危険がない，作業能率が良いなどの利点があるが，クリーニングの仕上がりは，人の作業に比べて（まだ）十分でない.

-⑴　ゴンドラによるクリーニング作業は，高所の危険作業であるから，安全

152-1 表　硬性床材一覧

種類	組成	特徴
大理石	変成岩の一種，結晶性石灰岩（主として方解石）が主成分	層状．石質は密．吸水率は低く，耐酸性，耐アルカリ性に乏しい.
花崗岩	火成岩の一種．石英，長石，雲母等の結晶の結合体	塊状．非常に硬く密である．アルカリ，酸，油には耐性があるが耐熱性に乏しい.
テラゾー※	大理石片，ポルトランドセメント	多孔質．組成上大理石と似ている．耐酸性に乏しい.
セラミックタイル	粘土にロウ石，陶石，長石，石英等を粉砕して加えたもの	耐酸性，耐アルカリ性があり，耐摩耗性も大である.
モルタル，コンクリート	砂利，砂，ポルトランドセメント	多孔性．耐酸性に乏しく表面の凹凸が激しい.

※　テラゾー　人造石の一種．主に大理石などの砕石粒（種石という）とセメントを練り混ぜたものを塗り付け，硬化後に表面を研磨・つや出しして仕上げたもの．磨耗に強く，耐久性などに優れており，床・壁などに用いられる.

のため，使用ゴンドラはゴンドラ構造規格※に合格したものに限られており，作業に当たってはゴンドラ安全規則※を厳守しなければならない．

※　ゴンドラ構造規格　労働安全衛生法第37条で定める特定機械等に係る厚生労働大臣の定める基準の一つ

※　ゴンドラ安全規則（労働安全衛生法に基づく厚生労働省令の一つ）

第12条（特別の教育）　事業者は，ゴンドラの操作の業務に労働者をつかせるときは，当該労働者に対し，当該業務に関する安全のための特別の教育を行なわなければならない．

-(3)　労働安全衛生規則第539条の二～九に「ロープ高所作業における危険の防止」策が事細かに規定されている．

問題155　正解　(2)・・・・・・**頻出度**AAA

余熱利用は，ごみの焼却処理で行われている．

-(5)　ごみの最終処分とは，最終処分場に埋め立てることであるが，その埋立の残余容量は微減傾向にある．

問題156　正解　(4)・・・・・・**頻出度**AAA

産業廃棄物で最も量が多いのは汚泥である（**156-1表**参照）．

-(1), -(2), -(3)　一般廃棄物（ごみ，し尿・浄化槽汚泥）の処理について**156-2表，156-3表**参照．

156-1表　わが国の産業廃棄物の処理の概要（平成30年度）

総排出量		3.8億t	→(安定)
業種別	電気・ガス・熱供給・水道業	26.90 %	→
	建設業	21.20 %	→
	農業・林業	20.80 %	→
種類別	汚泥	44.40 %	→
	動物のふん尿	20.70 %	→
	がれき類	16.10 %	→
処理状況	再生利用率	52 %	→
	減量化率	45 %	→
	最終処分率	2 %	微減傾向

156-2表　ごみの処理の概要（平成30年度）

総排出量	4 272万t	微減傾向が続いている．
国民1人当たりのごみの排出量	約918 g/(日・人)	〃
生活系ごみ	2 967万t	総排出量の約70 %
事業系ごみ	1 307万t	総排出量の約30 %
中間処理量	3 841万t	うち焼却量3 262万t（85%）
減量化量	3 042万t	総排出量の約75 %
直接最終処分量	44万t	総排出量の1.1 %
最終処分量	384万t	総排出量の9.4 %
ごみの総資源化量	853万t	リサイクル率19.9 %
ごみ焼却施設数	1 082か所	うち余熱利用748（発電379）
最終処分場施設数	1 639か所	微減傾向
最終処分場残余容量	10 134万m^3	微減傾向
最終処分場残余年数	21.6年	微増傾向
収集手数料有料化市町村率	生活系ごみで約80 %（粗大ごみ含む）	
ごみ処理事業経費（全国）	2.09兆円	国民1人当たり約16 400円

156-3 表　し尿・浄化槽汚泥処理の概要（平成 30 年度）

水洗化率（人口比）	95.2 %（公共下水道 75.6 %，浄化槽 19.6 %）
くみ取りし尿，浄化槽汚泥（年間処理計画量のうち）	し尿処理施設 93 %，下水道投入 6 %
し尿処理事業費（全国）	2,179 億円（国民 1 人当たり 7,000 円）

問題 157　正解　(1)・・・・・・**頻出度**AAA

「建築物内で発生する廃棄物の分別，収集，運搬及び貯留について，安全で衛生的かつ効率的な方法により，速やかに処理すること．所有者等は，分別ができるような環境を整備し，利用者へ分別を促すこと．また，収集・運搬用具は安全で衛生的に管理すること．」

問題 158　正解　(2)・・・・・・**頻出度**AAA

廃棄物処理法（廃棄物の処理及び清掃に関する法律）に定められているのは「産業廃棄物管理票」制度である．

東京 23 区のように，事業性一般廃棄物の大量排出事業者の管理を目的に「一般廃棄物管理票制度」を，条例や規則で定めている地方自治体がある．

-(1)　排出事業者が事業系一般廃棄物の処理を委託する場合は市町村長の許可業者，産業廃棄物は都道府県知事の許可業者に委託する．

事業系廃棄物などわが国の廃棄物の分類概要は **158-1 図**参照．

廃棄物処理法の定める廃棄物処理に関する責任と許認可等を **158-1 表**に示す．

-(4)　特別管理廃棄物には特別管理一般廃棄物と特別管理産業廃棄物がある．

-(5)　専ら再生利用の目的となる産業廃棄物：古紙，くず鉄（古銅等を含む），空き瓶（びん）類，古繊維

専ら再生利用の目的となる産業廃棄物のみを再生目的で扱う業（通称：「専ら業者」）は，廃棄物処理業の許可を必要としない（地方自治体における任意の登録制となっている）．

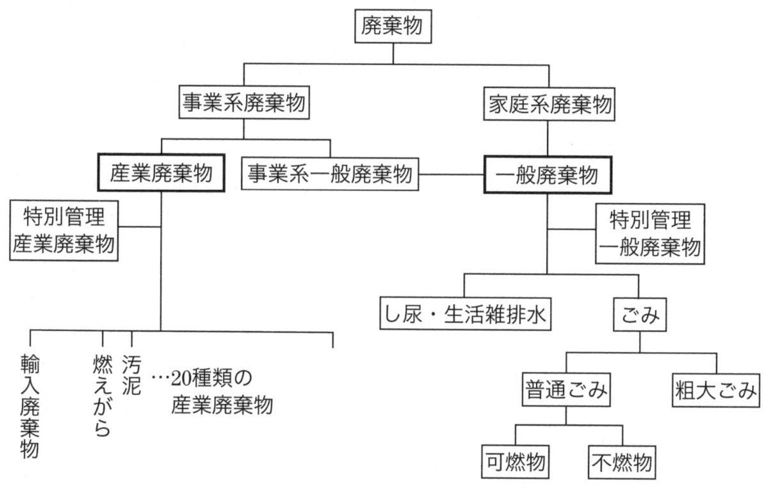

158-1 図　わが国の廃棄物の分類

158-1 表　廃棄物処理・責任と許認可等

廃棄物	項目	責任の所在，権限
一般廃棄物	処理計画	市町村
	家庭系廃棄物処理	市町村※1
	事業系廃棄物処理	排出事業者※2
	処理業（収集・運搬）許可	市町村長
	処理施設許可	都道府県知事
産業廃棄物	処理	排出事業者※2
	必要があれば事務として処理できる	市町村長 都道府県知事
	処理業（収集・運搬）許可	都道府県知事
	処理施設許可	都道府県知事

※1　処理計画に則って生活環境の保全上支障が生じないうちに処理する.

※2　委託する場合は，事業系一般廃棄物は一般廃棄物処理許可業者へ，産業廃棄物は産業廃棄物処理許可業者へ委託する.

問題 159　正解　(5)・・・・・・頻出度 A A A

ごみの単位容積質量値とは，ごみ1 m^3 当たりのおおよその質量のことなので単位は [kg/m^3]．厳密なものではなく「見かけ比重」ともいわれる．ごみを容積の分かったバケツにすりきり一杯まで入れ，地上30 cmから数回落下させ，嵩(かさ)が減った分さらにごみを入れる作業を数回行ったのち，重量を測定し，バケツ容量で除して求める.

159-1 表　ごみの単位容積質量値

ごみの種類	単位容積質量値 [kg/m^3]
可燃ごみ	150
厨芥	850
粗大ごみ	150
段ボール	80
瓶	300
缶	60
容器プラスチック	30

ごみの単位容積質量値の測定の例を **159-1 表**に挙げる．厨芥は可燃ごみの4～5倍の数値になる.

-(1)　建築物用途別廃棄物発生原単位の調査例を **159-2 表**に挙げる.

159-2 表　建築物用途別廃棄物発生原単位の調査例

建築物用途	廃棄物発生原単位 kg/(m^2・年)	オフィスとの比較（オフィス＝1.0）	再生利用率 %
オフィスビル	9.21	1	58.9
店舗ビル	26.20	2.8	52.6
ホテル等	17.35	1.9	33.8
工場・研究所	30.26	3.3	82.0
倉庫・流通センター	15.86	1.7	58.5
医療機関	13.30	1.4	32.2
学校	3.92	0.4	43.1
駅舎	14.30	1.6	55.8

問題 160　正解　(4)・・・・・・頻出度 A A A

廃棄物の処理に必要な容器，集積場所，保管場所等を適切に準備するのは，建築物の所有者等の管理権原者である.

建築物内廃棄物処理の各関係者の基本的役割は次のとおり.

1. ビル所有者等の建築物維持管理権原者

建築物内廃棄物の収集・運搬業務の一環として清掃従事者が事後的に分別を行うよりも，所有者等が分別できるような環境を整備し，利用者へ分別を促すなどして，ごみ発生時点で分別を行うことが，安全・衛生・効率の観点から必要である.

1)　施設内廃棄物処理計画を策定する（分別の種類を明記する）.

2)　入居者および廃棄物処理関係者に同計画の周知，指導をする.

3) 同処理計画に則り，廃棄物を的確に処分する．

4) 廃棄物の減量化･減容化に努力する．

5) 廃棄物の管理責任者を選任する．

6) 廃棄物の管理に関する契約を締結する．

7) 廃棄物の処理に必要な容器，集積場所，保管場所等を適正に準備する．

8) 新築の建築物では，使用開始後一定期間が経過した時機に廃棄物処理計画を見直す．

2. ビル入居者

廃棄物処理計画に則り，

1) 廃棄物の減量化･減容化に努める．

2) 廃棄物の分別排出を行う（ごみ発生時点での，発生させた者による分別）．

3) 必要な場合には，自己の責任でビル外に排出する．

4) 従業員に上記遵守事項を徹底させるために廃棄物排出責任者を選任する．

3. 施設内廃棄物処理会社・ビルメンテナンス会社

廃棄物処理計画に則り，

1) 系内廃棄物の収集・運搬・処理・保管を実施する．

2) 系内廃棄物の減容化に努める．

4. 廃棄物収集運搬・処分許可会社

1) 廃棄物の管理に関する契約に基づき，搬出された廃棄物の収集･運搬･処分を実施する．

2) 分別可能廃棄物を明確化する．

問題 161　正解　(2)・・・・・・頻出度 A A A

このごみの単位容積質量は，300 kg ÷ 2 m^3 = 150 kg/m^3．60 L = 0.06 m^3 の容器に入る量は，150 × 0.06 = 9 kg．

問題 162　正解　(5)・・・・・・頻出度 A A A

E 票は，最終処分終了確認用として排出事業者に返却される．

162-1 表　産業廃棄物管理票（紙マニフェスト）の流れと各票の役割

票名	流れ	役割	返却送付期限	
			産業廃棄物	特別管理産業廃棄物
A	排出事業者の控え	排出事業者の廃棄物引渡し確認用	—	—
B1	排出事業者→運搬受託者→処分受託者→運搬受託者	運搬受託者の運搬終了確認用	—	—
B2	排出事業者→運搬受託者→処分受託者→運搬受託者→排出事業者	排出事業者の運搬終了確認用	90 日	60 日
C1	排出事業者→運搬受託者→処分受託者	処分受託者の処分終了確認用	—	—
C2	排出事業者→運搬受託者→処分受託者→運搬受託者	運搬受託者の処分終了確認用	—	—
D	排出事業者→運搬受託者→処分受託者→排出事業者	排出事業者の処分終了確認用	90 日	60 日
E	(最終処分受託者からの二次マニフェストのE票を受けて，排出事業者→運搬受託者→処分受託者→排出事業者	排出事業者の最終処分終了確認用	180 日	
各票保存期間			5 年	

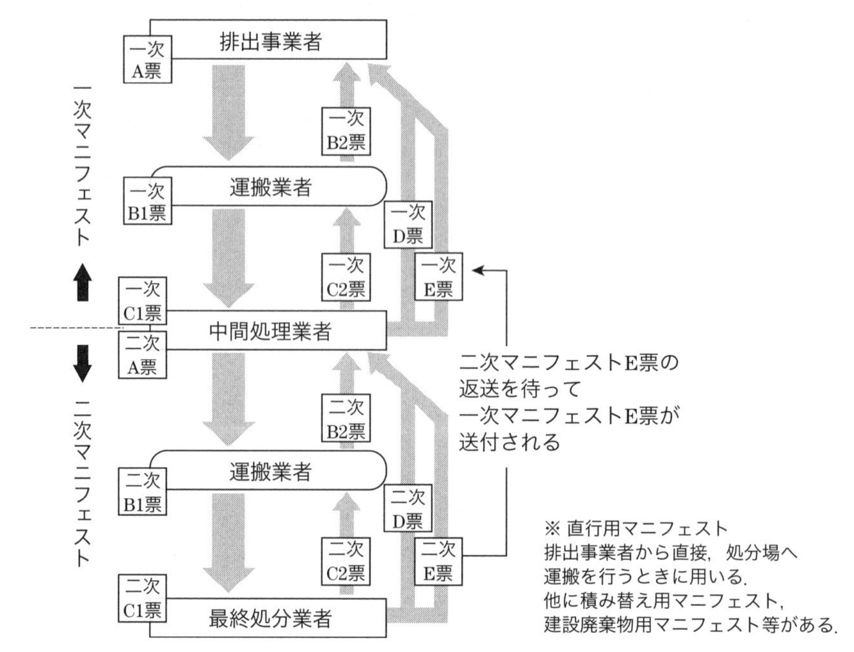

162-1 図　マニフェストの流れ（直行用※）

マニフェスト各票の流れ，役割，送付期限（過ぎたら処分状況を確認）・保管期限は **162-1 表，162-1 図**参照.

産業廃棄物の排出事業者が，その処理を委託した産業廃棄物の移動および処理の状況を自ら把握するために産業廃棄物管理票制度（マニフェスト制度）が設けられている．マニフェストとは本来積荷目録のことである．このマニフェストの伝達によって，不法投棄の防止，有害廃棄物の適正処理を担保しようとする移動管理のシステムである.

マニフェスト制度には電子マニフェストと紙マニフェストが規定されている．電子マニフェストは，通信ネットワークを使用して，排出事業者がその処理を委託した廃棄物の流れを管理する仕組みである．現在一部の廃棄物について電子マニフェストが義務化されようとしている.

電子マニフェスト制度では，データは行政，排出事業者，処理業者と共有され，マニフェスト票の保管の必要がない.

標準の紙マニフェストは7枚綴(つづ)りの複写伝票で，排出事業者が交付する一次マニフェスト，中間処理業者が発行する二次マニフェストがある.

問題 163　正解　(4)・・・・・・**頻出度** A A A

発泡スチロールの溶融固化装置は，熱を加え溶融し固化する方式である（**163-1 表**参照）.

建築物内で用いられている廃棄物用の圧縮装置は，圧縮面の圧力が 147 ～ 392 kPa で，圧縮率は 1/3 ～ 1/4 のものが多い．直進プレス式コンパクタ，スクリュー式コンパクタ，コンパクタ付きコンテナなどの種類がある.

缶類の処理方法として，自動的にスチール缶とアルミ缶を分けて圧縮しブ

163-1 表　建築物内の中間処理設備

廃棄物の種類	処理法	処理設備
段ボール，新聞，雑誌	梱包	梱包機
OA 紙，再生紙	圧縮，切断，梱包	圧縮機（コンパクタ），切断機（シュレッダ），梱包機
廃棄紙類	圧縮，梱包	圧縮機（コンパクタ），梱包機
プラスチック	圧縮，梱包	圧縮機，梱包機
発泡スチロール	梱包，圧縮，溶融固化	熱溶融固化装置
缶類	圧縮	圧縮装置
ちゅう芥	冷蔵，粉砕・脱水，発酵，乾燥	冷蔵庫，ちゅう芥粉砕・脱水装置，堆肥化装置，生ごみ処理装置

ロック状にする方式がある．

破砕機は，圧縮，衝撃，せん断などのメカニズムを単独で，または組み合わせて固形物を破砕する．破砕処理によってごみの体積は減少することが普通である．空き瓶は約 1/4 に，プラスチック容器では 1/3 程度になる．

梱包機は紙製品などを圧縮梱包する装置で資源回収に有効である．

ちゅう芥類を処理する生ごみ処理機には，減量用の乾燥機やリサイクル用の堆肥化装置がある．

問題 164　正解　(3)••••••頻出度 A A A

容器方式は，他の方式と比較して設置スペースが多く必要で × である（**164-1 表**参照，次のページ）．

問題 165　正解　(2)••••••頻出度 A A A

家電リサイクル法は，小売業者による消費者からの廃家電（特定家庭用機器）の引取りを規定している．

一般法である循環型社会形成推進基本法とそれに基づく特別法（個別法）の一覧を **165-1 表**（次のページ）に挙げる．

ねずみ，昆虫等の防除
問題 166～問題 180

問題 166　正解　(1)••••••頻出度 A A A

空間処理である ULV 処理は速効性が高い．

蚊の防除は次のとおり．

1．浄化槽・排水槽のチカイエカ防除

1）幼虫（ボウフラ）対策

(1) 排水槽内の幼虫の生息状況は，柄杓(ひしゃく)などによりすくい取られた数により調査する（柄杓すくい取り法）．

(2) 水槽の容量が分かっている場合が多いので，有機リン剤の乳剤を 1 ppm，もしくは浮遊粉剤を 0.25 ppm 撒(ま)く．

(3) 昆虫成長制御剤（IGR）は，昆虫および多くの節足動物の変態など生理的な変化に影響を与える．

羽化阻害剤とキチン合成（脱皮）阻害剤の 2 種類があるが，幼虫に対しての効果は最終的に死に至らせるが速効性はなく，成虫に対してはいずれも効果がない．

(4) 浄化槽では，浄化微生物に影響のある油剤や殺菌作用のあるオル

164-1 表　建築物内貯留・搬出方式一覧[5]

方式		(a)　容器方式	(b) 貯留・排出機方式	(c) コンパクタ・コンテナ方式	(d) 真空収集方式
処理フローと概要		廃棄物をポリバケツ，小型コンテナ等の容器に貯留し，機械式収集車（パッカー車）に人力で積み替え，搬出する．	スクリューまたはドラムの回転によって，廃棄物を圧縮貯留し，機械式収集車（パッカー車）に自動的に積み替え，搬出する．	圧縮機（コンパクタ）によってコンテナ内に廃棄物を圧縮貯留し，コンテナごとコンテナ着脱装置付きトラックによって搬出する．	ダストシュートの底部に設けられている貯留排出機に廃棄物を貯留し，収集ステーションに接続された輸送管によって自動的に搬出する．
評価項目	初期コスト	◎	○	△	×
	ランニングコスト	△	○	◎	△
	所要人員	×	○	○	◎
	衛生性	△	○	◎	◎
	防災性	△	◎	◎	△
	作業性	×	○	◎	◎
	設置スペース	×	○	◎	○
適用建築物規模		小規模建築物	中規模建築物	大規模建築物	広域大規模開発地域

◎：優　○：良　△：可　×：不可

ソ剤（オルトジクロロベンゼンなど）やクレゾールなどは使用できない．乳剤の界面活性剤や有機溶剤の影響も考えられるので，濃度に注意する．

2)　成虫対策

(1)　排水槽内の成虫の発生状態は，ライトトラップや粘着リボン（粘着トラップ）による捕獲数により調査する．

(2)　煙霧・ULV 処理

煙霧機や ULV 機を用いてジクロルボスやピレスロイド剤の薬剤を霧状にして処理する．煙霧処理であればジクロルボス 0.3％油剤を 1 m^3 当たり 1～3 mL 処理する．

煙霧・ULV 処理は速効性が高いが，残効性は期待できない．

(3)　蒸散処理

槽内が密閉空間であることを利用して，ジクロルボス樹脂蒸散剤を 10 m^3 当たり 1 本の割合で吊るす．蚊の成虫対策として，1～3 か月間有効である．

2．残留処理

成虫が止まる壁面などに残効性の

165-1 表　循環型社会形成推進基本法と各種リサイクル法

法令名	法令通称	内容
循環型社会形成推進基本法 平成 12 年（2000 年）	–	循環型社会の構築に関する基本的な枠組みを規定．3R（リデュース，リユース，リサイクル）の推進．
容器包装に係る分別収集及び再商品化の促進等に関する法律 平成 7 年（1995 年）	容器包装リサイクル法	ごみ容積の約 60 % を占める「容器」や「包装」を再商品化できるよう，消費者には「分別排出」，市町村には「分別収集・選別保管」，事業者には「再商品化」することを義務付けた．
特定家庭用機器再商品化法 平成 10 年（1998 年）	家電リサイクル法	家庭用エアコン，テレビ，電気冷蔵庫・冷凍庫，電気洗濯機・衣類乾燥機の，小売業者による引き取り，製造業者等による再商品化，消費者による廃棄収集運搬料金とリサイクル料金の負担を規定．
資源の有効な利用の促進に関する法律 平成 12 年（2000 年）	パソコンリサイクル法	メーカに回収・リサイクルが義務付けられている．
食品循環資源の再生利用等の促進に関する法律 平成 12 年（2000 年）	食品リサイクル法	事業者，消費者は食品廃棄物等の発生抑制等に努める．食品関連事業者は再生利用等の基準に従い再生利用等に取り組む．
建設工事に係る資材の再資源化等に関する法律 平成 12 年（2000 年）	建設リサイクル法	特定建設資材（コンクリート，アスファルト，木材等）を用いた一定規模以上の建設工事について，その受注者等に対し，分別解体，再資源化等を行うことを義務付け．
国等による環境物品等の調達の推進等に関する法律 平成 12 年（2000 年）	グリーン購入法	国等の機関にグリーン購入を義務付けるとともに，地方公共団体や事業者・国民にグリーン購入に努めることを求めている．
使用済自動車の再資源化等に関する法律 平成 14 年（2002 年）	自動車リサイクル法	所有者のリサイクル料金の負担と関連業者の役割を規定（製造事業者によるシュレッダーダスト等の再資源化）．
使用済小型電子機器等の再資源化の促進に関する法律 平成 24 年（2012 年）	小型家電リサイクル法	消費者および事業者の責務として，使用済小型電機器（携帯電話，デジタルカメラ，ゲーム機など）の分別排出，利用されている金属等の回収・リサイクルについて規定．

高い有機リン剤やピシスロイド剤を 1 m^2 当たり 50 mL 散布する．

3. チカイエカでは殺虫剤抵抗性の発達が報告されているので，効果に疑問がもたれる場合には，殺虫剤感受性に対する調査を実施し，異なる系統の殺虫剤への変更を検討する．

4. チカイエカは，排水槽等に通ずる通気管や排水溝，マンホール等の隙間，処理施設に通じる扉の隙間等が侵入経路となるので，防虫網，網戸の設置状況，扉の開閉状況や隙間等について調査して対応措置をとる．

問題167　正解　(5)・・・・・・頻出度AAA

チカイエカは外見的にはアカイエカ，ネッタイイエカに極めて似ており，外見上の区別は困難である．

蚊の生態については次のとおり．

1. 蚊の種類

国内では100種以上の蚊の生息が記録されているが，屋内で発生するのはチカイエカ1種である．屋外で発生して屋内に侵入する種についても防除対策が必要である．

1)　チカイエカ

九州から北海道の都市に普通に見られる種である．世界の温帯地域に広く分布し，ビル内部で発生する蚊はほとんどこの種類である（日本国内では，屋内で発生が確認されているのはチカイエカのみである）．地下の浄化槽，汚水槽，湧水槽などから発生する．

2)　アカイエカ

アカイエカは，北海道から九州まで広く分布する．アカイエカは屋外で発生し，夜間に屋内に侵入して吸血するよく見られる蚊である．

アカイエカのメス成虫は有機物の多い下水溝，雨水ます，防火用水槽やどぶ川の水面に静止して，卵舟(らんしゅう)と呼ばれる舟形の卵塊を産む．1卵舟の含む卵の数は200～300個である．

ニワトリや野鳥からも盛んに吸血する．

秋に羽化した成虫は休眠に入り，冬期には気温が上昇しても吸血活動をしない．

3)　ヒトスジシマカ

南西諸島から東北地方にまで分布する．雨水ますなどの人工的にできた狭い水域や屋外の空き缶などの溜まり水からもよく発生する．

多くの蚊は夜間吸血性であるが，この蚊は昼間の方が盛んに吸血する．公園，墓地等の日陰のヤブの中に多く，血を吸われると大変強いかゆみがある．

体長5 mmほどで黒くて白い縞模様がある．

卵のステージで越冬する．

4)　コガタアカイエカ

関東以西に多く生息し，北海道には少ない．主に水田や湿地の水域から発生する．ヒトの他，ブタ，ウシ，ウマなど大型の家畜を好んで吸血する．夜間に屋内にも侵入する．日本脳炎ウイルスを媒介する．

5)　シナハマダラカ

九州から北海道まで広く分布する日本の代表的なハマダラカであり，幼虫の発生源は水田や沼など．マラリヤ原虫の媒介者として有名．成虫は夜間活動性である．

2. 習性・生態

1)　蚊は吸血によって病原体を取り込むと，それらが増殖・発育して感染蚊となり，多くの感染症の媒介者となる．

2)　蚊は卵→幼生（ボウフラ）→蛹(さなぎ)→成虫と完全変態して成長する昆虫である．幼生は4回脱皮して蛹となる．

3)　蚊が吸血する目的は，雌が卵を産むためである．雄は吸血しない．

3. チカイエカ

1)　チカイエカの幼虫の発生源は，主

に地下の浄化槽，汚水槽，湧水槽などである．

2) チカイエカの卵は卵塊として水面に産み落とされ，1 卵塊の卵数は 50 〜 80 個．

3) チカイエカは外見的にはアカイエカ，ネッタイイエカに極めて似ており，外見上の区別は困難であるが次のような生態的違いがある．

(1) 蚊の雌が吸血するのは産卵のためであるが，チカイエカに限って羽化後初めての産卵は吸血しなくとも行える．その後は激しく吸血する．

(2) チカイエカは冬期でも休眠せず，暖房された室内では盛んに吸血することから冬の蚊といわれる．

(3) イエカ類は普通夕方から夜間にかけて激しく吸血するがこの蚊は昼夜構わず吸血する．

(4) 多くの蚊は交尾に広い空間を必要とするが，チカイエカは試験管のような狭い場所でも自由に交尾する（狭所交尾性）．また，浄化槽内のような暗黒の条件下でも休眠せず交尾活動を行い産卵する．

4) チカイエカが媒介する感染症は今のところ知られていない．

問題 168　正解　(5)・・・・・・**頻出度** A A A

集合フェロモンは糞中に分泌される．

日本に生息する 60 種余りのゴキブリの多くは，屋外で生活している．屋内に定着しているゴキブリの種類（**168-1 表**），生態は下記のとおり．

1. ゴキブリの発育過程

1) ゴキブリは卵→幼生（若虫）→成虫と経過し，蛹の時期がない不完全変態である．

168-1 表　わが国で屋内に定着するゴキブリ

種類	生態
チャバネゴキブリ	全世界に広く分布する都市環境の代表的屋内害虫．飲食店，病院等に多く，日本では北海道から沖縄まで，都市を中心に広く分布している．小型で成虫の体長 1.5 cm．全体は黄褐色で前胸背板に明瞭な 2 本の細長い黒斑がある．チャバネゴキブリは日本の冬季では暖房なしでは越冬できないが暖房設備のあるビルでは通年生息する．1 年に 2 〜 3 回世代交代を繰り返している．
クロゴキブリ	成虫の体長は 3 〜 4 cm．やや褐色がかった艶のある黒色で斑紋はない．本州（関東以西），四国，九州に多く，一般住宅の優占種．ビルでは厨房，湯沸場，建築物周辺や下水道，側溝等でも見られる．気温の高い夏期に雌雄が一対で飛行行動し分布を拡大する．
ワモンゴキブリ	成虫の体長は 3 〜 4.5 cm で大型種．熱帯性で九州以南に多かったが最近では暖房の完備したビルで各地に定着している．やや赤みを帯びた黄褐色で前胸背板に黄白色の輪紋がある．
トビイロゴキブリ	ワモンゴキブリに似た大型種．前胸背板にはいかり状の黄斑紋がある．日本における分布は，局地的である．
ヤマトゴキブリ	屋外でも暮らす半野生種で農村地区や郊外の木造住宅で多いが，都心の下水溝や飲食店で生息が確認されている．クロゴキブリに形態は似ているが，艶が少なくやや小型で平たい感じを受ける．
キョウトゴキブリ	クロゴキブリに似ているが大きさはチャバネゴキブリに近い．

卵は卵鞘(しょう)の形で生み出される．

2) チャバネゴキブリの例

(1) 卵鞘中には30～40個の卵が入っている．

(2) 雌は孵(ふ)化直前まで尾端に卵鞘を保持している．

(3) 21～28日で孵化．6齢を経て成虫になる．成虫になるまでの期間は温度によって異なり，25℃約60日，27℃で45日，20℃では220日と著しく長くなり，それ以下の温度では生息が困難になる．

クロゴキブリやワモンゴキブリのような大型種では，1卵鞘中の卵の数が15～25個と少ない．卵鞘は，数日で産み落とされ，成虫の唾液等でくぼみや隙間等に固定される．卵から成虫までに1年またはそれ以上を要する．

(4) チャバネゴキブリ1匹の雌は一生の間に平均5回産卵する．

(5) チャバネゴキブリは，休眠性をもたず，日本の冬季では暖房なしでは越冬できないが，暖房設備のあるビルでは通年生息する．1年に2～3回世代交代を繰り返している．

2. ゴキブリの習性

1) 夜間活動性

夜間特定の時間帯に潜伏場所から出現し，摂食，摂水行動を起こす．体内に組み込まれた体内時計により，約24時間を周期とする行動が見られる．

昼間は一定条件（温かい，暗い，狭い，餌や水に近い）の潜み場所に潜んでいる．

2) 集合フェロモンを糞中に分泌しこれによって群れる．

3) 雑食性で，食品類，汚物などさまざまなものを餌とする．

ゴキブリ類は，幼虫と成虫の活動場所は同じで，その食性も発育段階によって変化しない．

4) 物の縁や隅を通る傾向があり，壁から5 cm程度の隅に活動が集中する．

5) 潜伏場所の近辺にはローチスポット(ゴキブリの排せつ物による汚れ)が多く見られる．

問題169　正解　(2)・・・・・ **頻出度** A A

マイクロカプセル剤は，乳剤の主に残効性を調整(延長)するために考案された．

-(1) 殺虫剤の虫体侵入は経口・経皮・経気門の三つの経路がある．空間処理した殺虫剤は，昆虫の呼吸器である気門を狙った呼吸毒ということができる．

-(4) 残留処理の標準的散布量は，壁面等1 m^2当たり50 mLであるが，壁面素材の吸湿性や，凹凸の多寡など散布量を調節する必要がある．

ゴキブリの防除には，残留処理，空間処理（直接処理），毒餌（ベイト）処理がある．

1. 残留処理はゴキブリの行動習性を利用した基本駆除法．残効性の高い有機リン剤やピレスロイド剤を壁面等1 m^2当たり50 mL散布するのが標準である．処理面を歩き回ったゴキブリは，薬剤の残滓(し)を経皮的に取り入れ死亡する．

ゴキブリの通路や隠れ場所となりやすい家具の隅や隙間などに殺虫剤処理を重点的に行うが，ある程度広範囲に処理することが望ましい．

2. 空間処理（直接処理）では，煙霧，

燻煙処理，蒸散，ULV 処理などによって室内に薬剤を充満させ 30 分～1 時間部屋を閉め切り，隅に潜んでいるゴキブリを直接殺す．生息密度が高い場合に速効性を期待して用いる（いずれも残効性は期待できない）．部屋をできるだけ密閉し，潜み場所となる引出し・戸棚などは開放する．

ULV には，ピレスロイドの専用乳剤がある．追い出し効果も期待できる．

3. 毒餌（ベイト剤）処理では，喫食性を高めるため，ゴキブリの餌となるものを設置場所周辺から除去することが大切である．ローチスポットが多く見られるゴキブリの活動場所に，的確に数箇所設置する．

ホウ酸やヒドラメチルノン，フィプロニル，インドキサカルブ，ジノテフランなどを有効成分とした製剤がある．

使用法は簡便であるが遅効性のため生息密度が減少するまでにある程度長期的に配置する必要がある．飲食店などでの使用には適さない．

毒餌には有機リン剤やピレスロイド剤の殺虫剤がかからないようにする注意が必要である．

4. 粘着トラップは，生息密度がそれほど高くない場合に用いる．できるだけ多く設置し，ゴキブリが慣れるまで設置場所を固定する．薬剤処理と併用すると効果が高い．

5. 防除作業後には，無駄な薬剤散布を避け，今後の防除計画策定のために効果判定調査を行うことが重要である．

問題 170　正解　(3)・・・・・・**頻出度** A A A

他のダニやチャタテムシ等を捕食するのは，ツメダニである．タカラダニは園芸植物など由来のダニで，室内に侵入することもあるが，人への直接的な被害は及ぼさない．

ダニの種類については **170-1 表**参照．

ダニの生態については次のとおり．

ダニの体は，口器がある顎体部と，頭，胸，腹が融合した胴体部の二つに分かれていて，はっきりした頭部はなく，触覚ももたない．

ダニは分類学的にはクモに近く昆虫ではない．卵→幼虫→若虫→成虫と成長する．幼生では脚は 3 対，若生，成虫で 4 対である．

ダニの防除については次のとおり．

1. 吸血性ダニ類の殺虫剤感受性は高く，一般に使用されている有機リン剤やピレスロイド剤のほとんどは有効であり，残留処理や，室内全体で被害が発生している場合は，煙霧，ULV，燻煙剤等でも対応できる．

2. 動物寄生性のダニ

 1) イエダニ

 ネズミの巣の除去を行う．屋内にあってはゴキブリに準じた煙霧処理を行う．

 2) 鳥に寄生するダニ

 巣の除去を行うが，鳥の卵ごと除去する場合には，市町村長または都道府県知事の許可が必要となる．

 3) ペットの犬にマダニ類が発見された場合には，獣医師に動物体表のマダニ類を駆虫してもらう．

3. 屋内塵性のダニ

屋内塵性のダニの薬剤感受性は一般的に低く，十分な効果が期待できる殺虫剤は少ない．

これらのダニの発生は多分に温湿度依

170-1 表　主なダニの種類

種類	名称	被害	備考
動物寄生性のダニ	イエダニ	吸血	ネズミに寄生する．
	スズメサシダニ トリサシダニ ワクモ	吸血	スズメなどの野鳥やニワトリに寄生する．軒下などに営巣した野鳥の巣から室内に入りこむ．トリサシダニやスズメサシダニの被害は，野鳥の巣立ちの時期に集中する．
	マダニ	吸血	マダニ類は飼い犬が宿主になって庭先で発生することがある．マダニ類は雌雄とも，幼虫，若虫，成虫の全ての発育段階で吸血する．マダニは，第1脚の先端部分に温度や炭酸ガスを感知する器官をもち，吸血源動物が近づいてくるのを，植物の葉の先端部で待ち構えている．
	シラミダニ	刺咬（こう）	シラミダニはカイコに寄生する．偶発的に人を刺すが吸血はしない．
肉食性のダニ	ツメダニ	刺咬	ツメダニは他のダニやチャタテムシを捕食するが，動物吸血性ではない．まれに人を刺す．
屋内塵（じん）性のダニ	ヒョウヒダニ類 コナダニ類 ホコリダニ類	アレルゲン	ヒョウヒダニ類が優占種である．ケナガコナダニは新しい畳によく発生する．保存食品からも発生する．
植物由来のダニ	ハダニ類	不快感	ヒメハダニなどが鉢植の花などとともに建築物内に持ち込まれ，屋内でも発見される．ハダニ類は赤，黄系の派手な色の種類が多く，不快感を起こすが人を刺すことはない．
	カベアナタカラダニ	不快感	春季にビルの外壁面を赤くするほど集団発生することがある．室内に侵入することもあるが，人への直接的な被害は及ぼさない．
人寄生性のダニ	ヒゼンダニ	疥癬（かいせん）症	人の皮膚に内部寄生し，疥癬症を起こす．その寄生数が爆発的に増加すると，「角化型疥癬」と呼ばれ，人から人への感染力も増し，高齢者施設や病院での集団発生が問題となる．

存的で，25 °C 以上，60 % 以上の湿度でよく発生する．長期間の乾燥には耐えられないので，室内を通風・除湿によって乾燥し高室温を避ける．

ヒョウヒダニなどは人の垢（あか）やフケが餌になっているので室内の除塵・清掃を頻繁に行う．

ツメダニ類は殺虫剤に対する感受性が極めて低く，薬剤による対策はあまり期待できない．他のダニやチャタテムシ等の小昆虫を捕食して繁殖するので，餌となるダニ，小昆虫が増殖しないように除塵を徹底し，高温・多湿を避けることが効果的である．

4. ダニに属するツツガムシやマダニには忌避剤が効果的である．
5. 植物由来のダニには，園芸用の殺ダニ剤を用いる．衛生用の薬剤は植物を枯らすことがある．

問題 171　正解　(1)・・・・・・**頻出度** A A A

ヒメマルカツオブシムシの幼虫が害虫で，成虫は花粉などを餌としている．

出題されたいろいろな昆虫は，**171-1 表**参照．

171-1 表　出題されたいろいろな害虫

分類	種類	被害，発生源等	出題された防除法等
ハエ類	イエバエ	現在のイエバエの主要な発生源は豚舎，鶏舎，牛舎等とごみ処理場である．腸管出血性大腸菌 O157 の媒介が疑われる．	—
	クロバエ類	大型のハエで，気温の低い時期に発生する．発生源は腐敗した動物質．	—
	キンバエ類	食物等に産卵して，消化器ハエ症の原因になる．腫瘍部や外傷部に産卵することもある．	—
	ニクバエ類	ニクバエ類は，卵ではなく幼虫を産む卵胎生のハエである．	—
コバエ類	ノミバエ類	脚はよく発達し，素早く歩行する．発生源は腐敗した動物質で浄化槽の表面に浮いているスカムから発生する．	—
	ショウジョウバエ類	キイロショウジョウバエが代表種． 発生源は，主に腐敗した植物質や果物（生ごみ）．	光に集まる走光性を示す．
チョウバエ類	ホシチョウバエ	蚊の仲間（カ亜目）に属する．幼虫は汚れた川，下水溝，下水処理場の散水ろ床等で発生する．	幼虫はし尿浄化槽のろ床やスカム中に発生し，水中深くに潜ることはない．水面近くに重点的に殺虫剤を散布．
	オオチョウバエ	幼虫の発生源は，下水溝，建築物の浄化槽等で，浮遊しているスカムや壁面に多数の幼虫が見られる．	光に集まる走光性を示す．
ニセケバエ類	ナガサキニセケバエ	幼虫の発生源は動物糞(ふん)や腐敗植物質等で，建築物内では，植木鉢等の肥料に用いられる油粕(かす)等から発生する．	—
ユスリカ類	セスジユスリカ	不快害虫．プールから発生する種類もある．	網戸，電撃式殺虫器
チャタテムシ類	コナチャタテ類	畳の床藁(わら)，干物，乾麺等の乾燥食品やこれらに発生するカビが餌．ドライフラワーや乾燥植物からも発生．	温度 25 ℃以上，湿度 80 % 以上の環境を継続させないようにする．餌のカビの発生を抑える．
トコジラミ類	トコジラミ	カメムシの近縁種．夜間吸血性で，昼間は壁，柱等の隙間やペット裏等に潜んでいる．幼虫，成虫，雄，雌ともに吸血する．	—
	ネッタイトコジラミ	ネッタイトコジラミは近年東京都内の宿泊施設でも散見されている．	
シラミ類	コロモジラミ アタマジラミ ケジラミ	それぞれ，下着，頭（毛髪），陰毛に寄生して吸血する．吸血後の掻痒(そうよう)感が強い． コロモジラミは発疹チフスを媒介する．	—
シバンムシ類	タバコシバンムシ ジンサンシバンムシ	加害するのは幼虫で，麺類，菓子類等の他，動物の剥製，畳等が加害される．	性フェロモン等の誘引剤を用いたトラップが市販．

171-1 表（続き）

ハチ類	シバンムシアリガタバチ	タバコシバンムシやジンサンシバンムシの老齢幼虫に，シバンムシアリガタバチの幼虫が体表に外部寄生し，夏期にこのハチが羽化して，室内で刺されることがある．	—
	スズメバチ類	ハチ毒には，痛みをもたらすアミン類の他に，アレルギーを起こす酵素類が含まれている．ハチ刺症では，時として生命にかかわる重篤なアレルギー症状（アナフィラキシーショック）を起こす． ツマアカスズメバチは特定外来生物に指定されている（2015 年）．	—
カツオブシムシ類	ヒメマルカツオブシムシ ヒメカツオブシムシ	幼虫は，主に羊毛製品，ジュウタン，絹織物，動物の剥製，乾燥食品などを食害する．	繊維製品は，加熱乾燥やドライクリーニング．フェロモン等の誘引剤を用いたトラップが市販．
ヒラタキクイムシ類		木材中に産卵され，孵った幼虫がナラ材などの広葉樹を食害する．穀物も加害することが多い．	針葉樹材，広葉樹材の心材は食害しない．産卵防止には塗装，殺虫剤の残留処理を行う．
ノミ類	ネコノミ	ほとんどの被害がネコノミによる．吸血するのは成虫のみ．ノミはシラミと異なり，飢餓に耐えることができる． ノミの幼虫は宿主のねぐらのダンボールやぼろ布，周辺の砂地でごみの中などに含まれている有機物を食べて成長する．	ネコノミの発生源対策は，宿主のねぐらや常在場所に対して行うと効果的である．
アリ類	イエヒメアリ	建築物内等に生息している代表種．カーペットの下，壁の割れ目などに巣を作る．	ヒドラメチルノンやホウ酸，フィプロニルなどを有効成分とした食毒剤が有効．
	アルゼンチンアリ	砂糖，花の蜜，果物等を好む．外来種で特定外来生物である．	
	ヒアリ	特定外来生物に指定されている．各地の港湾地区で発見されており，刺咬による皮膚炎，アレルギー障害の被害が懸念される．	—
カメムシ類	クサギカメムシ	越冬のために屋内に侵入する． 臭腺から臭いを出すので不快昆虫として嫌われている．	侵入場所となる窓枠などにフェノトリンを処理する．
	マルカメムシ	越冬場所を求めて屋内に侵入したり，洗濯物などに多数付着することがある．	餌となるクズ等のマメ科の雑草の除去が有効．
イガ類		イガはチョウ目に属する小型の蛾で，幼虫が羊毛製品，動物の剥製，動物性乾燥食品等を食害する．	繊維製品には，加熱乾燥やドライクリーニングが有効．
メイガ類	ノシメマダラメイガ	メイガ類はチョウ目に属する小型の蛾で，幼虫が貯穀・菓子類を食害する．	性フェロモンを用いた誘引トラップが市販．
クモ類	セアカゴケグモ	刺咬により激しい痛みと神経系の障害を起こす．	—

問題 172　正解　(4)・・・・・・頻出度 A A

チョウバエ類の幼虫に対する殺虫剤の効力は，一般に蚊と比較して低い．

幼虫はし尿浄化槽のろ床やスカム中に発生し，水中深くに潜ることはないので，水面近くに重点的に殺虫剤を散布することが効果的である．

成虫対策としては，浄化槽などの密閉空間であれば，蚊に対するのと同じように樹脂蒸散剤を用いることができる．

問題 173　正解　(4)・・・・・・頻出度 A A

トコジラミはヒトを宿主とする吸血性の寄生昆虫なので，使用する殺虫剤は，医薬品，医療機器等の品質，有効性及び安全性の確保等に関する法律（医薬品医療機器等法）による承認を必要とする（それぞれの殺虫剤を調べると，確かにトコジラミ用の殺虫剤だけが医薬品として売られている．ただし，特定建築物内で使用できる殺虫剤は，対象の害虫に関わらず医薬品医療機器等法によって承認された医薬品，医薬部外品に限られる）．

問題 174　正解　(5)・・・・・・頻出度 A A A

ULV 処理専用の乳剤の有効成分はピレスロイド剤（フェノトリン，ペルメトリン）である．

-(1)　薬剤の有効性を表す指標は，KT_{50} の他にも **174-1 表**のようなものがある．

-(2)，-(3)，-(4)　屋内衛生害虫用の殺虫剤には，有機リン剤，ピレスロイド剤，昆虫成長制御剤，その他の種類がある．

1. 有機リン剤
   1) 作用機構は，神経の刺激伝達物質であるアセチルコリンを分解する酵素のコリンエステラーゼの作用を阻害し，アセチルコリンが過剰状態になって異常が起こる．

174-1 表　薬剤の有効性を表す指標

殺虫力	LD_{50}	(Lethal Dose 50) 50％致死薬量（中央致死薬量）の略．ある昆虫の集団のうち 50％を殺すのに必要な 1 匹当たりの必要薬量．単位は μg/ 匹など．薬機法に基づく安全性に関わる急性毒性の動物投与試験にもこの値が用いられる．
	LC_{50}	(Lethal Concentration 50) 50％致死濃度（中央致死濃度）の略．ある昆虫の集団のうち 50％を殺すのに必要な濃度．単位は ppm.
速効性	KT_{50}	(50％ Knock Down Time) 害虫が薬剤に触れてからノックダウン（仰転）するまでの時間．単位は分．ある昆虫の集団のうち 50％をノックダウンするのに必要な時間．一般には速効性が高いほど（値が小さいほど）有効性が高いといえるが，食毒剤ではこの値がマイナスに働く場合もある．一度ノックダウンした虫が蘇生することがある．即効性は必ずしも致死効果と一致しない．速効性が優れた殺虫剤は残効性に欠け，残効性が優れた殺虫剤は速効性に欠ける傾向がある．
昆虫成長制御剤	IC_{50}	(Inhibitory Concentration 50) 50％羽化阻害濃度の略．昆虫成長制御剤などの評価に用いられる．
残効性	—	薬剤が分解して効能を失うまでの時間をいう．2 か月以上効力が優れた残効性ありと判定される． ゴキブリのような習性をもつ害虫にとっては，残効性が短い薬剤では十分な効果が上げにくい．駆除効率の面から見れば残効性は長い方が良いが，環境への影響からは必ずしも好ましい特徴とはいえない．揮散性（蒸気圧）の低い成分は，一般に残効性が優れている．

2) 特徴

(1) 比較的速効性で残効性もあり多くの害虫に有効.

(2) 一度ノックダウンした虫は蘇生することなくそのまま死亡する傾向が強い.

(3) 急性毒性が比較的高く,蓄積性,慢性毒性は高くない.

(4) 近年,イエバエをはじめとして多くの害虫に高い抵抗性の発達が見られる.

(5) 有機リン剤には化学構造的に対称型と非対称型が存在する.

主な有機リン剤を**174-2表**に示す.

2. ピレスロイド剤

1) 作用機構は,接触毒として虫体に侵入し神経のナトリウムチャンネルへの特異的な作用によるものと考えられている.

2) 特徴

(1) 除虫菊の有効成分ピレトリンに似た合成物質.

(2) 速効性が高く,ノックダウン(仰転)効果に優れている.

(3) いったんノックダウンされた害虫が蘇生することがある.

(4) 人畜毒性は低いが,魚類には毒性が高く,水域では使用できない.

(5) ピレスロイド剤は一般に昆虫に対する忌避性が認められるので,蚊などの飛翔昆虫や吸血昆虫に対する実用性が高いが,毒餌に混ざったり,かからないように注意が必要である.

(6) ゴキブリなどがピレスロイドに触れて潜み場所から飛び出てくることを,フラッシング効果(追出し効果)と呼ぶ.

主なピレスロイド剤を**174-3表**に示す.

3. 昆虫成長制御剤(IGR)

昆虫および多くの節足動物の変態など生理的な変化に影響を与える.

174-2表 主な有機リン剤

ダイアジノン	致死効力,速効性,残効性のバランスが良い.ハエに効力が高い.ダイアジノンのマイクロカプセル剤(MC剤)は日本で最初に開発された.
ジクロルボス	蒸気圧が高く常温揮散性が大きい.速効性が極めて高いが残効性には欠ける.樹脂蒸散剤として利用される.
フェンチオン	多くの害虫に有効であるが特に蚊に効力が高い.水中に処理した時の残効性が高い.
フェニトロチオン	日本で開発された対称型有機リン剤で,広範な害虫に有効で最も汎用されているが,ゴキブリに対する残留処理で特に有効.商品名スミチオン.MC剤もある.
テメホス	毒性が極めて低いが蚊幼虫に特異的に有効.他の害虫には効果は低い.
クロルピリホスメチル	安全性が高く広範な害虫に有効でバランスが良い.特に蚊に有効.建築基準法で建材に含まれてならないとされたシロアリ駆除に用いられるクロルピリホスとは別物.
プロペタンホス	PCO※に汎用される非対称型有機リン剤.対称型有機リン剤に抵抗性を獲得した害虫が交差抵抗性を示す度合いが低く有効性が高いと考えられている.抵抗性のハエに有効.MC剤がある.

※ PCO(ペストコントロールオペレータ)とは害虫駆除業者を指す.

174-3表　主なピレスロイド剤

ピレトリン	天然の除虫菊の殺虫成分．極めて速効性が高いがノックダウンした害虫が蘇生する．
アレスリン	速効性が高く，多くの薬剤に混合して用いられる．
フタルスリン	ノックダウン効果が高く電気蚊取りに多用される．
レスメトリン	致死効力が比較的高い．
ペルメトリン	致死力，残効性が高くゴキブリ防除用に PCO によって汎用される． 水性乳剤が ULV 専用剤として承認されている．
フェノトリン	ペルメトリンに類似する．シラミ用として人体に直接使用できる製剤（シャンプー，ローション）がある． 水性乳剤が ULV 専用剤として承認されている．
エンペントリン	衣類の防虫剤として紙に含浸させた製剤がある．
エトフェンプロックス	厳密にはピレスロイドではないが作用は類似している．
イミプロトリン	超速効性を示す．
シフルトリン	致死活性が極めて優れている．
トランスフルトリン メトフルトリン	常温で気化して効力を発揮する．

昆虫成長制御剤の幼生に対しての効果は最終的に死に至らせるが速効的ではない．また，成虫に対しては致死的効力をもたない．

IGR に抵抗性をもつ害虫が報告されている．

1)　羽化阻害剤

幼若ホルモン様化合物で昆虫の羽化妨害し，成虫を出現させない．メトプレン，ピリプロキシフェン（商品名：スミラブ）がある．

2)　キチン合成（脱皮）阻害剤（表皮形成阻害剤）は，脱皮時の新しい表皮の形成を妨げる．ジブルベンズロンがある．

4．その他の薬剤

1)　カーバメート剤

有機リン剤と同様の作用をもつ．プロポクスルのみが製剤として認可されている．

2)　メトキサジアゾン

ピレスロイド抵抗性チャバネゴキブリに有効．加熱蒸散剤の有効成分に利用されている．

3)　ヒドラメチルノン

効果の発現が遅く，食毒効果が高いのでゴキブリやアリの駆除用食毒剤として利用されている．

4)　ホウ酸

古くからゴキブリの食毒剤として利用されている．

5)　オルトジクロロベンゼン

ハエの幼生（うじ）殺し．殺菌作用をもつので浄化槽などへの使用は避けなければならない．

6)　忌避剤

忌避剤は一般に殺虫力は示さないが，蚊，ブユ（ブヨ）などからの吸血を避けるために皮膚や衣服に処理する．ディート（deet：ジエチルトルアミド），イカリジンなどがある．

7)　アミドフルメトは屋内じん性ダニ

に有効な成分である．

問題 175　正解　(2)・・・・・・**頻出度** AAA

ハツカネズミは，クマネズミと比較してトラップにかかりやすいが，殺鼠(そ)剤には強い．建築物内に定着するネズミは，クマネズミ，ドブネズミ，ハツカネズミの 3 種である（**175-1 図**参照）．

175-1 図　左からクマネズミ，ドブネズミ，ハツカネズミ(16)

北海道，東北，四国を除いてクマネズミが優占しており，特に都心の大型の建築物では，ほぼクマネズミとなっている．

ハツカネズミは農村や港湾地域に分布しており，建築物では少ない．

ネズミの糞からは，食中毒の原因となる病原体が検出されることがあり，ネズミはペストやサルモネラ症等の病原体を媒介する他，電気設備に触れて起きる停電事故や，ケーブルをかじってコンピュータの誤作動や火災の原因になる等，さまざまな被害を引き起こす．

1．クマネズミ

1)　都心の大型ビルではクマネズミが優占種である．

2)　運動能力に優れパイプ，電線を伝ったり垂直行動が得意で，至るところから侵入する．天井，はりなど建物の比較的高層部分まで生息する．

3)　クマネズミは動物性の餌も食べるが植食性が強い．

4)　大きさは，頭胴長（頭から尾の付け根までの長さ）が，成獣で 15 〜 23 cm，体重は，大体 100 〜 200 g である．形態的な特徴は，耳が大きく，折り返すと目を覆うほどで，尾長は体長よりも長く，頭胴長の約 1.1 倍程である．背面が黒褐色で，腹面はやや黄褐色のものが多い．

5)　クマネズミはドブネズミと比べて警戒心が強く，毒餌をなかなか食べず，粘着トラップにもかからず，防除が困難である．

2．ドブネズミ

1)　ドブネズミは比較的平面的な活動をするので，地下や厨房，低層階に多い．ビルの周囲の植栽の土壌などに穴を掘って巣としている．

2)　ドブネズミは泳ぐことが得意で排水溝が最も重要な侵入場所である．水洗便所から侵入することもある．

3)　ドブネズミの食性は雑食性であるが，動物蛋(たん)白を好む．

4)　ドブネズミの大きさは，頭胴長が成獣で 22 〜 26 cm，尾長は体長よりもやや短い（体長の 0.7 〜 0.9 倍）．体重は，成獣で 200 〜 500 g 程度，最大のもので 500 g を超す．耳は小さく肉厚で，倒しても目まで届かない．毛色は，基本的に背面が褐色，腹面が白色であるが，全身黒色等に変化したものも多い．

5)　性格は獰(どう)猛であるが警戒心が弱いため，防除は比較的やりやすい．

3．ハツカネズミ

1)　農村で優占種であるハツカネズミの生息地は畑地とその周辺地域や港湾地域であるが，秋から冬にかけてビル内にも侵入する．ビルでは局所的な分布で，生息数はドブネズミやクマネズミより少ない．行動範囲も小さい.

2) 種子食性である.

3) これら家住性ネズミ3種の中では最も小型で,頭胴長が,成獣で6〜9 cm,尾長は体長よりやや短い程度(体長の0.9〜1.0倍),体重は成獣で約10〜20 gである.耳が大きくハツカネズミ特有の臭いを有する.

4) ハツカネズミはドブネズミと違って,水気のない環境下でも長期間生存できる.

5) 好奇心が旺盛でトラップにはかかりやすいが,殺鼠剤には強い.

4. ラットサイン

ネズミは活動にあたってさまざまな証拠を残す.糞,尿,臭い,毛,足跡,かじり跡などである.これらをラットサインという.ネズミの移動経路は多くの場合同じ場所を通るので身体の脂,汚れが壁面,パイプなどにこすり跡を残す.これをラブ(rub:こする)サインという.

これらから種類,行動範囲を判断することができる(証跡調査法).

問題176 正解 (1)・・・・・・**頻出度**AAA

粉剤はネズミの好む餌材料にまぶせば,優れた毒餌になる.

ネズミの防除については次のとおり.

1. 証跡調査法

ネズミは活動にあたってさまざまな証拠を残す.糞,尿,臭い,毛,足跡,かじり跡などである.これらをラットサインという.ネズミの移動経路は多くの場合同じ場所を通るので,身体の脂,汚れが壁面,パイプなどにこすり跡を残す.これをラブ(rub:こする)サインという.これらから種類,行動範囲を判断することができる(証跡調査法).

2. 環境対策

ネズミの防除は,環境対策,すなわち食物残飯・残滓管理,巣材料の管理,防そ構造の採用などを基本に行うべきである.環境対策を怠って薬剤に頼った防除は効果が上がらない.

「防そ構造・工事基準案」では,開口部には,網目が1 cm以下の格子や網を設置し,ドアは自動ドアが有効で,扉の周辺のすき間も1 cm以内とするとしている. 本年度-178

3. 防除法

1) 機械器具

生捕りかご,圧殺式のトラップ,粘着シートなどをできるだけ数多く設置する.餌をつけた上で,ねずみが慣れるまで数日間はトラップが作動しないようにするなどの工夫をして,捕獲効果を上げる.

殺鼠剤に抵抗性を獲得したクマネズミの対策には,粘着トラップが多用されている.

トラップで捕えたネズミはできるだけ早く回収しないと死体にハエなどが発生する.

2) 殺鼠剤

殺鼠剤は全て食毒であるから,他に餌となるものがあると効果が低下する.また,毒餌の基材となる食品の選択も重要である.ドブネズミはそれほど選択性はないが,クマネズミ,ハツカネズミは餌に対する好みが非常に強いので餌の選択を誤ると喫食されない.

喫食性の良い餌を確認するため,毒餌配置前の2〜3日間は何種類かの餌材で予備調査を行う.

薬剤の濃度は低すぎると喫食性は良くなるが効果が上がらず，高すぎると喫食性が悪くなる．毒餌中の濃度として，クマリン系殺鼠剤で0.025％，急性殺鼠剤で0.5～2％程度が適当である．

壁際に置いた毒餌は板などを立てかけ直接餌が周囲から見えないようにするだけで喫食性が高くなる．

一般にクマネズミは警戒心が強く，殺鼠剤に対する喫食が悪い．特に急性殺鼠剤に対してはその傾向が強い．また抗凝血性殺鼠剤に対してもドブネズミに比較すると感受性が低い上に高い抵抗性を獲得した集団もいるので，毒餌のみによる防除は難しく，時間もかかる．

配置された毒餌から，貯殺害虫や食品害虫が発生することがあるので注意を要する．

3．殺鼠剤について

抗凝血性殺鼠剤，急性毒剤に大別される．

1）抗凝血性殺鼠剤

(1) クマリン系殺鼠剤と総称され，第1世代として，ワルファリン，フマリン，クマテトラリル（エンドロサイド）などがある．

遅効性で，通常連日（3～7日）少量を摂取させ，これによって血液が凝固する時間が次第に延長しやがて出血死する．

(2) 1日おきなど摂取に中断が起きると効果は著しく低くなる．

(3) 人畜に対しては，連日誤食される可能性は低いので安全性の面から汎用される．

(4) 感受性の落ちたクマネズミでは2週間～1か月も配置するので誤食を防止するため毒餌箱を用いる．

(5) クマネズミおよびドブネズミの一部には，ワルファリンへの薬剤抵抗性を有した個体が存在し，スーパーラットと呼ばれている．ワルファリン抵抗性対策として，第2世代の抗凝血性殺鼠剤が開発され，日本ではジフェチアロールが承認されている．この薬剤は1回の投与で効果が得られる．

2）急性毒剤

1回の摂取でネズミを致死させる．

高密度の生息数を急激に減少させるような目的に向いている．

(1) ノルボルマイドはドブネズミに著効を示す．

(2) シリロシドはハツカネズミに効果が大きいが激しい中毒症状がある．

(3) リン化亜鉛，硫酸タリウム，黄リン，アンツーなどもこのタイプの殺鼠剤である．

(4) ネズミが慣れて喫食するまで数日間設置する必要がある．

3）忌避剤（咬害防止）

ネズミに対する忌避剤としてはシクロヘキシノミド，カプサイシンがある．かじられては困る電線などに処理するスプレーや，かじられた跡の補修に用いるペースト状の製品がある．

忌避は味覚によるので通路などへの処理は無効であり，ある種の音波や臭いのように，ネズミを追い出す効果は期待できない．

4）殺鼠剤の剤型

固形剤，粉剤，液剤等がある．固

形剤はそのまま配置使用する．粉剤は餌材料にまぶしたり，ネズミの鼠(そ)穴通路に散布する方法もあるが安全性に注意しなければならない．

液剤は，ネズミは水を好むので毒水として用いる．

-(2)　防除対象の害虫に同じ殺虫剤を長期間使用すると，殺虫効力が低下し，防除が困難になる現象が生じる．これは，昆虫集団が世代を越えて殺虫剤に長期間さらされる中で，殺虫剤に強い遺伝形質をもつ集団が生き残り（淘(とう)汰という），殺虫剤に抵抗性をもった集団が形成されることによる（薬剤抵抗性とは，同一個体がある薬剤に慣れて，徐々に感受性を低下させることではない）．哺乳類のネズミでも節足動物の昆虫でも細菌のようなバクテリアでも，淘汰による薬剤抵抗性発達のメカニズムは同じである．

-(3)　殺鼠剤で死んだネズミ，トラップで捕えたネズミはできるだけ早く回収しないと死体にハエなどが発生する．

-(4)　殺鼠剤の多くは選択毒性を示さず，ヒトに対しても体重当たりの強い毒性を示すが，製剤中の有効成分の濃度が低く抑えられていること，ヒトとネズミでは体重差が大きいこと等により，誤食による人体への影響は少ない．

問題 177　正解　(4)・・・・・・**頻出度** A A A

第2世代の抗凝血性殺鼠剤として，日本ではジフェチアロールが承認されている．この薬剤は1回の投与で効果が得られる（前問解説参照）．

問題 178　正解　(2)・・・・・・**頻出度** A A A

運動能力の高いクマネズミは樹木の枝を伝って建物に侵入する．

防鼠構造について**178-1 表**（次のページ）に示す．

-(1)　ライトトラップ（殺虫機）の誘虫ランプは370 nmの短波長である．誘引した昆虫をファンで吸引して捕虫ネットで捕獲するファン式ライトトラップと，粘着紙に付着させる粘着式ライトトラップがある．

誘虫灯の周りに粘着シートがセットされた粘着式殺虫機（**178-1 図**）は，害虫の死骸が周囲に落ちることがないので，店舗内で使うことができる．

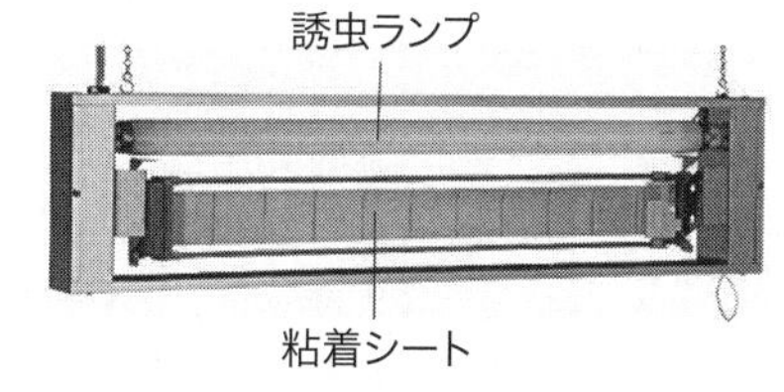

178-1 図　粘着式殺虫機[18]

-(3)　ULV機の噴射する粒径が最も小さい（**178-2 表**参照）．

-(4)　昆虫の侵入防止の網戸は20メッシュ※より細かい網目とする．

※　メッシュ：網目を表す単位で，25.4 mm（1インチ）1辺間にある目数をいう．

問題 179　正解　(3)・・・・・・**頻出度** A A A

調査では，トラップなどによる発生状況（生息密度）調査を重点的に実施する．

-(1)「許容水準」,「警戒水準」（**179-1 表**参照）

特定建築物ではIPM※に基づく防除が求められている．防除の目標水準など，詳細は厚生労働省通知「建築物における維持管理マニュアル※（以下，マニュアル）」に述べられている．

※　IPM：Integrated Pest Management（総合防除あるいは総合的有害生物管

178-1 表　防そ構造（「防そ構造・工事基準案」より）[17]

場所		条件	基準・基準値
土台	基礎	地下に一定の深さで入っていること	60 cm 以上
		外側へのＬ字型曲がりを付けること	30 cm 以上
床	通風口	金属網・金属格子を付けること	目の間幅は 1 cm 以下
	床下	地表までの間隔があること	60 cm 以上
	床束	ねずみ返しを付けること	張り出しは 20 cm 以上
	厨房	コンクリート張りであること	厚さ 10 cm 以上
側壁	二重壁	できるだけ採用しない．採用の場合は下部に横架材が入っていること	
	床との接点	幅木を入れること	
	パイプとの接点	座金を付けること	
ドア		自動開閉装置を付けること	
	周辺	隙間が小さいこと	1 cm 以内
窓	1 階	下端と地表との距離を離すこと	90 cm 以上
		下端の出っ張りを付けること	25 cm 以上
外壁	全面	ツタ等の植物をはわせたり，樹木の枝を接触させないこと	
換気口		自動開閉式羽板を付けること	
		金属網・金属格子を付けること	目の間幅は 1 cm 以下
配管・配線		壁，天井・床等の貫通部分には座金を付けること	
		金属網・金属格子を付けること	30 cm 以上
下水溝	排水口	金属格子・金属網等のふたを付けること	目の間幅は 1 cm 以下
	溝	網トラップを付けること	目の間幅は 1 cm 以下
		幅を広くすること	20 cm 以上
		勾配をつけること	2 ～ 4/100
郵便受け		発条カバーを付けること	
照明		天井からの間接照明では，天井との間に隙間を作らないこと	
シャッタ		天井内に収納庫を設けること	
		巻き取りチェーンは収納庫の外部とすること	
天井裏		防火区画は基礎構造まで完全に遮へいされ，天井部分に隙間がないこと	
食堂	椅子	作り付けの場合，裏側は床下端まで全面張りとする	

理）

※「建築物における維持管理マニュアル」は厚生労働省のサイトで見ることができる．

マニュアルでは，「警戒水準」について「個々の対象では許容水準をクリアーしているにもかかわらず，複数の種が発生する場所では，環境が悪化している恐

178-2 表　薬剤散布機器

噴霧器 (全自動噴霧器) **178-2 図**	100 ～ 400 μm 程度の粒子を処理する場合に用いる．乳剤や油剤をゴキブリ防除の目的で壁面に処理する場合などに PCO によって汎用される．平面やコーナーに散布するのを残留噴霧，隙間（クラック）や割れ目（クレビス）に注入するのを隙間処理と呼ぶ．噴霧薬剤の噴射パターンには扇形，直線型，中空円錐型がある．
ミスト機	送風装置とノズル先端の衝突板で 20 ～ 100 μm 程度の粒子を噴射する機器である．空間処理用で，汚水槽，雑排水槽等の蚊やチョウバエの成虫の防除に多く使用される．
煙霧機	0.1 ～ 50 μm の粒子．油剤に熱を加え気化させ，室内空間を飛翔する害虫に直撃させる空間処理用である．電熱式やガソリンエンジン式のものがよく使用される．
ULV 機 (Ultra Low Volume 機) **178-3 図**	粒子は 5 ～ 20 μm．高濃度の薬剤を少量処理するのに用いられる．専用の水性乳剤を，原液のまま，あるいは 2 ～ 4 倍に希釈して使用する．飛翔昆虫用（空間処理用）なので，残留効果は期待できない．
散粉機	粉剤の散布に用いる．手動式の散粉機は，隙間処理で細かな部分に使用するときに便利である．床下など，ある程度の到達距離が必要な場合には，電動散粉機を用いる．
三兼機	油剤・粉剤・粒剤兼用の散布機である．

178-2 図　全自動噴霧器の例[19]

178-3 図　ULV 機の例[20]

179-1 表　ねずみ，昆虫等の防除・目標水準

許容水準	環境衛生上，良好な状態をいう．施行規則及び告示に基づき，6 か月以内に一度，発生の多い場所では 2 か月以内に一度，定期的な調査を継続する．
警戒水準	放置すると今後，問題になる可能性がある状況をいう．
措置水準	ねずみや害虫の発生や目撃をすることが多く，すぐに防除作業が必要な状況をいう．

れがある場所が多いことが考えられるので，清掃等を中心に環境整備状況を見直す．」としている．

-(2)　昆虫などに対する不快感の程度は第三者による客観的な判断が困難であるが，深刻な場合は健康被害をもたらす．

-(4)　ニューサンスコントロールは，不快感を与える不快動物(ニューサンス)の防除をいう．感染症を媒介する媒介動物（ベクター）の防除は，ベクターコントロールという．ニューサンスの中には，感染性はないがアレルギー性疾患や皮膚炎を引き起こす有害動物が含まれる．

-(5)　マニュアルは，「ここで示した

179-2表　防除の標準的な目標水準（ゴキブリの例）

許容水準	以下の全てに該当すること． ①　トラップによる捕獲指数が0.5未満． ②　1個のトラップに捕獲される数は2匹未満． ③　生きたゴキブリが目撃されない．
警戒水準	以下の全てに該当すること． ①　トラップによる捕獲指数が0.5以上1未満． ②　1個のトラップに捕獲される数は2匹未満． ③　生きたゴキブリが時に目撃される．
	その他，①～③の条件について許容水準および措置水準に該当しない場合は警戒水準とする．
措置水準	以下の状況のいずれか一つ以上に該当すること． ①　トラップによる捕獲指数が1以上． ②　1個のトラップに捕獲される数が2匹以上． ③　生きたゴキブリがかなり目撃される．

注：捕獲指数（ゴキブリ指数※）は，配置したトラップ10個までは上位三つまで（0を含む場合もある），それ以上配置した場合については，上位30％のトラップを用いて，1トラップに捕獲される数に換算した値で示す．
※　ゴキブリ指数：調査期間中の，トラップ1か所，1日当たりの捕獲数

のは，人が通常とどまって活動する区域に適用する標準的な目標水準であり，建築物によっては，さらに，対象区域の状況に応じて管理区域を，食品取り扱い区域，事務区域，その他の区域などにわけて目標値を設定する必要が生じる場合がある．このような場合には，3. IPM実施モデルに示した標準的な目標水準※を参考に，関係者が協議の上，その区域に応じた個別水準値を設定することも可能である．」としている．

※　標準的な目標水準を，ゴキブリについて挙げる（**179-2表**）．

2021-178

問題180　正解　(1)・・・・・・**頻出度**AAA

水中にいる蚊の幼虫（ボウフラ）に対する殺虫力はLC_{50}（50％致死濃度）による．ボウフラに特異的に有効とされる有機リン剤テメホスのLC_{50}は，0.00066 ppmである．

-(2)　鳥獣の保護及び管理並びに狩猟の適正化に関する法律（鳥獣保護法）による．

-(3)「建築物における維持管理マニュアル」は，「まず，環境整備を含めた発生源対策，侵入防止対策等を行う．」としている．

-(4)　白濁するのは油性乳剤の油分なので，まったく油分を含まない水性乳剤は白濁しない．

-(5)　IGR（昆虫成長制御剤）は成虫に対しては致死的効力をもたない．

引用文献

午前

(1) 新建築物の環境衛生管理編集委員会編：『新建築物の環境衛生管理 第1版第1刷 中巻』日本建築衛生管理教育センター p.35, 146 2019（53-1図は加工）
(2) 文部科学省：「学校環境衛生基準」https://www.mext.go.jp/content/20220407-mxt_kenshoku-100000613_3.pdf より抜粋
(3) 厚生労働省安全衛生部編：『2000-2001 化学物質の危険・有害便覧』中央労働災害防止協会 p.570 2002
(4) https://www.ac-illust.com/main/detail.php?id=2218702&word=耳の解剖&data_type=&from_order_history= を元に加工
(5) https://www.kango-roo.com/ki/image_1226/ を元に加工
(6) 人間-環境系編集委員会編：『人間-環境系 下巻』人間と技術社 p.1175 1973
(7) 吉川春寿他：「体内の水分と水の機能」『空気調和・衛生工学 53(7)』空気調和・衛生工学会 p.9 1979
(8) 感染症の診断・治療研究会編：『感染症の診断・治療ガイドライン』日本医師会感染症危機管理対策室厚生省保健医療局結核感染症課監修 日本医師会 p.296 1999
(9) 日本建築学会編：『設計計画パンフレット18 換気設計』彰国社 p.9, 50 1965
(10) 空気調和・衛生工学会：『空気調和設備の実務の知識（改訂第3版）』オーム社 1986
(11) 日本冷凍空調工業会：「全熱交換器の熱回収の原理」https://www.jraia.or.jp/product/exchanger/theory.html を加工
(12) アルファ・ラバル株式会社：「一般用ガスケットプレート式熱交換器 Alfa Laval M10 リーフレット」https://assets.alfalaval.com/documents/pf2c109e4/alfa-laval-m10-product-leaflet-ja.pdf
(13) 勝川熱工株式会社：「プレートフィンクーラー 冷却・除湿装置用熱交換器」https://www.katsukawa.co.jp
(14) 空気調和・衛生工学会編：『第14版 空気調和・衛生工学便覧2機器・材料編』空気調和・衛生工学会 2010
(15) タイロン株式会社：吹出ユニット，アネモユニット「C-2 丸型アネモユニット」https://www.tylon.co.jp/products/unit/anemo/（アクセス）に解説追記
(16) 空調技研工業株式会社：「結露防止吹出口カタログ ユニバーサルグリル ND-VHS」https://www.kuchogiken.co.jp/pdf/catalog_16109.pdf
(17) 協立エアテック株式会社：「吹出口／吸込口」「ノズル」https://kak-biru.jp/product/index2.html
(18) タイロン株式会社：チャンバボックス ライン・ディフューザ用チャンバ「ライン・ディフューザ用チャンバ」https://www.tylon.co.jp/products/cbox/line/ に解説追記
(19) 柴田科学株式会社：環境測定機器「グローブサーモメーター 石川式 アルコール温度計タイプ」https://www.sibata.co.jp/item/7868/ に解説追記
(20) ビル管理教育センター：『新版 空気環境測定実施者講習会テキスト』ビル管理教育センター 2001
(21) 株式会社堀場製作所：「PA-1000 Radi（ラディ）」https://www.horiba.com/jpn/process-and-environmental/products/detail/action/show/Product/pa-1000-radi%E3%83%A9%E3%83%87%E3%82%A3-2265/ に解説追記

午後

(1) マンガ業界情報局（アミューズメントメディア総合学院マンガイラスト学科）：漫画を描くために必要な知識「アイレベル」https://www.amgakuin.co.jp/contents/comic/column/draw/how-to/pers#
(2) 日本建築学会：『建築材料用教材』丸善出版 p.21 2014
(3) 空気調和・衛生工学会編：『空気調和・衛生工学会規格 SHASE-S206-2009 給排水衛生設備基準・同解説』空気調和・衛生工学会 2009
(4) 給水装置工事主任技術者試験過去問題：平成26年給水装置の構造及び性能 問題28 https://www.kyuukou.or.jp/shiken/file-h26/file-h26_gakka-01.pdf に加筆
(5) ビルの環境衛生管理編集委員会：『改訂ビルの環境衛生管理 下巻（第4刷）』ビル管理教育センター p.93, 115, 264, 295, 298, 299 2002
(6) 新建築物の環境衛生管理編集委員会編：『新建築物の環境衛生管理 第1版第1刷 中巻』日本建築衛生管理教育センター p.402, 438, 550 2019
(7) 国土交通省大臣官房官庁営繕部設備・環境課監修：「雨水利用・排水再利用設備計画基準・同解説 平成28年版」公共建築協会 p.122 2016
(8) 株式会社レゾナック建材（旧：昭和電工建材）：ケイプラ 継手メジフリー「LT（90°大曲がりY）」https://www.rkc.resonac.com/keipla/pdf_download/pdf/keipura.pdf に解説追記
(9) 関西化工株式会社：浄化槽関連商品「逆流防止弁」https://kansaikako-onlineshop.com/product.php?id=120
(10) 日本建築学会編：『設計計画パンフレット13 衛生器具設備とレイアウト』彰国社 p.102, 103, 105 1986
(11) 日本フロアーポリッシュ工業会：『JFPA規格総覧』日本フロアーポリッシュ工業会 p.1 2007
(12) 北海道建築物衛生管理研修センター：『ドライクリーニングマニュアル（管理者用）』北海道建築物衛生管理研修センター p.26 2001
(13) ケルヒャージャパン株式会社：「カーペットクリーナー BRC 30/15 C」https://www.kaercher.com/jp/professional/carpet-cleaner/carpet-cleaners/brc-30-15-c-jp-10080550.html
(14) 蔵王産業株式会社：「スーパースチームリンサー S101-Ⅲ」https://www.zaohnet.co.jp/products/s101/ に解説追記
(15) 全国ビルメンテナンス協会：『ビルクリーニング作業計画実践教室』全国ビルメンテナンス協会 p.17 1986
(16) 名古屋市HP：ねずみ・害虫について「ネズミ-家の中でみかけたことはありませんか-」https://www.city.nagoya.jp/kenkofukushi/page/0000011677.html
(17) 田中生男：『建築設備とビルのねずみ―防鼠構造の話』理工図書 p.63 1995
(18) 朝日産業株式会社：「ムシポン MP-301 シリーズ」https://asahi-sg.co.jp/products/mushipon-mp301/ に解説追記
(19) 丸山製作所：BIG-M 商品関連 防除機 噴霧機・防除機①「肩掛 S5 型【加圧式】」https://www.maruyama.co.jp/products/31/pdf/J-06-B02-022.pdf（2023.1.17 アクセス）
(20) 協栄産業株式会社：ULV機・ミスト機・調査器・機材「マイクロジェン E-2」http://www.kyoei-sangyo.com/equipment_5.html

引用文献に記載のURLの最終確認日は2023年3月7日です．

参考文献

- 新建築物の環境衛生管理編集委員会編：『新建築物の環境衛生管理 第1版第1刷 中巻』日本建築衛生管理教育センター 2019
- 株式会社日阪製作所 「多管式熱交換器（シェルアンドチューブ式熱交換器）」https://www.hisaka.co.jp/phe/workbook/first_period02.html
- コトバンク 「ヒートパイプ」（日本大百科全書），小学館 https://kotobank.jp/word/ヒートパイプ-120368
- 日本アイアール株式会社アイアール技術者教育研究所 「ポンプとキャビテーション」https://engineer-education.com/pump-2_cavitation/
- 建築物の環境衛生管理編集委員会編：『新版建築物の環境衛生管理 第1版第1刷 下巻』ビル管理教育センター 2009
- ビルの環境衛生管理編集委員会：『改訂ビルの環境衛生管理 下巻（第4刷）』ビル管理教育センター 2002
- 株式会社ユーアイ技研，なっとく！ユーアイ塾：「第十四回 自動弁」減圧弁 https://yuaigiken.com/yuai-school/%e7%ac%ac%e5%8d%81%e5%9b%9b%e5%9b%9e%e3%80%80%e8%87%aa%e5%8b%95%e5%bc%81/
- 環境省：「産業廃棄物の排出及び処理状況等（平成３０年度実績）について」https://www.env.go.jp/press/109265.html
- 環境省：「一般廃棄物処理事業実態調査の結果（平成30年度）について」https://www.env.go.jp/content/900515308.pdf
- 東京二十三区清掃協議会：「東京都23区再利用計画書のまとめ」東京二十三区清掃協議会 2006
- 厚生労働省健康局生活衛生課：「建築物における維持管理マニュアルについて」https://www.mhlw.go.jp/bunya/kenkou/seikatsu-

eisei09/03.html
● 国土交通省大臣官房官庁営繕部設備・環境課：「公共建築設備工事標準図（機械設備工事編）」 改定 R4.8.4
● 江戸川区 HP：「3-4 日影規制とはどのようなことですか？ 規制される範囲」https://www.city.edogawa.tokyo.jp/e021/kurashi/sumai/sumai_tebiki/tatemono/3_4.html
● 一般社団法人大阪空気調和衛生工業協会：空調設備ニュース 2019 年 7 月号 No.028 森永エンジニアリング HP
● 第一機材株式会社：「床排水トラップ（わん形）T5-B（SU）施工例 https://www.dkc.jp/q12-fd1-1606233.html
● 売木村：「排水設備設計施工の留意事項」https://www.urugi.jp/d1w_reiki/H409902800012/H409902800012.html
● 株式会社駿河設備雨水排水設備：「薄い浸透施設【A 型】」 http://www.suruga-setsubi.co.jp/gesui1.html
● 厚生労働省：「循環式浴槽におけるレジオネラ症防止対策マニュアルについて」https://www.mhlw.go.jp/stf/seisakunitsuite/bunya/0000124204.html
● 株式会社サンゲツ：「アイテム選びのヒント床材の選び方 繊維系床材の特徴」https://www.sangetsu.co.jp/style/floor_choose01.html

2021年度
(令和3年度)
午前の問題

建築物衛生行政概論
建築物の環境衛生
空気環境の調整

問題 1　現在の行政組織に関する次の記述のうち，**正しい**ものはどれか.

(1)　消防法は，内閣府が所管している.
(2)　学校保健安全法は，総務省が所管している.
(3)　下水道法は，国土交通省と環境省が所管している.
(4)　浄化槽法は，厚生労働省が所管している.
(5)　保健所には，労働基準監督官が置かれている.

問題 2　世界保健機関（WHO）憲章の前文に述べられている健康の定義に関する次の文章の［　　］内に入る語句の組合せとして，**最も適当な**ものはどれか.

健康とは完全な肉体的，［　ア　］及び社会的福祉の状態にあり，単に疾病又は病弱の存在しないことではない.

到達しうる最高水準の健康を享有することは，［　イ　］，宗教，政治的信念又は経済的若しくは社会的条件の差別なしに万人の有する基本的権利の一つである.

	ア	イ
(1)	経済的 ———	人種
(2)	文化的 ———	性別
(3)	文化的 ———	人種
(4)	精神的 ———	性別
(5)	精神的 ———	人種

問題 3　建築物における衛生的環境の確保に関する法律（以下「建築物衛生法」という．）に関する次の記述のうち，**誤っている**ものはどれか．

(1)　建築物衛生法は，建築物の設備・構造面と維持管理面の両面から規制を行っている．

(2)　建築物衛生法に基づく事業の登録に関する事務は，都道府県知事が行う．

(3)　特定建築物以外の建築物であっても，多数の者が使用し，又は利用する建築物については，建築物環境衛生管理基準に従って維持管理をするように努めなければならない．

(4)　特定建築物の維持管理権原者は，建築物環境衛生管理基準に従って維持管理をしなければならない．

(5)　特定建築物の所有者等には，所有者以外に，特定建築物の全部の管理について権原を有する者が含まれる．

問題 4　建築物衛生法における特定建築物の特定用途に供される部分として，**延べ面積に含める**ものは次のうちどれか．

(1)　地下街の地下道

(2)　建築物の地下に電気事業者が設置した変電所

(3)　建築物内部にある鉄道のプラットホーム

(4)　地下街の店舗に付属する倉庫

(5)　建築物の地下に設置された，管理主体の異なる公共駐車場

問題 5　建築物衛生法に基づく特定建築物の届出等に関する次の記述のうち，**最も適当な**ものはどれか．

(1)　現に使用されている建築物が，用途の変更により新たに特定建築物に該当することになる場合は，1カ月前までに届け出なければならない．

(2)　特定建築物の届出をせず，又は虚偽の届出をした場合には，30万円以下の罰金の適用がある．

(3)　建築物が解体される場合は，あらかじめ，特定建築物に該当しなくなることを届け出なければならない．

(4)　届出事項は，政令により定められている．

(5)　届出の様式は，厚生労働省の通知で示されている．

問題6 建築物衛生法に基づき備え付けておかなければならない帳簿書類とその保存期間との組合せとして，**最も適当な**ものは次のうちどれか．

(1) 飲料水貯水槽の修繕の記録 ――――― 2年間
(2) 維持管理に関する設備の配置図 ―――― 5年間
(3) 更新した空調設備の整備記録 ――――― 3年間
(4) 臨時に実施した空気環境測定の結果 ―― 3年間
(5) 排水管清掃の実施記録 ――――――― 5年間

問題7 建築物環境衛生管理基準に規定されている空気環境の調整に関する次の記述のうち，**正しい**ものはどれか．

(1) 機械換気設備を設けている場合，ホルムアルデヒドの量の基準は適用されない．
(2) 居室における温度を外気の温度より低くする場合は，その差を著しくしない．
(3) 空気調和設備等を設けている一般事務所にあっては建築物衛生法と事務所衛生基準規則が適用され，居室における二酸化炭素の含有率の基準値も同一である．
(4) 外気の一酸化炭素の含有率が高いため基準値の10 ppm以下を保てない場合は，基準値を50 ppm以下とすることができる．
(5) 浮遊粉じんの量の基準値は，相対沈降径がおおむね20 μm以下の粒子を対象としている．

問題8 建築物環境衛生管理技術者に関する次の記述のうち，**最も適当な**ものはどれか．

(1) 特定建築物の維持管理が環境衛生上適正に行われるよう，監督する．
(2) 選任された特定建築物に常駐することが必要である．
(3) 特定建築物所有者等と雇用関係がなければならない．
(4) 特定建築物維持管理権原者に設備改善を命じることができる．
(5) 環境衛生上必要な事項を記載した帳簿書類を備えておかなければならない．

問題9 建築物環境衛生管理基準に基づく飲料水の衛生上必要な措置に関する次の記述のうち，**最も不適当な**ものはどれか．

(1) 水道事業者が供給する水（水道水）を直結給水により，特定建築物内に飲料水として供給する場合，定期の水質検査を行う必要はない．
(2) 水道事業者が供給する水（水道水）を特定建築物内の貯水槽に貯留して供給する場合，貯水槽以降の飲料水の管理責任者は，当該特定建築物の維持管理権原者である．
(3) 供給する水が人の健康を害するおそれがあると知ったときは，直ちに給水を停止し，かつ，その水を使用することが危険である旨を関係者に周知する．
(4) 飲用目的だけでなく，炊事用など，人の生活の用に供する水も，水道法で定める水質基準に適合する水を供給することが必要である．
(5) 水道事業者が供給する水（水道水）以外の井水等を使用する場合，水道水と同様の水質が確保されていれば，給水栓における残留塩素の保持は必要ない．

問題 10　建築物環境衛生管理基準に基づく空気環境の測定方法に関する次の記述のうち，**誤っている**ものはどれか．

(1)　特定建築物の通常の使用時間中に実施する．

(2)　測定位置は，居室の中央部の床上 75 cm 以上 150 cm 以下である．

(3)　浮遊粉じんの量，一酸化炭素の含有率及び二酸化炭素の含有率は，1 日の使用時間中の平均値とする．

(4)　新築の特定建築物は，使用開始後 3 年間，毎年 6 月 1 日から 9 月 30 日までの期間にホルムアルデヒドの測定を行う．

(5)　測定は，2 カ月以内ごとに 1 回，定期に実施する．

問題 11　建築物衛生法に基づく事業の登録に関する次の記述のうち，**最も不適当な**ものはどれか．

(1)　事業登録制度は，建築物の環境衛生上の維持管理を行う事業者の資質の向上を図っていくため，設けられた制度である．

(2)　登録を受けていない者は，登録業者もしくはこれに類似する表示をすることは禁止されている．

(3)　本社で登録を行えば，支社の営業所においても登録業者である旨を表示することができる．

(4)　都道府県は，条例により独自に登録基準を定めることはできない．

(5)　平成 14 年 4 月に建築物空気調和用ダクト清掃業と建築物排水管清掃業が追加され，現在 8 業種となっている．

問題 12　建築物衛生法に基づく事業の登録の登録基準に関する次の記述のうち，**誤っている**ものはどれか．

(1)　必要な機械器具について定められている．

(2)　監督者等の人的基準について定められている．

(3)　事故発生時の補償対応について定められている．

(4)　作業の方法について定められている．

(5)　必要な設備について定められている．

問題 13　建築物衛生法に基づく特定建築物の立入検査に関する次の記述のうち，**最も不適当な**ものはどれか．

(1)　特定建築物に該当していなくても，多数の者が使用し，又は利用する建築物に対して，立入検査を行うことができる．

(2)　都道府県知事は，必要があると認めるときは特定建築物に立入検査を行うことができる．

(3)　特定建築物の立入検査を行う職員を，環境衛生監視員という．

(4)　立入検査の権限は，保健所を設置する市の市長及び特別区の区長にも付与されている．

(5)　特定建築物に対する立入検査は，犯罪捜査のために行ってはならない．

問題 14　建築物衛生法において，罰則が**適用されない**ものは次のうちどれか.

(1)　特定建築物に建築物環境衛生管理技術者を選任しない者

(2)　都道府県知事の改善命令に従わない者

(3)　特定建築物の維持管理に関する帳簿書類に虚偽の記載をした者

(4)　建築物環境衛生管理基準を遵守しない者

(5)　都道府県知事の立入検査を拒んだ者

問題 15　地域保健法に関する次の記述のうち，**最も不適当な**ものはどれか.

(1)　保健所長は，原則として医師をもって充てる.

(2)　特別区には，保健所が設置されている.

(3)　都道府県が設置する保健所は，市町村の求めに応じ，技術的助言を行うことができる.

(4)　全国に設置されている保健所のうち，政令市が設置している保健所が最も多い.

(5)　地域保健対策の推進に関する基本的な指針には，対人保健のほか，建築物衛生に関わる事項も含まれている.

問題 16　下水道法の第1条に規定する目的に関する次の条文の［　　］内に入る語句の組合せとして，**正しい**ものはどれか.

この法律は，流域別下水道整備総合計画の策定に関する事項並びに公共下水道，流域下水道及び都市下水路の設置その他の管理の基準等を定めて，下水道の整備を図り，もって都市の健全な発達及び［　ア　］に寄与し，あわせて公共用水域の［　イ　］に資することを目的とする.

	ア		イ
(1)	健康で文化的な生活の確保	――	水質の保全
(2)	生活環境の改善	――	環境の保全
(3)	生活環境の改善	――	水質の保全
(4)	公衆衛生の向上	――	環境の保全
(5)	公衆衛生の向上	――	水質の保全

問題 17　興行場法に関する次の記述のうち，**最も不適当な**ものはどれか.

(1)　興行場は，映画，演劇，スポーツ，演芸又は観せ物を，公衆に見せ，又は聞かせる施設をいう.

(2)　興行場の営業を行う場合には，興行場法に基づき許可を得なければならない.

(3)　興行場の維持管理は，都道府県の条例で定める換気，照明，防湿，清潔等の衛生基準に従わなければならない.

(4)　興行場は，国が定める構造設備基準に従わなければならない.

(5)　特定建築物に該当する興行場の場合は，建築物衛生法と興行場法のそれぞれの衛生上の基準を守らなければならない.

問題 18　大気汚染防止法第 1 条の目的に関する次の記述のうち，**誤っている**ものはどれか．

⑴　排出ガスに係るダイオキシン類の量について許容限度を定める．
⑵　揮発性有機化合物の排出等を規制する．
⑶　有害大気汚染物質対策の実施を推進する．
⑷　自動車排出ガスに係る許容限度を定める．
⑸　水銀等の排出を規制する．

問題 19　環境基本法において，環境基準に**定められていない**ものは次のうちどれか．

⑴　大気の汚染
⑵　振動
⑶　土壌の汚染
⑷　騒音
⑸　水質の汚濁

問題 20　労働安全衛生法に規定されている内容として，**最も不適当な**ものは次のうちどれか．

⑴　国による労働災害防止計画の策定
⑵　一定の事業場における安全衛生委員会の設置
⑶　都道府県知事によるボイラの製造許可
⑷　一定の事業者による産業医の選任
⑸　事業者による快適な作業環境の維持管理

問題 21　生体の恒常性（ホメオスタシス）等に関する次の記述のうち，**最も不適当な**ものはどれか．

⑴　外部環境の変化に対し内部環境を一定に保つ仕組みを恒常性という．
⑵　恒常性は，主に，神経系，内分泌系，免疫系の機能によって維持されている．
⑶　外部からの刺激は，受容器で受容されて中枢に伝達され，その後，効果器に興奮が伝えられて反応が起こる．
⑷　生体に刺激が加えられると，生体内に変化が生じ，適応しようとする反応が非特異的に生じる．
⑸　加齢とともに摂取エネルギー量は低下するが，エネルギーを予備力として蓄えておく能力は増加する．

問題22 健康に影響を与える環境要因のうち，物理的要因として**最も不適当な**ものは次のうちどれか．

(1) オゾン

(2) 湿度

(3) 気圧

(4) 温度

(5) 音

問題23 温熱環境指数に関する次の記述のうち，**最も不適当な**ものはどれか．

(1) 黒球温度は，熱放射と対流に関わる温度の測定に用いられる．

(2) 湿球黒球温度（WBGT）は，屋内外における暑熱作業時の暑熱ストレスを評価するために使用されている．

(3) 有効温度は，湿度100 %で無風の部屋の気温に等価な環境として表す主観的経験指数である．

(4) 標準新有効温度は，気温，湿度，風速，熱放射，着衣量，代謝量の6要素を含んだ温熱環境の指標である．

(5) 不快指数は，気温に関係なく用いられる指標である．

問題24 体温調節に関する次の記述のうち，**最も不適当な**ものはどれか．

(1) 寒冷環境では，温暖環境に比較して，体内と身体表層部との温度差が小さくなる．

(2) 平均皮膚温の算出式であるHardy-DuBoisの7点法で，皮膚温の重みづけが一番大きいのは腹である．

(3) 冷房や扇風機の利用は，行動性体温調節である．

(4) 熱放散は，対流，放射，伝導，蒸発の物理的過程からなる．

(5) 核心温は，身体表面の温度に比べて，外気温の影響を受けにくい．

問題25 温熱環境と体熱平衡に関する次の記述のうち，**最も不適当な**ものはどれか．

(1) 対流による熱放散は，流体の流れに伴う熱エネルギーの移動現象である．

(2) 蒸発による熱放散は，水分が皮膚から気化するときに皮膚表面から潜熱を奪う現象である．

(3) 高温環境下においては，人体の熱産生量は低下する．

(4) 人体側の温熱環境要素は，代謝量と着衣量である．

(5) 伝導による熱放散は，体と直接接触する物体との間の熱エネルギーの移動現象である．

問題 26　熱中症に関する次の記述のうち，**最も不適当な**ものはどれか．

(1)　熱けいれんは，大量に発汗した際，水分のみを大量に摂取することによって起きる．

(2)　熱疲労では，大量の発汗により体内の水分，塩分が不足し，臓器の機能低下が起きる．

(3)　熱失神はもっとも重い熱中症であり，体温は異常に上昇する．

(4)　皮膚疾患や重度の日焼けのときには発汗作用は低下するので，注意が必要である．

(5)　熱射病の治療においては，冷やしすぎに注意する必要がある．

問題 27　ヒトの発がんの原因に関する次の記述のうち，**最も不適当な**ものはどれか．

(1)　発がんの要因として，食事が 3 分の 1 を占める．

(2)　感染症が発がんの原因となることがある．

(3)　ラドンのばく露は肺がんのリスクを上昇させる．

(4)　DNA に最初に傷を付け，変異を起こさせる物質をプロモータという．

(5)　ホルムアルデヒドには発がん性が認められる．

問題 28　アスベストに関する次の記述のうち，**最も不適当な**ものはどれか．

(1)　合成された化学物質である．

(2)　胸膜中皮腫の潜伏期間の多くは，20 ～ 50 年である．

(3)　吸引すると肺の線維化を生じさせる．

(4)　肺がんに対して，アスベストばく露と喫煙の相乗作用が示唆されている．

(5)　中皮腫や肺がんの発症の危険度は，アスベストの累積ばく露量が多いほど高くなる．

問題 29　アレルギーに関する次の記述のうち，**最も不適当な**ものはどれか．

(1)　低湿度は，アトピー性皮膚炎の増悪因子である．

(2)　アレルゲンの同定は予防，治療の上で重要である．

(3)　ヒスタミンは，アレルゲンの一種である．

(4)　アレルギー反応は，体に有害である免疫反応をいう．

(5)　過敏性肺炎の一種である加湿器肺の予防には，加湿器の微生物汚染の防止が重要である．

問題 30　シックビル症候群でみられる症状等に関する次の記述のうち，**最も不適当な**ものはどれか．

(1)　目やのどの刺激やくしゃみ等の症状は，加湿により減少する．

(2)　そのビルを使用，利用する全ての人に症状がみられる．

(3)　外気の供給不足が発症の危険因子である．

(4)　胸部圧迫感，息切れ，咳(せき)などの症状を呈することがある．

(5)　アトピー体質が発症の危険因子である．

問題 31 受動喫煙に関する次の記述のうち，**最も適当な**ものはどれか．

(1) 医療機関における受動喫煙防止対策は，地域保健法により規定されている．

(2) 喫煙専用室には，二十歳未満の者は立ち入れない旨の掲示が必要である．

(3) 副流煙は，喫煙者が吐き出す煙のことである．

(4) たばこ煙に含まれるニコチンやタールは，副流煙より主流煙の方に多く含まれる．

(5) 受動喫煙により，小児の呼吸器系疾患のリスクは増加しない．

問題 32 音に関する次の記述のうち，**最も不適当な**ものはどれか．

(1) 聴力レベルがプラスの値は，基準値よりも聴力が良いことを意味する．

(2) 音の感覚の受容器である耳は，外耳，中耳，内耳に分けられる．

(3) 聴覚の刺激となる音には，頭蓋骨を伝わる音が含まれる．

(4) 音の大きさを評価する尺度として，聴覚系の周波数特性で補正したA特性音圧レベルがある．

(5) 聴力レベルのスクリーニングとして，職場の定期健康診断では 1,000 Hz と 4,000 Hz の聴力レベルが測定される．

問題 33 騒音に関する次の記述のうち，**最も不適当な**ものはどれか．

(1) 騒音性難聴は，4,000 Hz 付近の聴力低下から始まる．

(2) 老人性難聴の初期では，会話音域である周波数（2,000 Hz）から聴力の低下がみられる．

(3) 環境騒音によって自律神経系が刺激され，血圧の上昇などが観察される．

(4) 長期間 85 dB 以上の騒音にばく露されると，永久性の聴力低下となる危険性が高くなる．

(5) 住民の騒音苦情の大半は，聴取妨害と心理的影響である．

問題 34 振動に関する次の記述のうち，**最も不適当な**ものはどれか．

(1) 振動レベルの単位はデシベル（dB）である．

(2) 局所振動による健康障害は冬期に多くみられる．

(3) 局所振動による障害にレイノー現象といわれる指の末梢（しょう）神経障害がある．

(4) フォークリフトの運転により垂直振動にばく露されることで，胃下垂などが生じる．

(5) 全身振動は，垂直振動と水平振動に分けて評価される．

問題 35　光の知覚に関する次の記述のうち，**最も不適当な**ものはどれか．

⑴　目が視対象物の細部を見分ける能力を視力という．

⑵　視対象を正確に認識することを明視といい，この条件は，大きさ，対比，時間，明るさである．

⑶　視細胞は角膜に存在する．

⑷　暗順応に要する時間は明順応よりも長い．

⑸　錐（すい）体細胞には，赤，青，緑の光にそれぞれ反応する 3 種があり，反応の組合せで色を感じる．

問題 36　情報機器作業に関する次の記述のうち，**最も不適当な**ものはどれか．

⑴　作業者の健康に関する調査で，最も多い自覚症状は眼の症状である．

⑵　ディスプレイのグレア防止には，直接照明を用いる．

⑶　書類上及びキーボード上における照度は 300 lx 以上が推奨される．

⑷　ディスプレイ画面上における照度は 500 lx 以下が推奨される．

⑸　ディスプレイ画面の明るさ，書類及びキーボード面における明るさと，周囲の明るさとの差は，なるべく小さくする．

問題 37　電磁波に関する次の記述のうち，**最も不適当な**ものはどれか．

⑴　レーザー光線には可視光のレーザーの他，赤外線や紫外線のレーザーがある．

⑵　溶接作業で発生する電気性眼炎は紫外線による．

⑶　赤外線は白内障の原因となる．

⑷　マイクロ波の主な用途の一つとして，家庭用電子レンジがある．

⑸　可視光線の波長は赤外線より長い．

問題 38　電離放射線による健康影響のうち，確定的影響かつ晩発影響として**最も適当な**ものは次のうちどれか．

⑴　不妊

⑵　染色体異常

⑶　白血病

⑷　白内障

⑸　甲状腺がん

問題 39　ヒトと水に関する次の記述のうち，**最も適当な**ものはどれか．

⑴　通常の状態で，水が最も多く排泄（せつ）されるのは尿であり，その次は皮膚からの蒸泄である．

⑵　成人の体内の水分量は，体重の約 80 %である．

⑶　水分欠乏が体重の 5 %以上で，喉の渇きを感じる．

⑷　ヒトが生理的に必要とする水分量は，成人の場合，1 日当たり約 3 リットルである．

⑸　体内では細胞内液より細胞外液の方が多い．

問題40　水質汚濁に係る環境基準項目に関する次の記述のうち，**最も適当な**ものはどれか．

(1)　ヒ素は，急性ばく露により皮膚の色素沈着を起こす．
(2)　亜鉛は，水俣(みなまた)病の原因となる．
(3)　カドミウムは，水質汚濁に関する環境基準において検出されないこととなっている．
(4)　アルキル水銀は，生物学的濃縮を起こす．
(5)　ベンゼンは，ヒトに対する発がん性は認められない．

問題41　感染症の予防及び感染症の患者に対する医療に関する法律（以下「感染症法」という．）における感染症の類型に関する次の記述のうち，**最も不適当な**ものはどれか．

(1)　一類感染症では，交通が制限されることがある．
(2)　二類感染症では，建物の立ち入りは制限されない．
(3)　三類感染症では，就業制限される職種がある．
(4)　四類感染症では，積極的疫学調査は実施されない．
(5)　五類感染症には，ジアルジア症が含まれる．

問題42　次の感染症のうち，主に**空気を介して感染する**ものはどれか．

(1)　デング熱
(2)　B型肝炎
(3)　ペスト
(4)　日本脳炎
(5)　麻しん

問題43　クリプトスポリジウム症に関する次の記述のうち，**最も適当な**ものはどれか．

(1)　病原体は細菌である．
(2)　ヒトや哺乳動物の消化管で増殖する．
(3)　水道水の塩素消毒で死滅する．
(4)　水道におけるクリプトスポリジウム等対策指針では，レベル1が最もリスクが高い．
(5)　下痢症状は1～2日で消失する．

問題44　5％溶液として市販されている次亜塩素酸ナトリウムを水で希釈して100 mg/Lの濃度の溶液を10 L作る場合，必要となる5％溶液の量として，**最も近い**ものは次のうちどれか．

(1)　0.2 mL
(2)　4 mL
(3)　20 mL
(4)　40 mL
(5)　200 mL

問題 45　滅菌に用いられるものとして，**最も不適当な**ものは次のうちどれか．

(1)　γ線

(2)　ろ過

(3)　エチレンオキサイドガス

(4)　高圧蒸気

(5)　紫外線

問題 46　下に示す湿り空気線図に関する次の記述のうち，**最も不適当な**ものはどれか．

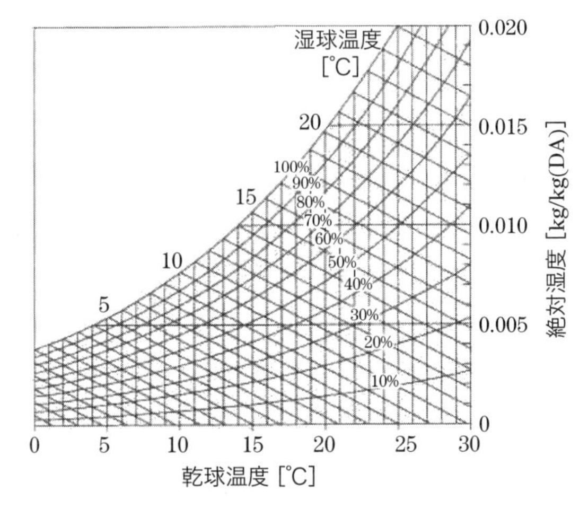

(1)　乾球温度 14 ℃，相対湿度 80 %の空気を加熱コイルで 25 ℃に温めると相対湿度は約 40 %となる．

(2)　乾球温度 10 ℃，相対湿度 80 %の空気は，乾球温度 22 ℃，相対湿度 30 %の空気より絶対湿度が高い．

(3)　乾球温度 22 ℃，相対湿度 60 %の空気が表面温度 15 ℃の窓ガラスに触れると結露する．

(4)　乾球温度 19 ℃の空気が含むことのできる最大の水蒸気量は，0.010 kg/kg（DA）より大きい．

(5)　露点温度 10 ℃の空気は，乾球温度 29 ℃において約 30 %の相対湿度となる．

問題 47 結露に関する次の文章の［　　］内に入る語句の組合せとして，**最も適当なもの**はどれか.

暖房時の壁体の内部や表面での結露を防止するには，壁体内において，水蒸気圧の［ア］側に［イ］の低い［ウ］を設けることが有効である.

	ア	イ	ウ
(1)	高い	熱伝導率	断熱材
(2)	高い	湿気伝導率	防湿層
(3)	低い	湿気伝導率	防湿層
(4)	低い	熱伝導抵抗	断熱材
(5)	低い	湿気伝導率	断熱材

問題 48 建築材料表面（白色プラスター，アスファルト，新しい亜鉛鉄板，光ったアルミ箔(はく)）の長波長放射率と日射吸収率の関係を下の図中に示している.**最も適当なもの**はどれか.

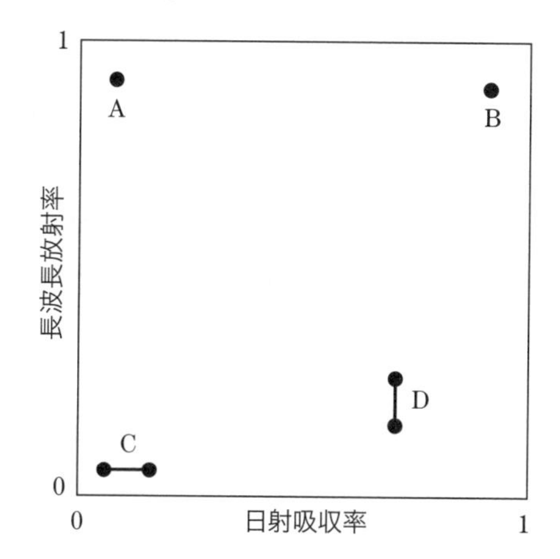

	A	B	C	D
(1)	白色プラスター	アスファルト	光ったアルミ箔	新しい亜鉛鉄板
(2)	光ったアルミ箔	新しい亜鉛鉄板	白色プラスター	アスファルト
(3)	白色プラスター	アスファルト	新しい亜鉛鉄板	光ったアルミ箔
(4)	アスファルト	白色プラスター	新しい亜鉛鉄板	光ったアルミ箔
(5)	新しい亜鉛鉄板	光ったアルミ箔	白色プラスター	アスファルト

問題 49　下の図は，厚さの異なる A，B，C 部材で構成された建築物外壁における定常状態の内部温度分布を示している．この図に関する次の記述のうち，**最も不適当な**ものはどれか．

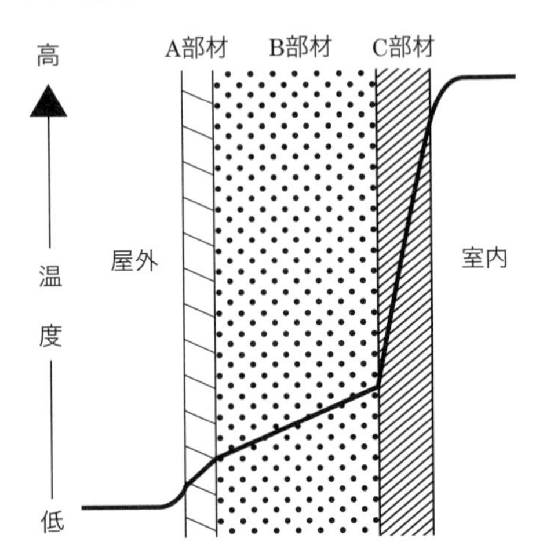

(1)　A，B，C 部材のなかで，最も熱伝導率が大きい部材は B 部材である．

(2)　熱伝達率は，屋外側の方が室内側より大きい．

(3)　B 部材が主体構造体であるとすれば，この図は内断熱構造を示している．

(4)　壁表面近傍で空気温度が急激に変化する部分を境界層という．

(5)　A，B，C 部材のなかで，部材を流れる単位面積当たりの熱流量が最も大きいのは A 部材である．

問題 50　空気の流動に関する次の記述のうち，**最も不適当な**ものはどれか．

(1)　天井面に沿った冷房による吹出し噴流は，速度が小さいと途中で剥離して降下することがある．

(2)　コールドドラフトは，冷たい壁付近などで生じる下降冷気流である．

(3)　自由噴流の第 3 域では，中心軸速度が吹出し口からの距離に反比例して減衰する．

(4)　吹出しの影響は遠方まで及ぶのに対し，吸込みの影響は吸込み口付近に限定される．

(5)　通常の窓の流量係数は，約 1.0 である．

問題 51　流体力学に関する次の記述のうち，**最も不適当な**ものはどれか．

(1)　直線ダクトの圧力損失は，長さに比例する．

(2)　直線ダクトの圧力損失は，風速に比例する．

(3)　直線の円形ダクトの圧力損失は，直径に反比例する．

(4)　ダクトの形状変化に伴う圧力損失は，形状抵抗係数に比例する．

(5)　開口部を通過する風量は，開口部前後の圧力差の平方根に比例する．

問題 52 換気に関する次の記述のうち，**最も不適当な**ものはどれか．

(1) 単位時間当たりに室内の入れ替わる新鮮空気（外気）量を換気量という．

(2) 空気交換効率とは，室内にある空気が，いかに効果的に新鮮空気と入れ替わるかを示す尺度をいう．

(3) 1時間に窓を開ける回数を換気回数という．

(4) 外気が給気口から室内の任意の点に移動するのにかかる平均時間を，局所平均空気齢という．

(5) ある汚染物質の室内濃度を，その基準値に維持するために必要な換気量のことを必要換気量という．

問題 53 ある居室に16人在室しているとき，室内の二酸化炭素濃度を建築物環境衛生管理基準値以下に維持するために最低限必要な換気量として，**正しい**ものは次のうちどれか．

ただし，室内は定常状態・完全混合（瞬時一様拡散）とし，外気二酸化炭素濃度は400 ppm，在室者一人当たりの二酸化炭素発生量は0.018 m^3/hとする．

(1) 320 m^3/h

(2) 400 m^3/h

(3) 480 m^3/h

(4) 600 m^3/h

(5) 720 m^3/h

問題 54 室内におけるホルムアルデヒドの発生源のうち，**最も不適当な**ものは次のうちどれか．

(1) ユリア樹脂系接着剤

(2) パーティクルボード

(3) 家具

(4) コンクリート

(5) 喫煙

問題 55 室内汚染物質とその発生源との組合せとして，**最も不適当な**ものは次のうちどれか．

(1) アセトアルデヒド ――― 加熱式たばこ

(2) 窒素酸化物 ――― 開放型燃焼器具

(3) オゾン ――― レーザープリンタ

(4) ラドン ――― 石材

(5) フェノブカルブ ――― 接着剤

問題 56　換気に関する次の記述のうち，**最も不適当な**ものはどれか.

(1)　換気の目的の一つには，汚染物質の室内からの除去がある.

(2)　ハイブリッド換気は，自然換気と機械換気を併用する換気方式である.

(3)　第 1 種換気は，機械給気と機械排気による換気をいう.

(4)　局所換気は，汚染物質が発生する場所を局部的に換気する方法をいう.

(5)　第 3 種換気は，機械給気と自然排気口による換気をいう.

問題 57　浮遊粒子の次のア～エの動力学的性質のうち，粒径が大きくなると数値が大きくなるものの組合せとして，**最も適当な**ものはどれか.

ア　終末沈降速度

イ　拡散係数

ウ　気流に平行な垂直面への沈着速度

エ　粒子が気体から受ける抵抗力

(1)　アとイ

(2)　アとウ

(3)　アとエ

(4)　イとエ

(5)　ウとエ

問題 58　アレルゲンと微生物等に関する次の記述のうち，**最も不適当な**ものはどれか.

(1)　ウイルスは建材表面で増殖することがある.

(2)　アスペルギルスは，一般環境中に生息するカビである.

(3)　オフィスビル内の細菌の主な発生源は在室者である.

(4)　酵母は真菌に分類される.

(5)　カビアレルゲンの大部分は，数 μm 以上の粒子である.

問題 59　パッケージ型空調機に関する次の記述のうち，**最も適当な**ものはどれか.

(1)　中央方式の空気調和設備と同様に，熱源設備が必要となる.

(2)　圧縮機の駆動は，全て電力を用いている.

(3)　通常は，外気処理機能を備えている.

(4)　ビル用マルチパッケージは，ON-OFF 制御により，圧縮機の容量制御を行うのが主流である.

(5)　水熱源ヒートポンプ方式のパッケージ型空調機は，圧縮機を備えているため騒音に注意が必要である.

問題 60　空気調和設備に関する次の記述のうち，**最も不適当な**ものはどれか．

(1)　HEMS と呼ばれる総合的なビル管理システムの導入が進んでいる．

(2)　空気調和機には，広くはファンコイルユニットも含まれる．

(3)　熱搬送設備は，配管系設備とダクト系設備に大別される．

(4)　冷凍機，ボイラ，ヒートポンプ，チリングユニットは，熱源機器にあたる．

(5)　自動制御設備における中央監視装置は，省エネルギーや室内環境の確保を目的に設備機器を監視，制御する設備である．

問題 61　躯(く)体蓄熱システムに関する次の文章の［　　］内に入る語句の組合せとして，**最も適当な**ものはどれか．

躯体蓄熱システムにより蓄熱槽や熱源機器の容量が低減されるが，氷蓄熱に比べ，熱損失が［ア］，蓄熱投入熱量比が［イ］．また，放熱時の熱量制御は［ウ］である．

	ア	イ	ウ
(1)	大きく	大きい	容易
(2)	小さく	大きい	容易
(3)	大きく	小さい	容易
(4)	小さく	大きい	困難
(5)	大きく	小さい	困難

問題 62　空気調和における湿り空気線図上での操作に関する次の記述のうち，**最も不適当な**ものはどれか．

(1)　暖房時に水噴霧加湿を用いる場合，温水コイル出口の温度は設計給気温度より高くする必要がある．

(2)　冷房時の室内熱負荷における顕熱比 SHF＝0.8 の場合，空調機からの吹出し空気の絶対湿度は室内空気より低くする必要がある．

(3)　温水コイル通過後の空気は単純加熱となり，通過前後で絶対湿度は変化しない．

(4)　還気と外気の混合状態は，湿り空気線図上において還気と外気の状態点を結んだ直線上に求められる．

(5)　冷水コイルによる冷却除湿では，コイル出口における空気の相対湿度は 100 % となる．

問題 63　冷水コイルによる空気冷却に関する次の文章の［　　　］内に入るものの組合せとして，**最も適当な**ものはどれか．

湿り空気線図上で，冷水コイル入口空気の状態点を A，コイル出口空気の状態点を B とし，乾球温度が A 点と等しく，かつ絶対湿度が B 点と等しい状態点を C とする．

A 点，B 点，C 点の比エンタルピーをそれぞれ h_A，h_B，h_C とし，冷水コイルを通過する空気の質量流量を G [kg/h] とすると，冷水コイルによる除去熱量の潜熱分は［　ア　］，顕熱分は［　イ　］で表される．

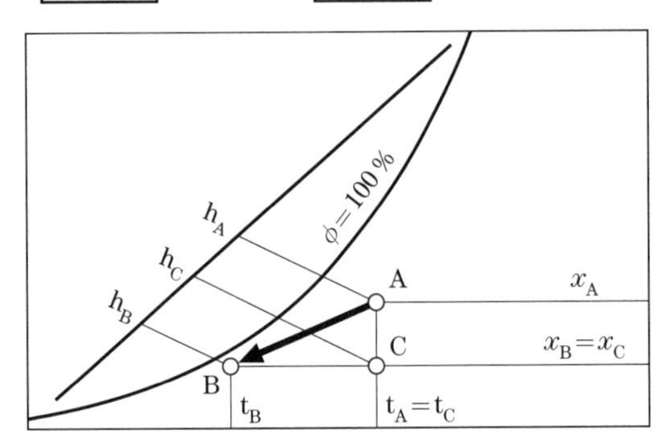

	ア		イ
(1)	$G(h_A-h_B)$	——	$G(h_A-h_C)$
(2)	$G(h_A-h_C)$	——	$G(h_A-h_B)$
(3)	$G(h_A-h_C)$	——	$G(h_C-h_B)$
(4)	$G(h_C-h_B)$	——	$G(h_A-h_B)$
(5)	$G(h_C-h_B)$	——	$G(h_A-h_C)$

問題 64　空気調和方式に関する次の記述のうち，**最も不適当な**ものはどれか．

(1)　定風量単一ダクト方式は，給気量が一定であり，給気温度を可変することにより熱負荷の変動に対応する方式である．

(2)　変風量単一ダクト方式は，定風量単一ダクト方式と比較して空気質確保に有利である．

(3)　ダクト併用ファンコイルユニット方式は，単一ダクト方式とファンコイルユニットを併用することにより，個別制御性を高めたシステムである．

(4)　放射冷暖房は，冷房時の表面結露や空気質確保に配慮が必要である．

(5)　マルチゾーン空調方式は，負荷変動特性の異なる複数のゾーンの温湿度調整を 1 台の空調機で行う方式である．

問題 65　冷凍機に関する次の記述のうち，**最も不適当な**ものはどれか．

⑴　スクロール圧縮機は，渦巻き状の固定スクロールと渦巻き状の旋回スクロールの旋回により冷媒を圧縮する．

⑵　スクリュー圧縮機を用いた冷凍機は，スクロール圧縮機を用いたものより，冷凍容量が大きい．

⑶　吸収冷凍機は，都市ガスを使用するので，特別な運転資格が必要である．

⑷　遠心圧縮機は，容積式圧縮機と比較して，吸込み，圧縮できるガス量が大きい．

⑸　シリカゲルやゼオライト等の固体の吸着剤を使用した吸着冷凍機は，高い成績係数を得ることができない．

問題 66　空気調和設備の熱源方式に関する次の記述のうち，**最も不適当な**ものはどれか．

⑴　地域冷暖房システムでは，個別熱源システムに比べて，一般に環境負荷は増加する．

⑵　蓄熱システムは，電力負荷平準化，熱源装置容量削減に効果がある．

⑶　電動冷凍機とボイラを組み合わせる方式は，夏期に電力消費量がピークとなる．

⑷　直焚（だき）吸収冷温水機は，1台の機器で冷水のみ又は温水のみだけでなく，これらを同時に製造することができる．

⑸　電力需要を主として運転するコージェネレーション方式では，空気調和やその他の熱需要に追従できない場合がある．

問題 67　図は，蒸気圧縮冷凍サイクルにおける冷媒の標準的な状態変化をモリエル線図上に表したものである．圧縮機の出口直後に相当する図中の状態点として，**最も適当な**ものは次のうちどれか．

⑴　ア

⑵　イ

⑶　ウ

⑷　エ

⑸　オ

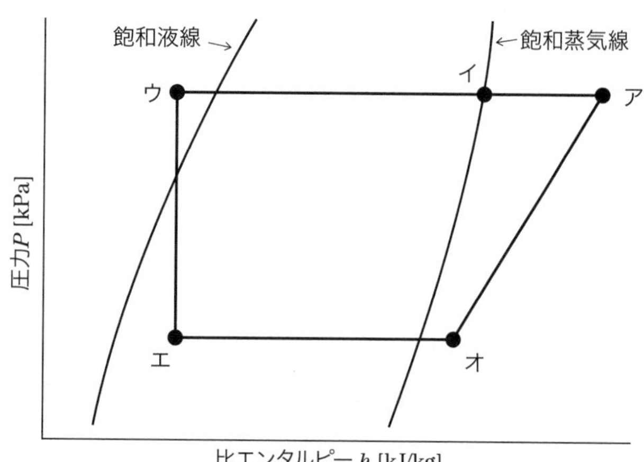

問題 68　熱源方式に関する次の記述のうち，**最も不適当な**ものはどれか．

(1)　ヒートポンプ方式は，1 台で温熱源と冷熱源を兼ねることができる．

(2)　蓄熱システムにおける顕熱利用蓄熱体として，氷，無機水和塩類が用いられる．

(3)　ヒートポンプ方式は，地下水や工場排熱等の未利用エネルギーも活用することができる．

(4)　太陽熱を利用した空調熱源システムは，安定的なエネルギー供給が難しい．

(5)　吸収式冷凍機＋蒸気ボイラ方式は，空調以外に高圧蒸気を使用する用途の建物で用いられることが多い．

問題 69　冷却塔に関する次の記述のうち，**最も不適当な**ものはどれか．

(1)　開放型冷却塔は，密閉型と比べて小型である．

(2)　開放型冷却塔内の冷却水は，レジオネラ属菌の繁殖に注意が必要である．

(3)　開放型冷却塔は，密閉型冷却塔に比べて送風機動力が増加する．

(4)　密閉型冷却塔は，電算室，クリーンルーム系統の冷却塔として使用される．

(5)　密閉型冷却塔は，散布水系統の保有水量が少ないため，保有水中の不純物濃度が高くなる．

問題 70　加湿装置の種類と加湿方式の組合せとして，**最も不適当な**ものは次のうちどれか．

(1)　滴下式 ──── 気化方式

(2)　電極式 ──── 蒸気方式

(3)　パン型 ──── 蒸気方式

(4)　遠心式 ──── 水噴霧方式

(5)　超音波式 ─── 気化方式

問題 71　空気調和機を構成する機器に関する次の記述のうち，**最も不適当な**ものはどれか．

(1)　システム型エアハンドリングユニットは，全熱交換器，制御機器，還気送風機等の必要機器が一体化された空調機である．

(2)　エアハンドリングユニットは，冷却，加熱のための熱源を内蔵している空調機である．

(3)　ファンコイルユニットは，送風機，熱交換器，エアフィルタ及びケーシングによって構成される．

(4)　パッケージ型空調機は，蒸発器，圧縮機，凝縮器，膨張弁等によって構成される．

(5)　パッケージ型空調機のうちヒートポンプ型は，採熱源によって水熱源と空気熱源に分類される．

問題 72 防火ダンパに関する次の記述の［　　］内に入る値の組合せとして，**最も適当な**ものはどれか．

温度ヒューズ型の溶解温度は，一般換気用［ア］，厨(ちゅう)房排気用［イ］，排煙用［ウ］である．

	ア	イ	ウ
(1)	60 ℃	120 ℃	280 ℃
(2)	60 ℃	130 ℃	270 ℃
(3)	72 ℃	120 ℃	270 ℃
(4)	72 ℃	120 ℃	280 ℃
(5)	72 ℃	130 ℃	270 ℃

問題 73 送風機に関する次の記述のうち，**最も不適当な**ものはどれか．

(1) 軸流送風機は，空気が羽根車の中を軸方向から入り，軸方向へ抜ける．

(2) シロッコファンは，遠心式に分類される．

(3) ダンパの開度を変えると，送風系の抵抗曲線は変化する．

(4) 送風系の抵抗を大きくして風量を減少させると，空気の脈動により振動，騒音が発生し，不安定な運転状態となることがある．

(5) グラフの横軸に送風機の風量，縦軸に送風機静圧を表した送風機特性曲線は，原点を通る二次曲線となる．

問題 74 ダクトとその付属品に関する次の記述のうち，**最も不適当な**ものはどれか．

(1) フレキシブル継手は，ダクトと吹出し口を接続する際に，位置を調整するために用いられる．

(2) 防火ダンパの羽根及びケーシングは，一般に板厚が 1.5 mm 以上の鋼板で製作される．

(3) グリル型吹出し口は，誘引効果が高いので，均一度の高い温度分布が得やすい．

(4) 低圧の亜鉛鉄板製長方形ダクトでは，一般に板厚が 0.5 ～ 1.2 mm のものが用いられる．

(5) グラスウールダクトは，消音効果が期待できる．

問題 75　空気浄化装置に関する次の記述のうち，**最も不適当な**ものはどれか．

(1)　自動巻取型エアフィルタのろ材の更新は，タイマによる方法や圧力損失を検知して行う方法が用いられている．

(2)　ろ過式粒子用エアフィルタとは，さえぎり，慣性，拡散，静電気等の作用で，粉じんをろ材繊維に捕集するものをいう．

(3)　空気中の有害ガスを除去するガス除去用エアフィルタとして，イオン交換繊維を使用したものがある．

(4)　一般に HEPA フィルタの圧力損失は，一般空調用フィルタのそれと比較して小さい．

(5)　粒子用エアフィルタの性能は，圧力損失，粉じん捕集率，粉じん保持容量で表示される．

問題 76　空気調和設備のポンプ・配管に関する次の記述のうち，**最も不適当な**ものはどれか．

(1)　ポンプの損失水頭は，管内流速の 2 乗に比例する．

(2)　片吸込み渦巻きポンプは，ターボ型ポンプに分類される．

(3)　歯車ポンプは，油輸送などの粘度の高い液体の輸送用途に用いられることが多い．

(4)　ポンプの急停止による水撃作用を防止するには，緩閉式逆止め弁を用いる方法がある．

(5)　キャビテーションとは，流量と圧力の周期的な変動が続き運転が安定しない現象をいう．

問題 77　換気設備に関する次の記述のうち，**最も不適当な**ものはどれか．

(1)　水分の回収を必要としない場合の熱回収には，空気対空気の顕熱交換器が用いられる．

(2)　空気対空気の全熱交換器では，空調システムとして十分な温度処理，湿度処理はできないため，二次空調機が必要となる．

(3)　外気処理ユニットとは，冷媒直膨コイル，全熱交換器，加湿器，フィルタ等を組み込んだユニットである．

(4)　ヒートポンプデシカント調湿型外気処理装置では，暖房時において効果的な相対湿度の維持管理が期待できる．

(5)　厨(ちゅう)房，倉庫，各種機械室等では，換気設備が単独で設置されることが多い．

問題 78 光散乱式の粉じん計を用いて室内の浮遊粉じんの相対濃度を測定したところ，3分間当たり90カウントであった．この粉じん計のバックグランド値は10分間当たり60カウントで，標準粒子に対する感度が1分間当たり1カウント0.001 mg/m^3，室内の浮遊粉じんに対する較正係数が1.3であるとすると，室内の浮遊粉じんの量として，**最も近い**数値は次のうちどれか．

(1) 0.01 mg/m^3
(2) 0.03 mg/m^3
(3) 0.04 mg/m^3
(4) 0.07 mg/m^3
(5) 0.20 mg/m^3

問題 79 汚染物質とその濃度又は強さを表す単位の組合せとして，**最も不適当な**ものは次のうちどれか．

(1) アスベスト ―――― CFU/m^3
(2) 放射能 ―――――― Bq
(3) オゾン ―――――― μg/m^3
(4) 二酸化イオウ ――― ppm
(5) トルエン ――――― μg/m^3

問題 80 温熱環境要素の測定に関する次の記述のうち，**最も不適当な**ものはどれか．

(1) 熱式風速計は，白金線などから気流に奪われる熱量が風速に関係する原理を利用している．
(2) サーミスタ温度計は，2種類の金属の膨張率の差を利用している．
(3) 自記毛髪湿度計は，振動の多い場所での使用は避ける．
(4) アスマン通風乾湿計は，周囲気流及び熱放射の影響を防ぐ構造となっている．
(5) 電気抵抗式湿度計は，感湿部の電気抵抗が吸湿，脱湿によって変化することを利用している．

問題 81 ホルムアルデヒド測定法に関する次の記述のうち，**最も不適当な**ものはどれか．

(1) 簡易測定法には，検知管法，定電位電解法がある．
(2) DNPHカートリッジは，オゾンにより正の妨害を受ける．
(3) DNPHカートリッジは，冷蔵で保存する必要がある．
(4) パッシブ法は，試料採取に8時間程度を要する．
(5) パッシブサンプリング法では，ポンプを使用しない．

問題 82　揮発性有機化合物（VOCs）測定に関する次の記述のうち，**最も不適当な**ものはどれか．

(1)　VOCs の採取には，アクティブサンプリング法とパッシブサンプリング法がある．

(2)　固相捕集・加熱脱着—GC/MS 法では，前処理装置により脱着操作を行う．

(3)　固相捕集・溶媒抽出—GC/MS 法では，加熱脱着法に比べ，測定感度は落ちる．

(4)　TVOC（Total VOC）を測定する装置では，方式によらず各 VOC に対して同じ感度である．

(5)　TVOC は，GC/MS によりヘキサンからヘキサデカンの範囲で検出した VOCs の合計である．

問題 83　空気調和設備の維持管理に関する次の記述のうち，**最も不適当な**ものはどれか．

(1)　加湿装置は，使用開始時及び使用期間中の 1 年以内ごとに 1 回，定期的に汚れの状況を点検し，必要に応じて清掃などを行う．

(2)　空調システムを介して引き起こされる微生物汚染問題として，レジオネラ症がある．

(3)　空気調和設備のダクト内部は，使用年数の経過につれ清掃を考慮する必要がある．

(4)　冷却塔に供給する水は，水道法に規定する水質基準に適合させる必要がある．

(5)　冷却水管を含む冷却塔の清掃は，1 年以内ごとに 1 回，定期に行う．

問題 84　音に関する次の記述のうち，**最も不適当な**ものはどれか．

(1)　人間の可聴範囲は，音圧レベルでおよそ 0 ～ 130 dB の範囲である．

(2)　対象音と暗騒音のレベル差が 15 dB より大きい場合は，暗騒音による影響の除去が必要である．

(3)　空気中の音速は，気温の上昇と共に増加する．

(4)　低周波数域の騒音に対する人の感度は低い．

(5)　時間によって変動する騒音は，等価騒音レベルによって評価される．

問題 85　音に関する用語とその説明として，**最も不適当な**ものは次のうちどれか．

(1)　広帯域騒音 ――――― 広い周波数領域の成分を含む騒音

(2)　吸音率 ――――――― 入射音響エネルギーに対する吸収エネルギーの割合

(3)　純音 ―――――――― 一つの周波数からなる音波のこと

(4)　拡散音場 ―――――― 空間に音のエネルギーが一様に分布し，音があらゆる方向に伝搬している状態のこと

(5)　パワーレベル ――― 音源の音響出力をデシベル尺度で表記したもの

問題 86 音に関する次の文章の[　　]内に入る数値の組合せとして，**最も適当な**ものはどれか．

点音源の場合，音源からの距離が2倍になると約[ア]dB，距離が10倍になると約[イ]dB音圧レベルが減衰する．線音源の場合，音源からの距離が2倍になると約[ウ]dB，距離が10倍になると約[エ]dB音圧レベルが減衰する．

	ア	イ	ウ	エ
(1)	3	15	6	30
(2)	3	10	6	20
(3)	6	20	3	10
(4)	6	20	3	15
(5)	6	30	3	15

問題 87 遮音と振動に関する次の記述のうち，**最も不適当な**ものはどれか．

(1) 道路交通による振動は，不規則に起こり，変動が大きい．
(2) 隔壁を介する2室間の遮音性能は，受音室の吸音力が大きいほど高くなる．
(3) カーペットや畳等を敷いても，重量床衝撃音はほとんど軽減できない．
(4) 床衝撃音に関する遮音等級のLr値は，値が大きい方が，遮音性能が高いことを表す．
(5) コインシデンス効果により，壁面の透過損失は減少する．

問題 88 昼光照明と窓に関する次の記述のうち，**最も不適当な**ものはどれか．

(1) 大気透過率が等しければ，太陽高度が高いほど直射日光による地上の水平面照度は大きくなる．
(2) 曇天の空は，白熱電球より色温度が高い．
(3) 設計用全天空照度は，快晴よりも薄曇りの方が高い．
(4) 直接昼光率は，直射日光による照度の影響を受ける．
(5) 同じ面積であれば，側窓よりも天窓の方が多く昼光を採り入れられる．

問題 89 測光量に関する次の文章の［　　　］内に入る語句の組合せとして，**最も適当な**ものはどれか.

光度は，単位立体角当たりから放出される［ ア ］である．光度の単位は，通常，［ イ ］と表される．さらに，光度を観測方向から見た，見かけの面積で割った値が［ ウ ］である.

	ア	イ	ウ
(1)	光束	cd	輝度
(2)	光束	cd	光束発散度
(3)	照度	lm	光束発散度
(4)	照度	lm	輝度
(5)	照度	cd	輝度

問題 90 点光源直下 3.0 m の水平面照度が 450 lx である場合，点光源直下 1.0 m の水平面照度として，**最も近い**ものは次のうちどれか.

(1) 450 lx
(2) 900 lx
(3) 1,350 lx
(4) 4,050 lx
(5) 4,500 lx

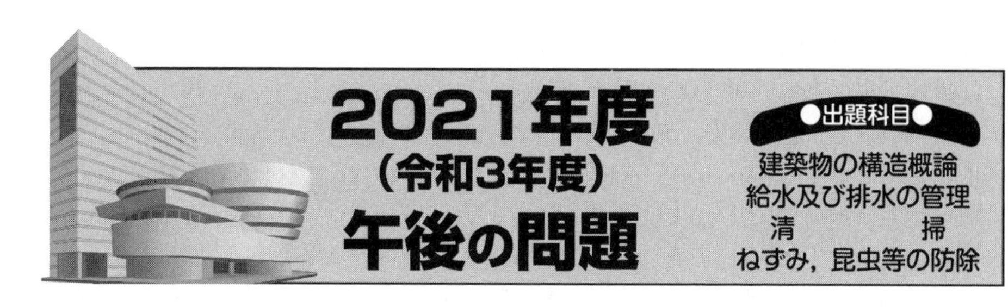

問題 91　建築物と日射に関する次の記述のうち，**最も不適当な**ものはどれか.

(1)　夏期における建築物の日射受熱量を減少させるには，東西の壁面・窓面はなるべく小さくする方が有利である.

(2)　直射日光は天気によって大きく変動するため，昼光を照明として利用する場合は，天空光のみを利用する.

(3)　内付けブラインドの日射遮蔽効果は，50 %程度しか望めない.

(4)　夏至の日の南壁面の日積算日射量は，低緯度に位置する那覇の方が東京より大きい.

(5)　ライトシェルフとは，部屋の奥まで光を導くよう直射日光を反射させる庇（ひさし）のことである.

問題 92　建築士法で定義している設計図書に**含まれない**ものは，次のうちどれか.

(1)　仕様書

(2)　平面図

(3)　断面図

(4)　施工図

(5)　設備図

問題 93　鉄筋コンクリート構造とその材料に関する次の記述のうち，**最も不適当な**ものはどれか.

(1)　モルタルは，砂，セメント，水を練り混ぜたものである.

(2)　梁（はり）のあばら筋は，一般に 135°以上に曲げて主筋に定着させる.

(3)　柱の帯筋は，主にせん断力に対して配筋される.

(4)　柱の小径は，構造耐力上主要な支点間の 1/15 以上とする.

(5)　直接土に接する床において，鉄筋に対するコンクリートのかぶり厚さは，3 cm 以上としなければならない.

問題 94　鉄骨構造とその材料に関する次の記述のうち，**最も不適当な**ものはどれか．

⑴　降伏比の大きい鋼材は，靭(じん)性に優れる．

⑵　建築構造用鋼材は，降伏点又は耐力の上限と下限が規定されている．

⑶　鋼材の強度は温度上昇とともに低下し，1,000 ℃ではほとんど零となる．

⑷　軟鋼の炭素量は 0.12 ～ 0.30 % である．

⑸　高力ボルト接合の締め付け時の余長は，ねじ山 3 以上とする．

問題 95　建築物の荷重又は構造力学に関する次の記述のうち，**最も不適当な**ものはどれか．

⑴　地震力を計算する場合，住宅の居室の積載荷重は，事務室よりも小さく設定されている．

⑵　曲げモーメントは，部材のある点において部材を湾曲させようとする応力である．

⑶　片持ち梁(ばり)の先端に集中荷重の作用する梁(はり)のせん断力は，梁の固定端部で最も大きい．

⑷　ラーメン構造の部材に生じる応力には，曲げモーメント，せん断力，軸方向力がある．

⑸　建築物に作用する土圧は，常時荷重として分類されている．

問題 96　建築物とその構造に関する次の記述のうち，**最も不適当な**ものはどれか．

⑴　免震構造では，アイソレータを用いて振動エネルギーを吸収し，振動を小さくする．

⑵　耐震補強には，強度や変形能力を高める方法がある．

⑶　制振構造において，建物の揺れを制御・低減するためのダンパに座屈拘束ブレースなどが用いられる．

⑷　コンクリートの打設時間の間隔が長くなると，コールドジョイントが生じやすくなる．

⑸　構造設計に用いる計算法には，保有水平耐力計算，限界耐力計算，許容応力度等計算がある．

問題 97　建築材料と部材の性質に関する次の記述のうち，**最も不適当な**ものはどれか．

⑴　スランプ試験によるスランプ値が大きいほど，コンクリートの流動性が高いと評価できる．

⑵　CLT は，挽(ひき)板を繊維方向が直交するように積層した板材である．

⑶　AE 剤は，モルタルやコンクリートの中に多数の微小な空気泡を均一に分布させるために用いる．

⑷　鋼材の引張試験において，破断したときのひずみ度を伸びという．

⑸　木材の強度は，幹の半径方向（放射軸），年輪の接線方向，繊維方向（幹軸）の順に大きくなる．

問題 98　建築生産に関する次の記述のうち，**最も不適当な**ものはどれか．

(1)　工事監理は，一般に設計者が，建築主の依頼を受けて代行する．

(2)　一般競争入札は，工事内容や入札条件等を公示して行われる．

(3)　金属工事は，躯体工事に分類される．

(4)　建設業法では，発注者の書面による承諾のない限り，一括下請負は禁止されている．

(5)　設備工事は，建築工事と別枠で契約される場合が多い．

問題 99　電気及び電気設備に関する次の記述のうち，**最も不適当な**ものはどれか．

(1)　同一定格の電力では，同一電流値であれば交流のピーク電圧値は，直流に比べて高い．

(2)　建築設備に電力を送るケーブルの許容電流値は，配線用遮断器の定格電流値より小さくする．

(3)　電動機の起動時に過電流が流れて異常を起こさないために，スターデルタ起動方式が用いられる．

(4)　電力は，電圧と電流の積に比例する．

(5)　地域マイクログリッドとは，自然エネルギー発電を組み合わせ，地域の電力需要を満足する電力システムである．

問題 100　駐車場法に規定される，駐車場・駐車施設に**該当しない**ものは次のうちどれか．

(1)　路上駐車場

(2)　附置義務駐車施設

(3)　専用駐車場

(4)　都市計画駐車場

(5)　届出駐車場

問題 101　都市ガスと LP ガスに関する次の記述のうち，**最も不適当な**ものはどれか．

(1)　都市ガスの低位発熱量とは，水蒸気の潜熱を含む場合の発熱量のことである．

(2)　LP ガスは常温・常圧では気体であるが，加圧や冷却により液化して貯蔵・運搬される．

(3)　都市ガスの大半は，天然ガスを主原料にしている．

(4)　都市ガス及び LP ガスは，いずれも臭いがほとんどないガスであるため付臭剤が添加されている．

(5)　ガスの比重については，13A の都市ガスは空気より軽く，LP ガスは空気より重い．

問題 102　火災時の排煙対策に関する次の記述のうち，**最も不適当な**ものはどれか．

(1)　自然排煙方式では排煙窓の他に，当該室の下部に給気経路を確保することが望ましい．

(2)　排煙設備の給気機の外気取入口は，新鮮な空気を取り入れるため屋上に設置するのが望ましい．

(3)　機械排煙方式では，火災室が負圧になり廊下への漏煙を防止できるが，避難扉の開閉障害が生じるおそれがある．

(4)　加圧防煙は，階段室への煙の侵入を防止するため階段室付室や廊下に用いられることが多い．

(5)　第 2 種排煙の煙排出量は，排煙窓位置での内外圧力差と排煙窓の有効面積で定まる．

問題 103　建築基準法及びその施行令の用語に関する次の記述のうち，**誤っている**ものはどれか．

(1)　延床面積とは，地階，屋階（屋根裏部屋）を含む各階の床面積の合計である．

(2)　直通階段とは，建築物の避難階以外の階の居室から，避難階又は地上に直通する階段のことをいう．

(3)　延焼のおそれのある部分とは，可燃性の材料が使われている建築物の外壁部分である．

(4)　耐火性能とは，通常の火災が終了するまでの間，建築物の倒壊・延焼を防止するために必要な性能のことである．

(5)　居室とは，居住，執務等の目的のために継続的に使用する室のことで，廊下，階段は該当しない．

問題 104　建築基準法の用語に関する次の記述のうち，**誤っている**ものはどれか．

(1)　建築とは，建築物を新築し，増築し，改築し，又は移転することである．

(2)　移転とは，既存の建築物を別の敷地へ移動することである．

(3)　増築とは，既存の建築物の床面積を増加させることである．

(4)　改築とは，既存の建築物の全部あるいは一部を除去して，構造，規模，用途が著しく異ならない建物をつくることである．

(5)　新築とは，建築物の存しない土地の部分に建築物をつくることである．

問題 105　空調技術に関する次の記述のうち，**最も不適当な**ものはどれか．

(1)　事務所建築におけるパーソナル空調では，冷房用に天井，床，デスク等の吹出しが採用されている．

(2)　ナイトパージとは，夜間の外気を取り入れることで，空調機の冷房負荷を削減するものである．

(3)　自然換気を併用するハイブリッド空調とは，穏やかな気候時の外気を積極的に室内に導入して冷房に利用するものである．

(4)　タスク・アンビエント空調とは，タスク域の温熱条件を緩和することで省エネルギー性の向上を図るものである．

(5)　細霧空調とは，ミストの蒸発潜熱で周りの空気温度が下がる現象を利用した空調システムである．

問題 106　給水及び排水の管理に関する用語と単位の組合せとして，**最も不適当な**ものは次のうちどれか．

(1)　水の比熱 ―――――― kJ/(kg·°C)

(2)　腐食速度 ―――――― mm/年

(3)　塩化物イオン ―――― mg/L

(4)　揚水ポンプの揚程 ―― m

(5)　水槽照度率 ――――― lm/m²

問題 107　給水及び排水の管理に関する用語の組合せとして，**最も不適当な**ものは次のうちどれか．

(1)　スライム障害 ―― バイオフィルムの形成

(2)　異臭味 ――――― 藻類や放線菌の産生物質

(3)　スカム ――――― 排水槽内の浮上物質

(4)　スケール障害 ―― トリハロメタンの生成

(5)　赤水 ―――――― 鉄錆(さび)の溶出

問題 108　水道法に関する次の記述のうち，**最も不適当な**ものはどれか．

(1)　水道とは，導管及びその他の工作物により，水を人の飲用に適する水として供給する施設の総体をいう．

(2)　水道事業とは，一般の需要に応じて水道によって水を供給する事業であって，計画上の給水人口が 101 人以上のものをいう．

(3)　上水道事業とは，計画給水人口が 4,001 人以上である水道事業をいう．

(4)　専用水道には，寄宿舎等の自家用水道等で，100 人を超えるものにその居住に必要な水を供給するものが含まれる．

(5)　簡易専用水道とは，水道事業の用に供する水道から供給を受ける水のみを水源とするもので，水槽の有効容量の合計が 10 m^3 を超えるものをいう．

問題 109　水道施設等に関する次の記述のうち，**最も不適当な**ものはどれか．

(1)　市又は特別区の専用水道及び簡易専用水道は，当該市長又は特別区長が指導監督を行う．

(2)　地表水は，伏流水と比較して，水量及び水質の変化が大きい．

(3)　深層地下水は，地表からの汚染を受けにくく，水質は安定しているが，管の腐食を生ずることがある．

(4)　導水施設とは, 浄水施設で処理された水を配水施設まで送る施設のことである．

(5)　水道法で規定する給水装置とは，需要者に水を供給するために，水道事業者の施設した配水管から分岐して設けられた給水管及びこれに直結する給水用具のことである．

問題 110　水道水の塩素消毒に関する次の記述のうち，**最も不適当な**ものはどれか．

(1)　塩素消毒の効果は，懸濁物質が存在すると低下する．

(2)　塩素消毒の反応速度は，温度が高くなるほど速くなる．

(3)　水道水中の窒素化合物と反応することで，塩素消毒の効果が高まる．

(4)　塩素消毒の効果は，アルカリ側で急減する．

(5)　塩素消毒は，多種類の微生物に効果がある．

問題 111　給水設備の汚染に関する次の記述のうち，**最も不適当な**ものはどれか．

(1)　逆サイホン作用とは，給水管内に生じた負圧により，水受け容器にいったん吐水された水が給水管内に逆流することである．

(2)　クロスコネクションとは，飲料水系統と他の配管系統を配管などで直接接続することである．

(3)　洗面器における吐水口空間は，給水栓の吐水口と洗面器のあふれ縁との垂直距離である．

(4)　大便器の洗浄弁の下流側には，一般に圧力式バキュームブレーカを設置する．

(5)　逆サイホン作用の防止対策の基本は，吐水口空間を設けることである．

問題 112　給水設備に関する次の記述のうち，**最も不適当な**ものはどれか．

(1)　小学校における 1 日当たりの設計給水量は，70 ～ 100 L/人である．
(2)　受水槽の有効容量は，一般に 1 日使用水量の 1/2 程度である．
(3)　一般水栓の最低必要水圧は，30 kPa である．
(4)　給水配管の管径は，管内の流速が 2.0 m/s 以下となるように選定する．
(5)　高層ホテルの上限給水圧力は，0.7 MPa である．

問題 113　給水設備における現象とその原因の組合せとして，**最も不適当な**ものは次のうちどれか．

(1)　ウォータハンマ ――――― シングルレバー水栓による急閉
(2)　貯水槽水面の波立ち ――― 迂(う)回壁の設置
(3)　クリープ劣化 ――――― 長時間継続する応力
(4)　青水 ――――――――― 銅イオンの浸出
(5)　孔食 ――――――――― ステンレス鋼管内の異物の付着

問題 114　給水設備の配管に関する次の記述のうち，**最も不適当な**ものはどれか．

(1)　給水管と排水管が平行して埋設される場合には，給水管は排水管の上方に埋設する．
(2)　止水弁は，主管からの分岐，各系統の起点，機器との接続部等に設置する．
(3)　ポンプに弁及び配管を取り付ける場合には，その荷重が直接ポンプにかからないように支持する．
(4)　建物の揺れ，配管の振動等による変位を吸収するため，貯水槽と配管との接続には伸縮継手を使用する．
(5)　機器との接続配管は，機器の交換の際に容易に機器が外せるフランジ接合などとする．

問題 115　給水設備の配管に関する語句の組合せとして，**最も不適当な**ものは次のうちどれか．

(1)　合成樹脂ライニング鋼管（ねじ接合）――― 管端防食継手
(2)　ステンレス鋼管（溶接接合）―――――― TIG 溶接
(3)　架橋ポリエチレン管 ――――――――― 接着接合
(4)　ポリブテン管 ――――――――――― メカニカル形接合
(5)　銅管 ―――――――――――――― 差込みろう接合

問題 116　給水設備の維持管理に関する次の記述のうち，**最も不適当な**ものはどれか.

⑴　防錆(せい)剤を使用している場合は，3カ月以内ごとに1回，防錆剤の濃度の検査を行う.

⑵　受水槽と高置水槽の清掃は，原則として同じ日に行い，受水槽清掃後に高置水槽の清掃を行う.

⑶　飲料用貯水槽の清掃業務に従事する者は，6カ月に1回程度，健康診断を受ける.

⑷　飲料用貯水槽の点検は，定期に実施し，必要に応じて補修などを行う.

⑸　受水槽の水位制御の作動点検は，槽内のボールタップを手動で操作して行う.

問題 117　建築物衛生法に基づく貯水槽の清掃に関する次の記述のうち，**誤っている**ものはどれか.

⑴　清掃終了後の消毒は，有効塩素濃度 50 ～ 100 mg/L の次亜塩素酸ナトリウム溶液などの塩素剤を用いる.

⑵　清掃終了後は，2回以上貯水槽内の消毒を行う.

⑶　消毒終了後の水洗いと水張りは，少なくとも 30 分以上経過してから行う.

⑷　清掃終了後の水質検査における遊離残留塩素濃度の基準値は，0.1 mg/L 以上である.

⑸　清掃終了後の水質検査における濁度の基準値は，2度以下である.

問題 118　給湯設備に関する次の記述のうち，**最も不適当な**ものはどれか.

⑴　壁掛けシャワーの使用温度は，42 ℃程度である.

⑵　自然冷媒ヒートポンプ給湯機による湯の最高沸き上げ温度は，60 ℃である.

⑶　総合病院における使用湯量は，100 ～ 200 L/(床･日)程度である.

⑷　架橋ポリエチレン管の使用温度は，95 ℃以下とする.

⑸　ガス瞬間湯沸器の能力表示で1号とは，約 1.74 kW の加熱能力である.

問題 119　給湯設備における水の性質に関する次の記述のうち，**最も不適当な**ものはどれか.

⑴　4 ℃以上の水は，温度が高くなると密度は小さくなる.

⑵　配管内の水中における気体の溶解度は，水温の上昇により増加する.

⑶　給湯設備で扱う範囲の水は，ほとんど非圧縮性である.

⑷　水中に溶存している空気は，配管内の圧力が高いと分離されにくい.

⑸　水温が高いほど，金属腐食速度が速くなる.

問題 120　給湯設備に使用される材料に関する次の記述のうち，**最も不適当な**ものはどれか．

(1)　金属材料の曲げ加工を行うと，応力腐食が生じることがある．

(2)　耐熱性硬質ポリ塩化ビニル管の最高使用許容圧力は，使用温度が高くなると低下する．

(3)　樹脂管を温度の高い湯に使用すると，塩素による劣化が生じやすい．

(4)　ステンレス鋼管は，酸化被膜による母材の不動態化によって耐食性が保持される．

(5)　ポリブテン管の線膨張係数は，銅管と比較して小さい．

問題 121　循環配管の管長が 100 m の給湯設備で給湯循環流量を 10 L/min とした場合，循環配管からの単位長さ当たりの熱損失の値として，**最も近い**ものは次のうちどれか．

ただし，加熱装置における給湯温度と返湯温度の差を 5 ℃とする．算定式は次式を使う．

$$Q = 0.0143 \times H_L \div \Delta t$$

ここで，Q：循環流量［L/min］

H_L：循環配管からの熱損失［W］

Δt：加熱装置における給湯温度と返湯温度との差［℃］

(1)　0.5 W/m

(2)　7.0 W/m

(3)　35 W/m

(4)　140 W/m

(5)　3,500 W/m

問題 122　給湯設備に関する次の記述のうち，**最も不適当な**ものはどれか．

(1)　貫流ボイラは，煙道を備えている．

(2)　貯蔵式湯沸器は，減圧弁を備えている．

(3)　真空式温水発生機は，減圧蒸気室を備えている．

(4)　太陽熱利用温水器には，集熱器と貯湯槽が一体で構成されているものがある．

(5)　潜熱回収型給湯器は，排気ガスの潜熱を回収し，給水の予熱として利用する．

問題 123　給湯設備の保守管理に関する次の記述のうち，**最も不適当な**ものはどれか．

(1)　給湯水にレジオネラ属菌汚染が認められた場合は，高濃度塩素により系統内を消毒する対策がある．

(2)　無圧式温水発生機の定期検査は，労働安全衛生法に規定されている．

(3)　給湯設備は，給水設備に準じた保守管理が必要である．

(4)　給湯水を均等に循環させるため，返湯管に定流量弁を設置する．

(5)　ベローズ形伸縮管継手は，ベローズが疲労破壊により漏水することがある．

問題 124　雑用水に関する次の記述のうち，**最も不適当な**ものはどれか．

(1)　地区循環方式は，複数の建物間で排水再利用設備を共同利用するものである．

(2)　雑用水の原水は，年間を通じて安定して確保できる排水を優先する．

(3)　雑用水は，洗面器，手洗器等に連結しない．

(4)　雑用水受水槽は，耐食性及び耐久性のある材質のものを用いる．

(5)　原水にし尿を含む雑用水を，散水，水景用に使用する場合は，規定された水質基準に適合する必要がある．

問題 125　建築物衛生法に基づく雑用水の水質検査において，7 日以内ごとに 1 回，定期に行う項目に**該当しない**ものは次のうちどれか．

(1)　pH

(2)　臭気

(3)　外観

(4)　濁度

(5)　遊離残留塩素

問題 126　雨水利用設備の単位装置と点検項目の組合せとして，**最も不適当な**ものは次のうちどれか．

(1)　スクリーン ―――― ばっ気状況

(2)　降雨水集水装置 ―― 屋根面の汚れ

(3)　雨水貯留槽 ―――― 沈殿物の有無

(4)　ストレーナ ―――― 網の破損状態

(5)　ろ過装置 ――――― ろ層の閉塞状況

問題 127　排水の水質に関する次の記述のうち，**最も不適当な**ものはどれか．

(1)　pH 値は，汚水の処理工程において変化するため，処理の進行状況を推定する際に用いられる．

(2)　(BOD/COD) 比が高い排水は，生物処理法より物理化学処理法が適している．

(3)　窒素化合物は，閉鎖性水域の富栄養化の原因物質の一つである．

(4)　総アルカリ度は，硝化・脱窒反応における指標として用いられる．

(5)　ヘキサン抽出物質は，比較的揮発しにくい油脂類などである．

問題 128　排水通気配管に関する次の記述のうち，**最も不適当な**ものはどれか．

(1)　通気管の末端を，窓・換気口等の付近に設ける場合は，その上端から 600 mm 以上立ち上げて大気に開放する．

(2)　特殊継手排水システムは，排水横枝管への接続器具数が比較的少ない集合住宅やホテルの客室系統に多く採用されている．

(3)　間接排水管の管径が 30 mm の場合の排水口空間は，最小 50 mm である．

(4)　結合通気管は，高層建物のブランチ間隔 10 以上の排水立て管において，最上階から数えてブランチ間隔 10 以内ごとに設置する．

(5)　ループ通気管は，最上流の器具排水管が排水横枝管に接続される位置のすぐ下流から立ち上げて，通気立て管に接続する．

問題 129　排水トラップと阻集器に関する次の記述のうち，**最も不適当な**ものはどれか．

(1)　ドラムトラップは，サイホントラップに分類される．

(2)　トラップの封水強度とは，排水管内に正圧又は負圧が生じたときのトラップの封水保持能力をいう．

(3)　砂阻集器に設ける泥だめの深さは，150 mm 以上とする．

(4)　開放式のオイル阻集器を屋内に設置する場合は，換気を十分に行う．

(5)　繊維くず阻集器には，金網の目の大きさが 13 mm 程度のバスケットストレーナを設置する．

問題 130　排水配管に関する次の記述のうち，**最も不適当な**ものはどれか．

(1)　間接排水管の配管長が，1,500 mm を超える場合は，悪臭防止のために機器・装置に近接してトラップを設ける．

(2)　管径 65 mm の排水横管の最小勾配は，1/50 である．

(3)　雨水排水ますの流出管は，流入管よりも管底を 10 mm 程度下げて設置する．

(4)　排水立て管のオフセット部の上下 600 mm 以内に，排水横枝管を設けてはならない．

(5)　伸頂通気方式の排水横主管の水平曲がりは，排水立て管の底部より 3 m 以内に設けてはならない．

問題 131　排水槽と排水ポンプに関する次の記述のうち，**最も不適当な**ものはどれか．

(1)　排水槽の底部の勾配は，吸込みピットに向かって 1/15 以上 1/10 以下とする．

(2)　排水槽内は，ブロワによってばっ気すると正圧になるので排気を行う．

(3)　排水槽のマンホールは，排水水中ポンプ又はフート弁の直上に設置する．

(4)　排水ポンプは，排水槽の吸込みピットの壁面から 100 mm 程度離して設置する．

(5)　厨(ちゅう)房用の排水槽には，汚物ポンプを用いる．

問題 132　排水管に設置する掃除口と排水ますに関する次の記述のうち，**最も不適当な**ものはどれか．

⑴　掃除口の設置間隔は，排水管の管径が 75 mm の場合には，25 m 程度とする．

⑵　排水ますは，敷地排水管の直管が長い場合，管内径の 120 倍を超えない範囲内に設置する．

⑶　掃除口の口径は，排水管の管径が 125 mm の場合には，100 mm とする．

⑷　掃除口は，建物内の排水横主管と敷地排水管との接続箇所の近くに設置する．

⑸　排水ますの大きさは，配管の埋設深度，接続する配管の大きさと本数，及び点検等を考慮して決定する．

問題 133　排水槽と排水ポンプの保守管理に関する次の記述のうち，**最も不適当な**ものはどれか．

⑴　排水槽内の悪臭防止対策としては，1 〜 2 時間を超えて排水を貯留しないように，タイマ制御による強制排水を行う．

⑵　排水槽の清掃作業は，酸素濃度を確認した後，硫化水素濃度が 10 ppm 以下であることを測定・確認して行う．

⑶　排水ポンプは，3 カ月に 1 回絶縁抵抗の測定を行い，1 MΩ 以上であることを確認する．

⑷　排水槽の清掃は，6 カ月以内に 1 回行うことが建築物環境衛生管理基準で規定されている．

⑸　排水ポンプは，1 〜 2 年に 1 回程度，メカニカルシールの交換を行う．

問題 134　排水設備とグリース阻集器の保守管理に関する次の記述のうち，**最も不適当な**ものはどれか．

⑴　通気管は，1 年に 1 回程度，定期的に，系統ごとに異常がないか点検・確認をする．

⑵　グリース阻集器のグリースは，7 〜 10 日に 1 回の間隔で除去する．

⑶　ロッド法による排水管の清掃には，最大 30 m の長さにつなぎ合わせたロッドが用いられる．

⑷　スネークワイヤ法は，排水立て管の清掃に使用する場合では，長さ 20 m 程度が限界である．

⑸　高圧洗浄による排水管の清掃では，0.5 〜 3 MPa の圧力の水を噴射させて洗浄する．

問題 135　大便器に関する次の記述のうち，**最も不適当な**ものはどれか．

(1)　大便器の給水方式には，タンク式，洗浄弁式，専用洗浄弁式がある．

(2)　大便器の洗浄水量は，JIS A 5207 において，I 形は 8.5 L 以下と区分されている．

(3)　大便器洗浄弁が接続する給水管の管径は 13 mm とする．

(4)　大便器の取り付け状態は，6 カ月に 1 回，定期に点検する．

(5)　大便器の節水型洗浄弁は，ハンドルを押し続けても，標準吐出量しか吐水しない機能を有している．

問題 136　衛生器具等の清掃に関する次の記述のうち，**最も不適当な**ものはどれか．

(1)　陶器製の衛生器具に湯を使用する場合，熱湯を直接注ぐと割れることがある．

(2)　プラスチック製の衛生器具は，水やぬるま湯に浸した柔らかい布を絞って拭く．

(3)　ステンレス製の衛生器具に付いた脂汚れは，中性洗剤を付けたスポンジなどで洗い，洗剤分を完全に洗い落とす．

(4)　ほうろう鉄器製の衛生器具に付いた水あかや鉄錆（さび）等の汚れは，金属タワシでこすりとる．

(5)　洗面所の鏡に付いた水分をそのままにしておくと表面に白い汚れが付きやすいので，乾いた布でこまめに拭き取る．

問題 137　浄化槽における高度処理で除去対象とする物質とその除去法との組合せとして，**最も不適当な**ものは次のうちどれか．

(1)　浮遊性の有機物質 ―――― 急速ろ過法

(2)　リン化合物 ――――――― 活性炭吸着法

(3)　溶解性の有機物質 ―――― 接触ばっ気法

(4)　窒素化合物 ――――――― 生物学的硝化脱窒法

(5)　アンモニア ――――――― イオン交換法

問題 138　浄化槽法に規定する浄化槽管理者に関する次の記述のうち，**誤っている**ものはどれか．

(1)　最初の保守点検は，浄化槽の使用開始直後に実施する．

(2)　指定検査機関の行う法定検査を受検する．

(3)　保守点検及び清掃を実施し，その記録を保存する．

(4)　保守点検及び清掃は，法令で定められた技術上の基準に従って行う．

(5)　保守点検は，登録を受けた浄化槽保守点検業者に委託することができる．

問題 139　浄化槽の単位装置として採用されているばっ気槽の点検項目として，**最も不適当な**ものは次のうちどれか．

(1)　ばっ気槽混合液浮遊物質濃度
(2)　溶存酸素濃度
(3)　空気供給量
(4)　30 分間汚泥沈殿率
(5)　透視度

問題 140　特殊設備に関する次の記述のうち，**最も不適当な**ものはどれか．

(1)　プールの循環ろ過の取水口には，吸い込み事故を未然に防止するための安全対策を施す．
(2)　厨(ちゅう)房機器の材質は，吸水性がなく，耐水性・耐食性を持つものとする．
(3)　水景施設への上水系統からの補給水は，必ず吐水口空間を設けて間接的に給水する．
(4)　水景施設における維持管理としては，貯水部や流水部の底部や側壁に沈殿・付着した汚泥等の除去も必要である．
(5)　オーバフロー方式による浴槽循環ろ過設備の循環水は，浴槽水面より高い位置から浴槽に供給する．

問題 141　建築物清掃において一般的に行う日常清掃として，**最も不適当な**ものはどれか．

(1)　ドアノブなどの金属類の除じん
(2)　エスカレーターのランディングプレートの除じん
(3)　駐車場の除じん
(4)　玄関ホールのフロアマットの除じん
(5)　事務室窓台の除じん

問題 142　建築物清掃管理仕様書に関する次の文章の［　　　］内に入る語句として，**最も適当な**ものはどれか．

建築物清掃管理仕様書は，基本管理方針や作業範囲，作業環境，作業時間帯等を記載した総括的なものと作業内容を詳細に図表などで表した［　　　］からなる．

(1)　清掃作業基準表
(2)　清掃品質管理表
(3)　清掃作業計画表
(4)　清掃作業予定表
(5)　清掃点検評価表

問題 143 建築物清掃業の登録基準に関する次の文章の［　　］内に入る語句として，**正しい**ものはどれか．

作業計画及び作業手順書の内容並びにこれらに基づく清掃作業の実施状況について，［　　］以内ごとに1回，定期に点検し，必要に応じ，適切な措置を講ずること．

(1) 3カ月
(2) 4カ月
(3) 6カ月
(4) 1年
(5) 2年

問題 144 建築物清掃の品質評価に関する次の記述のうち，**最も不適当な**ものはどれか．

(1) きれいさの評価は，主として測定機器（光沢度計など）を用いて行う．
(2) 改善内容や具体的な対策を示して，清掃責任者に指示する．
(3) 点検は，インスペクション実施計画に従って実施する．
(4) 同一の仕様であってもできばえに相当の違いが出てくるので，品質評価が重要である．
(5) 評価は，利用者の立場になって行う．

問題 145 ほこりや汚れの除去に関する次の記述のうち，**最も適当な**ものはどれか．

(1) アクリル板のほこりは，載っているだけの状態である．
(2) 湿ったタオルでしみの部分を軽くこすり，タオルに汚れが付着すれば水溶性のしみである．
(3) ほこりは，長期間放置しても除去のしやすさは変わらない．
(4) ダストコントロール法は，水溶性の汚れも除去できる．
(5) ダストクロス法は，油分による床面への弊害が多い．

問題 146 カーペット清掃用機械に関する次の記述のうち，**最も不適当な**ものはどれか．

(1) ドライフォーム方式の洗浄機は，洗剤液を泡にし，縦回転ブラシで洗浄する．
(2) カーペットスイーパは，パイル内部のほこりを除去する．
(3) スチーム洗浄機は，カーペットのしみ取りに使われる．
(4) 真空掃除機は，電動ファンによって機械内部に空気の低圧域を作り，ほこりを吸引する構造である．
(5) エクストラクタは，カーペットのシャンプークリーニング後のすすぎ洗いに使用される．

問題 147　床維持剤に関する次の記述のうち，**最も適当な**ものはどれか．

(1)　剥離剤は，酸の作用で，樹脂床維持剤の皮膜を溶解する．

(2)　フロアポリッシュは，物理的・化学的方法により，容易に除去できない．

(3)　剥離剤の使用後は，すすぎ拭きを十分に行ってから，樹脂床維持剤を再塗布する．

(4)　フロアオイルは，主に表面加工された木質系床材の保護のために用いられる．

(5)　床維持剤には，乳化性フロアポリッシュが多く使われている．

問題 148　弾性床材の特徴と維持管理に関する次の記述のうち，**最も不適当な**ものはどれか．

(1)　床維持剤の黒ずみが生じてきたら，床維持剤の剥離作業をし，再塗布する．

(2)　塩化ビニルシートは，床維持剤の密着性に優れる．

(3)　日常清掃では，ダストモップを用いて，土砂やほこりを除去する．

(4)　塩化ビニルタイルは，可塑剤を含む．

(5)　ゴム系床材は，剥離剤によって変色やひび割れ等を生じることがある．

問題 149　床材の耐性に関する次の記述のうち，**最も適当な**ものはどれか．

(1)　木質系床材は，耐水性に優れる．

(2)　テラゾは，耐酸性に優れる．

(3)　リノリウムは，耐アルカリ性に優れる．

(4)　セラミックタイルは，耐摩耗性に優れる．

(5)　コンクリートは，耐酸性に優れる．

問題 150　床維持剤のドライメンテナンス法に関する次の記述のうち，**最も適当な**ものはどれか．

(1)　ウェットメンテナンス法に比べて部分補修がしにくい．

(2)　ドライバフ法で用いる床磨き機は，回転数が高いとフロアポリッシュの皮膜を傷めるので，低速で使用する．

(3)　ドライバフ法は，つや出し作用を持つスプレー液をかけながらパッドで磨き，光沢を回復させる．

(4)　スプレークリーニング法は，毎分 1,000 回転以上の超高速床磨き機を用いる．

(5)　ウェットメンテナンス法に比べて作業の安全性が高い．

問題 151　繊維床材の特徴と清掃に関する次の記述のうち，**最も不適当な**ものはどれか．

(1)　事務所建築物の繊維床材のしみの多くは，親水性である．

(2)　アクリル素材は，耐久性に優れている．

(3)　スポットクリーニングは，汚れがパイルの上部にあるうちに行う．

(4)　ナイロン素材は，耐久性に優れている．

(5)　しみ取り作業は，日常清掃で行う．

問題 152 床以外の清掃作業に関する次の記述のうち，**最も不適当な**ものはどれか.

⑴ トイレは，清掃作業により全面的に使用禁止とならないよう，工程を工夫する必要がある.

⑵ 湯沸室に使用する資機材は，湯沸室専用として他の場所と区別する配慮が必要である.

⑶ 玄関ホールの清掃品質は，視線の方向や高さを変えて確認する.

⑷ 階段の壁面は，廊下の壁面と比較して，ほこりの付着度合が低い.

⑸ 玄関ホールは，季節や天候の影響を受けるため，清掃の品質が変動しやすい.

問題 153 外装のガラスクリーニングに関する次の記述のうち，**最も不適当な**ものはどれか.

⑴ 自動窓拭き設備は，洗剤又は水をガラス面に噴射してブラシ洗いし，真空吸引装置で回収する.

⑵ ロープ高所作業を行う場合，ライフラインの設置が義務付けられている.

⑶ 美観の維持のため，1～2カ月に1回の頻度で洗浄を行うことが望ましい.

⑷ スクイジー法は，微細な研磨剤をガラスに塗布しスクイジーでかき取る方法である.

⑸ 事前に傷の有無，傷の大きさや数等を調査し，業務発注者に報告する.

問題 154 建築物の清掃・消毒に関する次の記述のうち，**最も不適当な**ものはどれか.

⑴ 感染症発生時の消毒のために，衛生管理の担当者は，消毒剤の種類や使用方法，対象物件等についての理解を深めておく必要がある.

⑵ 清掃により，ほこり，汚れ，廃棄物，汚物等を除去することは，消毒の前処理として重要な作業である.

⑶ 清掃における衛生管理の基本は，ゾーニング管理である.

⑷ 平常時から，作業者に衛生管理訓練を行う.

⑸ 逆性石けんは，ノロウイルスに対して消毒効果が高い.

問題 155 廃棄物の中間処理施設とその主な効果に関する語句の組合せとして，**最も不適当な**ものは次のうちどれか.

⑴ 焼却施設 ―――――― 減量化

⑵ 焼却残渣(さ)溶融施設 ――― 安定化

⑶ ごみ燃料化施設 ―――― 安定化

⑷ 粗大ごみ処理施設 ――― 減容化

⑸ 高速堆肥化施設 ―――― 資源化

問題 156　ごみの処理過程に関する次の記述のうち，**最も不適当な**ものはどれか.

⑴　分別は，発生・排出元で，あらかじめ区分することであり，再生（リサイクル）を進める上で重要となる.

⑵　保管は，次の処理過程に移るまでの間，一時的に保管することであり，衛生害虫の発生防止などに留意する.

⑶　収集・運搬では，飛散防止，悪臭防止等に留意する.

⑷　再生（リサイクル）は，主にごみを再び製品の原料などの有用物として資源化することである.

⑸　最終処分には，焼却を行ってごみを減量化することが含まれる.

問題 157　廃棄物の処理及び清掃に関する法律（以下「廃棄物処理法」という.）に関する次の文章の［　　　］内に入る語句の組合せとして，**最も適当な**ものはどれか.

1970 年に制定された廃棄物処理法では，［　ア　］から規定していた汚物に加えて，新たに不要物の概念を導入して廃棄物を定義し産業廃棄物と一般廃棄物に分類するとともに，［　イ　］が新たに法の目的に追加された.

	ア		イ
⑴	環境面	―――	生活環境の保全
⑵	衛生面	―――	適正処理
⑶	衛生面	―――	排出の抑制
⑷	衛生面	―――	生活環境の保全
⑸	環境面	―――	排出の抑制

問題 158　廃棄物処理法に関する次の記述のうち，**最も不適当な**ものはどれか.

⑴　排出事業者が，産業廃棄物の処理を委託する場合，その移動及び処理の状況を自ら把握するため，特別管理産業廃棄物の制度が設けられている.

⑵　都道府県知事は，産業廃棄物処理業の許可申請があった場合，施設及び申請者の能力が基準に適合していることを審査し，許可する.

⑶　市町村は，自ら作成した一般廃棄物処理計画に従ってその処理を行う.

⑷　一般廃棄物の処理業者は，専ら再生利用の目的となる一般廃棄物を扱う者を除き，市町村長の許可を受けなければならない.

⑸　市町村が一般廃棄物の収集，運搬，処分等を業者に委託する場合は，委託基準に従わなければならない.

問題 159　廃棄物処理法における一般廃棄物の処理に関する次の条文の［　　］内に入る語句の組合せとして，**正しい**ものはどれか．

［　ア　］は，その区域内において事業活動に伴い多量の一般廃棄物を生ずる土地又は建物の［　イ　］に対し，当該一般廃棄物の［　ウ　］に関する計画の作成，当該一般廃棄物を運搬すべき場所及びその運搬の方法その他必要な事項を指示することができる．

	ア	イ	ウ
(1)	都道府県知事	占有者	減量
(2)	都道府県知事	所有者	適正処理
(3)	市町村長	占有者	減量
(4)	市町村長	所有者	適正処理
(5)	市町村長	所有者	減量

問題 160　廃棄物の区分に関する次の記述のうち，**最も不適当な**ものはどれか．

(1)　事業活動に伴って生じた廃棄物のうち，燃え殻，汚泥など 20 種類が産業廃棄物として定められている．

(2)　木くずのうち，建設業など特定の業種から排出されたものは，産業廃棄物に該当する．

(3)　事業活動に伴い発生する油分で，グリース阻集器で阻集されるものは，産業廃棄物に該当する．

(4)　事業系一般廃棄物とは，事業活動に伴い発生する廃棄物のうち，産業廃棄物に該当しないものである．

(5)　事業活動に伴い発生する廃棄物のうち，ばいじん類は，安定型品目の産業廃棄物に該当する．

問題 161　建築物内の廃棄物等に関する次の記述のうち，**最も不適当な**ものはどれか．

(1)　し尿を含まないビルピットの汚泥は，産業廃棄物である．

(2)　事業活動に伴って生じたプラスチック類は，産業廃棄物である．

(3)　水銀が使用されている蛍光管は，廃棄に関して取扱いが規制されている．

(4)　再利用される古紙は，登録された資源回収業者などによって取り扱われる．

(5)　特定建築物の清掃作業に伴う廃液の排水基準値は，建築物衛生法により定められている．

問題 162　建築物内廃棄物の貯留・搬出方式に関する次の記述のうち，**最も不適当なもの**はどれか.

(1)　真空収集方式は，広域大規模開発地域に導入されている.

(2)　容器方式は，コンパクタ・コンテナ方式より作業性に優れている.

(3)　貯留・排出機方式は，廃棄物を圧縮・貯留し，パッカー車に自動的に積み替えて搬出する.

(4)　コンパクタ・コンテナ方式は，圧縮機により圧縮・貯留し，コンテナごとトラックで搬出する.

(5)　容器方式は，他の方式と比較して広い設置スペースが必要になる.

問題 163　建築物内廃棄物の中間処理に関する次の記述のうち，**最も不適当なもの**はどれか.

(1)　雑誌の処理方法として，切断がある.

(2)　厨芥(ちゅうかい)類の処理方法として，脱水がある.

(3)　生ごみの処理方法として，乾燥がある.

(4)　OA紙の処理方法として，梱(こん)包がある.

(5)　缶類の処理方法として，圧縮がある.

問題 164　建築物内の廃棄物保管場所の算定面積として，**正しいもの**は次のうちどれか.

ただし，作業場の必要面積及び粗大ごみ・再利用物の管理面積は考えないものとする. 延べ床面積：10,000 m^2，廃棄物発生量：0.04 kg/(m^2・日)，保管容器：10 kg/個，保管容器1個は0.25 m^2を占め，保管日数は2日とする. なお，保管容器は平積みとする.

(1)　10 m^2

(2)　20 m^2

(3)　80 m^2

(4)　200 m^2

(5)　500 m^2

問題 165　リサイクルに関する法律とその対象品目の組合せとして，**最も不適当な**ものは次のうちどれか．

(1)　容器包装に係る分別収集及び再商品化の促進等に関する法律（容器包装リサイクル法）――― ペットボトル
(2)　食品循環資源の再生利用等の促進に関する法律（食品リサイクル法）――― 食品残渣
(3)　建設工事に係る資材の再資源化等に関する法律（建設リサイクル法）――― 木材
(4)　特定家庭用機器再商品化法（家電リサイクル法）――― 食器洗い乾燥機
(5)　使用済小型電子機器等の再資源化の促進に関する法律（小型家電リサイクル法）――― 携帯電話

問題 166　蚊の防除に関する次の記述のうち，**最も不適当な**ものはどれか．

(1)　昆虫成長制御剤（IGR）は，幼虫，蛹，成虫の全てのステージにおいて効果が認められる．
(2)　ULV 処理は，短期間の効果しか期待できない．
(3)　浄化槽内の防除効果は，柄杓によりすくい取られた幼虫数によって判定する．
(4)　浄化槽内の防除効果は，粘着トラップによる成虫の捕獲数によって判定する．
(5)　樹脂蒸散剤は，密閉性が保たれている浄化槽などで効果を発揮する．

問題 167　蚊の主要な発生源や生態に関する次の記述のうち，**最も不適当な**ものはどれか．

(1)　コガタアカイエカは，水田や湿地等の水域に発生する．
(2)　ヒトスジシマカは，小型の人工容器や雨水ますに発生する．
(3)　アカイエカは，地下の浄化槽や湧水槽に発生する．
(4)　チカイエカは，最初の産卵を無吸血で行うことができる．
(5)　アカイエカは，夜間吸血性を示す．

問題 168　ゴキブリの生態に関する次の記述のうち，**最も不適当な**ものはどれか．

(1)　ゴキブリの活動場所における排泄物による汚れのことを，ローチスポットという．
(2)　日本に生息するゴキブリの多くの種類は，屋外で生活している．
(3)　ゴキブリには一定の潜み場所があり，日中はほとんどその場所に潜伏している．
(4)　日本に生息するゴキブリには，卵から成虫までに 1 年以上を要する種がいる．
(5)　ゴキブリの食性は，発育段階によって変化する．

問題 169　ゴキブリの防除に関する次の記述のうち，**最も不適当な**ものはどれか．

(1)　薬剤は，生息場所を中心に，ある程度広範囲に処理することが望ましい．

(2)　防除作業後には，効果判定調査を行うことが重要である．

(3)　毒餌処理に用いられる薬剤には，ディートやイカリジンを有効成分とした製剤がある．

(4)　よく徘徊する通路などに，残効性の高い有機リン剤やピレスロイド剤を処理する．

(5)　ペルメトリンを有効成分とする水性乳剤をULV機で散布すると，追い出し効果が期待できる．

問題 170　ダニに関する次の記述のうち，**最も不適当な**ものはどれか．

(1)　ツメダニの被害対策には，ヒョウヒダニ類やチャタテムシ類の防除が重要である．

(2)　家屋周辺のマダニ類対策では，ペットの衛生管理が重要である．

(3)　ヒゼンダニは皮膚内に侵入し，吸血する．

(4)　コナダニ類の対策では，畳表面の掃除機による吸引及び通風乾燥が基本となる．

(5)　スズメサシダニが発見された場合には，野鳥の巣が家屋の天井や壁に存在する可能性が高い．

問題 171　殺虫剤に関する次の記述のうち，**最も適当な**ものはどれか．

(1)　有機リン剤を液化炭酸ガスに溶解し，ボンベに封入した製剤がある．

(2)　ピレスロイド剤によりノックダウンした昆虫は，蘇生せずに死亡することが多い．

(3)　油剤は，有効成分をケロシンに溶かし，乳化剤を加えた製剤である．

(4)　プロペタンホスは，カーバメート系殺虫剤である．

(5)　トランスフルトリンは，常温揮散性を示す薬剤である．

問題 172　殺虫剤の有効成分やその効力に関する次の記述のうち，**最も不適当な**ものはどれか．

(1)　ピレスロイド剤は，蚊などに対する忌避効果がある．

(2)　殺虫剤に対する抵抗性は，どのような有効成分であっても獲得されてしまう可能性がある．

(3)　除虫菊に含まれる殺虫成分や，合成された類似物質を総称して，ピレスロイドと呼ぶ．

(4)　幼若ホルモン様化合物は，昆虫の幼虫脱皮時にその表皮形成を阻害する作用を示す．

(5)　LD_{50} 値が小さいほど，殺虫力が強い薬剤であるといえる．

問題 173　クマネズミに関する次の記述のうち，**最も不適当な**ものはどれか．

⑴　警戒心が強く，粘着トラップによる防除が難しい．

⑵　都心のビル内では，優占種となっている．

⑶　運動能力に優れており，電線やロープを渡ることができる．

⑷　ドブネズミと比べて雑食の傾向が強い．

⑸　尾は体長より長く，耳は大きくて折り返すと目をおおう．

問題 174　建築物内のネズミの防除に関する次の記述のうち，**最も不適当な**ものはどれか．

⑴　ジフェチアロール以外の抗凝血性殺鼠(そ)剤は，連続して喫食させることが必要である．

⑵　外部からの侵入を防ぐために，通風口や換気口の金属格子の目の幅は 1 cm 以下にする．

⑶　カプサイシンのスプレーやパテは，ケーブルなどのかじり防止やネズミによってかじられた穴の修理に使用される．

⑷　防除は，餌を断つこと，巣を作らせないこと及び通路を遮断することが基本である．

⑸　殺鼠剤には，経口的な取り込み以外に，経皮的な取り込みによって効果を示す薬剤がある．

問題 175　衛生害虫と健康被害に関する次の記述のうち，**最も不適当な**ものはどれか．

⑴　イエバエは，消化器感染症の病原体を運ぶことが知られている．

⑵　微小なダニや昆虫類の死骸の破片は，喘(ぜん)息の原因の一つである．

⑶　ハチ毒中には，アミン類以外に，アレルギー反応を起こす酵素類が含まれている．

⑷　ヒアリが各地の港湾地区で発見されており，皮膚炎の被害が懸念されている．

⑸　トコジラミは，高齢者の入院患者が多い病院での吸血被害が問題となっている．

問題 176　衛生害虫等が媒介する感染症とその媒介者の組合せとして，**最も不適当な**ものは次のうちどれか．

⑴　チクングニア熱 ―――― ヒトスジシマカ

⑵　日本紅斑熱 ―――――― コロモジラミ

⑶　ウエストナイル熱 ――― アカイエカ

⑷　レプトスピラ症 ―――― ネズミ

⑸　マラリア ――――――― ハマダラカ

問題 177 防除に用いる機器類と薬剤に関する次の記述のうち，**最も不適当な**ものはどれか．

(1) 隙間や割れ目等の細かな部分に粉剤を処理する場合には，電動散粉機を使用する．

(2) 噴霧器のノズルから噴射される薬液の噴射パターンの一つとして，扇型がある．

(3) ミスト機は，汚水槽の蚊やチョウバエの防除に使用される．

(4) 液化炭酸ガス製剤には，有機溶媒や水は使用されていない．

(5) 粘着式殺虫機は，昆虫の死骸が周囲に落ちることが少ない．

問題 178 建築物衛生法に基づくねずみ・昆虫等の防除に関する次の文章の［　　］内に入る語句の組合せとして，**最も適当な**ものはどれか．

ねずみ等の防除においては，IPM（総合的有害生物管理）の理念に基づく防除を実施しなければならない．この防除においては，［ア］や［イ］，防除法の選定，［ウ］等が重要視され，防除法の選定においては，［エ］や侵入防止対策を優先的に検討する必要がある．

	ア	イ	ウ	エ
(1)	使用薬剤の選定	防除目標の設定	利用者の感覚的評価	発生時対策
(2)	生息密度調査	防除目標の設定	生息指数による評価	発生時対策
(3)	使用薬剤の選定	化学的対策	使用薬剤の種類	発生時対策
(4)	生息密度調査	防除目標の設定	生息指数による評価	発生予防対策
(5)	発生時対策	化学的対策	利用者の感覚的評価	発生予防対策

問題 179 ねずみ・昆虫等の防除に関する次の記述のうち，**最も適当な**ものはどれか．

(1) ネズミや害虫に対しては，薬剤処理とトラップによる対策を優先的に実施する．

(2) IPM における警戒水準とは，すぐに防除作業が必要な状況をいう．

(3) 生息密度調査の結果が許容水準に該当した場合，原則として 6 カ月以内に一度，又は発生の多い場所では，2 カ月以内に一度の定期的な調査を継続する．

(4) チャバネゴキブリが発生している厨房（ちゅう）内の 5 箇所に 3 日間配置した粘着トラップでの捕獲数が，成虫 30 匹と幼虫 120 匹であった場合のゴキブリ指数は 30 である．

(5) ゴキブリ防除用として，医薬品や医薬部外品として承認された殺虫剤の代わりに使用できる農薬がある．

問題 180 衛生害虫の防除等に関する次の記述のうち，**最も不適当な**ものはどれか．

(1) 作用機構の異なる殺虫剤のローテーション処理を行うことによって，殺虫剤抵抗性の発達を抑えることができる．

(2) ニューサンスコントロールとは，感染症を媒介する衛生動物の防除を指す．

(3) 吸血昆虫の中には，幼虫，成虫，雌，雄ともに吸血する種類がある．

(4) 昆虫等に対する不快感は，主観的なものである．

(5) 昆虫成長制御剤（IGR）で処理しても，成虫密度が速やかに低下することはない．

2021年度（令和3年度）午前の解答・解説

※ 解説中の「-」付きの -(1)～ -(5)は，問題の選択肢文(1)～(5)を示しています．
※ 解説中の 2022-1 などの表示は関連問題 2022 年問題 1 を示しています．

建築物衛生行政概論
問題 1～問題 20

問題 1　正解　(3)・・・・・・・・・・頻出度 A A A

下水道法は，国土交通省と環境省が所管している．

主な所管法令 2022-1

問題 2　正解　(5)・・・・・・・・・・頻出度 A A A

WHO 憲章の原文（英語）の該当箇所は，「mental」，「race」なので，精神，人種が正しい． 2019-1

Health is a state of complete physical, mental and social well-being and not merely the absence of disease or infirmity.

The enjoyment of the highest attainable standard of health is one of the fundamental rights of every human being without distinction of race, religion, political belief, economic or social condition.

問題 3　正解　(1)・・・・・・・・・・頻出度 A A A

ビル管理法が定めるのは，その第 1 条（目的）にあるとおり，「建築物の維持管理に関し環境衛生上必要な事項等」である．

主に建築物の設備・構造面から規制を行っているのは建築基準法である．

問題 4　正解　(4)・・・・・・・・・・頻出度 A A A

地下街の店舗は特定建築物の用途（特定用途）に該当し，それに付属する倉庫は「特定用途に付属する部分」として特定用途の面積に合算する．

2022-3 ， 2022-5

問題 5　正解　(2)・・・・・・・・・・頻出度 A A A

特定建築物の届出をせず，または虚偽の届出をした場合には，30 万円以下の罰金の適用がある．

特定建築物の届出については， 2022-6 ．

問題 6　正解　(5)・・・・・・・・・・頻出度 A A A

帳簿書類の保存期間は，点検表等が 5 年間，図面は法令に定めがないので永久である．

帳簿書類の保管について **6-1 表**にまとめた．

環境衛生上必要な帳簿書類でないものとして，消防設備，エレベータ設備の点検記録等がよく出題される．

問題 7　正解　(2)・・・・・・・・・・頻出度 A A A

-(2)の「居室における温度を外気の温度より低くする場合は，その差を著しくしない」は正しい．

空気環境の調整については， 2022-7 ．

-(3)　2022 年 4 月のビル管理法施行規則の改正により基準値の数値も現在は異なるが，ビル管理法の基準値は「実現

6-1 表　備え付けておくべき環境衛生上必要な帳簿書類

	帳簿の種類	保存期間
1	空気環境の調整，給水および排水の管理，清掃ならびにねずみ等の防除の状況（これらの措置に関する測定または検査の結果ならびに当該措置に関する設備の点検および整備の状況を含む.）を記載した帳簿書類	5年間
2	その他当該特定建築物の維持管理に関し環境衛生上必要な事項を記載した帳簿書類	
3	管理技術者兼任に関する確認書面ならびに意見の聴取を行った場合の内容を記載した書面	期限の定めなし＝永久
4	当該特定建築物の平面図および断面図ならびに当該特定建築物の維持管理に関する設備の配置および系統を明らかにした図面(改修後の図面を含む)	

可能な望ましい基準」であるのに対し，事務所衛生基準規則の基準は「最低基準＝違反すると即法令違反」で，基準の性格が異なる．事務所衛生基準規則の基準値もそのうち改正されて整合性が取られると思われる．

問題８　正解　(1)・・・・・・・・・・**頻出度**AAA

管理技術者の職務は，特定建築物の維持管理が環境衛生上適正に，すなわち管理基準に従って行われるように監督することである．

-(2)，-(3)　建築物環境衛生管理技術者の選任とは，特定建築物所有者等が建築物環境衛生管理技術者を直接雇用することを意味しない．委任契約等何らかの法律上の関係があればよく，建築物環境衛生管理技術者は，当該特定建築物に常駐しなくてもよい．

-(4)　建築物環境衛生管理技術者は，当該特定建築物の維持管理が建築物環境衛生管理基準に従って行われるようにするため必要があると認めるときは，当該特定建築物の所有者，占有者その他の者で当該特定建築物の維持管理について権原を有するものに対し意見を述べることができる．この場合においては，当該権原を有する者は，その意見を尊重しなければならない（ビル管理法第６条）．

-(5)　帳簿書類を備えておくのは特定建築物所有者等の義務．

問題９　正解　(5)・・・・・・・・・・**頻出度**AAA

特定建築物では，残留塩素の保持ならびにその定期検査は，原水の種類・水質に関わらず必須である．

-(1)　水質検査は，水道事業者の施設した配水管から分岐して設けられた給水管およびこれに直結する給水用具で給水する場合は適用されない（すなわち，貯水槽を設けると，それ以降は特定建築物所有者等が管理責任を負うこととなり，水質検査の規定が適用される）．

-(4)　ビル管理法施行規則第３条の十九で，水質基準に適合する水を供給するのは，人の飲用，炊事用，浴用その他人の生活の用（旅館業法の旅館における浴用を除く.）と規定している．

-(5)　井水を原水とする場合は，残留塩素の基準・検査はもとより，水質検査も上記の貯水槽水道より検査項目が増えるなど厳しくなる．

問題10　正解　(4)・・・・・・・・**頻出度**AAA

新築後，最初の測定期間（6/1～9/30）中に１回実施する．「３年間云々」のような規定はない． 2022-7

問題 11　正解　(3) ・・・・・・・ **頻出度** AAA

登録は営業所ごとに受け，登録の表示は登録を受けた営業所に限られる（ビル管理法 12 条の三）.

登録業については，2022-11 .

問題 12　正解　(3) ・・・・・・・ **頻出度** AAA

登録事業について，事故発生時の補償対応の規定などは定められていない.

問題 13　正解　(1) ・・・・・・・ **頻出度** AAA

ビル管理法による都道府県知事等の監督権限は，特定建築物に限られる.

-(3)　環境衛生監視員は保健所にあって，ビル管理法，旅館業法，興行場法，公衆浴場法，理容師法，美容師法，クリーニング業法等の立入検査などの職権を行う.

-(4)　特定建築物の届出先が，ビル管理法第 5 条で特定建築物の所在場所を管轄する都道府県知事（保健所を設置する市または特別区にあっては，市長または区長）となっているので，立入検査の権限は，保健所を設置する市の市長および特別区の区長にも付与されている.

-(5)　ビル管理法の定める立入検査や報告の徴収は犯罪捜査のために認められたものではない（犯罪捜査ができるのは司法警察職員と検事などに限られる）.

その他立入検査については，「住居に立ち入るには居住者の承諾が必要」，「検査の日時を通知するというような規定はない」など頻出.

問題 14　正解　(4) ・・・・・・・ **頻出度** AAA

管理基準を遵守しなかったからといって直ちに行政指導や罰則が適用されることはない.

ビル管理法の定める環境衛生上の基準は，建築基準法や環境衛生関係営業法規（興行場法，旅館業法等），労働安全衛生法等の定める最低基準と違って，特定建築物所有者等による自主的な衛生管理により高い優良なレベルに建築物の環境を誘導しようとするもので，実現可能な望ましい基準である．したがって，基準を遵守しなかったからといって直ちに行政指導や罰則が適用されることはなく，都道府県知事の立入検査などで改善命令が出て，それに反して初めて罰則（30 万円以下の罰金）の対象となる.

-(1)〜-(3)，-(5)は 30 万円以下の罰金の対象である.

あと罰則でよく出るのは，命令に違反して建築物環境衛生管理技術者免状を返納しなかった者，登録業の登録を受けないで，登録を受けたかのような表示をした者（いずれも 10 万円以下の過料）.

※　罰則について

過料：行政上の義務の履行を強制する手段として，あるいは法令の違反に対する制裁ないし懲戒として科せられる金銭罰．科料，罰金と違って刑罰ではなく，刑法･刑事訴訟法は適用されない.

科料：刑法の定める刑罰の一つ．軽微な犯罪に科す財産刑．1 000 円以上 1 万円未満．罰金より軽い.

罰金：刑法の定める刑罰の一つ．1 万円以上．科料より重い財産刑.

2019-14

問題 15　正解　(4) ・・・・・・・ **頻出度** AAA

都道府県立の保健所が最も多い.

地域保健法は，保健所を設置するのは，都道府県，地方自治法で定める指定都市，中核市，特別区，その他地域保健法の政令で定める市（保健所設置市ともいう）と定めている.

2022-15

問題 16　正解　(5) ・・・・・・・ **頻出度** AAA

下水道法第1条（法律の目的）は次のとおり.

第1条　この法律は，流域別下水道整備総合計画の策定に関する事項並びに公共下水道，流域下水道及び都市下水路の設置その他の管理の基準等を定めて，下水道の整備を図り，もつて都市の健全な発達及び公衆衛生の向上に寄与し，あわせて公共用水域の水質の保全に資することを目的とする.

水道は日本全国あまねく必要なのに対して，下水道は特に都市に必要というわけで,「都市の健全な発達」が出題されたことがある.

2022-16

問題 17　正解　(4) ・・・・・・・ **頻出度** AAA

興行場法は，興行場の設置の場所，構造設備は都道府県（保健所を設置する市または特別区にあっては，市または特別区）が条例で定めることとしている（興行場法第2条第2項).

2022-17

問題 18　正解　(1) ・・・・・・・ **頻出度** AA

大気汚染防止法第1条を下記に示すが，ダイオキシンは出てこない.

第一条（目的）　この法律は，工場及び事業場における事業活動並びに建築物等の解体等に伴うばい煙，揮発性有機化合物及び粉じんの排出等を規制し，水銀に関する水俣条約（以下「条約」という.）の的確かつ円滑な実施を確保するため工場及び事業場における事業活動に伴う水銀等の排出を規制し，有害大気汚染物質対策の実施を推進し，並びに自動車排出ガスに係る許容限度を定めること等により，大気の汚染に関し，国民の健康を保護するとともに生活環境を保全し，並びに大気の汚染に関して人の健康に係る被害が生じた場合における事業者の損害賠償の責任について定めることにより，被害者の保護を図ることを目的とする.

ダイオキシンは「ダイオキシン類対策特別措置法」でその排出が規制されている.

問題 19　正解　(2) ・・・・・・・ **頻出度** AAA

環境基本法が定める典型7公害のうち，振動，悪臭，地盤の沈下については，環境基準は定められていない. 振動防止法など,それぞれの個別法で規制されている.

関連条文は次のとおり,

第2条第3項　この法律において「公害」とは，環境の保全上の支障のうち，事業活動その他の人の活動に伴って生ずる相当範囲にわたる大気の汚染，水質の汚濁，土壌の汚染，騒音，振動，地盤の沈下及び悪臭によって，人の健康又は生活環境に係る被害が生ずることをいう.

第16条　政府は，大気の汚染，水質の汚濁，土壌の汚染及び騒音に係る環境上の条件について，それぞれ，人の健康を保護し，及び生活環境を保全する上で維持されることが望ましい基準を定めるものとする.

2022-18

問題 20　正解　(3) ・・・・・・・ **頻出度** AAA

ボイラなど危険を伴う特定機械の製造許可は都道府県労働局長による.

労働衛生行政は中央・地方を通じて一元的に国の機関が直接行政を行っていて,「労働」と付くと，都道府県知事や保健所などの自治体の出る幕はなくなる. 従って，この都道府県労働局長は国家公務員であり，都道府県労働局は労働基準監督署と合わせて国の機関である．

-(2)，-(4)，-(5)などの，事業者の責務は下記のとおり（よく出題される）．

1. 総括安全衛生管理者，安全管理者，衛生管理者，安全衛生推進者等，産業医等，作業主任者等の選任
2. 安全委員会，衛生委員会もしくは安全衛生委員会の設置
3. 事業者は，有害な業務を行う屋内作業場で，作業環境測定を行い，その結果を記録しておかなければならない．
4. 事業者は，労働者の健康に配慮して，労働者の従事する作業を適切に管理するように努めなければならない．
5. 事業者は，常時使用する労働者に対し医師による健康診断を行なわなければならない．

   常時50人以上の労働者を使用する事業者は，定期健康診断を行なったときは，定期健康診断結果報告書を労働基準監督署長に提出しなければならない（労働安全衛生規則）．
6. 一定規模の事業場においては，常時使用する労働者に対し，医師，保健師等による心理的な負担の程度を把握するための検査（ストレスチェック）を行わなければならない．
7. 事業者は，伝染性の疾病その他の疾病で，厚生労働省令で定めるものにかかった労働者については，厚生労働省令で定めるところにより，その就業を禁止しなければならない．

建築物の環境衛生
問題21～問題45

問題21　正解　(5)・・・・・・・頻出度 A A A

加齢とともに，エネルギーを予備力として蓄えておく能力，いわゆるスタミナも低下する．

生体機能の恒常性（ホメオスタシス）とは，外部環境に変化が生じた場合であっても，自律神経系や内分泌系，免疫系等の働きによる負のフィードバック機能により身体機能や体液成分等の内部環境変動幅を一定の限られた範囲内にとどめておくことである．

外部環境の変化は，まず生体の受容器で捉えられ，求心性神経系等により調節中枢に伝達される．調節中枢は，遠心性神経系等により，筋肉等の効果器に指令し，反応等を起こす．

核心温，血液のpH値等が一定値の範囲に保たれるのは人体の恒常性の例である．生体に対してストレスをもたらす一定以上の強い刺激をストレッサという．有害なストレッサは，人体における神経系，内分泌系，免疫系等の変化を引き起こして，生体機能の恒常性を乱し，病気の発症や経過に影響を与える．高温などの物理的刺激や，有害物質などの化学的刺激，世間からの非難等の社会的，精神的なさまざまな要因がストレスとなり得る．

ストレスによる影響は，遺伝，環境，加齢等のさまざまな要因によって左右され，個人差が大きい．高齢者ではストレスに対する耐性も劣っている場合が多い．

問題22　正解　(1)・・・・・・・頻出度 A A A

オゾンは化学的要因に分類される．

健康に影響を与える環境要因 2022-21 ．

問題23　正解　(5)・・・・・・・頻出度 A A A

不快指数は，気温（乾球温度）と湿球温度もしくは相対湿度から計算される．

温熱環境指数 2022-24 .

問題 24　正解　(1)・・・・・・・**頻出度** A A A

寒冷環境では，体内と身体表層部との温度差が大きくなる．

24-1 図は，周囲の気温と人体各部の温度を示したグラフである．気温が下がると体内温度を代表する直腸の温度と顔，手足の身体表層部の温度の差が大きくなることが分かる．

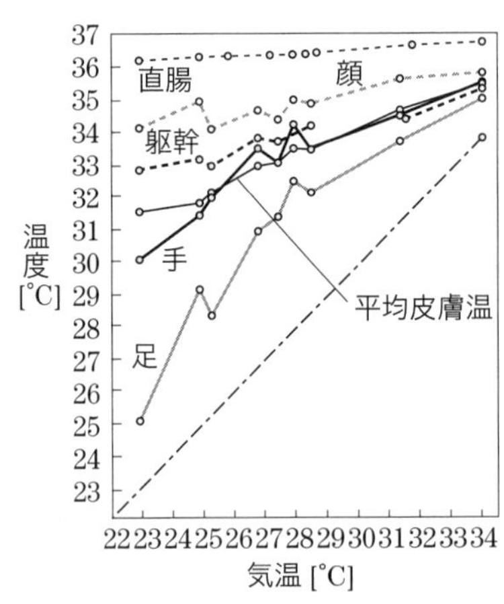

24-1 図　気温と人体各部の温度[1]

-(2)　平均皮膚温は，全身の表面温度の平均的変動を知るために，各部位の皮膚温にそれぞれの部位の皮膚面積で重みづけ平均した温度で，Hardy-DuBois の 7 点法では，

平均皮膚温
＝0.07×額＋0.35×腹＋0.14×前腕
　＋0.05×手背＋0.19×大腿
　＋0.13×下腿＋0.07×足背

-(3)　体温調節機能は **24-1 表**のように自律性体温調節と行動性体温調節に分類される．いずれの反応も，体温の変化を打ち消す方向に作用し，核心温を一定に保つ．

自律性体温調節は，人間が意識するこ

24-1 表　自律性体温調節と行動性体温調節

自律性体温調節	蒸発調節域（高温域）	発汗反応
	血管調節域（中温域）	暑さ　皮膚血管拡張
		寒さ　皮膚血管収縮
	身体冷却域（低温域）	産熱の増進 基礎代謝 ふるえ，筋緊張 食餌性熱産生
行動性体温調節		日射を受ける，避ける，衣服を着る，脱ぐ，空調設備を使用する，冷たい飲食物を摂る，温かい飲食物を摂る等

となく発現する自律神経やホルモンによる不随意性生理調節機能である．

-(4)　熱放散は，対流，放射，伝導，蒸発の物理的過程からなるが，最終的に皮膚表面からの熱放散と呼吸に伴う熱放散となる．ここで，次の血流による熱放散の制御が大きな意味をもつ．

人体内部の熱は，血流によって皮膚表面近くまで運ばれるものと，皮膚表面まで筋肉等の組織中を熱伝導で皮膚表面へ伝わるものがある．熱量的には血流によるものが多く，皮膚血管の働きにより熱放散が制御される．すなわち，暑い時には皮膚血管は拡張し，血液が体表面を流れることとなり，熱放散が促進される．さらに，汗腺へ水を補給し，皮膚面からの発汗による蒸発を増加させる働きも担う．寒い時には皮膚血管は収縮し血流が激減する結果，熱放散が抑制される．

-(5)　人間の重要な臓器のある頭部や体幹の温度は環境条件にかかわらず約 37 ℃で一定の狭い範囲に保たれてい

る．このように，外気温が変動しても影響を受けにくい身体内部を核心部といい，その温度を核心温という．体温とは普通この核心温をいう．それに対して外気温の変動を大きく受ける部分を外層部といい，その温度を外層温という．

2022-25

問題 25　正解　(3) ・・・・・・・頻出度 A A A

低温の環境では，人体からの熱放散量が増加するので体熱平衡を維持するために熱産生量も増加するが，高温の環境でも，汗の分泌増加や血流量の増加で代謝量はわずかに上昇する．前問 -(4)の解説参照．

-(4)　エネルギー代謝量，着衣量，空気温度，放射温度，気流，湿度の六つを人体の熱的快適感に影響する主要な温熱環境要素（温熱因子）という．2022-24

問題 26　正解　(3) ・・・・・・・頻出度 A A A

熱失神は，熱中症では軽症に分類される（**26-1 表**参照）

皮膚疾患や重度の日焼けの時には発汗作用は低下するので，特に熱中症には注意が必要である．

問題 27　正解　(4) ・・・・・・・頻出度 A A A

遺伝子 DNA に傷をつけて変異を起こさせる物質はイニシエータ（initiator：創始者，発起人，起爆剤などの意）という．

プロモータ（promoter：興行主，促進者）は細胞の増殖を促進したり，活性酸素を増大させてがん化を促進する物質など．

-(1)，-(2)　ヒトの発がん要因(**27-1 図**)．

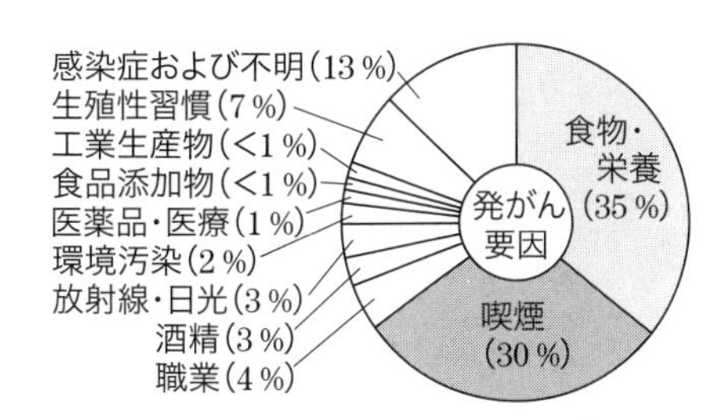

27-1 図　ヒトの発がん要因[2]

問題 28　正解　(1) ・・・・・・・頻出度 A A A

アスベストは，自然界に産する水和化（水分子を含む）した繊維状のケイ酸塩鉱物の総称である．

2022-30

問題 29　正解　(3) ・・・・・・・頻出度 A A A

ヒスタミンはアレルゲン（抗原）では

26-1 表　熱中症

分類		意味
熱中症		高温・暑熱障害による疾病・症状の総称
軽症	熱失神（熱虚脱）	頭頚(けい)部が直射日光などにさらされたことにより，末梢(しょう)血管の拡張，血圧低下，脳血流が減少して起こる一過性の意識消失
	熱けいれん	発汗の後に大量の水分を摂取して，低ナトリウム血症（塩分濃度の低下）による筋肉のけいれんが起こった状態
中等症	熱疲労	大量の発汗で脱水状態となり，細胞外液の浸透圧が増加し，細胞内の水分が移動，減少する．全身的な循環不全による重要諸臓器の機能低下によって，全身倦怠感，脱力，めまい，頭痛，吐気，下痢などの症状が現れる．
重症	熱射病	体温上昇のため中枢神経機能が異常をきたした状態． 熱射病の治療は，全身の冷却が第一であるが冷やし過ぎには十分に注意する．
	日射病	上記の中で太陽光が原因で起こるもの

ない．

特定の抗原（体内に侵入した異物）＝アレルゲンによって，その抗原に特異的に結合（攻撃）する抗体（免疫グロブリンと呼ばれる蛋白質）やリンパ球（白血球の一種）が体内に生じる．これを抗原抗体反応，あるいは免疫反応という．そのうち人に有害な免疫反応をアレルギーと呼んでいる（**29-1 図**参照）．

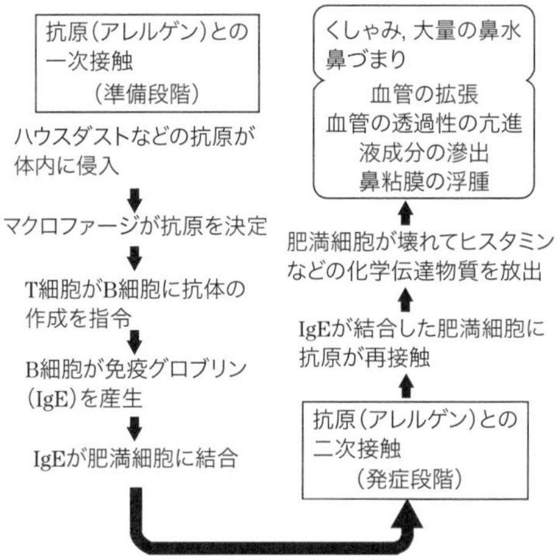

抗原（アレルゲン）との一次接触（準備段階）
ハウスダストなどの抗原が体内に侵入
↓
マクロファージが抗原を決定
↓
T細胞がB細胞に抗体の作成を指令
↓
B細胞が免疫グロブリン（IgE）を産生
↓
IgEが肥満細胞に結合
→
抗原（アレルゲン）との二次接触（発症段階）
↑
IgEが結合した肥満細胞に抗原が再接触
↑
肥満細胞が壊れてヒスタミンなどの化学伝達物質を放出
↑
血管の拡張
血管の透過性の亢進
液成分の滲出
鼻粘膜の浮腫
→ くしゃみ，大量の鼻水
鼻づまり

29-1 図　アレルギー発症のメカニズム（花粉症やアトピー性皮膚炎など，Ⅰ型アレルギーの場合）

二次接触でアレルゲンが肥満細胞に結合し，さらに抗体（IgE，免疫グロブリンE）が結合すると，肥満細胞からヒスタミン等の化学伝達物質が放出される．それらの化学伝達物質は，血管の透過性を増し，気管支壁にある平滑筋を収縮させ，気管支の内腔に分泌される粘液を増加させ，白血球を集める作用がある．アレルギー性鼻炎で鼻汁やくしゃみが出たり，気管支喘息で呼吸困難発作が起きるのは，この反応による．

アレルギーの発症，増悪（病態の急な悪化，発作）には患者の素因が関係している．アレルゲンの同定は，症状発生の防止，治療の上で重要である．アレルゲン同定の方法の一つに，皮内テストがある．

-(5)　過敏性肺炎 2022-32．

問題 30　正解　(2)・・・・・・・**頻出度**AAA

シックビル症候群は，そのビルの利用者全てに症状がみられるわけではないが，そのビルの利用者の 20 % 以上が不快感に基づく症状の訴え（いわゆる不定愁訴）を申し出ると，シックビル症候群の発生が疑われる．

シックビル症候群には **30-1 表**のような症状がみられるが，シックビル症候群に特有な症状というものはなく，それらの症状の原因も必ずしも明確ではない．

30-1 表　シックビル症候群[3]

粘膜症状	眼，鼻，喉の刺激
中枢神経系症状	頭痛，疲労，倦怠感
精神神経症状	抑うつ，不安，集中力・記憶力の低下
呼吸器症状	胸部圧迫感，息切れ，咳
皮膚症状	乾燥，掻痒感，紅斑，じんましん，湿疹

それらの症状のほとんどは該当ビルを離れると解消する．

シックビル症候群の起きやすい建築物の特徴として，気密性が高く，屋外空気の取入量が少なく，室内の空気を循環させている，室内がテクスタイル（繊維）やカーペット仕上げになっている，などが挙げられる．

シックビル症候群につながる危険因子は，個人の医学的背景（アトピー体質，アレルギー疾患，皮膚炎，女性の更年期)，仕事の要因（複写機，改築・改装，職場でのストレス，不安），建築物（室外空気の供給不足，ホルムアルデヒド，VOCs など揮発性有機化合物の汚染源の存在，カビなどの生物汚染物質，低湿度，清掃の回数不足）などがある．

問題 31　正解 (2) ・・・・・・・ **頻出度** A A

健康増進法第 33 条第 2 項は，喫煙専用室には，当該場所への 20 歳未満の者の立入りが禁止されている旨の標識を掲示しなければならないとしている．

-(1)　地域保健法→健康増進法．

-(3)　副流煙はたばこの先から立ち上る煙．喫煙者が吸い込むのが主流煙．喫煙者が吐き出すのは呼出煙という．

-(4)　ほとんどの有害物質が，フィルタを通さず燃焼温度の低い副流煙の方が多く含み，一酸化炭素は副流煙が主流煙の約 4.7 倍，ニコチンは約 1.8 倍，アンモニアは約 46 倍という分析結果がある．

問題 32　正解 (1) ・・・・・・・ **頻出度** A A A

聴力検査では，オージオメータ（**32-1 図**）を用いてオージオグラムを作成する．各周波数ごとに，被験者に音圧レベルの大きい音から始めて，次第に小さい音を聞かせ，聞こえなくなる直前の音圧レベルを聴力レベル [dB] とする．標準の聴力が 0 dB で，聴力レベルがプラスでは標準の聴力より劣り，マイナスであれば聴力が良いことを意味する（**32-2 図**参照）．

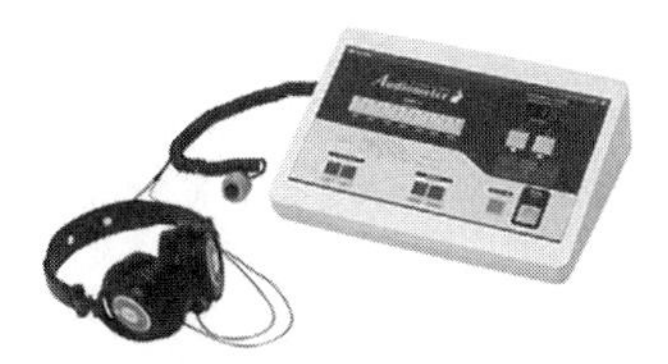

32-1 図　オージオメータ(4)

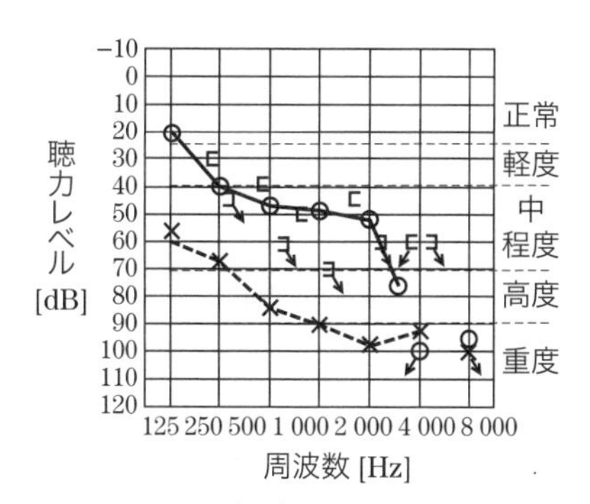

	右	左
気導	○	×
骨導	⊏	⊐

スケールアウト

32-2 図　オージオグラム

-(2)　耳の構造，-(3)　音が頭蓋骨を伝わることを骨導という．-(5)　騒音職場のスクリーニング 2022-33．

-(4)　A 特性音圧レベル

音の物理的な強さは音の伝わる方向に対して垂直な単位面積を単位時間に通過する音のエネルギーであり，単位は W（ワット）/$\mathrm{m^2}$ である．人間の耳の可聴範囲はエネルギー的には約 10^{-12} $\mathrm{W/m^2}$ から最大 10^2 $\mathrm{W/m^2}$ であって，その範囲は 14 桁に及ぶ．

ある基準値との比の対数をとって量を表示することをレベル表示（デシベル尺度）という．

考察の対象とする量が数十桁にわたり，そのままでは扱いにくい場合にレベル表示が用いられる．これを音に用いて，音響工学では音のパワーレベルを次のように定義している．

$$L_{\mathrm{i}} = 10 \log_{10} \frac{I}{I_0}$$

ただし，L_{i}：音の強さのレベル [dB]，I：音の強さ [$\mathrm{W/m^2}$]，I_0：基準の音の強さ（10^{-12} $\mathrm{W/m^2}$）．

上記の可聴範囲（10^{-12} W/m^2 ～最大 10^2 W/m^2）をレベル表示すると，

$$L_i\ (\text{最小}) = 10\log_{10}\frac{I}{I_0}$$

$$= 10\log_{10}\frac{10^{-12}}{10^{-12}}$$

$$= 10\log_{10}1 = 0\ \text{dB}$$

$$L_i\ (\text{最大}) = 10\log_{10}\frac{I}{I_0}$$

$$= 10\log_{10}\frac{10^{2}}{10^{-12}}$$

$$= 10\log_{10}10^{14} = 140\ \text{dB}$$

レベル表示により，最小と最大値で 10^{-12} ～ 10^2 と 14 桁もの開きがあったものが 0 ～ 140 dB と 3 桁で表現できることになる．

実際に音の強さを測定する場合は，エネルギーを直接測定することが難しいので，音圧 p [Pa] を測定する．音の強さは次式のとおり，

$$I = \frac{p^2}{\rho c}\quad (\rho：\text{空気の密度},\ c：\text{音速})$$

音圧の 2 乗に比例することが分かっているので，次のように音圧レベルを定義すると，同じ音に対して強さのレベルと音圧レベルが一致することになる．

$$L_p = 10\log_{10}\left(\frac{p}{p_0}\right)^2$$

$$= 2\times 10\log_{10}\frac{p}{p_0} = 20\log_{10}\frac{p}{p_0}$$

ただし，L_p：音圧レベル [dB]，p：音圧 [Pa]，p_0：基準の音圧（2×10^{-5} Pa ＝基準の音の強さ 10^{-12} W/m^2 に相当）．

例えば，2 Pa の音圧レベルは，

$$20\log_{10}\frac{2}{2\times10^{-5}} = 20\times\log_{10}10^5$$

$$= 20\times 5 = 100\ \text{dB}$$

さらに，この音圧レベルを，人の聴覚の周波数特性を表した等ラウドネス曲線（**32-3 図**）によって補正した音圧レ

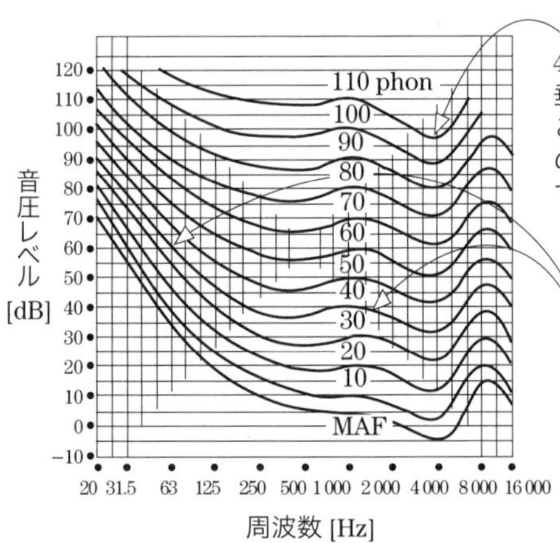

32-3 図　等ラウドネス曲線

ベルをA特性音圧レベルといい，単なる音圧レベルと区別するために，単位に[dB(A)]を用いる．騒音計のA特性音圧レンジで計測した騒音レベル[dB(A)]は騒音の評価の基本となる．

問題33　正解　(2) ・・・・・・・ **頻出度** A A A

老人性難聴の特徴は，8 000 Hz付近の高音域から始まることである（普通の会話の音域は1 000 Hz～4 000 Hz）．

一般に聴力低下の度合いは，女性より男性の方が大きい．

-(1)　4 000 Hz付近の周波数から始まる初期の騒音性難聴の特徴をc^5ディップの発生という．初期の騒音性難聴では，オージオグラム上の5番目のcの音（4 186 Hz，日本式の音名でいうと五点ハの音）付近の聴力が低下し，グラフにくぼみ（dip，ディップ）ができる（**33-1図**参照）ことからこう呼ばれている．

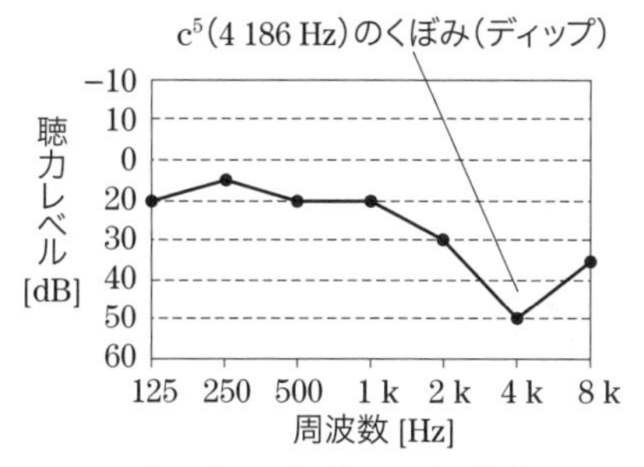

33-1図　c^5ディップの発生

-(4)　騒音による一時的な聴力低下をTTS（Temporal Threshold Shift：一過性閾（いき）値上昇）といい，永久性難聴（永続性閾値変化）をPTS（Permanent Threshold Shift）という．

TTSは，静穏な環境で回復するが，騒音が繰り返され，長期に及ぶとPTSに移行してしまうことが起こる．

WHOの環境騒音ガイドラインでは，一般の環境騒音では，1日の曝（ばく）露騒音として等価騒音レベル（LAeq24h）が70 dB未満であれば，騒音による永久性の聴力障害はほとんど起こらないとされる．

問題34　正解　(3) ・・・・・・・ **頻出度** A A A

レイノー現象は指の末梢循環（血行）障害である．指が白く変色するので白ろう病とも呼ばれる．

2022-35

問題35　正解　(3) ・・・・・・・ **頻出度** A A A

視細胞は，外部の事象が像を結ぶ眼の奥の網膜に存在する．

2022-36

問題36　正解　(2) ・・・・・・・ **頻出度** A A A

ディスプレイのグレア防止には，光源が直接映り込まないように間接照明を用いる．

「情報機器作業における労働衛生管理のためのガイドライン」にも，「間接照明等のグレア防止用照明器具を用いること．」とある．

一般にグレアを防ぐために，近い視野内での輝度比は1：3程度，広い視野内の輝度比は1：10程度が推奨されている．

-(4)　同ガイドラインが改正され，「ディスプレイ画面上の照度500 lx以下」は，削除されている．

2022-37

問題37　正解　(5) ・・・・・・・ **頻出度** A A A

可視光線の波長は赤外線より短い．可視光線の波長は0.38 μm～0.78 μm，赤外線は0.78 μm～0.1 mmである．

ついでに紫外線の波長は10 nm～0.38 μmである．波長は赤外線 > 可視光 > 紫外線であり，周波数（振動数）は紫外線 > 可視光 > 赤外線であるが，それぞれが真空中を伝播する速度は波長×

周波数＝光速となって一定となる.

2022-38

-(1) レーザー（LASER）は，Light Amplification by Stimulated Emission of Radiation の頭文字を取ったもの．位相のそろった単一波長で，指向性，集束性の優れた光線の意．紫外線から可視光，赤外線の広い波長領域にわたってレーザーが開発されている．レーザーは総エネルギーが小さくとも微小な面積にエネルギーを集中するため作用は強烈である．熱作用によって眼では網膜焼却，網膜浮腫，壊死，皮膚では火傷，熱凝固，壊死，炭化などを起こす.

-(2) 紫外線・電気性眼炎，-(3)赤外線・白内障 2022-39 .

-(4) 電子レンジの利用するマイクロ波は，周波数 2 450 ± 50 MHz の UHF（極超短波）である.

問題 38 正解 (4) ・・・・・・・頻出度 A A A

白内障が確定的かつ晩発影響である（**38-1 表**参照）.

人が，ある閾値を超えた量の放射線を被曝すると特定の影響が出現する．この閾値がある放射線影響のことを確定的影響という.

確率的影響では，閾値がなく，どんなに少ない線量でも影響が発生する確率が存在し，被曝線量に比例して障害の発生率は高くなる.

人体細胞で電離放射線に最も感受性が高い（影響を受けやすい）のはリンパ球で，最も低いのは神経細胞である.

※ リンパ球は，免疫を担当する白血球

38-1 表 放射線による障害[5]

<table>
<tr><td rowspan="4">放射線の影響</td><td rowspan="3">身体的影響</td><td>早期影響</td><td>皮膚紅斑，皮膚潰瘍，白血球減少，脱毛，不妊等</td><td rowspan="2">確定的影響</td></tr>
<tr><td rowspan="2">晩発影響</td><td>白内障，胎児の障害</td></tr>
<tr><td>悪性腫瘍（白血病，悪性リンパ腫，皮膚がん，甲状腺がん等），寿命短縮</td><td rowspan="2">確率的影響</td></tr>
<tr><td colspan="2">遺伝的影響</td><td>遺伝子・染色体異常，胎児奇形（小頭症等）</td></tr>
</table>

38-2 表 電離放射線

種類	実体	防御
α（アルファ）線	ヘリウム原子核の流れ	紙で遮へい可能
β（ベータ）線	電子の流れ	アルミニウムなどの薄い金属板で遮へい可能
γ（ガンマ）線，X 線	高エネルギーの電磁波	鉛，厚い鉄板が必要
中性子線	中性子の流れ	水槽や厚いコンクリート壁が必要

38-3 表 放射線の単位

単位	単位記号	意味
ベクレル	Bq	放射能の強さ（原子核の崩壊数秒） 放射性物質の濃度：Bq/kg，Bq/m^3，Bq/m^2 など
シーベルト	Sv	放射線の人体に与える影響の単位．吸収線量に人体の臓器ごとの放射線荷重係数を掛け合わせて求める．等価線量といわれる． 集団検診の胸部 X 線は 1 回当たり 0.05 mSv, 自然放射線（世界平均）は 2.4 mSv/(年・人) である.

の一種．

電離放射線とは，その強いエネルギーで，照射された物質原子から電子を弾き飛ばしてイオン化する作用をもった放射線で，**38-2 表**のようなものがある．

電離放射線の強さ，量等を表す単位は**38-3 表**参照．

問題 39　正解　(1) ・・・・・・・ **頻出度** A A A

尿による水の排泄は1日当たり1 400 mLで，最も多い．

-(2)　健常な一般成人における体内の水分量は，体重の60％程度である．

-(3)　喉の渇きは欠乏率1％で感じる．

-(4)　人が必要とする水分の量は普通1日約1.5 Lである．体重当たりに換算すると小児は成人の3～4倍の水分を必要とする．

-(5)　細胞内液が水分全体の40％，細胞外液が20％である．

2022-40，2022-42

問題 40　正解　(4) ・・・・・・・ **頻出度** A A A

アルキル水銀（有機水銀）の一種，メチル水銀が水俣湾で生物濃縮を起こし，水俣病の原因となった．

-(1)　ヒ素により皮膚の色素沈着や角化を起こすのは，慢性曝露の場合である．

-(3)　環境基本法の水質汚濁に係る環境基準・人の健康の保護に関する基準では，現在27物質について基準値が定められているが，その中で「検出されないこと」とされているのは，全シアン，アルキル水銀，PCBである．

-(5)　ベンゼンは発がん性が確認されている．

2022-41

問題 41　正解　(4) ・・・・・・・ **頻出度** A A A

積極的疫学調査は一類～五類感染症全てで実施される（**共通資料 3** 参照）．

2022-43

-(5)　五類感染症のジアルジア症は，下痢を主徴とする原虫感染症で，熱帯・亜熱帯地域を中心に感染者数は数億人に達するといわれている．わが国でも年間100件前後の海外渡航者の感染例が報告されている．

問題 42　正解　(5) ・・・・・・・ **頻出度** A A A

麻しん（はしか）ウイルスの感染経路は，空気感染，飛沫感染，接触感染で，感染力は非常に強い．

デング熱，ペスト，日本脳炎は媒介動物感染であり，B型肝炎はほとんど血液・輸血による直接伝播である．

2022-44

問題 43　正解　(2) ・・・・・・・ **頻出度** A A A

クリプトスポリジウム症は人畜共通性の消化器感染症で，感染症法で五類感染症に指定されている．

病原体のクリプトスポリジウムは大きさ4～6 μmの原虫である．

クリプトスポリジウムは，塩素消毒のバクテリア不活化の指標であるCT値が7 000前後（大腸菌は0.03～0.05）で，塩素消毒は無効である．

2020-109

クリプトスポリジウム症は感染した哺乳類の糞便が感染源となり，汚染された水道を通して感染が拡大する．

潜伏期間は2～5日で，発症は急性で，おびただしい水様の下痢，腹部けいれんを起こす．症状は一般的に1～2週間続き，その後軽減する．特定の環境下では，2～6か月間感染力を維持する．

クリプトスポリジウムによる汚染の恐れがある場合は指標菌（大腸菌および嫌

43-1 表　水道原水に係るクリプトスポリジウム等による汚染のおそれの判断

レベル 4	クリプトスポリジウム等による汚染のおそれが高い	地表水を水道の原水としており，当該原水から指標菌が検出されたことがある施設
レベル 3	クリプトスポリジウム等による汚染のおそれがある	地表水以外の水を水道の原水としており，当該原水から指標菌が検出されたことがある施設
レベル 2	生面，クリプトスポリジウム等による汚染の可能性が低い	地表水等が混入していない被圧地下水以外の水を原水としており，当該原水から指標菌が検出されたことがない施設
レベル 1	クリプトスポリジウム等による汚染の可能性が低い	地表水等が混入していない被圧地下水のみを原水としており，当該原水から指標菌が検出されたことがない施設

気性芽胞菌）の検査を実施する．

予防対策としては，クリプトスポリジウムを除去できる設備の設置，もしくは，クリプトスポリジウムによって汚染される恐れのない水源へ変更をする．

-(4)「クリプトスポリジウム等対策指針・水道原水に係るクリプトスポリジウム等による汚染のおそれの判断」では，レベル 1 は最も リスクが小さい（**43-1 表**参照）．

問題 44　正解　(3)・・・・・・・**頻出度** A A A

100 mg/L の濃度の溶液 10 L に含まれる次亜塩素酸ナトリウムの正味の量は，

$$10\ \mathrm{L} \times 100\ \mathrm{mg/L} = 1\,000\ \mathrm{mg}$$

1 000 mg は 1 mL とみなしてよいので，希釈前の溶液の全体の量は，これを濃度の 5 % で除して，

$$1\ \mathrm{mL}/0.05 = 20\ \mathrm{mL}$$

問題 45　正解　(5)・・・・・・・**頻出度** A A A

紫外線照射は消毒に用いられる（**45-1 表**参照）．

ある環境中の全ての微生物を死滅させることを滅菌，その中の病原体のみを死滅させることを消毒という．

45-1 表　消毒，滅菌法（日本薬局方などによる）

					消毒	滅菌
化学的方法	液体				薬液消毒	
化学的方法	気体				オゾン消毒	
化学的方法	気体					酸化エチレンガス滅菌
化学的方法	気体					過酸化水素ガスプラズマ滅菌
物理的方法	加熱	乾熱	火炎	灼熱		火炎滅菌
物理的方法	加熱	乾熱	火炎	焼却		焼却
物理的方法	加熱	乾熱	高熱空気			乾熱滅菌
物理的方法	加熱	湿熱	煮沸および熱水		煮沸消毒	
物理的方法	加熱	湿熱	煮沸および熱水		熱水消毒	
物理的方法	加熱	湿熱	蒸気	流通蒸気	蒸気消毒	
物理的方法	加熱	湿熱	蒸気	流通蒸気	間歇消毒	
物理的方法	加熱	湿熱	蒸気	高圧蒸気		高圧蒸気滅菌
物理的方法	照射	放射線				γ線滅菌
物理的方法	照射	放射線				X線滅菌
物理的方法	照射	放射線				電子線滅菌
物理的方法	照射	高周波				高周波滅菌
物理的方法	照射	紫外線			紫外線消毒	
物理的方法	ろ過					ろ過滅菌（ウイルスには無効）

空気環境の調整
問題 46～問題 90

問題 46　正解　(3) ・・・・・・・ **頻出度** A A A

乾球温度 22 ℃，相対湿度 60 % の湿り空気の露点温度は約 14 ℃ なので，15 ℃ の窓に触れても結露しない（**46-1 図**参照）．

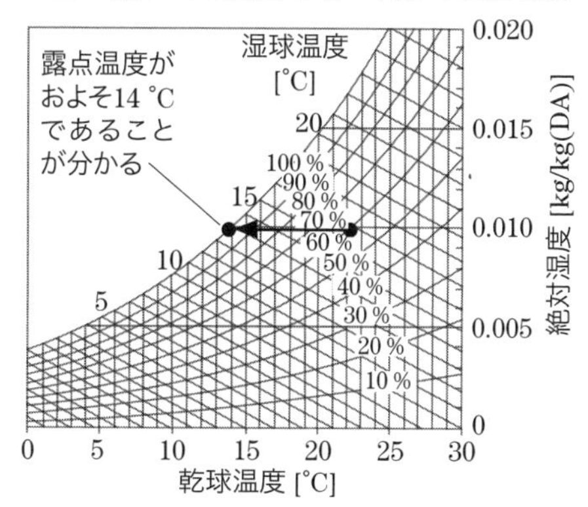

46-1 図　乾球温度 22 ℃，相対湿度 60 % の湿り空気の露点温度

-(1)，-(2)，-(4)，-(5)の状態点の動きを **46-2 図**に示す．

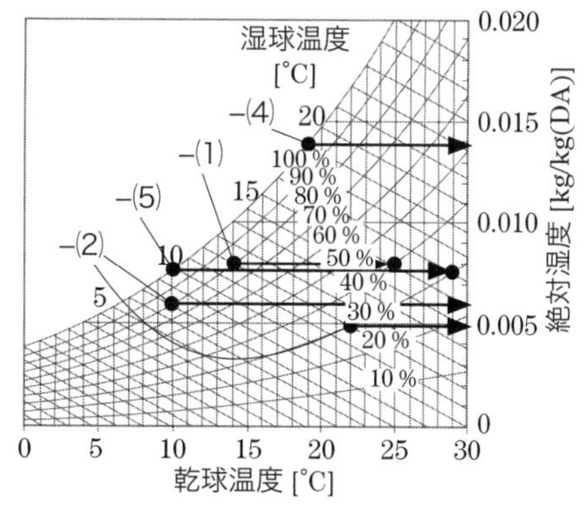

46-2 図　状態点の動き

2022-47

問題 47　正解　(2) ・・・・・・・ **頻出度** A A A

断熱材を挟んで，水蒸気分圧の高い側に湿気伝導率の低い層（防湿層）を入れるのが内部結露防止対策の基本である．

物体の表面に結露を生じさせないためには，物体の表面温度をそれに接する空気の露点温度より高く保つ必要がある．そのためには断熱材を使って物体の温度を高く保つか，空気の絶対湿度を下げて露点をできるだけ低く保つことが必要である．

内部結露については，冬季の場合，暖房によって屋内が高温多湿なので，室外に向かって熱流が流れると同時に，水蒸気も水蒸気圧の差によって屋内から屋外に向かって湿流が生じる．壁の部材の温度は内→外に向かって温度が低下し，壁内部の空気の露点温度と交わる点から結露が始まる．これを防ぐには，断熱材の室内側に防湿層を設けて，断熱材の外側の低温部に湿流が回って内部結露するのを防げばよい（**47-1 図**参照）．

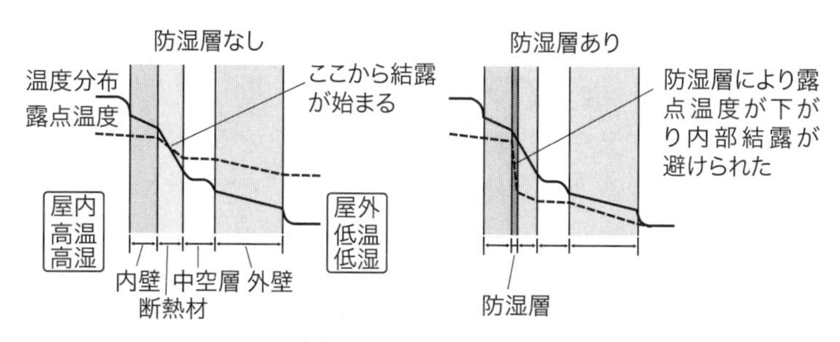

47-1 図　内部結露防止のための防湿層の位置

夏の場合は，冷房によって屋外側に防湿層が要ることになる．

問題48　正解　(1)・・・・・・・**頻出度**A A A

光ったアルミ箔(はく)は，放射率，日射吸収率ともに0.1程度なのでCである．

2022-48

問題49　正解　(5)・・・・・・・**頻出度**A A A

単位面積を通過する熱流量は，A，B，C部材いずれでも同じである．そうでないと，熱流量が変化する場所で，熱が突然湧いたり消え失せたりすることになる．

-(1)　固体内の熱流量は局所的な温度勾配×熱伝導率なので，温度勾配は断熱材のような熱伝導率が小さい部材では大きくなり，熱伝導率が大きい部材では温度勾配は小さくならないと，熱流量が同じにならない（**49-1図**参照）．

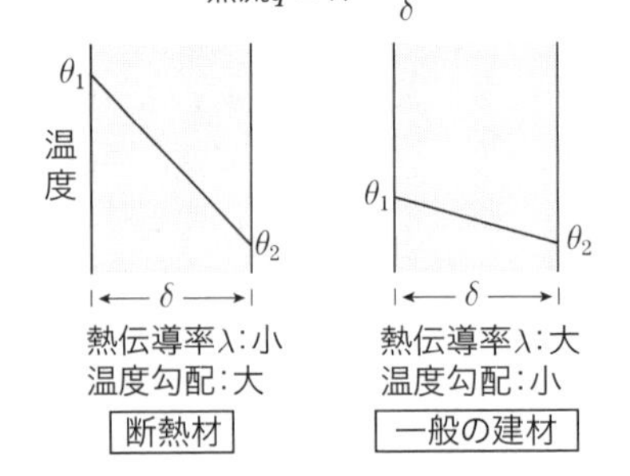

49-1図　熱伝導率と温度勾配

問題の図ではB部材の熱伝導率が最も大きく，温度勾配の最も大きいC部材が断熱材となる．

-(2)　壁表面の（総合）熱伝達率＝放射熱伝達率＋対流熱伝達率である．放射熱伝達率は屋内外で差はないが，対流熱伝達率では境界層＝空気の移動が妨げられる層（**49-2図**）が断熱材の働きをするため，境界層が発達しやすい屋内側の対流熱伝達率が小さくなる（屋外では風などによって境界層ができにくい）．

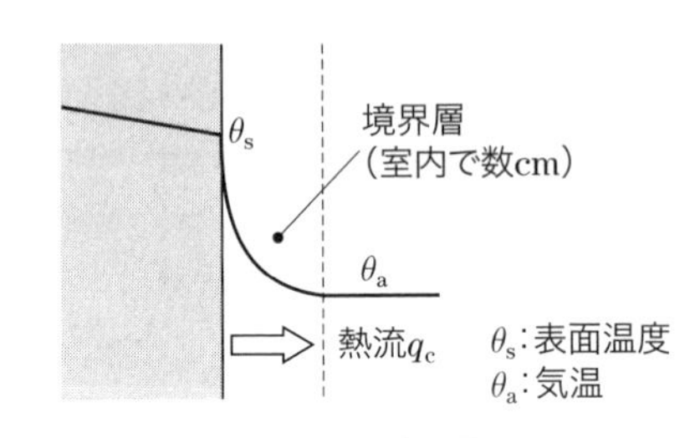

49-2図　境界層

問題に与えられている図も，確かに屋内側の境界層の温度勾配が大きく描いてある．

-(3)　主体構造の屋内側に断熱材のC部材が配置されているので，内断熱構造である．

-(4)　境界層は一種の断熱材なので，49-1図にあるように温度勾配は大きくなる．

2020-48

問題50　正解　(5)・・・・・・・**頻出度**A A A

流量係数は，通常の窓で0.6～0.7程度となる（理想的なベルマウス（**50-1図**）などの場合に≒1で，1を超えることはない）．

50-1図　ベルマウス[6]

開口部前後の圧力差（換気力）をP [Pa]とすると，開口部を通過する風量Q [m^3/h]は一般的に次式で求めることができる（ρは空気密度[kg/m^3]）．

$$Q = \alpha A \sqrt{\frac{\rho}{2} \times P}$$

流量係数αとは，オリフィスや弁などの実流量/理論流量の比のことで，流入口から流出口までの全ての抵抗を考慮した係数である．外部風に対する窓などの場合は，開口面積A [m^2] に対して，αAを有効開口面積ということもできる．

-(3) 吹出し口からの自由噴流，-(4) 吸込み気流については，2020-51．

問題 51　正解　(2) ・・・・・・・頻出度 A A A

直線ダクトの圧力損失は，風速の2乗に比例する．2020-49

-(5) 開口部を通過する風量は，開口部前後の圧力差の平方根に比例する．2022-50

問題 52　正解　(3) ・・・・・・・頻出度 A A A

換気回数 = 換気量 ÷ 室の容積，である．すなわち，室の空気全部が単位時間に新鮮外気に入れ換わった回数である．

-(2) 空気交換効率ε_aは次式のとおり．

$$\varepsilon_a = \frac{\tau_n}{\tau_r}$$

ただし，

τ_n：換気回数1回分の給気に要する時間（室容積 ÷ 換気量）

τ_r：室内の空気が全て外気に置き換えられるのに要する時間

-(4) 局所平均空気齢τ_pは，局所空気交換指数ε_pを求めるのに用いる．

$$\varepsilon_p = \frac{\tau_n}{\tau_p}$$

局所空気交換指数ε_pからは，局所の換気の効率が求められる．

問題 53　正解　(3) ・・・・・・・頻出度 A A A

濃度がppmで与えられたときの必要換気量Qを求める公式

$$Q = \frac{M}{C - C_o} \times 10^6$$

に与えられた数値を代入して，

$$Q = \frac{16 \times 0.018}{1\,000 - 400} \times 10^6 = \frac{0.288}{600} \times 10^6$$

$$= \frac{288}{6} \times 10 = 480 \text{ m}^3/\text{h}$$

公式を導いておこう．

換気量Q [m^3/h]，汚染物質の発生量M [mg/h]，室内濃度C [mg/m^3]，外気濃度C_o [mg/m^3] には，汚染物質の部屋への収支（**53-1 図**）から次式が成り立つ．

53-1 図　汚染物質収支

$$Q \times C = Q \times C_o + M$$

式を変形して，

$$Q \times C - Q \times C_o = M$$

$$Q(C - C_o) = M$$

Qについて解いて公式が得られる．

$$Q = \frac{M}{C - C_o}$$

濃度がppm（10^{-6}）で与えられた場合は，

$$Q = \frac{M}{C \times 10^{-6} - C_o \times 10^{-6}}$$

$$Q = \frac{M}{C - C_o} \times 10^6$$

濃度が%（10^{-2}）で与えられた場合は，

$$Q = \frac{M}{C \times 10^{-2} - C_o \times 10^{-2}}$$

$$Q = \frac{M}{C - C_o} \times 10^2$$

ビル管理法の二酸化炭素の環境衛生管

理基準値「1 000 ppm 以下」を保つための，1人当たりの換気量を求めてみよう．

人が呼吸で発生する二酸化炭素の量を0.020 m^3/(人・h)（事務作業），外気の二酸化炭素の濃度を350 ppmと仮定すると，

$$Q=\frac{M}{C-C_o}\times 10^6$$

$$=\frac{0.020}{1000-350}\times 10^6=30.77\ m^3/h$$

これから，およそ30 m^3/(人・h)の換気量を確保すればビル管理法の二酸化炭素の基準値1 000 ppmを保つことができることが分かる．

問題54　正解　(4) ・・・・・・・ **頻出度** A A A

コンクリートには，ホルムアルデヒドを発生するような材料は含まれていない．

ホルムアルデヒド（HCHO）は，合板やフローリング等に使用されるメラミン系，フェノール系，尿素系（ユリア樹脂系）等の合成樹脂や接着剤，消毒剤，化粧品，洗剤，防腐剤等の原料として広い分野で使用されている（日本での生産は年間約100万トン）．毒性が強く，これらの建材等から発生したホルムアルデヒドがシックハウス症候群の原因の一つといわれる．

建築基準法によって，居室の種類によるホルムアルデヒド発散建築材料の使用面積制限と換気設備の設置が義務付けられている．

ホルムアルデヒドはたばこ煙や燃焼排気中にも含まれる．

2022-56

問題55　正解(5) ・・・・・・・・・ **頻出度** A A

農薬のカーバメイト系殺虫剤のフェノブカルブは防蟻剤，殺虫剤として用いられ，シロアリ駆除処理した建材などからも発生する．

フェノブカルブは，-(1)のアセトアルデヒドなどとともに，厚生労働省がVOCsとしての室内暫定目標値を出している（**55-1表**）．

55-1表　VOCs室内暫定目標値（厚生労働省）

揮発性有機化合物	主な用途	室内濃度指針値（25°C）	揮発性有機化合物	主な用途	室内濃度指針値（25°C）
ホルムアルデヒド	接着剤，防腐剤	0.08 ppm	テトラデカン	塗料溶剤，希釈剤	0.04 ppm
アセトアルデヒド	塗料溶剤原料	0.03 ppm	クロルピリホス	防シロアリ剤，殺虫剤	0.07 ppb 0.007 ppb (小児の場合)
トルエン	塗料溶剤，希釈剤	0.07 ppm	フェノブカルブ	防シロアリ剤，殺虫剤	3.8 ppb
キシレン	塗料，殺虫剤溶剤，希釈剤	0.05 ppm	ダイアジノン	有機リン剤，殺虫剤，農薬	0.02 ppb
エチルベンゼン	塗料，スチレンの原料	0.88 ppm	フタル酸ジ-*n*-ブチル	可塑剤，ビニールクロス	1.5 ppb
スチレン	発泡スチロール，接着剤，断熱材，畳	0.05 ppm	フタル酸ジ-2-エチルヘキシル	可塑剤，ビニールクロス	6.3 ppb
パラジクロロベンゼン	防虫剤，防臭剤	0.04 ppm			

-(1)　加熱式たばこは，たばこ葉を燃焼させることなく加熱し，ニコチンを含むエアロゾルを生成する（電子たばこは，たばこに似た成分を含む液体を蒸散させる）．

加熱式たばこは，従来のたばこより少ないがアセトアルデヒドを発生させる．

問題 56　正解　(5) ・・・・・・・ **頻出度** A A A

第 3 種機械換気は，自然吸気口と機械排気の組合せである．2022-54

-(2)　ハイブリッド換気は，機械換気の安定性と自然換気の省エネ性を兼ね備えようとするものである．

問題 57　正解　(3) ・・・・・・・ **頻出度** A A A

アの終末沈降速度とエの粒子が気体から受ける抵抗力が，粒径が大きくなると数値が大きくなる．

浮遊粒子は，さまざまな力が作用して，空気中を運動する．浮遊粒子の運動と粒径の関係を **57-1 表**にまとめた．

問題 58　正解　(1) ・・・・・・・ **頻出度** A A A

ウイルスは他の生物の細胞内でしか増殖できない（**58-1 表**参照）．

2022-58

問題 59　正解　(5) ・・・・・・・ **頻出度** A A A

水熱源ヒートポンプ方式のパッケージ型空調機とは，分散設置水熱源ヒートポンプ方式（**59-1 図**参照）の空調機を指していると思われる．この空調機は，空冷のヒートポンプ方式の室内機と違って，圧縮機を内蔵しているので騒音源となることがある．

同方式は，冷房運転モードの水熱源

57-1 表　浮遊粒子の運動と粒径の関係

粒子が気体から受ける流体抵抗力	流体抵抗力はレイノルズ数（*Re* 数）※によっても異なる．	粒子の投影面積，流体密度に比例，相対速度の 2 乗に比例
重力による終末沈降速度	球形粒子に流体抵抗力と重力が作用する場合，定常状態では，最終的に一定速度で沈降するようになるこの速度を終末沈降速度という．	粒径の 2 乗に比例
静電界中の移動速度，電気移動度	水平方向に電界がかけられた空間で，球形粒子が電荷をもっていると，水平方向にクーロン力が働き移動する．定常状態ではクーロン力と流体抵抗とが釣り合い，一定の移動速度となる．移動速度を電界強度で除したものを電気移動度といい，電界中の粒子の移動しやすさを表す．	粒径に反比例
拡散係数	空気分子のブラウン運動により，粒子は拡散に関するフィックの法則に従い流体中に拡散していく．フィックの法則に用いられる粒子の拡散係数は粒径に反比例し，結果として，拡散の速度は粒径に反比例するすなわち，小さな粒子はブラウン運動による移動量が大きい．	粒径に反比例
ブラウン運動による移動量		粒径が小さいほど大きくなる．
流れに平行な平面への沈着速度	浮遊粒子の単位時間当たりの沈着量を気中濃度で除した値を沈着速度という．拡散により小粒径の粒子の沈着速度が大きい．	粒径が小さいほど沈着速度は大きくなる．
流れに垂直な平面への沈着速度	流れに垂直な面は，重力と慣性力により大粒径の粒子，拡散により小粒径の粒子の沈着速度が大きい．	どちらともいえない．

※　レイノルズ数（*Re* 数）　2020-49

58-1 表　病原体の分類

分類	大きさ，形態	感染症の例
ウイルス	10 ～ 400 nm の球状の小体 ウイルスは他の生物の細胞内でしか増殖できない．	痘瘡（そう），麻しん（はしか），風しん，A型肝炎，B 型肝炎，C 型肝炎，E 型肝炎，インフルエンザ，日本脳炎，急性灰白髄炎（ポリオ，小児まひ），ノロウイルス感染症
リケッチア	300 ～ 500 nm　球形ないしは桿（かん）形の小体	発疹チフス，つつが虫病
細菌	1 ～ 10 μm 前後の球形ないしは桿形の単細胞生物 細胞核をもたない原核生物	コレラ，赤痢，腸チフス，パラチフス，ペスト，結核，レジオネラ症，カンピロバクター・ジェジュニ
スピロヘータ	6 ～ 15 μm　らせん形の細長い細菌の一種	梅毒，ワイル病
真菌類	1 ～ 10 μm 程度　細胞核をもつ真核生物 キノコ，カビ，酵母（単細胞生物）など	カンジダ症，白癬（せん）症
原虫	20 ～ 500 μm 以上の単細胞生物	マラリア，クリプトスポリジウム症

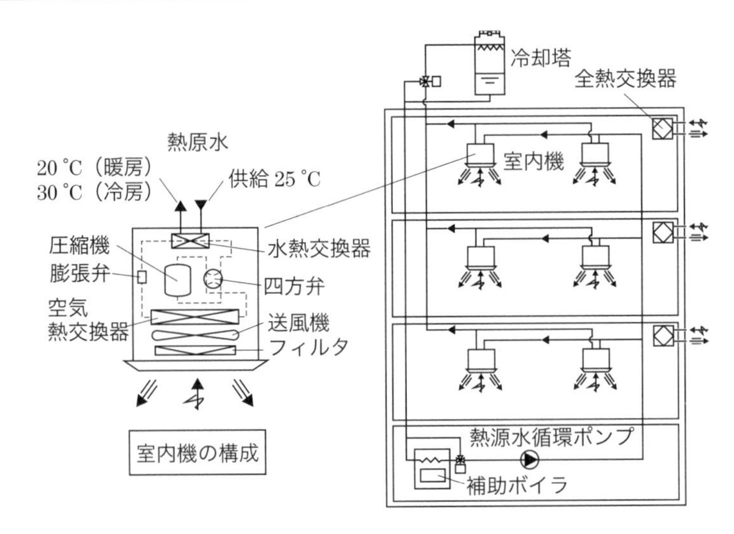

59-1 図　分散設置水熱源ヒートポンプ方式

ヒートポンプ・パッケージ型空調機が循環水へ捨てる熱を暖房運転モードの空調機が循環水から吸い上げるので，冷暖房同時運転時に熱回収できることが大きな利点であるが，室内機内の圧縮機の騒音と，天井内に張り巡らされた冷温水管からの水漏れが問題となることがある．

-(1)　パッケージ型空調機は蒸気圧縮式の熱源と空調機の機能を一体化したもので，蒸発器において液冷媒が膨張気化して直接空気を冷却することから，直膨型，直膨コイル方式などとも呼ばれる．

-(2)　圧縮機を電力で駆動するものを EHP，ガスエンジン駆動のものを GHP

などと呼ぶ.

GHPでは，エンジンの排熱を有効利用できるので寒冷地の暖房に向く.

-(3)　別途全熱交換器,外気処理ユニット等を用いて換気を確保する.

-(4)　圧縮機はインバータによる回転数制御が主流となり，ON-OFF制御よりも部分負荷効率が改善された.

2022-63

問題 60　正解　(1)・・・・・・・頻出度 A A

総合的なビル管理システムはBEMSである.

BEMS（ベムス）：Building and Energy Management System

HEMS（ヘムス）：Home Management System

-(4)　チリングユニット：Chilling Uunit 冷水を作る装置. チラーともいう.

問題 61　正解　(5)・・・・・・・頻出度 A A

躯体蓄熱システムは，従来の水・氷蓄熱システムを補完するシステムで，建物の躯体等に夜間のうちに冷熱や温熱を蓄え，昼間に取り出して冷暖房に使用し，ピーク電力負荷の抑制を図るものである.

躯体蓄熱システムの特徴は次のとおり.

1. 氷蓄熱等に比べ熱損失が大きく蓄熱投入熱量比（蓄熱量 / 蓄熱に要した熱量）が小さい.
2. 空気方式（建物躯体に冷温風を吹き付け，あるいは循環させて蓄熱する）の場合，送風機などの蓄熱時の搬送エネルギーが大きい.
3. 空調運転時に放熱量がなりゆきになるため，負荷変動に追随して放熱させることが難しい.

躯体蓄熱の蓄熱方式には他に，建物躯体に埋設されたパイプに冷温水を循環させる冷温水方式，建物躯体に埋設された電気ヒータで加熱する方式などがある.

問題 62　正解　(5)・・・・・・・頻出度 A A A

空気の一部は冷水コイルに触れることなく通り過ぎる（バイパスファクタという）ために，コイルを通過する全空気が，相対湿度が100％となる装置露点温度まで冷却されることはない（**62-1図**参照）.

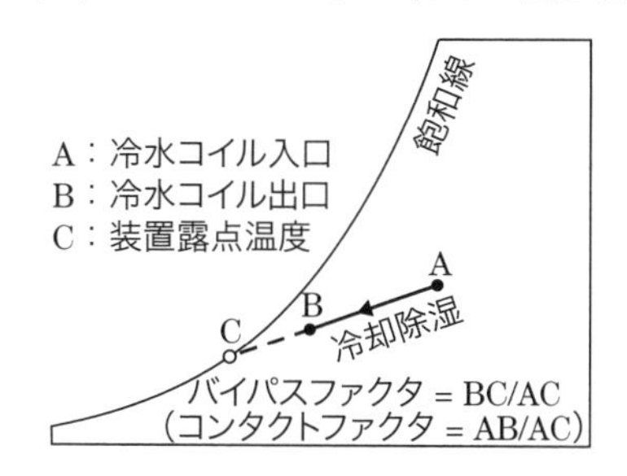

62-1図　バイパスファクタ

-(1)　加湿時の状態点の移動（**62-2図**）を見ると，水噴霧加湿（水加湿）や温水加湿では乾球温度は水の蒸発潜熱によって降下することが分かる. それを見込んで温水コイル出口の温度は設計給気温度より高くする必要がある.

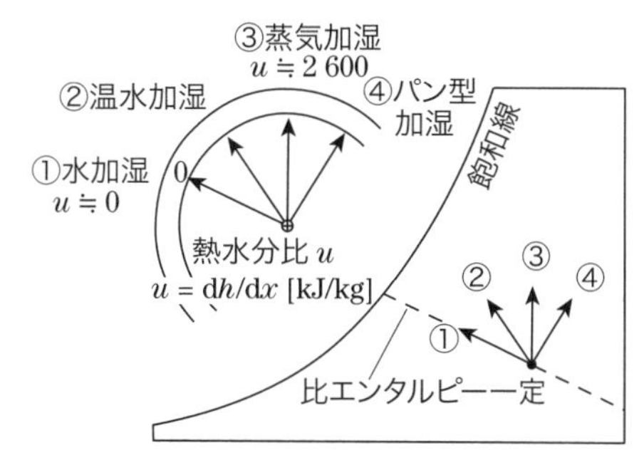

62-2図　加湿時の状態点の動き

-(2)　吹出し口から吹き出された空調

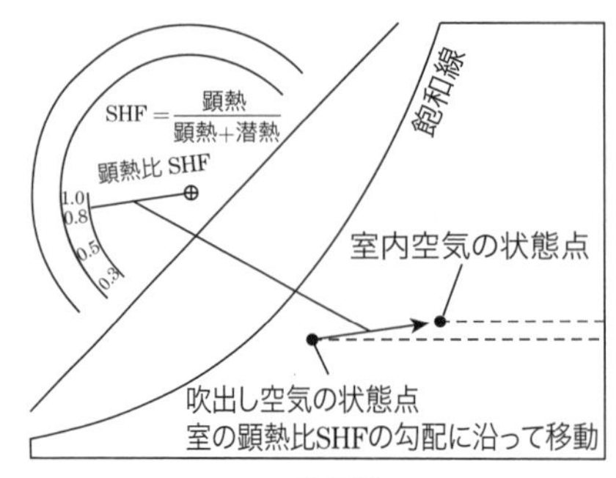

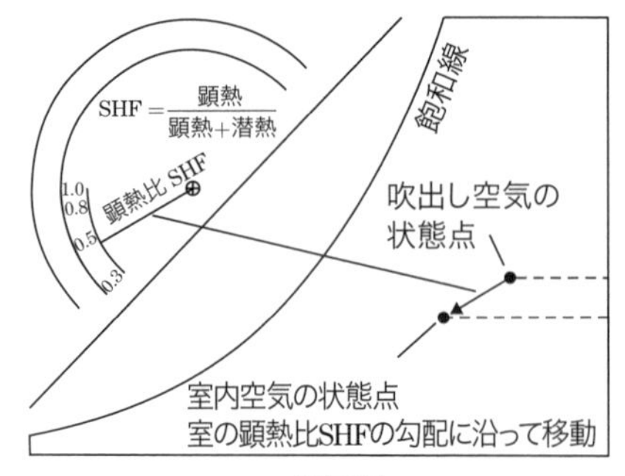

62-3 図　吹出し空気の状態点は顕熱比 SHF の勾配に沿って移動する

空気の状態点は，その室の頭熱比の勾配に沿って移動する（**62-3 図**参照）．顕熱比は，定義（顕熱比 = 顕熱 / (顕熱 + 潜熱)）から最大 1.0 で水平（= 絶対湿度一定）であり，それ未満では，右肩上がりである．従って吹出し空気の状態点が右に向かって移動する冷房時には，吹出し空気の絶対湿度 ≦ 室内空気の絶対湿度となる（吹出し空気の状態点は左に向かって移動する暖房時は，吹出し空気の絶対湿度 ≧ 室内空気の絶対湿度となる）．

-(3)　顕熱の移動しか起こらない温水コイルでは，潜熱の変化を伴わない単純加熱となる．すなわち顕熱比 = 1 で状態点は水平に左に移動する．その時切っていく相対湿度線はどんどん小さい値になっていく（**62-4 図**参照）．

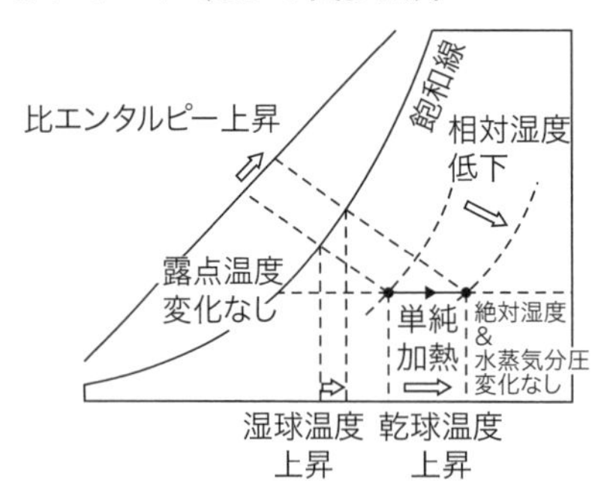

62-4 図　単純加熱

-(4)　A，B 二つの状態点の空気（今回は還気と外気）の混合では，混合の結果の状態点 C は AB を結んだ線分を A，B の空気の量の逆比に内分する（**62-5 図**参照）．

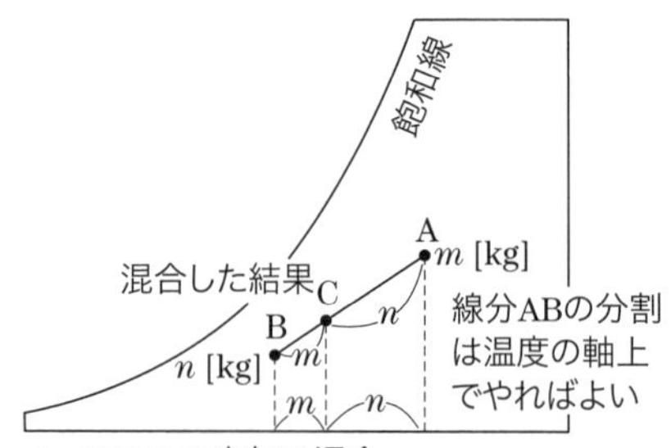

A，B二つの空気の混合
A，Bの量がm：nの場合，混合の結果Cは，線分ABを量の逆比n：mに内分する．

62-5 図　二つの空気の混合

問題 63　正解　(3)・・・・・・・**頻出度** A A A

湿り空気線図上で状態点の移動量を垂直，水平に分解すると，垂直の変化に対

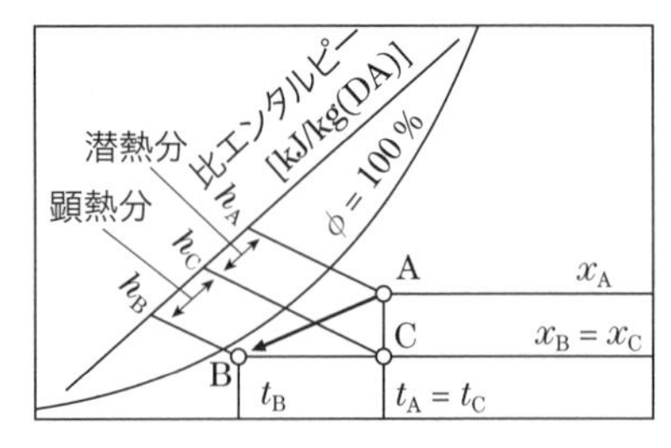

63-1 図　潜熱と顕熱の変化量

応する比エンタルピーは潜熱分，水平分は顕熱量の変化に対応する（**63-1 図**参照）．

空気線図で得られる変化量は単位空気当たりなので，熱量全体の変化は空気量 G を掛けてやればよい．

問題 64　正解　(2) ・・・・・・・**頻出度** A A A

変風量単一ダクト方式（**64-1 図**）の欠点は，軽負荷時に小風量になって，換気量や外気量の不足が生じ，室内の空気清浄度が低下し，空気の攪拌（かくはん）も不足することである．

この方式では，空調機からは一定の温度で送風され，客室の負荷量に応じて送風量を変化させて個別制御を行う．風量制御に VAV（Variable Air Volume：変風量）ユニットを用いる．絞り式の VAV を用いた場合は搬送動力を節約できる．全開型 VAV ユニットを使用することによって，不使用室に対する空調を停止できる．さらに，全ての部屋・ゾーンの熱負荷のピークは同時には発生しないため，単一ダクト定風量方式の場合と異なり風量は吹出し口個々の吹出し風量を合計した総量より小さく設計できる．また，間仕切り変更や多少の熱負荷の増減に対応しやすい．

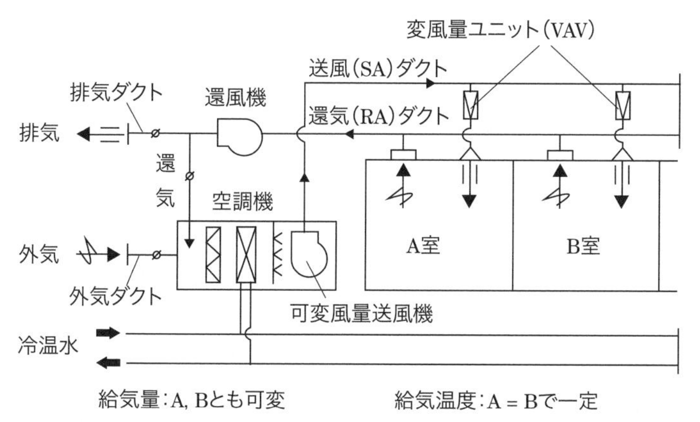

64-1 図　変風量単一ダクト方式

64-1 表　代表的な空調方式[3]

方式	熱媒体による分類	方式名称
中央方式 （熱源分離方式）	全空気方式	定風量単一ダクト方式
		変風量単一ダクト方式
		二重ダクト方式，マルチゾーンユニット方式
	水－空気方式	ダクト併用ファンコイルユニット方式
		ターミナルエアーハンドリングユニット方式
	その他	放射冷暖房方式＋中央式外調機方式
		分散設置ヒートポンプ＋中央式外調機方式
個別方式 （熱源一体方式）	熱源水方式	分散設置水熱源ヒートポンプ PAC 方式
	冷媒方式	分散設置空気熱源ヒートポンプ PAC 方式

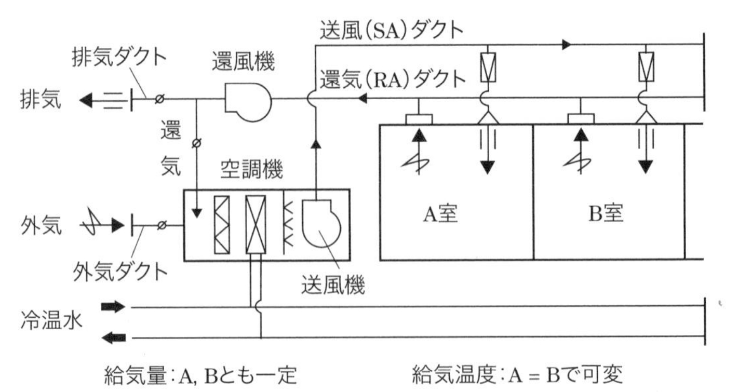

64-2 図　定風量単一ダクト方式

多種多様な空調方式のうち **64-1 表**は現在の代表的な方式である.

-(1)　定風量単一ダクト方式(**64-2 図**)は,還気ファンを採用することにより,外気を系統の送風量まで取り入れるシステムとすることができるので,室内空気の清浄度維持には有利であり,中間期等に外気冷房することも可能である.

他の方法に比べて湿度制御もしやすい.

この方式では,ゾーニングされた各単位ごとに空調機を設置して空調された空気を1本のダクトで供給し,風量は一定で,熱負荷の変化に対応して,給気温度を変化させる.

代表点または還気の温湿度で制御するので単独の大空間に適した方式である.複数室で個々の温湿度制御はできない.

ペリメータ部にファンコイル等の補助空調がないと夏期に東西南面の日射負荷により温度制御が困難になる場合があり,冬季インテリア部の小室は吹出し温度に近い温度になる.

-(3)　ダクト併用ファンコイルユニット方式 2022-60 .

-(4)　放射冷暖房方式(**64-3 図**)は,冬期の床暖房として従来から利用されてきた方式である.近年放射面積を大規模にして,冷暖房を行う方式に発展してきた.

配管を床・壁・天井に埋設し,冷温水を通す方式が一般的である.これによって床・壁・天井の表面を冷却・加熱して,人体との間で,熱放射により直接冷暖房

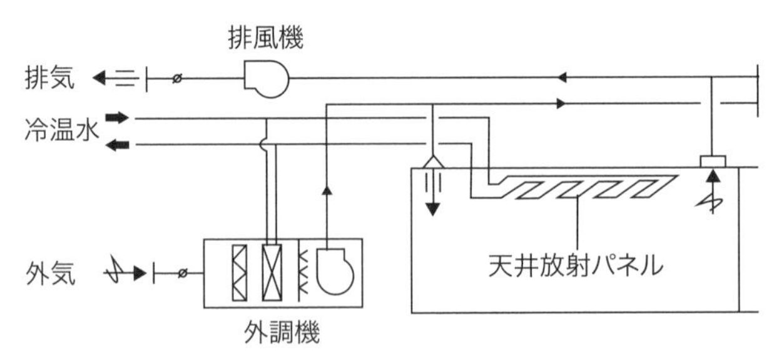

64-3 図　放射冷暖房方式

を行う．

放射空調は，温度むらによる不快感が起こりにくい．

この方式では室内空気の換気は行えないので，必然的に他の空調方式との併用となる（64-3図では中央式の外調機による）．

-(5)　マルチゾーン空調方式（**64-4図**）は二重ダクト方式（**64-5図**）と同じように中央の空調機で冷風と温風を作るが，熱負荷の似かよった室をゾーンとしてまとめ，一つのゾーンには，冷風，温風を混合して，1本のダクトで送風する方式．冷暖の混合によるエネルギーロスは避けられない．

問題65　正解　(3) ・・・・・・・ **頻出度** A A A

吸収冷凍機の熱源は都市ガスに限らない．LPガス，石油，各種排ガスや高温水，低温水も熱源になる．また，冷凍機内は真空であり，圧力による破裂などのおそれがないため，運転に特別な資格は必要ない．

2020-67

-(1)，-(2)，-(4)　蒸気圧縮型冷凍機には，冷媒ガスを圧縮する圧縮機の形式により次のような種類がある．

1. 往復式冷凍機

　シリンダ内のピストンを往復動させることにより，冷媒ガスを圧縮する．

2. 回転式冷凍機

　シリンダ，ピストンに相当する機構

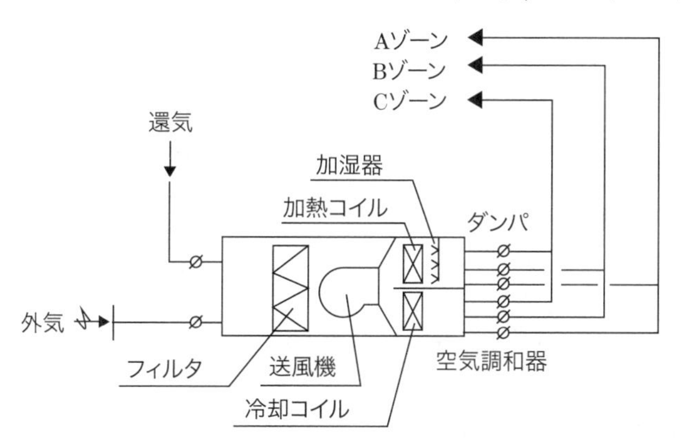

64-4図　マルチゾーン空調方式

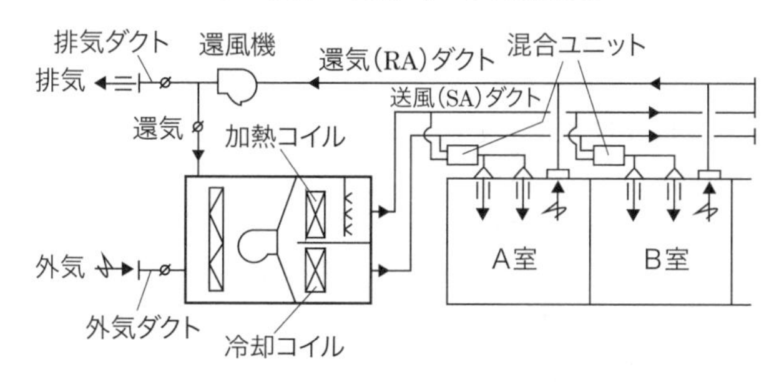

64-5図　二重ダクト方式

を回転子の回転運動で圧縮作用が得られるようにしたもので，スクロール型，スクリュー型，ロータリー型がある．

スクロール圧縮機は，渦巻き状の固定スクロールと渦巻き状の旋回スクロールの旋回により，冷媒を圧縮する．

スクリュー圧縮機は，スクロール圧縮機よりも冷凍容量の大きな範囲で使用される．

回転式圧縮機は高効率運転が可能であり，吸込み弁や吐出し弁が不要で静粛かつ高速回転にも適していることから，圧縮機本体の小型化，低振動化が可能となり用途によっては往復動式にとって代わりつつある．

3. 遠心（ターボ）冷凍機は，羽根車（インペラ）の高速回転により発生する遠心力により，冷媒を圧縮する．羽根車の高速回転が可能であり，大容量としてもコンパクトな機種とすることができる．

本年度-67

-(5) 吸着冷凍機は，吸収冷凍サイクルの吸収液（リチウムブロマイド溶液）をゼオライトなどの吸着剤に置き替えたもので，冷媒は吸収冷凍サイクルと同じ水である．吸収冷凍機（90～150 °C）よりも低温の温水（60～100 °C））を加熱源として利用可能で，太陽熱と組み合わせて環境負荷の低い機器の開発が進められている．ただし吸収冷凍機（COP0.8～1.4）よりも成績係数は低い 2019-62．

問題 66　正解　(1) ・・・・・・・ **頻出度** AAA

地域冷暖房方式（DHC：District Heating and Cooling）は大気汚染防止等の公害防止対策が徹底され，個別熱源に比べ，熱源を集中することから高効率の大型機器の使用が可能となり，環境負荷の低減となる．

地域冷暖房とは，熱源プラントにて集中的に製造した熱媒を，一定地域内の多数の建築物や施設に供給し，冷暖房するシステムをいう．その特徴は次のとおり．

1. 熱源プラントから熱媒体を需要家に供給するための地域配管が必要となり，そのためのスペースとコストがかかる．
2. 大気汚染防止等の公害防止対策が徹底され，個別熱源に比べ，熱源を集中することから高効率の大型機器の使用が可能となり，環境負荷の低減となる．
3. ゴミ焼却廃熱や未利用エネルギーの活用がしやすく省エネルギーが図れる．
4. 需要家各建物の最大負荷は同時刻に発生することはないので，熱源プラントの設備容量は，各建物の最大負荷の合計より小さくすることが可能である．
5. 需要家の建築物では機械室スペースを大幅に削減可能で，有効用途面積が拡大し，運転資格者を含めた熱源の管理要員の削減が可能となり収益性が増大する．
6. 熱源の集中は防災管理が行き届き都市の防災上好ましい．
7. 冷却塔や煙突が散在することが減り，都市の美観の向上に寄与する．
8. 設備の能力が 21 GJ/h 以上で不特定多数の需要家に熱供給する能力をもつ施設は，熱供給事業法の適用を受ける熱供給事業として経済産業大臣の登録を受けなければならない．

2022-68

問題67　正解　(1)・・・・・・・**頻出度**AAA

圧力，比エンタルピーが増加しているオ→アが圧縮行程であり，圧縮機の出口は-(1)のアとなる．

蒸気圧縮式の冷凍サイクル（**67-1図**，**67-1表**）と構成機器（**67-2表**）参照．

縦軸に圧力，横軸に比エンタルピーをとって冷媒の状態をグラフ化したものをモリエル線図（**67-2図**）といい，冷凍機の冷凍能力や効率を求めるために用いる．

67-2表　蒸気圧縮式冷凍サイクルの構成機器

冷媒	フロン，アンモニア，二酸化炭素等
圧縮機	気化した冷媒を圧縮して高温高圧の冷媒とする．
凝縮器	高温の冷媒ガスが放熱し凝縮して液体冷媒となる．
膨張弁	次の蒸発器での蒸発に備えて，冷媒を低温低圧の状態にする．
蒸発器	液体冷媒が吸熱して蒸発し，冷水を冷やす．

冷媒は飽和波線より左側で（過冷却）液体，飽和蒸気線より右側で(過熱)蒸気，飽和液線と飽和蒸気線で囲まれた部分で湿り蒸気である．冷凍機はこの湿り蒸気部分での潜熱の移動を利用している．

蒸気圧縮式冷凍サイクルをモリエル線図上に描くと**67-3図**のようになる．

比エンタルピーとは，液体または気体のもつ単位質量当たりの内部エネルギーのこと．冷媒では0 ℃の飽和液の比エンタルピーを0 kJ/kgとして，比エンタルピーを定めている．

問題68　正解　(2)・・・・・・・**頻出度**AAA

氷，無機水和塩類は潜熱利用蓄熱体である．

潜熱利用の蓄熱では，固体⇔液体の相変化に伴う潜熱（溶解熱・凝固熱）を蓄熱に利用する．

無機水和塩類には塩化カルシウム，硫

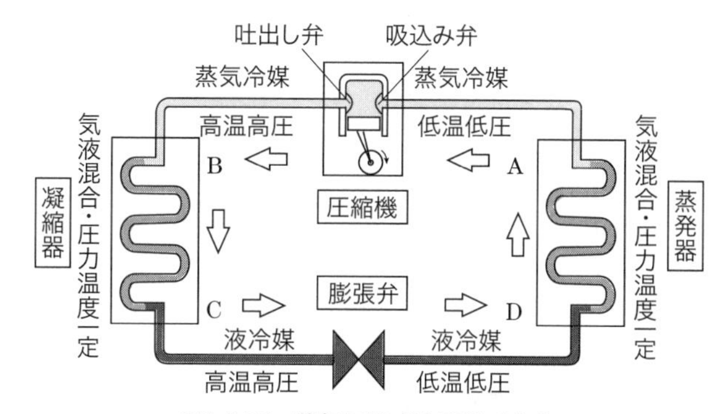

67-1図　蒸気圧縮式冷凍サイクル

67-1表　蒸気圧縮式冷凍サイクル

サイクル	行程	説明（冷媒の状態）	温度	圧力	比エンタルピー
A⇒B	圧縮	冷媒は過熱蒸気となって圧縮機へ	上昇	上昇	増加
B⇒C	凝縮	過熱蒸気から湿り蒸気，液体冷媒へ	一定	一定	減少
C⇒D	膨張	膨張弁を通り，液体冷媒から湿り蒸気	低下	低下	一定
D⇒A	蒸発	湿り蒸気から過熱蒸気へ	一定	一定	増加

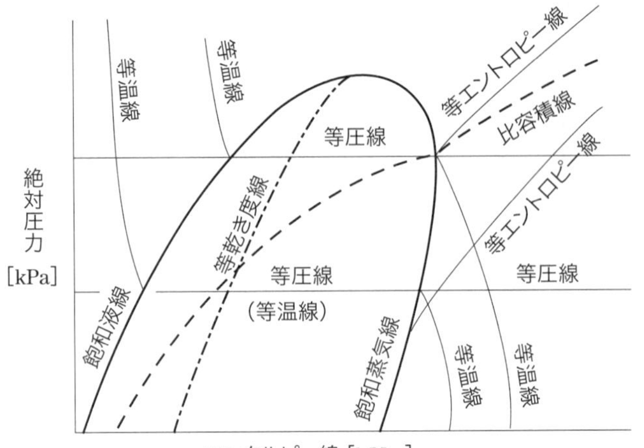

67-2 図　モリエル線図

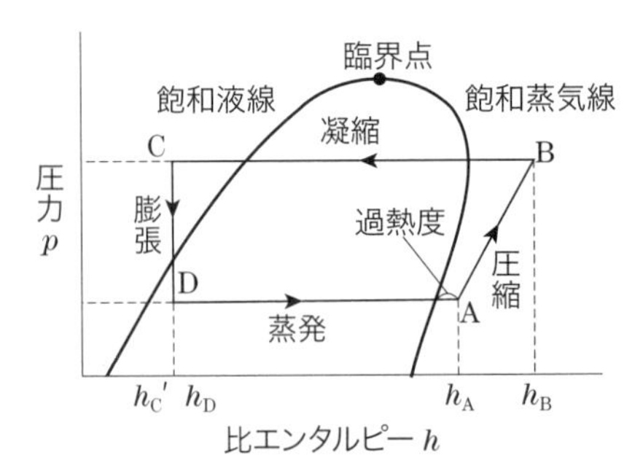

67-3 図　モリエル線図上の蒸気圧縮式サイクル

酸ナトリウムが利用されている．

一方，顕熱利用の蓄熱の代表は水の蓄熱槽であるが，他に躯体蓄熱システムなどがある 本年度-61．

2020-66 ， 2022-68

問題 69　正解　(3) ・・・・・・・頻出度 A A A

通風抵抗が大きいため，より大きな送風機動力が必要なのは，密閉型冷却塔である．

2022-69

問題 70　正解　(5) ・・・・・・・頻出度 A A A

超音波式は水噴霧方式に分類される．

2022-72

問題 71　正解　(2) ・・・・・・・頻出度 A A A

エアハンドリングユニットは独自の熱源装置はもたず，外部から冷温水や蒸気を取り入れて熱源とし，ダクトに接続して用いられる空気調和機である（**71-1 図**，**71-2 図**参照）．

71-1 図　エアハンドリングユニット外形図

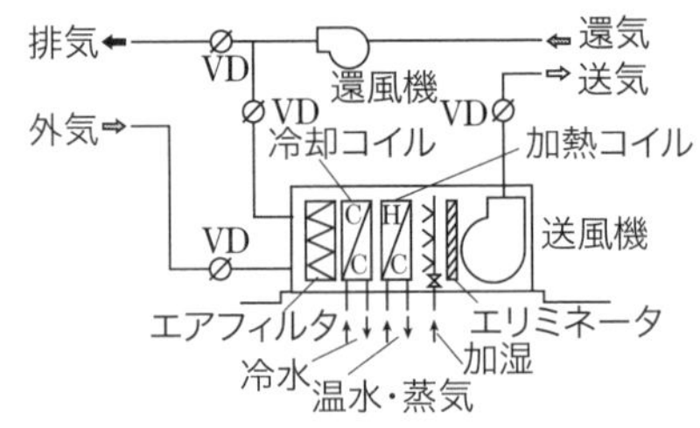

71-2 図　エアハンドリングユニット構成図

空気冷却器には冷水コイル，空気加熱器には温水コイルまたは蒸気コイルが用いられる．冷房時に冷水，暖房時に温水を通す冷温水乗用コイルも用いられる．

コイルはプレートフィン式コイルが用いられる．

内部の構成は，気流の上流側からエアフィルタ，空気冷却器，空気加熱器，加湿器，エリミネータ，ドレンパン，送風機ならびに電動機等である．

梅雨時など潜熱負荷が極めて大きい場合に，冷却除湿後再熱を行うために加熱コイルは冷却コイルの下流に設置する．

加湿器の水滴を蒸発させるためには，加熱が必要なので，加熱コイルは加湿器の前に設置する．

エリミネータは，冷却コイルの凝縮水や噴霧加湿により生じた水滴の飛散防止用である．

送風機としては，多翼送風機（シロッコファン）が多用される．

ケーシングには，内外面が鋼板でその内部に断熱材として発泡フォームを用いたサンドイッチ構造の外表パネルが用いられる．

エアフィルタとしては，ユニット型の乾式フィルタを用いることが多い．

これらの構成機器は使用目的に合わせて変更することができる．

-(3)　ファンコイルユニット 2022-70．

-(5)　ヒートポンプ型空調機は，冷媒の蒸発温度の高い水熱源の方がCOPは良いが，普及しているのは立地の制約の少ない空冷式である．

問題72　正解　(4)・・・・・・・**頻出度**AAA

温度ヒューズの溶解温度（**72-1表**）．

温度ヒューズの例は**72-1図**参照．

72-1表　温度ヒューズの溶解温度

一般換気用	72 °C
ちゅう房排気用	120 °C
排煙用	280 °C

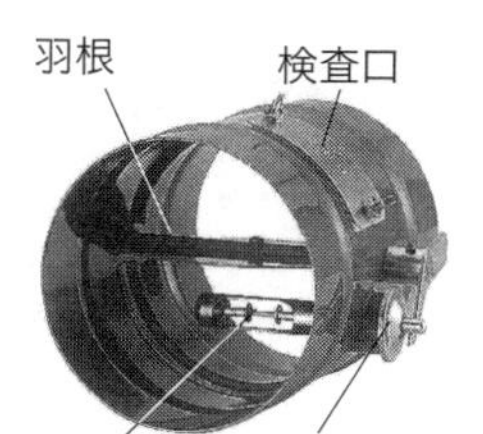

72-1図　防火ダンパと温度ヒューズ[7]

問題73　正解　(5)・・・・・・・**頻出度**AAA

原点を通る二次曲線となるのは送風系の抵抗曲線である．2022-74

-(1)，-(2)　送風機の種類を大別すると遠心送風機，軸流送風機，斜流送風機，横流送風機に分けることができる（**73-1図**参照）．

羽根車と気流の様子は**73-2図**参照．

-(4)　サージング 2022-77．

遠心式送風機
（シロッコファンの例）

軸流送風機

斜流送風機

横流送風機

73-1図　送風機[8]〜[11]

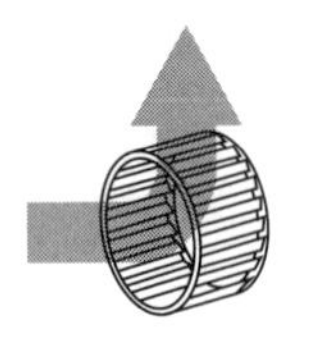
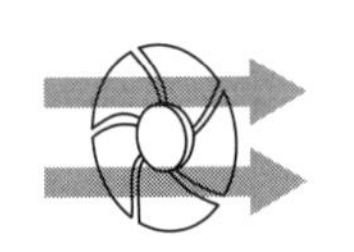
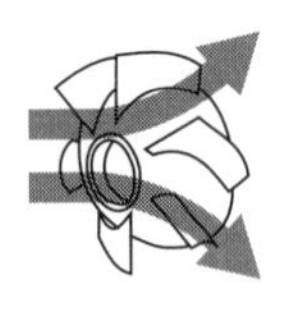
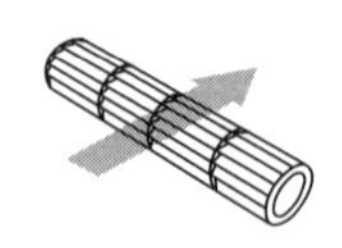

遠心送風機　軸流送風機　斜流送風機　横流送風機

73-2 図　羽根車と気流の様子

問題 74　正解　(3) ・・・・・・・**頻出度** AAA

軸流型のグリル型吹出し口の誘引効果は小さいが気流の到達距離は長い．

2022-73

-(1)　フレキシブルダクト（**74-1 図**）．

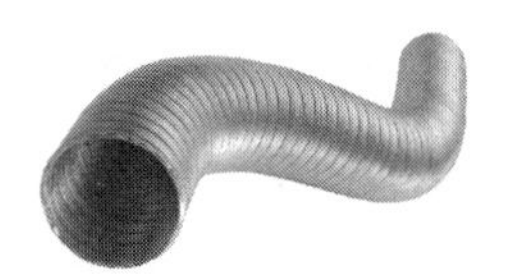

74-1 図　フレキシブルダクト[12]

-(2)　標準の風量調節ダンパの羽根およびケーシングの鋼材板厚は 1.2 mm であるが，防火ダンパは火炎遮断のために 1.5 mm 厚以上である．

-(4)　ダクトは，使用圧力，制限圧力，流速範囲で，低圧ダクト，高圧 1 ダクト，高圧 2 ダクトと分類されている．

流速範囲 15 m/s 以下の空調用の低圧ダクト（常用圧力−490 Pa ～ +490 Pa）で使用される亜鉛鉄板の板厚は，制作されるダクトの長さにより 0.5 mm ～ 1.2 mm である．

-(5)　消音用のグラスウールダクトは，保温材のグラスウールより高密度のグラスウールを組み立てたものである．

問題 75　正解　(4) ・・・・・・・**頻出度** AAA

同じユニット交換型の中性能フィルタの圧力損失初期値が 50 Pa 程度なのに対して HEPA フィルタ（**75-1 図**）は 100 Pa 程度である（JIS の規格は 245 Pa 以下）．

75-1 図　HEPA フィルタの例[13]

2022-75

問題 76　正解　(5) ・・・・・・・**頻出度** AAA

-(5)　サージング現象の説明である 2022-77．

-(2), -(3)　ポンプの種類（**76-1 表**参照）

76-1 表　ポンプの種類

ターボ型	遠心ポンプ	渦巻きポンプ，ディフューザポンプ
	斜流ポンプ	
	軸流ポンプ	
容積型	往復ポンプ	ピストンポンプ，プランジャポンプ，ダイヤフラムポンプ
	回転ポンプ	歯車ポンプ，ねじポンプ，ベーンポンプ
特殊型	渦流ポンプ，気泡ポンプ，水撃ポンプ，ジェットポンプ，電磁ポンプ，粘性ポンプ	

渦巻きポンプ（**76-1 図**）は，羽根車と渦巻き状のケーシング（渦室）で水に遠心力を与え，速度エネルギーを圧力エネルギーに変換する．

渦巻きポンプには片吸込み型と両吸込

渦巻きケーシング

多段渦巻きポンプ

76-1図　渦巻きポンプ[14][15]

み型があり，水量が多い場合は，両吸込み型が用いられる．

高揚程を得るために2枚以上の羽根車（インペラ）を直列に組み込み，吸込口から吐出口まで，順次昇圧していくポンプを多段渦巻きポンプという．

歯車ポンプ（**76-2図**）は，2個の歯車がケーシングの中で回転し，流体を押し出す容積式ポンプで，圧力にかかわらず流量がほぼ一定に保たれる．歯車ポンプは油類の移送に広く用いられている．

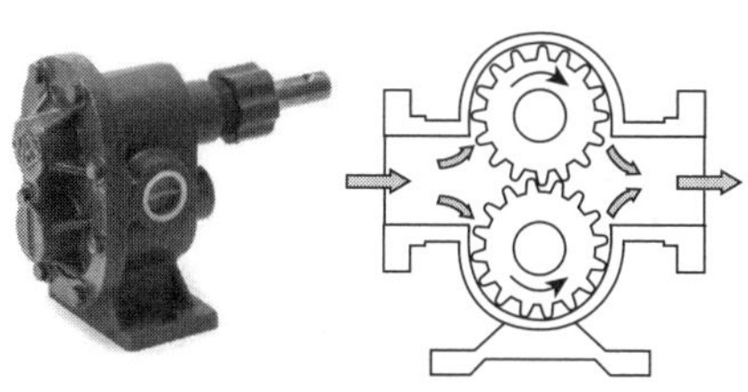

76-2図　歯車ポンプ[16]

問題77　正解　(4)･･･････頻出度AA

ヒートポンプデシカント調湿型外気処理装置は水配管レス外調機と呼ばれる新技術であるが，その加湿機能が建築物衛生管理基準を満たすことができるか，これからの検証が待たれる．

現在唯一商品化されているのはダイキンのDESICAで，技術的なミソは，ヒートポンプの冷却，加熱の熱交換コイルに吸着剤（デシカント素子）を直接塗布して，コイルと空気の流れを適宜切換えて外部からの給水，外部への排水なしに室内空気の湿度を調整しようとするものである（**77-1図**参照）．

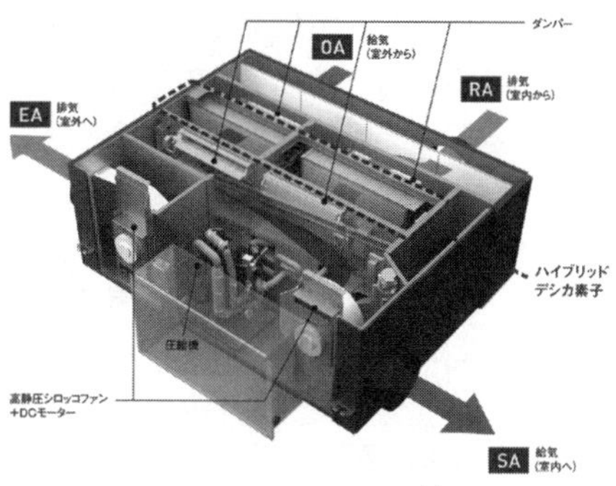

77-1図　DESICA[17]

-(1)　顕熱交換器，-(2)　全熱交換器 2022-71．

-(3)　外気処理ユニット（個別空調の換気を処理する方法）2019-76．

-(5)　便所，浴室，給湯室，厨房，倉庫，各種機械室，ボイラ室などは，換気の目的がそれぞれ異なるために単独の換気を設ける．

問題78　正解　(2)･･･････頻出度AA

光散乱式の相対濃度cpm（Count Per Minute）から相当質量濃度を求める式，

相当質量濃度＝（測定cpm − バックグラウンドcpm）× 感度0.001 × 較正係数に与えられた数値を代入して，

$$\left(\frac{90}{3}-\frac{60}{10}\right)\times 0.001\times 1.3$$

$$= 24 \times 0.0013 = 0.0312\ \mathrm{mg/m^3}$$

2022-78

問題79　正解　(1)･･･････頻出度AAA

CFU/m^{3}は細菌，真菌等の環境微生物の濃度の単位である．2022-78

アスベスト濃度の単位は，本/cm^3，繊維/mL，f/cm^{3}など．

アスベスト測定法は，空中のアスベストは繊維状粉じんの一種であるから，測定方法は基本的には一般粉じんと変わらない．ポンプで被験空気の粉じんをフィルタ上に捕集し，顕微鏡で計数する検鏡法と，被験空気に光を当てて散乱光を測る方法の二つがある．ろ紙はグラスファイバではなくセルロースエステルの白色メンブレンフィルタを使用．

最も一般的な検鏡法は，フィルタに試料を捕集した後，消光液でフィルタを透明化し，位相差顕微鏡により繊維の長さが5 μm以上，かつ長さと幅の比が3：1以上の繊維状の物質を計数する．光学顕微鏡では他に干渉位相差顕微鏡，電子顕微鏡では走査型,透過型が用いられる．

-(2)　Bq（ベクレル）本年度-38．

問題80　正解　(2)・・・・・・・**頻出度** A A A

2種類の金属の膨張率の差を利用するのはバイメタル温度計である．サーミスタ温度計は電気抵抗式温度計の一種である．

バイメタル式温度計は，膨張率の異なる2種類の金属（鉄・ニッケル合金とさらにマンガン，クロム，銅を添加した合金など）を貼り合わせ，温度による湾曲度の変化量から温度を求める．

電気抵抗式温度計は，金属線の，温度による電気抵抗の変化を利用するものや，サーミスタ温度計がある．

サーミスタ (thermistor) とは，温度変化に対して電気抵抗の変化の大きい抵抗体のことである．最も利用の多いNTCサーミスタはニッケル，マンガン，コバルト，鉄などの酸化物を混合して焼結したものである．

電気抵抗式温度計は精度が高く，遠隔で示度を読み取れる利点をもつ．

-(1)　熱線式風速計は，電流で加熱された熱線（白金線，タングステン線等），サーミスタ，トランジスタから気流に奪われる熱量が周囲風速に関係する原理を利用して気流速度を測定する．

熱線を一定電圧で加熱すると，風速に応じて熱線に不平衡電流が生じることを利用した定電圧式と，風速の変化による熱線の温度変化に応じて瞬時に入力電流が変化し熱線の温度を一定に保つ定温度式等がある．

製品によっては，エレメント（センサ部）の幾何学的形状による指向特性があり，あらかじめ風向を知らないと正確な測定ができない（**80-1図**参照）．

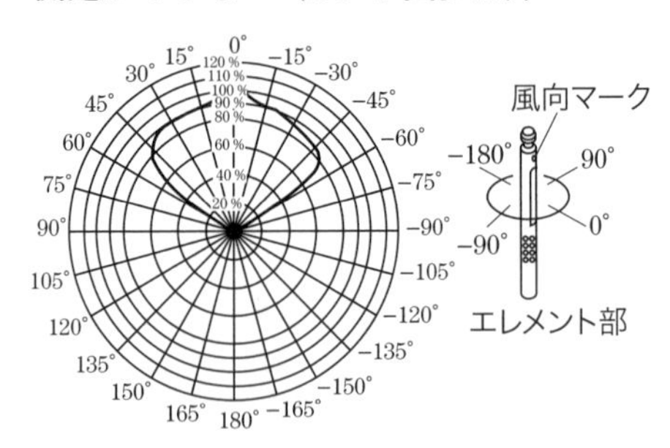

80-1図　エレメントの指向特性

-(3)　自記毛髪湿度計（**80-2図**）は，いかにも振動には弱そうである．また，極端な低湿度，高湿度の環境で利用するのは適当でない．

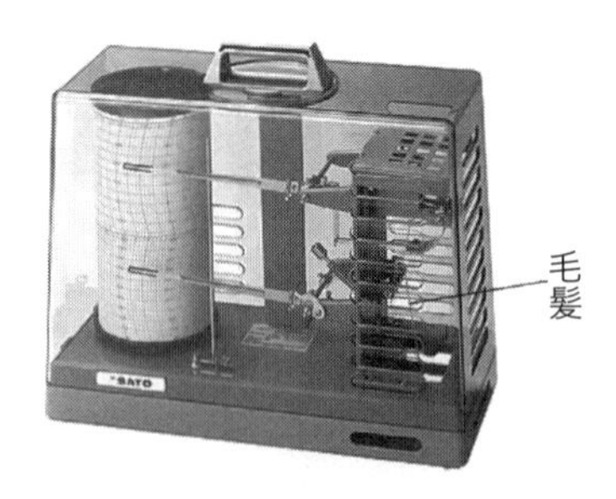

80-2図　自記毛髪湿度計[18]

-(4)　アスマン通風乾湿計（**80-3図**）は，湿球における水の蒸発量は気流によって異なるので，一定速度で回転するゼンマイ駆動またはモータ駆動の風車機構を内蔵する．湿球への通風速度は3 m/s 以上必要である．

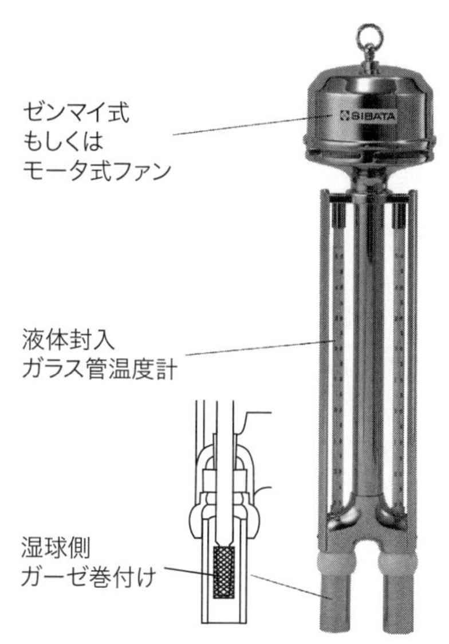

80-3 図　アスマン通風乾湿計(19)

放射熱の影響を防ぐため温度計を挿入した金属管はクロームメッキを施されている．

測定点に設置し，通風開始後3分と4分の値を読み取り変化がなければ測定値とする．

相対湿度100 % でない限り，湿球温度は常に乾球温度よりも低い値を示す．

-(5)　電気湿度計は，塩化リチウム等の吸湿性塩の電気抵抗変化を利用したもの，薄膜ポリマーフィルムの誘電体の誘電率が相対湿度で変化することを利用したもの等がある．遠隔測定，連続測定に適するが，センサ部の経年変化があるのでアスマン計などによる定期的な較正を必要とする．

2022-80

問題 81　正解　(2)・・・・・・・頻出度 A A A

DNPH カートリッジを用いた測定法は，オゾンにより負の（濃度が実際より低く出る）妨害を受ける．

ホルムアルデヒドの測定法は **81-1 表**参照．

81-1 表　ホルムアルデヒド測定法

種別		測定法名称
精密測定法	アクティブ法	DNPH※3 カートリッジ捕集－HPLC※1 法 ほう酸溶液捕集－AHMT※3 吸光光度法 TFBA※3 カートリッジ捕集－GC/MS※2 法 CNET カートリッジ捕集 THPLC 法
	パッシブ法	DNPH 含浸チューブ－HPLC 法 TEA 含浸チューブ－吸光光度法
簡易測定法	アクティブ法	検知管法（電動ポンプ式） 定電位電解法（DNPH 干渉フィルタ法） 光電光度法（試験紙） 電気化学的燃料電池法 光電光度法（AHMT 試験紙） 化学発光法 吸光光度法（拡散スクラバー法）
	パッシブ法	検知紙法（バイオセンサ法）

※1　HPLC：高速液体クロマトグラフ
※2　GC/MS：ガスクロマトグラフィー質量分析
※3　DNPH，AHMT，TFBA などは試薬の名称である

1. サンプリングの方法には精密測定法，現場で用いる簡易測定法に，それぞれ吸引ポンプを使うアクティブ法と分子の拡散原理によるパッシブ法がある．
2. DNPH カートリッジ捕集・溶媒描出－高速液体クロマトグラフ（HPLC）法ではオゾンによって負の妨害を受け

るので，オゾンの存在が予想される場合は，オゾン除去管（粒状よう化カリウム充填管）を用いる．

検知管法では，ホルムアルデヒドと共存するアセトアルデヒドおよび酸性物質は正の影響，アルカリ性物質は負の影響を与える．

ほう酸溶液捕集–AHMT 吸光光度法（AHMT 法），光電光度法は妨害ガスの影響をほとんど受けない．

3. 試薬の DNPH カートリッジは冷蔵保存する必要があるが，TFBA カートリッジはその必要がない．

4. ガスクロマトグラフィー質量分析計（GC/MS）は，ガスクロマトグラフィーと質量分析計（マススペクトロメータ）を接続させた装置である（**81-1 図**）．

ガスクロマトグラフィーは気体（ガス）状の物質を分離・精製する装置で，物質によって単離される時間が異なる．単離された物質を質量分析計でイオン化し，磁場中に飛ばして軌道の違いからその質量を質量スペクトルとして得る．その結果を示したグラフをクロマトグラムという（**81-2 図**）．

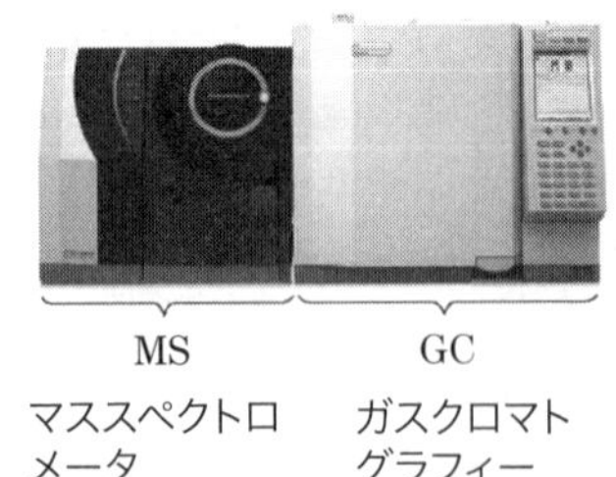

81-1 図　ガスクロマトグラフィー質量分析計[20]

問題 82　正解　(4) ・・・・・・・ **頻出度** A A A

TVOC 値を測定するモニタ装置も市販されている．方式によっては各 VOC への感度が異なるため，注意が必要である（登録講習テキスト）．

VOC（Volatile Organic Compound：揮発性有機化合物）は，トルエン，キシレンなどをはじめとしてその種類は非常に多い．VOCs はその総称である．

-(1)　VOCs のサンプリングには，ポンプによる吸引するアクティブ法と分子の拡散原理によるパッシブ法がある．

-(2)，-(3)　サンプリング後は，GC/MS 法を用いて個々の VOC を測定する．

固相捕集・溶媒抽出－ GC/MS 法では

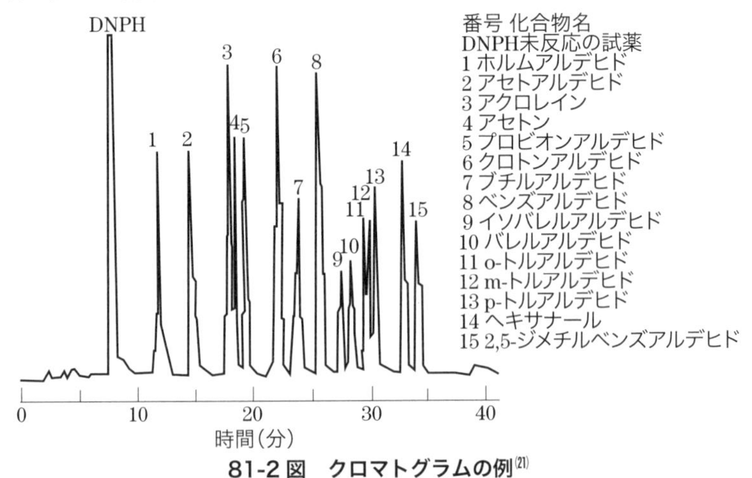

81-2 図　クロマトグラムの例[21]

抽出液の一部を用いるため，全量導入となる固相捕集・加熱脱着法に比較し測定感度が落ちる．

-(5)　ヘキサン（C_6H_{14}）沸点 69 ℃，ヘキサデカン（$C_{16}H_{34}$）沸点 287 ℃．

TVOC 濃度の測定には，それぞれの VOC の取り込み速度が明らかにならないので，パッシブ法を適用するのは困難である（登録講習テキスト）．

WHO では，VOCs を沸点で **82-1 表**のように分類している．

ちなみに，ホルムアルデヒドの沸点は −19 ℃である（従って常温では気体である）．

82-1 表　VOCs の分類（WHO）

沸点	名称	略称
0 ℃以下から 50 ～ 100 ℃	高揮発性有機化合物	VVOC
50 ～ 100 ℃から 240 ～ 260 ℃	揮発性有機化合物	VOC
240 ～ 260 ℃から 400 ℃	準揮発性有機化合物	SVOC
380 ℃以上	粒子状有機化合物	POM

問題 83　正解　(1)・・・・・・・頻出度 A A A

加湿装置の点検は，1 年以内→ 1 か月以内，が正しい（**83-1 表**参照）．

-(2)　レジオネラ症 2022-32 ．

-(3)　ダクト清掃工法には，乱打法式，はたき方式，ブラシ方式などがある．いずれも物理的衝撃でダクト内の粉じんを剥離除去しようとするものである．

問題 84　正解　(2)・・・・・・・頻出度 A A A

対象音が暗騒音より 10 dB 以上大きい場合には，測定値は対象音と判断してよい．10 dB に満たない場合は暗騒音の除去などの対応が必要となる．

2022-87

-(1)　人間の可聴範囲は **84-1 表**参照．周波数の方が頻出．

84-1 表　ヒトの可聴範囲

周波数	20 Hz ～ 20 000 Hz（20 kHz）の約 10 オクターブ
音圧レベル	0 ～ 140 dB

表中の 1 オクターブとは 2 音の周波数が 2 倍になる間隔をいう（500 Hz の 1 オクターブ周波数の高い音は 1 000 Hz）．

人が音として聴こえない約 20 Hz 以下の音を超低周波空気振動といい，超低周波空気振動と，周波数約 100 Hz までの低い周波数の可聴音を合わせて低周波音という．逆に，約 20 kHz 以上の周波数の音を超音波という．

-(3)　音速度 c [m/s] は，1 気圧下では，気温を t [℃] として，$c \fallingdotseq 331.5 + 0.6t$ と表される．0 ℃で 331.5 m/s，20 ℃で 343.5 m/s である．すなわち，温度の上昇とともに音速は速くなる．この公式は空

83-1 表　空気調和設備に関する衛生上必要な措置（ビル管理法施行規則第 3 条の十八）

1	冷却塔及び加湿装置に供給する水を水道法第 4 条に規定する水質基準に適合させる．	
2	冷却塔・冷却水の汚れの状況，必要に応じ清掃	1 か月以内ごとに 1 回定期に実施
3	加湿装置の汚れの状況，必要に応じ清掃	
4	空調機のドレンパンの汚れの状況，必要に応じ清掃	
5	冷却塔，冷却水の水管および加湿装置の清掃	1 年以内ごとに 1 回定期に実施

※ ドレンパンについては 1 年以内ごとの定期的清掃の規定がないことに注意

気の弾性的性質から導くことができる.

-(4)　等ラウドネス曲線（本年度 -32）によれば，人間の聴覚は低周波数域で鈍くなる.

-(5)　等価騒音レベル（LAeq）

自動車騒音など時間的に変動する騒音をエネルギー的に等価な定常騒音で表した量．環境基本法の騒音に関する環境基準にも用いられている.

問題 85　正解　(2) ・・・・・・・ **頻出度** A A A

吸音率は，入射音響エネルギーに対する，透過エネルギー＋吸収エネルギーの割合である.

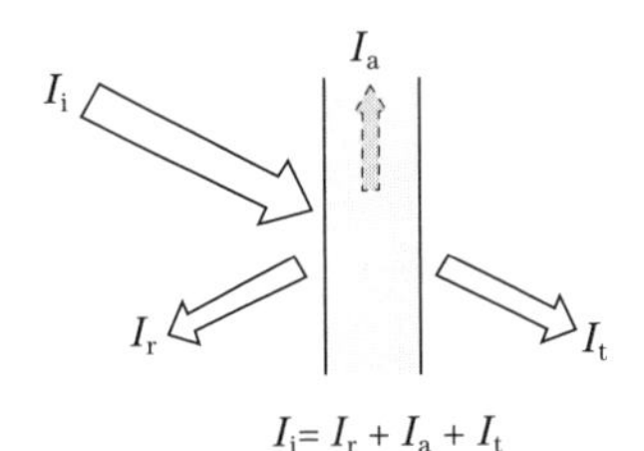

$I_i = I_r + I_a + I_t$

I_i：入射音の強さ [W/m^2]

I_r：反射音の強さ [W/m^2]

I_a：吸収の強さ [W/m^2]

I_t：透過音の強さ [W/m^2]

85-1 図　壁における音の反射，吸音，透過

85-1 図で壁の面積 S，入射音の強さ I_i，反射音の強さ I_r，I_t が透過，I_a が吸収されたとすると，

反射率 $r = \dfrac{I_r}{I_i}$

吸音率 $a = 1 - r = \dfrac{I_i - I_r}{I_i} = \dfrac{I_t + I_a}{I_i}$

ちなみに，解放された窓の吸音率は 1 である.

透過率 $\tau = \dfrac{I_t}{I_i}$

壁の遮音性能を表す透過損失値

$TL = 10\log_{10} I_i - 10\log_{10} I_t$

$= \log_{10}\left(\dfrac{I_i}{I_t}\right) = \log_{10}\left(\dfrac{1}{\tau}\right)$ [dB]

透過吸音面積（吸音力）

$A = a \times S$ [m^2]

-(5)　パワーレベル，デシベル尺度 本年度 -32.

問題 86　正解　(3) ・・・・・・・ **頻出度** A A A

点音源の場合，音源からの距離が 2 倍になると音の強さは (1/2)^2 になる．これを音の強さのレベルの定義式に入れて，

$$10\log_{10}\frac{I \times \left(\frac{1}{2}\right)^2}{I_0}$$

$$= 10\log_{10}\frac{I}{I_0} + 10\log_{10}\left(\frac{1}{2}\right)^2$$

$$= 10\log_{10}\frac{I}{I_0} + 2 \times 10\log_{10}\frac{1}{2}$$

$$= 10\log_{10}\frac{I}{I_0} + 20\log_{10} 2^{-1}$$

$$= 10\log_{10}\frac{I}{I_0} - 20\log_{10} 2$$

$$= 10\log_{10}\frac{I}{I_0} - 20\log_{10} 2$$

$$= 10\log_{10}\frac{I}{I_0} - 20 \times 0.3$$

… 6 dB 減衰する.

距離が 10 倍になると，

$$10\log_{10}\frac{I \times \left(\frac{1}{10}\right)^2}{I_0}$$

$$= 10\log_{10}\frac{I}{I_0} + 10\log_{10}\left(\frac{1}{10}\right)^2$$

$$= 10\log_{10}\frac{I}{I_0} + 20\log_{10} 10^{-1}$$

$$= 10\log_{10}\frac{I}{I_0} - 20\log_{10} 10$$

$$= 10\log_{10}\frac{I}{I_0} - 20\times 1$$

$$= 10\log_{10}\frac{I}{I_0} - 20$$

… 20 dB 減衰する.

線音源の場合，音源からの距離が2倍になると音の強さは1/2になる.

$$10\log_{10}\frac{I\times\frac{1}{2}}{I_0}$$

$$= 10\log_{10}\frac{I}{I_0} + 10\log_{10}\frac{1}{2}$$

$$= 10\log_{10}\frac{I}{I_0} + 10\log_{10}2^{-1}$$

$$= 10\log_{10}\frac{I}{I_0} - 10\log_{10}2$$

$$= 10\log_{10}\frac{I}{I_0} - 10\times 0.3$$

$$= 10\log_{10}\frac{I}{I_0} - 3$$

… 3 dB 減衰する.

線音源で距離が10になると，

$$10\log_{10}\frac{I\times\frac{1}{10}}{I_0}$$

$$= 10\log_{10}\frac{I}{I_0} + 10\log_{10}\frac{1}{10}$$

$$= 10\log_{10}\frac{I}{I_0} + 10\log_{10}10^{-1}$$

$$= 10\log_{10}\frac{I}{I_0} - 10\log_{10}10$$

$$= 10\log_{10}\frac{I}{I_0} - 10\times 1$$

$$= 10\log_{10}\frac{I}{I_0} - 10$$

… 10 dB 減衰する.

上記の計算では次の対数法則を適宜利用した.

$X = a^p$ のとき，$p = \log_a X$ を a を底とする X の対数という．a は自明の場合は省略することが多い.

指数法則，$a^M \times a^N = a^{M+N}$ などから，

法則1　$\log MN = \log M + \log N$

法則2　$\log\frac{M}{N} = \log M - \log N$

法則3　$\log M^q = q\times\log M$

法則4　$\log 1 = 0$

真数 M，N が掛け算のときはそれぞれの対数の足し算，割り算のときはそれぞれの対数の引き算に分解できる.

dBの計算問題は，受験対策的には**86-1表**を覚えてしまうのがよい.

86-1表　覚えようdBの計算（太字が頻出）

点状の騒音源から2倍の距離	**−6 dB**
点状の騒音源から10倍の距離	−20 dB
線状の騒音源から2倍の距離	**−3 dB**
線状の騒音源から10倍の距離	−10 dB
同じ騒音レベルの機械を2台※	**+3 dB**
同じ騒音レベルの機械を4台	+6 dB
同じ騒音レベルの機械を8台	+9 dB
同じ騒音レベルの機械を10台	+10 dB

※　騒音源の個数が増えた場合のdB計算は 2020-84.

ここのところよく出題される面状の音源（**86-1図**）からの距離による減衰.

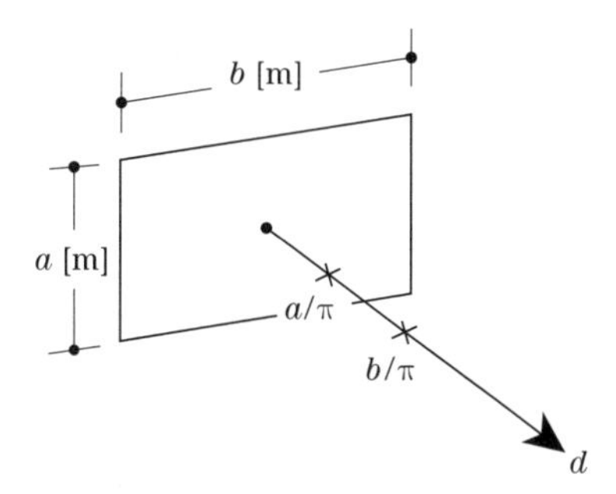

86-1図　面音源からの距離による減衰

有限の面積の面音源では，音源からの距離dによって，下記のように面音源～線音源～点音源の減衰特性を示す．

① $d < a/\pi$…面音源の特性
（ほとんど減衰しない）

② $a/\pi < d < b/\pi$…線音源の特性
（-3 dB/d.d.※）

③ $b/\pi < d$…点音源の特性
（-6 dB/d.d.）

※ d.d.：ダブル・ディスタンス＝距離が倍になるごとに．

この減衰特性をグラフにすると**86-2図**のようになる．

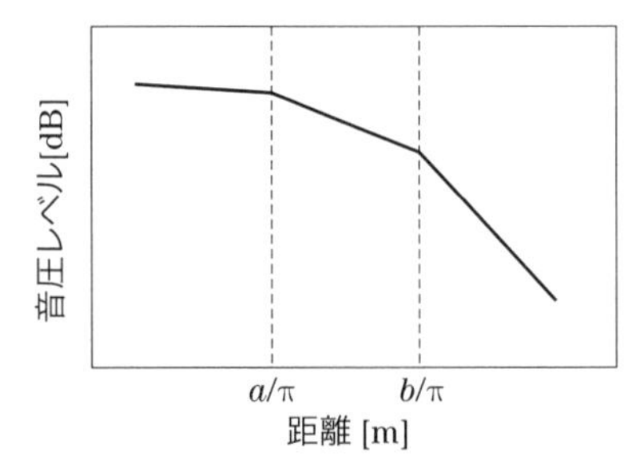

86-2図 面音源からの距離による減衰特性

問題87 正解 (4) ・・・・・・・**頻出度** A A A

床の遮音等級Lr値は，小さい方が遮音性能が高いことを示す．

Lr値は，上階の床で一定の騒音を発生させ（**87-1図**参照），下階で基準周波数ごとにその騒音レベルを測定する．

右が重量衝撃音源（バングマシン）
左が軽量衝撃音源（タッピングマシン）

87-1図 床衝撃音測定(22)

測定値を床衝撃音遮音基準曲線（**87-2図**）に当てはめ，測定値が全ての周波数帯域において基準曲線を下回るとき，その最大の基準曲線の数値を遮音等級とする．

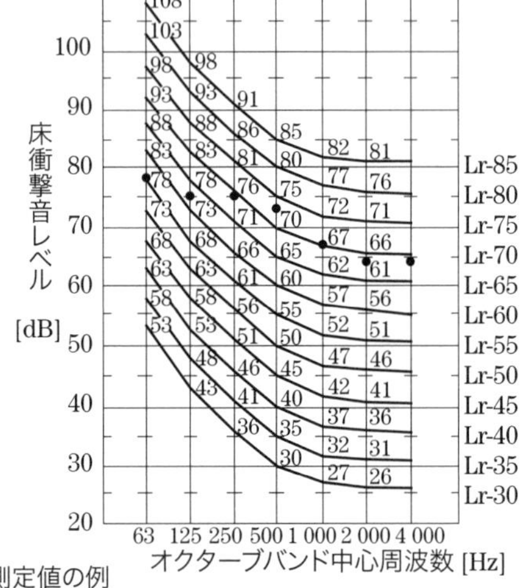

測定値の例

基準周波数 [Hz]	63	125	250	500	1 000	2 000	4 000
音圧レベル [dB]	78	75	75	73	67	64	64

87-2図 床衝撃音遮音基準曲線

測定誤差などを考慮して，測定値から2 dB減じることが許される．

87-2図の測定例では，Lr値はLr-75となる．

ちなみに，壁の遮音性能を表すDr値は，2室間の音圧レベルの差を測るのでその値が大きい方が遮音性能が良いことを示す．

-(1) 道路交通振動 2022-84．

-(2) 面積S_w [m^2]の隔壁を介した2室間の遮音性能は，音源室と受音室の平均音圧レベルをL_1，L_2，受音室の透過吸音面積をA_2 [m^2]，壁の透過損失値を

TL [dB] とすると，次式で表される．

$$L_1 - L_2 = TL + 10\log_{10}\frac{A_2}{S_w}$$

受音室 A_2 が大きくなると 2 室間の遮音性能は増加することが分かる．

壁が複合的な構造の場合，壁の透過損失値 T_L は，各部位の平均値を用いる．

-(3) 重量床衝撃音 2022-86．

-(5) コインシデンス効果 2022-84．

問題 88 正解 (4) ・・・・・・・**頻出度** A A A

昼光率は，直射日光の影響を受けない，というか，昼光率と直射日光は関係がない．

昼光を照明に使う場合，直射日光は天候での変動が大きく，またまぶし過ぎるので適切に遮蔽(へい)し，天空光（**88-1 表**参照）を用いる．

88-1 表 昼光（直射日光，天空光）

昼光	直射日光	太陽光が拡散されずに大気を透過して地表に到達する光
	天空光	太陽光が大気中のちりや雲（水，氷）等の微粒子によって拡散された光

昼光（天空光）による照明を考える場合，昼光は季節，時刻，天候によって変動するので，昼光の量的な指標として用いられるのは照度ではなく，季節や天候に左右されない，室内の位置で決まる昼光率 D である．

$$D = E/E_S$$

ただし，E：室内のある点の天空光による照度，E_S：全天空照度

窓から入射した昼光による室内の照度は，直接照度（窓から入った天空光が直接照らす照度）と間接照度（天空光がいったん天井や壁に反射した光による照度）からなり，昼光率も直接昼光率と間接昼光率からなる．

直接昼光率は，窓の光源としての立体角投射率，窓ガラスの透過率，透過率の維持率，窓ガラスの有効面積などに影響を受ける．

間接昼光率は室内の壁，天井，床などの反射率の影響を受け，室内のどの位置でも一定と考えて計算されるが，一般に直接昼光率に比べると小さい．

昼光率＝直接昼光率＋間接昼光率となり，ある点の昼光照度を求める場合には，その点の昼光率にそのときの天空光による全天空照度を乗じればよい．

-(1) 大気外法線照度を E_0 [lx]，地上での法線照度を E_n [lx]，水平面照度を E_h [lx] とすれば次式が成り立つ．

ただし P：大気透過率，H：太陽高度 [度].

$$E_n = E_0 \times P^{\frac{1}{\sin H}}$$

$$E_h = E_n \times \sin H$$

この式から，太陽高度が高いほど，直射日光による水平面照度が大きくなり，太陽高度が等しければ，大気透過率が高いほど直射日光による水平面照度が大きくなることが分かる． 2022-90

-(2) 光にも色があり，光の色は，380 ～ 780 nm の可視域のうちどの波長域に分布しているか(分光分布)によって決まる． 2022-88

-(3) 設計用の全天空照度が簡易的に曇天晴と晴天時に分けて示されている．

設計用全天空照度は，快晴（10 000 lx）よりも散乱光の多い薄曇りの方が大きい（50 000 lx）．

-(5) 屋根天井面に開けた天窓の方が同じ面積の側窓より多くの光が得られる

(**88-1 図**).

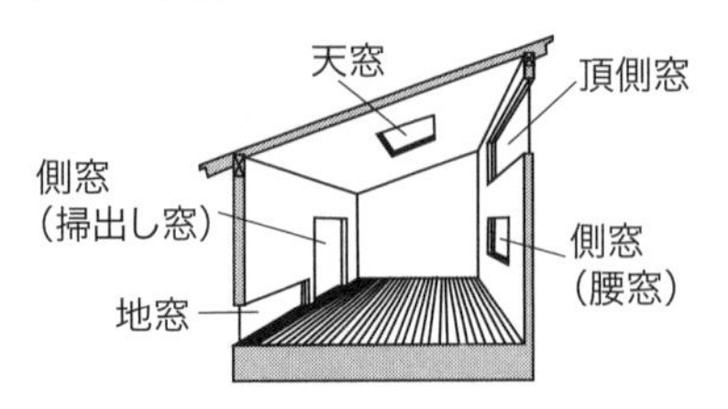

88-1 図　天窓，頂側窓(23)

ただし，施工や保守の面で側窓より不利な面が多い．頂側窓と呼ばれる窓は，側窓と天窓両方の長所を取り入れようとする窓である．

問題 89　正解　(1) ・・・・・・・**頻出度** A A A

光度は，単位立体角当たりから放出される光束である．光度の単位は cd（カンデラ）と表される．さらに，光度を見かけの面積で割った値が輝度である．

光環境の測定において扱う数値の多くは測光量と呼ばれ，物理量である放射量を，標準比視感度曲線（人の視覚の周波数特性＝分光感度）で重み付けした心理物理量である．

測光量のうち，特に重要な光束，輝度，照度について説明する．

測光量の基本である光束は，放射束を標準比視感度曲線によって波長ごとに重み付けしたもので，単位はルーメン（lm）である．1 cd の光源から 1 sr の立体角に照射される光束が 1 lm になる（全球では 4π lm）．

※　sr（ステラジアン）は立体角の単位（**89-1 図**参照）．

点光源の明るさである光度の単位カンデラ（cd）は SI 単位の基本単位の一つで，単位立体角当たりから放出される光束である．1 cd は，放射強度が 1/683 W/sr の周波数 540×10^{12} Hz の単色放射に等しい光度である．

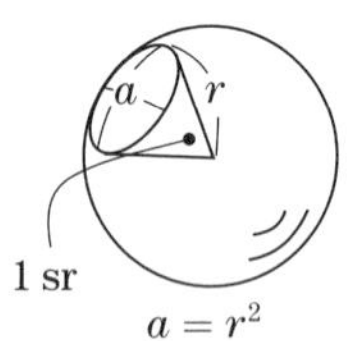

1ステラジアン（sr）は，球の半径rの平方（球の半径を一辺の長さとする正方形）と等しい面積の球面上の部分aが球の中心に張る立体角である．従って全球の立体角は4πとなる．

89-1 図　ステラジアン

面積をもった光源の明るさである輝度は次式で定義され，光度を観測方向からの見かけの面積で割った値である．

$$L = \frac{I}{S \times \cos\theta}\,[\mathrm{cd/m^2}]$$

ただし，L：輝度，I：光度 [cd]，S：発光面，反射面の面積 [$\mathrm{m^2}$]，θ：発光面，反射面への視線の入射角．

人間が感じる明るさはこの輝度と対応している（照度ではない）．

照明設計は「視対象面に入射する光」である照度を用いるが，まぶしさ（グレア）等の視感覚の評価には輝度値を用いる．

光度，輝度ともに定義から，光源の距離には関係がない．

照度は視対象の単位面積当たりに入射する光束であり，単位は $\mathrm{lm/m^2}$，略して lx（ルクス）と表され，照度は照度計で比較的簡単に測定することができる．

照度については次の法則が重要である．

1. 点光源の距離逆 2 乗の法則

照度は点光源からの距離の 2 乗に反比例する．照度は光束密度であり，点光源を囲む球の表面積は距離の 2

乗に比例することによる．

2．入射角余弦の法則

光の来る方向に対して法線面（真正面）の照度が最大になり，法線面から θ 傾いた面の照度は，法線面の照度 $\times \cos\theta$ となる．（**89-2 図**参照）．

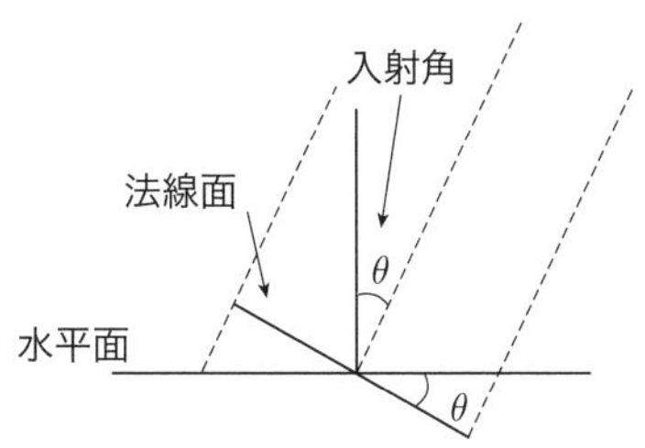

89-2 図　入射角余弦の法則

光束発散度は，広がりをもった光源の表面上の点から放出される光の明るさを表す心理物理量で単位は照度と同じ [lx] または，[lm/m^2] である．

問題 90　正解　(4) ・・・・・・・ **頻出度** A A A

点光源による照度は，点光源からの距離の逆 2 乗の法則で求める（前問解説参照）．

$$450\ \text{lx} \times \left(\frac{3.0\ \text{m}}{1.0\ \text{m}}\right)^2 = 450 \times 9$$

$$= 4\,050\ \text{lx}$$

逆 2 乗の意味は，2 乗する分数の分母に求める照度の距離が来ることである．

2021年度(令和3年度)午後の解答・解説

※ 解説中の「-」付きの -(1)～-(5)は，問題の選択肢文(1)～(5)を示しています．

※ 解説中 2022-93 などの表示は関連問題 2022 年問題 93 を示しています．

建築物の構造概論
問題 91～問題 105

問題 91　正解　(4) ・・・・・・・頻出度 A A A

夏至の南壁面の日積算日射量は緯度の高い東京の方が那覇より多い．

日積算日射量とは，その場所の刻々の日射量を日照時間にわたって積算したものになる．

刻々の日射量は，太陽位置（高度＝迎角，方位）の移動に伴って変化し，南中時の南壁面の受ける日射の強さは，太陽高度を h とすれば（法線面の受ける日射の強さ）$\times\cos h$ となる．夏至の太陽高度は，(90°− その場所の緯度 +23.4°）なので，南中時の東京（北緯 36°）の太陽高度は，

$$90-36+23.4=77.4°$$

那覇（北緯 26°）の太陽高度は

$$90-26+23.4=87.4°$$

$\cos 77.4°=0.22$，$\cos 87.4°=0.05$ なので，夏至の南中時に限れば，東京の南壁面受ける日射は，那覇のおよそ 4 倍の強さとなる．

日照時間も，北半球では春分から秋分の間は緯度の高い方が長い（夏至には東京が那覇よりおよそ 50 分長い）．

91-1 図は札幌，東京，那覇の方位別日積算日射量を示したものである．

那覇の南（S）壁面の夏至の日積算日射量は 1 kW・h/(m²・day) を少し下回るが，東京では約 1.5kW・h/(m²・day)，札幌では約 2 kW・h/(m²・day) となることが分かる．

-(1)　91-1 図から，夏季は東西壁面の日射受熱量が多いので，できるだけ受熱

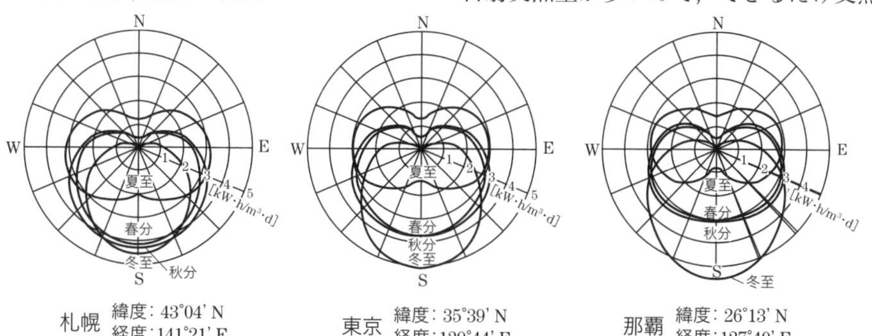

91-1 図　札幌，東京，那覇の方位別日積算日射量(1)

2021 年解答・午後

量を減らすように東西の壁面・窓を減らすように，同じ容積なら東西に長い建物（東西を軸とする建物）が良い．特に西面は，日射が当たる時刻に建物内外の温度が高くなっているので西日対策は重要である．

冬場は太陽高度が低いので，日射を多く取り入れるためには南面が長い方が良い．すなわち，夏冬とも，温熱環境的には東西を軸とする建物が有利となる．

-⑶　外付けブラインドの場合は，80%の日射遮蔽（へい）効果がある．

-⑸　ライトシェルフは**91-2図**参照．

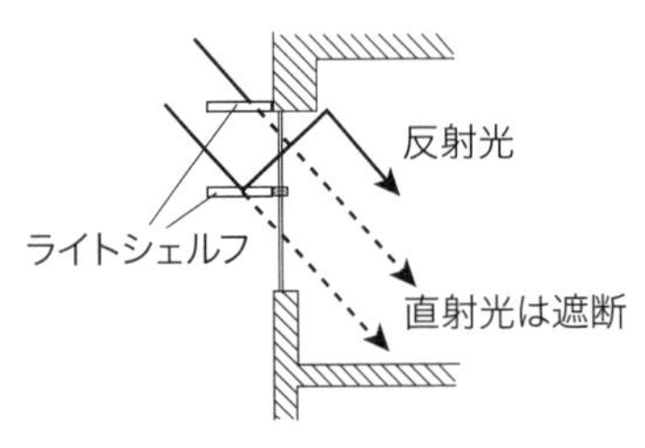

91-2図　ライトシェルフ

問題92　正解　⑷・・・・・・・**頻出度**AAA

施工図は現寸図の一種で，設計図書からは除かれる．

「この法律で「設計図書」とは建築物の建築工事の実施のために必要な図面（現寸図その他これに類するものを除く．）及び仕様書を，「設計」とはその者の責任において設計図書を作成することをいう．（建築士法第2条第6項）」

現寸図とは，意匠的あるいは構造的に複雑な部分を実寸で描く図面のことで，原寸図ともいう．設計図書の図面には記載されていない細部の寸法を現寸図で求め，現場で墨付けなどに用いる．

主な図面等の種類2022-93．

問題93　正解　⑸・・・・・・・**頻出度**AAA

直接土に接する床のかぶり厚さは，4 cm以上とする．

コンクリートのかぶり厚さとは鉄筋とコンクリート表面との距離をいい，鉄筋コンクリート造（RC造）の耐久性上重要である．また，かぶり厚さが十分あるとコンクリートが打設しやすくなる．かぶり厚さは建築基準法施行令で**93-1表**のように定められている．

93-1表　コンクリートのかぶり厚さ

部位	かぶり厚さ
耐力壁，柱，梁（はり）	3 cm以上
耐力壁以外の壁，床	2 cm以上
直接土に接する壁，柱，床，梁，布基礎の立上り部分	4 cm以上
基礎（布基礎の立上り部分を除く．）	捨コンクリートの部分を除いて6 cm以上

-⑴　コンクリートの原料はセメント，水，砂，砂利，モルタルはセメント，水，

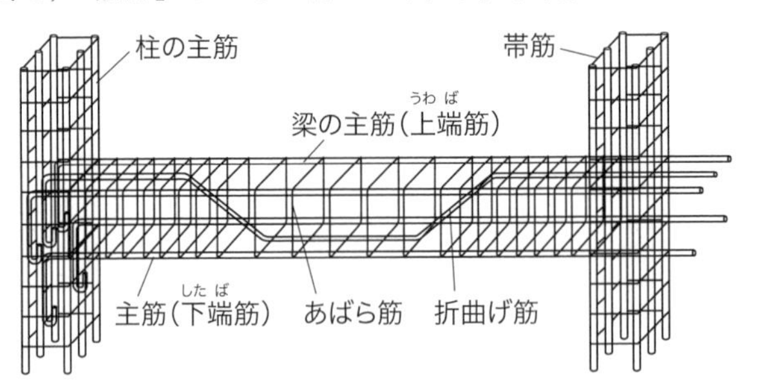

93-1図　鉄筋コンクリート造の配筋[2]

砂，また，水とセメントだけのものをセメントペーストという．

-(3)　鉄筋コンクリート造の配筋は **93-1 図**，**93-2 表**参照．

93-2 表　配筋の名称と負担する応力

配筋の名称	負担する応力	備考
柱の主筋	曲げモーメント，軸方向力	—
柱の帯筋	せん断力	フープともいう．
梁の主筋	曲げモーメント	—
梁の曲げ筋	せん断力	梁の反曲点付近に入れる．
梁のあばら筋	せん断力	スターラップともいう．

-(2)　あばら筋の主筋への定着については **93-2 図**参照．

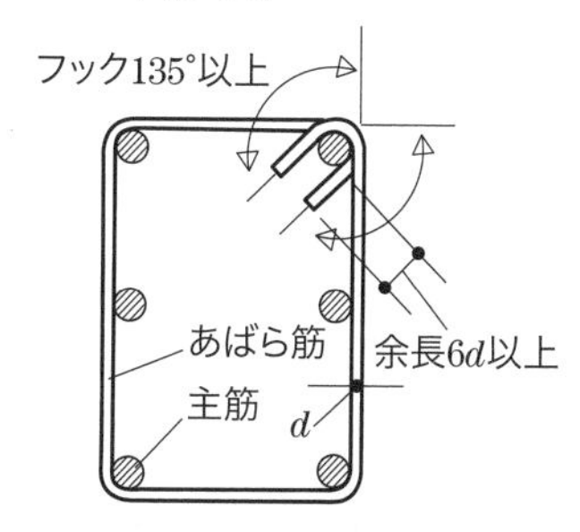

93-2 図　あばら筋のフック

-(4)　鉄筋コンクリート造の柱の小径（短い方の辺）は高さの 1/15 以上とする（**93-3 図**参照）．

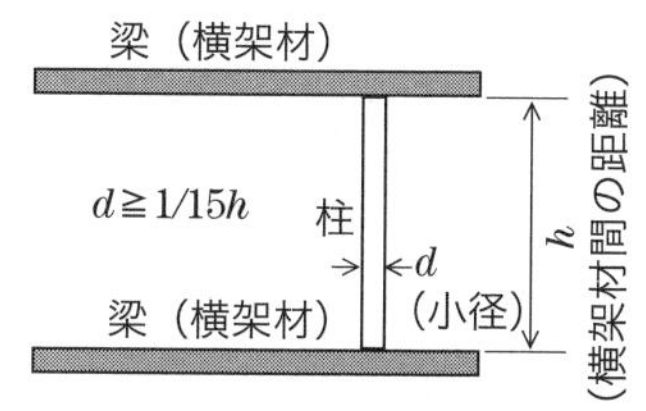

93-3 図　鉄筋コンクリート造の柱のサイズ

問題 94　正解　(1)・・・・・・・頻出度 A A A

靭(じん)性に優れるのは，降伏比の小さい鋼材である．

靭性とは，材料の粘り強さを指す．降伏比とは，降伏強さの引張強さに対する比（降伏強さ / 引張強さ）で，降伏強さは材料の硬さを表し，引張強さは柔軟性を表しているといえる．2022-96

-(3)　鉄骨造の欠点としては，耐火耐食性に劣り，耐火被覆，防錆処理を要する．

鋼材は 500 ℃で強度が 1/2，1 000 ℃で 0 となり，1 400 ～ 1 500 ℃で溶解する．不燃材料ではあるが耐火材料ではない．

耐火被覆はコンクリート，モルタル，プラスタ，ロックウール吹付け，ALC 板などによる方法がある．耐火被覆は，耐火時間に応じて被覆厚さを変える．

-(4)　鋼の炭素の含有率による分類は **94-1 表**参照．

94-1 表　炭素含有率による鋼の分類と用途

名称	炭素含有率 [%]	用途の例
極軟鋼	0.12 以下	ブリキ板，トタン板
軟鋼	0.12 ～ 0.30	鉄骨，鉄筋，ボルト，ナット，針金，釘
硬鋼	0.30 ～ 0.50	軸，レール，工具
最硬鋼	0.50 ～ 0.90	工具
炭素工具鋼	0.60 ～ 1.5	刃物，切削具

-(5)　高力ボルト接合 2022-96．

ラーメン構造の鉄骨同士の接合にはリベット，溶接，ボルト接合等があるが，近年ではほとんどがボルト接合である．

問題 95　正解　(3)・・・・・・・頻出度 A A A

片持ち梁(ばり)（片持ち支持梁）の先端に集中荷重の場合，せん断力は梁全長にわたって一定となる．

ビル管理士試験合格に必要な構造力学の基礎的な内容を以下にまとめた．

建築物やその部材には自重や風圧力，地震力などの荷重が働き，それらを支える支持力（反力）があって建築物は移動したり回転せずに安定して存在することができる．この荷重と反力を合わせて外力というのに対して，部材の内部にはこれらの外力，反力によってストレス（応力）が発生している．部材はこれらの応力に打ち克つだけの強さを必要とする．部材が応力に負けると，つぶれる，引きちぎれる，あるいは折れることによって建築物は崩壊してしまう．

建築物の部材が応力に対して必要とされる強さ（許容応力度）を求めることが構造力学の目的である．

1. 応力

応力には軸方向力，せん断力，曲げモーメントの三つがある（**95-1 表**）．

95-1 表　三つの応力

軸方向力 仮想切断面 （図は引張力）	構造力学では細長い部材を「梁」というが，梁の軸方向（長手方向）に働く力のことである． 張応力と圧縮力がある．
せん断力	軸方向と直角方向からの力のかけ方を「せん断」と呼び，その時に部材内部に発生する力を「せん断力」という．梁の面に沿って滑りを生じさせようとする応力である．
曲げモーメント 圧縮側 引張側	梁を折り曲げ（湾曲させ）ようとするモーメント（力×距離）のことである．

応力の分析には部材に仮想的な面を考えてそこに働く応力を検討する．

2. 支点・節点，梁の支持形式

1)　支点

荷重に対して，建築物に働く支える力を反力と呼び，反力が生じる点を支点と呼んでいる．

支点には，固定端，回転端（ピン），移動端（ローラ）の3種類がある（**95-2 表**）．

95-2 表　支点

荷重 反力		
ローラ（移動端）	ピン（回転端，ヒンジ端）	固定端
反力数1	反力数2	反力数3

固定端は移動も回転しない．反力として垂直，水平，曲げモーメントが生じる．

回転端には垂直，水平反力が生じる（回転してしまうため曲げモーメントは生じない）．

移動端には垂直反力のみ生じる（横に移動してしまうので水平反力は生じない．また，回転してしまうため曲げモーメントは生じない）．

2)　節点（接点）

部材同士の接合点を節点といい，節点を剛接合した構造をラーメン構造，ピン接合した構造をトラスという（**95-3 表**）．

95-3 表　節点

剛接合	ピン接合
軸方向力，曲げモーメント，せん断力，全ての応力を伝える．	軸方向力，せん断力は伝えるが曲げモーメントは伝えない（回転してしまうから）．

3) 支点による梁の支持形式には次のような基本形式がある(**95-4 表**).

95-4 表 梁の支持形式

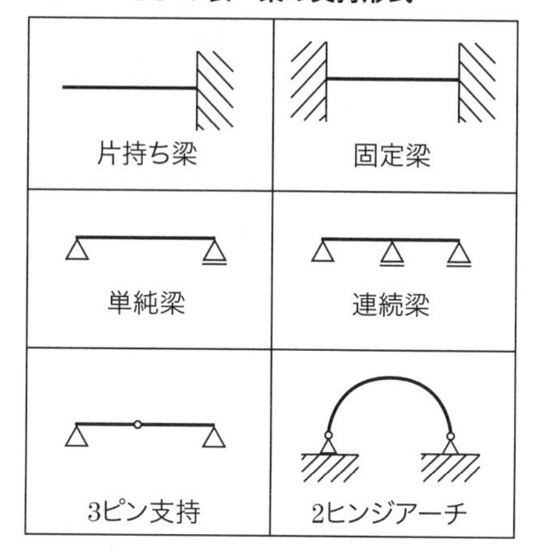

4) 応力図

三つの応力のかかり具合を表した図を軸方向力図(N 図),せん断力(Q 図),曲げモーメント図(M 図)といい,部材内部でどこに最大の応力が発生しているのかを知るのに用いられる.出題の多い片持ち梁(片持ち支持梁),単純梁の Q 図,M 図を以下に示す(**95-5 表**).

せん断力の場合は,その断面の左側の外力(荷重・反力)の合計がせん断力となり,その合計が上向きなら梁の上側に,下向きなら下側に描く.

曲げモーメントの場合は,梁全長にわたって荷重と断面の距離を掛け合わせたモーメントの合計を,引張力が働く側に描く.

片持ち梁では,集中荷重のとき,せん断力が一様になるが,他は,せん断力,曲げモーメントともに梁の根元で最大になる.

単純梁では,せん断力は,梁の中央で 0 になり,曲げモーメントは最大になる.

等分布荷重では,片持ち梁,単純梁ともに,曲げモーメントは二次曲線になる.

受験対策的には,この図をこのまま覚えてしまうのがよい.

-(1),-(5) 荷重については 2022-94.

問題 96 正解なし※ ……頻出度 A A A

※ 試験実施者から正答一覧公表の際に,正答となる選択肢がない,と付記された.

-(1) 建物の基礎部分に設ける免震装置は,建物の荷重を支えながら揺れを遮断する積層ゴムなどの「免震支承(アイソレータ)」と,揺れのエネルギーを吸収するオイルダンパなどの「減衰装置」で構成されるものが多い(**96-1 図**).

95-5 表 集中荷重,等分布荷重の応力図

	片持ち支持梁		単純梁	
	集中荷重	等分布荷重	集中荷重	等分布荷重
荷重図				
せん断力図(Q図)	Q	Q_{max}	Q Q	Q_{max}
曲げモーメント図(M図)	M_{max}	M_{max}	M_{max}	M_{max}

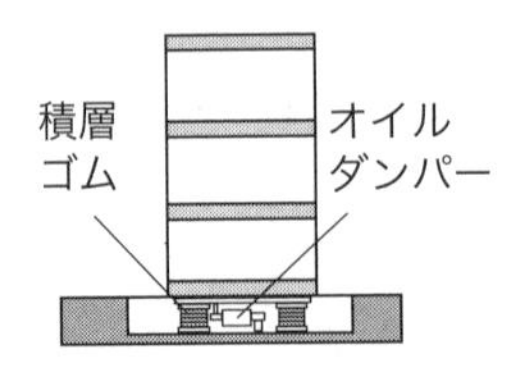

96-1 図　免震装置

-(2)　耐震補強

建築物の耐震改修の促進に関する法律（第２条第２項）における耐震改修とは，「地震に対する安全性の向上を目的として，増築，改築，修繕，模様替若しくは一部の除却又は敷地の整備をすること」をいう．

耐震補強の方法として，強度を高める方法と変形能力を高める方法がある．

1)　鉄筋コンクリート造の無開口耐震壁の増設

2)　筋かい（筋違，筋交い，ブレースともいう．）等の増設

3)　柱に鉄板，炭素繊維を巻いて補強

4)　補強にならない…… 腰壁や垂れ壁の増設（逆に柱のせん断破壊が生じやすくなる．）※

※　開口部の下部の壁を腰壁，上部を垂れ壁という．腰壁，垂れ壁つきの柱を短柱という．腰壁，垂れ壁と柱の間にスリットを入れて柱のせん断破壊を防止することを長柱化という．

-(3)　ブレース（筋交い）は立構面に入れる補強材で，風や地震の水平荷重に備える．座屈拘束ブレース（**96-2 図**）は芯材となる鋼材を二つの拘束材で挟み込み，一体化し，芯材の座屈（圧縮力に負けて横にはらみ出す現象）を防ぐ．

-(4)　コールドジョイントは，コンクリートの打ち重ね時の不具合により，本来一体化すべきコンクリートに不規則な断面ができ，強度，水密性，耐久性に問題が生じることをいう．コールドジョイントを防ぐためには，打重ね許容時間を，外気温 25 ℃未満の場合には 2.5 時間以内，外気温 25 ℃以上の場合には 2.0 時間以内にするなどの規定がある．

96-2 図　座屈拘束ブレースの例[3]

-(5)　構造設計では，中小地震に対する許容応力度計算に基づく設計を一次設計といい，大地震に対し重大な損傷がなく，崩壊しないことを目標に行う構造設計を二次設計という．

高さ 31 m 以上の建築物は一次設計を行った上で各階の層間変形角，剛性率，偏心率を確かめる，あるいは保有水平耐力を確かめる二次設計を行うか，限界耐力計算（終局強度設計法，限界状態設計法等）を行う．

問題 97　正解　(5) ……… **頻出度** A A

木材の強度は，繊維方向＞半径方向＞接線方向，である（**97-1 図**参照）．

-(1)　スランプ試験（**97-2 図**）．

工事では，コンクリートの製品ごとに定められたスランプ規格値 ± 現場で行うスランプ試験許容範囲のコンクリートを使用する．

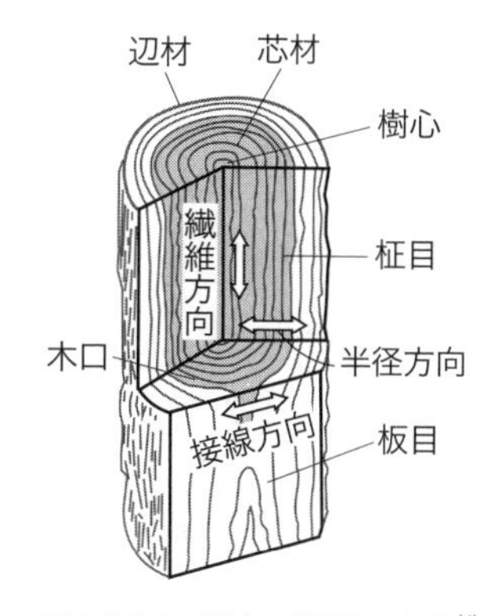

97-1 図　樹木の断面と名称[4]

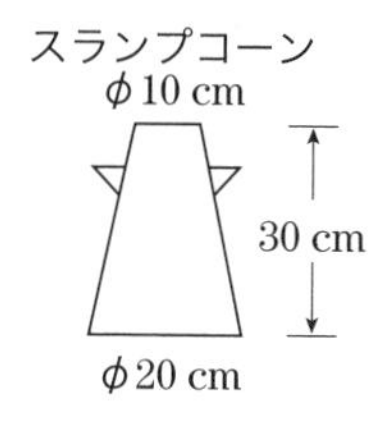

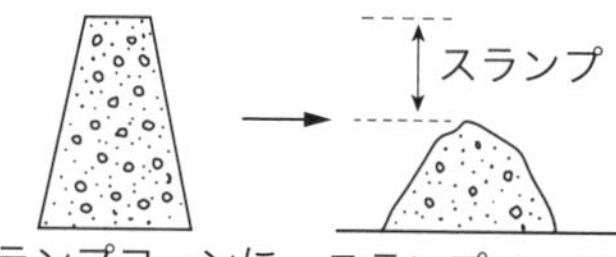

97-2 図　コンクリートのスランプ試験[5]

-(2)　CLT など集成材，合板の種類は**97-1 表**参照.

97-1 表　集成材，合板などの種類

原料＼繊維配向	平行	直交
挽板	集成材	CLT ※
単板	LVL ※	合板

※ CLT：Cross Laminated Timber
※ LVL：Laminated Veneer Lumber

-(3)　AE 剤によって導入された微細な空気泡は，エントレインドエア (entrained air) と呼ばれ，この空気泡は，フレッシュコンクリート中ではボールベアリングのように働き，ワーカビリティを向上させる．また，冬期内部水分が凍結した際の逃げ場となって，耐凍結融解性を著しく増大させる.

-(4)　伸び（破断伸び）は，破断後の永久伸びを試料の元の長さ(原評点距離)に対して百分率で表した値と定義されている.

問題 98　正解　(3) ･･･････**頻出度** A A A

金属工事は，仕上げ工事に含まれる(**98-1 表**参照).

98-1 表　工事の工程と工事分類

仮設工事	仮設工事（仮設道路，工事用電力，上下水道等）
土工地業工事	1)　土工事　2)　山止め工事 3)　地業および基礎工事
躯体工事	1)　型枠工事　2)　コンクリート工事 3)　鉄筋工事　4)　鉄骨工事 5)　木工事
仕上げ工事	1)　屋根工事　2)　防水工事 3)　タイル工事　4)　左官工事 5)　塗装工事　6)　金属工事 7)　建具工事　8)　ガラス工事 9)　内外装工事

-(1)「工事監理」とは，その者の責任において，工事を設計図書と照合し，設計図書のとおりに実施されているかを確認することをいう．施工上の管理者を示す「工事管理者」とは異なる（建築業界では「さらかん」,「たけかん」などといって区別している).

設計者と工事監理者は必ずしも同一人である必要はないが，設計者が建築主の委託を受けて代行することが多い.

-(4)　一括下請負は，公共工事については，全面禁止である．

-(5)　設備工事はいわゆる「コストオン工事契約」が多い．設備工事業者が建築主と契約した工事金額に，コストオン協定に基づき，元請のゼネコンはその設備工事金額の数％（コストオンフィという）を，工事管理費用（仮設工事費用，工程管理費用，安全管理費用等）として自らの工事費に上乗せして建築主に請求する．

問題 99　正解　(2) ・・・・・・・ **頻出度** A A A

ケーブルの許容電流＜配線用遮断器の定格電流にすると，極端な話，過電流でケーブルが過熱，燃えても，遮断器がトリップしなくなる．

経産省「電気設備の技術基準の解釈」に，当該低圧幹線を保護する過電流遮断器（≒配線用遮断器）は，その定格電流が，当該低圧幹線の許容電流以下のものであること等の規定が事細かに定められている．

-(1)　AC100 V のピーク値は約 144 V である（100 V は実効値を示す）．

-(3)　三相誘導電動機は丈夫で扱いやすいので，空調，給排水，エレベータ等の動力として建築物に広く導入されているが，その欠点の一つが始動電流が大きいことである．定格電流の何倍もの電流が流れ，電動機自体へのストレスになると同時に配線の電圧降下を引き起こして周囲の電気機器に悪影響を与える．

誘導電動機のスターデルタ（Y − Δ）起動では，デルタ接続の固定子巻線を始動時だけスター結線として，線間電圧を $1/\sqrt{3}$，始動電流を 1/3 に抑える始動法である（**99-1 図**参照）．

回転が定格速度付近まで加速したらデルタ結線に切り換える．

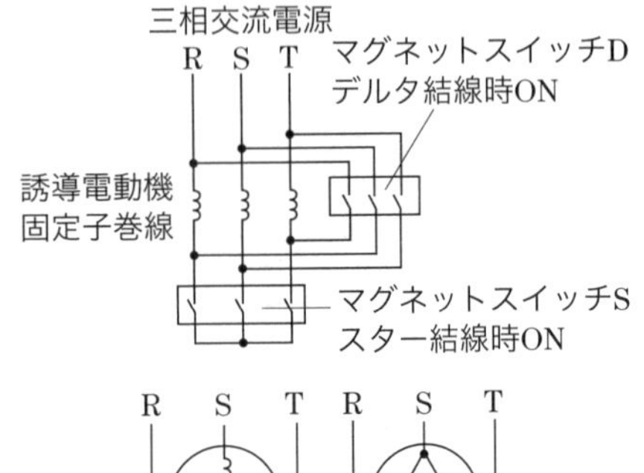

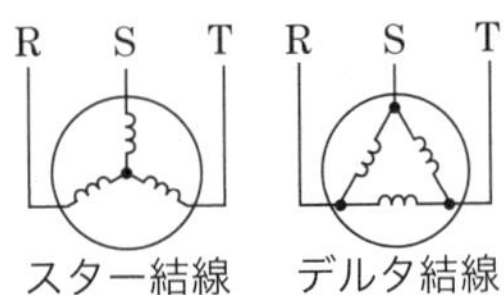

99-1 図　三相誘導電動機のスターデルタ起動

-(4)　電力 P [W] は次式で表される．

$$P = VI\cos\varphi$$

ただし，V:電圧 [V], I:電流 [A], $\cos\varphi$:力率．

-(5)　経産省の補助金が出る地域マイクログリッド構築事業の条件では，太陽光発電，風力発電，バイオマス発電，水力発電，地熱発電のいずれかの設備をもつ事業とされている．

問題 100　正解　(3) ・・・・・・ **頻出度** A A

専用駐車場は駐車場法の適用外である（**100-1 図**参照）．

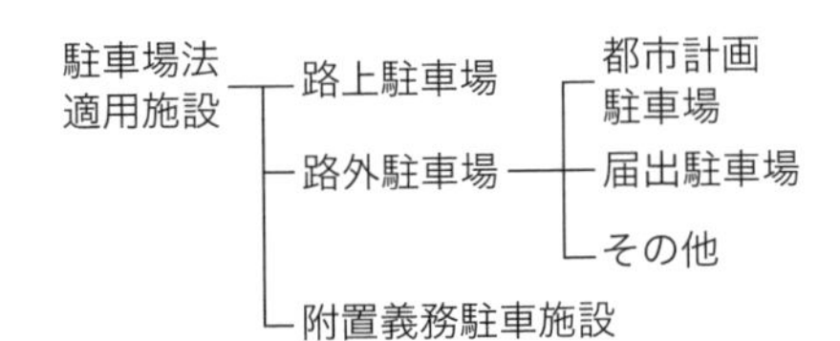

100-1 図　駐車場の法的分類

問題 101　正解　(1) ・・・・・・ **頻出度** A A A

低位発熱量とは，水蒸気の潜熱を含まない発熱量である．潜熱を含む発熱量は高位発熱量という（都市ガス 13A の高位発熱量は45.0 MJ/m^3(N)，低位発熱量は40.6 MJ/m^3(N).

現在，家庭用，業務用，空気調和用等の幅広い用途に利用されているガスは，都市ガスと液化石油ガス（Liquefied petroleum gas：LPガス）に大別される.

1. 適用される法規

都市ガス：ガス事業法

LPガス：液化石油ガス法

2. 都市ガスとLPガスの性質の違い

1） 代表的な13Aとプロパン（CH_8）について示すと**101-1表**のとおりである.

2） 13Aガスは空気より軽く，LPガスは空気より重い．従ってガスが漏えいした場合は，都市ガスは天井付近に，LPガスは床付近に滞留する.

3） 発熱量はLPガスの方が2倍以上高く，都市ガスに比べて細い配管口径でもガスを供給できる．また，ガス1 m^{3}を燃焼するのに必要な空気量は，都市ガスに比べLPガスの方が多い．このため，燃焼に必要な空気をガス機器で取り込みやすくするため，LPガスの方が高い圧力で供給されている.

4）理論空気量

ガスが燃えるために必要な化学的空気量を理論空気量といい，発熱量4.2 MJ当たり約1 m^{3}を必要とする.

理論排ガス量は理論空気量より多くなりほぼ1.1倍となる．実際のガスの燃焼に必要な空気量は，理論空気量の20～50％の過剰空気を必要とする.

5） 都市ガスおよびLPガスは，いずれも臭いがほとんどないため，1 000倍に希釈しても臭いを感知できる付臭剤の添加が義務付けられている.

3. 製造方法

1）都市ガス

大半は天然ガスを主原料にしている．天然ガスを－162 ℃まで冷却し液化天然ガス（LNG）として輸入される.

都市ガスの種類は，発熱量，比重，燃焼速度等の違いから7種類に分類されている.

2）LPガス

天然ガスからの分離や石油精製・石油化学工程から製造されている．常温・常圧では気体であるが，加圧や冷却により都市ガスと比べて容易に液化でき，貯蔵・運搬が容易なことから広い分野に利用されている．一般にはプロパンガスとも呼ばれる.

問題102　正解　(2)・・・・・・**頻出度**A A A

煙の浮力を考慮すると，排煙機は屋上に設置し，煙の再吸込みを防ぐために，給気機は低層部に，外気取入口は地上レ

101-1表　都市ガスとLPガスの性状等

項目		都市ガス	LPガス
		天然ガス（13A）	プロパン
総発熱量 （高位発熱量）	MJ/m^3(N)	45	102
理論空気量	m^3(N)/m^3(N)	10.7	24.29
比重	空気＝1.0	0.638	1.55
燃焼範囲	%	約4～14	約2.1～9.5
供給圧力	kPa	1.0～2.5	2.2～3.3

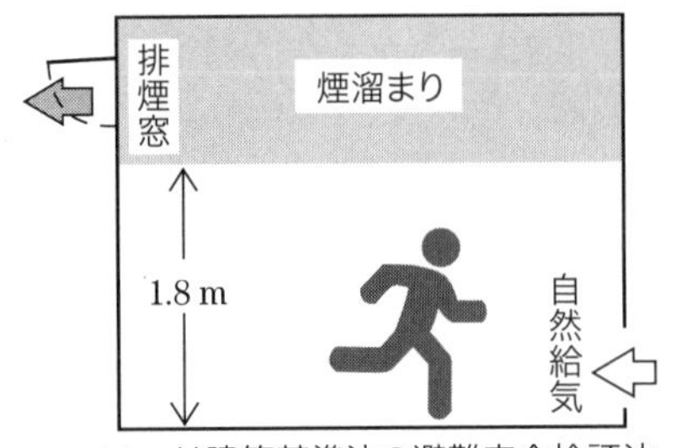

102-1 図　自然排煙

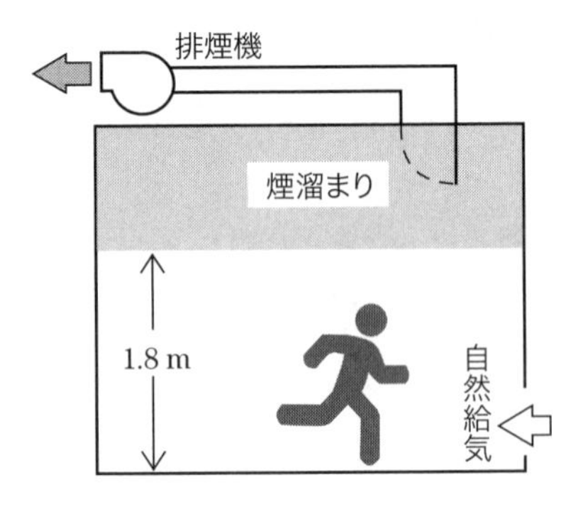

102-2 図　機械排煙

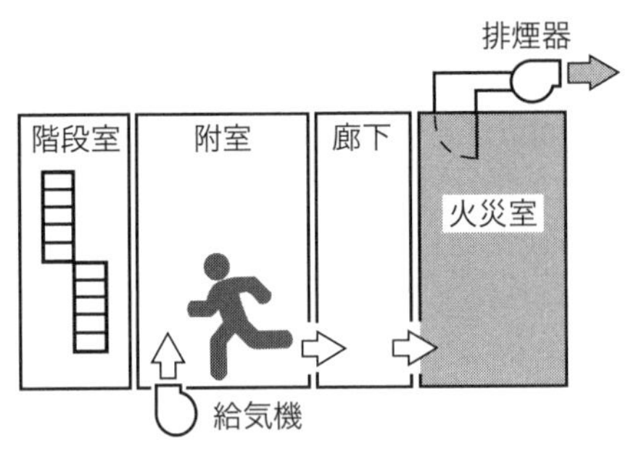

102-3 図　加圧防煙

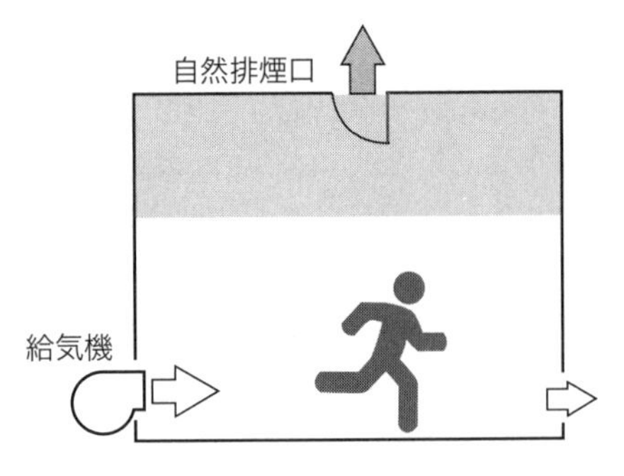

102-4 図　第 2 種排煙

ベルに設ける.

-(1)　自然排煙 **102-1 図**参照.

-(3)　機械排煙 **102-2 図**参照.

-(4)　加圧防煙 **102-3 図**参照.

-(5)　第 2 種排煙（**102-4 図**）は第 2 種機械換気と同じで，煙排出量（換気量）は排煙機等の生み出す圧力差と排煙窓（開口部）の有効面積から求められる.

問題 103　正解　(3)……**頻出度** A A A

建築基準法第 2 条第六号　延焼のおそれのある部分　隣地境界線，道路中心線又は同一敷地内の 2 以上の建築物（延べ面積の合計が 500 m^2 以内の建築物は，1 の建築物とみなす.）相互の外壁間の中心線（ロにおいて「隣地境界線等」という.）から，1 階にあっては 3 m 以下，2 階以上にあっては 5 m 以下の距離にある建築物の部分をいう．ただし，次のイ又はロのいずれかに該当する部分を除く（**103-1 図参照**）.

イ　防火上有効な公園，広場，川その

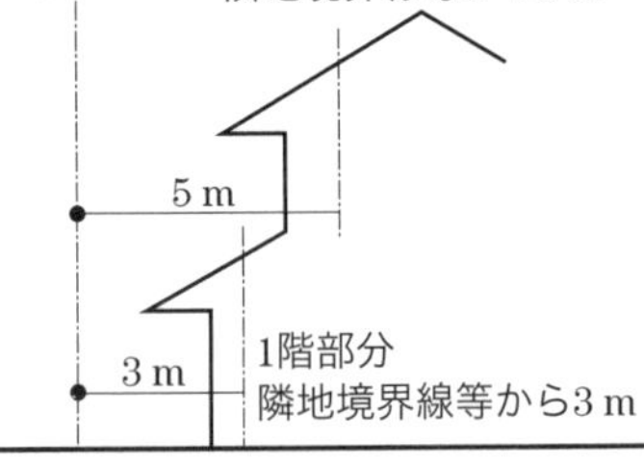

103-1 図　延焼のおそれのある部分

他の空地又は水面，耐火構造の壁その他これらに類するものに面する部分

ロ　建築物の外壁面と隣地境界線等との角度に応じて，当該建築物の周囲において発生する通常の火災時における火熱により燃焼するおそれのないものとして国土交通大臣が定める部分

-(1)　屋階(おっかい)とは，屋根裏部屋のこと．

-(4)　ちなみに，「防火性能」とは，「建築物の周囲において発生する通常の火災による延焼を抑制するために当該外壁又は軒裏に必要とされる性能をいう．」．

-(5)　居室ではないもの：玄関，廊下，階段(階段室を含む)，便所，洗面所，納戸，押入れ，倉庫，駐車場等，一時的な使用に供するもの．

問題 104　正解　(2)・・・・・・頻出度 A A A

移転とは，同一敷地内で建築物を移動すること．別敷地へ移す場合は，移転先の敷地に対して新築または増築となる．

問題 105　正解　(4)・・・・・・頻出度 A A

タスク・アンビエント※空調（**105-1図**参照）で，温熱条件を緩和するのは，アンビエント域である．

※　タスク（task）：作業，仕事

アンビエント（ambient）：周囲，環境

給水及び排水の管理
問題 106～問題 140

問題 106　正解　(5)・・・・・・頻出度 A A A

水槽照度率の単位は [%] である．

水槽内照度が 100 lx を超すと，藻類が繁殖しやすくなる．業界団体の「FRP製水槽藻類増殖防止のための製品基準」では照度率を 0.1 % 以下にするよう定めている．

よく出題される給排水関連の単位は**共通資料 6** 参照．

問題 107　正解　(4)・・・・・・頻出度 A A A

スケール障害とは，水中の硬度成分やケイ酸等が配管内面に析出結晶化して，配管の腐食，閉塞，熱交換器では伝熱障害の原因となることである．

トリハロメタン（消毒副生成物）は，水道水に含まれるフミン質（植物由来の難分解性の有機物）が消毒用塩素と反応して生成される物質．発ガン性が疑われている．

給排水関係の用語は**共通資料 6** 参照．

問題 108　正解　(3)・・・・・・頻出度 A A A

上水道事業は，計画給水人口が 5 001 人以上の水道事業である．

水道法に基づく水道の分類については

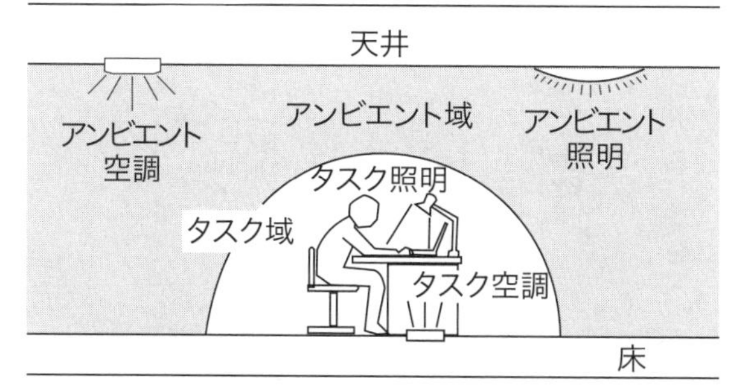

105-1 図　タスク・アンビエント空調

108-1 表のとおり.

問題 109　正解　(4)・・・・・・頻出度 A A A

導水施設とは，取水施設と浄水施設を結ぶ施設のことである(**109-1 図**参照).

取水施設～配水施設の施設基準が水道法第5条ならびに水道施設設計指針に規定されている.

-(1)　水道事業はその規模により，監督権限が国，都道府県知事に分かれているが，専用水道および簡易専用水道に係

108-1 表　水道法に基づく水道の分類

分類		内容
水道事業		一般の需要に応じて，水道により水を供給する事業をいう. ただし，給水人口が 100 人以下である水道によるものを除く.
	簡易水道事業	給水人口が 5 000 人以下である水道により，水を供給する水道事業をいう.
	上水道事業	計画給水人口が 5 001 人以上である水道
水道用水供給事業		水道により水道事業者に対してその用水を供給する事業をいう.
専用水道		寄宿舎，社宅，療養所等における自家用の水道その他水道事業の用に供する水道以外の水道であって，次の各号のいずれかに該当するもの. 1. 100 人を超える者にその居住に必要な水を供給するもの 2. その水道施設の 1 日最大給水量（1 日に給水することができる最大の水量をいう.）が政令で定める基準（20 m^3/日）を超えるもの. ただし，他の水道から供給を受ける水のみを水源とし，かつ，その水道施設のうち地中または地表に施設されている部分の規模が政令で定める基準（下記）以下である水道を除く. 1）口径 25 mm 以上の導管の全長 1 500 m 2）水槽の有効容量の合計 100 m^3
貯水槽水道		水道事業の用に供する水道および専用水道以外の水道であって，水道事業の用に供する水道から供給を受ける水のみを水源とするものをいう.
	簡易専用水道	貯水槽水道のうち，水槽の有効容量の合計が 10 m^3 を超えるもの.
水道施設		水道のための取水施設，貯水施設，導水施設，浄水施設，送水施設および配水施設（専用水道にあっては，給水の施設を含むものとし，建築物に設けられたものを除く.）であって，当該水道事業者，水道用水供給事業者または専用水道の設置者の管理に属するものをいう.
給水装置		需要者に水を供給するために水道事業者の施設した配水管から分岐して設けられた給水管およびこれに直結する給水用具を給水装置という.

※ 計画給水人口 50 人以上 100 以下の水道法適用外の水道を飲料水供給施設という.

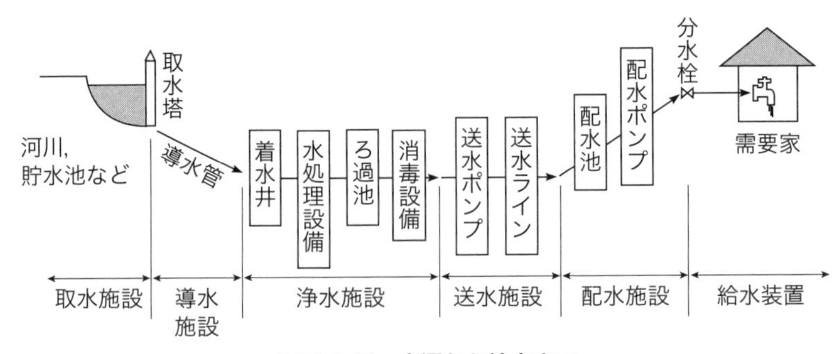

109-1 図　水源から給水まで

る権限は全て市に移譲され，さらに保健所を設置する東京の特別区についてはその区長が監督権限等を有する．

-(2)，-(3)　水道の原水については下記のとおり．

1. 地表水（河川表流水，湖沼水，ダム貯留水は伏流水に比較して，水量および水質の変化が激しい．
2. 伏流水は，河川，湖沼の底，あるいは堤防の内外で砂，砂利層に含まれる水をいう．伏流水の水質は，地表水の影響は受けるが，地下水に近い．
3. 地下水は深層地下水と浅層地下水とに分けられる．深層地下水とは第1不透水層（粘土層や岩盤等，水を浸透させない層で地表に最も近いもの）の下に存在する地下水，浅層地下水は上部にある地下水をいう．深層地下水の方が浅層地下水よりも地表からの汚染を受けにくく，水質が安定しているが，深層地下水は，鉄，マンガン，遊離炭酸を含むことが多く，赤水，黒水による障害，管の腐食等の問題を生ずることがある．

問題 110　正解　(3)・・・・・・**頻出度**AAA

アンモニアなどの窒素化合物と反応することで，塩素消毒の効果は減少する．

アンモニア性窒素を含む水道水に塩素を加えると，結合残留塩素と呼ばれるモノクロラミン，ジクロラミンを生成する．結合残留塩素も消毒効果をもつが，結合前の遊離残留塩素と比べるとその効果は小さい．2022-110

問題 111　正解　(4)・・・・・・**頻出度**AAA

大便器洗浄弁には大気圧式バキュームブレーカを取り付ける．2022-111

-(2)　クロスコネクション，-(3)　吐水口空間など，給排水関係の用語は**共通資料 6** 参照．

問題 112　正解　(5)・・・・・**頻出度**AAA

ホテルの上限水圧は 0.3 MPa である．

高層建築物では，給水を 1 系統で供給すると，下層階において給水圧力が過大になり，器具類の機能障害や，ウォータハンマ等の原因となる．このため，圧力を抑えるために上下の系統分け（ゾーニング）を行い（**112-1 図**），ホテル・住宅では 0.3 MPa，事務所・工場では 0.5 MPa を上限水圧とする．

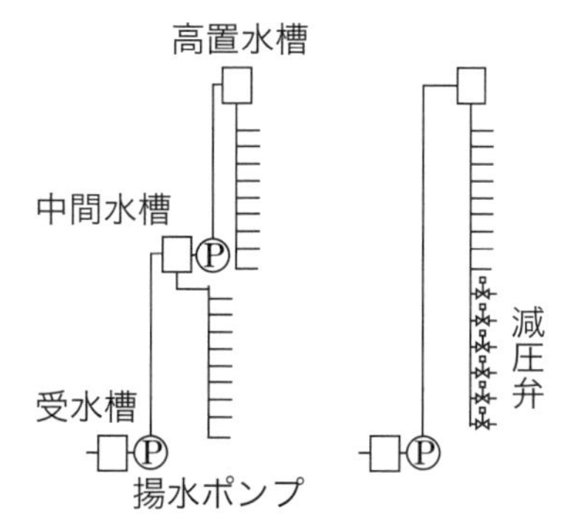

112-1 図　給水系統のゾーニングの例

-(1)　建物の用途別設計給水量は **112-1 表**参照．

112-1 表　建物用途別設計給水量

事務所，官公庁	60 ～ 100 L/人
社員食堂	25 ～ 50 L/食 80 ～ 140 L/食堂 m²
戸建て住宅	300 ～ 400 L/人
共同住宅	200 ～ 350 L/人
総合病院	1 500 ～ 3 500 L/床 30 ～ 60 L/m²
ホテル客室部	350 ～ 450 L/床
飲食店	55 ～ 130 L/客
デパート スーパーマーケット	15 ～ 30 L/m²
小中高校	70 ～ 100 L/人

-(2) 受水槽は1日最大使用量の1/2，高置水槽は1/10の容量とする．

-(4) 配管は，凹凸配管を避け，上向き配管方式の場合は先上がり配管，下向き配管方式の場合は先下がり配管とする．上向き配管，下向き配管とも横引き管には1/300程度の勾配をつけ，給水管内の流速は0.9～1.2 m/s（設計上の最高流速2.0 m/s）となるよう管径を選択する．

-(5) 給水器具の最低必要動水圧は**112-2表**参照．

112-2表 給水器具の必要水圧

器具		kPa
一般水栓		30
大便器洗浄弁		70
小便器洗浄弁		70
シャワー		70
ガス瞬間湯沸器	4～5号	40
	7～16号	50
	22～30号	80

問題113 正解 (2)・・・・・・**頻出度** A A A

迂回壁は死水防止のために設ける（**113-1図**参照）．

流入管からの流入水による波立ちには，透明な防波板の設置等を講じる．

波立ち防止に流入管を水没させると出題されるが，これも誤りである（流入管も必ず規定の吐水口空間を確保する）．

-(1) ウォータハンマは，弁，水栓を急閉した際に起きやすい．シングルレバー水栓（**113-2図**）は急閉しやすいので，ウォータハンマ低減機構付きの製品を利用する．

113-2図 シングルレバー水栓[6]

-(3) クリープ（creep：徐々に進む）劣化は特に高温環境下で起きやすい．

-(4) 給水の青色障害（**113-1表**参照）．

113-1表 給水の着色障害

着色	原因物質
黒い水	マンガン
青い水	銅イオンとせっけんの脂肪酸の化合物による．
赤い水	亜鉛めっき鋼管が用いられている給水配管系で，亜鉛層の防食効果が失われ，素地の鉄が腐食し錆を伴って赤味を帯びるようになったものである．朝一番の水や，事務所ビルでは休日の翌朝に発生することが多い．
白濁	亜鉛の溶出，空気の気泡，地下水中のカルシウム
ガラス容器の光る浮遊物	水中のマグネシウムとケイ酸の反応（フレークス現象）

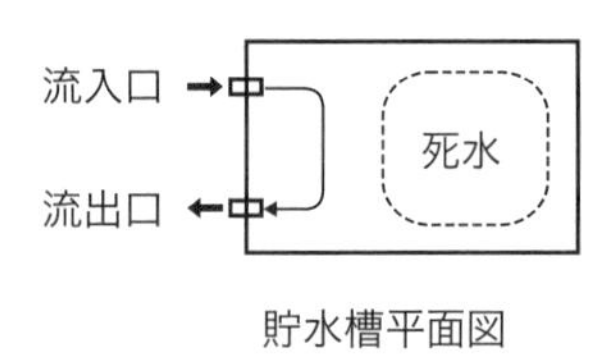

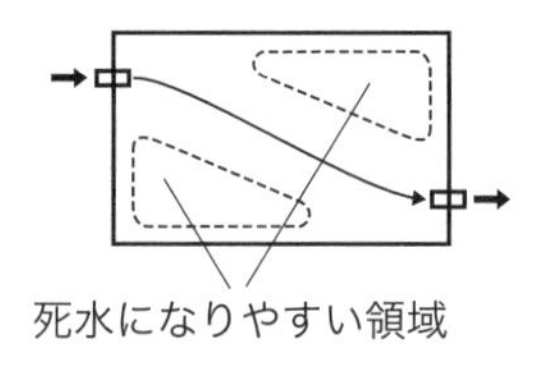

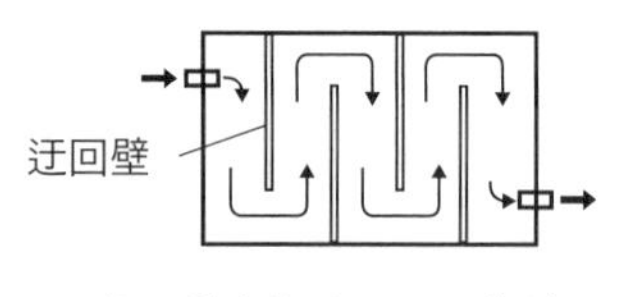

113-1図 貯水槽の死水防止（迂回壁）

-(5)　ステンレスは含有するクロム等の不働態膜で防食されているが，異物の付着で継続的にこの不働態膜が侵されると孔食が発生する．もらい錆（さび）などという．

問題 114　正解　(4)・・・・・・頻出度 A A A

ここは，伸縮継手→フレキシブルジョイント（可撓（かとう）継手）（**114-1 図**），が正しい．

114-1 図　フレキシブルジョイントの例[7]

伸縮継手は熱による配管の伸縮を吸収するために用いる．2022-123

-(1)　両配管の平行間隔は 500 mm 以上とし，交差する場合にも，給水管を上方に埋設する．また，上水管，雑用水管，給湯管等が平行して配管される場合は配列を変えてはならない．

問題 115　正解　(3)・・・・・・頻出度 A A A

架橋ポリエチレン管は接着剤が効かないので，メカニカル継手か融着継手を用いる（**115-1 表**参照）．

亜鉛めっき鋼管（以前の水道用亜鉛めっき鋼管）は赤水の原因となるので現在では給水管には用いられない．

問題 116　正解　(1)・・・・・・頻出度 A A A

防錆剤の濃度の検査は，3 か月以内ごと→2 か月以内ごと，が正しい．

2022-116

-(2)，-(3)，-(5)　次問解説参照．

-(4)　飲料用貯水槽の点検は，1 か月に 1 回程度，定期に行うようにする．

問題 117　正解　(4)・・・・・・頻出度 A A A

清掃終了後の遊離残留塩素濃度の基準値は，0.2 mg/L 以上である．

貯水槽の清掃については次のとおり．

1. 貯水槽の清掃は 1 年以内ごとに 1 回，

115-1 表　主な給水配管材

配管種類		接合方法	腐食
合成樹脂ライニング鋼管	水道用硬質塩化ビニルライニング鋼管	自動切り上げ装置付きねじ切り機でねじを切り，管端防食継手で接合する．大口径はフランジ接合となる．	継手部の切断金属面が水に接触すると腐食を起こす．
	水道用ポリエチレン粉体ライニング鋼管		
銅管		差込みろう接合	給水で腐食の例は少ない．
ステンレス鋼管		・メカニカル接合 テフロン製ガスケットを使用． ・TIG 溶接接合※	孔食，すきま腐食，残留応力腐食，もらい錆による腐食
合成樹脂管	硬質ポリ塩化ビニル管	接着材で接合	耐食性があり，軽量で施工性が良いが，衝撃に弱い．使用温度が高くなると許容使用圧力が低下する．
	ポリエチレン二層管 架橋ポリエチレン管 ポリブデン管	・メカニカル接合 ・電気融着継手	

※　TIG 溶接とは，タングステンイナートガス溶接のことで，アルゴン等の不活性ガス（イナートガス）の雰囲気中でタングステン電極と溶接母材の間にアークを発生させて溶接する．精密な加工が可能である．

定期に行う．

2. 貯水槽清掃の作業者は常に健康状態に留意するとともに，おおむね6か月ごとに，病原体がし尿に排せつされる感染症の罹患の有無（または病原体の保有の有無）に関して，健康診断を受けること．また，健康状態の不良なものは作業に従事しないこと．

3. 作業衣および使用器具は，貯水槽の清掃専用のものとすること．また，作業に当たっては，作業衣および使用器具の消毒を行い，作業が衛生的に行われるようにすること．

4. 高置水槽または圧力水槽の清掃は原則として受水槽の清掃と同じ日に行い，受水槽の清掃を行った後，高置水槽，圧力水槽等の清掃を行うこと（逆にすると，清掃した高置水槽を清掃していない受水槽の水で洗うことになりかねない）．

5. 貯水槽内の沈殿物質および浮遊物質ならびに壁面等に付着した物質を洗浄等により除去し，洗浄を行った場合は，用いた水を完全に排除するとともに，貯水槽周辺の清掃を行うこと．

6. 貯水槽の清掃終了後，塩素剤を用いて2回以上貯水槽内の消毒を行い，消毒終了後は，消毒に用いた塩素剤を完全に排除するとともに，貯水槽内に立ち入らないこと．

消毒薬は有効塩素 50 〜 100 mg/L の濃度の次亜塩素酸ナトリウム溶液またはこれと同等以上の消毒能力を有する塩素剤を用いること．

消毒は2回以上行い，消毒後は30分以上時間をおくこと．

7. 貯水槽の水張り終了後，給水栓および貯水槽内における水について，**117-1 表**の基準を満たしていることを確認すること．基準を満たしていない場合は，その原因を調査し，必要な措置を講ずること．

117-1 表　貯水槽清掃後の水質検査

1	残留塩素の含有率	遊離残留塩素の場合は 100 万分の 0.2 以上． 結合残留塩素の場合は 100 万分の 1.5 以上．
2	色度	5 度以下であること．
3	濁度	2 度以下であること．
4	臭気	異常でないこと．
5	味	異常でないこと．

8. 清掃によって生じた汚泥等の廃棄物は，廃棄物の処理及び清掃に関する法律，下水道法等の規定に基づき，適切に処理する．

問題 118　正解　(2)・・・・・・頻出度 A A A

自然冷媒ヒートポンプ給湯機による湯の最高沸き上げ温度は，約 90 ℃である．

給湯・加熱装置については 2022-119．

-(1)　給湯温度，-(3)　設計湯量は，2022-118．

-(4)　使用温度は，耐熱性硬質ポリ塩化ビニル管，ポリブテン管 90 ℃以下，架橋ポリエチレン管 95 ℃以下（JIS）．

樹脂管は使用温度が高くなると許容使用圧力は低くなる．また，樹脂管を温度の高い湯に使用すると，塩素による劣化が生じやすい．

-(5)　ガス給湯器のような給湯器の加熱能力は号数で表され，1分間に何リットルの水の温度を 25 ℃上昇させられるかによる（16 L なら 16 号）．

$$1号 = 4.185\,5\ \mathrm{kJ/kg} \times 25\ ℃ \div 60秒$$
$$= 1.743\,95\ \mathrm{kJ/秒} = 1.74\ \mathrm{kW}$$

問題 119　正解　(2)・・・・・・**頻出度** A A A

配管内の水中における気体の溶解度[mg/L, mol/L]は，水温の上昇により減少する．

空気などの気体が水などの液体に溶けるとき，気体の質量や物質量はその分圧に比例する（ヘンリーの法則）．

溶ける気体の分圧 P と体積 V の積は，ボイルの法則により一定である．

溶ける気体の物質量 n は，ボイルシャルルの法則，$PV = nRT$ から，$n = PV/RT$ となって，温度 T に反比例する傾向がある（R は定数）．すなわち，配管内の水中における気体の溶解度は，水温の上昇により減少する．

-(1)　水はおよそ 4 ℃で密度の最大値を示す．それよりも温度が下がっても，上がっても密度は小さくなる．

-(4)　自動空気抜き弁は，空気が分離されやすい，配管系統の，位置的に一番高い場所に取り付ける．

問題 120　正解　(5)・・・・・・**頻出度** A A A

線膨張係数は下記のとおり，ポリブテン管の方が銅管より大きい．

ポリブデン管……1.5×10^{4}/K

銅管………………0.177×10^{4}/K

樹脂管は一般的に線膨張係数が大きい（金属管の数倍～十数倍）．

-(1)，-(4)　ステンレス鋼管も，酸化被膜による母材の不動態化によって耐食性が保持されているが，硬いステンレス鋼管は曲げ加工等による応力が残存しやすく，そこに振動が加わると，不動態被膜が破壊されて，応力腐食が生じやすいとされる（軟らかい銅では応力が残存しにくいので応力腐食は起きにくい）．

2022-122

問題 121　正解　(3)・・・・・・**頻出度** A A A

与えられた式を変形して，

$$H_{\mathrm{L}} = \frac{Q \times \Delta t}{0.014\,3} = \frac{10 \times 5}{0.014\,3} = 3\,497\ \mathrm{W}$$

単位長さ当たりの熱損失は 100 m で割って，34.97 W．

※　式中の 0.014 3 は，60秒 ÷ 4 185.5 J/(kg・℃) である．

給湯配管が長い中央式給湯方式では，返湯管および給湯循環ポンプを設けて湯を強制循環させ，末端の給湯栓でも，栓を開けるとすぐに熱い湯が出るようにする．この循環量はこの問題にあるようにわずかでよいので，循環ポンプは小さな容量のもので十分であり，このような小さい容量のポンプを給湯管に設けると，給湯ピーク時にポンプの羽根車を強制的に回転させて故障につながるので，循環ポンプは必ず返湯管に設ける．

問題 122　正解　(2)・・・・・・**頻出度** A A A

減圧弁は，高層ビルの中低層階などで給水圧力を調整するために給水配管側に設ける場合はあるが，貯湯部が開放型の貯蔵式湯沸器（**122-1 図**）が，減圧弁を備えることはない．

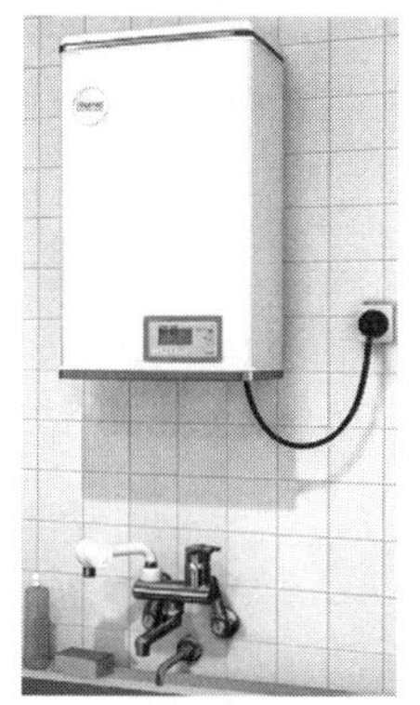

122-1 図　貯蔵式湯沸器[8]

-(1)　貫流ボイラは，煙管は備えてい

ないが，煙道は必要．

-(3)　真空式温水発生機（**122-2 図**）は減圧蒸気室で蒸気の潜熱を熱交換に利用している．

2022-119

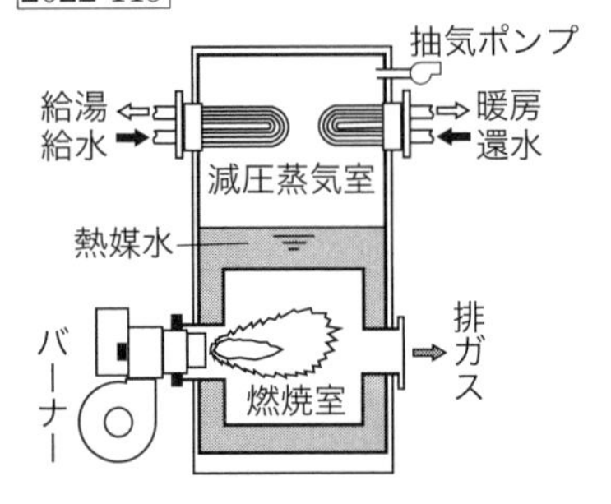

122-2 図　真空式温水発生機

-(5)　潜熱回収型給湯器（**122-3 図**）では，排気の潜熱を給水の予熱に利用して回収している．

発生するドレンは酸性になるので，炭酸カルシウムが詰められたドレン中和器で中和してから排水する

問題 123　正解　(2)・・・・・・頻出度 A A A

無圧式温水発生器（**123-1 図**）の缶水は大気に開放され，労働安全衛生法の定める特定機械に該当せず，労働安全衛生法に検査の規定はない．

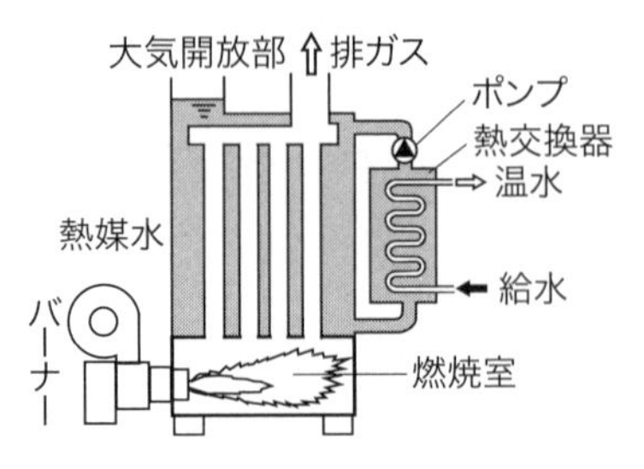

123-1 図　無圧式温水発生機

同じく，缶体内が真空状態で運転される真空式温水発生器も労働安全衛生法の対象外である．

ボイラなどの安全衛生法の定期検査 2022-117．

-(1)　高濃度塩素消毒の他に，70 ℃の湯を 20 時間程度循環させる加熱処理がある．

-(4)　給湯水を均等に循環させるための定流量弁や玉形弁は，必ず返湯管に設ける．給湯管に設けると，湯の使用ピーク時に給湯不足となる．

-(5)　ベローズ型伸縮管継手．2022-123

問題 124　正解　(5)・・・・・・頻出度 A A A

ビル管理法に基づく維持管理を行う場合，そもそも原水にし尿を含む雑用水は

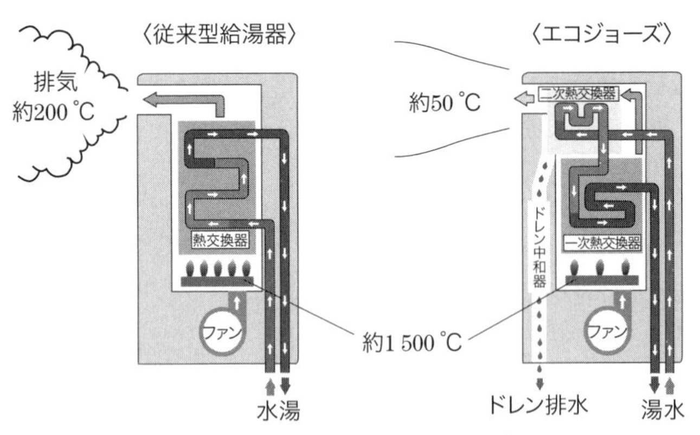

122-3 図　潜熱回収型給湯器[9]

水洗便所の用（便器の洗浄水）以外に使用することはできない（次問解説参照）.

-(1) 雑用水のシステムには，個別循環方式，地区循環方式，広域循環方式がある．2022-124

-(2) 排水再利用の原水は年間を通じて安定確保できるかが優先事項で，次に汚濁物質の含有量等が検討課題となる．

-(3) 温水式洗浄便座にも雑用水を接続してはならない．

-(4) 雑用水供給設備の構造等

1. 雑用水を便器洗浄水のみに利用する場合は，雑用水受水槽を最下階の二重スラブ内に設けてもよい．
2. 散水，水景，清掃用水として利用する場合は，雑用水受水槽の設置は飲料水の受水槽に準じて6面点検ができることが望ましい．やむを得ず二重スラブを利用するときは，マンホールを床面より10 cm以上立ち上げ，かつ槽内の水抜きを容易にできるような措置を講じる．
3. 上水の補給水装置は，雑用水槽に吐水口空間をとって供給する（上水と雑用水の貯水槽をバイパス管などで接続してはならない）．
4. 上水系統とのクロスコネクション，誤用を避けるために配管の材質，色を変え，飲用禁止などの掲示を行う．

問題125　正解　(4)・・・・・・**頻出度**AAA

濁度の検査は，雑用水の用途が散水，修景または清掃の用に供する場合は，2か月に1回行う．水洗便所の用に供する場合は濁度の検査はしなくてよい．

雑用水の水質とその検査は下記のとおり．

1. 残留塩素を7日以内に1回，定期に検査し，定められた基準値以上に保持する（**125-1表**参照）．測定回数，数値とも飲料水と同一の基準である．
2. 散水，修景または清掃の用に供する雑用水の水質
   1) し尿を含む水を原水としないこと．
   2) 水質基準値と測定回数を**125-2表**に示す．

125-2表　雑用水の水質測定基準

項目		基準	検査
1	pH値	5.8以上8.6以下であること．	7日以内ごとに1回
2	臭気	異常でないこと．	
3	外観	ほとんど無色透明であること．	
4	大腸菌	検出されないこと．	2月以内ごとに1回
5	濁度	2度以下であること．	

3. 水洗便所の用に供する雑用水の水質
   1) し尿を含む水を原水としてもよい．
   2) 125-2表の濁度の基準が適用されない．

問題126　正解　(1)・・・・・・**頻出度**AAA

雨水利用設備で，ばっ気をする単位装置はない（**126-1表**参照）．

125-1表　残留塩素管理基準値

状況／項目	遊離残留塩素の含有率	結合残留塩素の場合の含有率	検査
平常時	100万分の0.1	100万分の0.4	7日以内ごとに1回
供給する水が病原生物に著しく汚染されるおそれがある場合	100万分の0.2	100万分の1.5	

126-1 表　雨水利用設備単位装置の点検項目

単位装置	点検・保守内容
集水装置	屋根面の汚れの除去
スクリーン	固形物の除去
沈砂槽	槽内の汚れ，沈殿物，浮遊物の除去，蚊等の発生状況
沈殿槽	
ストレーナー	網の破損状態の点検
ろ過装置	ろ槽の閉塞状況の点検

一般的に雨水処理では生物処理は行われず，ばっ気も流量調整槽も必要ない．また雨水は臭い，色もほとんどないので活性炭吸着装置も利用しない．

雨水処理の標準的フローシートを**126-1 図**に示す．

A：比較的原水がきれいな場合に適用．

B：最も適用例が多いフローである．

C：沈殿槽を省略したい場合適用．

D：原水がかなり汚れているか，利用先が高度な水質を要求する場合に適用．

雨水の集水場所は，建築物の屋根面や屋上とする場合が多い．雨水貯留槽に流入する立て管には，豪雨時の満水対策として，緊急停止弁などを設ける．

雨水利用では経済性も考慮して，次のような指標を採用前に検討する．

$$雨水利用率 = \frac{雨水利用量}{雨水集水量} \times 100\ [\%]$$

$$上水代替率 = \frac{雨水利用量}{使用水量} \times 100\ [\%]$$

ただし，使用水量＝雨水利用量＋上水補給水量．

問題 127　正解　(2)・・・・・・**頻出度** A A A

BOD/COD 比が高い排水は，生物処理法が適している．

BOD（生物化学的酸素要求量 [mg/L]）は，水中の有機物が生物化学的に酸化されるのに必要な酸素量のことである．

COD（化学的酸素要求量 [mg/L]）は，水中の被酸化性物質（有機物）を酸化剤で化学的に酸化したときに消費される酸化剤の量を酸素に換算したもの．

BOD/COD 比は，一般的に微生物学的分解性の難易を示し，生物学的に処理しやすい排水は BOD/COD 比が通常 1 より大きい（**共通資料 6** 参照）．

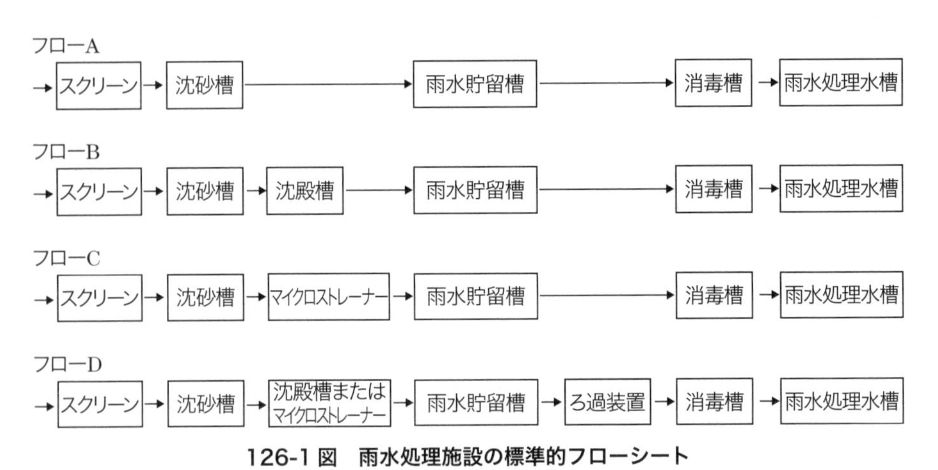

126-1 図　雨水処理施設の標準的フローシート

問題 128　正解　(3)・・・・・・頻出度 AAA

間接排水管の管径が 30 mm の場合の排水口空間は，最小 100 mm である（**128-1 表**参照）．

128-1 表　排水口空間

間接排水管の管径 [mm]	排水口空間 [mm]
25 以下	最小 50
30 ～ 50	最小 100
65 以上	最小 150
各種飲料水用の給水タンク等	最小 150

給水タンク（貯水槽）の最小 150 mm が頻出．

排水口空間を設けて排水の逆流を防止することを間接排水という（**128-1 図**参照）．

間接排水とする器具等を **128-2 表**に示す．

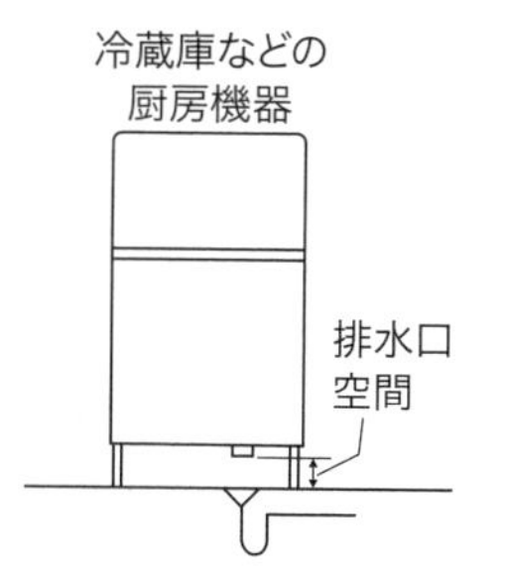

128-1 図　間接排水の例

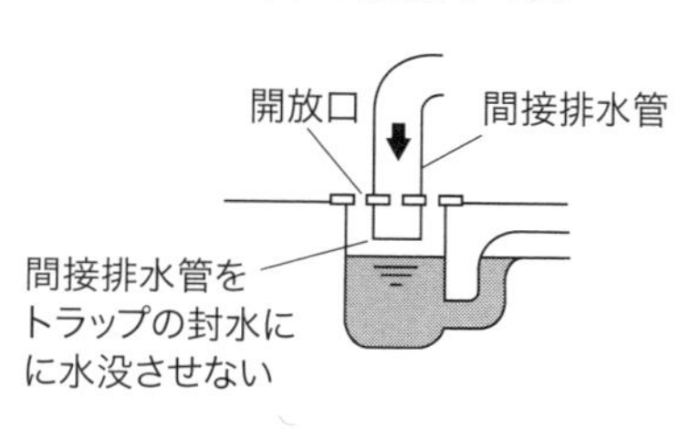

128-2 図　排水口開放の例

-(1)　通気管の末端（大気開口部）の施工，-(2)　特殊継手排水システム，-(5)

128-2 表　間接排水とする器具等

区分	機器名称	
サービス用機器	飲料用	水飲み器，飲料用冷水器，給茶器，浄水器
	冷蔵用	冷蔵庫，冷凍庫，その食品冷蔵・冷凍機器
	厨房用	皮むき機，洗米機，製氷器，食器洗浄機，消毒器，調理用流し（食材を溜め洗いするシンク等）
	洗濯用	洗濯機◎，脱水機◎，洗濯機パン◎
医療・研究用機器	蒸留水装置，滅菌水装置，滅菌器，滅菌装置，消毒器，洗浄機等	
水泳プール	プール自体の排水，オーバフロー排水，ろ過装置逆洗水，周辺歩道の床排水◎	
噴水	噴水自体の排水◎，オーバフロー排水◎，ろ過装置逆洗水◎	
配管・装置の排水	貯水槽・膨張水槽のオーバフローおよび排水 上水・給湯・飲料用冷水ポンプおよび露受け皿の排水◎ 上水・給湯・飲料用冷却水系統の水抜き 圧力水槽用逃がし弁および貯湯槽からの排水 消火栓系統およびスプリンクラー系統の水抜き◎ 冷凍機◎，冷却塔◎，熱媒として水を使用する装置および空気調和機器の排水◎ 上水用水処理装置の排水	
温水系統等の排水	貯湯槽・電気温水器からの排水 ボイラ◎，熱交換器◎および蒸気管のドリップ等の排水◎	

※ ◎印は，「排水口開放」（**128-2 図**）でもよい機器．排水口開放とは，規定の排水口空間を取らない，簡易間接排水方法のことである．飲食関係や人が直接触れる水受け容器の間接排水としては認められていない．

ループ通気管 2022-128 .

-(4) 結合通気管 2022-129.

問題 129 正解 (1)・・・・・・頻出度 A A A

ドラムトラップは，非サイホントラップである.

トラップが破封すると排水管下流の下木ガスが室内に充満してとても居住できなくなる．また，衛生害虫も容易に侵入するようになる.

トラップの破封防止が通気設備の重大な使命である.

トラップはサイホントラップと非サイホントラップに分類される（**129-1 図**，**129-2 図**参照）.

Pトラップ，Sトラップ，Uトラップ等の管トラップはサイホントラップといわれ，水が流れる時，管の中が満水となるので自己サイホン作用により封水損失を起こしやすいが，小形で自掃作を有する.

ドラムトラップ，わんトラップ，ボトルトラップ等は非サイホントラップとい

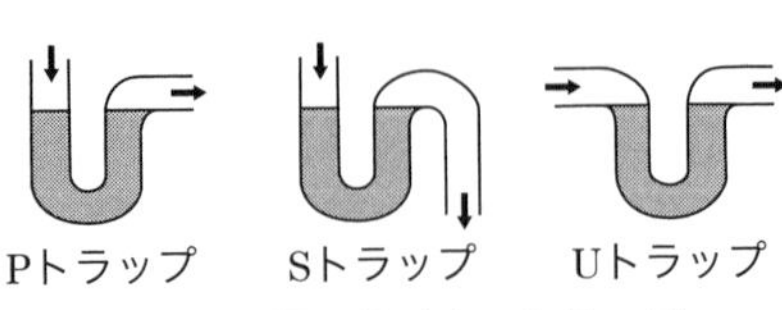

129-1 図 サイホントラップ

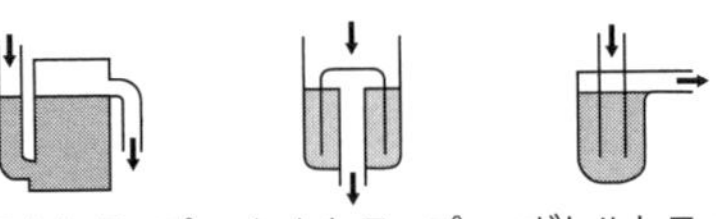

129-2 図 非サイホントラップ

129-1 表 阻集器一覧

種類	流出阻止・分離・収集の対象	設置場所	備考
グリース阻集器	油脂分	厨房・調理場	別名グリーストラップ トラップのない阻集器は出口側にトラップを設ける
オイル阻集器	可燃性のガソリン・油類 土砂	ガソリンスタンド，洗車場，車修理工場	別名ガソリントラップ 通気管は単独で外気に開放(開放式の場合は換気の確保)
砂阻集器	土砂，石粉，セメント	工場，土木建築現場	泥だめの深さ，排水トラップの深さ 150 mm 以上
毛髪阻集器	毛髪	理髪店・美容室，浴場，プール	別名ヘアートラップ
プラスタ阻集器	プラスタ（石こう），貴金属	歯科技工室，外科ギプス室	別名プラスタトラップ
繊維くず阻集器	ボタン，糸くず，ぼろ布	営業用洗濯施設	ストレーナーの金網は 13 メッシュ程度とする

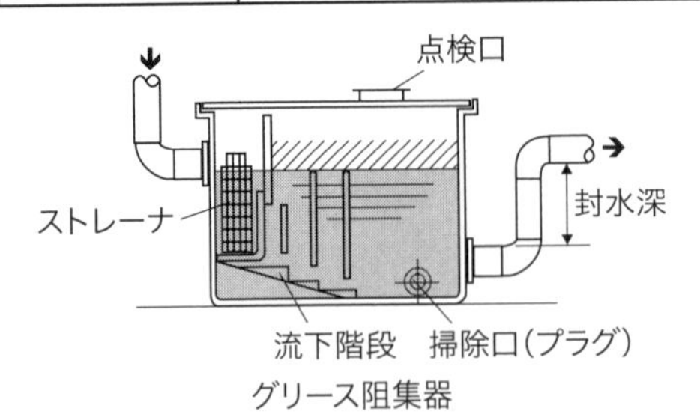

グリース阻集器

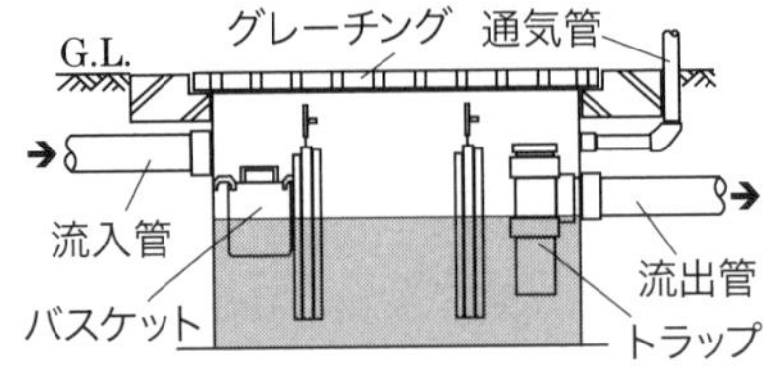

オイル阻集器

129-3 図 阻集器の例

われ，サイホン現象が起きにくく，封水強度が大きい．

-(3)，-(4)，-(5)　阻集器については **129-1 表**，**129-3 図**参照．

-(5)　金網の目の大きさが 13 mm は 13 メッシュのミスプリと思われる（13 メッシュの目開きは 25.4 mm ÷ 13 = 1.95 mm）．

問題 130　正解　(3)・・・・・・**頻出度** A A A

10 mm 程度下げて→ 20 mm 程度下げて，が正しい（**130-1 図**参照）．

2022-129

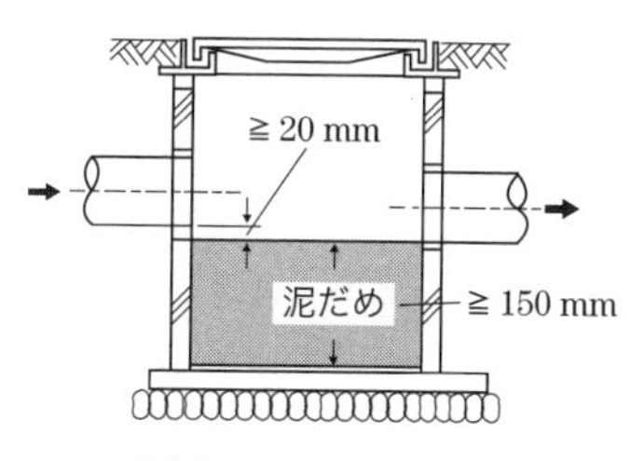

130-1 図　雨水排水ます

-(1)　間接排水管の配管長が，1 500 mm を超える場合（**130-2 図**参照）．

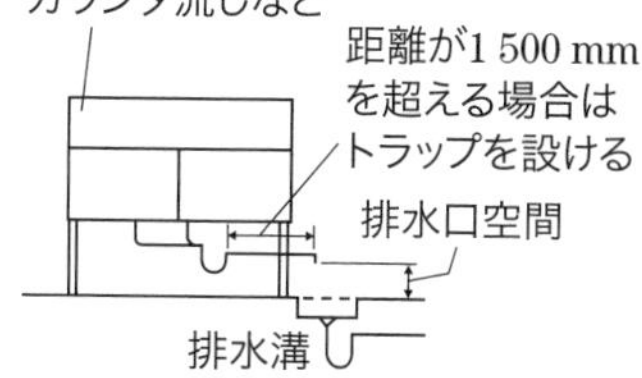

130-2 図　間接排水管が 1 500 mm を超える場合

-(2)　排水横管の最小勾配 2022-130．

-(4)　オフセット部上下 600 mm 以内には排水横枝管を接続してはならない．2022-130

-(5)　伸頂通気方式は，通気立て管を設けず，伸頂通気管のみによる通気方式である．2022-128

伸頂通気管とは最上部の排水横管が排水立て管に接続した点よりもさらに上方へ，その排水立て管を，管径を縮小せずに立ち上げ，これを通気管に使用する部分をいう．

通気量の限られる伸頂通気方式では次のような制約がある．

1. 排水横主管以降が満流となる場合は，通気量の限られる伸頂通気方式としてはならない．
2. 伸頂通気方式の排水立て管には，通気を妨げるのでオフセットを設けてはならない．
3. 排水立て管と排水横主管の接続は，円滑な排水のために大曲がりベンド等で接続する．
4. 伸頂通気方式の排水横主管の水平曲がりは，排水立て管の底部より 3 m 以内には設けてはならない（**130-3 図**）．

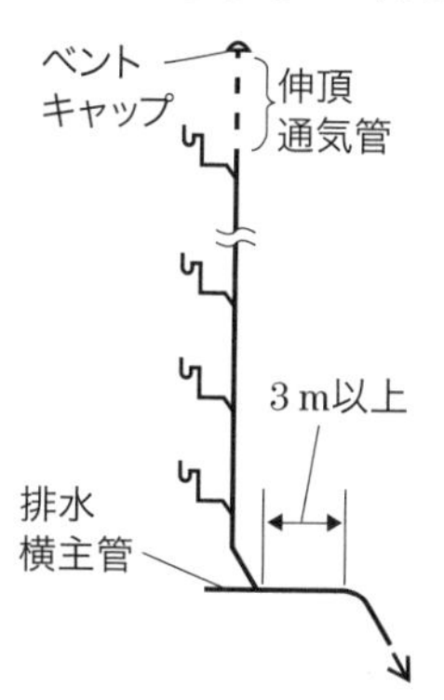

130-3 図　伸頂通気方式の排水横主管の水平曲がり

問題 131　正解　(4)・・・・・・**頻出度** A A A

排水ポンプは保守のためのスペースならびにエアの吸込み防止のため，吸込みピットの壁から 200 mm 程度離して設置する．

排水を建物から重力式で排除できない

場合は，最下層に排水槽を設け，排水ポンプで排出する．

排水槽は，貯留する排水の種類によって汚水槽，雑排水槽，湧水槽，雨水槽などがある．

排水槽の構造については **131-1 図**ならびに下記参照．

1. マンホール

内部の保守点検が容易な位置（排水ポンプもしくはフート弁の真上）に有効内径 600 mm（直径が 60 cm 以上の円が内接することができるもの）以上のマンホールを設ける．排水槽のマンホールふたはパッキン付き密閉型にする．

マンホールは 2 個以上設けることが望ましい．

2. 排水槽の底部には吸込みピットを設け，ピットに向けて 1/15 以上，1/10 以下の勾配を設ける．

清掃作業時の安全を図るため底部の一部を階段にする．

3. 吸込みピットは水中ポンプの周囲に保守のためのスペースならびにエアの吸込み防止のため 200 mm 以上の空間を設けられる大きさとする．
4. 通気管は単独に大気中に開口する．
5. 排水槽は，通気管以外の部分から臭気が漏れない構造とする．
6. ブロワによってばっ気する場合は，槽内が正圧になるので排気を行う．
7. 排水ポンプについて
   1) 排水ポンプは原則として 2 台設置し，常時は交互運転する．
   2) 排水ポンプは汚水の流入部から離して設置する（汚水とともにエアを吸う）．
   3) 排水ポンプには，水中ポンプ，立て型ポンプ，横型ポンプ等があるが，設置スペースが要らず，据付の容易な水中ポンプが多く使用されている．
   4) 排水槽の水位・ポンプの運転の制御にはフロートスイッチ（**131-2**

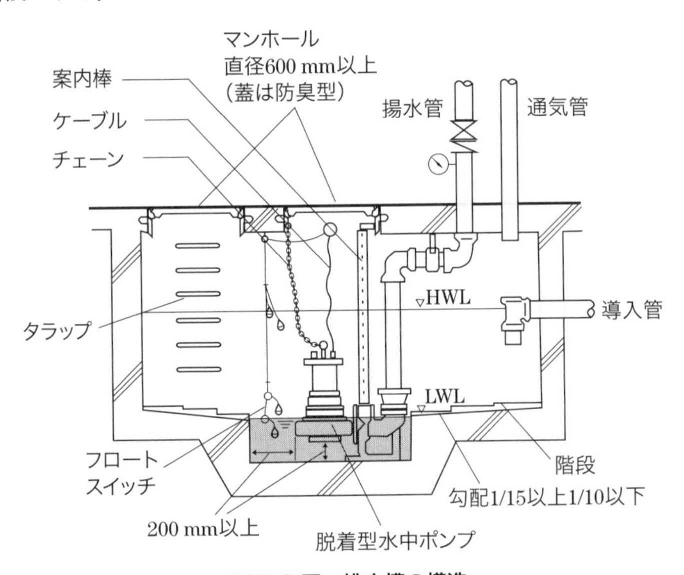

131-1 図　排水槽の構造

図）が適している（電極棒は汚物が絡まり導通して誤動作する）.

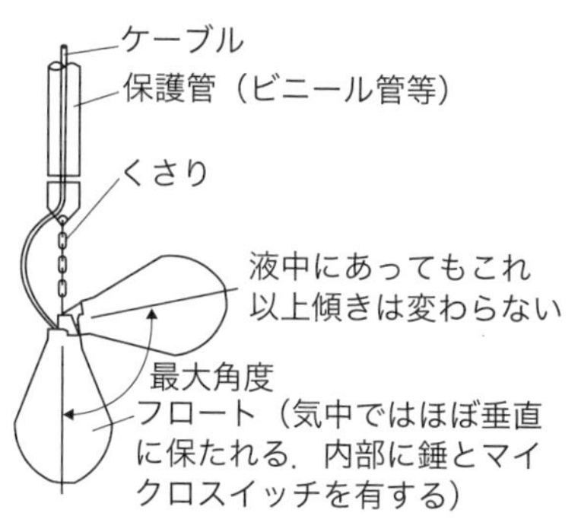

131-2 図　フロートスイッチ

5）　水中ポンプの電動機は，焼損防止のため，常時水没させる.

6）　排水ポンプの種類(**131-1 表**参照).

排水槽の名称とポンプの名称が異なることに注意.

問題 132　正解　(1)・・・・・・頻出度 AAA

掃除口の取り付け間隔は，排水管の管径が 100 mm 以下の場合は 15 m 以内とする.

掃除口について

1. 掃除口を設ける箇所

1）　排水横主管および排水横枝管の起点

2）　延長が長い排水横管の途中

3）　排水管が 45° を超える角度で方向を変える箇所

4）　排水立て管の最下部またはその付近

5）　排水横主管と敷地排水管の接続箇所またはその付近

2. 掃除口には床上掃除口と床下掃除口があるが，床上掃除口を原則とする（**132-1 図**参照）.

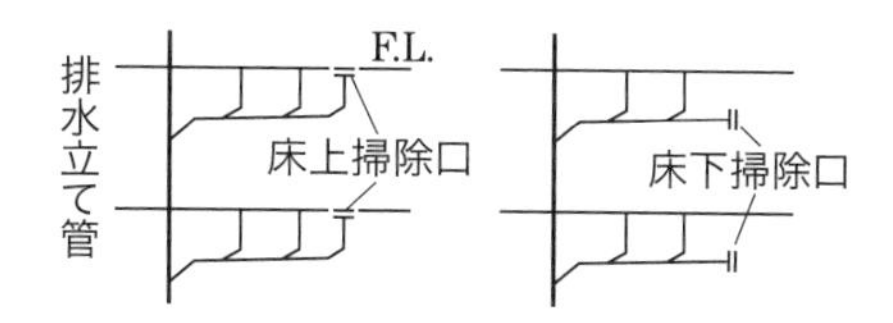

132-1 図　床上掃除口と床下掃除口

常時排水にさらされる床下式の掃除口は砲金製がよく，鋼製のプラグがしてある場合は砲金製に取り換える（砲金は銅と錫の合金）.

3. 掃除口の大きさ（口径），取付間隔，保守空間

1）　掃除口の大きさは，管径が 100 mm 以下の場合は配管と同一径，100 mm を超える場合は 100 mm より小さくしてはならない.

ただし，厨房排水用の排水管に設置する掃除口の口径は，排水管径と同径とする.

2）　排水配管の直線部に設置する掃除口の取り付け間隔は，排水管の

131-1 表　排水ポンプ[10]

名称・種別		対象排水	最小口径	通過異物の大きさ	備考
汚水ポンプ		浄化槽排水，湧水，雨水	40 mm	口径 10 %以下	原則として固形物を含まない排水とする.
雑排水ポンプ		厨房以外の雑排水，雨水	50 mm	口径の 30 ～ 40 %以下	口径 50 mm で 20 mm の球形異物が通過すること.
汚物ポンプ	ノンクロッグ型	汚水，厨房排水，産業排水	80 mm	口径の 50 ～ 60 %以下	口径 80 mm で 53 mm の木球が通過すること.
	ボルテックス型			口径の 100%	

管径が 100 mm 以下の場合は 15 m 以内，管径が 100 mm を超える場合は 30 m 以内とする．

3) 掃除口の周囲には，排水管の管径が 65 mm 以下の場合は 300 mm 以上，管径が 75 mm 以上の場合は 450 mm 以上の保守用空間を確保する．

-(2), -(5) 敷地排水管に設ける排水ますについては 2022-129．

問題 133 正解 (3) ・・・・・・ **頻出度** AAA

絶縁抵抗の測定は，1 か月に 1 回以上，定期に行う（**133-1 表**参照）．

133-1 表 排水ポンプの定期点検

日常点検	吐出し圧力，揚水量，電流値，騒音，振動等の異常の有無を確認する．
1 か月に 1 回	絶縁抵抗の測定を行い，1 MΩ以上あるか確認する．
6 か月～1 年に 1 回	水中ポンプのメカニカルシール部のオイル交換
1～2 年に 1 回	メカニカルシールの交換
3～5 年に 1 回	オーバホール

-(1) 排水槽の臭気対策等

排水槽では，硫化水素の発生が原因となって，躯体部の一部が劣化する場合がある．コンクリート水槽内の壁面などの腐食対策が必要となる．

1. 厨房排水が流入する排水槽では，水位をできるだけ下げ，ポンプの運転停止水位を排水ピットの上端よりも低い位置に設定する．
2. 夜間放流槽や厨房排水槽では槽内汚物の腐敗が進行し悪臭が発生しやすい．2 時間を超えて貯留しないようにタイマーでポンプを運転し強制排水する．あるいは，ばっ気攪拌(かくはん)装置を設ける．ばっ気をする場合は槽内が正圧となるので十分な排気を行う．
3. 即時排水型ビルピット設備は，排水槽の悪臭防止に有効である（**133-1 図**）．

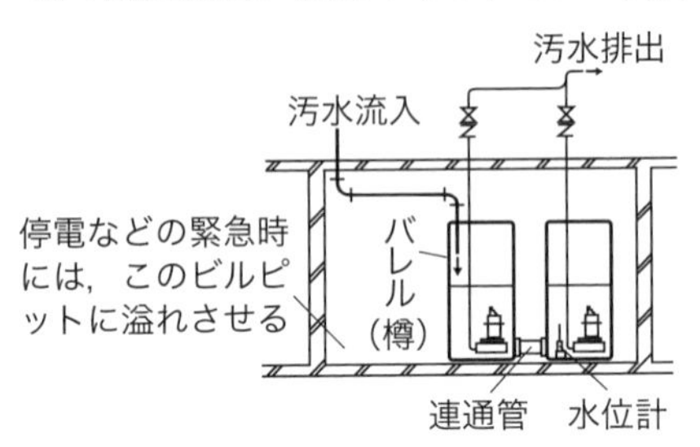

133-1 図 即時排水型ビルピット設備

-(2) 酸素濃度が 18 % 未満，硫化水素濃度が 10 ppm を超える状態は，酸欠防止規則の定める「酸素欠乏等」である．作業中も十分な換気，定期的な濃度検査を実施し，空気呼吸器（**133-2 図**），安全帯等を使用し，非常時の避難用具等も備えておく． 2022-134

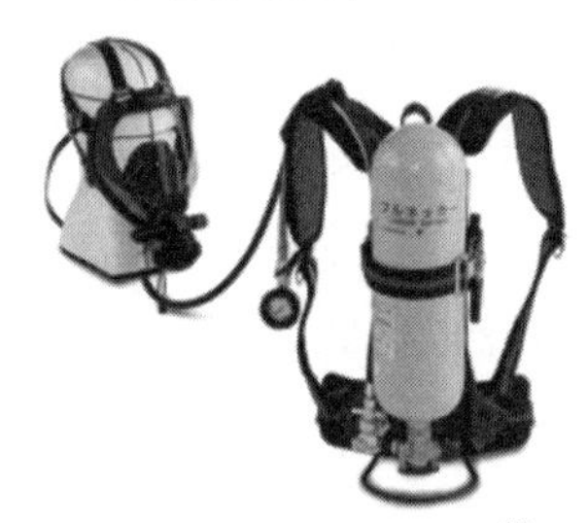

133-2 図 空気呼吸器[11]

問題 134 正解 (5) ・・・・・・ **頻出度** AAA

高圧洗浄車の圧力はもっと高くて，5～30 MPa である． 2022-133

-(1) 合わせて，通気弁がある場合は可動部分の点検を行う．

-(2) グリース阻集器の清掃は，**134-1 表**参照．

掃除後は内部の仕切板などを正しく装着し，機能の維持を図る．

バキュームによって引き出されたグ

134-1 表　グリース阻集器の清掃

ストレーナーの厨芥	毎日除去
グリース	7～10 日に 1 度除去・清掃
槽内の底，壁面，トラップ等に付着したグリースや蓄積物	1 か月に 1 回程度高圧洗浄器にて洗浄・バキュームによる引き出し
トラップの清掃	2 か月に 1 回

リースや蓄積物は産業廃棄物となる．

問題 135　正解　(3)・・・・・・頻出度 A A A

大便器洗浄弁が接続する給水管の管径は 25 mm（呼び径，外形は 34.0 mm）である（JIS B2061）．ちなみに小便器洗浄弁は 13 mm である．

-(1)　大便器の専用洗浄弁方式とは，タンクレスの高級大便器(「ネオレスト」，「サティス」など）である．

-(2)，-(5)　大便器の洗浄水量は，節水 I 形(8.5 L 以下)，節水 II 形(6.5 L 以下)（小便器の洗浄水は I 形 4 L 以下，II 形 2 L 以下）（JIS A 5207）．

節水型洗浄弁をノンホールド型という．ハンドルを押し続けている間水が流れるタイプはホールド型という）．

-(4)　衛生器具の定期点検は，洗面器の取り付け状態だけが 2 か月に 1 回で，あとは 6 か月に 1 回である 2022-135．

問題 136　正解　(4)・・・・・・頻出度 A A

ほうろう鉄器には，金属たわしやナイロンたわしは小さな傷が付くので使用してはならない．

ほうろう（琺瑯）は，金属材料表面にシリカ（二酸化ケイ素）を主成分とするガラス質の釉（ゆう）薬を高温で焼き付けたもの．英語では Enamel（エナメル）．

問題 137　正解　(2)・・・・・・頻出度 A A A

リン化合物の高度処理は凝集沈殿法である．

活性炭吸着法は，溶解性の有機物，臭気，色素の除去に用いられる（**137-1 表**参照）．

137-1 表　浄化槽の高度処理

汚濁物質	処理法
浮遊性の残存有機物質	急速砂ろ過，凝集沈殿
溶解性の残存有機物	生物学的酸化，化学的酸化（オゾン酸化法），活性炭吸着
窒素化合物	生物学的硝化・脱窒
アンモニア，アンモニア性窒素	イオン交換（ゼオライトなどによる吸着除去） 生物学的硝化，生物学的脱窒
リン化合物	凝集沈殿

問題 138　正解　(1)・・・・・・頻出度 A A A

最初の保守点検は，浄化槽の使用開始の直前に行う(浄化槽法施行規則第 5 条)．

浄化槽法の定める浄化槽管理者（浄化槽の所有者，占有者その他の者で当該浄化槽の管理について権原を有する者）等の責務は次のとおり．

1. 浄化槽を設置・変更をしようとする者はその旨を都道府県知事（保健所を設置する市または特別区にあっては，市長，区長）および特定行政庁に届け出なければならない．
2. 新たに設置または変更をされた浄化槽については，使用開始後 3 か月を経過した日から 5 か月間の間に指定検査機関の水質検査を受けなければならない．
3. 浄化槽管理者は，毎年 1 回（環境省令で定める場合にあっては，環境省令で定める回数），浄化槽の保守点検および浄化槽の清掃をしなければならない．

浄化槽の保守点検は，浄化槽の保守点検の技術上の基準に従って行わなければならない．

浄化槽の清掃は，浄化槽の清掃の技術上の基準に従って行わなければならない．

最初の保守点検は，浄化槽の使用開始の直前に行う．

4. 処理対象人員501人の浄化槽管理者は浄化槽の保守点検および清掃に関する技術上の業務を担当させるために，有資格（2年以上の実務経験をもつ浄化槽管理士）の中から技術管理者を置かなければならない．

5. 浄化槽管理者は，浄化槽の保守点検を，保守点検業者もしくは浄化槽管理士に，浄化槽の清掃を浄化槽清掃業者に委託することができる．

6. 浄化槽管理者は，毎年1回（環境省令で定める浄化槽については，環境省令で定める回数），指定検査機関の行う水質に関する検査を受けなければならない．

7. 浄化槽管理者は，保守点検・清掃の記録を3年間保存しなければならない．

問題 139　正解　(5)・・・・・・**頻出度**AAA

透視度（**共通資料6**参照）は沈殿槽で検査する．活性汚泥が多量に浮遊するばっ気槽の透視度の検査は意味がない（**139-1表**参照）．

浄化槽は種々の機能をもった水槽（単位装置）をつなげたもので，汚水はそれらの水槽を通過するうちに浄化され，上澄み水と汚泥に分離され，上澄み水は消毒後河川等に放流，汚泥は最終的にバキュームカー等によって引き抜かれる．

2022-137

問題 140　正解　(5)・・・・・・**頻出度**AAA

循環水は，誤飲の防止，エアロゾルの発生の抑制のために浴槽の底部に近い部分から供給しなければならない（厚労省

139-1表　浄化槽単位装置の点検

単位装置名			点検内容
流入管渠（きょ），インバート升，移流管（口），越流せき，散気装置，機械攪拌装置，流出口，放流管渠			異物等の付着状況
スクリーン			目詰まり，閉塞の状況
流量調整槽			スカム・堆積汚泥の生成状況，ポンプ作動水位，分水計量装置の作動状況
沈殿分離槽			スカム・堆積汚泥の生成状況
生物反応槽	生物膜法	嫌気ろ床槽，脱窒ろ床槽	スカム・堆積汚泥の生成状況，異物等の付着状況，目詰まりの状況
		接触ばっ気槽	生物膜，剥離汚泥・堆積汚泥の生成状況
		回転板接触槽	生物膜，剥離汚泥・堆積汚泥の生成状況
	活性汚泥法	ばっ気槽	水温，MLSS濃度，空気供給量，溶存酸素濃度，SV30
沈殿槽			pH，浮上物の有無，スカム・堆積汚泥の生成状況，越流せきの水平，透視度，返送汚泥量（活性汚泥法），移送汚泥量
汚泥濃縮槽，汚泥貯留槽，汚泥濃縮貯留槽			スカム・汚泥の貯留状況
消毒槽			沈殿物の生成状況，消毒の状況

告示「レジオネラ症を予防するために必要な措置に関する技術上の指針」).

浴場設備では，レジオネラ症対策として，打たせ湯およびシャワーには，循環している浴槽水を用いないこと．また，消毒に用いる塩素系薬剤の注入口は，ろ過器に入る直前に設置する．

従来のプールの，底面吸込み・ろ過水側面吐出しに代わって，プール表面に多い汚染物質を効率良く回収するオーバフローから還水する方法が増えてきたが，この方式の場合はスイミング場の床の洗浄水が入らない構造とする必要がある．

-(3) 水景施設には利用形態から「親水施設」「修景施設」「自然観察施設」に分けられる．形態的には池や小川，噴水，滝などがある．

上水を補給する際は，逆サイホン作用による上水の汚染を避けるため，吐水口空間をとって給水しなければならない．

また，排水は排水口空間もしくは排水口開放による間接排水とする．

2022-139

清 掃
問題 141～問題 165

問題 141　正解 (5)・・・・・・**頻出度** AAA

事務室窓台の除じんは，週1回程度の定期清掃である．

問題 142　正解 (1)・・・・・・**頻出度** AAA

-(1) の清掃作業基準表が正しい(**142-1 表**参照)．

問題 143　正解 (1)・・・・・・**頻出度** AAA

-(1)の3か月が正しい．

建築物清掃業の登録の要件には，物的要件，人的要件，作業方法等の要件が定められているが，作業法等が適合していなければならないとされる「清掃作業及び清掃用機械器具の維持管理の方法等に係る基準」(平成14年厚生

142-1 表　清掃作業基準表の例

○○県立○○海釣り会館　清掃作業基準表

区分		室名等	場所		早朝	日常作業													定期		
			階	面積 [m²]	見回り・ゴミ拾掃き	真空掃除機による除じん	掃きまたは水拭き清掃	吸殻・紙屑等の処理	椅子・机・計器類の除じん	灰皿の清掃・洗浄	鏡みがき	洗面・流し台の清掃	衛生陶器清掃	茶殻・汚物の処理	トイレットペーパー等補給	ドアの拭き清掃	見回り拾い掃き	洗浄または水洗い	スポットクリーニング	照明設備の清掃	窓台
床材	タイルカーペット	エレベータホール	1F	25.0	○	○			○	○						△			6	2	
	陶器タイル	洗面所(トイレ)	1F	6.0			△				○		○		△					2	
	コンクリート	倉庫	1F	6.5			△													2	
	Pタイル貼り	事務所	2F	34.3		○	△		○	○		□		○		○				2	1/週
	エキスパンドメタル	釣台	屋外	947.1				○	○								△	△			
		渡橋	屋外	154.1													△	△			
	コンクリート	取合部（管理棟～駐車場）	屋外	63.5	○			△													
	土，コンクリート	駐車場	屋外	2,626	○			△									△				2

凡例　○：毎日　□：使用後または使用前　△：必要の都度随時（数字は年間最低実施回数）

労働省告示第117号）によれば，作業計画及び作業手順書の内容並びにこれらに基づく清掃作業の実施状況の点検は3か月以内ごとに1回実施することとされている．共通資料2並びに 2022-141 参照．

問題 144　正解　(1)・・・・・・**頻出度** A A A

評価方法には，光沢度計等の測定機器を使う方法もあるが，清掃作業の評価は，基本的には目視で行う． 2022-143

問題 145　正解　(2)・・・・・・**頻出度** A A A

-(2)が正しい．

-(1)　静電気で引き寄せられていることが多い．

-(3)　水分などを含んで変質し，除去しにくくなる．

-(4)　ダストコントロール法，-(5)　ダストクロス法． 2022-145

問題 146　正解　(2)・・・・・・**頻出度** A A A

カーペットスイーパ（**146-1 図**）は，カーペット表面の除じん用である．

146-1 図　カーペットスイーパ

パイル内部の除じんには，風量が大きくフィルタバックが大きいアップライト型掃除機が適している（**146-2 図**）．

アップライト型掃除機は立て型真空掃除機とも呼ばれ，床を回転ブラシで掃きながら，ごみやほこりを機内に吸い込む構造になっている．排気はフィルタバッグの全面から行われる．近年，繊維床の増加につれてその使用が増している．

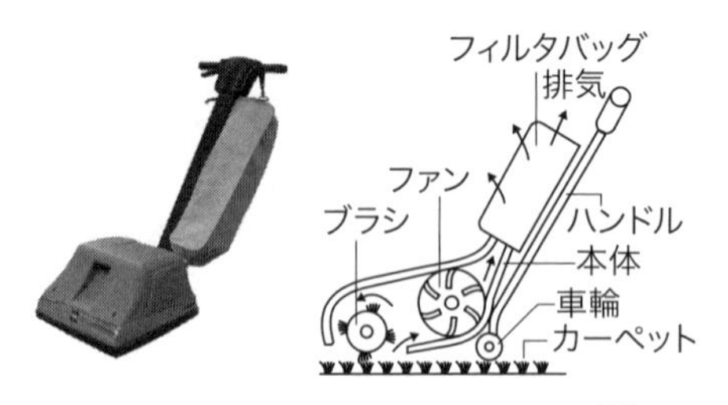

146-2 図　アップライト型掃除機[12][13]

-(5)　エクストラクタ（噴射吸引式機械）． 2022-151

問題 147　正解　(3)・・・・・・**頻出度** A A A

剥（はく）離剤が残留していると再塗布した床維持剤が糊（こ）化する可能性があるので使用後はすすぎ拭きを十分に行うかリンス剤で中和する必要がある．

剥離剤は，床面に塗布した床維持剤の皮膜除去に用いる．低級アミン（アンモニア NH_3 の水素原子を炭化水素基または芳香族原子団で置換した化合物で，1分子中の炭素原子が5個以下のもの．2−アミノエタノール C_2H_7NO などがある）やアンモニアを主剤としたものに界面活性剤が添加され，強アルカリ性．ゴム系，リノリウム系，木質の床には変色ひび割れを起こすため使用できない．また，使用者の皮膚を傷めるので注意を要する．ただし，塩化ビニル系床材は剥離剤への耐性があり，変色などの影響がほとんどない．

-(2)，-(4)，-(5)　床維持剤はJIS用語ではフロアフィニッシュといわれる． 2022-149

問題 148　正解　(2)・・・・・・**頻出度** A A A

塩化ビニルタイル，塩化ビニルシート

は，含有する可塑剤によって床維持剤の密着不良が起きやすい．2022-150

-(3) 床維持剤を塗布した弾性床材に土砂・ほこりを放置すると，歩行によって床維持剤の損傷が進行するので，日常清掃では，真空掃除機やダストモップを用いて土砂やほこりを除去する．

問題 149 正解 (4)……頻出度 A A A

セラミックタイルは，耐摩耗性に優れる．

セラミックタイルを含む硬性床材については，2022-152．

-(1) 木質性床材 2022-153．

問題 150 正解 (5)……頻出度 A A A

水の使用は限られているので，滑りによる転倒事故のリスクが小さく安全性が高い．2022-150

問題 151 正解 (2)……頻出度 A A A

ウールやナイロンなどに比べて，アクリル素材の耐久性は小さい．2022-151

問題 152 正解 (4)……頻出度 A A A

階段は建築物内のほこりが集中するところであり，壁面は他の場所より付着度合が高い．

-(1) トイレは，多くは差し迫った事情で使用されるので，全面的に使用禁止をするといった措置を取らないように清掃工程を工夫する．

-(2) 清掃における衛生管理の基本は，ゾーニング管理である．一般の建築物では，一般区域（事務室等）と汚染区域（トイレ，廃棄物処理室等）の二つに分けられ，それぞれ専用の清掃用具を使用して作業を行う．湯沸室も衛生的には一つのゾーンとして扱う．

問題 153 正解 (4)……頻出度 A A A

スクイジー法では，研磨剤などは使用しない．

タオルまたはウォッシャーでガラス面に水を塗布しスクイジーで汚れをかき取る方法が一般的である．

-(1) 自動窓拭き設備は，天候に左右されず作業ができる，従事者に危険がない，作業能率が良いなどの利点があるが，クリーニングの仕上がりは，人の作業に比べて十分でない．

-(2) ブランコ作業（**153-1 図**参照）．2022-154

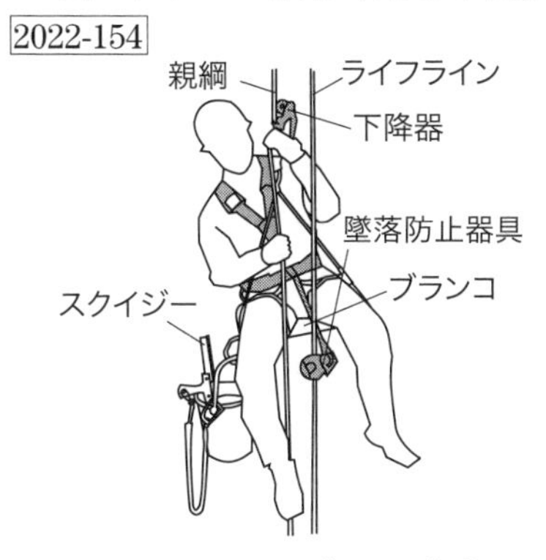

153-1 図 ブランコ作業

問題 154 正解 (5)……頻出度 A A A

ノロウイルスは，コロナウイルスなどと違ってエンベロープをもたないので，エタノールや逆性石鹸はあまり効果がない．ウイルスを完全に失活化するには，次亜塩素酸ナトリウムによる消毒か，十分な加熱を行う．

問題 155 正解 (3)……頻出度 A A

ごみ燃料化施設の主な効果は，資源化，減量化，減容化である（**155-1 表**参照）．

-(1) ごみの減量処理では焼却処理が大きな比重を占める（中間処理量の 85 %程度）．

通常，ごみは 800 ℃以上の高温で焼却され，悪臭物質は熱分解される．焼却の結果，重量は 15 %に減量され，容積は，5 ～ 10 %まで減容される．

155-1表　廃棄物中間処理施設の目的等

要素技術	施設・技術	効果		
		主目的	目的	副次効果
焼却	焼却施設	減量化　減容化	安定化	
	焼却施設（温水利用等）	減量化　減容化	安定化	資源化
	焼却施設（発電等）	資源化　減量化　減容化	安定化	
溶融	ごみ溶融施設	減量化	安定化	資源化
	焼却残渣溶融施設	減容化　安定化	－	資源化
選別（破砕）	リサイクルプラザセンター	資源化　減量化	－	減容化
破砕・選別	粗大ごみ処理施設	減容化	資源化	減量化
堆肥化（選別）	高速堆肥化施設資	資源化	減量化　減容化 安定化	－
選別・乾燥	ごみ燃料化施設（RDF）	資源化　減量化　減容化	－	－
熱分解	熱分解ガス化・油化施設	資源化　安定化	減容化	減量化
溶融・固化	廃プラスチック減容施設	減容化	－	－

全国の焼却施設の約70 %で種々の余熱利用が行われており，30 %で発電が行われている．

焼却で発生した残渣の大部分は最終処分場に埋め立てられている．

問題156　正解　(5)・・・・・・頻出度AA

最終処分とは，最終処分場に埋め立てることを指す．焼却による減量化は中間処理の一手段である．

ごみは，排出の抑制を前提に，分別，保管，収集，運搬，再生，中間処理，最終処分と処理されていく．

問題157　正解　(4)・・・・・・頻出度AAA

昭和45（1970）年の廃棄物の処理及び清掃に関する法律（廃棄物処理法）制定時に，従来の法律（清掃法：1954年施行）で衛生面から規定されていた汚物に加えて，不要物の概念を追加して廃棄物を定義し直し，産業廃棄物と一般廃棄物に分類した．さらに，公衆衛生の向上に加え生活環境の保全を法の目的に追加した．

平成3（1991）年の廃棄物処理法の改正で，廃棄物の適正処理に加えて，新たに排出抑制，分別･再生が目的となった．

問題158　正解　(1)・・・・・・頻出度AAA

排出事業者が，処理を委託した産業廃棄物の移動及び処理の状況を把握するために設けられた制度は「産業廃棄物管理票（マニフェスト）」の制度である．「特別管理産業廃棄物」は，爆発性，毒性，感染性その他の人の健康または生活環境に係る被害を生ずるおそれがある性状を有する産業廃棄物で，廃油，廃酸・廃アルカリなど政令で定められたものをいう．

-(2)，-(3)，-(4)の廃棄物処理・責任と許認可等 2022-158．

-(4)　専ら再生利用の目的となる廃棄物：古紙，くず鉄，古銅，空きビン類，古繊維

問題159　正解　(3)・・・・・・頻出度AAA

市町村長は，その区域内において事業活動に伴い多量の一般廃棄物を生ずる土地又は建物の占有者に対し，当該一般廃

棄物の減量に関する計画の作成，当該一般廃棄物を運搬すべき場所及びその運搬の方法その他必要な事項を指示することができる（廃棄物処理法第6条の二第5項）.

その他必要な事項とは，具体的な運搬場所，運搬方法，廃棄物管理責任者の選任届出等を指す.

問題 160　正解　(5)・・・・・・頻出度 A A A

ばいじん類は汚水を発生させる可能性が高いので，管理型処分場もしくは遮断型処分場に埋め立てる.

産業廃棄物の最終処分場（埋立て処分場）には，安定型，管理型，遮断型処分場がある（昭和52年総理府・厚生省令第1号　一般廃棄物の最終処分場及び産業廃棄物の最終処分場に係る技術上の基準を定める省令）（**160-1 表**）.

160-1 表　産業廃棄物の最終処分場（埋立て処分場）

安定型最終処分場	埋立てにより汚水等を発生しない廃プラスチック類やがれき類等，安定型品目の産業廃棄物※を埋立てする処分場.
管理型最終処分場	埋立て物から発生する汚水等が地下水や公共水域の汚染を生じない対策が講じられている.
遮断型最終処分場	有害物質が基準を超えて含まれる燃えがら，ばいじん等有害な産業廃棄物を埋立てする最終処分場.

※　安定型品目の産業廃棄物：廃プラスチック類，ゴムくず，金属くず，ガラスくず・コンクリートくず・陶磁器くず，がれき類（廃棄物処理法施行令第6条）

-(1)　廃棄物の分類，-(2)　特定の業種からの廃棄物は，**共通資料5**「廃棄物の一覧」参照.

-(3)　紛らわしい廃棄物は **160-2 表**参照.

-(4)　事業系廃棄物などわが国の廃棄物の分類概要 2022-158.

160-2 表　紛らわしい廃棄物

汚水槽（し尿と雑排水を併せて貯留する槽）から除去される泥状物	一般廃棄物
事務所ビルの厨房から排出される動植物性残渣	一般廃棄物
レストランから排出される生ごみ	一般廃棄物
し尿を含まない排水槽から除去される汚泥	産業廃棄物
事務所ビルの排水槽から排出される汚泥	産業廃棄物
グリストラップ，除害設備から排出される汚泥，廃油	産業廃棄物
排水再利用施設から排出される汚泥等	産業廃棄物
ビニール袋，ペットボトル，発泡スチロール（廃プラスチック類）	産業廃棄物
オフィスから排出されるスチール製，机・ロッカー	産業廃棄物
空きびん，空き缶	産業廃棄物
医療機関から排出される血液が付着したガーゼ	特別管理一般廃棄物
医療機関から排出される血液が付着した注射針	特別管理産業廃棄物

問題 161　正解　(5)・・・・・・頻出度 A A A

ビル管理法に清掃作業の廃液の排水基準値の規定はない（建物清掃の排水に限っての規制は他の法律でも特にない）.

-(3)　平成29年の廃棄物処理法の改正で，使用済みの蛍光灯ランプは水銀使用製品産業廃棄物としてその保管，委託業者，マニフェストの記載内容等に新たな規制が加わった.

-(4)　登録を受けると登録廃棄物再生事業者と名乗れる（廃棄物処理法第20条の二）．扱うのは，「専ら再生利用の目的となる廃棄物」である.

問題 162　正解　(2)・・・・・頻出度 A A A

作業性は，容器方式×，コンパクタ・

コンテナ方式◎である．2022-164

問題 163　正解　(1)・・・・・・頻出度 A A A

雑誌は梱包して，保管，運搬しやすくすれば事足りる．2022-163

問題 164　正解　(2)・・・・・・頻出度 A A A

1 日の延べ廃棄物の発生量は，

10 000 m² × 0.04 kg/(m²·日)

= 400 kg/日

必要な保管容器は，

400 kg/日 ÷ 10 kg/個 = 40 個

2 日間で容器は 80 個になる．

保管容器 1 個で 0.25 m² 占めるので 80 個なら

80 個 × 0.25 m²/個 = 20 m²

問題 165　正解　(4)・・・・・・頻出度 A A A

食器洗い乾燥機は「特定家庭用機器」ではない．

特定家庭用機器は今のところ，エアコン（ウインド型，セパレート型），テレビ（ブラウン管式，液晶式，プラズマ式），電気冷蔵庫・電気冷凍庫，電気洗濯機・衣類乾燥機である．

家電リサイクル法は，小売業者による消費者からの廃家電（特定家庭用機器）の引き取りを規定している．2022-165

ねずみ，昆虫等の防除
問題 166〜問題 180

問題 166　正解　(1)・・・・・・頻出度 A A A

昆虫成長制御剤（IGR）は，成虫には効果がない．

羽化阻害剤とキチン合成（脱皮）阻害剤の 2 種類があるが，幼虫に対しての効果は最終的に死に至らせるが速効的ではなく，成虫に対してはいずれも効果がない．2022-166

問題 167　正解　(3)・・・・・・頻出度 A A A

アカイエカは，屋外の有機物の多い下水溝，雨水ます，防火用水槽やどぶ川から発生する．屋内の地下浄化槽や湧水槽に発生するのはチカイエカである．

蚊の種類・生態については 2022-167．

問題 168　正解　(5)・・・・・・頻出度 A A A

ゴキブリ類は，幼虫と成虫の活動場所は同じで，その食性も発育段階によって変化しない．

ゴキブリの種類・生態については 2022-168．

問題 169　正解　(3)・・・・・・頻出度 A A A

ティード，イカリジンはゴキブリ用の殺虫剤ではない．屋外で使用する，主に蚊，ダニに対する昆虫忌避（きひ）剤である．

ゴキブリの防除については 2022-169．

問題 170　正解　(3)・・・・・・頻出度 A A A

ヒゼンダニは吸血はしない．

皮膚内に侵入するのはヒゼンダニのメスで，皮膚やリンパ液を食べ，皮膚にトンネルを掘る．

ダニの種類・生態・防除については 2022-170．

問題 171　正解　(5)・・・・・・頻出度 A A A

ピレスロイド剤のトランスフルトリンは常温揮散で効力を発揮する．ワンプッシュ式の虫よけスプレーなどにも含まれる．

-(1)　有機リン剤→ピレスロイド剤，が正しい．

-(2)　ピレスロイド剤→有機リン剤が正しい．

-(3)　有効成分をケロシンに溶かし，乳化剤を加えるのは，乳剤である．

-(4)　プロペタンホスは有機リン剤である．

-(1)，-(3)　炭酸ガス製剤，乳剤などの剤型については 2020-180．

有機リン剤，ピレスロイド剤などの個々の薬剤については2022-174.

問題 172　正解　(4)・・・・・・**頻出度**AAA

昆虫の幼生脱皮時にその表皮形成を阻害する作用を示すのは，キチン合成阻害剤（表皮形成阻害剤）」である.

「幼若ホルモン様化合物」は昆虫の羽化妨害し，成虫を出現させない. 2022-174

-(2)　薬剤抵抗性2022-176

-(5)　LD_{50}値など薬剤の効果の指標2022-174

問題 173　正解　(4)・・・・・・**頻出度**AAA

ドブネズミの方が雑食の傾向が強い.

クマネズミなど，ねずみの種類・生態については2022-175.

問題 174　正解　(5)・・・・・・**頻出度**AAA

殺鼠(そ)剤は全て食毒である. 2022-176

問題 175　正解　(5)・・・・・・**頻出度**AAA

トコジラミによる吸血被害が病院で発生することはあるようだが，特に高齢入院者が多い病院で多発しているというような事実はない.

海外から持ち込まれたと思われるネッタイトコジラミの被害が近年東京都内の宿泊施設で散見される.

-(3)　ハチ毒のアミン類：ノルアドレナリン，ドーパミン，ヒスタミン，セロトニン，アセチルコリンなど. アミン類とは，アンモニアNH_3の水素原子を炭化水素基または芳香族原子団で置換した化合物の総称.

いろいろな害虫については，2022-171.

問題 176　正解　(2)・・・・・・**頻出度**AAA

日本紅斑熱を媒介するのは，マダニである. コロモジラミは，発疹チフスを媒介する.

176-1 表に動物媒介感染症の一覧を挙げる. 合わせて，刺咬，吸血，不快感をもたらす害虫を**176-2 表**，食害・経済的被害をもたらす害虫を**176-3 表**に

176-1 表　動物媒介感染症

病原体	疾病等	媒介動物等
細菌	レプトスピラ症（ワイル病）	家ネズミ，野ネズミ
	消化器系感染症，O157	イエバエ
	ペスト	ネズミ，ネズミノミ
	ライム病	マダニ
	サルモネラ症	家ネズミ
ウイルス	日本脳炎	コガタアカイエカ
	ラッサ熱	ネズミ
	ウエストナイル熱	カ類
	デング熱	ネッタイシマカ，ヒトスジシマカ
	チクングニア熱	
	ジカウイルス感染症	
	重症熱性血小板減少症候群（SFTS）	マダニ類
リケッチア	つつが虫病	ツツガムシ（フトゲツツガムシ，タテツツガムシ，アカツツガムシ）
	発疹チフス	コロモジラミ
	日本紅斑熱	マダニ
原虫	マラリア	ハマダラカ（シナハマダラカ，コガタハマダラカ）
線虫	フィラリア症	アカイエカ，ヒトスジシマカ
ヒゼンダニ	疥癬(かいせん)	（ヒトの皮膚に内部寄生）
シラミ	シラミ症	コロモジラミ，アタマジラミ，ケジラミ
アレルゲン	気管支喘息，小児喘息	ヒョウヒダニ類，ユスリカ

示す．

176-2表　吸血，刺咬，不快害虫

吸血（痛み，痒み）	カ，イエダニ，ネコノミ，トコジラミ，アタマジラミ，スズメサシダニ，トリサシダニ，ワクモ，マダニ
刺咬（痛み，痒み）	アシナガバチ，シバンムシアリガタバチ，シラミダニ，ツメダニ，セアカゴケグモ，ハイイロゴケグモ
不快感	ハエ，ゴキブリ，ホシチョウバエ，オオチョウバエ，ユスリカ，カメムシ類

176-3表　食害，経済的被害をもたらす害虫

木材	ヒラタキクイムシ（ラワン材，ナラ材），シバンムシ，シロアリ
貯蔵食品害虫（菓子，乾物）	カツオブシムシ，タバコシバンムシ，ジンサンシバンムシ，チャタテムシ，コクゾウ，ノシメマダラメイガ，コナダニ，メイガ類
動物性繊維・衣類	ヒメマルカツオブシムシ，イガ
書籍	シバンムシ，シミ，ゴキブリ

問題177　正解　(1)・・・・・・頻出度AAA

手動式の散粉機（**177-1図**）が隙間や割れ目などの細かな部分に使用するときに便利である．床下など，ある程度の到達距離が必要な場合には電動散粉機を

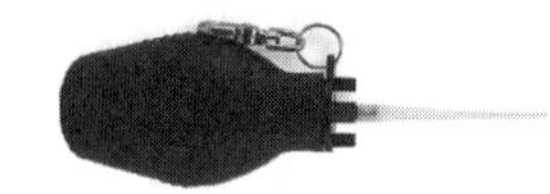

177-1図　手動式の散粉機[14]

用いる．薬剤散布機器は2022-178．

問題178　正解　(4)・・・・・・頻出度AAA

(4)が正しい．

厚生労働省から通知されている「建築物における維持管理マニュアル」により，特定建築物ではIPM※に基づく防除が求められている．

※　IPM：Integrated Pest Management（総合防除あるいは総合的有害生物管理）

IPMの実施に当たっての留意点

1．生息調査について

的確に発生の実態を把握するため，適切な生息密度調査法に基づき生息実態調査を実施すること．

調査は，目視調査や聞き取り調査だけではなくて，トラップ調査など客観的な方法も取り入れること．一般の場所は，ビル管理法施行規則により6か月，食料を取扱う区域ならびに排水槽，阻集器および廃棄物の保管設備の周辺等特にねずみ等が発生しやすい箇所については，「空気調和設備等の維持管理及び清掃等に係る技術上の基準」により2か月に1回定期に調査する．

2．目標設定について

生息調査の結果に基づき，目標水準（維持管理水準）を設定し，対策の目標とすること．

3．防除法について

1）人や環境に対する影響を可能な限り少なくするよう配慮すること．特に，薬剤を用いる場合にあっては，薬剤の種類，薬量，処理法，処理区域について十分な検討を行い，日時，作業方法等を建築物の利用者に周知徹底させること（実施日前後3日間掲示を行う）．

2）まずは，発生源対策，侵入防止対策等の発生予防対策を行うこと．発生源対策のうち，環境整備等については，発生を防止する観点から，建築物維持管理権原者の責任のもとで日常的に実施すること．

3)　有効かつ適切な防除法を組み合わせて実施すること．当該区域の状況に応じて薬剤やトラップの利用，侵入場所の閉鎖などの防虫・防鼠工事を組み合わせて実施すること．

食毒剤（毒餌剤）の使用に当たっては，誤食防止を図るとともに，防除作業終了後，ただちに回収すること．

薬剤散布後，一定時間入室を禁じて，換気を行う等利用者の安全を確保すること．

4. 評価について

評価は有害生物の密度と防除効果等の観点から生息指数などを用いて実施すること．

2022-179

問題 179　正解　(3)・・・・・・頻出度 A A A

-(3)が正しい（前問解説参照）．

-(1)　まずは，発生源対策，侵入防止対策等の発生予防対策を行う．

-(2)　すぐに防除作業が必要な状況は措置水準という．2022-179

-(4)　ゴキブリ指数は，調査期間中の，トラップ1箇所，1日当たりの捕獲数であるから，

(30匹＋120匹)÷(5箇所×3日)

＝150÷15＝10匹

これは，「措置水準」をはるかに超えているので，すぐに防除作業が必要である．

-(5)　特定建築物内の防除に用いる薬剤は，「医薬品，医療機器等の品質，有効性及び安全性の確保等に関する法律」によって医薬品や医薬部外品として承認された殺虫剤に限られる．

農薬の使用は，農薬取締法に基づき農薬ごとに厳格に規定・規制されている(一般の建物内での使用など問題外である)．

問題 180　正解　(2)・・・・・・頻出度 A A A

ニューサンスコントロールは，不快感を与える不快動物（ニューサンス）の防除をいう．感染症を媒介する媒介動物(ベクター）の防除は，ベクターコントロールという．

ニューサンスの中には，感染性はないがアレルギー性疾患や皮膚炎を引き起こす有害動物が含まれる．

-(1)　殺虫剤のローテーション処理

抵抗性の発達を防止するには作用の異なる殺虫剤を計画的に交替（ローテーション）して使用することが効果的である．（例：有機リン剤⇔ピレスロイド⇔カーバメイト剤）．

-(3)　幼生，成虫，雌，雄ともに吸血する例としてはトコジラミが挙げられる．

蚊は，雌の蚊で，それも交尾した蚊のみが吸血する．

ノミは成虫のみが雌雄とも吸血するが幼生は吸血しない．ノミの幼虫は宿主のねぐらのダンボールやぼろ布，周辺の砂地でごみの中などに含まれている有機物を食べて成長する 2022-171．

引用文献

午前

(1) 中山昭雄編：『温熱生理学』理工学社　1981
(2) Doll,R.and Peto,R：The causes of canter：quan-titative estimates of avoidable risks of cancer in the United States today. J.Natl. Cancer Inst.,66：1191-1308,1981（訳：『新建築物の環境衛生管理　中巻』より）
(3) 新建築物の環境衛生管理編集委員会編『新建築物の環境衛生管理　第1版第1刷　中巻』日本建築衛生管理教育センター　p.45, 174　2019
(4) 株式会社三和製作所：「サンワ　オージオメータ　MT」https://www.sanwa303.co.jp/product/910/
(5) 岡本悦司他監修：『サブノート保健医療論・公衆衛生学（第32版）』メディックメディア　p.443　2009
(6) 古河電気工業株式会社：「難燃ベルマウス　NFM」https://www.furukawa.co.jp/eflex/product/eflex/parts/eflex_nfm.html
(7) アイエム株式会社：「IM- 丸型 FD（防火ダンパー」https://www.imcompany.com/products/06/im-fd.html に解説追記
(8) テラル株式会社：シロッコファン「CLF5-RS 型」https://www.teral.net/products/search/type?kishu=25300
(9) ミツヤ送風機株式会社：「軸流ファン　AP 型」https://www.mitsuyaj.co.jp/products/axial_flow.html
(10) テラル株式会社：ラインファン「ALF2/ALF 型」https://www.teral.net/products/search/type?kishu=550630
(11) ローヤル電機株式会社：クロスファン「FG-140 シリーズ」https://www.royal-elec.co.jp/product/415/
(12) フジモリ産業株式会社：鋼板製フレキシブルダクト「フジフレキ　」https://www.fujimori.co.jp/products/building_materials/28 を回転・反転加工
(13) 国立研究開発法人日本原子力研究開発機構 原子力科学研究所：気体廃棄物の処理（高性能粒子フィルタ）「HEPA フィルタとは」https://www.jaea.go.jp/04/ntokai/backend/backend_01_02_09.html
(14) 株式会社川本製作所：渦巻ポンプ「GF-4M 形」https://www.kawamoto.co.jp/products/index02.php?id=7 に解説追記
(15) 株式会社川本製作所：タービンポンプ（多段渦巻）「T(N)・TK(N) 形　」https://www.kawamoto.co.jp/products/index02.php?id=27 の左端のみ抜粋
(16) 株式会社亀嶋鐵工所：オールステンレス SERIES「KA-1U 型本体のみ」https://nk-pump.co.jp/product/ka-1u/
(17) ダイキン工業株式会社：水配管レス調湿外気処理機 DESICA「DESICA（仕組み・特長）」https://www.ac.daikin.co.jp/desica/features
(18) 株式会社佐藤計量器製作所：「シグマⅡ型温湿度記録計　クォーツ式」https://www.sksato.co.jp/7210-00/ に解説追記
(19) 柴田科学株式会社：環境測定機器「アスマン通風乾湿計 ゼンマイ式 本体」https://www.sibata.co.jp/item/598/ に解説追記
(20) 株式会社島津製作所：GCMS 分析の基礎「5.1.1. GC-MS/MS 装置（Triple Q type）について」https://www.an.shimadzu.co.jp/gcms/support/faq/fundamentals/gcmsms.htm#5-1-1 に解説追記
(21) JIS A 1962：「室内及び試験チャンバー内空気中のホルムアルデヒド及び他のカルボニル化合物の定量−ポンプサンプリング」日本規格協会　p.19　2015
(22) 一般財団法人日本建築総合試験所：わかりやすい試験シリーズ　音 -03「建物の床衝撃音遮断性能試験」https://www.gbrc.or.jp/assets/test_series/documents/ac_03.pdf
(23) エールコーポレーション株式会社：「風と光の通り道・窓…2」https://www.utopia-town.com/blog/5972.html を加工

午後

(1) 建築物の環境衛生管理編集委員会「新版　建築物の環境衛生管理　下巻」ビル管理教育センター　p.95　2009 より抜粋
(2) 新版ビルの環境衛生管理編集委員会「新版　ビルの環境衛生管理　上巻」ビル管理教育センター　1984
(3) 戸田建設株式会社：戸田式座屈拘束ブレース「TO-BRB（耐震・制振）」https://www.toda.co.jp/tech/construction/to-brb.html
(4) 株式会社スペースウッド：木材の断面「木材の中身を理解しよう」http://www.spacewood.co.jp/00701.html を加工
(5) ヒダ株式会社：生コンクリート「生コンのスランプとは」http://www.hida-group.co.jp/c_2/p_47.html
(6) SANEI 株式会社：シングルワンホール混合栓「品番：K87610JV-S-13」https://www.sanei.ltd/products/k87610jv-s-13/
(7) ゼンシン株式会社：「Z-4000 接液部ステンレス製フランジ型」http://www.zensin.co.jp/flex/common/z4000.html
(8) 株式会社 日本イトミック：「EWR シリーズ」https://www.itomic.co.jp/category/c_ew/ewr_series/ を一部抜粋
(9) リンナイ株式会社：教えて！給湯器「Q.どうして効率よくお湯が沸かせるの？」https://rinnai.jp/products/waterheater/gas/what/ecoj/ を加工
(10) 空気調和・衛生工学会編：『空気調和・衛生工学会規格 SHASE-S206-2009 給排水衛生設備基準・同解説』空気調和・衛生工学会　2004
(11) 株式会社重松製作所：「自給式呼吸器ライフゼム A1-12」https://www.sts-japan.com/products/jikyushiki/detail/a1_12.html
(12) 蔵王産業株式会社：スーパーパイルブラシ「カーペットパイル起毛・復元・清掃機」https://www.zaohnet.co.jp/products/spb/
(13) ビルの環境衛生管理編集委員会『改訂ビルの環境衛生管理　下巻（第4刷）』ビル管理教育センター　p.54　2000
(14) 鵬図商事株式会社（B&G（米国））：散粉器「B&G バルブダスター」https://premium.ipros.jp/hohto/product/detail/2000444117/?hub=163&categoryId=43762 を回転加工

引用文献に記載の URL の最終確認日は 2023 年 3 月 7 日です．

参考文献

- 建築物の環境衛生管理編集委員会編『新建築物の環境衛生管理　第1版第1刷　上中下巻』日本建築衛生管理教育センター　2019
- 厚生労働省：「水道におけるクリプトスポリジウム等対策指針」https://www.mhlw.go.jp/content/10900000/000513605.pdf
- 厚生労働省：「室内空気中化学物質の室内濃度指針値について」https://www.mhlw.go.jp/web/t_doc?dataId=00tc3866&dataType=1&pageNo=1
- リサウンド：「自分の聴力を知る！ ～オージオグラムを理解しよう～」https://resoundjp.com/wisdom/blog-learn-audiogram-210130/
- リオン株式会社：騒音と騒音計「音の物理量と感覚量」https://svmeas.rion.co.jp/support/st_sound.aspx
- 株式会社近畿エコサイエンス：「騒音性難聴の聴力低下について」https://www.kes-eco.co.jp/cmscp/wp-content/uploads/2020/01/no20.pdf
- yu-note：「二重ダクト空調システム」https://yunotebook.com/kutyo-system/
- 公益財団法人　大阪国際平和センター：「施設改修工事」https://www.peace-osaka.or.jp/news/pdf/20190724_3.pdf
- 三菱電機株式会社：「主な羽根と換気扇・送風機の種類」https://www.mitsubishielectric.co.jp/ldg/ja/air/guide/support/knowledge/detail_03.html
- トラスコ中山株式会社：「知っておきたいプロツールの基礎知識 ココミテ vol.2」https://www.google.com/url?sa=t&source=web&rct=j&url=https://trusco.meclib.jp/COCOMITE2/book/&ved=2ahUKEwjw3fHD4NX8AhWaslYBHfWvAQ4QFnoECAoQAQ&usg=AOvVaw01bGRcknwPujuj8AOz9Vf3
- 株式会社 KSK：「クリモマスター風速計 MODEL6531（日本カノマックス）」https://civil-rental.com/info/taik/model6531.html
- 藤寿産業株式会社：「エンジニアウッドの種別と当社の製造・加工領域」https://toju.co.jp/feature02#contents-top
- 現場施工のための構造計算：「異形鉄筋端部のフックのなぜ」https://structural-cal.com/construction_plan/tekkin-hook/
- 日本テス株式会社：「真空式給湯暖房温水機」http://www.nihon-tes.co.jp/product/p03.html
- 大阪ガス株式会社：「ガス温水ボイラの構造」https://ene.osakagas.co.jp/product/steam_hotwater/hotwater/structure.html
- 有限会社ミゾー：下降器「マーク1プラス」https://mizo.co.jp/kakouki/

2020年度（令和2年度）午前の問題

●出題科目●
建築物衛生行政概論
建築物の環境衛生
空気環境の調整

問題 1 日本国憲法第 25 条に規定されている次の条文の［　　］内に入る語句の組合せとして，**正しい**ものはどれか．

第 25 条　すべて国民は，［ ア ］で文化的な最低限度の生活を営む権利を有する．

2　国は，すべての［ イ ］について，社会福祉，［ ウ ］及び［ エ ］の向上及び増進に努めなければならない．

	ア	イ	ウ	エ
(1)	健康	国民	生活環境	環境衛生
(2)	健康	生活部面	社会保障	公衆衛生
(3)	健全	国民	生活環境	公衆衛生
(4)	健全	国民	社会保障	公衆衛生
(5)	健全	生活部面	社会保障	環境衛生

問題 2 現在の衛生行政組織に関する次の記述のうち，**最も適当な**ものはどれか．

(1) 地方において建築基準法を執行する行政機関である特定行政庁は，都道府県と建築主事を置く市町村及び特別区である．

(2) 学校保健行政の地方行政事務は，私立の学校を含め都道府県及び市町村の教育委員会が責任を負っている．

(3) 労働衛生行政は，中央は厚生労働省，地方は都道府県が分担して行っている．

(4) 下水道行政は国土交通省の所管であるが，終末処理場の維持管理は厚生労働省が所管している．

(5) 保健所の数を設置自治体別にみると，地域保健法施行令により保健所を設置する，いわゆる政令市の設置する保健所が最も多い．

問題 3　次の建築物のうち，建築物における衛生的環境の確保に関する法律（以下「建築物衛生法」という.）に基づく特定建築物に**該当しない**ものはどれか.

(1)　延べ面積が 7,000 m^2 の幼稚園

(2)　延べ面積が 5,000 m^2 の自動車学校

(3)　延べ面積が 10,000 m^2 の特別支援学校

(4)　延べ面積が 6,000 m^2 の予備校

(5)　延べ面積が 9,000 m^2 の幼保連携型認定こども園

問題 4　次に掲げる複合用途の建築物に関する記述として，**正しい**ものはどれか.

ただし，A 社，B 社，C 社，D 社に相互の関連はない.

A 社の学習塾 900 m^2，B 社の銀行 1,500 m^2，A 社と B 社の共用地下駐車場 500 m^2，B 社の倉庫 100 m^2，C 社のトランクルーム（貸倉庫）300 m^2，D 社の保育施設 700 m^2 である建築物

(1)　特定用途に供される部分の延べ面積は 4,000 m^2 で，特定建築物に該当する.

(2)　特定用途に供される部分の延べ面積は 3,300 m^2 で，特定建築物に該当する.

(3)　特定用途に供される部分の延べ面積は 3,000 m^2 で，特定建築物に該当する.

(4)　特定用途に供される部分の延べ面積は 2,900 m^2 で，特定建築物に該当しない.

(5)　特定用途に供される部分の延べ面積は 2,400 m^2 で，特定建築物に該当しない.

問題 5　建築物衛生法に基づく特定建築物の届出の際に記載が必要な事項として，建築物衛生法施行規則において**規定されていない**項目は次のうちどれか.

(1)　特定建築物所有者等の氏名及び住所

(2)　特定建築物維持管理権原者の氏名及び住所

(3)　特定用途に供される部分の延べ面積

(4)　建築物環境衛生管理技術者の氏名及び住所

(5)　特定建築物の竣工年月日

問題 6　建築物衛生法に基づき備えておかなければならない帳簿書類とその保存期間との組合せとして，**最も適当な**ものは次のうちどれか.

(1)　維持管理に関する年間管理計画書 ―――― 1 年間

(2)　空気環境測定結果 ―――― 2 年間

(3)　ねずみ等の防除に関する記録 ―――― 3 年間

(4)　臨時に行われた水質検査結果 ―――― 5 年間

(5)　空調ダクトの系統を明らかにした図面 ―――― 5 年間

問題7 建築物衛生法に基づく空気環境の測定方法に関する次の記述のうち，**最も不適当な**ものはどれか．

(1) 二酸化炭素の含有率の測定に，検知管方式による二酸化炭素測定器を使用した．

(2) 温度の測定に，0.5度目盛の温度計を使用した．

(3) 気流の測定に，0.2メートル毎秒以上の気流を測定することのできる風速計を使用した．

(4) 相対湿度の測定に，0.5度目盛の乾湿球湿度計を使用した．

(5) 浮遊粉じんの量の測定に，経済産業大臣の登録を受けた者により較正された機器を使用した．

問題8 建築物衛生法に基づく特定建築物における給排水設備の維持管理に関する次の記述のうち，**最も不適当な**ものはどれか．

(1) 水景に使用している雑用水について，残留塩素濃度，濁度，臭気，外観は毎日，pH値，大腸菌については1カ月に1回検査を実施している．

(2) 建築物衛生法施行規則第4条に規定する16項目の飲料水の水質検査を6カ月ごとに実施している．

(3) 飲料水の残留塩素の測定を給水栓末端で毎日実施している．

(4) 貯水槽・貯湯槽の清掃を1年に1回定期に実施している．

(5) 排水槽の清掃を4カ月ごとに実施している．

問題9 建築物環境衛生管理技術者免状に関する次の記述のうち，**誤っている**ものはどれか．

(1) 厚生労働大臣は，免状の交付を受けている者が建築物衛生法に違反したときは，その免状の返納を命ずることができる．

(2) 免状の交付を受けている者は，免状を破り，よごし，又は失ったときは，厚生労働大臣に免状の再交付を申請することができる．

(3) 免状の交付を受けている者が死亡した場合は，戸籍法に規定する届出義務者は，1年以内に，厚生労働大臣に免状を返還する．

(4) 厚生労働大臣は，免状の返納を命じられ，その日から起算して1年を経過しない者には，免状の交付を行わないことができる．

(5) 免状の交付を受けている者は，本籍地を変更した場合は，厚生労働大臣に免状の書換え交付を申請することができる．

問題 10　建築物衛生法に基づく建築物清掃業の登録に必要な人的要件となる従事者の研修に関する次の記述のうち，**最も不適当な**ものはどれか．

(1)　アルバイトも研修の受講が必要である．

(2)　従事者全員が，原則として1年に1回以上研修を受講する体制が必要である．

(3)　カリキュラムの参考例が，厚生労働省の通知で示されている．

(4)　研修の実施主体について定められている．

(5)　従事者全員の研修は一度に実施しなければならない．

問題 11　建築物衛生法に基づく国又は地方公共団体の公用又は公共の用に供する特定建築物に関する次の事項のうち，**誤っている**ものはどれか．

(1)　都道府県知事等による資料の提出要求

(2)　特定建築物の届出

(3)　都道府県知事等による改善命令

(4)　建築物環境衛生管理基準の遵守

(5)　建築物環境衛生管理技術者の選任

問題 12　感染症の予防及び感染症の患者に対する医療に関する法律（以下「感染症法」という．）に基づく感染症で，医師が診断後，都道府県知事に直ちに届け出なければならない感染症として，**誤っている**ものは次のうちどれか．

(1)　ラッサ熱

(2)　百日咳

(3)　コレラ

(4)　急性灰白髄炎

(5)　デング熱

問題 13　地域保健法に基づく保健所の事業として，**最も適当な**ものは次のうちどれか．

(1)　社会福祉に関する思想の普及及び向上に関する事項

(2)　精神保健に関する事項

(3)　介護認定に関する事項

(4)　水道，下水道，廃棄物の処理，清掃その他の環境の保全に関する事項

(5)　児童虐待の防止に関する事項

問題 14　学校保健安全法における教室等の環境に係る学校環境衛生基準の検査項目に**含まれない**ものは，次のうちどれか.

⑴　照度

⑵　換気

⑶　騒音レベル

⑷　振動レベル

⑸　温度

問題 15　旅館業法施行令に定める旅館・ホテル営業の施設の基準について，**誤っている**ものは次のうちどれか.

⑴　宿泊しようとする者との面接に適する玄関帳場等を有すること.

⑵　適当な換気，採光，照明，防湿及び排水の設備を有すること.

⑶　客室の数は 5 室以上であること.

⑷　客室の床面積は，寝台を置く客室においては 9 平方メートル以上であること.

⑸　善良の風俗が害されるような文書，図面その他の物件を旅館業の施設に掲示し，又は備え付けないこと.

問題 16　水質汚濁防止法に関する次の記述のうち，**誤っている**ものはどれか.

⑴　特定施設を有する事業場（特定事業場）から排出される水について，排水基準以下の濃度で排水することを義務付けている.

⑵　公共用水域への排出とは河川，湖，海等への排出であって，下水道に排出する場合を含まない.

⑶　都道府県は，条例により国が定めた排水基準よりも厳しい基準を定めることができる.

⑷　工場や事業場から公共用水域に排出される排水が規制対象であり，地下への水の浸透を含まない.

⑸　日平均排水量が 50 m^3 以上であるホテルは，水質汚濁防止法に基づく特定事業場である.

問題 17　悪臭防止法に規定する特定悪臭物質に**該当しない**ものは，次のうちどれか.

⑴　アンモニア

⑵　ホルムアルデヒド

⑶　硫化水素

⑷　トルエン

⑸　メチルメルカプタン

問題 18　労働安全衛生法に規定されている労働災害防止に関する次の記述のうち，**誤っている**ものはどれか．

⑴　厚生労働大臣は，労働災害防止計画を策定しなければならない．

⑵　事業者は，規模に応じて総括安全衛生管理者を選任しなければならない．

⑶　事業者は，業種と規模に応じて安全委員会を設けなければならない．

⑷　都道府県知事は，重大な労働災害が発生した場合，事業者に対し特別安全衛生改善計画を作成することを指示することができる．

⑸　安全委員会の構成委員には，当該事業場の労働者で，事業者が指名した者が含まれなければならない．

問題 19　平成 30 年の健康増進法の改正に関する次の文章の［　　　］内に入る語句の組合せとして，**正しい**ものはどれか．

平成 30 年の健康増進法の改正では，［　ア　］の［　イ　］の強化が行われ，原則として，学校・病院・児童福祉施設での［　ウ　］の禁煙の徹底が図られている．

　　ア　　　　　イ　　　　　ウ

⑴　能動喫煙 ――― 削減 ――― 敷地内

⑵　能動喫煙 ――― 防止 ――― 屋内

⑶　受動喫煙 ――― 防止 ――― 屋内

⑷　受動喫煙 ――― 防止 ――― 敷地内

⑸　受動喫煙 ――― 削減 ――― 屋内

問題 20　次の国際的合意のうち，**主として廃棄物対策に関する**ものはどれか．

⑴　モントリオール議定書

⑵　ラムサール条約

⑶　ワシントン条約

⑷　パリ協定

⑸　バーゼル条約

問題 21　人体の臓器系とその臓器・組織との組合せとして，**最も不適当な**ものは次のうちどれか．

⑴　造血器系 ――― 脾(ひ)臓

⑵　内分泌系 ――― 下垂体

⑶　呼吸器系 ――― 肺

⑷　神経系 ――― 甲状腺

⑸　循環器系 ――― 毛細血管

問題22 体温調節機能に関する次の文章の［　　］内に入る語句の組合せとして，**最も適当な**ものはどれか．

生体は，体内における産熱と放熱が平衡を保ち，一定の体温を維持している．産熱機能は，［ア］の増進などによって制御されている．放熱機能は，［イ］，［ウ］，皮下組織の熱遮断等によって調節されている．

	ア	イ	ウ
(1)	消化	呼吸	神経興奮
(2)	発汗	筋収縮	神経興奮
(3)	発汗	呼吸	内分泌
(4)	基礎代謝	尿産生	血液循環
(5)	基礎代謝	呼吸	血液循環

問題23 通常の室内における，人体各部位の温度が低い順番に並んでいるものとして，**最も適当な**ものは次のうちどれか．

(1) 顔 < 直腸 < 足
(2) 顔 < 足 < 直腸
(3) 直腸 < 顔 < 足
(4) 足 < 直腸 < 顔
(5) 足 < 顔 < 直腸

問題24 熱中症予防の指標となる暑さ指数（WBGT）に関する次の文章の［　　］内に入る語句の組合せとして，**正しい**ものはどれか．

暑さ指数（WBGT）は，屋内や屋外で太陽照射のない場合，$0.7T_A + 0.3T_B$ で求められる．ただし，T_A は［ア］，T_B は［イ］である．

	ア	イ
(1)	黒球温度	湿球温度
(2)	湿球温度	乾球温度
(3)	湿球温度	黒球温度
(4)	乾球温度	黒球温度
(5)	乾球温度	湿球温度

問題 25　温熱条件の快適性に関する次の記述のうち，**最も不適当な**ものはどれか．

(1)　温冷感とは心理反応であり，人間の主観的評価による指標である．

(2)　快適感は，核心温の状態に関わらず一定である．

(3)　一般に，平均皮膚温が 33 ～ 34℃の時に温熱的中性申告が得られる．

(4)　温熱的快適感とは，熱環境に対して満足感を表現できる心の状態をいう．

(5)　快適感尺度には，諸外国で開発されたものを日本語に翻訳して用いられているものが多く，言語による違いが生じる．

問題 26　熱中症に関する次の文章の［　　　］内の語句のうち，**最も不適当な**ものはどれか．

熱失神は皮膚血管の拡張により血圧が低下し［(1)　脳血流が減少］して起こる．熱けいれんは発汗により［(2)　塩分］が失われ，その後大量に［(3)　水分］を摂取することで起こる．熱疲労は細胞外液の浸透圧の増加により，細胞内の［(4)　水分増加］が生じることで起こる．熱射病は［(5)　体温調節中枢の障害］が生じることで起こる．

問題 27　湿度・加湿に関する次の記述のうち，**最も不適当な**ものはどれか．

(1)　高湿度では，風邪などの呼吸器疾患に罹（り）患しやすくなる．

(2)　高湿度では，結露しカビやダニが発生する．

(3)　低湿度では，静電気が発生しやすくなる．

(4)　低湿度では，ほこりが飛散しやすくなる．

(5)　水に混入した真菌が，加湿の過程でエアロゾルとして放出されることがある．

問題 28　酸素欠乏に関する次の文章の［　　　］内に入る数値の組合せとして，**正しい**ものはどれか．

労働安全衛生法に基づく酸素欠乏症等防止規則では，空気中の酸素濃度が［　ア　］%未満である状態を酸素欠乏と定義している．

また，酸素濃度と人体影響の関係では，空気中の酸素濃度が［　イ　］%以下になると意識障害やけいれんが生じる．

	ア		イ
(1)	20	———	18
(2)	20	———	16
(3)	18	———	16
(4)	18	———	10
(5)	16	———	10

問題 29 ヒトが不快感を覚えるとされている室内の二酸化炭素濃度として，**最も適当な**ものは次のうちどれか．

(1) 0.5 %

(2) 1 〜 2 %

(3) 3 〜 4 %

(4) 6 %

(5) 7 〜 10 %

問題 30 アスベストに関する次の記述のうち，**最も不適当な**ものはどれか．

(1) 自然界に存在する繊維状の水和化したケイ酸塩鉱物の総称である．

(2) 過去には断熱材として使用された．

(3) 吸引すると肺の線維化を生じさせる．

(4) 健康障害は，アスベスト製品製造工場の従業員に限られる．

(5) 悪性中皮腫の原因となる．

問題 31 ホルムアルデヒドに関する次の記述のうち，**最も不適当な**ものはどれか．

(1) 常温では気体として存在する．

(2) 酸化力が強い．

(3) 水やアルコールに溶けやすい．

(4) たばこ煙中に存在する．

(5) 粘膜に対する刺激が強い．

問題 32 室内空気汚染とその健康障害との組合せとして，**最も不適当な**ものは次のうちどれか．

(1) レジオネラ属菌 ―――― 肺がん

(2) 二酸化窒素 ―――― 慢性気管支炎

(3) オゾン ―――― 肺気腫

(4) ホルムアルデヒド ―――― 喘(ぜん)息様気管支炎

(5) ハウスダスト ―――― アレルギー性疾患

問題 33 聴覚に関する次の記述のうち，**最も不適当な**ものはどれか．

(1) 加齢に伴い，低い周波数から聴力低下が起きる．

(2) 超低周波空気振動は，低い周波数でヒトが聴き取ることができないものをいう．

(3) 音の感覚の 3 要素は，音の大きさ，高さ，音色である．

(4) 中耳は，鼓膜，耳小骨，鼓室，耳管等で構成されている．

(5) 最も鋭敏な周波数は，4,000 Hz 付近である．

問題 34 振動に関する次の記述のうち，**最も不適当な**ものはどれか.

(1) 全身振動の知覚は，内耳の前庭器官と三半規管が関係している.

(2) 振動の知覚は,皮膚,内臓,関節等,全身に分布する運動神経末端受容器によりなされる.

(3) 全身振動の大きさの感覚は，振動継続時間によって異なる.

(4) 振動レベルの単位は，dB（デシベル）である.

(5) 白ろう病は，手持ち振動工具による指の血行障害である.

問題 35 発光ダイオード（LED）の性質に関する次の記述のうち，**最も不適当な**ものはどれか.

(1) 小型・軽量である.

(2) 熱に弱い.

(3) 拡散しやすい.

(4) 寿命が長い.

(5) 高効率である.

問題 36 情報機器作業（VDT 作業）と健康に関する次の記述のうち，**最も不適当な**ものはどれか.

(1) グレア防止用の照明器具を用いる.

(2) ディスプレイ画面における照度を 500 lx 以下とする.

(3) キーホード上の照度は，300 lx 以上とする.

(4) デスクトップ型パソコンとノート型パソコンでは，デスクトップ型パソコンの方が疲労の訴えが多い.

(5) 眼と表示画面，眼と書類などとの距離は，同じ程度にすることが望ましい.

問題 37 赤外線による生態影響として，**最も不適当な**ものは次のうちどれか.

(1) 熱中症

(2) 皮膚血流促進

(3) 電気性眼炎

(4) ガラス工白内障

(5) 代謝促進

問題 38 電離放射線に関する次の記述のうち，**最も適当な**ものはどれか.

(1) γ 線は，鉛，鉄の板を通過する.

(2) 放射線の人体に与える影響の単位は，Bq（ベクレル）である.

(3) 放射線の健康影響のうち，がんに対する影響には閾(いき)値が存在する.

(4) 胸の X 線検査 1 回で被曝(ばく)する線量は，自然放射線からの年間被曝量の世界平均よりも多い.

(5) 感受性が最も高い細胞は，リンパ球である.

問題 39　放射線障害防止対策に関する次の組合せのうち，**最も不適当な**ものはどれか．

(1)　体内被曝（ばく）の防護 ――― 被曝時間の短縮
(2)　個人被曝線量管理 ――― フィルムバッジの使用
(3)　体外被曝の防護 ――― 遮蔽
(4)　環境管理 ――― 環境モニタリング
(5)　個人健康管理 ――― 健康診断

問題 40　ヒトの水の収支や欠乏に関する次の記述のうち，**最も不適当な**ものはどれか．

(1)　成人の場合，定常状態では，水の損失は 1 日 2,500 mL である．
(2)　成人の場合，定常状態では，呼吸により失う水分量は水の損失全体の約 1/6 である．
(3)　水分欠乏が，体重に対して 1 %を超えると喉の渇きが生じる．
(4)　水分欠乏が，体重に対して 5 %を超えると筋肉のけいれんが起きる．
(5)　水分欠乏が，体重に対して 20 %を超えると死亡する．

問題 41　飲用水汚染事故の発生原因として，**最も不適当な**ものは次のうちどれか．

(1)　ノロウイルス
(2)　アニサキス
(3)　カンピロバクター・ジェジュニ
(4)　病原性大腸菌
(5)　赤痢アメーバ

問題 42　水道法の水質基準に規定される物質とその疾病との組合せとして，**最も不適当な**ものは次のうちどれか．

(1)　ヒ素 ――― ボーエン病
(2)　亜硝酸態窒素 ――― メトヘモグロビン血症
(3)　四塩化炭素 ――― 肝がん
(4)　ベンゼン ――― 再生不良性貧血
(5)　フッ素 ――― 舌がん

問題 43　感染症法に基づく感染症の類型のうち，1 類，2 類，3 類全てに実施される措置として，**最も不適当な**ものは次のどれか．

(1)　健康診断受診の勧告
(2)　就業制限
(3)　死体の移動制限
(4)　入院勧告
(5)　積極的疫学調査

問題 44　クリプトスポリジウム症とその病原体に関する次の記述のうち，**最も不適当な**ものはどれか．

(1)　感染した哺乳類の糞便が感染源となる．

(2)　大きさ 4 ～ 6 μm の原虫である．

(3)　感染すると，2 ～ 5 日後に下痢や腹痛等の症状が表れる．

(4)　特定の環境下では，2 ～ 6 カ月間感染力を維持する．

(5)　対策として，給水栓末端における遊離残留塩素濃度を，0.2 mg/L 以上に保つことが重要である．

問題 45　消毒薬に関する次の記述のうち，**最も不適当な**ものはどれか．

(1)　クレゾールは，食器の消毒には不適である．

(2)　逆性石けんは，緑膿菌や結核菌に対する殺菌力は弱い．

(3)　ホルマリンは，全ての微生物に有効である．

(4)　消毒用エタノールは，一部のウイルスには無効である．

(5)　次亜塩素酸ナトリウムは，芽胞にも有効である．

問題 46　次の用語とその単位との組合せとして，**誤っている**ものはどれか．

(1)　輝度 ―――――――― cd/m^3

(2)　熱伝達抵抗 ―――― $m^2 \cdot K/W$

(3)　音の強さ ―――――― W/m^2

(4)　吸音力 ――――――― m^2

(5)　比熱 ―――――――― $kJ/(kg \cdot K)$

問題 47　冬期における結露に関する次のア～ウの文章の［　　　］内の語句のうち，**最も不適当な**ものはどれか．

ア　通常，室内においては，空気中の絶対湿度の空間的な分布は［(1)　比較的小さい］．そのため，局所的に温度が低い場所があると，その場所での飽和水蒸気圧が［(2)　低下し］，結果として結露が発生する．

イ　窓の［(3)　アルミサッシ］や断熱材が切れている場所等で［(4)　熱橋］を生じ，局所的に結露が発生しやすくなる．

ウ　内部結露を防ぐための方策としては，断熱層の［(5)　室外側］に防湿層を設ける方法が一般的に採用される．

問題48　熱移動の関連用語とその影響要因との組合せとして，**最も不適当な**ものは次のうちどれか．

(1)　放射熱伝達率 ———— 材料の色
(2)　対流熱伝達率 ———— 境界層外部風速
(3)　中空層の熱抵抗 ——— 熱流の方向
(4)　熱伝導率 ————— 材料の密度
(5)　熱貫流抵抗 ———— 固体壁の厚さ

問題49　流体に関する次の記述のうち，**最も不適当な**ものはどれか．

(1)　ダクト内気流の静圧と動圧の和を全圧として扱う．
(2)　ダクト内における連続の式は，流体の密度，流速，断面積の積が一定となることを意味する．
(3)　開口部の流量係数は，通常の窓では 1.2 である．
(4)　摩擦抵抗係数は，ダクト内粗度の他，ダクト内気流のレイノルズ数によって変化する．
(5)　管内流れでは，レイノルズ数が，4,000 程度以上で乱流になる．

問題50　自然換気に関する次の記述のうち，**最も不適当な**ものはどれか．

(1)　温度差による換気量は，給気口と排気口の高さの差の平方根に比例して増加する．
(2)　温度差による換気量は，室内外の空気の密度差に比例して増加する．
(3)　風力による換気量は，外部風速に比例して増加する．
(4)　風力による換気量は，風圧係数の差の平方根に比例して増加する．
(5)　開口部の風圧係数は，正負の値をとる．

問題51　空気の流動に関する次の記述のうち，**最も不適当な**ものはどれか．

(1)　吸込気流では，吹出気流と同様に，吸込みの影響が遠方まで及ぶ．
(2)　自由噴流の中心軸速度が一定速度まで低下する距離を，到達距離と呼ぶ．
(3)　自由噴流は，吹出口付近では中心軸速度がそのまま維持される．
(4)　自由噴流では，吹出口から離れた中心軸速度が，距離に反比例して減衰する領域がある．
(5)　吸込気流には，吹出気流のような強い指向性はない．

問題 52 換気に関する次の記述のうち，**最も不適当な**ものはどれか．

(1) 置換換気は，室温よりやや低温の空気を床面付近に供給し，天井面付近で排気する方式である．

(2) 気流性状から見た換気方式は，混合方式と一方向方式の二つに大別される．

(3) 換気回数［回/h］とは，1時間当たりに室内に取り入れる新鮮空気（外気）量を，室容積で除したもののことである．

(4) 燃焼器具の必要換気量は，開放型燃焼器具の場合，理論廃ガス量の40倍と規定されている．

(5) 第2種機械換気は，他に汚染空気を出してはならない汚染室に用いられる．

問題 53 冬期における室内低湿度の原因に関する次の記述のうち，**最も不適当な**ものはどれか．

(1) 暖房期であっても，パソコンやサーバ等の利用で室内温度が上昇した結果，自動制御により冷房運転を行うことがあり，加湿が困難となる．

(2) 加湿装置の能力不足による．

(3) スプレー式加湿器の場合，そのノズルの詰まりによる．

(4) 加湿器の位置が空調機加熱コイルの後に設置されている．

(5) 設計時に想定した室内温度よりも高い室内温度で運用している．

問題 54 浮遊粉じんに関する次の文章の［　　］内の語句のうち，**最も不適当な**ものはどれか．

建築物衛生法の測定対象となる浮遊粉じん濃度は，［(1) 相対沈降径］が［(2) 10 μm以下］の粒子を対象に，［(3) 0.15 mg/m^3］以下と規定されており，標準となる測定法は，ローボリウムエアサンプラによる［(4) 質量濃度測定法］である．かつては空気環境管理項目の中で不適率の高い項目であったが，大気汚染物質の減少，禁煙及び分煙等の受動喫煙対策，エアフィルタの高性能化により，不適率は［(5) 10 %］程度となった．

問題 55 揮発性有機化合物（VOCs）と室内での主な発生源との組合せとして，**最も不適当な**ものは次のうちどれか．

(1) アセトアルデヒド ―――――――― コンクリート

(2) ホルムアルデヒド ―――――――― 接着剤

(3) エチルベンゼン ――――――――― 塗料

(4) クロルピリホス ――――――――― 防蟻剤

(5) フタル酸ジ－2－エチルヘキシル――― プラスチックの可塑剤

問題 56　室面積 40 m^2，天井高 2.5 m の居室に 8 人在室しているとき，換気によって室内の二酸化炭素濃度が 900 ppm に維持されていたとする．この部屋の換気量［m^3/h］として，**最も近い**ものは次のうちどれか．

ただし，室内は定常状態・完全混合（瞬時一様拡散）とし，外気二酸化炭素濃度は 400 ppm，在室者一人当たりの二酸化炭素発生量は 0.025 m^3/h とする．

(1)　50 m^3/h
(2)　100 m^3/h
(3)　200 m^3/h
(4)　400 m^3/h
(5)　1,000 m^3/h

問題 57　20℃の室内において，ホルムアルデヒドの容積比濃度が 0.04 ppm であったとき，空気 1 m^3 中に含まれているホルムアルデヒドの量として，**最も近い**値は次のうちどれか．

ただし，濃度換算には以下の式が用いられ，ホルムアルデヒドの分子式は HCHO，炭素，水素，酸素の原子量はそれぞれ 12，1，16 とする．

$$C_{mg/m^3} = C_{ppm} \times \frac{M}{22.41} \times \frac{273}{(273+t)}$$

ただし，C_{mg/m^3}：質量濃度（mg/m^3）
C_{ppm}：容積比濃度（ppm）
t：温度（℃）
M：分子量

(1)　0.15 mg
(2)　0.1 mg
(3)　0.08 mg
(4)　0.05 mg
(5)　0.025 mg

問題 58　アレルゲンと微生物に関する次の記述のうち，**最も不適当な**ものはどれか．

(1)　ウイルスは，生きている細胞中でしか増殖できない．
(2)　クラドスポリウムは，一般環境中に生育するカビである．
(3)　空調時の事務所室内では，浮遊細菌より浮遊真菌の濃度の方が高い場合が多い．
(4)　ダンプネスは，過度の湿気を原因とする問題が確認できるような状態をいう．
(5)　ダニアレルゲンの大部分は，2 μm 以上の粒子である．

問題 59　浮遊粒子の動力学的性質に関する次の記述のうち，**最も不適当な**ものはどれか．

(1)　抵抗係数は，ストークス域ではレイノルズ数に反比例する．

(2)　球形粒子の拡散係数は，粒径に比例する．

(3)　球形粒子の重力による終末沈降速度は，粒径の 2 乗に比例する．

(4)　電界中の電荷をもつ球形粒子の移動速度は，粒径に反比例する．

(5)　球形粒子が気体から受ける抵抗力は，粒子の流体に対する相対速度の 2 乗に比例する．

問題 60　湿り空気線図（h－x 線図）を用いて相対湿度を求める場合に必要となる項目の組合せとして，**最も不適当な**ものは次のうちどれか．

(1)　乾球温度と湿球温度

(2)　湿球温度と絶対湿度

(3)　比エンタルピーと乾球温度

(4)　露点温度と比エンタルピー

(5)　水蒸気分圧と露点温度

問題 61　暖房時における空気調和システムを図－A に示す．図－B は，図－A の a～e における空気の状態変化を湿り空気線図上に表したものである．**図－A の d に相当する図－B 中の状態点**は，次のうちどれか．

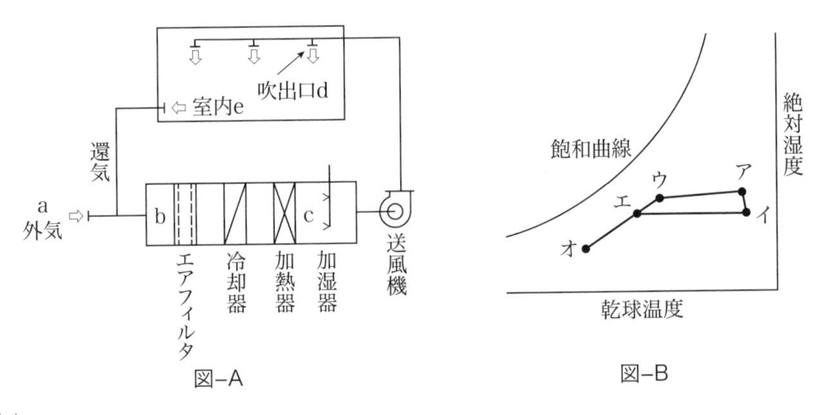

図－A　　図－B

(1)　ア

(2)　イ

(3)　ウ

(4)　エ

(5)　オ

問題62　熱源方式に関する次の記述のうち，**最も不適当な**ものはどれか.

(1)　電動冷凍機＋ボイラ方式は，熱源種別でいえば，冷熱源は冷水，温熱源は温水又は蒸気である.

(2)　電動機駆動ヒートポンプの場合，主に水熱源方式が採用されている.

(3)　吸収冷凍機＋蒸気ボイラ方式は，年間を通じて，ガス又は油が使用される.

(4)　直焚吸収冷温水機方式では，冷水と温水を同時に製造できる.

(5)　コージェネレーション方式は，発電すると同時に排熱を空気調和や給湯等に利用することができる.

問題63　地域冷暖房システムに関する次の記述のうち，**最も不適当な**ものはどれか.

(1)　一定地域内の建築物に対して，熱源プラントで製造した熱媒を供給する方式である.

(2)　欧米では熱供給が中心である.

(3)　大気汚染防止などの公害防止対策となる.

(4)　個別の建築物の機械室スペースが大きくなる.

(5)　熱源装置の大型化・集約化・集中管理化により，安全性や効率性は向上する.

問題64　乾球温度の26.0℃，絶対湿度0.0105 kg/kg(DA）の空気1,000 kg/hと，乾球温度34.4℃，絶対湿度0.0194 kg/kg(DA）の空気500 kg/hを混合した場合の空気について，乾球温度と絶対湿度との組合せとして，**最も適当な**ものは次のうちどれか.

	乾球温度［℃］	絶対湿度［kg/kg(DA)］
(1)	28.8	0.0135
(2)	28.8	0.0164
(3)	30.2	0.0150
(4)	31.6	0.0135
(5)	31.6	0.0164

問題65　変風量単一ダクト方式に関する次の記述のうち，**最も不適当な**ものはどれか.

(1)　定風量単一ダクト方式に対して，省エネルギーと室内温度制御性の改善を目的とした方式である.

(2)　室への給気風量及び室からの還気風量を変えるために，変風量装置が用いられる.

(3)　給気風量を可変としているため，必要となる新鮮外気量の確保に対策が必要である.

(4)　通常，給気温度は一定で運転される.

(5)　潜熱・顕熱を分離して制御できる空気調和システムである.

問題 66　蓄熱槽を用いた蓄熱システムに関する次の記述のうち，**最も不適当な**ものはどれか.

(1)　負荷の大きな変動に対応できる.

(2)　熱源機器の容量が大きくなる.

(3)　開放式の水槽の場合，より大きなポンプ能力が必要となる.

(4)　熱源を定格で運転できる.

(5)　氷蓄熱では冷凍機の効率が低下する.

問題 67　下の図は蒸気熱源吸収冷凍機の冷凍サイクルを示したものである. 図中のA，B，Cに対応する蒸気，冷水，冷却水の組合せとして，**最も適当な**ものは次のうちどれか.

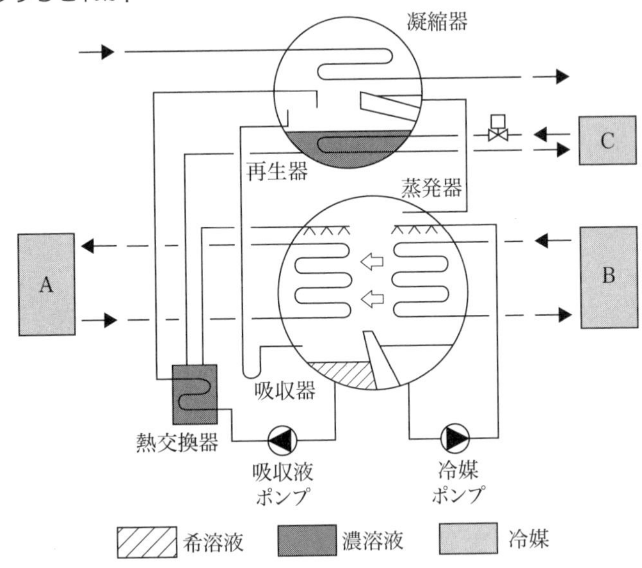

	蒸気	冷水	冷却水
(1)	A	B	C
(2)	B	A	C
(3)	B	C	A
(4)	C	A	B
(5)	C	B	A

問題 68　ボイラに関する次の記述のうち，**最も不適当な**ものはどれか．

(1)　鋳鉄製ボイラは，スケール防止のため装置系を密閉系で設計・使用する．

(2)　貫流ボイラの取扱いには，容量によらずボイラ技士に関する資格が必要である．

(3)　炉筒煙管式ボイラは，直径の大きな横型ドラムを本体とし，燃焼室と煙管群で構成される．

(4)　真空式温水発生機では，缶体内を真空に保持して水を沸騰させ，熱交換器に伝熱する．

(5)　真空式温水発生機では，容量によらずボイラに関する取扱資格は不要である．

問題 69　冷却塔に関する次の記述のうち，**最も不適当な**ものはどれか．

(1)　開放型冷却塔の水質管理として，強制的な循環水ブロー及び補給，薬品による水処理等が必要である．

(2)　密閉型冷却塔は，電算室やクリーンルーム系統用に採用されることが多い．

(3)　開放型冷却塔は通風抵抗が大きいため，密閉型冷却塔よりも大きな送風機動力が必要である．

(4)　開放型冷却塔と外気取入口との距離は，10 m 以上とする．

(5)　開放型冷却塔では白煙防止対策として，冷却塔の壁面に熱交換器を設置して外気を加熱する方法がある．

問題 70　熱交換器に関する次の記述のうち，**多管式熱交換器について述べている**ものはどれか．

(1)　構造的にU字管式・全固定式・遊動頭式に分類される．

(2)　内部に封入された作動媒体が，蒸発と凝縮サイクルを形成して熱輸送する．

(3)　熱交換器の中では，設置面積や荷重が小さい．

(4)　伝熱板の増減により伝熱面積の変更が可能である．

(5)　一体成形された構造のブレージング型は，汚れやすい流体の使用には向かない．

問題 71　空気調和機に関する次の記述のうち，**最も適当な**ものはどれか．

(1)　パッケージ型空調機は，圧縮機の駆動源は電力のみである．

(2)　ファンコイルユニットは，冷媒を利用する．

(3)　パッケージ型空調機は，個別制御が難しい．

(4)　エアハンドリングユニットは，使用目的に合わせて構成機器を変更することはできない．

(5)　エアハンドリングユニットは，冷却・加熱のための熱源をもたない．

問題 72 除湿装置に関する次の文章の［　　］内に入る語句の組合せとして，**最も適当な**ものはどれか．

冷却除湿方式は，空気を冷却し［ア］温度以下にして水蒸気を凝縮分離する方法で，吸収式除湿方式は，塩化リチウムなど吸湿性の［イ］液体吸収剤に水蒸気を吸収させて除湿し，吸着式除湿方式は，［ウ］などの固体吸着剤に水蒸気を吸着させて除湿する方式である．

	ア	イ	ウ
(1)	露点	低い	ポリ塩化ビニル
(2)	露点	高い	ポリ塩化ビニル
(3)	露点	高い	シリカゲル
(4)	室内	低い	シリカゲル
(5)	室内	高い	ポリ塩化ビニル

問題 73 空気調和に用いられる送風機の特性と送風系に関する次の文章の［　　］内に入る語句の組合せとして，**最も適当な**ものはどれか．

送風機の特性曲線は，グラフ上の横軸に［ア］をとり，縦軸に［イ］・効率・軸動力・騒音をとって表したものをいう．一方，送風系の抵抗曲線は，特性曲線と同一グラフ上では，原点を通る［ウ］で表される．

	ア	イ	ウ
(1)	風量	圧力	直線
(2)	風量	圧力	二次曲線
(3)	圧力	風量	直線
(4)	圧力	風量	二次曲線
(5)	回転数	圧力	直線

問題 74 ダクトとその付属品に関する次の記述のうち，**最も不適当な**ものはどれか．

(1) 風量調整ダンパには，多翼型，スライド型等がある．

(2) 防火ダンパの温度ヒューズ溶解温度は，一般換気用，厨（ちゅう）房排気用，排煙用で異なる．

(3) 長方形ダクト同士の接続には，差込み継手が一般に用いられる．

(4) たわみ継手は，送風機など振動する機器とダクトを接続する場合に設けられる．

(5) 定風量装置には，ダクト内の圧力により機械的に自力で風量が調整される方式がある．

問題 75 吹出口に関する次の記述のうち，**最も不適当な**ものはどれか．

(1) 面状吹出口には，多孔パネル型，天井パネル型がある．

(2) 線状吹出口は，主にペリメータ負荷処理用として窓近傍に設置されることが多い．

(3) ふく流吹出口は，誘引効果が高く，均一度の高い温度分布が得やすい．

(4) 軸流吹出口の吹出気流は，到達距離が短い．

(5) 軸流吹出口には，グリル型がある．

問題 76 空気浄化装置に関する次の記述のうち，**最も不適当な**ものはどれか．

(1) 電気集じん器は，高圧電界による荷電及び吸引・吸着によって粉じんを捕集・除去するもので，ろ過式に分類される．

(2) ガス除去用エアフィルタの使用に伴う圧力損失の変化は，ほとんどない．

(3) 空気浄化装置を空気が通過するときの抵抗を圧力損失といい，空気浄化装置の上流と下流側の全圧差［Pa］で表示される．

(4) ガス除去用エアフィルタには，シリカゲル，活性炭等を用いた吸着剤フィルタがある．

(5) HEPA フィルタや ULPA フィルタは，極微細な粉じん粒子を高い性能で捕集できる．

問題 77 空気調和設備の配管系における配管名称と使用区分との組合せとして，**最も不適当な**ものは次のうちどれか．

(1) 圧力配管用炭素鋼鋼管 ―――――― 蒸気

(2) 一般配管用ステンレス鋼鋼管 ―――――― 冷却水

(3) 水道用硬質塩化ビニルライニング鋼管 ―――― 冷却水

(4) 架橋ポリエチレン管 ―――――― 蒸気

(5) 配管用ステンレス鋼鋼管 ―――――― 冷却水

問題 78 温熱環境要素の測定に関する次の記述のうち，**最も不適当な**ものはどれか．

(1) サーミスタ温度計は，電気抵抗式温度計の一種である．

(2) 熱線風速計には，定電圧式と定温度式がある．

(3) 気流の測定法としては，球体部の冷却力と気流との関係を利用する方法がある．

(4) グローブ温度計の値は，平均放射温度（MRT）の 2 乗に比例する関係にある．

(5) 相対湿度の測定には，乾湿球温度から水蒸気圧を求める方法がある．

問題 79 環境要素の測定に関する次の記述のうち，**最も不適当な**ものはどれか．

(1) 微生物の間接測定法には，核酸増幅法がある．

(2) 酸素の測定には，ガルバニ電池方式がある．

(3) 花粉の測定には，培養法がある．

(4) オゾンの測定には，吸光光度法がある．

(5) イオウ酸化物の測定には，溶液導電率法がある．

問題 80　室内環境とその測定法との組合せとして，**最も不適当な**ものは次のうちどれか．

(1)　アスベスト ―――――― 紫外線蛍光法
(2)　窒素酸化物 ―――――― ザルツマン法
(3)　一酸化炭素 ―――――― 定電位電解法
(4)　臭気 ――――――――― 官能試験法
(5)　ダニアレルゲン ――― 酵素免疫測定法（ELISA 法）

問題 81　冷却塔と冷却水の維持管理に関する次の記述のうち，**最も不適当な**ものはどれか．

(1)　連続ブローなどの冷却水濃縮管理は，スケール防止に有効である．
(2)　冷却水系の化学的洗浄には，過酸化水素が用いられる．
(3)　冷却塔及び冷却水の水管は，1 年以内ごとに 1 回清掃する．
(4)　冷却塔及び冷却水は，その使用開始後，1 カ月以内ごとに 1 回，定期にその汚れの状況を点検する．
(5)　スケール防止剤，レジオネラ属菌の殺菌剤等を有するパック剤は，薬注装置を利用し連続的に注入してその効果を発揮する．

問題 82　騒音・振動に関する次の記述のうち，**最も不適当な**ものはどれか．

(1)　周波数 1 Hz 以下の乗り物などの揺れに対しては，一般に，鉛直方向よりも水平方向の方が敏感である．
(2)　鉛直方向に 5 Hz の振動は，環境振動で対象とする周波数範囲に含まれる．
(3)　道路交通振動に対する振動規制は，昼間より夜間の方が厳しい．
(4)　ある騒音環境下で，対象とする特定の音より周波数が低い音のことを暗騒音という．
(5)　広帯域騒音とは，広い周波数領域の成分を含む騒音のことである．

問題 83　床衝撃音に関する次の記述のうち，**最も不適当な**ものはどれか．

(1)　軽量床衝撃音の対策として，床仕上げ材の弾性の向上がある．
(2)　重量床衝撃音は，衝撃源自体の衝撃力が高周波数域に主な成分を含む．
(3)　軽量床衝撃音の衝撃源は，重量床衝撃音の衝撃源と比べて硬いことが多い．
(4)　重量床衝撃音の対策として，床躯体構造の曲げ剛性の増加がある．
(5)　床衝撃音に対しては，一般に学校よりもホテルの方が高い遮音性能が求められる．

問題 84　1台73 dB(A)の騒音を発する機械を，測定点から等距離に6台同時に稼働させた場合の騒音レベルとして，**最も近い**ものは次のうちどれか．

ただし，$\log_{10}2=0.3010$，$\log_{10}3=0.4771$とする．

(1)　76 dB(A)
(2)　78 dB(A)
(3)　81 dB(A)
(4)　438 dB(A)
(5)　568 dB(A)

問題 85　音・振動環境に関する次の記述のうち，**最も不適当な**ものはどれか．

(1)　立位，座位では聞こえなくても，寝た場合に，骨伝導で固体伝搬音が感知されることがある．
(2)　ポンプに接続された管路系で発生する騒音は，空気伝搬音である．
(3)　空気伝搬音を低減するためには，窓，壁，床等の遮音などが必要であるのに対し，固体伝搬音は，振動源の発生振動低減や防振対策が重要である．
(4)　外部騒音が同じ場合，コンサートホール・オペラハウスより，録音スタジオの方が高い遮音性能が求められる．
(5)　床スラブ厚が薄い機械室に隣接する居室の振動対策としては，設備機器などの防振支持が重要である．

問題 86　光と照明に関する次の記述のうち，**最も不適当な**ものはどれか．

(1)　光色は，色温度が高くなるにしたがって，赤い色から青っぽい白色に変化する．
(2)　事務所における文書作成作業においては，製図作業よりも高い維持照度が求められる．
(3)　光色が同じであっても，蛍光ランプとLEDとでは分光分布が異なる．
(4)　観測者から見た照明器具の発光部の立体角が大きいほど，照明器具の不快グレアの程度を表すUGRの値は大きくなる．
(5)　基準光で照らした場合の色をどの程度忠実に再現できるかを判定する指標として，演色評価数が用いられる．

問題 87　ランプに関する用語の組合せとして，**最も不適当な**ものは次のうちどれか．

(1)　蛍光ランプ ―――――――――――― 低圧放電
(2)　エレクトロルミネセンス（EL）――― 電界発光
(3)　発光ダイオード（LED）――――― 放電発光
(4)　白熱電球 ―――――――――――― 温度放射
(5)　水銀ランプ ―――――――――――― 高輝度放電

問題 88　ある部屋の作業面の必要照度が 500 lx であった．ランプ 1 灯当たりの光束が 2,000 lm のランプの必要灯数として，**最も近い**ものは次のうちどれか．

ただし，その部屋の作業面面積は 50 m^2，照明率を 0.6，保守率を 0.7 とする．

(1)　12 灯
(2)　18 灯
(3)　20 灯
(4)　30 灯
(5)　80 灯

問題 89　照明方式に関する次の用語のうち，**建築化照明に分類されない**ものはどれか．

(1)　フロアスタンド
(2)　システム天井照明
(3)　コーブ照明
(4)　コーニス照明
(5)　光天井照明

問題 90　近年の建築物管理の変化要因とその対処方策との組合せとして，**最も不適当な**ものは次のうちどれか．

(1)　高齢・要援護者需要増 ――――― ユニバーサル化
(2)　危機・BCP ―――――――――― 自家発電の導入
(3)　節電・省エネルギー化 ――――― 高効率機器の選択
(4)　降雨集中 ――――――――――― 排水・水防対策の強化
(5)　空調・換気のパーソナル化 ――― 空間環境の均一化

2020年度（令和2年度）午後の問題

建築物の構造概論
給水及び排水の管理
清　　　掃
ねずみ，昆虫等の防除

問題 91　太陽放射に関する次の記述のうち，**最も不適当な**ものはどれか．

(1)　太陽位置は，太陽の方位角と，高度から求めることができる．
(2)　直達日射と天空日射は，短波長放射と呼ばれる．
(3)　UV－A，UV－B，UV－C と称される紫外線のうち，波長が最も短いのは UV－A である．
(4)　太陽定数とは，大気圏外において太陽に正対するときの単位面積当たりに入射する放射エネルギーのことをいう．
(5)　紫外線（ドルノ線）は，体内でビタミン D を生成する作用がある．

問題 92　建築士法に関する次の記述のうち，**最も適当な**ものはどれか．

(1)　決められた年限以上の構造設計の実務者には，構造設計 1 級建築士が付与される．
(2)　木造建築士は，木造建築物であれば延べ面積にかかわらず新築の設計をすることができる．
(3)　1 級建築士でなければ設計できない建築物が，定められている．
(4)　建築設備士は，建築基準法の適合チェックが義務付けられている建築物に関与しなければならない．
(5)　工事監理とは，その者の責任において，工事を施工図と照合し確認することである．

問題 93　建築物の基礎構造と地盤に関する次の記述のうち，**最も不適当な**ものはどれか．

(1)　液状化現象は，埋立地や砂質地盤等で生じやすい．
(2)　砂質地盤の長期に生じる力に対する許容応力度は，粘土質地盤より小さい．
(3)　べた基礎は，地耐力が弱いところに用いられることが多い．
(4)　地盤のうち，第 3 紀層は土丹層とも呼ばれる．
(5)　地業は，基礎スラブより下に設けた割ぐり石，捨てコンクリート等の部分をいう．

問題 94　建築構造とその材料に関する次の記述のうち，**最も不適当な**ものはどれか．

(1)　溶接断面の形式には，突合せ溶接，すみ肉溶接，部分溶込み溶接等がある．

(2)　梁(はり)に使用されるH形鋼のフランジは，主にせん断力に対して抵抗する．

(3)　鉄骨構造は，じん性に富み，耐震的に有利な構造にしやすい．

(4)　ボルト接合には，高力ボルトが多く用いられる．

(5)　合成梁(ばり)は，鉄骨梁とコンクリート床板をスタッドボルトなどにより緊結したものである．

問題 95　建築物の荷重あるいは構造力学に関する次の記述のうち，**最も不適当な**ものはどれか．

(1)　等分布荷重の作用する単純梁(ばり)のせん断力は，梁(はり)中央で最も大きい．

(2)　積載荷重には，物品の重量が含まれる．

(3)　柱を構造計算する場合の積載荷重は，地震力を計算する場合の積載荷重より大きく設定されている．

(4)　トラス構造の部材に生じる応力は，主に軸力である．

(5)　一般区域における積雪荷重は，積雪量1 cmごと1 m^2につき20 N以上として計算される．

問題 96　建築物とその構造に関する次の記述のうち，**最も不適当な**ものはどれか．

(1)　鉄筋コンクリート構造の店舗建築の法定耐用年数は，39年である．

(2)　既存不適格建築物とは，法が適用された時点で既に存在していた建築物のうち，その後の改正規定に適合していない建築物をいう．

(3)　免震構造には，アイソレータを用いて地盤から建築物を絶縁する方法がある．

(4)　鉄筋コンクリート構造における鉄筋の腐食は，主にコンクリートのひび割れや中性化に起因する．

(5)　構造設計に用いる鋼材の許容応力度は，引張強さを基準にして算出される．

問題 97　建築材料と部材の性質に関する次の記述のうち，**最も不適当な**ものはどれか．

(1)　鉄鋼の線膨張係数は，コンクリートとほぼ等しい．

(2)　アルミニウムは，他の金属やコンクリート等と接触すると腐食する．

(3)　コンクリートを構成する砂と砂利の容積は，全体の約70%を占める．

(4)　トタンは，鋼板にすずめっきをしたものである．

(5)　網入板ガラスは，フロート板ガラスに比べて，火災時に破片の飛散防止効果がある．

問題 98　建築生産に関する次の記述のうち，**最も不適当な**ものはどれか.

(1)　木工事は，仕上げ工事に分類される.

(2)　施工管理の業務には，関係官庁などへの諸手続きも含まれる.

(3)　環境負荷を削減するために，リユース，リサイクル等が重要である.

(4)　工事のための電力や上下水道設備の計画は，仮設計画に含まれる.

(5)　建築主は，建設工事の発注者である.

問題 99　建築設備に関する次の記述のうち，**最も適当な**ものはどれか.

(1)　常時遠隔監視・管理が行われているエレベータは，所有者による特定行政庁への定期点検報告は不要である.

(2)　都市ガスの保守管理において，配管，ガス栓，ガス漏れ警報器の日常点検は，ガス設備の所有者又は使用者が行う必要がある.

(3)　分散電源システムとは，商用電源が止まった場合においても給電できる自家発電設備や蓄電池で構成されるシステムのことである.

(4)　建築物の不動産価値を評価するためのデューディリジェンスにおいては，建物の躯体・設備の現況が重要で，維持管理状態や稼働状況の記録は不要である.

(5)　ESCO (Energy Service Company) 事業のシェアード・セービング方式とは，顧客が自己投資により設備機器を導入し，ESCO 事業者が削減効果を保証する方式である.

問題 100　建築物内の昇降設備に関する次の記述のうち，**最も不適当な**ものはどれか.

(1)　非常用エレベータは，緊急時には消防隊員の活動が優先される.

(2)　小荷物専用昇降機は，かごの床面積及び天井高の上限が定められている.

(3)　動く歩道の定格速度は，勾配に応じて定められている.

(4)　乗用エレベータには，火災時に最寄り階まで自動運転する管制運転装置を備える必要がある.

(5)　エスカレータには，当該竪穴区画の防火シャッタ閉鎖時に連動して停止する制動装置が設けられている.

問題 101　建築物の防火に関する次の記述のうち，**最も不適当な**ものはどれか.

(1)　避難安全検証法や耐火性能検証法は，建築基準法令に定められている性能規定である.

(2)　火災荷重とは，建物内の可燃物量を木材換算した単位床面積当たりの重量のことである.

(3)　火勢は，窓などの開口条件によらず，建物内部の可燃物量が多いほど激しくなる.

(4)　避難経路となる廊下や階段に煙が侵入しないよう，防排煙対策が必要である.

(5)　特定防火設備とは，シャッタや防火扉等，火災を閉じ込めることができる設備のことである.

問題 102 建築物の避難計画，避難施設等に関する次の記述のうち，**最も不適当な**ものはどれか．

(1) 高層ビルなどに設けられる特別避難階段とは，防排煙対策が講じられた安全性の高い直通階段のことである．

(2) すべり台や避難ロープは，消防法で定められている避難器具に含まれる．

(3) 非常用の照明装置における避難上有効な照度は，光源が LED ランプの場合，白熱電灯の倍の 2 lx 以上としなくてはならない．

(4) 高層ビルでは避難の完了に時間を要するため，誘導灯の点灯継続時間は 60 分と定められている．

(5) 高層ビルの避難計画では，効率的な避難が行えるよう，2 以上の避難階段は，できるだけ近接して配置するのが望ましい．

問題 103 防犯・防災の管理に関する次の記述のうち，**最も不適当な**ものはどれか．

(1) 防犯用ネットワークカメラは，撮影した高解像度の映像を伝送でき，高画質なシステムを構築できる．

(2) アクティブセンサとは，人などの発熱体を赤外線で検知し，その発熱体が移動する場合に動作する防犯センサである．

(3) 夜間無人となる建物の機械警備業務では，異常発生時には 25 分以内に警備員が駆け付けなくてはならない．

(4) 大規模事業所においては，従来の防火管理者，自衛消防組織に加えて，大地震などに備えた防災管理者を置くことが必要である．

(5) 入退室管理システムには，緊急避難時において，電気錠の一斉開錠機能をもたせることが必要である．

問題 104 建築物に関連する法令に関する次の記述のうち，**最も不適当な**ものはどれか．

(1) 消防法における特定防火対象物にあっては，消防用設備等の設置及び維持に関する規定は，新規に建築される建築物に限られる．

(2) 高さ 31 m を超える高層建築物の管理者は，消防法における防火管理者を定め，消防計画を作成する．

(3) 高齢者，障害者等の移動等の円滑化の促進に関する法律（以下「バリアフリー法」という．）でいう建築物特定施設には，出入口，階段，便所がある．

(4) 建築主は，バリアフリー法における 2,000 m^2 以上の特別特定建築物を建築しようとするときは，建築物移動等円滑化基準に適合させなければならない．

(5) 建築物の耐震改修の促進に関する法律における耐震改修とは，地震に対する安全性の向上を目的として，増築，改築，修繕，模様替若しくは一部の除却又は敷地の整備をすることをいう．

問題 105　建築物の維持管理に関する略語とその内容の組合せとして，**最も不適当なもの**は次のうちどれか．

(1) BCP ―――――― 事業継続計画
(2) BEMS ――――― ビルエネルギー管理システム
(3) POE ―――――― 建築物使用者の観点による性能評価システム
(4) LCC ―――――― 建物の生涯にわたって必要なすべての費用
(5) CASBEE ――― 発注者の要求品質を実現するための管理プロセス

問題 106　給水及び排水の管理に関する用語とその単位との組合せとして，**最も不適当なもの**は次のうちどれか．

(1) 総アルカリ度 ―――― mg/L
(2) BOD 容積負荷 ―――― g/(人・日)
(3) 色度 ―――――――― 度
(4) 水槽照度率 ―――― %
(5) 腐食速度 ―――――― mm/年

問題 107　給水及び排水の管理に関する用語の説明として，**最も不適当なもの**は次のうちどれか．

(1) 逃し通気管 ―――――― 排水系統内の下水ガスによる臭気除去のための管
(2) FRP ――――――――― ガラス繊維で補強したプラスチック
(3) スクリーン ―――――― 原水中の夾(きょう)雑物除去のための装置
(4) バルキング ―――――― 活性汚泥が沈降しにくくなる現象
(5) バキュームブレーカ ―― 管内が負圧になったときに空気を取り入れる装置

問題 108　水質基準に関する省令に定める基準として，**誤っているもの**は次のうちどれか．

(1) 一般細菌は，1 mL の検水で形成される集落数が 100 以下であること．
(2) 総トリハロメタンは，0.1 mg/L 以下であること．
(3) カルシウム，マグネシウム等（硬度）は，500 mg/L 以下であること．
(4) 鉛及びその化合物は，鉛の量に関して，0.01 mg/L 以下であること．
(5) 塩化物イオンは，200 mg/L 以下であること．

問題 109　水道水の塩素消毒に関する次の記述のうち，**最も不適当なもの**はどれか．

(1) CT 値は，塩素濃度を接触時間で除したものである．
(2) 塩素消毒の効果は，懸濁物質が存在すると低下する．
(3) 原虫シストは，塩素消毒に対する抵抗性が強い．
(4) 塩素消毒は，多種類の微生物に対して消毒効果が期待できる．
(5) 塩素消毒の反応速度は，温度が高くなるほど速くなる．

問題 110　給水管理に関する次の記述のうち，**最も不適当な**ものはどれか．

(1)　残留塩素濃度の定期検査は，最もその濃度が低いと考えられる末端給水栓で行う．

(2)　飲料水系統の給水管における赤水などの恒久対策として，防錆（せい）剤を使用する．

(3)　飲料水系統配管の維持管理においては，管の損傷，錆（さび），腐食及び水漏れの有無を定期に点検することが重要である．

(4)　給水設備の老朽化に伴って，水量・水圧が減少することがある．

(5)　水質検査の結果，病原生物などが水質基準を超えて水に含まれ，人の健康を害するおそれがある場合は，直ちに給水停止措置をとる．

問題 111　給水用止水弁の取付けに関する次の記述のうち，**最も不適当な**ものはどれか．

(1)　天井内に止水弁を設置する場合は，その近傍に点検口を設ける．

(2)　給水立て主管からの各階への分岐管には，止水弁を設ける．

(3)　取外しが必要な機器の前後に止水弁を設置する場合は，ねじ込み型とする．

(4)　止水弁には，系統の名称札を設ける．

(5)　止水弁として，仕切弁が多く使用される．

問題 112　給水設備に関する次の記述のうち，**最も適当な**ものはどれか．

(1)　総合病院における 1 日当たりの設計給水量は，150 ～ 350 L/ 床とする．

(2)　受水槽の有効容量は，一般に 1 日最大使用量の 1/10 とする．

(3)　高層ホテルの給水系統でのゾーニングは，上限水圧を 0.5 MPa となるようにする．

(4)　直結増圧方式は，引込み管に増圧ポンプユニットを設けて水圧を高くし，中層建築物に適用できるようにした方式である．

(5)　高置水槽方式は，他の給水方式に比べて水質汚染の可能性が低い方式である．

問題 113　給水設備に関する配管材料とその接合方法との組合せとして，**最も不適当な**ものは次のうちどれか．

(1)　水道用硬質塩化ビニルライニング鋼管 ―― フランジ接合

(2)　銅管 ―― 差込みろう接合

(3)　ステンレス鋼管 ―― フランジ接合

(4)　ポリブテン管 ―― 接着接合

(5)　硬質ポリ塩化ビニル管 ―― 接着接合

問題 114 給水設備の貯水槽の汚染防止に関する次の記述のうち，**最も不適当な**ものはどれか．

(1) 受水槽を屋外に設置する場合は，防護フェンスをめぐらせ出入口に施錠する．
(2) 貯水槽の下部，周囲には 60 cm 以上，上部には 100 cm 以上の点検スペースを確保する．
(3) 流入管は，吐水時の波立ちを防止するため，吐水部を水面下に水没させる．
(4) 大容量の貯水槽の場合は，槽内に迂(う)回壁を設置して滞留水の発生を抑制する．
(5) 有効容量が 2 m^3 以上の貯水槽は，水槽本体との取付部に水密性をもたせた通気管を設ける．

問題 115 給水設備に関する次の記述のうち，**最も不適当な**ものはどれか．

(1) 建築物の揺れ，地盤の不等（不同）沈下，配管の振動等による変位の吸収のために，可とう継手を配管に取り付ける．
(2) 高置水槽方式の揚水管は，水柱分離によるウォータハンマ防止のため，屋上での横引きを長くする．
(3) 合成樹脂管のクリープ劣化とは，合成樹脂に熱応力が長時間継続してかかる場合，材料変形が時間とともに進んでいく状態をいう．
(4) 吸排気弁は，給水管内の空気の排出のためと，給水管内が負圧になった場合の逆流防止のために設置する．
(5) さや管ヘッダ工法とは，集合住宅の住戸内などで，ヘッダから各器具にそれぞれ単独に配管する工法である．

問題 116 貯水槽の清掃に関する次の記述のうち，**最も不適当な**ものはどれか．

(1) 清掃時は，貯水槽のマンホールの蓋を開け，換気用のファンやダクトを設置し，槽内の換気を図るなどの事故防止対策を行う．
(2) 受水槽と高置水槽の清掃は，原則同じ日に行い，受水槽の清掃後に高置水槽の清掃を行う．
(3) 清掃終了後は，塩素剤を用いて 2 回以上，貯水槽内の消毒を行う．
(4) 消毒後の水洗いと水張りは，消毒終了後，15 分程度経過してから行う．
(5) 清掃終了後の消毒は，有効塩素濃度 50 ～ 100 mg/L の次亜塩素酸ナトリウム溶液などの塩素剤を使用する．

問題 117 給湯設備に関する次の記述のうち，**最も不適当な**ものはどれか．

(1) ホテル宿泊部の設計給湯量は，50 L/(人・日) 程度である．

(2) ガス瞬間湯沸器の能力は一般に号数で表され，1 号の加熱能力は 1.74 kW に相当する．

(3) 厨房(ちゅう)における業務用皿洗い機のすすぎ温度は，80℃程度である．

(4) 中央式給湯設備の給湯栓の給湯温度は，ピーク使用時においても 55℃以上とする．

(5) 貯蔵式湯沸器は，90℃以上の高温湯が得られ，飲用として利用される．

問題 118 給湯設備に関する次の記述のうち，**最も不適当な**ものはどれか．

(1) 循環式給湯設備の下向き配管方式における給湯横主管は，1/200 以上の下り勾配とする．

(2) 返湯管に銅管を用いる場合は，潰(かい)食を考慮して管内流速を 1.2 m/s 以下とする．

(3) ライニング鋼管における単式の伸縮管継手の設置間隔は，50 m 程度とする．

(4) 貯湯槽の容量は，ピーク時の必要容量の 1 ～ 2 時間分を目安とする．

(5) 耐熱性硬質ポリ塩化ビニル管は，90℃以下で使用する．

問題 119 給湯設備に関する次の記述のうち，**最も不適当な**ものはどれか．

(1) 強制循環方式において湯を均等に循環させるため，リバースリターン方式とする．

(2) 密閉式膨張水槽を設ける場合は，逃し弁を設ける．

(3) 給湯循環ポンプの循環流量は，循環配管系などからの熱損失及び加熱装置における給湯温度と返湯温度の温度差より算定する．

(4) 加熱装置から逃し管（膨張管）を立ち上げる場合は，補給水槽の水面よりも高く立ち上げる．

(5) 給湯循環ポンプは，背圧に耐えることのできるものを選定する．

問題 120 給湯設備に関する次の記述のうち，**最も不適当な**ものはどれか．

(1) 樹脂管の許容使用圧力は，使用温度が高くなると低下する．

(2) ステンレス鋼管は隙間腐食が生じる可能性があるので，入念な施工が要求される．

(3) 耐熱性硬質塩化ビニルライニング鋼管の接続には，管端防食継手を使用する．

(4) 返湯管のない単管式の給湯配管に銅管を用いる場合は，給湯循環配管に用いる場合より腐食の発生する可能性が高い．

(5) ステンレス鋼管と銅管の線膨張係数は，ほぼ等しい．

問題 121　給湯設備の加熱装置に関する次の記述のうち，**最も不適当な**ものはどれか．

(1)　ガス瞬間湯沸器には，給湯の他にセントラルヒーティング用の回路を内蔵したものがある．

(2)　給湯用貫流ボイラは，水管群により構成され耐圧性に優れている．

(3)　無圧式温水発生機は，缶体内を大気圧以下とし，熱媒を蒸発させて内部の熱交換器で熱交換を行い，湯を供給する．

(4)　加熱コイル付き貯湯槽は，蒸気などの熱源が得られる場合に使用される．

(5)　ガスマルチ式給湯機は，小型の瞬間湯沸器を複数台連結してユニット化したものである．

問題 122　給湯設備の保守管理に関する次の記述のうち，**最も不適当な**ものはどれか．

(1)　第 2 種圧力容器は，1 年以内ごとに 1 回，定期自主検査を行う．

(2)　各種の弁は，1 年に 1 回以上，分解清掃を行う．

(3)　中央式給湯方式の循環ポンプは，1 年に 1 回以上，分解清掃を行う．

(4)　給湯配管は，1 年に 1 回以上，管洗浄を行う．

(5)　シャワーヘッドは，1 年に 1 回以上，定期的に点検を行う．

問題 123　給湯設備の保守管理に関する次の記述のうち，**最も不適当な**ものはどれか．

(1)　器具のワッシャには，天然ゴム製のものを使用する．

(2)　使用頻度の少ない給湯栓は，定期的に停滞水の排出を行い，給湯温度の測定を行う．

(3)　貯湯槽は，定期的に底部の滞留水の排出を行う．

(4)　SUS444 製の貯湯槽には，電気防食を施してはならない．

(5)　給湯栓から出る湯が分離気体によって白濁する場合は，自動空気抜き弁の空気排出口が詰まっている可能性がある．

問題 124　雨水利用設備に関する次の記述のうち，**最も不適当な**ものはどれか．

(1)　雨水の集水場所は，原則として建築物の屋根面とする．

(2)　雨水処理において，生物処理法が用いられる．

(3)　雨水利用率とは，雨水集水量に対する雨水利用量の割合である．

(4)　雨水処理において，消毒装置は雨水貯留槽の下流側に設置する．

(5)　雨水貯留槽に流入する立て管には，豪雨時の満水対策として，緊急停止弁などを設ける．

問題 125 次の雑用水処理設備のうち，色度及び臭気の除去に**最も適した**ものはどれか．

(1) 沈砂槽
(2) 回転板接触槽
(3) ばっ気槽
(4) 活性炭処理装置
(5) ろ過装置

問題 126 建築物衛生法施行規則に規定されている雑用水の水質基準項目とその基準との組合せとして，**誤っている**ものは次のうちどれか．

(1) 大腸菌 ———— 検出されないこと
(2) 臭気 ————— 異常でないこと
(3) pH 値 ———— 5.8 以上 8.6 以下であること
(4) 濁度 ————— 2 度以下であること
(5) 外観 ————— 浮遊物質を含まないこと

問題 127 排水の水質に関する次の記述のうち，**最も不適当な**ものはどれか．

(1) 透視度は，BOD と相関を示すことが多く，汚水処理の進行状況を推定する指標として用いられる．
(2) COD は，主として水中の有機物質が好気性微生物によって分解される際に消費される酸素量を表したものである．
(3) MLSS は，ばっ気槽混合液浮遊物質のことで，活性汚泥中の微生物量の指標の一つである．
(4) 残留塩素は，水中に存在する遊離型及び結合型の有効塩素をいい，消毒効果の指標として用いられる．
(5) リン化合物は，閉鎖性水域における富栄養化の原因物質の一つである．

問題 128 排水トラップに関する次の記述のうち，**最も不適当な**ものはどれか．

(1) トラップにかかる圧力変動の周期と封水の固有振動周期が近いと共振現象を起こし，封水の水の損失が大きくなる．
(2) 脚断面積比とは，トラップの流出脚断面積を流入脚断面積で除した値をいう．
(3) 封水強度とは，トラップの蒸発現象発生時の封水保持能力をいう．
(4) トラップのウェア（あふれ縁）に糸くずや毛髪が引っ掛かると，毛細管現象で封水が減少する．
(5) 自掃作用とは，排水の流下水勢によって，トラップの封水部に沈積又は付着するおそれのある夾(きょう)雑物を押し流す作用をいう．

問題 129　排水通気設備に関する語句の組合せとして，**最も不適当な**ものは次のうちどれか．

(1)　各個通気方式 ―――――― トラップの自己サイホンの防止
(2)　排水口空間 ―――――― 飲料水槽の汚染防止
(3)　即時排水型ビルピット ――― 排水槽の悪臭防止
(4)　インバートます ――――― 固形物の滞留防止
(5)　通気弁 ――――――――― 通気管内の正圧防止

問題 130　排水設備に関する次の記述のうち，**最も不適当な**ものはどれか．

(1)　排水ポンプは，吸込みピットの壁面から 200 mm 以上離して設置する．
(2)　排水用耐火二層管は，繊維モルタルによる外管と硬質ポリ塩化ビニル管による内管の組合せからなる．
(3)　トラップが直接組み込まれていない阻集器には，その出口側にトラップを設ける．
(4)　排水槽の底の勾配は，吸込みピットに向かって 1/20 とする．
(5)　通気管の大気開口部に設置する通気口の通気率（開口面積 / 管内断面積）は，100％以上必要である．

問題 131　排水通気配管に関する次の記述のうち，**最も不適当な**ものはどれか．

(1)　ループ通気方式は，通気管を最上流の器具排水管が排水横枝管に接続される位置のすぐ下流から立ち上げて，通気立て管に接続する方式である．
(2)　通気管の大気開口部を窓や換気口の付近に設ける場合は，その上端から 600 mm 以上立ち上げる．
(3)　特殊継手排水システムは，排水横枝管への接続器具数が多いビルに採用されている．
(4)　管径 150 mm の排水横管の最小勾配は，1/200 である．
(5)　伸頂通気方式では，排水立て管と排水横主管の接続には，大曲がりベンドなどを用いる．

問題 132　排水通気設備に関する次の記述のうち，**最も不適当な**ものはどれか．

(1)　排水管の掃除口の設置間隔は，管径 100 mm を超える場合，通常 30 m 以内とする．
(2)　雨水ますの流出管は，流入管よりも管底を 20 mm 程度下げて設置する．
(3)　排水ますは，敷地排水管の直管が長い場合，敷地排水管の管内径の 150 倍程度に設置する．
(4)　飲料用貯水槽の間接排水管の排水口空間は，最小 150 mm とする．
(5)　自然流下式の排水横管の勾配は，管内流速が 0.6 ～ 1.5 m/s になるように設ける．

問題 133　排水設備の保守管理に関する用語の組合せとして，**最も不適当な**ものは次のうちどれか．

(1)　逆流防止弁 ―――――――――――― 排水の逆流防止
(2)　床下式の掃除口 ――――――――― 砲金製プラグの使用
(3)　ウォーターラム法 ――――――― 圧縮空気の放出による管内閉塞物の除去
(4)　排水槽の開口部への防虫網の設置 ―― チカイエカの発生防止
(5)　汚水槽のフロートスイッチ ―――― 絶縁抵抗の定期的な測定

問題 134　排水設備の保守管理に関する次の記述のうち，**最も不適当な**ものはどれか．

(1)　排水槽の底部勾配面には，点検歩行を容易にするため階段を設ける．
(2)　排水槽の清掃は，酸素濃度と硫化水素濃度を確認してから行う．
(3)　排水槽の悪臭防止対策としては，タイマによる強制排水を行うことが望ましい．
(4)　グリース阻集器のトラップの清掃は，2 カ月に 1 回程度行う．
(5)　水中用排水ポンプのメカニカルシール部のオイル交換は，3 ～ 5 年に 1 回程度行う．

問題 135　排水通気設備の維持管理に関する次の記述のうち，**最も不適当な**ものはどれか．

(1)　小便器の排水管内に付着した尿石は，アルカリ性洗剤を用いて除去する．
(2)　排水管内部の詰まり具合や腐食状況は，内視鏡や超音波厚さ計により確認できる．
(3)　ロッド法は，1 ～ 1.8 m のロッドをつなぎ合わせ，手動で排水管内に挿入し清掃する方法である．
(4)　排水横管の清掃に用いるスネークワイヤ法は，一般に長さ 25 m 以内で用いられる．
(5)　排水立て管の清掃に用いる高圧洗浄法は，5 ～ 30 MPa の圧力の水を噴射し，排水管内を洗浄する方法である．

問題 136　衛生器具に関する次の記述のうち，**最も不適当な**ものはどれか．

(1)　衛生器具の材質は，平滑な表面をもち，吸水・吸湿性がなく，衛生的であることが求められる．
(2)　給水器具には，給水栓，洗浄弁，ボールタップ等がある．
(3)　衛生器具の分類において，水受け容器の排水口と排水管とを接続するトラップは，付属品に分類される．
(4)　飲料水に接する部分の材質は，人体に有害な成分が溶出しないことが求められる．
(5)　洋風大便器の便座には，プラスチックや木材等が使用される．

問題 137　衛生器具の故障の現象とその原因との組合せとして，**最も不適当な**ものは次のうちどれか．

(1)　小便器内が十分に洗浄されていない ―― 水出口穴に異物が詰まっている
(2)　小便器の排水の流れが悪い ―― 排水管内にスケールが付着している
(3)　混合水栓の適温が得られない ―― 水圧と湯圧の差が大きすぎる
(4)　大便器へ少量の水が流れ続ける ―― 洗浄弁のシートとシートパッキンの間に異物が付着している
(5)　サイホン式大便器の留水面が正常より小さい ―― タンク内の補助水管がオーバフロー管内に差し込まれている

問題 138　浄化槽法に規定されている浄化槽の定義に関する次の文章の［　　］内の語句のうち，**誤っている**ものはどれか．

［(1)　便所］と連結してし尿及びこれと併せて［(2)　雨水］を処理し，［(3)　下水道法］に規定する終末処理場を有する公共下水道以外に放流するための設備又は施設であって，同法に規定する公共下水道及び［(4)　流域下水道］並びに廃棄物の処理及び清掃に関する法律の規定により定められた計画に従って［(5)　市町村］が設置したし尿処理施設以外のものをいう．

問題 139　浄化槽の単位装置とその点検内容との組合せとして，**最も不適当な**ものは次のうちどれか．

(1)　沈殿分離槽 ―― 溶存酸素濃度
(2)　汚泥貯留槽 ―― スカムの貯留状況
(3)　流量調整槽 ―― ポンプの作動水位
(4)　接触ばっ気槽 ―― 生物膜の生成状況
(5)　消毒槽 ―― 沈殿物の堆積状況

問題 140　消防用設備の保守管理に関する次の記述のうち，**最も不適当な**ものはどれか．

(1)　防火設備定期検査制度により，特定行政庁が定める特定建築物の防火設備は，一級建築士，二級建築士又は防火設備検査員が，1年に1回作動状況などを確認する．
(2)　特定防火対象物における法定定期点検の結果とその不備に関する是正措置の報告は，3年に1回行う．
(3)　消防用設備等に附置される動力消防ポンプは，6カ月に1回作動点検を行う．
(4)　法定定期点検の内容は，作動点検，外観点検，機能点検，総合点検である．
(5)　消防法で規定する消防用設備等について，特定防火対象物で一定規模以上のものは，消防設備士又は消防設備点検資格者が点検する．

問題 141 建築物における衛生的環境の維持管理について（平成 20 年 1 月 25 日健発第 125001 号）により示された，建築物環境衛生維持管理要領に関する次の記述のうち，**最も不適当な**ものはどれか．

(1) 清掃用器具は，汚染度を考慮して区域ごとに使い分ける．

(2) 洗剤や床維持材は，利用者や清掃従事者等の健康及び環境に配慮したものを用いる．

(3) 清掃用機械器具などの保管庫は，1 年以内ごとに 1 回，定期に点検する．

(4) 収集・運搬設備，貯留設備等の廃棄物処理設備は，6 カ月以内ごとに 1 回，定期に点検する．

(5) 所有者等は，建築物内で発生する廃棄物について分別ができる環境を整備する．

問題 142 次の建築物清掃のうち，一般的に日常清掃で行うものとして，**最も不適当な**ものはどれか．

(1) 玄関ホールのフロアマットの除じん

(2) エスカレータのランディングプレートの除じん

(3) 廊下壁面の除じん

(4) 駐車場床面の除じん

(5) 玄関ホールの金属部の除じん

問題 143 清掃作業における転倒事故の防止対策に関する次の記述のうち，**最も不適当な**ものはどれか．

(1) 出入口やコーナーでは，指差し呼称を行う．

(2) 走ったり，ポケットに手を入れない．

(3) 滑りにくい作業靴や滑り止めカバーを使用する．

(4) 使用する機械・器具は乱雑に置かない．

(5) 通路確保のため周辺を整理整頓して作業に当たる．

問題 144 建築物清掃の点検評価に関する次の記述のうち，**最も適当な**ものはどれか．

(1) 評価は 4 カ月に 1 回行う．

(2) 改善が必要と判断した場合は，評価者が清掃責任者に指示を行う．

(3) 評価は清掃作業者の視点で行う．

(4) 点検は，主として測定機器（光沢度計など）を用いて行う．

(5) 評価範囲は，汚染度の平均的な箇所に重点を置く．

問題 145　粒子状物質とその粒子の大きさとの組合せとして，**最も適当な**ものは次のうちどれか．

(1)　沈降性大気じん ―――――――――――――― 0.1 μm ～ 0.5 μm
(2)　たばこ煙 ―――――――――――――――――― 1 μm ～ 10 μm
(3)　花粉 ―――――――――――――――――――― 10 μm ～ 100 μm
(4)　掃除機の排気中の粒子 ――――――――――― 50 μm ～ 500 μm
(5)　ダストクロス清掃による発じん ――――――― 100 μm ～ 1,000 μm

問題 146　建築物清掃における環境対策に関する次の記述のうち，**最も不適当な**ものはどれか．

(1)　パッドやブラシに使用されている研磨剤の種類や量を考慮して選定する．
(2)　作業時間の短縮を図る．
(3)　酸・アルカリ性の洗剤は中和して排出する．
(4)　洗剤を使用するときの温度は，なるべく高く設定する．
(5)　作業に伴う洗剤容器などの廃棄物を減量する．

問題 147　ビルクリーニング用機械・器具に関する次の記述のうち，**最も適当な**ものはどれか．

(1)　三つ手ちり取りは，移動する際にごみがこぼれないので，拾い掃き用として広く使われる．
(2)　自在ぼうきは，馬毛などを植えた薄いブラシであり，ほこりを舞い上げることが少ない．
(3)　自動床洗浄機は，洗剤供給式床磨き機とドライ式真空掃除機とを結合したものである．
(4)　樹脂床維持剤皮膜の剥離は，床材を傷めないようにするため，床用パッドの赤又は白が使われる．
(5)　凹凸のある床面には，研磨粒子が付着したパッドが使われる．

問題 148　カーペット清掃用機械に関する次の記述のうち，**最も不適当な**ものはどれか．

(1)　アップライト型真空掃除機は，カーペットのほこりを取るのに適した構造である．
(2)　真空掃除機は，電動ファンによって機械内部に空気の低圧域を作り，ホースを通じてほこりを吸引する構造である．
(3)　スチーム洗浄機は，高温の水蒸気で汚れを取るため，洗浄後に残る水分が少なく仕上がりも柔らかい．
(4)　洗剤供給式床磨き機は，化学繊維のタフテッドカーペットの洗浄に適している．
(5)　エクストラクタは，機械内部で作られた泡で洗浄し，直ちに吸引する構造である．

問題 149　清掃作業に使用する洗剤に関する次の記述のうち，**最も適当な**ものはどれか．

(1)　表面洗剤は，界面活性剤を配合して，泡立ちやすいようにしてある．
(2)　洗剤に使用する界面活性剤は，陰イオン系と非イオン系に大別される．
(3)　界面活性剤は，液体の表面張力を高くする働きをもつ．
(4)　洗剤の効果を高める助剤（ビルダ）には,汚れの再付着を防止するものがある．
(5)　洗剤は，使用する濃度が低ければ低いほどよい．

問題 150　清掃作業と使用する洗剤との組合せとして，**最も不適当な**ものは次のうちどれか．

(1)　真ちゅう金物の洗浄 ―――――――― 研磨剤入り洗剤
(2)　厨（ちゅう）房床の洗浄 ――――――――――― アルカリ性洗剤
(3)　樹脂床維持剤塗布床面の剥離洗浄 ――― アルカリ性洗剤
(4)　大理石床の洗浄 ―――――――――― 中性洗剤
(5)　リノリウム床の洗浄 ―――――――― アルカリ性洗剤

問題 151　ビルクリーニング作業を行うに当たって把握しなければならない床材の特性として，**最も不適当な**ものは次のうちどれか．

(1)　耐洗剤性
(2)　防音性
(3)　吸水性
(4)　表面の粗さ
(5)　工法・仕上げ

問題 152　床材の特徴と維持管理に関する次の記述のうち,**最も不適当な**ものはどれか．

(1)　木質系床材は，水分に弱い．
(2)　塩化ビニル系床材は，耐薬品性や耐水性に富む．
(3)　床維持剤を塗布することで，ほこり除去の作業頻度を減らすことができる．
(4)　セラミックタイルは，耐酸性，耐アルカリ性がある．
(5)　コンクリートは，耐酸性に乏しい．

問題 153　繊維床材の清掃に関する次の記述のうち，**最も適当な**ものはどれか．

(1)　事務所建築物の繊維床材の汚れは，約 60％が油性のしみである．
(2)　スポットクリーニングは，除じんで除去できない汚れがパイルの上部にあるうちに行う．
(3)　ポリプロピレン素材は，親水性の汚れが取れにくい．
(4)　カーペットのほつれは，年に 1 ～ 2 回まとめてカットする．
(5)　アクリル素材は，親水性の汚れが取れにくい．

問題 154　床維持剤のドライメンテナンス法に関する次の記述のうち，**最も不適当なもの**はどれか．

⑴　部分補修がしやすい．

⑵　前方に進む作業が主体となり，作業の安全性が高い．

⑶　汚水がほとんど発生しないので，環境汚染が少ない．

⑷　作業の工程数が少ない．

⑸　ドライバフ法の床磨き機は，床面の土砂やほこりの除去に使用される．

問題 155　清掃に関する次の記述のうち，**最も不適当なもの**はどれか．

⑴　エレベータホールにある繊維床のスポットクリーニングは，6 カ月に 1 ～ 2 回行う．

⑵　照明器具の定期清掃は，6 カ月に 1 回行う．

⑶　エレベータ内壁，手すり，ドア等では，毎日の水拭きや洗剤拭きが重要である．

⑷　トイレは，清掃作業により全面的に使用禁止とならないようにする．

⑸　階段の壁面は，他の場所より，ほこりの付着度合いが高い．

問題 156　我が国の廃棄物処理政策の変遷に関する次の記述のうち，**最も不適当なもの**はどれか．

⑴　1950 年代に，汚物を衛生的に処理し，生活環境を清潔にすることを目的に清掃法が制定された．

⑵　1970 年代の廃棄物の処理及び清掃に関する法律（以下「廃棄物処理法」という．）の制定により，「汚物」に加えて，新たに「不要物」の概念が導入された．

⑶　1980 年代に，最終処分場の確保難等に対処するため，廃棄物処理施設整備の推進が図られた．

⑷　1990 年代に，「廃棄物」を「一般廃棄物」と「産業廃棄物」に分類し，廃棄物の適正処理が図られた．

⑸　2000 年代に，廃棄物の発生を抑制（リデュース）するとともに，再利用（リユース）及び再生利用（リサイクル）が図られた．

問題 157　ごみの焼却処理に関する次の記述のうち，**最も不適当なもの**はどれか．

⑴　800℃以上の高温で焼却されることによって，ごみに含まれる悪臭物質は熱分解される．

⑵　ごみの容積は，焼却処理により，5 ～ 10％に減容化される．

⑶　ごみの重量は，焼却処理により，約 15％に減量化される．

⑷　約 70％のごみ焼却処理施設で，余熱を利用した発電が行われている．

⑸　ごみの焼却処理は，ごみの総処理量の約 80％を占めている．

問題 158　廃棄物の処理に関する次の記述のうち，**最も不適当な**ものはどれか．

(1)　一般廃棄物について市町村は，一般廃棄物処理計画に従い清掃事業として処理を行う．

(2)　産業廃棄物を含めた事業系廃棄物は，事業者が処理する．

(3)　廃棄物の中間処理に当たっては，大気汚染，水質汚濁，悪臭等が生じないよう排ガスや排水の処理を行わなければならない．

(4)　一般廃棄物の埋立処分は，管理型最終処分場に埋め立てなければならない．

(5)　産業廃棄物のうち，有害物質を含まない汚泥は，安定型最終処分場に埋め立てられる．

問題 159　廃棄物処理法に関する次の記述のうち，**最も不適当な**ものはどれか．

(1)　都道府県知事は，多量の一般廃棄物を生じる建物の占有者に対し，減量に関する計画の策定等を指示することができる．

(2)　排出事業者が産業廃棄物の処理を委託する場合には，その移動及び処理の状況を自ら把握するため，マニフェストの使用が義務付けられている．

(3)　一般廃棄物の収集，運搬，処分等が適正に行われるよう，処理基準が定められている．

(4)　都道府県知事は，産業廃棄物処理業の許可申請があった場合には，適合していることを審査し，許可する．

(5)　排出事業者が産業廃棄物の処理を委託する場合には，委託基準に従わなければならない．

問題 160　廃棄物処理法の一般廃棄物及び産業廃棄物に関する次の記述のうち，**最も不適当な**ものはどれか．

(1)　医療機関などから排出される感染性のおそれのある産業廃棄物は，特別管理産業廃棄物に該当する．

(2)　飲食店から排出された木くずは，産業廃棄物に該当する．

(3)　特別管理一般廃棄物には，都市ごみ焼却施設から生じるばいじん，医療機関などから排出される血液の付着したガーゼ・脱脂綿が該当する．

(4)　事業活動に伴って排出される廃棄物は，事業系一般廃棄物と産業廃棄物とに大別される．

(5)　紙くずのうち，紙製造業などの特定の業種から排出されたものは，産業廃棄物に該当する．

問題 161 事務所建築物から厨芥(ちゅうかい)が1日当たり0.25 m^3 排出されており，その質量は全廃棄物質量の5%を占めている．いま，全廃棄物質量を1日当たり2.4 tとすると，厨芥の単位容積質量値（kg/m^3）として，**正しい**ものは次のうちどれか．

(1) 30 kg/m^3
(2) 120 kg/m^3
(3) 300 kg/m^3
(4) 480 kg/m^3
(5) 600 kg/m^3

問題 162 建築物内廃棄物に関する次の記述のうち，**最も適当な**ものはどれか．

(1) 家庭から排出される廃棄物より，事務所建築物から排出される廃棄物の方が，単位容積質量値は大きい．
(2) 厨芥(ちゅうかい)とは，紙くずと雑芥を混合したものである．
(3) 感染性廃棄物は，長期間の保管を考慮して保管場所を決める．
(4) 建築物内に診療所がある場合は，建築物所有者が特別管理産業廃棄物管理責任者を置かなければならない．
(5) 紙くず類の収集は，一般にカンバス製のコレクタが用いられる．

問題 163 建築物内廃棄物の各関係者の基本的役割に関する次の記述のうち，**最も不適当な**ものはどれか．

(1) 国・地方公共団体は，廃棄物に関する教育・啓蒙を行う．
(2) ビルメンテナンス事業者は，建築物内廃棄物の管理責任者を選任する．
(3) 建築物内廃棄物処理事業者は，廃棄物の減容化に努める．
(4) 建築物維持管理権原者は，建築物内廃棄物の処理に必要な容器，集積場所，保管場所等を適切に準備する．
(5) ビルメンテナンス事業者は，建築物内廃棄物の収集，運搬，処理，保管を実施する．

問題 164 建築物内廃棄物の貯留・搬出方式に関する次の記述のうち，**最も不適当な**ものはどれか．

(1) 容器方式は，コンパクタ・コンテナ方式より貯留・搬出の作業性に優れている．
(2) 真空輸送方式は，輸送管によって空気搬送する方式である．
(3) コンパクタ・コンテナ方式は，大規模建築物に適している．
(4) 貯留・搬出方式は，真空収集方式より初期コストがかからない．
(5) コンパクタ・コンテナ方式は，容器方式よりランニングコストが少ない．

問題 165　建築物内廃棄物の中間処理に関する次の記述のうち，**最も適当な**ものはどれか．

(1)　破砕機は，プラスチック類の粉砕に用いられる．

(2)　シュレッダは，新聞紙の切断に用いられる．

(3)　冷蔵庫は，厨芥（ちゅうかい）類の保管に用いられる．

(4)　梱包機は，缶類の圧縮に用いられる．

(5)　圧縮装置は，段ボールの保管場所の確保のために用いられる．

問題 166　蚊の防除に関する次の記述のうち，**最も不適当な**ものはどれか．

(1)　昆虫成長制御剤（IGR）は，成虫に対する致死効果が認められない．

(2)　浄化槽内の殺虫剤処理後も成虫数が減少しない場合は，より高い濃度の薬剤を複数回処理する．

(3)　浄化槽に殺虫剤を処理する場合には，クレゾールなどの殺菌剤を含有する製剤は使用しない．

(4)　防除を効果的に行うためには，吸血被害の聞取調査や成虫の発生状況の調査を行う．

(5)　排水槽や汚水槽の通気管は，外部からの成虫の侵入経路となる．

問題 167　ゴキブリの防除に関する次の記述のうち，**最も不適当な**ものはどれか．

(1)　チャバネゴキブリでは，毒餌への喫食抵抗性を示す個体が知られている．

(2)　ULV 処理は，室内空間に薬剤を充満させて処理する方法である．

(3)　残留処理は，薬剤を経口的に取り込ませることをねらった処理法である．

(4)　防除に先立ち，ゴキブリの生息密度調査を行うことは重要である．

(5)　ピレスロイド剤は，ゴキブリに対してフラッシング効果を示す．

問題 168　ダニに関する次の記述のうち，**最も不適当な**ものはどれか．

(1)　ダニの頭部には，温度や炭酸ガスを感知するための触角がある．

(2)　マダニは，吸血源動物が近づいてくるのを，植物の葉の先端部で待ち構えている．

(3)　トリサシダニやスズメサシダニの被害は，野鳥の巣立ちの時期に集中する．

(4)　ヒトの皮膚に内部寄生するダニが知られている．

(5)　コナヒョウヒダニが増える温湿度条件は，ヒトが快適に生活できる条件とほぼ一致している．

問題 169　ハエ類に関する次の記述のうち，**最も不適当な**ものはどれか．

(1)　イエバエの主要な発生源は，畜舎やゴミ処理場である．

(2)　クロバエは，夏期によく見られる小型のハエである．

(3)　ショウジョウバエやチョウバエ等は，走光性を示す種類が多い．

(4)　国内のハエ症では，食べ物と一緒に幼虫を飲み込み，腹痛などを起こす消化器ハエ症が最も多い．

(5)　ノミバエの主要な発生源は，腐敗した動物質である．

問題 170　衛生害虫に関する次の記述のうち，**最も不適当な**ものはどれか．

⑴　カツオブシムシ類の幼虫は，乾燥食品や毛織物等を加害する．

⑵　シバンムシアリガタバチの幼虫は，シバンムシの体表に寄生する．

⑶　コナチャタテ類は，ドライフラワーなどから発生する．

⑷　トコジラミは，シラミの仲間の吸血昆虫である．

⑸　ノミはシラミと異なり，飢餓に耐えることができる．

問題 171　殺虫剤の有効成分とその防除対象害虫との組合せとして，**最も不適当な**ものは次のうちどれか．

⑴　フィプロニル ――――― チャバネゴキブリ幼虫・成虫

⑵　フェノトリン ――――― アカイエカ幼虫

⑶　プロペタンホス ――――― トコジラミ幼虫・成虫

⑷　ジクロルボス ――――― チカイエカ成虫

⑸　ピリプロキシフェン ―― イエバエ幼虫

問題 172　薬剤やその効力に関する次の記述のうち，**最も適当な**ものはどれか．

⑴　イカリジンは，ゴキブリ類に対する致死効力が高い．

⑵　ジクロルボスを有効成分とする樹脂蒸散剤がある．

⑶　LD_{50} 値は，50％致死濃度を表している．

⑷　有機リン剤の処理によってノックダウンした個体は，蘇生する傾向が強い．

⑸　昆虫成長制御剤（IGR）に対する抵抗性を獲得した衛生害虫は，知られていない．

問題 173　ネズミの防除に関する次の記述のうち，**最も不適当な**ものはどれか．

⑴　ネズミの毒餌を作る場合，クマネズミは植物質の物を基材とする．

⑵　殺鼠（そ）剤による防除を行った場合，死体からハエ類が発生することがあるので，死鼠の回収に努める．

⑶　ネズミの侵入防止のため，通風口や換気口に取り付ける金属格子の目の幅は，1 cm 以下とする．

⑷　ラットサインとは，ネズミ類の活動によって残される糞（ふん）尿や足跡等の証跡のことである．

⑸　ドブネズミは，警戒心が強く，毒餌やトラップによる防除が困難である．

問題 174　ネズミ用の薬剤やその効力に関する次の記述のうち，**最も不適当な**ものはどれか．

⑴　経皮的な取り込みによる効力の発現を目的とした殺鼠(そ)剤はない．

⑵　殺鼠剤による駆除を行った際，イエダニによる吸血被害が顕在化することがある．

⑶　ネズミの薬剤抵抗性は，免疫の獲得によって発達する．

⑷　ケーブルなどのかじり防止の目的で使用できる忌避剤がある．

⑸　抗凝血性殺鼠剤の致死効果の発現は，遅効的である．

問題 175　衛生害虫とその健康被害に関する次の記述のうち，**最も不適当な**ものはどれか．

⑴　アカイエカは，デング熱の媒介蚊である．

⑵　ネコノミは，宿主の範囲が広く，ネコ以外の動物からも吸血する．

⑶　イエバエは，腸管出血性大腸菌の運搬者として注目されている．

⑷　ホテル，旅館，簡易宿泊所等で，トコジラミによる吸血被害が報告されている．

⑸　マダニ類は，重症熱性血小板減少症候群（SFTS）の病原体を媒介する．

問題 176　殺虫剤・殺鼠(そ)剤に関する次の記述のうち，**最も不適当な**ものはどれか．

⑴　昆虫体内の加水分解酵素などが，殺虫剤の解毒に関わっている．

⑵　殺鼠剤の安全性は，毒性の内容や強弱，摂取量，摂取期間によって決まる．

⑶　殺鼠剤の多くは，選択毒性が低く，ヒトに対しても毒性を示す．

⑷　殺鼠剤には，劇薬，毒薬に該当する製剤がある．

⑸　薬剤を実験動物に投与して求めた LD_{50} 値は，殺虫剤の急性毒性の評価基準となる．

問題 177　防虫・防鼠(そ)構造や防除に用いる機器に関する次の記述のうち，**最も適当な**ものはどれか．

⑴　通常の 16 メッシュの網目であれば，蚊，コバエ等，多くの昆虫の侵入を防止できる．

⑵　光源がナトリウム灯の場合は，白熱灯に比べて昆虫類を誘引しやすいことが知られている．

⑶　ミスト機は，100 ～ 400 μm 程度の粒子の薬剤を，ゴキブリなどの生息場所に散布する場合に使用する．

⑷　食品取扱場所やその周辺では，毒餌や圧殺式トラップは，施錠可能な毒餌箱に入れて設置する．

⑸　噴霧機は，殺虫剤などに熱を加えないで，送風装置とノズル先端の衝突板で 20 ～ 100 μm 程度の粒子を噴射する機器である．

問題 178　殺虫剤の処理や保管に関する次の記述のうち，**最も不適当な**ものはどれか．

⑴　乳剤や油剤等には，消防法に定める第四類危険物のうち，第一石油類に該当するものが多い．

⑵　有機溶剤系の薬剤を取り扱う場合には，耐有機溶剤性のゴム手袋を用いる．

⑶　建築物環境衛生管理基準に従って衛生害虫の防除を行う場合は，医薬品又は医薬部外品を使用しなければならない．

⑷　殺虫剤の処理によって，煙感知機が作動することがある．

⑸　殺虫剤散布を行う場合は，散布前後とも3日間は，当該区域の入口に殺虫剤の種類，散布方法等を掲示するなどして，その旨を周知する必要がある．

問題 179　ねずみ・昆虫等の防除に関する次の記述のうち，**最も不適当な**ものはどれか．

⑴　ペストコントロールには，ベクターコントロールとニューサンスコントロールの二つの側面がある．

⑵　防除は，発生時対策より発生予防対策に重点を置いて実施する．

⑶　IPM（総合的有害生物管理）による，ねずみ・昆虫等の対策に当たって設定される維持管理水準値は，該当建築物又は該当場所ごとに設定することができる．

⑷　ねずみ・昆虫等に対する対策を行った場合は，対象生物の密度調査などにより，その効果について客観性のある評価を行う．

⑸　IPM（総合的有害生物管理）における「措置水準」とは，放置すると今後問題になる可能性がある状況をいう．

問題 180　害虫や薬剤に関する次の記述のうち，**最も不適当な**ものはどれか．

⑴　害虫の薬剤に対する抵抗性の発達を抑制するために，作用機構の異なる薬剤のローテーション処理を行う．

⑵　有機塩素系の殺虫成分を含有する製剤が，ハエ類の駆除に用いられている．

⑶　炭酸ガス製剤は，有機溶剤に溶解させた有効成分を液化炭酸ガスと混合した製剤である．

⑷　昆虫等に対する不快感の程度は，第三者による客観的な判断が困難である．

⑸　メイガ類の幼虫は，小麦粉で作られた菓子を加害することがある．

2020年度（令和2年度）午前の解答・解説

※ 解説中の「-」付きの -(1)～ -(5)は，問題の選択肢文(1)～(5)を示しています．
※ 解説中 2022-3 などの表示は関連問題 2022 年問題 3 を示しています．

建築物衛生行政概論
問題 1～問題 20

問題 1　正解　(2)・・・・・・・・・・頻出度 A A A

日本国憲法第 25 条は次のとおり．

第 25 条　すべて国民は，健康で文化的な最低限度の生活を営む権利を有する．

2　国は，すべての生活部面について，社会福祉，社会保障及び公衆衛生の向上及び増進に努めなければならない．

問題 2　正解　(1)・・・・・・・・・・頻出度 A A A

特定行政庁とは，建築主事を置く市町村の区域については当該市町村の長をいい，その他の市町村の区域については都道府県知事をいう（建築基準法第 2 条）．

-(2)　私立学校の行政事務を管轄するのは都道府県知事．

-(3)　労働衛生行政は，中央，地方を問わず国（厚生労働省）が直接担当している．

-(4)　終末処理場の維持管理は国交省と環境省の共同所管．

-(5)　都道府県立の保健所が最も多い．都道府県立の保健所が 352 か所，政令市立 93 か所，特別区立が 23 か所である．

問題 3　正解　(1)・・・・・・・・・・頻出度 A A A

幼稚園は，学校教育法第 1 条の規定する学校等に属するので，特定建築物に該当するのは，特定建築物の用途（以下特定用途という）の延べ面積が 8 000 m^2 以上からである．

-(2)，-(4)　専門学校などは学校教育法第 1 条の規定する学校等以外の学校として，特定用途の延べ面積が 3 000 m^2 以上で該当する．

2022-3

問題 4　正解　(3)・・・・・・・・・・頻出度 A A A

A 社の学習塾 900 m^2，B 社の銀行 1 500 m^2，A 社と B 社の共用地下駐車場 500 m^2，B 社の倉庫 100 m^2 までを加えて，3 000 m^2 となってこの建物は特定建築物に該当する．

2022-5

問題 5　正解　(5)・・・・・・・・・・頻出度 A A A

特定建築物の竣工年月日は届け出事項に含まれていない．

2022-6

問題 6　正解　(4)・・・・・・・・・・頻出度 A A A

帳簿書類の保存期間は，5 年間（帳簿書類）か永久（図面）である．従って -(1)～ -(4)は 5 年間，-(5)は永久となる．

2021-6

問題 7　正解　(5)・・・・・・・・・・頻出度 A A A

-(5)　ビル管理法は厚生労働省の所管なので，経済産業大臣→厚生労働大臣，が正しい．

空気環境測定については 2022-7 ．

問題 8　正解　(1)･･････････**頻出度** A A A

雑用水の維持管理の規定は，残留塩素，臭気，外観，pH は 7 日以内ごとに 1 回，濁度，大腸菌は 2 か月以内ごとに 1 回なので，pH の測定が規定から外れている．

2022-8

-(2)　建築物衛生法施行規則第 4 条に規定する 16 項目の飲料水の水質検査→**共通賃料 7** 参照．

-(5)　排水設備の清掃について，法律は 6 か月以内に 1 回，定期に実施することとしている．

問題 9　正解　(3)･･････････**頻出度** A A A

死亡の場合の免状返還は 1 か月以内が正しい．

-(4) 「返納」では 1 年であるが，「罰金刑」の場合は 2 年，免状がもらえない．

-(2)，-(5)　再交付は免状を失くした場合も可能だが，失くしたと思った免状が出てきた時は 5 日以内に厚生労働大臣に返還しなくてはならない．

問題 10　正解　(5)･･･････**頻出度** A

-(3)にある厚生労働省の通知に，「作業に従事する者全員を一度に研修することが事実上困難を伴う場合は，これを何回かに分けて行うことも可能である．」と断り書きがある（**共通資料 2** 参照）．

-(4)　登録業の監督者等講習会および従事者研修会は，厚生労働大臣の登録を受けた機関が実施している．例えば，清掃従事者研修会の実施者は（公社）全国ビルメンテナンス協会．

問題 11　正解　(3)･･･････**頻出度** A A A

改善命令ができない代わりに勧告する．

特定建築物が公用・公共建築物の場合の特例は **11-1 表**．

11-1 表　公用・公共建築物の特例

一般の特定建築物	公共建築物
特定建築物の届出	必要（一般の特定建築物と同じ）
建築物環境衛生管理基準の遵守	〃
帳簿書類の備付け	〃
管理技術者の選任	〃
報告，検査	必要な説明，または資料の提出
改善命令	勧告

問題 12　正解　(2)･･･････**頻出度** A A A

五類感染症の百日咳は 7 日以内に届出（感染症法第 12 条および同施行規則第 4 条第 4 項，第 7 項）．

直ちに届け出は，一類～四類感染症と五類感染症のうち，風しん，麻しん，侵襲性髄膜炎菌感染症．

共通資料 3 参照．

問題 13　正解　(2)･･･････**頻出度** A A A

-(2)の精神保健に関する事項が正しい．

地域保健法第 6 条の定める保健所の業務は次のとおり．

保健所は，次に掲げる事項につき，企画，調整，指導およびこれらに必要な事業を行う．

1. 地域保健に関する思想の普及および向上に関する事項
2. 人口動態統計その他地域保健に係る統計に関する事項
3. 栄養の改善および食品衛生に関する事項
4. 住宅，水道，下水道，廃棄物の処理，清掃その他の環境の衛生に関する事項
5. 医事および薬事に関する事項
6. 保健師に関する事項

7. 公共医療事業の向上および増進に関する事項
8. 母性および乳幼児ならびに老人の保健に関する事項
9. 歯科保健に関する事項
10. 精神保健に関する事項
11. 治療方法が確立していない疾病その他の特殊の疾病により長期に療養を必要とする者の保健に関する事項
12. エイズ，結核，性病，伝染病その他の疾病の予防に関する事項
13. 衛生上の試験および検査に関する事項
14. その他地域住民の健康の保持および増進に関する事項

-(4)がきわどい.

-(3)の「介護認定」の他に「国民健康保険」が，保健所の業務でないものとしてよく出題される．介護認定は，市町村に設置される介護認定審査会，国民健康保険は市町村役場の業務.

さらに保健所の業務でないものとしてよく出題されるのが，労働衛生に関する業務など労働と付く事項.「労働」と付くと，自治体の機関である保健所の出る幕はなくなり，国の機関である労働基準監督署や都道府県労働局の管轄となる（労働衛生行政は中央・地方を通じて一元的に国の機関が直接行政を行っている).

問題 14　正解　(4) ••••••• **頻出度** A A □

学校環境衛生基準の項目に振動レベルはない（**14-1 表**参照).

-(1)　教室およびそれに準ずる場所の照度の下限値は，300 lx とする．また，教室および黒板の照度は，500 lx 以上であることが望ましい.

-(2)　換気の基準として，二酸化炭素

14-1 表　学校環境衛生基準の項目

第 1	教室等の環境に係る学校環境衛生基準（換気及び保温等，採光及び照明，騒音）換気及び保温の検査項目（二酸化炭素，温度，相対湿度，浮遊粉じん，気流，一酸化炭素，二酸化窒素，揮発性有機化合物（ホルムアルデヒド，トルエン他），ダニ又はダニアレルゲン）
第 2	飲料水等の水質及び施設・設備に係る学校環境衛生基準検査項目（一般細菌，大腸菌，塩化物イオン，全有機炭素，pH 値，味，臭気，色度，濁度，遊離残留塩素等）
第 3	学校の清潔，ネズミ，衛生害虫等及び教室等の備品の管理に係る学校環境衛生基準（学校の清潔，ネズミ，衛生害虫等，教室等の備品の管理）
第 4	水泳プールに係る学校環境衛生基準（水質，施設・設備の衛生状態）
第 5	日常における環境衛生に係る学校環境衛生基準（上記第 1 ～第 4 について毎授業日に行う日常点検）
第 6	臨時の検査と検査方法，記録の保存，図面等の保存

は，1 500 ppm 以下であることが望ましい.

-(3)　教室内の等価騒音レベルは，窓を閉じているときは LAeq50 dB 以下，窓を開けているときは LAeq55 dB 以下であることが望ましい.

-(5)　18 ℃以上 28 ℃以下であることが望ましい.

学校環境衛生基準項目にないものとして，土壌汚染，落下細菌，光化学オキシダント，運動場の微小粒子状物質（いわゆる PM2.5）濃度が出題されたことがある.

2022-31

問題 15　正解　(3) ••••••• **頻出度** A □ □

旅館・ホテル営業の施設の基準に客室数はない（1 室から可).

-⑷　寝台を置かない場合（布団だけによる場合）は7 m^{2}以上．

問題 16　正解　⑷ ・・・・・・・ 頻出度 A A A

水質汚濁防止法第1条（目的）　この法律は，工場及び事業場から公共用水域に排出される水の排出及び地下に浸透する水の浸透を規制するとともに，生活排水対策の実施を推進すること等によって…（以下，略）

-⑸は少し微妙．

特定事業場とは，特定施設（厨房や浴場）をもつ事業場という意味なので，この文章では，「特定事業場と推測される」が適当である．

日平均排水量50 m^{3}以上の特定事業場には，「生活環境項目に係る排水基準」が適用される．

問題 17　正解　⑵ ・・・・・・・ 頻出度 A A A

悪臭防止法の特定悪臭物質は，現在アンモニア等22物質が政令で定められているが,ホルムアルデヒドは含まれない．

臭気は普通我慢の対象であるが，ホルムアルデヒドは，臭気よりも毒性が問題で，ホルムアルデヒドの刺激臭が臭うような状態は我慢している場合ではない．ヒトの健康にとって危険な状態である．

問題 18　正解　⑷ ・・・・・・・ 頻出度 A A A

重大な労働災害の発生に対して特別安全衛生改善計画作成を指示するのは厚生労働大臣である（労働安全衛生法第78条）．

“労働”災害など，労働とつくと，都道府県知事など，地方自治体の出る幕はなくなる（労働衛生行政は，一元的に国が直接行っている）．

2021-20

問題 19　正解　⑷ ・・・・・・・ 頻出度 A A A

学校・病院・児童福祉施設などの第1種特定施設では，特定屋外喫煙場所，喫煙関連研究場所以外での喫煙は屋内外を問わず，すなわち敷地内禁止である（健康増進法第29条）．

2020年4月より，喫煙禁止場所で，都道府県知事の命令に違反して喫煙したり，その施設の管理権原者がそれを放置したりすると過料の罰則を受けることになる．

2022-20

問題 20　正解　⑸ ・・・・・・・ 頻出度 A A A

バーゼル条約の正式名称は，「有害廃棄物の国境を越える移動及びその処分の規制に関するバーゼル条約」という．わが国は1993年に批准した．

-⑴　オゾン層を破壊する物質に関するモントリオール議定書

-⑵　特に水鳥の生息地として国際的に重要な湿地に関する条約

-⑶　絶滅のおそれのある野生動植物の種の国際取引に関する条約

-⑷　2020年以降の地球温暖化対策の国際的な枠組みを定める．

建築物の環境衛生
問題 21〜問題 45

問題 21　正解　⑷ ・・・・・・・ 頻出度 A A A

甲状腺は，甲状腺ホルモンを分泌し，内分泌系に分類される．

2022-22

問題 22　正解　⑸ ・・・・・・・ 頻出度 A A A

体温の維持，すなわち核心温を37 ℃前後に保つのは，体内での産熱と体外への放熱の機能による．

産熱機能の制御は，基礎代謝の増減（夏

低く，冬は体温維持のため高い．変動幅は10％程度）や，低温曝露時における産熱の増進による．

放熱機能は，発汗，呼吸，血液循環，皮下組織の熱遮断等によって調節されている．

2021-24

問題23　正解　(5)・・・・・・・頻出度AAA

一般環境では，直腸温＞顔の皮膚温＞手の皮膚温＞足の皮膚温となる．

2021-24

問題24　正解　(3)・・・・・・・頻出度AAA

T_Aは湿球温度，T_Bは黒球温度である．

黒球温度は，グローブ温度計で測定した温度である．

2022-24，2022-80

問題25　正解　(2)・・・・・・・頻出度AA

手に温熱刺激を与えた実験では，温冷感は核心温の状態にかかわらず一定であるが，快適感は核心温の影響を受け，低体温では冷刺激に対して不快に感じ，高体温では快適に感じる．

-(1)，-(3)，-(4)　温熱環境の評価のための実験では，温冷感や快適感がアンケートや問診などで調査される．

その結果は被験者の心理反応であり，主観的評価による指標となる．多くの実験から平均皮膚温と温冷感申告には，皮膚温が低いと寒い，皮膚温が高いと暑いと感じる一次相関が見られる．温熱的中性申告を得られるときの平均皮膚温は33～34℃，35℃を超えると暑さを感じ，31℃を下回ると寒さによる不快感が強まる．

-(5)　欧米では温冷感で中性（暑くも寒くもない）を快適とするが，日本では，夏場ではやや涼しい，冬場はやや暖かいを快適とする，など．

問題26　正解　(4)・・・・・・・頻出度AAA

水分増加→水分減少が正しい．

熱疲労では，細胞外液のナトリウムイオン濃度が上昇し，その浸透圧で細胞内水分が引き出され，細胞内脱水症状が起きる．

2021-26

問題27　正解　(1)・・・・・・・頻出度AAA

冬期の低湿度では，鼻や喉の粘膜が乾燥し，ウイルス等に感染しやすくなる．さらにインフルエンザウイルスの生存率が高まったり，ウイルスが空中を舞いやすくなる．

2022-27

問題28　正解　(4)・・・・・・・頻出度AAA

「酸素欠乏」とは，酸素濃度が18％未満である状態をいう（酸素欠乏等防止規則第2条第一号）（清浄空気の酸素濃度は約21％である）．

ちなみに，「酸素欠乏等」とは，上記に該当する状態または空気中の硫化水素の濃度が100万分の10を超える状態をいう．

意識障害，けいれんが生じるのは，空気中の酸素濃度が10％以下となった時である．

2022-28

問題29　正解　(2)・・・・・・・頻出度AAA

ヒトが不快感を覚える二酸化炭素濃度は1～2％である．

2022-31

問題30　正解　(4)・・・・・・・頻出度AAA

アスベストによる胸腺や腹膜の悪性中皮腫の発生は，アスベスト鉱山労働者，アスベスト製品製造工場のみならず，造船工場などアスベスト使用工場の近隣でも報告されている．

2022-30

問題 31　正解　(2) ・・・・・・・頻出度 A A A

ホルムアルデヒドは還元性が強く，人間にとって毒性，刺激性が強い．

2022-56

問題 32　正解　(1) ・・・・・・・頻出度 A A A

レジオネラ属菌は，肺炎（レジオネラ肺炎）の病原体であるが，肺がんの原因となることはない．

2022-32

-(2)　窒素酸化物は刺激性が強く，非水溶性のため吸入すると肺深部まで達する．毒性が強く，高濃度の場合は，目，鼻，のどを強く刺激する．慢性症状として，慢性気管支炎，胃腸障害，不眠症等を起こすことがある．

-(3)　肺気腫は，酸素と炭酸ガスの交換を行っている「肺胞」の組織が壊れ，肺にたまった空気を押し出せなくなる疾病である．

問題 33　正解　(1) ・・・・・・・頻出度 A A A

加齢による聴力の低下は，8 000 Hz 付近の，高い周波数の音から始まる（普通の会話の音域は 1 000 Hz ～ 4 000 Hz）．

2021-33

-(2)　超低周波空気振動 2021-84

-(3)　音の感覚の 3 要素については **33-1 表**参照．

33-1 表　音の感覚の 3 要素

音の大きさ	主に音圧レベルに関係する．
音の高さ	周波数に関係する．
音色	その音に特有の総合的感覚で周波数成分とその強弱，音の波形の時間的変化，周波数成分の時間的変化等に関係する．

-(4)　耳の構造 2022-33．

-(5)　人間の正常な聴覚の周波数特性を表す，等ラウドネス曲線を見ると，曲線がみな 4 000 Hz 付近で垂れ下がっている．これは人間の耳は 4 000 Hz 付近の音に最も敏感な（小さな音圧レベルでも聞こえる）ことを示している．2021-32

問題 34　正解　(2) ・・・・・・・頻出度 A A A

局所振動を知覚するのは，運動神経末端受容器ではなくて，パッチニ小体等の知覚神経末端受容器である．

2022-35

問題 35　正解　(3) ・・・・・・・頻出度 A A A

発光ダイオード（LED）は指向性が強く拡散光が得られにくい．

LED 素子はその形状から配光の角度が 20 ～ 30° といった強指向性である（蛍光灯や普通電球はほぼ 360°）．

-(2)　LED の電界発光（エレクトロルミネセンス）はほとんど可視光で熱線（赤外線）を含まないが，LED に入力した電力の 70 % は LED チップ自体で熱になってしまうので良好な放熱が必須であり，放熱が損なわれると極端に寿命が短くなる．

問題 36　正解　(4) ・・・・・・・頻出度 A A A

現在のノートパソコンは人間工学的にさまざまな問題があり，生体に対する負荷もデスクトップパソコンとは異なる．

ノートパソコン使用者の方がデスクトップパソコン使用者に比べ有意に眼と肩の疲労の訴えが高いという報告がある（登録講習テキスト）．

-(2)の，「ディスプレイ画面における照度 500 lx」は，最新（2021 年）の厚生労働省「情報機器作業における労働衛生管理のためのガイドライン」からは削除されている．

2022-37

問題 37　正解　(3) ・・・・・・・**頻出度** A A A

電気性眼炎は，溶接のアーク光の紫外線による角膜の炎症である．

赤外線の慢性曝露によるガラス工白内障では潜伏期間 10 〜 15 年で発症する．

2022-39

問題 38　正解　(5) ・・・・・・・**頻出度** A A A

人体細胞で電離放射線に最も感受性が高い（影響を受けやすい）のはリンパ球である（最も低いのは神経細胞）．

放射線（電離放射線）とはその強いエネルギーにより，照射された物質原子から電子を弾き飛ばしてイオン化する作用をもった放射線である．

2021-38

問題 39　正解　(1) ・・・・・・・**頻出度** A A A

被曝時間の短縮は体外被曝（ばく）に対する防護の三原則の一つである（あとは，距離を離す，遮蔽（へい）する）．

体内被曝の防護は，放射性物質の封じ込め，汚染対策の実施である．

生体内に取り込まれた放射性物質が 2 分の 1 量になるまでの時間を生物学的半減期という．

-(2)　個人管理では，電子式線量計，フィルムバッジ，ガラスバッジ，クイクセルバッジ等を着用して年間線量限度以下であることを監視する．

-(4)　環境管理では，管理区域を設定して出入り管理を実施し，環境モニタリングによって定期的に，放射線が管理レベル以下であることを監視する．

問題 40　正解　(4) ・・・・・・・**頻出度** A A A

水分欠乏で筋肉のけいれんが起きるのは，水分欠乏率が 10％を超える時である．

2022-42

問題 41　正解　(2) ・・・・・・・**頻出度** A A A

アニサキスは魚の寄生虫で，刺身など魚を生食することによって食中毒（アニサキス症）を引き起こす．アニサキスは飲用水を汚染することはない．他はいずれも水系感染症の病原体となる．

代表的な水系感染症とその病原体を**41-1 表**に示す．

41-1 表　水系感染症

病原体	感染症
細菌	3 類感染症（コレラ，細菌性赤痢，腸管出血性大腸菌感染症，腸チフス，パラチフス）
ウイルス	A 型肝炎ウイルス，急性灰白髄炎（ポリオ），ノロウイルス，ロタウイルス
原虫	アメーバ赤痢，クリプトスポリジウム症等

-(3)　カンピロバクター・ジェジュニは，カンピロバクター腸炎を引き起こす細菌である．鶏から検出されることが多い．

問題 42　正解　(5) ・・・・・・・**頻出度** A A A

過剰なフッ素の摂取は斑状歯などの原因となるが，発がん性はない．

歯磨き粉には，虫歯予防のために 1 000 ppm を超えるフッ素が配合されているものが多い．

2022-41

問題 43　正解　(4) ・・・・・・・**頻出度** A A A

入院勧告は一類感染症，二類感染症（および新型インフルエンザ等感染症）が対象である（**共通資料 3** 参照）．

問題 44　正解　(5) ・・・・・・・**頻出度** A A A

クリプトスポリジウム原虫は消毒塩素に抵抗性をもつ（塩素が効かない）．

本年度 -109，2021-43

問題 45　正解　(5) ・・・・・・・**頻出度** A A A

次亜塩素酸ナトリウムは，芽胞（がほう）に無効である．

芽胞とは一部の細菌が生存環境の悪化をしのぐために強固な殻にこもった状態に変身したものである．

2022-45

空気環境の調整
問題 46～問題 90

問題 46　正解　(1) ・・・・・・・ **頻出度** A A A

輝度は発光面の見かけの面積当たりの光度なので，単位は cd/m^2 である．

-(3)　音の強さ，W/m^2 も頻出．

単位については，**共通資料 4** 参照．

問題 47　正解　(5) ・・・・・・・ **頻出度** A A A

-(5)は「室内側」が正しい．

内部結露の防止には，壁内の，断熱層を挟んで，水蒸気圧の高い側（≒温度の高い側）に防湿層を設けることが対策の基本である．

2021-47

熱橋については **47-1 図**参照．

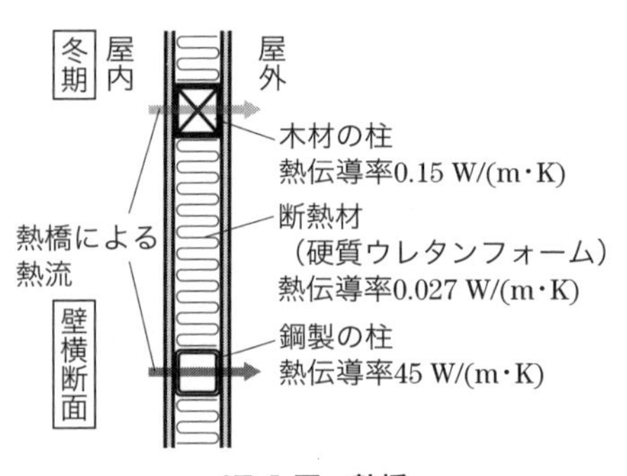

47-1 図　熱橋

問題 48　正解　(1) ・・・・・・・ **頻出度** A A A

長波長放射（赤外線）が対象となる放射熱伝達率には，熱を放射する材料の色は関係ない．材料の色が関係するのは日射吸収率である．白っぽい材料は太陽光の主要成分である可視光（短波長放射）を反射してしまうからである．

壁表面とそれに接する空気間の放射による伝達熱流量 q_r [W/m^2] は壁と空気の温度差に比例し，その比例係数を放射熱伝達率という．すなわち，

$$q_r = \alpha_r(\theta_s - \theta_a)$$

ただし，α_r：放射熱伝達率 [$W/(m^2\cdot K)$]，θ_s：壁表面温度 [℃]，θ_a：空気温度 [℃]．

常温で室内の放射率が 0.9 程度とすれば放射熱伝達率は 4.5 $W/(m^2\cdot K)$ 程度となる．

-(2)　壁表面とそれに接する空気間の対流による伝達熱流 q_c [W/m^2] は壁と空気の温度差に比例し，その比例係数を対流熱伝達率という．すなわち，

$$q_c = \alpha_c(\theta_s - \theta_a)$$

ただし，α_c：対流熱伝達率 [$W/(m^2\cdot K)$]，θ_s：壁表面温度 [℃]，θ_a：空気温度 [℃]．

自然対流において，壁付近では抵抗によって空気の動きが制限され，その空気が一種の保温材のような働きをするために熱の移動が妨げられる．これを境界層という（**48-1 図**）．

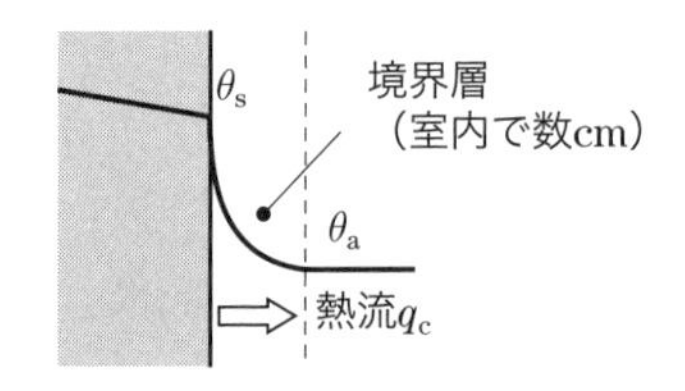

48-1 図　境界層

一般に気流の影響が大きい屋外側では境界層ができにくく屋外側の対流熱伝達率は大きくなる．また，送風機などによる強制対流でも境界層ができにくく，自然対流に比べ対流熱伝達率の値は大きくなる．

放射熱伝達率と対流熱伝達率の和を総

合熱伝達率といい，熱伝達率といえばこの総合熱伝達率を指す．室内側熱伝達率の常用値は 9 W/(m^2･K)，屋外側 23 W/(m^2･K) を用いる．値の違いは，前述のとおり，対流熱伝達率が異なることによる．

2021-49

-(3)　中空層は二重ガラスや壁内部の空気層を意味し，その熱抵抗の大きさは中空層の密閉度や熱流の重力に対する方向，その幅によって変化し，厚さが 2 cm 程度までは厚さが増すにつれて増大するがそれ以上ではほぼ一定となる．

-(4)　固体内は伝導によって熱は伝わる．固体内を流れる熱流 q_t [W/m^2] は，次式のとおり局所的な温度勾配に熱伝導率を乗じて求められる．

$$q_t = \lambda \frac{\theta_1 - \theta_2}{\delta}$$

ただし，θ_1，θ_2:壁の表面温度 [℃]，δ:壁の厚さ [m]，λ：熱伝導率 [W/(m･K)].

熱とはつまるところ，物質を構成する原子・分子さらには電子の振動に還元されるので，それらが多い，別の言葉でいえば原子・分子間の距離が近い，すなわち密度の高い物質ほど熱を伝えやすく，同じ理由で水分を多く含むほど熱伝導率は大きくなる．

金属にあっては，密度よりも金属内を自由に動き回る電子（自由電子）の数が熱伝導率に大きく寄与するので，電気伝導率の大きい（＝電気抵抗の小さい）金属は熱伝導率も大きい．

物質の温度が高くなると原子・分子・電子の振動の振幅が大きくなる．一般の物質では熱伝導率は大きくなるが，金属では原子核の振動が自由電子の動きを邪魔するようになって熱伝導率，電気伝導率とも小さくなる．

2022-46，2021-49

-(5)　壁を貫流する熱量 Q [W] を求める式は次のとおり．

$$Q = \frac{1}{R}(\theta_i - \theta_o) \times S$$

ただし，R：熱貫流抵抗 [m^2･K/W]，θ_i：室温 [℃]，Q_o：外気温 [℃]，S：壁面積 [m^2].

熱貫流抵抗 R は次式で求めることができる．

$$R = \frac{1}{\alpha_i} + \frac{\delta_A}{\lambda_A} + r_B + \frac{\delta_C}{\lambda_C} + \frac{1}{\alpha_o}$$

ただし，α_i：室内側熱伝達率，δ_A：壁材料 A の厚さ，λ_A：壁材料 A の熱伝導率，r_B：中空層の熱抵抗，δ_C：壁材料 C の厚さ，λ_C：壁材料 C の熱伝導率，α_o：屋外側熱伝達率（**48-2 図**参照）．

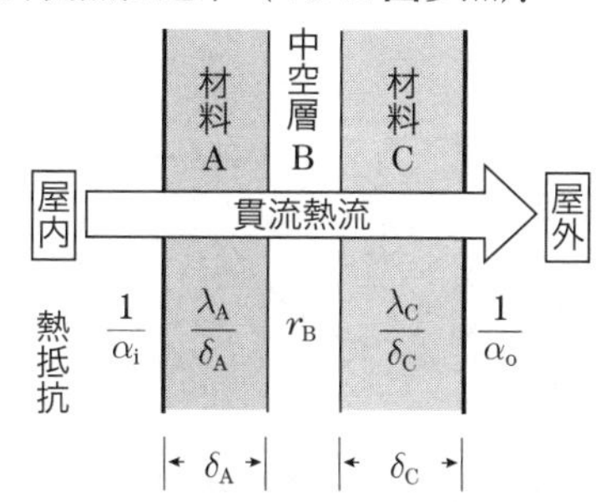

48-2 図　貫流熱流と熱抵抗

熱伝達率の逆数を熱伝達抵抗，材料の厚さを熱伝導率で除したものを熱伝導抵抗といい，熱貫流抵抗は壁表面の熱伝達抵抗，壁材料の熱伝導抵抗層の熱抵抗の和となっている．

熱貫流抵抗 R を定義する数式から，壁表面に当たる気流の風速が大きくなると，表面熱伝達率が大きくなるので，熱貫流率は大きくなり，材料の厚さが増すと熱貫流率は小さくなり，また材料の熱伝導率が大きくなれば熱貫流率も大きくなることが分かる．

なお，Rの逆数，$K=1/R$を熱貫流率[W/(m^2・K)]という．

2022-49

問題 49　正解　(3)・・・・・・・頻出度AAA

開口部の流量係数は，通常の窓で0.7程度となる（理想的な場合に1，1を超えることはない）．2021-50

-(1)　ベルヌーイの定理から，理想的な流体では，ダクトのどこを取っても動圧＋静圧＋位置圧＝一定（全圧）となるが，気体では位置圧は無視してよいほど小さいので，動圧＋静圧＝全圧として扱う．

2022-52

-(2)　連続の式

摩擦のないダクト中の流れを考える（**49-1図**）．

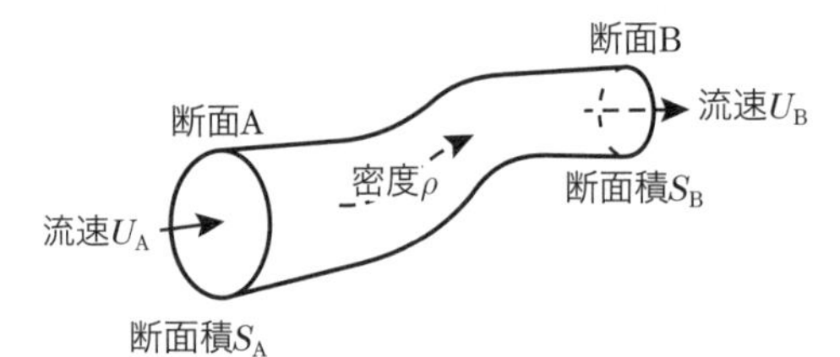

49-1図　連続の式・摩擦のないダクト中の流れ

流れの上流側にA断面，下流側にB断面を取ると，AB断面間に，単位時間に流入する流れと流出する流れの質量は等しい．この関係を示す次式を連続の式という．

$$S_A\times U_A\times\rho=S_B\times U_B\times\rho$$

連続の式は，ダクトのどこを取っても単位時間に流れる質量は一定であることを示している．この式に運動エネルギー保存の法則を適応するとベルヌーイの定理を導くことができる．

-(4)　実際の流れでは，摩擦や流れの渦運動によって生じる損失等により，全圧は流れの下流方向に単調に低下する．この全圧低下を圧力損失と呼ぶ．

直線の丸ダクトなどに生じる圧力損失Δp [Pa]は，流体の速度をv [m/s]，ダクトの有効径をD [m]，長さをL [m]，流体の密度をρ [kg/m^3]とすると，次式で表される．

$$\Delta p=\lambda\frac{L}{D}\cdot\frac{1}{2}\rho v^2$$

λ（ラムダ）は摩擦抵抗係数と呼ばれ，ダクト表面の粗度の他，ダクト内流体のレイノルズ数（Re数）によって変化する．

ちなみにダクトの形状変化に伴う圧力損失は次式で表される．ξ（クサイ）は形状抵抗係数と呼ばれ，さまざまな形状変化に対する経験値が知られている．

$$\Delta p=\xi\frac{\rho}{2}v^2$$

いずれの圧力損失も流速の2乗に比例する（動圧$2/\rho\cdot v^2$に比例といってもよい）．

-(5)　レイノルズ数（Re数）

摩擦も渦運動も流体のもつ粘性がその原因である．流体の速度が十分遅い場合，流れは整然とした層流となるが，流速が一定以上になると，流れは乱流となる．細く絞った蛇口からの水流は澄んだ透明な層流であり，蛇口を大きく開けると周囲の空気まで巻き込んで水流は白っぽく濁った乱流となる．

流れが層流となるか，無秩序な流体塊の混合を伴う乱流となるかは流れのレイノルズ数（Re数）によることが知られている．

Re 数は，流体に働く慣性力と粘性力の比（慣性力/粘性力）を示す無次元数で，これが小さい流れでは乱流の原因となる慣性力を粘性力が上回っていて，乱れは減衰してしまう．*Re* 数が大きい流れは，乱れを継続させる力である慣性力が減衰させる粘性力に勝るので，乱れが持続する（粘性による摩擦と乱流のどちらがより圧力損失に寄与するかは簡単には求められないので，一概に *Re* 数の大小で圧力損失の大小を判断することはできない）．

流れの *Re* 数は次式で与えられる．

$$Re = \frac{vD}{\nu}$$

ただし，v：流速 [m/s]，D：流れの代表長さ（ダクトや配管の径など）[m]，ν（ニュー）：流体の動粘性係数（粘性係数を密度で割った値）．

Re 数が 2 000 程度以下では層流，4 000 程度以上では乱流となる．

問題 50　正解　(2) ・・・・・・・**頻出度** A A A

温度差による換気量は，室内外の空気の密度差の平方根に比例して増加する．

2022-50

問題 51　正解　(1) ・・・・・・・**頻出度** A A A

吹出しに比べて吸込み気流の周囲への影響は吸込み口付近に限定される．

-(2)，-(3)，-(4)　吹出し口からの自由噴流は，**51-1 図**に示すように周囲の空気を巻き込んで広がりながら減速していく．

噴流の中心軸速度の減衰傾向により，吹出し口からの距離 x に対して四つの領域に区分して表される（**51-1 表**）．

中心軸速度が一定速度まで低下する距離を到達距離と呼ぶ．ドラフト防止の観点から，到達距離や拡散半径を定義する風速として 0.25 m/s を用いることが多い．

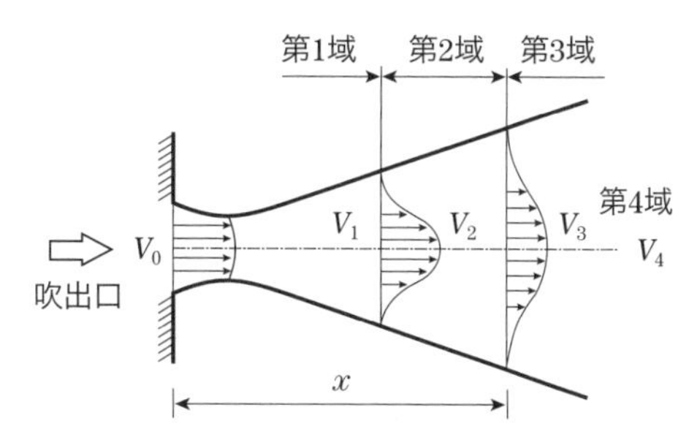

51-1 図　自由噴流の 4 領域

51-1 表　自由噴流の 4 領域

第 1 域	$V_1 = V_0$	吹出し速度 V_0 が維持される領域
第 2 域	$V_2 \propto 1/\sqrt{x}$	距離の平方根に反比例
第 3 域	$V_3 = 1/x$	距離に反比例
第 4 域	$V_4 < 0.25$ m/s	減速が進んで静穏気流と区別できなくなる領域

自由噴流は，吹き出した位置の近くに吹出し方向と平行な天井や壁などがあると，到達距離が長くなる（その極端な場合がダクトである）．

-(5)　吸込み気流には吹出し気流のような指向性がなく，吸込み口全面から均一に吸い込む一様流となる．また，吸込み口に近い領域を除き，点状の吸込み（点源吸込み）とみなせるので，吸込み気流速度は吸込み口からの距離の 2 乗に反比例して急速に減衰．従って吹出しに比べて吸込み気流の周囲への影響は吸込み口付近に限定される．

問題 52　正解　(5) ・・・・・・・**頻出度** A A A

周囲に汚染空気を出してはならない汚染室に用いられるのは，室が負圧になる第 3 種機械換気である．

-(1)，-(2)　一般の事務室や会議室の換気方式は混合方式（室内汚染物質を清浄空気で希釈）である．

2022-54

-(4)　開放型燃焼器具を換気の悪い部屋で使用すると酸素濃度が次第に低下し，これが18％以下になると急激に一酸化炭素発生量が増加して人体に危険な状態となる．建築基準法では，開放型燃焼器具では，燃焼消費量に対する理論廃ガス量（燃料が完全燃焼した場合の廃ガス量）の40倍以上を必要換気量と定めている．また，密閉型燃焼器具（煙突付き）に対しては理論廃ガス量の2倍以上としている（建設省告示：換気設備の構造方法を定める件）．

問題53　正解　(4)・・・・・・・頻出度AAA

加湿水を蒸発させるために熱が必要なので，加湿器は加熱コイルの後に設置するのは正しい．

-(1)　冷房時は上記の理由で，加湿水が蒸発できず無駄に流失するだけなので，冷房運転時には加湿はインターロックで停止する場合が多い．

-(5)　温度が高いと，湿り空気の飽和蒸気圧が上昇するので，同じ加湿量では相対湿度は低下してしまう．冬場の相対湿度不足対策の最も手っ取り早く効果的な方法は，暖房の設定温度を下げることである．

問題54　正解　(5)・・・・・・・頻出度AAA

浮遊粉じんは，かつては空気環境測定項目で最も不適率の高い項目であったが，昭和50年代半ばから急激に改善され，近年では不適率は0～1％である．

2022-53

問題55　正解　(1)・・・・・・・頻出度AAA

コンクリートからアセトアルデヒドは発生しない．

アセトアルデヒド（CH_3CHO）は，アルコールの代謝物で二日酔いの原因物質であり，発がん性がある．たばこ煙にも含まれる．

2021-54，2021-55

問題56　正解　(4)・・・・・・・頻出度AAA

濃度がppmで与えられたときの必要換気量を求める公式

$$Q = \frac{M}{C - C_o} \times 10^6$$

に与えられた数値を代入して，

$$Q = \frac{0.025 \times 8}{900 - 400} \times 10^6 = \frac{0.2}{5} \times 10^4$$

$$= 0.04 \times 10\,000$$

$$= 400\ \mathrm{m^3/h}$$

公式の導き方は2021-53．

問題57　正解　(4)・・・・・・・頻出度AAA

ホルムアルデヒド(HCHO)の分子量は，

$1 + 12 + 1 + 16 = 30$

である．

与えられた数値を与えられた式に代入して，

$$C_{\mathrm{mg/m^3}} = 0.04 \times \frac{30}{22.41} \times \frac{273}{273 + 20}$$

ここで，30/22.41 ≒ 1.4，273/293 ≒ 0.9と近似計算すると，

$0.04 \times 1.4 \times 0.9$

$= 0.056 \times 0.9 = 0.050\,4$

となるので-(4)が最も近い．

容積濃度から質量濃度への変換の公式は次のように求められる．

標準状態（273 K = 0 ℃，1 013 hPa）では，物質量1 molのどんな気体でも22.4 L（0.022 4 $\mathrm{m^3}$）の体積を占めることが，ボイル・シャルルの法則 $PV = nRT$ から得られる．

物質量1 molの質量は，物質の原子量（分子であれば構成原子の原子量の和）に等しいg数となる（グラム分子量Mという）．

例えば，1 molの一酸化炭素（CO）のMは，炭素Cの原子量12＋酸素Oの原子量16＝28 gとなる．

すなわち，一酸化炭素の容積濃度が100％（＝10^6 ppm）の時の質量濃度は，

$$\frac{28\ \text{g}}{22.4\ \text{L}}=\frac{28\times10^3\ \text{mg}}{22.4\times10^{-3}\ \text{m}^3}$$

$$=1.25\times10^6\ \text{mg/m}^3$$

である．従って，標準状態での一酸化炭素濃度10 ppmは，

$$1.25\times10^6\ \text{mg/m}^3\times\frac{10\ \text{ppm}}{10^6\ \text{ppm}}$$

$$=1.25\times10\ \text{mg/m}^3$$

となる．

温度がt [℃]，圧力がp [Pa]の場合は，同じくボイル・シャルルの法則から，体積は絶対温度に比例し圧力に反比例するので，1グラム分子量の占める体積を補正しなければならない．

以上の考察から，容積濃度C_{ppm}から質量濃度$C_{\text{mg/m}^3}$へ変換する次の公式が導かれる．

$$C_{\text{mg/m}^3}=C_{\text{ppm}}\times\frac{M}{22.4}\times\frac{273}{273+t}\times\frac{p}{1\,013}$$

問題58　正解　(3) ・・・・・・・**頻出度**A|A|A

事務所建築物では，フィルタによって取り除かれてしまう浮遊真菌濃度より在室者由来の細菌濃度の方が高い．

-(2)　ペニシリウムアスペルギルス，ペニシリウム，アルテルナリア，フザリウム，クラドスポリウムはいずれも一般環境中にありふれたカビアレルゲンである．

-(4)　室内の高湿度状態をダンプネス（Dampness）という．蒸し暑い不快さを感じ，汗の蒸発を妨げる働きをし，汗ばみ，汗により衣服等を汚す．建築物に結露が生じ，建材の腐朽，カビやダニが発生する．これによってアレルギー疾患の発症への影響もある．

-(5)　ダニ，カビ，花粉アレルゲンは，粒子状物質としてみた場合その大部分は数μm以上の大きいもので，エアフィルタによる除去が可能で，カビ，アレルゲンの濃度はエアフィルタの捕集率が関係する．

問題59　正解　(2) ・・・・・・・**頻出度**A|A|A

拡散係数は粒径に反比例する（小さい粒子ほどよく拡散する）．

-(1)，-(5)　粒子が気体から受ける流体抵抗力F_r [N]は次式で表される．

$$F_r=\frac{1}{2}C_D A\rho_f V_r^2$$

ただし，C_D：抵抗係数，A：粒子の投影面積 [m^2]，ρ_f：流体密度 [kg/m^3]，V_r：粒子の流体に対する相対速度 [m/s]．

抵抗係数C_Dは，レイノルズ数Reによって**59-1表**のような値を取る．

59-1表　抵抗係数C_DとRe数

Re数の大きさ	抵抗係数C_Dの値
Re数＜2（ストークス域という）	Re数に反比例
2＜Re数＜500（アレン域，遷移域ともいう）	Re数の平方根に反比例
Re数＞500（ニュートン域，乱流域ともいう）	C_D＝0.44（固定数値でよい）

-(3)，-(4)浮遊粒子の運動と粒径の関係については2021-57．

問題60　正解　(5) ・・・・・・・**頻出度**A|A|A

水蒸気分圧と露点温度を与えられても，湿り空気線図上で状態点を決めることはできず，相対湿度を得ることはでき

ない．

2022-47

問題 61　正解　(1) ・・・・・・・ 頻出度 A A A

d 点は，システム図で加湿器の直後になる．図–B の湿り空気線図で，「加湿」の特徴的な状態点の動きを表すのはイ→アしかない．従って d 点はアとなる **(61-1 図)**．

もう一つ湿り空気線図で特徴的な状態点の動きに「混合」がある．二つの異なる状態点の湿り空気を混合した結果の湿り空気の状態点は必ずその二つの状態点を結んだ線分上にくる（さらにその結果の状態点は，その線分を，二つの湿り空気の量の逆比に内分する）．この問題でいえば，ウとオが混合されてエになっているところである．システム図で二つの空気が混合されているのは還気 e と外気 a が混合されて空調機に入るところ b だけなので，e がウ，a がオ，b がエに該当することになる．

2021-62

問題 62　正解　(2) ・・・・・・・ 頻出度 A A A

電動機駆動ヒートポンプの場合，採熱源などの立地で制約の少ない空気熱源方式が主流である．

2022-68

問題 63　正解　(4) ・・・・・・・ 頻出度 A A A

ボイラや冷凍機がいらないので，個別の建築物の機械室スペースは大幅に削減できる．

2021-66

問題 64　正解　(1) ・・・・・・・ 頻出度 A A A

乾球温度，絶対湿度それぞれの加重平均を取ればよい．

1. 乾球温度

$$\frac{26.0\ ^\circ\mathrm{C} \times 1\,000\ \mathrm{kg/h} + 34.4\ ^\circ\mathrm{C} \times 500\ \mathrm{kg/h}}{1\,000\ \mathrm{kg} + 500\ \mathrm{kg}}$$

$$= \frac{26 \times 10 + 34.4 \times 5}{10 + 5} = \frac{432}{15} = 28.8\ ^\circ\mathrm{C}$$

2. 絶対湿度

$$\frac{0.010\,5 \times 1\,000 + 0.019\,4 \times 500}{1\,000 + 500}$$

$$= \frac{10.5 + 9.7}{1\,500} = 0.013\,47\ \mathrm{kg/kg(DA)}$$

問題 65　正解　(5) ・・・・・・・ 頻出度 A A A

変風量単一ダクト方式も従来の他の空調方式と同じく，潜熱・顕熱の一体処理方式(冷却コイルでの過冷却除湿)である．

潜熱・顕熱を分離して制御できる空気調和システムとしては，近年開発が進むデシカント空調システムがある．

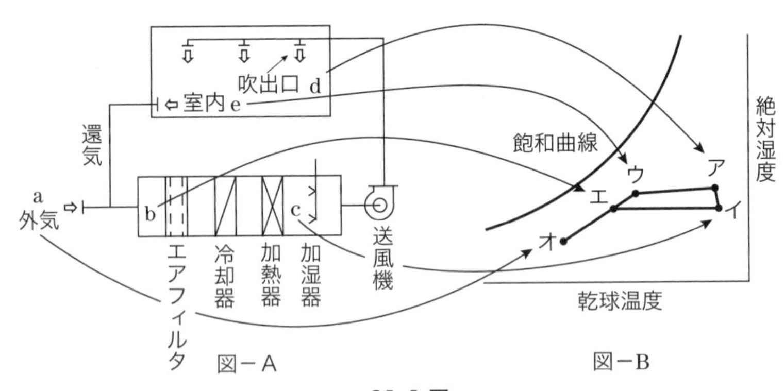

61-1 図

2021-64, 2022-65

問題 66　正解 (2) ・・・・・・・ 頻出度 A A A

熱源機器は負荷のピークに合わせた容量が必要だが，蓄熱槽があれば，蓄熱槽に貯めた熱を負荷のピーク時に用いてピークカットすることにより，熱源機器の容量を小さくできる．蓄熱システムのメリット，デメリットは **66-1 表**参照．

2021-61, 2021-68

問題 67　正解 (5) ・・・・・・・ 頻出度 A A A

A は吸収熱を除去するための冷却水，B は蒸発器によって冷却される冷水，C は薄くなった吸収液（希溶液）を加熱して冷媒水を追い出すための蒸気である．

吸収式の冷凍サイクルでは，図のように冷媒と吸収液がほぼ真空状態の密閉容器内を循環している（**67-1 図**，**67-1 表**参照）．2021-65

主流の二重効用吸収冷凍機では高温，低温の再生器と熱交換器をもち，外部から取り入れた蒸気のエネルギーを二段階で利用して熱効率を上げている．

吸収冷凍機の熱源は都市ガスだけに限らない．LP ガス，石油，各種排ガスや高温水，低温水も熱源になる．

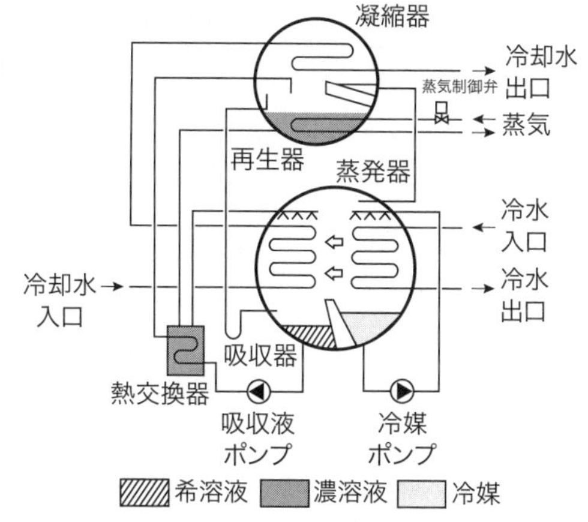

67-1 図　蒸気熱源吸収冷凍サイクル[1]

66-1 表　蓄熱システムのメリット，デメリット

メリット	デメリット
1. ピークカットにより，熱源装置容量（熱源機器・受変電設備容量，および機械室面積）を小さくできる． 2. 負荷平準化により，都市の電力需給状態の改善に貢献できる． 3. 安価な深夜電力が使用できる． 4. 熱源機器を定格出力に近い高負荷で連続運転し，効率を向上できる． 5. 冷凍機の夜間運転では凝縮圧力が低くなり COP が良くなる． 6. 部分負荷時に，熱源機器を運転せずにすむので対処が容易になる． 7. 太陽熱の利用，排熱回収方式，空気熱源ヒートポンプ方式においては集熱または熱回収時間と熱利用時間とのズレを生ずるが，この時間的変動に対応可能． 8. 将来的な負荷増に対し蓄熱温度の調整などで，ある程度柔軟に対応できる． 9. 熱源機器が故障した時などに，短期間であるが，水槽の熱で対処できる． 10. 蓄熱槽の水を消火用水として利用可能である．	1. 蓄熱槽の構築費（断熱工事）が高価である． 2. 開放式水槽では，実揚程がかかるためポンプの動力が大きくなる． 3. 槽内の水の混合，熱損失によって，蓄熱槽の蓄熱効率は 60 ～ 85 % 止まりである． 4. 氷蓄熱では蒸発器出口の冷媒温度が低くなり冷凍機の COP が低下する． 5. 蓄熱槽の利用温度差を広げる目的で，空気調和機の出口冷水温を一般的に高くする（温水の場合は低くする）ため，コイルの段数が増加する．また空気抵抗も増加するため，ファンの動力が増加する． 6. 開放式水槽は水質管理が課題． 7. 夜間運転移行によって管理人件費が増大する場合がある．

67-1 表　吸収冷凍サイクルの構成機器

冷媒	水
吸収液	臭化リチウム（リチウムブロマイド）溶液．臭化リチウムは塩化ナトリウムと似た性質をもち，水をよく吸収する．
蒸発器	冷媒である水を冷水チューブにスプレーし，水の蒸発熱で冷水を冷やす． 水が5℃程度で盛んに蒸発するように蒸発器の内部は高真空に保たれている．
吸収器	吸収液を散布し蒸発した水冷媒を吸収する．発生する吸収熱を外部冷却水で除去．
再生器	冷媒（水）蒸気を吸って薄くなった吸収液を外部の熱によって加熱し，冷媒を蒸発させ吸収液を再生する．外部の熱はボイラ蒸気や各種の排熱が利用できる．
凝縮器	再生器からの冷媒蒸気を外部冷却水で凝縮させ水冷媒に戻す．

吸収冷温水発生機は自ら炉をもち，石油や都市ガスを再生器の熱源とする．1台の機器で冷水，温水，または冷温水の同時取出しを行うものがある．冷暖房兼用機のため機器設置スペースが節約できる．小容量のものでは屋外設置型があり機械室が不要になる．

吸収冷凍機，吸収冷温水発生機は，容量制御性は良い（負荷の変化によく追従する）が，停止時薄められた吸収液から冷媒水を作るためのウォームアップに時間とエネルギーを要するので，オン−オフ運転制御は省エネとならない．可能であれば台数分割し軽負荷時には一部の冷凍機を停止する．

蒸発温度（冷水出口温度）を上げ，凝縮温度（冷却水入口温度）を下げると成績係数が良くなるのは，蒸気圧縮式冷凍サイクルと同じである．

吸収冷凍機は，蒸気圧縮型冷凍機と比べ，以下のような特徴がある．

1. 使用する電力量が少ない．
2. 真空で運転され，高圧ガス保安法の適用を受けない（運転に特別な資格不要）．
3. 熱源の適用範囲が広く，排熱回収に適する．
4. 負荷変動に対し，容量制御性は良いが，起動のたびに停止時薄められた吸収液から冷媒（水）を作るためのウォームアップ時間を要するので，オン−オフ運転制御は省エネとならない．可能であれば台数分割し軽負荷時には一部の冷凍機を停止する．
5. 振動や騒音が少ない．
6. 蒸発圧縮冷凍機と比べ成績係数が低く，同じ冷凍能力なら排熱量が多くなって，冷却塔が大型となる（成績係数＝出力/入力なので，成績係数が小さいということは，出力が同じなら入力が大きいことを示す．従って排熱量＝出力＋入力なので排熱量が大きくなる）．

問題 68　正解　(2) ・・・・・・・ **頻出度** A A A

最高使用圧力や伝熱面積等によって運転資格の不要な貫流ボイラもある．

ボイラの取扱い業務に必要な資格は，ボイラの区分により次のとおり．

1. 簡易ボイラ：資格は不要
2. 小型ボイラ：特別教育を受けた者
3. ボイラ：ボイラ技士免許者．

3. のうち，一定規模以下のものは小規模ボイラと呼ばれ，“ボイラ取扱技能講習修了者”が取り扱うことができる．

気水分離器をもたない，あるいはその大きさが一定以下の貫流ボイラであれば，

1. 伝熱面積が30 m^{2}以下：小規模ボイラ：ボイラ取扱技能講習修了者

2. 10 m² 以下：小型ボイラ：特別教育を受けた者

3. 5 m² 以下：簡易ボイラ：資格不要

となる.

ボイラ取扱作業主任者の必要資格はこれとはまた異なる.

-(1) 鋳鉄製ボイラは，鋳鉄製のセクションを何台か組み合わせ，外部からボルトで締め付けた構造で，セクショナルボイラとも呼ばれる．分割搬入が可能で長寿命であるが，鋳鉄という材料の制約上，高温・高圧・大容量のものは製作できない.

構造上セクションの内部清掃が難しい．スケール付着防止のため復水・還水を利用し，給水を不要とした閉回路として設計・使用する（**68-1 図**参照）.

68-1 図 鋳鉄製ボイラのセクション(2)

-(3) 炉筒煙管ボイラ **68-2 図**.

-(5) 真空式温水発生機 2021-122.

問題69 正解 (3) ・・・・・・・頻出度AAA

通風抵抗が大きいため，より大きな送風機動力が必要なのは，密閉型冷却塔である. 2022-69

問題70 正解 (1) ・・・・・・・頻出度AAA

U 字管式，全固定式，遊動頭式は多管式熱交換器の種類である.

-(2)はヒートパイプの説明.

-(3)，-(4)，-(5)はプレート式熱交換器が該当する.

主な熱交換器については，2022-71.

問題71 正解 (5) ・・・・・・・頻出度AAA

エアハンドリングユニットは，外部から冷温水，蒸気を取り入れて熱源とし，独自の熱源装置はもたない.

2021-71

-(1) 圧縮機を電力で駆動するものを EHP，ガスエンジン駆動のものを GHP と呼ぶ．GHP では，エンジンの排熱を有効利用できるので寒冷地の暖房に向く.

-(2) ファンコイルユニットの熱源は冷温水である.

-(3) 個別制御性の良さがパッケージ型空調機の大きな利点である.

問題72 正解 (3) ・・・・・・・頻出度AAA

ア - 露点，イ - 吸湿性の高い，ウ - シリカゲルの(3)が正解である.

家庭用の吸湿剤には塩化カルシウムを

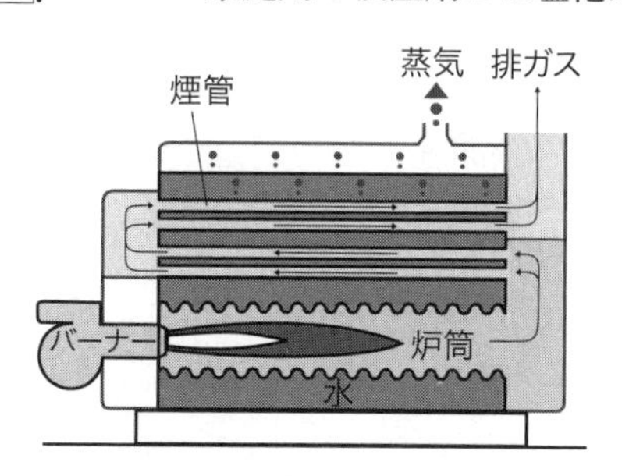

68-2 図 炉筒煙管ボイラ(3)(4)

用いた商品が多い．いずれも水を吸って溶ける潮解性と吸収熱を発する性質があるので，融雪剤としても用いられる．

固体のシリカゲルは吸湿のスピードが速いのと，簡単に再生して繰り返し使えることが特徴．

2022-62

問題 73　正解　(2)・・・・・・・**頻出度** A A A

送風機の運転について，横軸に風量を取り，縦軸に静圧の他，軸動力，効率，騒音値等を取ったものを特性曲線図または性能曲線図という．

特性曲線に，送風機が設置されるダクト系の抵抗曲線を書き入れると送風機の運転点が分かるので送風機の選定に利用する．

ダクトの抵抗による圧力損失は風量の2乗に比例するので，抵抗曲線は原点を通る二次曲線となる．

2022-74

問題 74　正解　(3)・・・・・・・**頻出度** A A A

差込み継手は小口径のスパイラルダクトの継手である（**74-1 図**参照）．

差込み継手は，継手に直管ダクトを差し込み，タッピンねじで止めてアルミダ

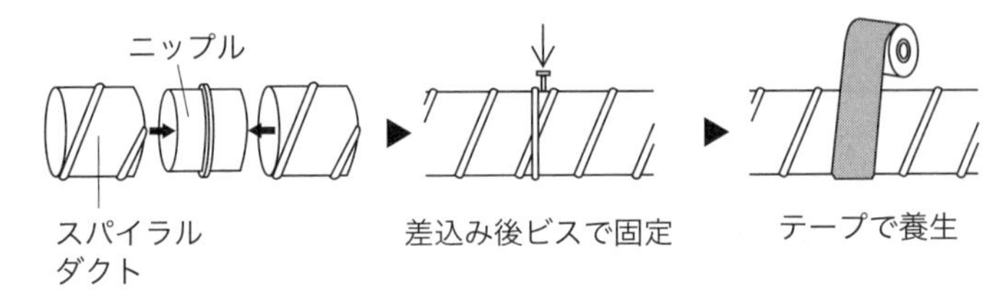

74-1 図　差込み継手

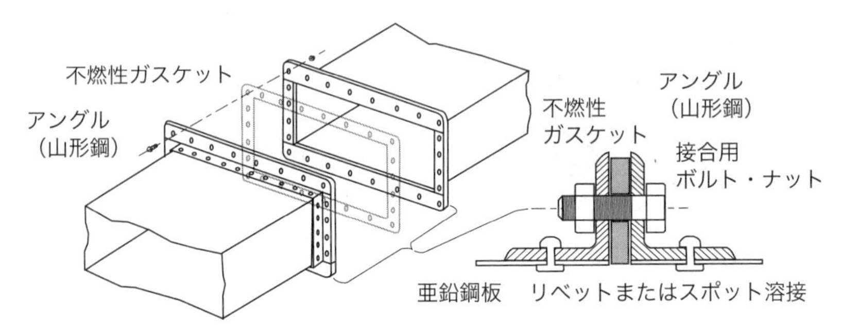

74-2 図　アングルフランジ工法継手

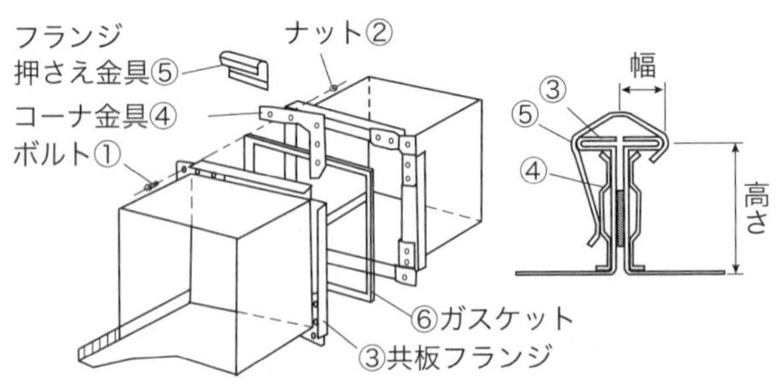

74-3 図　共板フランジ工法継手[5]

クトテープを2重巻きにする.

600 mm以上の大口径のスパイラルダクトはフランジ継手が用いられる.

スパイラルダクトは，鉄板を丸めて製作される丸ダクトに比べてはぜをもつのでより高い強度が得られる.

長方形ダクト同士の接続には，アングルフランジ工法継手（**74-2図**），共板フランジ工法継手（**74-3図**）等がある.

長方形ダクトの製作にはピッツバーグはぜなどが用いられる（**74-4図**参照）.

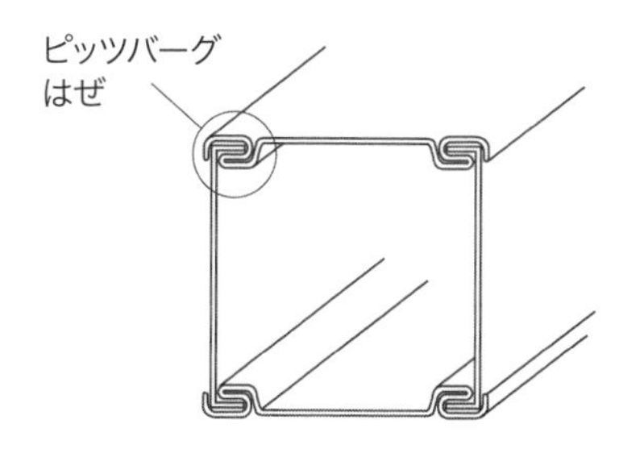

74-4図　はぜによるダクトの組立て

-(1)　風量調整ダンパは**74-5図**参照.

-(2)　防火ダンパの温度ヒューズの溶解温度は，一般換気用72 ℃，厨房排気用120 ℃，排煙用が280 ℃である.

-(4)　たわみ継手は**74-6図**参照.

-(5)　定風量装置（CAV）は，上流側の圧力変動によって風量が変動するのを避け，常に一定の風量を確保するための装置である．ダクト内の圧力により自力で作動する機械式と，通過風量を検出して内蔵するダンパを制御するセンサ式（**74-7図**）とがある.

多翼型ダンパ

スライド式ダンパ

74-5図　風量調整ダンパ[(6)(7)]

74-6図　たわみ継手[(8)]

問題75　正解　(4)・・・・・・・**頻出度**A A A

軸流吹出口の到達距離は長い.

吹出し口は吹出口形状で，気流の方向性や周囲の空気を誘引する特性が異なる.

吹出口の到達距離と誘引比（攪拌性（かくはん））はトレードオフの関係にあり，周囲空気の誘引比が高く良好な攪拌性が得られる

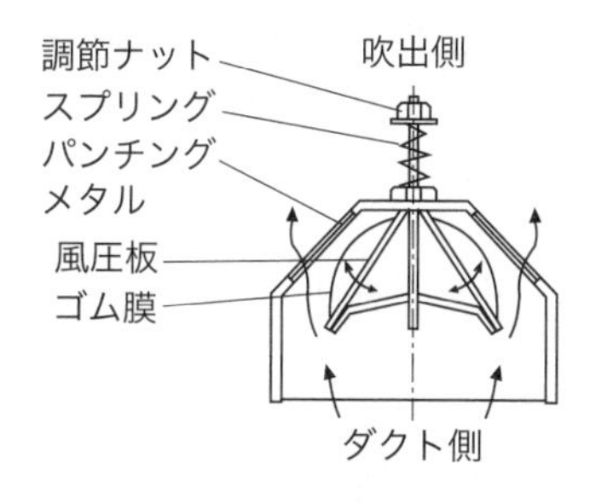

機械式定風量装置

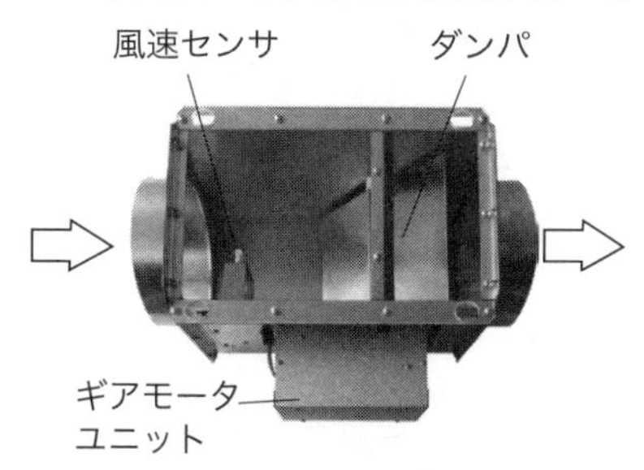

センサ式定風量装置

74-7図　定風量装置（CAV）[(9)]

吹出口は到達距離が短く，到達距離の高い吹出口は誘引比が小さい．

2022-73

問題 76　正解　(1) ・・・・・・・ **頻出度** A A A

空気浄化装置はろ過式と電気集じん器に大別される．ろ過式がいわゆるエアフィルタである．2022-75

-(4)　ガス除去用エアフィルタは，活性炭に除去対象により異なる添加物を加えたものが多い．

問題 77　正解　(4) ・・・・・・・ **頻出度** A A A

架橋ポリエチレン管などの樹脂管は温度的に蒸気には用いることはできない．蒸気には，配管用炭素鋼管，圧力配管用炭素鋼管の，いずれも黒管を用いる（亜鉛めっきした白管は亜鉛が溶け出すので使用できない）．

樹脂管では，硬質ポリ塩化ビニル管が冷却水，耐熱性硬質ポリ塩化ビニル管が，冷温水管に使用できる．架橋ポリエチレン管，ポリブテン管は，冷却水，冷温水配管に用いることができる．

問題 78　正解　(4) ・・・・・・・ **頻出度** A A A

グローブ温度計の値（黒球温度 :t_g）と平均放射温度（MRT）の関係を表す式は次のとおり（v:風速，t:乾球温度）．

$$MRT = t_g + 2.37v(t_g - t)$$

黒球温度は MRT の 2 乗に比例しそうにない．

式から風速が 0 のとき，平均放射温度＝黒球温度である．

平均放射温度とは，周囲の全方向から受ける熱放射を平均化して温度表示したものである．

2022-80，2021-80

問題 79　正解　(3) ・・・・・・・ **頻出度** A A A

花粉は培養できない．培養法は細菌，真菌の測定に用いる．花粉には免疫学的な方法がある（**79-1 表**参照）．

-(4)　物質に光を照射するとその物質の分子構造に基づいて特定の波長の光を吸収する．吸収する度合い（吸光度という）は濃度が高いほど大きいので，特定の物質の濃度を測定することができる．

濃度を知りたい試料（物質そのものあるいは化合物の水溶液）に光（可視光に限らず，赤外線，紫外線を含む）を当て，後方でその透過光の吸収スペクトルを分光光度計（光の周波数ごとの強さを測る計測器）で測定し，吸光度（吸光度＝log（透過光量 / 入力光量））を求め，物質を同定し濃度を求める．濃度が数 ppm など希薄な場合によく用いられる．

光が可視光の範囲にある場合は比色法，比色分析などとも呼ばれる．

物質によっては特定の波長の光を吸収したのち，特定の波長の光を放射（蛍光スペクトルという）するものがある．蛍光スペクトルを測定して濃度を測定する方法を蛍光法という．

-(5)　試料空気を硫酸酸性の過酸化水素水の吸収液に吸収させ，その液の電導率が二酸化硫黄の濃度に応じて変化することを利用する．

問題 80　正解　(1) ・・・・・・・ **頻出度** A A A

紫外線蛍光法は硫黄酸化物の測定法である（前問解説参照）．

紫外線蛍光法とは，二酸化硫黄に 220 nm の紫外線を照射することによって励起状態とし，それが基底状態に戻る際に発光する波長 350 nm の蛍光強度を測ることにより濃度を求める方法である．

問題 81　正解　(5) ・・・・・・・ **頻出度** A A A

薬注装置を使うのは，「多機能型薬剤」

79-1 表　汚染物質等測定法

浮遊粉じん	ローボリウムエアサンプラ，デジタル光散乱型粉じん計，圧電天秤法（ピエゾバランス粉じん計），β線吸収法
一酸化炭素測定法	検知管法，定電位電解法，気体容量法，ホプカライト法，比濁法，ガスクロマトグラフ法
二酸化炭素測定法	検知管法，ガス干渉計法，非分散赤外線吸収法，気体容量法，凝縮気化法，ガスクロマトグラフ法
ホルムアルデヒド	精密測定法（アクティブ法，パッシブ法），簡易測定法（アクティブ法，パッシブ）
揮発性有機化合物（VOCs）	固相捕集・加熱脱着 -GC/MS 法，固相捕集・溶媒抽出 -GC/MS 法，容器採取 -GC/MS 法
酸素	ガルバニ電池方式，ポーラログラフ方式
窒素酸化物	ザルツマン法，化学発光法，フィルタバッジ法
硫黄酸化物	溶液導電率法，紫外線蛍光法
オゾン	紫外線吸収法，半導体法，吸光光度法，化学発光法，検知管法，CT 法
ラドン	パッシブ法，アクティブ法
放射線	（個人被曝線量）フィルムバッジ，ガラス線量計 （表面汚染）ガイガー・ミュラー計数管 （空間線量）シンチレーション検出器，半導体検出器
アスベスト	（計数法・浮遊）ローボリウムエアサンプラ～位相差顕微鏡，走査型電子顕微鏡，透過型電子顕微鏡法 （質量法・建材中）X 線回折分析法，赤外線吸収スペクトル法
花粉アレルゲン	アレルゲン・イムノブロット法 表面プラズモン共鳴法
ダニアレルゲン	酵素免疫測定法（ELISA 法）．得られる濃度は，[μg/g]，[ng/m^3] など
浮遊微生物	培地法：衝突法，フィルタ法．濃度は [CFU/m^3] 迅速法（培地を用いない）ATP 法など．濃度は [個 /mL]
臭気	原因物質濃度測定：ガスクロマトグラフ法，臭いセンサ法，検知管法 官能試験法（ヒトの嗅覚を使用した方法）：ASTM 臭気測定法，3 点比較臭袋法，オルファクトメータ法，入室式無臭室法 いずれも無臭と感じられる希釈倍率から臭気強度を判定する．

である．パック剤は，冷却塔の下部水槽などに固定して，効果は 1 ～ 3 か月間持続する．

冷却塔の維持管理については次のとおり．

1. ビル管理法施行規則（空気調和設備に関する衛生上必要な措置）
   1) 冷却塔および加湿装置に供給する水を水道法第 4 条に規定する水質基準に適合させる．
   2) 冷却塔および冷却水について，当該冷却塔の使用開始時および使用を開始した後，1 月以内ごとに 1 回，定期に，その汚れの状況を点検し，必要に応じ，その清掃および換水等を行うこと．

3) 冷却塔，冷却水の水管の清掃を，それぞれ1年以内ごとに1回，定期に行うこと．

2. 冷却水の水質管理

1) 冷却水中の炭酸カルシウムや水酸化マグネシウムなどの不純物は，濃度が高くなると配管や冷凍機の冷却水管の内面にスケールとなって析出し伝熱障害や腐食の原因となる．不純物による冷却水の電気伝導度の変化を連続的に測定して，補給水量を調整し，強制ブローする濃縮管理方法が普及している．併せて，防スケール・防食剤を添加すると，節水効果が得られる．

2) 多機能型薬剤は，スケール防止剤，腐食防止剤，スライムコントロール剤とレジオネラ属菌の殺菌剤（または抑制剤）を含有する．多機能型薬剤は薬注装置を使用し，連続的に注入して，その効果を発揮する．

単一機能型薬剤は，スライムコントロール・レジオネラ属菌の殺菌機能を有し，2～7日の間隔で間欠的に添加する．

腐食防止・スケール防止機能薬を別途注入するため，2液型薬剤とも呼ばれる．

パック剤は，スケール防止剤，腐食防止剤，スライムコントロール剤とレジオネラ属菌の殺菌剤を含有する錠剤等の固形剤をプラスチック等の容器に入れたもので，冷却塔の下部水槽，または散水板に固定して，冷却水中に，薬剤が徐々に溶け出す加工がされていて，効果は1～3か月間持続する．

3) 冷却水系のレジオネラ属菌の増殖を抑制するには，化学的洗浄と殺菌剤添加を併用するのが望ましい．

冷却水系を化学的に殺菌洗浄するには，過酸化水素や塩素剤，有機酸などを循環させる．

レジオネラ属菌検出時の対策実施後は，菌数が検出限界未満であることを確認する．

3. 冷却塔の水温が下がらない原因

1) 循環水量の過大

2) 風量の減少，冷却塔の設置方向と最多風向との関係不良

3) 散水装置の不良，充填材の破損や劣化

問題82　正解　(4)・・・・・・・頻出度AAA

暗騒音とは，ある騒音環境下で対象とする特定の音以外の音の総称である．

2022-87

-(5)の広帯域騒音とともによく出題される．

-(1)，-(2)の環境振動については，2022-35．

-(3)　振動規制法に基づく道路交通振動の要請限度は，地方自治体によって，昼間（8時～19時）と夜間（19時～8時）に分けて基準値が決められている．

問題83　正解　(2)・・・・・・・頻出度AAA

重量床衝撃音の衝撃源は，子供が飛び跳ねた場合などを想定していて，その衝撃力は低周波数域に主な成分を含む．

2022-86

-(5)　ホテルは学校よりも，軽量床衝撃音，重量床衝撃音とも，L値（≒Lr値）で5～10小さい（優れた）遮音等扱が

推奨されている（日本建築学会）.（Lr値については 2021-87 ）

問題 84　正解　(3) ・・・・・・・ **頻出度** A A A

同じ騒音レベルの機械を 6 台同時に運転すると，騒音レベルは + 8 dB（A）になるので, 73 + 8 = 81 dB（A）になる.

同じ騒音レベルの機械を x 台同時に運転すると，音の強さ I [W/m^2] が 6 倍になる．1 台の時の騒音レベル（音の強さのレベル）を L_1 [dB] とすると，x 台同時に運転した時の騒音レベル L_2 は，音の強さのレベルの定義から，

$$L_2 = 10\log_{10}\frac{I\times x}{I_0}$$

$$= 10\log_{10}\frac{I}{I_0} + 10\log_{10}x$$

$$= L_1 + 10\log_{10}x$$

すなわち，$+10\log_{10}x$ になる.

2 台なら，

$+10\log_{10}2 = 3$

$(\because\ \log_{10}2 \fallingdotseq 0.3)$

+ 3 dB になる.

例：1 台で 80 dB なら，2 台で 83 dB になる.

4 台なら，

$+10\log_{10}4$

$= +10\log_{10}2^2 = +2\times 10\log_2 2$

$= +20\times 0.3 = +6$

+ 6 dB になる.

6 台なら，

$+10\log_{10}6$

$= +10\log_{10}(2\times 3)$

$= +10\log_{10}2 + 10\log_{10}3$

$= +3 + 5\ (\because\ \log_{10}3 \fallingdotseq 0.5)$

$= +8$

+ 8 dB になる.

8 台なら，

$+10\log_{10}8 = +10\log_{10}2^3$

$= +3\times 10\log_2 2$

$= +30\times 0.3 = +9$

+ 9 dB になる.

10 台なら，

$+10\log_{10}10 = +10$

$(\because\ \log_{10}10 = 1)$

+ 10 dB になる.

距離による減衰の dB 計算は 2021-86 .

問題 85　正解　(2) ・・・・・・・ **頻出度** A A A

ポンプに接続された管路系で発生する騒音は，固体伝搬音である.

2022-84

-(1)　骨伝導（骨導） 2022-33 .

-(4)　日本建築学会の遮音性能基準によれば，最も高い遮音性能を求められるのは録音スタジオで，好ましい遮音性能（1 級）で騒音レベル 20 dB（A）（騒音等級 N-20），などとなっている（コンサートホール・オペラハウスでそれぞれ 25 dB（A）（N-25））.

問題 86　正解　(2) ・・・・・・・ **頻出度** A A A

JIS Z 9110 照明基準総則 , JIS Z 9125 屋内照明基準などによれば，文書作成作業時の推奨維持照度は 500 lx, 製図の場合は 750 lx である（**86-1 表**参照）.

階段 150 lx ＞ 廊下 100 lx が頻出.

-(1)　光にも色があり，蛍光灯でも種類によって光色の違いがある．光の色は，380 ～ 780 nm の可視域のうちどの波長域に分布しているか（分光分布）によって決まる． 2022-88

-(3)　同じ光色でも蛍光灯と LED の分光分布は異なる（**86-1 図**参照）.

-(4)　UGR（Unified Glare Rating）を求める式（いささか複雑）をみると，観測者から見た発光部の立体角が大きいと UGR

86-1 表　JIS 維持照度

維持照度 [lx]	作業，執務空間，共用空間
750	設計，製図，役員室，専務室，玄関ホール（昼間）
500	キーボード操作，計算，診察室，印刷室，電子計算機室，調理室，集中監視室制御室，守衛室，会議室，集会室，応接室
300	受付，宿直室，食堂，化粧室，エレベータホール
200	喫茶室，オフィスラウンジ，湯沸室
150	階段
100	休憩室，倉庫，廊下，エレベータ，玄関ホール（夜），玄関（車寄せ）
50	屋内非常階段

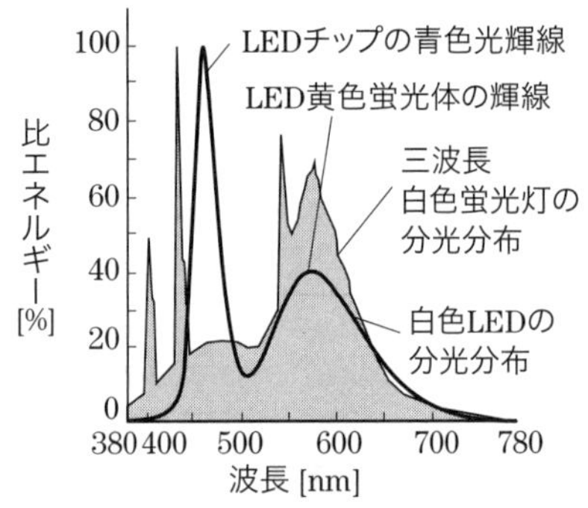

86-1 図　蛍光灯と LED の分光分布

も大きくなる．

-(5)　光がもつ「物体の色の再現能力」は，JIS で定められた演色評価数 Ra で示される．基準光で照らされた場合を最大 100 とする．高演色 LED の Ra は 90 以上である．

問題 87　正解　(3) ・・・・・・・ **頻出度** A A A

発光ダイオード（LED）の発光原理は，電界発光である（**87-1 図**参照）．

光の発生には大きく分けて二つのメカニズム，熱放射（物体がその温度に従って発する放射）とルミネセンスがある．

ルミネセンス（Luminescence）とは，物質が電磁波や熱，摩擦などによりエネルギーを受け取って励起され，その受け取ったエネルギーを特定波長の光として放出する発光現象を指す．

さらに，ルミネセンスは放電発光（気体中の放電において，加速された自由電子が気体の原子や分子に衝突することによって光を放射）と電界発光（発光ダイオードに順方向電流を流すと発光）に分けられる．

一般的に，熱放射に由来する光源の分光分布はなめらかなのに対して，ルミネ

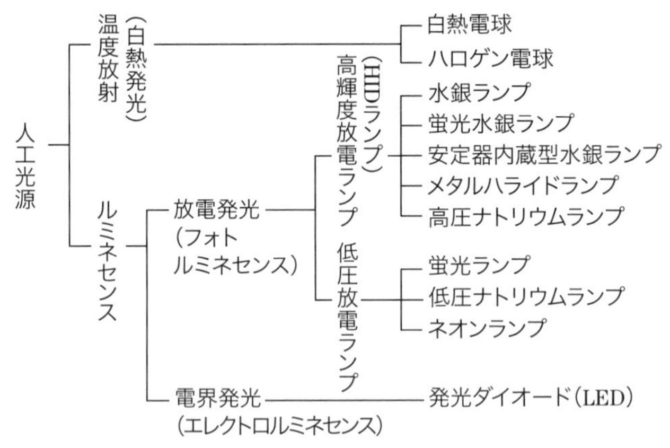

87-1 図　発光原理によるランプの分類

センスでは，ある特定の波長域に輝線（グラフ上のこぶ）ができる（**87-2 図**参照）．

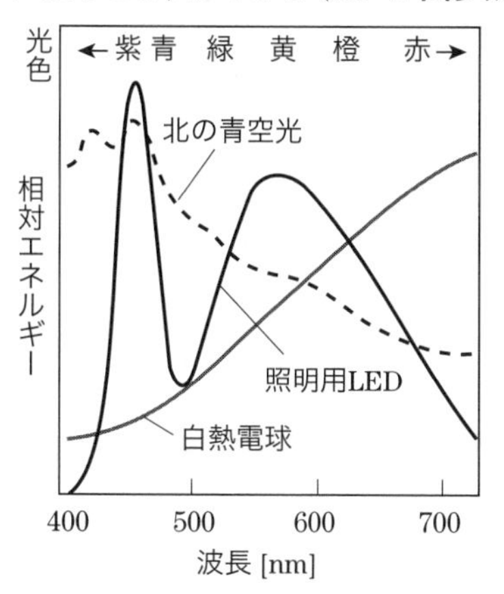

相対エネルギーとは，測定された最高値を100とする．

87-2 図　光源の分光分布

問題 88　正解　(4)・・・・・・・**頻出度** A A A

照明の設計おいて，人工照明による作業面照度平均値 E は以下の光束法で計算される．

$$E = \frac{N \cdot F \cdot U \cdot M}{A}$$

ただし，E：作業面照度 [lx]，N：ランプの数，F：ランプ 1 灯当たりの光束 [lm]，U：照明率，M：保守率，A：床面積 [m^2]．

光束法の式を変形して，与えられた数値を代入すれば，

$$N = \frac{E \cdot A}{F \cdot U \cdot M} \times \frac{500 \times 50}{2\,000 \times 0.6 \times 0.7}$$

$$= \frac{25\,000}{840} = 29.7$$

・・・・答　30 本となる．

式中の照明率 U とは，光源（ランプ）から出る光束に対する作業面に入射する有効な光束の比率のことで，照明器具の配光，室内表面の反射率，室の大きさ・形状などによって決定される．

保守率 M は，照度を一定期間維持するための係数で，照明施設をある期間使用した後の作業面上の平均照度と初期平均照度との比で表され，光源の設計光束維持率（M_L）と照明器具の設計光束維持率（M_d）から求められる．

光源の設計光束維持率 M_L は，点灯時間の経過に伴う，光源自体の光束減退・球切れ等による照度低下を補償するための係数であり，使用する光源の初期光束（100 時間値）と，光源を交換する直前の光束との比で表される．これらの値は光源の種類によって異なる．

照明器具の設計光束維持率 M_d は，照明設備を使用し始めてからの経過時間に伴う照明器具の汚れ等による光束低下を補償するための係数である．

光源・照明器具の経年的な汚れの程度は，照明器具の構造とその取付け状態，光源の種類，照明器具の周囲環境等によって異なる．

同じ環境の場合，下面開放型より完全密閉型の照明器具の方が設計光束維持率は高い．この他室内各面の汚れ，退色等による室内面の反射率低下も影響するが，これらによる照度低下の割合は光源および照明器具に起因する照度低下の割合に比べて極めて小さいので，保守率 M は，

$$M \fallingdotseq M_L \times M_d$$

としてよい．

保守率 M を左右する要因を再度まとめると次のとおり．

光源の種類，照明器具の周囲環境条件（温湿度，粉じんの発生量等），照明器具の構造（露出形，下面開放形，簡易密閉

型，完全密閉形等)，取付け状態，照明設備の保守管理状況（清掃間隔等)．

問題 89　正解　(1) ・・・・・・・頻出度 A A A

フロアスタンドは，床に置いてあるだけで，どこにでも持っていける独立型照明器具である（**89-1 図**参照)．

建築化照明は，照明器具を建築物の一部として天井，壁等に組み込んだ照明方式である．建築化照明には，ダウンライト，システム天井，光天井，ルーバー照明，コーニス照明，コーブ照明等がある．後の二つは間接照明である（**89-2 図**参照)．

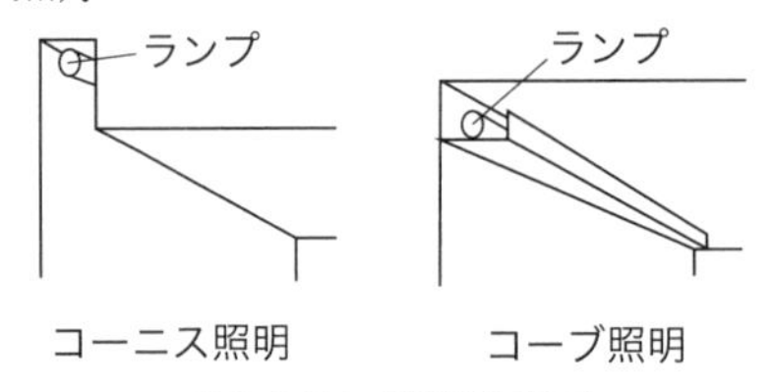

89-2 図　建築化照明

固定してあっても，比較的簡単に取外しができるシーリングライトや壁柱に取り付けるブラケットは独立型照明器具に分類される．

問題 90　正解　(5) ・・・・・・・頻出度 A A

空間環境の均一化は，望ましい空気環境の管理基準を定めて均質で一定の空間環境の実現を図ろうとするビル管理法の前提であった．近年ではその空間の大きさを次第に狭めて個別制御性を高める設備機器の開発が進められてきたが，さらに活動の状態が千差万別な個々人にとって快適な空間環境を求めかつ全体として省エネを図ろうとするタスク・アンビエント空調などが現実化している．今後は個々人の体調まで考慮した空調・換気のパーソナル化がさらに進展するものと思われる．空間環境の均一化を前提とする現行のビル管理法では対応しきれない事態が目前に追っているともいえる．

-(1)　高齢・要援護者への対応をバリアフリー化というが，ユニバーサル化ではそれをさらに先に進めて，最初から多くの人々に使いやすいものを作る設計手法などを指す．

-(2)　BCP（Business Continuity Plan :「事業継続計画」）とは，災害などの緊急事態が発生したときに，企業が損害を最小限に抑え，事業の継続や復旧を図るための計画．

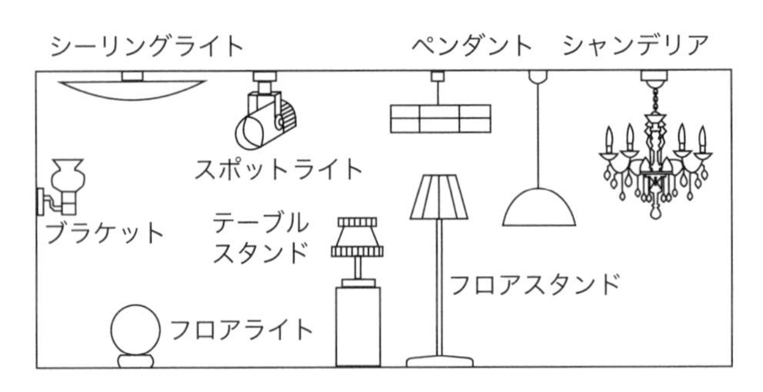

89-1 図　独立型照明器具

2020年度（令和2年度）午後の解答・解説

※　解説中の「-」付きの -(1)～ -(5)は，問題の選択肢文(1)～(5)を示しています．
※　解説中 2022-39 などの表示は関連問題 2020 年問題 39 を示しています．

建築物の構造概論
問題 91～問題 105

問題 91　正解　(3) ・・・・・・・頻出度 AAA

波長が最も短いのは UV-C である．

紫外線はその波長の違いによってさまざまな特徴をもつ．

2022-39

-(1)　方位角とは太陽光線の方向，太陽高度とは太陽光線の方向と水平面のなす角度である．その値は，観測する場所の緯度，季節，時刻で決まる．緯度ごとの太陽位置図から読み取ることができる．

-(2)　日射の波長による分類は **91-1 表**参照．大気放射とは，日射を吸収した大気中の水蒸気などがその温度に応じて再放射したものである．

91-1 表　日射の分類

分類	内容	波長の種別
空から	直達日射	短波長
	天空日射	短波長
	大気放射	長波長
照返し	日射反射	短波長
	再放射	長波長

短波長は，紫外線，可視光，中間赤外線を指し，長波長は 10 μm 前後の遠赤外線である．

よく晴れた日には直達日射が全日射量 7～8 割を占める．

-(4)　太陽定数＝約 1.37 kW/m^2．

太陽から地球に入射するエネルギーの約 20 % は大気およびそこに含まれる水蒸気などで宇宙空間に反射され，地表面に到達するのは太陽定数の約 70 % である（約 1 kW）．そのうち可視光が約 47 %，紫外線が 7 %，赤外線が 46 % を占める．

問題 92　正解　(3) ・・・・・・・頻出度 AAA

建築士法で次のように定められている．

第 3 条（一級建築士でなければできない設計又は工事監理）

左の各号に掲げる建築物を新築する場合においては，一級建築士でなければ，その設計又は工事監理をしてはならない．

1. 学校，病院，劇場，映画館，観覧場，公会堂，集会場（オーディトリアムを有しないものを除く．）又は百貨店の用途に供する建築物で，延べ面積が 500 m^2 をこえるもの
2. 木造の建築物又は建築物の部分で，高さが 13 m 又は軒の高さが 9 m をこえるもの
3. 鉄筋コンクリート造，鉄骨造，石造，れん瓦造，コンクリートブロック造若しくは無筋コンクリート造の建築物又は建築物の部分で，延べ面積が 300

m², 高さが13 m又は軒の高さが9 m をこえるもの

4. 延べ面積が1 000 m²をこえ，且つ，階数が2以上の建築物

これから-(2)が誤りなのも分かる.

-(1) 1級建築士として5年以上構造設計の業務に従事した後，所定の講習を修了する必要がある.

-(4)は，建築設備士→設備設計一級建築士が正しい.

適合チェックが義務付けられているのは，階数が3以上で床面積の合計が5 000 m²を超える建築物である.

建築設備士は2 000 m²～5 000 m²を担当する別の資格で，「建築士は，延べ面積が2 000 m²を超える建築物の建築設備に係る設計又は工事監理を行う場合においては，建築設備士の意見を聴くよう努めなければならない」(同法第18条第四号).

問題93 正解 (2) ･･･････頻出度AAA

建築基準法施行令第93条の定める許容応力度は，密実な砂質地盤で200 kN/m², 砂質地盤（地震時に液状化のおそれのないものに限る.）で50 kN/m²に対し，堅い粘土質地盤100 kN/m², 粘土質地盤20 kN/m²なので，必ずしも「砂質地盤の長期に生じる力に対する許容応力度は，粘土質地盤より小さい」，とはいえない.

応力度とは単位面積当たりの応力（部材や地盤内部に働く力）である．単位は[N/mm²]など．許容応力度とは部材や地盤に働くことが「許容」された「応力度」である．「部材の許容応力度」>「その場所の応力度」の関係であれば部材，地盤は破壊されない．建築基準法では，地盤の短期許容応力度を長期許容応力度の2倍と定めている.

-(1) 中粒砂の緩い地盤では，地震力によって振動を受けると流動化し，地耐力※を失ってしまう．このような現象を液状化現象という．海岸，河床，埋立地，砂質地盤等で起こりやすい.

※ 地盤が荷重を支え，耐えることができる力を地耐力という．地盤の許容地耐力は，地盤の許容支持力と許容沈下量を考慮して決定する.

-(3) 建築物の基礎には次のようなものがある（**93-1図**）.

1. 独立フーチング基礎

形状は正方形，長方形等が多い.

2. 連続フーチング基礎（布基礎）

柱間隔の小さいものや木造等の軽微なものに多い.

独立フーチング基礎と連続フーチング基礎とが複合したものを複合フーチング基礎という.

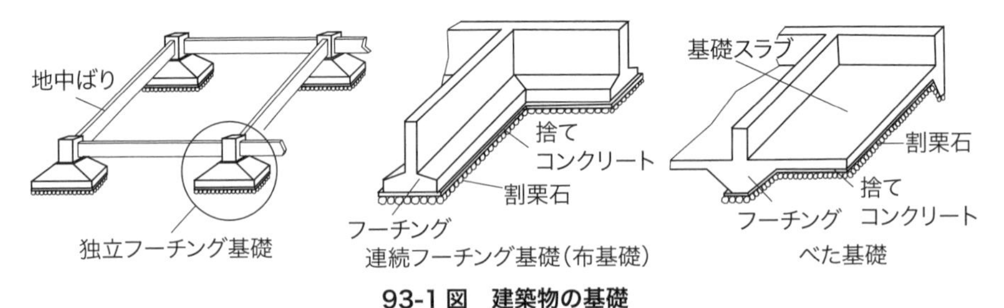

93-1図 建築物の基礎

3. べた基礎

建築物の底面全体がフーチングとなった基礎．地耐力が弱い地盤に用いられることが多い．

4. 以上，地面に“置く”だけの基礎（直接基礎）に対して，地盤に杭を打ち込む杭基礎がある．建築基準法は不同沈下を招くとして直接基礎と杭基礎の併用は原則禁止している．

-(4) 地層 **93-1 表**参照．

93-1 表　地層

沖積層	新しい堆積層で，一般に軟弱である．特に埋立て等で人工的に造成された地盤は，軟弱で地耐力が小さく，地盤沈下，地震時の液状化現象等が起きやすい．
洪積層	主に台地・丘陵の最上部および沖積層の下部に分布しており，良好な地層である．
第三紀層	大きな地耐力をもっており，土丹（どたん）層とも呼ばれる．

問題 94　正解　(2)・・・・・・・**頻出度** A A A

梁（はり）のH形鋼で，せん断力に抵抗するのはウェブである（**94-1 図**参照）．

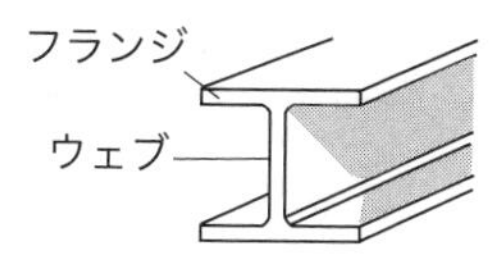

94-1 図　H 形鋼

-(1) 溶接断面の形式は **94-2 図**参照．

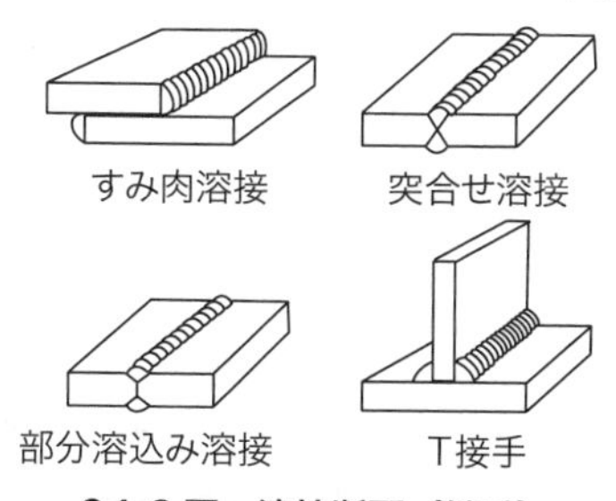

94-2 図　溶接断面（継手）

-(5) 合成梁は **94-3 図**参照．

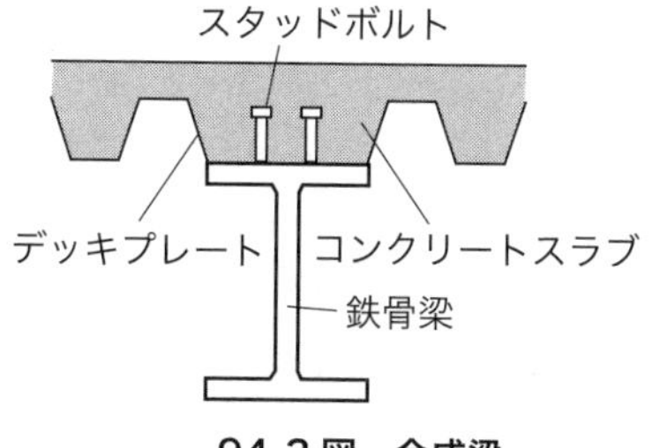

94-3 図　合成梁

問題 95　正解　(1)・・・・・・・**頻出度** A A A

等分布荷重の作用する単純梁のせん断力は，梁中央で0である．梁中央で最も大きいのは曲げモーメントである（**95-1 図**参照）．

2021-95

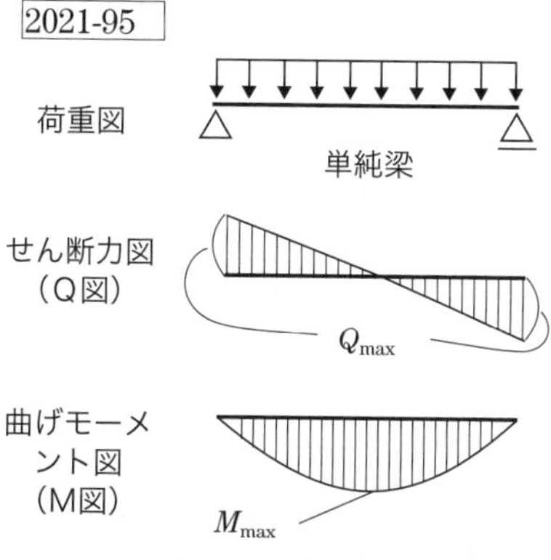

95-1 図　単純梁に等分布荷重

-(2)，-(3)，-(5)　荷重，-(4)　トラス

2022-94

問題 96　正解　(5)・・・・・・・**頻出度** A A A

鋼材の許容応力度の基準は「降伏強さ」である．

降伏強さ（降伏点）とは，鋼材に力を加えた時に弾性限界を超えて永久ひずみ（塑性変形）が始まる値である．

構造設計では，部材に作用する応力度が弾性域内に収まるように，すなわち塑性変形は許さない範囲で算出される．

引張強さとは，鋼材が塑性変形を始めて，応力度が最大になった点の値である．

2022-96

-(1) 法定耐用年数，-(3) 免震構造

2022-95

-(2) 既存不適格建築物：法の不遡及（そきゅう）の原則により存続が許されるが，大規模な改修などを実施する場合は現行法に適合させなければならない．

-(4) アルカリ性によって内部の鉄筋を腐食から保護しているコンクリートは，経年とともに空気中の二酸化炭素や雨水の浸入等により，次第に中性化する．中性化することにより内部の鉄筋が腐食する．この中性化は構造体の寿命に大きく影響する．

問題97 正解 (4) ・・・・・・・ 頻出度 AAA

鋼板に亜鉛めっきした亜鉛鉄板がトタン，錫（すず）めっきしたものがブリキである．

トタンの表面は亜鉛の保護被膜により腐食から守られている．さらに鉄よりイオン化傾向が大きいので，傷ついて鉄が露出しても亜鉛がある間は代わりに腐食されて鉄を守る．ただし酸には弱いので缶詰や食器には使えない．反対に缶詰に使われるのはブリキである．錫は鉄より錆びにくい．ただし傷つくと内部の鉄が激しく腐食することになる．

-(1) 鉄筋とコンクリートの線膨張係数はほぼ等しく（およそ 10^{-5}/°C），相互の付着性能も良いことが，鉄筋コンクリート構造を可能にしている．

-(2) 通常アルミニウムを建材として用いる場合は，耐食性を増すために，表面をアルマイト（酸化アルミニウム）処理を施して使用する．

-(3) コンクリートの構成材の容積割合は**97-1表**参照．

97-1表 コンクリートの構成材の容積割合

水（15～18％程度）	
セメント（8～15％程度）	
細骨材（砂）（25～35％程度）	粗骨材（砂利）（35～40％程度）
空気（3～6％程度）	

なお，モルタルは，水，セメント，砂を練り混ぜ合わせたものをいい，セメントと水だけを練り混ぜ合わせたものはノロ，またはセメントペーストという．

-(5) 網入り板ガラスで，「加熱開始後20分間当該加熱面以外の面に火炎を出さないもの」は防火設備として用いることができる（建築基準法施行令第109条の2，平成12年度建設省告示第1360号第1の2）．

問題98 正解 (1) ・・・・・・・ 頻出度 AAA

木工事は，躯（く）体工事（骨組み工事）に含まれる，というか，木材による躯体工事を木工事という． 2021-98

問題99 正解 (2) ・・・・・・・ 頻出度 AA

ガス設備の日常点検は，ガス設備の所有者または使用者が行う（**99-1図**参照）．

-(1) 常時遠隔監視・管理が行われているエレベータでも，所有者による特定行政庁への定期点検報告は必要である．

-(3) 分散電源システムとは，常用されている太陽光発電設備や風力発電設備など再生可能エネルギーを利用した電源システムを指す．

-(4) デューディリジェンス（Due Diligence）とは，建築物等の不動産を売買する前に，買い主のために対象物件を物理的，法的，経済的側面から精査・分析し，購入に値する物件かどうか評価

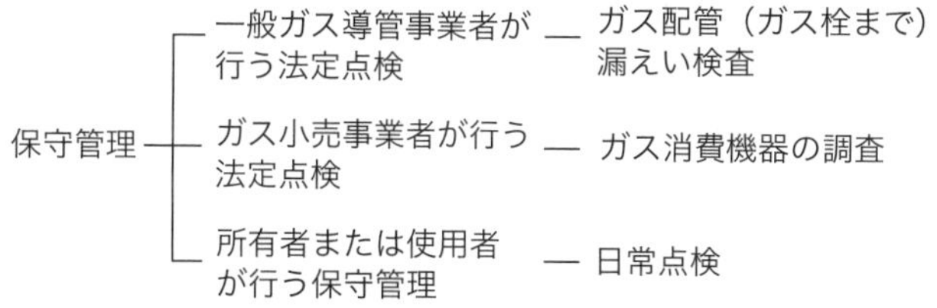

- 保守管理
  - 一般ガス導管事業者が行う法定点検 — ガス配管（ガス栓まで）漏えい検査
  - ガス小売事業者が行う法定点検 — ガス消費機器の調査
  - 所有者または使用者が行う保守管理 — 日常点検

99-1 図　ガス設備の保守管理[1]

することをいう．建築設備の維持管理と稼働状況も当然その調査対象に含まれる．Due Diligenceの元々の意味は「適切な注意」．

-⑸　ESCO（Energy Service Company）事業には，ギャランティード・セービング方式とシェアード・セービング方式の二つがある．

ギャランティード・セービング方式は，顧客が自己投資によりESCO事業者が提案した設備機器を導入し，ESCO事業者が削減効果を保証する方式のことである．

シェアード・セービング方式は，ESCO事業者が資金を調達して設備機器を導入し，省エネルギーによるランニングコスト低減分の中から，設備費・工事費・検証費などを支払っていく方式のことである．

問題 100　正解　⑷・・・・・・**頻出度** A A

-⑷　は，「最寄り階」→「避難階」が正しい．最寄り階に停止させるのは地震時および停電時である．

エレベータの安全装置には，制動装置，扉開走行保護装置，地震時等管制運転装置，荷重超過警報装置，非常照明（以上は法定・建築基準法施行令第129条の十），火災時管制運転装置，停電時自動着床装置などがある．

-⑴　非常用エレベータは，平常時には最大17人乗りエレベータとして使用できるが，火災時には消防隊の使用が優先する．

停電時のために予備電源の設備が備わり，火災時には，使用中の呼び戻しや，扉を開いたままの使用が可能である．かごは，消防隊の活動に適する大きさとなっている．

-⑵　かごの床面積1 m^{2}以下，かつ天井高さ1.2 m以下と定められている．

-⑶　動く歩道の定格速度は**100-1表**参照．

-⑸　乗降口で，ハンドレール折り返し部の先端から2 m以内にあるシャッターが閉じ始めたら，エスカレータを安全に停止させなければならない．

100-1 表　エスカレータ，動く歩道の定格速度[2]

<table>
<tr><th colspan="2">勾配</th><th>定格速度</th><th>揚程（階高）</th><th>適用</th></tr>
<tr><td colspan="2">8度以下</td><td>50 m/min 以下</td><td>—</td><td rowspan="2">動く歩道</td></tr>
<tr><td rowspan="2">8度を超え30度以下</td><td>15度以下で踏段が水平でないもの</td><td rowspan="2">45 m/min 以下</td><td>—</td></tr>
<tr><td>踏段が水平なもの</td><td>—</td><td rowspan="2">エスカレータ</td></tr>
<tr><td colspan="2">30度を超え35度以下</td><td>30 m/min 以下</td><td>6 m 以下</td></tr>
</table>

問題 101　正解　(3)・・・・・・頻出度 A A □

窓などの開口条件は，火災（燃焼）の3要素（可燃物の存在，酸素の供給，点火エネルギーの存在）のうち，酸素の供給に関係が大きい．酸素の供給が絶たれれば火勢は衰えるが，窓などが割れたり，出入り口が開け放たれると，一気に火勢が強まってバックドラフトを引き起こす．

-(1)　避難安全検証法や耐火性能検証法は，高層建築物や地下空間等の大規模複合建築物など，急速にその数を増す新しい様態の建築物では，従来の仕様書的な規定では防火安全性能が十分確保されないとして，性能に基づく規定として整備された．個々の建物について規定に基づき避難時間や耐火性能を検証する．

-(5)　特定防火設備：両面 60 分の遮炎性能を有する防火設備．ちなみに，防火設備とは，両面 20 分の遮炎性能を有する防火設備．

問題 102　正解　(5)・・・・・・頻出度 A A A

火炎・煙によって 2 の避難階段がいっぺんに使用できなくなるのを防ぐために，避難階段は適切な距離を取って，離して設置するのが好ましい．このことを建築基準法は次のように定めている．

1. 避難階段はすべて直通階段（避難階に直接接続する階段）である（建築基準法施行令第 122 条）．
2. 居室各所から直通階段に至る最大歩行距離が規定されている（30 〜 50 m）（同第 120 条）．
3. 広さや用途によって 2 以上の直通階段を設ける場合は，居室の各部分から各直通階段に至る通常の歩行経路の重複区間の長さは，2 の歩行距離の数値の 2 分の 1 を超えてはならない（同第 121 条）．すなわち，重複距離を制限することによって，避難階段が近接して配置されないように規制している．

-(2)　すべり台，避難ロープ（消防法施行令第 7 条）．

-(3)　非常用の照明装置は，常温下で床面において水平面照度で 1 lx（蛍光灯，LED による場合は，火災による高温で照明効率が低下するおそれがあるため 2 lx）を確保するよう定められている（建設省告示・非常用の照明装置の構造方法を定める件）．

-(4)　高層ビル：地階を除く階数が 15 以上であり，かつ，延べ面積 30 000 m^2 以上．（消防庁告示・誘導灯及び誘導標識の基準）

問題 103　正解　(2)・・・・・・頻出度 A A □

-(2)はパッシブセンサの説明のようである（**103-1 表**参照）．

103-1 表　防犯センサ

マグネットセンサ	マグネットと磁気センサで扉や窓の開閉状態を監視する．
アクティブセンサ	赤外線の遮へい物を監視するセンサ．投光器，受光器で構成．
パッシブセンサ	空間センサ，人感センサなどとも呼ばれ，発熱体の遠赤外線を検出し警報出力信号を出力する．
バイブレーションセンサ	ガラスの破壊を監視するセンサ．別名ガラスセンサ．
超音波センサ	超音波のドップラー効果を利用して人の侵入を検知．空調機器の風などによる誤報が多く赤外線センサに取って代わられた．
音センサ	異常音を感知するセンサ．

-(3)　この 25 分は，各地方自治体が定める警備業法施行細則で規定されている．

-(4)　防災管理者は，防火管理者とは別に，地震対策とテロ対策を行うために平成 20 年の消防法の改正で導入された．

問題 104　正解　(1)・・・・・・**頻出度** A A A

既存の百貨店，旅館，病院，地下街，複合用途防火対象物などの特定防火対象物にあっては，消防用設備等の設置および維持に関する規定が遡（さかのぼ）って適用される（遡及適用という）ので，常に現行の規定に基づいて消防用設備等の設置，維持に努めなければならない（消防法第 17 条の二の五）．

-(2)　防火管理者の選任義務の要件に建物の高さはないので，微妙な設問である．

高層建築物（高さ 31 m を超える建築物）なら収容人員は 50 人を超えることが多いから，収容人員で防火管理者を選任する必要が出てくる．

-(3)　建築物特定施設：出入口，廊下，階段，エレベータ，便所，敷地内の通路，駐車場その他の建築物またはその敷地に設けられる施設で，政令で定めるものをいう（バリアフリー法第 2 条）．

-(4)　特別特定建築物：特別支援学校，病院または診療所，劇場，観覧場，映画館または演芸場，集会場または分会堂，展示場，百貨店など，マーケットその他の物品販売業を営む店舗，ホテル，旅館，保健所，税務署など．

問題 105　正解　(5)・・・・・・**頻出度** A A A

CASBEE は Comprehensive Assessment System for Built Environmental Efficiency「建築環境総合性能評価システム」の略字．地球環境・周辺環境にいかに配慮しているか，ランニングコストに無駄がないか，利用者にとって快適か等の性能を客観的に評価する．評価対象は，エネルギー消費，資源循環，地域環境，室内環境の 4 分野である．

「発注者の要式品質を実現するための管理プロセス」はコミッショニング（Commissioning：性能検証）という．

-(1)　BCP：Business Continuity Plan.

-(2)　BEMS：Building and Energy Management System

-(3)　POE：Post Occupancy Evaluation. 別名「施設利用者満足度評価」

-(4)　LCC：Life Cycle Cost

給水及び排水の管理
問題 106〜問題 140

問題 106　正解　(2)・・・・・・**頻出度** A A A

BOD 容積負荷というぐらいなので，分母に m^3 が入って，[kg/(m^3・日)] が正しい. [g/(人・日)] は，BOD 負荷量の単位.

BOD 容積負荷：ばっ気槽の単位容量当たり 1 日に流入する排水の BOD 量.

BOD 負荷量：1 日当たり，1 人当たりの排出 BOD 量．浄化槽の処理対象人員の算定に用いる（**共通資料 6** 参照）.

問題 107　正解　(1)・・・・・・**頻出度** A A A

逃し通気管は，排水通気両系統間の空気の流通を円滑にするために設ける通気管である（**107-1 図**参照, 次のページ）.

給排水に関する用語は**共通資料 6** 参照.

問題 108　正解　(3)・・・・・・**頻出度** A A A

カルシウム，マグネシウム等（硬度）の水質基準は，300 mg/L 以下である（**共通資料 1** 参照）.

問題 109　正解　(1)・・・・・・**頻出度** A A A

CT 値 = 塩素濃度 [mg/L] × 接触時間 [min] である.

CT 値はバクテリアが不活化する薬剤への感受性の指標である.

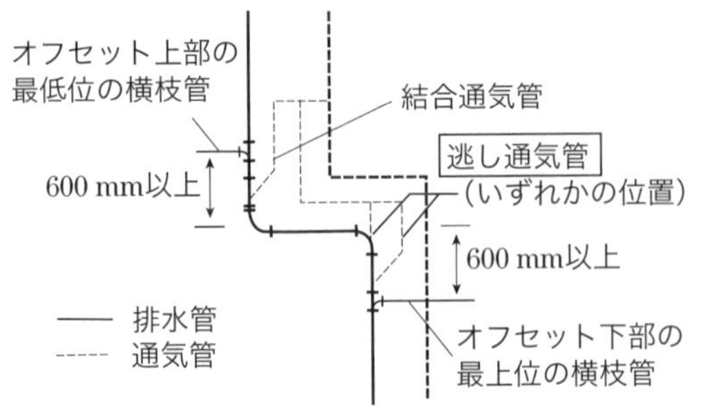

排水立て管オフセット部での配管方法

107-1 図　逃し通気管の例(3)

CT 値の定義から，消毒剤の濃度と接触時間の関係は反比例する（濃度が濃ければ短時間で不活化する）.

一般の大腸菌の CT 値が 0.04 程度なのに対して，クリプトスポリジウムの CT 値は 7 000 前後である．ビル管理法の飲料水の残留塩素の平時の管理基準 0.1 mg/L で計算すると，一般の大腸菌が，0.4 分（0.04 ÷ 0.1）で不活化するのに対して，クリプトスポリジウムは，70 000 分 = 48 日強なので，クリプトスポリジウムの塩素滅菌はほとんど不可能である.

-(2)　懸濁物質が邪魔してバクテリアに塩素が届きにくくなる.

109-1 表　シスト，ファージ，芽胞

シスト	動物，植物，菌類いずれであれ，生活史の一部で，一時的に小さな細胞体や幼生が厚い膜を被って休眠状態に入ったような状態になる時に，それを指していう言葉である．被嚢（のう）・嚢子・包嚢などと訳される.
ファージ	バクテリオファージ．細菌を宿主細胞とする一群のウイルスの総称．細菌ウイルスまたは単にファージと呼ばれる.
芽胞	一部の細菌が形作る，極めて耐久性の高い細胞構造．生存に不適な環境になると芽胞を作って生き延びる.

-(3)　塩素に対しては，一般的に細菌 < ウイルス，ファージ < 原虫シスト，芽胞（がほう）の順に抵抗性がある．ファージ，原虫シスト，芽胞については，**109-1 表**参照.

-(2)，-(4)　塩素消毒の特長 2022-110 .

問題 110　正解　(2)・・・・・・頻出度 A A A

防錆剤の使用は，赤水等の応急対策とする.

2022-116

問題 111　正解　(3)・・・・・・頻出度 A A A

取外しが必要な機器には，取外しが容易なフランジ型とする（**111-1 図**参照）.

フランジ型
ゲートバルブ

ねじ込み型
ゲートバルブ

111-1 図　フランジ型（右）とねじ込み型(4)(5)

問題 112　正解　(4)・・・・・・頻出度 A A A

-(4)が正しい.

直結増圧方式は，従来なら非衛生になりがちな 10 m^3 以下の小規模受水槽の建築物に対する方式として開発された．増圧ポンプを設け，配水管の水圧に関係なく中高層（10階程度まで）の中規模の建築物まで適用できるようにしたものである．

2022-112

-(1) 設計給水量，-(3) 給水系統のゾーニング 2021-112．

問題 113　正解　(4)・・・・・・頻出度 A A A

ポリブテン管は接着剤が効かないので，メカニカル接合，電気・熱融着継手を用いる．

主な給水配管については 2021-115．

問題 114　正解　(3)・・・・・・頻出度 A A A

水の流入管は吐水口空間をとって開放し，ボールタップや電極棒の波面制御に支障がないように，別途波立ち防止策を講じる．

貯水槽の構造 2022-114．

-(4) 貯水槽の死水防止のための迂(う)回壁 2021-113．

問題 115　正解　(2)・・・・・・頻出度 A A A

-(2)は，屋上での横引きを短くする，が正しい．

水柱分離による水撃は揚水配管で見られる現象である．

ポンプが停止したときに，慣性で高置水槽へ向かおうとする横引き配管の水と重力で落下しようとする垂直配管の水が引きちぎられる現象が水柱分離である．

分離後，瞬間的に二つの水柱は互いにぶつかり合って元の連続した液体に戻ろうとして，通常ではありえないような大きな衝撃が発生する．

防止策としては，揚水管の屋上での横引きが長く水の質量が大きいと慣性が大きく働き，水柱分離が発生しやすくなるので，横引きは最下階で行うようにする（**115-1 図**参照）．

-(5) さや管ヘッダ工法は，集合住宅の住戸内などで，ヘッダから各器具にそれぞれ単独に配管する工法である．従来の先分岐配管方式に比べて，継手が少なく漏水の危険が少ない（**115-2 図**参照）．

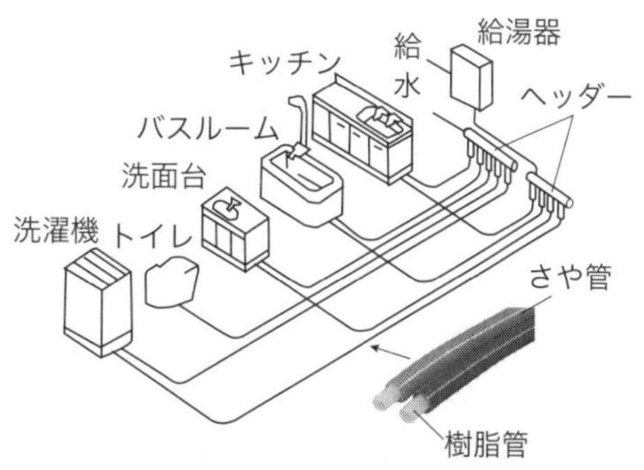

115-2 図　さや管ヘッダ工法(6)

問題 116　正解　(4)・・・・・・頻出度 A A A

消毒後 15 分→消毒後 30 分が正しい．

2021-117

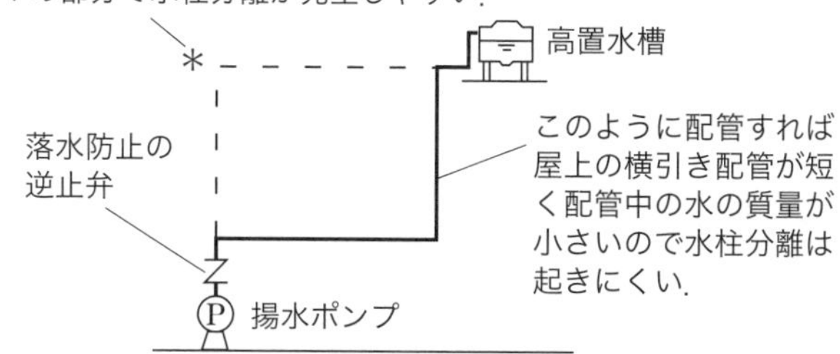

115-1 図　水柱分離によるウォータハンマ

問題 117　正解　(1)・・・・・・頻出度 A A A

ホテル宿泊部の設計給湯量は，もっと多くて 150 ～ 250 L/(人・日) 程度である．

2022-118

-(2)　ガス給湯器のような給湯器の加熱能力は号数で表され，1 分間に何リットルの水の温度を 25 ℃上昇させられるかによる（16 L なら 16 号）．

$$1 号 = 4.185\,5\ \mathrm{kJ/kg} \times 25\ ℃ \div 60 秒$$
$$= 1.743\,95\ \mathrm{kJ/}秒 = 1.74\ \mathrm{kW}$$

-(3)　給湯用途別使用温度2022-118．

-(4)　最も不適当なものとして，「ピーク使用時においても 50 ℃以上とする」と出題されたことがある．

-(5)　給湯用加熱装置2022-119．

問題 118　正解　(3)・・・・・・頻出度 A A A

ライニング鋼管における単式の伸縮管継手の設置間隔は，30 m 程度が正しい．

単式の伸縮管継手の設置間隔は，伸縮量が伸縮管継手の伸縮吸収量以内になるようにする．配管がライニング鋼管の場合には 30 m 程度，鋼管・ステンレス鋼管の場合には 20 m 程度である．

-(5)　使用温度は，耐熱性硬質ポリ塩化ビニル管，ポリブテン管 90 ℃以下，架橋ポリエチレン管 95 ℃以下（JIS）．

樹脂管は使用温度が高くなると許容使用圧力は低くなる．また，樹脂管を温度の高い湯に使用すると，塩素による劣化が生じやすい．

問題 119　正解　(1)・・・・・・頻出度 A A A

冷温水配管で循環量の均一化のためよく採用されるリバースリターン方式（どの系統も往き管と返り管の合計の長さが等しくなる．**119-1 図**参照）は，給湯配管では最遠端の負荷端末に湯が最もよく循環する傾向になるので不適当である．普通ダイレクトリターンとする．

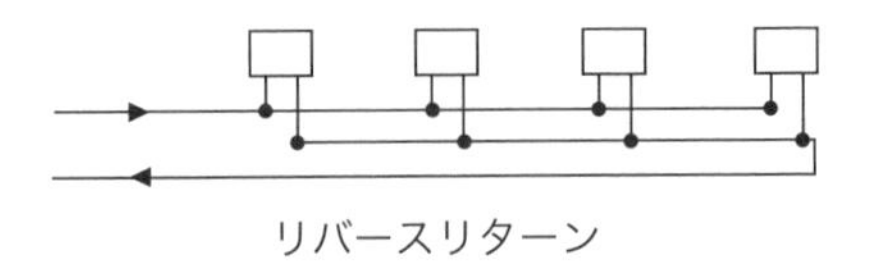

リバースリターン

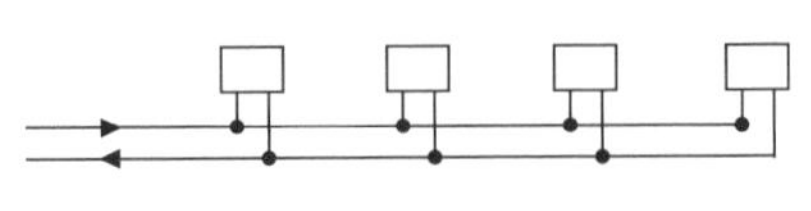

ダイレクトリターン

119-1 図　リバースリターン

これは最速端の負荷端末までの管路では径が太く配管抵抗の少ない給湯管が長く，径が約半分の，配管抵抗の多い返湯管が短いからである．従って，湯を均等に循環させるためには返湯管に設けられている弁により開度調節を行う，あるいは各枝管に定流量弁を設置する等の方法によって行う．

-(2)　密閉式膨張水槽は労働安全衛生法に基づく安全装置に該当しないので，密閉式膨張水槽を設ける場合には，逃し弁も設けなければならないが，常時湯が逃し弁から吹き出すのを避けるために，逃し弁の圧力設定値を膨張水槽にかかる給水圧力よりも高く設定する（ただし，逃し弁の圧力設定値は最高使用圧力の 110 % を超えてはならない）．

-(3)　給湯循環ポンプの循環水量2021-121．

-(4)　比重の違う逃し管の湯と補給水管の水を重量的にバランスさせ，逃し管から湯が流れ出ないようにするために，逃し管は補給水槽の水面より高く立ち上げる．2022-120

-(5)　背圧とは，ポンプの吸込み側にかかる圧力のこと．給湯循環ポンプは，循環系統で位置的に一番低い，すなわち背圧が一番大きい場所に設置されることが多い．

問題 120　正解　(4)・・・・・・頻出度 A A A

銅管においては，一過式配管や返湯管を設けていない給湯管においては腐食の発生がほとんどないが，常時湯が循環している中央式給湯配管においては腐食が発生する場合がある． 2022-122

-(3)　耐熱性硬質塩化ビニルライニング鋼管は，鋼管の内面に耐熱性硬質塩化ビニルをライニングした管である．給水用の硬質塩化ビニルライニング鋼管と同様に，管端防食継手を使用する．使用温度は 85 ℃以下である．

-(5)　ステンレス鋼管と銅管の線膨張係数 [1/℃] は，それぞれ 0.000 017 3，0.000 017 7 である． 2021-120

問題 121　正解　(3)・・・・・・頻出度 A A A

缶体内を大気圧以下にするのは，真空式温水発生機である（**121-1 図，121-2 図**参照）．

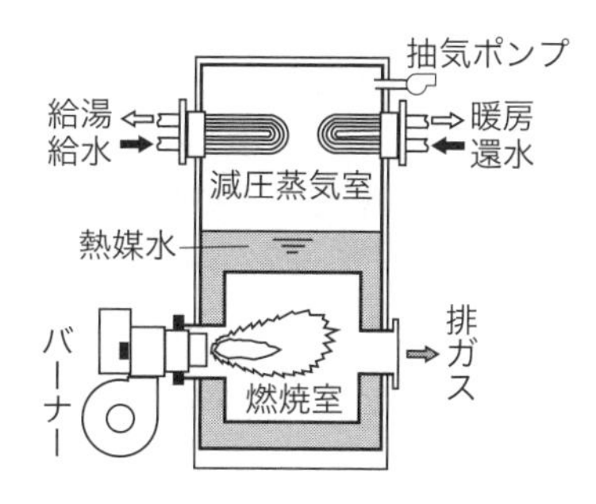

121-1 図　真空式温水発生機

いずれも加熱コイルなし貯湯槽と組み合わせて用いられる．

また，いずれも労働安全衛生法の規定によるボイラに該当せず運転に資格が不要である．

2022-119

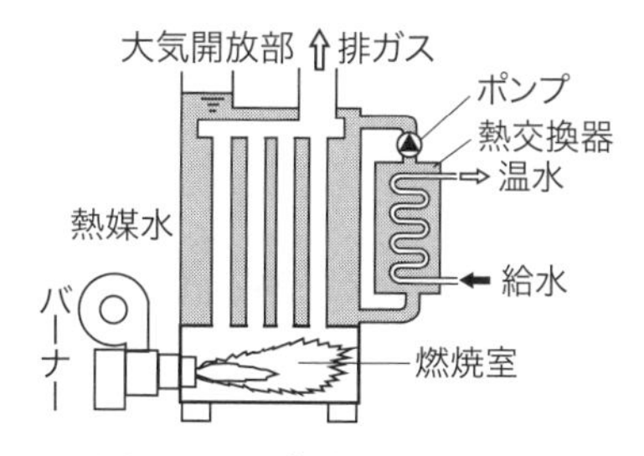

121-2 図　無圧式温水発生機

問題 122　正解　(5)・・・・・・頻出度 A A A

シャワーヘッドや水栓のこま部は，1 年に 2 回以上定期的に点検し，1 年に 1 回以上は分解掃除を行う．

-(1)　ボイラ，圧力容器の労働安全衛生法の検査 2022-117．

問題 123　正解　(1)・・・・・・頻出度 A A A

器具のワッシャに使用される天然ゴムは，レジオネラ属菌に限らず細菌の格好の栄養源となるので，合成ゴム（クロロプレン系等）のものに交換する．

-(4)　SUS444 は，耐孔食性，耐隙間腐食性が SUS304 に比較して優れているが，電気防食によって発生する水素による水素脆(ぜい)性割れを生ずることがある．

問題 124　正解　(2)・・・・・・頻出度 A A A

雨水の汚染度は高くないので，生物処理は行われない．従って流量調整槽も必要ない．臭いや色もほとんどないので活性炭吸着装置なども利用しない．

2021-126

問題 125　正解　(4)・・・・・・頻出度 A A A

色度（色素）や臭気の原因物質は比較的低分子の有機化合物が多く，ろ過膜などを通り抜けてしまうので，物質を吸着する活性炭処理もしくは酸化分解作用が強力なオゾン処理が最も効果的である．

2022-125

問題 126　正解　(5)・・・・・・**頻出度** A A A

雑用水の外観は，「ほとんど無色透明であること」が正しい．

2021-125

問題 127　正解　(2)・・・・・・**頻出度** A A A

-(2)は BOD（生物化学的酸素要求量）の説明である．

COD（化学的酸素要求量）は，水中の被酸化性物質（有機物）を酸化剤で化学的に酸化した時に消費される酸化剤の量を酸素に換算したもの．COD が高いことはその水中に有機物が多いことを示し，BOD とともに水質汚濁を示す重要な指標である．

COD は BOD に比べて短時間に測定できることや有害物質などによる影響を受けないなどの利点がある（環境基準では海域および湖沼の汚濁指標として採用されている．湖沼では植物プランクトンや藻類の光合成などによる酸素の影響を受け，BOD では的確に有機物質の量を測定できないこと，海では，海水中の塩分が影響して BOD が測定しにくいことなどの理由による）（**共通資料 6** 参照）．

2021-127

問題 128　正解　(3)・・・・・・**頻出度** A A A

封水強度とは，排水管内に正圧または負圧が生じたときのトラップの封水保持能力をいう．

-(1), -(4)　排水トラップが封水を失うことを破封という．破封すると排水管下流の下水ガスが室内に充満し，衛生害虫も容易に侵入するようになり非衛生的である．

破封の原因を **128-1 図**に示す．-(1)の共振現象は誘導サイホンが該当する．

2022-131，2021-129

問題 129　正解　(5)・・・・・・**頻出度** A A A

通気弁は空気の吸込みのみを行い，管内の負圧を緩和する．排気はできないので正圧の緩和はできない(**129-1 図**参照)．

弁ふた（ゴムシール）

⊕ 通気管内正圧時

⊖ 通気管内負圧時

129-1 図　通気弁(7)

通気弁は臭気を漏らさないので屋内に設置できる．冬季開口部が凍り付いてしまうスウェーデンで開発された．可動部分があるので定期的に点検する必要があり，点検しやすい場所に設けるか，または天井内等に設置する場合は点検口を設ける．

-(1)　トラップの自己サイホンによる

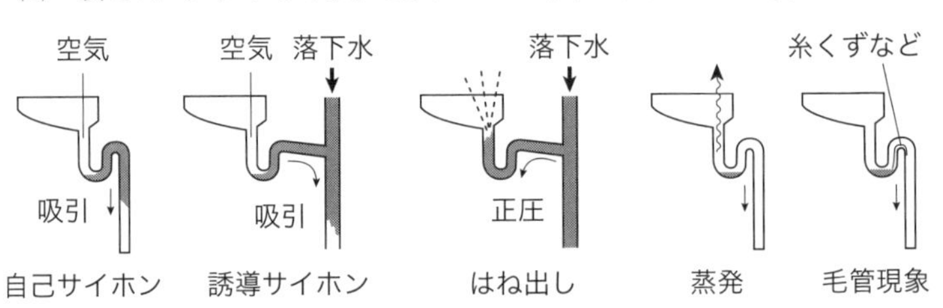

128-1 図　トラップ破封の原因

破封を最も確実に防ぐ方法は，各個通気でトラップごとに通気をとることである．

-⑶　即時排水型ビルピット設備 2021-133．

問題 130　正解　⑷・・・・・・**頻出度** A A A

排水槽の底の勾配は，吸込みピットに向かって 1/15 以上 1/10 以下とする．

勾配を設けるのは，汚泥・固形物が吸込みピットに移動しやすくするためであるが，清掃時は滑りやすく危険なので，底部の一部を階段状とする．

2021-131

-⑵　耐火二層管（トミジ管ともいう）は，**130-1 図**参照．

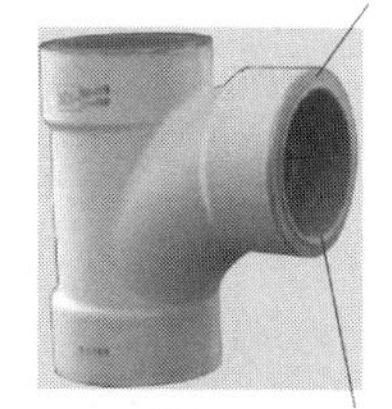

130-1 図　耐火二層管⑻

問題 131　正解　⑶・・・・・・**頻出度** A A A

特殊継手排水システム（**131-1 図**）は，枝管への接続器具数があまり多くない集合住宅，ホテルの客室系統等に多く採用される．

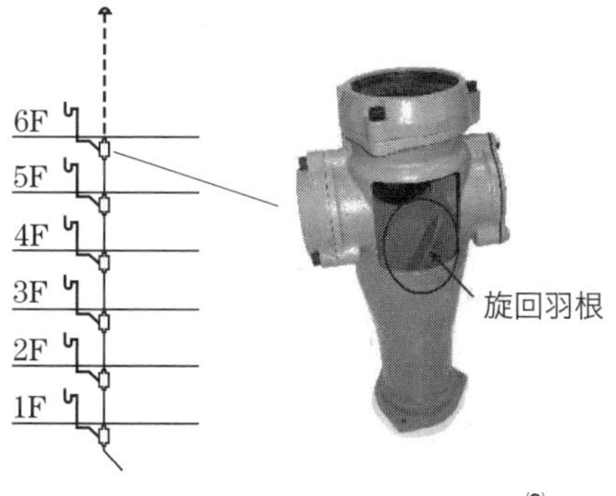

131-1 図　特殊継手排水システム⑼

同システムは，伸頂通気方式を改良したもので，排水横枝管の接続に特殊継手を用いる．

特殊継手は，内部に旋回羽根をもち，各横枝管からの排水を立て管の内面に旋回流で流し，流速を抑えるとともに管中央部に通気のための空間を確保して，排水をスムースに流そうとするものが多い．

2022-128

-⑸　通気量の限られる伸頂通気方式では次のような制約がある．

1. 排水横主管以降が満流となる場合は，通気量の限られる伸頂通気方式としてはならない．
2. 伸頂通気方式の排水立て管には，通気を妨げるのでオフセットを設けてはならない．
3. 排水立て管と排水横主管の接続は，円滑な排水のために大曲りベンド等で接続する．
4. 伸頂通気方式の排水横主管の水平曲りは，排水立て管の底部より 3 m 以内には設けてはならない． 2021-130

問題 132　正解　⑶・・・・・・**頻出度** A A A

管内径の 150 倍→ 120 倍が正しい．

排水ます，雨水ます，掃除口については， 2022-129 ， 2022-130 ．

排水口空間 2021-128 ．

問題 133　正解　⑸・・・・・・**頻出度** A A

消去法で -⑸とした．メーカなどのサイトによると，フロートスイッチの最大電圧は 24 V などとなっているので，主回路と同じ測定電圧でメガリングすると故障するかもしれない．

問題 134　正解　⑸・・・・・・**頻出度** A A A

排水用水中ポンプのメカニカルシール部のオイル交換は，6 か月～1 年に 1 回程度行う．

2021-133

-(1), -(2), -(3)　排水槽については，2021-131．

-(4)　グリース阻集器の清掃 2021-134．

問題 135　正解　(1)・・・・・・頻出度 A A A

尿石にはアルカリ性洗剤ではなくて酸性洗剤を用いる．

2022-133

問題 136　正解　(3)・・・・・・頻出度 A A A

トラップは排水器具に分類される．

2022-135

問題 137　正解　(5)・・・・・・頻出度 A A A

タンク内の補助水管がオーバフロー管から外れている，が正しい．

サイホン式，サイホンゼット式はサイホン作用による溜水の排出力が強く，使用後の溜水が不足がちになるのを補うために，補助水管～オーバフロー管経由で水を補っている（**137-1 図**参照）．

大便器周りの不具合は 2022-136．

問題 138　正解　(2)・・・・・・頻出度 A A A

-(2)は，「雑排水」が正しい．

雨水は浄化槽の，特に生物処理の妨げになるので流入させない．

問題 139　正解　(1)・・・・・・頻出度 A A A

沈殿分離槽では，溶存酸素濃度の測定は必要ない．スカム・堆積汚泥の生成状況を点検する．

沈殿分離槽は，フローシートの前段にあって流入汚水中の固形物質や夾雑物を物理的な原理によって分離，貯留する．

油分など軽い物質は浮いてスカムとなり，重い物質は沈殿汚泥となる．

浄化槽の沈殿分離槽など単位装置の点検は 2021-139．浄化槽のフローシートは，2022-137．

問題 140　正解　(2)・・・・・・頻出度 A A A

消防法に基づく，特定防火対象物の法定定期点検（消防用設備等の点検）の消防署への報告は1年に1回である（一般の防火対象物は3年に1回）．

2022-140

-(1)　建築基準法は，政令で定める，もしくは特定行政庁が指定する建築物所有者等に，建築物の「調査」，建築設備，昇降機，防火設備の「検査」に基づく定期報告を義務付けている（**140-1 表**参照）．

防火設備定期検査制度の対象は，防火ダンパを除く，随時閉鎖または作動をできる設備で，火災時に煙や熱等を感知し閉鎖する防火扉や防火シャッター，ドレンチャー等である（防火ダンパは建築設備定期検査報告の対象）．

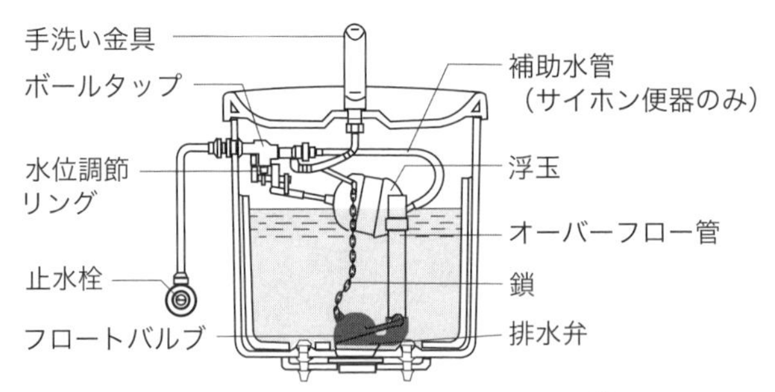

137-1 図　トイレタンク内の構造(12)

140-1 表　建築基準法第 12 条の建築物定期調査・設備定期検査

調査・検査	対象	頻度	検査資格者	届出先
特定建築物定期調査	建築物・敷地	1～3年	1・2 級建築士, 特定建築物調査員	特定行政庁
防火設備定期検査	防火扉，防火シャッター，耐火クロススクリーン，ドレンチャー	1 年	1・2 級建築士, 防火設備検査員	
建築設備定期検査	・給排水設備・換気設備 ・排煙設備・非常用の照明装置	1 年	1・2 級建築士, 建築設備検査員	
昇降機等定期検査	エレベータ，エスカレータ，小荷物専用昇降機，遊戯施設	1 年	1・2 級建築士, 昇降機検査員	

清　掃
問題 141～問題 165

問題 141　正解　(3)・・・・・・頻出度 A A A

清掃用機械器具などの保管庫の定期点検は 6 か月以内ごとに 1 回である．

2022-141

問題 142　正解　(3)・・・・・・頻出度 A A A

廊下壁面の除じんは定期清掃で実施する．

普通，除じんと付けば日常清掃，洗浄・洗剤と付けば定期清掃だが，もちろん例外もある．

問題 143　正解　(1)・・・・・・頻出度 A A A

-(1)は，「出入口やコーナでは，対面者との接触に注意する」．(登録講習テキストより)

問題 144　正解　(2)・・・・・・頻出度 A A A

-(2)が正しい．清掃責任者の頭越しに作業員に指示を出すのは混乱の元である．

-(1)　4 か月→3 か月が正しい．

-(3)　評価は，建築物利用者の立場になって行う，が正しい．

-(4)　評価方法には，測定機器（光沢度計等）もあるが，清掃作業の点検は，基本的には目視で行う．契約者や建築物利用者も居室の清掃状態を，基本的には目で見て感覚的に何らかの評価をしていることから，判定の基準が建築物利用者との共通の物差しになっていれば，目視点検も十分科学的なものとなり得る．評価に当たっては複数人で点検評価する等，より客観性をもたせる努力をする．

-(5)　評価範囲は，汚染度の高い箇所に重点を置いて実施する．

問題 145　正解　(3)・・・・・・頻出度 A A A

-(3)　花粉の 10 μm ～ 100 μm が正しい（**145-1 表**参照，次のページ）．

-(5)は，清掃による発じんと考えられる．

問題 146　正解　(4)・・・・・・頻出度 A A A

「洗剤や水を使用するときの温度を，汚れや建材の性質を考慮して設定する」が正しい．

清掃作業における環境対策は次のとおり．

1. 化学的な対応

1)　環境にやさしい洗剤を選定する．

SDS（Safety Data Sheet: 安全データシート）の活用．

2)　洗剤等を使用するときの使用量を徹底する．

3)　洗剤を選定するときに，廃液として排水した後の分解性を考慮する．

4)　洗剤が酸．アルカリ性等のものは，中和してから排出する．

5)　床維持剤の成分を考慮する．塗

145-1 表　粉じんの粒径（μm）

粉じんの種類等	粒径	粉じんの種類等	粒径
目で見える大きさ	10 以上	清掃による発じん	0.5 ～ 10
浮遊性大気じん	0.1 ～ 20	掃除機の排気	0.2 ～ 10
沈降性大気じん	1 ～ 100	住宅内堆積じん（机上）	1 ～ 150 以上
たばこ煙	0.1 ～ 1	住宅内堆積じん（床面）	50 ～ 2 500 以上
細菌等	0.5 ～ 50	持込み土砂	10 ～ 2 000 以上
花粉	10 ～ 100	フィルタによる除去	0.5 ～ 1 000
肺を害する粒子	0.2 ～ 30	清掃による除去	3 以上
人体・衣服からの発じん	0.5 ～ 10	床材に影響のある粒子	4 以上

布時における揮発成分や，別離作業により廃液となった時の汚水処理を考慮する．

2. 物理的な対応

1) 汚れの除去性と，汚れが付着している建材に対する傷み等を考慮して，器具を選定する．

2) パッドやブラシに使用されている研磨剤の種類や量を考慮して選定する．

3) 洗剤や水を使用する時の温度を，汚れや建材の性質を考慮して設定する．

4) 作業に伴う洗剤容器等の減量や，廃棄物が環境負荷にならないものを選定する．

3. 作業的な対応

1) 作業回数の減少や，作業周期の延長等を考慮した方法を取り入れる．

2) 作業時間の短縮を図り，電気や水等のエネルギーを削減する．

問題 147　正解　(2)・・・・・・**頻出度** A A A

-(2) の自在ぼうきが正しい．

清掃用具については，2022-147．

-(3) 自動床洗浄機は，洗剤供給式床洗浄機と<u>吸水式真空掃除機の機能</u>を併せもち，ビニルタイル床や石床の洗浄に用いられる（**147-1 図**参照）．カーペット床専用の機械もある．

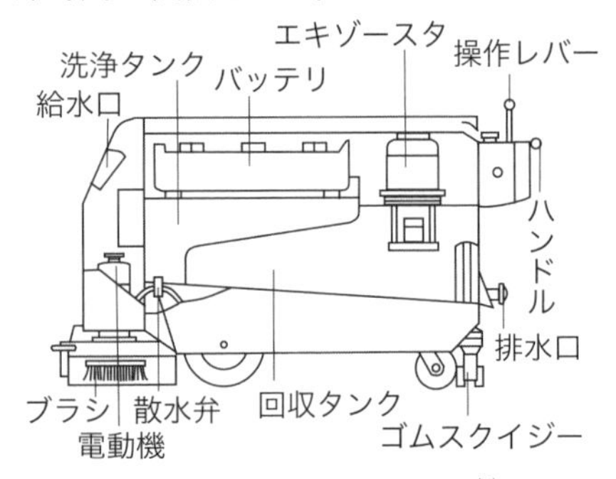

147-1 図　自動床洗浄機[13]

-(4) 樹脂床維持剤皮膜の剥離に使われるのは，黒もしくは茶のパッドである（**147-1 表**参照）．

147-1 表　床用パッドの色と用途[14]

粗さ	色	主な用途
1	黒	樹脂皮膜の剥離
2	茶	樹脂皮膜の剥離
3	緑	一般床洗浄
4	青	表面洗浄
5	赤	スプレーバフ
6	白	つや出し磨き

-(5) 凹凸のある床面にパッドでは，清掃が斑（まだら）になってしまう．ブラシを使う．

問題 148　正解　(5)・・・・・・頻出度 A A A

エクストラクタは，洗剤液を噴射して，ただちに吸引口(スリット)から吸引する．

内部で泡を作るのはローラーブラシ方式機械である．

カーペット用清掃機械 2022-151 ．

-(1)　アップライト型真空掃除機 2021-146 ．

問題 149　正解　(4)・・・・・・頻出度 A A A

-(4)　ビルダは汚れの再付着を防止するものがある．

2022-149

-(1)　表面洗剤は泡立ちを抑えてある．

-(2)　界面活性剤の種類はもっと多い．

-(3)　界面活性剤は液体の表面張力を弱くする．

2022-148

問題 150　正解　(5)・・・・・・頻出度 A A A

リノリウムはアルカリ性洗剤に弱い．

2022-150

-(2)　厨房床など，油脂による汚れには，苛性ソーダ（水酸化ナトリウム）を含むアルカリ洗剤が効果的である．

-(3)　普通，フロアフィニッシュの剥離には強アルカリ性の剥離剤を用いる．

-(4)　大理石は耐酸性，耐アルカリ性に乏しいので中性洗剤を用いる 2022-152 ．

問題 151　正解　(2)・・・・・・頻出度 A A

除じんや洗浄のビルクリーニング作業で床材の防音性を損なう可能性はごく小さいと思われる．

床材に限らず，建材の汚れやしみを除去するために必要となる次の知識を，ビルクリーニングの５原則という．

1. 建材の知識
2. 汚れの知識
3. 洗剤の知識
4. 作業方法の知識
5. 保護膜の知識

問題 152　正解　(3)・・・・・・頻出度 A A A

弾性床材に塗布する床維持剤は，床の美観を高め，汚れがつきにくい，付着した汚れが除去しやすい等の効果があるが，土砂・ほこりで傷つきやすい．歩行頻度が多いと床維持剤を損傷させるため，土砂・ほこりを放置させない日常清掃と，定期的な部分手入れが必要である．

問題 153　正解　(2)・・・・・・頻出度 A A A

-(2)が正しい．スポットクリーニングは，除じんで除去できない汚れがパイルの上部にあるうちに行う洗浄である．

-(1)　60％が水性のしみである．

-(3)　ポリプロピレンは親水性の汚れは取れやすい．

-(4)　パイルのほつれ等はすぐに補修する．

-(5)　アクリルも親水性の汚れは取れやすい．

2022-151

問題 154　正解　(5)・・・・・・頻出度 A A A

ドライバフ法では，歩行により光沢度の低下した被膜を，専用パッド(白パッド)を装着した床磨き機で研磨し光沢度を回復させる．ドライバフを行う前には床面の土砂やほこりをできるだけ除去する．

ドライメンテナンス法．

問題 155　正解　(1)・・・・・・頻出度 A A A

繊維床のスポットクリーニングは，１か月に１回実施するのが標準的である．

-(5)　廊下は煙突効果による空気の流動のためにほこりが集まりやすく，壁へのほこりの付着が多い．（頻出）

問題 156　正解　(4)・・・・・・頻出度 A A A

一般廃棄物と産業廃棄物の分類は，

1970年の廃棄物の処理及び清掃に関する法律の制定時に導入された．

1950年代までは「廃棄物＝汚物」だったものが，高度成長経済・大量消費時代を通して「汚物」に加えて，新たに「不要物」の概念が導入され「廃棄物＝汚物＋不要物」になった．

2000年（平成12年）に循環型社会形成推進基本法が制定され，廃棄物等の3R（リデュース，リユース，リサイクル）の推進が図られることとなった．

2021-157

問題157　正解　(4)・・・・・・頻出度AAA

余熱を利用した発電が行われているのは，ごみ焼却処理施設のおよそ30％である．

2022-156，2021-155

問題158　正解(4)，(5)※　頻出度AAA

※　試験実施者から正答一覧が発表された際に，「正解となる選択肢が複数あった」と付記された．

-(5)　安定型処分場に埋立できるのは次の安定型産業廃棄物（廃棄物処理法施行令第6条）に限られる．廃プラスチック類，ゴムくず，金属くず，ガラスくず・コンクリートくず・陶磁器くず，がれき．

有害物質を含まなくとも，汚水が発生する汚泥は管理型最終処分場に埋め立てる．

最終処分場 2021-160 ．

-(4)「一般廃棄物の最終処分場及び産業廃棄物の最終処分場に係る技術上の基準を定める省令」により，一般廃棄物の最終処分場は，実質的に産業廃棄物の管理型最終処分場と同一の規格である．

問題159　正解　(1)・・・・・・頻出度AAA

都道府県知事→市町村長が正しい．

2021-159

廃棄物の処理の監督権限は，原則一般廃棄物は市町村長に，産業廃棄物は都道府県知事にある（ただし，一般廃棄物処理施設は都道府県知事）．

2022-158

問題160　正解　(2)・・・・・・頻出度AAA

木くずは，建設業など指定業種から出たもの等が産業廃棄物になるが，飲食店は該当しない（**共通資料5**参照）．

-(3)　血液の付着した注射針は特別管理産業廃棄物になる．

-(4)　事業系一般廃棄物，産業廃棄物などわが国の廃棄物の分類 2022-158 ．

問題161　正解　(4)・・・・・・頻出度AAA

2.4 t＝2 400 kgの5％は，2 400 × 0.05＝120 kg．単位容積質量値はこれを容積で割って，120 ÷ 0.25＝480 kg/m^3．

単位容積質量値の意味など 2022-159 ．

問題162　正解　(5)・・・・・・頻出度AAA

-(5)のカンバス製コレクタは正しい．

-(1)　家庭から排出される廃棄物の平均的容積質量値250 kg/m^{3}に対して，事務所建築物における廃棄物は紙くずがほとんどであり100～150 kg/m^{3}程度しかない．

-(2)　厨芥と紙くずが混合したものが雑芥である．

-(3)　感染性廃棄物はできるだけ迅速な処理に努める．

-(4)　の特別管理産業廃棄物管理責任者を置かなければならないのは，診療所の事業者（経営者）である（廃棄物処理法第12条）．

問題163　正解　(2)・・・・・・頻出度AAA

建築物内廃棄物の管理責任者を選任するのは，ビル所有者等の建築物維持管理権原者である．

2022-160

問題 164　正解　(1)・・・・・・頻出度 AAA

容器方式の作業性は×，コンパクタ・コンテナ方式は◎である．

2022-164

問題 165　正解　(3)・・・・・・頻出度 AAA

-(3)　冷蔵車は厨芥類の保管に用いられる．

-(1)　プラスチック類は圧縮機，-(2)　新聞紙は梱包機（シュレッダはOA紙，再生紙），-(4)　缶類の圧縮は圧縮装置，-(5)　段ボールは梱包機で梱包する．

2022-163

ねずみ，昆虫等の防除
問題 166～問題 180

問題 166　正解　(2)・・・・・・頻出度 AAA

チカイエカでは殺虫剤抵抗性の発達が確認されているので，効果に疑問がもたれる場合には，殺虫剤感受性に対する調査を実施し，異なる系統の殺虫剤への変更を検討する．殺虫剤の濃度を濃くすることは，環境上問題であるだけでなく，さらに薬剤抵抗性を助長しかねない．

蚊の防除 2022-166．

問題 167　正解　(3)・・・・・・頻出度 AAA

残留処理の処理面を歩き回ったゴキブリは，薬剤の残滓(し)を経皮的に取り入れ死亡する．

ゴキブリの防除 2022-169．

問題 168　正解　(1)・・・・・・頻出度 AAA

ダニの体は，口器がある顎体部と，頭，胸，腹が融合した胴体部の二つに分かれていて，はっきりとした頭部はなく，触角ももたない．

ダニの種類，生態 2022-170．

問題 169　正解　(2)・・・・・・頻出度 AAA

クロバエは気温の低い時期に発生する．

ハエ類の他，いろいろな害虫について 2022-171．

問題 170　正解　(4)・・・・・・頻出度 AA

トコジラミとシラミは，昆虫の分類系統樹上では比較的近くにいるが仲間とはいえない．トコジラミはシラミよりカメムシの仲間である（カメムシ目トコジラミ科）．

2022-171

問題 171　正解　(2)・・・・・・頻出度 AA

アカイエカの幼生防除にピレスロイド剤のフェノトリンを用いることはないようである．

ボウフラ対策では普通，有機リン剤の乳剤や浮遊粉剤，昆虫成長制御剤を使用する．

フェノトリンは疥癬治療薬のローションがある．また，成虫の空間処理用としてULV用の乳剤が承認されている．

2022-174

問題 172　正解　(2)・・・・・・頻出度 AAA

ジクロルボスは蒸気圧が高く常温揮散性が大きい．速効性が極めて高いが残効性には欠ける．樹脂蒸散剤として利用される．排水槽・浄化槽などでは，蚊，チョウバエ対策として，槽内が密閉空間であることを利用して，ジクロルボス樹脂蒸散剤を 10 m^3 当たり 1 本の割合で吊(つ)るす．1～3か月間有効である．

2022-174

問題 173　正解　(5)・・・・・・頻出度 AAA

ドブネズミは，性格は獰(どう)猛であるが警戒心が弱いため，防除は比較的やりやすい．警戒心が強く，毒餌やトラップによる防除が困難なのはクマネズミである．

ネズミの生態については 2022-175，防除法については 2022-176．

問題 174　正解　(3)・・・・・・頻出度 AA

薬剤抵抗性とは，昆虫集団が世代を越

えて殺虫剤に長期間曝される中で，殺虫剤に強い遺伝形質をもつ集団が生き残り(淘汰という)，殺虫剤に抵抗性をもった集団が形成されることによる．殺虫剤に強い遺伝形質を免疫(自然免疫＝生来もっている免疫）とはいわないようである．

2022-176

ネズミの防除法についても 2022-176 .

問題 175　正解　(1)・・・・・・頻出度 A A A

デング熱の媒介蚊はネッタイシマカ，ヒトスジシマカである．アカイエカはフィラリア症を媒介する．

昆虫等がもたらす感染症等は 2021-176 .

問題 176　正解　(4)・・・・・・頻出度 A A A

特定建築物で用いる殺鼠剤，殺虫剤に毒薬，劇薬に該当する薬剤はない．

毒薬，劇薬，普通薬（この順番に毒性が強い）は「医薬品,医療機器等の品質，有効性及び安全性の確保等に関する法律(薬機法)」による薬剤の格付けである．ビル管理法施行規則で，特定建築物内で用いる防除用薬剤は，薬機法の規定する医薬品または医薬部外品に限られるが，全て普通薬である．

-(5)　LD_{50} など，薬剤の有効性等の指標については， 2022-174 .

問題 177　正解　(4)・・・・・・頻出度 A A A

消去法で，あるいは，常識的に -(4)が正しい（「建築物における維持管理マニュアル」には，毒餌箱について，「毒餌は餌皿や毒餌箱（ベイトステーション）に入れて配置する」とだけ記述されている）．

-(1)　今は20メッシュ以上とされている．

2022-178

-(2)　昆虫にはナトリウム灯の黄色い光は見えないらしい．光の色による誘引性は白熱電球を 100 とすると，捕虫用蛍光灯は 1 300，高圧水銀灯は 260，白色蛍光灯は 113，高圧ナトリウム灯 35，低圧ナトリウム灯 4．

-(3)　ミスト機の粒子は 20 ～ 100 μm である．

-(5)　噴霧器の粒子は 100 ～ 400 μm である．通風装置とノズル先端の衝突板による粒子発生はミスト機である．

薬剤の散布機器は 2022-178 .

問題 178　正解　(1)・・・・・・頻出度 A A A

第 1 石油類→第 2 石油類が正しい．

第 2 石油類とは灯油，軽油その他 1 気圧において引火点が 21 ℃以上 70 ℃未満のもの．

乳剤や油剤は，灯油（ケロシン）に有効成分を溶かしたものが多い．

保管量が指定数量（非水溶性 1 000 L，水溶性 2 000 L）以上の場合，危険物施設となり市町村長あるいは都道府県知事の許可が必要となる．

指定数量の 1/5 以上 1 未満の危険物を貯蔵または取り扱おうとする場合は，少量危険物・指定可燃物貯蔵取扱の届出が必要となる．

-(5)　散布の前後 3 日間掲示する…「建築物における維持管理マニュアル」の「IPM(総合的有害生物管理)の施工方法」．

問題 179　正解　(5)・・・・・・頻出度 A A A

措置水準は，すぐに防除が必要な状況を指す．

2022-179

問題 180　正解　(3)・・・・・・頻出度 A A A

炭酸ガス製剤は，有効成分を液化炭酸ガスに溶解した製剤である（「有機溶剤」は余計．**180-1 表**参照）．

180-1 表　殺虫剤の剤型

剤型	説明
油剤	油剤は有効成分を灯油（ケロシン）に溶かしたものが多い．有効成分は1%程度のものが多い．そのまま使用できる便利さがある．直接散布する空間処理，残留処理以外に煙霧などに用いる．引火性があるので火気に注意する必要がある． ※　消防法危険物第4類第2石油類として指定数量1,000 L（非水溶性），2,000 L（水溶性）以上は法の規制を受ける．
乳剤	有効成分がケロシン，キシレンなどの溶剤に溶かされさらに乳化剤を加えてあり，使用時水で希釈して使用する．希釈すると白濁※する．希釈後は1回1回使い切るようにする（希釈後は長期間の保管は好ましくない）． 残留噴霧処理に使用する． 空間処理のULV処理用のピレスロイド専用乳剤がある．
懸濁（けんだく）剤	基本的には乳剤と同じ製剤であるが，有効製剤を特殊な物質で被覆したり，炭末のような物質に吸着させてある製剤で，フロアブル剤ともいう．有効成分をポリアミンなどの物質で被膜した製剤はマイクロカプセル化剤（MC剤）という．他の乳剤と同じように使用時水で希釈して使用する．
粉剤	タルクのような鉱物性の粉末を増量剤とし有効成分を混ぜてあり，そのまま使用できる．処理場所を選ばないと周辺に粉末が散るおそれがある（厨房などでの使用は好ましくない）．粉末が昆虫の体表を傷つけ効果を発揮したり，付着した粉を昆虫がなめて食毒効果をもつこともある．ボウフラなどに使用する粉剤では水面に薬剤が浮遊する浮遊性粉剤もある． ※　タルク滑石．マグネシウムのケイ酸塩を主成分とし，最も軟らかい鉱物の一つ．
粒剤	蚊幼虫等，水中に生息する害虫を対象にした径2～5 mmの粒状の製剤．崩壊性と非崩壊性の製剤がある．前者は有効成分を比較的短い日時で放出するが，後者は多孔質の粒子から徐放的に放出されるので，残効性が期待できる．
水和剤	粉剤に乳化剤を加え，水で希釈して懸濁させて使用する製剤．有効成分の表面残留性が高いので残留噴霧処理に向くが，わが国では散布面を汚すという理由で室内ではあまり利用されない．配電盤などにも不適．
薫（くん）煙剤	ジクロスボスやピレスロイドなど，速効性と致死効力が高い薬剤を助燃剤によって燃焼させ，煙として屋内に飛散させ，飛翔性昆虫を殺虫する．蚊取り線香もこの範疇（ちゅう）に入る．
蒸散剤	蒸散性の高い有効成分を，水や空気によって起こした反応熱や電気で熱して気化させ空中に飛散させて使用する．電気蚊取り，液体蚊取りもこの種類である．自然蒸散性の高いジクロスボスでは，合成樹脂に含浸させ，自然状態で気化させて使用する樹脂蒸散剤がある．使用する場所のある程度の気密性が必要である．
食毒剤	有効成分を餌材に混合して，食毒（ベイト）として使用する．ゴキブリ用の製品が多数ある．ヒドラメチルノンが代表的．
その他	ピレスロイドを噴射剤（LPG：液化プロパンガス）とともに300 cc程度のボンベに封入したエアゾール剤は，ハエ，蚊には空間噴霧，ゴキブリには直撃用，残留塗布用として用いられる． フェノトリンなどのピレスロイド剤を液化炭酸ガスとともにボンベに封入した炭酸ガス製剤は，専用の噴射装置を必要とするが，粒子径が細かく，ULV的な処理が行える．

※　水性乳剤と称する，水を加えても白濁しない薬剤が存在する．

引用文献

午前

⑴ 新建築物の環境衛生管理編集委員会編『新建築物の環境衛生管理　第1版第1刷　中巻』日本建築衛生管理教育センター　p.196　2019

⑵ 株式会社前田鉄工所：「長寿命で，設置後のパワーアップも可能な鋳鉄製ボイラー・ヒーター」https://www.maedatekkou.co.jp/business/air-conditioningに解説追記

⑶ 株式会社ヒラカワ：炉筒煙管ボイラ「MP800シリーズ」https://www.hirakawag.co.jp/product/80/

⑷ 株式会社MonotaRO：空調設備の基礎講座「3-8 炉筒煙管ボイラの特徴」（執筆：イラストレーター・ライター 菊地至）https://www.monotaro.com/note/readingseries/kuchosetsubikisokouza/0308/

⑸ ビル管理教育センター：『空気調和用ダクト清掃作業監督者講習会テキスト』ビル管理教育センター　p.105, 106　2002

⑹ 株式会社三功工業所：「風量調節ダンパー」https://www.sankoh-product.co.jp/product/vd/

⑺ 株式会社坂本：「スカイダンパー（スライドダンパー）」https://sakamoto-fg.jp/damper

⑻ 株式会社フカガワ：フカガワ総合カタログvol.16「イージーキャンバス【成型例】」https://www.ductnet.com/catalog/HTML5/html5m.html#page=217

⑼ 新晃工業株式会社：「電子式VAV・CAVユニット（STU2）」https://www.sinko.co.jp/product/vav/stu2/を加工

午後

⑴ 新建築物の環境衛生管理編集委員会編『新建築物の環境衛生管理　第1版第1刷　上巻』日本建築衛生管理教育センター　p.187　2019

⑵ 国土交通省住宅局建築指導課，日本建築設備・昇降機センター，日本エレベータ協会編：『昇降機技術基準の解説』　2016

⑶ 空気調和・衛生工学会編：『空気調和・衛生工学会規格SHASE-S206-2009給排水衛生設備基準・同解説』空気調和・衛生工学会　2009

⑷ 株式会社キッツ：青銅・黄銅バルブ総合カタログ「10K　青銅製グローブバルブ（フランジ形）製品記号:JB」https://www.kitz-valvesearch.com//upload/Files/material/04_Catalogs/01_pdf/青銅・黄銅.pdf

⑸ 株式会社キッツ：青銅・黄銅バルブ総合カタログ「125型黄銅製ゲートバルブ（ステム非上昇型・ねじ込み形）製品記号:FR」https://www.kitz-valvesearch.com//upload/Files/material/04_Catalogs/01_pdf/青銅・黄銅.pdf

⑹ 株式会社KVK：「架橋ポリエチレン管 ブルー HMB-13」https://www.kvk.co.jp/support/category/detail/HMB-13.htmlを反転

⑺ SANEI株式会社：「通気弁」https://www.sanei.ltd/?type=item&s=%E9%80%9A%E6%B0%97%E5%BC%81（写真のみ）

⑻ 株式会社レゾナック建材（旧：昭和電工建材）　ケイプラ 継手メジフリー「LT（90°大曲がりY）」https://www.rkc.resonac.com/keipla/pdf_download/pdf/keipura.pdfに解説追記

⑼ 積水化学工業株式会社：「エスロン単管式排水システム（ADスリム継手）」https://www.eslontimes.com/system/items-view/31/を加工

⑽ 株式会社中部コーポレーション：建材製品総合カタログ2022-2023　ベントキャップ「CVE-AC」https://www.chubu-net.co.jp/kenzai/images/products/pdf/262_2.pdf

⑾ 宇佐美工業株式会社：ステンレス製丸型スリムガラリ「UK-SNタイプ」https://uk-usami.co.jp/product/sn100s/

⑿ TOTO株式会社：トイレのしくみ「タンクについて」https://jp.toto.com/support/tips/toilet/kaiteki/shikumi/#a03

⒀ ビルの環境衛生管理編集委員会：『改訂ビルの環境衛生管理　下巻』ビル管理教育センター　2002

⒁ 建築物管理訓練センター：『ビルクリーニング科実技テキスト』建築物管理訓練センター　p.8　1988

引用文献に記載のURLの最終確認日は2023年3月7日です．

参考文献

- 新建築物の環境衛生管理編集委員会編：『新建築物の環境衛生管理　第1版第1刷　上中下巻』日本建築衛生管理教育センター　2019
- 株式会社トーキン：「異径管継手類」https://www.to-kin.co.jp/products/coupler.html
- 株式会社フカガワ：「【日本ダクト工事の歴史-その①-】ダクト工事はこうして始まった」https://www.ductnet.com/news/225/
- 公益社団法人日本冷凍空調学会：「リバースリターンとリバースモーゲージ」https://www.jsrae.or.jp/annai/yougo/34.html
- 日本テス株式会社：「真空式給湯暖房温水機」http://www.nihon-tes.co.jp/product/p03.html
- 大阪ガス株式会社：「ガス温水ボイラの構造」https://ene.osakagas.co.jp/product/steam_hotwater/hotwater/structure.html
- 高崎市下水道局：「排水設備設計施工指針」http://www.city.takasaki.gunma.jp/docs/2021032300010/files/haisuisetubisekkeisekoushishinR0501.pdf

2019年度（令和元年度）午前の問題

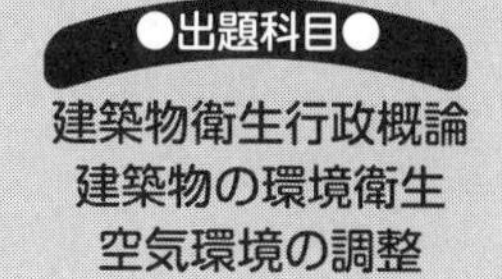

問題 1　世界保健機関（WHO）憲章の前文に述べられている健康の定義に関する次の文章の［　　　］内に入る語句として，**最も適当な**ものはどれか．

「健康とは完全な肉体的，精神的及び社会的福祉の状態にあり，単に病気又は病弱の存在しないことではない．

到達しうる最高基準の健康を享受することは，人種，宗教，政治的信念又は経済的もしくは［　　　］条件の差別なしに万人の有する基本的権利の一つである．」

(1)　地域的
(2)　文化的
(3)　社会的
(4)　精神的
(5)　身体的

問題 2　建築物における衛生的環境の確保に関する法律（以下「建築物衛生法」という．）に基づく特定建築物の用途に関する次の記述のうち，**最も不適当な**ものはどれか．

(1)　百貨店は，大規模小売店舗立地法に規定する大規模小売店舗をいう．
(2)　興行場は，興行場法に規定する興行場に限らない．
(3)　図書館は，図書館法に規定する図書館に限らない．
(4)　博物館は，博物館法に規定する博物館に限らない．
(5)　旅館は，旅館業法に規定する旅館業を営むための施設をいう．

問題 3　建築物衛生法に基づく特定建築物の延べ面積に関する次の記述のうち，**最も不適当な**ものはどれか．

(1)　地下街の地下道は，延べ面積に算入しない．
(2)　公共駐車場は，延べ面積に算入しない．
(3)　事務所内の事務所用倉庫は，延べ面積に算入しない．
(4)　共同住宅は，延べ面積に算入しない．
(5)　診療所は，延べ面積に算入しない．

問題4　建築物衛生法に関する次の記述のうち，**誤っている**ものはどれか．

(1)　特定建築物においては，建築物環境衛生管理基準に従った維持管理が義務付けられている．

(2)　特定建築物の所有者等は，建築物環境衛生管理技術者を選任しなければならない．

(3)　建築物環境衛生管理基準は，空気環境の調整，給水及び排水の管理，清掃，ねずみ・昆虫等の防除に関し，環境衛生上良好な状態を維持するのに必要な措置について定めている．

(4)　建築物環境衛生管理基準を定め，建築物環境衛生管理技術者にその遵守を義務付けている．

(5)　建築物環境衛生上の維持管理を行う事業者の資質の向上を図ることが重要であることから，これらの事業者について登録制度が設けられている．

問題5　建築物衛生法に基づく特定建築物の用途として**最も不適当な**ものは，次のうちどれか．

(1)　ボーリング場

(2)　水族館

(3)　公民館

(4)　人文科学系研究所

(5)　スポーツジム

問題6　次の建築物のうち，建築物衛生法に基づく特定建築物に**該当する**ものはどれか．

(1)　延べ面積が 2,500 m^2 の事務所を併せもつ，5,000 m^2 の自然科学系研究施設

(2)　延べ面積が 3,500 m^2 の中学校と 4,000 m^2 の高等学校を併せもつ，7,500 m^2 の中高一貫校

(3)　延べ面積が 1,500 m^2 の体育施設を併せもつ，6,500 m^2 の専門学校

(4)　延べ面積が 2,500 m^2 の事務所を併せもつ，5,000 m^2 の寺院

(5)　延べ面積が 2,500 m^2 の店舗と 2,000 m^2 の貸倉庫を併せもつ，4,500 m^2 の複合建築物

問題7　建築物衛生法に基づく特定建築物の届出に関する次の記述のうち，**最も不適当な**ものはどれか．

(1)　用途の変更により，特定建築物に該当しなくなったときは，その日から1カ月以内に，その旨を届け出なければならない．

(2)　届出義務者は，所有者あるいは当該特定建築物の全部の管理について権原を有する者である．

(3)　現に使用されている建築物が，増築により新たに特定建築物に該当することになったときは，その日から1カ月以内に届け出なければならない．

(4)　届出の様式は，建築物衛生法施行規則で定められている．

(5)　建築物衛生法施行規則に基づく届出事項に変更があったときは，その日から1カ月以内に，その旨を届け出なければならない．

問題8　建築物環境衛生管理基準に基づく空気環境の測定に関する次の記述のうち，**最も適当な**ものはどれか．

(1)　新築の特定建築物では，最初の1年間は毎月測定しなければならない．

(2)　測定を行う場合は，1日2回以上測定することが必要である．

(3)　階数が多い場合は，各階ごとに測定しなくてもよい．

(4)　測定場所は，適当な居室を選択し，測定しやすい場所で行う．

(5)　ホルムアルデヒドの測定結果が基準を超えた場合は，空調・換気設備を調整するなど軽減措置を実施後，速やかに測定し，効果を確認しなければならない．

問題9　建築物環境衛生管理技術者に関する次の記述のうち，**最も適当な**ものはどれか．

(1)　特定建築物ごとに選任しなければならないので，同時に2以上の特定建築物の建築物環境衛生管理技術者となることは，いかなる場合も認められない．

(2)　建築物環境衛生管理技術者は，必要があると認めるときは，建築物維持管理権原者に意見を述べることができ，建築物維持管理権原者はこの意見に従わなければならない．

(3)　建築物環境衛生管理技術者が管理業務の指揮監督を怠り健康被害が発生した場合は，建築物環境衛生管理技術者に対して罰則の適用がある．

(4)　建築物環境衛生管理技術者の免状の記載事項に変更を生じたときは，厚生労働大臣に免状の書換え交付を申請しなければならない．

(5)　建築物環境衛生管理技術者の免状の再交付を受けた後，失った免状を発見したときは，5日以内にこれを厚生労働大臣に返還する．

問題 10　建築物環境衛生管理基準のうち，建築物衛生法施行規則に**規定されている**ものは，次のどれか．

⑴　浮遊粉じんの量

⑵　相対湿度

⑶　二酸化炭素の含有率

⑷　ホルムアルデヒドの量

⑸　特例による一酸化炭素の含有率

問題 11　建築物衛生法に基づく事業の登録に必要な人的要件に関する次の記述のうち，**最も適当な**ものはどれか．

⑴　建築物環境衛生管理技術者として特定建築物に選任されている者は，登録事業の監督者等と兼務することができる．

⑵　同一の者が2以上の営業所の登録事業の監督者等となることができる．

⑶　はじめに建築物環境衛生管理技術者の免状によって監督者となったものであっても，事業登録の更新により引き続き監督者となる場合は，6年ごとの再講習を受講する．

⑷　同一の者が同一営業所の2以上の登録事業の監督者等となることができる．

⑸　登録事業に従事するパート，アルバイトは従事者研修の対象外である．

問題 12　建築物衛生法に基づく事業の登録に必要な物的要件に関する次の記述のうち，**誤っている**ものはどれか．

⑴　建築物空気調和用ダクト清掃業は，機械器具を適切に保管することのできる専用の保管庫が必要である．

⑵　建築物空気環境測定業は，機械器具を適切に保管することのできる専用の保管庫が必要とされていない．

⑶　建築物飲料水貯水槽清掃業は，機械器具を適切に保管することのできる専用の保管庫が必要である．

⑷　建築物ねずみ・昆虫等防除業は，機械器具及び薬剤を適切に保管することのできる専用の保管庫が必要である．

⑸　建築物環境衛生総合管理業は，機械器具を適切に保管することのできる専用の保管庫が必要とされていない．

問題 13　建築物衛生法における都道府県知事の権限のうち，建築物衛生法により，保健所を設置する市の市長及び特別区の区長へ**付与されていない**ものは，次のどれか．

(1)　特定建築物の届出の受理

(2)　建築物事業登録営業所への立入検査

(3)　特定建築物所有者等に対する報告の徴収

(4)　特定建築物所有者等への改善命令

(5)　特定建築物に対する立入検査

問題 14　建築物衛生法に基づき，10 万円以下の**過料となる**ものは次のうちどれか．

(1)　建築物環境衛生管理技術者を選任していない特定建築物の所有者

(2)　特定建築物の届出義務に違反した者

(3)　特定建築物の維持管理に関し環境衛生上必要な事項を記載した帳簿書類の備付け義務に違反した者

(4)　改善命令等に従わない者

(5)　正当な理由がないのに，厚生労働大臣の命令に違反して建築物環境衛生管理技術者免状を返納しなかった者

問題 15　次に示すものは，建築物衛生法に基づく，ある特定建築物の飲料水水質検査結果である．このうち，水道法第 4 条で規定する水質基準を**満たしていない**ものはどれか．

(1)　一般細菌（1 mL の検水で形成される集落数）――― 25 個

(2)　濁度 ――――――――――――――――――― 2 度

(3)　pH 値 ―――――――――――――――――― 7.5

(4)　鉄及びその化合物 ――――――――――――― 3 mg/L

(5)　有機物（全有機炭素（TOC）の量）―――――― 1 mg/L

問題 16　下水道法に関する次の記述のうち，**最も不適当な**ものはどれか．

(1)　下水道の整備を図り，もって都市の健全な発達及び公衆衛生の向上に寄与し，あわせて公共用水域の水質の保全に資することを目的とする．

(2)　厚生労働大臣は，緊急の必要があると認めるときは，公共下水道等の工事又は維持管理に関して必要な指示をすることができる．

(3)　終末処理場とは，下水を最終的に処理して河川等に放流するために，下水道の施設として設けられる処理施設及びこれを補完する施設をいう．

(4)　都道府県は，下水道の整備に関する総合的な基本計画を定めなければならない．

(5)　環境大臣は，緊急の必要があると認めるときは，終末処理場の維持管理に関して必要な指示をすることができる．

問題 17　公衆浴場法に関する次の記述のうち，**最も不適当な**ものはどれか．

⑴　営業者が講じなければならない入浴者の衛生及び風紀に必要な措置の基準については，厚生労働大臣が省令でこれを定める．

⑵　公衆浴場を経営しようとする者は，都道府県知事等の許可を受けなければならない．

⑶　都道府県知事等は，必要があると認めるときは，営業者その他の関係者から必要な報告を求め，又は当該職員に公衆浴場に立入り，検査をすることができる．

⑷　療養のために利用される公衆浴場で都道府県知事等の許可を受けた営業者は，伝染性の疾病にかかっている者と認められる者に対して，入浴を拒まなくともよい．

⑸　入浴者は，公衆浴場において，浴槽内を著しく不潔にし，その他公衆衛生に害を及ぼすおそれのある行為をしてはならない．

問題 18　水質汚濁防止法第1条に定めるこの法律の目的に関する次の条文の［　　］内に入る語句の組合せとして，**正しい**ものはどれか．

「この法律は，工場及び事業場から公共用水域に排出される水の排出及び地下に浸透する水の浸透を規制するとともに，［ア］の実施を推進すること等によって，公共用水域及び地下水の水質の汚濁の防止を図り，もって［イ］とともに生活環境を保全し，並びに工場及び事業場から排出される汚水及び廃液に関して人の健康に係る被害が生じた場合における［ウ］について定めることにより，被害者の保護を図ることを目的とする．」

	ア	イ	ウ
⑴	生活排水対策	国民の健康を保護する	事業者の損害賠償の責任
⑵	下水対策	水質の基準を維持する	事業者の損害賠償の責任
⑶	生活排水対策	水質の基準を維持する	緊急時の措置
⑷	下水対策	国民の健康を保護する	緊急時の措置
⑸	生活排水対策	水質の基準を維持する	事業者の損害賠償の責任

問題 19　事務所衛生基準規則において，労働者を常時就業させる室の環境に関する次の記述のうち，**最も不適当な**ものはどれか．

(1)　空気調和設備を設けている場合は，室の気温が 17 ℃以上 28 ℃以下になるように努めなければならない．

(2)　窓その他の直接外気に向かって開放できる部分の面積が，常時床面積の 20 分の 1 以上となるようにするか，有効な換気設備を設けなければならない．

(3)　室の気温が 10 ℃以下の場合は，暖房するなどの適当な温度調節の措置を講じなければならない．

(4)　気積は，設備の占める容積及び床面から 3 m を超える高さにある空間を除き，労働者 1 人について，8 m^3 以上としなければならない．

(5)　室の作業面の照度は，普通の作業の場合は 150 lx 以上でなければならない．

問題 20　次の法律のうち，受動喫煙防止を**規定している**ものはどれか．

(1)　健康増進法

(2)　有害物質を含有する家庭用品の規制に関する法律

(3)　悪臭防止法

(4)　環境基本法

(5)　美容師法

問題 21　環境基本法で定める環境基準に関する次の条文の［　　］に入る語句の組合せとして，**正しい**ものはどれか．

「政府は，大気の汚染，水質の汚濁，土壌の汚染及び［ア］に係る環境上の条件について，それぞれ，［イ］を保護し，及び［ウ］を保全する上で維持されることが望ましい基準を定めるものとする．」

	ア	イ	ウ
(1)	騒音	生態系	自然環境
(2)	温暖化	人の健康	国土
(3)	騒音	人の健康	生活環境
(4)	海洋の汚染	文化的な生活	生活環境
(5)	海洋の汚染	生態系	国土

問題 22　環境衛生に関する次の記述のうち，**最も不適当な**ものはどれか．

⑴　許容限界とは，生物が耐えきれなくなるストレス強度の限界のことである．

⑵　労働者の有害物質による健康障害を予防するために，許容濃度が日本産業衛生学会より勧告されている．

⑶　有害物による特定の反応においては，曝(ばく)露量が増加すると陽性者の率は増加する．

⑷　集団の反応率と有害物への曝露量との関係を，量–影響関係という．

⑸　学校における環境衛生の基準は，学校保健安全法で定められている．

問題 23　体温に関する次の記述のうち，**最も不適当な**ものはどれか．

⑴　発汗反応は，行動性体温調節の一つの反応である．

⑵　平均皮膚温は，各部位の皮膚温をそれぞれの面積で重みづけした平均の値である．

⑶　核心温は，ホメオスタシスによって約 37 ℃に保たれている．

⑷　体温調節は，自律性体温調節と行動性体温調節に分類される．

⑸　外気温（22 ～ 25 ℃）では，手足より顔の皮膚温は高い．

問題 24　WBGT 値に関する次の記述のうち，**最も不適当な**ものはどれか．

⑴　熱中症予防のため，スポーツ時のガイドラインとして利用されている．

⑵　職場の暑熱基準として利用する場合，作業強度を考慮する必要がある．

⑶　作業者の熱への順化度に関わらず，作業強度に応じた基準値は同じ値である．

⑷　着用する衣服の種類に応じて補正する必要がある．

⑸　屋外で太陽照射がある場合，気温と自然湿球温度，黒球温度から求められる．

問題 25　ヒトの熱収支に関する次の記述のうち，**最も不適当な**ものはどれか．

⑴　日本人（30 歳代）の平均的基礎代謝量は，男子が女子よりも大きい．

⑵　日本人の基礎代謝は，冬が低く夏は高い．

⑶　着衣の保温性を表す量として，クロ値（clo）がある．

⑷　蒸発は,水分が皮膚より気化するときに潜熱で皮膚表面の熱を奪う現象である．

⑸　不感蒸泄(せつ)により，皮膚表面から常に水分が蒸散している．

問題 26　高温障害の種類とその特徴に関する組合せとして，**最も不適当な**ものは次のうちどれか．

⑴　熱中症 ―――――― 暑熱障害による症状の総称

⑵　熱失神 ―――――― 血圧の上昇

⑶　熱けいれん ―――― 低ナトリウム血症

⑷　熱疲労 ―――――― 脱水

⑸　熱射病 ―――――― 中枢神経機能の異常

問題 27　シックビル症候群に関する次の記述のうち，**最も不適当な**ものはどれか．

(1)　そのビルに居住する人の 20 %以上が不快感に基づく症状を認める．

(2)　部屋の気密性が高いことは発症要因となる．

(3)　原因物質は同定されている．

(4)　学校でもみられる．

(5)　職場のストレスは，発症の危険因子となる．

問題 28　気管支喘(ぜん)息に関する次の記述のうち，**最も不適当な**ものはどれか．

(1)　有害な免疫反応により引き起こされる．

(2)　症状の発現には，体内の肥満細胞の働きが関係する．

(3)　アレルゲンの同定方法の一つに皮内テストがある．

(4)　原因としては，真菌が最も多い．

(5)　患者の素因は，発症・増悪因子の一つである．

問題 29　過敏性肺炎に関する次の記述のうち，**最も不適当な**ものはどれか．

(1)　アレルギー性疾患である．

(2)　過敏性肺炎の一種である換気装置肺炎は，好熱性放線菌が原因となることが多い．

(3)　大部分の夏型過敏性肺炎は，真菌（トリコスポロン）により発生する．

(4)　予防には，飲料用貯水槽や空調用エアフィルタの清掃が重要である．

(5)　たばこ煙も発症の原因となる．

問題 30　室内に存在する汚染物質とその健康障害の組合せとして，**最も不適当な**ものは次のうちどれか．

(1)　細菌 ―――――――――――― 慢性閉塞性肺疾患

(2)　たばこ煙 ―――――――――― 喉頭癌(がん)

(3)　ハウスダスト ――――――― 慢性鼻炎

(4)　真菌 ―――――――――――― アスペルギルス症

(5)　ホルムアルデヒド ――――― シックハウス症候群

問題 31　音に関する次の記述のうち，**最も不適当な**ものはどれか．

(1)　マスキング量は，マスクする雑音などが存在するとき，マスクされる音の最小可聴域の音圧レベル上昇量で示される．

(2)　ヒトの聴器で聴き取ることのできる周波数帯の範囲は，約 10 オクターブである．

(3)　聴覚の刺激となる音には，鼓膜を通じた空気の振動による音と，骨を通じて伝わる音がある．

(4)　オージオメータを用いた聴力検査で測定されたマイナスの測定値は，聴力が基準よりも良いことを意味する．

(5)　ヒトの聴覚が最も敏感な周波数は，8,000 Hz 付近である．

問題 32　光環境と視覚に関する次の記述のうち，**最も適当な**ものはどれか．

⑴　網膜にある杆(かん)体細胞は，明るいときに働きやすい．

⑵　明るい場所から暗い場所への順応を暗順応といい，およそ 2 分程度で順応が完了する．

⑶　杆体細胞と錐(すい)体細胞を比較すると，感光度は錐体細胞の方が高い．

⑷　杆体細胞と錐体細胞を比較すると，数は錐体細胞の方が多い．

⑸　視力は，照度 0.1 lx 付近（輝度では 0.01 cd/m^2）で大きく変化する．

問題 33　JIS による安全色の意味とその色の組合せとして，**最も不適当な**ものは次のうちどれか．

⑴　防火 ———— 赤

⑵　注意警告 ——— 黄赤

⑶　安全状態 ——— 緑

⑷　誘導 ———— 黄

⑸　放射能 ——— 赤紫

問題 34　VDT 作業の光環境に関する次の文章の［　　］内に入る数値の組合せとして，**正しい**ものはどれか．

「厚生労働省のガイドラインでは，ディスプレイを用いる場合のディスプレイ画面上における照度は［ア］lx 以下，書類上及びキーボード上における照度は［イ］lx 以上とすることが推奨されている．」

	ア		イ
⑴	500	———	200
⑵	500	———	300
⑶	700	———	300
⑷	1,000	———	300
⑸	1,000	———	500

問題 35　紫外線に関する次の記述のうち，**最も不適当な**ものはどれか．

⑴　波長によって，3 領域に分類される．

⑵　慢性曝(ばく)露で緑内障を発症する．

⑶　皮膚の老化を促進する．

⑷　ビタミン D を生成して，くる病を予防する．

⑸　赤外線と比較して皮膚透過性が低い．

問題 36　放射線の健康影響のうち，晩発影響として**最も不適当な**ものは次のどれか．

(1)　白血病

(2)　胎児の障害

(3)　白内障

(4)　脱毛

(5)　甲状腺癌（がん）

問題 37　電場，磁場，電磁波に関する次の記述のうち，**最も不適当な**ものはどれか．

(1)　赤外線は，電離作用を持っている．

(2)　電磁波は，波長の長短により性質が大きく異なる．

(3)　磁場の単位は，T（テスラ）又はG（ガウス）である．

(4)　家庭用電化製品，送電線等から発生する電磁場は変動磁場である．

(5)　冬場には，静電場が生じやすい．

問題 38　ヒトと水に関する次の記述のうち，**最も不適当な**ものはどれか．

(1)　一般成人における体内の水分量は，体重の約60％である．

(2)　体液のうち，細胞内液は，約2/3である．

(3)　成人の場合，1日1L以上の尿排泄（せつ）が必要である．

(4)　一般に体重当たりの体内水分量は，女性より男性の方が多い．

(5)　水分の欠乏率が体重の2％になると，強い口渇を感じる．

問題 39　有機水銀に関する次の記述のうち，**最も不適当な**ものはどれか．

(1)　生物濃縮が起こる．

(2)　水俣（みなまた）病はメチル水銀による．

(3)　小脳性失調を認める．

(4)　水質汚濁防止法に基づく排水基準の項目に含まれる．

(5)　慢性曝（ばく）露で低分子蛋（たん）白尿を認める．

問題 40　環境基本法における水質汚濁に係る環境基準において，公共用水域から**検出されない**こととされているものは次のうちどれか．

(1)　カドミウム

(2)　PCB

(3)　砒（ひ）素

(4)　ベンゼン

(5)　鉛

問題 41　感染症とその病原体との組合せとして，**最も適当な**ものは次のうちのどれか．

(1)　マラリア ―――――――――― 原虫
(2)　カンジダ症 ――――――――― ウイルス
(3)　A 型肝炎 ――――――――――― 細菌
(4)　クリプトスポリジウム症 ――― 真菌
(5)　デング熱 ――――――――――― 細菌

問題 42　次の感染症対策のうち，感染経路対策として，**最も不適当な**ものはどれか．

(1)　ネズミの駆除
(2)　手洗いの徹底
(3)　N95 マスクの着用
(4)　水と空気の浄化
(5)　ワクチンの接種

問題 43　感染症の予防及び感染症の患者に対する医療に関する法律において，建物の立入り制限が**適用されることがある**感染症は次のうちどれか．

(1)　エボラ出血熱
(2)　コレラ
(3)　結核
(4)　デング熱
(5)　マラリア

問題 44　消毒に関する次の記述のうち，**最も不適当な**ものはどれか．

(1)　波長 254 nm 付近の紫外線は，消毒作用がある．
(2)　消毒用エタノールは，芽胞や一部のウイルスに対して無効である．
(3)　100 %エタノールの方が，70 %エタノールより消毒に適している．
(4)　酸化エチレンは，ガス滅菌に用いられる．
(5)　ホルマリンは，全ての微生物に有効である．

問題 45　6 %次亜塩素酸ナトリウム溶液 100 mL を水 30 L に加えた場合，この濃度の次亜塩素酸ナトリウム濃度に**最も近い**ものは次のうちどれか．

(1)　20 mg/L
(2)　60 mg/L
(3)　100 mg/L
(4)　200 mg/L
(5)　300 mg/L

問題 46 下の図は，外壁の断面図上に，冬期暖房時の壁内定常温度分布を示している．この図に関する次の記述のうち，**最も適当な**ものはどれか．

(1) 温度分布はAとなり，壁内結露の防止のためにイに防湿層を設けることは有効である．
(2) 温度分布はBとなり，壁内結露の防止のためにウに防湿層を設けることは有効である．
(3) 温度分布はCとなり，壁内結露の防止のためにイに防湿層を設けることは有効である．
(4) 温度分布はAとなり，壁内結露の防止のためにアに防湿層を設けることは有効である．
(5) 温度分布はCとなり，壁内結露の防止のためにウに防湿層を設けることは有効である．

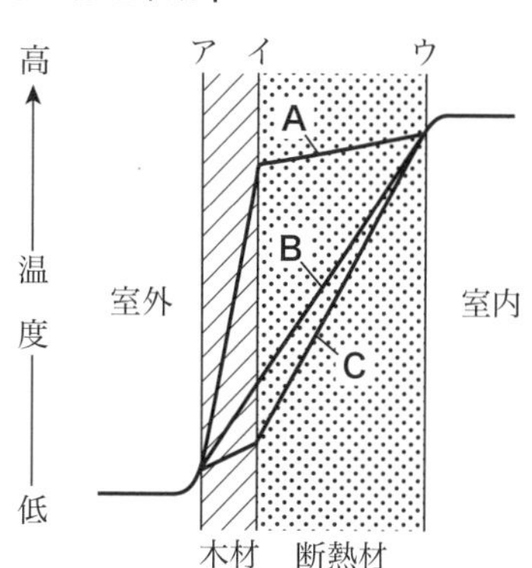

問題 47 放射に関する次の記述のうち，**最も不適当な**ものはどれか．

(1) 同一温度の物体間では，物体の放射率と吸収率は等しい．
(2) 白色プラスターの日射吸収率は，0.1 程度である．
(3) 常温物体から射出される電磁波は，波長が 10 μm 付近の赤外線が主体である．
(4) 温度が 0 ℃の固体表面も，熱放射している．
(5) 光ったアルミ箔の長波長放射率は，0.9 程度である．

問題 48 面積 8 m^2 の外壁の熱貫流（熱通過）抵抗が 2.0 m^2・K/W であったとする．外気温度が−5 ℃のときに室温 20 ℃とすると，外壁を通過する熱量として，**正しい**ものは次のうちどれか．

(1) 60 W
(2) 80 W
(3) 100 W
(4) 400 W
(5) 800 W

問題 49 熱移動に関する次の記述のうち，**最も不適当な**ものはどれか．

(1) 一般に，同一材料でも内部に水分を多く含むほど，熱伝導率は小さくなる．
(2) 一般に，密度が大きい材料ほど，熱伝導率は大きくなる．
(3) 一般に，同一材料でも熱伝導率は，温度によって異なる．
(4) 中空層の熱抵抗は，密閉の程度に関係する．
(5) ガラス繊維などの断熱材の熱伝導率が小さいのは，繊維材によって内部の空気の流動が阻止されることによる．

問題 50　流体力学に関する次の記述のうち，**最も不適当な**ものはどれか．

(1)　円形ダクトの圧力損失は，ダクト長さに比例し，ダクト直径に反比例する．

(2)　動圧は，速度の 2 乗と流体の密度に比例する．

(3)　開口部の通過流量は，開口部の面積と流量係数に比例し，圧力差の平方根に比例する．

(4)　位置圧は，高さの 2 乗に比例する．

(5)　ダクトの形状変化に伴う圧力損失は，風速の 2 乗と形状抵抗係数に比例する．

問題 51　下の図のように，風上側と風下側にそれぞれ一つの開口部を有する建築物における外部の自然風のみによる自然換気に関する次の記述のうち，**最も不適当な**ものはどれか．

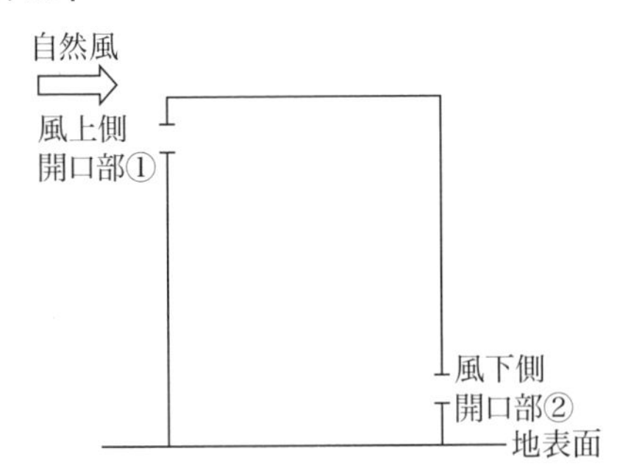

(1)　換気量は，外部の自然風の風速に比例する．

(2)　換気量は，開口部①と②の風圧係数の差に比例する．

(3)　開口部①と②の両方の開口面積を 2 倍にすると，換気量は 2 倍になる．

(4)　風下側に位置する開口部②の風圧係数は，一般的に負の値となる．

(5)　流量係数は，開口部の形状に関係する．

問題 52　下の図は，暖房時の各種吹出方式による室内気流を示したものである．暖房時に好ましい方式の室内気流の組合せとして，**最も適当な**ものは次のうちどれか．

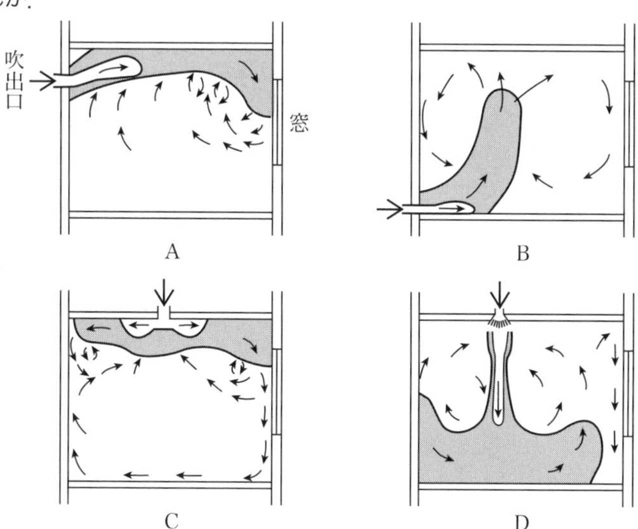

⑴　A と C

⑵　B と D

⑶　A と D

⑷　B と C

⑸　C と D

問題 53　平成 14 年に厚生労働省が公表した「分煙効果判定基準策定検討会報告書」による，分煙に関する次の文章の［　　］内の語句のうち，**最も不適当な**ものはどれか．

［⑴　局所換気］により，たばこ煙中の粒子状及びガス状汚染物質の漏れ出しが隣室にないようにするため，非喫煙場所から喫煙場所方向に一定の空気の流れ（［⑵　0.1 m/s 以上］）があることを判定の基準として提案している．また同時に，喫煙場所と非喫煙場所との境界においてデジタル粉じん計を用いて経時的に［⑶　浮遊粉じん濃度］の変化を測定し，漏れ状態を確認する．さらに，喫煙場所内の浮遊粉じん濃度は，［⑷　0.15 mg/m^3 以下］であること，一酸化炭素濃度が，［⑸　10 ppm 以下］であることを確認する．

問題 54　揮発性有機化合物（VOCs）に関する次の記述のうち，**最も不適当な**ものはどれか.

(1)　VOCs とは，常温常圧で空気中に容易に揮発する有機化合物のことである.

(2)　室内の発生源として，洗剤，防臭剤，塗料，接着剤，ワックス等がある.

(3)　トルエンは，建築物衛生法により基準値が定められている.

(4)　VOCs は，その物質の沸点を基準に VVOC，VOC，SVOC 等に分類される.

(5)　TVOC（総揮発性有機化合物）は，厚生労働省により暫定目標値が定められている.

問題 55　ある室において, 在室者数 6 人, 在室者 1 人当たりの CO_2 発生量 0.022 m^3/h, 室内 CO_2 許容値 1,000 ppm, 外気 CO_2 濃度 400 ppm のとき, 必要換気量 [m^3/h] として**最も近い**ものは次のうちどれか．ただし，室内は，定常状態で完全混合（瞬時一様拡散）とする.

(1)　40 m^3/h

(2)　120 m^3/h

(3)　180 m^3/h

(4)　220 m^3/h

(5)　330 m^3/h

問題 56　室温 20 ℃の室内において，ホルムアルデヒドの質量濃度が 0.08 mg/m^3 であったとき，ホルムアルデヒドの容積比濃度として，**最も近い**ものは次のうちどれか.

ただし，濃度換算には以下の式が用いられ，ホルムアルデヒドの分子量 M は 30 とする.

$$C_{ppm} = C_{mg/m^3} \times 22.41/M \times (273 + t)/273$$

C_{ppm}：容積比濃度［ppm］，M：分子量

C_{mg/m^3}：質量濃度［mg/m^3］，t：温度［℃］

(1)　0.050 ppm

(2)　0.065 ppm

(3)　0.080 ppm

(4)　0.100 ppm

(5)　0.120 ppm

問題 57　アレルゲンと微生物に関する次の記述のうち，**最も不適当な**ものはどれか．

(1)　学校保健安全法の学校環境衛生基準には，ダニ又はダニアレルゲンの基準が含まれている．

(2)　ウイルスは，平常時の微生物汚染問題の主な原因であり，環境微生物として捉えられる．

(3)　クラドスポリウムは，アレルギー症状を引き起こす原因の一つである．

(4)　スギ花粉の除去にエアフィルタが有効である．

(5)　日本国民の約半分は，何らかのアレルギーに罹(り)患している．

問題 58　エアロゾル粒子とその測定粒径との組合せとして，**最も適当な**ものは次のうちどれか．

(1)　雨滴 ―――――― 100 μm

(2)　海岸砂 ―――――― 10 μm

(3)　胞子 ―――――― 1 μm

(4)　噴霧液滴 ―――――― 0.1 μm

(5)　ウイルス ―――――― 0.01 μm

問題 59　次の空調熱負荷のうち，室内負荷の構成要素に**分類されない**ものはどれか．

(1)　ガラス窓透過日射熱負荷

(2)　透湿熱負荷

(3)　外気負荷

(4)　間欠空調における蓄熱負荷

(5)　隙間風熱負荷

問題 60　下の表に示す，空気 A と空気 B を 2：1 に混合した後の比エンタルピーと絶対湿度の組合せとして，**最も適当な**ものは次のうちどれか．

	比エンタルピー［kJ/kg(DA)］	絶対湿度［kg/kg(DA)］
空気 A	50	0.010
空気 B	68	0.016

	比エンタルピー［kJ/kg(DA)］	絶対湿度［kg/kg(DA)］
(1)	56	0.012
(2)	62	0.012
(3)	56	0.014
(4)	62	0.014
(5)	59	0.013

問題 61　湿り空気の状態変化に関する次の記述のうち，**最も不適当な**ものはどれか．

(1)　湿り空気を加熱すると，相対湿度は低下する．

(2)　湿り空気を加熱すると，露点温度は低下する．

(3)　湿り空気を冷却すると，比エンタルピーは低下する．

(4)　湿り空気を冷却すると，比容積は小さくなる．

(5)　湿り空気を減湿すると，湿球温度は低下する．

問題 62　熱源方式に関する次の記述のうち，**最も不適当な**ものはどれか．

(1)　電動冷凍機 + ボイラ方式は，冷熱源として電動機駆動の冷凍機と，温熱源としてボイラを用いたものである．

(2)　吸着冷凍機は，比較的高温度の温水を加熱源としており，高い成績係数を得ることが可能である．

(3)　ヒートポンプ方式には，ガスエンジン駆動のヒートポンプがあり，エンジン排熱を暖房熱源に利用することが可能である．

(4)　吸収冷凍機 + 蒸気ボイラ方式は，年間を通じてガス又は油が使用され，冷熱源は冷水，温熱源は蒸気である．

(5)　コージェネレーション方式では，高いエネルギー利用効率を得るために，燃焼排熱の有効活用が重要である．

問題 63　空気調和方式に関する次の記述のうち，**最も不適当な**ものはどれか．

(1)　全空気方式では，熱負荷を処理するための熱媒として空気のみを用いるため，比較的大型の空気調和機が必要である．

(2)　外調機併用ターミナルエアハンドリングユニット方式は，ダクト併用ファンコイルユニット方式に比べ，高品位な空調空間が達成されやすい．

(3)　定風量単一ダクト方式では，室内空気質の維持に必要な新鮮外気量の確保が難しい．

(4)　デシカント空調方式は，潜熱･顕熱を分離して制御できる空調システムである．

(5)　分散設置空気熱源ヒートポンプ方式は，圧縮機のインバータによる比例制御が可能な機種が主流である．

問題 64　吸収冷凍機の構成機器として，**最も不適当な**ものは次のうちどれか．

(1)　凝縮器

(2)　蒸発器

(3)　吸収器

(4)　再生器

(5)　膨張弁

問題 65　蒸気圧縮式冷凍機における圧縮機の種類と特徴に関する次の記述のうち，**最も不適当な**ものはどれか．

⑴　往復動圧縮機は，シリンダ内のピストンを往復運動することで，冷媒ガスを圧縮する．

⑵　スクロール圧縮機は，渦巻き状の固定スクロールと渦巻き状の旋回スクロールの旋回により，冷媒を圧縮する．

⑶　スクリュー圧縮機を用いた冷凍機は，スクロール圧縮機を用いたものよりも冷凍容量の大きな範囲で使用される．

⑷　自然冷媒（アンモニア，CO_2等）を使用する機種では，通常の冷媒を使用する場合よりも低い圧縮比で使用される．

⑸　遠心圧縮機を用いた冷凍機は，羽根車の高速回転が可能であり，大容量としてもコンパクトな機種とすることができる．

問題 66　冷凍機に用いられる冷媒とオゾン破壊係数（ODP）との組合せとして，**最も不適当な**ものは次のうちどれか．

冷媒　　オゾン破壊係数（ODP）

⑴　R11（CFC）――― 1

⑵　R22（HCFC）――― 0.055

⑶　R32（HFC）――― 0.02

⑷　R717（NH_3）――― 0

⑸　R744（CO_2）――― 0

問題 67　空気調和機の構成要素の上流側からの設置順として，**最も適当な**ものは次のうちどれか．

⑴　加熱コイル ――― 冷却コイル ――― 加湿器

⑵　冷却コイル ――― 加湿器 ――― 加熱コイル

⑶　冷却コイル ――― 加熱コイル ――― 加湿器

⑷　加湿器 ――― 冷却コイル ――― 加熱コイル

⑸　加熱コイル ――― 加湿器 ――― 冷却コイル

問題 68　全熱交換器に関する次の記述のうち，**最も不適当な**ものはどれか．

⑴　回転型は，静止型よりも目詰まりを起こしやすい．

⑵　回転型は，ロータの回転に伴って排気の一部が給気側に移行することがある．

⑶　外気負荷の軽減を目的として，空気中の顕熱・潜熱を同時に熱交換する装置である．

⑷　静止型の給排気を隔てる仕切り板は，伝熱性と透湿性をもつ材料である．

⑸　冬期・夏期のいずれも省エネルギー効果が期待できるが，中間期の運転には注意が必要である．

問題69 加湿装置の方式に関する次の記述のうち，**最も不適当な**ものはどれか．

(1) 気化方式は，吹出し空気の温度が降下する．
(2) 気化方式は，結露する可能性が低い．
(3) 水噴霧方式は，給水中の不純物を放出しない．
(4) 水噴霧方式は，吹出し空気の温度が降下する．
(5) 蒸気方式は，吹出し空気の温度が降下しない．

問題70 ダクト及びその付属品に関する次の記述のうち，**最も不適当な**ものはどれか．

(1) 低圧ダクトの流速範囲は，15 m/s 以下である．
(2) 厨(ちゅう)房フードなどには，ステンレス鋼板が利用される．
(3) グラスウールダクトには，ダクト系の騒音に対する消音効果が期待できる．
(4) 防火ダンパの羽根及びケーシングは，一般に 1.5 mm 以上の鋼板で作成される．
(5) 厨房排気ダクト用防火ダンパの温度ヒューズ溶解温度は，280 ℃である．

問題71 送風機に関する次の記述のうち，**最も不適当な**ものはどれか．

(1) 斜流式送風機は，空気が羽根車の外周の一部から入り，反対側の外周の一部に通り抜ける．
(2) 遠心式送風機は，空気が羽根車の中を軸方向から入り，径方向に通り抜ける．
(3) 軸流送風機は，空気が羽根車の中を軸方向から入り，軸方向に通り抜ける．
(4) 送風機系の抵抗曲線は，風量に関する 2 次曲線で表される．
(5) 送風機の特性について，グラフ上の横軸に風量をとり，縦軸に各風量における圧力・効率・軸動力等をとって表したものを送風機の特性曲線という．

問題72 ダクトとその付属品に関する次の記述のうち，**最も不適当な**ものはどれか．

(1) ピッツバーグはぜは，鋼板ダクトの組立てに用いられる．
(2) 鋼板製長方形ダクト同士を接合する継手には，アングルフランジ工法継手がある．
(3) 耐食性を必要とするダクトには，ステンレス鋼板が用いられる．
(4) 風量調整ダンパには，バタフライ型がある．
(5) 丸ダクトはスパイラルダクトに比べて，はぜにより高い強度が得られる．

問題 73　空気浄化装置に関する次の記述のうち，**最も不適当な**ものはどれか．

(1)　静電式は，高圧電界により粉じんを荷電し，吸引吸着することによって捕集・除去するもので，電気集じん機が代表的な装置である．

(2)　ろ過式は，慣性，拡散，さえぎりなどの作用で粉じんをろ材繊維に捕集するものをいう．

(3)　HEPA フィルタや ULPA フィルタは，圧力損失が大きい傾向にある．

(4)　ろ過式は各種フィルタがあるが，粒子捕集率の値の範囲は狭い．

(5)　空気浄化装置は，排気系統に設置される場合もある．

問題 74　空気調和設備の配管・ポンプに関する語句の組合せとして，**最も不適当な**ものは次のうちどれか．

(1)　伸縮継手 ―――――― 振動防止対策

(2)　容積型ポンプ ――――― 歯車ポンプ

(3)　ポンプの特性曲線 ―――― 全揚程

(4)　蒸気トラップ ――――― 凝縮水の分離

(5)　キャビテーション ―――― 吐出量の低下，揚水不能

問題 75　換気に関する次の記述のうち，**最も不適当な**ものはどれか．

(1)　局所換気は，汚染物質を発生源の近くで捕集するため捕集効率が高く，換気量も比較的少ない．

(2)　温度差による換気力は，室内外の空気の密度差に比例する．

(3)　住宅等の居室のシックハウス対策として機械換気設備を用いる場合の必要換気量は，換気回数で 0.5 回 /h 以上と規定されている．

(4)　第 2 種機械換気方式は，給気口及び排風機により構成される．

(5)　ハイブリッド換気は，自然換気に機械換気や空調設備を組み合わせたものである．

問題 76　個別方式空気調和設備で使用する換気設備に関する次の記述のうち，**最も不適当な**ものはどれか．

(1)　パッケージ型空調機は，通常は外気処理機能を持たないため，室内空気質確保のための対策が必要である．

(2)　中央方式の外調機の導入が困難な場合には，室単位もしくはゾーン単位の外気導入が一般的である．

(3)　暖房時に加湿不足になりやすいことから，加湿器を付加するなどの対策が取られることもある．

(4)　外気処理ユニットは，直膨コイルや全熱交換器等を組み込んだユニットである．

(5)　外気処理専用パッケージ型空調機は，給排気のバランスが取りにくい．

問題 77　温熱環境要素の測定器に関する次の記述のうち，**最も不適当な**ものはどれか．

(1)　熱式風速計は，長時間使用していると指示値に誤差が生じることがあるので，定期的に較正する必要がある．

(2)　サーミスタ温度計は，電気抵抗の変化を利用するものである．

(3)　アスマン通風乾湿計の乾球温度は，一般に湿球温度より高い値を示す．

(4)　グローブ温度計は，気流変動の大きいところでの測定に適している．

(5)　相対湿度の測定には，毛髪などの伸縮を利用する方法がある．

問題 78　空気環境の測定に関する次の記述のうち，**最も不適当な**ものはどれか．

(1)　酸素の測定には，紫外線吸収法がある．

(2)　微生物の測定には，免疫クロマトグラフ法がある．

(3)　イオウ酸化物の測定には，溶液導電率法がある．

(4)　オゾンの測定には，半導体法がある．

(5)　花粉アレルゲンの測定には，エアロアレルゲン・イムノブロット法がある．

問題 79　汚染物質とその単位の組合せとして，**最も不適当な**ものは次のうちどれか．

(1)　キシレン濃度 ―――― $\mu g/m^3$

(2)　浮遊細菌濃度 ―――― CFU/m^3

(3)　オゾン濃度 ―――― Sv

(4)　アスベスト濃度 ―――― 本/L

(5)　イオウ酸化物濃度 ―――― ppm

問題 80　ホルムアルデヒド測定法として，**最も不適当な**ものは次のうちどれか．

(1)　DNPH カートリッジ捕集 - HPLC 法

(2)　検知管法

(3)　定電位電解法

(4)　電気化学的燃料電池法

(5)　光散乱法

問題 81　揮発性有機化合物（VOCs）測定法に関する次の記述のうち，**最も不適当な**ものはどれか．

(1)　固相捕集・加熱脱着－GC/MS 法は，空気中の VOCs を捕集した吸着剤を加熱脱着装置により GC/MS へ導入する方法である．

(2)　固相捕集・溶媒抽出－GC/MS 法は，空気中の VOCs を捕集した吸着剤を二硫化炭素で抽出した後，GC/MS へ導入する方法である．

(3)　TVOC（Total VOC）の測定には，パッシブ法を使用することができる．

(4)　トルエン，パラジクロロベンゼンは，検知管法により測定することができる．

(5)　半導体センサを用いたモニタ装置により，トルエン，キシレンを測定することができる．

問題 82　建築物環境衛生管理基準に基づく空気調和設備に関する衛生上必要な措置に関する次の記述のうち，**最も不適当な**ものはどれか．

(1)　冷却塔及び冷却水の水管は，6 カ月以内ごとに 1 回，定期に清掃を行うことが求められる．

(2)　冷却塔及び冷却水は，使用開始時及び使用期間中の 1 カ月以内ごとに 1 回，定期に汚れの状況を点検することが求められる．

(3)　冷却塔に供給する水は，水道法第 4 条に規定する水質基準に適合していることが求められる．

(4)　加湿装置は，使用開始時及び使用を開始した後，1 カ月以内ごとに 1 回，定期に汚れの状況を点検することが求められる．

(5)　空気調和設備内に設けられた排水受けは，使用開始時及び使用期間中の 1 カ月以内ごとに 1 回，定期に汚れの状況を点検することが求められる．

問題 83　遮音に関する次の記述のうち，**最も不適当な**ものはどれか．

(1)　床衝撃音に対する遮音等級は，値が小さいほど遮音性能が優れている．

(2)　複層壁の場合，共鳴によって音が透過することがある．

(3)　軽量床衝撃音は，床仕上げ材を柔らかくすることで軽減できる．

(4)　複数の断面仕様の異なる部材で構成される壁の透過損失は，最も透過損失の大きい構成部材の値を用いる．

(5)　重量床衝撃音は，床躯（く）体構造の質量や曲げ剛性を増加させることで軽減できる．

問題 84　振動に関する次の記述のうち，**最も不適当な**ものはどれか．

(1)　空気調和機による振動は，定常的で変動が小さい．

(2)　風による建物の振動は，不規則である．

(3)　環境振動で対象とする周波数の範囲は，鉛直方向の場合，1 ～ 80 Hz である．

(4)　不規則かつ大幅に変動する振動のレベルは，時間率レベルで表示する．

(5)　防振溝は，溝が深いほど，また，溝が振動源に近いほど効果が大きい．

問題 85　面音源からの音圧レベルの伝搬特性に関する次の文章の［　　　］内に入る語句の組合せとして，**最も適当な**ものはどれか．

「下の図に示す寸法 $a \times b$（$a < b$）の長方形の面音源について，面音源中心から面に対して垂直方向への距離を d とした場合，音源付近 $d < \frac{a}{\pi}$ では［　ア　］としての伝搬特性を示し，$\frac{a}{\pi} < d < \frac{b}{\pi}$ では線音源に対応する減衰特性を，$d > \frac{b}{\pi}$ の範囲では［　イ　］に対応する減衰特性を示す．よって，$d > \frac{b}{\pi}$ の範囲で音源からの距離が 2 倍になると［　ウ　］dB 減衰する．」

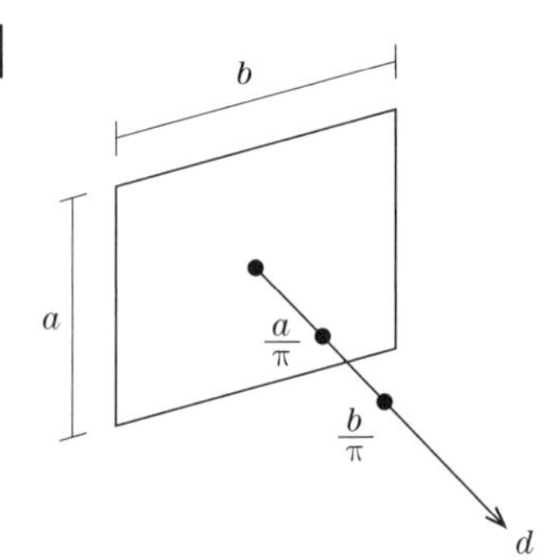

	ア	イ	ウ
(1)	点音源	面音源	3
(2)	点音源	面音源	6
(3)	面音源	点音源	3
(4)	面音源	点音源	6
(5)	面音源	点音源	10

問題 86 測光量に関する次の文章の[　　]内に入る語句の組合せとして，**最も適当な**ものはどれか．

「照度は[ア]当たりに入射する光束であり，単位は通常[イ]と表される．光度は[ウ]当たりから放出される光束であり，単位は通常[エ]と表される．」

	ア		イ		ウ		エ
(1)	単位面積	――	lx	――	単位立体角	――	cd/m^2
(2)	単位面積	――	lx	――	単位立体角	――	cd
(3)	単位面積	――	lm	――	単位立体角	――	cd
(4)	単位立体角	――	cd	――	単位面積	――	cd/m^2
(5)	単位立体角	――	lm	――	単位面積	――	cd

問題 87 光・照明に関する次の記述のうち，**最も不適当な**ものはどれか．

(1) 太陽高度が等しければ，大気透過率が高いほど地表に到達する直射日光による水平面照度は大きくなる．

(2) 演色評価数は，100 に近いほど基準光で照らした場合の色に近い色に再現できる．

(3) 室内表面の輝度分布が大きすぎると視覚的疲労感を生じる．

(4) 電球色の蛍光ランプと昼白色の蛍光ランプとでは，昼白色の方が相関色温度が高い．

(5) 同じ面積の窓から天空光を取り入れる場合，側窓と天窓とで取り入れられる光の量は等しい．

問題 88 地表における直射日光による法線面照度が 80,000 lx のとき，直射日光による水平面照度として，**最も近い**ものは次のうちどれか．ただし，このときの太陽高度は 60 度とする．

(1) 35,000 lx

(2) 40,000 lx

(3) 55,000 lx

(4) 70,000 lx

(5) 80,000 lx

問題 89 照明施設の保守に関する次の記述のうち，**最も不適当な**ものはどれか．

(1) 照明器具の保守率は，照明施設の管理状況によらず，光源，照明器具の性能のみで決まる．

(2) LED 照明器具の場合，周辺環境の清浄度が同じであれば，露出形と完全密閉形の設計光束維持率は同等である．

(3) 既設の蛍光ランプ用照明器具のランプを直管形 LED ランプで代替する場合，適切なランプと照明器具の組合せでないと，照明器具の焼損や火災を招くおそれがある．

(4) 光源の交換と清掃の時期を合理的に組み合わせることが，所要照度の維持にとって望ましい．

(5) JIS C 8105－1 によれば，照明器具の適正交換の目安は，累積点灯時間 30,000 時間としている．

問題 90 空気調和設備に関する次の記述のうち，**最も適当な**ものはどれか．

(1) ふく流吹出口は，他の吹出口と比べて，均一度の高い温度分布が得やすい．

(2) 吸収冷凍機は，容積冷凍機や遠心冷凍機と比較して騒音・振動が大きい．

(3) 躯（く）体蓄熱方式を採用すると，一般に熱源機器容量は大きくなる．

(4) 放射冷暖房設備は，他の空調方式と併用せず設置するのが一般的である．

(5) 吸込み気流は，吸込み中心からの距離に反比例して減衰する．

2019年度（令和元年度）午後の問題

建築物の構造概論
給水及び排水の管理
清　　掃
ねずみ，昆虫等の防除

問題 91　都市の熱環境に関する次の記述のうち，**最も不適当な**ものはどれか．

(1)　COP21において，温室効果ガス削減の枠組みとなるパリ協定が採択された．

(2)　CASBEE（建築環境総合性能評価システム）の評価対象は，エネルギー消費，資源循環，地域環境，室内環境の4分野である．

(3)　熱帯夜とは，夕方から翌朝までの最低気温が25℃以上の日をいう．

(4)　ストリートキャニオンは，風の弱い日にも熱や汚染物質の拡散能力が高い．

(5)　都市化により，都市の中心部の気温が郊外と比較して高くなる現象をヒートアイランド現象という．

問題 92　日射・日照に関する次の記述のうち，**最も不適当な**ものはどれか．

(1)　太陽から放射される可視光線，紫外線，近赤外線のうち，紫外線の波長が最も短い．

(2)　遮熱性塗料や遮熱性舗装の特徴は，近赤外線の反射率が大きいことである．

(3)　天空日射とは，太陽光が大気中で散乱して，地上に降りそそいだものである．

(4)　夏至の晴天日において，南向き鉛直壁面の日積算日射受熱量は，札幌の方が那覇より多い．

(5)　日影曲線とは，冬至の日において，地面に垂直な単位長さの棒が水平面に落とす影を時間別に描いたものである．

問題 93　日射・日照及びその調整手法に関する次の記述のうち，**最も不適当な**ものはどれか．

(1)　樹木の緑葉の日射反射率は，コンクリートに比べて大きい．

(2)　ライトシェルフとは，部屋の奥まで光を導くよう直射日光を反射させる庇（ひさし）である．

(3)　オーニングとは，窓に取り付ける日除けの一種である．

(4)　照返しの熱量は，照返し面での日射反射量と，その面での熱放射量とに分けられる．

(5)　内付けブラインドの日射遮蔽効果は，外付けブラインドに比べて小さい．

問題 94　建築士法で定義している設計図書に**含まれない**ものは，次のうちどれか.

⑴　建具表

⑵　仕上表

⑶　配置図

⑷　面積表

⑸　現寸図

問題 95　建築物の基礎構造と地盤に関する次の記述のうち，**最も不適当な**ものはどれか.

⑴　異種の基礎構法の併用は，原則として禁止されている.

⑵　沖積層の地耐力は，第三紀層に比べて大きい.

⑶　液状化は，埋立地や砂質地盤などで生じやすい.

⑷　フーチングは，柱又は壁を支える鉄筋コンクリートの基礎の広がり部分をいう.

⑸　地盤の短期に生ずる力に対する許容応力度は，長期に生ずる力に対する許容応力度の 2 倍とする.

問題 96　建築物の荷重又は構造力学に関する次の記述のうち，**最も不適当な**ものはどれか.

⑴　床の構造計算をする場合の積載荷重は，地震力を計算する場合の積載荷重より大きく設定されている.

⑵　土圧や水圧は，常時荷重に分類されている.

⑶　反力は，建築物に荷重が作用した場合，作用荷重に対応して支点に生じる力である.

⑷　せん断力は，部材内の任意の面に作用して，面をずれさせるように作用する力である.

⑸　等分布荷重の作用する片持支持梁（はり）のせん断力は，梁中央で最も大きい.

問題 97　建築材料の密度が，**大きい順に並んでいる**ものは次のうちどれか.

⑴　鋼材　＞　コンクリート　＞　アルミニウム　＞　合板

⑵　鋼材　＞　アルミニウム　＞　コンクリート　＞　合板

⑶　コンクリート　＞　鋼材　＞　アルミニウム　＞　合板

⑷　コンクリート　＞　アルミニウム　＞　鋼材　＞　合板

⑸　コンクリート　＞　鋼材　＞　合板　＞　アルミニウム

問題 98　建築材料の性質に関する次の記述のうち，**最も不適当な**ものはどれか．

(1)　木材の気乾状態の含水率は，25 ～ 30 %である．

(2)　木材の引火点は，240 ～ 270 ℃程度である．

(3)　高強度鋼は，軟鋼より伸びが小さい．

(4)　鋼材のヤング係数は，鋼材の種類にかかわらずほぼ一定である．

(5)　強化ガラスは，一般板ガラスに特殊な熱処理を施し，表面に圧縮応力を生じさせたものである．

問題 99　ガスの供給と取扱いに関する次の記述のうち，**最も適当な**ものはどれか．

(1)　厨(ちゅう)房がガス臭いので，ガスを排出するため直ちに換気扇を起動した．

(2)　都市ガス及びLPガスは，1,000倍に希釈しても臭いを感知できる付臭剤の添加が，法令で義務付けられている．

(3)　地震後，ガスのマイコンメータの復帰ボタンを押したら赤いランプが点滅したが，ガス機器に異常がなさそうなので使用開始した．

(4)　土中から建築物にガス管を引き込む際，耐震のため絶縁継手を設置することが必要である．

(5)　LPガス容器は，常時50 ℃以下の直射日光の当たらない場所に設置する．

問題 100　電気設備に関する次の記述のうち，**最も不適当な**ものはどれか．

(1)　「非常用の照明装置」は，停電を伴った災害発生時に安全に避難するための設備で，消防法により設置場所・構造が定められている．

(2)　インバータ制御は，交流電動機の回転速度調整や出力トルク調整が容易で，効率の大幅改善が期待できる．

(3)　電動機は，起動時に定格を超える電流が流れ異常振動等を起こすことがあるため，スターデルタ起動方式により運転するのが望ましい．

(4)　契約電力50 kW以上の建築物の場合，高圧（6.6 kV）で受電し，自家用変電設備で低圧（200 V・100 V）に変圧して給電する．

(5)　地階を除く階数が，11階以上の階に，非常コンセント設備の設置が義務付けられている．

問題 101　建築物の防災対策等に関する次の記述のうち，**最も不適当な**ものはどれか．

(1)　高層ビルの回転式の扉は，内外気温差で生じる出入口での強風を減じる効果がある．

(2)　超高層ビルの足元にあるサンクンガーデンは，ビル風対策としても効果がある．

(3)　Jアラートは，緊急の気象関係情報，有事関係情報を国から住民等に伝達するシステムである．

(4)　エレベータには，地震時に直ちに避難階へ直行させる地震管制モードが備わっている．

(5)　集中豪雨時に浸水しやすい地下街，地下階への浸水対策として，止水板，土嚢(のう)が用いられる．

問題 102　建築物の消防用設備に関する次の記述のうち，**最も適当な**ものはどれか．

(1)　煙感知器は，熱感知器に比べ火災の検知が早く，アトリウムや大型ドームのような大空間での火災感知に適している．

(2)　差動式熱感知器は，定められた温度を一定時間以上超え続けた場合に作動する．

(3)　小規模社会福祉施設では，上水道の給水管に連結したスプリンクラ設備の使用が認められている．

(4)　ハロゲン化物消火設備は，負触媒作用による優れた消火効果があり，コンピュータルーム，図書館など水損被害が懸念される用途の空間で普及している．

(5)　排煙設備は，消防法施行令に定めるところの消防の用に供する設備に含まれる．

問題 103　建築基準法に関する次の記述のうち，**誤っている**ものはどれか．

(1)　建築物とは，土地に定着する工作物であることが前提である．

(2)　鉄道及び軌道の線路敷地内の運転保安に関する施設は，建築物から除かれる．

(3)　建築物の構造上重要でない間仕切壁の過半の模様替えは，大規模の模様替えである．

(4)　敷地とは，一の建築物又は用途上不可分の関係にある二以上の建築物のある一団の土地である．

(5)　集団規定による建築物の制限として，用途地域による建築物の用途制限がある．

問題 104　建築基準法に規定される建築設備に**該当しない**ものは，次のうちどれか．

(1)　汚物処理の設備

(2)　煙突

(3)　共同アンテナ

(4)　昇降機

(5)　避雷針

問題 105　建築基準法に関する次の記述のうち，**誤っている**ものはどれか．

(1)　劇場における客席からの出口の戸は，内開きとしてはならない．

(2)　床面積とは，建築物の各階又はその一部で，壁その他の区画の中心線で囲まれた部分の水平投影面積である．

(3)　耐火性能とは，通常の火災が終了するまでの間，建築物の倒壊・延焼を防止するために，建築物の部分に必要な性能のことをいう．

(4)　建築主事は，建築基準法の規定に違反した建築物に関する工事の請負人に対して，当該工事の施工の停止を命じることができる．

(5)　直通階段とは，建築物の避難階以外の階の居室から，避難階又は地上に直通する階段のことをいう．

問題 106　給水及び排水の管理に関する用語とその単位との組合せとして，**最も不適当な**ものは次のうちどれか．

(1)　給湯配管からの熱損失 ―――――――― W

(2)　ばっ気槽混合液浮遊物質濃度（MLSS）――― %

(3)　水の密度 ―――――――――――――― kg/m^3

(4)　溶存酸素濃度 ――――――――――― mg/L

(5)　BOD 負荷量――――――――――――― g/(人・日)

問題 107　給水及び排水の管理に関する次の記述のうち，**最も不適当な**ものはどれか．

(1)　膨張管とは，給湯配管系統の安全装置の一つである．

(2)　ゲージ圧力とは，真空を基準とする圧力のことである．

(3)　富栄養化とは，栄養塩類を含んだ汚水の流入により，湖沼などの水質汚濁が進むことである．

(4)　金属の不動態化とは，酸化保護被膜の生成をいう．

(5)　バルキングとは，活性汚泥が沈降しにくくなる現象である．

問題 108　給水設備における水質劣化の原因に関する次の記述のうち，**最も不適当な**ものはどれか．

(1)　異臭味は，藻類や放線菌が産生する臭気物質によって生じる．

(2)　スケールは，水の硬度成分によって生じ，配管の詰まりの原因となる．

(3)　白濁現象は，脂肪酸と銅イオンが化合物を形成することによって生じる．

(4)　スライム障害は，細菌類や藻類の増殖によって生じ，消毒効果の低下の原因となる．

(5)　トリハロメタンは，水槽内の水温の上昇によって，その生成量が増加する傾向にある．

問題 109 給水設備に関する次の記述のうち，**最も不適当な**ものはどれか．

(1) 簡易専用水道とは，水道事業の用に供する水道から受ける水のみを水源とするもので，水槽の有効容量の合計が 10 m^3 を超えるものをいう．

(2) 配水管から給水管に分岐する箇所での配水管の最小動水圧は，150 kPa である．

(3) 開放型冷却塔の補給水は，冷却水循環量の 2 %程度を見込む．

(4) 一般水栓における必要水圧は，30 kPa である．

(5) 水道法に基づく水質基準では，大腸菌は 1 mL の検水で形成される集落数が 100 以下である．

問題 110 水道施設に関する次の記述のうち，**最も不適当な**ものはどれか．

(1) 送水施設は，浄水施設で処理された水を配水施設まで送る施設のことである．

(2) 取水施設の位置の選定に当たっては，水量及び水質に対する配慮が必要である．

(3) 清澄な地下水を水源とする場合，浄水処理は消毒のみで水道水として供給することがある．

(4) 配水池の必要容量は，計画 1 日最大給水量の 8 時間分を標準とする．

(5) 緩速ろ過法は，沈殿池で水中の土砂などを沈殿させた後に，緩速ろ過池で 4 ～ 5 m/日の速度でろ過する方法である．

問題 111 給水設備に関する次の記述のうち，**最も不適当な**ものはどれか．

(1) ウォータハンマとは，給水管路において，弁を急激に閉止するときに弁の下流に生じる著しい圧力上昇が，圧力変動の波として管路に伝わる現象である．

(2) 逆サイホン作用とは，給水管内が負圧になったときに生ずる吸引作用で，汚れた水が吐水口を通じて給水管内に逆流することをいう．

(3) メカニカル形接合とは，ステンレス鋼管などで採用されている接合方法で，ねじ込み，溶接，接着等によらない機械的な接合方法をいう．

(4) さや管ヘッダ工法とは，集合住宅などで，ヘッダから各器具にそれぞれ単独に配管する工法である．

(5) クリープ劣化とは，合成樹脂管などで発生する劣化で，応力が長時間継続してかかり，材料変形が時間とともに進んでいく状態をいう．

問題 112 給水設備の配管に関する次の記述のうち，**最も不適当な**ものはどれか．

(1) 給水管を上向き配管方式とする場合は，先上り配管とする．

(2) 給水配管の枝管の分岐は，下方に給水する場合には下取出しとする．

(3) 飲料水用配管は，他の配管系統と識別できるようにしなければならない．

(4) 銅管やステンレス鋼管は，異物の付着による孔食のおそれがあるので，管内清掃を十分に行う．

(5) 不等(不同)沈下の変位吸収のために，ショックアブソーバを配管に取り付ける．

問題 113　受水槽に関する次の記述のうち，**最も不適当な**ものはどれか．

(1)　水の使用量が極端に減少する期間がある建築物では，受水槽の水位を通常使用時と少量使用時で切り替える方法を取る．

(2)　流入管からの吐水による水面の波立ち防止策として，防波板を設置する．

(3)　受水槽を独立した室に設置する場合は，出入口に施錠するなどの措置を講ずる．

(4)　受水槽の上部には，他設備の機器や配管が設置されないようにする．

(5)　受水槽の流入口と流出口の位置は，滞留時間を短くするため近接させる．

問題 114　給水設備に関する次の記述のうち，**最も不適当な**ものはどれか．

(1)　受水槽の有効容量は，一般に 1 日最大使用水量の 1/2 程度である．

(2)　給水管と排水管が水平に並行して埋設される場合は，一般に両配管の水平間隔を 300 mm 以内とする．

(3)　高層ホテルにおいてゾーニングする場合の圧力の上限値は，一般に 0.3 MPa である．

(4)　給水配管内の適正流速は，一般に 0.9 ～ 1.2 m/s である．

(5)　高置水槽の有効容量は，一般に 1 日最大使用水量の 1/10 程度である．

問題 115　給水設備の保守管理に関する次の記述のうち，**最も不適当な**ものはどれか．

(1)　貯水槽の付属装置である定水位弁や電極棒等の動作不良により，断水，溢（いっ）水事故を起こすことがある．

(2)　地震など，貯水槽の構造や水質に影響を与えるような事態が発生した場合には，速やかにその影響を点検する．

(3)　給水ポンプの吐出側の圧力が変動している場合は，ポンプ内あるいは吐出配管に詰まりがある．

(4)　高置水槽と受水槽の清掃は，原則として同じ日に行い，受水槽の清掃前に高置水槽の清掃を行う．

(5)　給水栓において規定値の残留塩素が保持できない場合は，塩素剤の注入装置を設置して，その適正な管理を行う．

問題 116　次のポンプの点検項目のうち，点検頻度を一般に 6 カ月に 1 回程度と**している**ものはどれか．

(1)　吐出側の圧力

(2)　ポンプと電動機の芯狂い

(3)　電動機の絶縁抵抗

(4)　電流値

(5)　軸受温度

問題 117　給水設備の保守管理に関する次の記述のうち，**最も不適当な**ものはどれか．

(1)　飲料用貯水槽の清掃は，1年以内ごとに1回，定期に行う．

(2)　飲料用貯水槽の清掃作業に従事する者は，6カ月に1回程度，健康診断を受ける．

(3)　飲料用貯水槽の点検は，6カ月に1回程度，定期に行う．

(4)　給水栓における残留塩素の測定は，7日以内ごとに1回，定期に行う．

(5)　第2種圧力容器に該当する圧力水槽は，1年以内ごとに1回，定期自主検査を行う．

問題 118　給湯設備に関する次の記述のうち，**最も不適当な**ものはどれか．

(1)　壁掛けシャワーの使用温度は，42℃程度である．

(2)　総合病院における使用湯量は，40～80 L/(床・日）程度である．

(3)　電気温水器の貯湯量は，60～480 L程度である．

(4)　強制循環式給湯系統の横管は，1/200以上の勾配で配管する．

(5)　貯湯槽の容量は，ピーク時の必要量の1～2時間分を目安に加熱能力とのバランスから決定する．

問題 119　給湯設備に関する次の記述のうち，**最も不適当な**ものはどれか．

(1)　中央式給湯方式の循環ポンプは，省エネルギーのため連続運転とする．

(2)　貯湯槽の容量が小さいと，加熱装置の発停が多くなる．

(3)　エネルギーと水の節約を図るため，湯と水を別々の水栓から出さずに混合水栓を使用する．

(4)　部分負荷を考慮し，エネルギー利用効率の高い熱源機器を採用する．

(5)　加熱装置から逃し管を立ち上げる場合は，水を供給する高置水槽の水面よりも高く立ち上げる．

問題 120　給湯設備に使用される加熱装置に関する次の記述のうち，**最も不適当な**ものはどれか．

(1)　ガスマルチ式給湯機は，小型のガス瞬間湯沸器を複数台連結してユニット化したものである．

(2)　ヒートポンプは，排熱を利用した給湯熱源機器として使用される．

(3)　間接加熱方式は，蒸気や高温の温水を熱源として，加熱コイルで給湯用の水を加熱するものである．

(4)　ボイラは，伝熱面積とゲージ圧力により，ボイラ，小型ボイラ，簡易ボイラに分類される．

(5)　給湯用貫流ボイラは，出湯温度が安定しているので，大規模のシャワー設備の給湯に適している．

問題 121　給湯設備に使用される材料に関する次の記述のうち，**最も不適当な**ものはどれか．

(1)　ステンレス鋼管の線膨張係数は，架橋ポリエチレン管の線膨張係数より小さい．

(2)　金属材料の曲げ加工を行った場合には，応力腐食の原因になる．

(3)　樹脂管を温度の高い湯に使用すると，塩素による劣化が生じやすい．

(4)　返湯管に銅管を用いた場合は，他の配管材料を用いた場合と比較して，流速を速く設定できる．

(5)　ステンレス鋼管は，隙間腐食，もらい錆等による腐食が生じる可能性がある．

問題 122　給湯設備の保守管理に関する次の記述のうち，**最も不適当な**ものはどれか．

(1)　器具のワッシャには，細菌の繁殖を防止するために合成ゴムを使用する．

(2)　中央式給湯方式においては，加熱により残留塩素が消滅する場合があるので，その水質には留意する．

(3)　貯湯槽が複数ある場合は，停滞水の防止のため，使用しない貯湯槽の水は抜いておく．

(4)　貯湯槽に流電陽極式電気防食を施す場合は，外部電源が必要である．

(5)　給湯設備に防錆剤を使用する場合は，飲料水と同じ管理方法による．

問題 123　給湯設備の保守管理に関する次の記述のうち，**最も不適当な**ものはどれか．

(1)　給湯循環ポンプは，作動確認を兼ねて分解・清掃を実施する．

(2)　自動空気抜き弁は，弁からの水漏れがある場合には分解・清掃を実施する．

(3)　真空式温水発生機の定期検査は，労働安全衛生法の規定に基づいて行う．

(4)　逃し弁は，レバーハンドルを操作して作動を確認する．

(5)　配管系統の末端において，定期的に停滞水の排出を行い，温度測定を実施する．

問題 124　雑用水設備に関する次の記述のうち，**最も不適当な**ものはどれか．

(1)　広域循環方式は，複数の建築物間で排水再利用設備を共同利用し，処理水を各建築物に送水して利用するものである．

(2)　雑用水は，災害時における非常用水の原水として利用することができる．

(3)　雨水利用設備における上水代替率とは，使用水量に対する雨水利用量の割合である．

(4)　散水，修景，清掃用水として利用する場合，雑用水受水槽は，6面点検ができるように設置することが望ましい．

(5)　上水管，雑用水管，給湯管等が並行して配管される場合，配管の配列を変えてはならない．

問題 125 雑用水として使用する場合の標準的な雨水処理施設における次のフローシートの［　　］内に入る単位装置の組合せとして，**最も適当な**ものはどれか．

集水 → ［スクリーン］ → ［ア］ → ［イ］ → ［雨水貯留槽］ → ［消毒装置］
→ ［雑用水槽］ → 給水

	ア	イ
(1)	沈砂槽	沈殿槽
(2)	流量調整槽	活性炭吸着装置
(3)	活性炭吸着装置	沈殿槽
(4)	流量調整槽	生物処理槽
(5)	沈砂槽	生物処理槽

問題 126 建築物衛生法による雑用水の基準に関する次の記述のうち，**誤っている**ものはどれか．

(1) 散水，修景又は清掃の用に供する雑用水は，し尿を含む水を原水として用いない．

(2) 水洗便所の用に供する雑用水の pH の基準値は，散水，修景又は清掃の用に供する雑用水の場合と同じ値である．

(3) 外観の検査は，7 日以内ごとに 1 回，定期に行う．

(4) 水洗便所の用に供する雑用水の水質基準項目として，濁度が規定されている．

(5) 大腸菌の検査は，2 カ月以内ごとに 1 回，定期に行う．

問題 127 下水道に関する次の記述のうち，**最も不適当な**ものはどれか．

(1) 下水道は，流域下水道，公共下水道，都市下水路に分けられる．

(2) 下水道施設は，排水管渠（きょ），処理施設及びポンプ施設等から構成されている．

(3) 合流式とは，汚水と雨水を同一の管渠系統で排除する方式をいう．

(4) 下水の温度が基準値以上の場合には，除害施設を設置する必要がある．

(5) 流域下水道の事業主体は，原則として市町村である．

問題 128　排水通気設備に関する次の記述のうち，**最も不適当な**ものはどれか．

(1)　管径 50 mm の排水横管の最小勾配は，1/50 である．

(2)　厨(ちゅう)房排水用の排水管に設置する掃除口の口径は，排水管径と同径とする．

(3)　飲料用貯水槽の間接排水管の口径が 65 mm の場合，排水口空間は，最小 125 mm である．

(4)　排水横主管以降が満流となるおそれのある場合，伸頂通気方式を採用してはならない．

(5)　通気管の末端を，窓・換気口等の付近に設ける場合，その上端から 600 mm 以上立ち上げて大気に開放する．

問題 129　阻集器に関する次の記述のうち，**最も不適当な**ものはどれか．

(1)　阻集器を兼ねる排水トラップの深さは，下限値を 50 mm とし，上限値を定めない．

(2)　グリース阻集器は，器内への排水の流入部へバスケットを設けて，排水中に含まれる厨芥(ちゅうかい)を阻止・分離する．

(3)　排水トラップが組み込まれていない阻集器には，その入口側に排水トラップを設ける．

(4)　砂阻集器は，建築現場等から多量に排出される土砂・石粉・セメント等を阻止・分離・収集するために設ける．

(5)　開放式のオイル阻集器を屋内に設置する場合，屋内換気を十分に行う．

問題 130　排水通気設備に関する次の記述のうち，**最も不適当な**ものはどれか．

(1)　排水管への掃除口の設置間隔は，管径 100 mm を超える場合は，通常 30 m 以内とする．

(2)　排水トラップの脚断面積比（流出脚断面積／流入脚断面積）が大きくなると，封水強度は大きくなる．

(3)　敷地排水管の直管が長い場合には，管内径の 120 倍を超えない範囲内に排水ますを設置する．

(4)　ドーム状のルーフドレンでは，ストレーナの開口面積は，接続する排水管径の 2 倍以上が必要である．

(5)　雑排水ポンプは，厨(ちゅう)房排水を含む雑排水を排除する．

問題 131　排水通気配管方式に関する次の記述のうち，**最も不適当な**ものはどれか．

(1)　ループ通気管は，最上流の器具排水管が排水横枝管に接続する点のすぐ下流から立ち上げ，通気立て管に接続する．

(2)　結合通気管は，高層建築物でブランチ間隔 10 以上の排水立て管において，最上階から数えてブランチ間隔 10 以内ごとに設ける．

(3)　ループ通気方式において，大便器及びこれと類似の器具が 8 個以上接続される排水横枝管には，逃し通気管を設ける．

(4)　伸頂通気方式において，排水横主管の水平曲がりは，排水立て管の底部より 3 m 以内に設けてはならない．

(5)　排水横管から通気管を取り出す場合，通気管は，排水管断面の水平中心線から 30°以内の角度で取り出す．

問題 132　排水槽及び排水ポンプに関する次の記述のうち，**最も不適当な**ものはどれか．

(1)　排水槽内は，ブロワによってばっ気をすると負圧になるので給気を行う．

(2)　排水槽の底部の勾配は，吸込みピットに向かって 1/15 以上 1/10 以下とする．

(3)　排水槽内の排水ポンプは，吸込みピットの壁などから 200 mm 以上離して設置する．

(4)　排水槽のマンホールは，排水水中ポンプ又はフート弁の直上に設置する．

(5)　即時排水型ビルピット設備は，排水槽の悪臭防止に有効である．

問題 133　排水通気設備の保守管理に関する用語の組合せとして，**最も不適当な**ものは次のうちどれか．

(1)　敷地内排水管内の清掃 ―――――――― ロッド法

(2)　敷地外からの建築物内への雨水の浸入 ―――― 可動式の堤防装置

(3)　床下式の掃除口 ―――――――――――― 鋼製プラグ

(4)　排水槽の清掃 ――――――――――――― 空気呼吸器

(5)　厨(ちゅう)房排水槽の水位感知 ―――――――― フロートスイッチ

問題 134　排水通気設備の保守管理に関する次の記述のうち，**最も不適当な**ものはどれか．

(1)　排水管内部の詰まり具合や腐食状況は，内視鏡や超音波厚さ計等により確認できる．

(2)　排水槽の清掃では，最初に酸素濃度が 15 %以上，硫化水素濃度が 25 ppm 以下であることを確認してから作業を行う．

(3)　排水横管の清掃にワイヤ法を使用する場合，一般に長さ 25 m 程度が限界とされている．

(4)　水中ポンプのメカニカルシール部のオイルは，6 カ月～1 年に 1 回，交換する．

(5)　排水管の清掃に用いるウォータラム法は，閉塞した管内に水を送り，圧縮空気を一気に放出してその衝撃で閉塞物を除去する．

問題 135　小便器に関する次の記述のうち，**最も不適当な**ものはどれか．

(1)　壁掛型は，駅やホテルの共用部などにおいて床清掃のしやすさから選定されている．

(2)　床置型は乾燥面が広いため，洗浄に注意しないと臭気が発散する．

(3)　手動式洗浄弁は，使用後，人為的な操作により洗浄でき，公衆用に適している．

(4)　洗浄方式は，一般に洗浄水栓方式，洗浄弁方式及び自動洗浄方式の三つに分けられる．

(5)　節水を目的として，個別感知洗浄方式や照明スイッチ等との連動による洗浄方式が用いられている．

問題 136　衛生器具設備に関する次の記述のうち，**最も不適当な**ものはどれか．

(1)　大便器洗浄弁の必要水圧は，70 kPa である．

(2)　小便器の排水状態は，6 カ月に 1 回，定期に点検する．

(3)　洗面器のトラップの接合部における緩みの有無は，2 カ月に 1 回，定期に点検する．

(4)　大便器の洗浄タンク内の汚れ状態は，1 年に 1 回，定期に点検する．

(5)　JIS A 5207 では，節水 II 形の大便器の洗浄水量は，6.5 L 以下としている．

問題 137　厨(ちゅう)房排水除害施設に関する次の記述のうち，**最も不適当な**ものはどれか．

(1)　生物処理法は，浮上分離法に比べて発生汚泥量が多い傾向にある．

(2)　動植物油の除去が主な目的である．

(3)　浮上分離法としては，一般的に加圧浮上法が用いられる．

(4)　施設のコンクリート壁面などは，腐食対策が必要となる．

(5)　施設から発生する汚泥は，産業廃棄物として処理する．

問題 138　浄化槽法で規定されている事項として，**誤っている**ものは次のうちどれか．

(1)　浄化槽製造業の登録制度

(2)　浄化槽工事業の登録制度

(3)　浄化槽保守点検業の登録制度

(4)　浄化槽清掃業の許可制度

(5)　浄化槽設備士及び浄化槽管理士の国家資格

問題 139　下図のように，一次処理装置，二次処理装置からなる浄化槽において，一次処理装置の BOD 除去率が 30 %，二次処理装置の BOD 除去率が 50 % であった場合，浄化槽全体の BOD 除去率として，**最も適当な**値は次のうちどれか．

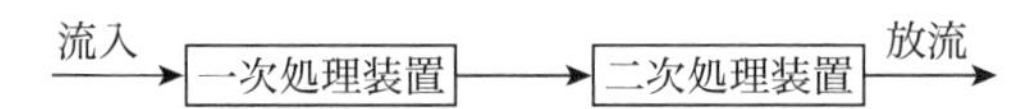

(1)　35 %

(2)　40 %

(3)　50 %

(4)　65 %

(5)　80 %

問題 140　消火設備に関する次の記述のうち，**最も不適当な**ものはどれか．

(1)　連結散水設備は，消火活動が困難な地下街に設置される．

(2)　閉鎖型予作動式スプリンクラ設備は，アトリウムなどの大空間に設置される．

(3)　屋内消火栓設備は，建築物の関係者や自衛消防隊が初期消火を目的として使用するものである．

(4)　粉末消火設備は，消火薬剤として炭酸水素ナトリウムなどの粉末を使用する．

(5)　泡消火設備は，駐車場や飛行機の格納庫等に設置される．

問題 141　建築物における衛生的環境の維持管理について（平成 20 年 1 月 25 日健発第 0125001 号）に示された，建築物環境衛生維持管理要領に関する次の記述のうち，**最も不適当な**ものはどれか．

(1)　帳簿書類には，清掃，点検及び整備を実施した年月日，作業内容等を記載する．

(2)　清掃用機械及び器具は，清潔なものを用い，汚染度を考慮して区域ごとに使い分ける．

(3)　大掃除においては，1 年以内ごとに 1 回，日常清掃の及びにくい箇所等の汚れ状況を点検し，必要に応じ除じん，洗浄を行う．

(4)　清掃用機械及び器具類，清掃用資材の保管庫は，6 カ月以内ごとに 1 回，定期に点検する．

(5)　収集・運搬設備，貯留設備等の廃棄物処理設備は，6 カ月以内ごとに 1 回，定期に点検する．

問題 142　建築物清掃の標準的な作業計画に関する次の記述のうち，**最も適当な**ものはどれか．

(1)　エレベータかご内部の除じんは，定期清掃として実施する．

(2)　廊下壁面のスイッチ回りの洗剤拭きは，日常清掃として実施する．

(3)　トイレ・洗面所の換気口の除じんは，定期清掃として実施する．

(4)　一般の人が立ち入らない管理用区域の清掃は，年 2 回程度実施する．

(5)　エスカレータパネル類の洗剤拭きは，日常清掃として実施する．

問題 143　建築物清掃の作業計画に関する次の記述のうち，**最も不適当な**ものはどれか．

(1)　記憶や経験を基にした個人的な管理手法のため，作業指示が円滑になる．

(2)　作業内容が明確化されているため，統一的な指導ができる．

(3)　計画的な作業管理により，記録の保存によって責任の所在が明確になる．

(4)　計画的に作業を実施できることから，限られた時間内に一定の成果が得られる．

(5)　日常清掃で除去する汚れと定期的に除去する汚れを区別することによって，作業効率と作業成果の向上が得られる．

問題 144　建築物清掃作業の安全衛生に関する次の記述のうち，**最も不適当な**ものはどれか．

(1)　清掃作業に関わる転倒事故防止は，清掃作業従事者と第三者の安全確保のために必要である．

(2)　清掃作業に関わる事故の多くは，転倒や墜落・転落事故である．

(3)　ノロウィルス感染によると思われる嘔（おう）吐物があった場合は，その物をぬぐい取り，その部分を含む広い範囲をクレゾール石けん液で消毒する．

(4)　洗剤などは使用説明書に従って使用し，保護手袋などの保護具を適切に用いる．

(5)　吸殻処理は，清掃業務における防火対策として重要である．

問題 145　建築物清掃の作業管理に関する次の記述のうち，**最も不適当な**ものはどれか．

(1)　作業計画に基づき，日常清掃と定期清掃の予定表を作成し，適正な人員配置を行う．

(2)　定期的に点検を行い，現場実態を把握しておく．

(3)　正しい作業方法を従事者に教育・指導し，作業能率と作業成果の向上，安全衛生に努める．

(4)　作業実態分析を行い，ムリ，ムダ，ムラがないようにし，作業方法を変えずに常に同じ作業を実施する．

(5)　建材，汚れ等に適した清掃機械・器具やケミカル類を選定する．

問題 146　建築物清掃の点検評価に関する次の記述のうち，**最も不適当な**ものはどれか．

(1)　清掃作業の実施状況の点検については，四半期ごとに実施する．

(2)　清掃作業の評価は，利用者の立場に立って実施する．

(3)　評価範囲は，汚染度合いの高い箇所などに重点を絞る．

(4)　作業の改善は，作業仕様書や作業基準書に限定しないで行う．

(5)　清掃作業の点検評価は，主として測定機器（光沢度計など）を用いて行う．

問題 147　建材の予防清掃に関する次の記述のうち，**最も不適当な**ものはどれか．

(1)　ほこり以外の汚れ物質は，人間の活動に伴って付着することが多い．

(2)　高気密化している建築物では，窓や隙間がほこりの侵入路として重要視されている．

(3)　汚れは，凹凸が多くて粗い表面には付着しやすく，付着すると除去しにくい．

(4)　建材が親水性か疎水性かによって，付着する汚れの種類は異なる．

(5)　シール剤や床維持剤の塗布により，汚れの予防効果が得られる．

問題 148　ビルクリーニング用機械・器具に関する次の記述のうち，**最も不適当な**ものはどれか．

⑴　床みがき機に用いるブラシは，直径 50 cm 以上のものが多く使われている．

⑵　凹凸のある床面は，研磨粒子入りブラシを付けて洗浄する．

⑶　床みがき機に用いるブラシは，シダの茎，又はナイロン繊維を植えたものが一般的である．

⑷　自在ぼうきは，馬毛などを植えた薄いブラシであり，ほこりを舞い上げることが少ない．

⑸　超高速バフ機の回転数は，毎分 1,000 ～ 3,000 回転である．

問題 149　カーペット清掃用機械に関する次の記述のうち，**最も不適当な**ものはどれか．

⑴　ローラブラシ方式の洗浄機は，パイルに対する当たりが柔らかで，パイルを傷めることが少ない．

⑵　スチーム洗浄機は，カーペットのしみ取りにも使われる．

⑶　アップライト型真空掃除機は，カーペットのほこりを取るのに適している．

⑷　洗剤供給式床みがき機は，ウールのウィルトンカーペットの洗浄に適している．

⑸　エクストラクタは，水分に耐えるカーペットの洗浄に適している．

問題 150　清掃作業に使用する洗剤に関する次の記述のうち，**最も不適当な**ものはどれか．

⑴　酸性洗剤は，小便器に付着した尿石や，鉄分を含んだ水垢（あか）等の除去に有効である．

⑵　アルカリ性洗剤は，幅広い用途に使用されるが，床材や作業方法に注意して使う必要がある．

⑶　研磨剤入り洗剤は，固着した汚れの除去に有効である．

⑷　洗剤は，最適な濃度に希釈して用いるのが効果的である．

⑸　表面洗剤には，界面活性剤や助剤が配合されているので，泡立ちやすいものが多い．

問題 151　弾性床材の特徴と管理に関する次の記述のうち，**最も適当な**ものはどれか．

⑴　塩化ビニルシートは，床維持剤の密着不良が起きにくい．

⑵　塩化ビニル系床材は，耐薬品性や耐水性に富む．

⑶　リノリウムは，耐アルカリ性に富む．

⑷　床維持剤を塗布することで，土砂・ほこりの除去頻度を減らすことができる．

⑸　塩化ビニルタイルは，可塑剤を含まない．

問題 152　硬性床材の耐薬品性に関する次の記述のうち，**最も適当な**ものはどれか．

(1)　花崗岩は，耐アルカリ性に乏しい．

(2)　セラミックタイルは，耐酸性，耐アルカリ性に乏しい．

(3)　テラゾは，耐酸性に優れる．

(4)　コンクリートは，耐酸性に優れる．

(5)　大理石は，耐酸性，耐アルカリ性に乏しい．

問題 153　繊維床材の清掃方法に関する次の記述のうち，**最も適当な**ものはどれか．

(1)　玄関や共用部は汚れやすいので，その日のうちに真空掃除機で土砂を除去する．

(2)　パイル内部のほこりの除去には，カーペットスイーパを用いる．

(3)　アクリル素材は，親水性の汚れが取れにくい．

(4)　しみ取り作業は定期清掃時に行う．

(5)　スポットクリーニングは，パイル奥の汚れまで徹底的に除去する作業である．

問題 154　清掃におけるドライメンテナンスに関する次の記述のうち，**最も不適当な**ものはどれか．

(1)　床材への熱影響に注意が必要である．

(2)　スプレークリーニング法の仕上げには，フロアポリッシュを塗布する．

(3)　ウェットメンテナンス法に比べ，滑りや転倒が多いので注意が必要である．

(4)　床材への水の浸透による劣化を防ぐ．

(5)　ドライバフ法で用いる床みがき機は，回転数が高いほど，光沢度の回復が容易である．

問題 155　清掃におけるウェットメンテナンスに関する次の記述のうち，**最も不適当な**ものはどれか．

(1)　汚れが激しい箇所を洗剤で洗浄し，床維持剤を塗布する．

(2)　樹脂床維持剤の皮膜を除去するには，酸性の剝離剤で皮膜を溶解させる．

(3)　ドライメンテナンス法に比べ，部分補修がしにくい．

(4)　シールされた木質床は，水性フロアポリッシュを使用できるが，水の使用を最小限にして管理する必要がある．

(5)　ドライメンテナンス法に比べ，使用する資機材の種類が多い．

問題 156　床以外の清掃作業に関する次の記述のうち，**最も適当な**ものはどれか．

(1)　廊下の壁面は，階段の壁面と比較して，ほこりの付着量が多い．

(2)　ドア・エレベータスイッチは，冬期は夏期に比べ手垢(あか)が付きやすくなる．

(3)　エレベータの壁は，手垢で汚れやすいので表面に保護膜を塗布しておくとよい．

(4)　トイレの清掃は，衛生上の観点から利用者の使用を全面的に禁止して作業を行う．

(5)　照明器具は静電気でほこりがたまりやすく，照度低下があるため，毎日清掃する必要がある．

問題 157　外装の清掃に関する次の記述のうち，**最も不適当な**ものはどれか．

(1)　石材や磁器タイルの壁面は，3～5年に1回洗浄を行う．

(2)　自動窓拭き設備には，スチーム洗浄機が組み込まれている．

(3)　臨海工業地帯の金属製の外壁は，1年に4～6回洗浄を行う．

(4)　アルミニウム板は，通常，表面に保護膜が施されているが，徐々に汚れが付着する．

(5)　金属製の外壁は，中性洗剤か専用洗剤を用いて，スポンジ又はウエスで拭き取る．

問題 158　循環型社会形成に関する次の記述のうち，**最も不適当な**ものはどれか．

(1)　生産において，マテリアルリサイクルを進める．

(2)　消費・使用において，リデュースを進める．

(3)　廃棄において，リユースを進める．

(4)　処理において，サーマルリサイクルを進める．

(5)　最終処分において，天然資源の投入を進める．

問題 159　ごみの処理に関する次の記述のうち，**最も不適当な**ものはどれか．

(1)　一般廃棄物の埋立処分は，遮断型最終処分場に埋め立てなければならない．

(2)　焼却処理では，容積は5～10％に減容化される．

(3)　ごみ燃料化施設は，選別・乾燥技術を用いている．

(4)　粗大ごみ処理施設は，破砕・選別技術を用いている．

(5)　分別とは，収集や運搬，リサイクルや中間処理，最終処分が適正に行われるように，発生・排出元であらかじめ区分することである．

問題 160　廃棄物の区分に関する次の記述のうち，**最も不適当な**ものはどれか．

(1)　事業系一般廃棄物とは，事業活動に伴い発生する廃棄物のうち，産業廃棄物に該当しないものである．

(2)　粗大ごみのうち，スプリングマットレスは，適正処理困難物に該当する．

(3)　一般廃棄物のびんは，容器包装リサイクル法の対象物に該当する．

(4)　事業活動に伴い発生する廃棄物のうち，ゴムくずは，安定型品目の産業廃棄物の一つに該当する．

(5)　事業活動に伴い発生する廃棄物のうち，廃プラスチック類は，業種指定のある産業廃棄物に該当する．

問題 161　建築物内廃棄物の適正処理に関する次の記述のうち，**最も不適当な**ものはどれか．

(1)　清掃作業に伴って生じる廃液は，廃棄物の処理及び清掃に関する法律に加えて下水道法，水質汚濁防止法の規定を遵守し適正に処理する．

(2)　建築物から発生する事業系一般廃棄物は，古紙と生ごみがほとんどを占める．

(3)　蛍光管は，取扱いが規制されている．

(4)　グリース阻集器で阻集される油分は，一般廃棄物の廃油に該当する．

(5)　し尿を含まないビルピット汚泥は，産業廃棄物に該当する．

問題 162　産業廃棄物に関する次の記述のうち，**最も不適当な**ものはどれか．

(1)　適正な処理を確保するため，処理基準や委託基準が定められている．

(2)　特別管理産業廃棄物は，爆発性，毒性，感染性等，人の健康又は生活環境に被害を生ずるおそれのある産業廃棄物のことである．

(3)　事業活動に伴い発生する廃棄物であって，燃え殻，汚泥等 20 種類をいう．

(4)　収集・運搬業者は，事業者から受託した産業廃棄物を処分業者に引き渡す際に産業廃棄物管理票を交付する．

(5)　施設及び申請者の能力等が基準に適合する場合，都道府県知事は産業廃棄物処理業者として許可する．

問題 163　建築物内廃棄物に関する次の記述のうち，**最も不適当な**ものはどれか．

(1)　ごみの質を表すには，水分，灰分，可燃分の比率（%）で示す方法がある．

(2)　厨芥（ちゅうかい）とは，紙くずと雑芥を混合したものである．

(3)　廃棄物発生場所からコレクタ等で集め，廃棄物保管場所に運ぶまでのプロセスが，収集運搬の計画である．

(4)　吸殻の収集をするときは，金属製の蓋付き容器を使用する．

(5)　新築の建築物では，使用開始後一定期間が経過した時機に，廃棄物処理計画を見直す．

問題 164　産業廃棄物の委託処理に関する次の記述のうち，**最も不適当な**ものはどれか．

(1)　排出事業者は，電子マニフェストでも，A 票，B2 票，D 票，E 票の保存が必要である．

(2)　収集運搬業者の選定に当たっては，排出場所と運搬先の両方の自治体の許可を取得していることを確認する．

(3)　処理業者との契約に当たっては，収集運搬業者と処分業者とそれぞれ契約を締結しなければならない．

(4)　処理業者の選定には，都道府県や環境省のホームページ等から選ぶ方法がある．

(5)　排出事業者は，廃棄物が最終処分まで適正に処理されたことを確認する義務がある．

問題 165　建築物内廃棄物の貯留・搬出方式に関する次の記述のうち，**最も不適当な**ものはどれか．

(1)　コンパクタ・コンテナ方式は，容器方式より防災性に優れている．

(2)　真空収集方式は，容器方式より衛生的に優れている．

(3)　貯留・排出機方式は，真空収集方式より初期コストが少ない．

(4)　貯留・排出機方式は，コンパクタ・コンテナ方式より大規模建築物に適用される．

(5)　コンパクタ・コンテナ方式は，容器方式よりランニングコストが少ない．

問題 166　蚊の生態に関する次の記述のうち，**最も不適当な**ものはどれか．

(1)　チカイエカは，九州から北海道まで分布する．

(2)　吸血せずに産卵する蚊が知られている．

(3)　ウシやウマなど，大型動物を好んで吸血する種類がある．

(4)　ヒトスジシマカは，雨水ますなどの小さな水域から発生する．

(5)　アカイエカは，主として昼間に吸血する．

問題 167　蚊の防除に関する次の記述のうち，**最も不適当な**ものはどれか．

(1)　ULV 処理は，成虫に対する速効性が認められる．

(2)　ライトトラップや粘着トラップで捕獲した成虫の数は，維持管理の状態を評価するために重要である．

(3)　クレゾールなどの殺菌剤を含む製剤は，浄化槽内の微生物に影響を及ぼすおそれがある．

(4)　殺虫剤による防除効果が得られない場合には，殺虫剤抵抗性の発達を考慮する必要がある．

(5)　樹脂蒸散剤は，密閉性が保たれていない空間であっても，殺成虫効果が期待できる．

問題 168　ゴキブリの生態に関する次の記述のうち，**最も適当な**ものはどれか．

(1)　チャバネゴキブリは，卵鞘を孵化直前まで尾端に保持し続けている．

(2)　クロゴキブリは，昼行性で，夜間はほとんど活動しない．

(3)　トビイロゴキブリは，孵化後間もない幼虫が，単独で生活する傾向が強い．

(4)　ワモンゴキブリは，動物性の食品や汚物等を餌としない．

(5)　ヤマトゴキブリは，幼虫，蛹を経て成虫となる．

問題 169　ダニに関する次の記述のうち，**最も適当な**ものはどれか．

(1)　マダニ類には，ヒトの皮膚内に寄生する種類がある．

(2)　ダニの体は，頭部，胸部，胴体部に分けることができる．

(3)　ツメダニ類は，他のダニやチャタテムシ等を捕食することが知られている．

(4)　ワクモは，室内塵中の有機物を餌として発育する．

(5)　イエダニは，野鳥に寄生し，吸血する．

問題 170　害虫に関する次の記述のうち，**最も不適当な**ものはどれか．

(1)　ニセケバエ類は，鉢植の肥料に用いられる油粕などから発生する．

(2)　ネコノミは，イヌにも寄生する．

(3)　ツマアカスズメバチは，特定外来生物に指定されている．

(4)　シバンムシアリガタバチの成虫は，乾燥食品や建築材料を餌とする．

(5)　トコジラミは，夜間吸血性である．

問題 171　下記の①～④の特徴を**すべて有する**殺虫剤は，次のうちどれか．

①　抵抗性を獲得した害虫集団の存在が知られている．

②　基礎的な効力は，IC_{50} 値により評価される．

③　昆虫などの節足動物以外の生物に対する影響が少ない．

④　成虫に対する致死効力はない．

(1)　ピレスロイド剤

(2)　昆虫成長制御剤（IGR）

(3)　対称型有機リン剤

(4)　非対称型有機リン剤

(5)　カーバメート剤

問題 172　殺虫剤やその有効成分に関する次の記述のうち，**最も適当な**ものはどれか．

(1)　メトフルトリンは，常温揮散でも効力を発揮する．

(2)　ULV 処理には，専用の油剤を使用する．

(3)　ジフルベンズロンは，幼若ホルモン様化合物である．

(4)　乳剤は，煙霧処理に使用される．

(5)　KT_{50} 値が小さいほど，致死効力が高い．

問題 173　ネズミの生態に関する次の記述のうち，**最も不適当な**ものはどれか．

(1)　ねずみ類は，多くの場合移動する通路が一定で，体の汚れが通路となる壁や配管に付着する．

(2)　クマネズミは，動物質の餌を好む．

(3)　ドブネズミの尾は，体長より短い．

(4)　クマネズミは運動能力に優れ，ロープを伝わって船舶から上陸することができる．

(5)　ドブネズミは泳ぎが得意なので，水洗便所の排水管を通って侵入することがある．

問題 174　ねずみ用の薬剤に関する次の記述のうち，**最も不適当な**ものはどれか．

(1)　ブロマジオロン製剤は，動物用医薬部外品として承認されている．

(2)　ジフェチアロールは，第 2 世代の抗凝血性殺鼠(そ)剤である．

(3)　粉剤は，餌材料にまぶして，毒餌として利用することができる．

(4)　リン化亜鉛は，致死させるために，複数回摂取させる必要がある．

(5)　カプサイシンは，忌避剤で，かじり防止などの目的で使用される．

問題 175　ねずみ用の薬剤に関する次の記述のうち，**最も不適当な**ものはどれか．

(1)　殺鼠(そ)剤により死亡したネズミから，ハエなどが発生することがある．

(2)　配置された毒餌から，シバンムシ類などの食品害虫が発生することがある．

(3)　クマテトラリルは，第 1 世代の抗凝血性殺鼠剤である．

(4)　シクロヘキシミドには，処理区域からネズミを追い出す効果はない．

(5)　ドブネズミでは，抗凝血性殺鼠剤に対する抵抗性を獲得した集団は報告されていない．

問題 176　衛生害虫と疾病に関する次の記述のうち，**最も不適当な**ものはどれか．

(1)　トコジラミが疾病媒介に直接関わっている事例は，知られていない．

(2)　ねずみ類は，レプトスピラ症の媒介動物である．

(3)　コガタアカイエカは，ジカウイルス感染症を媒介する．

(4)　アカイエカは，ウエストナイル熱を媒介する．

(5)　アシナガバチによる刺症は，アナフィラキシーショックの原因となる．

問題 177　殺虫剤・殺鼠（そ）剤に関する次の記述のうち，**最も不適当な**ものはどれか．

(1)　昆虫の変態等の生理的な変化に影響を与え，その他の生物に影響が小さい薬剤が防除に利用されている．

(2)　有効成分の毒性と安全性は，医薬品，医療機器等の品質，有効性及び安全性の確保等に関する法律によって定められた基準によりチェックされている．

(3)　毒薬に該当する衛生害虫用の殺虫剤はない．

(4)　ある殺虫剤の毒性がヒト又は動物と昆虫の間であまり変わらないことを，選択毒性が高いと表現する．

(5)　薬剤の安全性は，毒性の強弱や摂取量等によって決まる．

問題 178　建築物衛生法に基づく特定建築物内のねずみ等の防除に関する次の記述のうち，**最も適当な**ものはどれか．

(1)　環境的対策は，特定建築物維持管理権原者のもとで当該区域の管理者が日常的に行う．

(2)　食料取扱い区域などのねずみ等が発生しやすい場所では，6 カ月以内ごとに発生状況調査を実施する．

(3)　調査は，目視調査や聞取り調査を重点的に行い，トラップ調査は実施しなくてよい．

(4)　IPM（総合的有害生物管理）における「警戒水準」とは，すぐに防除作業が必要な状況をいう．

(5)　IPM に基づくねずみ等の防除では，定期的・統一的な薬剤処理を行う．

問題 179　ねずみ・昆虫等及び鳥類の防除に関する次の記述のうち，**最も不適当な**ものはどれか．

(1)　ドバトの捕獲や卵の除去を行う際は，自治体等の長の許可が必要である．

(2)　ネズミと昆虫では，薬剤抵抗性の発達の原理が異なる．

(3)　ネッタイトコジラミは，近年，東京都内の宿泊施設でも散見されている．

(4)　防除は，発生時対策より発生予防対策に重点を置いて実施する．

(5)　吸血昆虫を対象にした人体用忌避剤として，イカリジンがある．

問題 180　ねずみの建物侵入防止のための防鼠（そ）構造に関する次の記述のうち，**最も不適当な**ものはどれか．

(1)　建物の土台である基礎は，地下 60 cm 以上の深さまで入れる．

(2)　外壁には，ツタ等の植物を這（は）わせたり，樹木の枝を接触させない．

(3)　床の通風口や換気口には，目の大きさ 2 cm 以下の金網格子を設置する．

(4)　1 階の窓の下端と地表との距離は，90 cm 以上離す．

(5)　ドアの上部，側部，底部の隙間は，1 cm 以内とする．

2019年度（令和元年度）午前の解答・解説

※ 解説中の「-」付きの -(1)～ -(5)は，問題の選択肢文(1)～(5)を示しています．
※ 解説中 2021-2 などの表示は関連問題 2021 年問題 2 を示しています．

建築物衛生行政概論
問題 1～問題 20

問題 1　正解　(3) ……… 頻出度 A A A

WHO 憲章の原文（英文）の該当箇所は social なので，-(3)の社会的が正しい．

2021-2

問題 2　正解　(2) ……… 頻出度 A A A

「興行場法第 1 条第 1 項に規定する興行場をいう」と，法律制定時，厚生省から通達文書が出されている．

2022-3

問題 3　正解　(3) ……… 頻出度 A A A

事務所用倉庫は，特定用途の事務所に付属する部分として延べ面積に算入する．

2022-5

問題 4　正解　(4) ……… 頻出度 A A A

建築物環境衛生管理基準の遵守を義務付けられているのは特定建築物所有者等である（ビル管理法第 4 条）．

問題 5　正解　(5) ……… 頻出度 A A A

スポーツジムは下記から，特定建築物の用途に該当しない．

「体育館その他スポーツをするための施設は，一般に特定建築物に該当しません．ただし，当該施設が興行場などに該当する場合は，特定建築物になり得ます．

フィットネスクラブは，一般に娯楽性が極めて強く遊技場と同視できるような場合を除き，特定建築物に該当しません．」（厚生労働省のサイト「特定建築物の定義に関する Q&A」より）．

問題 6　正解　(3) ……… 頻出度 A A A

専門学校は，「学校教育法第 1 条に規定する学校等以外の学校」で，面積の要件は 3 000 m^2 なので該当する．他はいずれも，特定用途部分の面積が足りない．

2022-3 ， 2022-5

問題 7　正解　(4) ……… 頻出度 A A A

ビル管理法施行規則には届出の様式など定められていない．届出の様式は，監督権限をもつ，また届け出先である地方自治体の様式による．

2022-6

問題 8　正解　(2) ……… 頻出度 A A A

法律には測定回数のことは定められていないが，浮遊粉じんの量，一酸化炭素の含有率，二酸化炭素の含有率については，「1 日の使用時間中の平均値とすること」とビル管理法施行規則にあるので，2 回以上の測定が必要である．

-(1)や -(5)の規定はありそうで，ない．

2022-7

問題 9　正解　(5) ……… 頻出度 A A A

-(5)が正しい．見つかった免状は 5 日以内に返還する（ビル管理法施行規則第

12条第5項).

-(1) 2022年4月のビル管理法施行規則の改正で，原則条件付きで兼任が認められるようになった.

-(2) 「建築物維持管理権原者はこの意見に従わなければならない」→「意見を尊重しなければならない」が正しい.

-(3) そのような規定はない.

-(4) 「申請しなければならない」→「申請することができる」が正しい.

2022-10

問題10 正解 (5)※ ・・・・・・・頻出度AAA

※ -(5) 2022年4月のビル管理法施行規則の改正で，特例による一酸化炭素の含有率の規定は削除された.

-(1)～-(4)はビル管理法施行令に定められている.

2022-7

問題11 正解 (3) ・・・・・・・頻出度AAA

-(3)が正しい．6年ごとの再講習受講が必要である（**共通資料2**参照).

問題12 正解 (1) ・・・・・・・頻出度AAA

ダクト清掃業は，機械器具の専用の保管庫は必要ない（**共通資料2**参照).

専用の保管庫が必要なのは，飲料水貯水槽清掃業，排水管清掃業，ねずみ昆虫等防除業の三つである．なお，飲料水水質検査業は，水質検査を的確に行うことのできる検査室が必要である.

問題13 正解 (2) ・・・・・・・頻出度AA

登録業の登録先には，「(保健所を設置する市又は特別区にあっては，市長又は区長)」の断り書きがないので，登録業の監督権限はあくまで都道府県知事に限られる.

2022-11

問題14 正解 (5) ・・・・・・・頻出度AAA

-(5)が正しい．命令に違反して免状を返さないと10万円以下の過料を科される．ちなみに電気主任技術者の免状返納命令違反も10万円以下の過料である.

-(1)～-(4)は30万円以下の罰金を科される.

2021-14

問題15 正解 (4) ・・・・・・・頻出度AAA

鉄およびその化合物の水質基準は0.3 mg/L以下である（**共通資料1**参照).

問題16 正解 (2) ・・・・・・・頻出度AAA

公共下水道を定める下水道法を所管する省庁は国土交通省（終末処理場に限って環境省と共同所管）であるから，ここは「厚生労働大臣」→「国土交通大臣」が正しい.

ちなみに水道法は厚生労働省の所管である.

2022-1

問題17 正解 (1) ・・・・・・・頻出度AAA

公衆浴場法の入浴者の衛生及び風紀に必要な措置の基準は都道府県（保健所を設置する市又は特別区にあっては，市又は特別区)が条例で定めるとされている.

2022-17

-(4) 「営業者は伝染性の疾病にかかっている者と認められる者に対しては，その入浴を拒まなければならない．但し，省令の定めるところにより，療養のために利用される公衆浴場で，都道府県知事の許可を受けたものについては，この限りでない．(公衆浴場法第4条)」

問題18 正解 (1) ・・・・・・・頻出度AAA

水質汚濁防止法第1条（目的） この法律は，工場及び事業場から公共用水域に排出される水の排出及び地下に浸透する水の浸透を規制するとともに，生活排水対策の実施を推進すること等によつて，公共用水域及び地下水の水質の汚濁（水質以外の水の状態が悪化することを含む．以下同じ．）の防止を図り，もつて国民の健康を保護するとともに生活環境を保全し，並びに工場及び事業場から排出される汚水及び廃液に関して人の健康に係る被害が生じた場合における事業者の損害賠償の責任について定めることにより，被害者の保護を図ることを目的とする．

2020-16

問題 19　正解　(4), (1)※ •• 頻出度 AAA

事業者は，労働者を常時就業させる室（以下「室」という．）の気積を，設備の占める容積及び床面から 4 m をこえる高さにある空間を除き，労働者 1 人について，10 m³ 以上としなければならない．（事務所衛生基準規則第 2 条）

※ -(1)　本試験実施以降の法令改正により，「17 ℃以上 28 ℃以下」→「18 ℃以上 28 ℃以下」に変更されている．

2022-19

問題 20　正解　(1) ••••••• 頻出度 AAA

受動喫煙防止を規定しているのは健康増進法である．

2018 年 7 月に健康増進法の一部を改正する法律が成立し，2020 年 4 月 1 日より全面施行され，努力義務であった受動喫煙防止のための措置に関して，喫煙者ならびに施設営理者の違反に対して罰則が適用されることとなった．

2022-20，2021-31

建築物の環境衛生
問題 21～問題 45

問題 21　正解　(3) ••••••• 頻出度 AA

環境基本法第 16 条　政府は，大気の汚染，水質の汚濁，土壌の汚染及び騒音に係る環境上の条件について，それぞれ，人の健康を保護し，及び生活環境を保全する上で維持されることが望ましい基準を定めるものとする．

2022-18

問題 22　正解　(4) ••••••• 頻出度 AA

「量–影響関係」は個体レベルの関係である．集団レベルの関係は「量–反応関係」である．-(3)が量–反応関係を表している．

-(2)　日本産業衛生学会の許容濃度

2022-23

-(5)　学校環境衛生基準

2020-14，2022-31

問題 23　正解　(1) ••••••• 頻出度 AA

発汗は自律性体温調節である（汗は自由にならない）．

2021-24

問題 24　正解　(3) ••••••• 頻出度 AA

WBGT（湿球黒球温度）の身体作業強度別の基準値は，作業者の熱への順化度によって異なる．

厚生労働省の「職場における熱中症予防対策マニュアル」に挙げられた基準値によれば，例えば中程度代謝率（165 W/m². くぎ打ち，草むしり等）の場合，熱に順化している人ならば WBGT = 28 ℃，順化していない人の場合は WBGT = 26 ℃を超えると熱中症のリスクがあるとしている．

2022-24

問題 25　正解　(2) ・・・・・・・ 頻出度 A A

日本人の基礎代謝は冬の方が体温維持のため高く，夏は低い．変動幅は 10 % 程度である．

2022-25

問題 26　正解　(2) ・・・・・・・ 頻出度 A A

熱失神では血圧は低下する．

2021-26

問題 27　正解　(3) ・・・・・・・ 頻出度 A A

シックビル症候群の原因も必ずしも明確ではない．

2021-30

問題 28　正解　(4) ・・・・・・・ 頻出度 A A

真菌（カビ）の他，花粉，ペットの毛，ゴキブリの虫体などほとんどの有機粉じんは，気管支喘息のアレルゲンとなるが，最も多いのはヒョウヒダニ等の屋内じん性のダニ由来の粉じんである．

2021-29

問題 29　正解　(5) ・・・・・・・ 頻出度 A A

たばこ煙が過敏性肺炎の原因となることはない．

2022-32

問題 30　正解　(1) ・・・・・・・ 頻出度 A A

慢性閉塞性肺疾患は細菌による感染症ではない．

喫煙が慢性閉塞性肺疾患（COPD：肺気腫と慢性気管支炎）の主な原因である．

-(4)　アスペルギルス，ペニシリウム，アルテルナリア，フザリウム，クラドスポリウムはいずれも一般環境中にありふれたカビアレルゲンである．

2022-32

問題 31　正解　(5) ・・・・・・・ 頻出度 A A

人間の正常な聴覚の周波数特性を表す等ラウドネス曲線を見ると，曲線がみな 4 000 Hz 付近で垂れ下がっている．これは人間の耳は 4 000 Hz 付近の音に最も敏感な（小さな音圧レベルでも聞こえる）ことを示している．

2021-32

-(1)　一つの音により，他の音が遮へい（マスク）されて聞こえなくなる現象を音のマスキングという．マスキング効果は，マスクする音（雑音等，マスカー）がある時の，マスクされる音の最小可聴値の音圧レベル上昇量で示され，これをマスキング量（dB）という．マスキング効果は，一般に低い周波数よりも高い周波数において大きい．

-(2)　ヒトの可聴範囲は，2021-84．

問題 32　正解　(5) ・・・・・・・ 頻出度 A A

人間の視力は大きく照度に依存し，約 0.001 lx から徐々に視力が現れ，0.1 lx 付近で大きく変化し，約 10 000 lx まで直線的に向上する．

2022-36

問題 33　正解　(4) ・・・・・・・ 頻出度 A A

JIS 安全色で誘導は青である（**33-1 表**参照）．

問題 34　正解　(2)※ ・・・・・・ 頻出度 A A A

※　-(2)　2021 年 12 月厚生労働省のガイドラインが改訂され，ディスプレイ画面上の 500 lx がなくなった．

2022-37

問題 35　正解　(2) ・・・・・・・ 頻出度 A A A

紫外線の慢性曝露で発症するのは白内障である．白内障は，眼の水晶体が変性し，濁ってしまう病気である（緑内障は眼圧の上昇で視神経に障害が起こる疾病）．

2022-39

問題 36　正解　(4) ・・・・・・・ 頻出度 A A A

脱毛は早期影響である．

2021-38

33-1 表　JIS 安全色（JIS Z 9103）

色の名称	表示される意味	使用例
赤	防火，停止，禁止	防火標識，立入禁止標識，警報機
オレンジ黄赤	危険	危険標識，露出歯車の側面，安全カバーの内面
黄	注意	注意標識，衝突，転落のおそれを示す
緑	安全，救護	救護，避難場所，非常口を示す標識，進行
青	指示，誘導	保護メガネ着用，修理中などを示す標識，駐車場の位置，方向を示す誘導標識
赤紫	放射能	放射性物質の貯蔵施設，放射性物質の容器
白	通路	道路の区画線，誘導標識
黒	—	注意および危険標識の文字・記号

問題 37　正解　(1) ・・・・・・・ **頻出度** A A A

赤外線は電離作用をもつような高エネルギーの電磁波（電離放射線）ではない(30 000 THz 以上の電磁波が電離作用をもつ)．

2022-38

問題 38　正解　(3) ・・・・・・・ **頻出度** A A A

老廃物の排泄（せつ）のためには 1 日に最低 0.4 ～ 0.5 L の尿が必要で，これは不可避尿と呼ばれる．

2022-42

問題 39　正解　(5) ・・・・・・・ **頻出度** A A A

低分子蛋（たん）白尿を起こすのはカドミウムである．

2022-41

問題 40　正解　(2) ・・・・・・・ **頻出度** A A

環境基本法の水質汚濁に係る環境基準（人の健康の保護に関する基準）では，現在 27 物質について基準値が定められているが，その中で「検出されないこと」とされているのは，全シアン，アルキル水銀，PCB である．

2022-41

問題 41　正解　(1) ・・・・・・・ **頻出度** A A A

マラリアの病原体は原虫である．主な病原体を分類すると **41-1 表**のとおり．

41-1 表　病原体

分類	大きさ，形態	感染症の例
ウイルス	10 ～ 400 nm の球状の小体 ウイルスは他の生物の細胞内でしか増殖できない．	痘瘡（そう），麻しん（はしか），風しん，A 型肝炎，B 型肝炎，C 型肝炎，E 型肝炎，インフルエンザ，日本脳炎，急性灰白髄炎（ポリオ，小児まひ），ノロウイルス感染症
リケッチア	300 ～ 500 nm 球形ないしは桿（かん）形の小体	発疹チフス，つつが虫病
細菌	1 μm 前後の球形ないしは桿（かん）形の単細胞生物 細胞核をもたない原核生物	コレラ，赤痢，腸チフス，パラチフス，ペスト，結核，レジオネラ症，カンピロバクター・ジェジュニ
スピロヘータ	6 ～ 15 μm らせん形の細長い細菌の一種	梅毒，ワイル病
真菌類	1 ～ 10 μm 程度細胞核をもつ真核生物．キノコ，カビ，酵母（単細胞生物）など	カンジダ症，白癬（せん）症
原虫	20 ～ 500 μm 以上の単細胞生物	マラリア，クリプトスポリジウム症

問題 42　正解　(5)・・・・・・・**頻出度** A A A

ワクチンの接種は宿主の感受性に対する対策である．

感染症の発生には，感染源，感染経路，宿主の感受性の 3 条件が揃っていなければ成立しない．この三者を感染症成立の三大要因という．感染症の発生防止にはこの三大要因への対策が取られる．

感染源とは，感染症発症者，病原体の保菌者，病原体に汚染された器具，機械のこと．日本脳炎やトキソプラズマ症のような人畜共通感染症では，ヒト以外の動物も感染源となる．

感染経路については 2022-44．

予防対策は **42-1 表**参照．

42-1 表　感染症予防対策

感染源への対策	患者の隔離・保菌者の管理，治療病原体に汚染された器具，機械等の消毒，感染蚊などの駆除
感染経路への対策	水や空気の浄化，消毒の実施，食品の衛生管理，室内外の清潔保持，ネズミ，害虫などの媒介動物の駆除 マスクの着用，手洗い・うがいの励行，ソーシャルディイスタンスの保持
感受性への対策	一般的な体力の向上，抵抗力の向上 ワクチンの予防接種は感受性をなくす有力な手段である．

問題 43　正解　(1)・・・・・・・**頻出度** A A

建築物の立入制限・封鎖は一類感染症への措置である．-(1)のエボラ出血熱だけが一類感染症である．

共通資料 3 参照．

問題 44　正解　(3)・・・・・・・**頻出度** A A A

消毒用エタノールは，70 %が至適濃度である．77 %が最強，85 %以上だと殺菌力が低下するとの研究報告もある．

2022-45

問題 45　正解　(4)・・・・・・・**頻出度** A A A

次亜塩素酸ナトリウムの正味の量は 100 mL の 6 %，すなわち 6 mL である．6 mL は 6 000 mg とみなしてよいので，水 30 L で希釈すれば，6 000 ÷ 30 = 200 mg/L の濃度となる．

2021-44

空気環境の調整
問題 46～問題 90

問題 46　正解　(5)・・・・・・・**頻出度** A A A

断熱材の内部では温度勾配は急になるので温度分布は C となる．

2022-46

防湿層は断熱材を挟んで水蒸気圧が高い側に入れるのが内部結露防止の原則なので，ウに入れるのが正しい．

2021-47

問題 47　正解　(5)・・・・・・・**頻出度** A A A

光ったアルミ箔の長波長放射率は 0.2 程度である．

2022-48

問題 48　正解　(3)・・・・・・・**頻出度** A A A

壁を貫流する熱量 Q [W] を求める式は次のとおり．

$$Q = \frac{1}{R}(\theta_i - \theta_o) \times S$$

ただし，R：熱貫流抵抗 [m²·K/W]，θ_i：室温 [℃]，θ_o：外気温 [℃]，S：壁面積 [m²]．

式に与えられた数値を代入して，

$$Q = \frac{1}{2.0}\{20 - (-5)\} \times 8$$

$$= 0.5 \times 25 \times 8 = 100 \text{ W}$$

2020-48，2022-49

問題 49　正解　(1) ・・・・・・・ 頻出度 A A A

水分を多く含むほど熱伝導率は大きくなる．

2022-46

問題 50　正解　(4) ・・・・・・・ 頻出度 A A A

ベルヌーイの定理で位置圧は ρgh と表され，高さ h に比例する（ρ は流体の密度，g は重力加速度）．

2022-52

-(3)　開口部の通過流量 2021-50．

問題 51　正解　(2) ・・・・・・・ 頻出度 A A A

換気量は開口部①と②の風圧係数の差の平方根に比例する．

2022-50

問題 52　正解　(2) ・・・・・・・ 頻出度 A A A

暖房時は，天井から下に吹き出すか，壁の下部から吹き出すのが良い．

室内気流分布の状態を決める主要な要因は，吹出し空気の温度，吹出し方向，速度，吹出し口の位置・形状である．

不快な局部気流のことをドラフト（draft）といい，冷たい壁付近などで，自然対流によって生じる下降流や隙間風が原因のドラフトのことをコールドドラフトという．コールドドラフトや空気の停滞域が生じないように調整する（**52-1 表**参照）．

問題 53　正解　(2) ・・・・・・・ 頻出度 A A

-(2)は,「0.1 m/s」→「0.2 m/s」が正しい．

平成 14 年 6 月の分煙効果判定基準策定検討会報告書の新しい分煙効果判定の基準は **53-1 表**（次のページ）のとおり．

問題 54　正解　(3) ・・・・・・・ 頻出度 A A

ビル管理法はトルエンを含む VOCs の基準値などは定めていない（ビル管理法が濃度基準を定めているのは，ご存知のとおり，浮遊粉じん，一酸化炭素，二酸化炭素，ホルムアルデヒドだけである）．

52-1 表　室内気流分布（停滞域，ドラフト）

吹出口の位置，吹出し方向	冷房時	暖房時
側壁上部からの水平吹出し	冷房時に吹出し速度を適切に選べば，噴流が対向壁まで到達し良好な温度分布が形成される． 速度が大きすぎるとドラフト，弱すぎると天井面の途中で冷気が剥離して降下しドラフトとなる場合がある．	居住域に滞留域が生じて上下温度差が大きくなり，壁からのコールドドラフトを生じやすい．
側壁下部からの水平吹出し	冷房時には床面に沿って噴流が拡がり，上部に滞留域が発生する．	吹出し速度が十分大きいと，噴流の方向に沿ってドラフトが生じる場合があるが，上下温度差は小さくなる．
天井中央付近からの水平吹出し	冷房時は一様な温度分布が形成され，特にアネモ型吹出口では，拡散性が強いのでドラフトの問題は生じにくい．	暖房に用いると，室中央部に滞留域が生じ上下温度差が大きくなりがちである．
天井中央付近からの下向き吹出し	冷房時は冷気が床面付近に拡散し，上部に滞留域が生じる．	居住域部分に一部速度の速い領域が生じるが，温度分布は一様となりやすい．吹出し速度が小さく，噴流が床面に到達しない場合は，噴流下部が停滞し大きな上下温度差が形成される．

53-1 表　分煙効果判定の基準[1]

1) 排気装置（屋外へ強制排気）による場合	
判定場所その1 喫煙所と非喫煙所との境界	(1)　デジタル粉じん計を用いて，経時的に浮遊粉じんの濃度の変化を測定し漏れ状態を確認する 非喫煙場所の粉じん濃度が喫煙によって増加しないこと） (2)　非喫煙場所から喫煙場所方向に一定の空気の流れ（0.2 m/s 以上）
判定場所その2 喫煙所	(1)　デジタル粉じん計を用いて時間平均浮遊粉じん濃度が 0.15 mg/m^3 以下 (2)　検知管を用いて測定した一酸化炭素濃度が 10 ppm 以下
2) 空気清浄機による場合	
判定場所その1 喫煙所と非喫煙所との境界	(1)　デジタル粉じん計を用いて，経時的に浮遊粉じんの濃度の変化を測定し漏れ状態を確認する（非喫煙場所の粉じん濃度が喫煙によって増加しないこと） (2)　非喫煙場所から喫煙場所方向に一定の空気の流れ（0.2 m/s 以上） (3)　ガス状成分について適切な方法で濃度を測定し，喫煙所からの漏れ状態を確認する（現在，その手法は確立されていない）
判定場所その2 喫煙所	(1)　デジタル粉じん計を用いて時間平均浮遊粉じん濃度が 0.15 mg/m^3 以下 (2)　検知管を用いて測定した一酸化炭素濃度が 10 ppm 以下 (3)　ガス状成分について適切な方法で濃度を測定し，その値がある一定以下であること（現在，その手法は確立していない）

-(5)にあるとおり，トルエンを含むVOCs濃度の室内暫定目標値を厚生労働省が定めている（トルエンは0.07 ppm）2021-55.

-(4)　WHOによるVOCsの分類 2021-82.

問題 55　正解　(4)・・・・・・・頻出度 A A A

濃度がppmで与えられたときの必要換気量Qを求める公式

$$Q = \frac{M}{C - C_o} \times 10^6$$

に与えられた数値を代入して，

$$Q = \frac{6 \times 0.022}{1\,000 - 400} \times 10^6$$

$$= \frac{0.132}{600} \times 10^6 = \frac{132}{6} \times 10$$

$$= 220\ \mathrm{m^3/h}$$

2021-53

問題 56　正解　(2)・・・・・・・頻出度 A A A

与えられた数値を与えられた式に代入して，

$$C_{\mathrm{ppm}} = 0.08 \times \frac{22.41}{30} \times \frac{273 + 20}{273}$$

ここで，22.41/30 ≒ 0.7，293/273 ≒ 1.1と近似計算すると，

$$0.08 \times 0.7 \times 1.1 = 0.056 \times 1.1$$
$$= 0.061\,6$$

となるので-(2)が最も近い．

2020-57

問題 57　正解　(2)・・・・・・・頻出度 A A A

平常時の微生物汚染を引き起こす環境微生物は，細菌と真菌である．ウイルスの影響はインフルエンザなどの流行期間中に限られる．

-(1)　教室等の環境に係る学校環境衛生基準 2022-31，2020-14.

-(3)　クラドスポリウム 2022-32.

-(4)　スギ花粉 2022-58.

-(5)　わが国全人口の約2人に1人が何らかのアレルギー疾患に罹（り）患していることを示しており，急増している．（平成23年リウマチ・アレルギー対策委員

会報告書)

問題58　正解　(5)・・・・・・・頻出度AAA

ウイルスの大きさは，0.003 ～ 0.05 μmなので -(5)が正しい．

2022-59

問題59　正解　(3)・・・・・・・頻出度AAA

室内負荷とは，室に吹き出す空調空気によって処理される負荷である．-(3)の外気負荷は室に吹き出す以前に空調機で処理される空調機負荷である．

2022-61

問題60　正解　(1)・・・・・・・頻出度AAA

比エンタルピー，絶対湿度それぞれの加重平均を求めればよい．

比エンタルピー：

$$\frac{50 \times 2 + 68 \times 1}{2 + 1} = \frac{168}{3}$$

$$= 56 \text{ kJ/kg(DA)}$$

絶対湿度：

$$\frac{0.010 \times 2 + 0.016 \times 1}{2 + 1}$$

$$= \frac{0.036}{3} = 0.012 \text{ kg/kg(DA)}$$

2022-64

問題61　正解　(2)・・・・・・・頻出度AAA

湿り空気を加熱しても露点温度は変化しない．

露点温度は，絶対湿度，水蒸気分圧とともに湿り空気の含む水蒸気の絶対量を示している．加湿もしくは除湿しない限り変化しない．加湿すれば，露点温度，絶対湿度，水蒸気分圧は上昇し，除湿すれば低下する．

2022-47

問題62　正解　(2)・・・・・・・頻出度AA

吸着冷凍機の成績係数は低い．

吸着冷凍サイクルは，吸収冷凍サイクルの吸収液（リチウムブロマイド溶液）を吸着剤（シリカゲル，ゼオライト）に換えたもので，冷媒は吸収冷凍サイクルと同じ水である．吸収冷凍機（90 ～ 150 ℃）よりも低温の温水（60 ～ 100 ℃）を加熱源として利用可能で，太陽熱と組み合わせて環境負荷の低い機器の開発が進められている．ただし，吸収冷凍機（COP0.8 ～ 1.4）よりも成績係数は低い．

吸着剤は吸収液のように循環できな

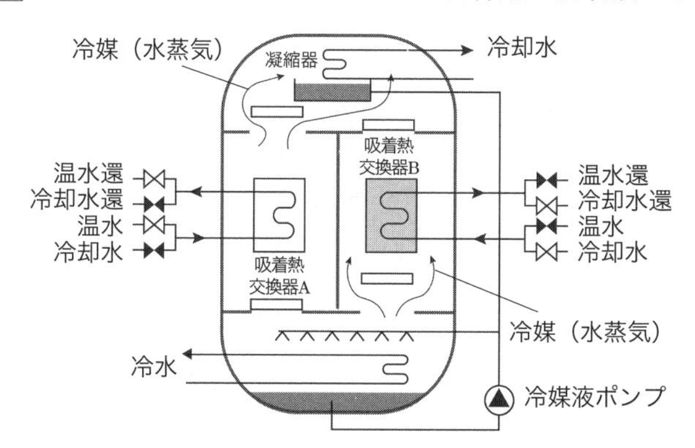

62-1図　吸着冷凍サイクル

いので，二つの吸着・脱着熱交換器を5分程度のサイクルで切り換えて連続運転を可能にしている（**62-1図**参照）．

問題63　正解　(3) ･･･････ **頻出度** A A A

定風量単一ダクト方式では，還気ファンを採用することにより，外気を系統の送風量まで取り入れるシステムとすることができるので，室内空気の清浄度維持には有利である．

2021-64

-(4)　デシカント空調方式 2022-65．

問題64　正解　(5) ･･･････ **頻出度** A A A

膨張弁は蒸気圧縮式冷凍機の構成機器である．

2021-67

吸収冷凍サイクルは 2020-67．

問題65　正解　(4) ･･･････ **頻出度** A A

圧縮比とは，凝縮圧力/蒸発圧力のことをいう（圧力比ともいう）．フロン冷媒の圧縮比もいろいろであるが，アンモニア，二酸化炭素の圧縮比の方が高いようである．

-(1)，-(2)，-(3)，-(5)　蒸気圧縮式冷凍機の圧縮機 2021-65．

問題66　正解　(3) ･･･････ **頻出度** A A A

塩素を含まないHFC（ハイドロフルオロカーボン）のオゾン破壊係数（ODP）は0である．

2022-67

問題67　正解　(3) ･･･････ **頻出度** A A A

冷却コイル–加熱コイル–加湿器の順が正しい．

2021-71

問題68　正解　(1) ･･･････ **頻出度** A A A

一般的に静止型の方が，接続するファンの静圧が小さく，フィルタが粗じん用にとどまるため本体の目詰まりがしやすい．

全熱交換器 2022-71．

問題69　正解　(3) ･･･････ **頻出度** A A A

水噴霧式は給水中の不純物を放出する．

2022-72

問題70　正解　(5) ･･･････ **頻出度** A A A

厨房排気ダクトの防火ダンパ温度ヒューズの溶解温度は120 ℃である（280 ℃は排煙ダクト用）．

2021-72

-(1)　低圧ダクト 2021-74．

問題71　正解　(1) ･･･････ **頻出度** A A A

空気が羽根車の外周から入り外周に抜けるのは横流送風機である．

2021-73

-(4)　抵抗曲線，-(5)　特性曲線 2022-74．

問題72　正解　(5) ･･･････ **頻出度** A A A

スパイラルダクトは，鉄板を丸めて製作される丸ダクトに比べて「はぜ」をもつのでより高い強度が得られる．

2020-74

問題73　正解　(4) ･･･････ **頻出度** A A A

ろ過式の捕集作用はさえぎり，慣性，拡散などの作用による．用途に合わせて幅広い粒子捕集率の製品が開発されている．

2022-75

問題74　正解　(1) ･･･････ **頻出度** A A A

伸縮継手（**74-1図**）は主に熱伸縮を吸収するために配管の直線部に取り付ける．振動防止対策には，防振継手（**74-2図**），フレキシブルジョイントを用いる．

74-1図　ベローズ型伸縮継手(2)

74-2 図　防振継手(3)

2021-114

問題 75　正解　(4) ・・・・・・・頻出度 A A A

第 2 種換気は，給気ファンと自然排気口による換気である．

2022-54

-(2)　温度差換気 2022-50 ．

-(3)　住宅のシックハウス対策（ホルムアルデヒド対策）として，居室の 0.5 回 /h 以上の換気が建築基準法施行令第 20 条の八に定められている．

問題 76　正解　(5) ・・・・・・・頻出度 A A A

外気処理専用パッケージ型空調機による換気（**76-1 図**）は，-(4)の外気処理ユニットと比較して，給排気のバランスの問題は発生しにくい．

パッケージ型空調機による個別方式空気調和設備では別途換気設備ならびに加湿設備を付加しなければならない．その方法には主に **76-1 表**のような方式がある．

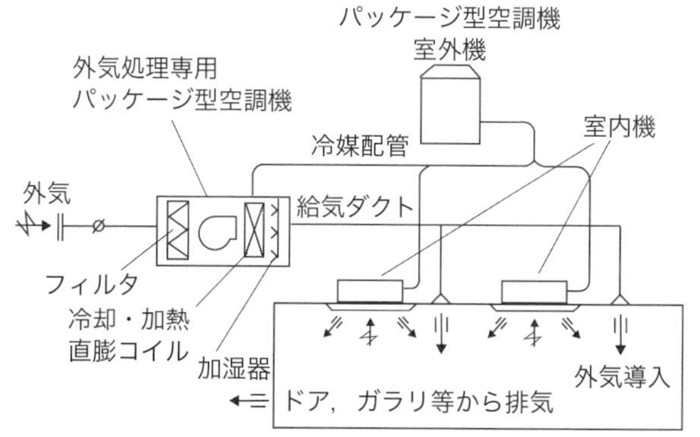

76-1 図　外気処理専用パッケージ型空調機による換気

76-1 表 個別方式空気調和設備の換気設備

	方式	長所	欠点
1	中央方式の外調機	十分な換気，加湿が可能	ダクト設備など高価
2	室，ゾーン単位の全熱交換器による換気＋室内機に加湿器	低コスト	換気，加湿とも不十分になるケースが見られる
3	室，ゾーン単位の外気処理ユニット（全熱交換器＋直膨コイル加湿器）	十分な加湿が可能	給排気がアンバランスとなる
4	室，ゾーン単位の外気処理専用パッケージ型空調機（直膨コイル加湿器）	十分な換気，加湿が可能	設備コスト，運転コストともに比較的高め
5	ヒートポンプデシカント調湿型外気処理装置※	熱交換器に吸着剤を塗布し，加湿のための水配管が不要	冬期の加湿不足を解消できるかは検証が必要

※　ヒートポンプデシカント調湿型外気処理装置 2021-77

2や3では，室，ゾーンからの排気を全熱交換器とトイレなどの排気ファンが奪い合う形となって給排気のバランスがくずれ，全熱交換器の効率が著しく低下し，その結果として冷暖房の不足も招くケースが見られる．

4の外気処理専用パッケージは大容量の加湿器，十分な能力の冷媒直膨コイルの組込みが可能で，3の外気処理ユニットより高性能である．また熱交換のための排気が不要なため，給排気のバランスについての問題が発生しにくい．

問題77　正解　(4)・・・・・・・頻出度AAA

グローブ温度計はその構造上，示度が安定するまでには比較的時間を要する（15～20分間）ので，気流変動の大きい所での測定には不適当である．

2022-80

問題78　正解　(1)・・・・・・・頻出度AAA

紫外線吸収法はオゾンの測定法である．酸素濃度の測定法には，ガルバニ電池方式，ポーラログラフ方式などがある．

2020-79

問題79　正解　(3)・・・・・・・頻出度AAA

Sv（シーベルト）は，放射線の人体に与える影響の単位である．オゾンの濃度の単位はmg/m^3，ppmなど．

2021-38

-(2)　CFU/m^3 2022-78 .

問題80　正解　(5)・・・・・・・頻出度AAA

ホルムアルデヒドは普通気体なので，光を散乱（反射）しない．光散乱法は浮遊粉じんの測定に用いる（デジタル光散乱型粉じん計）．

2020-79 ，2021-81

問題81　正解　(3)・・・・・・・頻出度AAA

TVOCは，ヘキサンからヘキサデカンの範囲で検出したVOCsの合計である．TVOC濃度の測定には，それぞれのVOCの取込み速度が明らかにならないので，パッシブ法を適用するのは困難である（登録講習テキスト）．

2021-82

問題82　正解　(1)・・・・・・・頻出度AAA

冷却塔，冷却水の水管の定期清掃は，1年以内ごとに1回である．

2021-83

問題83　正解　(4)・・・・・・・頻出度AAA

隔壁が複数の材料や断面仕様の異なる部材で構成される場合は，透過損失（*TL*）は，各構成部材による部位の平均値を用いるようにする．透過損失の最も大きい構成材の値を用いると，隔壁の遮音性能を過大に見積もることになる．

2022-85

-(1)，-(3)，-(5)　床衝撃音 2022-86 .

-(2)　共鳴による音の透過 2022-84 .

問題84　正解　(2)・・・・・・・頻出度AAA

風による建物振動は，長周期の正弦波となることが知られている．

2022-84

-(3)　環境振動 2022-35 .

-(4)　時間率レベル 2022-83 .

-(5)　建築物外から伝搬・侵入する道路交通振動や列車振動等に対する対策方法は，建築物または敷地境界に「防振溝」を設ける方法等が有効な対策法として挙げられる．回折減衰効果による防振溝は，溝が深いほど，また振動源に近いほど効果が大きくなる．

問題85　正解　(4)・・・・・・・頻出度AAA

面音源に近接した場所では減衰せず，少し離れると線音源（減衰は3 dB/d.d.），遠くなると点音源（−6 dB/d.d.）とみなせる．

2021-86

問題 86　正解　(2) ・・・・・・・ **頻出度** A A A

まず光ありきの光とは，測光量の基本である「光束」である．その単位は [ルーメン：lm] である．照度は，照らされる面に入射する，単位面積当たりの光束なので，単位は [lm/m²] だが，[ルクス：lx] と固有の単位が与えられている．光度は，光源から単位立体角（単位は [ステラジアン：sr] ）に射出される光束なので，[lm/sr] だが，これも [カンデラ：cd] と固有の単位が与えられ，SI 単位系の基本単位の一つである（何故か，輝度だけは [cd/m²] と，SI 単位系では固有の単位が与えられていない）．

2022-88

問題 87　正解　(5) ・・・・・・・ **頻出度** A A A

屋根天井面に開けた天窓の方が同じ面積の側窓より多くの光が得られる．

-(1)　大気透過率もあわせて 2021-88 ．

-(2)　演色評価数，-(4)　相関色温度 2022-88 ．

-(3)　輝度分布が大きいとは，室内の暗いところと光源や反射面の明るさの差が大きく，グレアが存在することを意味する．一般にグレアを防ぐために，近い視野内での輝度比は 1：3 程度，広い視野内の輝度比は視野内の輝度比は 1：10 程度が推奨されている（情報機器作業における労働衛生管理のためのガイドライン）．

問題 88　正解　(4) ・・・・・・・ **頻出度** A A A

水平面照度

＝法線照度 × sin(太陽高度)

＝80 000 × sin 60°

＝80 000 × 0.87＝ 69 600 lx

2022-90

問題 89　正解　(1) ・・・・・・・ **頻出度** A A A

保守率 M を左右する要因は，光源の種類, 照明器具の周囲環境条件（温湿度，粉じんの発生量等）, 照明器具の構造（露出型，下面開放型，簡易密閉型，完全密閉型等），取付け状態，照明設備の保守管理状況（清掃間隔等）．

2020-88

-(2)　LED 照明器具には，光源一体型と光源分離型があるが，周辺環境の清浄度が同じであれば，露出，密閉型に関わらず, その設計光束維持率は同等である．

-(3)　直管型蛍光灯を口金が同じ（G13 型，**89-1 図**参照）直管型 LED ランプに交換すると, 器具とランプの不適合(ラピッド式器具専用の直営 LED ランプを半導体式器具に誤使用等）で焼損事故の可能性があるので注意を要する．

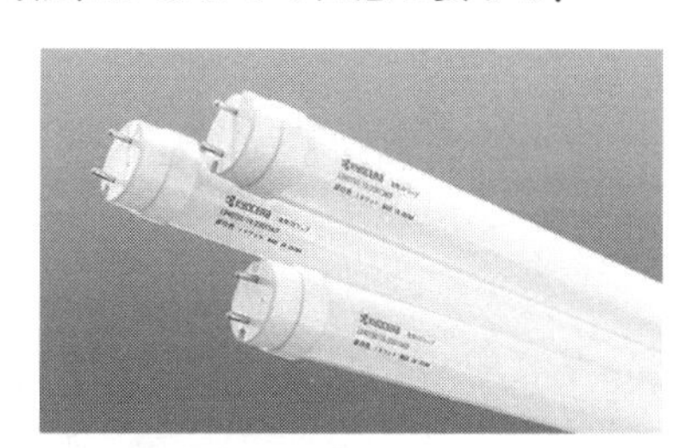

89-1 図　直管型 LED ランプ (4)

-(4)　照明器具の清掃間隔は，汚れによる照度の低下によって失われる照明費を，ちょうど 1 回分の清掃に要する費用で相殺できるようにするのが最も経済的な清掃間隔である（登録講習テキスト）．

-(5)　JIS C 8105-1 の解説では，蛍光灯の照明器具の適正交換時期は，一定条件下年間 3 000 時間の点灯で，10 年としている．

問題 90　正解　(1) ・・・・・・・ **頻出度** A A A

ふく流吹出し口は，他の吹出し口に比

べて誘引効果が高く攪拌(かくはん)性に優れ，均一な温度分布を得やすい．

2022-73

-⑵　吸収冷凍機の振動・騒音 2020-67 ．

-⑶　方式によらず，蓄熱式を採用すると熱源負荷のピークシフト・ピークカット効果により熱源機器の容量を小さくできる．

2020-66 ， 2021-61

-⑷　放射冷暖房設備 2021-64 ．

-⑸　吸込み気流 2020-51 ．

2019年度（令和元年度）午後の解答・解説

※ 解説中の「-」付きの -(1)～ -(5)は，問題の選択肢文(1)～(5)を示しています．
※ 解説中 2020-105 などの表示は関連問題 2020 年問題 105 を示しています．

建築物の構造概論
問題 91～問題 105

問題 91　正解　(4) ・・・・・・・・頻出度 A A A

両側を高い建築物で連続的に囲まれた道路空間は，半密閉の空間のようになるため，ストリートキャニオン（キャニオン：渓谷）と呼ばれる．通風による放熱を妨げ，ヒートアイランド現象の原因となる．また，汚染物質も滞りやすい．

-(1)　COP21（2015 年国連気候変動枠組条約第 21 回締約国会議）1997 年京都で開催された COP3 の京都議定書（先進国だけに温室効果ガスの削減義務）に替わる，温室効果ガス削減の新たな枠組みとなるパリ協定が採択された．発展途上国を含めた全ての締約国に同義務を課している．

-(2)　CASBEE 2020-105 ．

-(3)　最高気温が 25 ℃を超えた日を夏日，30 ℃を超えた日を真夏日，35 ℃を超えた日を猛暑日という．熱帯夜は，夜間の最低気温が 25 ℃以上の日をいう．

-(5)　ヒートアイランド現象とは，等温線分布で，都心部の気温が郊外と比較して高く，島のように見えることからこの名がついた．

問題 92　正解　(5) ・・・・・・・・頻出度 A A

日影曲線は，冬至に限らず，地面に垂直な単位長さの棒が水平面に落とす影の先端の位置の軌跡を季節別に描いたものである（**92-1 図**）．日付線と時刻線の

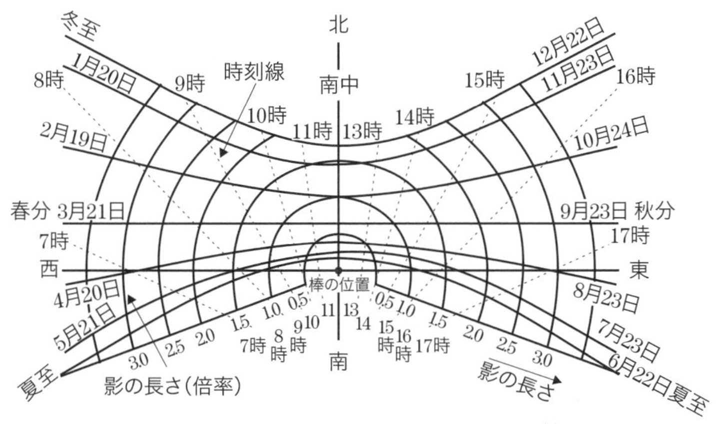

92-1 図　日影曲線の例（東京 35°39N）[1]

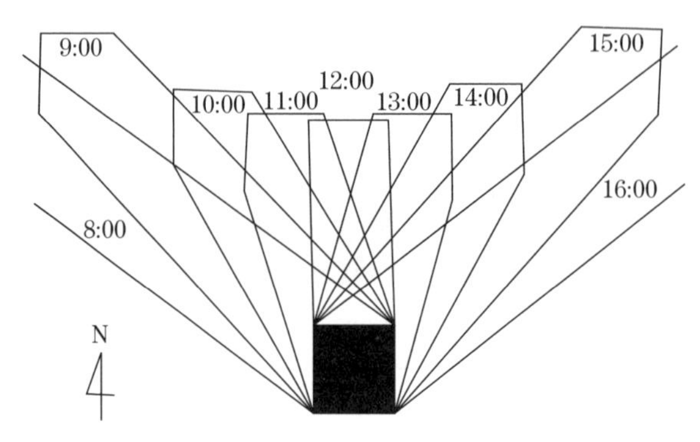

92-2 図　日影図の例(2)

交点で太陽高度を表す同心円を選び，その同心円と「影の長さ」と書かれた直線との交点が影の長さ（倍率）を示す．この日影曲線の場所では，同じ 10 時であっても，冬至では日影は建物の高さの 3 倍超であり，夏至では 0.5 倍未満であることが分かる．日影曲線を基に，冬至の日の個別の建物が作る影を時刻ごとに平面図に書き込んだものが「日影図」である（**92-2 図**）．

-(1)　可視光などの波長 2021-37 .

-(2)　地上に到達する太陽放射は波長が 0.3 μm から数 μm の電磁波である紫外線，可視光，近赤外線，中間赤外線で構成され，その放射エネルギーは日本の夏季の正午で約 1 000 W/m^2，そのうち可視光が約 47 %，紫外線が約 7 %，赤外線が約 46 %である．近年開発の進んだ遮熱性塗料や遮熱性舗装は近赤外線の反射率を大きくしてその機能を果たしている（可視光を強く反射するわけではないので，色はそれほど白っぽくない）．

-(3)　昼光は直射日光，天空光に分けられる（これに地物反射光を加えて昼光という場合もある． 2021-88 ）．

-(4)　夏至の，南鉛直壁面の日積算日射受熱量は，札幌で 2 kW・h/(m^2・日) 強，那覇では 1 kW・h/(m^2・日) 弱である（ちなみに東京はおよそ 1.5 kW・h/(m^2・日)）．これは 1 日を通しての太陽高度と日射時間の違いによる 2021-91 .

問題 93　正解　(1) ・・・・・・・ **頻出度** A A

樹木の緑葉の日射反射率は，10 %程度で，コンクリート（10 〜 50 %）に比べて大きいとはいえない（**93-1 表**参照）．

93-1 表　各種建材や樹木の日射反射率

しっくいの白壁，新しいアルミシート防水表面	90 %
レンガ，コンクリートなど一般材料	10 〜 50 %
樹木	10 %前後
芝生	25 %程度

-(2)　ライトシェルフ 2021-91 .

-(3)　オーニング（Awning：日よけ，雨よけ．**93-1 図**参照）．

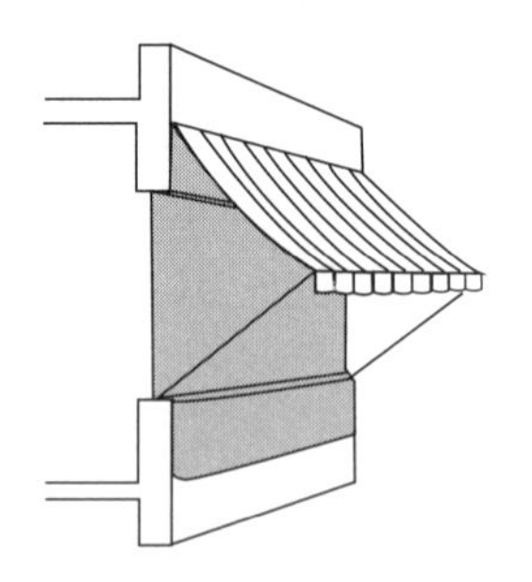

93-1 図　オーニング

93-2 表　照返しのコントロール手法

手法 1	照返し面に入射する日射をコントロール	前庭に大きな樹木（落葉樹）を植える，パーゴラ（日影棚，つる棚）を置く
手法 2	照返し面の日射反射率，表面温度上昇をコントロール	芝生などの季節によるメタモルフォシス（変貌）の利用（表面の反射率・含水率の変化）　散水
手法 3	照返しを受ける面で照返しをコントロール	ルーバ（特に下からの照返しに工夫） 照返し面との形態係数（向かい合う角度や面積）を工夫

-(4)　照返し対策として，照返し面での日射反射量と熱放射量を考慮して **93-2 表**に示すような手法が取られる．

-(5)　内付けブラインドの日射遮へい効果約 50 %に対し，外付けブラインドの日射遮へい効果はおよそ 80 %となる．

問題 94　正解　(5)・・・・・・・頻出度 A A A

「この法律で「設計図書」とは建築物の建築工事の実施のために必要な図面（現寸図その他これに類するものを除く．）及び仕様書を，「設計」とはその者の責任において設計図書を作成することをいう．」（建築士法第 2 条第 6 項）

2022-93，2022-98

問題 95　正解　(2)・・・・・・・頻出度 A A A

第三紀層は大きな地耐力をもっており，土丹（たん）層とも呼ばれる．沖積層は，新しい堆積層で，一般に軟弱である．

2020-93

問題 96　正解　(5)・・・・・・・頻出度 A A A

等分布荷重の作用する片持ち梁のせん断力は，梁の根元で一番大きい（**96-1 図**参照）．

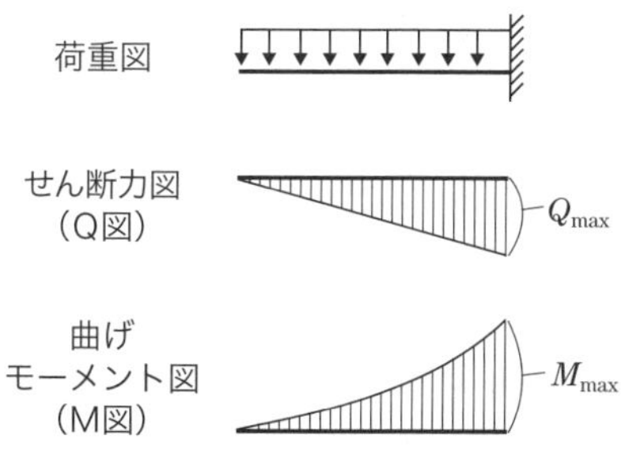

96-1 図　片持ち梁に等分布荷重

2021-95

問題 97　正解　(2)・・・・・・・頻出度 A A

密度（kg/m^3）は，鋼材 7 860，アルミニウム 2 700，コンクリート 2 400，合板（木材）550 である．

2022-46

問題 98　正解　(1)・・・・・・・頻出度 A A A

木は，建築材料として利用するにはよく乾燥させる必要がある．切り出したばかりの木の含水率は 40 ～ 100 %であるが，大気中に放置して含水状態が平衡に達した状態を気乾状態といい，その時の含水率は 12 ～ 15 %である．

-(2)　木材の引火温度は 240 ～ 270 ℃で，一般の建築用木材の出火危険温度は，260 ℃とされている．

-(3)　高強度鋼は一般的に炭素の含有量が多い．鋼は炭素の含有量が増加すると引張り強度は高くなるが伸びや靭（じん）性，溶接性が低下し，もろくなるので，炭素量が多い高強度鋼は建築材料としてはあまり使われることがない．

-(4)　ヤング係数とは，鋼材などが塑（そ）性変形しない弾性範囲での応力とひずみの比例定数である．すなわち，ヤング係数＝応力 / ひずみで，この値は鋼材の種類によらずほぼ一定（200 前後）である．

2022-96

-(5)　強化ガラスは，イオン交換法や熱処理（風冷強化法）でガラス表面に圧縮力を発生させ，普通の板ガラスの3〜5倍の引張り強度をもたせたものである（木製バットでフルスイングしても割れない）．限度を超えた衝撃で表面に傷が入ると粉々に砕ける．安全性は高いが防犯性は低い．

問題99　正解　(2)・・・・・・・**頻出度** A A A

-(2)が正しい．LPガスでは着臭剤という．

-(1)　ガス漏れが疑われる時の処置**99-1表**参照．

99-1表　ガス漏れが疑われる時の処置

ガス栓	直ちにガス栓やメータコックを遮断する．
火気の使用禁止	1．ガス漏れの箇所の付近では火気の使用を禁止する． 2．電気のスイッチの点滅も着火源となるため禁止する．
換気	窓や戸を開け換気を行う（換気扇の起動は不可）．
通報	1．一般ガス導管事業者またはLPガス販売者に下記の内容を通報する． ①　住所・建築物名 ②　ガス漏れの程度・被害の程度 2．状況により消防署等への通報を行う．
避難	状況によりガス臭気のしない範囲に避難する．

-(3)　マイコンメータが作動した時の処置**99-2表**参照．

マイコンメータはガスの流れや圧力等に異常が発生した場合や震度5（およそ250 gal）以上の地震が発生した時，内蔵されたコンピュータが危険と判断し，ガスを止めたり警告を表示する．

-(4)　絶縁継手は，鉄筋コンクリート造，鉄骨造の建物でガス管腐食防止のため使用する．

99-2表　マイコンメータが作動した時の処置

1	ガス臭い時は復帰操作を行わず，窓や扉を開放し，一般ガス導管事業者またはLPガス販売者（以下，「ガス事業者」という．）に連絡すること．
2	遮断している場合，赤いランプ等にて表示される．
3	ガス機器のガス栓を閉止するか，運転スイッチを切り，全てのガス機器を止める．
4	ガスメータ中央部等にある復帰ボタンを押す．ガスメータの元栓は閉めないこと．
5	一定時間経過後，赤いランプの点滅等が消えたことを確認し，ガスを使用する．
6	一定時間経過後もガスが止まったままで赤いランプが点滅している場合は，ガス機器の止め忘れやガス漏れの可能性が考えられるので，再度ガス栓の閉め忘れやガス機器の止め忘れがないか確認すること．
7	ガス栓の閉め忘れやガス機器の止め忘れがなかった場合は，ガス漏れが考えられるのでガス事業者に連絡すること．
8	ガスが使用できる状態で赤いランプが点滅している場合は，ガス漏れの疑いがあるためガス事業者に連絡すること．

-(5)　50 ℃→40 ℃が正しい．

問題100　正解　(1)・・・・・・・**頻出度** A A A

非常照明の設置は，消防法→建築基準法が正しい（建築基準法施行令第126条の四，第126条の五）．

-(2)　インバータとは，直流あるいは固定周波数の交流から，任意の周波数，電圧の交流を生み出す装置である．交流電動機の出力トルクは，入力電気の周波数と電圧で容易に制御できる．

-(3)　スターデルタ起動方式2021-99．

-(4)　低圧で50 kWの電力を送ろうとすると電線サイズはϕ100 mmを超えてくるので現実的ではなくなってくる．

わが国では，電力事業者は**100-1表**のような契約区分で電力を供給している．

100-1 表　電力供給の契約区分

契約区分	供給電圧	契約電力
低圧契約	100 V，200 V	50 kW 未満
高圧契約	6 000 V	50 kW 以上 2 000 kW 未満
特別高圧契約	20 000 V 以上	2 000 kW 以上

-(5)　非常コンセント設備は，消防法施行令によって，地階を除く階数が11以上の建物と延べ面積が1 000 m^{2}以上の地下街に設置が義務付けられている．消火活動上必要な施設（公設消防隊専用の設備）の一つで，電源，配線，非常コンセント，表示灯等から構成され，階段室，非常用エレベータの乗降ロビーなどに設置されている．非常コンセント設備には非常電源を附置する．

問題 101　正解　(4)・・・・・・**頻出度** A A A

-(4)　地震管制モードでは，避難階ではなくて最寄り階に停止する．

2020-100

-(2)　サンクンガーデン（Sunken Garden，直訳すれば“沈んだ庭”）半地下式の庭園．

-(3)　J アラート（全国瞬時警報システム）　国民保護法に基づき全国瞬時警報システム業務規程により運用されている．

問題 102　正解　(3)・・・・・・**頻出度** A A A

特定施設水道連結型スプリンクラ設備は1 000 m^{2}未満の社会福祉施設（要介護者入居施設等）に設置が認められている．水源は水道直結型と受水槽式がある．

-(1)，-(2)　火災感知器について

1．熱感知器

1)　差動式感知器

差動式感知器は周辺温度の上昇率が一定以上になると作動する．火災により感知器の周辺温度が急激に上昇すると感圧室内や空気管内の空気が膨張し，ダイヤフラムを押し上げて接点を閉じ，受信機に火災信号を伝える．ただし，平常時の気温の変化や暖房時の穏やかな温度上昇では，感圧室のリーク孔による空気漏れにより内圧は上昇せず，非火災報（火災以外の原因によって感知器が作動すること）を防止している．

2)　定温式感知器

定温式感知器は周辺温度が一定以上になると作動する．金属の膨張係数の差を利用したセンサを使用している．定温式は，急激な温度上昇を生じやすい厨房，ボイラ室，湯沸室等に設置される．

2．煙感知器

煙感知器は，熱感知器に比べ火災の初期に起きやすいくん焼状態で作動するので火災の早期感知に適している．

蓄積型は一定の濃度の煙が一定の時間以上続くと作動する．喫煙などの一時的煙による誤報を防ぐのに有効である．

3．炎感知器

火災の炎の紫外線や熱線（赤外線）の強度が一定以上になると作動する．アトリウムや大型ドーム等の高天井の場所に適している．

-(4)　ハロゲン化物消火設備 2022-101．

-(5)　消防用設備等は，消防法施行令第7条で，ビル利用者，自衛消防隊のための「消防の用に供する設備」と公設消防隊のための「消火活動上必要な施設」に分類されている．

排煙設備は「消火活動上必要な施設」に分類される（**102-1 図**参照）．

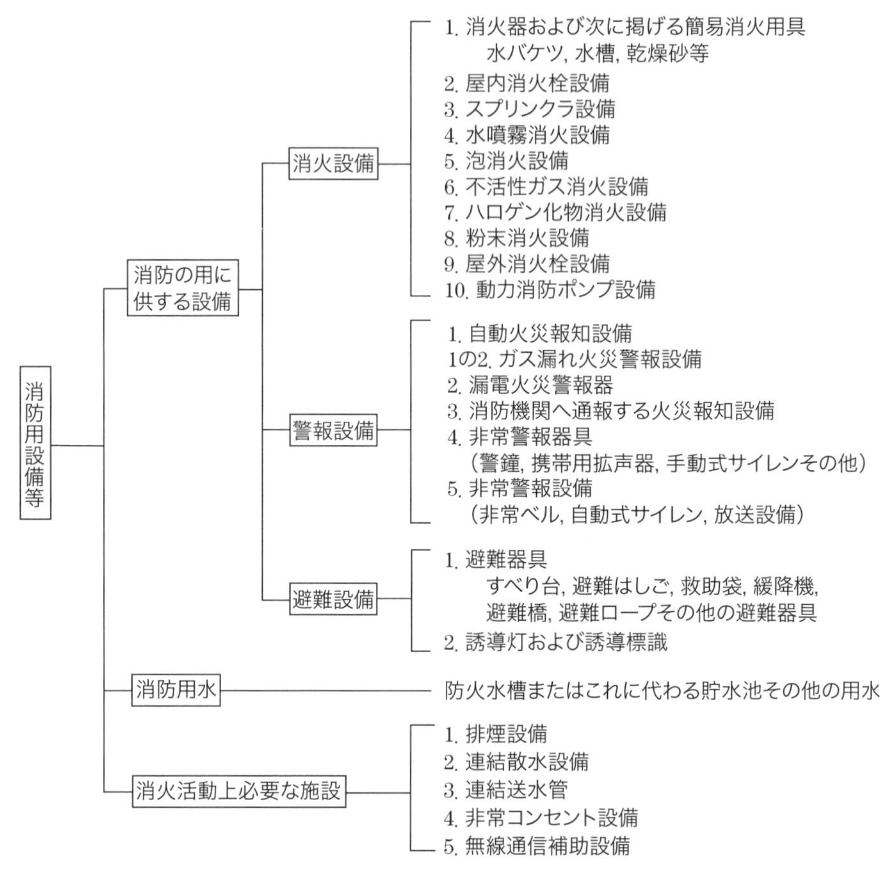

102-1 図　消防用設備等の種類

「施設」の方が少ないのでこちらを覚えよう.

問題 103　正解　(3)・・・・・・頻出度 A A A

構造上重要でない間仕切壁をいくら模様替えしても, 大規模の模様替えには該当しない.

建築基準法第2条のいう「大規模の模様替」とは, 「建築物の主要構造部の一種以上について行う過半の模様替をいう.」であり, 「主要構造部」とは, 「壁, 柱, 床, はり, 屋根又は階段をいい, 建築物の構造上重要でない間仕切壁, 間柱, 付け柱, 揚げ床, 最下階の床, 回り舞台の床, 小ばり, ひさし, 局部的な小階段, 屋外階段その他これらに類する建築物の部分を除くものとする.」

-(5)　都市計画法は12種類の「用途地域(第1種低層住居専用地域〜商業地域〜工業専用地域」を定め, それぞれの地域の指定の目的に沿って用途制限が掛けられている. 建築基準法は, 都市計画法の趣旨に沿って, それぞれの用途地域に建築できる, あるいはできない用途の建築物を定めたり(第1種低層住居専用地域には幼稚園～高等学校は建てられるが大学は建てられない等)，建ぺい率，容積率を制限している．

問題 104　正解　(3)・・・・・・**頻出度** A A A

-(3)の共同アンテナだけが，下記のとおり「建築設備」に例示されていない．

建築基準法第2条第三号　建築設備

建築物に設ける電気，ガス，給水，排水，換気，暖房，冷房，消火，排煙若しくは汚物処理の設備又は煙突，昇降機若しくは避雷針をいう．

他に，テレビ共聴設備，防犯設備が建築設備に該当しないものとして出題されたことがある．

問題 105　正解　(4)・・・・・・**頻出度** A A A

-(4)は，建築主事→特定行政庁が正しい．(建築基準法第9条)

-(1)　劇場の内開き禁止（建築基準法施行令第118条)，-(2)　床面積（同第2条）が頻出．

-(3)　ちなみに防火性能とは「建築物の周囲において発生する通常の火災による延焼を抑制するために当該外壁又は軒裏に必要とされる性能をいう．」(建築基準法第2条第八号)

-(5)　複数階の建築物には直通階段が必ず一つ以上必要だが，直通階段が二つ以上必要な場合が出題されたことがある(建築基準法施行令第121条)．

給水及び排水の管理
問題106～問題140

問題 106　正解　(2)・・・・・・**頻出度** A A A

MLSSの濃度はmg/Lである（**共通資料6**参照)．

問題 107　正解　(2)・・・・・・**頻出度** A A A

ゲージ圧力とは，圧力計（ゲージ）で測った圧力．大気圧が圧力0の基準となる．絶対圧力＝ゲージ圧力＋大気圧となる．

-(1)の膨張管は，安全弁とともに給湯設備の圧力に対する安全装置である．逃し管ともいう．

2022-120

-(3)　富栄養化，-(4)　不動態化，-(5)　バルキングについては**共通資料6**参照．

問題 108　正解　(3)・・・・・・**頻出度** A A A

白濁は，亜鉛の溶出，空気の気泡，地下水中のカルシウムなどが原因である．脂肪酸と銅イオンの化合物は青い水の原因となる．衣類やタオルなどが着色する．

2021-113

-(1)　異臭味，-(2)　スケール，-(4)　スライム，-(5)　トリハロメタンなど，**共通資料6**参照．

問題 109　正解　(5)・・・・・・**頻出度** A A A

大腸菌は「検出されないこと」である．集落数100以下は一般細菌（**共通資料1**参照)．

問題 110　正解　(4)・・・・・・**頻出度** A A

「配水池の容量は，次の各項による．

1. 有効容量は，給水区域の計画1日最大給水量の12時間分を標準とし，水道施設の安定性等を考慮して増量することが望ましい．(以下略)」(厚生労働省，水道施設設計指針)．

-(5)　緩速ろ過法では，「ろ過速度は，4.0～5.0 m/日を標準とする．」(同指針)．

2021-109

問題 111　正解　(1)・・・・・・**頻出度** A A A

弁の下流側→弁の上流側が正しい（**111-1 図**参照)．

ウォータハンマ（水撃）とは，液体が充満して流れている管路において，弁等

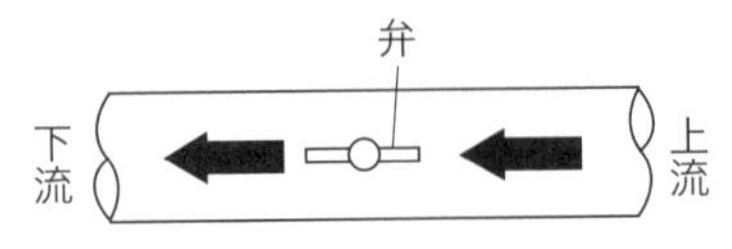

通水時

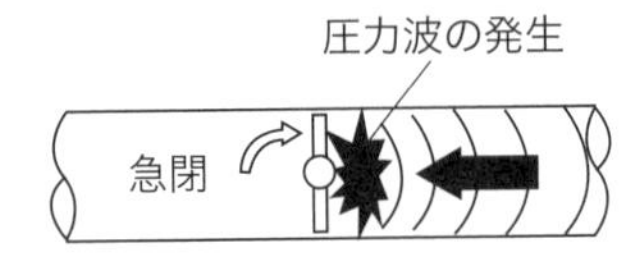

弁急閉時

111-1 図　ウォータハンマの発生

を急激に閉止すると弁直前に著しい圧力上昇が生じ，この圧力変動の波が閉じた点と上流側との間を往復して，次第に減衰する現象である．ウォータハンマは，弁類の急速な閉鎖だけでなく，急速な開放によって発生する場合もある．

ウォータハンマは，水がほとんど非圧縮性であることから起こる（空気のように圧縮性であれば起こらない）．

電磁弁，揚水ポンプの吐出し側逆止弁，シングルレバー水栓は急閉止となりやすく，ウォータハンマの原因となる．

一般的に，配管内の流速が速い，圧力が高い，配管延長が長く曲折が多く経路が不適当な場合，配管内に空気だまりが存在するとウォータハンマが起こりやすい．

ウォータハンマ防止策としては，

1. ウォータハンマによる水撃圧の大きさは管内流速にほぼ比例する．給水管内の流速を 2.0 m/s 以下に抑える．
2. ゾーニングにより適切な給水圧力とする．要所に減圧弁を設けて，圧力を下げる．
3. ウォータハンマ防止器（ショックアブソーバ）は内部の気体によってウォータハンマの圧力上昇を吸収する．設置する場合はできるだけ発生箇所の近くに設け，エアチャンバー内の空気を補給できるように考慮する．
4. 電磁弁は，電動弁に交換する．
5. 揚水ポンプの吐出管（デリベリ）には，衝撃吸収式逆止弁（急閉逆止弁または緩閉逆止弁）を取り付ける．ポンプ，モータの回転体慣性力を大きくして急停止を緩和する．
6. シングルレバー水栓を使用する場合には，ウォータハンマ低減機構付きを採用する．

水柱分離によるウォータハンマは，2020-115．

-(2)　逆サイホン作用などの用語は**共通資料 6** 参照．

問題 112　正解　(5)・・・・・・頻出度 A A A

建物の不同沈下の変位吸収には，可撓（とう）継手（**112-1 図**）を用いる．ショックアブソーバ（**112-2 図**）はウォータハンマ防止装置である（前問解説参照）．

112-1 図　可撓継手の例(3)

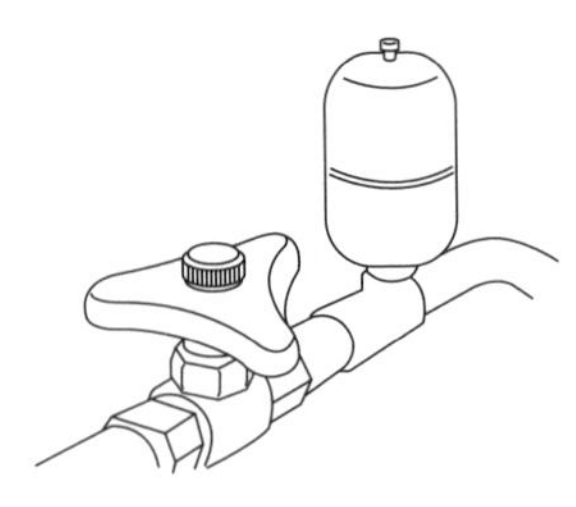

112-2 図　ショックアブソーバ

-(1)　水抜き，空気抜きをしやすくするために，上向き配管方式は先上がり配管に，下向き配管方式の場合は先下がり配管にする（**112-3 図**参照）．いずれも横引き管の勾配は 1/300 程度とする．

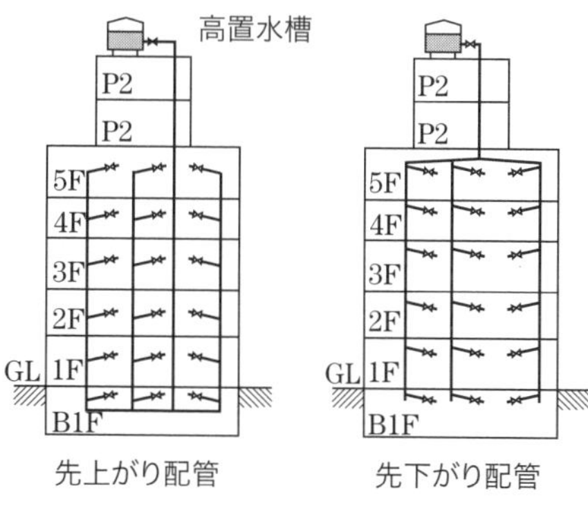

112-3 図　上向き配管方式，下向き配管方式

-(2)　給水配管の枝管の分岐は，下方に給水する場合には下取出し，上方に給水の場合は，上取出しとする（**112-4 図**参照）．

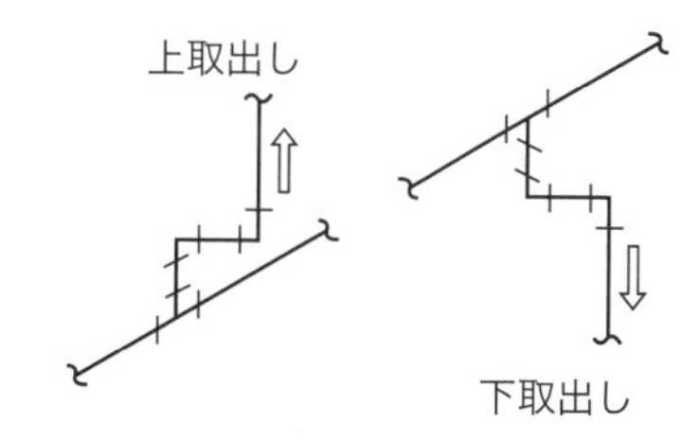

112-4 図　枝管の分岐方法(4)

問題 113　正解　(5)・・・・・・頻出度 A A A

死水（滞留水）を発生させないために，流入口と流出口は対角線上に配置する．さらに大容量の貯水槽では隔壁を設けて死水を防止する．

2021-113

-(1)　水位の切換えは，長さの違う 2 セットの電極棒を用意してそれを切り換える．

受水槽（貯水槽）の構造は，2022-114．

問題 114　正解　(2)・・・・・・頻出度 A A A

給水，排水配管の平行間隔は 500 mm 以上とし，交差する場合にも，給水管を上方に埋設する．

-(3)　給水系統のゾーニング 2021-112．

問題 115　正解　(4)・・・・・・頻出度 A A A

受水槽の清掃を行った後，高置水槽，圧力水槽等の清掃を行う（逆にすると，清掃した高置水槽を清掃していない受水槽の水で洗うことになりかねない）．

貯水槽の清掃については，2021-117．

問題 116　正解　(2)・・・・・・頻出度 A A A

電動機とポンプの芯の狂いの点検が 6 か月に 1 回である（**116-1 表**参照）．

116-1 表　給水ポンプの点検

毎日行うもの	吸込み圧力，吐出し圧力，軸受温度，軸受部の漏水量，電流値と電圧，騒音・振動
毎月	電動機の絶縁抵抗，各部の温度測定
6 か月に 1 回	電動機とポンプの芯の狂い，基礎の点検，清掃
3 ～ 5 年に 1 回	分解点検

1. 吸込側の圧力計が振れている場合は空気を吸い込んでいるか，吸込配管の詰まりが考えられる．
2. 吐出側の圧力計が振れている場合はポンプ内か吐出配管の詰まりが考えられる．
3. 電流値が定格値より大きい場合やメータの針が振れるのはポンプ内の片当たり，異物の噛込みがある．
4. 軸受部はグランドパッキンから 0.5 cm^3/s 程度の水滴が連続的に滴下しているのがよい．
5. 絶縁抵抗が 1 MΩ に満たない場合は早期の絶縁劣化が考えられるのでその

まま使用してはならない.

6. 軸受温度は周囲温度+40 ℃以下，軸受部は60 ℃以下，電動機は周囲温度+50 ℃以下であればよい.

問題117 正解 (3)……頻出度AAA

貯水槽の点検は1か月に1回，定期的に行うのがよい(登録講習テキストより).

-(1), -(2) 貯水槽の清掃 2021-117 .

-(4) 飲料水の給水栓における残留塩素の検査は，測定回数・基準値とも雑用水と同じである 2022-8 .

-(5) 圧力容器等の検査 2022-117 .

問題118 正解 (2)……頻出度AAA

総合病院の使用湯量はもっと多くて，100～200 L/(床・日)である.

2022-118

-(1) 給湯使用温度 2022-118 .

-(3) 給湯・加熱装置 2022-119 .

-(4) 強制循環式給湯系統でも，給水系統と同じように，水抜きやエア抜きをスムーズに行えるように，横管には1/200以上の勾配を付ける.

問題119 正解 (1)……頻出度AAA

給湯循環ポンプは，省エネルギーのために連続運転とせず，返湯管に水用サーモスタットを設け，返湯の温度が低下したら運転するようにする.

-(2) 貯湯槽の容量 2022-118 .

-(3) 混合水栓 2022-121 .

-(5) 逃し管の立ち上げ高さ 2022-120 .

問題120 正解 (5)……頻出度AAA

給湯用貫流ボイラは保有水量が少ないため出湯量の変化により出湯温度が変化するので，シャワー設備のある給湯設備，温度条件の厳しい給湯設備には適さない.

2022-119

-(4) ボイラ，小型ボイラ，簡易ボイラ 2020-68 .

問題121 正解 (4)……頻出度AAA

給湯管の流速は一般的に1.5 m/s以下とされるが，銅管の返湯管では潰(かい)食を考慮して1.2 m/s以下とする.

2022-122

問題122 正解 (4)……頻出度AAA

犠牲材を使った流電陽極式電気防食に外部電源は不要である.

電気防食には，流電陽極式電気防食と外部電源式電気防食がある.

流電陽極式電気防食では，配管に，配管の鋼よりも化学的に卑な（イオン化傾向が大きい＝腐食しやすい）金属，マグネシウムやアルミニウムを犠牲陽極として接続しておくと鋼の代わりに腐食され，鋼は防食される.

貯湯槽などに流電陽極式電気功食が施されている場合には，性能検査の際に犠牲陽極の状態などを調査し，必要に応じて補修，交換する．なお，SUS444製の貯湯槽には，流電陽極式電気防食を施してはならない．SUS444は，耐孔食性，耐隙間腐食性が一般的なSUS304に比較して優れているが，電気防食によって発生する水素による水素脆性割れを生ずる性質があることによる.

外部電源式電気防食は，不溶性電極（白金めっきを施したチタン線や炭素電極等）を陽極とし，外部電源（低圧直流電源）を用いて防食対象を保護する方法．電極の取換えが不要（長寿命）であるが，電流密度の調整や定期的な保守が必要となる.

-(2) 維持管理が適切に行われており，かつ，末端の給水栓における当該水の水温が55 ℃以上に保持されている場合は，水質検査のうち，遊離残留塩素の含有率についての検査を省略してもよい．

2022-118

-(5) 防錆剤の使用について（給水，給湯とも同じ） 2022-116.

問題 123　正解　(3)・・・・・・頻出度 A A A

缶内を真空に保って運転される真空式温水発生器は労働安全衛生法の定める特定機械に該当しないので，労働安全衛生法に検査の規定はない．

2021-122, 2021-123

問題 124　正解　(1)・・・・・・頻出度 A A A

複数の建築物間で排水再利用設備を共同利用し処理水を各建築物に送水するのは，地区循環システムである．

2022-124

-(3) 雨水利用設備・上水代替率 2021-126.

問題 125　正解　(1)・・・・・・頻出度 A A A

一般的に雨水処理では生物処理は行われず，ばっ気も流量調整槽も必要ない．また雨水は臭い，色もほとんどないので活性炭吸着装置も利用しない．従って -(1)が正解となる．

2021-126

問題 126　正解　(4)・・・・・・頻出度 A A A

水洗便所の用に供する雑用水は，濁度の検査はしなくてよい．

2021-125

問題 127　正解　(5)・・・・・・頻出度 A A

複数の自治体にわたる流域下水道の事業主体は，原則として都道府県である．

2022-16

問題 128　正解　(3)・・・・・・頻出度 A A A

各種飲料水用の給水タンク等の排水口空間は最小 150 mm である．

2021-128

-(1) 排水横管の最小勾配 2022-130.

-(2) 掃除口 2021-132.

-(4) 伸頂通気方式の制限 2021-130.

-(5) 通気管の末端・開口部 2022-128.

問題 129　正解　(3)・・・・・・頻出度 A A A

トラップのない阻集器は出口側にトラップを設ける（入口側に設けたらすぐに詰まる）．

2021-129

問題 130　正解　(5)・・・・・・頻出度 A A A

雑排水ポンプは，厨房以外の雑排水，雨水用である．

2021-131

-(2) トラップの脚断面積比 2022-131.

-(3) 敷地排水管の排水ます 2022-129.

-(4) ドーム状のルーフドレンは **130-1 図**参照．

130-1 図　ドーム状のルーフドレン(5)

問題 131　正解　(5)・・・・・・頻出度 A A A

排水横枝管から通気管を取り出す角度は上方に向かう垂直中心線から 45 度以内とする．

2022-128

-(2) 結合通気管 2022-129.

問題 132　正解　(1)・・・・・・頻出度 A A A

ブロワによってばっ気する場合は，槽内が正圧になるので排気を行う．

2021-131

-(5) 即時排水型ビルピット設備 2021-133.

問題 133　正解　(3)・・・・・・頻出度AAA

常時排水にさらされる床下式の掃除口は砲金製がよく，鋼製のプラグがしてある場合は砲金製に取り換える．

2021-132

-(2)　可動式堤防装置 **133-1 図**参照．

133-1 図　可動式堤防装置の例(6)

問題 134　正解　(2)・・・・・・頻出度AAA

排水槽の清掃では，最初に酸素濃度18 %以上，硫化水素濃度が10 ppm以下を測定，確認してから作業を開始する．

2022-134

-(3)，-(5)　排水管の清掃方法 2022-133．

-(4)　排水水中ポンプの維持管理 2021-133．

問題 135　正解　(3)・・・・・・頻出度AAA

洗浄弁方式は，洗浄水栓方式と同じく人為的な操作が必要で，洗浄の確実性が期待できず非衛生的になりやすい．

-(1)，-(2)　壁掛型小便器，床置型小便器（**135-1 図**参照）．

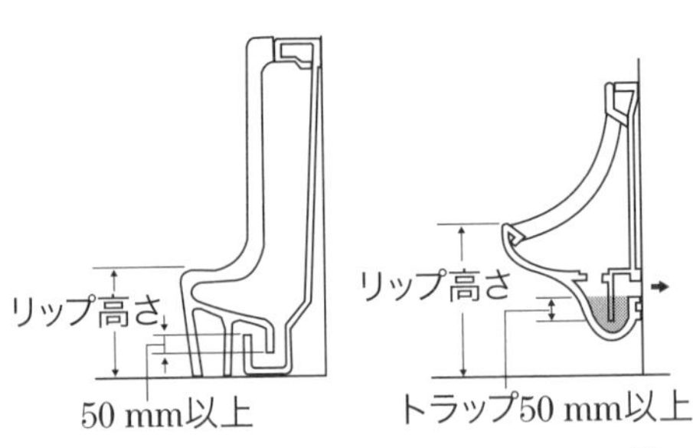

135-1 図　床置型小便器，壁掛型小便器(7)

-(5)　小便器の節水

専用洗浄弁式（洗浄弁内蔵式）の小便器の節水効果が高い．JISでは，小便器の洗浄水量区分を，節水Ⅰ型4.0 L以下，節水Ⅱ型2.0 L以下としている．

問題 136　正解　(4)・・・・・・頻出度AAA

衛生器具の定期点検では，洗面器の取付け状態だけが2か月に1回で，あとは全て6か月に1回である．

2022-135

-(5)　大便器Ⅰ型は8.5 L以下である（「節水」は付かない）．

問題 137　正解　(1)・・・・・・頻出度AAA

発生汚泥量が多いのは浮上分離法である．

工場，事業場から排出される排水は，公共用水域の水質を保全するために，公共用水域に直接排出される場合には水質汚濁防止法によって規制を受けている．一方，下水道の処理区域内については終末処理場が同法の規制を受けるので，個々の工場などは同法の規制を受けない．しかし，現在の下水道の処理方法では重金属などの処理が困難なことや管路などが損傷したり閉塞するおそれのある排水もあるので，これらについてはあらかじめ除害施設を設けて一定基準の水質に適合するよう処理したうえで下水道に排除することが下水道法第12条によって定められている．全ての下水道利用者が対象である規制項目は **137-1 表**参照．

厨房排水除害施設は動植物油の除去が主で，現在では主に生物処理法が用いられている．

以前は，浮上分離法（加圧浮上法）が主流であったが，発生汚泥量が多く，ラ

137-1 表　規制される項目（下水道法施行令第９条）

<table>
<tr><td colspan="2">項目</td><td>規制値</td></tr>
<tr><td colspan="2">温度</td><td>45 ℃以上であるもの</td></tr>
<tr><td colspan="2">水素イオン濃度</td><td>水素指数５以下または９以上であるもの</td></tr>
<tr><td rowspan="2">ノルマルヘキサン抽出物質含有量</td><td>鉱油類含有量</td><td>5 mg/L を超えるもの</td></tr>
<tr><td>動植物油脂類含有量</td><td>30 mg/L を超えるもの</td></tr>
<tr><td colspan="2">沃(よう)素消費量</td><td>220 mg/L 以上であるもの</td></tr>
</table>

ンニングコストも生物処理法に比較して高いため採用されることは少ない．

除害施設では悪臭成分が多く発生するため臭気対策が必要である．また，処理水槽内のコンクリート壁面などの腐食対策も必要である．

除害施設から発生する汚泥等は，産業廃棄物として処理しなければならない．

問題 138　正解　(1)・・・・・・**頻出度** A A

浄化槽製造業は登録制ではない．浄化槽製造業者は，浄化槽の型式認定申請を国土交通大臣に行う．

浄化槽法第１条（目的）　この法律は，浄化槽の設置，保守点検，清掃及び製造について規制するとともに，<u>浄化槽工事業者の登録制度</u>及び<u>浄化槽清掃業の許可制度</u>を整備し，<u>浄化槽設備士及び浄化槽管理士の資格</u>を定めること等により，公共用水域等の水質の保全等の観点から浄化槽によるし尿及び雑排水の適正な処理を図り，もつて生活環境の保全及び公衆衛生の向上に寄与することを目的とする．

第 48 条　都道府県（保健所を設置する市又は特別区にあつては，市又は特別区とする．）は，条例で，浄化槽の保守点検を業とする者について，都道府県知事の登録を受けなければ浄化槽の保守点検を業としてはならないとする制度を設けることができる．

第 13 条（認定）　浄化槽を工場において製造しようとする者は，製造しようとする浄化槽の型式について，国土交通大臣の認定を受けなければならない．

問題 139　正解　(4)・・・・・・**頻出度** A A A

二次処理では，残りの 70 %の 50 % = 35 %が除去される．全体では，30 % + 35 % = 65 %が除去されることになる．

問題 140　正解　(2)・・・・・・**頻出度** A A A

閉鎖型予作動式スプリンクラ設備は，病院，共同住宅，重要文化財，電算室などスプリンクラ散布水による水害が懸念される場所に設置される．

スプリンクラは大別して閉鎖型と劇

140-1 表　スプリンクラ消火設備一覧

<table>
<tr><td rowspan="3">閉鎖型</td><td>湿式</td><td>スプリンクラヘッドまで配管内に水が加圧され満たされている．</td><td>一般型</td></tr>
<tr><td>乾式</td><td>流水検知装置（アラーム弁）以降に圧縮空気が満たされている（凍結防止）．</td><td>寒冷地工場向け</td></tr>
<tr><td>予作動式</td><td>ヘッドと火災感知器の両方が作動しない限り放水しない．</td><td>病院，共同住宅，重要文化財，電算室など</td></tr>
<tr><td>開放型</td><td colspan="2">アラーム弁二次側配管に一斉開放弁を設置して，その先は開放型スプリンクラヘッドまでが空配管となっており，一斉開放弁を手動起動弁等で開放させてスプリンクラヘッドから散水する．</td><td>劇場の舞台部</td></tr>
</table>

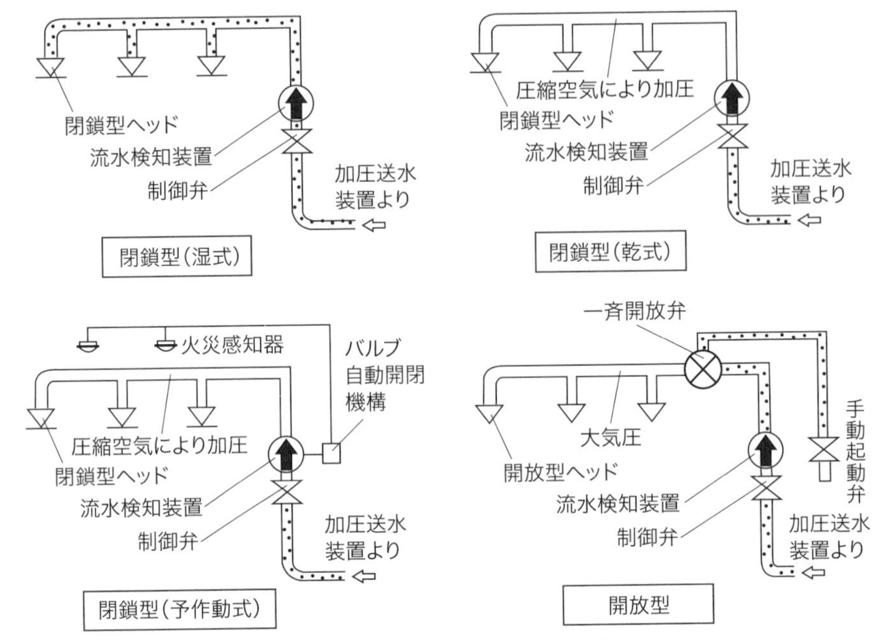

140-1 図　スプリンクラ消火設備

場の舞台部に設ける開放型に分かれる(**140-1 表**, **140-1 図**参照).

閉鎖型は火災時にスプリンクラヘッドの感熱部が分解することにより自動的に散水する.

従来のスプリンクラでは消火効率が悪いアトリウムなどの大空間部に，特殊な放水型ヘッドを設ける例が多くなってきている．この放水型スプリンクラ設備には固定式と可動式があり，可動式は放水銃（**140-2 図**）と呼ばれている.

140-2 図　放水銃[8]

スプリンクラヘッドの未警戒部分には補助散水栓で代替できる．補助散水栓の規格は 2 号屋内消火栓と同一である.

スプリンクラ設備には非常電源を付置する.

-(1)　連結散水設備は，スプリンクラに似た設備であるが，ポンプ車をつなぎ外部から送水する．地階で，床面積が 700 m^2 以上の場合に設ける（地上階には関係ない設備）．閉鎖型にあっては放水区域のヘッドの数は 20 以下，開放型では 10 以下.

-(3)　屋内消火栓は公設消防隊が現場に到着するまでに建築物の関係者や自衛消防隊が初期消火を目的として使用する「消防の用に供する設備」に属する.

屋内消火栓は 1 号消火栓と老人ホームなどに設ける 2 号消火栓に分類される.

1 号消火栓は全ての防火対象物に設置

できる．

1号消火栓は原則的に2人（以上）による操作用（1人では操作が難しい）．

2号消火栓は工場，倉庫，指定可燃物取扱・貯蔵の防火対象物には設置できない．

2号消火栓は，やや小型化されノズルの機能が「容易に開閉できる装置付き」となり1人でも容易に操作できるようになっている老人ホーム，病院等就寝施設向き．

従来の1号消火栓と同じ性能で，1人で操作が可能な易操作性1号消火栓も規定されている．

2号消火栓，易操作性1号消火栓にあっては，ポンプの起動方式は「制御盤で起動及び停止ができ，かつ，開閉弁の開放，ホースの延長操作等と連動して起動できること」．

-(4)，-(5)　放水以外による消火設備 2022-101．

清　掃
問題141～問題165

問題 141　正解　(3)・・・・・・頻出度 AAA

大掃除は6か月以内に行う．

2022-141

問題 142　正解　(3)・・・・・・頻出度 AAA

トイレ・洗面所の換気口の除じんは定期清掃で実施する．

普通，除じんと付けば日常清掃，洗浄・洗剤と付けば定期清掃だが，もちろん例外もある．

問題 143　正解　(1)・・・・・・頻出度 AAA

-(1)は，記憶や経験をもとにした個人的な管理ではないので，従事者にも理解しやすく，作業の指示や消化が円滑になる．

問題 144　正解　(3)・・・・・・頻出度 AAA

ノロウイルスは，コロナウイルスなどと違ってエンベロープをもたないので，エタノールや逆性石鹸はあまり効果がない．ウイルスを完全に失活化するには，次亜塩素酸ナトリウムによる消毒か，十分な加熱を行う．

問題 145　正解　(4)・・・・・・頻出度 AAA

「作業方法を変えずに常に同じ作業を実施する」→「常に改善に努める」が正しい．

問題 146　正解　(5)・・・・・・頻出度 AAA

評価方法には，測定機器（光沢度計等）を使用する検査と，目視等による官能検査とがある．清掃作業の点検は，基本的には目視で行う．契約者や建築物利用者も居室の清掃状態を，基本的には目で見て感覚的に何らかの評価をしていることから，判定の基準が建築物利用者との共通の物差しになっていれば，目視点検も十分科学的なものとなり得る．評価に当たっては複数人で点検評価する等，より客観性をもたせる努力をする必要がある．

問題 147　正解　(2)・・・・・・頻出度 AAA

建築物内におけるほこりは，外部から侵入した土ぼこりが多い．密閉性の高い現代の建築物では，窓や隙間から侵入するほこりは少ない．侵入路として重要視されるのは入口などの開口部である．

-(4)　建材が親水性か疎水性かによって，付着する汚れの状況が異なる．親水性の建材には水溶性物質が付着しやすく，逆に疎水性の建材には油溶性物質が付着しやすい．

問題 148　正解　(1)・・・・・・頻出度 AAA

床磨き機で使用するブラシは直径20

〜50 cmである．

床磨き機（ポリシャー，スクラバマシン **148-1図**参照）は，熟練を要するが前後左右に移動しながら床の洗浄ができる．電源は交流式が一般的である．

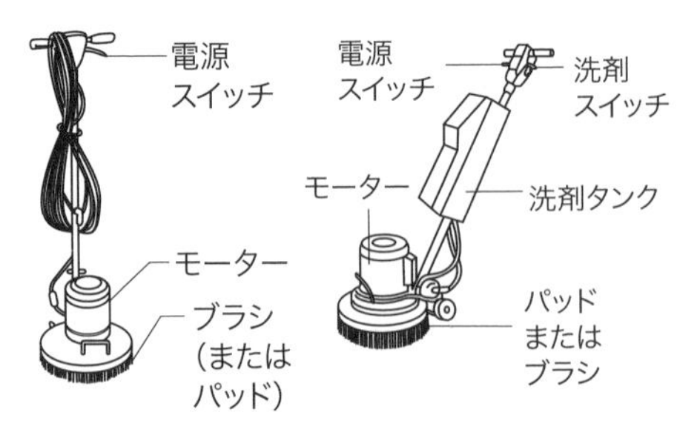

148-1図　床磨き機[9]

回転数は高速床磨き機が毎分150〜300回転である．毎分1 000〜3 000回転の超高速機がドライメンテナンス用に用いられている（超高速バフ機）．

床磨き機のサイズは，凸凹のある床面で使用するブラシまたは平らな床面で使用するパッドの直径で区別している．使用するブラシは直径20〜50 cmで，シダの茎またはナイロン繊維を植え付けたものが普通であるが，ワイヤブラシを用いる場合もある．一般に使用されているものは，148-1図のような1ブラシ式であるが，2ブラシまたは3ブラシのものもある．

平らな床面に用いるパッド（化繊性パッド）は化繊製フェルト状の不織布に研磨粒子を付着させたもので，用途によって各種硬度のものがあり，色分けによって，区別されている 2020-147．

洗剤供給式の床磨き機（タンク式スクラバマシン）は，洗剤塗布作業を省くことができる．

-(4)　清掃用具 2022-147．

問題 149　正解　(4)・・・・・・**頻出度** AAA

洗剤供給式の床磨き機は，洗浄効果は大きいが，パイルを損傷するおそれがあるので，ウールのウィルトンカーペットよりは，化学繊維のタフテッドカーペット等の洗浄に適している．

2022-151

問題 150　正解　(5)・・・・・・**頻出度** AAA

表面洗剤（床維持剤用表面洗剤）は，成分的には一般洗剤とそれほど変わらないが，皮膜に影響を与えずに表面の汚れだけを除去するために，弱アルカリ性で，使用後の拭取りなどの処理が楽になるように泡立ちが少ない．有機溶剤を配合してあるものが多い．

2022-148

問題 151　正解　(2)・・・・・・**頻出度** AAA

-(2)が正しい．塩化ビニルタイルや塩化ビニルシートは，剥離剤・洗剤に対して耐性が大きく，耐水性にも富む．

2022-150

問題 152　正解　(5)・・・・・・**頻出度** AAA

大理石は耐酸性，耐アルカリ性に乏しい．

2022-152

問題 153　正解　(1)・・・・・・**頻出度** AAA

玄関ホールなどの共用部はその建築物の顔ともいわれ，また，利用客が第一歩を踏み入れる重要な場所であり，常に清潔維持に努める必要がある．また，最も土砂の持込みが激しいところである．繊維床に付着した土砂やほこりは時間の経過とともにパイルの中に沈みこむので，なるべく迅速に除去する．

2022-151

問題 154　正解　(3)……頻出度 A A A

ドライメンテナンスは，ほとんど水を使用しないので，すべり・転倒などの危険が少ない．

2022-150

問題 155　正解　(2)……頻出度 A A A

剥離剤は強アルカリ性である．

2021-147

-(4)　平成29年に，体育館のシールされた木質床から剥離した床板が腹部に突き刺さり重傷を負うなどの事故があったため，文部科学省が，水拭きおよびワックス掛けの禁止を通知している．

問題 156　正解　(3)……頻出度 A A A

ゴム系，シリコン系など多くの保護膜商品が市販されている．

-(1)　階段は建築物内のほこりが集中するところであり，壁面は他の場所より付着度合が高い．(頻出)

-(4)　トイレは，多くは差し迫った事情で使用されるので，全面的に使用禁止にするといった措置を取らないように清掃工程を工夫する．

問題 157　正解　(2)……頻出度 A A A

自動窓拭き設備の窓拭きユニットの構造は，自動床洗浄機に似ており，洗剤または水をガラス面に噴射してブラシ洗いし，汚水をスクイジー装置でかき集め，真空吸引装置で回収し，ろ過して再利用する．スチーム洗浄機を備えたものはまだないようである．

2022-154

-(1)，-(3)　外装清掃の頻度は**157-1 表**参照．

問題 158　正解　(5)……頻出度 A A A

-(5)は，「最終処分において適正処分を進める．」，もしくは「生産において，天然資源の消費の抑制を進める．」が正しい．平成12年に制定された「循環型社会形成推進基本法」に基づく循環型社会形成推進基本計画では，廃棄物等の3R(リデュース，リユース，リサイクル)を進めることとされているが，その実施順位について**158-1 図**(次のページ)のようにイメージされている．

問題 159　正解　(1)……頻出度 A A A

一般廃棄物の最終処分場の機能，構造は産業廃棄物の管理型最終処分場と同じである．

2021-160，2020-158

-(2)　焼却処理，-(3)，-(4)　中間処理の技術 2021-155．

問題 160　正解　(5)……頻出度 A A A

廃プラスチック類には業種指定はない．事業系廃棄物の廃プラスチック類は全て産業廃棄物である(**共通資料 5** 参照)．

157-1 表　外装清掃の頻度[10]

建築物立地条件 / 外装の素材		金属材(アルミニウム ステンレス)	コンクリート 石 タイル	ガラス
臨海工業地帯		4～6/年	1/3 年	1/月
海岸地帯，工業地帯		3～4/年	1/3 年	1/月
商業地帯	都心等，汚れが多いところ	2～3/年	1/3 年	1/月
	地方都市の汚れが少ないところ	2/年	1/5 年	1/2 月
田園地帯		1/年	1/5 年	1/2 月

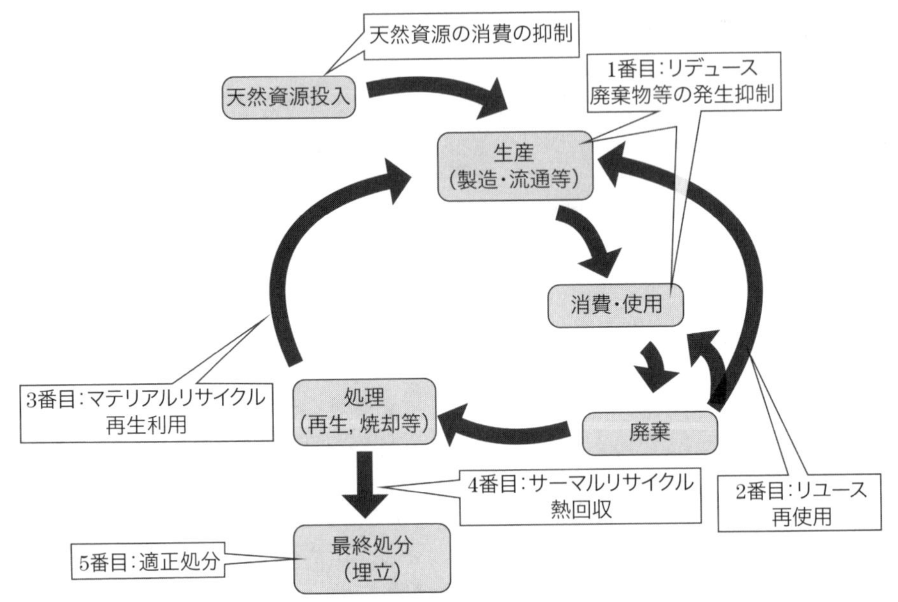

158-1 図　循環型社会の姿[11]

2020-160

-(1)　事業系一般廃棄物 2022-158.

-(2)　適正処理困難物　一般廃棄物のうち，廃棄物処理法第6条の三の規定に従って，市町村では処理が困難な適正処理困難物に，廃ゴムタイヤ（自動車用のものに限る），廃テレビ受像機（25型以上の大きさのものに限る），廃電気冷蔵庫（250 L以上の内容積を有するものに限る），廃スプリングマットレスが指定されている．

-(3)　容器包装リサイクル法の分別収集の対象となる容器包装は，ガラス瓶，PETボトル，紙製容器包装，プラスチック製容器包装，アルミ缶，スチール缶，紙パック，段ボールだが，アルミ缶以下の4品目については，円滑なリサイクルが進んでいるので，再商品化義務の対象とはなっていない．

-(4)　産業廃棄物の安定型品目 2021-160.

問題161　正解　(4)……頻出度AAA

グリース阻集器の油分は，産業廃棄物として処理する．

出題された紛らわしい廃棄物 2021-160.

-(2)　**161-1表**の調査例参照．

-(3)　平成29年10月，廃棄物処理法の改正により，水銀を含む使用済みの蛍光灯ランプは，水銀使用製品産業廃棄物としてその保管，委託業者，マニフェストの記載内容等に新たな規制が加わった．

問題162　正解　(4)……頻出度AAA

産業廃棄物管理票を交付するのは，排出事業者である．

2022-162

問題163　正解　(2)……頻出度AAA

厨芥と紙くずが混合したものが雑芥である．

2020-162

161-1 表　建物用途別廃棄物の種類（調査例，単位 %）[12]

建築物用途 / 種類	紙類	生ごみ類	びん類	缶類	ペットボトル
オフィスビル	62.9	17.6	1.7	3.1	2.1
店舗ビル	49.0	33.1	2.0	2.7	1.3
ホテル・結婚式場	29.2	46.9	6.9	3.9	1.5
工場・研究所	26.5	3.2	0.1	0.5	0.3
倉庫・流通センター	41.3	32.5	0.9	2.3	1.1
医療機関	37.5	33.2	1.8	3.0	3.8
学校	41.8	31.0	1.9	3.5	3.6
駅舎	34.0	23.3	2.9	9.1	1.7
全体	46.7	22.9	1.8	2.7	1.6

-⑴　水分，灰分，可燃分の３成分の比率 [%] から単位質量当たりの発熱量を求め，焼却施設の余熱利用などの算出に用いられる．灰分からは，焼却処理後の残渣（さ）量が算出できる．

紙くずの代表値は，単位容積質量値が 50 〜 150 kg/m^3，水分 10 %，灰分５ %，可燃分 85 %で，発熱量（水蒸気の凝縮熱を含まない低位発熱量）19 700 kJ/kg である．厨芥は，700 〜 850 kg/m^3，水分 70 %，灰分５ %，可燃分 25 %で発熱量は 5 900 kJ/kg である．

問題 164　正解　⑴・・・・・・頻出度 A A A

電子マニフェストでは，マニフェスト各票の保存が必要ないことが大きなメリットの一つである．

電子マニフェストの全情報は，環境大臣が指定した全国で１か所の情報処理センターで管理され，事業者，処分業者，行政で共有されている．

2022-162

-⑵，-⑶　いずれもこれらの規定に違反して廃棄物処理を委託すると，５年以下の懲役もしくは１000 万円以下の罰金と，重い刑を科される可能性がある．

問題 165　正解　⑷・・・・・・頻出度 A A A

コンパクタ・コンテナ方式は大規模建築物，貯留・排出機方式は中規模建物に適用される．

2022-164

ねずみ，昆虫等の防除
問題 166〜問題 180

問題 166　正解　⑸・・・・・・頻出度 A A A

蚊は，チカイエカ，ヒトスジシマカなど一部を除いて基本的に夜行性で，アカイエカも主に夜間に吸血する．

2022-167

問題 167　正解　⑸・・・・・・頻出度 A A A

樹脂蒸散剤による蒸散処理は，排水槽などの槽内が密閉空間であることを利用した処理方法である．

蚊の成虫対策として，ジクロルボス樹脂蒸散剤を 10 m^3 当たり１本の割合で吊（つ）るすと１〜３か月間有効である．

2022-166

問題 168　正解　⑴・・・・・・頻出度 A A A

-⑴が正しい．チャバネゴキブリの雌は孵化直前まで尾端に卵鞘を保持している．

2022-168

問題 169　正解　(3)・・・・・・頻出度 A A A

ツメダニは他のダニやチャタテムシを捕食するが，動物吸血性ではない．まれに人を刺す．

2022-170

問題 170　正解　(4)・・・・・・頻出度 A A A

乾燥食品や建築材料（特に畳）を餌とするシバンムシ類にシバンムシアリガタバチは寄生する．

タバコシバンムシやジンサンシバンムシの老齢幼虫に，シバンムシアリガタバチの幼虫が体表に外部寄生し，夏期にこのハチが羽化して，室内で人を刺すことがある．

2022-171

問題 171　正解　(2)・・・・・・頻出度 A A A

IC_{50} は，50 % 羽化阻害濃度の略で，昆虫成長制御剤（IGR）の評価に用いられる．

2022-174

問題 172　正解　(1)・・・・・・頻出度 A A A

ピレスロイド剤のメトフルトリンは，常温で気化して効力を発揮する．

2022-174

問題 173　正解　(2)・・・・・・頻出度 A A A

クマネズミは動物性の餌も食べるが植食性が強い．動物質の餌を好むのはドブネズミである．

2022-175

問題 174　正解　(4)・・・・・・頻出度 A A A

リン化亜鉛は急性毒剤の一つで，1 回の摂取でネズミを致死させる．複数回摂取させる必要があるのは，第一世代のクマリン系抗凝血殺鼠剤である．

2022-176

-(1)　動物用医薬部外品とは，医薬品，医療機器等の品質，有効性及び安全性の確保等に関する法律で定められた動物のために用いる医薬部外品である．監督官庁は農林水産省である．ブロマジオロン製剤は畜舎のねずみの防除に用いる．第二世代のクマリン系殺鼠剤で，従来のワルファリン抵抗性ネズミにも優れた効果を発揮する．

問題 175　正解　(5)・・・・・・頻出度 A A A

クマネズミおよびドブネズミの一部には，ワルファリンへの薬剤抵抗性を有した個体が存在し，スーパーラットと呼ばれている．

2022-176

問題 176　正解　(3)・・・・・・頻出度 A A A

ジカウイルス感染症を媒介するのはネッタイシマカやヒトスジシマカである．

2021-176

問題 177　正解　(4)・・・・・・頻出度 A A A

選択毒性とは，ある殺虫剤の毒性がヒト，動物に小さく，昆虫に大きいことをいう．

殺虫剤・殺鼠(そ)剤の安全性についての出題事項は次のとおり．

1. 安全性の基本

1)　ADI と NOAEL

ADI（Acceptable Daily Intake，1 日摂取許容量 [mg/(kg-day)] とは，人が一生毎日取り込んでも全く安全な 1 日摂取量（体重 1 kg 当たり）．

NOAEL（No Observed Adverse Effect Level，最大無毒性量）は，実験動物に長期間にわたって連日投与して，毒性が認められない薬量のこと．

ADI は NOAEL から安全係数を取って決められる．

2)　人畜に対する安全性は基本的に人等

と対象害虫の体重差と選択毒性の違いによっている.

3) 一般的に，各製剤の用法，用量に沿った使用時の有効成分または製剤の人に対する曝露量を求め，この値と NOAEL の比が 2 桁以上（曝露量 ≦ 100 × 最大無毒性量）あることが安全性の目安とされている.

4) ある薬剤の毒性が人または動物に対して小さく害虫で大きい場合，その薬剤は選択毒性が高いといい，安全も確保しやすい．言い換えれば，薬剤の安全性は，LD_{50} 値もしくは LC_{50} 値が，防除対象害虫等に対しては小さく，人・動物に対しては大きいほど確保しやすい.

5) 特定建築物では，殺虫・殺鼠剤は，「医薬品，医療機器等の品質，有効性及び安全性の確保等に関する法律」（薬機法）の規制を受ける医薬品あるいは医薬部外品に該当するものを使用しなければならない.

農薬取締法によって規制されている農薬は使用できない.

6) 殺鼠剤の多くは選択毒性を示さず，人に対しても体重当たりの強い毒性を示す.

-(3) 毒薬 2020-176 .

問題 178　正解　(1)・・・・・・頻出度 A A A

-(1)が正しい．PCO（ペストコントロールオペレーター，防除業者）任せでは効果的な防除はできない.

2021-178

問題 179　正解　(2)・・・・・・頻出度 A A A

哺乳類のねずみでも節足動物の昆虫でも細菌のようなバクテリアでも，淘(とう)汰による薬剤抵抗性発達のメカニズムは同じである.

2022-176

問題 180　正解　(3)・・・・・・頻出度 A A A

ねずみのくぐり抜け防止には，隙間・網目などは 1 cm 以内にする.

2022-178

引用文献

午前

(1) 厚生労働省:「分煙効果判定基準策定検討会報告書概要」 https://www.mhlw.go.jp/houdou/2002/06/h0607-3.html
(2) 株式会社サンコー:「サンコータイプ伸縮管継手」https://www.sanko-flexible.com/product/patch.html
(3) ゼンシン株式会社:「ZRJ-E1 ゴム製伸縮継手」http://www.zensin.co.jp/expans/zrje1.html
(4) 京セラ株式会社:「直管 LED ランプ」https://www.kyocera.co.jp/prdct/led-lighting/high-efficiency/straight-pipe/

午後

(1) 株式会社技術検定研修協会:1 建築技術「日影曲線図」https://www.kenshu-kyokai.co.jp/info_img/kensamp1.pdf を加工
(2) W-WALLET.COM:3. 日影による規制の解説 1「日影規制と日影時間」https://w-wallet.com/hikage3.html を加工
(3) 株式会社アトムズ:「ゴム可とう伸縮継手 アトムジョイント AJ-A」http://www.atoms-corp.co.jp/wp/category/itm-joint/atomjoint/
(4) 新建築物の環境衛生管理編集委員会編『新建築物の環境衛生管理　第 1 版第 1 刷　中巻』日本建築衛生管理教育センター p.394, 395　2019 に解説追記
(5) 株式会社中部コーポレーション:「ルーフドレン 防水層張掛け幅 50mm　RAP-5S」https://www.chubu-net.co.jp/kenzai/Product/detail/RD001?PHPSESSID=ae340aeaf15c8746b897e0df835cc739 に解説追記
(6) 豊和工業株式会社:「跳ね上げ式防水板」https://www.howa.co.jp/products/watertight/product01.html
(7) 空気調和・衛生工学会編:『空気調和・衛生工学便覧III（第 11 版）』オーム社　1987 を加工
(8) ホーチキ株式会社:'23-'24 消火設備機器製品カタログ「可動式小型ヘッド大規模放水銃（二筒式）」https://www.hochiki.co.jp/support/business/catalog/shouka/digital/index.html#target/page_no=20
(9) ビルの環境衛生管理編集委員会:『改訂ビルの環境衛生管理 下巻』ビル管理教育センター　p.294, 295　2000
(10) 全国ビルメンテナンス協会:『ビルクリーニング作業計画実践教室』全国ビルメンテナンス協会　pp.16 〜 23　1986
(11) 環境省:循環型社会関連パンフレット http://www.env.go.jp/recycle/circul/keikaku/pamph.pdf
(12) 東京二十三区清掃協議会:「東京都 23 区再利用計画書のまとめ」東京二十三区清掃協議会　2006 を一部抜粋

引用文献に記載の URL の最終確認日は 2023 年 3 月 7 日です.

参考文献

- 新建築物の環境衛生管理編集委員会編:『新建築物の環境衛生管理　第 1 版第 1 刷　上中下巻』日本建築衛生管理教育センター 2019
- 日本吸着学会:「Adsorptio News Vol.25, No.4（December 2011）」https://www.j-ad.org/adsorption_news/25_4.pdf

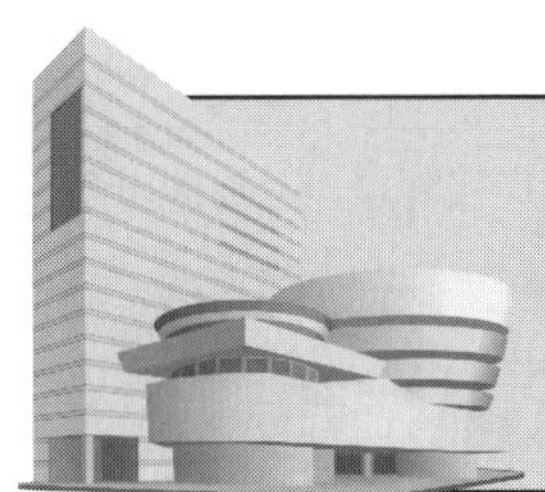

2018年度（平成30年度）午前の問題

●出題科目●
建築物衛生行政概論
建築物の環境衛生
空気環境の調整

問題 1　医学に関する歴史上の人物とその功績との組合せとして，**誤っている**ものは次のうちどれか．

(1)　ヒポクラテス ――――― 西洋医学の体系の基礎をつくった．
(2)　ナイチンゲール ――― 公衆衛生の概念を定義した．
(3)　パスツール ――――― 生命の自然発生説に異を唱えた．
(4)　コッホ ――――――― 結核に関する研究の業績でノーベル賞を受賞した．
(5)　フレミング ――――― ペニシリンの発見に成功した．

問題 2　次の建築物のうち，建築物における衛生的環境の確保に関する法律（以下「建築物衛生法」という．）に基づく特定建築物に**該当しない**ものはどれか．

(1)　延べ面積が 4,000 m^2 の複合型映画館（シネマコンプレックス）
(2)　延べ面積が 5,000 m^2 の市民ホール
(3)　延べ面積が 9,000 m^2 の高等専門学校
(4)　延べ面積が 9,000 m^2 の製品試験研究所
(5)　延べ面積が 4,000 m^2 の地方銀行

問題 3　建築物衛生法に基づく特定建築物の延べ面積に関する次の記述のうち，**誤っている**ものはどれか．

(1)　事務所に付随する廊下，階段，便所等の共用部分は，除外される．
(2)　店舗ビルに隣接しているが，独立して設置された客用立体駐車場は，除外される．
(3)　同一敷地内に独立した複数の建築物がある場合は，一棟の建築物ごとに算出する．
(4)　百貨店内の商品倉庫は，含まれる．
(5)　鉄道の運転保安施設は，除外される．

問題 4　建築物衛生法令の主な制度改正に関する次の記述のうち，**誤っている**ものはどれか．ただし，記載された年については判断しないものとする．

(1)　昭和 45 年に，特定建築物の届出が厚生省（現　厚生労働省）から都道府県知事等に変更された．

(2)　昭和 55 年に，一定の人的・物的基準を要件とする事業者の都道府県知事による登録制度が設けられた．

(3)　平成 13 年に，新たに建築物空気調和用ダクト清掃業と建築物排水管清掃業が追加された．

(4)　平成 14 年に，建築物環境衛生管理基準の大幅な改正及び特定建築物の範囲の見直しが行われた．

(5)　平成 22 年に，特定建築物の届出事項に特定建築物の維持管理権原者の氏名などが追加された．

問題 5　建築物衛生法に基づく特定建築物の届出について，同法施行規則において**規定されていない**事項は，次のうちどれか．

(1)　名称

(2)　構造設備の概要

(3)　建築確認済の年月日

(4)　用途

(5)　使用されるに至った年月日

問題 6　建築物環境衛生管理基準に基づく空気環境の調整に関する次の記述のうち，**正しい**ものはどれか．

(1)　温度の基準は，15 ℃以上 29 ℃以下である．

(2)　相対湿度の基準は，40 %以上 70 %以下である．

(3)　粉じん計は，2 年以内ごとに 1 回較正する．

(4)　ホルムアルデヒドの測定は，毎年 6 月 1 日から 9 月 30 日までの間に行う．

(5)　測定位置は，居室の中央部の床上 70 cm 以上 160 cm 以下である．

問題 7　建築物衛生法に基づく空気環境の測定方法に関する次の記述のうち，**誤っている**ものはどれか．

(1)　温度の測定器は，0.5 度目盛の温度計を使用する．

(2)　相対湿度の測定器は，0.5 度目盛の乾湿球湿度計を使用する．

(3)　一酸化炭素の含有率の測定は，検知管方式による一酸化炭素検定器を使用する．

(4)　二酸化炭素の含有率の測定は，検知管方式による二酸化炭素検定器を使用する．

(5)　気流の測定には，0.5 メートル毎秒以上の気流を測定することのできる風速計を使用する．

問題8　建築物衛生法で規定される空気環境について，その要因と人体への影響に関する次の記述のうち，**最も不適当な**ものはどれか．

(1)　浮遊粉じんの人体への影響は著しいものがあり，特に呼吸器系に対しては直接的である．

(2)　二酸化炭素は極めて有毒な気体であり，中毒死，あるいは死に至らなくとも脳障害の後遺症が残る等，人体に対する影響は重大である．

(3)　室内温度と外気温度の差を無視した過度の冷房による神経痛などの冷房病，また過度の暖房による呼吸器系疾患など，温度は人体への影響が大きい．

(4)　気流は，湿度と同様に，温度との関連に注意する必要があり，冷風の人体に対する影響を考慮して規定されている．

(5)　ホルムアルデヒドは，不快感を伴う目・鼻・喉への刺激，さらに高濃度になれば催涙・呼吸困難等の症状を引き起こす．

問題9　空気調和設備である加湿装置の維持管理に関する次の記述のうち，**最も適当な**ものはどれか．

(1)　加湿装置の汚れの点検は，使用期間中に1回行う．

(2)　加湿装置の清掃は，2年以内ごとに1回行う．

(3)　加湿装置により，居室内部の空気が病原体によって汚染されることはない．

(4)　加湿装置に供給する水は，水道法の水質基準に適合した水を使用する．

(5)　加湿装置の排水受け（ドレンパン）に，水が常時十分に溜まっていることを確認する．

問題10　建築物環境衛生管理技術者の免状を交付されている者であっても，建築物衛生法に基づく事業の登録における人的基準の要件として**認められない**ものは，次のうちどれか．

(1)　建築物空気環境測定業の空気環境測定実施者

(2)　建築物排水管清掃業の排水管清掃作業監督者

(3)　建築物空気調和用ダクト清掃業のダクト清掃作業監督者

(4)　建築物飲料水貯水槽清掃業の貯水槽清掃作業監督者

(5)　建築物ねずみ昆虫等防除業の防除作業監督者

問題 11　建築物衛生法第 12 条の 6 に基づき，厚生労働大臣が指定した登録業者等の団体（指定団体）による業務として，**最も不適当な**ものは次のうちどれか．

(1)　登録業者の業務を適正に行うための技術上の基準の設定
(2)　登録業者の業務についての指導
(3)　登録業者の業務を受託する料金の統一
(4)　登録業者の業務に従事する者の福利厚生に関する施設
(5)　登録業者の業務に従事する者に対する業務に必要な知識及び技能についての研修

問題 12　建築物衛生法に基づく，国又は地方公共団体の用に供する特定建築物に関する次の記述のうち，**正しい**ものはどれか．

(1)　建築物環境衛生管理技術者の選任は必要ない．
(2)　建築物環境衛生管理基準は適用されない．
(3)　都道府県知事等は，立入検査を行うことができない．
(4)　都道府県知事等は，維持管理記録の提出を求めることができない．
(5)　都道府県知事等は，改善措置の勧告をすることができない．

問題 13　建築物衛生法に基づく立入検査及び改善命令に関する次の文章の［　　］内に入る語句の組合せとして，**正しい**ものはどれか．

都道府県知事（保健所を設置する市又は特別区にあっては市長又は区長）が必要と認めるときは，［ア］に，立入検査を行わせることができる．この立入検査によって，特定建築物の維持管理が建築物環境衛生管理基準に従って行われておらず，かつ，当該特定建築物内における［イ］をそこない，又はそこなうおそれのあるときは，その特定建築物の［ウ］に対して維持管理の方法の改善，その他必要な措置をとることを命ずることができる．

	ア	イ	ウ
(1)	環境衛生監視員 ———	人の健康 ———	維持管理権原者
(2)	環境衛生指導員 ———	人の健康 ———	環境衛生管理技術者
(3)	環境衛生指導員 ———	公衆の利益 ———	維持管理権原者
(4)	環境衛生監視員 ———	公衆の利益 ———	環境衛生管理技術者
(5)	環境衛生監視員 ———	人の健康 ———	環境衛生管理技術者

問題 14　保健所の事業に関する次の記述のうち，**最も不適当な**ものはどれか．

(1)　地域保健に関する思想の普及及び向上に関する事項
(2)　栄養の改善及び食品衛生に関する事項
(3)　住宅，水道，下水道，廃棄物の処理，清掃その他の環境の衛生に関する事項
(4)　医事及び薬事に関する事項
(5)　労働者の衛生に関する事項

問題 15　水道法第 4 条（水道により供給される水が備えなければならない要件）の条文に規定されるものとして，**誤っている**ものは次のうちどれか．

(1)　銅，鉄，フッ素，フェノールを含まないこと．

(2)　病原生物に汚染され，又は病原生物に汚染されたことを疑わせるような生物若しくは物質を含むものでないこと．

(3)　異常な酸性又はアルカリ性を呈しないこと．

(4)　異常な臭味がないこと．ただし，消毒による臭味を除く．

(5)　外観は，ほとんど無色透明であること．

問題 16　下水道法に関する次の記述のうち，**最も不適当な**ものはどれか．

(1)　下水とは生活若しくは事業（耕作の事業を除く．）に起因し，若しくは付随する廃水又は雨水をいう．

(2)　公共下水道の排水区域内の土地の所有者，使用者又は占有者は，その土地の下水を公共下水道に流入させるために必要な排水設備を設置しなければならない．

(3)　公共下水道管理者は，公共下水道を設置しようとするときは，あらかじめ，事業計画を定めなければならない．

(4)　公共下水道の設置，改築，修繕，維持その他の管理は，原則として都道府県が行う．

(5)　公共下水道管理者は，公共下水道などに著しく悪影響を及ぼすおそれのある下水を継続して排除して公共下水道を使用する者に対し，除害施設の設置などの必要な措置をしなければならない旨を定めることができる．

問題 17　興行場法第 3 条に規定されている次の条文の［　　　］内に入る語句の組合せとして，**正しい**ものはどれか．

営業者は，興行場について，換気，［ア］，［イ］及び清潔その他入場者の衛生に必要な措置を講じなければならない．その措置の基準については，［ウ］で，これを定める．

	ア	イ	ウ
(1)	採光	防湿	都道府県が条例
(2)	採光	防湿	厚生労働省が省令
(3)	照明	防湿	都道府県が条例
(4)	照明	保温	厚生労働省が省令
(5)	採光	保温	都道府県が条例

問題 18　次の生活衛生関係営業のうち，施設の開設又は営業に当たって許可を要しないものの組合せとして**正しい**ものはどれか．

ア　映画館

イ　ホテル

ウ　理容所

エ　公衆浴場

オ　クリーニング所

(1)　アとイ

(2)　アとウ

(3)　イとエ

(4)　ウとオ

(5)　エとオ

問題 19　労働安全衛生法に規定する事業者の責務に関する次の記述のうち，**最も不適当な**ものはどれか．

(1)　事業場の規模に応じて，産業医を選任しなければならない．

(2)　事業場の規模に応じて，健康診断の結果を保健所長に報告しなければならない．

(3)　有害な業務を行う屋内作業場その他の作業場で，必要な作業環境測定を行い，及びその結果を記録しておかなければならない．

(4)　一定規模の事業場においては，常時使用する労働者に対し，医師，保健師等による心理的な負担の程度を把握するための検査を行わなければならない．

(5)　伝染性の疾病その他の疾病で，厚生労働省令で定めるものにかかった労働者については，その就業を禁止しなければならない．

問題 20　建築物衛生法と関連する法律に関する次の記述のうち，**最も不適当な**ものはどれか．

(1)　地域保健法に基づいて設置された保健所は，建築物環境衛生に関する相談指導などを行う．

(2)　建築基準法は，建築物について環境衛生上の維持管理を行うことを定めている．

(3)　労働安全衛生法は，労働者という特定の集団を対象として，工場など特定の作業場における環境条件などを定めている．

(4)　学校保健安全法は，児童及び生徒という特定の集団を対象として，学校における環境条件などを定めている．

(5)　建築物衛生法は，給水の水質基準などについて水道法の基準の一部を準用している．

問題 21　環境基本法に基づく環境基準の説明として，**最も不適当な**ものは次のうちどれか．

(1)　人の健康を保護する上で維持することが望ましい基準である．
(2)　実験室内での動物実験などの生物学的研究を判断に用いている．
(3)　罹（り）患状況の疫学調査を判断に用いている．
(4)　経験的に証明されている有害濃度を基礎とした安全度を考慮している．
(5)　地球環境を保全する上で維持することが望ましいものである．

問題 22　作業区分とその例との組合せとして，**最も不適当な**ものは次のうちどれか．なお，単位の m^2 は体表面積である．

	作業区分	例
(1)	安静（平均代謝率 65 W/m^2）	仰臥（が）位（仰向け）
(2)	低代謝率（平均代謝率 100 W/m^2）	軽い手作業
(3)	中程度代謝率（平均代謝率 165 W/m^2）	のこぎりをひく
(4)	高代謝率（平均代謝率 230 W/m^2）	コンクリートブロックを積む
(5)	極高代謝率（平均代謝率 290 W/m^2）	階段を登る

（平均代謝率の数値は，ISO 7243，JIS Z 8504 による．）

問題 23　高齢者の快適温度に関する記述として，**最も不適当な**ものは次のうちどれか．

(1)　一般に若年者に比べ，暖かい温度を好むとされている．
(2)　冬季には，室温は若年者と比較して高い場合が多い．
(3)　冬季には，若年者に比べ深部体温は低い傾向にある．
(4)　放射熱がない場合，高齢者の 8 割を満足させる気温の範囲は青年に比べ狭い範囲となる．
(5)　高齢者では，寒冷環境に曝（ばく）露された際の血圧の変動が若年者に比べ顕著である．

問題 24　熱中症の記述として，**最も不適当な**ものは次のうちどれか．

(1)　熱失神は，頭頚（けい）部が直射日光などにさらされたことにより末梢（しょう）血管の拡張を生じることによって起こる．
(2)　熱射病では，体温調節中枢の機能に障害を来し，自力での体温調節ができず体温が急激に上昇する．
(3)　熱疲労は，多量の発汗により体内の水分や塩分が不足することに加え，全身的な循環不全による重要諸臓器の機能低下によって起こる．
(4)　熱けいれんは，過剰な発汗により血液中の塩分が濃縮されることによって起こる．
(5)　熱射病の治療は，全身の冷却が第一であるが冷やし過ぎには十分に注意する．

問題 25　冬季における暖房時の留意事項の組合せとして，**最も適当な**ものは次のうちどれか．

ア　床上 0.1 m と 1.1 m の温度差を，3 ℃以下とする．

イ　気流は，1.5 m/s 程度に保つ．

ウ　ウォームビズの導入により CO_2 排出量を削減できる．

エ　低湿度では，呼吸器疾患に罹(り)患しやすい．

(1)　アとイとウとエ

(2)　アとウとエ

(3)　アとエ

(4)　イとウとエ

(5)　ウとエ

問題 26　シックビル症候群に関する次の記述のうち，**最も不適当な**ものはどれか．

(1)　仕事のストレスは，発症の危険因子である．

(2)　揮発性有機化合物が原因の一つと考えられる．

(3)　特異的な症状を呈する．

(4)　アトピー体質は，発症の危険因子である．

(5)　問題となるビルから離れれば症状は治まる．

問題 27　室内の空気汚染による健康影響が一因となる疾患として，**最も不適当な**ものは次のうちどれか．

(1)　ジカウイルス感染症

(2)　気管支喘(ぜん)息

(3)　慢性閉塞性肺疾患

(4)　肺癌(がん)

(5)　レジオネラ症

問題 28　ホルムアルデヒドに関する次の記述のうち，**最も不適当な**ものはどれか．

(1)　可燃性である．

(2)　防腐剤として用いられる．

(3)　発がん性がある．

(4)　水に溶けにくい．

(5)　建築基準法により，含有建材の使用が制限されている．

問題 29 たばこに関する次の記述のうち，**最も不適当な**ものはどれか．

(1) 喫煙により，肺気腫のリスクが増大する．

(2) 受動喫煙により，小児の呼吸器系疾患のリスクが増加する．

(3) 副流煙は，喫煙者が吐き出す煙のことである．

(4) 妊娠中の喫煙により，低出生体重児の頻度が高くなる．

(5) 主流煙と副流煙の組成は異なる．

問題 30 建築物衛生法による一酸化炭素の含有率の基準値として，**最も適当な**ものは次のうちどれか．

(1) 原則 1 ppm 以下

(2) 原則 2 ppm 以下

(3) 原則 5 ppm 以下

(4) 原則 10 ppm 以下

(5) 原則 50 ppm 以下

問題 31 二酸化炭素に関する次の文章の［　　］内に入る数値の組合せとして，**最も適当な**ものはどれか．

大気中の二酸化炭素濃度は［ ア ］ppm 程度である．建築物衛生法では，室内の二酸化炭素の含有率の基準は［ イ ］ppm 以下と定められている．

	ア		イ
(1)	100	――	1,000
(2)	400	――	1,000
(3)	400	――	5,000
(4)	4,000	――	5,000
(5)	4,000	――	10,000

問題 32 騒音に関する次の記述のうち，**最も不適当な**ものはどれか．

(1) 騒音によって起こる 4,000 Hz 付近の聴力低下を，C^5 ディップという．

(2) 大きく高い騒音に一時的に曝露(ばく)されることによる聴力の低下を，一過性聴力閾(いき)値低下という．

(3) 騒音によって，末梢(しょう)血管の収縮，血圧の上昇，胃の働きの抑制等が起きる．

(4) マスキング効果は，マスクされる音の最小可聴値の音圧レベル上昇量で示される．

(5) 騒音による永久性難聴の程度や進行具合には，個人差が大きい．

問題 33　光の知覚に関する次の記述のうち，**最も不適当な**ものはどれか．

(1)　視力はランドルト環の切れ目を見ることで測る．

(2)　杆(かん)体細胞は暗いときに働き，錐(すい)体細胞は明るいときに働く．

(3)　明るい場所から暗い場所への順応を暗順応といい，完全に順応するには 40 分以上かかる．

(4)　視細胞には杆体細胞と錐体細胞があるが，数は錐体細胞の方が多い．

(5)　照明の質を高めるためには，グレアを防止することが必要である．

問題 34　VDT 作業と健康に関する次の記述のうち，**最も不適当な**ものはどれか．

(1)　エアコンからの風が当たる場所では，ドライアイを引き起こす可能性がある．

(2)　ディスプレイ画面における照度は 500 lx 以下とする．

(3)　グレアを防止するためには，視野内の輝度はほぼ同じレベル（最大でも 1：10 程度）にする．

(4)　ディスプレイ画面に太陽光が入射する場合には，カーテンなどで調節する．

(5)　書類上及びキーボード上における照度は 200 lx 以下とする．

問題 35　赤外線の作用による疾患に関する次の記述のうち，**最も適当な**ものはどれか．

(1)　熱中症

(2)　皮膚癌(がん)

(3)　無精子症

(4)　白血病

(5)　急性角膜炎

問題 36　電場・磁場・電磁波に関する次の記述のうち，**最も不適当な**ものはどれか．

(1)　電場の単位は，V/m である．

(2)　磁場の単位は，A/m である．

(3)　電子レンジは，超短波（VHF 波）を利用している．

(4)　電磁波に含まれるエックス線，γ 線は電離放射線と呼ばれる．

(5)　電磁波の周波数が高くなると波長は短くなる．

問題 37　放射線の身体的影響のうち，**早期影響**は次のどれか．

(1)　白内障

(2)　不妊

(3)　悪性リンパ腫

(4)　皮膚癌(がん)

(5)　胎児の障害

問題 38 健常者と水に関する次の記述のうち，**最も不適当な**ものはどれか．

(1) 体重当たりの水分欠乏率が 2 %程度になると，強い口喝が認められる．

(2) 体内における食物の代謝過程で生成される代謝水は，1 日約 0.3 L である．

(3) 一般に体重当たりの体内水分量は，女性の方が男性より多い．

(4) 成人の体内の水分量は，体重の約 50 ～ 70 %である．

(5) 小児が生理的に必要とする水分量は，体重当たりに換算すると成人より多い．

問題 39 水系感染症の病原体として，**最も不適当な**ものは次のうちどれか．

(1) ノロウイルス

(2) 麻しんウイルス

(3) A 型肝炎ウイルス

(4) 赤痢アメーバ

(5) パラチフス菌

問題 40 ヒ素に関する次の記述のうち，**最も適当な**ものはどれか．

(1) 5 価の化合物の方が 3 価の化合物よりも毒性が強い．

(2) 水俣病は，その慢性中毒である．

(3) 慢性影響として，皮膚の色素沈着や角化は認められない．

(4) 環境基本法に基づく水質汚濁に係る環境基準項目に含まれない．

(5) ヒトに対する発がん性が認められる．

問題 41 次の感染症のうち，原虫によって引き起こされる疾患の組合せとして，**正しい**ものはどれか．

ア 発しんチフス

イ カンジダ症

ウ クリプトスポリジウム症

エ マラリア

オ ワイル病

(1) アとイ

(2) アとオ

(3) イとウ

(4) ウとエ

(5) エとオ

問題 42　感染症の予防及び感染症の患者に対する医療に関する法律（以下「感染症法」という.）に基づく感染症の類型において，三類感染症に**分類される**ものは次のうちどれか.

(1)　マラリア

(2)　コレラ

(3)　日本脳炎

(4)　狂犬病

(5)　デング熱

問題 43　レジオネラ症に関する次の記述のうち，**最も適当な**ものはどれか.

(1)　病原体は，一般に 10 ℃前後で最もよく繁殖する.

(2)　病原体は，自然界の土壌や淡水中等に生息している.

(3)　感染症法において，二類感染症に分類されている.

(4)　垂直感染する感染症である.

(5)　感染の起こりやすさに対して，ヒトの個体差や体調差は影響しない.

問題 44　消毒用エタノールを用いた薬液消毒に関する次の記述のうち，**最も不適当な**ものはどれか.

(1)　70 %溶液が至適濃度である.

(2)　手指や皮膚の消毒に用いられる.

(3)　一部のウイルスには無効である.

(4)　殺菌力はホルマリンによって減少する.

(5)　芽胞に対して有効である.

問題 45　5 %溶液として市販されている次亜塩素酸ナトリウム 16 mL に水を加え，およそ 20 mg/L の濃度に希釈するときに加える水の量として，**最も近い**ものは次のうちどれか.

(1)　0.8 L

(2)　3.2 L

(3)　4 L

(4)　32 L

(5)　40 L

問題 46　次の用語とその単位との組合せのうち，**誤っている**ものはどれか．

(1)　比エンタルピー ――― W/kg(DA)
(2)　光度 ―――――――― cd
(3)　振動加速度 ――――― m/s^2
(4)　熱伝導率 ――――― W/(m･K)
(5)　音圧 ―――――――― Pa

問題 47　エアロゾル粒子の一般的な粒径が，**大きい順**に並んでいるものは次のうちどれか．

(1)　霧雨 ――――― 花粉 ――――― ウイルス
(2)　バクテリア ――― ウイルス ――― 霧雨
(3)　ウイルス ――― 霧雨 ――――― バクテリア
(4)　花粉 ――――― ウイルス ――― バクテリア
(5)　ウイルス ――― バクテリア ――― 花粉

問題 48　壁体の熱貫流率が 4 W/(m^2･K) であるとき，室内温度が 24 ℃，室外温度が 4 ℃であった．この壁の室内側表面温度に，**最も近い**ものは次のうちどれか．ただし，室内側熱伝達率を 10 W/(m^2･K)，室外側熱伝達率を 20 W/(m^2･K) とする．

(1)　8 ℃
(2)　12 ℃
(3)　14 ℃
(4)　16 ℃
(5)　20 ℃

問題 49　一辺が 4 m の正方形の壁材料を組合せて立方体の室を作り，日射が当たらない条件で床面に固定した．壁材料の熱貫流率を 1.25 W/(m^2･K)，隙間換気は無視できるとし，外気温度が 0 ℃の条件下で内部を加熱したところ，十分に時間が経過した後の室温度が 25 ℃になった．なお，床面は完全に断熱されており，床を通しての熱移動はない．

このとき，室内での発熱量として，**最も適当な**ものは次のうちどれか．

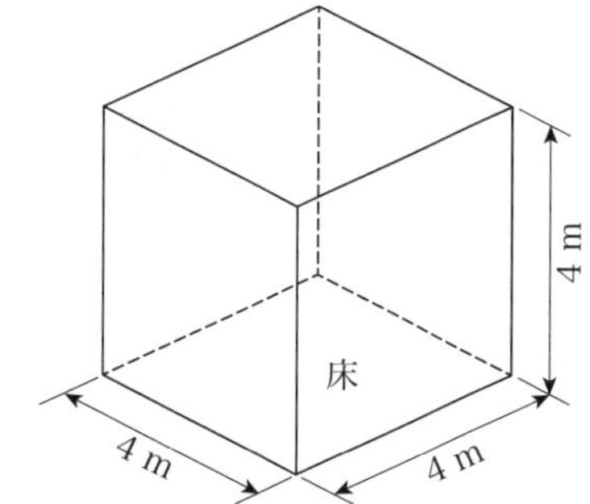

(1)　1,300 W
(2)　1,600 W
(3)　2,000 W
(4)　2,500 W
(5)　3,000 W

問題 50　湿り空気と湿度に関する次の記述のうち，**最も不適当な**ものはどれか．

(1)　湿り空気の温度が一定の状態で絶対湿度を増加させると，比エンタルピーは増加する．

(2)　絶対湿度とは，湿り空気 1 kg に含まれる水蒸気の質量のことである．

(3)　湿り空気中の水蒸気の持つ分圧を水蒸気分圧という．

(4)　露点温度における湿り空気では，乾球温度と湿球温度は等しい．

(5)　相対湿度とは，同じ温度での，飽和水蒸気圧に対する水蒸気分圧の比である．

問題 51　ダクト内気流速度が 4.0 m/s であったとすると，この気流の動圧（速度圧）の値として，**最も適当な**ものは次のうちどれか．ただし，ダクト内の空気の密度は 1.2 kg/m^3 とする．

(1)　2.4 Pa

(2)　9.6 Pa

(3)　19.2 Pa

(4)　38.4 Pa

(5)　76.8 Pa

問題 52　流体力学に関する次の記述のうち，**最も不適当な**ものはどれか．

(1)　無秩序な乱れによる流体塊の混合を伴う流れを乱流という．

(2)　直線ダクトの圧力損失は，ダクト長さの 2 乗に比例する．

(3)　摩擦のない理想流体では，ベルヌーイの定理が成立する．

(4)　慣性力の粘性力に対する比を表す無次元数がレイノルズ数である．

(5)　ダクトの形状変化に伴う圧力損失は，形状抵抗係数と風速の 2 乗に比例する．

問題 53　室内気流に関する次の記述のうち，**最も不適当な**ものはどれか．

(1)　自由噴流では，吹出口から離れた中心軸速度が，距離に反比例して減衰する領域がある．

(2)　吸込気流の吸込み速度は，吸込み中心からの距離の 2 乗におおむね反比例する．

(3)　天井面に沿った噴流の到達距離は，自由噴流の場合より短くなる．

(4)　ドラフトは，不快な局部気流のことをいい，気流の速度，気流変動の大きさ，空気温度の影響を受ける．

(5)　低温空気は室の底部に滞留する傾向があり，その傾向を利用した換気方式に置換換気がある．

問題 54　室内における空気汚染物質に関する次の記述のうち，**最も不適当な**ものはどれか.

⑴　一酸化炭素の発生源は，燃焼器具，たばこ等である.

⑵　二酸化炭素の室内の発生源は，ヒトの活動（呼吸）などであり，換気の指標とされている.

⑶　ホルムアルデヒドの室内の発生源は，コピー機，レーザプリンタ等である.

⑷　浮遊粉じんの発生源は，たばこ，ヒトの活動，外気等である.

⑸　二酸化炭素の濃度が経時的に高くなる場合には，居室の過密使用などが考えられる.

問題 55　空気清浄化と換気に関する次の記述のうち，**最も不適当な**ものはどれか.

⑴　空気交換効率は，室全体の換気効率を表すものである.

⑵　電気集じん機は，ガス状物質の除去に利用できる.

⑶　必要換気量は，人体への影響，燃焼器具への影響，熱・水蒸気発生の影響等から決定される.

⑷　単位時間当たりに室内に取り入れる新鮮空気（外気）量を室容積で除したものを換気回数という.

⑸　室内空気の清浄化にとって，換気は重要な役割を果たす.

問題 56　微生物とアレルゲンに関する次の記述のうち，**最も不適当な**ものはどれか.

⑴　ウイルスは，結露水中で増殖しやすい.

⑵　真菌は，環境微生物として捉えられる.

⑶　空気調和機内は，微生物の増殖にとって好環境となる.

⑷　アルテルナリアは，カビアレルゲンとして挙げられる.

⑸　ヒョウヒダニの糞(ふん)と死骸は，アレルゲンになる.

問題 57　図は空気線図上に状態点Aから湿球温度，比エンタルピー，比容積が同じとなる方向を矢印で示している．それぞれの矢印が示す要素として，**正しい**組合せは次のうちどれか．

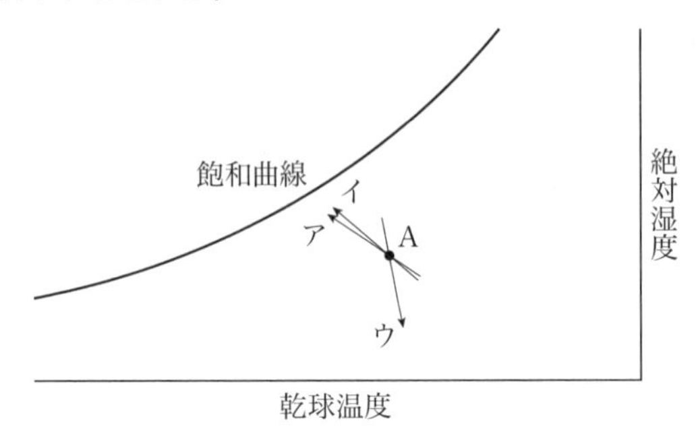

	ア	イ	ウ
(1)	湿球温度	比エンタルピー	比容積
(2)	湿球温度	比容積	比エンタルピー
(3)	比エンタルピー	湿球温度	比容積
(4)	比エンタルピー	比容積	湿球温度
(5)	比容積	湿球温度	比エンタルピー

問題 58　次の熱負荷のうち，一般に暖房時に**無視する**ものはどれか．

(1)　外壁からの構造体負荷
(2)　ガラス面の熱通過負荷
(3)　送風機による負荷
(4)　隙間風負荷
(5)　配管による負荷

問題 59　空気調和に関する用語として，**最も不適当な**ものは次のうちどれか．

(1)　顕熱化
(2)　熱水分比
(3)　ブリージング
(4)　コンタクトファクタ
(5)　混合損失

問題 60　湿り空気の状態変化に関する次の記述のうち，**最も不適当な**ものはどれか．

(1)　単純加熱操作では，露点温度は変化しない．

(2)　単純冷却操作では，相対湿度は上昇する．

(3)　冷却除湿操作では，絶対湿度は低下する．

(4)　液体吸収除湿操作では，乾球温度は低下する．

(5)　水噴霧加湿操作では，露点温度は上昇する．

問題 61　空気調和方式と設備の構成要素に関する次の組合せのうち，**最も不適当な**ものはどれか．

(1)　定風量単一ダクト方式 ―――――――― 還気ダクト

(2)　分散設置水熱源ヒートポンプ方式 ――――― 冷却塔

(3)　変風量単一ダクト方式 ―――――――― 混合ユニット

(4)　放射冷暖房方式 ―――――――――― 放射パネル

(5)　ダクト併用ファンコイルユニット方式 ――― 冷温水配管

問題 62　空気調和設備の熱源方式に関連する次の記述のうち，**最も不適当な**ものはどれか．

(1)　電動機駆動ヒートポンプ方式は，電動冷凍機とボイラを組合せる方式に比べ夏期と冬期における電力使用量の変化が小さい．

(2)　空調用蓄熱システムは，熱源装置容量の削減や夏期冷房期における電力のピークカットに寄与する．

(3)　空調用熱源として，地球温暖化防止のため太陽熱や地中熱などの自然エネルギーが注目されている．

(4)　不特定多数の需要家に熱供給する熱源プラントは，規模の大小にかかわらず熱供給事業法の適用を受ける．

(5)　蒸気ボイラと吸収冷凍機を組合せる方式は，病院・ホテルでの採用例が多い．

問題 63　下の図は，蒸気圧縮冷凍機のサイクルと対応するモリエル線図を描いたものである．［　　　］内に入る語句の組合せとして**正しい**ものは，次のうちどれか．

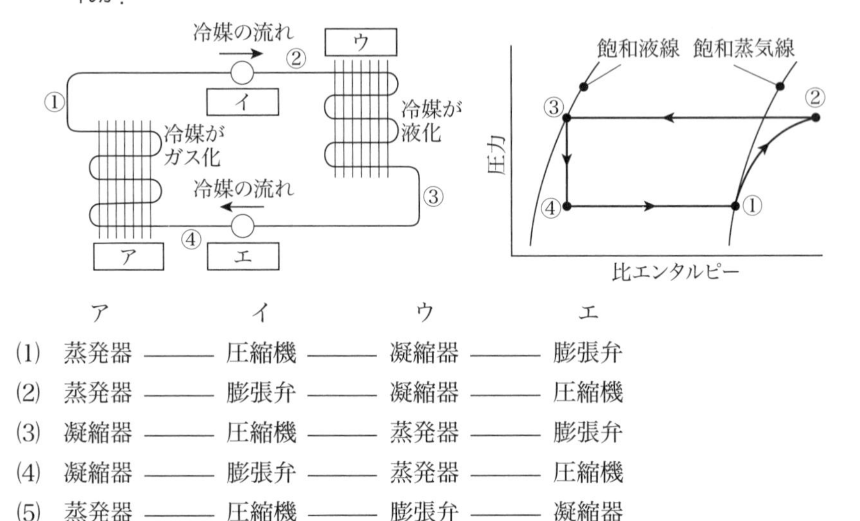

	ア	イ	ウ	エ
(1)	蒸発器 ———	圧縮機 ———	凝縮器 ———	膨張弁
(2)	蒸発器 ———	膨張弁 ———	凝縮器 ———	圧縮機
(3)	凝縮器 ———	圧縮機 ———	蒸発器 ———	膨張弁
(4)	凝縮器 ———	膨張弁 ———	蒸発器 ———	圧縮機
(5)	蒸発器 ———	圧縮機 ———	膨張弁 ———	凝縮器

問題 64　同じ冷凍能力の蒸気圧縮冷凍機と比較した場合の吸収冷凍機の利点に関する次の記述のうち，**最も不適当な**ものはどれか．

(1)　冷凍機本体及び冷却塔容量ともに小さくなる．

(2)　回転部分が少なく，騒音・振動が小さい．

(3)　消費電力量が少ない．

(4)　冷凍機内は真空であり，圧力による破裂などのおそれがない．

(5)　特別な運転資格を必要としない．

問題 65　冷凍機の冷媒に関する次の記述のうち，**最も不適当な**ものはどれか．

(1)　オゾン破壊係数（ODP）は，大気中に放出されるガスのオゾン層破壊に関与する影響度を表す指標である．

(2)　HCFC 系冷媒は，代替フロンと呼ばれオゾン破壊係数（ODP）が 0 である．

(3)　CFC 系冷媒は，オゾン層破壊問題から全面的に製造中止とされた．

(4)　地球温暖化係数（GWP）は，大気中に放出されるガスの地球温暖化に関与する影響度を表す指標である．

(5)　自然冷媒の二酸化炭素は，環境負荷の点でフロン系冷媒より優れている．

問題66　一般空調用吸収冷凍機に関する次の記述のうち，**最も不適当な**ものはどれか．

(1)　蒸発器では，冷水が取り出される．
(2)　凝縮器では，冷媒が液化する．
(3)　再生器では，吸収液が濃縮される．
(4)　加熱エネルギーを複数段の再生器で利用するものがある．
(5)　吸収器では，冷媒を散布する．

問題67　加湿装置の基本構造と加湿方式の関係に関する次の組合せのうち，**最も不適当な**ものはどれか．

(1)　滴下式 ———— 水噴霧方式
(2)　赤外線式 ——— 蒸気吹出方式
(3)　超音波式 ——— 水噴霧方式
(4)　電極式 ———— 蒸気吹出方式
(5)　透湿膜式 ——— 気化方式

問題68　冷却塔に関する次の記述のうち，**最も不適当な**ものはどれか．

(1)　開放式冷却塔は，密閉式冷却塔よりも一般に大型である．
(2)　空調用途における冷却塔は，主として冷凍機の凝縮熱を大気に放出するためにある．
(3)　密閉式冷却塔は，冷却水の汚染は少なく，冷凍機の性能低下が少ない．
(4)　開放式冷却塔では冷却水の水質管理，密閉式冷却塔では散布水の水質管理が重要である．
(5)　密閉式冷却塔は，開放式冷却塔に比べて一般に送風機動力が大きい．

問題69　空気調和設備に用いられる熱交換器に関する次の記述のうち，**最も不適当な**ものはどれか．

(1)　代表的な空気冷却用熱交換器としては，プレートフィン式冷却コイルがある．
(2)　空気–空気熱交換器は，主に排気熱の回収に用いられる．
(3)　静止型全熱交換器は，仕切り板の伝熱性と透湿性により給排気間の全熱交換を行う．
(4)　ヒートパイプは，構造・原理が単純で，熱輸送能力の高い全熱交換器である．
(5)　プレート式水–水熱交換器は，コンパクトで容易に分解洗浄できるという特徴がある．

問題 70　空気調和設備の吹出口に関する次の記述のうち，**最も不適当な**ものはどれか.

(1)　ノズル型は，軸流吹出口に分類される.

(2)　パン型は，ふく流吹出口に分類される.

(3)　天井パネル型は，面状吹出口に分類される.

(4)　アネモ型は，ふく流吹出口に分類される.

(5)　グリル型は，面状吹出口に分類される.

問題 71　ダクトとその付属品に関する次の記述のうち，**最も不適当な**ものはどれか.

(1)　グラスウールダクトは，消音効果がある.

(2)　低圧ダクトとは，常用圧力が −490 〜 +490 Pa の範囲で用いられるダクトをさす.

(3)　亜鉛鉄板ダクトでは，一般に板厚が 0.5 〜 1.2 mm のものが用いられている.

(4)　ダクトと吹出口を接続する際に，位置調整が必要となる場合，フレキシブル継手が用いられる.

(5)　防火ダンパの温度ヒューズの溶解温度は，一般換気用で 120 ℃である.

問題 72　下の図は，送風機の運転と送風量の関係を示している. この図に関連して，次の文章の［　　　］内に入る語句の組合せとして，**最も適当な**ものはどれか.

送風機の［ ア ］は，グラフの横軸に風量をとり，縦軸に［ イ ］をとって曲線 P のように示される. 一方，送風系の抵抗曲線は，同じグラフ上に，原点を通る二次曲線 R として示される. ここで，2 曲線の交点 A は，運転点を示している. その送風量を Q_A から Q_B に減少したい場合には，送風系の［ ウ ］を操作することで調整できる.

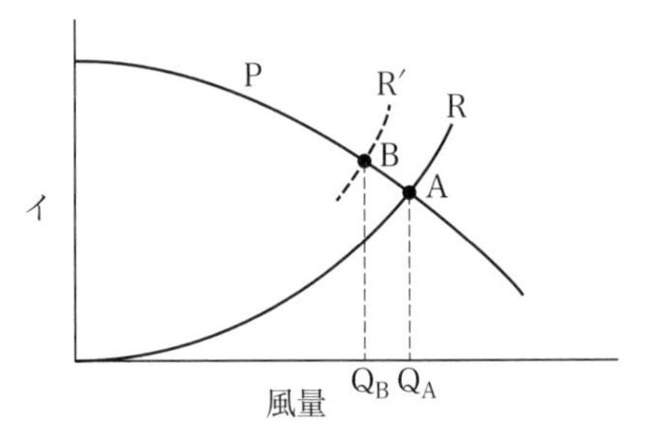

	ア	イ	ウ
(1)	特性曲線 ———	静圧 ———	インバータ
(2)	特性曲線 ———	動圧 ———	ダンパ
(3)	動圧曲線 ———	動圧 ———	インバータ
(4)	特性曲線 ———	静圧 ———	ダンパ
(5)	動圧曲線 ———	静圧 ———	ダンパ

問題 73　空気調和設備に用いられる配管の種類とそれに使用する温度又は圧力との組合せとして，**最も不適当な**ものは次のうちどれか．

(1)　氷蓄熱用不凍液配管 ――― −10 ～ −5 ℃
(2)　冷水配管 ――― 5 ～ 10 ℃
(3)　冷却水配管 ――― 20 ～ 40 ℃
(4)　高温水配管 ――― 120 ～ 180 ℃
(5)　低圧蒸気配管 ――― 0.1 ～ 1 MPa

問題 74　室用途別の1人当たりの専有面積と必要換気量に関する次の組合せのうち，**最も不適当な**ものはどれか．

	室用途	1人当たりの専有面積 (m^2/人)	必要換気量 (m^3/(h・m^2))
(1)	食堂（営業用）	1.0	30.0
(2)	ホテル客室	10.0	3.0
(3)	宴会場	0.8	37.5
(4)	事務所（一般）	4.2	4.5
(5)	デパート（一般売場）	1.5	20.0

問題 75　環境要素の測定に関する次の記述のうち，**最も不適当な**ものはどれか．

(1)　グローブ温度計は，室内気流速度が小さくなるにつれ，平均放射温度に近づく傾向にある．
(2)　ピトー管による風速測定では，ベルヌーイの式を用いて流速を算出する．
(3)　アスマン通風乾湿計の湿球温度は，一般に乾球温度より低い値を示す．
(4)　バイメタル式温度計は，2種類の金属の導電率の差を利用している．
(5)　超音波風速計は，超音波の到着時間と気流との関係を利用している．

問題 76　室内環境の測定に関する次の記述のうち，**最も不適当な**ものはどれか．

(1)　微生物の測定には，ATP法がある．
(2)　アスベストの測定には，分析透過電子顕微鏡法がある．
(3)　臭気の測定には，官能試験法がある．
(4)　花粉アレルゲンの測定には，表面プラズモン共鳴法がある．
(5)　オゾンの測定には，赤外線吸収法がある．

問題 77　浮遊粉じんの測定に関する次の文章の[　　　]内の語句のうち，**最も不適当な**ものはどれか．

建築物衛生法の測定対象となる浮遊粉じん濃度は，粉じんの[(1)　化学的組成]を考慮することなく[(2)　幾何相当径]がおおむね[(3)　10 μm 以下の粒子状物質]を対象として，[(4)　0.15 mg/m^3]以下と規定されている．標準となる測定法は[(5)　重量法（質量濃度測定法）]である．

問題 78　環境要素とその測定法との組合せとして，**最も不適当な**ものは次のうちどれか．

(1)　オゾン ―――――― 検知管法
(2)　酸素 ――――――― ポーラログラフ方式
(3)　硫黄酸化物 ――― 溶液導電率法
(4)　二酸化炭素 ――― 非分散型紫外線吸収法
(5)　一酸化炭素 ――― 定電位電解法

問題 79　空気汚染物質とその濃度又は強さを表す単位との組合せとして，**最も不適当な**ものは次のうちどれか．

(1)　アセトアルデヒド ――― μg/m^3
(2)　真菌 ――――――――― CFU/m^3
(3)　アスベスト ――――― 本 /L
(4)　ダニアレルゲン ―――― Bq
(5)　浮遊粉じん ――――― mg/m^3

問題 80　建築物衛生法に基づくホルムアルデヒド測定法に関する次の記述のうち，**最も不適当な**ものはどれか．

(1)　分析機器を用いて正確に測定値が得られる精密測定法と，現場で簡便に測定値が得られる簡易測定法がある．
(2)　DNPH–HPLC 法（DNPH カートリッジ捕集–高速液体クロマトグラフ法）に用いる DNPH カートリッジは，冷蔵保管が必要である．
(3)　DNPH–HPLC 法によるパッシブ法の試料は，電動ポンプを用いて採取する．
(4)　検知管法においては，サンプリングに電動ポンプを使用する．
(5)　簡易測定法は，妨害ガスの影響を受けることがある．

問題 81 空気調和・換気設備の維持管理に関する次の記述のうち，**最も不適当な**ものはどれか．

(1) 物理的劣化とは，機器の持つ機能と時代とともに高度化していく要求機能との乖離（かい）が次第に大きくなることをいう．

(2) 点検，整備，検査，修理を行う業務は保全業務に位置づけられる．

(3) 予防保全は，部品の劣化を保全計画に組み入れて計画的に修理，交換する方法である．

(4) 維持管理の目的として，故障，事故の発生の予知，危険・災害の未然防止がある．

(5) 平均故障間隔（MTBF）とは，システム，機器，部品等で発生する故障間の動作時間の平均値をいう．

問題 82 冷却塔と冷却水の維持管理に関する次の記述のうち，**最も不適当な**ものはどれか．

(1) 冷却塔に供給する水は，水道法第4条に規定する水質基準に適合していることが求められる．

(2) スケール防止剤，レジオネラ属菌の殺菌剤等を含有するパック剤は，冷却水中に薬剤が徐々に溶け出す加工がされていて，効果は約1年間持続する．

(3) 冷却塔及び冷却水は，使用開始時及び使用期間中の1ヵ月以内ごとに1回，定期に，汚れの状況を点検する．

(4) 連続ブローなどの冷却水濃縮管理は，スケール防止に有効である．

(5) 開放型冷却塔では，一般に循環水量の2％程度の補給水量を見込んでおく必要がある．

問題 83 音に関する次の記述のうち，**最も不適当な**ものはどれか．

(1) 音速は，波長を周波数で除して求められる．

(2) A特性音圧レベルとは，人間の聴覚の周波数特性を考慮した騒音の大きさを表す尺度である．

(3) 音に対する人間の感覚量は，音の強さの対数で表される．

(4) 純音の瞬時音圧は，単一の正弦関数で表される．

(5) 面音源であっても，音源から十分離れた場所では，点音源に対する減衰特性を示す．

問題 84　騒音と振動に関する次の記述のうち，**最も不適当な**ものはどれか．

(1)　道路交通振動に対する振動規制は，昼間より夜間の方が厳しい．

(2)　点音源の場合，音源までの距離が 10 倍になると，音圧レベルは約 20 dB 減衰する．

(3)　防振溝は，回折減衰効果を利用した振動対策の方法である．

(4)　対象騒音が暗騒音より 10 dB 以上大きい場合は，測定音を対象騒音と判断して良い．

(5)　不規則かつ大幅に変動する振動に対する振動規制法による規制基準は，最大の振動加速度レベルによって定められている．

問題 85　音圧レベル 70 dB の音源室と面積 10 m^2 の隔壁で仕切られた等価吸音面積（吸音力）20 m^2 の受音室の平均音圧レベルを 40 dB にしたい．このとき，隔壁の音響透過損失として確保すべき値に**最も近い**ものは次のうちどれか．

なお，音源室と受音室の音圧レベルには以下の関係がある．

$$L1 - L2 = TL + 10\log_{10}\frac{A2}{Sw}$$

ただし，$L1$，$L2$ は，音源室，受音室の平均音圧レベル［dB］，$A2$ は，受音室の等価吸音面積［m^2］，Sw は，音の透過する隔壁の面積［m^2］，TL は，隔壁の音響透過損失［dB］である．

ただし，$\log_{10}2 = 0.3010$，$\log_{10}3 = 0.4771$ とする．

(1)　24 dB

(2)　27 dB

(3)　30 dB

(4)　33 dB

(5)　43 dB

問題 86　振動と遮音に関する次の記述のうち，**最も不適当な**ものはどれか．

(1)　固体伝搬音問題には振動が関与する．

(2)　対象振動が正弦波の場合，振動加速度の実効値は，最大振幅の $\frac{1}{\sqrt{2}}$ で求められる．

(3)　コインシデンス効果が生じると，壁体の透過損失は増加する．

(4)　床仕上げ材は，柔らかくなるほど，軽量床衝撃音の減衰性能が向上する．

(5)　建物内で感じる道路交通による振動は，不規則で変動も大きい．

問題87 光・照明に関する次の記述のうち，**最も不適当な**ものはどれか．

(1) 光が当たった物体の境界面が平滑な場合，光は正反射して光沢となる．

(2) 建築化照明とは，照明器具を建築物の一部として天井，壁等に組み込んだ照明方式である．

(3) 間接昼光率は，室内反射率の影響を受ける．

(4) 天窓は，同じ面積の側窓より多くの光が得られる．

(5) 色温度が高くなると，光色は青→白→黄→赤と変わる．

問題88 各種光源の相対分光分布を下の図中に示している．**最も適当な**組合せは次のうちどれか．

	A		B		C
(1)	白熱電球	――	照明用 LED	――	北の青空光
(2)	白熱電球	――	北の青空光	――	照明用 LED
(3)	北の青空光	――	照明用 LED	――	白熱電球
(4)	北の青空光	――	白熱電球	――	照明用 LED
(5)	照明用 LED	――	白熱電球	――	北の青空光

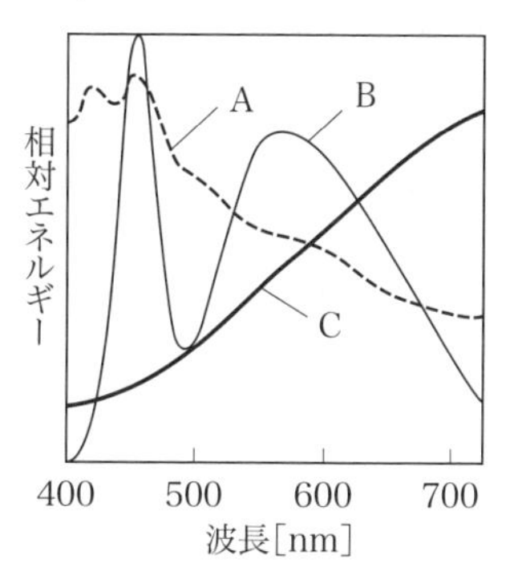

問題89 点光源直下 2.0 m の水平面照度が 300 lx である場合，点光源直下 3.0 m の水平面照度として，**最も近い**ものは次のうちどれか．

(1) 100 lx

(2) 130 lx

(3) 200 lx

(4) 450 lx

(5) 670 lx

問題90 光環境の保守に関する次の記述のうち，**最も不適当な**ものはどれか．

(1) 保守率は，照明施設をある期間使用した後の作業面上の平均照度と初期平均照度との比で表される．

(2) 周辺環境の清浄度が同じ場合，下面開放形の照明器具よりも，完全密閉形の照明器具の方が設計光束維持率が低い．

(3) 蛍光ランプは，白熱電球や HID ランプ（高輝度放電ランプ）と比べ，周辺温度による光束変動が大きい．

(4) 水銀ランプやメタルハライドランプの光束は，白熱電球や蛍光ランプ，高圧ナトリウムランプよりも点灯姿勢による影響を受けやすい．

(5) 照明器具の清掃間隔は，汚れによる照度低下によって損失する照明費をちょうど 1 回分の清掃費で相殺できる期間が，最も経済的な清掃間隔である．

2018年度（平成30年度）午後の問題

●出題科目●
建築物の構造概論
給水及び排水の管理
清　　掃
ねずみ，昆虫等の防除

問題 91　都市及び建築の熱環境に関する次の記述のうち，**最も不適当な**ものはどれか．

(1)　室温は，屋外の気温やその他の気候要素の影響を受けて時々刻々と変化する．

(2)　アルベドとは，任意の面に入射した日射量に対し，その面での反射した日射量の割合をいう．

(3)　温室効果とは，太陽光線が大気中の二酸化炭素などに吸収され，大気が温まることで地球上の気温が上昇することをいう．

(4)　熱容量の相異なる材料に，同一熱量をそれぞれ与えた場合，同じ容積なら熱容量の大きい方が温まりにくい．

(5)　水が蒸発すると，その蒸発面は気化熱が奪われ冷える．

問題 92　東京において，建築物の晴天日における日射･日照に関する次の記述のうち，**最も不適当な**ものはどれか．

(1)　夏至の日の日積算日射量は，南向き鉛直壁面よりも東・西向き鉛直壁面の方が多い．

(2)　冬至の日の日積算日射量は，南向き壁面よりも水平面の方が多い．

(3)　南向き鉛直壁面が受ける日積算日射量は，夏至の日よりも冬至の日の方が多い．

(4)　夏至の日の可照時間は，一年を通して最も長い．

(5)　夏至の日の正午における方位別日射受熱量は，水平面が他の鉛直壁面に比べて最も多い．

問題 93　建築物の意匠設計図面及び空気調和設備設計図面の平面記号に関する次の記述のうち，**最も不適当な**ものはどれか．

(1)　引違い戸は，　　　で表示される．

(2)　出入口一般は，　　　で表示される．

(3)　アネモ型吹出口は，　　　で表示される．

(4)　空調還気ダクトは，　—RA—　で表示される．

(5)　空調機は，　AC　で表示される．

問題 94 建築物の構造に関する次の記述のうち，**最も不適当な**ものはどれか．

⑴ 折板構造の応力は，主として面内力である．

⑵ トラス構造の部材に生じる応力は，曲げモーメントとせん断力である．

⑶ 壁式構造の組積式には，れんが造，補強コンクリートブロック造がある．

⑷ 空気膜構造は，膜面に張力を与えている．

⑸ 制振構造は，建物の揺れを制御し，低減しようとする構造である．

問題 95 鉄筋コンクリート構造とその材料に関する次の記述のうち，**最も不適当な**ものはどれか．

⑴ 柱の主筋は，4 本以上とする．

⑵ 直接土に接する壁において，鉄筋に対するコンクリートのかぶり厚さは，4 cm 以上としなければならない．

⑶ 一般の壁の厚さは，10 ～ 15 cm 程度である．

⑷ 梁(はり)せいは，梁断面の下面から上面までの高さをいう．

⑸ 柱の帯筋は，曲げモーメントに抵抗する．

問題 96 建築物の荷重又は構造力学に関する次の記述のうち，**最も不適当な**ものはどれか．

⑴ 床の構造計算をする場合，事務室の積載荷重は，住宅の居室の積載荷重より小さく設定されている．

⑵ 積雪荷重は，作用時間により常時荷重（長期）と非常時荷重（短期）に分類される．

⑶ 曲げモーメント荷重は，部材のある点を湾曲させようとする荷重をいう．

⑷ 単純支持形式において，部材の一端は回転端，もう一端は移動端で支持されている．

⑸ トラス構造の部材の接点は，ピン接点として取り扱われる．

問題 97 建築材料と部材の性質に関する次の記述のうち，**最も不適当な**ものはどれか．

⑴ コンクリートは，硬化時に収縮亀裂が生じやすい．

⑵ セメントペーストは，水とセメントを練り混ぜたものである．

⑶ 鋼材は，アルミニウム材料より熱を伝えやすい．

⑷ 床の仕上げ材には，耐摩耗性，防水性，防音性，踏み心地の良さ等が要求される．

⑸ コンクリートの水セメント比は，一般に 40 ～ 65 %程度である．

問題 98　建築材料と部材の性質に関する次の記述のうち，**最も不適当な**ものはどれか．

(1)　鉄鋼の線膨張係数は，コンクリートとほぼ等しい．

(2)　木材は，菌類発生に必要な養分，湿気，空気及び温度の 4 要素があると腐朽する．

(3)　下地材料は，構造躯体と仕上げの中間に用いられる．

(4)　カーテンウォールは，建築物の耐力壁として使用される．

(5)　レイタンスは，打設したコンクリートの硬化時に，石灰岩や骨材の微粒粉が表面に層状になったものである．

問題 99　建築生産に関する次の記述のうち，**最も不適当な**ものはどれか．

(1)　一般競争入札は，工事内容，入札条件等を公示して行われる．

(2)　建築工事の工程は，仮設，地業，躯体，仕上げの各工事に大別される．

(3)　建築工事において下請負業者の多くは，職別業者又は設備業者である．

(4)　建築生産は，注文生産，一品生産，現場生産の多いことが特徴である．

(5)　工事監理は，施工者が建築主の委託を受けて代行することが多い．

問題 100　建築物の電気設備に関する次の記述のうち，**最も不適当な**ものはどれか．

(1)　実効値 100 V の交流電圧は，ピーク時の電圧が約 140 V である．

(2)　受変電設備の容量は，建築物内部の電気設備の負荷合計に利用率を乗じて求める．

(3)　電線の配電距離が長くなると，電圧の低下を招くことがある．

(4)　磁束密度は，電流の強さとコイルの巻き数との積に比例する．

(5)　電気事業法に規定される電圧種別のうち特別高圧に区分されるのは，交流にあっては 600 V を超えるものである．

問題 101　建築設備に関する次の記述のうち，**最も不適当な**ものはどれか．

(1)　LP ガス容器は，一般に鋼板製のものが多い．

(2)　エスカレータの公称輸送能力は，定格速度と踏段幅により決定される．

(3)　受変電設備とは，電力会社から送電された電力を受電し，所定の電圧に下げて建物内で利用できるようにする設備である．

(4)　油圧式エレベータは汎用性が高く，中高層，超高層建築物に多用されている．

(5)　非常用エレベータの設置義務は，建築基準法により定められている．

問題 102　消防法施行令に定める消防の用に供する設備として，**該当しない**ものは次のうちどれか.

⑴　屋内消火栓設備
⑵　屋外消火栓設備
⑶　排煙設備
⑷　自動火災報知設備
⑸　誘導標識

問題 103　地震に関する次の記述のうち，**最も不適当な**ものはどれか.

⑴　気象庁震度階級は，地震の規模（大きさ）を表す表記である.
⑵　耐震診断は，建築物の耐震改修の促進に関する法律に定められている.
⑶　設備の耐震性能確保も，構造体と同様に重要である.
⑷　防災管理者は，当該建築物について地震の被害軽減のための自主検査を行う.
⑸　液状化現象は，埋立地や砂質地盤等で起こりやすい.

問題 104　建築基準法及び建築士法に関する次の記述のうち，**誤っている**ものはどれか.

⑴　仕様書は，設計図書に含まれる.
⑵　防火性能とは，建築物の周囲において発生する通常の火災による延焼を抑制するための外壁・軒裏に必要な性能である.
⑶　建築とは，建築物を新築し，増築し，改築し，又は移転することをいう.
⑷　一級建築士は，都道府県知事の免許を受けて得られる資格である.
⑸　特殊建築物には，安全，衛生，防災等に関して技術基準に基づく規制がかけられている.

問題 105　建築基準法及びその施行令に関する次の記述のうち，**誤っている**ものはどれか.

⑴　病院の病室は，非常用の照明装置の設置が免除される.
⑵　屋外階段は，主要構造部に含まれる.
⑶　基礎は，構造耐力上主要な部分である.
⑷　排水の配管設備は，腐食防止の措置を講ずることが定められている.
⑸　避難階は，傾斜地などに建築されている場合には，複数生ずることがある.

問題 106　給水及び排水の管理に関する用語とその単位との組合せとして，**最も不適当な**ものは次のうちどれか．

(1)　揚水ポンプの揚程 ――― m
(2)　水の比体積 ――― m^3/J
(3)　精密ろ過膜の有効径 ――― μm
(4)　塩化物イオン ――― mg/L
(5)　BOD 容積負荷 ――― $kg/(m^3$・日)

問題 107　給水及び排水の管理に関する用語の組合せとして，**最も不適当な**ものは次のうちどれか．

(1)　スカム ――― 排水槽で槽の表面に浮上した固形物が集まったもの
(2)　スライム障害 ――― バイオフィルムの形成
(3)　生物膜法 ――― 微生物が主要な構成要素となっている膜を利用して汚水を処理する方法
(4)　着色障害 ――― 給水配管材料の腐食などによる生成物が水に含まれ生じる現象
(5)　トリハロメタン ――― 無機物質と消毒用塩素が反応して生成される物質

問題 108　塩素消毒の効果に関する次の記述のうち，**最も不適当な**ものはどれか．

(1)　温度の影響を強く受け，温度が高くなるほど消毒速度は速くなる．
(2)　微生物表面の荷電状態は，消毒剤の細胞内への透過性に影響する．
(3)　懸濁物質が存在すると，その種類，大きさ，濃度等によって，消毒効果が低下する．
(4)　塩素消毒の効果を上げるためには，攪拌(かくはん)が重要である．
(5)　微生物を不活化するための消毒剤の濃度と接触時間の関係は比例する．

問題 109　取水施設に関する次の記述のうち，**最も不適当な**ものはどれか．

(1)　取水施設の位置の選定には，水量及び水質に対する配慮が必要である．
(2)　深層地下水は，地表からの汚染を受けにくく，水質が安定しているが，管の腐食を生ずることがある．
(3)　水源となる伏流水は，地表水に比較して，水量及び水質の変化が激しい．
(4)　深井戸の揚水中に砂の混入が多いときは，混入しない程度に揚水量を減らす．
(5)　集水埋渠(きょ)は，一般に多数の穴を開けた鉄筋コンクリート管を，伏流水が流れている場所に埋設したものである．

問題 110　塩素消毒の特徴に関する次の記述のうち，**最も不適当な**ものはどれか．

(1)　塩素剤の残留の確認と濃度の定量が容易である．

(2)　窒素化合物と反応すると，消毒効果が減少する．

(3)　酸性側で消毒効果が急減する．

(4)　災害など緊急時の使用に適している．

(5)　刺激臭を有するため，異臭味が生じる．

問題 111　給水設備に関する次の記述のうち，**最も不適当な**ものはどれか．

(1)　受水槽の容量は，一般に1日最大使用水量の50 %程度とする．

(2)　超高層集合住宅においてゾーニングする場合の圧力の上限値は，0.7 MPa とする．

(3)　FRP 製高置水槽は，槽内照度が100 lx 以上になると，光合成により藻類が増殖しやすい．

(4)　高置水槽へ送水する揚水ポンプの起動・停止は，高置水槽の水位で行う．

(5)　ポンプ直送方式で採用されるインバータ制御は，周波数を変えることで回転数を変化させている．

問題 112　給水設備に関する語句と数値との組合せとして，**最も不適当な**ものは次のうちどれか．

(1)　デパートにおける1日当たりの設計給水量 ―――― 15 ～ 30 L/m^2

(2)　ホテル客室部における1日当たりの設計給水量 ―― 350 ～ 450 L/床

(3)　事務所建築における1日当たりの設計給水量 ――― 60 ～ 100 L/人

(4)　小便器洗浄弁の最低必要水圧 ――――――――― 30 kPa

(5)　大便器洗浄弁の最低必要水圧 ――――――――― 70 kPa

問題 113　給水設備に関する次の記述のうち，**最も適当な**ものはどれか．

(1)　建築物の揺れ，地盤の不等（不同）沈下，配管の振動等による変位の吸収のために，ショックアブソーバを配管に取り付ける．

(2)　木製貯水槽は，断熱性能が低いため，結露対策が必要である．

(3)　ポンプ直送方式は，一般に下向き配管が採用される．

(4)　飲料用貯水槽の流入管は，波立ち防止を考慮して水没させることが望ましい．

(5)　鋼管に形成された腐食電池回路のアノード部とは，電池回路の電極が水中に流出する部分である．

問題 114　給水設備の機器・配管材料に関する次の記述のうち，**最も適当な**ものはどれか．

(1)　TIG 溶接は，不活性ガスの雰囲気中で，タングステン電極と溶接母材の間にアークを発生させて溶接する方法である．

(2)　ボール弁は，ボール状の弁体を回転させ，管軸と通路とが一致したときが全閉であり，それと 90°回転した状態が全開になる．

(3)　ステンレス鋼板製貯水槽は，液層部よりも気層部の方が腐食しにくい．

(4)　銅管は，銅イオンが水に浸出して白濁水を生じることがある．

(5)　架橋ポリエチレン管の接続方法は，一般に接着接合である．

問題 115　ウォータハンマの発生場所・影響・防止方法等に関する次の記述のうち，**最も不適当な**ものはどれか．

(1)　瞬間的に開閉できる水栓・弁類を使用する場所で発生しやすい．

(2)　揚水ポンプの吸込管（サクション）側に衝撃吸収式逆止弁を設ける．

(3)　配管・機器の振動，騒音の発生，配管の破損の原因になる．

(4)　配管内の圧力が高い場所で発生しやすい．

(5)　配管は極力まっすぐに配管し，むやみに曲折させてはならない．

問題 116　貯水槽清掃後の水質検査項目と基準との組合せとして，**最も不適当な**ものは次のうちどれか．

(1)　色度 ―――――――― 5 度以下

(2)　濁度 ―――――――― 3 度以下

(3)　臭気 ―――――――― 異常でないこと（消毒によるものを除く）

(4)　味 ――――――――― 異常でないこと（消毒によるものを除く）

(5)　残留塩素の含有率 ――― 遊離残留塩素 0.2 mg/L 以上

問題 117　建築物衛生法に基づく特定建築物の給水設備の保守管理に関する次の記述のうち，**最も不適当な**ものはどれか．

(1)　貯水槽清掃終了後の消毒には，有効塩素濃度 10 ～ 20 mg/L の次亜塩素酸ナトリウム溶液などの塩素剤を用いる．

(2)　防錆（せい）剤を使用する場合は，定常時においては 2 カ月以内ごとに 1 回，防錆剤の濃度を検査しなければならない．

(3)　残留塩素が不検出，又はその濃度変動が激しい場合には，一度吐水された水が，給水管へ逆流している可能性がある．

(4)　貯水槽は，点検を定期に行い，地震などで貯水槽の構造や水質に影響を与えるような事態が発生した場合には，速やかにその影響を点検する．

(5)　受水槽の水位制御の作動点検は，槽内のボールタップを手動で操作して行う．

問題 118　給湯設備に関する次の記述のうち，**最も不適当な**ものはどれか．

(1)　事務所の用途に使用する建築物において，給湯量の設計値は，30 L/(人・日)程度である．

(2)　ガス瞬間湯沸器の能力で1号とは，流量1 L/minを25 ℃上昇させる能力をいう．

(3)　中央式給湯設備の場合の給湯温度は，ピーク使用時においても55 ℃以上が望ましい．

(4)　ステンレス鋼管において単式の伸縮継手を用いる場合，設置間隔は20 m程度である．

(5)　貯蔵式湯沸器は，90 ℃以上の高温湯が得られ，飲用として利用される．

問題 119　循環配管の管長が80 m，循環配管からの単位長さ当たりの熱損失が50 W/mの給湯設備で給湯循環流量を算出した場合，その値として**最も近い**ものは次のうちどれか．ただし，次の算定式を用い，加熱装置における給湯温度と返湯温度の差を5 ℃とする．

$$Q = 0.0143 \times H_L \div \Delta t$$

ここで，Q：循環流量［L/min］

H_L：循環配管からの熱損失［W］

Δt：加熱装置における給湯温度と返湯温度との差［℃］

(1)　0.14 L/min

(2)　0.23 L/min

(3)　11 L/min

(4)　57 L/min

(5)　286 L/min

問題 120　給湯設備の省エネルギーに関する次の記述のうち，**最も不適当な**ものはどれか．

(1)　給湯温度を適切に管理する．

(2)　適切な制御方式を採用する．

(3)　配管経路の短縮，配管の断熱等に配慮し，放熱損失を低減した適切な配管とする．

(4)　混合水栓の使用を避け，湯と水は別々の水栓とする．

(5)　器具ごとに定流量弁を設置する．

問題 121　給湯設備に関する次の記述のうち，**最も不適当な**ものはどれか．

(1)　密閉式膨張水槽を設ける場合には，逃し弁も設けなければならない．

(2)　逃し管（膨張管）は，給湯設備の安全装置である．

(3)　銅管の線膨張係数は，ポリブテン管のそれより小さい．

(4)　循環ポンプの脈動による騒音・振動の発生対策としてサイレンサを設置する場合には，ポンプの流入側に設置する．

(5)　耐熱性硬質ポリ塩化ビニル管の許容圧力は，使用温度が高くなると低下する．

問題 122　給湯設備に関する次の記述のうち，**最も不適当な**ものはどれか．

(1)　リバースリターン方式を採用することは，湯を均等に循環させるには有効でない．

(2)　外部電源式電気防食では，犠牲陽極が消耗するため取り換えが必要である．

(3)　湯をポンプでくみ上げる場合，吸い上げることのできる高さは，温度が高いほど低くなる．

(4)　樹脂管を温度の高い湯に使用すると，塩素による劣化が生じやすい．

(5)　返湯管の管径は給湯循環ポンプの循環量から決定するが，一般には給湯管の管径の半分程度である．

問題 123　貯湯槽の保守管理に関する次の記述のうち，**最も不適当な**ものはどれか．

(1)　休止中の貯湯槽を再開するときには，点検・清掃を行い，設定温度になるまで加熱してから使用する．

(2)　SUS444 製の貯湯槽は，腐食を防止するために電気防食を施す．

(3)　定期に貯湯槽の外観検査を行い，漏れや周囲の配管の状態を確認する．

(4)　使用していない貯湯槽の水は，停滞水の防止のため抜いておく．

(5)　開放式の貯湯槽においては，外部からの汚染の経路となりやすいマンホールの気密性，オーバフロー管の防虫網の完全性を点検する．

問題 124　雑用水設備に関する次の記述のうち，**最も不適当な**ものはどれか．

(1)　個別循環方式の雑用水の利用により，下水道への負荷が軽減される．

(2)　雑用水槽へ飲料水を補給する場合は，吐水口空間を設けて給水する．

(3)　コンクリート製雑用水受水槽の内面は，合成樹脂防水モルタルなどで防水処理を行う．

(4)　雑用水の配管は，飲料水用配管と異なる色で塗装する．

(5)　建築物衛生法では，雑用水の水質基準項目として，COD が規定されている．

問題 125　排水再利用設備の単位装置の維持管理に関する次の記述のうち，**最も不適当な**ものはどれか．

⑴　スクリーンにおいては，汚物が堆積しないように適時除去する．

⑵　流量調整槽においては，ポンプなどの作動状況及び水位・流量を確認する．

⑶　活性炭処理装置においては，通水速度を適正に保持する．

⑷　凝集処理装置においては，空気供給量を適正に保持する．

⑸　ろ過装置においては，ろ材の洗浄が適切に行われていることを確認する．

問題 126　排水の水質項目に関する次の記述のうち，**最も不適当な**ものはどれか．

⑴　DO とは，水中に溶解している分子状の酸素である．

⑵　活性汚泥沈殿率（SV）は，活性汚泥の量や沈降性の指標として用いられる．

⑶　全窒素とは，有機性窒素，アンモニア性窒素，亜硝酸性窒素及び硝酸性窒素の総和である．

⑷　大腸菌群は，し尿中に多く含まれ，汚水処理の進行に伴いその数は減少する．

⑸　BOD は，水中の酸化可能性物質，主として有機物質が酸化剤によって酸化される際に消費される酸素量を表したものである．

問題 127　排水配管及び通気配管に関する次の記述のうち，**最も不適当な**ものはどれか．

⑴　通気立て管の上部は，最高位の衛生器具のあふれ縁から 150 mm 以上高い位置で，伸頂通気管に接続する．

⑵　排水横管に設置する通気管は，排水管断面の垂直中心線上部から 45° 以内の角度で取り出す．

⑶　飲料用貯水槽の間接排水管の排水口空間は，最小 150 mm とする．

⑷　排水立て管のオフセット部の上下 600 mm 以内には，排水横枝管を設けてはならない．

⑸　管径 125 mm の排水横管の最小勾配は，1/200 である．

問題 128　雨水設備に関する次の記述のうち，**最も不適当な**ものはどれか．

⑴　雨水浸透方式は，下水道への負荷の軽減や，地下水の涵（かん）養を図るために設ける．

⑵　雨水ますの流出管は，流入管よりも管底を 20 mm 程度下げて設置する．

⑶　雨水ますの底部には 100 mm 程度の泥だめを設け，土砂などが下水道へ流出することを防止する．

⑷　雨水排水管と合流式の敷地排水管を接続する場合は，トラップますを設け，ルーフドレンからの悪臭を防止する．

⑸　ルーフドレンのストレーナの開口面積は，それに接続する雨水排水管の 2 倍程度とする．

問題 129 排水通気設備に関する次の記述のうち，**最も不適当な**ものはどれか．

(1) 伸頂通気方式の排水横主管の水平曲りは，排水立て管の底部より 3 m 以内に設けてはならない．

(2) 排水ポンプは，排水槽の吸込みピットの壁面から 200 mm 以上離して設置する．

(3) 排水管への掃除口の設置間隔は，管径 100 mm 以下の場合には 15 m 以内とする．

(4) 排水トラップの脚断面積比（流出脚断面積／流入脚断面積）が，大きくなると封水強度は小さくなる．

(5) 敷地内排水設備における分流式排水方式は，汚水と雑排水を別々の系統で排水することをいう．

問題 130 排水通気設備に関する語句の組合せとして，**最も不適当な**ものは次のうちどれか．

(1) 特殊継手排水システム ――― 高層集合住宅へ適用

(2) 貯湯槽の排水管 ――― 排水口開放による間接排水

(3) 排水トラップの深さ ――― ディップからウェアまでの垂直距離

(4) 結合通気管 ――― 排水立て管内の圧力変動の緩和

(5) 排水鋼管用可とう継手 ――― 排水用硬質塩化ビニルライニング鋼管の接続

問題 131 排水通気設備に関する次の記述のうち，**最も不適当な**ものはどれか．

(1) ループ通気管は，排水横枝管に接続された最上流の器具排水管の上流の位置から立ち上げて，通気立て管へ接続する．

(2) 敷地排水管の直管が長い場合には，管内径の 120 倍を超えない範囲内に排水ますを設置する．

(3) 排水槽の底部のこう配面には，点検歩行を容易にするため階段を設ける．

(4) 排水管径が 100 mm 以下の掃除口の大きさは，排水管と同一径とする．

(5) 寒冷地における敷地排水管は，凍結深度より深く埋設する．

問題 132 排水通気設備に関する次の記述のうち，**最も不適当な**ものはどれか．

(1) ブランチ間隔が 3 以上で，ループ通気方式とする場合は，通気立て管を設置する．

(2) 即時排水型ビルピット設備は，排水槽の悪臭防止に有効である．

(3) 自然流下式の排水横管の勾配は，管内最小流速が 2.0 m/s となるように設ける．

(4) 間接排水管の配管長が，1,500 mm を超える場合は，悪臭防止のために機器・装置に近接してトラップを設ける．

(5) トラップが直接組み込まれていない阻集器には，その出口側にトラップを設ける．

問題 133 排水設備の清掃・診断に関する用語の組合せとして，**最も不適当な**ものは次のうちどれか．

⑴ ロッド法 ―――――――――――― 排水槽の清掃
⑵ 超音波厚さ計 ―――――――――― 排水管の腐食状況の診断
⑶ ワイヤ（スネークワイヤ）法 ――― グリースなどの固い付着物の除去
⑷ 内視鏡 ――――――――――――― 管内部の詰り具合の確認
⑸ 薬品洗浄 ――――――――――― 有機性付着物の除去

問題 134 排水通気設備の保守管理に関する次の記述のうち，**最も不適当な**ものはどれか．

⑴ 排水槽の清掃は，6カ月以内に1回行うことが建築物衛生管理基準で規定されている．
⑵ 水中ポンプのメカニカルシール部のオイルは，2年に1回程度交換する．
⑶ グリース阻集器は，1カ月に1回程度，槽内の底部，壁面等に付着したグリースや沈殿物を清掃する．
⑷ 排水ポンプは，1カ月に1回絶縁抵抗の測定を行い，1 MΩ 以上であることを確認する．
⑸ 高圧洗浄による排水管の清掃では，5～30 MPa の圧力の水を噴射させて洗浄する．

問題 135 大便器回りの故障の現象とその原因との組合せとして，**最も不適当な**ものは次のうちどれか．

	故障の現象	原因
⑴	便器と床面の間が濡れる	フランジ部シール材の取り付けが不良である．
⑵	汚物が満足に流れない	排水路に異物が詰まっている．
⑶	洗浄弁のハンドル部から漏水する	ハンドル押し棒部の取り付けナットがゆるんでいる．
⑷	少量の水が流れ放しである	洗浄弁のシート又はシートパッキンが損傷している．
⑸	吐水時間が短い	洗浄弁のピストンバルブのストレーナが詰まりかけている．

問題 136　衛生器具設備に関する次の記述のうち，**最も不適当な**ものはどれか．

(1)　節水機器を導入する場合は，給水器具からの吐水量の削減だけでなく，排水管内の流下特性などにも配慮する．

(2)　洗面器は，取り付け状態を 2 カ月に 1 回点検することが望ましい．

(3)　衛生器具設備をユニット化すると，防水処理工事や養生作業が軽減される．

(4)　JIS A 5207 では，節水 I 形の大便器の洗浄水量は 13 L 以下としている．

(5)　上質水供給設備の目的には，トリハロメタンなどの有害物質を取り除くことや，ミネラル成分の調整を行うことがある．

問題 137　浄化槽法に規定する放流水の水質の技術上の基準に示されている BOD の値として，**正しい**ものは次のうちどれか．

(1)　20 mg/L 以下

(2)　30 mg/L 以下

(3)　60 mg/L 以下

(4)　90 mg/L 以下

(5)　120 mg/L 以下

問題 138　含水率 98 %の汚泥 5 m^3 と，含水率 96 %の汚泥 15 m^3 を混合したときの含水率として，**最も近い**値は次のうちどれか．

(1)　96.0 %

(2)　96.5 %

(3)　97.0 %

(4)　97.5 %

(5)　98.0 %

問題 139　特殊設備に関する次の記述のうち，**最も不適当な**ものはどれか．

(1)　入浴設備において，浴槽からの循環水を消毒する場合には，消毒に用いる塩素系薬剤の投入口は，ろ過器から出た直後に設置する．

(2)　水景設備は，水の持つ親水機能や環境調整機能によって空間を演出するものである．

(3)　ちゅう房機器の具備すべき要件として，それに用いる材質は吸水性がなく，耐水性・耐食性を持つものとすることが挙げられる．

(4)　プールの循環ろ過にオーバフロー方式を採用する場合には，オーバフローに床の洗浄水が入らない構造とする．

(5)　入浴設備において，気泡発生装置，ジェット噴射装置等のエアロゾルを発生させる設備を設置する場合には，空気取入口から土ぼこりが入らないような構造とする．

問題 140　消火設備に関する語句とその説明との組合せとして，**最も不適当な**ものは次のうちどれか.

(1)　屋内消火栓設備 ――――― 初期発見段階での消火
(2)　泡消火設備 ――――――― 油火災を対象
(3)　連結送水管 ――――――― 公設消防隊の専用栓
(4)　不活性ガス消火設備 ――― 負触媒作用による消火
(5)　スプリンクラー設備 ――― 火災発生時に自動的に散水

問題 141　建築物における衛生的環境の維持管理について（平成 20 年 1 月 25 日健発第 0125001 号）に示された，建築物環境衛生維持管理要領に関する次の記述のうち，**最も不適当な**ものはどれか.

(1)　清掃の実施状況を定期に点検し，必要に応じ適切な措置を講じる.
(2)　洗剤や床維持剤は，利用者や清掃従事者等の健康及び環境に配慮したものを用いる.
(3)　天井等日常の清掃の及びにくい箇所などについて，1 年以内ごとに 1 回，定期に汚れの状況を点検し，必要に応じ，除じん，洗浄を行う.
(4)　清掃用資材の保管庫は，6 カ月以内ごとに 1 回，定期に点検する.
(5)　帳簿書類には，清掃，点検及び整備を実施した年月日，作業内容等を記載する.

問題 142　空気調和設備等の維持管理及び清掃等に係る技術上の基準（平成 15 年厚生労働省告示第 119 号）に関する次の記述のうち，**誤っている**ものはどれか.

(1)　カーペット類の洗浄後は，防汚剤を塗布する.
(2)　建築物内で発生する廃棄物の分別，収集，運搬及び貯留について，衛生的かつ効率的な方法により速やかに処理する.
(3)　床面の清掃について，日常における除じん作業のほか，床維持剤の塗布の状況を点検し，必要に応じ，再塗布等を行う.
(4)　廃棄物の処理設備は，定期に点検し，必要に応じ，補修，消毒を行う.
(5)　カーペット類に洗剤を使用する場合は，洗剤分が残留しないようにする.

問題 143　建築物清掃の作業計画に関する次の記述のうち，**最も適当な**ものはどれか.

(1)　廊下壁面のスポット洗浄は，定期清掃で実施する.
(2)　廊下壁面のスイッチ回りの洗剤拭きは，一般に日常清掃として実施する.
(3)　エレベータかご内部の除じんは，一般に定期清掃として実施する.
(4)　管理用区域は，一般の人が立ち入らないため，清掃は年 2 回程度実施する.
(5)　トイレ・洗面所の換気口の除じんは，日常清掃で実施する.

問題 144 建築物清掃の資機材倉庫に関する次の記述のうち，**最も不適当な**ものはどれか．

(1) 施錠できる構造とする．
(2) 適切な照明設備，換気設備を設け，資機材洗浄用の給排水設備を設ける．
(3) 建築物の規模・形態等により，エリアごとに資機材倉庫を設ける場合がある．
(4) 設置位置は，資機材の移動などが容易に行える場所とする．
(5) 濡れたモップなどが置かれる場合があるので，床や壁面を浸透性の建材にする．

問題 145 建築物清掃の品質評価に関する次の記述のうち，**最も不適当な**ものはどれか．

(1) 品質評価の年間計画に基づき，評価範囲，実施日，点検時間，点検経路等を決定し実施計画を作成する．
(2) 実施計画に従い，事前に作成した品質評価シートなどを活用して点検を実施する．
(3) 改善が必要と判断した場合は，評価者が清掃作業者に指示をする．
(4) 改善を指示した箇所について，指示どおりに改善されているか再点検し，その結果を基に再評価を実施する．
(5) 評価者は，業務に精通していることが望ましい．

問題 146 建築物清掃の品質評価と作業改善に関する次の記述のうち，**最も不適当な**ものはどれか．

(1) 清掃作業の精度を向上させることは，品質評価の目的の一つである．
(2) 仕様書，作業基準表に限定せず建築物全体が快適環境になっているかに着眼して改善点を見出す．
(3) 廃棄物処理における実態分析は，衛生的かつ安全で効率的かに着眼して行う．
(4) 評価方法には，測定機器（光沢度計など）を使用する検査と，目視などによる官能検査とがある．
(5) 品質の評価は清掃作業者の立場に立って実施する．

問題 147 ほこりや汚れの除去に関する次の記述のうち，**最も適当な**ものはどれか．

(1) おがくずを用いる方法は，ほこりを付着させる効果が小さい．
(2) ほこりは長期間放置した方が除去しやすい．
(3) 粘度の低い不乾性の鉱油などを布に含ませ，ほこりを除去する方法をダストコントロール法という．
(4) バキュームクリーニングでは，カーペットの織り目に入り込んだほこりや土砂は除去できない．
(5) ダストクロス法は，油分による床面への弊害が多い．

問題 148　建材の予防清掃に関する次の記述のうち，**最も不適当な**ものはどれか．

(1)　疎水性の建材には，油溶性物質が付着しやすい．

(2)　汚れは，平滑緻密な表面には付着しにくい．

(3)　耐水性のある建材は，清掃しやすいものが多い．

(4)　シール剤や床維持剤の塗布により，美観は向上するが，汚れの予防効果は得られない．

(5)　汚れが内部にしみ込みやすい建材は，汚れの除去に手間がかかる．

問題 149　ビルクリーニング用機械に関する次の記述のうち，**最も適当な**ものはどれか．

(1)　超高速バフ機の回転数は，毎分 150 ～ 300 回転である．

(2)　自動床洗浄機は，洗剤供給式床みがき機と，吸水式真空掃除機とを結合したものである．

(3)　凹凸のある床面は，研磨粒子が付着したパッドを付けて洗浄する．

(4)　樹脂皮膜の剥離は，床用パッドの青又は赤が使われる．

(5)　床面洗浄用ロボットの連続作業時間は，1 バッテリーで 30 ～ 60 分ほどである．

問題 150　カーペット清掃用機械に関する次の記述のうち，**最も不適当な**ものはどれか．

(1)　真空掃除機は，電動ファンによって機械内部に空気の低圧域を作り，ホースを通じてほこりを吸引する構造である．

(2)　床移動型のドライ式真空掃除機は，床を回転ブラシで掃きながら，ごみやほこりを吸引する構造である．

(3)　アップライト型真空掃除機は，カーペットのほこりを取るのに適する構造である．

(4)　エクストラクタは，ノズルから洗浄液を噴射して，直ちに吸引する構造である．

(5)　スチーム洗浄機は，高温の水蒸気で汚れを分解するため，水分が少なく仕上がりも柔らかい．

問題 151　清掃作業に使用する洗剤に関する次の記述のうち，**最も適当な**ものはどれか．

(1)　洗剤の助剤は，界面活性剤の表面張力を高めて洗浄力を向上させる．

(2)　アルカリ性の洗剤は，尿石や水垢(あか)等の除去に有効である．

(3)　アルカリ性の剥離剤は，清掃作業者の皮膚をおかす恐れがある．

(4)　樹脂床維持剤の皮膜手入れ用の表面洗剤は，よく泡立つように作られている．

(5)　洗剤は，高濃度で使用するほうがよい．

問題 152 硬性床材の特徴に関する次の記述のうち，**最も不適当な**ものはどれか．

(1) 大理石は，耐酸性，耐アルカリ性に乏しい．

(2) 花崗岩は，耐熱性に乏しい．

(3) コンクリートは，耐酸性に乏しい．

(4) テラゾは，耐酸性に優れる．

(5) セラミックタイルは，耐酸性，耐アルカリ性，耐摩耗性に優れる．

問題 153 弾性床材の特徴と維持管理に関する次の記述のうち，**最も不適当な**ものはどれか．

(1) 床維持剤の黒ずみが生じてきたら，床維持剤の剥離作業をし，再生させる．

(2) 塩化ビニルシートは，床維持剤の密着不良が起きやすい．

(3) 日常清掃では，ダストモップなどを用いて，土砂やほこりを除去する．

(4) スポットクリーニングでは，汚れが激しい箇所を部分的に洗浄し，床維持剤を塗布する．

(5) 塩化ビニルタイルは，アルカリ性洗剤に弱い．

問題 154 清掃作業におけるドライメンテナンスに関する次の記述のうち，**最も適当な**ものはどれか．

(1) ウェットメンテナンス法に比べ，作業の安全性に劣る．

(2) ウェットメンテナンス法に比べ，使用する資機材が多い．

(3) 床材への熱影響に注意が必要である．

(4) ドライバフ法は，研磨剤を含んだフロアパッドで磨き，光沢度を回復させる作業である．

(5) ドライバフ法で用いる床みがき機は，回転数が低いほど，光沢回復が簡単にできる．

問題 155 床以外の清掃作業に関する次の記述のうち，**最も不適当な**ものはどれか．

(1) 人の手による汚れは，化学繊維を使った製品（マイクロファイバークロスなど）を用いると除去しやすい．

(2) 階段の壁面は，他の場所より，ほこりの付着度合いが高い．

(3) トイレの清掃用具は，便器に使用するものと，洗面器に使用するものとは区別する．

(4) 湯沸室に使用する資機材は，湯沸室専用として，他の場所と区別する．

(5) ドア・エレベータスイッチ等は，冬期は夏期に比べ手垢(あか)が付きやすくなる．

問題 156　外装の清掃に関する次の記述のうち，**最も不適当な**ものはどれか．

(1)　金属製の外壁は，硬質ブラシでこすり洗いをする．

(2)　石材や陶磁器タイルの壁面は，徐々に汚れていくので，3～5年に1回程度の頻度で洗浄を行う．

(3)　海岸地帯の金属製の外壁は，年に3～4回程度の頻度で洗浄を行う．

(4)　臨海工業地帯の窓ガラスは，汚れが付きやすいので，月に1回程度の頻度で洗浄を行う．

(5)　自動窓拭き機は，洗剤又は水をガラス面に噴射して洗浄し，汚水をかき集め，真空吸引装置で回収する構造となっている．

問題 157　廃棄物の処理及び清掃に関する法律に関する次の文章の［　　］内に入る語句の組合せとして，**最も適当な**ものはどれか．

昭和45年の制定時に，従来の法律の衛生面から規定されていた汚物に加えて，［　ア　］の概念を追加して，廃棄物を定義し，産業廃棄物と一般廃棄物に分類するとともに，公衆衛生の向上に加え［　イ　］を法の目的に追加した．

	ア		イ
(1)	不要物	――	都市の健全な発達
(2)	不要物	――	生活環境の保全
(3)	固形状廃棄物	――	都市の健全な発達
(4)	液状廃棄物	――	生活環境の保全
(5)	液状廃棄物	――	都市の健全な発達

問題 158　3R（リデュース，リユース，リサイクル）を促進するための個別法に関する次の語句の組合せのうち，**最も不適当な**ものはどれか．

(1)	家電リサイクル法（特定家庭用機器再商品化法）	――	家庭用エアコン，テレビ（ブラウン管式，液晶式，プラズマ式），冷蔵庫・冷凍庫，洗濯機・衣類乾燥機の4品目
(2)	容器包装リサイクル法（容器包装に係る分別収集及び再商品化の促進等に関する法律）	――	空き缶，プラスチック等容器包装廃棄物
(3)	食品リサイクル法（食品循環資源の再生利用等の促進に関する法律）	――	食品関連事業者（食品の製造・加工・販売業者等）
(4)	小型家電リサイクル法（使用済小型電子機器等の再資源化の促進に関する法律）	――	携帯電話，デジタルカメラ，ゲーム機器等28品目
(5)	建設リサイクル法（建設工事に係る資材の再資源化等に関する法律）	――	環境負荷の少ない物品の調達の推進

問題 159　建築物内の事業活動に伴って排出される廃棄物の処理などに関する次の記述のうち，**最も不適当な**ものはどれか．

(1)　プラスチック類のうち再生利用されないものを一般廃棄物の許可業者に委託して処理する．

(2)　生ごみのうち再生利用されないものを一般廃棄物の許可業者に委託して処理する．

(3)　古紙は専ら再生利用の目的となるもので資源回収業者に委託して処理する．

(4)　し尿を含まない雑排水槽からのビルピット汚泥を産業廃棄物の許可業者に委託して処理する．

(5)　グリース阻集器で阻集される油分を産業廃棄物の許可業者に委託して処理する．

問題 160　産業廃棄物に関する次の記述のうち，**最も不適当な**ものはどれか．

(1)　建築物内に診療所がある場合，建築物の所有者は特別管理産業廃棄物管理責任者を置かなければならない．

(2)　爆発性，毒性，感染性その他の人の健康又は生活環境に被害を生ずるおそれのあるものは，特別管理産業廃棄物として規定されている．

(3)　排出事業者が自ら処理を行う場合，処理基準に従うことが必要である．

(4)　排出事業者が処理業者に委託して処理を行う場合，委託基準に従うことが必要である．

(5)　事業活動に伴って生じた廃棄物のうち，燃えがら，汚泥等 20 種類が産業廃棄物として定められている．

問題 161　一般廃棄物に関する次の記述のうち，**最も不適当な**ものはどれか．

(1)　市町村は，一般廃棄物処理計画に従い清掃事業として処理を行う．

(2)　ごみとし尿に分類され，ごみは家庭系ごみと事業系ごみに分類される．

(3)　ごみの分別とは，収集，運搬，リサイクル（再生利用），中間処理，最終処分が適切に行われるよう，発生・排出元であらかじめ区分することである．

(4)　中間処理方法としては，破砕・圧縮が最も多い．

(5)　ごみの排出量を排出形態別でみると，平成 28 年度において，家庭系ごみが約 70 %を占める．

問題 162　事務所建築物から雑芥（かい）が1日当たり5 m^3 排出されており，その質量は全廃棄物量の50 %を占めていた．いま，全廃棄物量の質量を1日当たり2.0トンとすれば，雑芥の容積質量値（kg/m^3）として**正しい**ものは，次のうちどれか．

(1)　10 kg/m^3

(2)　20 kg/m^3

(3)　100 kg/m^3

(4)　200 kg/m^3

(5)　800 kg/m^3

問題 163　建築物内廃棄物の中間処理に関する次の記述のうち，**最も不適当な**ものはどれか．

(1)　中間処理の目的は，廃棄物の減量化である．

(2)　建築物に導入されている設備は，比較的小規模なものが多い．

(3)　溶融固化装置は，ちゅう芥（かい）の処理に用いられる．

(4)　中間処理方法として，脱水がある．

(5)　プラスチックの中間処理方法として圧縮がある．

問題 164　建築物内廃棄物の保管場所に関する次の記述のうち，**最も不適当な**ものはどれか．

(1)　出入口には自動ドアを設ける．

(2)　床は傾きがないように水平にする．

(3)　ねずみ，昆虫等の誘引，侵入防止を図るため，防虫・防鼠（そ）構造とする．

(4)　壁面（腰壁）は，防水加工を施す．

(5)　分別，収集，保管が支障なく行えるよう，十分なスペースを確保する．

問題 165　産業廃棄物管理票制度（マニフェスト制度）に関する次の記述のうち，**最も不適当な**ものはどれか．

(1)　電子マニフェストは，紙マニフェストに代えて，通信ネットワークを使用して，排出事業者がその処理を委託した廃棄物の流れを管理する仕組みである．

(2)　紙マニフェストの場合，排出事業者は，委託時に収集運搬業者からA票を入手し，原本を保存する．

(3)　紙マニフェストの場合，収集運搬業者は，作業が終了すると排出事業者にB2票を返却する．

(4)　紙マニフェストの場合，最終処分場での処分が完了すると，収集運搬業者にE票が返却される．

(5)　紙マニフェストの場合，排出事業者は，D票が委託から90日を経過しても返却されない場合，委託事業者に対して処分の状態を問い合わせる．

問題 166　蚊に関する次の記述のうち，**最も不適当な**ものはどれか．

(1)　アカイエカは，羽化後，最初の産卵を無吸血で行うことができる．

(2)　コガタアカイエカの幼虫は，田んぼや湿地等の水域に発生する．

(3)　チカイエカは，北海道にも分布する．

(4)　ヒトスジシマカの幼虫の主な発生源として，道路や公園等に存在する雨水ますがある．

(5)　アカイエカとチカイエカの雌成虫は，外部形態で区別することは困難である．

問題 167　蚊の防除に関する次の記述のうち，**最も不適当な**ものはどれか．

(1)　昆虫成長制御剤（IGR）は，幼虫や蛹に対する速効的な致死効果が認められない．

(2)　浄化槽の殺虫剤処理後も成虫の発生数が減少しない場合は，薬剤抵抗性の発達を考慮する必要がある．

(3)　排水槽内に設置した粘着トラップで捕獲した蚊の数では，槽内の成虫密度を評価できない．

(4)　樹脂蒸散剤は，密閉性が保たれている空間では，1～3カ月間の効果が期待できる．

(5)　乳剤に含まれる界面活性剤や有機溶剤は，浄化槽内の浄化微生物に影響を及ぼす可能性がある．

問題 168　ゴキブリの生態に関する次の記述のうち，**最も不適当な**ものはどれか．

(1)　ゴキブリは，潜み場所として，暗く，暖かく，湿気が多く，狭く，餌や水場に近い所を好む．

(2)　ゴキブリの潜伏場所や歩く場所における排泄物による汚れのことを，ローチスポットという．

(3)　ゴキブリは，什器や壁等の縁や隅を好んで通る傾向が強い．

(4)　ゴキブリ指数とは，微量な薬剤のフラッシング効果により物陰から飛び出てくる数を指数化したものである．

(5)　ゴキブリは，幼虫，成虫ともに同じ場所で活動し，同じ食物を摂取する．

問題 169　ゴキブリの防除に関する次の記述のうち，**最も不適当な**ものはどれか．

(1)　残留処理に用いられる薬剤には，ダイアジノンやフェニトロチオン等の乳剤がある．

(2)　発生防止対策としては，食べ物の管理と環境の整備が重要である．

(3)　ULV 処理では，ピレスロイド剤を有効成分とする専用の水性乳剤が用いられる．

(4)　毒餌処理に用いられる薬剤には，ホウ酸やヒドラメチルノン等を有効成分とした製剤がある．

(5)　空間処理は，ゴキブリがよく徘徊する通路，壁面等に薬剤を処理し，残渣に触れさせる方法である．

問題 170　ダニに関する次の記述のうち，**最も不適当な**ものはどれか．

(1)　ヒゼンダニによる角化型疥癬（かいせん）は，感染性が非常に高いことが知られている．

(2)　イエダニは，スズメやムクドリ等の野鳥によって運び込まれる場合が多い．

(3)　コナダニ類の防除対策は，ツメダニ類の対策としても重要である．

(4)　カベアナタカラダニは建築物の外壁を多数歩き回り不快感を与えるが，ヒトを加害することはない．

(5)　マダニ類対策として，野外活動時における忌避剤の使用も有効である．

問題 171　害虫に関する次の記述のうち，**最も不適当な**ものはどれか．

(1)　コガタアカイエカの性フェロモンを用いた誘引トラップがある．

(2)　アルゼンチンアリは，砂糖，花の蜜，果物等を好む．

(3)　ヒラタキクイムシ類による被害は，針葉樹材を使用すれば発生しない．

(4)　クサギカメムシの越冬侵入に対しては，侵入場所となる窓枠などにシフェノトリンを処理すると侵入防止効果がある．

(5)　ノシメマダラメイガは，貯穀害虫である．

問題 172　殺虫剤やその剤型に関する次の記述のうち，**最も不適当な**ものはどれか．

(1)　有機リン剤を有効成分とするマイクロカプセル（MC）剤がある．

(2)　乳剤は，水で希釈すると白濁（乳濁化）する．

(3)　ピレスロイド剤によりノックダウンした虫は，蘇（そ）生する場合がある．

(4)　フィプロニルを有効成分とするゴキブリ用の食毒剤がある．

(5)　ジクロルボスは，残効性が高い殺虫剤である．

問題 173　ねずみの生態に関する次の記述のうち，**最も不適当な**ものはどれか．

(1)　ねずみ類は，高圧変電器を避けることはなく，停電の原因となることがある．

(2)　ドブネズミは，クマネズミに比べて運動能力に優れ，垂直な壁を登り屋内に侵入する．

(3)　ドブネズミは，屋外の植え込みの巣穴や下水道内部に生息している．

(4)　クマネズミは，ドブネズミより警戒心が強く，毒餌やトラップによる防除が難しい．

(5)　ハツカネズミは，好奇心が旺盛で，トラップにかかりやすい．

問題 174　ねずみの防除に関する次の記述のうち，**最も不適当な**ものはどれか．

(1)　殺鼠（そ）剤は，経口的な取り込みにより効果が発揮される．

(2)　侵入を防ぐために，通風口や換気口の金属格子の目の幅は 1 cm 以下にする．

(3)　第 1 世代の抗凝血性殺鼠剤であるフマリンは，速効性である．

(4)　カプサイシンは，ケーブルなどのかじり防止の目的で使用される．

(5)　防除の基本は，餌を絶つこと，巣を作らせないこと，及び通路を遮断することである．

問題 175　殺鼠(そ)剤やその剤型に関する次の記述のうち，**最も不適当な**ものはどれか．

(1)　ジフェチアロールは，ワルファリンに対する抵抗性を獲得したネズミに対しても有効である．

(2)　クマテトラリルは，第2世代の抗凝血性殺鼠剤である．

(3)　シリロシドは，急性殺鼠剤である．

(4)　粉剤は，餌材料にまぶして毒餌を作製するのに使用することができる．

(5)　ブロマジオロン製剤は，建築物衛生法に基づく特定建築物内では使用できない．

問題 176　疾病と衛生害虫との組合せとして，**最も不適当な**ものは次のうちどれか．

(1)　ライム病 ―――――――――― マダニ類

(2)　日本脳炎 ―――――――――― コガタアカイエカ

(3)　マラリア ―――――――――― ハマダラカ類

(4)　デング熱 ―――――――――― チカイエカ

(5)　アナフィラキシーショック ――― スズメバチ類

問題 177　殺虫・殺鼠(そ)剤の毒性や安全性に関する次の記述のうち，**最も不適当な**ものはどれか．

(1)　ヒトや動物に対する LD_{50} 値が小さいほど，その薬剤の安全性は確保されやすい．

(2)　薬剤のヒトや動物に対する安全性は，毒性の強弱，摂取量，摂取期間等によって決まる．

(3)　害虫の種類が同じでも，幼虫と成虫により薬剤感受性が異なる場合がある．

(4)　殺鼠剤の有効成分の濃度は低く抑えられているので，ヒトとネズミの体重差から誤食による人体への影響は少ない．

(5)　衛生害虫用殺虫剤は医薬品，医療機器等の品質，有効性及び安全性の確保等に関する法律の規制に基づき，安全性，薬理，効力等の資料の審査により承認される．

問題 178　防虫・防鼠(そ)構造や防除に用いる機器に関する次の記述のうち，**最も適当な**ものはどれか．

(1)　室内灯の光源の色は，昆虫に対する誘引性とは無関係である．

(2)　超音波防鼠機は，同じ周波数の超音波を流し続けても，ネズミが慣れることはない．

(3)　食品を取扱う場所の上には電撃式殺虫機を設置するとよい．

(4)　噴射できる薬剤の粒径は，噴霧機，ミスト機，煙霧機の順に大きくなる．

(5)　通常20メッシュより細かい網目であれば，カ，コバエ等，多くの昆虫の侵入を防止できる．

問題 179　建築物衛生法に基づく特定建築物内のねずみ等の防除に関する次の記述のうち，**最も不適当な**ものはどれか．

(1)　トラップによる捕獲調査を行った場合，1日1トラップ当たりの平均捕獲数を捕獲指数として算出しておく．

(2)　ベクターコントロールとは，感染症の媒介を断つための手段として行うねずみ等の防除である．

(3)　ねずみ等の防除を行う際は，必要に応じて薬剤を使用する．

(4)　ねずみ等に対する対策を行った場合，有害生物の密度調査などによって，その効果について客観性のある評価を行う．

(5)　防除は，発生予防対策より発生時対策に重点を置いて実施する．

問題 180　害虫や薬剤に関する次の記述のうち，**最も不適当な**ものはどれか．

(1)　殺虫剤抵抗性は，同一の殺虫剤が繰り返し使用されることによる淘(とう)汰によって発達する．

(2)　昆虫等に対する不快感の程度は，第三者による客観的な判断が困難である．

(3)　昆虫成長制御剤（IGR）による羽化阻害の効力は，KT_{50} で評価される．

(4)　建築物内に発生する昆虫などが喘(ぜん)息のアレルゲンになることがある．

(5)　吸血害虫の中には，幼虫，雌・雄成虫ともに吸血する種類がある．

2018年度（平成30年度）午前の解答・解説

※ 解説中の「-」付きの -(1)～ -(5)は，問題の選択肢文(1)～(5)を示しています．
※ 解説中 2022-3 などの表示は関連問題 2022 年問題 3 を示しています．

建築物衛生行政概論
問題 1～問題 20

問題 1　正解　(2)・・・・・・・・・・頻出度 A

ナイチンゲール（1820 ～ 1910 英）の看護思想（ヒポクラテスの「瘴（しょう）気論」に基礎を置く）は公衆衛生概念の確立以前に止まる．公衆衛生の概念は，ナイチンゲールが活躍した時代より少し遅れて，感染症成立の 3 大要因（感染源，感染経路，宿主の感受性）が明らかになるにつれて確立，定義されていった．

問題 2　正解　(4)・・・・・・・・・・頻出度 A A A

製品試験研究所は自然科学系の研究所とみなすことができるので，特定建築物の用途（特定用途）に該当しない．

2022-3

問題 3　正解　(1)・・・・・・・・・・頻出度 A A A

共用部分は，「特定用途に付随する部分」として特定用途に合算する．

2022-5

問題 4　正解　(1)・・・・・・・・・・頻出度 A A

昭和 45 年の法律制定時から，届出先は都道府県知事（保健所を設置する市にあっては，市長）であった．

2022-4

問題 5　正解　(3)・・・・・・・・・・頻出度 A A A

特定建築物の建築確認済の日付は届出事項に含まれていない．

2022-6

問題 6　正解　(2)・・・・・・・・・・頻出度 A A A

-(2)が正しい．相対湿度の管理基準値は，40 %以上 70 %以下である．

2022-7

問題 7　正解　(5)・・・・・・・・・・頻出度 A A A

気流は，0.2 m/s 以上の気流を測定することができる風速計で計測する．

2022-7

問題 8　正解　(2)・・・・・・・・・・頻出度 A A

-(2)の説明には一酸化炭素が該当する．

問題 9　正解　(4)・・・・・・・・・・頻出度 A A A

-(4)が正しい．冷却塔および加湿装置に供給する水を水道法第 4 条に規定する水質基準に適合させる．

2021-83

問題 10　正解　(5)・・・・・・・・頻出度 A A A

建築物環境衛生管理技術者の免状によって監督者になれるのは，空気調和用ダクト清掃作業，飲料水貯水槽清掃業，排水管清掃作業，実施者になれるのが空気環境測定業である（**共通資料 2** 参照）．

問題 11　正解　(3)・・・・・・・・頻出度 A A A

業界団体が料金の統一を図ることをカルテルといい，独禁法違反で 5 年以下の懲役または 500 万円以下の罰金を課される．

指定団体の業務として登録業者への「業務改善命令」が出題されることがあるが，そのような規定もない．

2022-2

問題 12　正解　(3) ・・・・・・・ **頻出度** A A A

公共建築物に対しては，立入検査の代わりに「必要な説明，または資料の提出を求める」ことができる．

2020-11

問題 13　正解　(1) ・・・・・・・ **頻出度** A A A

環境衛生監視員－人の健康－維持管理権原者が正しい．

2021-13

問題 14　正解　(5) ・・・・・・・ **頻出度** A A A

「労働」と付くと，地方自治体の機関である保健所ではなくて，国の機関である労働基準監督署や都道府県労働局の管轄となる．

2020-13

問題 15　正解　(1) ・・・・・・・ **頻出度** A A A

-(1)は，正しくは，「銅，鉄，弗(ふっ)素，フェノールその他の物質をその許容量をこえて含まないこと」．

水質基準の省令（**共通資料 1**）で，「検出されないこと」とされているのは大腸菌だけである．

問題 16　正解　(4) ・・・・・・・ **頻出度** A A A

公共下水道の設置，改築，修繕，維持その他の管理は，原則市町村が行う．ただし，都道府県は，2 以上の市町村が受益し，かつ，関係市町村のみでは設置することが困難であると認められる場合においては，関係市町村と協議して，当該公共下水道の設置，改築，修繕，維持その他の管理を行うことができる．（下水道法第 3 条）

2022-16

問題 17　正解　(3) ・・・・・・・ **頻出度** A A A

興行場は，暗幕で覆うぐらいだから採光は要らない，人いきれで保温も要らないので -(3)となる．

2022-17

問題 18　正解　(4) ・・・・・・・ **頻出度** A A A

届出制の法律は，理容師法，美容師法，クリーニング業法である．

2022-17

問題 19　正解　(2) ・・・・・・・ **頻出度** A A A

「労働」と付くので，地方自治体の機関である保健所の出る幕はない．

常時 50 人以上の労働者を使用する事業者は，定期健康診断を行なったときは，定期健康診断結果報告書を労働基準監督署長に提出しなければならない（労働安全衛生規則）．

2021-20

問題 20　正解　(2) ・・・・・・・ **頻出度** A A A

建築物の環境衛生上の維持管理を行うことを定めているのは，ビル管理法である．建築基準法は，建築物の敷地，構造，設備および用途に関する最低の基準を定めている．その中で建築物における衛生についても規制しているが，その内容が不十分だったため，建築物の衛生設備や空調設備の維持管理に多くの問題が発生した．その反省にたって成立したのがビル管理法である．

2021-3

建築物の環境衛生
問題 21～問題 45

問題 21　正解　(5) ・・・・・・・ **頻出度** A

環境基本法は，地球環境保全にも触れているが，同法の環境基準はあくまでも国内向け基準である．

-(1)　政府は，大気の汚染，水質の汚濁，土壌の汚染及び騒音に係る環境上の条件について，それぞれ，人の健康を保護し，及び生活環境を保全する上で維持されることが望ましい基準を定めるものとする（第16条）．

-(2)～-(4)　環境基準の設定のための科学的判断基準として，環境省は①実験室内での動物実験等の生物的研究，②汚染度の異なる地域についての生理学的機能の変化，罹（り）患状況等の疫学調査，③経験的に証明されている有害濃度，労働衛生上の許容濃度を基礎とした安全度の検討，を環境基本法の解説書の中で挙げている．

問題 22　正解　(3) ・・・・・・・**頻出度** A A □

のこぎりをひくは，230 W/m² の高代謝率である．中程度代謝率に分類されるのは，釘打ち，草むしりなど．（**22-1表**参照）．

問題 23　正解　(2) ・・・・・・・**頻出度** A A A

冬期の集宅内の温度を測定した調査によると，高齢者の居住する部屋の室温は若年者と比較して低い場合が多い．

高齢者は身体活動が少なく，また代謝量も少ないため，若年者より暖かい室温を好むとされているのにもかかわらず居住する室温が低い原因は，皮膚の冷点，痛点が減少しているために寒さを感じにくくなっていることが一因であると考えられる．このため，低体温症（深部体温35 ℃未満）になりやすく，呼吸器系の疾患を罹患しやすい．

問題 24　正解　(4) ・・・・・・・**頻出度** A A A

熱けいれんは，発汗の後に大量の水分を摂取して，低ナトリウム血症（塩分濃度の低下）による筋肉のけいれんが起こった状態である．

2021-26

問題 25　正解　(2) ・・・・・・・**頻出度** A A A

-(2)のア・ウ・エが適当である．

イの気流は0.15 m/s 以下に保つ（ビル管理法の環境衛生管理基準は0.5 m/s 以下であるが，冬季0.5 m/s 付近では寒さのクレームにつながることがある）．ASHRAE（アメリカ暖房冷凍空調学会）

22-1 表　作業の平均代謝率

区分	平均代謝率※	作業例
1　安静	65 W/m²	（安静）
2　低代謝率	100 W/m²	楽な座位での軽い手作業（書く，タイピングなど） 普通の状態での車の運転 速さ3.5 km/h の歩き
3　中程度代謝率	165 W/m²	釘打ち トラックのオフロード操縦 草むしり 3.5 ～ 5.5 km/h の歩き
4　高代謝率	230 W/m²	のこぎりを使う，シャベルを使う 草刈り 5.5 ～ 7 km/h で歩く
5　極高代謝率	290 W/m²	斧を振るう，激しくシャベルで掘る 階段を登る，走る，7 km/h より速く歩く

※　平均代謝率：単位体表面積当たり

が 0.15 m/s 以下を推奨している．

ISO（国際標準化機構）では足部の温度を頭部より 3 ℃以上低くしないように推奨している．

ウォームビズによる暖房温度 1 ℃の低下は，クールビズの冷房温度 1 ℃上昇よりもエネルギー削減効果が大きいことが期待できる．

低湿度では，鼻や喉の粘膜が乾燥しインフルエンザウイルス等に感染しやすくなる．低湿度は気管支喘息などのアレルギー性疾患の増悪因子である．

問題 26　正解　(3) ・・・・・・・ **頻出度** A A A

シックビル症候群の症状は，いわゆる不定愁訴であって，特異的な症状がないことが特徴である．

2021-30

問題 27　正解　(1) ・・・・・・・ **頻出度** A A A

ジカウイルス感染症は蚊（ヒトスジシマカ，ネッタイシマカ）によって媒介される感染症である．室内の空気汚染とは関係がない．

2022-44

問題 28　正解　(4) ・・・・・・・ **頻出度** A A A

ホルムアルデヒドは水やアルコール等に溶けやすく，35 ～ 38 %水溶液はホルマリンと呼ばれている．

2022-56

問題 29　正解　(3) ・・・・・・・ **頻出度** A A A

喫煙者が吸うたばこ煙を主流煙というのに対し，たばこから立ち上る煙を副流煙という．

本人の意思に反して副流煙を吸わされることを受動喫煙という．

-(1)　肺気腫と慢性気管支炎の二つを慢性閉塞性肺疾患（COPD）といい，別名たばこ病といわれる 2022-32.

-(5)　多くの（ほとんどの）有害物質は副流煙の方が多い 2021-31.

問題 30　正解　(4)※ ・・・・・・ **頻出度** A A A

※　2022 年 4 月のビル管理法施行規則の改正により，一酸化炭素の含有率は 6 ppm 以下に一本化された（それ以前は原則 10 ppm 以下で，外気濃度が高い場合などは 20 ppm 以下とされていた）．

2022-7

問題 31　正解　(2) ・・・・・・・ **頻出度** A A A

二酸化炭素の濃度は，産業革命前（1750 年頃）の 278 ppm から 415.7 ppm（2021 年）と 49 %増加している．

人の呼気には 4 %（40 000 ppm）程度含まれている（これも頻出）．

2022-31

問題 32　正解　(2) ・・・・・・・ **頻出度** A A A

一過性聴力閾（いき）値低下→一過性聴力閾値上昇（大きな音でないと聞こえない）が正しい．

2021-33

問題 33　正解　(4) ・・・・・・・ **頻出度** A A A

目の奥の網膜の中心窩（か）を中心として 600 万個の錐体細胞が分布し，その他の周辺部を 1 億 2 500 万個の杆（かん）体細胞が占めている．

2022-36

問題 34　正解　(5) ・・・・・・・ **頻出度** A A A

書類やキーボード面の照度は 300 lx 以上とする．

-(2)「情報機器作業における労働衛生管理のためのガイドライン」の改正により，同ガイドラインからは「ディスプレイ画面上における照度は 500 ルクス以下」は削除された．

2022-37

問題 35　正解　(1) ・・・・・・・ 頻出度 AAA

赤外線は紫外線より皮膚透過性が大きく，その影響は身体内部まで及ぶ．皮膚の表皮直下の乳頭層の血管を拡張し血流を盛んにする一方，血液は加温され，全身を温め代謝を高める．波長 1 400 nm 以下は皮膚透過性が最も大きく深部で熱となって体内の代謝を高める．また，頭蓋骨を透過して脳を加温し熱中症（熱射病）の原因になる．

2022-39

問題 36　正解　(3) ・・・・・・・ 頻出度 AAA

電子レンジのマグネトロンの発振周波数は 2 450 MHz の極超短波（UHF）と国際的に決められている．

2022-38

問題 37　正解　(2) ・・・・・・・ 頻出度 AAA

不妊が早期影響である．

2021-38

問題 38　正解　(3) ・・・・・・・ 頻出度 AAA

体内の体重当たり水分量は女性の方が少ない．

2022-40

問題 39　正解　(2) ・・・・・・・ 頻出度 AAA

麻しん（はしか）の感染経路は空気感染，飛沫感染，接触感染と多彩で，感染力は非常に強いが，水系感染症（消化器感染症）ではない．

2022-44，2020-41

問題 40　正解　(5) ・・・・・・・ 頻出度 AAA

ヒ素の，人に対する発がん性が確認されている．

2022-41

問題 41　正解　(4) ・・・・・・・ 頻出度 AAA

クリプトスポリジウム症とマラリアの病原体が原虫である．

2019-41

問題 42　正解　(2) ・・・・・・・ 頻出度 AAA

三類感染症は全て消化器感染症なので，コレラが該当する．他は全て四類感染症である（**共通資料 3** 参照）．

問題 43　正解　(2) ・・・・・・・ 頻出度 AAA

レジオネラ属菌は，自然界の土壌と淡水に生息するグラム陰性の桿（かん）菌（細長い棒状の細菌）で，一般に 20 ～ 50 ℃で繁殖し，36 ℃前後で最も繁殖する．河川や土壌中などの自然環境に生息している．普通室内環境には存在しない．

レジオネラ症は感染症法で四類感染症に指定されている．

レジオネラ症は間接伝播（空気感染）する感染症で，肺炎型と非肺炎型の二つの病型がある．

レジオネラ症は，主として冷却塔，循環式浴槽に供した水を介して感染する．感染経路として汚染水のエアロゾルの吸入のほか，汚染水の吸引，嚥下・経口感染等が考えられている．

レジオネラ症はかつて在郷軍人病といわれ，日和見感染で罹患するのは乳幼児や高齢者など比較的体力のない人が感染する危険性が大きい．

レジオネラ症予防のためには，人工環境水中のレジオネラ属菌をできる限り少なくすることが重要である．対策としては清掃消毒ならびに給湯設備においては常時湯温を 55 ℃以上に保つことによって菌数を検出限界（10CFU※/100 mL）以下とすることを目標とする．空気調和設備の冷却塔の清掃も対策の一つである．

※　CFU：Colony Forming Unit（菌集落数）の略

問題 44　正解　(5) ・・・・・・・ 頻出度 AAA

消毒用エタノールは，芽胞および一部

のウイルスに効果がない．

2022-45

問題 45　正解　(5) ・・・・・・・ 頻出度 A A A

正味の次亜塩素酸ナトリウムの量は，

16 mL × 5 % = 0.8 mL

これは 800 mg とみなしてよい．希釈する水の量は，これを濃度 20 mg/L で割って，

800 ÷ 20 = 40 L

空気環境の調整
問題 46〜問題 90

問題 46　正解　(1) ・・・・・・・ 頻出度 A A A

比エンタルピーの単位，正確には単位記号は，[J/kg(DA)]，[kJ/kg(DA)] である．

比エンタルピーとは，乾き空気 1 kg 当たりの湿り空気のもっている熱量（顕熱＋潜熱）のことで，乾球温度 0 ℃の乾き空気の比エンタルピーを 0 J/kg(DA) とする．

単位については，**共通資料 4** 参照．

問題 47　正解　(1) ・・・・・・・ 頻出度 A A A

この手の問題では，ウイルスが一番小さいものを選んでおけばよい．

2022-59

問題 48　正解　(4) ・・・・・・・ 頻出度 A A A

この壁 1 m^2 当たりの貫流熱量は，

熱貫流率 × 内外温度差

= 4 W/(m^2・K) × (24 ℃ − 4 ℃)

= 80 W/m^2

室内側の熱伝達量

= 熱伝達率 ×(室内温度 − 壁表面温度)

である．

貫流熱量 = 熱伝達量であるから，

80 W/m^2 = 10 W/(m^2・K)

× (24 ℃ − 壁表面温度)

(24 ℃ − 壁表面温度)

= 80 W/m^2 ÷ 10 W/(m^2・K) = 8 K（8 ℃）

壁表面温度 = 24 ℃ − 8 ℃ = 16 ℃

2020-48

問題 49　正解　(4) ・・・・・・・ 頻出度 A A A

定常状態の熱貫流量

= 熱貫流率 × 内外温度差 × 壁面積

= 1.25 W/(m^2・K) × 25 ℃ ×(16 m^2 × 5 面)

= 2 500 W

2020-48

問題 50　正解　(2) ・・・・・・・ 頻出度 A A A

絶対湿度とは，湿り空気中の乾燥空気（DA：Dry Air）の質量 1 kg 当たりの水蒸気の質量である．単位はそのことを表して，[kg/kg(DA)] である．

2022-47

問題 51　正解　(2) ・・・・・・・ 頻出度 A A A

流体の速度を v [m/s] とすると，ベルヌーイの定理から，

$$動圧 = \frac{1}{2}\rho v^2 = \frac{1}{2} \times 1.2 \times 4.0^2$$

$$= 0.6 \times 16 = 9.6 \text{ Pa}$$

2022-52

問題 52　正解　(2) ・・・・・・・ 頻出度 A A A

直線ダクトの圧力損失は，2 乗とかではなくて，ダクトの長さにそのまま比例する．

2020-49

問題 53　正解　(3) ・・・・・・・ 頻出度 A A A

自由噴流は，吹き出した位置の近くに吹出し方向と平行な天井や壁などがあると，到達距離が長くなる（その極端な場合がダクトである）．

2020-51

-(5)　置換換気 2022-54．

問題 54　正解　(3) ・・・・・・・ 頻出度 A A A

ホルムアルデヒドの室内発生源は主に建材である．コピー機やレーザプリンタ

は内部で高電圧のアーク放電を利用しているので，その紫外線によりオゾンの発生源となることがある．

2022-56, 2022-55

問題 55　正解　(2) ・・・・・・・ 頻出度 A A A

電気集じん機は粒子状物質の除去に用いられる．ガス除去には，吸着剤フィルタ（活性炭，シリカゲル，アルミナゲル等）が用いられる．

2022-75

-(1)　換気の効率を表す指標には，空気交換効率と局所空気交換率がある 2021-52．

問題 56　正解　(1) ・・・・・・・ 頻出度 A A A

ウイルスは他の生物の細胞内でしか増殖できない．結露水中で増殖するのは真菌類（カビ）である．

2021-58

-(3)，-(4)，-(5)について 2022-58．

問題 57　正解　(3) ・・・・・・・ 頻出度 A A

ウの比容積は分かりやすいが，アとイで迷う．子細に湿り空気線図（h–x 線図）を観察すると，同じように見える湿球温度線と比エンタルピー線の勾配は，微妙に異なる．低温域では湿球温度の勾配 < 比エンタルピーの勾配であるが，問題の状態点 A 辺りでは，明らかに湿球温度 > 比エンタルピーである．これは，A 点辺りでは絶対湿度が上昇するとき，湿球温度を一定に保つにはわずかながら加熱を必要とすることを意味する．

2022-47

問題 58　正解　(3) ・・・・・・・ 頻出度 A A A

送風機によって空気はかき混ぜられて少し温まるが，暖房時は安全側なので無視してよい．

2022-61

問題 59　正解　(1)，(3)※ ・・ 頻出度 A A A

※　試験実施者から正答一覧が発表された際に，印刷誤字のため 1 と 3 を正解としたと付記された（(1)顕熱比のところ，顕熱化となっていた）．

ブリージングは建築構造に出てくる用語で，コンクリート打設後水分がコンクリートの表面に浮き出すことをいう．

-(1)　顕熱比，-(2)　熱水分比，-(4)　コンタクトファクタ 2021-62．

-(5)　混合損失 2022-60．

問題 60　正解　(4) ・・・・・・・ 頻出度 A A A

吸収除湿では，吸収熱により温度は上昇する．

2022-62

問題 61　正解　(3) ・・・・・・・ 頻出度 A A A

-(3)は，「変風量単一ダクト方式」－「VAV」，または，「二重ダクト方式」－「混合ユニット」の組合せが正しい．

-(1)，-(3)，-(4)　2021-64，-(2)　2021-59，-(5)　2022-60．

問題 62　正解　(4) ・・・・・・・ 頻出度 A A A

熱供給事業法の適用を受けて，経済産業大臣の登録を受けなければならないのは，設備の能力が 21 GJ/h 以上で不特定多数の需要家に熱供給する能力をもつ施設である（熱供給事業法施行令第 2 条）．現在，日本全国で約 80 事業者により熱供給事業が行われている．

2021-66

問題 63　正解　(1) ・・・・・・・ 頻出度 A A A

蒸気圧縮式冷凍サイクルでは，冷媒は蒸発器→圧縮機→凝縮器→膨張弁→蒸発器…と循環する．

2021-67

問題 64　正解　(1) ・・・・・・・ 頻出度 A A A

成績係数が低く，同じ冷凍能力なら蒸

発圧縮冷凍機と比べ排熱量が多くなって，冷却塔が大型となる．

2020-67

問題 65　正解　(2) ・・・・・・・ **頻出度** AAA

HCFC は指定フロンといわれ，ODP（オゾン破壊係数）は 0.02 ～ 0.11 である．代替フロンは塩素を含まない HFC 系冷媒のことで，ODP は 0 である．

2022-67

問題 66　正解　(5) ・・・・・・・ **頻出度** AAA

吸収器では，吸収液を散布し水蒸気を吸収する．発生する吸収熱を外部冷却水で除去する．

2020-67

問題 67　正解　(1) ・・・・・・・ **頻出度** AAA

滴下式は，気化方式に分類される．

2022-72

問題 68　正解　(1) ・・・・・・・ **頻出度** AAA

密閉型冷却塔は同じ冷却能力を得るのに開放型より大型となる．

2022-69

問題 69　正解　(4) ・・・・・・・ **頻出度** AAA

ヒートパイプは顕熱交換器である．

2022-71

問題 70　正解　(5) ・・・・・・・ **頻出度** AAA

グリル型は軸流吹出口に分類される．

2022-73

問題 71　正解　(5) ・・・・・・・ **頻出度** AAA

一般換気用の温度ヒューズの溶解温度は 72 ℃である．120 ℃は厨房排気用．

2021-72

-(1)～-(4)　2021-74

問題 72　正解　(4) ・・・・・・・ **頻出度** AAA

特性曲線－静圧－ダンパが正しい．

2022-74

問題 73　正解　(5) ・・・・・・・ **頻出度** AAA

低圧蒸気配管の使用圧力は，0.1 MPa 未満（一般に 0.01 ～ 0.05 MPa）である．

2022-76

問題 74　正解　(4) ・・・・・・・ **頻出度** AAA

問題の，1 人当たりの専有面積と必要換気量を掛け合わせると 1 人当たりの必要換気量 [m^3/(人･h)] となるが，他は皆 30 m^3/(人･h) になるのに，-(4)の事務所だけ約 16 m^3/(人･h) で，換気不足である．

2021-53

問題 75　正解　(4) ・・・・・・・ **頻出度** AAA

バイメタル温度計は，2 種類の金属の膨張率の差を利用している．

2021-80

-(1)　グローブ温度計 2022-80．

-(2)　ベルヌーイの定理から動圧＋静圧＝全圧である．ピトー管（**75-1 図**）では，静圧と全圧の差から動圧を求めることができる．

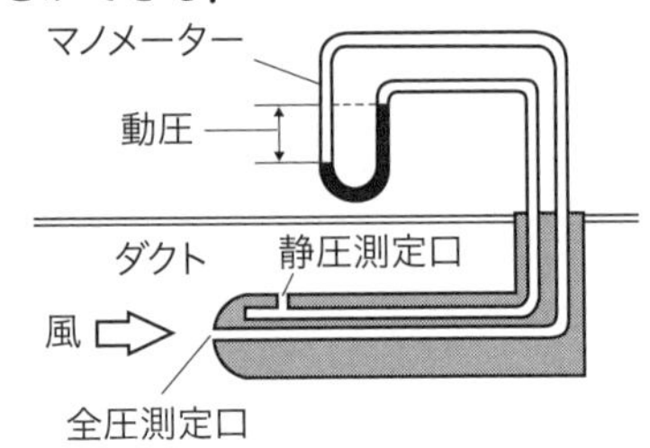

75-1 図　ピトー管

ピトー管の全圧測定口では流速 $v = 0$ m/s（よどみ点という）となって動圧は全て静圧に変換している．

さらにベルヌーイの定理から，

$$動圧 = \frac{\rho}{2} v^2 = 0.6 \times v^2$$

（∵　ρ 空気の密度 $= 1.2$ kg/m^3）

これから

$$v = \sqrt{\frac{動圧}{0.6}} \ [\mathrm{m/s}]$$

ピトー管はダクト内などの風速を測定

するのに利用される．室内の風速など微風の測定には適さない．

-(3)　アスマン通風乾湿計 2021-80．

-(5)　超音波風速計は，**75-2 図**のような形状のセンサを用い，超音波の到着時間の差を用いて流速を演算する．

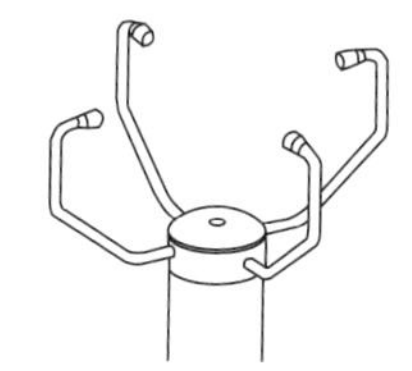

75-2 図　超音波風速計のセンサ部分[1]

問題 76　正解　(5) ･･････・頻出度 AAA

オゾンの測定法にあるのは紫外線吸収法である．二酸化炭素の測定法に非分散赤外線吸収法，アスベストに赤外線吸収スペクトル法というのがある．

2020-79

問題 77　正解　(2) ･･････・頻出度 AAA

-(2)は相対沈降径が正しい．

相対沈降径とは，粉じんの直径を空気中において当該粉じんと等しい沈降速度を示す比重 1 の球（水球）の直径で表した物理相当径の一つである．相対沈降径が 20 μm だと 1 cm 落ちるのに約 1 秒かかる．相対沈降径 1 μm ならほとんど浮遊状態を続ける．

ビル管理法の測定対象となる浮遊粉じん濃度は，粉じんの化学的組成を考慮することなく，相対沈降径が 10 μm 以下の粒子（セパレータ，分粒器などにより測定前に 10 μm を超える粒子を取り除く）を対象として質量濃度で 0.15 mg/m^3 以下と規定されている．

2022-7

問題 78　正解　(4) ･･････・頻出度 AAA

二酸化炭素濃度の測定法は，非分散型赤外線吸収法である．

二酸化炭素は赤外線領域の電磁波をよく吸収する．非分散型では光源から出る赤外線をそのまま（分光しないで）測定に使用して，吸収される波長とその程度から汚染物質の濃度を測定する．

2020-79

問題 79　正解　(4) ･･････・頻出度 AAA

Bq（ベクレル）は放射能の単位（放射性物質が 1 秒間に崩壊する原子数）2021-38．

ダニアレルゲンの濃度は，エライザ法では μg/g，ng/m^3 の濃度が得られる 2020-79．

放射性物質の濃度の単位は，Bq/kg，Bq/L，Bq/m^3 など．

問題 80　正解　(3) ･･････・頻出度 AAA

パッシブ法は分子の拡散原理による捕集法で，吸引ポンプは用いない．

2021-81

問題 81　正解　(1) ･･････・頻出度 AA

物理的劣化→社会的劣化が正しい．

2022-81

-(5)　MTBF（Mean Time Between Failures）：平均故障間隔．

問題 82　正解　(2) ･･････・頻出度 AAA

パック剤の効果の持続期間は 1 〜 3 か月間である．

2020-81

問題 83　正解　(1) ･･････・頻出度 AAA

波動現象については皆同じであるが，音速（波の移動速度）＝ 波長 × 周波数である（**83-1 表**参照）．

「音」とは，弾性体としての媒質の圧力や粒子変位が連続的，周期的に伝わってゆく現象をいう．音波ともいう．空気中の場合，圧力変化は媒質である空気の

83-1 表　波の周波数・周期・波長・速度

周波数	1秒間当たりの振動数	Hz（ヘルツ）
周期	1回振動するのに要する時間．周波数の逆数	秒（s）
波長	1回振動する間に進む距離	m
波の速度	周波数 × 波長	m/s

密度の疎密変化として発生することから疎密波と呼ばれ，伝播して人間の鼓膜を励振させて，音という感覚を生じさせる．媒質（＝空気粒子）の振動方向と音の進行方向が平行なので音は縦波である（ちなみに光は横波である）．

1気圧下では，音速 c [m/s] は，気温を t [℃] として，$c \fallingdotseq 331.5 + 0.6t$ と表される．0 ℃で 331.5 m/s，20 ℃で 343.5 m/s である．すなわち，温度の上昇とともに音速は速くなる．

-(2)　A特性音圧レベル，-(3)　音の強さの対数 2021-32．

-(4)　純音（単一周波数の音）の瞬時音圧 $p(t)$ [Pa] は，

$$p(t) = a \times \sin 2\pi ft$$

と表される（a：振幅，f：周波数）．ただし厳密な純音は自然界には存在せず，必ず倍音（基本周波数の整数倍の音波）を含む．

-(5)　面音源の減衰特性 2021-86．

問題 84　正解　(5) ・・・・・・・ **頻出度** A A

振動規制法による規制基準（**84-1 表**）は，最大振動加速度ではなくて，測定結果の 80 %レンジ上端値（L_{10}）である．

振動規制法の振動測定では，振動レベル計で，5秒間隔で 100 回程度測定し，全ての測定値を大きさの順に並べ換えて大きい方から 10 %目の数値である 80 %レンジ上端値 L_{10} を用いている．

84-1 表　道路交通振動の規制値

区域の区分	時間の区分	昼間	夜間
第一種区域※		65 dB	60 dB
第二種区域		70 dB	65 dB

※　第一種区域　良好な住居の環境を保全するため，特に静穏の保持を必要とする区域

-(3)　防振溝 2019-84．

-(4)　暗騒音 2022-87．

問題 85　正解　(2) ・・・・・・・ **頻出度** A A A

与えられた式に与えられた数値を代入して，

$$70 - 40 = TL + 10 \log_{10} \frac{20}{10}$$

$$30 = TL + 10 \times 0.3010$$

$$TL = 30 - 3.010 \fallingdotseq 27 \text{ dB}$$

2022-85

問題 86　正解　(3) ・・・・・・・ **頻出度** A A A

コインシデンス効果が生じると，壁の遮音性能は著しく損なわれる．

2022-84

-(4)　軽量床衝撃音 2022-86．

問題 87　正解　(5) ・・・・・・・ **頻出度** A A A

色温度が高くなると，光色は赤→黄→白→青と変わる．

2022-88

-(1)　正反射 2022-89．

-(2)　建築化照明 2020-89．

-(3)　間接昼光率，-(4)　天窓 2021-88．

問題 88　正解　(3) ・・・・・・・ **頻出度** A A A

相対分光分布とは，観測された最大値を 100 とする．A は波長の短い，青っぽい分光が多いが全体にはなめらかな分布を示しているので自然の北の青空光と考えられる．B は，450 nm と 550 nm

付近に極大値（輝線）をもつが，これはLED素子の電界発光による青色光（波長450 nm付近）と黄色蛍光体による発光を組み合わせている照明用LEDの分光分布である．Cは赤っぽい光に向けてなめらかに分光分布が増えているが，白熱電球の分光分布の特徴である．

2020-87

問題89　正解　(2) ・・・・・・・**頻出度** A A A

点光源による照度は，点光源からの距離の逆2乗の法則で求める．

$$300\ \mathrm{lx} \times \left(\frac{2.0\ \mathrm{m}}{3.0\ \mathrm{m}}\right)^2 = 300 \times \frac{4}{9} = 133.33\ \mathrm{lx}$$

2021-90

問題90　正解　(2) ・・・・・・・**頻出度** A A A

同じ環境の場合，下面開放型より完全密閉型の照明器具の方が設計光束維持率は高い．

2020-88

-(3)，-(4)　ランプの光束は，周囲温度，電源電圧，点灯姿勢等によって影響される．

周囲温度による光束変動が最も大きいのは蛍光ランプで，蛍光ランプの実用的な周囲温度の範囲は約5 ℃～30 ℃である．

白熱電球やHIDランプは，通常の温度範囲であれば光源の光束変動はほとんど生じない．

電源電圧の光束への影響が大きい光源は，白熱電球やハロゲン電球である．

点灯姿勢の影響は水銀ランプで大きい．原子番号80の水銀原子は重いので，点灯姿勢によってはランプ内の水銀蒸気の対流が重力により偏り，水銀ランプの水平点灯では，鉛直点灯の場合より光束が約5～7 %程度低下する．メタルハライドランプは点灯姿勢による影響を最も受けやすい（高圧ナトリウムランプでは，ナトリウムは原子番号11と軽いので，点灯姿勢の影響は少ない）．

2018年度(平成30年度)午後の解答・解説

※　解説中の「-」付きの -(1)～ -(5)は，問題の選択肢文(1)～(5)を示しています.

※　解説中 2021-91 などの表示は関連問題 2021 年問題 91 を示しています.

建築物の構造概論

問題 91～問題 105

問題 91　正解　(3) ・・・・・・・頻出度 A A A

温室効果とは，地表から放射される赤外線が，大気中の二酸化炭素などの温室効果ガスに吸収され，宇宙空間へ放射されるのを妨げられることによって気温が上昇する現象をいう．太陽光が直接大気中の二酸化炭素などに吸収されて温度上昇することではない.

-(2)　アルベド（英 Albedo）とは，任意の面に入射した日射量に対するその面が反射した日射量の割合．反射率．地表（地球）では，0.3 程度である.

-(4)　熱容量とは，単位量の物質の温度を 1 ℃上昇させるのに必要な熱量である．同じ体積の 2 物質に同じ熱量を与えた場合，熱容量の大きい物質の温度上昇は小さい.

-(5)　水の気化熱（蒸発熱）は温度によって多少異なるが，およそ 2 250 kJ/kg である.

問題 92　正解　(2) ・・・・・・・頻出度 A A A

東京の冬至の日積算日射量は南壁面が最も多い.

92-1 図は東京の夏至，冬至の時間別，方位別の日射の強さ [W/m^2] を表したものである．横軸と各方位の曲線が囲った面積がその方位の日積算日射量を示す．また，各方位の曲線の時間軸での開きがほぼその方位の日照時間となる．夏至の

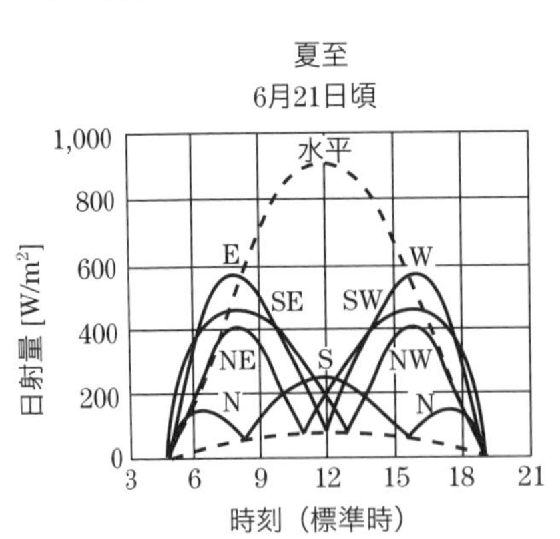

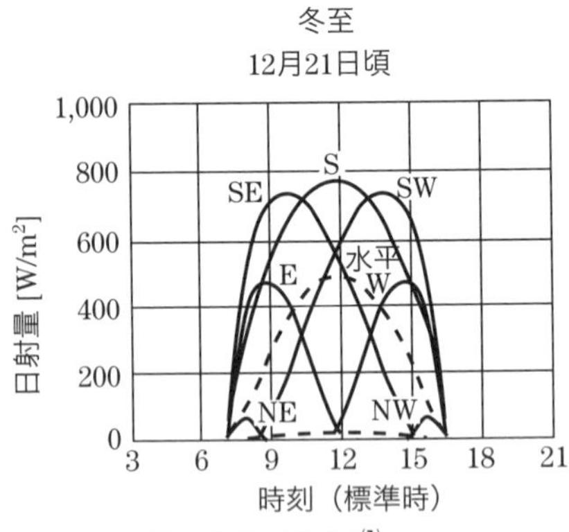

92-1 図　方位別垂直壁面と水平面の受ける日射の強さ（東京）(1)

グラフを見ると，日積算日射量は水平面が圧倒的に多いことが分かる．

2021-91

問題 93　正解　(1) ・・・・・・・頻出度 AAA

-(1)は引違い窓である．なぜなら腰壁の線が入っている．

主な平面記号を **93-1 図**に示す．

-(3)～-(5)　空調図面の平面記号は 2022-100．

問題 94　正解　(2) ・・・・・・・頻出度 AAA

トラスの部材には軸方向力だけが働く．

2022-94

-(1)，-(3)，-(4)　主な構造形式は **94-1 表**（次のページ）参照．

-(5)　制振構造 2022-95．

問題 95　正解　(5) ・・・・・・・頻出度 AAA

柱の帯筋は，せん断力に抵抗する．

2021-93

-(1)　建築基準法施行令

第 77 条（柱の構造）　構造耐力上主要な部分である柱は，次に定める構造としなければならない．

一　主筋は，4 本以上とすること．

（以下略）

-(3)　RC 構造の壁は，構造上大きな役割をもつ耐力壁と，間仕切り等の一般壁がある．一般壁の厚さは 10 ～ 15 cm 程度である．耐力壁の厚さは 12 cm 以上とすることが建築基準法で定められている．特に地震力に対抗する目的ものは耐震壁と呼ばれ，20 cm 程度の厚さが普通である．耐震壁の厚さが 20 cm 以上の場合には，壁筋を複筋配置とする．ちなみに RC 造の床（床スラブ）の厚さは，13 ～ 20 cm である．

問題 96　正解　(1) ・・・・・・・頻出度 AAA

建築基準法施行令第 85 条の定める，事務室の積載荷重は 2 900 N/m^2，住宅は 1 800 N/m^2 である．

荷重については，2022-94．

-(3)　曲げモーメント，-(4)　単純支持形式（単純梁）2021-95．

-(5)　トラス・ピン接点 2022-94．

問題 97　正解　(3) ・・・・・・・頻出度 AAA

物質の熱の伝えやすさを熱伝導率といい，鋼材が 45 W/(m･K) なのに対して，アルミは 210 W/(m･K) と 5 倍近い．

2022-46

-(2)　セメントペースト 2020-97．

-(4)　屋根，外壁の仕上げ材は，防水性，耐火性，耐久性，断熱性，遮音性等が要求され，内壁の仕上げ材料では，吸音性，

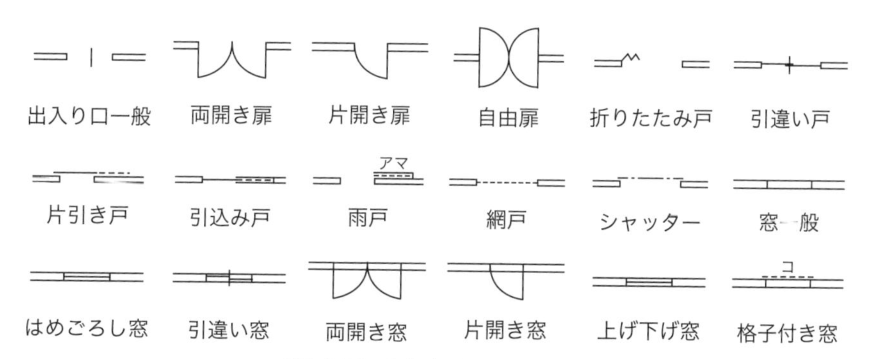

93-1 図　主な意匠図・平面記号

94-1 表　主な構造形式

名称	イメージ	特徴
ラーメン構造	門型ラーメン	柱と梁が剛で接合された骨組．剛節骨組みとも呼ぶ． ドイツ語の Rahmen からラーメン構造と呼ばれる． 応力としては，柱には曲げモーメント，せん断力，軸方向力，梁材には曲げモーメントとせん断力が生じる． 山形ラーメン，異形ラーメン，変断面ラーメン等がある．
トラス構造		部材を三角形状にピン接合した単位を組み合わせて得られる構造体骨組．接点に作用する荷重を部材軸方向の力に分散して支持する． 応力は軸方向力のみ生じる構造である． 大スパン空間に適応する．
アーチ構造	要石（キーストーン）	全体をアーチ状に構成する構造である．応力は曲げモーメント，せん断力，軸方向力が生じる構造である．
シェル構造	シドニーオペラハウス	卵の殻や貝殻等のように薄い曲板により，力学特性を生かして，種々の曲板形状により構成された構造である． ほとんどの応力を面内力（引張力，圧縮力）として伝達させる構造である．大スパンに適している．
壁式構造	スラブ 壁	梁，柱がなく，壁だけで構成される構造． 構造体の外力に対する主要抵抗要素が板状の部材で構成されている． 壁式鉄筋コンクリート構造は集合住宅によく用いられる．
折板構造		折曲げ構造のことで，折り紙のように折り曲げ多面体状の架構を形成し，主として面内力によって外力に抵抗する構造． 面板による筒状あるいは多面体状の架構を形成する．
空気膜構造		構造体の内部と外部の空気圧の差により，膜面に張力，剛性を与え形状を得る構造形式． 東京ドームが代表例．
吊り構造		構造物の主な部分を支点から吊ることにより 張力となるような応力状態を作り出す形式． 例：代々木体育館（第一，第二とも）

遮音性，テクスチャ（質感）の良さ等が要求される．床材の踏み心地や美しさはテクスチャに含まれる．

-(5)　水セメント比とは，セメントに対する水の重量比（水/セメント）のことである．水セメント比はコンクリートの強度，耐久性に大きな影響を及ぼす．構造用コンクリートの水セメント比は40～65％である．水セメント比が大き過ぎると（水っぽいと）次のような欠陥の原因となる．

1. 圧縮強度が落ちる．
2. クリープ（時間経過に伴う荷重による変形）が大きくなる．
3. 中性化が早くなる．
4. 透水性が大きくなる．
5. 乾燥収縮が大きくなり，収縮亀裂が生じやすくなる．

問題 98　正解　(4)・・・・・・・**頻出度** A A A

カーテンウォールは，建築物の荷重を負担しない非耐力壁で，カーテンのように取外しが可能．一般的には，構造体の外周に取り付けられたガラス，アルミ材などによる，比較的薄い外装壁を指す．

-(1)　鉄筋とコンクリートの線膨張係数はほぼ等しく（およそ1×10^{-5}/℃），相互の付着性能も良いことが，鉄筋コンクリート構造が可能な理由である．

-(2)　木材の腐朽防止には，菌類発生に必要な養分，湿気，空気および温度の4要素の一つ以上をなくすことが必要である．

-(3)　下地材は構造材に仕上げ材を固定するための建築部材を指す．屋根天井壁床それぞれに，多様な素材の製品がある．

-(5)　コンクリート打設後，分離した水分が表面に浮き出すことをブリージングといい，ブリージングによってコンクリート表面にごみ，空気が泥状に層をなすことをレイタンスという．レイタンスはコンクリート打継ぎ時にコールドジョイントの原因となり，水密性を損ねたり，構造欠陥につながるので除去する必要がある．

問題 99　正解　(5)・・・・・・・**頻出度** A A A

工事監理は設計者がやると規定されているわけではないが，建築主の依頼で設計者がやることが多い．

2022-98

問題 100　正解　(5)・・・・・・・**頻出度** A A A

特別高圧は7 000 Vを超えるもの，である．

電気設備技術基準の電圧区分は**100-1表**のとおり．

100-1表　電気設備技術基準の電圧区分

区分	交流	直流
低圧	600 V以下のもの	750 V以下のもの
高圧	600 Vを超え7 000 V以下	750 Vを超え7 000 V以下
特別高圧	7 000 Vを超えるもの	7 000 Vを超えるもの

-(1)　正弦波交流電圧のピーク電圧は実効値の$\sqrt{2}$（≒1.41）倍になる．

-(2)　実際に同時発生する負荷容量と全負荷容量の比率を需要率という．受変電設備の容量は，この需要率から検討する．

-(3)　配電距離が長くなると導線の電気抵抗が増え電圧の低下を招く．「内線規程」に，電圧降下の許容値が，電線のこう長が60 m超～120 m以下なら5％以下などと定められているので，電線の太さを変えて抵抗値を調整する．

-(4)　円形コイル（電磁石）に電流 I [A] を流したときのコイルの中心の磁束密度 B [T（テスラ）] は，$B = \mu NI/2r$ と表される（μ：透磁率（定数），N：コイルの巻数，r：コイルの半径）．コイルが理想的なソレノイドの場合は，ソレノイドの内部の磁束密度は，$B = \mu nI$（この n はソレノイドの長さ 1 m 当たりの巻数）（**100-1 図**参照）．

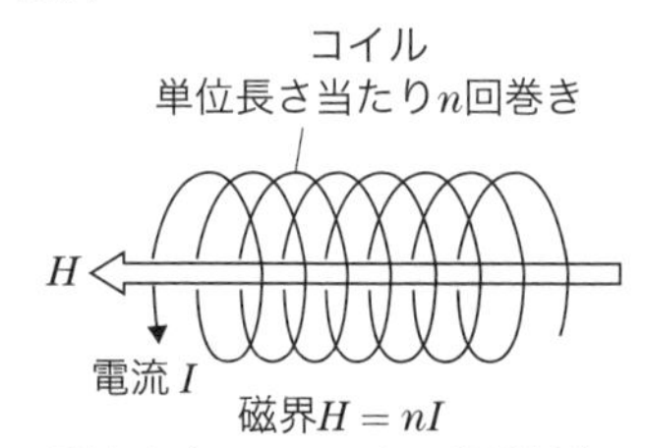

100-1 図　ソレノイドの内部磁束

問題 101　正解　(4)・・・・・・頻出度 A A A

汎用性が高く，中高層，超高層建築物に多用されているのはロープ式エレベータである．油圧ジャッキによる油圧エレベータは昇降工程の短い場所に使用が限定されるが，重量物の運搬に適している．

-(2)　エスカレータの公称輸送能力 **101-1 表**参照．

101-1 表　エスカレータの公称輸送能力

型式	踏段幅	公称輸送能力（定格速度 20 m/分）
S600 型	およそ 600 mm	3 000 人/h
S1000 型	およそ 1 000 mm	6 000 人/h

2020-100

問題 102　正解　(3)・・・・・・頻出度 A A A

排煙設備は「消火活動上必要な施設」である．

2019-102

「消防の用に供する設備」より種類の少ない「施設」の方を覚えよう．

問題 103　正解　(1)・・・・・・頻出度 A A A

震度階級は観測点における地震の強さを示す尺度で，地震の規模を表すのはマグニチュード（M）である．

わが国の気象庁震度階級は 0，1，2，3，4，5 弱，5 強，6 弱，6 強，7 の 10 階級である．

マグニチュードの M の数値が 1 上がると，地震のエネルギーはおよそ 30 倍になる．

-(4)の防災管理者についても，2022-102．

-(2)　この法律において「耐震診断」とは，地震に対する安全性を評価することをいう（建築物の耐震改修の促進に関する法律第 2 条）．

問題 104　正解　(4)・・・・・・頻出度 A A A

一級建築士免許は大臣免許である．二級建築士，木造建築士は都道府県知事免許である．

2020-92

-(1)　仕様書・設計図書 2021-92．

-(2)　防火性能 2021-103．

-(3)　建築とは 2021-104．

-(5)　特殊建築物の技術基準　建築基準法・同施行令を見ると，「特殊建築物」が 100 か所近く出てくる．特殊建築物とは 2022-104．

問題 105　正解　(2)・・・・・・頻出度 A A A

屋外階段は主要構造部ではない．

2022-104

-(1)　病室以外に，一戸建の住宅，長屋，共同住宅の住戸，下宿の宿泊室，寄宿舎の寝室，学校などが非常照明の設置が免除されている．

給水及び排水の管理
問題106～問題140

問題106　正解　(2)・・・・・・**頻出度**AAA

水の比体積とは，単位質量の水の体積のことなので，単位は[m³/kg]．水の比体積は温度約4℃で最小となる．

よく出題される給排水関連の単位・用語は**共通資料6**参照．

問題107　正解　(5)・・・・・・**頻出度**AAA

トリハロメタンとは，水道水に含まれる植物由来の難分解性の有機物であるフミン質が消毒用塩素と反応して生成される消毒副生成物物質．発がん性が疑われている（**共通資料6**参照）．

水質基準ではクロロホルム，ジブロモクロロメタン，ブロモジクロロメタン，ブロモホルム，総トリハロメタン（クロロホルム～ブロモホルムのそれぞれの濃度の総和）の基準が定められている（**共通資料1**参照）．水温の高い時期に多く発生するため，その測定は6月1日～9月30日（測定期間という）の間に行うこととされている．

問題108　正解　(5)・・・・・・**頻出度**AAA

微生物を不活化するための消毒剤の濃度と接触時間の関係は反比例する（濃度が濃ければ短時間で不活化する）．

バクテリアの薬剤への感受性を表すCT値（濃度×接触時間）はこのことを表している．

2020-109

-(2)　塩素の消毒効果と微生物表面の荷電状態 2022-110．

-(3)　懸濁物質は，それ自体が残留塩素を消耗することに加え，物理的に消毒薬がバクテリアに近づくのを妨げる．その影響は，懸濁物質の種類，大きさ，濃度などによって異なる．

-(1), -(4)　塩素消毒も化学反応として，温度，pH値，懸濁物質の存在，撹拌（かくはん）と接触時間などの影響を受ける．

問題109　正解　(3)・・・・・・**頻出度**AAA

水量および水質の変化が激しいのは，一般的に地表水である．

水道水源は，地表水，地下水，伏流水等に分けられる．

2021-109

-(5)　伏流水を水源とする場合，取水施設は取水井戸か集水埋渠（きょ）による．集水埋渠は，多数の穴を開けた鉄筋コンクリート管を伏流水の流れの方向にできるだけ直角に埋設したものである．**109-1図**に伏流水の集水埋渠のイメージを示す．

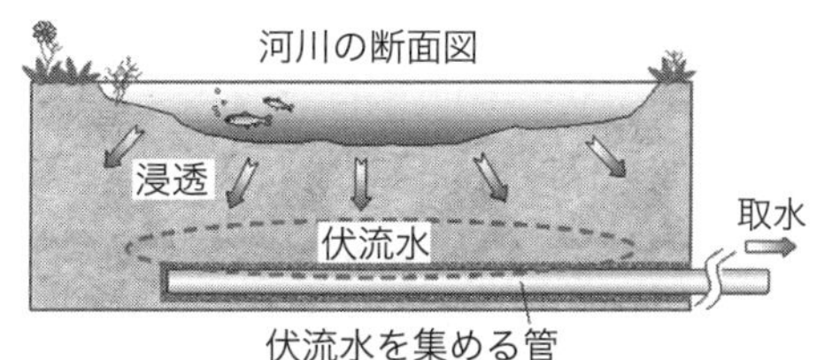

109-1図　集水埋渠(2)

問題110　正解　(3)・・・・・・**頻出度**AAA

塩素消毒の効果は，アルカリ側で急減する．

2022-110

問題111　正解　(2)・・・・・・**頻出度**AAA

住宅では0.3 MPaを上限水圧とする．

2021-112

-(3)　FRP製高置水槽 2022-113．

問題112　正解　(4)・・・・・・**頻出度**AAA

小便器洗浄弁の最低必要水圧は，大便器洗浄弁と同じ70 kPaである．

設計給水量と衛生器具の必要水圧 2021-112.

問題 113　正解　(5)・・・・・・頻出度 A A A

-(5)が正しい．アノードの電極が水中に流出，すなわち腐食するのはアノードである．

水中で異種金属をつなぐとそれぞれの金属のイオン化傾向の違いによる電位差によって異種金属接触腐食が発生するが，同じ鋼であっても，水中の酸素濃度や微量な酸の濃度は場所によって異なるため，水に接したその鋼表面のイオン化傾向は場所によって異なる．

すなわち同じ水中にある鋼の表面同士で電位差が生じ，**113-1 図**のような腐食電池回路が形成される．

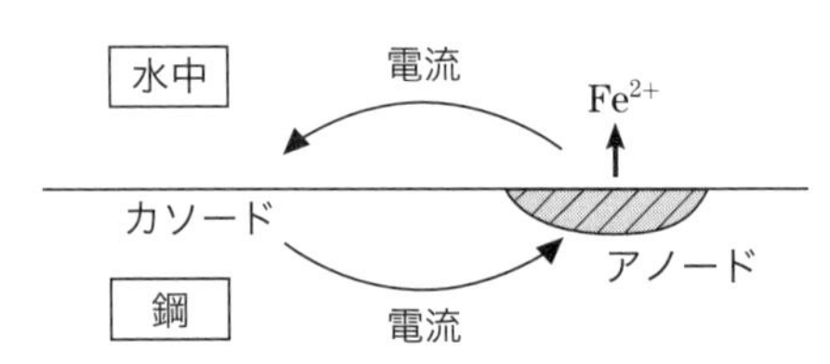

113-1 図　腐食電池回路

電流（正に荷電した鉄イオン）が水中に流れ出る電極をアノード，水中から電流が流れ込む電極をカソードという．両電極部分では次のような電気化学反応が起きている．

アノード部

$$Fe \to Fe^{2+} + 2e^-$$

カソード部

$$\frac{1}{2}O^2 + H_2O + 2e^- \to 2OH^-$$

アノード部では鉄が鉄イオンとなって水中に溶け出し，侵食が進行する．

その後，次のような連続反応によって最後に Fe_2O_3（酸化第二鉄）が赤錆として生成する（この赤錆と，水中のケイ酸などが凝集して管壁に付着，錆こぶとなる）．

$$Fe^{2+} + 2OH^- \to Fe(OH)_2$$

$$2Fe(OH)_2 + \frac{1}{2}O_2 + H_2O$$

$$\to 2Fe(OH)_3 \to Fe_2O_3 + 3H_2O$$

最後の式の $\frac{1}{2}O_2$ は水中の溶存酸素である．

錆こぶの下では，酸素濃度が低くなるので，酸素濃淡電池作用によりアノードとなってさらに腐食が進み，ついには穿孔（せんこう）して水漏れが起きる． 2022-122

-(1)　ショックアブソーバはウォータハンマの防止装置である．不等沈下には可撓（とう）継手を用いる 2019-112.

-(2)　木製貯水槽 2022-113.

-(3)　ポンプ直送方式は，普通下層階から上層階に向かって給水される上向き配管方式である（高置水槽方式が下向き配管方式である） 2022-112.

-(4)　貯水槽の流入管は，逆サイホン作用を避けるために吐水口空間を取って貯水槽に開放する 2022-114.

問題 114　正解　(1)・・・・・・頻出度 A A A

-(1)の TIG 溶接が正しい．-(5)の架橋ポリエチレン管も 2021-115.

-(2)　ボール弁 2022-115.

-(3)　ステンレス鋼板製貯水槽 2022-113.

-(4)　給水の着色 2021-113.

問題 115　正解　(2)・・・・・・頻出度 A A A

衝撃吸収式逆止弁を設けるのは揚水ポンプの吐出し（デリベリ）側である．

2019-111

問題 116　正解　(2)・・・・・・頻出度 A A A

「ダクニシキゴ」（濁 2 色 5）である．

2021-117

問題 117　正解　(1)・・・・・・頻出度 A A A

消毒薬は有効塩素50～100 mg/Lの濃度の次亜塩素酸ナトリウム溶液またはこれと同等以上の消毒能力を有する塩素剤を用いること.

2021-117

問題 118　正解　(1)・・・・・・頻出度 A A A

事務所の設計湯量は7～10 L/人である.

2022-118

-(2)　ガス瞬間湯沸かし器の能力1号 2021-118.

-(3)　給湯温度55 ℃以上, -(4)　伸縮継手の設置間隔 2022-118.

-(5)　貯蔵式湯沸器 2022-119.

問題 119　正解　(3)・・・・・・頻出度 A A A

与えられた式に与えられた数値を代入して,

$$
\begin{aligned}
Q &= 0.0143 \times (80\ \mathrm{m} \times 50\ \mathrm{W/m}) \div 5\ ^\circ\mathrm{C} \\
&= 0.0143 \times 800 \fallingdotseq 1.4 \times 8 \\
&= 11.2\ \mathrm{L/min}
\end{aligned}
$$

2021-121

問題 120　正解　(4)・・・・・・頻出度 A A A

湯と水を別の水栓にすると, 適温適量を得るのに時間を要し, 湯・水・エネルギーが無駄になる.

2022-121

問題 121　正解　(4)・・・・・・頻出度 A A A

サイレンサ（**121-1 図**）はポンプの吐出し側に設ける（登録講習テキスト）.

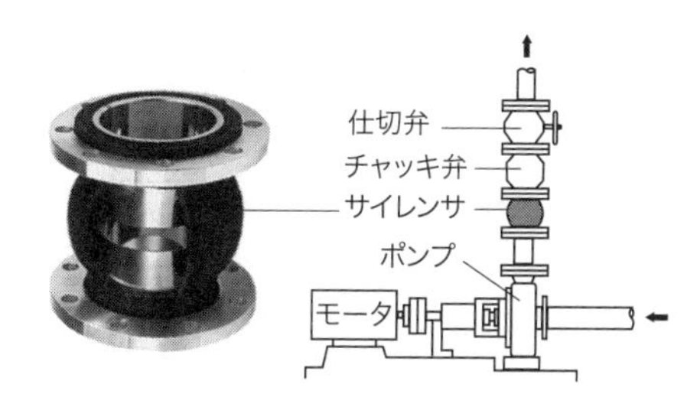

121-1 図　サイレンサ[3]

サイレンサは不動態膜を保護し腐食防止対策にもなる.

（メーカのサイトによると, 循環系統では吸込み, 吐出し両側に設置を推奨となっている.）

-(1)　逃し弁・密閉式膨張水槽, -(2)　逃し管 2022-120.

-(3)　線膨張係数 2021-120.

-(5)　耐熱性硬質ポリ塩化ビニル管の許容圧力 2021-118.

問題 122　正解　(2)・・・・・・頻出度 A A A

外部電源方式電気防食では, 電極の交換は不要である.

2019-122

-(1)　リバースリターン方式 2020-119.

問題 123　正解　(2)・・・・・・頻出度 A A A

SUS444製の貯湯槽には, 流電陽極式電気防食を施してはならない. 電気防食によって発生する水素による水素脆（ぜい）性割れを生ずる性質がある.

2019-122

問題 124　正解　(5)・・・・・・頻出度 A A A

ビル管理法の雑用水の水質基準には, CODもBODもない.

2021-125

問題 125　正解　(4)・・・・・・頻出度 A A A

凝集処理装置には空気を供給しない. そーっとかき混ぜて凝集させる.

汚水や処理水中の径10 μm以上の粒子は, 沈降分離することが可能である. それ以下の0.001～1 μmの大きさの粒子は, コロイド粒子と呼ばれ, 粒子表面が負に帯電しているため, 相互に反発して水中に分散している.

凝集処理とは, 凝集剤（硫酸バンド＝硫酸アルミニウム等）を投入して水中に分散している粒子を集合させ, 大きな粒子に変えることにより沈降分離しやすくする処理方法である．凝集処理は，pH，撹拌条件，水温，共存塩類等に大きく影響される．凝集処理は，浮遊物質，残存有機物質，色度等を砂ろ過と組み合わせて除去する．リンの除去にも有効である．

排水再利用設備の単位装置の維持管理は**125-1表**参照．

問題126　正解　(5)・・・・・・**頻出度**AAA

BOD（生物化学的酸素要求量）とは，水中の有機物が好気性微生物によって酸化・分解されるのに必要とされる酸素量のことである．

COD（化学的酸素要求量）は，水中の被酸化性物質（有機物）を酸化剤で化学的に酸化したときに消費される酸化剤の量を酸素に換算したものである．

-(1)　DO，-(2)　SV，-(3)　全窒素，-(4)　大腸菌群など，**共通資料6**参照．

問題127　正解　(5)・・・・・・**頻出度**AAA

管径125 mmの排水横管の最小勾配は1/150である．

2022-130

-(1)　通気立て管の上部，-(2)　通気管の取出し 2022-128．

-(3)　排水口空間 2021-128．

-(4)　排水立て管のオフセット部 2022-130．

問題128　正解　(3)・・・・・・**頻出度**AAA

雨水ますの泥だめは150 mm以上とする．

2022-129

-(4)　雨水排水系統は，単独排水として屋外へ排出することを原則とする．雨水立て管と排水立て管を兼用すると大雨時雨水が屋内に逆流する危険がある．

雨水横主管を合流式排水横主管に接続する場合は，どの排水立て管の接続点からも3 m以上下流で接続する．

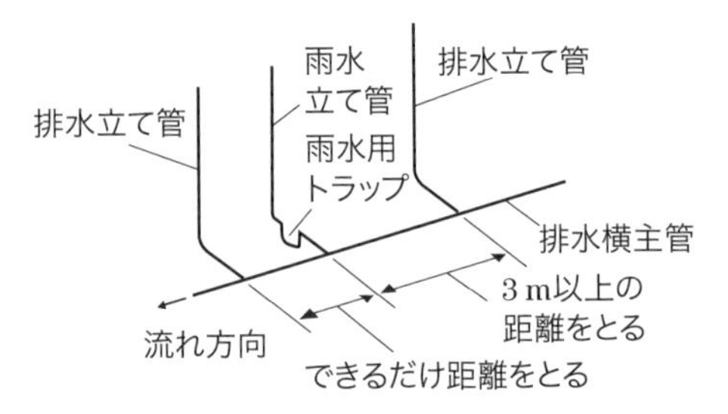

128-1図　雨水管を排水横主管に接続する方法

125-1表　排水再利用設備の単位装置の維持管理

単位装置		点検・保守内容
スクリーン		汚物，堆積物の除去
流量調整槽		ポンプ等の正常動作，設定水位・所定流量の確認 槽の堆積物，計量槽の越流せきに付着した異物の除去
生物処理槽	活性汚泥法	空気量，MLSS濃度，汚泥沈殿率
	生物膜法	生物膜の堆積状態，適切な剥離・除去
膜処理装置		透過水量の点検，膜の洗浄，膜モジュールの交換
凝集処理装置		凝集槽におけるフロック形成状態の最良化
ろ過槽		ろ材の洗浄，損失水頭の算出，ろ過速度の適正化
活性炭処理装置		通水速度の適正化，除去対象の漏出の有無，活性炭の交換
オゾン処理装置		処理水の色度の測定，オゾン注入量の適正化
消毒槽		処理水中の残留塩素の確認と塩素注入量の調整

雨水排水管を合流式の敷地排水管に接続する場合は，トラップますを設け，ルーフドレンからの悪臭を防止する（**128-1図**参照）．

-(5)　ルーフドレン 2019-130．

問題 129　正解　(4)・・・・・・頻出度 A A A

脚断面積比が大きくなると，トラップの封水強度は大きくなる．

2022-131

-(1)　伸頂通気方式の排水横主管の曲がり 2021-130．

-(2)　排水槽・排水ポンプ 2021-131．

-(3)　掃除口の設置間隔 2021-132．

-(5)　敷地内分流式排水方式 2022-132．

問題 130　正解　(2)・・・・・・頻出度 A A A

貯湯槽は，貯水槽と同じ扱いで貯湯槽の排水は正規の排水口空間を取って間接排水とする．規定の排水口空間を取らない簡易間接排水の排水口開放ではだめである．

2021-128

-(1)　特殊継手排水システム 2020-131．

-(3)　排水トラップの深さ（ウェアとディップの垂直距離）は封水深という 2022-131．

-(4)　結合通気管 2022-129．

-(5)　排水鋼管用可とう継手 2022-127．

問題 131　正解　(1)・・・・・・頻出度 A A A

ループ通気管は，最下流の器具排水管を排水横枝管に接続した位置のすぐ下流の位置から立ち上げる．

2022-128

-(2)　排水ます 2022-129．

-(3)　排水槽の構造 2021-131．

-(4)　掃除口の口径 2021-132．

問題 132　正解　(3)・・・・・・頻出度 A A A

自然流下式の排水横引き管の勾配は，流速が最小 0.6 ～最大 1.5 m/s となるように設ける．

2022-130

-(1)　ブランチ間隔・ループ通気方式・通気立て管 2022-128．

-(2)　即時排水型ビルピット設備 2021-133．

-(4)　間接排水管が 1 500 mm を超える場合 2021-130．

-(5)　阻集器の入口側にトラップを設けたらすぐ詰まる 2021-129．

問題 133　正解　(1)・・・・・・頻出度 A A A

ロッド法は敷地排水管の清掃方法である．

2022-133

問題 134　正解　(2)・・・・・・頻出度 A A A

水中ポンプのメカニカルシール部のオイル交換は，6 か月～1 年に 1 回行う．1 ～ 2 年に 1 回メカニカルシール自体の交換を行う．-(4)　排水ポンプの絶縁測定も合わせて 2021-133．

-(1)　施行規則は「排水に関する設備の掃除を，6 月以内ごとに 1 回，定期に，行わなければならない．」（ビル管理法施行規則第 4 条の三）となっている．

-(3)　グリース阻集器の清掃 2021-134．

問題 135　正解　(5)・・・・・・頻出度 A A A

ピストンバルブのストレーナが詰まりかかっていると吐水時間が長くなる．

2022-136

問題 136　正解　(4)・・・・・・頻出度 A A A

節水 I 形の洗浄水量は 8.5 L 以下である．

2021-135

-(1)　節水によって排水量が減り過ぎると，夾雑物（きょう）が堆積し排水管が詰まる原因となる．

-(2)　衛生器具の点検は洗面器の取付け状態だけが 2 か月に 1 回で後は 6 か月

に1回である 2022-135.

-(3) 衛生器具設備のユニット化(**136-1図**参照)の必要条件と利点は次のとおり.

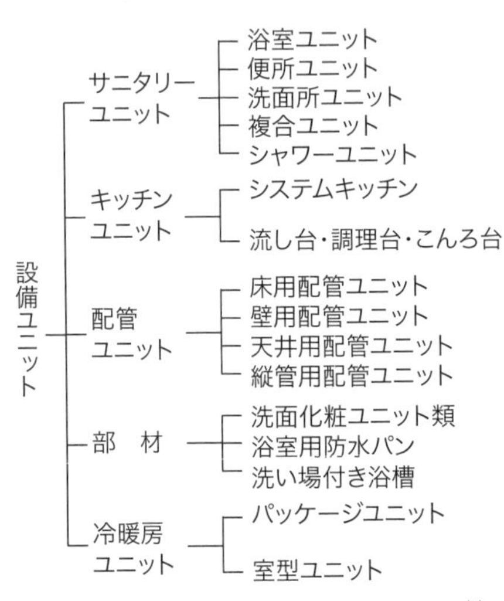

136-1図 衛生器具設備のユニット化(4)

工程の合理化・短縮,仕上がりの精度と美観の向上,経済性から衛生器具設備のユニット化が進められてきた.

1. 設備ユニットに必要な条件
   1) 現場での作業を最小限にすること.
   2) 防水仕上げが必要な場合は完全であること.
   3) 配管が防水層を貫通することなく,床上で処理できること.等
2. ユニット化の利点
   1) 現場作業の工程を最小限に抑えて工事全体の能率が上がり,工期が短縮される.
   2) 施工の精度が高められる.
   3) 計画・設計作業が軽減される等.

-(5) 上質水供給設備は,水道水から不純物・異臭味やトリハロメタン等の有害物質を取り除き,さらに,カルシウム等ミネラル成分の調整等を行い飲料水として供給する設備である.ろ材等により飲料水中の残留塩素が除去される構造の装置にあっては,配管設備に有効な塩素消毒設備を設けなければならない.十分な維持管理を行うことが必要であり,定期的な水質検査を行う必要がある.

問題137 正解 (1)……**頻出度**AAA

環境省関係浄化槽法施行規則

第1条の二(放流水の水質の技術上の基準)

法第4条第1項の規定による浄化槽からの放流水の水質の技術上の基準は,浄化槽からの放流水の生物化学的酸素要求量が1Lにつき20mg以下であること及び浄化槽への流入水の生物化学的酸素要求量の数値から浄化槽からの放流水の生物化学的酸素要求量の数値を減じた数値を浄化槽への流入水の生物化学的酸素要求量の数値で除して得た割合が90%以上であることとする.ただし,みなし浄化槽については,この限りでない.

ちなみに建築基準法では,放流水に含まれる大腸菌群類が,3000/cm^{3}個以下とする性能を有するものであること(建築基準法施行令第32条).さらに水質汚濁防止法による上乗せ基準がある.

問題138 正解 (2)……**頻出度**AAA

正味の汚泥は,

$$5\,m^3 \times \frac{100\,\% - 98\,\%}{100} = 0.1\,m^3$$

と,

$$15\,m^3 \times \frac{100\,\% - 96\,\%}{100} = 0.6\,m^3$$

で,合計0.7 m^3.

これを全体の量5 m^3 + 15 m^3 = 20 m^{3}で割って,0.7 ÷ 20 = 0.035 = 3.5 %.こ

れが汚泥の割合なので，含水率は，

$$100 - 3.5 = 96.5\ \%$$

【別解】同じことだが，単純に加重平均を取ってもよい．

$$\frac{5 \times 98 + 15 \times 96}{5 + 15} = \frac{1\,930}{20} = 96.5\ \%$$

問題 139　正解　(1)・・・・・・頻出度 A A A

「ろ過器を設置している浴槽では，浴槽水の消毒に用いる塩素系薬剤の注入口又は投入口は，浴槽水がろ過器に入る直前に設置し，ろ過器内の生物膜の生成を抑制すること．」（厚労省告示：レジオネラ症を予防するために必要な措置に関する技術上の指針）．

2022-139

問題 140　正解　(4)・・・・・・頻出度 A A A

不活性ガス消火設備の消火原理は希釈作用である．

2022-101

-(3)　連結送水管　消防用設備等の分類 2019-102．

清　掃
問題 141～問題 165

問題 141　正解　(3)・・・・・・頻出度 A A A

-(3)は 6 か月以内ごとに 1 回が正しい．

清掃についての規定・基準はビル管理法，同施行令，同施行規則，告示第 119 号（空気調和設備等の維持管理及び清掃等に係る技術上の基準），告示第 117 号（清掃作業及び清掃用機械器具の維持管理の方法等に係る基準），建築物環境衛生維持管理要領に定められている．その中で期間が定められている項目のうち，この「作業計画及び作業手順書の内容並びにこれらに基づく清掃作業の実施状況の点検」が 3 か月で，あとは全て 6 か月以内ごとに 1 回，である．

2022-141

問題 142　正解　(1)・・・・・・頻出度 A A A

防汚剤云々の規定はない．

空気調和設備等の維持管理及び清掃等に係る技術上の基準（告示第 119 号）の，カーペット類の清掃についての規定は次のとおり．「日常における除じん作業のほか，汚れの状況を点検し，必要に応じ，シャンプークリーニング，しみ抜き等を行うこと．洗剤を使用した時は，洗剤分がカーペット類に残留しないようにすること．」

告示第 117 号にも同じ規定がある．

問題 143　正解　(1)・・・・・・頻出度 A A A

洗浄と付くと定期清掃，除じんは日常清掃（もちろん例外もある）．

問題 144　正解　(5)・・・・・・頻出度 A A A

浸透性の建材→不浸透性が正しい．

-(3)　資機材倉庫は 1 か所に集約した方が管理しやすいとも考えられるが，使い勝手を考えると複数設けた方がよい場合もある（道具が遠いと作業を敬遠しがちになる）．

問題 145　正解　(3)・・・・・・頻出度 A A A

清掃責任者の頭越しの指示は，徹底しないばかりか現場を混乱させる元となる．

2020-144

問題 146　正解　(5)・・・・・・頻出度 A A A

清掃作業の品質の評価は建築物利用者の立場になって行う．

-(4)　評価方法には，測定機器（光沢度計等）を使用する検査と，目視等による官能検査とがある．清掃作業の検査は基本的には目視で行う 2022-143．

問題 147　正解　(3)・・・・・・頻出度 A A A

ダストコントロール法は，アメリカのベル電話会社がほこりによる電話交換機の故障に対応するために開発したものである．

2022-145

-(4)　カーペットの清掃・維持管理 2022-151.

問題 148　正解　(4)・・・・・・頻出度 A A A

シール剤や床維持剤の塗布は，汚れやほこりの付着を抑制する有力な予防清掃の手段である．

-(1)　親水性の建材には水溶性物質が付着しやすく，疎水性の建材には油溶性物質が付着しやすい．

問題 149　正解　(2)・・・・・・頻出度 A A A

自動床洗浄機は，洗剤供給式床洗浄機と吸水式真空掃除機の機能を併せ持ち，ビニルタイル床や石床の洗浄に用いられる．カーペット床専用の機械もある．

2020-147

-(1)　超高速バフ機（床磨き機）の回転数は 1 000 ～ 3 000 回 / 分である 2022-150.

-(3)　凹凸のある床面にパッドでは，清掃が斑（まだら）になってしまう．ブラシを使う 2019-148.

-(4)　剥離に使うパッドは黒または茶である 2020-147.

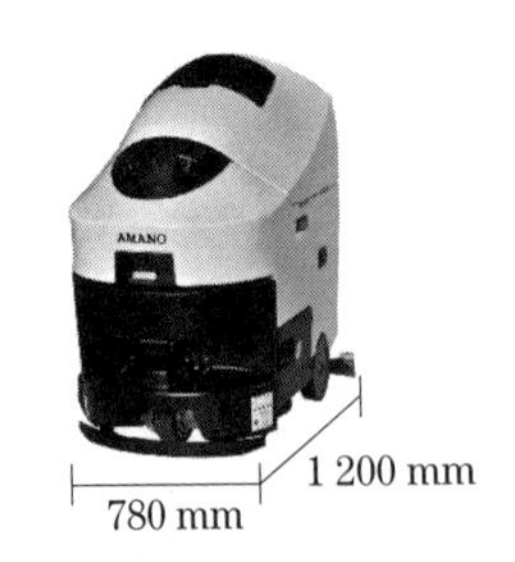

149-1 図　清掃用ロボット(5)

-(5)　清掃用のロボットとしては，現在床面洗浄用ロボットとカーペット集じん用ロボットが製品化されている．いずれも 1 回のバッテリー充電で連続作業時間は 3 ～ 4 時間である（149-1 図参照）．

問題 150　正解　(2)・・・・・・頻出度 A A A

消去法で -(2)を選択．（縦）回転ブラシで掃きながらゴミを吸引するのは -(3)のアップライト型の特徴であったが，現在多くのコードレス掃除機が回転ブラシ式である．

-(3)　アップライト型掃除機 2021-146.

-(4)　エクストラクタ，-(5)　スチーム洗浄機 2022-151.

問題 151　正解　(3)・・・・・・頻出度 A A A

剥離剤は強アルカリ性で使用者の皮膚を傷めるので注意を要する． 2021-147

-(1)　洗剤の助剤は界面活性剤の表面張力を弱める 2022-149.

-(2)　尿石，水垢（あか）の除去には酸性洗剤が有効である．-(4)　表面洗剤（床維持剤用表面洗剤）は，使用後の拭取りなどの処理が楽になるように泡立ちが少ない 2022-148.

問題 152　正解　(4)・・・・・・頻出度 A A A

テラゾーの材料となるセメント，大理石はともに耐酸性に乏しい．

2022-152

問題 153　正解　(5)・・・・・・頻出度 A A A

塩化ビニルタイルは，剥離剤・洗剤に対して耐性が大きく，耐水性にも富む．

2022-150

問題 154　正解　(3)・・・・・・頻出度 A A A

光沢維持のために超高速床磨き機を使用する際は，摩擦熱による床材の変色に気を付ける．

2022-150

問題 155　正解　(5)……頻出度 A A A

手垢が付きやすくなるのは汗をかく夏期である．

-(2)　階段の壁面はほこりが付きやすい（頻出）．

-(3)，-(4)　清掃における衛生管理の基本は，ゾーニング管理が中心となる．一般建築物の衛生区域としては，一般区域（事務室等）と汚染区域（トイレ，廃棄物処理室等）の二つに分けられ，それぞれ専用の清掃用具を使用して作業を行う．さらにトイレでは，便器に使用するものと洗面器等に使用するものとは区別する必要がある．湯沸室も，飲食に関係する場所として専用の機材を用いる．

問題 156　正解　(1)……頻出度 A A A

外壁の金属材の清掃は，汚れが比較的軽微なうちに行う．汚れが比較的軽微で固着が進まないうちに，中性洗剤か専用洗剤を用いて，スポンジまたはウエスで拭き取るか，高圧洗浄機等を用いてよく洗いとる．

-(2)，-(3)，-(4)　外装清掃の頻度は 2019-157．

-(5)　自動窓拭き機 2022-154．

問題 157　正解　(2)……頻出度 A A A

一般廃棄物と産業廃棄物の分類は，昭和 45 年（1970 年）の廃棄物の処理及び清掃に関する法律の制定時に導入された．

1950 年代までは「廃棄物＝汚物」だったものが，高度成長経済・大量消費時代を通して「汚物」に加えて，新たに「不要物」の概念が導入され「廃棄物＝汚物＋不要物」になった．

2020-156

問題 158　正解　(5)……頻出度 A A A

建設リサイクル法は，特定建設資材（コンクリート，アスファルト，木材等）を用いた一定規模以上の建設工事について，その受注者等に対し，分別解体，再資源化等を行うことを義務付けている．環境負荷の少ない物品の調達の推進を定めているのはグリーン購入法である．

2022-165

問題 159　正解　(1)……頻出度 A A A

事業活動で発生した廃プラスチック類は産業廃棄物なので，処理は産業廃棄物の許可業者に委託しなければならない．

共通資料 5，2022-158 参照．

-(4)，-(5)　紛らわしい廃棄物 2021-160．

問題 160　正解　(1)……頻出度 A A

特別管理産業廃棄物管理責任者を置かなければならないのは，次の廃棄物処理法の規定に従って，診療所の事業者（経営者）である．

「その事業活動に伴い特別管理産業廃棄物を生ずる事業場を設置している事業者は，当該事業場ごとに，当該事業場に係る当該特別管理産業廃棄物の処理に関する業務を適切に行わせるため，特別管理産業廃棄物管理責任者を置かなければならない」（廃棄物処理法第 12 条の二第 8 項）．

問題 161　正解　(4)……頻出度 A A A

中間処理量としては焼却 85 % で最も多い．

2022-156

問題 162　正解　(4)……頻出度 A A A

2.0 トン＝2 000 kg の 50 % は 1 000 kg．容積質量値は，それを 5 m^3 で割って，

$$1\,000 \div 5 = 200\ \mathrm{kg/m^3}$$

2020-161

問題 163　正解　(3)・・・・・・頻出度 A A A

厨芥の中間処理装置には，冷蔵庫，厨芥粉砕・脱水装置，たい肥化装置，生ごみ処理装置などがある．

熱式の溶融固化装置が発泡スチロールの中間処理に用いられる．

2022-163

問題 164　正解　(2)・・・・・・頻出度 A A A

廃棄物の保管場所の床には集水勾配をつけ，側溝を設ける．

建築物の廃棄物保管場所についての出題事項は次のとおり．

1. 分別保管に必要なスペースを確保する．
2. 臭気，粉じん等が周囲に漏えい，飛散しないように室内を負圧に保つ．場所を建築物内に設置する場合は，第1種換気設備を設け確実な換気を行う．屋外に設置する場合は，有効な通気口か，排気出口に関して近隣等の影響を配慮した適正な第3種換気設備，もしくはこれ以上の設備を設ける．
3. 衛生性の確保から，給水設備を設け，床は水による洗浄が容易にできるように不浸透材質を用いて防水構造とし，水が滞留しないように集水勾配をつけ，側溝を設ける．給水栓は逆防止機能付きとする．壁面（腰壁）には，防水加工を施す．
4. ごみの中間処理（選別，梱包等）を行うためには 200 lx 以上の照度を必要とする．
5. ごみ処理室は衛生・防火の観点から他の用途と隔離した密閉区画構造とする．
6. 防虫防鼠構造とし，必要箇所には 12 メッシュ程度以上の防虫網を設け，車両搬出入口にはシャッターを設ける．

   ごみ処理室は，空気調和設備等の維持管理及び清掃等に係る技術上の基準（厚生労働省告示第 119 号）に従って，ねずみ等が発生しやすい箇所として，2 月以内ごとに 1 回，その生息状況等を調査し，必要に応じ，発生を防止するための措置を講ずる．
7. 一般廃棄物と生ごみの保管室を分け，生ごみ保管室には冷蔵・冷房設備を設けることが多い．厨芥等の腐敗しやすいごみは速やかに生ごみの保管室に運び保管する．
8. 中央集積所には種々の方法で廃棄物が運搬されてくるので，通路に段差（凹凸）等の障害がないように配慮するとともに，両手がふさがっていても出入りできるよう，出入口には自動ドアを設置する．
9. 近年，廃棄物計量管理システムを導入し，テナントへの廃棄物排出量に応じた課金，廃棄物量の統計的処理，自治体への報告書などに活用する施設が増加している．

問題 165　正解　(4)・・・・・・頻出度 A A A

E 票は，処理の最終確認用として排出事業者に返却される．

2022-162

ねずみ，昆虫等の防除
問題 166～問題 180

問題 166　正解　(1)・・・・・・頻出度 A A A

羽化後最初の産卵を無吸血で行うのは，チカイエカである．

蚊の種類・生態は 2022-167．

問題 167　正解　(3)・・・・・・頻出度 A A A

排水槽内の成虫の発生状態は，ライトトラップや粘着リボン（粘着トラップ）

による捕獲数により調査する．

蚊の防除は2022-166．

問題 168　正解　(4)・・・・・・頻出度AAA

ゴキブリ指数とは，調査期間中の，トラップ1か所，1日当たりのゴキブリ捕獲数をいう．

2022-179

ゴキブリの種類・生態は2022-168．

問題 169　正解　(5)・・・・・・頻出度AAA

空間処理（直接処理）では，煙霧，燻煙処理，蒸散，ULV処理などによって室内に薬剤を充満させ30分～1時間部屋を閉め切り，隅に潜んでいるゴキブリを直接殺す．

残留処理はゴキブリの行動習性を利用した基本駆除法．残効性の高い有機リン剤やピレスロイド剤を壁面等1 m^{2}当たり50 mL散布するのが標準である．処理面を歩き回ったゴキブリは，薬剤の残滓（し）を経皮的に取り入れ死亡する．

ゴキブリの防除は2022-169．

問題 170　正解　(2)・・・・・・頻出度AAA

イエダニはネズミに寄生する．

ダニの種類・生態・防除は2022-170．

問題 171　正解　(1)・・・・・・頻出度AAA

性フェロモンを用いた誘引トラップは，シバンムシ類，カツオブシムシ類，メイガ類用がある．

いろいろな害虫2022-171．

問題 172　正解　(5)・・・・・・頻出度AAA

有機リン剤のジクロルボスは，蒸気圧が高く常温揮散性が大きい．速効性が極めて高いが残効性には欠ける．

2022-174

-(2)　殺虫剤の剤型2020-180．

問題 173　正解　(2)・・・・・・頻出度AAA

運動能力に優れパイプ，電線を伝ったり垂直行動が得意で，いたるところから侵入する．天井，梁など建物の比較的高層部分まで生息するのはクマネズミである．

ねずみの種類・生態は2022-175．

問題 174　正解　(3)・・・・・・頻出度AAA

フマリンが属する第1世代のクマリン系殺鼠（そ）剤は，遅効性で，通常連日（3～7日）少量を摂取させ，これによって血液が凝固する時間が次第に延長しやがて出血死する．

ねずみの防除・殺鼠剤については2022-176．

問題 175　正解　(2)・・・・・・頻出度AAA

クマテトラリルも第1世代のクマリン系殺鼠剤である．1回の投与で効果が得られる第2世代の抗凝血性殺鼠剤としてジフェチアロールが承認されている．

2022-176

問題 176　正解　(4)・・・・・・頻出度AAA

デング熱は，ネッタイシマカ，ヒトスジシマカが媒介する．

2021-176

問題 177　正解　(1)・・・・・・頻出度AAA

薬剤の安全性は，LD_{50}値もしくはLC_{50}値が，防除対象害虫等に対しては小さく，ヒト・動物に対しては大きいほど確保しやすい．

2019-177

問題 178　正解　(5)・・・・・・頻出度AAA

メッシュは網目を表す単位で，25.4mm（1インチ）一辺間にある目数をいう．対象が蚊では12メッシュでもよいが，コバエの侵入を防ぐには20メッシュ（目開きほぼ1 mm以下）が必要．

-(1)　光源の昆虫誘引性2020-177

-(2)　超音波防鼠機には，19 kHzを中心に±2 kHzの幅で自動的に変調し，ネズミの「慣れ」を防止する製品がある．

-(3) 粘着式殺虫機であれば食品を取り扱う場所でも設置可能である．-(4) 薬剤の粒径は，煙霧機 < ミスト機 < 噴霧器である．2022-178

問題 179 正解 (5)……頻出度 A A A

特定建築物では IPM に基づく防除が求められている．まずは，発生源対策，侵入防止対策等の発生予防対策を行うこと．

2021-178

-(1) 捕獲指数，-(2) ベクターコントロール 2022-179

問題 180 正解 (3)……頻出度 A A A

昆虫成長制御剤などの評価に用いられるのは，IC_{50} である．

2022-174

-(1) 淘汰による薬剤抵抗性 2022-176

-(5) 幼生，雌・雄成虫ともにヒトから吸血する害虫の例として，トコジラミが挙げられる 2022-171．

引用文献

午前

(1) オセノン：「Ultrasonic Anemometer」http://www.osenon.com/jp/view.asp?/4.html を加工

午後

(1) 建築物の環境衛生管理編集委員会：『新版 建築物の環境衛生管理 上巻』ビル管理教育センター p.94，95 2009 を加工

(2) 東京都水道局：さまざまな水源「3 伏流水及び地下水の性質」https://www.waterworks.metro.tokyo.lg.jp/suigen/topic/09.html

(3) 日本防振株式会社：「NB サイレンサーフレキ本体」http://www.boushin.co.jp/products/06_nbsilencerfrexible.html を加工

(4) 新建築物の環境衛生管理編集委員会編『新建築物の環境衛生管理 第1版第1刷 中巻』日本建築衛生管理教育センター p.511 2019

(5) アマノ株式会社：清掃ロボット「Egrobo」https://www.amano.co.jp/Clean/products/robot.html に解説追記

引用文献に記載の URL の最終確認日は 2023 年 3 月 7 日です．

参考文献

- 新建築物の環境衛生管理編集委員会編：『新建築物の環境衛生管理 第1版第1刷 上中巻』日本建築衛生管理教育センター 2019
- 村山市水道課：「村山市排水設備の基準」https://www.city.murayama.lg.jp/jigyosha/jougesuidoukouji/gesuidou/haisuisetubikijunn.files/haisuisetubikijunn.pdf

ビル管理士試験模範解答集　2024年版

2024年 2月15日　　第1版第1刷発行

著　者　ビル管理士試験突破研究会
発行者　田　中　聡

発　行　所
株式会社　電　気　書　院
ホームページ　https://www.denkishoin.co.jp
（振替口座　00190-5-18837）
〒101-0051　東京都千代田区神田神保町1-3ミヤタビル2F
電話（03）5259-9160／FAX（03）5259-9162

印刷　株式会社シナノパブリッシングプレス
Printed in Japan／ISBN 978-4-485-22052-8

- 落丁・乱丁の際は，送料弊社負担にてお取り替えいたします．
- 正誤のお問合せにつきましては，書名・版刷を明記の上，編集部宛に郵送・FAX（03-5259-9162）いただくか，当社ホームページの「お問い合わせ」をご利用ください．電話での質問はお受けできません．また，正誤以外の詳細な解説・受験指導は行っておりません．

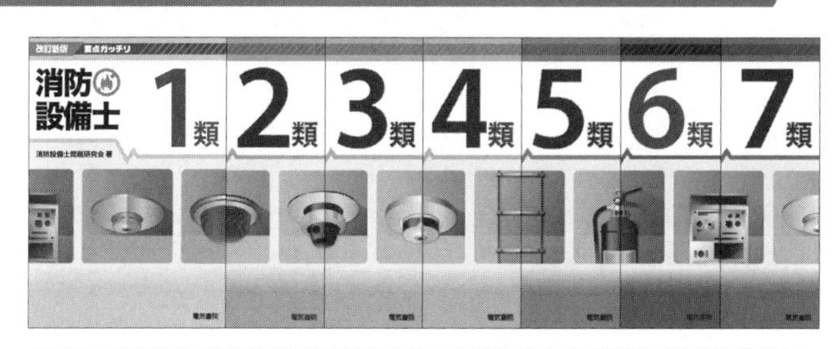

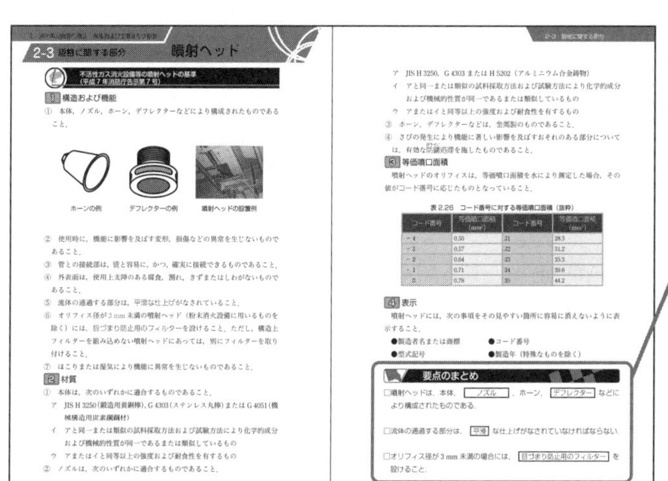

2-3 噴射ヘッド

不活性ガス消火設備等の噴射ヘッドの基準
（平成７年消防庁告示第７号）

1 構造および機能

① 本体，ノズル，ホーン，デフレクターなどにより構成されたものであること．

ホーンの例　デフレクターの例　噴射ヘッドの設置例

② 使用時に，機能に影響を及ぼす変形，損傷などの異常を生じないものであること．
③ 管との接続部は，管と容易に，かつ，確実に接続できるものであること．
④ 外表面は，使用上支障のある腐食，割れ，きずまたはしわがないものであること．
⑤ 流体の通過する部分は，平滑な仕上げがなされていること．
⑥ オリフィス径が3 mm未満の噴射ヘッド（粉末消火設備に用いるものを除く）には，目づまり防止用のフィルターを設けること．ただし，構造上フィルターを組み込めない噴射ヘッドにあっては，別にフィルターを取り付けること．
⑦ ほこりまたは湿気により機能に異常を生じないものであること．

2 材質

① 本体は，次のいずれかに適合するものであること．
　ア JIS H 3250（鍛造用黄銅棒），G 4303（ステンレス丸棒）または G 4051（機械構造用炭素鋼鋼材）
　イ アと同一または類似の試料採取方法および試験方法により化学的成分および機械的性質が同一であるまたは類似しているもの
　ウ アまたはイと同等以上の強度および耐食性を有するもの
② ノズルは，次のいずれかに適合するものであること．

176

　ア JIS H 3250，G 4303 または H 5202（アルミニウム合金鋳物）
　イ アと同一または類似の試料採取方法および試験方法により化学的成分および機械的性質が同一であるまたは類似しているもの
　ウ アまたはイと同等以上の強度および耐食性を有するもの
③ ホーン，デフレクターなどは，金属製のものであること．
④ さびの発生により機能に著しい影響を及ぼすおそれのある部分については，有効な防錆処理を施したものであること．

3 等価噴口面積

噴射ヘッドのオリフィスは，等価噴口面積を水により測定した場合，その値がコード番号に応じたものとなっていること．

表 2.26　コード番号に対する等価噴口面積（抜粋）

コード番号	等価噴口面積 (mm²)	コード番号	等価噴口面積 (mm²)
−4	0.50	31	28.3
−3	0.57	32	31.2
−2	0.64	33	35.3
−1	0.71	34	39.6
0	0.79	35	44.2

4 表示

噴射ヘッドには，次の事項をその見やすい箇所に容易に消えないように表示すること．

●製造者名または商標　●コード番号
●型式記号　●製造年（特殊なものを除く）

要点のまとめ

□噴射ヘッドは，本体，［ノズル］，ホーン，［デフレクター］などにより構成されたものである．

□流体の通過する部分は，［平滑］な仕上げがなされていなければならない．

□オリフィス径が3 mm未満の場合には，［目づまり防止用のフィルター］を設けること．

177

書籍の正誤について

万一，内容に誤りと思われる箇所がございましたら，以下の方法でご確認いただきますようお願いいたします．

なお，正誤のお問合せ以外の書籍の内容に関する解説や受験指導などは**行っておりません**．このようなお問合せにつきましては，お答えいたしかねますので，予めご了承ください．

正誤表の確認方法

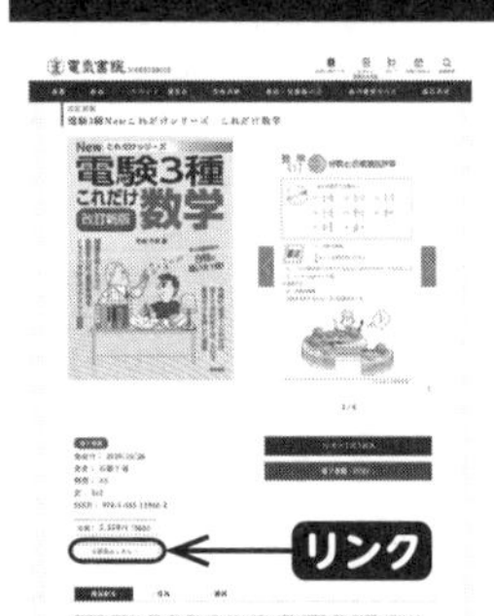

最新の正誤表は，弊社Webページに掲載しております．書籍検索で「正誤表あり」や「キーワード検索」などを用いて，書籍詳細ページをご覧ください．

正誤表があるものに関しましては，書影の下の方に正誤表をダウンロードできるリンクが表示されます．表示されないものに関しましては，正誤表がございません．

弊社Webページアドレス
https://www.denkishoin.co.jp/

正誤のお問合せ方法

正誤表がない場合，あるいは当該箇所が掲載されていない場合は，書名，版刷，発行年月日，お客様のお名前，ご連絡先を明記の上，具体的な記載場所とお問合せの内容を添えて，下記のいずれかの方法でお問合せください．

回答まで，時間がかかる場合もございますので，予めご了承ください．

郵送先
〒101-0051
東京都千代田区神田神保町1-3
ミヤタビル2F
㈱電気書院　編集部　正誤問合せ係

ファクス番号　**03-5259-9162**

弊社Webページ右上の「**お問い合わせ**」から
https://www.denkishoin.co.jp/

お電話でのお問合せは，承れません

(2022年5月現在)